nos rastros da UTOPIA

CB071334

Copyright do texto © 2014 Manoel de Andrade
Copyright da edição © 2014 Escrituras Editora

Todos os direitos desta edição cedidos à
Escrituras Editora e Distribuidora de Livros Ltda.
Rua Maestro Callia, 123 – Vila Mariana – São Paulo, SP – 04012-100
Tel.: (11) 5904-4499 / Fax: (11) 5904-4495
escrituras@escrituras.com.br
www.escrituras.com.br

Diretor editorial Raimundo Gadelha
Coordenação editorial Mariana Cardoso
Assistente editorial Amanda Bibiano
Capa, projeto gráfico e diagramação Felipe Bernardo
Revisão Jonas Pinheiro
Impressão Graphium

Dados Internacionais de Catalogação na Publicação (CIP)
(Câmara Brasileira do Livro, SP, Brasil)

Andrade, Manoel de
Nos rastros da utopia: uma memória crítica da América Latina nos anos 70/ Manoel de Andrade.– São Paulo: Escrituras Editora, 2014.

ISBN 978-85-7531-528-6

1. América Latina – História 2. Andrade, Manoel de 3. Ditadura – História 4. Memórias autobiográficas
I. Título.

14-00474 CDD-869.9803

Índices para catálogo sistemático:
1. Memórias autobiográficas: Literatura brasileira 869.9803

Impresso no Brasil
Printed in Brazil

MANOEL DE ANDRADE

nos rastros da UTOPIA

uma memória crítica da AMÉRICA LATINA nos anos 70

escrituras
São Paulo, 2014

Para Anita Rosa
e para Alice,
que me trouxeram novas razões para viver.

AGRADECIMENTOS

À Neiva Terezinha Piacentini de Andrade
e Maria José Vieira de Sousa
pela generosidade de revisar todas
as páginas deste livro.

À Teresa Vargas Sierra e Cleto de Assis,
que corrigiram as minhas
traduções para o castelhano.

À Maria José Vieira de Sousa,
Suely Reis Pinheiro,
João Bosco Vidal,
Cleto de Assis,
e Frederico Fulgraff,
que revelaram em seus sites tantos
retratos dessas memórias.

SUMÁRIO

XIII
ARGUEDAS, BLANCO E HERAUD: TRÊS ALMAS ENTRELAÇADAS PELO MESMO SONHO

PRÓLOGO

Faltou muito pouco para que este livro não fosse escrito. Os primeiros capítulos dessas memórias, iniciadas em Santiago, no verão de 1972, foram abandonados por trinta anos, na solidão de uma gaveta. Em abril de 2002, quando iniciei os procedimentos para enviar ao Ministério da Justiça meu processo de anistia, resumi em 70 páginas a história de minha peregrinação pela América Latina, a fim de passar aos seus futuros relatores fatos que pudessem informá-los sobre as razões do pedido. Acabei não enviando o texto, por acreditar que não estavam ali, e sim nos documentos públicos anexados, as peças essenciais para legitimar o processo. Novamente engavetei minha breve história em face da luta pela sobrevivência familiar, que não deixava tempo nem motivação para reavivar meu velho sonho de escrevê-la. O projeto estava completamente esquecido, como esquecida esteve também, por trinta anos, a minha condição de poeta quando, na primavera de 2002, a inspiração bateu, súbita e magicamente em minha porta, e cinco anos depois seus frutos resultaram na publicação do livro *Cantares*. Finalmente, em 2009, meu primeiro livro, *Poemas para la libertad,* lançado em La Paz em 1970 e com outras sete edições no exterior, era publicado, numa edição bilíngue, no Brasil. Foi essa inesperada volta à Literatura e a persistente sugestão de parentes e amigos que me fizeram voltar a escrever os fatos aqui relatados.

A América Latina que conheci há quarenta anos vivia de joelhos, marcada por brutais desigualdades, regida por forças reacionárias, pela violência das instituições e um profundo abismo entre uma riqueza orgulhosa e a pobreza humilhada. A exploração desumana do trabalho no campo, as massas indígenas deserdadas e famintas, o êxodo rural, a exclusão urbana e a face inconsolável da miséria eram os seus traços vivos e chocantes, marcados pela sobrevivência do feudalismo e pela persistência dos privilégios colonialistas, que a Independência não modificou. Atravessei toda a região quando seu território era, literalmente, o "quintal" dos Estados Unidos e os interesses imperialistas dominavam os grandes "negócios" do continente. Era um tempo em que a direção dos nossos passos era determinada em Washington, e seu ritmo pelo poder político das burguesias urbanas e as oligarquias agrárias. Na década de 70 – indelevelmente marcada pela Guerra Fria – as esquerdas, em todo o continente, mobilizavam-se para reverter todo esse processo de pilhagem, dependência e marginalidade, preocupadas com a teoria e a prática revolucionárias, visando a conquista de soberania, justiça social e liberdade. Em torno dessa tese se discutia a natureza da revolução, dividida entre nossa excepcionalidade indo-americana e a visão eurocêntrica do socialismo. Este anseio de liberdade foi um momento fascinante da história latino-americana e aqueles que puderam vivenciá-lo, quer como observador ou como um militante, jamais puderam apagar da alma as luzes das utopias que iluminaram aquele tempo. Fui um desses observadores e o que proponho, nestas páginas, é fazer um inventário não só daquela época, marcada por tanta diversidade e que prodigalizou as mais justas promessas, mas também uma revisão histórica dos conflitos sociais que marcaram os quinhentos anos das lutas libertárias do continente. Os rastros mais antigos e heroicos dessese empates foram deixados pelos araucanos no Chile e pelas revoluções indígenas da Bolívia e do Peru. Seus exemplos de bravura e de martírio vivem até hoje nas imagens imperecíveis de Lautaro, Caupolicán, Túpac Katari e Túpac Amaru. Suas mensagens abriram, na década de 70, não apenas novas trincheiras através de todo o continente – onde tantas vanguardas revolucionárias honraram seus Movimentos com o nome desses heróis – mas também iluminaram poetas e prosadores, cujas obras se engajaram nessa saga libertária.

A década de 70 foi uma época de contrastes. De luzes que ofuscaram o mundo e de sombras que abateram os povos. De ideais que incendiaram corações e de corações incendiados pelo ódio. Se é verdade que naqueles anos semeou-se tantos sonhos, também colheu-se profundas desilusões, cujas cicatrizes continuam abertas em quase todos os países da América. Compromisso, resistência e clandestinidade fizeram o contraponto com a repressão, o exílio e a morte.

Este não é um livro político e aqui não se discute as grandes teses que polarizaram o ideário daquela época. Ainda assim, hoje perguntamos: De que valeram o rigor das posições dogmáticas e tantos debates teóricos, ante o despojamento e o sacrifício daqueles que entregaram a vida por um sonho?

Entre brisas e ventanias, muitos visionários, com seus ideais ou com seu sangue, construíram o barco da esperança para cruzar aquele mar tempestuoso em que se transformara o continente. Navegávamos sob um céu sombrio e sem a certeza de uma "terra prometida" onde pudéssemos aportar nosso destino. Por toda parte deparávamos com tensões sociais, com a imagem combativa das vanguardas guerrilheiras e estudantis e ficávamos indignados ante um cotidiano de prepotência, espoliação e miséria. Em meus passos pelo continente, muitas vezes misturei minhas lágrimas com as lágrimas dos ofendidos, humilhados e excluídos. Compaixão e revolta foram os sentimentos que escreveram os versos daqueles poetas que comprometeram seu canto para denunciar as iniquidades e a opressão daqueles anos.

Com este livro entrego o testemunho de um longo caminhar. Ao deixar o Brasil em março de 1969, meus passos cruzaram 16 países num prolongado auto-exílio pelo continente. A América Latina foi minha verdadeira universidade e nestas páginas palpita o espírito curioso de quem buscou saciar sua sede na leitura apaixonada da História, da Literatura e da Arte de tantos povos. Palpita o significado de experiências humanas vividas no convívio caloroso das grandes amizades, na tribuna combativa da poesia e nos amargos momentos da solidão dos cárceres. Palpita ainda um coração angustiado com os passos sem rumo, o olhar vazio e os gestos suplicantes dos filhos do calvário. Este livro é, sobretudo, o relato de um poeta itinerante, de um *bardo errante*, profundamente identificado com seu tempo e com sua condição de latino-americano. Um confidente solitário, comprometido com o resgate de uma América povoada de utopias e com a saga lendária daqueles que ousaram sonhar com um "admirável mundo novo".

Quando mergulhamos no nosso passado e no passado da História, é estimulante compreender que tudo começou muito antes dos nossos passos e que novos caminhos serão abertos pelos sonhadores do porvir. Para aqueles que não viveram no fascínio daqueles anos, que nasceram depois da tempestade, este livro traz uma consigna, uma mensagem, poeticamente resumidas na coragem de optar e no assombro de viver. Esse é o vinho mais capitoso, que nos embriaga e nos comove. *"O sábio* – observou Gide – *é quem com tudo se espanta"*, e eis porque parte do que sei e do que sou, segue guardado nas emoções que geraram estas lembranças.

Meu registro é tão somente uma mínima parte da memória esquecida dos anos 60-70 e que ainda está por ser escrita. Seus protagonistas foram aqueles que, entre as flores e os espinhos, construíram um ninho, um berçário de ideias e promessas que nem todos os sobreviventes que ascenderam ao poder souberam honrar nos atos e nos fatos. Nestes embates, a poesia rebelde ocupa uma honrosa galeria de mártires, lembrando dezenas de poetas que empenharam suas vidas e o encanto de suas metáforas para cantar a mística revolucionária pela lírica dimensão da poesia. Eis porque estas memórias contam também a aventura de um livro chamado *Poemas para la libertad*. Um livro que nasceu nas edições panfletárias de estudantes peruanos e cujos versos foram publicados em jornais, revistas, opúsculos, cartazes e em milhares de panfletos por todo o continente. Seus poemas foram ouvidos em universidades, teatros, galerias de arte, festivais de cultura, congresso de poetas, sindicatos, reuniões públicas, privadas e clandestinas e até no interior das minas de estanho da Bolívia. Suas edições se esgotavam rapidamente e seus exemplares percorreram a América Latina e o sudoeste dos Estados Unidos levados pelos mochileiros latino-americanos e pelos estudantes e intelectuais chicanos. Um livro proibido, confiscado e tendo que cruzar certa fronteira na bagagem de contrabandistas. Seus versos são filhos do sonho de liberdade que percorria o mundo. Alguns foram escritos no Brasil e nasceram silenciados pelo medo e pela impotência, numa pátria esmagada pela opressão. Outros foram se desfraldando ao longo de novas fronteiras, registrando os passos de uma imensa luta que incendiou a América há quarenta anos.

Enfim, estas páginas saem em busca de um passado nem sempre venturoso, e por isso sucedem-se para contar, sobretudo, a história dos vencidos. Vivemos num tempo em que todos os sonhos foram despedaçados e se escrevo estas memórias, é para que se possa ouvir o eco dos hinos que ficaram tão distantes. Meu livro é, acima de tudo, a longa crônica de um poeta que sonhou com o impossível, e cruzou tantas fronteiras acreditando que pudesse mudar o mundo com seus versos. Passados quarenta anos, há entre o que fui e o que sou uma profunda fidelidade. Intactos estão a disposição de indignar-me com as injustiças, um coração solidário e um sentimento imperecível de gratidão..., aos amigos que ficaram, ao Bom Deus, que amparou meus passos, e à vida, por permitir que eu chegasse até aqui! Eis porque, caro leitor, convido-o a viajar comigo por caminhos e por um tempo fascinante, em que o sonho e a esperança comandavam os rumos da História. Ventura e desventura, encanto e desencanto são os sabores com que estão temperados os fatos que passarei a relatar.

PRIMEIRA PARTE

Quando a América era uma só trincheira

Brasil, Paraguai, Argentina, Chile, Bolívia, Peru

I
BRASIL: O ANO DE 1968

Vamos pátria a caminhar, eu te acompanho.
Otto René Castillo

1. "Isso é pólvora pura"

Terminara de escrever minha *Saudação a Che Guevara* naquela madrugada de 08 de outubro de 1968, para comemorar o primeiro ano de sua morte na Bolívia. O poema colocava a sua imagem de comandante no centro de todos os movimentos revolucionários do continente, convocava a luta armada e saudava a sua imortalidade como um símbolo triunfante na conquista de um mundo novo.

Como o Dude sempre mostrou interesse e paciência para ler meus novos poemas, foi o primeiro a conhecê-lo. Entrei e perguntei por ele.

– Está no mezanino – disse-me a antiga vendedora.

Subi e lá estava..., conversando com alguns "ratos de livraria" que ali apareciam sempre no final da tarde. A Livraria Ghignone, naquele tempo, e ainda até o fim dos anos 90, era o centro da intelectualidade curitibana. Era onde eu encontrava o marxista Aristides Vinholes com sua paixão pelos livros, o Jamil Snege, que naquele ano lançara o seu romance *Tempo Sujo*, o poeta e polemista Walmor Marcelino, o poeta, prosador e artista Nelson Padrella, o pintor Cleto de Assis, o jornalista

Aroldo Murá e tantos outros, inclusive o meu querido Sérgio Rubens Sossella, que estreava na crítica literária, mas que, em 2003, tanto ele como o Jamil foram os primeiros a nos deixar, na memória e na saudade.

Acheguei-me, trocamos cumprimentos e, depois que deixamos o grupinho, passei-lhe meu último poema. Ele leu o título e me disse:

– Um poema ao Che!? É verdade! Hoje faz um ano! – disse, indicando-me sua sala.

– Maneco, isso é pólvora pura! Comentou ao virar a primeira página e, ao terminar, levantou-se dizendo:

– É dessa poesia que precisamos agora! Que tal mimeografar e espalhar por aí?

Sequer tinha pensado nisso e, ainda que tomado de surpresa, aceitei honrado a convocação para alistar meus versos sob a mesma bandeira do Che. Deixei a livraria exultante com a ideia da sua panfletagem. Para tanto, queria dar ainda os últimos retoques. No dia seguinte, pela manhã, passei por lá para combinarmos os detalhes da "operação". Encontrei-o no escritório, ao telefone, com um editor. Distribuidor dos melhores títulos para o Paraná e Santa Catarina, José Eugênio Ghignone, o Dude, mantinha contatos diários com as grandes casas editoriais do país. Era filho do imigrante italiano João Ghignone que, em 1921, abrira a Livraria, e que, na década de 30, com Monteiro Lobato e Otales Marcondes, integrou-se no movimento dos primeiros editores brasileiros. O "velho" Ghignone, embora ainda comparecesse no estabelecimento, já havia passado toda a direção da empresa para o filho Dude. Eu o via raramente, naquela sua figura respeitável de patriarca da nossa cultura, que não apenas se notabilizou no comércio de livros, mas também por seus beneméritos serviços prestados à frente da Federação Espírita do Paraná onde se manteve, como presidente, por mais de quarenta anos.

Dude atuava na ala esquerda do Partido Comunista e se propôs a tirar quatro mil cópias do poema e usar alguns militantes do Partidão para distribuí-las, discretamente, nas universidades, centros acadêmicos, sindicatos, organizações de classe, etc. Sim, discretamente, porque depois das revoltas estudantis de 1968, os olheiros da ditadura começaram a aparecer no ambiente estudantil, prenunciando a cruel repressão de um regime militar que não tinha ainda mostrado a sua verdadeira face.

A distribuição começou na última semana de outubro e gradativamente foi sendo feita até os primeiros dias de dezembro. O que eu jamais poderia ter imaginado é que aquela ideia luminosa do Dude e da panfletagem do meu poema ao Che, em Curitiba, em plena ditadura militar, mudariam todo o futuro da minha vida, obrigando-me a deixar o Brasil, e durante quatro anos peregrinar como um poeta errante ao longo de dezesseis países da América Latina.

O ano de 1968 chegara ao seu último quartel, respirando o pressentimento de uma surda e sinistra ameaça por trás dos biombos do poder. O país, desde o golpe militar de 1964, seguia sua trajetória nebulosa e inquietante. Sentiam-se os agudos sintomas sociais de uma crise potencial que, dia a dia, vinha cavando as suas imperceptíveis trincheiras e radicalizando as suas posições para o enfrentamento. As palavras, no plano político, haviam perdido a sua opção pelo diálogo e os atos e fatos iam desfigurando sempre mais a face institucional da nação.

Aquele ano foi um período marcante na história política do Brasil, na vida de muitos brasileiros com uma visão crítica do seu tempo e na minha própria vida de jovem cidadão recém-formado em direito e estudante de história. Na verdade, a década de 60, por inteira, foi uma fase de grande torvelinho político e cultural, de contestações e debates de valores. Um período marcado pela rebeldia da juventude no mundo inteiro e o explícito confronto de gerações. Foi o tempo das grandes revisões no ideário das esquerdas e no qual foram lançadas as sementes das mais belas utopias.

Nesse amplo contexto, o enredo político de minha história pessoal em 1968, começa no primeiro dia de março. Cada vez mais ansioso para entender a dimensão socioeconômica e política brasileira, amadurecido ideologicamente pela leitura dos grandes teóricos de esquerda, contudo, ignorando muito da nossa realidade social, decidi, no início daquele ano, conhecer a região Nordeste para complementar minha educação política. Queria ter um contato vivo com o povo nordestino, conhecer de perto sua sacrificada paisagem humana e geográfica, cuja miséria eu apenas conhecia pincelada nos quadros de Portinari, descrita nas páginas de Josué de Castro, de Graciliano Ramos e defendida pelas bandeiras das Ligas Camponesas, infelizmente arrancadas das mãos de Francisco Julião pelo golpe militar de 1964. Com esse propósito, em março de 1968, tirei férias como funcionário público e parti.

2. O jangadeiro

Quando tomei o rumo do Nordeste, conhecia muito pouco do meu país e do meu povo. Foi uma inesquecível aventura de trinta dias, de Curitiba até São Luís do Maranhão, pelo litoral, e a volta pelo sertão, num percurso feito num fusca, cobrindo quatorze estados brasileiros, o que totalizou, com o regresso, quinze mil quilômetros.

Para um brasileiro do Sul, o Nordeste era, há quarenta anos, um país à parte. Outro clima, outra vegetação, outro povo, outra maneira de expressar-se musicalmente, poeticamente, religiosamente. Outra maneira de ver e de sentir a vida, um sentimento trágico e telúrico do seu mundo, vivenciado num cotidiano de abandono e, paradoxalmente, de esperança. Desde a escola, vamos formando sobre os nordestinos uma imagem de valentia, sofrimento, resignação e uma admirável perseverança na providência divina. Nossa história contava sua luta contra os invasores holandeses, sua heroica resistência na Guerra de Canudos e a tradição popular narrava as façanhas do justiceiro Lampião e seu bando de cangaceiros. Mas contava também de um Nordeste cuja imagem nos chegava pelas notícias das inundações catastróficas e pela calamidade das secas. De todas as aventuras que passei, acontecimentos insólitos que presenciei, pessoas excepcionais que conheci e dos tantos fatos inesquecíveis, trago ainda, nas paisagens da memória, a expressão grata e audaciosa de dois retratos humanos: o jangadeiro do litoral e o vaqueiro do sertão.

Era meu primeiro dia em Fortaleza. O sol baixava avermelhado e a ventarola do carro soprava o ar acariciador da brisa marítima. Passavam das seis da tarde quando cheguei à praia de Iracema, imortalizada pelo romance do escritor cearense José de Alencar. O mar quase calmo, de uma escura cor alaranjada, refletia as tonalidades metálicas do horizonte, onde a luminosidade agonizava nos esplendores do crepúsculo. Todo o ambiente estava carregado dessa atmosfera aromática e refrescante que baixa no entardecer dos trópicos. Nas mesinhas dos bares, as pessoas chegando e eu estacionando o carro para buscar o meu lugar. Barracas com tapioca, milho cozido e outras comidas típicas. Acabava de entrar no centro da capital do Ceará e estive ali sentado numa daquelas mesas ao ar livre por algum tempo. A água de coco, o sabor gostoso dos petiscos, a conversa animada dos demais, meu solitário encanto, os novos passos da minha longa aventura. Depois cruzei a rua e dirigi-me para a praia. Ali estava Iracema, com sua intimidade de praia pequena, sua areia finíssima e branca, fazendo justiça à fama que tinha pela sua beleza. Havia muitas jangadas na areia e algumas chegando, ao longe. Acheguei-me a um grupo de jangadeiros que conversavam em torno de um varal de redes, onde alguns deles consertavam os furos das malhas.

– No Rio Grande do Norte, vi algumas jangadas, mas eram bem menores que estas, disse ao homem fornido, de uns cinquenta anos, com um aspecto digno e comunicativo, estampado num rosto de bronze, marcado por profundas rugas que corriam bem vincadas entre os pômulos e a boca.

– É que o Ceará é a terra dos jangadeiros – exclamou ele, sentando-se na borda de uma daquelas frágeis balsas de cortiça. Voltou a olhar-me, perguntando:

– De onde vem?

– Do Paraná – respondi.

– E que o traz tão longe? Não parece turista. – Comentou, certamente vendo minha imagem empoeirada e em desalinho.

– Conhecer um pouco da nossa terra e especialmente o Nordeste..., – ouviu, fazendo um gesto de aprovação com a cabeça. Aproveitei o momento de silêncio e perguntei-lhe: – E pescam muito longe?

– Depende..., as jangadas pequenas saem de manhã e voltam à tardinha. Pescam entre dez e vinte milhas. Nós pescamos em alto-mar, entre cinquenta e sessenta milhas da costa. Saímos num dia e voltamos no outro.

– E se lá no oceano vocês pegam uma tormenta?

– Já enfrentamos tantas, e muitas jangadas nunca voltaram. O mar tem suas manhas, mas nós crescemos em cima de uma jangada e, se não pescamos, não temos como dar de comer aos filhos.

Impossível relembrar tantas conversas que tive com os jangadeiros, durante os cinco dias que estive em Fortaleza. Todas as tardes, voltava à praia de Iracema. Bebia a água de coco, enquanto meu olhar navegava com as jangadas que chegavam do horizonte, velas triangulares bojadas pelos alísios que, ao entardecer, sopram do mar. Na véspera de minha viagem a São Luís do Maranhão, fui jantar na casa de um chará, e por isso nunca esqueci seu nome. Manoel tinha lá seus quarenta anos e me levara, por alguns cruzeiros, a dar uma volta de jangada pela manhã e depois de uma cerveja, na chegada, já éramos amigos. O caldo de peixe ainda fervia e seu aroma recendia no ambiente, quando cheguei ao anoitecer. Uma casinha de madeira, fogão à lenha e a "privada" lá fora, no quintal. Aquela pobreza digna que lembrava minha adolescência em Itajaí. A esposa, baixa, gorda e com o rosto cheio de sardas, falava pelos cotovelos e não se cansava de exaltar as virtudes de uma de suas filhas, que estava por casar-se e era rendeira. O filho mais velho era também jangadeiro, e, antes da comida, sentamos os três num banco sob um caramanchão de arbustos que havia em frente da casa, onde havia também um cajueiro e um pé de araçá. Presenteei meu amigo com uma garrafa da cachaça Pitu, que eu trazia de Pernambuco e esse foi nosso aperitivo. Depois entramos para jantar. Sobre a mesa, um panelão com caldo de garoupa e o pirão escaldado com farinha de mandioca, enfeitado de coentro. Não tive vergonha de comer, relembrando os caldos de peixe, o pirão e o peixe frito com que alimentei minha infância na praia de Piçarras, em Santa Catarina. Mas faltou o tomate e a alfavaca, temperos que, pelo que vi, não são muito usados no Nordeste. Depois da sobremesa de rapadura, voltamos satisfeitos ao caramanchão, onde ficamos até quase meia-noite trocando nossas culturas. Quando me despedi, uma das filhas de Manoel veio entregar-me uma garrafa com areias de várias cores, formando um desenho horizontal do mar, com várias jangadas.

Quantas coisas práticas, estranhas e lindas ouvi naquelas três horas de conversa sobre o mar e os pescadores. O jangadeiro é filho e neto de jangadeiro e essa descendência dificilmente trocará o mar pela terra. As jangadas menores medem três metros por oitenta centímetros e as maiores chegam a ter nove metros de comprimento por dois de largura. Manoel me disse que uma jangada pode emborcar, mas não submerge nunca, e as grandes jangadas podem suportar o peso de três a quatro mil peixes. Quando o sol nasce, já navegam em alto-mar. Às quatro horas da manhã já estão "botando pro mar" e no fim da tarde ou no dia seguinte "dão de vela" para a terra. Contaram-me que lá fora não se conversa, não se canta ou assobia. Qualquer som pode afugentar os peixes. O único que pode falar ou bramir sua cólera é o mar. Ouvir seu monólogo, sua voz de barítono, sentir seu balanço, sua quietude, sua dimensão horizontal, suas águas calmas beijarem carinhosamente seus pés, essa é a linguagem que fala a sua alma. Além da voz das águas, só o silêncio. O silêncio absoluto, a solidão perfeita. O silêncio que enfeitiça e purifica, um tempo absoluto, de que fala Bergson, sem cronologia, um tempo que dura sempre, que invade e plenifica a mística solidão do espírito. É o misterioso silêncio que domina e que liberta. Perdido na imensidão do Atlântico, o jangadeiro se acostuma ao silêncio e à solidão. São partes da sua grandeza. No Sul, diz-se que são supersticiosos, mas essa não foi a minha impressão. A sua pobreza e as arriscadas condições de trabalho, fizeram dele um homem sem medo e sem outra crença que não seja a esperança de voltar, com o que necessita para sobreviver. Manoel me contou histórias de grandes jangadeiros que eram chamados de *mestres*. Os relatos quase lendários contam de *mestres* que viram navios-fantasma atravessando por cima das jangadas e de estranhas canções que foram ouvidas em alto-mar.

Para o jangadeiro, cada viagem é uma aventura que se renova. Sua vida é uma batalha diária contra o mar e contra o vento. Alguns não regressam nunca mais, contudo, o mar será sempre a sua vocação irresistível e a fatalidade faz parte da sua opção pelo mar. Amará o mar por toda a sua vida e sua alma está vinculada a essa singular fidelidade. Os nordestinos do sertão emigram para as grandes cidades da região e para o sul do país, mas os pescadores jamais deixam o litoral. Simples, anônimo, solitário e destemido, o jangadeiro é um titã. É o gigante da costa nordestina e poucos navegantes em todo o mundo poderão igualá-lo em ousadia e destreza. Ainda assim, é um gigante esquecido. Em suas precárias condições de vida e apesar de ir buscar tão longe e com tanto risco o alimento para a população da costa, Manoel me disse que os jangadeiros não recebiam nenhuma atenção do poder público. Ao cabo de alguns anos, quando sua jangada apodrece, é quase impossível, para eles, comprar uma nova embarcação. Tem que lutar só, orgulhosamente só, contra o mar e a pobreza.

Manoel narrou-me a história, contada por seu pai, também jangadeiro, dos quatro pescadores que, em 14 de setembro de 1941, saíram dali da praia de Iracema, então chamada praia do Peixe, e durante dois meses navegaram de jangada até chegar ao Rio de Janeiro, onde foram recebidos pelo presidente Getúlio Vargas. Disse-me, com orgulho, que aquela arriscada aventura, comandada por um grande amigo de seu pai, um jangadeiro de apelido Jacaré, deu muita fama aos jangadeiros cearenses e que os norte-americanos contaram a história dos "quatro homens e uma jangada" na revista *Time*, e que o ator Orson Welles fizera um filme sobre a viagem. Que estranho ouvir um homem simples como era, falar-me do grande cineasta e contar que era moleque quando Welles apareceu em Fortaleza, que ele era um "gringo" muito dado e vivia nos bares tomando cachaça com os pescadores. Chegou ali para filmar a primeira parte da histórica epopeia dos quatro jangadeiros que, navegando sem bússola, sem carta náutica e orientando-se pelo litoral e pelas estrelas, singraram as águas do Atlântico, cobrindo a distância dos 2.381 quilômetros entre Fortaleza e o Rio de Janeiro, onde foram para chamar a atenção do país e dos governantes para o estado de pobreza e abandono em que viviam os 35 mil pescadores do Ceará, sem nenhuma assistência do Ministério da Marinha, nenhuma aposentadoria que os amparasse na velhice, e a grande maioria deles morando em toscas palhoças.

Lembro-me de que já de volta a Curitiba, quando contei a alguns amigos jornalistas essa verdadeira façanha na história da navegação, um deles me relatou outra grande aventura realizada, muito antes, em 1923, quando quatro jangadas, comandadas por um jangadeiro conhecido como Mestre Filó, lançaram-se ao mar no Rio Grande do Norte e navegaram até o Rio de Janeiro, para participar das comemorações do Centenário da Independência do Brasil. O poeta Catulo da Paixão Cearense imortalizou o fato num dos seus poemas.

3. O vaqueiro

O Nordeste brasileiro, em todos os sentidos, é uma região de contraste. A estreita faixa costeira, que se estende da Bahia até o Pernambuco, traz ainda o trauma ambiental do ciclo da cana-de-açúcar, cuja monocultura, nos séculos XVI e XVII, devastou a mata Atlântica, transformando parte da região em grandes e áridas savanas. Mas sempre subindo, rumo ao norte, pude ver zonas de vegetação abundante, regadas por chuvas que caem durante todo o ano e constantemente refrescadas pela brisa acariciante dos ventos alísios. Dizem os geógrafos que o clima da região, tropical e úmido, é um dos mais agradáveis do planeta. Já o seu interior é quase um deserto onde, a maior parte do ano, a região é assolada pelo fenômeno anual de uma prolongada seca e por um calor abrasador. Depois de alguns dias em Teresina, segui para Floriano, a segunda cidade mais importante no estado do Piauí, levado pelo interesse jornalístico em conhecer os trabalhos de represamento da Hidroelétrica de Boa Esperança, uma obra de fundamental importância para o desenvolvimento da região, em construção no rio Parnaíba, cujas águas dividem o Piauí do Maranhão. Voltei ao cabo de alguns dias à Capital para dali retomar o caminho para o sul. Essa era uma etapa da viagem que eu vinha aguardando com ansiedade, para poder penetrar na intimidade do sertão do Nordeste. Conhecer, enfim, aquele mundo onde somente os fortes podiam sobreviver.

Às três horas da tarde, o calor era insuportável. Estava empapado de suor e a sede me chegava às entranhas. No meio daquelas paragens desoladas, onde raramente, naquela época, cruzava-se com outro veículo, parei o carro e tirei a roupa. Abri a mala, vesti um *short* e segui rumo a Araripina. Começava, finalmente, minha viagem pelo coração do Nordeste brasileiro. As estradas do interior eram péssimas e cheias de ondulações paralelas parecendo, literalmente, com uma tábua de lavar roupa. Não tive outra alternativa senão ir baixando a calibragem, amolecendo os pneus até dez libras. Às vezes, há um rio cortando seu trajeto. Normalmente, são rios de curso temporário e, quando não estão totalmente secos, para cruzá-los há que se seguir os garotos que, por alguns centavos, metem-se na água, e caminhando adiante do veículo, vão indicando o vau ao condutor. Pela ausência de pontes, o interior do estado do Piauí, o mais pobre do Brasil, foi onde me deparei, por muitas vezes, com essas travessias. Entre os rios secos havia um mais profundo e, com a chegada das chuvas, deveria correr em violento turbilhão, inundando o imenso vale. Havia um pontilhão semidestruído e impedido. Para cruzá-lo, descia-se uns quatro metros e andava-se mais uns vinte pelo lado direito das estacas do pontilhão, para deixar o leito seco por uma subida íngreme e pedregosa. Supus que por ali não subiria um caminhão e era estranho imaginar aqueles barrancos cobertos pelas águas de um curso poderoso e apressado, em busca do mar longínquo. Lembro-me de uma passagem semelhante, no romance *Os rios profundos*, do peruano José Maria Arguedas. Ernesto, o personagem, narra:

a enchente desses rios andinos de regime imprevisível; tão secos, tão pedregosos, tão humildes e vazios durante anos, e em algum verão encoberto, ao precipitarem-se as nuvens, incham-se de uma água impetuosa e se tornam profundos; detêm o caminhante, despertam em seu coração e em sua mente meditações e temores desconhecidos.[1]

A cada quatro léguas, aparecia uma casinha na beira da estrada. Lá, a medida das distâncias era a légua e a légua tem cinco quilômetros. Era um quadro que se repetia invariavelmente: uma cabana de palha, uma mulher na porta com uma criança no colo e, na frente da casa, três ou quatro crianças, seminuas, magérrimas e com as barrigas inchadas pelas lombrigas.

A certa altura do caminho, um homem de meia-idade me fez um sinal de parada. Parei um pouco adiante e pelo retrovisor vi-o correndo no meio da poeira. Cumprimentou-me com um sorriso sem dentes e com essa reverência e simplicidade com que a gente do campo saúda os forasteiros, pedindo se eu podia lhe "dar uma passagem" até um povoado próximo.

– Está a uma légua daqui – disse-me ele. Uma légua para um sertanejo é, na realidade, mais de duas. Acostumado às grandes distâncias e a dispor de um longo tempo para tudo, seu sentido de espaço e duração é sempre relativo. Dir-se-ia que ele, tal como o jangadeiro em alto-mar, vive num tempo mágico, naquele sentido de duração do tempo que permanece, fora do tempo linear e contínuo do relógio. E, no entanto, quando começa a "filosofar" sobre as coisas da vida, tem um sentido muito especial de exatidão e praticidade, expressadas através dessa sabedoria das parábolas e provérbios que a natureza mesma o ensina. Com o tempo, percebi que o sertanejo do Nordeste dificilmente usa conceitos abstratos e adjetivos para realçar a importância ou a beleza de alguma coisa. Fala com essa linguagem das coisas do seu cotidiano, com a força telúrica das palavras que muitas vezes se aproxima da poesia. Seus poetas retratam essa beleza na literatura de cordel e em músicas que ficaram famosas no Brasil como *Assum preto* de Luiz

1 Arguedas, J. M. *Os rios profundos*. Trad. Glória Rodríguez. Rio de Janeiro, Paz e Terra, 1977, p. 100.

Gonzaga, quando canta que *Tudo em volta é só beleza/ céu de anil e a mata em flor*, e nos versos de *Mucuripe*, aquela canção de Belchior que expressa, com o mais rico lirismo, a vida camponesa, descrevendo, em quatro versos, a trajetória da semente, da flor e da fibra, colhida, tecida e transformada em traje:

(...) Calça nova de riscado
paletó de linho branco
que até o mês passado
lá no campo ainda era flor (...)

Conversamos longamente durante todo o caminho. Curioso por formar um perfil daquele povo do sertão, fiz-lhe muitas perguntas. Disse-me que era um camponês e trabalhava perto dali. Que sua jornada de trabalho começava às seis horas da manhã e só terminava quando o sol se punha. Recebia um cruzeiro por dia de trabalho e, descontados domingos e feriados, seu salário mensal aproximava-se de vinte e cinco cruzeiros. Contou que trabalhava por temporadas em determinadas fazendas, mas a maioria dos camponeses da região vivia na terra do patrão e, como eram arrendatários, tinham que lhe dar a metade da produção. Além disso, tinham que trabalhar, gratuitamente, alguns dias da semana nos campos do patrão e não podiam abandonar a fazenda para trabalhar em outras partes. Quando chegamos ao povoado, partilhamos uma cerveja e, ao nos despedirmos, perguntou quanto me devia pela "passagem". Esqueci seu nome, mas lembro ainda da sinceridade com que falava e da sua conduta respeitosa. Semianalfabeto, filho da miséria e da desesperança, aquele camponês era apenas um dos milhares e milhares explorados pelos "coronéis" da região.

A estrada que levava do Piauí ao estado do Bahia era pleno sertão, era a caatinga. O sertão é a caatinga e a caatinga é uma capa de arbustos baixos, retorcidos, de aspecto seco e agreste, às vezes tupidos, às vezes escassos. O solo é pedregoso, difícil e desnudo. A temperatura, que durante o dia pode passar de 40 graus, refresca com o cair da noite e esfria de madrugada. Para o sertanejo, só existem duas estações no ano. O inverno é chuva e o verão é seca. Nas épocas de seca prolongada, o gado morre, as colheitas perdem-se e, quando se perdem as últimas esperanças de chuva, ele se vê obrigado a deixar o pouco que tem e emigrar para a costa ou então empreender uma imensa viagem para o sul. Nela participam famílias inteiras e, às vezes, povoações inteiras que emigram trazendo consigo suas vacas, galinhas, cavalos, cachorros, quadros, imagens de santos, objetos de estima, utensílios domésticos, móveis, enfim, quase todos os seus pertences. O romance, *Vidas Secas*, de Graciliano Ramos, é um comovente retrato desse drama. Desde menino, eu sempre ouvia, no sul do país, as histórias dessas grandes peregrinações que chegavam a durar muitos meses e se transformavam em verdadeiras epopeias. Para o nordestino, o Sul era a região da abundância, dos vales férteis e úmidos e das cidades gigantescas que ele durante toda a sua vida ouvira falar. Todo nordestino sonhava chegar ao Sul um dia. Era a sua Canaã, a sua Terra Prometida. E, no entanto, seu coração estará sempre atado, entranhavelmente atado, à sua própria terra. No Brasil de então, era muito comum ouvir canções que contam a história dos "paus de arara" que chegaram a São Paulo, migrantes que penaram a princípio, trabalharam em muitas profissões, dos quais muitos se alfabetizaram ou aprimoraram as bases dos seus estudos, depois se casaram e, com o nascer dos filhos, foram criando fortes raízes na nova sociedade; e, no entanto, seu sonho é poder voltar um dia ao seu "cariri", ao inesquecível rincão onde nasceram.

De quando em quando, alçavam voo. Estavam no meio da estrada, no alto dos barrancos e pousados nos galhos das árvores secas. São pequenos e não chegam a ter o porte de uma galinha, mas são as aves mais ferozes do país, ainda que seu principal *habitat* seja o Nordeste brasileiro. Faz alguns anos, uma composição popular cantou sua fama e valentia pelo Brasil inteiro:

(...) Carcará,
Pega, mata e come
Carcará
Num vai morrer de fome
Carcará
Mais coragem do que home
Carcará,
Pega, mata e come

Carcará é malvado, é valentão
É a águia de lá do meu sertão
Os burrego novinho num pode andá
Ele puxa o umbigo inté matá.(...)[2]

Contaram-me mais adiante os vaqueiros, que a maior façanha desse gavião é lançar-se num voo certeiro contra um novilho e com seu afiado bico arrancam-lhe um olho e depois o outro e uma vez cego destroça-lhe a pele e quando o jovem animal morre dessangrado, devora-o.

A sucessão dos acontecimentos tornou inesquecível aquela tarde. O sol baixava avermelhado e eu tinha a boca seca, quando parei o carro e me aproximei deles. Conversavam sentados sobre pedras e troncos secos e seus cavalos caminhavam ali por perto.

– Boa-tarde, os senhores poderiam me conseguir um pouco de água? – cumprimentei-os, perguntando.

– Por aqui tem água não, seu moço – respondeu-me um deles, enrolando um cigarro de palha. Todos me olharam de alto a baixo, certamente estranhando minha pouca roupa. Houve algum silêncio e expectativa.

– O moço conhece a *coroa-de-frade*? – perguntou-me o mais jovem dos vaqueiros, puxando uma faca que trazia na cinta.

– *Coroa-de-frade*??? – exclamei interrogando – Não, nunca ouvi falar.

Levantou-se com um sorriso de quem quer despertar uma curiosidade, desembainhou o facão e entrou pelos arbustos, desaparecendo. Minutos depois, voltou com algo que tinha o aspecto de um cacto arredondado com as folhas cobertas de espinhos, e por cima um fruto que tinha a forma de um chapéu rosado. Cortou o fruto e me entregou dizendo:

---

2 *Carcará*. Composição musical de autoria de João do Vale e José Cândido.

– Chupe-o!

O líquido não tinha gosto de nada conhecido, mas era pura água. Divertiram-se um pouco com meu espanto e minha forma desajeitada de chupá-lo. Eu também comecei a rir e disse que era a fruta mais estranha que tinha provado em minha vida.

– Não é fruta – disse o primeiro, já pitando o seu palheiro. Explicou-me que era uma planta que crescia por todo o sertão e que quando chovia, sugava a água e podia guardá-la por muito tempo. Que era com essa planta que eles saciavam a sede na caatinga.

Convidado a sentar-me, fiquei à vontade e comecei logo a perguntar. Puseram-se mais sérios quando lhes disse que era um jornalista do Paraná e que queria saber sobre a sua vida de vaqueiros bem como das coisas do sertão, para publicar numa grande reportagem lá no sul. Entre tantas coisas que diziam sobre a caatinga, chamou-me a atenção a história do gavião carcará e o que disseram sobre um lagarto que casualmente passava por ali. Comentei que era diferente dos lagartos do sul – menor e mais escuro no dorso.

– Este é o lagarto da batata – disseram-me, explicando que naquelas regiões havia muitas cascavéis e quando ele se sentia ameaçado pela serpente, corria para morder uma batata silvestre que cresce no sertão. O líquido da batata era um antídoto contra o veneno da cobra e depois o lagarto voltava para a luta. Armado o combate de morte – longo e feroz – a serpente pica-o várias vezes, mas o lagarto, imune à peçonha da víbora, acaba por matá-la com violentos golpes de cauda.

Simbolicamente, esse é o traço que mais caracteriza a vida do interior do Nordeste: a luta pela sobrevivência. Nela estão empenhados não somente os seres humanos, como também os animais. Porém, nem sempre é o mais forte que sobrevive e sim o mais hábil, aquele que pode melhor desenvolver seu instinto de defesa e de ataque.

Havia também, próxima ao local onde estávamos, uma árvore grande, com uns quatro metros de altura, bem formada em galhos e de abundantes folhas grandes e grossas. Os galhos menores pareciam estrelas, pela quantidade e simetria dos espinhos. A planta, revestida de flores brancas, era muito conhecida na região. Contaram os vaqueiros que ela segrega um líquido leitoso com aplicações medicinais, e suas folhas e sementes são usadas como alimento para os animais. Para meu espanto, o nome que disseram ter essa planta era "favela".

Mas nem tudo era pitoresco nas paisagens que iam se abrindo naquele meu descobrimento do sertão. À medida que penetrava pelos caminhos daquele mundo estranho, quase mágico, e dolorosamente verídico, os acontecimentos foram delineando, ante meu espanto, o rosto humano do Nordeste. As expressões visíveis da dor, da resignação e da impotência iam reescrevendo meus ingênuos conceitos de justiça social. O dantesco quadro ia da miséria e exploração extremas até o abuso e a arbitrariedade, elevados ao nível da violência física e moral. E não se tratava de pobreza, mas sim da miséria absoluta, onde se extingue qualquer traço da dignidade humana. Contaram-me que as pessoas mais empobrecidas pagavam durante toda a sua vida por um caixão, e por um pedaço de terra para serem sepultadas. Que os agentes funerários traficavam com a superstição e atrocidade moral. Segundo eles, aquele que não tivesse sua sepultura seria, eternamente, uma alma penada e seu cadáver, deixado em campo aberto, seria – e era em muitos casos – o banquete de certos animais e das aves da rapina.

Muitas dessas estórias e tantas outras me relatavam os vaqueiros, que estavam por todas as partes do sertão. Fiquei na região da caatinga uma semana, dormindo sempre no próprio carro. Com o passar dos dias, conheci mais de perto a alma dos vaqueiros e, por isso, fui aprendendo a admirá-los. Sua palavra sincera e solidária chega a imantar o coração do viajante à vivência de um mundo, onde o indivíduo não perdeu os valores reais da condição humana. Que diferença brutal entre esse mundo e o relacionamento humano na vida urbana onde, quase sempre, o egoísmo e a hipocrisia se mascaram em cada palavra e em cada gesto. Em sua praticidade e na maneira simples de interpretar as coisas, o vaqueiro do sertão nordestino é tão sábio como os próprios sábios. A vida solitária e itinerante e o trabalho duro, arriscado e aventureiro forjaram sua alma com o aço e a poesia. Com sua pele castigada, seu porte viril e sua honra de homem imaculada; com seus gestos precisos e a rapidez com que toma uma decisão; pela altivez do seu caráter e ao vê-lo montado em seu alazão – cavalo e cavaleiro vestidos de couro – o vaqueiro é a figura escultural do interior nordestino. Conhece todos os segredos do sertão e, quando persegue as reses perdidas na caatinga, é mestre consumado nesse ofício. Suspenso num só estribo e agarrado com uma das mãos à crina do cavalo, pega com a outra a cauda do boi na disparada e, de um puxão, atira-o ao solo com as patas para cima e, com incrível rapidez, pula do cavalo amarrando-lhe as patas.

Ouvi muitas fantasiosas histórias sobre certos vaqueiros. A aventura e o mistério envolviam a vida dos mais famosos. Ninguém sabia onde viviam, nem onde nasceram. Apareciam nas fazendas nas épocas de reunir o gado, participavam das grandes vaquejadas e depois desapareciam. Alguns eram aclamados pelo povo por suas façanhas e tinham uma mulher em cada canto da região. Montavam com uma incrível destreza, cruzando o sertão como relâmpagos, aparecendo e desaparecendo em instantes, entre as matas da caatinga. O mestre Vitalino, um escultor popular pernambucano, gravou, magistralmente, essa imagem equestre em seus bonecos de barro.

Nas primeiras décadas do século XX, muitos desses vaqueiros, explorados pelos patrões, revoltados com a pobreza em que vivia a sua gente e pela crueldade dos coronéis, que ditavam a lei da vida e da morte aos habitantes do interior do Nordeste, começaram a fazer justiça pelas próprias mãos. Tornaram-se famosíssimos com o nome de cangaceiros, ou seja, o que vive no cangaço, no sertão. O mais famoso deles foi Virgulino Ferreira da Silva, conhecido como Lampião. Nasceu em Pernambuco, em 1897, dominou a região durante 20 anos e morreu em combate, no ano de 1938. Com ele, caiu Maria Bonita, sua amante. Conta-se que essa mulher extraordinária era tão temida e valente como os mais famosos cangaceiros. Quando com um tiro na cabeça caiu Lampião, na gruta de uma fazenda sergipana de Angicos, com ele caiu também a maioria dos seus companheiros de luta. Todos foram sumariamente degolados pelos soldados e suas cabeças expostas ao público, para que o povo acreditasse que seus defensores estavam mortos e fizessem desfalecer o único átomo de esperança que então tiveram os ofendidos e humilhados do sertão. Um dos motivos que me levaram a visitar o Museu de Salvador, na Bahia, foi a curiosidade em ver as cabeças de Lampião e Maria Bonita, ali expostas há poucos anos.

Lampião, que havia sido vaqueiro e domador de cavalos, com o tempo se tornou o Robin Hood do sertão nordestino. Assaltava os grandes comerciantes e fazendeiros para dar de comer e vestir à gente pobre da região. Do Ceará até a Bahia, foi o mais temível chefe de cangaceiros de todo o sertão. Conhecedor profundo de toda a topografia regional e dotado de uma inteligência tática e estratégica extraordinária, enfrentou as forças repressivas da Polícia Militar de todos os estados do Nordeste, em mais de cem batalhas, dando morte a centenas e centenas de soldados e oficiais. Seus homens jamais o traíram. Em Araripina, no interior de Pernambuco, um ancião, que me disse havê-lo conhecido, contou que Lampião não era um malvado como muitos acreditavam. O que ele não perdoava eram os delatores. A esses os fazia subir, completamente nus, em um cacto com os espinhos voltados para baixo e aos que se negavam a subir, atirava em seus pés.

Cego de um olho, mas infalível na pontaria, seis vezes ferido em combate e senhor de um poderoso magnetismo pessoal, sua presença arrebatava o entusiasmo das multidões e trazia pânico a todos os coronéis da região. Poeta, tocador de acordeão e amigo do padre Cícero, um justo e santo homem que vivia em Juazeiro, a história oficial o retratou com a imagem de assassino, assaltante e bandoleiro. A verdade é que Lampião lutava olho por olho e dente por dente num mundo sem lei, marcado pelo código absoluto, cruel e desumano dos poderosos. Sua ação guerrilheira significou o tempo de justiça social que tiveram os explorados e oprimidos do sertão nordestino. É que ainda está por ser escrita a verdadeira história das lutas sociais do Nordeste. Fatos como o Quilombo dos Palmares, no século XVII, um imenso território no estado de Alagoas, com 50 mil negros que fugiram da escravidão; a verdadeira história do Cangaço e a Guerra de Canudos são feitos indeléveis nos anais das lutas populares do passado, mas que convenientemente se buscou silenciar ou, pior ainda, desvirtuar a dimensão histórica. A Guerra de Canudos, dirigida em fins do século XIX por Antônio Conselheiro, outra personagem mística, de caráter rígido e de uma severa moral, algo de monge e de profeta que, seguido por uma multidão fascinada por seus poderes espirituais, povoou uma cidadela no sertão da Bahia. Dizem que um gesto seu poderia significar a paz ou a guerra. Quando seu poder começou a crescer, os fazendeiros pressionaram as autoridades e se desatou uma guerra contra o arraial de Canudos, de novembro de 1896 a outubro de 1897. Nesses combates, foram aniquilados batalhões inteiros de soldados e, quando caiu Canudos, caiu com o último homem. A história dessa aguerrida resistência foi imortalizada na obra *Os sertões*, de Euclides da Cunha. O fenômeno de Canudos representa um ciclo de revolta e agitação social em que as massas, secularmente empobrecidas, viram no messianismo o único caminho para ensaiar sua libertação da miséria e da exploração do trabalho, baseada, na época, em relações pré-capitalistas de produção, vale dizer, num sistema de servidão semelhante ao que imperava na Idade Média.

O jangadeiro do litoral e o vaqueiro do sertão foram o Nordeste cuja paisagem ficou sentimentalmente retratada em meu coração. Aquele Nordeste humanamente grande e desde sempre humilhado. Esse Nordeste onde a carência alimentar leva à morte por inanição e que Josué de Castro denunciou, com todas as letras, em seu livro *Geografia da fome*. Uma região castigada implacavelmente pela natureza, escravizada pelo coronelismo e com a cumplicidade dos governantes. Um Brasil combativo e heroico, tantas vezes falsificado pelos historiadores de academias e simplificado pela gratuidade dos folcloristas.

4. O ano de 1968

Ao chegar a Curitiba, no último dia de março, o meio estudantil estava fervendo com a revolta pela morte do estudante Edson Luís de Lima Souto, ferido mortalmente com um tiro no coração, pela polícia do Rio de Janeiro, no restaurante universitário Calabouço. Entretanto, esse não seria um fato isolado na agenda do movimento estudantil no histórico calendário daquele ano. Na verdade, o ano de 1968, no Brasil e no Mundo, deixou um registro indelével em todos aqueles que aninhavam na alma o sonho de um mundo melhor. No plano internacional, o ano começara com a auspiciosa notícia, em 05 de janeiro, de amplas reformas e a volta da liberdade de expressão na Tchecoslováquia. Procurando distanciar-se do stalinismo e do autoritarismo de Moscou, o político Alexander Dubcek acenava para seu povo com o tão sonhado socialismo humanitário. Era a chamada Primavera de Praga, cujas flores se abriram deslumbrantes para o país e para o mundo, mas seus frutos não chegariam a amadurecer. Por outro lado, ainda em janeiro, uma importante notícia corre o planeta: as tropas americanas começam a ser batidas no Vietnã pela ofensiva vietcongue, chamando a atenção internacional e do próprio povo norte-americano, que começa a reagir contra a crescente participação militar dos EUA na guerra.

Enquanto isso, também em janeiro, no que tange ao Brasil, é gratificante relembrar que o PC do B – antecipando-se a uma dezena de siglas revolucionárias que no transcorrer do ano iriam recrutar quadros para combater a ditadura – já localizava seus primeiros militantes às margens do rio Araguaia, com o objetivo de politizar os trabalhadores da região, para uma guerra revolucionária contra o Regime Militar.

Na agenda de 1968, um fato lamentável enlutou a história do Ocidente: o assassinato, em abril, de Martin Luther King marcava a interrupção do seu acalentado sonho de que brancos e negros se sentassem um dia na mesma mesa da fraternidade e que a sua pátria oprimida pela segregação se transformasse num oásis de liberdade e de justiça. E quando agosto chegou, novamente o luto tingiu nossas bandeiras. Apesar do apoio do presidente Tito, da Iugoslávia, e Ceaucescu, da Romênia, sete mil e quinhentos tanques e duzentos mil soldados do Pacto de Varsóvia fazem murchar as flores da Primavera de Praga e suas sementes apenas germinariam vinte anos depois – quando o estrondo da queda do Muro de Berlim, em 09 de novembro de 1989, ecoou uma semana depois sobre o massacrado sentimento nacional do povo tcheco – florescendo novamente num pacífico levante popular, conhecido como

Revolução de Veludo, que traria novamente Dubcek ao poder, agora já sem os sonhos de um mundo socialista, mas de um mundo que ressurgia identificado com os princípios do liberalismo, consolidando a ganância do capitalismo através da marcha inexorável para a globalização. À margem desses grandes registros, o ano de 1968 tem outra agenda, onde a contracultura corre paralela com os seus paradigmas equivocados e os fatos políticos noticiam, em junho, o assassinato do senador Robert Kennedy e a eleição de De Gaulle. Em setembro, chegam ao fim os 42 anos da violenta ditadura de António de Oliveira Salazar e Richard Nixon é eleito, em novembro, presidente dos Estados Unidos.

No Brasil, *o ano de 1968 não terminaria*, como bem sentenciou Zuenir Ventura, ao titular seu livro. O mês de dezembro começa com o teatro Opinião destruído, no Rio de Janeiro, pelo CCC (Comando de Caça aos Comunistas) e no dia 12, a negação da Câmara dos Deputados para processar o deputado Márcio Moreira Alves, abre a maior crise política da República, depois da Era Vargas. As Forças Armadas e a Polícia Federal entram em prontidão e no dia seguinte é decretado o AI-5, com o fechamento do Congresso, a súbita paralisação da vida nacional e todas as trágicas consequências que sangrariam o país por vinte e um anos.

5. Um coração de estudante num peito perfurado

O personagem mais importante de 1968 foi o movimento estudantil. Duramente reprimido desde o golpe militar e tendo a própria sede da UNE (União Nacional dos Estudantes) saqueada e incendiada pelo CCC em 1º de abril de 1964 – o próprio dia do golpe –, o movimento estudantil reconquista gradativamente o seu espaço político. A partir de 1966, desafiando proibições e ameaças, passa a realizar clandestinamente seus congressos e, durante todo o ano de 1968, integrando-se a uma onda mundial de protestos, vai tomando corpo no cenário nacional e, agigantando-se como um fenômeno social, passa a ocupar, no Brasil, o principal papel no palco das grandes manifestações populares contra a ditadura militar.

Em 1968, o Brasil tinha 278 mil estudantes universitários e uma juventude com a depurada visão crítica dos problemas do seu tempo. Destacando-se nas melhores cenas desse palco, surgem inumeráveis lideranças estudantis comandando nacionalmente um imenso corpo estudantil, plenamente sintonizado com uma cultura engajada, onde se destacavam o teatro de resistência e uma qualificada música popular de protesto. Surgem as mais diversas bandeiras, empunhadas por inteligências muito jovens, entre as quais sobressaem os estudantes Vladimir Palmeira e Luís Travassos, ambos com 23 anos, e uma rica geração musical por onde ecoam, nos grandes festivais, as canções engajadas de Geraldo Vandré e as composições premiadas de Chico Buarque, então com 24 anos. É a época do combativo Grupo Opinião, dirigido por Augusto Boal, teatralizando a resistência política através da arte. É o ano em que se opta pela luta armada e neste contexto alistam-se as lideranças estudantis mais politizadas. Os filmes brasileiros são reconhecidos internacionalmente através do cinema crítico de Glauber Rocha, na época com 29 anos. A teoria política, a crítica literária e a poesia engajada têm suas próprias trincheiras de luta e, entre estas, destaca-se, pela sua soberania intelectual, a *Revista Civilização Brasileira*, porta-voz da esquerda brasileira e internacional. De alguma maneira, pela grande integração cultural, direta ou indiretamente, todos esses afluentes da arte e da cultura desaguam, em 1968, no caudaloso rio do movimento estudantil e tudo isso mostra uma admirável paisagem de cultura política assimilada por uma juventude que seria, no fim daquele ano, brutalmente amordaçada pela ditadura e cujo luminoso fenômeno ideológico não se repetiria mais na história do país.

A ocupação da Sorbonne, em maio, pelos estudantes franceses e os choques de rua que abalaram Paris acenderiam o rastilho da revolta estudantil em todo o mundo, cujos reflexos no Brasil levariam aos confrontos violentos da *Sexta-feira Sangrenta* e a *Passeata dos Cem Mil* em junho, no Rio de Janeiro. Foi nesse amplo contexto de acontecimentos nacionais e mundiais que o movimento estudantil, assumindo a vanguarda militar das mudanças, desfraldou a bandeira da luta armada no Brasil. Rememorando detalhadamente os fatos que determinaram essa opção, é indispensável buscar as suas próprias causas no transcurso daquele ano.

No dia 28 março de 1968, no Rio de Janeiro, um protesto estudantil contra as péssimas condições de higiene do Restaurante Calabouço ocasionou a sua invasão pela Polícia Militar, onde uma incontida violência ao som de metralhadoras, culminou com a morte do estudante Edson Luís de Lima Souto. A dimensão do massacre, onde caíram mortas outras vítimas, provocou uma forte reação social na cidade e, politicamente, uma reviravolta no governo da Guanabara, ante as manifestações de repúdio parlamentar em nível estadual e federal. A imprensa nacional noticiou o fato com destaque e o jornal carioca *Correio da Manhã*, corajoso paladino das denúncias contra a ditadura militar, no dia seguinte, relata assim o trágico episódio:

> *(...) Apesar da legitimidade do protesto estudantil, a Polícia Militar decidiu intervir. E o fez à bala. Há um estudante (18 anos) morto, um outro (20 anos) em estado gravíssimo. Um porteiro do INPS, que passava perto do Calabouço, também tombou morto. Um cidadão que, na rua General Justo, assistia, da janela de seu escritório, ao selvagem atentado, recebeu um tiro na boca. Este o saldo da noite de ontem. Não agiu a Polícia Militar como força pública. Agiu como bando de assassinos. Diante dessa evidência cessa toda discussão sobre se os estudantes tinham ou não razão – e tinham. E cessam os debates porque fomos colocados ante uma cena de selvageria que só pela sua própria brutalidade se explica.*
>
> *Atirando contra jovens desarmados, atirando a esmo, ensandecida pelo desejo de oferecer à cidade apenas mais um festival de sangue e morte, a Polícia Militar conseguiu coroar, com esse assassinato coletivo, a sua ação, inspirada na violência e só na violência. Barbárie e covardia foram a tônica bestial de sua ação, ontem. O ato de depredação do restaurante pelos policiais, após a fuzilaria e a chacina, é o atestado que a Polícia Militar passou a si própria, de que sua intervenção não obedeceu a outro propósito senão o de implantar o terror na Guanabara. Diante de tudo isto, depois de tudo isto, é possível ainda discutir alguma coisa? Não, e não. (...).*[3]

3 *Correio da Manhã*. Rio de Janeiro, 29 mar. 1968.

A morte, aos 18 anos, do estudante paraense Edson Luís, com um tiro de pistola no coração, abre a primeira porta de uma crise institucional sem precedente na história republicana, depois do Estado Novo. O ato foi o estopim de uma imediata tomada de consciência estudantil e um fato cujo potencial de revolta deflagrou não só a luta aberta contra a política educacional do governo, mas o início mesmo da sua mobilização nacional contra o regime militar, determinando outros estratégicos desdobramentos nos anos escancarados da ditadura, quando o desterro da democracia e a opção pela luta armada deixaram a história da pátria manchada pelo sangue de tantos estudantes e inundada por tantos rios de lágrimas. Nesse sentido, é relevante dizer que naquele mesmo 28 de março, a camisa ensanguentada de Edson Luís era agitada aos quatro ventos como uma simbólica bandeira de luta. O clima de luto, no dia seguinte, não refletia somente um sentimento de pesar, mas uma surda proposta de reação política apenas protelada pelas circunstâncias. No Rio, as aulas foram oficialmente suspensas e os diretórios entraram em assembleia, os teatros da Guanabara fecharam suas portas por três dias, caíram cabeças no governo do Estado, o tenente assassino foi preso e o grande jurista Sobral Pinto foi constituído pelos estudantes no processo de punição aos culpados. No Congresso Nacional, vários oradores se revezaram condenando "o vandalismo e a covardia da Polícia" e o então deputado Mário Covas responsabilizou o Governador Negrão de Lima pelos acontecimentos. Envolto com as bandeiras nacional e do Pará, o velório do jovem estudante na Assembleia Legislativa foi marcado pela presença de uma imensa movimentação popular e pelos inflamados discursos de várias lideranças estudantis e políticas, contra o arbítrio e a violência policial.

No dia 4 de abril, o desfecho da missa de sétimo dia, a realizar-se na igreja da Candelária, era aguardado com ansiedade e pressentimento por toda a classe estudantil do país. A cerimônia que começou calma terminou sob uma insuportável tensão emocional, com o ronco dos aviões cruzando o local e os ruídos dos cascos da cavalaria cercando a saída da igreja. As 600 pessoas viram barrada a saída ante a ordem de desembainhar. E depois a ordem reiterada:

– Aqui ninguém passa. Recuem, recuem.

O bispo auxiliar da cidade e mais quinze padres, desafiando a ameaça de massacre, abrem os braços e, de mãos dadas, formam um corredor de saída.

– Isso não é uma manifestação. Deixem estas pessoas ir para suas casas – diz o bispo.

Há um impasse no ar. Uma expectativa de pânico e finalmente a contraordem:

– Dispersar, dispersar.

> *Os sacerdotes, como que assistidos por uma força invisível, coordenaram a saída disciplinada e silenciosa pela calçada. Postados num cruzamento da avenida Rio Branco, todos paramentados, ali permaneceram até que passassem, sãos e salvos, todos os "sobreviventes" do ato religioso. Por certo, em suas orações, daquela esquina pra frente entregavam a sorte daqueles rapazes e moças, nas próprias mãos de Deus, sem imaginar que mais adiante muitos deles seriam brutalmente espancados e presos.*[4]

O fermento da revolta pela morte de Edson Luís e a ameaça de violência com que a Polícia Militar encarou aqueles que lhe foram prestar, espiritualmente, a última homenagem, determinaram uma forte reação por parte de muitas categorias profissionais da população carioca, moralmente humilhadas ante a eminência de um massacre por parte dos soldados. Em junho daquele ano, no rastro mundial da emblemática revolta estudantil de maio, nas ruas de Paris, os estudantes cariocas, cada vez mais encurralados pela repressão e a perseguição política, transformaram o centro da cidade numa praça de guerra. Com início no dia 19, os protestos contra a ditadura chegaram ao auge no dia 21 de junho de 1968, data que ficou conhecida como a *Sexta-feira Sangrenta*. Ao final

4 Andrade, M. de. *A sexta-feira sangrenta*. Disponível em: <http://palavrastodaspalavras.wordpress.com/2008/04/29/1968-asexta-feira-sangrenta-por-manoel-de-andrade/>. (Acesso em: 11 jul. 2010 às 18h40).

de três dias, aquela "sexta-feira" amanheceu com as ruas tomadas pelas barricadas. No começo da tarde, os atos foram precipitando os fatos e delineando uma luta campal de horas ininterruptas, iniciada quando a cavalaria e os batalhões de choque entraram na avenida Rio Branco, investindo contra as barricadas dos manifestantes. Numa segunda linha de ataque, policiais e agentes do Dops apareceram abrindo fogo contra grupos de resistência e atirando em direção às janelas dos edifícios, ocasionando o pânico e correria pelas transversais da avenida.

> *As barricadas de Paris talvez não tenham causado tantos feridos quanto a "Sexta-feira sangrenta" do Rio, para citar apenas um dia de uma semana que ainda teve uma quinta e uma quarta quase tão violentas. (...) Durante quase dez horas, o povo lutou contra a polícia nas ruas, com paus e pedras, e do alto dos edifícios, jogando garrafas, cinzeiros, cadeiras, vasos de flores e até uma máquina de escrever.*[5]

6. A Passeata dos Cem Mil

Os novos fatos geraram um saldo insuportável de indignação no espírito da cidadania carioca, levando intelectuais, escritores, artistas, professores, políticos, jornalistas e líderes estudantis a articular um ato público que pudesse lavar a alma da população, maculada por tanta indignidade. Depois de três dias de difíceis negociações, o psicanalista Hélio Pellegrino – à frente de 300 intelectuais, onde se destacavam Oscar Niemeyer, Paulo Autran, Clarice Lispector, entre tantos – convenceu o Governador Negrão de Lima a liberar uma passeata pacífica, pelas ruas centrais da cidade, sem a presença dos policiais. E, no dia 26 de junho, o Rio de Janeiro assistiu a uma das maiores manifestações populares de sua história: a Passeata dos Cem Mil.

Organizada pelas lideranças estudantis, uma grande massa humana partiu da Cinelândia e percorreu, de mãos dadas, as grandes avenidas Rio Branco e Presidente Vargas, rumo à praça Tiradentes. Nunca se

5 Ventura, Z. *1968: O ano que não terminou*. Rio de Janeiro, Nova Fronteira, 1988, p. 134.

tinha visto tantas classes sociais reunidas. Poetas, dramaturgos e romancistas, atores, jornalistas e deputados, centenas de padres de braços dados em sucessivas alas, professores, cineastas, médicos, advogados e cantores, como Chico Buarque de Hollanda, Nara Leão e Geraldo Vandré empunhavam as mesmas bandeiras com outros jovens talentos da Música Popular Brasileira. Sob a chuva de papéis picados que caía dos edifícios, a marcha foi por várias vezes interrompida pelos inflamados discursos do presidente da UME (União Metropolitana de Estudantes), Vladimir Palmeira, cuja primeira fala, na Cinelândia, ao iniciar caminhada, foi exigir do Governo da Guanabara os corpos dos companheiros já caídos:

> *Nós queremos os cadáveres dos estudantes que foram mortos durante as últimas manifestações. Todos viram seus corpos, ao vivo e nos jornais, e não é possível que o governador e as outras forças repressivas continuem a esconder os seus corpos para iludir a população.*

E, no final do percurso, reiterou advertindo:

> *Voltaremos sempre para exigir nossos direitos. Pacificamente, se não formos reprimidos pela Polícia, agressivamente, se tentarem nos agredir, como fizeram algumas vezes.*

A Passeata dos Cem Mil, com a força do seu pacifismo e, paradoxalmente, como uma amostra declarada de reação contra o Regime, marcou, historicamente, o "território" estudantil como a maior trincheira de resistência e como a porta-voz da sociedade contra a ditadura militar. Durante todo o ano de 1968, apesar de sua luta contra a crescente repressão, o movimento estudantil levantou também a bandeira em prol da continuação do ensino gratuito, ante a ameaça da privatização. A política educacional do governo propunha o ensino superior pago e o direcionamento da formação acadêmica para a especialização alienante no mercado de trabalho capitalista. Atrelado a acordos de tecnologias norte-americanos formuladas pela Usaid (United States Agency for International Development), o MEC (Ministério de Educação) pretendia reformular a política educacional do país. Contra a subordinação da educação à economia de mercado, levantou-se como um só homem toda a classe estudantil brasileira. Mas todos sabem que essa bandeira e tantas outras foram visivelmente arriadas em 13 de dezembro daquele ano, ante as medidas de repressão sancionadas pelo Ato Institucional nº 5, que mergulharia o país em mais 17 anos de escuridão.

> *O AI-5 sufocou os últimos suspiros da democracia. Fechou o Congresso, rasgou a Constituição, amordaçou a imprensa, suspendeu o* habeas corpus, *cassou políticos, demitiu funcionários, transferiu e reformou militares, foi enchendo as prisões e esvaziando os horizontes democráticos. Abriu os caminhos do anonimato, os becos da clandestinidade e a* via crucis *da perseguição, da incomunicabilidade, da tortura, do desaparecimento e da morte.*[6]

7. O golpe no golpe

O AI-5 foi o golpe no golpe e deixou os grupos de esquerda de "orelha em pé". Ainda assim, a liderança sobrevivente da UNE que, em 12 de outubro tinha sofrido um irrecuperável revés, com a prisão de 920 estudantes no seu trigésimo Congresso, na localidade paulista de Ibiúna, resolve fazer, no dia 17 de dezembro, quatro dias depois da vigência do AI-5, uma reunião regional em Curitiba. O local escolhido foi a chamada Chácara do Alemão, no bairro Boqueirão. Os agentes infiltrados no movimento estudantil do Paraná levantaram as informações. O local foi cercado e 42 lideranças foram presas. Entre eles, o cearense João de Paula, membro da UNE, que não fora a Ibiúna, Berto Luiz Curvo, presidente da UPE (União Paranaense de Estudantes) e Vitório Sorotiuk, presidente do DCE (Diretório Central dos Estudantes). O saldo anual do movimento era inquietante e fechava no vermelho. Milhares de estudantes presos em todo o país e aqui, em Curitiba, amigos e velhos companheiros de luta estudantil foram mantidos incomunicáveis, dos quais cinco seriam condenados a dois anos de prisão e, dez deles, a quatro anos.

6 Andrade, M. de. *Partidão versus foquismo.* Disponível em: <http://palavrastodaspalavras.wordpress.com/2008/05/12/1968-partidao-versus-foquismo-por-manoel-deandrade/>. (Acesso em: 12 jul. 2010 às 22h23).

O ano terminava nesse impasse, já sem esperanças de reconquistar o estado de direito pelos meios democráticos. O AI-5 fechou todas as saídas pacíficas de mudanças e abriu as portas da clandestinidade e da luta armada. Não restou outro caminho para a militância estudantil fora das organizações revolucionárias que começavam a surgir.

Seus sonhos de mudar o mundo começaram muito antes, quando em 1961 a UNE fundou o CPC (Centro Popular de Cultura) cujo propósito era despertar pacificamente, com a arte, a consciência política do povo. Sob a direção do dramaturgo Oduvaldo Viana Filho (o Vianinha) foram encenadas dezenas de peças, publicados livros, produzidos filmes e discos, e promovidos shows, cursos e debates. Nesta saga cultural sem precedentes da nossa história se engajaram, ao lado de estudantes, artistas e intelectuais, figuras emblemáticas do teatro brasileiro como Augusto Boal e Gianfrancesco Guarnieri.

Quando as sementes dessa utopia começavam a abrir suas flores e a colher seus frutos com a presença cada vez mais contagiante da população em seus espetáculos, o golpe militar de 1964 colocou a UNE na ilegalidade e toda esta fogueira de sonhos e esperanças, cujo imenso clarão iluminou a geração de nossos anos dourados, foi abafada bruscamente pelo manto tenebroso da opressão. Quando no fim de 1968 arrancaram das mãos do Movimento Estudantil as suas últimas bandeiras democráticas, não lhes restou outra expressão de bom combate que não fosse a luta armada. O que aconteceu depois todos nós sabemos. Centenas deles foram presos, barbaramente torturados e mortos nas prisões do Regime Militar. Deram a vida para que sobrevivesse um sonho e para que continuassem abertas as trincheiras de luta que escavaram em nome de um homem novo e de um mundo melhor. Esta é a triste memória que a história recente do país tenta resgatar pelos depoimentos dos que sobreviveram, pela escavação dos cemitérios clandestinos e na voz silenciosa dos desaparecidos. Eu bem quisera enumerar aqui os nomes da bravura. Dos que resistiram até o último golpe e caíram aureolados com a coroa do martírio. Mas todos os seus nomes somente podem ser escritos com a dimensão da palavra: legião.

Porque sempre faltaria ainda um nome ou um codinome de alguém cujo coração materno poderia derramar a derradeira lágrima, motivada pelo meu esquecimento.[7]

8. O marinheiro e o delegado

O Natal chegou, o ano virou e em meados de janeiro resolvi me prevenir. Eu era apenas um poeta, um intelectual de esquerda como tantos e, como não tinha vinculação com nenhuma organização revolucionária, não me sentia ameaçado pelas novas medidas do Regime Militar. Mas não me saíam da cabeça os destinos que teriam tido a distribuição daqueles 4.000 panfletos com minha saudação poética a Che Guevara, pregando a luta armada. No início da "caçada", tudo era imprevisível, porque sinalizava para qualquer cabeça que ousasse "pensar". Como possuía um passaporte expedido em maio de 1967, para uma viagem à Argentina, resolvi solicitar um visto de saída, na iminência de qualquer dificuldade futura. Fiz o pedido, paguei as taxas e já no dia 16 de janeiro lá estava eu diante de um delegado do Dops, na rua João Negrão. Era Osias Algauer que, naquela época mantinha arquivado os antecedentes políticos de centenas de paranaenses e catarinenses. Questionado sobre o porquê da minha saída, disse a ele que sempre sonhei ser marinheiro. Que passei minha adolescência entre estivadores e velhos marujos no porto de Itajaí e que pretendia embarcar para correr o mundo em busca de experiências para ser futuramente um escritor. Falei de autores como Herman Melville e Joseph Conrad e de seus livros sobre o mar. Como toda aquela história era a sincera expressão de um anseio verdadeiro, eu tinha escrito, em setembro de 1968, um longo poema chamado *Um homem no cais*, onde contava minha frustrada busca, de porto em porto, à procura de um navio para o meu sonho. Prevendo tudo aquilo e desempenhando o meu teatro, tirei do bolso um maço de poemas e lhe entreguei o poema *Um homem no cais*, dizendo:

7 Andrade, M. de. *A passeata dos cem mil*. Disponível em: <http://palavrastodaspalavras.wordpress.com/2008/05/05/1968-a-passeata-dos-cem-mil-por-manoel-de-andrade/>. (Acesso em: 12 jul. 2010 às 11h47).

– Aqui está escrito meu sonho, delegado. Deixo com o senhor, para que leia outra hora, se gostar de poesia.

Ele tomou o poema e começou a ler. Ele ouvira a minha história em silêncio e leu o poema inteiro sem me olhar. Eu perguntava a mim mesmo se ele estaria acreditando na minha história. Terminou de ler, olhou-me sério, mas com uma visível expressão de simpatia e depois abriu uma pasta que um funcionário havia colocado sobre sua mesa. Em seguida, perguntou-me por que tinha assinado um manifesto em 02 de dezembro de 1965, protestando contra a prisão de intelectuais na abertura da Conferência da OEA, no Rio de Janeiro. Disse-lhe que assinara por mera insistência de colegas estudantes, mas que na verdade nem sabia direito do que se tratava. Ele fechou a pasta e devolveu-me o poema dizendo: – Bonitos versos. Vistou meu passaporte, finalmente sorriu e entregou-o, desejando sucesso na realização do meu sonho de marinheiro. Somente vinte e dois anos mais tarde, fiquei sabendo que ele acreditou na minha história. Em 1991, o governador Roberto Requião, no seu primeiro mandato, decretou a extinção da Delegacia de Ordem Política e Social e fez com que o Paraná fosse o primeiro estado brasileiro a abrir os arquivos da ditadura, disponibilizando seus documentos à sociedade. Todas as suas 47 mil fichas individuais e as 3.700 pastas temáticas passaram a compor o acervo do Arquivo Público de Estado. Dez anos depois, ao iniciar a via-sacra de documentos para meu processo de anistia, requeri uma busca no meu nome e fui surpreendido com um dossiê de 12 folhas sobre minhas atividades político-poéticas datadas desde agosto de 1966 até novembro de 1973, onde, incrivelmente, constavam roteiros de minhas viagens, palestras e detalhes das quatro edições de meu livro *Poemas para la libertad*, lançadas na década de 70 na América Latina, a acusação de que em minhas conferências difamava o nome do Brasil no exterior, assim como uma cópia do panfleto *Saudação a Che Guevara*. Referente ao requerimento do visto em meu passaporte, constava o seguinte:

> *INFORMAÇÃO: Senhor Delegado: Informo-lhe que o requerente é fichado nesta Seção, por ter assinado um Manifesto publicado no jornal "Correio da Manhã" do Rio, em 2 de dezembro de 1965, juntamente com outros, em protesto contra a prisão dos intelectuais (todos*

comunistas) por ocasião da abertura da Conferência da OEA, no Rio de Janeiro (...)

Nesta mesma data, constava abaixo o seguinte:

O fichado requereu visto de saída, para viajar para o exterior, como marinheiro, tendo confessado que assinou o manifesto supra, porém, nunca foi e nem é subversivo ou comunista, mediante isso, o Del. deferiu seu pedido.

M-94-H

MANOEL DE ANDRADE

225 DELEGACIA DE ORDEM POLITICA E SOCIAL

FICHARIO PROVISORIO INDIVIDUAL

ARQUIVO PÚBLICO · PARANÁ ·

Nome MANOEL DE ANDRADE Vulgo

Data 9/8/66 Prontuario na Delegacia N.

Pai Manoel de Andrade Mãe Donzilia Rita

Idade Data do Nascimento 3-11-1940 Sexo masc.

Nacionalidade Brasileira Natural de Rio Negrinho-SC

Estado Civil solteiro Profissão POETA -Jornalista e Func.Púb. Estadual BEL EM DIREITO UFP

Local do Trabalho (1969- Marinheiro) Ordenado D.E.R.

Ex-Func. Sec. Fazenda e D.E.R. do Pr.

Residencia atual Rua Comendador Macedo, 260 -Curitiba Rua João Negrão,45

Residencias anteriores

É sindicalisado sindicatos e locais que costuma frequentar

Nome e residencia dos conhecidos parentes:

Notas Cromaticas:

Em 1969, eu trabalhava como assessor de imprensa na Secretaria da Fazenda do Estado do Paraná. Nos primeiros dias de março, peguei minhas férias no trabalho, passei uma semana em Santos e São Paulo para alguns contatos com gente de esquerda e dali viajei para o Rio de Janeiro para um encontro com o poeta Moacyr Félix. Na época, diretor responsável da *Revista Civilização Brasileira*, ele havia recém-publicado, no nº 21/22, o meu poema *Canção para os homens sem face*, e me convidara para participar do segundo volume da nova série *Poesia viva* recém-lançada pela Editora Civilização. Embora lhe tenha entregado os originais, o projeto foi suspenso posteriormente em vista da repressão sistemática contra a Editora. Tudo começou com o atentado à bomba contra a sua Livraria, cometido por um comando do Centro de Informação do Exército em outubro do ano anterior, e, posteriormente, com o fechamento da *Revista Civilização Brasileira* depois do AI-5 e a própria prisão de Ênio Silveira, o mais influente editor de esquerda daqueles anos, preso sete vezes entre 1964 e 1969, cujos direitos políticos foram cassados.[8]

9. Um inimigo da pátria

Voltei a Curitiba no dia 12 de março pela manhã e à noite reencontrei, no Bar "Velha Adega", alguns amigos, entre eles o escritor e publicitário Jamil Snege e a estudante de sociologia Elci Susko, com quem partilhava amiúde minhas ideias políticas. Elci me relatou, angustiada, que, por duas vezes, fora abordada na Faculdade, levada por agentes de segurança e interrogada pelo Coronel Waldemar Bianco, delegado regional da Polícia Federal, sobre o meu paradeiro. Informou-lhe de que o que sabia de mim é que eu havia tirado férias no trabalho e estava no Rio de Janeiro. Ele tinha em seu poder um exemplar do panfleto *Saudação a Che Guevara* onde constava a autoria do poema e me acusava de "comunista", de "pregar a luta armada" e ser "um inimigo da pátria".

A publicação do AI-5 completava três meses e já havia começado a "caça às bruxas" no Brasil inteiro. Os suspeitos de subversão eram presos, mantidos incomunicáveis e muitos começaram a sumir. Embora na ribalta do drama político os refletores mostrassem aos que deram seu "ouro para o bem do Brasil", apenas um "céu de brigadeiro", muitos de nós, os espectadores mais atentos das primeiras filas daquele teatro de horror, sabíamos que, depois do "5º ato", as cenas mais trágicas passavam-se nos "bastidores", e que, por isso mesmo, não poderíamos assistir aos "melhores" momentos de uma tragédia chamada "O quartelaço". Teríamos que, feliz e infelizmente, sair no meio do espetáculo. Alguns livros como *Tortura e torturados* de Márcio Moreira Alves, lançado e

8 Depois do AI-5 a *Revista Civilização Brasileira* foi fechada e o projeto *Poesia viva* somente deveria ser retomado a partir de 1980, como afirma o próprio Moacyr Félix. In: A poesia na década de 70, *Revista Encontros com a Civilização Brasileira*, n. 20, fev. 1980, p. 185-6.

apreendido em 1967 e que li posteriormente no exterior, relatava como foram representados os primeiros atos dessa tragédia, depois do golpe militar de 1964. Agora, porém, a repressão fora agudizada. Pairava sobre nós, invisível, iminente e ameaçador, um poder inquestionável, legalizado, atual e atuante, diante do qual apenas uma palavra sintetizava nosso pânico: *impotência*. A angustiante impotência de nada poder fazer diante de uma lógica inquisitorial que ameaçava também os nossos seres mais queridos.

Naquela mesma noite, já em pânico com o relato da Elci e preocupado com minha esposa e minha filha, fui aconselhado pelo Jamil a sair da cidade. No dia seguinte, pela manhã, fui à casa do Roberto Requião, amigo com quem partilhara os bancos da Faculdade de Direito na Universidade Federal do Paraná e, depois do golpe de 1964, dos tantos protestos estudantis em que ele, com sua afiada oratória, e eu, com meus poemas políticos, empunhamos, com outros tantos, a mesma bandeira contra a ditadura. Conversávamos longamente no seu quarto, quando lá pelas tantas, toca o telefone. Eram agentes do Dops procurando amedrontá-lo com advertências. Roberto, sem se intimidar, respondeu irreverente e desligou o aparelho.

– Esta é a terceira vez que estes canalhas me ligam – disse-me e depois, encarando-me, acrescentou:

– Maneco, você tem que sair do país antes que te achem!

Ele tinha vários amigos de esquerda em Assunção e propôs que eu saísse pelo Paraguai. Falou-me deles com confiança e passou-me os endereços. Trocamos nossas inquietudes sobre a emergência com que a ditadura ia fechando todas as portas da liberdade. Ao nos despedirmos, abriu a gaveta do seu criado mudo e retirou uma *Beretta 6.35*, municiada, e disse-me:

– Boa sorte, Maneco, e leva isso..., você poderá precisar!

Naquela tarde, fui à rua Riachuelo e comprei uma mochila. Não era meu estilo, mas como naquele tempo estava em moda viajar de mochila pelo mundo inteiro, pensei ser a melhor maneira de atravessar a fronteira, com a imagem inconsequente de um andarilho, para não despertar suspeita. Dali fui à rodoviária e comprei minha passagem para Foz do Iguaçu. O ônibus partiria às seis da manhã. Receoso que os agentes do Dops já soubessem do meu retorno do Rio e estivessem vigiando os arredores do edifício onde eu morava, não voltei para casa. Como eu tinha um Volks, rodei discretamente pela cidade, reencontrei, à noite, o Jamil, a Elci e outros amigos e depois da meia-noite rondei as imediações do Edifício onde morava na rua Comendador Macedo, nº 260, para só então entrar em casa. Minha esposa Marilena me esperava e minha filha Daniela dormia. Aquela foi uma noite tensa, longa e insuportável. A iminência de ser preso..., minha inesperada saída do país..., tudo assim tão de repente. Minha família, em Santa Catarina, sem saber que eu estava partindo sem destino. Deixava meu bom emprego, interrompia meu segundo ano de história na UFPR, e meu sonho de ser professor de filosofia da história. Abandonava meus planos literários e as esperanças da publicação do meu primeiro livro de poesia pela grande Editora Civilização Brasileira, conforme me acenaram, alguns dias atrás, o poeta Moacyr Félix e o editor Ênio Silveira. Tudo isso fervilhava em minha mente num torvelinho incessante, temperado pelo medo e os pressentimentos. Tomei uma folha de papel e sob o título de *Véspera* escrevi em versos toda a minha angústia:

Quatorze de março
mil novecentos e sessenta e nove.
É preciso...
é imprescindível denunciar o compasso ameaçador destas horas,
descrever esta porta estreita que atravesso,
esta noite que me escorre numa ampulheta de pressentimentos.

Um desespero impessoal e sinistro paira sobre as horas...
O ano se curva sob um tempo que me esmaga
porque esmaga a pátria inteira...
Nossas canções silenciadas
nossos sonhos escondidos
nossas vidas patrulhadas

nossos punhos algemados
nossas almas devassadas.

Pelos ecos rastreados dos meus versos
chegam os pretorianos do regime.
Alguém já foi detido, interrogado ameaçado
e por isso é necessário antecipar a madrugada.

E eis porque esse canto já nasce amordaçado
porque surge no limiar do pânico.
Meu testemunho é hoje um grito clandestino
meus versos não conhecem a luz da liberdade
nascem iluminados pelo archote da esperança
para se esconderem na silenciosa penumbra das gavetas.

Escrevo numa página velada pelo tempo
e num distante amanhecer
é que o meu canto irá florescer.

Escrevo num horizonte longínquo e libertário
e num tempo a ser anunciado pelo hino dos sobreviventes.
Escrevo para um dia em que os crimes destes anos puderem ser contados para o dia em que o banco dos réus estiver ocupado pelos tor-turadores

Contudo, nesta hora, neste agora
o tempo se reparte pra quem parte
e um coração se parte nos corações que ficam...
O amanhecer caminha para desterrar os nossos gestos
para separar nossas mãos e nossos olhos
e nesta eternidade para pressentir o que me espera
já não há mais tempo para dizer quanto quisera.

Tudo é uma amarga despedida nesta longa madrugada
e neste descompassado palpitar,
contemplo meus livros perfilados de tristeza
retratos silenciosos de tantas utopias,
bússolas, faróis, retalhos da beleza.
Aceno a Cervantes, a Lorca, a Maiakovski
mas só Whitman seguirá comigo
nas suas páginas de relva
e no seu canto democrático.

Contemplo ainda os pedaços do meu mundo
nos amigos do penúltimo momento
nas lágrimas de um bem querer
na infância de minha filha
e nesse beijo de adeus em sua inocência adormecida.

Nesta agonia...
neste abismo de incertezas...
abre-se o itinerário clandestino dos meus passos.
De todos os caminhos
resta-me uma rota de fuga, outras fronteiras e um destino.
Das trincheiras escavadas e dos meus sonhos,
restou uma bandeira escondida no sacrário da alma
e no coração...
um passaporte chamado... liberdade.[9]

Às cinco e meia da manhã beijei minha filha adormecida, abracei Marilena e saí pela porta do destino. Apreensivo, desci pelo elevador. Na portaria, o guardião cochilava. Olhei através da porta de vidro, não vi ninguém lá fora. Saí..., a rua estava deserta.

Cheguei à Foz no fim da tarde. Dormi numa pensão qualquer e na manhã seguinte, com meu passaporte anteriormente carimbado, recebi um novo visto e cruzei a fronteira sem problemas. Ao lado esquerdo da imensa ponte, uma velha barcaça avançava penosamente contra a correnteza do rio Paraná. Lá de cima, parei para observar a paisagem da fronteira. Na margem paraguaia, havia muitas casas e movimento de gente e canoas. O rio, com vigorosa calma, transportava seu caudal de águas barrentas. Atrás ficava a pátria, e, na memória dos meus 28 anos, a minha infância junto ao mar lá em Piçarras, minha adolescência entre barcos e navios em Itajaí e um sonho, ainda palpitante, de ser marinheiro um dia. Ficou a memória dos meus dezenove anos chegando a Curitiba, sem um conhecido e sem uma referência sequer. A pensão barata, o fim do dinheiro, três dias sem comer e o encontro providencial com um amigo conterrâneo que matou minha fome, partilhando a sua bandeja na Casa do Estudante Universitário. O primeiro emprego de contínuo no Teatro

9 Andrade, M. de. *Poemas para a liberdade*. São Paulo, Escrituras, 2009, p. 65-9.

Guaíra, o curso clássico no Colégio Estadual do Paraná, o bacharelado em direito, na Universidade Federal, meu trabalho no Departamento de Estradas de Rodagem e de assessor de imprensa na Secretaria da Fazenda. Minha alma de poeta recordava do primeiro prêmio literário em 1965, minha participação, também naquele ano, na Noite da Poesia Paranaense, no Teatro Guaíra, ao lado de Helena Kolody, Leopoldo Scherner, João Manuel Simões, Hélio de Freitas Puglielli, Paulo Leminski, Sônia Regis Barreto, entre os 14 poetas participantes. Lembrava-me do recente sucesso literário, o destaque na Literatura, dado pela imprensa do Paraná, em 1968, junto com Dalton Trevisan e Jamil Snege e a promessa do meu primeiro livro pela melhor editora do país. Ficaram tantos amores: meu pai, minhas irmãs, um bem-querer e os quatro anos de minha filha. Ficaram meus amigos, minha biblioteca e muitos companheiros de luta. Eu fora obrigado a deixar tudo o que mais amava. Levava duas calças, três camisas com grandes bolsos, um reforçado par de sapatos com solado de pneu, um pequeno cobertor, meus poemas políticos dobrados entre as páginas de um livro de Walt Whitman, uma beretta, uma toalha de banho, objetos de higiene e uma pequena "fortuna": 70 cruzeiros novos. Levava também na alma uma grande angústia: o destino de alguns amigos e conhecidos, recentemente presos ou desaparecidos misteriosamente.

II
NO LIMIAR DE OUTRAS FRONTEIRAS

Paraguai

Atravessei a Ponte da Amizade e cruzei a cidade fronteiriça de Puerto Stroessner, hoje Ciudad del Este, que na época era assim chamada em homenagem ao ditador Alfredo Stroessner. Na saída da cidade deparei com uma imensa reta que levava a Assunção e pensei que começava ali minha longa aventura, para onde, ao certo, ainda não sabia. Com a mochila nas costas comecei a caminhar. Andei uma hora e "meu fardo era leve e meu jugo era suave", porque sustentados pelo meu espírito de aventura estreando, nos meus passos, os caminhos da América. Andei duas horas e comecei a prestar mais atenção aos carros que passavam rumo à capital. Antes da terceira hora, solitário na estrada, sem um companheiro que disputasse o meu cansaço, encerrei ali mesmo minha carreira de andarilho. Através de três caronas cheguei a Assunção no começo da tarde.

Avenida Mariscal Lopes, número 2.947. Cheguei ao portão, bati palmas, apareceu uma senhora. Saudei-a e perguntei por Angel. Ele logo apareceu ao lado.

– *Soy un brasilero. Mi nombre es Manoel y vengo de Curitiba de parte de Roberto Requiã* – Disse-lhe em meu novo idioma.

Um amplo sorriso se abriu no rosto do pintor Angel Higinio Yegros Semidei. Veio até o portão, apertamos as mãos e entramos. Falamos sobre o Roberto, dos motivos da minha saída, do que estava acontecendo no Brasil e da minha rápida passagem pelo Paraguai com destino ao Chile. Ele comentou da crônica situação política do Paraguai, cuja ditadura, a partir de 1954, instalara no país a repressão sanguinária e o contrabando. Falei de poesia e ele de pintura. Mostrou-me seus últimos quadros e comentou as exposições de que já participara no Paraguai e no exterior. A tarde caía quando saímos em busca dos irmãos Rojas, também indicados pelo Roberto.

Ainda era dia quando chegamos à rua Tenente Morales, 671. Na bonita residência, encontramos toda a família Rojas, da Costa Rica. O pai, alto funcionário das Nações Unidas, pela FAO (Organização para Agricultura e Alimentação), a mãe e dois filhos entre 22 e 24 anos. Uma ampla mesa, um farto lanche, notícias e recomendações do Roberto, a situação política do Brasil e meus planos de seguir, já nos próximos dias, para a Argentina, a caminho de Santiago. Ao falar do meu roteiro pelo norte da Argentina, rumo a Buenos Aires, Francisco e Mario entreolharam-se. Estudavam arquitetura em Lima e também planejavam sair naqueles dias para conhecer o norte argentino e chegar a Buenos Aires, antes de viajar para o Peru. Discutiram ali mesmo o assunto com os pais e resolveram antecipar a saída, para partirmos juntos. Fiquei por ali mesmo. Ofereceram-me hospedagem e um grande calor humano. Angel fez alguns telefonemas e mais tarde saímos os quatro jovens para um bar da capital, onde chegaram alguns amigos de Angel.

Argentina

1. Tiros, carona com o governador, polícia e novos amigos

Na manhã de 17 de março cruzamos o rio Paraguai e entramos na Argentina por Puerto Pilcomayo. Nosso plano era chegar até a noite à cidade de Clorinda e de lá descermos pela província de Formosa rumo a Santa Fé, a caminho de Buenos Aires. Com espírito de aventura, resolvemos caminhar pelas estradas. No meio da tarde, cansados e mortos de fome nos deparamos com uma plantação de milho ainda muito verde. Nosso almoço foi raspar os sabugos mal formados com os dentes e de sobremesa alguns poemas de Walt Whitman. Depois, abri minha mochila e mostrei-lhes a beretta que o Requião me tinha dado. Dei dois tiros numa pedra a 10 metros e errei. Foram os dois únicos tiros que dei na minha vida. Ao anoitecer, chegamos a Clorinda de carona. Partilhamos o jantar e depois achamos uma espelunca barata, onde passamos a noite.

No dia seguinte, mochila nas costas, caminhamos até a saída da cidade em busca do sul. Sempre de carona, chegamos a Formosa, capital da província do mesmo nome e no dia seguinte, à tarde, saindo da cidade, um senhor deu-nos carona num belo automóvel. Muito solícito, deixou-nos prontamente à vontade e começamos uma longa conversa. Tinha uns cinquenta anos, aspecto distinto e vivaz, e falava da Argentina com um conhecimento e uma terminologia política e cultural que nos deixou fascinados. Embora curioso, não lhe perguntei nada sobre a sua profissão e, seguindo o caminho, interagi com ele falando do Brasil e dos meus objetivos de conhecer o continente. Uma grande empatia se criou entre nós e lá pelas tantas, num cruzamento da rodovia, parou no acostamento e disse que ali tomaria outro rumo. Quando nos despedimos ele tirou do bolso um cartão, escreveu algumas frases e entregou-me. No cartão eu li: “Al senõr Manoel de Andrade, muy feliz viaje le desea Augusto Guillermo Sosa Laprida, Gobernador de la província de Formosa – Rep. Argentina”. Quando li o cartão e olhei para ele surpreso, disse-me que nos deixava ali, porque tinha que tomar outra estrada para ir ao aeroporto, buscar o ministro das finanças da Argentina que ia chegar de Buenos Aires, e disse ainda que se tivéssemos alguma dificuldade em sua província, que lhe comunicássemos por telefone que tudo se ajeitaria. Por muito tempo, em meus caminhos, gratificado pela sua imagem e cortesia, guardei o seu cartão comigo. Hoje, em dezembro de 2009, ao iniciar os relatos de minhas andanças pela América Latina e deparar com essa história contada numa longa carta que, de Bucnos Aires, escrevi aos parentes, abro a Internet e digito no *Google* o seu nome e lá, em vários tópicos, encontro sua trajetória política de governador no período de 1966 a 1973, reconhecido como um profundo conhecedor dos problemas da região e um incentivador da cultura da província de Formosa em nível nacional, no período em que a Argentina foi presidida pelo ditador Juan Carlos Onganía e pelo general Alejandro Lanusse.

Sempre descendo, na direção de Buenos Aires, passamos por Resistência, capital da província do Chaco e seguimos para Santa Fé. Depois de passar por Reconquista, onde pernoitamos, chegamos numa bela tarde de sol a uma pequena cidade chamada Vera. Andávamos pelas ruas com as mochilas nas costas, cansados, com fome, sujos, e eu com a barba crescida e um vasto bigode que não era comum usar na Argentina, quando, ao nos dirigir para a estação de trem, fomos abordados por um policial que se aproximou atravessando uns trilhos, e ordenando que o acompanhássemos até a delegacia. Observados pelos transeuntes, caminhávamos pelo centro da cidade, escoltados por um policial, como se fôssemos bandidos. Eu estava muito preocupado com a arma na mochila, mas esperei calmamente para ver o que ia acontecer. Para mim, desde que saíra, há dez dias, do Brasil, era uma aventura a mais. Chegando lá, revistaram-nos do lado de fora da delegacia, levaram um envelope de plástico com os documentos que eu guardava no grande bolso da camisa, abriram a mochila e vasculharam tudo, mas não acharam a beretta. Minha mochila era pequena e muito simples. Tinha na parte interior da tampa um pequeno compartimento fechado com zíper, onde a coloquei. Ao abrir a mochila, a tampa caía para trás de forma que o policial ao vasculhar o seu interior pela parte da frente não percebeu que a tampa tinha um zíper. Como não achou nada além das minhas roupas, um livro, toalha de banho, pente, pasta e escova de dente e uma latinha de pomada minâncora, mandou guardar tudo. Ficamos lá detidos até que chegasse a investigação federal. Afinal, depois de algum tempo, abriram meu envelope e depararam com o passaporte, carteira de advogado, de jornalista e de estudante de história. Ao verificar os documentos de Mario e Francisco, depararam-se com dois passaportes diplomáticos e então chamaram-nos para uma sala e pediram-nos que compreendêssemos que se faziam aquilo é porque havia muitos ladrões disfarçados de andarilhos que ficavam nas estradas pedindo carona e depois assaltavam os choferes de caminhões, etc., etc. Não podiam imaginar que uma pessoa tão instruída como eu estivesse fazendo este tipo de viagem, etc., etc. Assim, acabaram por nos convidar a jantar com eles na delegacia, fazendo-me perguntas idiotas sobre carnaval e futebol, logo dois assuntos que, até hoje, nunca me interessaram. E, assim, às 22 horas, saímos da delegacia amigos de todos e todos nos desejaram *una buena viaje y que se vayan bién*. Foi dessa forma que tive minha primeira passagem pela polícia. Saímos dali, andamos oito quadras e chegamos à estação ferroviária. Quando eram 23h30, tomamos um trem de carga para a cidade de Santa Fé, capital da província do mesmo nome. Fazia frio e passei a noite inteira enrolado num cobertor vagabundo que comprei nas Casas Pernambucanas antes de viajar. Francisco e Mario tinham cada um seu saco de dormir acolchoado e eu dormi no meio deles, num canto do vagão.

Rodamos pela manhã em Santa Fé e no começo da tarde conhecemos um mochileiro chileno chamado Bernardo Tapia, que estava se formando em arquitetura. Depois de algumas horas já éramos amigos e entre eles trocavam suas ideias sobre arquitetura. Como estava muito difícil conseguir carona para três e agora éramos quatro, decidimos nos separar e nos reencontrar em Buenos Aires. Os irmãos seguiriam juntos e eu seguiria com Bernando. Francisco e Mario trocaram endereços com Bernardo, que pretendia conhecer o Peru e, ali mesmo, já ficou convidado para se hospedar no apartamento deles, em Lima. Seguimos juntos até a saída de Santa Fé, onde os Rojas conseguiram uma carona de automóvel e seguiram primeiro. Na verdade, ali foi a última vez que nos vimos na Argentina, porque não conseguimos nos reencontrar em Buenos Aires.

Algum tempo depois, Bernardo e eu seguimos numa caminhonete até Rosário, onde chegamos ao fim da tarde. Deixamos as mochilas num estacionamento de automóveis e fomos conhecer o centro da então segunda maior cidade da Argentina, que atualmente pertence a Córdoba. À noite, pegamos nossas mochilas e saímos a caminhar. Entramos num restaurante e nos oferecemos para fazer alguma coisa em troca de um pouco de comida. Afinal, não trabalhamos e jantamos muito bem, porque numa mesa próxima, dois rapazes nos chamaram e convidaram para sentar. Eram dois jovens advogados que pensavam fazer o que fazíamos. Fomos convidados a jantar e depois de conversarmos durante umas três horas, já éramos grandes amigos. Chamavam-se Felix García e Pedro Godoy. Pedro conhecia muito de literatura e foi assim que comecei a conhecer os principais romancistas, ensaístas e poetas argentinos da época. Aos poucos foram chegando outros amigos e amigas e lá pelas tantas estava lendo meus poemas para nada menos que uma dúzia de muchachos e muchachas rosarinos. Envolvidos por tanto calor humano, acabamos indo dormir no escritório de advocacia de Pedro e Felix. Tomamos antes um delicioso banho quente e embora na época não acreditasse em Deus, por certo, ao colocar a cabeça no travesseiro, agradeci aos céus por ter colocado no nosso caminho, naquele dia, gente tão amável e solidária.

Pela manhã, depois de um bom café, fomos os quatro, no carro de Felix, para a saída de Rosário, em busca de carona para a capital do país. No caminho, ele mostrou-nos um pouco da cidade e Pedro subscreveu seu cartão a uma senhora em Buenos Aires e me presenteou com o livro *Antologia de Juan*, do já então conhecido poeta argentino Armando Tejada Gómez. Folheando suas páginas, na viagem para Buenos Aires, conheci um poema cuja beleza lírica retratava a triste realidade da infância no mundo inteiro. Os versos de *Hay un niño en la calle* nunca se apagaram na minha memória, porque sempre foram relembrados por seus próprios protagonistas ao longo das *calles* da América Latina e de toda a minha vida. Quem poderia tê-lo escrito, senão a memória do seu próprio autor, testemunhando sua infância pobre, sua orfandade paterna aos quatro anos, vendedor de jornal aos seis e depois engraxate. Aos quinze anos, leu o *Martin Fierro*, que despertou seu gênio para poesia e foi, até a sua morte em 1992, um incansável lutador contra as injustiças sociais.

2. Dois mochileiros tratados como príncipes em Buenos Aires

Chegamos a Buenos Aires de caminhão, às 23 horas. Era uma sexta-feira, dia 21 de março, daquele ano de 1969. Por ser muito tarde, não fomos procurar a tal senhora e dormimos num edifício em construção. Passei muito frio aquela noite porque dormi sobre o cimento, tive que me forrar com papelão e cobrir-me com aquele pobre cobertor. Bernardo não teve problema, porque possuía um saco de dormir.

Pela manhã, saímos em busca do endereço da Sra. Júlia de Castelli, na calle Charcas, nº 3131. Tomamos dois coletivos e às 09h30 estávamos apertando a campainha de sua casa. Atendeu-nos uma de suas filhas, chamada Maria Luiza. Entregamos-lhe o cartão de Pedro e, em seguida, chegou uma respeitável senhora, a própria Dona Júlia, que nos convidou a entrar. Depois de meia hora de conversa, serviram um lauto café, que chegou em boa hora, porque não tínhamos jantado na noite anterior. Durante o café, em que estava presente também sua outra filha, Maria do Carmo, conversamos muito e sentíamos que nos aceitavam com confiança e muita simpatia, depois que souberam que Bernardo estava se formando em arquitetura e eu me formara em direito.

Depois do café, Dona Júlia fez um telefonema e, quando desligou, nos deu de presente a notícia de que ficaríamos hospedados num apartamento desocupado de seu filho casado. E foi assim que viemos a conhecer Enrique Castelli, um perfeito cavalheiro de 29 anos; sua esposa, Ana Maria Âmbar, bonita, inteligente, professora de língua e literatura espanhola que, quando solteira, fora atriz de teatro, e o filho de três anos, chamado Martin. Acolheram-nos com simpatia e com o correr dos dias nasceria entre nós uma inesquecível amizade, alimentada pelas cartas que tanto Bernardo, do Chile, como eu, cruzando a América Latina, trocamos durante muitos anos. Dois anos depois, eles visitariam Bernardo em Santiago e em julho de 1972, quando de passagem por Buenos Aires voltaria a estar com eles, visitando-os na calle Pampa, nº 2654.

Bernardo e eu chegamos naquela sexta e deveríamos seguir na próxima quarta, dia 26 de março, para Mendoza, já que ele deveria estar dia 1º de abril em Santiago, para trabalhar. Ambos aproveitamos todos aqueles dias para conhecer Buenos Aires, o delta do rio da Prata, Palermo e ruas centrais, bairros, museus, galerias de arte, livrarias, etc. Segunda-feira foi-nos oferecido um jantar de despedida na casa de Dona Júlia. Além de toda a família, os namorados das filhas e um casal, amigo de Enrique, que já conhecia o Brasil. Foi um grande momento. Nós dois colhidos pelo sentimento fraterno daqueles seres humanos em cujo coração palpitava tanta beleza. São nestes momentos especiais de nossas vidas que temos a certeza de continuar sonhando. Acreditar ainda num mundo melhor onde a fraternidade possa, um dia, envolver todos os homens com a magia do seu encanto, como nos envolveu naqueles dias e naquela noite em Buenos Aires. Despedimo-nos com a promessa de não deixá-los sem notícias. Voltamos para casa com Enrique, Ana Maria e Martin e como nosso apartamento ficava ao lado, eles nos convidaram para tomar um café no seu apartamento. Após muita conversa, ambos me convenceram a ficar mais 10 dias, já que a pressa era só de Bernardo. Gostariam que eu conhecesse seus amigos atores, dramaturgos, poetas, jornalistas, etc. Bernardo se juntou a eles e intimaram-me a ficar, já que quatro dias eram uma esmola diante da riqueza cultural de uma cidade como Buenos Aires.

Ao deixar Bernardo à estação, sentia que uma grande amizade nascera entre nós, e isso se provou nos anos seguintes. Na verdade, foi um dos grandes amigos que fiz pelos muitos caminhos da América. Na despedida, combinamos minha chegada a Santiago lá por 10 de abril e o compromisso de hospedar-me na sua casa, pelo tempo que eu quisesse.

Os dias que se seguiram em Buenos Aires foram muito ricos culturalmente. Durante o dia, eu saía sozinho para conhecer a cidade, e visitar novos museus. À noite, eles agendavam os programas. Jantares em casa de gente inteligente e culta. Locais com música típica. Uma noite, com Ana Maria e Enrique, assisti, no Teatro Colón, à peça *Um inimigo do povo*, de Henrik Ibsen. No último sábado, um almoço no Hipódromo com a alta burguesia portenha, incluindo um capitão de fragata, uma senhora francesa, chamada Mme. Renée, um cidadão que já correra o mundo inteiro e, entre as vinte pessoas, dois homens muito cultos, cujo conhecimento literário aproximou-nos durante a refeição.

Toda esta imensa "via-sacra" terminou domingo, dia 06 de abril, quando passamos o dia numa chácara da família, a 35 quilômetros da Capital. Muitas árvores seculares, esbeltos ciprestes, e uma piscina refletindo uma linda casa branca em estilo espanhol. Na segunda-feira, viajei para a província de Córdoba.

3. Descascando batatas. Frio cruel. Primeiro recital. Agitação em Córdoba

Passei 12 dias naquela região, dos quais quatro em Carlos Paz, uma pequena cidade turística, quase uma aldeia, ao lado de um lindo lago, onde trabalhei num restaurante para conseguir algum dinheiro. Descascava batatas e depois lavava a louça. Passei muito, muito frio, porque dormia numa barraca graças ao favor de duas jovens mochileiras argentinas que, apiedadas de mim e por mera solidariedade, permitiram que eu dormisse na mesma barraca. Elas tinham "saco de dormir", – *sleeping-bag*, como os mochileiros chamavam por todo o continente – mas eu só tinha minha própria roupa e aquele infeliz cobertor. A estação do inverno ainda estava longe, mas fazia frio demais e uma noite eu não pude dormir, porque meus pés gelavam em contato com o tecido da barraca. Foi a noite que passei mais frio em toda a minha vida. Não tinha condição sequer de dormir em um hotel barato, já que os preços da hospedagem, por ser uma conhecida região turística, eram altíssimos.

Com alguns contatos que trazia de Buenos Aires cheguei à cidade de Córdoba, onde fiquei uma semana morando com um jornalista, de cujo nome já não me lembro, mas, pela anotação da minha velha agenda de endereços, acredito ser José E. Steinsleger. Tive durante aqueles dias uma vida cultural muito intensa. Córdoba, na época com 800 mil habitantes, era já o centro da indústria automobilística na Argentina. A cidade era então o maior centro universitário do país e, por isso, pela maneira urbana de vida e até pelos aspectos arquitetônicos, parecia-se muito com Curitiba, conhecida como a cidade universitária do Brasil. Pelas minhas posições ideológicas, de pronto estabeleci boas relações no meio estudantil. Passava por lá um poeta chileno chamado Francisco Mello que, segundo comentaram, recebera recentemente um prêmio pan-americano de poesia. Como estava programado um recital da sua poesia na Universidade de Córdoba, fui convidado a participar do acontecimento. Tive que traduzir na correria alguns dos meus poemas e acabei me saindo melhor do que esperava na leitura dos versos. Aquele foi o primeiro recital de poesia que dei naquela longa caminhada, que apenas começava.

Em abril de 1969 havia, na atmosfera social de Córdoba, um estranho pressentimento de revolta popular. Ao tomar posse, em 29 de junho de 1966, derrubando Arturo Umberto Illia, Juan Carlos Onganía, com apenas um mês de governo, desprezou meio século de autonomia universitária argentina, determinando a invasão policial da Faculdade de Ciências da Universidade de Buenos Aires, com espancamento e prisão de alunos e professores. No decorrer dos seus quatro anos de governo – até ser por sua vez deposto pelo golpe militar comandado pelo general Alejandro Agustín de Lanusse, em 08 de junho de 1970 – congelou os salários numa economia inflacionada e a moeda desvalorizada, extinguiu o direito de greve e interveio nos sindicatos. Tal como o nosso Jânio Quadros, tinha lá suas excentricidades. Aqui, em 1961, Jânio proibiu o uso dos maiôs "cavados" nos desfiles de misses. Lá, alguns anos depois, ele baniu as minissaias. Aqui Jânio proibiu o uso de lança-perfume no carnaval. Lá foram os cabelos longos para os meninos e enquanto lá se reprimia os movimentos de vanguarda, aqui tinham sido as brigas de galo.

Quando deixei o país, em 27 de abril de 1969, a situação se agravava dia a dia com um grande descontentamento da classe trabalhadora e estudantil. O que aconteceu um mês depois, exatamente no dia 29 de maio, tornou-se a data mais importante na história sindical da Argentina: o Cordobazo. Os fatos amplamente relatados pela imprensa internacional colocaram as causas imediatas dos conflitos nos primeiros dias daquele mês de abril, quando começou a violenta repressão a greves, assembleias sindicais e reuniões políticas. A tensão foi num crescendo e, no decorrer das semanas, ao movimento operário organizado juntaram-se os estudantes, as correntes políticas de esquerda, desembocando no dia 29, com a população dos bairros industriais chegando de toda parte e, por volta de meio-dia, cai morto um dos integrantes dessas colunas populares, chamado Máximo Mena. O fato desatou a ira incontrolável da massa popular que tomou conta da cidade, obrigando a polícia a refugiar-se nos quartéis. Dependências militares foram tomadas, empresas norte-americanas e francesas foram incendiadas, bem como as dependências administrativas provinciais. À noite, o Exército dominou a situação, reprimindo com violência os remanescentes da revolta e levando às prisões centenas de dirigentes estudantis e operários. O Cordobazo representaria um marco na história política da Argentina tanto pela força que deu para outras manifestações semelhantes em outras partes do país, como no fortalecimento dos movimentos sindicais e nas comissões de fábricas, mas, principalmente, porque representava, até então, no continente, a mais íntima aliança entre operários e estudantes.

4. Reportagem em Mendoza. Dor de dente e solidariedade dos amigos

Cheguei a Mendoza no dia 15 de abril, mas ai de mim, não poderia imaginar o calvário que me esperava naquela bela cidade. Pretendia ficar ali apenas três ou quatro dias e já seguir para o Chile. Levava, de um dos tantos amigos que fiz em Córdoba, o nome de um estudante de Mendoza: Ricardo Dojorti. Procurei-o e ele apresentou-me a Andrés Antunes, que me acolheu na casa de sua carinhosa família. No mesmo dia, convocaram alguns amigos e à noite, numa mesa de rua, no centro da cidade, repartimos algumas garrafas de vinho com soda. A cidade, na época com 700 mil habitantes, era a Capital do Vinho na Argentina e me contaram que em toda a província havia duas mil bodegas e que começara a ser construída nas cercanias da cidade aquela que seria a maior bodega da Argentina, com o nome de Peñaflor. O assunto interessou-me como matéria para uma reportagem.

Como as notícias que chegavam pela mídia sinalizavam para uma situação política cada vez mais difícil no Brasil, já imaginava que teria que passar por um longo período de autoexílio na América Latina. Em vista disso, teria que buscar alguma forma de sobreviver e a única que se me apresentava profissionalmente mais viável, era a de jornalista. Pensava, inicialmente, escrever artigos e reportagens e enviar para Curitiba, para ser publicado no jornal *Diário do Paraná*, onde assinei, nos idos de 1967, uma coluna com o jornalista Paulo Lepca e onde publicara, como jornalista independente, minhas matérias como assessor de imprensa da Secretaria da Fazenda. Pretendia escrever uma carta ao meu amigo Aroldo Murá G. Haygert, que continuava firme na redação do jornal, propondo ser seu correspondente.[10]

Foi com esse objetivo que, na manhã do dia seguinte, me apresentei, no Palácio do Governo da Província, como um repórter, recém-saído do Brasil por problemas políticos, solicitando uma audiência com o assessor de imprensa do Governo de Mendoza. A secretária perguntou pela minha procedência e para que jornal escrevia. Disse que morava num estado que fazia fronteira com a Argentina, por Foz do Iguaçu e que escrevia no *Diário do Paraná*, órgão dos *Diários Associados*, em Curitiba. Naquela época falar em *Diários Associados* no ambiente de imprensa dos nossos vizinhos argentinos era já um aval para abrir muitas portas. Na verdade, o nome de Assis Chateaubriand, seu fundador, era conhecido na área do jornalismo latino-americano como um pioneiro na história da comunicação no Brasil ao fundar, a partir da década de 20, um vasto império jornalístico que passou a cobrir, com os jornais das grandes capitais, emissoras de rádio, de televisão,– que introduziu no Brasil em 1950 –, e a importante revista *O Cruzeiro*, todo o território nacional com uma linha editorial voltada para os grandes interesses do país. Pelo menos, foi isso que deduzi alguns minutos depois, quando fui recebido pelo jornalista Paes Herrero que, além de chefe da assessoria de imprensa, trabalhava no *Diário de Mendoza* e era vice-diretor da Escola Superior de Jornalismo da Província. Nossa conversa começou

10 O jornalista Aroldo Murá, amigo fraterno por quem tenho um imperecível sentimento de gratidão, foi o primeiro intelectual a abrir as portas da imprensa para minha poesia, prestigiando-me com a primeira entrevista e a publicação de vários poemas em 1968, em sua coluna semanal *Vernissage*, no *Diário do Paraná*.

justamente sobre o recente desaparecimento de Assis Chateaubriand, em São Paulo, há exatamente um ano, em abril de 1968. Não poderia ter havido melhor quebra-gelo para início de conversa, entre duas pessoas ligadas à imprensa, notadamente ele, que por ser professor de jornalismo, conhecia a trajetória do ambicioso Chateubriand melhor do que eu, comentando até sua importância como homem da cultura e como fundador do Masp, o maior museu de arte da América Latina.

Trajado com um terno que Andrés Antunes me emprestara, passamos o final daquela manhã "trocando figurinhas" dos nossos respectivos ditadores: Humberto de Alencar Castelo Branco recém-empossado por aqueles dias e Juan Carlos Onganía que já estava na contagem regressiva para deixar a Casa Rosada. Paes Herrero, embora fosse um homem do governo provincial, tinha uma cabeça muito aberta e democrática e não poupou críticas ao governo ditatorial de Onganía. A Argentina já estava na antessala de um novo golpe militar. O ambiente estudantil estava em pé de guerra, o povo asfixiado e oprimido e foi neste contexto que explodiria o Cordobazo.

À tarde, em carro oficial, com Paes Herrera e uma funcionária da área oficial de turismo, fomos visitar a bodega Penãflor, numa região chamada Coquimbito, distante a 16 quilômetros da Capital. A obra, em construção, impressionava pelo tamanho. Era uma enorme armação em madeira, de forma arredondada, como arcabouço do que seria o interior da adega. Andei sobre o assoalho de madeira e me disseram que quando de sua futura inauguração, ali seria dada uma grande festa. Apresentaram-me a um senhor chamado Quinto Pulenta, o dono do empreendimento. Creio que era italiano, pelo sotaque. Gentil e bem falante, fui anotando sua paixão pelo vinho e os grandes planos da família para expandir o negócio. Demonstrava uns 60 anos e fumava muito. A funcionária bateu algumas fotos para ilustrar minha reportagem.

Dia 17 comecei a escrever a reportagem, quando os sintomas de um quadro gripal passaram a comprometer minha disposição para escrever. Em vinte e quatro horas, estava de cama. Durante toda a minha juventude e até à meia-idade sempre fui muito sensível a gripes e resfriados e tinha que tomar frequentemente uma injeção de cálcio na veia para amenizar os seus efeitos. Agora, ela me pegava de novo, junto com aquele frio da pré-cordilheira. O estado febril e o suor deixaram-me prostrado e mal o ciclo virótico se enfraquecia, comecei a sentir uma insuportável dor de dentes. A princípio, pude conter a dor com comprimidos, mas nos dias seguintes, sempre aumentando a dose para suprimir a dor, começou a doer tudo: dente, ouvido, garganta, num desconforto interminável e cruel. A família de Andrés, preocupada e ele próprio, levaram-me a um dentista conhecido e a radiografia revelou uma bolsa de infecção bacteriana na raiz do dente. Teve que ser arrancado. Como a anestesia não fez todo o efeito, meus urros foram ouvidos pela clínica inteira. Como já não tinha dinheiro, dois poetas fizeram uma "vaquinha" e pagaram as despesas. Naquele transe difícil, eles foram como irmãos para mim. Logo que me senti melhor, resolvi seguir viagem e a reportagem sobre a bodega Peñaflor nunca terminou de ser escrita. Ricardo e Andrés compraram minha passagem para Santiago e à noite, doze dias depois, comemoramos no mesmo bar a minha despedida. Eles com vinho e soda, e eu, ainda tomando antibióticos, apenas tomei água mineral "al tiempo", como diziam eles para a bebida sem gelo. Apesar de tudo, saí gratificado de Mendoza. Meu relacionamento cotidiano com Ricardo, Andrés e sua família foram marcados por um sincero sentimento de fraternidade. Em minha trajetória pelo continente, eu iria colher incontáveis gestos semelhantes e todo esse despojamento da alma humana foram sementes que germinaram na seara dos meus versos, para cantar a ventura do amor e da solidariedade, fazendo-me compreender que somente possuímos o que podemos dar.

Chile

1. A cordilheira, a casa de Bernardo e "el erizo del mar"

Cheguei ao Chile num domingo. A tarde do dia 27 de abril caía sobre o vale do Aconcágua, quando cruzei a fronteira de Portillo a caminho de Santiago. Chegava deslumbrado pela travessia da cordilheira, pela visão sobreposta das montanhas, pela magnífica grandeza dos Andes. A estrada pela montanha abria-se, a cada momento, em paisagens nevadas coloridas pelo outono. Num trecho, ainda na Argentina, sobe-se em caracol. São 27 quilômetros em que há 267 curvas para se ascender cerca de 1.500 metros. Lá em cima, vi toda a estrada encaracolada descendo cordilheira a baixo até se perder, num aparente precipício, no fundo do vale onde se iniciara a subida. Cruzar os Andes...! Como eu havia sonhado com tudo isso e agora estava ali, diante do meu olhar faminto, devorando alcantilados e picos congelados, atravessando a penumbra de enormes túneis, pontes, cursos de água que se precipitavam das montanhas e sempre diante dos meus olhos, a majestade do Aconcágua.

Obispo Orrego, nº 314. Ñuñoa. Este era o endereço de Bernardo Tapia, o estudante de arquitetura chileno com quem convivi desde a saída de Santa Fé até nos despedirmos, havia um mês, em Buenos Aires. De boca em boca se vai a Roma. E foi assim que cheguei ao anoitecer à casa de Bernardo. Quem veio atender as minhas palmas foi Dona Rita, sua tia e a única que estava em casa. Havia uma grande expectativa com minha chegada e também preocupação pela demora. Depois foram chegando todos e foi uma festa. Bernardo queria saber o que eu andei fazendo em Córdoba e Mendoza. Como ficaram Enrique e Ana Maria em Buenos Aires, e como sobrevivi sem dinheiro. Há um mês e meio, sem falar o português, meu portunhol já estava mais para Cervantes do que para Camões.

– *Pero tú hablas mui bién el espanõl, Don Manoel* – disse-me ao jantar Dona Rita, que era a tia-governanta da casa. Lá pelas nove horas da noite, ao sentar-me na ampla mesa, com uma fila de talheres ao lado de cada prato e diante de um cardápio tão variado, pensei que tudo aquilo era para saudar minha chegada, mas com o correr dos dias, comentando com Bernardo todo aquele protocolo, sobretudo no jantar, e o sagrado *tea* da tarde, ele me disse que aquilo era cultural e que os chilenos eram chamados os ingleses da América. Eu tinha um quarto só para mim, no segundo andar. Muito bem mobiliado, um amplo armário embutido onde eu não tinha quase nada para guardar. Bernardo acabara de se formar em arquitetura e fazia arte dramática. Ali morava com três irmãos universitários e uma irmã, assistente da cadeira de língua espanhola na Universidade do Chile. Os pais moravam em Linares, a 330 quilômetros ao sul de Santiago, e eram fazendeiros.

A capital do Chile, na época com seus 3 milhões de habitantes, era uma cidade muito bonita. Cortada pelo rio Mapocho, tinha bairros lindíssimos, um morro no centro da cidade chamado Cerro Catedral e a paisagem perene da cordilheira nevada. A avenida Bernardo O'Higgins, no centro, fervia de transeuntes e era ali onde se cruzava com exilados políticos da América Latina inteira.

Quando cheguei a casa, ao anoitecer daquela minha primeira quarta-feira em Santiago, havia duas surpresas. A mesa já estava posta com muito requinte para o jantar. Subi ao meu quarto, tomei um banho e depois desci, encontrando Bernardo, seus irmãos e um casal, amigos seus do curso de teatro, que estavam convidados para o jantar. Trocamos algumas ideias sobre a importância do teatro político. Falamos das peças de Bertold Brecht e comentei o que o Teatro de Arena estava fazendo no Brasil, encenando a realidade do país através de uma estética de esquerda, até que fomos convidados a compor a mesa.

Todos sentados, Bernardo à minha direita, na cabeceira da mesa, repousou a mão no meu ombro dizendo-me que aquele era, especialmente, um jantar de boas-vindas pela minha chegada ao Chile e que eu seria hóspede da família pelo tempo que quisesse. Em seguida, convocou-me para viajarmos na manhã seguinte, com os tios, para Linares a fim de conhecer um pouco do sul do Chile. Surpreso com tanto carinho, agradeci a todos e abracei Bernardo, sensibilizado por tantos gestos de amizade. Dona Rita, na outra ponta da mesa, disse-me que estava sendo servido um prato muito especial: *el erizo del mar*. O ouriço do mar é um equinodermo das águas do Pacífico, colhido por mergulhadores nas águas fundas e frias do extremo sul do Chile. Até então jamais o havia provado. Das cerca de oitocentas espécies, serviram no meu prato aquela estranha "iguaria" verde, arredondada e um pouco achatada, coberta com espinhos e com uns 10 centímetros de diâmetro. O ouriço estava cru e me ensinaram como comer o seu interior, abrindo-o com cuidado para não quebrar sua estrutura. Diante de minha curiosidade, disseram que era um prato da melhor cozinha chilena e internacional quer pelo seu sabor, quer por suas qualidades medicinais e que o *erizo del mar* já fora cantado nos versos de Pablo Neruda. Eu que sempre apreciei frutos do mar, na verdade não gostei do tal ouriço. Já estava dando graças a Deus por ter acabado, quando Dona Rita me perguntou:

– Don Manoel, que le pareció el erizo del mar?

– Bueno, pues para mi gusto pareció muy esquisito – disse-lhe.

– Entonces traigan nomás otro erizo del mar para Don Manoel – disse ela para meu espanto. É claro que agradeci e "fiquei na minha", tentando decifrar o significado da palavra *esquisito*, enquanto comia mais um esquisito *erizo del mar*. E foi assim que fui aprendendo a diferenciar as sutilezas da língua castelhana...

2. Viagem a Linares, muita comida e diarreia

Muito cedo, na manhã seguinte, tomávamos café quando o telefone tocou. Eram os tios de Bernardo, avisando que passariam em meia hora para sairmos a Linares.

Viajamos todo o tempo entre a cordilheira da Costa e a cordilheira dos Andes, esta com seus picos cobertos pela neve. Havia trechos em que as duas cadeias de montanha se aproximavam muito e então não havia mais do que 30 quilômetros de distância entre uma e outra. A certa altura, elas se unem e a estrada passa por um longo túnel. O Chile é longo e estreito, e pelo fundo do vale, entre as duas cordilheiras, corre a rodovia Pan-Americana que corta o continente da cidade de Fairbanks, no Alasca, até a localidade de Quellón, no sul do Chile, num total de 48.000 quilômetros, apenas interrompido, naquela época, pelo estreito de Darién, entre a Colômbia e o Panamá. Era a minha primeira viagem pela importante rede de estradas por onde eu cruzaria a América, sempre por terra, do Chile até a Califórnia. Ali a paisagem se desdobrava pelos vastos campos semeados, entre vinhas, plantações de milho, cultivo de remolacha, uma espécie de beterraba, cinco vezes maior que a do Brasil, e com que então se fazia o açúcar no Chile. Ao longo de todo o percurso, via-se também plantações de maçãs, peras, pêssegos, etc. Havia ainda vastas extensões de trigo, cujas espigas eram lentamente penteadas pelo vento.

Passava do meio-dia quando chegamos à respeitável residência dos Tapia, 15 quilômetros ao sul de Linares, onde passei três dias. A casa central da família, em forma de H e em estilo espanhol rústico, era uma enormidade. Na fazenda, se produziam praticamente todos os produtos que descrevi pelo caminho, além da criação de bovinos, ovinos e até coelhos. Comi carne de gado, de porco, carneiro, coelho, marreco, frutas de variados tipos, açúcar de remolacha, aguardente de uvas, além de refrescos e bebidas autóctones do Chile. Na verdade, com tanta comida e tão variados pratos, naquele fim de semana não se fez outra coisa senão comer. Lembro-me ainda de que na volta passei por um grande desconforto na viagem, nas mãos de uma brutal diarreia.

A fazenda era muito grande e no sábado à tarde saí a cavalo com Bernardo. Cavalgamos até o anoitecer. Segundo ele, a fazenda, até há poucos anos, era muito maior, mas a reforma agrária havia desapropriado uma boa parte do seu tamanho. Eram os tempos em que, no Chile, a reforma agrária estava na boca do povo. O presidente Eduardo Frei, que derrotou Salvador Allende nas eleições de 1964, iniciou o seu processo, mas era criticado pelos setores da esquerda pela sua timidez na desapropriação das terras e, por outro lado, recebia uma forte oposição da direita oligárquica, cujos fazendeiros resistiam ao partilhamento de suas terras. Foi uma reforma parcial e seu insucesso marcado por uma baixa produtividade nas áreas assentadas. Na verdade, o seu discurso desenvolvimentista baseado na ajuda externa, nacionalização do cobre e na reforma agrária descontentou a maioria do povo e provocou um racha no próprio Partido Democrata Cristão. Quando Allende assumiu a presidência, em 1970, a reforma agrária teve seu processo radicalizado pela

Unidade Popular, mas depois que o ditador Augusto Pinochet usurpou o poder, ela voltou ao ponto zero e as terras já assentadas foram devolvidas à oligarquia agrária. Naquele meado de 1969, no Chile, a imagem política que a CIA construiu para eleger Eduardo Frei em 1964, com verbas milionárias e uma gigantesca campanha publicitária, já estava totalmente desfigurada. O clima social ia se assemelhando ao que acontecera no Brasil logo depois do golpe militar de 1964. A imprensa começava a ser censurada, estudantes presos ou procurados, casas de políticos invadidas e a decantada "liberdade de expressão do povo chileno", trunfo com que a Democracia Cristã ostentava o seu disfarce reacionário, entreguista e potencialmente ditatorial, nada mais era que um mito. Um mito do qual eu me daria conta alguns meses depois pela opinião abalizada de alguns exilados brasileiros e latino-americanos. Tratava-se, portanto, de uma "liberdade consentida", mas consentida até onde se podia manipular os fatos sem acentuar as contradições, ou seja, sem desmascarar-se como ditadura. Nesse sentido, os três anos do Governo de Allende foram apenas um acidente de percurso para que a CIA e a famigerada direita chilena pudessem finalmente instalar no país uma das ditaduras mais sangrentas do continente.

3. Viña del mar. Aniversário distante. Dançando a "cueca". Na casa de um poeta

Na terça-feira, em Santiago, já recuperado da diarreia que me provocaram as comilanças na fazenda de Bernardo, peguei a mochila e fui para Valparaíso e Viña del Mar, com o compromisso de voltar até sexta-feira para uma festa típica que se faria na casa e onde se cantaria e se dançaria a "cueca".

Desci ao litoral, conheci o Pacífico, matei a saudade do mar, mas não era nada atraente aquela parte do litoral chileno. Minha infância e adolescência cresceram no encanto dos litorais recortados por baías, enseadas, ilhas e pequenos golfos no estado de Santa Catarina e depois, na juventude, as praias do Nordeste redesenharam com mais beleza ainda a costa do meu país. Diante dessas lembranças, o que eu vi naquela altura do Pacífico e mais tarde no litoral aberto do Peru, não me dizia nada. Mas reencontrei o mar, o meu amado mar, onde garimpei as melhores pepitas da minha poesia e com elas escrevi meu primeiro poema.

No dia 8 de maio, uma quinta-feira, durante todo o trajeto da Viña del Mar para Santiago, vinha pensando em minha filha Daniela, que naquele dia, completava quatro anos. Desde o dia anterior, sua imagem acompanhava meus passos e foi comigo contemplar o pôr do sol sobre as pedras junto ao mar. Fazia quase dois meses que eu deixara o Brasil e a última lembrança que eu tinha dela era sua imagem adormecida na madrugada da minha fuga. Naquele entardecer, frente às cores luminosas do crepúsculo e as águas batendo calmamente sobre a muralha de pedras do imenso molhe, eu sentia que o tempo e a distância começavam a reciclar minhas ideias. A nostalgia da pátria, a saudade dos seres amados e dos amigos flutuavam na superfície mágica da minha marítima solidão. E ali estava, frente ao mar que sempre amara, a ouvir seu indiferente marulho, e a saudade era como um ímã a reter meus passos, como uma longínqua península de mim mesmo. Na minha volta à capital, aprendi a dançar *cueca*, que é o ritmo nacional do povo chileno, tradição musical herdada da colonização espanhola. É uma cerimônia de sedução que começa quando o homem entra na roda e convida a mulher para dançar e ao iniciar a dança, entrega-lhe o lenço. Ela então começa a volteá-lo no ar fazendo a corte ao homem, até deixá-lo sobre seus cabelos. O homem retoma o lenço, aproxima-se flertando e passa a acariciá-la com ele. Ela levanta timidamente o vestido mostrando sua perna e depois, sempre dançando a distância, sob as palmas ritmadas dos circundantes, levanta a saia e mostra suas pernas até as coxas, como a dizer que foi conquistada. A dança termina quando ambos deixam a roda de braços dados, contagiados com a alegria de todos. Naquela noite havia empanadas, que é um reforçado pastel chileno, bom vinho e muita *chicha*, uma bebida fermentada feita à base de milho. A festa tomou novo rumo pela madrugada, ao som da "música andina", interpretada por um conjunto de jovens tocando violão, flauta, tambor, zamponha e *charango*, uma espécie de cavaquinho feito com a carapaça do tatu.

No início de junho, a convite do poeta Francisco Perez, voltei a Viña del Mar, agora com mais tempo, já que fora convidado para passar uns dez dias em casa de sua família. O convite surgiu depois de uma feijoada na casa de brasileiros, em Santiago. Levaram-me com a roupa do corpo e me emprestaram roupas de inverno. Não queriam me deixar voltar para Santiago e que eu não mais me fosse do Chile. Eu nunca tinha visto um povo tão hospitaleiro. Aquela família já vivera três anos no Brasil e achavam que nunca poderiam retribuir as gentilezas que eles receberam dos brasileiros. O Sr. Perez, pai de Francisco, era na época um jornalista atuante e me ofereceu emprego de repórter, caso eu resolvesse ficar no Chile. Na sua excelente biblioteca, li parte da obra poética de Nicanor Parra, Vicente Huidobro, Gabriela Mistral e comecei a ler a *Historia general de Chile*, do positivista Diogo Barros Arana, que terminei, posteriormente, na Biblioteca Nacional, em Santiago. E foi assim que me habituei, no decorrer de minha viagem, a ler, em cada país, sua história política e literária e seus principais poetas e prosadores.

4. Cartas do Brasil. Uma gripe cruel. Um brasileiro solidário

Quando cheguei a Santiago me esperavam algumas cartas do Brasil. Uma delas, datada em 13 de maio, era de Elci Susko, amiga a que me referi anteriormente, estudante de sociologia levada à Delegacia da Polícia Federal, em Curitiba, e inquirida sobre o meu paradeiro pelo Coronel Waldemar Bianco. Ela contava na carta que já fora chamada mais duas vezes, pressionada e ameaçada para que revelasse meu paradeiro. Comuniquei-lhe em carta que estava enviando um cartão-postal do Chile e que mostrasse esse cartão a ele como prova de que eu estava fora do Brasil.[11]

11 Neste dezembro de 2009, – quando, depois de quarenta anos, começo a reescrever essas memórias – acabo de ler o livro *1968 Ditadura Abaixo* da jornalista curitibana Teresa Urban, lançado em Curitiba em fins de 2008. A obra, com um grande acervo documental, conta, numa interessantíssima história em quadrinhos, o desenrolar do movimento estudantil brasileiro, com destaque para o ano de 1968, no Paraná. Registrado, num documento da repressão no Estado, consta, na página 106, o nome da valente companheira Elci Susko – que já não se encontra entre nós – honrado politicamente com seu registro

No fim de junho, o frio era muito intenso e, segundo os chilenos, há cinquenta anos não fazia tanto frio no país. A cordilheira nunca estivera tão nevada. Foi literalmente nesse clima que peguei dois resfriados seguidos que desembocaram numa fortíssima gripe. Novamente me vi prostrado na cama. Dessa vez muito mais forte que em Mendoza, e por dez dias. Já não tinha mais nenhum dinheiro para os remédios – antibióticos, injeções de cálcio na veia, radiografias – e me sentia tão mal dos pulmões que pensei estar tuberculoso. A família de Bernardo me atendia com alguns comprimidos e insistia em levar-me ao médico, mas eu, que ali já tinha cama e comida, recusei que fizessem gastos comigo, dizendo que conhecia os sintomas e que já estava melhorando. Embora na época fosse um ateu convicto, hoje acredito que o Criador não desampara as suas criaturas, mesmo seus filhos mais rebeldes e foi assim que – quem sabe pelas preces que, do Brasil, meus familiares diziam fazer por mim – a notícia da minha enfermidade chegou até alguns exilados brasileiros em Santiago, com os quais, por falta de qualquer referência, eu não tinha tido, até então, nenhum contato.

Numa manhã, apareceu na casa de Bernardo um tal José de Arimateia, perguntando se ali morava um brasileiro. Cara de nordestino, muito seguro de si e comunicativo, disse que soube de mim através de um amigo de Bernardo, comentando meu estado de debilidade física, entre alguns brasileiros. Contei minha história e ele contou a sua. Saiu para comprar remédios e quando voltou disse que iria conversar com outros exilados brasileiros, para que eu fosse ajudado financeiramente pela "Caixinha". A princípio, desencorajei sua boa intenção, recusando a ajuda. Pensava em arranjar algum trabalho e por ficar sabendo, através dele, que outros exilados, quem sabe mais necessitados do que eu, e com esposa e filhos, estavam chegando fugidos da ditadura no Brasil.

Jose de Arimateia, pernambucano, fora amigo de Francisco Julião e um dos dirigentes das Ligas Camponesas no seu estado. As Ligas Camponesas nasceram em 1956, organizadas pelos trabalhadores dos

de luta, entre vários estudantes fichados pelo Dops, naquele ano. Na página 49, relembrei saudosas trincheiras de luta e antigos companheiros ao me achar entre os 132 assinantes do "Manifesto dos intelectuais paranaenses" contra a prisão e espancamento de estudantes e a obrigatoriedade do ensino pago, que se tentou na época implantar no Brasil pelo acordo MEC-Usaid.

engenhos de açúcar, na Zona da Mata de Pernambuco. O movimento cresceu na região e se espalhou por outros estados, pleiteando a reforma agrária, enfrentando a repressão do Estado e a forte reação do latifúndio. Seu grande condutor foi o deputado socialista Francisco Julião, preso após o Golpe Militar de 1964, exilado na Argélia e posteriormente no México, onde nos conhecemos e convivemos em Cuernavaca. Seu prestígio ideológico, ante a esquerda mexicana, honrou minha apresentação no Instituto Mexicano-Cubano, no primeiro recital de poesia que dei na Cidade do México, em 1970.

5. *Os amigos do exílio e a ajuda da "Caixinha"*

José de Arimateia, cujo verdadeiro nome é José Macedo de Alencar foi, entre os brasileiros, o melhor amigo que tive no Chile e com o qual mantive longa correspondência, enquanto percorria a América Latina. Foi ele quem me apresentou os primeiros brasileiros em Santiago: o ex-deputado federal por São Paulo, Salvador Romano Losacco e Edmur Fonseca. Losacco estava entre os 100 primeiros cassados de 1964. Presidiu a primeira diretoria executiva do Departamento Intersindical de Estatística e Estudos Socioeconômicos, o Dieese, fundado em dezembro de 1955, em São Paulo.

O mineiro Edmur, jornalista, muito versado em literatura, naquela época era professor titular de Ciências Políticas no Centro de Estudos Humanitários da Faculdade de Ciências Físicas e Matemáticas da Universidade do Chile. Muito solidário, acenou com a possibilidade de me abrir as portas de alguma faculdade para lecionar língua portuguesa e literatura brasileira ou então trabalhar num organismo internacional como a Cepal, caso eu pretendesse ficar no Chile.

Moravam juntos num apartamento na Victoria Subercarceaux, nº 69, ao lado do Cerro Santa Lucia, na parte mais central de Santiago. Ali jantei muitas vezes. Losacco era um bom papo, fora professor de história e esse era nosso melhor prato. Trocávamos nossas melhores figurinhas comentando obras de Lucién Fevre, Marc Bloch e Fernand Braudel.

Havia centenas de brasileiros em Santiago e eram muito comuns as reuniões em casa de um ou outro e assim nos íamos conhecendo. José de Arimateia morava na cidadezinha de Paine, localizada na província de Maipo, na região metropolitana ao sul de Santiago e ali se reuniam, com frequência, alguns exilados. Saboreei, muitas vezes, o tutu à mineira na casa do pintor mineiro Vicente de Abreu e sua esposa Zélia. Tinham uma graciosa filha a quem chamavam Carmencita. Grande amizade tive com o advogado, também mineiro, Antônio Ribeiro Romanelli, sua mulher e os cinco filhos, cuja mesa me foi oferecida tantas vezes, num período difícil de minha vida em Santiago. Romanelli foi advogado e defensor das Ligas Camponesas em Minas Gerais, o que lhe rendeu a prisão e o exílio. Sempre que podia, dava uma passada na Librería de las Ciencias Sociales, do também mineiro José Maria Rabelo. Rabelo, segundo soube, posteriormente, foi um dos brasileiros mais procurados depois do golpe de Pinochet e teve um filho de 18 anos preso no Estádio Nacional onde sofreu espancamentos e esteve prestes a ser fuzilado. Um dia, na Desal, Centro para el Desarrollo Económico y Social de América Latina, tive uma longa conversa com Almino Afonso, que fora ministro do trabalho e da previdência social de João Goulart, e teve um papel importante no plebiscito de 1963, que devolveu o nosso sistema presidencialista, depois da imposição do parlamentarismo como condição para a posse de Jango, em agosto de 1961. Dizia-se no Chile que era muito vaidoso, mas fiquei surpreso ao ouvir Almino, como um estrangeiro, falar com tanto conhecimento sobre os problemas agrários e os camponeses chilenos. Foi também na Desal que conversei algumas vezes com Paulo de Tarso Santos, a quem admirava pelo prestígio nacional que deu, quando ministro da educação de Jango Gourlart, em 1963, ao educador Paulo Freire – naquela época partindo para a França – viabilizando seu programa de conscientização e alfabetização de adultos. Como sabia que eu fora estudante em Curitiba, muitas vezes relembramos lamentáveis fatos em torno daquela sinistra personagem dos primeiros tempos da ditadura, o também ministro da educação Flávio Suplicy de Lacerda, e que fora, quando eu estudava direito, reitor da Universidade Federal do Paraná. Lembro-me de que comentamos o desastre que foi para o movimento estudantil e particularmente para a UNE e as UEEs (União Estadual dos Estudantes), a Lei 4.464, a chamada Lei Suplicy, colocando na ilegalidade e, consequentemente, na clandestinidade, toda a representação estudantil do país. Como se esse golpe mortal no movimento estudantil não bastasse, Suplicy tentou despolitizar e alienar o ensino universitário com o famigerado acordo MEC-Usaid, cuja heroica reação estudantil, no Paraná, não permitiu que ele fosse aprovado.

Como sabiam que eu vivia sempre “duro”, Vicente e Romanelli me aconselharam, muitas vezes, a aceitar a ajuda da “Caixinha”. Finalmente Arimateia, reprovando o meu orgulho, convenceu-me. O inverno estava chegando e eu, sem roupa para enfrentar o frio, resolvi aceitar. Lembro-me daquela manhã gelada em que entrei num prédio onde havia alguns exilados brasileiros que trabalhavam nos escritórios da ONU. Arimateia recomendou-me que procurasse o “Zaca”, e que a ajuda da “Caixinha” para mim já tinha sido aprovada, apesar de certa precaução, pelo fato de ninguém conhecer meu passado ideológico e até porque não havia até então nenhum paranaense em Santiago para abonar o meu “currículo” político. Houve alguma resistência porque se comentava que elementos da ditadura brasileira se infiltravam entre os exilados. O “Zaca” tinha um ótimo emprego na FAO (Fundo para a Agricultura e a Alimentação das Nações Unidas) e me recebeu fraternalmente, ainda que insistisse em mais informações sobre o meu passado para aprovar a ajuda da “Caixinha”. Na verdade, devo o benefício a Arimateia que, literalmente, peitou o “Zaca”, dando seu aval para que a ajuda fosse aprovada. “Zaca” era o nome de João Batista Zacariotti, um exilado goiano que, até o golpe de 1964, era o subchefe de Gabinete do Governador Mauro Borges, de Goiás, e que fora preso sob a acusação de fazer parte da “rede comunista do governador”, tendo sido barbaramente torturado. Foi o primeiro exilado de Goiás a chegar ao Chile. “Zaca”, durante muito tempo foi o responsável pela caixa de arrecadação de fundos que garantia, mensalmente, a sobrevivência de centenas de brasileiros que estavam chegando ao Chile, fugidos da ditadura. Os brasileiros que trabalhavam davam uma contribuição mensal para manter os que chegavam; alguns em situação penosa, traumatizados pela tortura, doentes, com a roupa do corpo e muitos com esposa e filhos. E, assim, a partir de 15 de julho de 1969, passei a receber 750 escudos por mês, o que equivalia, na época, a uns 300 cruzeiros novos no Brasil.

O primeiro gasto que fiz foi comprar um saco de dormir de penas, que custou 30 dólares e que resistia ao frio de até 10 graus abaixo de zero. Pretendia comprar uma japona, mas ganhei de um chileno chamado Jorge Shindler um belo paletó de inverno. Caiu-me como uma luva. De veludo preto, novo ainda e forrado com um tecido quente, o paletó estava tão conservado e era tão resistente que me acompanhou por toda a América Latina, até o México, quase três anos depois.

Dois dias depois que recebi o dinheiro da "Caixinha" escrevi uma carta à Marilena, tranquilizando-a quanto à minha situação financeira. Na verdade, essa carta era para contar-lhe os reais motivos pelos quais tinha saído do Brasil. Por não partilhar das minhas ideias políticas, escondera-lhe a verdade para não assustá-la. Eu havia dito que a deixava e a minha filha, apenas para correr o mundo. Perante a minha e a sua família, e até por algumas notícias veiculadas então no jornal *Diário do Paraná*, era uma atitude visivelmente inconsequente. Deixar mulher e filha menor, um bom emprego e sair, aos 28 anos, sem dinheiro e com uma mochila nas costas para correr o mundo, era um ato que não combinava com um homem que nunca foi um rebelde sem causa. Ainda que um novo paradigma de liberdade individual e aventura começasse a contagiar a juventude – apesar da "fraude e da leviandade" que – no dizer de Theodore Roszack – acabaria caracterizando o movimento *hippie* –, não era com as motivações de "paz e amor" que eu pus o "pé da estrada". Para mim, a história daqueles anos e regime de exceção que oprimia o país, impunha a cada jovem o dever de identificar-se uma fé ideológica e um compromisso social com as bandeiras políticas do seu tempo. Achávamos que a sociedade e o mundo que queríamos tinha a dimensão dos nossos sonhos. E foi esse retrato indelével que uma outra juventude deixou no álbum da história, revelado com os traços marcantes das lutas estudantis e guerrilheiras. Eis porque nunca me significaram nada as ideias nascentes da contracultura e movimentos paralelos no Brasil, embora estritamente musicais, como o tropicalismo e a bossa nova. Na verdade, apenas uma meia dúzia de amigos conheciam as razões políticas do meu autoexílio e a emergência com que tive que deixar o país. Apesar dos pesares, eu saíra tranquilo, porque sabia que ela ficava bem amparada por sua família, cujo pai, na época, tinha um destacado mandato político. Embora já estivesse correndo um processo de desquite, havia ainda entre nós, naquela época, uma carinhosa saudade e um afetuoso sentimento polarizado, em torno do amor por nossa filha.

6. Meu encontro com Geraldo Vandré

Em 1966, eu era um seresteiro. Conhecia tudo o que cantava Silvio Caldas, Orlando Silva e Francisco Alves. Eu tinha um violão e era disputado para fazer serenatas nas madrugadas de Curitiba. *Chão de estrelas*, *Malandrinha*, *A deusa da minha rua*, estavam entre as mais solicitadas. Não me interessava pela bossa nova e detestava o rock e o tropicalismo. Dividia meu gosto musical apenas com o jazz e a música clássica. Naquele ano, algo novo me chamou a atenção na música brasileira. Uma canção chamada *Disparada* começou a tocar no rádio, cantada por Jair Rodrigues. Era outro tipo de música, algo novo, e seus versos traziam uma mensagem cheia de encanto, um recado. Era combativa, um canto revolucionário num Brasil onde o teatro, o cinema, a música e a poesia começavam a engajar-se contra o quartelaço de 1964.

Foi assim que conheci e, nos dois anos seguintes acompanhei com interesse, a música de Geraldo Vandré, bem como de Chico Buarque. Depois veio toda aquela febre dos festivais, que eu acompanhava de longe. Em 1968, minha poesia estava absolutamente engajada contra a ditadura e assim, quando surgiu a canção *Pra não dizer que não falei de flores*, com seu refrão *caminhando* pelo país inteiro, como uma convocação de luta, os versos de Geraldo Vandré entraram em meu coração como o mais inspirado porta-voz de uma música comprometida com seu tempo.

Para mim, era maravilhoso imaginar a aurora de um imenso engajamento cultural, sublimada pelo bom combate da música e da poesia e isso porque *fazia escuro*, na pátria, mas Thiago de Mello cantava sua *Canção de amor armado*, Paulo Autran iluminava o país com os textos poéticos de *Liberdade, liberdade*, as canções de Vandré ecoavam nas trincheiras ideológicas da juventude e, entre tantas bandeiras erguidas, eu panfletava meu lírico protesto nas universidades e nos sindicatos, engrossando o imenso hino de luta contra uma ditadura cada vez mais cruel. Porém, em 13 de dezembro daquele ano, foi promulgado o AI-5 (Ato Institucional nº 5), e tudo mudou para todos que ousassem pensar em justiça e cantar os seus sonhos libertários.

Cheguei ao Chile em fins de abril de 1969 e creio que um mês depois chegou Geraldo Vandré. Como eu visitava quase diariamente o apartamento dos brasileiros Salvador Romano Losacco e Edmur Fonseca, num fim de tarde, quando lá cheguei, encontrei o Vandré já instalado. Que surpresa! Caramba, encontrar assim, de cara, a maior celebridade da música popular brasileira da época! Talvez não houvesse, no Brasil, uma imagem tão idealizada como a de Geraldo Vandré. Além de jovem, inspirado e brilhante, tinha qualidades moralmente ainda mais belas, porque foi solidário e magnânimo quando pediu publicamente, em 1966, para dividir o primeiro prêmio de *Disparada*, com *A banda* de Chico Buarque e quando dois anos depois, à custa do segundo lugar para *Caminhando*, ele pediu respeito a Chico Buarque e Tom Jobim, ante uma vaia de 20 mil pessoas contra a vitória de *Sabiá*.

Eu chegava ao apartamento pelas três da tarde e lá ficávamos, cantando, declamando e jogando conversa fora, até chegarem os donos da casa e alguns exilados, que quase diariamente marcavam sua presença no começo da noite. Foi lá que também conheci alguns mineiros, amigos do Edmur. Lembro-me da presença do pintor Vicente Rosa Abreu; do advogado Antônio Romanelli e tantos outros. Eles gostavam de ouvir o Vandré cantar suas primeiras canções como *Fica mal com Deus*, *Ventania*, *Porta Estandarte* e outras. Ele cantava também uma composição chamada Che, com a qual disse-me ter vencido um Festival de música na Bulgária, um ano antes.

Diferente do meu caso, cujo benefício foi liberado após três meses de minha chegada, Vandré recebeu a ajuda financeira da "Caixinha" logo que chegou ao Chile. O "Zaca", sempre precavido com a ameaça da infiltração dos agentes do SNI (Serviço Nacional de Informações) entre os brasileiros da "colônia", era muito rigoroso para avaliar a aprovação daquele benefício. Como já adiantei, cheguei a Santiago como um "ilustre desconhecido", sem nenhuma referência política. Minha única "carta de apresentação" foi o número 21/22, de dezembro de 1968, da prestigiosa *Revista Civilização Brasileira*, com meu longo poema, *Canção para os homens sem face*, onde "canto a vergonha de ser brasileiro num tempo defecado", e que dei a conhecer a alguns exilados. Mas para o Vandré o processo correu rapidíssimo, e nem podia ser diferente. Ele chegou ao Chile com a invejável imagem de autor de uma canção que se tornara o símbolo da resistência contra a ditadura. O Vandré já era um mito.

Tive um convívio quase diário com ele durante umas três semanas. Depois, mudei de residência e passei a ir, muito raramente, ao apartamento do Losacco. Posteriormente, viajei para o sul do Chile, a fim entrar em contato com os índios araucanos que, depois de 400 anos de massacre, sobreviviam invencíveis nas montanhas de Arauco. Quando voltei, isolei-me por semanas na Biblioteca Nacional para estudar a história dos araucanos e as biografias de Lautaro e Caupolicán. Soube, pelos exilados, que Vandré conheceu uma chilena chamada Bélgica Villa Lobos, e teriam se casado.

Nos primeiros dias de julho nos encontramos pela última vez e ele disse que tivera problemas com o visto de permanência, porque recebera uma quantia para cantar num concurso de *misses*, mas como não tinha licença para trabalhar como músico, foi notificado para sair do país. Ele estava mudado e a posição aparentemente revolucionária que aparentara com suas canções, estava em desacordo com seu elegante vestuário e as preocupações com sua aparência, pensei eu. Mas depois constatei que essa era também a opinião de alguns exilados. Alguns destes criticavam-no. Consideravam que ele andava em busca de popularidade e fama. Eu o defendi por achar que esse era o mundo que ele já tinha conquistado. No início de julho, despedimo-nos. Disse-me que estava partindo, nos próximos dias, para a Argélia a fim de participar de um festival de música e depois iria para a Europa. Depois desse último contato eu viajei, em fins de agosto, para a Bolívia, e nunca mais soube dele.

Entre maio/junho de 1969, quando o conheci no Chile, muitos no Brasil pensavam que ele fora morto pela ditadura e, pelo que ele então significava, na ampla luta cultural e ideológica contra o regime militar, foi uma alegria encontrá-lo vivo. Partilhamos durante muitas tardes as suas canções e os meus poemas, aos quais ele se referia com elogios e através de um estudante chileno, chegamos a programar um recital juntos num teatro universitário. Ele estava compondo uma nova canção chamada: *América*, e ambos treinávamos, muitas vezes, o estribilho. Falava-me, com entusiasmo, dos muitos projetos musicais que tinha para o Chile e para outros países do continente.

A ideia que me ficou de Vandré era de um homem sensível, um amante da beleza, mas tinha algo diferente, embora não fosse um traço negativo. Algo de excêntrico, intimamente solitário, um pouco indiferente a tudo. Ele se esquivava da conversa ideológica e em nenhum momento se mostrava comprometido politicamente. Imagino que se a ditadura o tivesse aprisionado naquela época, certamente o teriam torturado e quem sabe o tivessem morto, inocentemente.

Setembro de 2010, ano em que completou 75 anos, depois de quatro meses de um persistente esforço, a repórter Mariana Filgueiras[12]

---

12 Essa entrevista à *Globo News*, cujo texto o poeta e editor João Bosco Vidal postou em seu Blog *Palavras, Todas Palavras*, recebeu vários comentários e, entre eles, um meu e outro da própria repórter Mariana Filgueiras, me pedindo *e-mail* ou telefone para um contato. Posteriormente, ela se propôs vir a Curitiba para uma entrevista sobre minhas colocações sobre Vandré. Nosso encontro não foi possível, mas lhe enviei um texto mais amplo para um livro que ela e Geneton Morais estavam planejando sobre o cantor. Minhas considerações sobre Vandré, constante dessas memórias, também foram parcialmente publicadas em Portugal, pelo blog *Livres Pensantes*, editado por Maria José Vieira de Souza. Ambas publicações podem ser conferidas nos *links*: <http://palavrastodaspalavras.wordpress.com/2010/09/27/geraldo-vandre-especial-tudo-o-que-o-grandemudo-da-mpb-disse-na-primeira-gravacao-que-faz-para-uma-tv-depois-de-decadas-hoje-ele-garante%E2%80%9Dnao-existenada-mais-subversivo-do-que-um-subdes/>. (Acesso em: 08 jul. 2013,às 13h10) e <http://livrespensantes.blogspot.com.br/2013/06/o-meu-encontro-com-geraldo-vandre.html>. (Acesso em: 08 jul. 2013 às 14h02).

realiza sua "missão impossível": consegue convencer Vandré a falar para as câmaras da *Globo News*. Numa entrevista histórica, o escritor e jornalista Geneton Moraes Neto, com grande habilidade nas perguntas, procurou reconstruir velhos caminhos, em busca de sua imagem quase perdida pelo tempo. Mas não creio que tenha conseguido. Parece impossível penetrar em sua aldeia. Suas respostas são desconcertantes. Intenção ou naturalidade??? É difícil saber qual sua postura diante de tanta deslembrança. Quanto a mim, parece incrível verificar que ele nunca se engajou. E só agora posso compreender alguma grandeza na sua dimensão humana. Ele preferiu manter-se alheio a essa sociedade de espetáculo, a esse grande *shopping* de ilusões que é o mundo. Se essa foi uma atitude pensada, uma opção consciente, essa postura exigiu dele, nesses tantos anos, uma forte retaguarda íntima. Caso contrário, esse isolamento poderia ser fruto de algum desequilíbrio. Se ele negociou o seu silêncio, não sei... e nem o julgaria por isso, porque ele mesmo confessa que nunca foi um militante político. Então, não há como esperar dele essa coerência? Por outro lado, para os "sobreviventes" daquele "tempo sujo", essa neutralidade não rima com o estribilho de suas antigas canções. Em 1973, quando voltou, vivia-se a fase mais sanguinária da ditadura. Era a época da guerrilha do Araguaia e a Anistia Internacional havia escancarado os crimes da ditadura, porque a ordem era para não mais fazer prisioneiros. Somos muitos os "sobreviventes" daqueles anos sombrios e Vandré é um dos mais ilustres, comprometido ou não, porque nos seus versos *trazemos a história na mão. Como dizer que ele não falou das flores*, se seu perfume ainda recende na nossa mais legítima saudade, na memória e na voz de tantos brasileiros? Muitas das *flores humanas* que ele cantou foram sacrificadas naquele caminhar, *porque acreditaram nas flores vencendo os canhões*. E nos anais dessa *Memória*, é preciso que se diga que as mais belas canções, os verdadeiros poemas não foram escritos em versos. Foram gestos de bravura, opções por um destino, gemidos de martírio, vozes silenciadas. E quando a opressão e a indiferença arrebataram também as nossas bandeiras, outras *flores* "morreram" de desgosto, porque não é possível *viver sem razão*. Algumas, como o próprio Vandré, preservaram-se no meio de tanto desencanto, resistiram às ilusões e às benesses do poder, e sobreviveram na estufa da dor e do silêncio.

Para mim ele era um poeta, com uma legítima preocupação com a arte e, particularmente, com a música, embora tivesse uma visão elitista do fenômeno cultural. Pelo que acabo de verificar nesta entrevista, parece que esta postura continua inalterável. E é ainda mais solitária a imagem que nos passa de sua vida atual. Tudo isso é um pouco triste, quando nos lembramos que suas composições traziam uma grande beleza histórica, retratando com encanto e lirismo as ansiedades de um tempo em que foram um estandarte de luta contra a ditadura. Mas muita coisa mudou. Atualmente, os inimigos estão mascarados, os valores confundidos e as grandes ideologias desacreditadas. As pedras do muro de Berlim caíram sobre todos nós, e Fidel acaba de jogar a toalha. Penso que não devemos nos conformar com esse sentido trágico da vida, com essa "cultura massificada" de que fala Vandré. Afinal, não podemos fugir da dialética da história. Estamos realmente massificados pela antítese da globalização. Somos tão somente consumidores. Nossos inimigos são muito mais fortes que há 40 anos. Lutávamos, então, contra um inimigo definido: chamava-se *imperialismo*. Em nossos dias, este mesmo inimigo tem outro nome e mimetiza-se mundialmente com o "inofensivo" nome de *globalização* e contra o qual não temos atualmente como escavar nossas trincheiras e estabelecer uma nova tese. Naquele tempo lutávamos contra o *capitalismo feroz*, que hoje diluiu-se com o manso nome de *economia de mercado*. Eis porque não podemos nunca arriar nossas bandeiras, abdicar dos nossos sonhos. São eles que nos mantêm vivos, apesar de o mundo ter sepultado as nossas mais belas utopias.

Sobre suas relações musicais com a Aeronáutica, é uma opção indigesta. Quem já esqueceu do brigadeiro João Paulo Moreira Burnier, tristemente célebre como "o carrasco" da Força Aérea Brasileira? Quem, entre os daquela geração, já esqueceu o "Caso Para-Sar" e o que se passava nas sinistras dependências do Centro de Informações e Segurança da Aeronáutica (Cisa)? Deixemos o Vandré com a "Sinfonia Fabiana", suas razões para viver e o projeto de gravação de suas trinta canções em espanhol. Quem somos nós para julgá-lo?

Que grande enigma pessoal está por trás do que ele não quis dizer nesta entrevista veiculada pelo poder midiático da Globo, tão bem produzida, conduzida e apresentada pela envolvente locução de Sérgio Chapelin? Provavelmente, os que a viram e não souberam interpretar algumas de suas extravagantes respostas, irão chamá-lo de louco. Creio que o Vandré resguardou sua "eloquência" em um implícito silêncio e isso pode significar o mistério de uma invejável liberdade. Essa entrevista deixa muitas portas abertas, e provoca algumas ilações. Como recolocar a sua imagem de mito ante os discutíveis julgamentos do mundo? De um vencedor a um vencido? Como julgá-lo pela sua premiada voz do passado, pelo posterior mutismo e a solidão de tantos anos? Diz ele que está exilado ainda, que até hoje não voltou. Quem sabe essa misteriosa ironia seja sua reação ante a irreverência cultural e a indiferença de um mundo, cujos paradigmas oscilam entre uma grande crise de estesia, interesses inconfessáveis e uma passarela de aparências.

O que significa ser um vencido num mundo de veredictos tão iníquos? Qual a diferença entre ser um vencedor e ser invencível? O procurador romano na Judeia e o poderoso Sinédrio de Jerusalém condenaram ao suplício o inocente carpinteiro da Galileia, mas Jesus foi invencível em sua humildade, assim como Francisco de Assis em sua pobreza. Gandhi foi invencível em sua mansidão e o filósofo grego Diógenes em sua solidão. Quanto a este, diante de tudo o que lhe oferecia o imperador Alexandre, ele apenas pediu que não lhe tapasse o Sol. A sua humilde grandeza foi reconhecida mais tarde pelo conquistador quando confessou que: "Se eu não fosse Alexandre, queria ser Diógenes". Eis aí uma bem-intencionada metáfora, embora eu não queira comparar o recanto solitário onde, atualmente, vive o Vandré em São Paulo, com o "tonel" de Diógenes, na Atenas de 2.500 anos atrás. No entanto, todos nós temos nosso íntimo "tonel" encravado na gruta da alma.

Quanto a mim, sempre amei a solidão. Aquela solidão que purifica, liberta e nos identifica com a humanidade inteira. A solidão de sermos plenamente nós mesmos. O prazer de sermos apenas um vulto anônimo na multidão. E lembro-me agora da imensa solidão de ter sido um bardo errante, tantas vezes solitário, desterrado de tantas fronteiras pelos memoráveis caminhos da América. Por isso respeito o "tonel" do Vandré como a metáfora de sua solitária plenitude e quisera reencontrá-lo para matar essa saudade de 40 anos. Também sou poeta e, de louco, todos temos um pouco. Haveremos de sempre honrar o seu passado. Não se atiram pedras nos criadores da beleza. Quem deu ao Brasil uma sonoridade combativamente tão lírica, contagiante e duradoura? Quem fez a nação cantar de braços dados pelas ruas em tantos momentos, durante e depois da ditadura, quando a história nos tem mostrado que *somos todos iguais, braços dados ou não...*

7. A "Peña de los Parra" e "la nueva canción chilena"

Carmen 340. Quem não conheceu esse endereço, na década de 1960, em Santiago? *A Peña de los Parra* foi o berço da *Nueva Canción Chilena*. Aqueles eram anos mágicos e o embalo da renovação musical contagiava a América inteira, a começar pelo Brasil, que de 1966 a 1972 realizou no Maracanãzinho o Festival Internacional da Canção, amplamente transmitido pela televisão. O fenômeno cultural, aparentemente sem nenhuma conexão internacional, era marcado pelo conteúdo social numa poética de protesto que era ouvida dentro mesmo dos Estados Unidos, na voz de Joan Baez e Bob Dylan. Em Cuba com a *Nueva Trova* protagonizada por Pablo Milanes e Silvio Rodriguez. São os anos em que o Brasil cantava com Geraldo Vandré, Chico Buarque, Tom Jobim e José Carlos Capinam e em que a América revolucionária cantava nas vozes de Athaualpa Yupanqui, Daniel Viglietti, Mercedes Sosa, Soledad Bravo, Víctor Jara e quando começava a se ouvir, no continente, a canção desterrada em toda a Espanha do catalão Joan Manuel Serrat.

A *Nueva Canción Chilena* foi marcada pelo aparecimento de novos intérpretes e solistas, compositores e conjuntos que deram uma diferente feição musical ao país. Sob a influência da música andina e as profundas raízes do folclore, sua bandeira estava tingida com as cores das lutas sociais desfraldadas contra a perseguição, a violência e a censura cultural da ultrarreacionária burguesia chilena. Comprometida historicamente com os ideais socialistas e com o povo, a *Nueva Canción* transformou as reivindicações operárias e camponesas em letra, ritmo, melodia e encanto, e sua voz ecoou nos grandes auditórios universitários, nos recitais para a classe trabalhadora, popularizando-se através das *peñas* do país – locais onde se ouvia a melhor música, comia-se *empanadas*, tomava-se o *pisco* e o bom vinho chileno.

Suas origens remontam à década de 1940, nas vozes de Margot Loyola e Violeta Parra, e começa a ecoar no fim dos anos 1960, alheia a toda música de consumo e questionando a penetração cultural imperialista. Teve sua alta ressonância durante a campanha presidencial e triunfo da Unidade Popular em 1970, ouvida, sobretudo, no recinto da *Peña de los Parra* e na interpretação de grandes conjuntos como Quilapayún e Inti Illimani.

Naquele abril de 1969, a *Peña de los Parra* estava em plena floração e dali exalava o melhor perfume musical do Chile. Herdeiros da genialidade musical de Violeta Parra, seus filhos Isabel e Angel Parra abrem, em meados dos anos 1960, numa grande casa no centro velho de Santiago, o local de onde irradiaria todo o significado musical do movimento. Foi ali que ouvi tantas vezes os irmãos Parra, Rolando Alarcón y Patrício Manns que incorporaram inicialmente o grupo, e depois, no meu retorno ao Chile em 1972, as inesquecíveis interpretações de Víctor Jara. Era a época em que ali também cantavam o temucano Tito Fernández, Osvaldo 'Gitano' Rodríguez e o conjunto Los Curacas. Sempre havia cantores convidados e por ali passaram o argentino Atahualpa Yupanqui e o espanhol Paco Ibáñez.

Mas silenciou bruscamente em 1973, com a queda do Governo de Salvador Allende. E tanto no Chile como no Brasil este marcante fenômeno musical teve um momento culturalmente grandioso, mas historicamente trágico. No Brasil, depois de 1968, foi marcado com a prisão e o exílio dos grandes compositores. No Chile, terminou com um verdadeiro genocídio de bravos. No dia 11 de setembro de 1973 –

exatamente 38 anos antes do fatídico ataque dos aviões às Torres Gêmeas, em Nova Iorque – um ataque da aviação chilena contra o Palácio de la Moneda derruba o primeiro governo socialista livremente eleito na América. Depois da morte de Salvador Allende, seguiram-se momentos de perseguição e pânico social. Do grupo que integrava a *Peña de los Parra*, Víctor Jara foi um dos primeiros a ser preso. Detido no recinto da Universidad de Chile, onde trabalhava, foi levado com mais 600 estudantes para o Estádio Chile – hoje Estádio Víctor Jara. Durante quatro dias foi barbaramente torturado, quebraram-lhe as mãos com golpes de revólver e finalmente foi assassinado com 44 tiros. Ao ver suas mãos totalmente quebradas, seus carrascos lhe disseram com ironia: "Agora pode tocar violão". Neste dezembro de 2009, seu corpo foi exumado e seus restos sepultados, com a presença de 12.000 pessoas.

8. Viagem ao sul

Em julho, deixei a casa de Bernardo. Era período de férias e muitos parentes seus vieram do sul para passar um tempo em Santiago. Apesar da insistência para que eu ficasse, resolvi aceitar o reiterado convite de Jorge Schindler, um jovem chileno da minha idade, amigo de alguns brasileiros, interessado em literatura e história e com o qual eu partilhava também o gosto pela poesia e as ideias políticas. Tinha um apartamento de três quartos, onde morava com outro jovem chileno e queria por força se solidarizar com algum brasileiro que chegasse refugiado em seu país. O escolhido fui eu, pois como era muito interessado pela cultura brasileira, já vinha convivendo com ele na casa de alguns dos nossos exilados. Havia me presenteado aquele excelente paletó e por sua própria insistência aceitei dele algum dinheiro emprestado, cuja dívida resgatei, logo que recebi minha primeira "mesada" da "Caixinha". Ele morava a apenas seis quadras da casa de Bernardo e eu prometi aos Tapias que passaria diariamente por ali. Jorge era comerciante e tinha uma farmácia em Santiago e outra no sul do país. Ofereceu-me uma espécie de sociedade, caso eu pretendesse ficar no Chile, mas lhe adiantei que não tinha a mínima propensão para o comércio e que pretendia seguir adiante, logo que terminasse o inverno. Depois de algumas semanas, ele convidou-me para acompanhá-lo numa viagem ao sul, onde iria rever a família e seus negócios.

Seus familiares moravam em Lebu, capital da província de Arauco, a 670 quilômetros ao sul de Santiago e para lá rumamos, em seu carro, na manhã de 22 de julho, para passar uma semana. Rancagua, Curicó, Talca, Chillán, Concepción. Ao passarmos por Concepción, a segunda cidade mais importante do país e na época com cerca de um milhão de habitantes, lembrei-me das manchetes recentes dos jornais de Santiago, destacando os incidentes entre estudantes e a violência dos carabineiros, na invasão dos recintos da Universidade de Concepción, resultando em estudantes feridos e a violação de uma das mais caras instituições chilenas: a autonomia universitária.

Depois de Concepción tive a esperada visão do rio Biobío, o maior rio do Chile, que nasce em duas lagoas, na cordilheira dos Andes. Sua travessia por uma ponte de quase três quilômetros foi o mais belo cartão-postal daquela viagem. Costeando o mar, passamos por Lota, na época conhecida pela histórica luta dos mineiros de carvão, trabalhando em precárias condições de salubridade em minas, cujos túneis e galerias desciam a mais de 500 metros da superfície, adentrando-se pelo solo a um quilômetro abaixo do nível do Oceano Pacífico.

À noitinha, chegamos a Lebu, sob muito frio. Nunca conhecera tanto frio, "o insolente e arrasador inverno do sul da América" como diz Pablo Neruda em suas memórias. A casa era grande, obviamente com calefação e uma bela lareira que ficava sempre acesa e em torno da qual, depois do jantar daquele primeiro dia, reuniu-se a família de Jorge e os amigos que vieram saudá-lo. Nas noites seguintes, sempre nos reuníamos ali, onde as conversas avançavam até mais de meia-noite.

Na época, Arauco era tida como a província mais pobre do Chile. Lebu, uma pequena cidade incrustada entre as franjas das ramificações da cordilheira da Costa e onde a montanha se precipita bruscamente para o mar, é banhada pelo majestoso rio Lebu, que desce a cordilheira dos Andes atravessando um imenso vale e, chegando à cidade, encontra o mar para formar uma das regiões litorâneas mais belas do Chile: o golfo de Arauco.

Na segunda noite, a casa de Jorge estava cheia. Pais, irmãos, alguns de seus amigos de infância e até alguns vizinhos curiosos, para conhecer o brasileiro hospedado na casa dos Schindler. Eram todas pessoas razoavelmente cultas e Jorge falou dos motivos políticos que me levaram ao Chile. Havia muita curiosidade sobre o Brasil, não tanto sobre o aspecto político, mas, principalmente, turístico e geográfico. Contei que morava no sul do Brasil, onde o recortado litoral do Atlântico formara as mais belas praias do país. Exaltei também a beleza das praias do Nordeste, comentando a viagem que fizera, no ano anterior, por toda a região.

9. O submundo das minas

Pela manhã, saímos para conhecer o centro e as redondezas da cidade e Jorge me levou a um bairro mineiro. Aquela é uma área carvoeira do Chile e além de Lota, a provínvia de Arauco também se destacava pelas suas grandes minas de carvão, base da economia da região. O bairro era deprimente. Pequenas casas de madeira que mais pareciam uma favela melhorada. Naquela noite, novamente diante da lareira, o assunto que veio à baila foi nossa visita ao local. O pai de Jorge, um filho da cidade, conhecia muito bem toda aquela triste paisagem humana. Contou que naquelas pequenas casas, havia situações em que dormiam 20 pessoas numa só peça. Que ali conviviam no sistema de *cama quente*, vale dizer, como o trabalho nas minas é contínuo, com turnos de oito horas, à medida que uns chegam para dormir, outros estão saindo para trabalhar. Afora isso, nas outras oito horas em que a cama está ocupada, os demais passam se embriagando. Que os mineiros e seus familiares viviam em condições sub-humanas, seja pelo trabalho nas minas, pela carência alimentar ou pelo clima frio e úmido, gerando um alto índice de asmáticos e tuberculosos, com elevado percentual de morte prematura em estatísticas oficiais, acusando o óbito de seis crianças por dia na província de Arauco. Contou também que o sistema de *cama quente* conduz a um comportamento sexualmente incestuoso entre membros da mesma família, ensejando relações entre pais e filhos e irmãos com irmãs.

III
A ODISSEIA DE UM POVO ESQUECIDO

1. Um cavaleiro de 120 anos

Na manhã do último dia, Jorge e eu saímos de carro a fim de que ele me mostrasse certas regiões de montanha e os recantos mais belos do golfo de Arauco. Percorríamos uma região urbana próxima aos caminhos que levavam às montanhas, quando vimos um estranho cavaleiro descendo lentamente pela estrada. Jorge parou o carro para esperarmos vê-lo passar e me contou que era um respeitável ancião da etnia mapuche, conhecido por todos na cidade. Tinha 120 anos e semanalmente, montando seu cavalo, descia da montanha até um local ali perto, onde os indígenas da sua comunidade chegavam para vender seus produtos artesanais. Contou-me que o conhecia desde menino e que morava no alto daquela região, onde havia reduções indígenas, com suas *rukas*, moradas mapuches, que em número de dez a quinze formavam suas aldeias. Ali se isolaram para manter ainda o que restou de sua identidade cultural, depois de 400 anos de intensas lutas alternadas entre vitórias, derrotas, terras espoliadas, grandes massacres e da intolerância oficial do país em relação aos indígenas em geral, e objetivamente contra os araucanos – porque essa era a denominação que Jorge e as pessoas da região usavam para se referirem, no período em que lá estive, aos mapuches. Fazia poucos anos que estavam se achegando mais confiantes às cidades da região, depois do isolamento e dos traumas deixados há algumas gerações pelo grande genocídio, ironicamente chamado de

"Pacificação da Araucânia". Eram muito numerosos e viviam na região espalhados em pequenos povoados nas montanhas do sul, sobrevivendo numa área limitada onde exerciam o pastoreio, a cerâmica, a tecelagem e a agricultura, cultivando milho, batata, pimenta, feijão e abóbora. Acrescentou que os araucanos têm uma clara consciência do seu passado e que faziam questão de se manterem separados dos chilenos. Relatou que seu avô paterno conhecia tudo sobre a história dos araucanos e aprendeu com ele o nome de seus guerreiros mais famosos como Colo-Colo, Lautaro, Caupolicán e Pelanterú e muitos outros, cujos atos de bravura ele ouvia encantado, iluminado pelas chamas da lareira, nas frias noites de inverno. Contou que até um século atrás toda aquela região ao sul do Biobío eram os domínios da nação araucana, como um país culturalmente à parte, dentro do território chileno. Mas que quase todas as suas terras foram tomadas, e a eles apenas sobraram os valores de suas antigas tradições, sobrevivendo pelo espírito de sua invencibilidade cultural. Mantinham o vivo significado de sua história e a memória gloriosa dos seus heróis e mártires, ao longo dos séculos de combate. Mas que agora a sua imagem nacional era a de sobreviventes isolados naquelas regiões. Espoliados em suas terras, oprimidos pela legislação indígena, empobrecidos e desprezados pelos governos coloniais e republicanos, os araucanos haviam se fechado para o Chile e para o mundo, isolando-se orgulhosamente nas paisagens mágicas das montanhas e em sua memória de lutas. Era como se só tivessem a memória do passado e nada mais. O presente e o futuro eram apenas um gesto de esperança, de sobrevivência e de incertezas. Sobreviviam no espírito invencível de uma incorruptível identidade étnica, desprezados pelo povo chileno e pela história oficial, transitando numa aventura humana sem destino. Era como se soubessem que sua nação indígena haveria de sobreviver apenas dentro dos direitos e deveres de uma legislação paternalista e nos limites de uma demarcação territorial cada vez mais usurpada.

Disse-me também que este grande povo, espalhado por todo o sul do Chile, chamava-se mapuche e que o nome araucano foi dado pelos espanhóis, no século XVI, cujo significado, na linguagem indígena, significa: rebelde. Seu avô lhe contara que eram originários da Argentina, de onde chegaram por um longo processo migratório pré-colombiano, instalando-se ao sul do rio Biobío, e para onde em parte voltaram, depois de pressionados pelos exércitos chilenos no século XIX, para ocuparem o norte da Patagônia e a região dos pampas.

Tudo aquilo que Jorge me contava era fascinante, mas também inacreditável. Eu estava há quase dois meses no Chile e, em Santiago, nunca ouvira falar dos araucanos e que sua verdadeira designação era mapuche.

Depois que o velho índio desapareceu ao fim de uma viela, seguimos de carro por outros caminhos, até chegarmos a uma praça onde algumas dezenas de araucanos se postavam em torno dos seus produtos. Artesanato em prata, com desenhos e incisões feitas com muita arte, cântaros de barro queimados e pintados com maestria, mostrando uma apurada técnica na cerâmica, e uma grande variedade de produtos têxteis. Como fazia muito frio, comprei uma manta de lã crua e enrolei no pescoço. As mulheres, com expressão impenetrável, traziam longas tranças, e se cobriam com mantas, amarradas na cintura em faixas coloridas. Os homens eram sisudos e também usavam amplas mantas que caíam, cobrindo suas botas de couro. Jorge me disse que os araucanos não conhecem a escrita e falavam entre si a língua mapuche: o *mapudungun*. Eram baixos, maciços e fortes, com feições semelhantes a todos os ameríndios sul-americanos, cujas características lembram os traços polinésios (melanésios e australianos), conforme afirmou o etnólogo francês Paul Rivet em seu livro *A origem do homem americano*, baseado em semelhanças etnográficas, linguísticas e biológicas, e que teriam chegado à América do Sul, segundo outras fontes, passando entre as ilhas da Austrália e a Antártida.[13] Naquela época, o estereótipo social de um povo rebelde e arredio, pelo trauma secular de suas lutas

13 As teses sobre o povoamento da América são muitas e sobre o assunto ainda não se disse a última palavra. Embora a migração dos asiáticos orientais pelo estreito de Bering tenha predominado por algum tempo, atualmente novas pesquisas defendem que os primeiros homens que habitaram a América não eram de origem asiática, mas pertenciam a grupos negroides. Algumas dessas hipóteses estão definitivamente descartadas pela ciência, como a tese do paleontólogo italiano/argentino Florentino Ameghino, segundo a qual o homem americano era originário da própria América. Já o francês Paul Rivet, ainda que tenha admitido que as primeiras migrações tenham sido feitas pelo estreito de Bering, defende que o sul do continente tenha sido povoado por polinésios, baseado nas semelhanças citadas.

pela liberdade, começava a mudar. À noite, na casa de Jorge, comentando nosso encontro com os araucanos, seu pai contou que por duas vezes estivera na pré-cordilheira negociando a compra de cordeiros com famílias da região e que só recentemente, depois de muitas décadas, é que eles começaram a descer das montanhas para reiniciar os contatos comerciais com os chilenos.

Quando voltei de Lebu, fui me informar sobre os araucanos, por cujo nome eu os conheci, e como então eram chamados pelos próprios chilenos. Isolado algumas semanas na Biblioteca Nacional, terminei de ler a *Historia general de Chile*, de Diogo Barros Arana, – cuja leitura eu começara na casa do poeta Francisco Perez em Viña del Mar – e me surpreendi ao constatar que o autor, além de minimizar a grandeza guerreira desse povo ante o invasor espanhol, via os araucanos como "bárbaros", "carentes de inteligência e moralidade" e outros preconceitos obviamente condenáveis no ofício de historiador. Quanto à origem da palavra araucano, segundo o próprio Arana, teria se derivado do termo "arauco", que foi o nome dado a uma fortaleza militar mandada construir pelo conquistador do Chile, Pedro de Valdivia, no sul do país[14]:

> *El fuerte fue llamado Arauco, nombre con que los conquistadores designaron más tarde todo el território que se extendía al sur del BioBio. Este nombre, tan famoso en la historia, era, sin embargo, desconocido de los indígenas, y tuvo su origen, como hemos dicho en outra parte, en la palabra peruana aucca, usada por los españoles para designar a los indios de guerra.*[15]

2. "La Araucana" de Alonso de Ercilla

Continuando minha pesquisa, ironicamente a fonte mais legítima foi a de um espanhol que chegou ao Chile como conquistador e

14 Arana, D. B. *Historia general de Chile*. 2 ed. Santiago, Universitária, 2002, p. 347.

15 "O forte foi chamado de Arauco, o nome com que os conquistadores designaram mais tarde todo o território que se estende ao sul do Biobío. Esse nome, tão famoso na história, era desconhecido dos indígenas, e teve sua origem, como dissemos em outra parte, na palavra peruana *aucca*, usada pelos espanhóis para se referir aos índios guerreiros".

tornou-se o cantor de uma das odisseias mais extraordinárias e quase totalmente esquecida na América: a resistência do único povo indígena que jamais foi vencido pelos espanhóis no continente. Foi assim que tomei conhecimento e que li, fascinado, os quase 22.000 versos de *La Araucana*, de Alonso de Ercilla y Zúñiga, ao qual o próprio Cervantes se referiu como o mais belo poema épico da língua espanhola. O erudito espanhol Marcelino Menéndez Pelayo coloca-o como o marco inicial da literatura chilena e, segundo outros, como o primeiro trabalho literário do Novo Mundo. O poema chegou a ser considerado como a epopeia nacional do Chile, base da nacionalidade, a exemplo das grandes epopeias clássicas como *Ilíada*, *Eneida*, *Os Lusíadas*, etc.

A Guerra de Arauco, de 1541 a 1883, foi o mais longo conflito militar da história. Durou mais de trezentos anos e nela o poder espanhol, cuja espada havia massacrado, no México, o grande Império Asteca e cuja astúcia conquistou o Império do Sol, no Peru, jamais conseguira submeter o povo mapuche do sul do Chile, chamado pelos conquistadores de araucanos.[16]

---

16 Nos períodos em que estive no Chile, em 1969 e 1972, o termo *araucano*, tanto nos livros que consultei como nas conversas que tive sobre a cultura indígena, era usado com exclusividade quando se referia aos indígenas do sul. O termo mapuche referia-se aos indígenas assimilados, basicamente os *picunches*. A denominação de *mapuche* referindo-se aos antigos araucanos passou a ser empregada na recente historiografia chilena, retomando sua antiga denominação étnica e passando a ser amplamente conhecido pelo poder midiático das suas justas demandas sociais e territoriais. O termo araucano foi popularizado a partir da primeira e grande obra da literatura chilena: o célebre poema de Alonso de Ercilla y Zúñiga, *La Araucana*, escrito no século XVI. Há duas bases históricas para o termo araucano. Segundo Diego Arana, como acabamos de ver, esta denominação foi dada pelos conquistadores espanhóis, procedentes do Peru, com base no termo *awka*, palavra *quéchua* que significa aguerrido, intrépido, indomável. Já alguns historiadores mais modernos sustentam que o termo se originou no nome do rio Rauco, ao sul de Concepción, de onde provieram as palavras arauco e araucano. Os mapuches que habitavam naquela região se autodenominavam de *raucos*, que os espanhóis acastelhanaram para *araucanos*. No entanto, cumpre desde já esclarecer que os antigos habitantes da região da Araucânia eram conhecidos como *reche* e como *mapuche*, palavra esta formada das raízes *mapu*, que significa terra, região, e *che* que quer dizer gente, habitante. Estudos recentes afirmam que as origens étnicas dos mapuches, como um povo, surgiram a partir da necessidade dos vários grupos indígenas, dispersos no território centro-sul do Chile, de se organizarem para enfrentar os invasores espanhóis. Suas relações intersociais, inter-raciais, alianças de parentesco e o uso da mesma lingua (*mapudungun*) facilitaram essa etnogenia. Pelo massacre social de 500 anos, o genocídio intencional de sua cultura e o emprego do termo araucano pelos cronistas da colônia e historiadores oficiais, a denominação perdurou até o fim do século XX, quando o renascimento cultural dos mapuches aboliu, com sobradas razões, o termo dado ao seu povo pelos invasores espanhóis. Em respeito às antigas fontes onde, há quatro décadas, pesquisei a história fascinante desse povo e alguns dos documentos que cito neste texto, usarei, sempre que for historicamente conveniente no contexto, o termo araucano, já que minhas pesquisas sobre o tema e memórias de viagem, ainda que interrompidas por quarenta anos, começaram a ser escritas em

Alonso, cortesão espanhol nascido em Madri no ano de 1533, era um militar amante dos clássicos e pela sua cultura, foi pajem do futuro rei da Espanha, Felipe II, o homem que, num dos períodos mais belicosos da história europeia, governou por meio século o mais extenso império do mundo. Alonso chegou à América como capitão da expedição espanhola contra os indígenas da região, comandada por García Hurtado de Mendoza y Manrique e depois de participar de muitos combates, voltou para a Espanha em 1562, para se dedicar à literatura. Alguns anos depois, começa a escrever em forma de versos suas crônicas das encarniçadas lutas entre os araucanos e espanhóis, das quais fora uma fiel testemunha. *La Araucana*, o grande poema épico que daí resultou – escrito durante vinte anos, a partir de 1569, e publicado em três partes, em 1569, 1578 e 1589 –, é apenas a parte inicial de uma guerra interminável que, durante três séculos, colocou em xeque o domínio espanhol no Chile. As grandes e muitas batalhas dessa longa guerra começaram em 1550, quando as tropas espanholas de Pedro de Valdivia são atacadas pelos guerreiros araucanos nas margens do rio Andalién. É nessa passagem que aparece a figura de Lautaro, que, do canto três ao canto doze, conduz o heroísmo épico de toda a primeira parte da obra.

A resistência indígena atravessou todo o período colonial e seu inquebrantável espírito continuou combatendo os soldados republicanos até 1883. Condenados à escravidão pela Coroa da Espanha, esse povo admirável não permitiu que os invasores fossem além do rio Biobío e neste embate, a guerra teve períodos de intensa crueldade, de ambos os lados. O grande chefe araucano Lautaro domina todo o cenário da primeira fase dessa guerra e suas táticas e façanhas são amplamente descritas no poema de Alonso. O que me intrigara no poema era o porquê da atitude hostil dos mapuches contra os espanhóis, já que Fernão Cortez tinha sido tão bem recebido no México pela nação asteca e o

1972, em Santiago, onde e quando, em quase tudo que se publicava sobre os mapuches era referido como araucanos, que foi o termo sempre usado por Pablo Neruda, o seu mais ilustre defensor, até a morte, em setembro de 1973. Só recentemente, ao tomar conhecimento das obras de novos historiadores chilenos, é que percebi que o termo mapuche é usado com exclusividade para se referir aos muitos grupos indígenas, que habitam ao sul do Biobío há muitos séculos. Diante do abandono do termo araucano, pelas suas óbvias razões históricas, peço licença ao povo mapuche e a todos os chilenos que, honestamente, empunham sua bandeira, para usá-lo, sempre que necessário, no contexto dessas memórias.

mesmo se teria dado no Peru, não fosse a traição de Francisco Pizarro ao imperador Atahualpa, em Cajamarca.

3. Diego de Almagro: a busca do El Dourado

Compulsando a história do Chile, deduzi que toda aquela hostilidade surgira da imagem sanguinária deixada pelo primeiro conquistador espanhol que pisou em solo chileno e tentou submeter seus antigos habitantes: *El adelantado* Diego de Almagro. Ele, que partilhara da conquista do Peru com Pizarro, chegou ao Chile trazido pela ideia de que havia muito ouro no país, porque na verdade, o ouro e somente o ouro foi o motivo da conquista espanhola na América. Partindo de Cusco, em 3 de julho de 1535, à frente de 500 soldados espanhóis, 100 escravos negros e milhares de *yanaconas*[17], fez a penosa travessia dos Andes pela paisagem gelada e inóspita do Paso de San Francisco, onde morreram de frio dez soldados espanhóis, 170 cavalos e centenas de carregadores indígenas. Almagro era um homem cruel e ao chegar ao vale do Copiapó, inteirando-se da fuga de vários carregadores nativos e revoltado com a morte de três batedores espanhóis enviados ao Chile, chamou todos os caciques da região, os quais foram obrigados a presenciar a execução, na fogueira, dos indígenas culpados do assassinato. Apesar disso, os caciques picunches da região do Aconcágua desejavam um contato amigo com os brancos, convencidos que foram por dois espanhóis – os primeiros europeus a descobrir o território chileno – que ali chegaram meses antes fugindo de Pizarro, no Peru.[18] Tratava-se de Antón Cerrada e Gonzalo Calvo de Barrientos. Este último teve as duas orelhas cortadas por Pizarro e se tornaria o mais fiel colaborador de Almagro.

17 Os yanaconas eram prisioneiros de guerra incas, que os espanhóis transformavam em semiescravos.

18 O cronista e jesuíta espanhol, Diego de Rosales (Madri, 1601 – Santiago do Chile, 1677) aponta Diego de Almagro como o descobridor oficial do Chile. Suas crônicas são os mais preciosos documentos para conhecer os detalhes do povo araucano, cujo idioma aprendeu, e abrangem desde o período do descobrimento espanhol até a grande revolta araucana de 1655. Sua obra *Historia general del reino de Chile*, cujo manuscrito foi mandado à Espanha para publicação, desapareceu por dois séculos. Em 1870, o historiador chileno Benjamín Vicuña Mackenna, ao saber que o livreiro espanhol Vicente Salvá possuía uma cópia completa do original, viajou a Londres para adquiri-lo, publicando-o sete anos depois.

Ainda que bem recebidos pelos caciques do vale do Aconcágua, os populares da região foram alertados pelo índio Felipillo, intérprete dos conquistadores, da má intenção dos espanhóis e durante a noite deixaram o local do encontro, embora vários caciques tenham sido presos e executados por Almagro. Felipillo, que fugira com eles, foi posteriormente preso e esquartejado por cavalos, sob a ordem de Almagro. O conquistador viera ao Chile em busca de um El Dourado, e ainda que desiludido, enviou ao sul uma coluna de 70 cavaleiros e 20 infantes, comandados por Gómez de Alvarado, para que explorassem o território. Quando a coluna chegou ao rio Itata – que, na época da conquista, era o limite natural entre o povo Picunche (gente do norte), e as etnias mapuche (gente da terra), localizadas no sul[19] – aconteceu o primeiro enfrentamento entre os mapuches e os espanhóis, que superiores em armamentos e montados em seus cavalos, assustaram os indígenas, os quais imaginaram que cavalo e cavaleiro eram um único ser. Diante da bravura dos mapuches nessa batalha, posteriormente chamada de Reinogüelen, Almagro, sem ouro e assustado, decidiu voltar para o Peru.

O Chile passou a representar para os espanhóis o sinônimo de fracasso e eles passaram a ser vistos pelos indígenas chilenos como invasores cruéis. Quem sabe tenha sido essa primeira impressão deixada pelos espanhóis em território chileno que, ao contrário da boa recepção que tiveram no México e no Peru, tenha determinado a feroz resistência que ofereceram aos conquistadores durante três séculos. Devo ressaltar que esta é uma suposição baseada nos estudos parciais que fiz naquela época em Santiago, fruto das pesquisas de um observador itinerante e sem o rigor metodológico de um historiador. Mas nos últimos anos, a escritora chilena Isabel Allende, em seu recente livro *Inés del alma mía*, publicado em 2006, confirmou minhas suposições. A obra, considerada aqui pela respeitável referência bibliográfica

19 No período da conquista espanhola, o território do Chile era ocupado por muitas etnias, com línguas semelhantes, mas caracterizadas por algumas diferenças culturais. A região norte era ocupada pelos aymaras, atacamenhos e collas. Os povos picunches ("gente do norte") cujas etnias habitavam o centro-norte do país, foram totalmente absorvidos culturalmente, e ao sul do rio Biobío a nação mapuche ("gente da terra") era formada por várias etnias que falavam a mesma língua, somavam aproximadamente meio milhão de habitantes (Bengoa, 2000) num território de 5,4 milhões de hectares e eram conhecidas como os wenteche (*arribanos*), os nagche (*abaginos*), os cuncos, e mais ao sul, os huilliche (gente do sul), os pehuenche (gente de pehuen), e grupos minoritários como os maquehuanos e os cholcholinos. (*Pehuen* significa pinhão na língua mapuche, fruto da araucária da região andina e um dos principais alimentos dos indígenas na pré-cordilheira dos Andes).

em que se baseou, é um relato épico romanceado, contando a história da espanhola Inés Suárez – que foi amante de Pedro de Valdivia e participou da fundação de Santiago e da conquista do Chile – e discorre, em dado momento, sobre a chegada de Valdivia e a contínua hostilidade encontrada entre os indígenas da região norte do Chile, às proximidades do local onde seria fundada Santiago. Diz o conquistador:

– Mandaremos emissários para explicar a eles que viemos em paz – anunciou Valdivia a seus principais capitães.

– Não é boa ideia – opinou Benito, porque sem dúvida ainda lembram do que aconteceu há seis anos.

– De que fala, mestre?

– Quando vim com dom Diego de Almagro, os índios chilenos nos deram não apenas mostras de amizade, como também o ouro correspondente ao tributo Inca[20]*, já que tinham conhecimento de que este fora derrotado. Insatisfeito e cheio de suspeita, o governador os convocou com promessas amáveis para uma reunião e, mal ganhou sua confiança, nos deu ordem para atacá-los. Muitos morreram na refrega, mas prendemos trinta caciques, que atamos a umas estacas e queimamos vivos – explicou o mestre-de-campo.*

– Por que fizeram isso? Não era preferível a paz? – perguntou Valdivia, indignado.[21]

4. A Guerra dos 500 anos. Pedro de Valdivia. Fundação de Santiago e a conquista do Chile

A verdadeira história da conquista do Chile começa em 1540 quando Pedro de Valdivia, lendo alguns relatos de Almagro, decidiu deixar o Peru e marchar para o sul, movido pela cobiça e pela existência de grandes minas de ouro. Nascido em Villanueva de la Serena,

20 Embora a autora refira-se a "tributo Inca", relacionado a "índios chilenos", é relevante esclarecer que quando se penetra na história pré-hispânica do Chile, constata-se que nem os incas, com seu poderoso império, conseguiram subjugar os mapuches. Seus exércitos cruzaram vitoriosamente o deserto e, oitocentos anos antes da chegada dos espanhóis, dominaram todo o norte do país, submetendo o povo picunche, mas foram muitas vezes destroçados, quando tentaram cruzar as águas do rio Maule, a primeira fronteira fluvial com os domínios mapuches.

21 Allende, I. *Inês da minha alma*. Trad. Ernani Ssó. Rio de Janeiro, Bertrand Brasil, 2007, p. 158-9.

em 1497, o conquistador espanhol ingressou na carreira militar em 1520, participando de campanhas nos Países Baixos, em Flandres e na Itália, onde se destacou na Batalha de Pávia.

Chegando ao Peru em 1535, integra-se às forças de Francisco Pizarro e depois de sua participação vitoriosa na Batalha de Salinas contra Diego de Almagro, em 1537, recebe de Pizarro o aval para retomar a conquista do Chile. Em janeiro de 1540, à frente de 200 militares espanhóis e algumas centenas de yanaconas, atravessa o longo deserto de Atacama, fundando em 12 de fevereiro de 1541, ao pé do Morro Santa Lucia, a cidade de Santiago, com o nome de Santiago de Nova Estremadura, em homenagem à região da Espanha onde nascera. Santiago sofreu muitos ataques dos índios picunches e foi arrasada em 11 de setembro de 1541, pelo cacique Machimalonco, onde lutou bravamente Inés Suárez, amante de Pedro de Valdivia, que estava ausente da cidade.

Depois de fundar em 1544, a cidade de La Serena, ao norte, resolve estender os limites do seu domínio para o sul, mas encontrando, em 1546, a tenaz resistência do povo mapuche na localidade de Quilacura, decide voltar ao Peru no ano seguinte. Confirmado como governador do Reino do Chile, regressa a Santiago, dois anos depois, decidido a ampliar sua área de conquista para o sul e achar ouro na região.

Na primeira grande batalha, bate os araucanos em Andalién, em 24 de fevereiro de 1550, e depois funda a cidade de Concepción, na margem norte do Biobío e, nos anos seguintes Tucapel, Purén, Angol, Imperial e, posteriormente, Villarrica, Valdivia e Osorno. Embora já famoso na Espanha e na América pela conquista do Chile, sua ambição doentia leva-o a uma constante procura do ouro, até apossar-se das grandes jazidas de ouro de Quilacoya, onde vinte mil índios trabalharam sob o seu chicote. A partir de então, o egoísmo e a cobiça pelo ouro e pela fama fazem de Pedro de Valdivia um homem sem amigos, uma personalidade calculista, desumana e sombria. Nas palavras de Inés:

> *Meu amante era um homem generoso, de ideias esplêndidas, sólidos princípios católicos e uma coragem a toda prova – boas razões*

para admirá-lo –, mas também tinha defeitos, alguns bastante graves. O pior foi certamente sua desmedida ambição de fama, que no fim custou a vida dele e de muitos outros; (...)[22]

Sua imagem de conquistador começa a manchar-se, pela maldade com que castigava e matava de fome, de frio e pelo látego, os índios que trabalhavam em suas minas. Frei Bartolomé de las Casas, num outro contexto geográfico, descreve a dimensão dessa crueldade e dessa avareza, falando do "soluço do ouro" e do apetite em que viviam aqueles famintos fidalgos espanhóis.

Apesar do sucesso militar da primeira batalha em Andalién, os mapuches haviam se reorganizado e passaram a ameaçar o poder espanhol ao sul do Biobío. A tomada do forte Tucapel, sob o comando de Lautaro, obrigou Valdivia ao grande enfrentamento na Batalha de Tucapel, onde os espanhóis foram cercados e vencidos pelos araucanos, e onde ele caiu aprisionado e morreu executado, aos 57 anos, apesar dos apelos de Lautaro e Caupolicán. É que havia, na memória dos araucanos, um invencível sentimento de ódio e vingança em relação ao conquistador. Depois da primeira batalha, em que Valdivia bateu os araucanos em Andalién, ele deixou sua imagem indelevelmente manchada de sangue por um ato de suprema crueldade, que jamais se apagaria nas páginas de sua história e na história do Chile. Dias depois do combate, à frente de um grupo de soldados, ele aprisionou, nas povoações próximas, um grande número de indígenas. Pretendendo intimidá-los, escarmentá-los e dar uma orgulhosa demonstração do poder espanhol na região, ordenou que os castigassem a chicotadas e outros meios, até caírem prostrados ou mortos. Sem conhecer ainda a cultura militar e a estoica disciplina social dos araucanos, foi surpreendido com a ausência sequer de um gemido entre todos os martirizados. Indiferente àquele admirável ato de comovente heroísmo demonstrado por um povo ainda tão selvagem e

22 Allende, I. Op. cit., p. 148.

ferido no coração pela sua soberba, ordenou que decapitassem vários deles e pendurassem as cabeças sangrando, no pescoço dos demais, aos quais mandou decepar as mãos, orelhas e narizes.

Assim nasceu a guerra pátria.
Valdivia enfiou a lança gotejante
nas entranhas pedregosas
de Arauco, meteu a mão
no palpitar, apertou os dedos
no coração araucano,
derramou as veias silvestres
dos labregos,
exterminou
o amanhecer pastoril,
ordenou martírio
ao rei do bosque, incendiou
a casa do dono do bosque,
cortou as mãos do cacique,
devolveu os prisioneiros
com orelhas e narizes cortados,
empalou o Toqui, assassinou
a moça guerrilheira
com sua luva ensanguentada
marcou as pedras da pátria,
deixando-a cheia de mortos
e solidão e cicatrizes[23].

E assim, quase semimortos pelo castigo e tangidos pela dor atroz dos punhos ensanguentados, foram obrigados a caminhar, com as cabeças penduradas dos companheiros, sob a guarda e o olhar perplexo dos próprios soldados, em direção as suas aldeias. Eles deveriam ser os emissários do poder espanhol a todas as nações indígenas da região ao sul do Biobío, mas tornaram-se os embaixadores de uma guerra de resistência e de vingança que por muito pouco não frustrou a conquista espanhola do Chile.

23 Neruda, P. *Canto geral*. Trad. Paulo Mendes Campos. São Paulo, Difel, 1979, p. 65-6.

5. Lautaro: o índio que enfrentou um império

Lautaro, pelas suas excepcionais qualidades de estrategista, foi o maior líder militar do seu povo, durante a primeira parte da conquista espanhola no Chile. Filho do cacique Curiñancu, nasceu em Tirúa, por volta de 1534 e tinha onze anos quando foi capturado pelos soldados de Pedro de Valdivia, nas proximidades de Concepción. Durante os seis anos como prisioneiro, conseguiu a confiança dos espanhóis e tornou-se pajem de Valdivia, cuidando de seus cavalos e acompanhando-o nos treinamentos e nos frequentes embates militares contra seu próprio povo. Sempre atento às estratégias de luta ensinadas por Valdivia, Lautaro fez uma grande amizade com Marcos Veas, um dos capitães da cavalaria, que o transformou num excepcional ginete e lhe ensinou o uso das armas e as táticas de ataque. Tinha dezesseis anos quando resolveu voltar para seu povo. Em fevereiro e março de 1550, durante as batalhas de Andalién e de Penco, presenciou as crueldades de Valdivia e seus soldados contra seus irmãos indígenas, mutilando-os e libertando-os para servir de exemplo, com o objetivo de preveni-los pelas consequências das suas rebeliões. Revoltado contra os espanhóis e decepcionado em face do respeito que tinha por Valdivia, e apesar do carinhoso tratamento que dele recebia[24], começou a planejar cuidadosa e convenientemente a sua fuga. No decorrer dos meses, foi aprimorando seus conhecimentos sobre as táticas de guerra e em 1552, segundo o

---

24 Segundo o historiador Benjamín Vicuña Mackenna, em seu livro *Lautaro* (Santiago, 1876), o prisioneiro Lautaro era um dos três pajens favoritos de Pedro de Valdivia, cujos nomes castelhanos eram *Andrés, Agustín y Felipe*, carinhosamente chamados pelo diminutivo. Escreve Vicuña Mackenna, no 1º capítulo de sua obra: *Aquellos 3 mancebos eran hijos del los valles de Chile y de caciques principales*: Andresillo, *del valle de Copiapó*, Agustinillo, *del Mapocho, de la familia del cacique de Colina, Calacante, natural del Perú; y el tercero*, Felipillo, *de la comarca llamada propiamente Arauco, es decir, el país de "Ragco" (água de greda), cuyo nombre en varios otros parajes de Chile ha sido trocado simplemente en "Rauco". Le habían puesto el nombre de Felipe en recuerdo del hijo único de Carlos V, así como dieron a Chile el nombre de "reino" en honor de este príncipe cuando se desposó con la reina María de Inglaterra. Y de aquí vino que siendo esta comarca la colonia más pobre y desdeñada de América, ostentaba aquel pomposo título mientras que el Perú, de cuyo visir era feudo, no pasaba de ser un "Virreinato". El verdadero nombre de aquel paje, y adecuado a su oficio de caballerizo, era el de Lautaro, simbólico de la agilidad, porque los araucanos, como los indios de la América del Norte, adaptaban las condiciones de los animales y de las aves a la organización física a la de índole moral que atribuían a sus hijos. Por esto su nombre propio era el de Luan-Taro, de luan (guanaco) y de* taro *(conocida ave de rapiña). Su padre se llamaba Curiñancu, es decir,* águila negra, *de* ñancu (*águila y de* curi *(negro)*.

cronista da época Góngora Marmolejo, foge a cavalo, levando consigo a corneta de Pedro Godinez, o mestre de campo de Valdivia.[25]

Conta o poema *La Araucana* que a chegada de Lautaro causou surpresa e desconfiança entre os araucanos. Reunindo-se com os grandes caciques Paicaví, Lemo Lemo, Lincoyán, Tucapel e Elicura e relatando as informações estratégicas que trazia, e seus propósitos de ensinar-lhes novas táticas de guerra contra os espanhóis, foram-se abrindo os caminhos para sua futura liderança.

No curto período de três anos em que comandou a guerra contra os invasores, Lautaro transformou a vida do seu povo. Por sua genialidade militar, ao enfrentar os exércitos espanhóis, lembra o general cartaginês, Aníbal, ao enfrentar as poderosas formações das tropas romanas. Estabeleceu uma tática disciplinada de infantaria, onde cada coluna tinha um chefe, passando a enfrentar com sucesso a formidável cavalaria espanhola, ensinando que não deviam ter medo dos cavalos e ver o animal como um ser separado do cavaleiro. Fez cavar valas profundas para evitar o choque direto com os cavalos. Convocou os guerreiros para treinarem em campo aberto, trazendo outros métodos militares e o uso de novas armas. Ensinando outras formas de defesa contra as fortes cargas da cavalaria espanhola, negou a eficácia dos ataques massivos e desfez a ideia de que toda retirada era uma covardia, mas sim uma tática de combate. Enfatizou a importância das emboscadas e da guerra de guerrilhas em ataques sucessivos, bem como a criteriosa escolha dos terrenos de combate. Reproduzindo os métodos espanhóis, passou a usar o toque de corneta como sinal de alerta, agrupamento e dispersão

25 O escritor chileno Fernando Alegría, em seu livro *Lautaro, joven libertador de Arauco*, Santiago do Chile, Zig-Zag, 1943, tem uma outra versão sobre a reintegração de Lautaro ao seu povo. Segundo seu relato romanceado, o cacique araucano Cayumanque, orientado pelos chefes araucanos, apresentou-se em Concepción oferecendo três mil flecheiros a Valdivia, numa suposta traição ao seu próprio povo. (O historiador Vicuña Mackenna, em cuja obra, *Lautaro*, baseou-se Fernando Alegría, defende também esta versão, mas fala de trezentos flecheiros apenas). Lautaro que estava presente e sem saber ainda da artimanha, olhou-o com desprezo e revolta, supondo que Cayumanque fosse um traidor. Valdivia, embora desconfiado, aceitou a oferta e, pela confiança que tinha em Lautaro, – que não era tratado como um criado da casa ou um lacaio da sua corte, mas como um prisioneiro de guerra que o acompanhava como pajem nas campanhas militares – entregou a ele o comando dos flecheiros araucanos. Foram estes três mil guerreiros que decidiram a vitória araucana na Batalha de Tucapel, onde cairia Pedro de Valdivia, e marcaria a volta de *Lautaro* como herói ao seu povo e, a partir de então, comandante da guerra contra os espanhóis.

nos palcos de combate e criou um eficiente serviço de inteligência e investigação. Seus "agentes secretos", formados de homens, mulheres e adolescentes previamente treinados, penetravam nos acampamentos espanhóis simulando a embriaguês, a loucura, a busca do cristianismo ou mesmo como traidores de seu povo, para trabalhar como falsos informantes, ou como escravos nas atividades domésticas. Aparentando total desconhecimento do idioma espanhol, e atuando como serviçais da oficialidade do exército, colhiam informações e divulgavam notícias incorretas sobre possíveis ataques mapuches. A fim de fazer a espionagem durante a noite, alguns deles passavam vários dias na obscuridade, treinando a visibilidade noturna. Neste amplo sistema de espionagem, criou-se um código de comunicação, através dos movimentos dos ramos das árvores e todo esse serviço de informações era hierarquizado sob o comando de um chefe. Sabedor das dificuldades da sobrevivência do seu povo nos longos períodos de guerra, disciplinou o sistema das colheitas, armazenando os alimentos para o inverno. Com base nas observações que fez durante os seis anos que passou no acampamento espanhol, criou vários comandos nas diversas atividades de suas hostes guerreiras. Destacando-se pela sua inteligência e seu carisma, foi eleito *ñidoltoqui, toqui de toquis*, o chefe máximo em tempo de guerra. Mudando radicalmente as técnicas de luta do seu povo e considerando a relatividade do território em que desenvolveu suas táticas militares, Lautaro pode ser comparado aos grandes guerreiros da história. Contagiando o povo com o ardor e a beleza da sua eloquência, levou seus guerreiros a uma das fases mais heroicas da Guerra de Arauco. Neruda celebrizou seu nome nos versos do *Canto geral*:

Lautaro era uma flecha delgada.
Elástico e azul foi o nosso pai.
Foi sua primeira idade só silêncio.
Sua adolescência foi domínio.
Sua juventude foi um vento dirigido
Preparou-se como uma longa lança.
Acostumou os pés nas cachoeiras.
Educou a cabeça nos espinhos.
Executou as provas do guanaco.
Viveu pelos covis da neve.

Espreitou as águias comendo.
Arranhou os segredos do penhasco.
Entreteve as pétalas do fogo.
Amamentou-se de primavera fria.
Queimou-se nas gargantas infernais.
Foi caçador entre as aves cruéis.
Tingiram-se de vitórias as suas mãos.
Leu as agressões da noite.
Amparou o desmoronamento do enxofre.
Se fez velocidade, luz repentina.
Tomou as vagarezas do outono.
Trabalhou nas guaridas invisíveis.
Dormiu sobre os lençóis da nevasca.
Igualou-se à conduta das flechas.
Bebeu o sangue agreste dos caminhos.
Arrebatou o tesouro das ondas.
Se fez ameaça como um deus sombrio.
Comeu em cada cozinha de seu povo.
Aprendeu o alfabeto do relâmpago.
Farejou as cinzas espalhadas.
Envolveu o coração de peles negras.

Decifrou o frio espiral do fumo.
Construiu-se de fibras taciturnas.
Azeitou-se com a alma da azeitona.
Fez-se cristal de transparência dura.
Estudou a vento furacão.
Combateu-se até apagar o sangue.

E só então foi digno de seu povo.[26]

Em seu romance histórico, Isabel Allende, através da sua heroína, descreve assim a imagem do grande guerreiro:

> *Seu nome verdadeiro era Lautaro e chegou a ser o mais famoso* toqui *da Araucânia, temido demônio para os espanhóis, herói para o mapuche, príncipe da epopeia guerreira. Sob seu comando, as hostes*

26 Neruda, P. Idem, p. 87-8.

desordenadas de índios se organizaram como os melhores exércitos da Europa, em esquadrões, infantaria e cavalaria. Para derrubar os cavalos sem matá-los – eram tão valiosos para eles como para nós –, utilizou as boleadeiras, duas pedras atadas nas pontas de uma corda, que se enrolavam nas patas e tombavam o animal, ou no pescoço do cavaleiro para desmontá-lo. Mandou seus homens roubarem cavalos e se dedicou a criá-los e domá-los; fez a mesma coisa com os cachorros. Treinou seus homens para transformá-los nos melhores cavaleiros do mundo, como o era ele mesmo, de maneira que a cavalaria mapuche chegou a ser invencível. Trocou as antigas clavas, desajeitadas, pesadas, por outras curtas, muito mais eficazes. Em cada batalha se apoderava das armas do inimigo para usá-las e copiá-las. Estabeleceu um sistema de comunicação eficiente – até o último de seus guerreiros recebia ordens de seu toqui *num instante – e impôs uma disciplina férrea, somente comparável à dos célebres regimentos espanhóis. Transformou as mulheres em guerreiras ferozes e pôs as crianças para transportar víveres, armamentos e mensagens. Conhecia o terreno e preferia a mata para ocultar seus exércitos, mas quando foi necessário levantou* pucaras *em lugares inacessíveis, onde preparava sua gente, enquanto seus espiões o informavam de cada passo do inimigo, para sair em vantagem sobre ele. No entanto, não pôde mudar o mau costume de seus guerreiros de se embebedarem com* chicha *e* munday *até ficarem zonzos depois de cada vitória. Se houvesse conseguido, os mapuches teriam exterminado nosso exército no sul. Trinta anos mais tarde, o espírito de Lautaro ainda anda à frente de suas hostes e seu nome ressoará por séculos. Nunca poderemos vencê-lo.*[27]

A partir do comando de Lautaro, os espanhóis já não transitariam tranquilos sobre toda a região ao sul do rio Biobío. O povo mapuche, situado entre as fronteiras de duas forças inimigas, estava ameaçado pelas tropas espanholas sediadas no Forte Purén, ao sul, comandadas por Gomez de Almagro e o exército de Valdivia, sediado na cidade de Concepción, ao norte. Sabendo que Valdivia, em dezembro de 1553, deixava Concepción em marcha para o sul, com destino a Arauco, Lautaro isola, com um estratagema, as forças de Gomez de Almagro e ataca e destrói o Forte Tucapel, para onde se dirige Valdívia, vigiado, passo a passo, do alto da montanha pelos seus batedores. Estranhando o caminho livre e a

27 Allende, I. Idem, p. 275-6.

ausência de notícias do Forte Tucapel, o conquistador envia, no dia de Natal, um comando de seis homens para avaliar a posição inimiga. Esses soldados não voltam e mais adiante seus comandados estacam, horrorizados com uma sinistra paisagem no caminho da floresta: pendurados nas árvores pendiam as cabeças dos seis patrulheiros, e no chão jaziam espalhados seus membros esquartejados.

6. Tucapel: a mais sangrenta batalha dos espanhóis no Novo Mundo

Na manhã seguinte, no dia 26 de dezembro de 1553, os registros das crônicas da conquista documentam que se travou uma das mais sangrentas batalhas dos exércitos espanhóis no Novo Mundo. Pedro de Valdivia retoma a marcha, sempre vigiado a distância, até chegar ao alto de um monte, onde divisou a fumaça do Forte incendiado. Sem notícias de Almagro, segue em direção ao Forte, quando, precedido por uma saraivada de flechas vindas da floresta, os sucessivos batalhões de Lautaro emboscam as tropas espanholas. Militar experiente, Valdivia reagrupa sua defesa e cerca, com a cavalaria, a retaguarda mapuche, mas o previdente Lautaro já havia disposto seus lanceiros para abortar o contra-ataque. Os espanhóis conseguem rechaçar os indígenas, que se retiram para a floresta, enquanto os soldados comemoram a vitória. Seguindo a tática de Lautaro, seus esquadrões retornam à carga com lanceiros, além de laços e boleadeiras que jogaram por terra os cavaleiros. Ao som de uma distante corneta, os guerreiros se retiraram e um novo esquadrão surge da floresta, trazendo agora Lautaro na vanguarda para enfrentar Valdivia – seu antigo amo – nas últimas cenas que se desenrolavam no palco da terrível batalha. Os mapuches, seguindo a genialidade tática de um jovem de apenas 20 anos, surgem em disciplinadas formações de infantaria, o que desorganiza toda a cavalaria espanhola. A situação era desesperada para Valdivia. Vendo suas tropas cansadas e enfraquecidas por tantas baixas, procurou reagrupá-las e partiu para o ataque final. Era uma batalha entre gigantes: o conquistador do Chile e o maior herói da sua resistência. Na disputa pessoal entre ambos, conta o cronista e jesuíta espanhol Diego de Rosales, presente na batalha, que Lautaro pôs a lança no peito de Valdivia e disse-lhe: *Foge Valdivia, se não pagarás, por minhas mãos, os açoites que recebi em tua casa.* Foi uma sangrenta batalha marcada pelo ódio obsessivo dos contendores, onde se disputava a sobrevivência de uma indomável nação indígena e o orgulho colonial da Espanha, numa encarniçada luta, onde centenas de vidas foram dizimadas de lado a lado.

Dizem os cronistas que em dado momento Valdivia grita desesperado aos oficiais restantes: *Caballeros, qué haremos?* Ao que o capitão Altamirano responde: *Qué quiere vuestra señoría que hagamos si no que peleemos y muramos!* Valdivia, sem outra opção, ordena a retirada, porém Lautaro ataca a tropa pelos flancos, provocando a debandada. Os soldados dispersos pelos campos são mortos um a um. Valdivia e Diego de Rosales conseguiram cavalgar até um pântano, onde os cavalos atolaram e ambos foram capturados. Depois de um julgamento, e apesar do apelo de Lautaro em seu favor, Valdivia foi barbaramente torturado e morreu três dias depois. Conta-se que seu crânio foi usado durante 50 anos como um símbolo da derrota dos espanhóis.[28]

O historiador chileno Diego Barros Arana, em sua *Historia general de Chile*, ao relatar no primeiro volume os episódios da conquista, detalha os cruéis ressentimentos com que os araucanos redimiram os sofrimentos de seus irmãos açoitados e mutilados por Valdivia, depois da Batalha de Andalién. Aprisionado na Batalha de Tucapel, e levado desnudo para o

28 Entre os cronistas da conquista e historiadores chilenos, há muitas controvésias em torno da morte de Pedro de Valdivia. Além da cena de antropofagia apresentada por Diego Barros Arana, há versões de que lhe comeram o coração, de que Caupolicán levou seu crânio para casa onde tomava chicha, além das versões de decapitação, golpes de machado e a lenda negra de que o obrigaram a ingerir ouro derretido, dando-lhe de beber o que sua ambição viera buscar no Chile. A versão mais aceita pelos historiadores é aquela segundo a qual um cacique chamado Leucotón deu morte ao conquistador com uma maçada (macana) no crânio. Entre heróis e assassinos, guerreiros e genocidas, o que parece é que nesses últimos anos a história da conquista do Chile começa a ser reinterpretada. Em abril de 2010, na 5ª Mostra Latino-Americana de Teatro, no Centro Cultural São Paulo, o grupo chileno Tryo Teatro Banda apresentou a peça *La gesta inconclusa*, mostrando, com grande talento dramático e reconhecido sucesso de representação, a face mesquinha de anti-herói e a personalidade sanguinária de Pedro de Valdivia, através da interpretação dramático-musical das cartas que o conquistador escreveu a Carlos V, rei da Espanha.

acampamento indígena, o conquistador espanhol foi barbaramente supliciado e morto pelos mapuches. Nas palavras de Arana[29]:

> *La fatiga del combate, la enormidade del desastre que acababa de experimentar y aquellos crueles sufrimientos habían abatido el espírito del altivo y valiente capitán.(...) "Devolvedme la libertad, dijo entonces Valdivia, y sacaré los españoles de vuestras tierras, despoblaré las ciudades que he fundado y os daré, además, dos mil ovejas". Por única respuesta los indios vociferaran las más feroces amenazas. (...) Valdivia fue martirizado de una manera cruel. Aunque los indios tenían las espadas y dagas que habian quitado a los vencidos, prefirieron usar las conchas marinas que usaban como cuchillos. Con ellas le cortaron los brazos, y depués de asarlos ligeiramente, los devoraron en su presencia. Un antiguo documento refiere que el conquistador del Chile vivió tres dias en médio de estas torturas y que al fin expiró de extenuación y de fatiga.*

Nos rastros da vitória de Tucapel, os esquadrões de Lautaro sitiaram a cidade de Concepción, base estratégica dos espanhóis e agora defendida por Francisco de Villagra, o terceiro na sucessão testamentária deixada por Valdivia. Reunindo um pequeno exército composto por 154 soldados e cerca de dois mil índios yanaconas, e trazendo, pela primeira vez na Guerra de Arauco, o uso da artilharia, o exército de Villagra saiu a campo para dar combate aos mapuches, em 09 de fevereiro de 1554. As forças de Lautaro observavam a distância o seu deslocamento, permitindo que chegassem até a região montanhosa de Marihueñú, na travessia da cordilheira da Costa, onde foram atacados numa planície cortada por um longo precipício e a floresta fechada. Na encarniçada batalha que se estendeu desde o amanhecer até a tarde, os espanhóis, apesar de todo o estrondo do fogo de artilharia – de cuja

29 Arana, D. B. Op. cit., p. 360. A partir desta nota todos os textos citados em castelhano, ao longo da obra, serão traduzidos pelo autor. *A fadiga do combate, a enormidade do desastre que acabara de experimentar e aqueles cruéis sofrimentos haviam abatido o espírito do altivo e valente capitão. (...) "Devolve-me, a liberdade", disse então Valdivia, "e tirarei os espanhóis de vossas terras, despovoarei as cidades que fundei e vos darei, além disso, duas mil ovelhas". Por única resposta, os índios vociferaram as mais ferozes ameaças. (...) Valdivia foi martirizado de uma maneira cruel. Embora os índios tivessem as espadas e adagas que tinham tomado dos vencidos, preferiram usar as conchas marinhas que usavam como facas. Com elas, cortaram-lhe os braços e, depois de assá-los ligeiramente, devoraram-nos em sua presença. Um antigo documento afirma que o conquistador do Chile passou três dias em meio a esta tortura e que finalmente expirou de exaustão e fadiga.*

alarmante explosão Lautaro já havia desmistificado seus guerreiros – foram vencidos pelos sucessivos recuos e ataques dos mapuches. Villagra conseguiu fugir com alguns soldados e yanaconas, perdendo todo seu armamento pesado.[30]

> *Cortados en su marcha por los cuerpos de indios y por los troncos de árboles que estos habían puesto en los senderos, los castellanos tuvieron que vencer todo género de ostáculos para abrirse paso por las serranías de Marihueñu (23 de febrero de 1554). Muchos de ellos perecieron, pero otros pudieron retirarse con Villagra.*[31]

A partir da vitória na Batalha de Marihueñú – descrita em vivas cores nos cantos 5 e 6 de *La Araucana* – consolida-se o poder de Lautaro sobre toda a região ao sul do Biobío e a partir de então sua estratégia militar se concentraria não mais numa guerra de defesa, mas de independência, e pela expulsão total dos invasores de seu país. Diz o cronista Diego de Rosales que depois da vitória de Marihueñú, Lautaro gritava orgulhoso no alto de uma colina: *Inche Lautaro, apumbin tu pu huinca*, ou seja: *Eu sou Lautaro, que acabei com os espanhóis*. Segundo alguns biógrafos de Lautaro, essa frase é repetida até hoje pelos seus descendentes.

Por sua vez, Arana[32], descrevendo a estratégia que levou Lautaro à estrondosa vitória de Tucapel, afirma que:

---

30 Mackenna, B. V. *Lautaro*. Santiago, 1876.

31 Arana, D. B. *Historia de América*. Buenos Aires, Anfora, 1973, t. I, p.286. *Bloqueados em sua marcha pelos corpos de índios e pelos troncos de árvores que eles tinham colocado nos caminhos, o castelhanos tiveram que superar todos os tipos de obstáculos para abrir passagem para as montanhas de Marihueñu (23 de fevereiro, 1554). Muitos deles morreram, mas outros conseguiram retirar-se com Villagra.*

32 Idem, p. 355.
Quando estuda, nas antigas crônicas, estas disposições estratégicas do caudilho araucano, o historiador é tentado a crer que a imaginação as tenha engalanado, porque se faz difícil acreditar que aqueles selvagens tivessem idealizado um plano de batalha tão razoável e discreto. No entanto, nas páginas seguintes, veríamos que Lautaro tinha os dotes de um grande soldado e que seus guerreiros possuíam, junto com a mais extraordinária audácia, uma rara habilidade para enganar e surpreender o inimigo. Os araucanos, como provaram em três séculos de luta, demonstravam na guerra qualidades de penetração e de astúcia que pareceriam inconciliáveis, com seu estado de barbárie, a todo aquele que não conheça a singular habilidade que alguns povos, mais selvagens ainda, costumam empregar em suas campanhas militares.

Cuando se estudian en las antiguas crónicas estas disposiciones estratégicas, del caudillo araucano, el historiador está tentado a creer que la imaginación las ha engalanado, porque se hace difícil creer que aquellos salvages hubiesen ideado un plan de batalla tan rasonable y discreto. Sin embargo, en las páginas siguientes hemos de ver que Lautaro tenía las dotes de un gran soldado, y que sus guerreros poseían, junto con la más extraordinária audacia, una rara habilidad para engañar y para sorprender al inimigo. Los araucanos como lo han probado en tres siglos de lucha, demonstraban en la guerra cualidades de penetración y de astucia que parecerían inconciliables con su estado de barbárie, a todo el que no conozca la singular habilidad que algunos pueblos, más salvages todavía, han solido desplegar en sus campañas militares.

A derrota sofrida por Villagra levou o pânico à população de Concepción, que iniciou sua fuga em massa para Santiago. Os antigos cronistas espanhóis – Pedro Mariño de Lobera e Góngora Marmolejo – relatam que se os 30.000 guerreiros araucanos, ao invés de festejarem por vários dias a vitória, tivessem invadido Concepción, como queria Lautaro, toda a nascente população teria sido exterminada e teria sido dado um golpe mortal nos desejos de conquista da região pelos espanhóis. Dias depois, os araucanos encontraram a cidade deserta e a reduziram a escombros fumegantes.

7. A crueldade dos espanhóis: noventa e nove mais um, queimados vivos

Depois da vitória de Marihueñú, o resto do ano de 1554 foi amargo para o povo mapuche. A colheita foi reduzida e começou a surgir entre eles uma doença desconhecida. Era o tifo, trazido pelos espanhóis, que nos próximos anos iria dizimar a população indígena. Sabendo da penosa situação por que atravessavam as aldeias, o capitão Francisco de Villagra resolveu vingar-se da derrota de Marihueñú. Com suas forças militares reforçadas, fez, na primavera daquele ano, o percurso de Santiago à cidade de Imperial, então o mais forte baluarte das defesas espanholas no sul. Enfraquecidos pelas enfermidades e pela fome, os guerreiros mapuches viram os espanhóis romperem o cerco comandado por Caupolicán e retiraram-se para a floresta. Villagra ordenou sua perseguição com suas ferozes matilhas de cães. Os animais, amestrados na caça de indígenas, massacraram as pequenas aldeias, cujos sobreviventes fugiam apavorados. Foi nesse contexto que ocorreu um dos mais abomináveis episódios na história do Chile. Os militares espanhóis, em sua sanha de vingança, colocaram os prisioneiros num rancho para queimá-los vivos. Um dos soldados, chamado José Macias, se pôs a contá-los e ao verificar que somavam noventa e nove, agarrou um índio inocente, servidor da caravana de Villagra, jogando-o nas chamas para que completasse cem. Foi essa inacreditável perversidade que uniu os araucanos de todos os rincões, despertando os que sobreviveram às epidemias para a luta de reconquista sob as ordens de Lautaro, que a partir de então começou a reorganizar o seu exército.

8. Lautaro arrasa pela segunda vez Concepción e prepara o ataque a Santiago

Pressionados pelo grande aumento da população de Santiago, a Audiência de Lima ordenou em fins de 1555 a reconstrução de Concepción, arrasada por Lautaro. Em dezembro daquele ano, chegam por terra e por mar as primeiras levas de soldados e civis que reiniciam a construção da cidade. Ao saber disso, Lautaro reúne 4.000 guerreiros e ataca primeiramente Angol, cujos habitantes fugiram para La Imperial.[33]

33 La Imperial, fundada por Pedro de Valdívia em 1552, foi a bela e soberba capital dos conquistadores nos séculos XV e XVI. (Foi onde o poeta Alonso de Ercilla por pouco não morreu, em 1558, por ordem de García Hurtado de Mendoza, na época governador do Chile, em razão de um torneio que acabou com uma disputa entre o poeta e Juan de Pineda, em presença do governador, que sentindo-se agravado ao tentar separá-los, condenou-os à morte, sendo ambos salvos pela intercessão de uma dama, embora Alonso tenha cumprido três meses de prisão. Que imensurável perda teria tido a literatura chilena, espanhola e universal, se o poema *La Araucana* não tivesse sido escrito! E que outro tão belo documento testemunharia a grandeza épica dos araucanos e a saga heroica de Lautaro, se o poeta tivesse sido executado? São os mistérios do "SE" na filosofia da história, assim como se pergunta como seria o atual mapa da Europa "se" Napoleão não tivesse invadido a Rússia no inverno). A cidade de La Imperial foi totalmente arrasada pelos mapuches em 1598. Só foi reconstruída em 1882, com o nome de Carahue.

Depois de destruir Angol, Lautaro ataca Concepción, vence os espanhóis e causa seu segundo despovoamento. Nos dois anos seguintes, não se ouviu falar de espanhóis na região ao sul de Biobío. Em fins de 1556, apesar das doenças e da fome que grassava no seu povo e da grande seca que abortou suas colheitas, Lautaro juntou 2.000 guerreiros e cruzou pela primeira vez o rio Biobío, com o objetivo de engrossar suas tropas, recrutando mais guerreiros entre o povo picunhe, visando a atacar Santiago e expulsar os espanhóis do Chile. Alertadas sobre a aproximação de Lautaro, partiram da capital 15 batedores para avaliar a situação na região do rio Maule, dos quais um foi morto pelos araucanos e seu corpo pendurado no alto de um carvalho. Com a aproximação de Lautaro, o pânico tomou conta de Santiago e a cidade começou a levantar suas defesas.

Em vista da ameaça, Pedro de Villagra, primo de Francisco Villagra, começa a organizar a ofensiva deslocando-se até Peteroa, onde Lautaro, atacando pela primeira vez com a cavalaria mapuche armada de lanceiros, obriga o capitão espanhol a retirar-se até um vale, onde pede socorro a Santiago. Lautaro avança, cruza o rio Itata – limite natural entre as etnias mapuche e os picunches – e às suas margens reagrupa as forças para o ataque. Os reforços que vieram para socorrer Pedro de Villagra, comandados por Diego Godinez, encontraram-se com novas tropas araucanas a caminho de Lautaro, resultando numa aguerrida batalha, na qual Godinez retirou-se ferido, com poucos sobreviventes.

Nesse período de confrontos, Lautaro estabelece uma negociação militar com seu antigo amigo espanhol, o capitão de cavalaria Marcos Veas, que o treinara na montaria e nas armas de ataque, quando ainda era um jovem prisioneiro nos acampamentos de Pedro de Valdivia. Veas, agora a serviço de Villagra, sugere-lhe a rendição, insinuando que ele não poderia vencer o poder espanhol. Lautaro responde apontando as margens do rio Maule como caminho da sua retirada e exigindo o resgate de cavalos e armas para não atacar. Nesse impasse, terminou a entrevista e a antiga amizade.

9. A traição e a morte de Lautaro

Nos dias seguintes, depois de cruzar o rio Maule, os batedores de Lautaro o informavam que Francisco de Villagra, derrotado na Batalha de Marihueñú, saíra em seu encontro com uma força de cavalaria, arcabuzeiros e mais de mil yanaconas. Lautaro, numa manobra tática e sabendo que Santiago ficaria quase desguarnecida, militarmente, desvia suas forças para o norte e deixa-o avançar para o sul. Depois de tantas vitórias, o sabor do poder havia maculado a imagem do grande caudilho.

Intransigente com os povos que não queriam aderir aos seus projetos de reconquista dos territórios em poder dos espanhóis, criou inimigos entre os picunches e os promacahues. Entre os últimos, o ódio mortal de um jovem índio, cujo pai vira morrer queimado pelos mapuches. Esse jovem, ferido pela dor da orfandade e pela ânsia de vingança, abriria o caminho para a morte de Lautaro. Foi nessa época que perdeu seu grande aliado, o cacique Chillicán, que descontente com as radicais posições de Lautaro, modificou sua estratégia de atacar os espanhóis sediados ao norte, além de Santiago. O *toqui* então resolve retroceder para o sul até um forte nas margens do rio Mataquito, nas íngremes encostas do monte Caone. Francisco de Villagra, informado pela ânsia de vingança daquele jovem índio do novo acampamento de Lautaro, reuniu suas forças às de Godinez, no povoado de Mataquito. Lautaro estava informado que os espanhóis estavam bem mais ao sul e por isso relaxou a vigilância em seu acampamento. Cumpre ressaltar que os indígenas da região, e entre eles os yanaconas, descontentes com a presença de Lautaro, ocultaram a informação das novas manobras dos espanhóis. Com as duas forças reunidas, Francisco de Villagra avança em marcha noturna até as margens do rio Mataquito. Informado que os guerreiros araucanos haviam se embriagado numa festa, Villagra preparou o ataque surpresa para a manhã seguinte, depois que seus batedores yanaconas o fizeram saber da ausência de sentinelas no acampamento de Lautaro. Na manhã de 1º de abril de 1557, consciente da superioridade das forças mapuches, Villagra motiva seus oficiais dizendo que o futuro da colônia no Chile dependia da vitória sobre o exército de Lautaro. Com o grito de *Santiago y Espanha adelante*, os soldados espanhóis surpreenderam o acampamento araucano, dando início ao massacre. Como os espiões indígenas de Villagra conheciam a tenda onde se abrigava Lautaro e sua mulher Guacolda, os soldados surpreenderam o guerreiro saindo com a espada na mão, que caiu morto ali mesmo, atravessado por uma lança, e gritando: *Aqui, espanhóis, que Lautaro está morto*. Naquele momento quatrocentos yanaconas avançaram sobre Lautaro com flechas, lanças e clavas e antes que o pegassem vivo – como queria Villagra, para levá-lo como troféu de guerra ao rei da Espanha – uma flecha transpassa-lhe o peito e ele cai sem um gemido.

> *Seus próprios irmãos, os servis* yanaconas, *que desde o começo da guerra se haviam tornado escravos dos conquistadores e já se haviam negado a lutar pela causa da liberdade, o assassinaram. (...) Vendo seu chefe morto, a guarda araucana, composta de seiscentos homens, saltou sobre os conquistadores com ímpeto leonino e, fazendo-os retroceder, formaram uma muralha em torno do corpo do seu herói. Feriu-se ali uma luta sangrenta e encarniçada. Abandonados pelos* promaucas, *que haviam fugido no começo da luta, os araucanos defendiam-se como animais encurralados; (...) Os seiscentos homens que haviam protegido o cadáver de Lautaro terminam por cobri-lo com seus próprios corpos, pois os espanhóis não deixaram um só com vida.*[34]

A batalha, entretanto, continuou, gerando uma total carnificina, durando mais de cinco horas, na qual araucanos e espanhóis dizimaram-se mutuamente. Os araucanos, ante a desproporção numérica no exército, iam caindo, guerreiro após guerreiro, sem uma retirada sequer, até seus últimos homens.

Assim caiu Lautaro, o mais insigne personagem da Guerra de Arauco, traído pelos povos por cuja liberdade deu a vida e que se estivessem unidos, teriam facilmente expulsado o invasor de suas terras. Sua inigualável inteligência na arte da guerra e sua carismática liderança nunca foram superadas pelos novos líderes que o sucederam, na longa

34 Alegría, F. *Lautaro, jovem libertador de Arauco*. Trad. Carlos B. de Amorin. São Paulo, Melhoramentos, 1951, p. 152.

guerra que apenas começava. Não se conhece, nos anais da história das Américas, um defensor tão obstinado do solo americano. Desde a Califórnia, na conquista do oeste, até o extremo sul do continente, não se sabe de outra saga guerreira tão heroica: um nativo, ainda infante, que derrotou os exércitos do então maior império do mundo. O escritor chileno, Fernando Alegría, conta ainda que ele conquistou seu primeiro triunfo guerreiro aos vinte anos, o ápice de seu poder e sua glória aos vinte e dois e que sua condição de caudilho foi imortalizada como um dos mais geniais libertadores de América.[35] Depois da Batalha de Chiripilco, em 30 de abril de 1557, os covardes yanaconas se apoderaram do cadáver de Lautaro e cortaram-lhe a cabeça que, espetada numa lança, ficou exposta por vários dias na praça de Armas de Santiago e posteriormente usaram seu crânio em suas libações nos rituais religiosos.

10. Caupolicán: o tronco da disputa

Quando Lautaro caiu, a bravura prematura de outro jovem guerreiro já corria de boca em boca entre o povo mapuche e entre os espanhóis. O imenso vazio deixado pela inesperada morte de Lautaro e, consequentemente, ausência de uma forte liderança, levou a algumas derrotas dos araucanos em setembro de 1557, como a frustrada tomada do Forte São Luís e de Lagunilhas onde 12.000 índios foram derrotados por uma força bem armada de 600 soldados e 1.500 yanaconas.

O massacre de Lagunilhas manchou o campo com o sangue de centenas de mortos e feridos. Sob o comando do despótico e perverso García Hurtado de Mendoza foram consumadas inomináveis crueldades contra os vencidos. Dos cento e cinquenta prisioneiros araucanos foram cortadas a mão direita e o nariz. Entre os prisioneiros estava o *toqui* Galvarino, que depois de ter sua mão direita decepada, num ato de extrema coragem, estoicismo e desprezo pelo poder espanhol, colocou

35 Alegría, F. Idem.

também a esquerda, que foi decepada pelo verdugo enfurecido e humilhado pela sua coragem.

Diante de tamanho fracasso, o Conselho dos grandes caciques se reuniu para unificar a liderança e coube ao velho Colo-Colo propiciar a prova que levaria Caupolicán à condição de *toqui*, no supremo comando militar de todas as forças do povo mapuche.[36]

Yo soy Caupolicán, que el hado mío
por tierra derrocó mi fundamento,
y quien del araucano señorío
tiene el mando absoluto y regimiento;
la paz está en mi mano y albedrío
y el hacer y afirmar cualquier asiento,
pues tengo por mi cargo y providencia
toda la tierra en freno y odediencia[37]

É com esses versos, que o poeta espanhol Alonso de Ercilla y Zúñiga inicia os relatos épicos sobre Caupolicán, descrevendo, no canto XXXIV de *La Araucana*[38], seus feitos guerreiros e seu suplício na Guerra de Arauco. O cronista espanhol Pedro Mariño de Lobera compara a nobreza de caráter e o porte de Caupolicán com a imagem de um senador romano.[39]

A difícil disputa que levou Caupolicán ao topo da hierarquia militar foi suportar com outros guerreiros, durante dois dias e duas noites, o peso de um grosso tronco de faia, na presença dos grandes caciques.

---

36 Colo-Colo foi o grande ideólogo da luta contra os espanhóis. Bem mais velho que Lautaro, foi o precursor da revolta como guerreiro e como um sábio conselheiro de guerra entre os araucanos. Pelo seu prestígio e sua sabedoria, Alonso, no seu poema épico, o compara ao velho Nestor, rei de Pilos e um dos heróis gregos da *Ilíada*.

37 *Eu sou Caupolicán, que o meu fado/ por terra derrocou meu fundamento/ e quem do araucano imenso lado/ tem o mando absoluto e regimento./ A paz está em minhas mãos e o arbítrio/ e o fazer e afirmar qualquer consentimento,/ pois tenho por meu cargo e providência/ toda a terra em freio e obediência.*

38 Ercilla y Zúñiga, A. de. *La Araucana*. Buenos Aires, Emecé, 1945, p. 742-3.

39 Pedro Mariño de Lobera, Crónica del reino de Chile. In: *Colección de historiadores de Chile y documentos relativos a la historia nacional*. Santiago, Imprenta del Ferrocarril, 1865, t. VI, p.149. *(...) Em efecto estuvieron estos doce electores tan unánimes, que sin contradicción alguna eligieron a un indio nobre y rico llamado Caupolicán de tantos bríos cuanto parece significar aun la misma hinchazon del nombre, y de tanto valor sagacidad y prudencia que mas parecía un senador romano que un bárbaro chilense. (...).*

Um dos mais robustos salta na arena. "Inche Caupolicán", se apresenta. Está despido, a não ser por uma pequena tanga que lhe cobre o sexo, mas leva as tiras de sua hierarquia atadas em torno dos braços e da cabeça. Dois rapagões se aproximam do tronco de faia que prepararam e o levantam com esforço, um em cada ponta. Mostram-no, para que a concorrência o aprecie e calcule seu peso, depois o colocam com cuidado nas firmes costas de Caupolicán. A cintura e os joelhos do homem se dobram ao receber a tremenda carga e, por um momento, parece que cairá esmagado, mas em seguida ele se apruma. Os músculos do corpo se retesam, a pele brilha de suor, as veias do pescoço incham a ponto de arrebentar. Uma exclamação sufocada escapa do círculo de espectadores quando lentamente Caupolicán começa a andar a passos curtos medindo suas forças para que se mantenham durante as horas necessárias. Deve vencer outros tão fortes quanto ele. Sua única vantagem é a feroz determinação de morrer na prova antes de ceder o primeiro lugar. Pretende dirigir seu povo no combate, deseja que seu nome seja lembrado, quer ter filhos com Frésia, a jovem que escolheu, e que estes levem seu sangue com orgulho.[40]

Assim segue descrevendo o poeta espanhol o comportamento de Caupolicán[41]:

Con un desdén y muestra confiada
asiendo del tronco duro y ñudoso,
como si fuera vara delicada
se le pone en el hombro poderoso.
La gente enmudeció maravillada
de ver el fuerte cuerpo tan nervoso;(...)

El bárbaro sagaz de espacio andaba,
y a toda prisa entraba el claro día;
El sol las largas sombras acortaba,
mas él nunca decrece en su porfía;
al ocaso la luz se retiraba
ni por eso flaqueza en él había;
las estrellas se muestran claramente,
y no muestra cansancio aquel valiente.[42]

---

40 Allende, I. Idem, p. 279.

41 Ercilla y Zúñiga, A. de. Op. cit., p. 71-2.

42 *Com um desdém e frente confiada/ alçando o tronco duro e nodoso,/ como se fora haste delicada/ o coloca no ombro poderoso./ a gente emudecia assombrada/ de ver o forte corpo tão nervoso;// O bárbaro*

O poeta nicaraguense Rubén Darío, que passou alguns anos de sua juventude no Chile, escreveu em 1888 um poema em sua memória, descrevendo a força descomunal desse guerreiro:

Caupolicán
Es algo formidable que vio la vieja raza:
robusto tronco de árbol al hombro de un campeón
salvaje y aguerrido, cuya fornida maza
blandiera el brazo de Hércules, o el brazo de Sansón.
Por casco sus cabellos, su pecho por coraza,
pudiera tal guerrero, de Arauco en la región,
lancero de los bosques, Nemrod que todo caza,
desjarretar un toro, o estrangular un león.
Anduvo, anduvo, anduvo. Le vio la luz del día,
le vio la tarde pálida, le vio la noche fría,
y siempre el tronco de árbol a cuestas del titán.
"¡El Toqui, el Toqui!" clama la conmovida casta.
Anduvo, anduvo, anduvo. La aurora dijo: "Basta",
e irguióse la alta frente del gran Caupolicán.[43]

11. A Batalha de Millarapue. Galvarino luta com as mãos decepadas

Caupolicán nasceu com uma anomalia visual (era zarolho) o que em nada diminuía sua grande habilidade física. Eleito *toqui* pelo seu porte robusto, sua inteligência e valentia, tinha uma feição severa, com a qual impunha respeito e liderança aos seus comandados.

---

sagaz devagar andava,/ e a toda pressa entrava o claro dia;/ O sol as longas sombras encurtava,/ mas ele nunca decresce na porfia:/ O ocaso da luz se retirava, / nem por isso fraqueza nele havia;/ As estrelas se mostram claramente,/ sem ver algum cansaço no valente.

43 *É algo formidável o que viu a velha raça:/ robusto tronco de árvore ao ombro de um campeão/ selvagem e aguerrido, cuja fornida massa/ brandira o braço de Hércules, ou o braço de Sansão.// Por casco seus cabelos, seu peito por couraça,/ pudera tal guerreiro, de Arauco a região,/ lanceiro das florestas, Nemrod em sua caça,/ desconjuntar um touro, estrangular um leão.// Andou, andou, andou. Viu-lhe a luz do dia/ viu-lhe a tarde pálida, viu-lhe a noite fria,/ e sempre o tronco de árvore às costas do titã.// "!O Toqui, o Toqui!", clama a comovida casta./ Andou, andou, andou. A aurora disse: "Basta",/ e ergueu-se a alta fronte do grande Caupolicán.*

Encorajado pelo grande sucesso militar de Lagunilhas, García Hurtado penetrou em território inimigo, buscando uma vitória final contra os mapuches. Em 29 de novembro de 1557, suas tropas acampam em Millarapue, no coração da Araucânia. Ao amanhecer do dia seguinte, à frente de quinze mil guerreiros, Caupolicán se postava, estrategicamente, para a sua primeira batalha contra os espanhóis. Dada a ordem de ataque, as hostes indígenas se aproximavam do acampamento, quando tocou uma corneta espanhola anunciando, coincidentemente, naquele dia e naquela hora, a celebração do dia de Santo André. Interpretando aquela saudação religiosa como um alarme, os mapuches se supuseram descobertos e isso desorganizou toda a tática da surpresa. Apesar disso, sobreveio o ataque e à frente de um batalhão vinha Galvarino, agitando seus braços com as mãos decepadas, como quem empunhasse a bandeira da vingança contra a crueldade dos conquistadores. Caupolicán, montando um formoso cavalo branco, conduziu a sangrenta Batalha de Millarapue, que durou até o início da tarde do dia seguinte. Em dado momento, seus guerreiros foram cercados pelas laterais e pela retaguarda e se retiraram derrotados. Com tantos mortos e feridos de ambos os lados, os espanhóis se estabeleceram no forte Canhete, a certa distância do forte Tucapel, onde quatro anos antes caíra o conquistador Pedro de Valdivia, derrotado por Lautaro.

Dois meses depois, o forte-cidade Canhete era sitiado por quinze mil araucanos sob o comando de Caupolicán, cuja intenção era manter o cerco indefinidamente e levar os espanhóis a morrer de inanição, já que sair do forte significava ser massacrado.

12. Traição de Andresito e o supremo suplício de Caupolicán

Após alguns dias de impasse, surge no acampamento indígena um yanacona chamado Andresito que, instruído pelos espanhóis para passar-se por desertor, informou de que o melhor momento para atacar o forte seria a hora da *siesta*, quando todos descansavam e ele tinha como abrir as portas para um ataque surpresa. Caupolicán, desconfiado, introduziu um espião no interior do forte, que realmente encontrou toda a guarnição dormindo em plena *siesta*, sem saber que pela sua presença, prevista e detectada pelos espanhóis, se armara todo o teatro para se consumar o massacre.

Confirmada a informação de Andresito, foi marcada a invasão para 05 de fevereiro, dia em que o espião abriu as portas do forte por onde entraram silenciosamente as hostes mapuches que, uma vez em seu interior, foram massacradas por pesadas cargas de artilharia, num imenso banho de sangue.

Os sobreviventes fugiram em debandada e Caupolicán escapou ileso. A cavalaria espanhola perseguiu os sobreviventes pelos montes das cercanias e, na região de Pilmaiquén deu-se, naquele mesmo dia, a pequena Batalha Antihuala onde, comandando a contraofensiva contra Pedro de Avendaño, Caupolicán foi aprisionado. O poeta-capitão Alonso de Ercilla, que testemunhou todos estes embates, sob as ordens gerais de García Hurtado de Mendoza, conta em seus versos que ao ser levado para o forte Tucapel, Caupolicán é afrontado por Fresia, sua mulher. Trazia uma criancinha de um ano nos braços e se aproximou do guerreiro imputando-lhe, revoltada, a vergonha de ter sido capturado vivo. Arranhou com violência o seu rosto e suspendendo nos braços o filho de ambos, atirou-o com desprezo em um penhasco, seguindo indiferente pelo caminho de onde surgira.

Levado a Canhete na presença do capitão de cavalaria Alonso de Reynoso, Caupolicán foi condenado à morte por empalamento, um dos maiores martírios impostos pelos espanhóis na América, que consistia na penetração de uma ponta de madeira pela via anal. *Con dignidad pide que se le perdone la vida, sabiendo que era imposible y que debía morir sin piedad.*[44]

44 Diego, F. N.; Pacheco, M.; Cristina, G. *Enriquillo-Caupolicán*. São Paulo, Companhia Editora Nacional, 2006, p. 80. *Com dignidade pede que lhe perdoem a vida, sabendo que era impossível e que deveria morrer sem piedade.*

Levado ao cadafalso e mostrando uma calma singular diante de uma morte tão cruel e falando com desprezo aos espanhóis, dispensou com um gesto o papel do verdugo e ainda manietado, sentou-se ele mesmo sobre o madeiro pontiagudo e sem um gemido, ao ser perfurado pela região anal até as entranhas intestinais, morreu serenamente ante o incontido espanto dos presentes.

Assim canta o seu estoico martírio Alonso de Ercilla[45]:

No el aguzado palo penetrante
por más que las entrañas le rompiese
barrenándole el cuerpo, fué bastante
a que al dolor intenso se rindiese:
que con sereno término y semblante,
sin que labio ni ceja retorciese,
sosegado quedó de la manera
que si asentado en tálamo estuviera.[46]

Cinco séculos depois Neruda redescreve a dimensão do seu suplício: O empalado

Caupolicán porém chegou ao tormento.
Ensartado na lança do suplício,
entrou na morte lenta das árvores.

Arauco recobrou seu ataque verde,
sentiu nas sombras o calafrio,
cravou na terra a cabeça,
agarrou-se com suas dores.
O Toqui dormia na morte.
Um ruído de ferro chegava
do acampamento, uma coroa

45 Ercilla y Zúñiga, A. de. Idem, p. 748.
46 *Nem a aguçada estaca penetrante,/ por mais que as entranhas lhe rompesse/ perfurando-lhe o corpo, foi bastante/ a que à dor intensa se rendesse:/ que com sereno talhe e semblante,/ sem que lábio ou sobrancelha retorcesse/ sossegado ficou de tal maneira/ como se no tálamo assentado estivera.*

de gargalhadas estrangeiras,
e junto aos bosques enlutados
somente a noite palpitava.

Não era a dor, a dentada
do vulcão aberto nas vísceras,
era só um sonho da mata,
a árvore que sangrava.
nas entranhas da minha pátria
entrava a ponta assassina
ferindo as terras sagradas.
O sangue queimante tombava
de silêncio em silêncio, abaixo,
até onde a semente está
à espera da primavera.
Mais fundo tombava este sangue.
Caía sobre as raízes.
Caía sobre os mortos.
Sobre os que iam nascer.[47]

13. Um inimigo devastador: as doenças trazidas pelos espanhóis

No fim daquela década de cinquenta, em face da necessidade dos homens nos cenários de batalha, as colheitas se perderam nos campos, sobreveio a miséria e começaram a surgir as doenças trazidas pelos espanhóis. O tifo, a peste e a fome dizimavam as aldeias. Toda a nação mapuche passava por um de seus momentos mais difíceis e os orgulhosos caciques já não podiam esconder suas lágrimas diante da imensa tragédia.

> *En esos años surgió la primera gran peste de tifus, que los mapuches llamaron chavalongo. Se dice en las crónicas que habría muerto un 30 por ciento de la población indígena, lo que representaría alderedor de trescientas mil personas. En 63, esto es, cinco años más tarde, sobrevino la peste de viruela, que asoló a la población indígena, muriendo*

47 Neruda, P. Op. cit., p. 86-7.

un quinto de ella, lo que equivale a unas 100 mil personas aproximadamente. Estas pestes afectaron principalmente a los picunches, o mapuches del norte del Bío-Bío, que teníam más contactos con los españoles. En el valle Central de Chile quedó muy poca población aborigen; las pestes los diezmaron y muchos otros arrancaron a la zona sur a defenderse junto a los mapuches. Pero también murieron muchos mapuches del sur; se cuenta que en médio de las batallas se producián vómitos y muertes por el chavalongo. Como se sabe, en toda América Latina los indígenas fueron presa de una verdadera guerra bacteriológica, producto de las pestes que traían los españoles.[48]

Bengoa, em nota ao pé da mesma página, afirma que os espanhóis não só trouxeram o tifo e a varíola, mas que em seu rastro também chegou a sífilis. Afirma que os mapuches eram orgulhosos de sua saúde e sua limpeza e que consideravam os espanhóis como seres extremamente sujos.

14. Pelanterú toma as cidades do sul e derrota um exército espanhol na Batalha de Curalaba

No fim daquele século XVI, outros caudilhos mapuches, como Pelanterú e Lientur retomariam a bandeira da liberdade, desfraldada incomparavelmente por Lautaro e Caupolicán, e em 1598, quando da grande rebelião araucana, um exército expedicionário espanhol foi totalmente destruído pelas forças de Pelanterú, às margens do rio Lumaco. Seguindo para o sul, Pelanterú se apoderou de todas as cidades

48 Bengoa, J. *Historia del pueblo mapuche: (siglo xix-xx)*. 6 ed. Santiago, LOM Eds., 2000, p. 33. *Nesses anos, surgiu a primeira grande epidemia de tifo, que os mapuches chamaram de* chavalongo. *Diz-se nas crônicas que morreu 30 por cento da população indígena, cerca de trezentas mil pessoas. Em 63, ou seja, cinco anos mais tarde, veio a varíola, que devastou a população indigena, matando um quinto da mesma, o que equivale a 100.000 pessoas aproximadamente. Essas epidemias afetaram sobretudo os picunches ou mapuches do norte do Biobío, que tinham mais contatos com os espanhóis. No vale central do Chile, restou bem pouca povoação aborígene; as pestes os dizimaram e muitos outros partiram para o sul, para resistir junto aos mapuches. Mas também morreram muitos mapuches do sul; conta-se que no meio da batalha ocorriam vômitos e mortes pelo chavalongo. Como se sabe, em toda a América Latina, os índigenas foram vitimados por uma guerra bacteriológica, como consequência das epidemias trazidas pelos espanhóis.*

espanholas, dando morte ao governador da região, Martín García Óñez de Loyola, na Batalha de Curalaba. Em 1602, o domínio da região pelas forças de Pelanterú, estabeleceu, nas margens do rio Biobío, uma rígida fronteira entre mapuches e espanhóis surgindo, com os territórios liberados, um poder alternativo no território chileno. Essa república indígena era uma espécie de Esparta araucana com uma cultura militar na qual, já a partir dos seis anos, as crianças eram treinadas no uso de armamentos e no domínio do cavalo.

Trezentos anos de guerra não foram suficientes para quebrantar a inteligência, o poder de sua tradição e o espírito libertário e guerreiro desse povo, e os espanhóis sempre amargaram a ideia de ter que voltar a seu país sem a glória de ter se estabelecido ao sul do rio Biobío. Conquistaram dois impérios da América – o asteca e o inca – mas, curiosamente, não conseguiram submeter esse pequeno povo que por 260 anos permaneceu independente da Espanha. São ainda os mistérios da filosofia de história. Jamais vencidos, os mapuches, são até hoje, um espinho na carne nos orgulhosos anais das conquistas espanholas.

Posteriormente al alzamiento de Curalaba, los españoles, al no poder penetrar los territorios mapuches, se vem obligados a constituir y fortalecer una frontera en los límites que señala el rio Bío-Bío. A partir de aquí, la Corona española se ve obligada a reconocer la zona ubicada al Sur de dicha frontera, como un territorio autónomo perteneciente a outro pueblo. Esto la llevará a entrar en una dinámica absolutamente inédita en el resto del continente, lo que há sido conocido por los historiadores como "La Frontera".

En síntesis, los mapuches poseen la admirable peculiaridad de haber permanecido independientes de España por espacio de más de 260 años. A pesar de todos los intentos realizados por los españoles, los mapuches, gracias al equilibrio militar que presentaron a los ejércitos hispanos, lograron mantener su independencia.

Las explicaciones que se han dado para entender esta resistencia de los mapuches a los españoles, inedita en la historia americana, han sido muchas y variadas. Se há hablado latamente de una supuesta condición racial de los mapuches, que los colocaría por encima de otros pueblos en su condición de hábiles guerreros, así se há llegado a hablar de un "espíritu guerrero" o de "raza militar". Hoy en día, los estudios de antropológicos han demonstrado que no existe ninguna información que pueda establecer una relación de correspondencia entre los componentes biológicos hereditarios del ser humano y su comportamiento cultural. (...)

En la actualidad, cuenta con bastante aceptación una explicación que fundamenta las razones de esta victoria militar: el tipo de organización social mapuche. A diferencia de los inkas y aztecas, que poseían gobiernos centralizados y divisiones políticas internas, los mapuches tenían una estructura social no jerarquizada, sin poder central, siendo cada familia una unidad independiente. En los primeros casos, los ejércitos españoles golpearon el centro del poder político y, al conquistarlo, se aseguraron el dominio del imperio. En el caso del pueblo mapuche esto no era posible, ya que su conquista y sometimiento pasaba por el de cada una de las miles de familias independientes.[49]

---

49 Bengoa, *J. La memoria olvidada. Historia de los pueblos indígenas de Chile.* Santiago, Publicaciones del Bicentenário, 2004, p.281-2. *Posteriormente ao levantamento de Curalaba, os espanhóis, não podendo penetrar nos territórios mapuches, são obrigados a constituir e fortalecer uma fronteira nos limites assinalados pelo rio Biobío. A partir dali, a Coroa espanhola se vê obrigada a reconhecer a zona localizada ao sul daquela fronteira, como um território autônomo pertencente a outro povo. Isto a fará entrar em uma dinâmica absolutamente inédita no resto do continente, o que tem sido conhecido pelos historiadores como "A Fronteira". Em síntese, os mapuches possuíam a admirável peculiaridade de haver permanecido independentes da Espanha pelo espaço de mais de 260 anos. Apesar de todos os intentos realizados pelos espanhóis, os mapuches, graças ao equilíbrio militar que apresentaram frente aos exércitos hispânicos, conseguiram manter sua independência. As explicações que se têm dado para entender esta resistência dos mapuches aos espanhóis, inédita na história americana, foram muitas e variadas. Tem-se falado amplamente de uma suposta condição racial dos mapuches, que os colocaria em superioridade a outros povos por sua condição de hábeis guerreiros, chegando-se a falar de um "espírito guerreiro" ou de "raça militar". Hoje em dia, os estudos antropológicos demonstraram que não existe nenhuna informação que possa estabelecer uma relação de correspondência entre os componentes biológicos hereditários do ser humano e seu comportamento cultural.(...) Na atualidade, conta com bastante aceitação uma explicação que fundamenta as razões desta vitória militar: o tipo de organização social mapuche. À diferença dos incas e astecas, que possuíam governos centralizados e divisões políticas internas, os mapuches tinham uma estrutura social não hierarquizada, sem poder central, sendo cada família uma unidade independente. Nos primeiros casos, os exércitos espanhóis destruíram o centro do poder político e, ao conquistá-lo, mantiveram o domínio do império. No caso do povo mapuche, isto não era possível, já que sua conquista e submissão passava por cada uma das milhares de famílias independentes.*

15. A Araucânia no século XIX

Durante dois séculos e meio, os mapuches mantiveram sua liberdade frente aos espanhóis e no final desse período viveram um longo tempo de paz e prosperidade, através de "Parlamentos" – o mais famoso deles, o Parlamento de Negrete, realizado em 1803, reconheceu a fronteira territorial do Biobío – entre os mapuches e os espanhóis, e depois com os chilenos. Consolidaram seu território, ampliaram as áreas agrícolas, a criação de gado e estabeleceram amplas relações de fronteira pelo contato e o comércio com a sociedade colonial e posteriormente chilena, bem como com grupos mapuches nos pampas argentinos. A família era o centro de tudo e, a não ser em tempo de guerra, nunca existiu entre eles uma organização social e política permanente. Não havia hierarquia de poder entre os mapuches, e a autoridade estava em anciões sábios chamados *ulmen* (posteriormente *lonkos*) e em tempo de guerra, em jovens guerreiros chamados *toquis*. A história do povo mapuche é uma imensa memória partilhada e seu único registro é a oralidade. As lembranças dos seus feitos, – notadamente guerreiros, a saga dos heróis, seus grandes chefes (*loncos*), sua heroica luta contra os invasores espanhóis, suas guerras (*malones*) intestinas pela liderança de grupos e famílias – eram passados de geração a geração.

A Araucânia durante o século XIX era amplamente povoada por vários agrupamentos mapuches conhecidos como abajinos, arribanos, pampas, boroanos, maquehuanos, huilliches, pehuenches (que habitavam a cordilheira) e outros.

Centralizada na família

La sociedad mapuche del siglo diecinueve estaba construida sobre un complejo sistema de alianzas matrimoniales entre los principales cabecillas de las grandes familias, que seguían siendo las unidades básicas de esta sociedad. El sistema de matrimonios entre los mapuches del siglo passado era extremadamente abierto: cada hombre buscaba mujer en otras familias, teniendo como único impedimento la suya propia; el criterio era tan abierto que, através de la poligamia, permitía a un cacique rico e importante emparentarse com veinte o más familias de una amplia región. Los cruces familísticos eran, por lo tanto, extremadamente complejos y amplios, y podemos percibir que regiones enteras estabam completamente emparentadas; ésta es la base de las grandes agrupaciones mapuches del siglo diecinueve.[50]

16. O "rei" do Chile

No fim do século XIX, os limites do rio Biobío estabelecidos por Pelanterú, começaram a ser violados pelos herdeiros *criollos* da Independência. Quando em 1860, o aventureiro francês Orélie Antoine de Tounens – que se apaixonou pelos mapuches e, perante seus chefes, prometeu devolver sua grandeza perdida e, para defender seus direitos, chegou a encomendar armas da Europa – argumentando a total independência dos territórios da Araucânia, proclamou-se rei e fundou o "Reino da Araucânia e da Patagônia" com o total apoio do *toqui* Quilapán e dos mapuches.

O governo chileno, temendo uma divisão territorial, não só prendeu, julgou, internou como louco e expatriou o autoproclamado Orélie Antoine I[51], como também aproveitou o ensejo para iniciar, a partir de 1861, a usurpação das imensas terras mapuches compreendidas entre as águas do Biobío e do Toltén. Em 1866, uma campanha militar de conquista e extermínio denominada "Pacificação da Araucânia" – que, além do sul do Chile, estendeu-se com igual crueldade pelo território argentino, em 1879, com o nome de "Campanha do Deserto" –, iniciou a maior matança de indígenas já registrada no continente americano.

50 Bengoa, J. *Historia del pueblo mapuche*, p. 71.
A sociedade mapuche do século XIX estava construída sobre um complexo sistema de alianças matrimoniais entre os principais líderes das grandes famílias, que permaneceram como as unidades básicas dessa sociedade. O sistema de casamento entre os mapuches no século passado era extremadamente aberto: cada homem buscava mulher em outras famílias, tendo como único impedimento a sua própria; o critério era tão aberto que, através da poligamia, era permitido a um cacique rico e importante aparentar-se com vinte ou mais famílias de uma grande região. Os cruzamentos familiares eram, portanto, extremadamente complexos e amplos, e podemos perceber que regiões inteiras mantinham laços de parentesco; essa é a base dos grandes grupos mapuches do século XIX.

51 Braun-Menéndez, A. *El reino de Araucanía y Patagonia*. 5 ed. Santiago, Francisco de Aguirre, 1967.

Nesse episódio, conhecido como a “Segunda Guerra de Arauco”, todas as forças indígenas se uniram, em novembro de 1881, em encarniçadas batalhas de sobrevivência e defesa de seus territórios, mas, ao fim de quatro anos de luta, foram abatidas pelas armas modernas do exército chileno, num verdadeiro genocídio do povo mapuche.

17. Um genocídio chamado “a Pacificação da Araucânia”

A região da Araucânia, por muito tempo, foi considerada como um território isolado, notadamente durante os três séculos que se seguiram aos anos da conquista, ainda que estudos recentes registrem o entrosamento comercial entre a sociedade *hispano-criolla* e os araucanos naquele período, ao sul do Biobío. Essa indiferença pelos territórios mapuches era, muito mais visível na

> *década del 70 y 80 del siglo XIX principalmente, en la que se producirá una grieta insalvable entre la vida chilena, en particular santiaguina, y la forma de vida de los indígenas del Sur de Chile. Se pensaba esteriotipadamente a los mapuches, a los ojos evolucionistas de la sociedad criolla, como una "raza" en decadencia, degradada por el alcohol, en definitiva, seres que estaban muy lejos de ser los héroes relatados por Alonso de Ercilla. Se multiplicabam los artículos en la prensa que se referían en estos peyorativos términos a los pobladores de la Araucanía. El país del centro comienza a formarse una imagen distorcionada de los indígenas del Sur, y circula la idea de que los mapuches, además de estar acabados, eran cada vez menos. Comenzó a afirmarse que quedaban muy pocos indígenas en el Sur y que las tierras estaban desocupadas. El país del centro se imaginó algo que no era tal, pero que servía para justificar la ocupación de la Araucanía y someter a los indígenas al régimen reduccional.*[52]

---

52 Bengoa, J. *La memoria olvidada*, p. 23.
década de 70 e 80 do século XIX principalmente, quando se produziu uma brecha intransponível entre a vida chilena, particularmente santiaguina, e a forma de vida dos indígenas do sul do Chile. Aos olhos evolucionistas da sociedade crioula imaginava-se os mapuches como o estereótipo de uma "raça" em

Segregados social e culturalmente e, por isso mesmo alheios ao que acontecia com o poder político, em Santiago, os mapuches viveram seu melhor período de paz durante toda a primeira metade do século XIX, quando começaria a ruir a "fronteira" de duzentos e cinquenta anos construída por espanhóis e araucanos, depois da Batalha de Curalaba. Dir-se-ia que naqueles tempos conviviam no país duas nações: a chilena e a mapuche. A partir de 1860, tudo mudaria e a ganância da oligarquia agrária chilena encontrou no sonho separatista do "rei da Araucânia" os motivos suficientes para se apoderar das imensas terras do sul, nos rastros sangrentos deixados pela invasão militar da Araucânia, cujos primeiros embates deram-se em abril de 1868, prenunciando uma guerra de extermínio, na qual os mapuches resistiram como puderam, até 1883.

A chamada "Pacificação da Araucânia" é tida como um desfile das mais incríveis crueldades da história (não oficial) do Chile e os detalhes dessa matança, tanto por parte do exército chileno, como do argentino, só agora começam a ser revelados. Nos primeiros enfrentamentos entre os soldados de Cornelio Saavedra e as forças mapuches, comandadas por Jose Santos Quilapán, – cacique dos arribanos e o último grande chefe mapuche da Araucânia – unidas aos mapuches argentinos, comandados por Calfucurá, as tropas chilenas foram derrotadas. Posteriomente, com a vitória do Chile em 1883 na Guerra do Pacífico, os latifundiários da região central acharam que chegara o momento do seu "glorioso" exército ajudá-los a tomar a terra que ainda restava aos araucanos, e liquidar de vez com os rebeldes sobreviventes. Algum tempo depois, chegavam à capital os ecos sangrentos da bárbara campanha militar contra os indígenas do sul, comandada pelo coronel Saavedra, tido como herói na história oficial, mas cujo rastro de perversidade levantou, no país, a voz de parlamentares, da imprensa e do clero, contra o holocausto em que estavam sendo imolados os mapuches nos territórios do sul.

declínio, degradada pelo álcool, em suma, seres que estavam muito longe de serem os heróis cantados por Alonso de Ercilla. Multiplicavam-se os artigos na imprensa que se referiam aos moradores da Araucânia em termos pejorativos. O centro do país começava a formar uma imagem distorcida dos índios no sul, circulando a ideia de que os mapuches, além de estarem acabados, eram cada vez mais reduzidos. Começou a afirmar-se que restavam poucos índios no sul e que as terras estavam desocupadas. No centro do país, imaginava-se algo que não era real, mas que serviu para justificar a ocupação da Araucânia e submeter os indígenas ao regime reducional.

Conta José Bengoa que

> *La guerra, sin embargo, involucrava no solo a los guerreros y al ejército mapuche, sino también a la "población civil". Se incendiaban rucas, se mataba y capturaba mujeres y niños, se arreaba con los animales y se quemaban las sementeras. Estamos ante una de las páginas más negras de la historia de Chile. Tanto fue así, que en Santiago se creó un clima de horror ante la barbarie del ejército en operaciones, y el principal diario de la capital,* El Ferrocarril, *inició una campaña de moderación, la cual fue respondida por* El Mercurio de Valparaíso, *que apoyaba los hechos.*[53]

Neste cruel processo de "pacificação", parte dos sobreviventes da nação indígena, sem outra condição de vida, foi "integrada" ao povo chileno, embora em muitas regiões do sul, os herdeiros da resistência permanecessem fiéis à sua diversidade. Terminada a "pacificação", começaria outro calvário para o povo mapuche: como sobreviver com a ínfima parcela de terras que receberam nos assentamentos delimitados nas *reduções indígenas*. A expulsão de suas próprias terras traria consequências que determinaram o estado de penúria em que sobrevivem até hoje.[54]

> *El proceso de radicación, reducción y entrega de Títulos de Merced, entre los años 1884 y 1929, estuvo acompañado de abusos contra los mapuches y tuvo consecuencias que transformaron de manera profunda a esta sociedad. La reducción significó que los mapuches perdieran la mayor parte de sus tierras, quedando reducidos a cerca de 500 mil hectáreas que el Estado entregó como Títulos de Merced.*[55]

---

53 Bengoa, J. *Historia del pueblo mapuche*, p. 205.
A guerra, porém, não só envolvia os guerreiros e o exército mapuche, mas também a "população civil". Incendiavam-se as habitações indígenas, matavam e capturavam, maltratavam os animais e foram queimadas as colheitas. Esta é uma das páginas mais negras da história do Chile. Tanto foi assim que em Santiago criou-se um clima de horror ante a barbárie das operações do exército, e o principal jornal da capital, El Ferrocarril, *começou uma campanha de moderação, que foi contestada por* El Mercurio de Valparaíso, *que apoiava os fatos.*

54 Ainda que bem quisesse, os limites destes relatos não me encorajam a estender aqui outras tantas citações sobre a magnitude do massacre que horrorizou, na época, o país inteiro. Os documentos oficiais, os comunicados militares, os jornais daqueles anos, continuam a ser pesquisados pelos novos historiadores chilenos e a dimensão dessas denúncias são cada vez mais assustadoras.

55 Bengoa, J. *La memoria olvidada*, p. 25.
O processo de assentamento, redução e entrega dos Títulos de Concessão, entre 1884 e 1929, foi acompanhado de abusos contra os mapuches e gerou consequências que transformaram profundamente

Os chamados *Títulos de Merced* ou Títulos de Concessão foram as propriedades das terras entregues aos mapuches depois de concluída a ocupação militar da Araucânia, reduzindo em quase 90% o tamanho de suas terras ancestrais. Nestes cerca de 500 mil hectares – na verdade 434.063 hectares, ou seja, 9 % dos cinco milhões que representavam o território araucano nas atuais províncias de Biobío, Arauco, Malleco e Cautín – está a razão da pobreza a que o Estado chileno levou, em pouco mais de um século, o povo mapuche, pela insuficiência de espaço agrícola, região de pastoreio e caça, que ele necessitava para viver com dignidade e alguma prosperidade. Por outro lado, esse tipo arbitrário de titulagem das terras, fortalecendo os caciques locais, gerou a dependência das outras grandes famílias, retirando a autoridade dos seus próprios caciques e alterando a ordem secular da autonomia de cada comunidade na sociedade araucana, cuja economia era igualitária, fortemente coletivista e onde não existia a propriedade privada dos meios de produção.[56]

Esse povo, que lutou com unhas e dentes contra os invasores da pátria no século XVI, e cujos heróis e mártires, nas figuras de Lautaro, Caupolicán e Galvarino foram usados como emblemas de luta pelos próceres da Independência do Chile, foi esquecido pela ingratidão do poder republicano e historicamente estereotipado, conforme convinha à sociedade chilena. Eram os heróis e grandes guerreiros até que começou a "pacificação". Daí em diante foram chamados de bárbaros, violentos, sanguinários e alcoólatras e, a partir do século XX, de subservientes, fracos e ignorantes. Na edição de 24 de maio de 1859, o principal jornal chileno *El Mercurio*, porta-voz oficioso do Estado, da oligarquia chilena e da elite militar, assim se expressa em relação aos mapuches, quando ainda eram chamados de araucanos:

---

sua sociedade. A redução fez com que os mapuches perdessem a maior parte de suas terras, ficando reduzidos a cerca de 500 000 hectares que o Estado entregou como Título de Concessão.

56 Muitos dos posteriores conflitos de terras nas comunidades mapuches tiveram origem na usurpação de propriedades indígenas legitimadas pelos Títulos de Concessão, que por força da própria legislação são intransferíveis a proprietários não mapuches.

> *Los hombres no nacieron para vivir inútilmente y como los animales selváticos, sin provecho del género humano; y una asociación de bárbaros tan bárbaros como los pampas o como los araucanos no es mas que una horda de fieras, que es urgente encadenar o destruir en el interés de la humanidad y en el bien de la civilización.*[57]

Este foi o tratamento que receberam do país, onde hoje são vistos como parte de um passado nacional, cuja cidadania nega a cultura e a cosmovisão indígena.[58] Esta é a imagem do povo mapuche, visto com intolerância e ostensivo desprezo pelos herdeiros conservadores da colônia, identificados, atualmente, na oligarquia reacionária que aplaudiu o assassinato de Salvador Allende e defendeu os crimes de Pinochet.

---

57 Teun, A. van D. *Racism and discourse in Spain and Latin America*. Amsterdam, John Benjamins B.V., 2005, p. 125.Vários autores. *Os homens não nasceram para viver inutilmente e como os animais selvagens, sem proveito do gênero humano; e uma associação de bárbaros tão bárbaros como os pampas ou como os araucanos não é mais que um bando de feras, que é urgente prender ou destruir no interesse da humanidade e pelo bem da civilização.*

58 Esse trecho, racista e infamante, publicado em Santiago pelo jornal *El Mercurio*, em 24 de maio 1859, não aparece na edição brasileira do mesmo livro, editado em 2008, pela Editora Contexto de São Paulo, com o título de *Racismo e discurso na América Latina*. Tive o cuidado de ler e reler todo o capítulo intitulado: *Chile: o caso mapuche*, da página 119 a 158, e lá não encontrei mais a prova comprometedora dessa criminosa rejeição.

IV
O SEGREDO MAIS BEM GUARDADO DO CHILE

1. Pablo Neruda e o "Canto general". A omissão e o estigma dos historiadores

Depois daquela viagem à província de Arauco, voltei a Santiago, gratificado pela beleza geográfica da região e profundamente marcado pela memória araucana. Isolei-me por um tempo na Biblioteca Pública de Santiago estudando sua história, biografias de Lautaro e relatos dos cronistas espanhóis sobre a conquista.

Foi lendo o longo poema épico *La Araucana*, que pude conhecer os primeiros passos da resistência araucana, contados por uma testemunha ocular dos fatos. Na verdade, uma distante e vaga lembrança me acenava através dos anos, impressa nas páginas do *Canto general* que eu lera em espanhol, no início da década de 60, no Brasil. No meio de centenas de personagens, – que Neruda expõe em sua imensa galeria de heróis e bandidos que integram o perfil dos conquistadores, libertadores e traidores da história do continente – lembrava claramente de sua honrosa referência a Castro Alves e Luís Carlos Prestes, mas os nomes de Lautaro, Caupolicán e Pedro de Valdivia somente agora soavam como uma vaga lembrança.

Devorando diariamente tantas páginas e demonstrando meu entusiasmo a alguns amigos chilenos, ficara sabendo que a memória araucana na obra de Ercilla já estava meio esquecida na cultura literária do país, quando o historiador Benjamín Vicuña Mackenna (1831-1886) publica, no ano de 1876, em Santiago, seu livro *Lautaro*, reinterpretando sua imagem, a partir da narrativa do poeta espanhol. Considerado um dos mais brilhantes intelectuais do século XIX, tanto Vicuña Mackenna, como Diego Barros Arana, estavam entre os conhecidos historiadores que descrevem o índio com o estigma de "primitivos", "desprovidos de desenvolvimento intelectual", de "bárbaros" e até de "bandidos". Mackenna, no entanto, mostra uma grande admiração por Lautaro ainda que com seu discurso liberal e conservador procurasse desmistificar sua imagem, imortalizada por Ercilla. É o que ele expressa, no início da obra, ao afirmar que Lautaro tem sido visto como um nome muito mais lendário do que histórico, assemelhando-se aos semideuses de Homero. E continua:

> *Nós nos apartamos dessa senda deslumbradora, porém enganosa. Queremos apresentar o herói araucano tal qual foi: índio bárbaro, vicioso, bravo, heroico, guerreiro de grandes dotes naturais, patriota sublime, – tudo a um só tempo.*[59]

2. Fernando Alegría: "Lautaro, joven libertador de Arauco"

Na biblioteca também passou pelas minhas mãos o livro *Lautaro, joven libertador de Arauco*, escrito por Fernando Alegría (1918-2005). A obra, terceiro livro de sua admirável precocidade literária, narra, numa primorosa novela biográfica, a história guerreira do jovem general araucano. Sua notoriedade como poeta, novelista e crítico deram destaque a essa obra de sua juventude, publicada em 1943, em Santiago, traduzida para vários idiomas e sendo publicada no Brasil, em 1951. Fernando Alegría que, além de escritor foi também diplomata, teve um importante papel na divulgação da cultura latina nos Estados Unidos, como representante do Governo da Unidade Popular. Seu poema *Viva*

59 Mackenna, V. B. Op. cit.

Chile mierda foi um dos mais recitados durante o governo de Salvador Allende, sobre quem escreveu um livro.

Apesar de sua formação ideológica de esquerda, e o respeito com que esculpe a estátua guerreira de Lautaro, o que me parece estranho nas últimas páginas de seu livro são as colocações sobre a decantada "pacificação" do povo araucano. Escreve ele nas páginas 136/137 da edição brasileira:

> *Finalmente a guerra foi desaparecendo. Os espanhóis construíram famílias, misturando o seu sangue ao sangue nativo. Uma nova raça começou a se desenvolver; a solidariedade e a compreensão tomaram o lugar do primitivo ódio. (...) Desde então a união se tornou mais estreita e uma nova raça surgiu e cresceu. Com o heroísmo e a ânsia de liberdade dos araucanos e com a paixão pela aventura, a intuição e a fé dos espanhóis, caldeou-se o povo chileno.*[60]

Entendi, já naquela época, que não é essa a verdade dos fatos em relação aos mapuches/araucanos. Com exceção dos sobreviventes diaguitas e picunches, etnicamente desintegrados pela assimilação, – e identificados como os "rotos" no processo da independência e na Guerra do Pacífico, cuja integração cultural foi contrária aos interesses mapuches – constatei que não havia essa homogeneidade social generalizada, mas sim uma pontual diversidade cultural, marcada pelos mapuches de um lado, e os chilenos de outro. Havia sim um grande preconceito e desprezo pelas diversas etnias que povoavam o sul do Chile. Tais eram os fatos. Não havia o tal caldeamento e nem a desejável mestiçagem, já que os mapuches representavam 90% dessa diversidade na população indígena. Não havia, por certo, esse caldeamento em 1943, quando Fernando Alegría publicou seu livro sobre Lautaro e não era essa a verdade social quando estive pessoalmente na província de Arauco, em agosto de 1969. Ainda que eu tenha sido um observador itinerante e minhas leituras sobre o tema não tenham abrangido um horizonte tão amplo, o isolamento do povo araucano nas montanhas era, então, uma constatação histórica e geográfica, bem como a tônica da sua situação social, como me foi contada pelos velhos moradores da cidade de Lebu.

60 Alegría, F. Op. cit., p. 136-7.

Durante os quatro meses da minha primeira estadia no Chile, poderia contar nos dedos os cidadãos chilenos que, provocados pela minha curiosidade, falaram com interesse e conhecimento da história araucana. Foi muito triste constatar que a imagem de lutas do passado indígena do país não compunha a consciência nacional. Esse mito de uma raça homogênea, de que fala Fernando Alegría, não existia até então. A não ser como um mito mesmo, como uma imagem literariamente construída, e como tal desconhecendo a pluralidade cultural do país. Somente em nome dos que foram compulsoriamente aculturados, não se redime o genocídio do imenso número de massacrados e espoliados durante quinhentos anos e dos atuais sobreviventes, militarmente marginalizados por não renunciar à sua cultura. Longe de mim debitar esse crime ao povo chileno, vítima como todos nós, latino-americanos, de uma história oficial contada pelo liberalismo vencedor e que só agora começa a ser reescrita para denunciar fatos tão infames – e como brasileiro quero citar aqui o nosso mais vergonhoso exemplo – como os interesses financeiros internacionais que armaram três países para destruir a prosperidade independente de uma nação e quase exterminar um povo de forte formação indígena, na Guerra do Paraguai. Acuso sim, aqueles que usaram os fóruns do poder e as páginas da história para silenciar a memória dos vencidos, porque a história oficial é, quase sempre, uma história falsa, maquiada por grandes omissões, pelo anonimato da bravura humilde, esquecida em nome de um enredo épico, onde se exalta apenas a aristocracia militar e os vultos do poder. O escritor uruguaio Eduardo Galeano resume, com a sugestiva imagem de uma festiva passarela de "heróis da pátria", esta triste realidade cultural:

> *A história oficial latino-americana resume-se num desfile militar de próceres em uniforme recém-saídos da lavanderia.*[61]

Opino sobre uma classe social que na história do Chile viveu acumpliciada com os opressores, não importando a dimensão desumana dos seus crimes e sequer a unanimidade mundial no julgamento dos seus últimos verdugos.

---

61 Galeano, E. *Memória do fogo*. Trad. Eric Nepomuceno. Rio de Janeiro, Nova Fronteira, 1986, t. I, p. 15.

– Na verdade, os chilenos, em sua maioria, cumprimos as disposições e decretos senhoriais: como frenéticos arrivistas envergonhamo-nos dos araucanos. Contribuímos, uns, em extirpá-los e, os outros, em sepultá-los no abandono e no esquecimento.[62]

3. "Não somos um país de índios"

Apesar da ironia com que titulo esta passagem, quero acrescentar que:

En Chile existen comunidades cuya lengua, religión, valores e historia difieren del resto de la población. Desde hace siglos ocupan (y se identifican) con el mismo territorio. Se les conoce con el nombre de etnias indígenas: aymara, mapuche, qawasqar, yámana, quechua, colla, atacameños y rapa nui.

Culturalmente, los membros de una etnia se perciben distintos y así son percibidos por los demás. Tienen conciencia de pertenecer a una comunidade cuya cultura nutre una suerte de "honor colectivo" que está por encima de consideraciones de clase, puesto que de él participa cualquier miembro del grupo étnico, al margen de su posición social.

El Estado chileno reconoce la existência de etnias pero no de pueblos indígenas. (...) Como contrapartida, las organizaciones indígenas y los defensores de los derechos indígenas, plantean que las etnias sí constituyen pueblos, por historia, identidad étnica, religiosa, linguística y territorial.[63]

---

62 Neruda, P. *Para nascer nasci*. Trad. Rolando Roque da Silva. 2 ed. São Paulo, Difel, 1980, p. 240.

63 Salazar, G.; Pinto, J. *Historia contemporanea de Chile*. Santiago, LOM Ediciones, 1999, v. 2, p. 137. *No Chile, existem comunidades cuja língua, religião, valores e história diferem do resto da população. Desde muitos séculos ocupam (e identificam-se) com o mesmo território. Elas são conhecidas pelo nome de etnias indígenas: aymara, mapuche, qawasqar, yámana, quechua, colla, atacamenhos e rapa nui. Culturalmente, os membros de uma etnia sentem-se diferentes e assim são vistos pelos demais. Eles têm consciência de pertencer a uma comunidade cuja cultura nutre uma espécie de "honra coletiva" que está acima de considerações de classe, pois que dela participa qualquer membro do grupo étnico, independentemente da sua posição social. O Estado chileno reconhece a existência de grupos étnicos, mas não de povos indígenas. (...) Em contrapartida, as organizações indígenas e os defensores dos direitos indígenas, argumentam que os grupos étnicos se constituem povos, pela história, identidade étnica, religiosa, linguística e territorial.*

Na história dos povos sempre é o poder que privilegia uma determinada classe social ou uma nacionalidade étnica, em detrimento das demais, discriminando-as social, política e economicamente, e condenando-as à impotência, à exploração e à miséria.

> *Sin embargo, pese a siglos de discriminación etnocida y también genocida, las culturas indígenas no han desaparecido. En el último censo (1992), más de un millón de personas señaló sentirse identificado con alguna de las etnias indígenas que pueblan el território, principalmente la mapuche.*[64]

Oprimidos pelo desprezo oficial, os mapuches/araucanos pagam, na atualidade, um preço muito alto por resistir ao aculturamento. Um povo manipulado pela hipocrisia do poder e, nesse sentido, um povo sem imagem, sem nação, sem território, sem presente e sem futuro e a quem foi negada a memória nacional de suas lutas. Mas isso é apenas uma questão de tempo e de revisão crítica, porque a história do Chile, sem a saga araucana, não será história.

Pablo Neruda foi o que primeiro colocou o dedo nessa ferida secular e ainda aberta, mas convenientemente silenciada pela história do patriciado chileno. História ditada pelas oligarquias "patrióticas" para as quais os territórios "pacificados" dos araucanos foram inconfessavelmente distribuídos. A palavra "pacificação" quando se refere aos territórios indígenas do Chile é apenas um eufemismo, um discurso hipócrita dos epígonos do colonialismo, que já não resiste à crítica e ao julgamento inexorável do tempo. O que se vê ainda, entranhada na cultura do país, é a herança viva da soberba *criolla*, cegando os olhos da aristocracia nacional para a simbologia protocolar da sua bandeira tricolor, onde o vermelho não deveria apenas significar o sangue dos patriotas que lutaram pela independência, mas também o sangrento calvário mapuche erguendo, entre tantas tribos, o estandarte solitário da resistência contra os primeiros invasores da pátria. Pendão libertário que nenhum outro povo pré-colombiano da América ousou manter

64 Salazar, G. & Pinto, J. Opus cit., p. 138.

erguido por tão longo tempo, fosse no México ou no Peru, para defender seu território. Conta Neruda[65]:

Quando cheguei ao México como flamante Cônsul Geral fundei uma revista para tornar conhecida a minha pátria. O primeiro número foi impresso em impecável relevografia. Colaboraram nela o Presidente da Academia até Dom Alfonso Reyes, mestre essencial do idioma. (...) Batizamo-la Araucania. E enchia-lhe a capa o mais formoso sorriso do mundo: uma araucana que exibia todos os seus dentes. Gastando mais do que podia, remeti ao Chile por correio aéreo (...) exemplares separados e registrados ao Presidente, ao Ministro, ao Diretor Consular, aos que me deviam, pelos menos, uma felicitação protocolar. Passaram as semanas e não havia resposta.

Esta, porém, chegou. Foi o funeral da revista. Dizia apenas: "Mude-lhe o título ou suspenda-a. Não somos um país de índios".

– Não, senhor, nada temos de índios – disse-me nosso embaixador no México (que parecia um Caupolicán redivivo) quando me transmitiu a mensagem suprema.

– São ordens da Presidência da República.

Nosso Presidente de então – talvez o melhor que temos tido –, Dom Pedro Aguire Cerda, era o retrato vivo de Michimalonco.[66]

Diante de um depoimento tão humilhante para a consciência indígena, convém lembrar o que escreveu, em 1961, o filósofo existencialista francês Jean-Paul Sartre, ao iniciar o prefácio do grande livro *Os condenados da terra*, de Frantz Fanon[67]:

---

65 Idem, p. 240-1.

66 Machimalonco ou Machimalonko foi um cacique *picunche* do vale do Aconcágua. Nascido em 1500, contam os cronistas que se educou em Cusco e acolheu o primeiro espanhol que pisou no Chile, chamado Gonzalo Calvo de Barrientos. Em 1541, invadiu Santiago, recém-fundada por Pedro de Valdivia e foi um dos chefes indígenas que iniciaram a luta contra os espanhóis. Era muito temido, mas depois de muitos reveses, em 1549 se uniu a Pedro de Valdivia, na batalha de Andalién, traindo a causa da resistência indígena e lutando contra seus irmãos araucanos. Em 1550, foi morto pelo espanhol Jerónimo de Alderete, ao supor que ele estava traindo os espanhóis.

67 Frantz Fanon (1925-1961) foi um escritor e ensaísta negro, nascido na Martinica. Estudou em Paris e, como psiquiatra militar, presenciou horrorizado o que o exército francês fazia na Argélia, durante

Não faz muito tempo a Terra tinha dois bilhões de habitantes, isto é, quinhentos milhões de homens e um bilhão e quinhentos milhões de indígenas. Os primeiros dispunham do Verbo, os outros pediam-no emprestado. Entre aqueles e estes, régulos vendidos, feudatários e uma falsa burguesia pré-fabricada serviam de intermediários.[68]

O livro de Fernando Alegría, lançado sete anos antes do *Canto general,* foi, por certo, o primeiro clarim que soou no século XX para despertar a memória esquecida da glória araucana, numa sociedade onde não era mais segredo para a opinião pública que os governos conservadores ocultaram a verdade sobre os indígenas e fraudaram as estatísticas ao diminuírem o número de seus habitantes.[69] Não sabemos até que ponto suas páginas despertaram no país o sentimento indigenista, mas não há dúvida de que foi com os versos do *Canto general*, e o caráter político de suas denúncias, que todo este indesculpável fenômeno cultural começou a ser revisto. O genial poema de Neruda, partindo da literatura, invadiu intencionalmente as fronteiras da história, evocando o passado para sacudir os historiadores de sua indiferença ou seu desprezo por uma memória de lutas que inaugurou a história do Chile, no único binômio de resistência e invencibilidade, contra os invasores espanhóis no continente. Em 1971, quando recebeu o Nobel de Literatura, Neruda deixou explícito em seu discurso sua mágoa de cidadão ao dizer que:

Herdamos a vida lacerada dos povos que arrastam um castigo de séculos... povos que rapidamente foram arrasados e emudecidos pelas épocas terríveis do colonialismo que ainda existe.

---

a guerra colonial. Militante da Resistência Argelina, foi, por certo, o maior pensador anticolonialista do século XX. Seu livro, *Les damnés de la terre*, editado em 1961, priorizando os fatores raciais e questionando a visão colonialista da própria esquerda, foi um testemunho dramático das consequências culturais e sociais do colonialismo. Entre outras verdades, disse ele: *Eu, homem de cor, quero apenas uma coisa: que jamais o instrumento domine o homem. Que cesse para sempre a servidão de homem para o homem.* Sua obra, *Os condenados da terra*, foi um dos grandes livros da minha formação intelectual e foi uma das bíblias ideológicas de todos aqueles que nas décadas de 60/70 sonhavam com uma sociedade justa e democrática.

68 Fanon, F. *Os condenados da terra.* Rio de Janeiro, Civilização Brasileira, 1979, p. 3.

69 Atualmente, a despeito dos números oficiais, calcula-se que mais de um milhão e meio de mapuches vivem sob as leis chilenas e argentinas. Pelo censo de 2002, viviam no Chile 604.349 mapuches, ou seja, 4% da população do país e 87,3% da população indígena. Na Argentina, calcula-se que em torno de 300.000 vivem nas províncias de Neuquén, Rio Negro e Chubut.

Quatro anos depois, nas primeiras páginas de sua autobiografia, ele fala comovido de sua infância em *Minha Araucanía natal*, e conta que:

> *Temuco era o posto avançado da vida chilena nos territórios do sul do Chile, isso significava uma longa história de sangue. Acossados pelos conquistadores espanhóis, depois de trezentos anos de luta, os araucanos se retiraram até àquelas regiões frias. Mas os chilenos continuaram o que se chamou "pacificação da Araucanía", isto é, a continuação de uma guerra a sangue e fogo para desapossar nossos compatriotas de suas terras. Contra os índios todas as armas foram usadas com generosidade: disparo de carabina, incêndio de suas choças, e depois, de forma mais paternal, empregou-se a lei e o álcool. O advogado se tornou especialista também na espoliação de seus campos, o juiz os condenou quando protestaram, o sacerdote os ameaçou com o fogo eterno. E, por fim, a aguardente consumou o aniquilamento de uma raça soberba cujas proezas, valentia e beleza Alonso de Ercilla, em seu* Araucana*, deixou gravadas em estrofes de* ferro *e jaspe.*[70]

Soa inacreditável dizer aqui que somente com a publicação do *Canto general*, em 1950, somado ao seu prestígio já mundial de poeta, é que se começa a dar atenção à presença mapuche na história do Chile e da América Latina. Mas, na verdade, excetuando-se *La Araucana*, o *Canto general* é a obra poética com a maior sequência de versos que, somados em 17 poemas, falam dos invasores e dos heróis da resistência indígena ao sul do rio Biobío. Neruda, como todo grande poeta, tem um profundo sentimento da história e de seu povo. O que ele fez de extraordinário foi tirar do esquecimento os fatos que a história tragou. Trouxe, com seus versos, tudo o que aconteceu no século XVI na região de Temuco, recordando que a doentia obsessão dos espanhóis pelo ouro encontrou num povo pobre, mas invencível, uma fronteira intransponível para a sua ganância.

70 Neruda, P. *Confesso que vivi. Memórias*. Trad. Olga Savary. São Paulo, Difel, 1979, p. 8.

4. Luis de Valdivia: o jesuíta que defendeu os araucanos junto ao rei da Espanha

Esse relato sobre os trezentos anos de resistência do povo mapuche não estaria completo sem mencionar uma voz que se levantou em sua defesa quando a coroa espanhola, humilhada por tão heroica resistência, decretou a escravidão indígena no Chile. Como foi dito anteriormente, no fim do século XVI as forças do *toqui* Pelanterú levaram a morte ao governador Óñez de Loyola, na célebre Batalha de Curalaba, que quase pôs em xeque o domínio espanhol no Chile, já que no seu rastro todas as cidades no sul se perderam. Santa Cruz, Valdivia e Imperial foram totalmente arrasadas, Chillán incendiada e somente Osorno resistiu. Em vista desse desastre, o governo espanhol não só reforçou militarmente as fronteiras do rio Biobío com um exército permanente e autossuficiente na região, como decretou em 1608, a escravidão a todos os índios araucanos maiores de dez anos e a índias maiores de nove anos e meio. A medida, em vez de amedrontar com sua belicosidade, gerou uma furiosa revolta indígena, levando a uma nova fase da guerra, com um nível de crueldade inimaginável em ambos os lados.

Foi neste contexto que surgiu na história o padre jesuíta Luis de Valdivia, que chegara ao Chile em 1605. Perplexo com o rastro de sangue e a quantidade de vítimas que deixava a guerra, e levantando sua voz contra a escravidão, demonstrou perante os governantes que a revolta indígena era motivada pelo tratamento desumano no trabalho forçado, pela perversidade com que eram ministrados os castigos, pelas mutilações físicas, a marcação a ferro em brasa e as mortes nas minas por inanição. Ressalvando apenas a defesa das regiões já ocupadas pelos espanhóis, argumentava que era contra a guerra de conquista aos territórios indígenas porque esses, desde tempos imemoriais, sempre viveram na região e que ali nasceram herdeiros da terra e da liberdade.

Com essa bandeira, visitou o vice-rei de Lima e o rei da Espanha, conseguindo, em 1612, a suspensão da escravidão, o perdão dos rebeldes e a proibição aos militares de avançarem para o sul, cruzando a fronteira natural do Biobío. Nomeado visitador geral das províncias do

Chile, e apesar dos seus esforços para evangelizar a região, as hostilidades entre araucanos e espanhóis continuaram, levando o rei Felipe IV a decretar, em 1628, a volta da guerra ofensiva e a escravidão dos índios rebeldes. O gesto do jesuíta Luis de Valdivia, porém, significou um momento de paz e um ato de esperança no dramático palco de guerra da história araucana. Sua defesa intransigente do indígena e a imagem pacificadora lembram, um século antes, o grande papel desempenhado pelo dominicano Bartolomé de Las Casas, precursor da evangelização no continente, e cuja defesa aos índios, na Espanha, sensibilizou o próprio imperador Carlos V, quando denunciou à corte as atrocidades que se praticavam contra os nativos. Em sua luta sem tréguas, em defesa do indígena centro-americano e mexicano, enfrentou a oposição dos próprios teólogos católicos e a perseguição dos colonizadores espanhóis de São Domingos, Nicarágua, Guatemala e México.

5. Os araucanos na voz dos grandes poetas

Além dessa honrosa exceção, é lamentável concluir que, nesses quinhentos anos, foram os poetas os que mais fizeram justiça à grandeza da raça mapuche: Alonso de Ercilla, Ruben Dário, Fernando Alegría, Pablo Neruda, Gabriela Mistral e os poetas mapuches contemporâneos Elicura Chihuailaf (Quechurehue,1952) e Leonel Lienlaf (Alepue, 1969) para citar somente os que estudei. O primeiro, ironicamente, foi um soldado espanhol, que, no meio de uma guerra tão sangrenta, escreveu a história sem a cega animosidade de inimigo e, com os olhos generosos da poesia vislumbrou para a posteridade toda a beleza da resistência e da coragem de um povo entrincheirado em seu próprio destino. Neruda, poeta universal, glorificou poeticamente o passado indígena do seu país denunciando o vergonhoso silêncio da sua historicidade e anunciando ao Chile, à América e ao mundo, que é impossível amordaçar para sempre o grito de um povo pela sua liberdade.

O poeta mapuche Elicura Chihuailaf Nauelpán, referindo-se aos heróis e mártires do seu povo afirma que eles:

Têm mudado a história para nós, claro. Os "livros oficiais" dizem que são outros os que a fizeram e a seguem fazendo por nossos povos. Os heróis desta história, em um mundo "civilizado" no que já não devesse os ter, são os invasores. Mas Caupolicán empalado, enfrentando-os, representa o suplício de nosso passado, que entra ardendo em nossos corações. Lautaro é o futuro que vislumbramos, por trás da cortina do mistério e do compromisso, e que sairá como a luz de nossos olhos.[71]

Escrevendo sobre sua experiência de vários anos junto aos mapuches, a jornalista chilena Malú Sierra, em sua aprofundada pesquisa sobre os indígenas do Chile registrou em seu livro, *Mapuche, gente da la tierra*, o papel relevante dos poetas, no reconhecimento da originalidade desse povo. Citando inicialmente Alonso de Ercilla y Zúñiga, como o primeiro que cantou com admiração suas façanhas guerreiras, comenta que:

Los historiadores chilenos, los misioneros católicos, y más tarde los investigadores de diversas ciencias, pusieron todo su empeño en descifrar su pensamiento. Antropólogos, sociólogos, etnólogos y lingüistas me entregaron un mapa indispensable. Pero siempre los poetas fueron los más certeros. Neruda, una vez más, que me llevó de la mano a través de su Canto general.[72]

E, referindo-se ao poeta mapuche Leonel Lienlaf, de quem colheu importantes informações para seu livro, continua Malú Sierra:

Y luego este joven poeta mapuche que me mostró en el terreno lo que las teorias no dicen. Leonel no dejó nunca pasar mis comparaciones. Durante los años que demoró mi trabajo sobre la cosmovisión indígena fui conociendo en forma paralela a aymaras y mapuches, y alguna vez le dije que a mí parecía que la falta de grandiosos monumentos, como los exhiben las culturas altoandinas del norte, mostraba

---

71 Disponível em: <http://pt.wikilingue.com/es/Elicura_Chihuailaf>. (Acesso em: 10 dez.2010 às 23h05).

72 Sierra, M. *Mapuche, gente de la tierra.* Santiago, Editorial Sudamericana, 2000, p. 12-3.
Os historiadores chilenos, os missionários católicos, e mais tarde os investigadores de diversas ciências, puseram todo seu empenho em decifrar seu pensamento. Antropólogos, sociólogos, etnólogos e linguistas forneceram-me um mapa indispensável. Mas os poetas sempre foram os mais certeiros. Neruda, uma vez mais, foi quem me levou pela mão através do seu Canto general.

un grado de evolución inferior respecto de la raza mapuche. Como gallo de pelea, henchía el pecho y me rebatía:

> *Yo mido el grado de evolución por la cuestión intelectual. Todo lo que se dio en las culturas de la alta civilización en América tuvo un defecto: habían logrado establecer un orden jerárquico similar al de Europa. Un defecto, desde mi punto de vista, porque esa fue una de las causas porque se rindieron de inmediato. Cayeron debido a que había un poder político que, como tal, estaba expuesto a la corrupción. Confirma mi teoría de que toda organización estructurada de esa manera – el modelo de los incas, de los mayas, de los aztecas – no tiene conciencia de libertad. Es cierto que su capacidad creativa estava más desarrollada, y con una espiritualidad más avanzada que la que existe ahora. Pero lo interesante es que los pueblos del sur, que aparentemente no tenían una organización política, resistieron trescientos años, y más, porque había un concepto de libertad diferente. No eran esclavos unos de otros. La libertad no es un valor así no más. Los mayas, los aztecas, los incas, endiosaron a los españoles. Los recibieron como a dioses y por eso se debilitaron. En cambio, los pueblos "primitivos" e "involucionados" del sur, no lo hicieron. El mapuche fue capaz de contemplar los acontecimientos, de cuestionarlos inteligentemente, y de enfrentar a los intrusos que eram mucho más fuertes; que traían armas de fuego, caballos y maquinarias.*[73]

---

73 Sierra, M. Opus cit., p. 13.
E então este jovem poeta mapuche mostrou-me na prática o que as teorias não dizem. Leonel nunca deixou passar minhas comparações. Durante os anos que durou meu trabalho sobre a cosmovisão indígena, fui conhecendo de forma paralela a aymaras e mapuches, e quando lhe disse que para mim parecia que a ausência de grandes monumentos, como os que exibem as culturas alto-andinas do norte, mostraram um grau de desenvolvimento inferior em relação à raça mapuche, como um galo de briga, inchava o peito e me rebatia:
Eu meço o grau de evolução pela questão intelectual. Tudo o que ocorreu nas culturas de alta civilização na América, tinha um defeito: haviam conseguido estabelecer uma hierarquia semelhante à da Europa. Uma deficiência, do meu ponto de vista, porque essa foi uma das razões por que se renderam imediatamente. Caíram porque tinham o poder político que, como tal, estava exposto à corrupção. Confirma a minha teoria de que toda organização estruturada dessa maneira – o modelo dos incas, dos maias, dos astecas – não tem consciência da liberdade. É verdade que sua capacidade criativa estava mais desenvolvida, e com uma espiritualidade mais avançada do que a que existe agora. Mas o interessante é que os povos do sul, que aparentemente não tinham uma organização política, resistiram 300 anos, e mais, porque havia um conceito de liberdade diferente. Não eram escravos uns dos outros. A liberdade não é um valor, simplesmente. Os maias, os astecas, os incas, endeusaram os espanhóis. Eles os receberam como deuses e por isso se enfraqueceram. Já com os povos "primitivos" e "atrasados" do sul deu-se o contrário. Os mapuches foram capazes de analisar os acontecimentos, de questioná-los com inteligência, e de enfrentar os invasores, que eram muito mais fortes; que traziam armas, cavalos e máquinas.

Ante o espírito deste capítulo, quero aqui ressalvar uma honrosa exceção entre os historiadores chilenos contemporâneos que tenho estudado. Trata-se de José Bengoa, cuja considerável obra historiográfica transformou numa eloquente denúncia o drama silenciado dos mapuches. Sua bandeira balança no mastro imperecível da esperança, agitada pela brisa que vem bafejando a nova historiografia do Chile. Eis as palavras com que ele inicia a *Presentación* de sua *Historia del pueblo mapuche*:

> *La historia de los que no aceptaron ha sido silenciada. Hay, al parecer, una definida tendencia a identificar la historia humana con la historia de los vencedores; los vencidos – tantas veces percibidos como bárbaros – no suelen tener historia, o su historia es absorbida por el triunfalismo de los vencedores. Quedan así en la memoria, cuando han quedado, como curiosas especies que no lograron sobrevivir, o perdiendo la propiedad de sus aportes al desarrollo del hombre, u ocupando un lugar en la mitologia del vencedor, donde personifican fantasmales fuerzas del mal, del pasado, de la monstruosidad que el progreso de los pueblos debe desterrar. Es lo sucedido con el pueblo mapuche en nuestras historias, las que nos han hecho olvidar que en él había familias, amores, sentido de honor, moral intachable; en fin, vida humana en toda su complejidad.*[74]

---

74 Bengoa, J. *Historia del pueblo mapuche*, p. 9.
Esta é uma história da intolerância, acerca de uma sociedade que não suporta a existência de gente diferente. De um país espanhol, crioulo europeu, cristão, ocidental, que se diz civilizado e trata de acabar com os bárbaros, selvagens, os homens que perambulavam livremente nos pampas e cordilheiras do sul do continente. Eles defenderam-se da selvageria civilizada, fizeram o que puderam, viveram como melhor souberam, lutaram até a exaustão, e terminaram mortos e vencidos pelo progresso. Entrou o exército, em seguida a estrada de ferro e os colonos que vinham "fazer a América", mesmo sem perceber o que ali já tinha acontecido. Esta guerra iníqua, que nossos gloriosos exércitos republicanos empreenderam na segunda metade do século passado, foi guiada pela intolerância: o direito de quem acredita ser civilizado combater a barbárie, em nome de bandeiras e santos coroados com as mitologias do progresso da humanidade.
A história dos que não aceitaram foi silenciada. Há, aparentemente, uma tendência a identificar a história humana com a história dos vencedores; os vencidos – muitas vezes percebidos como bárbaros – não costumam ter história, ou sua história é absorvida pelo triunfalismo dos vencedores. Ficam apenas na memória, quando chegam a ficar, como curiosas espécies que não conseguiram sobreviver, ou perdendo o domínio de suas contribuições para o desenvolvimento do homem, ou ocupando um lugar na mitologia do vencedor, onde personificam as forças fantasmagóricas do mal, do passado, da monstruosidade que o progresso dos povos deve desterrar. Foi o que aconteceu com o povo mapuche em nossas histórias, as que nos fizeram esquecer que nele havia família, amores, senso de honra, uma moral inatacável; enfim, havía a vida em toda a sua humana complexidade.

6. A memória e os monumentos aos caudilhos mapuches

Quando, no século XVIII, as ideias iluministas e a revolução francesa fizeram ruir o absolutismo na península ibérica e a independência das colônias inglesas na América do Norte espalharam pelo continente as sementes da liberdade, a sombra grandiosa de Lautaro, Caupolicán, Galvarino e Pelanterú surgem como símbolos de luta entre os heróis anônimos do povo chileno, para comandar os novos guerreiros da independência. No Chile, eles se chamavam "os rotos". Foram os que caíram em Rancagua em 1814 e três anos depois se reergueram em Chacabuco. Foram os que seguiram a saga guerrilheira de Manuel Rodríguez, até seu assassinato e os que integraram as tropas libertadoras de Bernardo O'Higgins. E quando outras pátrias americanas uniram seus punhos para derrotar o invasor espanhol, um símbolo poderoso de luta uniu unanimemente os heróis da independência americana. O general San Martín, à frente dos exércitos da Argentina e do Chile, organizou em Mendoza uma instituição secreta que, homenageando Lautaro, abraçou todo o continente, recrutando os melhores soldados da independência.

> *Esse grupo fechado, que defendia a honra de um modo quase fanático e que colocava o heroísmo acima de quaisquer virtudes humanas, chamou-se Loja Lautariana. O nome do jovem chefe araucano foi para San Martín e para seus companheiros o melhor símbolo da causa por que lutavam. Uma vida inteiramente devotada à mais santa das cruzadas, desprezando perigos, enfrentando a morte a todo instante, conduzindo um povo inteiro pelo caminho do sacrifício sem nunca falhar, sem atraiçoar, sem recusar combates, defendendo-se até o momento de morrer, tal foi a vida de Lautaro.*[75]

Nesta linha de novas pesquisas e muitas investigações, é que se tem retirado do esquecimento a história apaixonante do povo mapuche. Só muito recentemente têm sido reconhecidas suas históricas proezas, sua saga guerreira e sua inteligência militar, com surgimentos de ruas, parques, teatros, estádios, estátuas e monumentos, em honra de seus

75 Alegría, F. Op. cit., p. 138.

grandes caudilhos. O Clube Social e Desportivo de futebol, Colo-Colo, fundado em 1925, em homenagem ao grande cacique araucano e o grande Teatro Caupolicán, o primeiro recinto de espetáculos em nível internacional da capital chilena, inaugurado na década de 1940, são os primeiros grandes preitos nacionais, pela memória das lutas contra os espanhóis no século XVI, e como precursores da independência do Chile. Na moderna estação central do Metrô de Santiago, o gigantesco mural do pintor Mario Toral, chamado "Memoria Visual de una Nación" retrata, nas extraordinárias alegorias dos pais da pátria, as imagens guerreiras de Lautaro e Caupolicán.

Não há paralelo, no palco das lutas seculares dos povos indígenas da América, de um drama tão épico e fascinante, tão trágico e vergonhoso para uma nação, como não há, na história das lutas libertárias em todo o mundo e em todos os tempos, um exemplo mais digno, mais aguerrido e mais longo[76] do que os quinhentos anos de resistência com que o povo mapuche escreveu o seu combativo destino, mantendo inalterável sua identidade e seu espírito de invencibilidade.

7. Indigenismo e mestiçagem

Numa visão mais ampla do indigenismo, a esquerda latino-americana, notadamente nos países andinos e no México, procurou resgatar a grandeza do passado indígena no equivocado conceito de uma mestiçagem revolucionária, propondo uma fusão cultural em que o ideal de uma nação socialista e proletária dificilmente poderia preservar a condição cultural do índio, mas geraria uma bastarda mestiçagem, como resultado da fusão da civilização ocidental e do indigenismo americano. Essa era já a visão crítica e antecipada de José Carlos Mariátegui, – para quem o problema do índio tem suas raízes nos regimes de propriedade agrária (*encomendas*) instaurado pela conquista, destruindo a economia comunitária e

76 Neruda, P. Op. cit., p. 64.
Então Valdívia, o verdugo,/ atacou a fogo e morte. Assim começou o sangue,/ o sangue de três séculos, o sangue oceano, / o sangue atmosfera que cobriu a minha terra / e o tempo imenso, como nenhuma guerra.

a propriedade coletiva da terra – em que se privilegiava a condição econômica e política do índio pelo preço e o desterro de sua cultura, ou seja, oferecia-se-lhe os novos trajes da homogeneidade social em troca da sua milenar diversidade cultural, herdada de suas origens pré-colombianas. Mas, ressalvado o avanço ideológico na descoberta da alteridade indígena, o bem-intencionado sonho socialista de um mestiço como protótipo de um "homem novo" não conseguiu arrancar os povos indígenas de sua histórica condição de explorados, vendo, cada vez mais, todas as portas fechadas para sua cultura e seus reiterados anseios de serem aceitos, não como uma simples etnia, mas como um povo.

Essa luta dura e persistente para manter sua identidade é o traço predominante do povo mapuche, obrigado a sobreviver sob as fortes influências espanholas, *crioullas* e mestiças, recebidas desde o período da conquista. Diferente dos indígenas dos Andes centrais, os mapuches sempre preservaram uma clara consciência de sua identidade e este tem sido o traço marcante de sua diferença entre os povos indígenas do continente.

8. Allende, Pinochet e a questão indígena

Para finalizar, cabem aqui duas colocações. Quando retornei ao Chile, em meados de dezembro de 1971, a exemplo da "Primavera de Praga" em 1968, desabrochavam, no país inteiro, as mais belas flores do socialismo continental e seu perfume ideológico recendia a amor social e justiça. Respirava-se um tempo novo – tanto no Chile como em todo o continente que eu acabara de percorrer – e nessa estação da esperança os mapuches, depois de 400 anos, começaram a sonhar com suas terras e a liberdade. Dentre as grandes mudanças estruturais, prometidas e cumpridas por Salvador Allende, a promulgação, no ano seguinte, da Lei Indígena nº 17.729, assegurava a devolução de suas terras usurpadas e a incorporação do camponês indígena ao processo de reforma agrária. Durante o governo da Unidade Popular, os mapuches em particular, e o movimento indígena como um todo, pela primeira vez, na história política do país, receberam das autoridades nacionais o pleno reconhecimento dos seus direitos como cidadãos e a plena receptividade para suas antigas demandas territoriais. A nova legislação reconheceu a diversidade cultural do índio. Foi criado o Instituto do Desenvolvimento Indígena, focado na promoção socioeconômica, educacional e cultural de várias etnias chilenas. O problema da terra indígena, afetada pelas expropriações e as titulações da reforma agrária, iniciada pelo governo de Eduardo Frei Montalva, priorizando o minifúndio, foi reconsiderado, impedindo a divisão de suas terras e a recuperação de outras terras indígenas *sub judice*. A nova política agrária da Unidade Popular enfatizava a ampla defesa das comunidades indígenas contra qualquer tipo de usurpação, atual e futura, de suas terras e cujo foco principal era a prioridade na resolução das demandas mapuches, pela recuperação das terras há muito tempo perdidas ao sul do Biobío por uma titulação espúrea e arbitrária. Este movimento conhecido na época como "Cautinazo" e liderado pelo próprio ministro da agricultura da época, Jacques Chonchol, levou-o a instalar seu ministério em Temuco, onde a dimensão das terras mapuches, usurpadas pelos grandes proprietários, atingiam cifras que envergonhavam a consciência nacional. Foi naquela região, sob a liderança dos mapuches, que se iniciou a reforma agrária proposta por Allende, e deve-se a eles a criação dos primeiros sindicatos do país.

Estas mudanças e avanços que testemunhei, de cujo entusiasmo compartilhei com tantos companheiros chilenos e que marcaram uma aurora político-social num tempo de esperanças para os indígenas do Chile, foram brutalmente interrompidos pela ditadura militar, interditando organizações nascentes e o sonho de ampliar os territórios indígenas. Os mapuches tiveram suas comunidades "legalmente" divididas e foram induzidos à "integração" social, num maquiavélico projeto de genocídio cultural, cuja legislação pregava *que no Chile não há indígenas, são todos chilenos*.

Já muito antes do golpe militar de 1973, quando o governo de Allende começou a devolver as terras indígenas, a burguesia agrária, no sul do Chile, numa reação criminosa de resistência à nova legislação, criou comandos armados e levou a cabo muitas ações violentas, retomando terras com grupos paramilitares que levaram o terror e a morte aos mapuches, em toda a região da Araucânia.

> *De las 40 organizaciones mapuches que existiam hacia fines del año 1972 y que en diversos niveles representaban al pueblo mapuche, nada se supo de ellas ni de sus dirigentes después del golpe militar de 1973, desapareciendo por completo el movimiento indígena nacional, corriendo la misma suerte que el movimiento social y popular chileno en general.*[77]

Assim, a repressão militar que se instalou no país não só anulou todas as conquistas territoriais dos mapuches, como também liquidou suas comunidades e promoveu a perseguição, a prisão, a tortura e o fuzilamento dos seus líderes.

A tentativa de silenciar culturalmente os mapuches gerou, com o fim da ditadura militar, uma forte reação de sobrevivência de sua identidade, restabelecendo-se as velhas demandas territoriais e o histórico conflito entre sua diversidade cultural e a nacionalidade chilena. O Chile atual não pode continuar esquecendo onde nasceu. Nasceu na lança libertária de Lautaro, no martírio silencioso de Caupolicán, nas mãos decepadas de Galvarino e no desespero deArésia, atirando seu filho no penhasco. O Chile nasceu no palco da tragédia, nasceu nos narizes e orelhas cortadas e com cada araucano que morreu pela sua liberdade. A Araucânia foi o calvário desse drama, onde um mar de lágrimas inundou os seus cenários e onde os rios de sangue ainda afogam os que ousam protestar. A história dos mapuches é uma história de heroísmo, dor e sofrimento. É a história de um povo criminalizado pela sua resistência, desterrado no esquecimento, excluído e estigmatizado com o desprezo por seus próprios "irmãos" compatriotas, identificados com uma elite que nunca escondeu e não esconde a sua persistente intenção de exterminá-los em nome do progresso. A história dos mapuches é a

77 Rupailat, R. *Las organizaciones mapuches y las políticas indigenistas del Estado chileno (1970-2000).* Citado por José Bengoa. Op. cit., p. 419.
Das 40 organizações mapuche que existiam até fins de 1972 e que em vários níveis representavam o povo mapuche, nada mais se soube, nem de seus líderes após o golpe militar em 1973, desaparecendo completamente o movimento indígena nacional, tendo a mesma sorte que o movimento social e popular chileno em geral.

história de um holocausto. O maior holocausto, na trágica história dos povos indígenas da América.

Ellos fueron despojados,
pero son la Vieja Patria,
el primer vagido nuestro
y nuestra primera palabra.
Son un largo coro antiguo
que no más ríe y ni canta.
Nómbrala tú, di conmigo:
brava gente araucana.
Sigue diciendo: cayeron.
Di más: volverán mañana.[78]

Sim, eles foram despojados, caíram e, apesar de um longo calvário, estão de volta. Essa invejável perseverança, essa trincheira reaberta e essa invencível identidade de 500 anos é ainda a mágica bandeira de luta dos antigos araucanos que agora, orgulhosamente, voltaram a chamar-se mapuches. Até quando permanecerá esse impasse, que continua aberto até o momento em que escrevo estas linhas, neste dezembro de 2010?[79]

---

78 Fragmento do poema *Araucanos,* de Gabriela Mistral.
Eles foram despojados, /contudo são a Velha Pátria, nosso primeiro vagido /e a nossa primeira palavra. / São um grande coro antigo / que ja não ri e nem canta / Seu nome, diz comigo: /brava gente araucana / e segue dizendo: caíram /diz mais: voltarão amanhã.

79 Esse trecho sobre o povo mapuche, embora longo, não contém tudo o que gostaríamos de expressar. Os objetivos propostos, nesta obra, limitam-se a um relato itinerante referindo-se, circunstancialmente, à memória de algumas lutas pela liberdade que marcaram o continente desde seu descobrimento e inspiraram, na segunda metade do século XX, alguns movimentos de libertação nacional, como os tupamaros, – para citar apenas um exemplo – que foram buscar seu nome no cacique peruano Túpac Amaru. Não obstante, em relação aos então chamados araucanos, havia um detalhado "depoimento" a ser dado; toda uma história silenciada que é preciso denunciar, acusar os culpados e testemunhar, perante o tribunal da história, a favor de um povo, cuja ferida de quinhentos anos ainda continua aberta, para a vergonha da atual história política e cultural do Chile. Sim, porque este sangue ainda continua a correr, agora com o nome de Resistência Mapuche. Como já adiantei, o termo araucano, em desuso na recente contemporaneidade, foi abandonado por se achar que essa denominação foi dada pelos seus inimigos espanhóis com base na palavra *awka* que, na língua *quechua*, significa indômito, bravo, rebelde.
Visto num distanciamento de 500 anos e do ponto de vista da história geral da América e da história oficial do Chile, o que se passou com os indígenas, que lutaram contra os espanhóis naquela estreita região ao sul do continente chamada Araucânia, parece carecer de interesse histórico, diante da importância das civilizações inca e asteca. Parece uma página em branco, um ponto escuro, mas para alguns pesquisadores, como para mim, tudo aquilo foi algo surpreendente. Pensemos em mais de um milhão de vidas que lá existiam, usufrindo do encanto de viver, num tempo mágico e numa paisagem quase primitiva, parindo e criando seus filhos, convivendo em paz nas suas aldeias, com suas famílias e seu povo estruturados num invejável código de honra. Uma cultura ancestral transmitida pelos anais da

oralidade, os corações com seus sonhos, alegrias e esperanças, seus amores, suas crenças, sua paixão pela terra, sua liberdade correndo pelos vales, cruzando os rios e vivendo num paraíso entre duas cordilheiras, semeando e colhendo, caçando nas florestas. E, de repente, a invasão, o massacre, a inaudita crueldade, o martírio, a dor suprema, a escravidão nas minas. E depois, bem depois, as terras espoliadas, os massacres mais cruéis, um povo estraçalhado, a pobreza, a miséria, a desesperança, o desprezo e o esquecimento, todos os sofrimentos enredados numa dor suprema. Uma guerra sem fim navegando sobre os rios de sangue. O palco secular de uma interminável tragédia ainda não vista pelo mundo, à espera de espectadores responsáveis.

Muitas vozes se levantam para testemunhar este holocausto. Eduardo Galeano, que há quarenta anos percorre o continente, e cujo ofício de escritor tem sido, desde então, denunciar o sangue que continua escorrendo *d'as veias abertas da América Latina*, numa dessas viagens, pelo sul do Chile, conta que: "Vindo de Temuco, adormeço na viagem. De repente, os fulgores da paisagem me despertam. O vale de Repocura aparece e resplandece frente aos meus olhos, como se alguém tivesse aberto, de repente, as cortinas de outro mundo. Mas estas terras já não são, como antes, de todos e de ninguém. Um decreto da ditadura de Pinochet rompeu as comunidades, obrigando os índios à solidão. Eles insistem, porém, em juntar suas pobrezas, e ainda trabalham juntos, dizem juntos: — *Vocês vivem uma ditadura, há quinze anos* — explicam aos meus amigos chilenos — *Nós, há cinco séculos*.

Nos sentamos em círculo. Estamos reunidos em um centro médico que não tem, nem teve nunca, um médico, nem um estagiário, nem enfermeiro, nem nada.

— *A gente é para morrer, e só* — diz uma das mulheres.

Os índios, culpados por serem incapazes de propriedade privada, não existem. No Chile não existem *índios: apenas chilenos* — dizem os cartazes do governo. (Galeano, E. *O livro dos abraços*. Trad. Eric Nepomuceno. 2 ed. Porto Alegre, L&PM, 2009, p. 131).

Os mapuches, na atualidade, desconsiderados, explorados, expulsos de suas terras ancestrais, criminalizados e violados em seus direitos humanos durante a ditadura de Pinochet, uniram, em 2009, suas comunidades para formar uma Aliança Mapuche Territorial, em busca de seus territórios, tomados por indústrias madeireiras, mineradoras e usinas hidrelétricas. A esperança de recuperação de suas terras, com o processo de democratização a partir de 1990, ficou apenas nas intenções. Marginalizados na sociedade, onde são 10% da população, sua justa revolta e reações violentas contra a polícia e as corporações madeireiras têm levado alguns conservadores a acusarem as organizações indígenas de vinculação com as Farc (Forças Armadas Revolucionárias da Colômbia), enquadrando seus membros no estatuto de antiterrorismo implantado por Pinochet. Seu desesperado grito de socorro não tem tido eco nem dentro da pátria, nem no exterior. Em 2009, uma comissão mapuche foi ao Comitê das Nações Unidas de Eliminação da Discriminação Racial depor contra o governo chileno por "racismo ambiental", em vista dos projetos de construção de aterros sanitários e usinas de tratamento residuais em território mapuche.

Outra grande voz que se levantou em defesa dos mapuches é a do jornalista Alain Devalpo, que, como repórter independente, não se cansa de denunciar as injustiças ao redor do mundo. Autor do livro *Voyage au pays des Mapuches* (Cartouche, Paris, 2007), ele denunciou, em matéria publicada no *site Le Monde Diplomatique*, em 17 de setembro de 2010, – quando se tem comentado sobre os 33 chilenos bloqueados numa mina no norte do Chile – a prisão no sul do país dos 34 mapuches, que, sob uma rigorosa greve de fome desde 12 de julho, protestaram contra a legislação antiterrorista criada por Pinochet e ainda em vigor no país, e incompreensivelmente tolerada pela presidenta Michèle Bachelet, que foi presa, torturada e exilada durante a ditadura de Pinochet. A abominável oligarquia do Chile, que voltou ao poder com Sebastian Piñera, o "Berlusconi chileno", retoma a legislação repressiva de Pinochet para defender seus interesses, em detrimento dos direitos legítimos e históricos dos mapuches à liberdade e à sua territorialidade. Neste sentido, o "caso Ralco" tornou-se uma referência internacional, qualificado como o genocídio de uma raça, tendo suas terras inundadas em nome do progresso. Apesar da repercussão nacional e internacional da luta das idosas irmãs Nicolasa e Berta Quintremán, batendo de porta em porta em busca de apoio contra a construção da hidroelétrica El Ralcopela, nos territórios mapuches (pehuenches) dos Andes chilenos, pela companhia espanhola Endesa, o projeto foi aprovado, pela voracidade dos tantos interesses em jogo.

O terceiro milênio trouxe, em sua extensa agenda de mudanças, o despertamento da consciência indígena no mundo inteiro e no Chile tirou os mapuches do esquecimento, onde foram colocados pela própria constituição do país. Não me cabe, porém, nos limites dessas memórias, tratar como quisera da atual questão mapuche, – desfraldada com a emblemática bandeira do *Consejo de Todas las Tierras* – e que é, por certo, o mais grave problema político na história contemporânea do Chile.

O que se passa atualmente com a etnia mapuche é uma ignomínia, um genocídio cultural, a lenta execução de um povo que resiste há cinco séculos ao desprezo e ao massacre. Uma história gloriosa de luta contra os invasores do país, esquecida, silenciada e sepultada por interesses inconfessáveis e vergonhosas omissões. Um povo que sobrevive na pobreza, no abandono, na exclusão e na injustiça. Um povo que, a duras penas, conseguiu, por quinhentos anos, preservar sua identidade. O Chile tem uma dívida de glória nacional com esse povo. Um resgate histórico em relação às suas terras usurpadas. Este povo pede apenas uma imagem de comunidade, visibilidade como um povo, com traços de dignidade, justiça e liberdade. Pede por sua terra natal, pelo direito de viver com autonomia em seu próprio território. Os mapuches pedem socorro à consciência de seus compatriotas, à solidariedade dos latino-americanos, e a justa opinião de todo cidadão do mundo.

V
AS TRINCHEIRAS ABERTAS DA AMÉRICA LATINA

1. Novos planos. As organizações guerrilheiras

Terminava a primeira quinzena de agosto e contava-se que aquele era um dos invernos mais frios do Chile. Lembro que a minha manta araucana de lã crua era a parte mais constante do meu traje. Terminadas minhas leituras, fui a Paine visitar o Arimateia. Além dos mesmos ideais políticos partilhados, uma fraterna amizade nos unia. Tínhamos as mesmas opiniões na opção pela luta armada e eu queria trocar com ele algumas ideias sobre minha ida a La Paz para integrar-me na nova fase da guerrilha boliviana que "voltava às montanhas" sob o comando de Inti Peredo. Não havia muito mais o que fazer no Chile durante o governo de Eduardo Frei, a não ser conseguir um emprego, de preferência na Cepal, uma bolsa de estudos num organismo internacional, e curtir a rotina do exílio. Além do contato quase diário com alguns brasileiros a quem me tinha ligado pelo coração, convivia-se, circunstancialmente, com figuras respeitáveis da resistência ideológica à ditadura brasileira, como Fernando Henrique Cardoso, José Serra, Almino Afonso, Paulo de Tarso e tantos outros. Mas essa "tranquilidade" já não me dizia mais nada. Uma persistente inquietude crescia no meu peito. Por todas as partes da América, as bandeiras da rebelião social estavam hasteadas, e a explícita derrota do imperialismo no Caribe reacendeu a pira do sonho socialista, cujas chamas ardiam no coração do "homem novo", recrutando militantes, de sul a norte do continente, entre camponeses expropriados, operários explorados, estudantes e intelectuais conscientes, cuja opressão e cujos ideais foram se transformando em ação política e vanguardas de luta. No início de agosto de 1967, fundara-se em Havana a Organização Latino-Americana de Solidariedade (OLAS), definindo os deveres históricos de todo revolucionário, substituindo a vanguarda política, de inspiração leninista, pela vanguarda militar, de inspiração castrista e colocando a guerrilha rural e urbana como foco inicial de luta para a tomada do poder.

Contrariando as orientações do Partido Comunista Brasileiro, lá estivera Carlos Marighella. Identificando-se com a nova estratégia cubana e rompendo, em sua volta, com o Partidão, fundou o Agrupamento Comunista de São Paulo, de onde surgiria a Ação Libertadora Nacional (ALN), cujo objetivo era implantar o socialismo no Brasil, através da guerrilha rural, com o apoio das ações da guerrilha urbana para o levantamento de fundos. Em outubro de 1967, quando Che Guevara caía na Bolívia, vários quadros da ALN já recebiam treinamento guerrilheiro nas montanhas de Escambray, em Cuba. Durante a década de 60, muitas vanguardas da luta armada marcharam pelo continente para resgatar a dignidade dos nossos povos, historicamente oprimidos por portugueses, espanhóis, ingleses e, na época, pelos norte-americanos. Os rastros dessa luta iam do extremo sul ao extremo norte da América Latina.

No Uruguai, o Movimento Tupamaro, fundado em 1962 por Raúl Sendic, vinha se transformando naquela que seria a organização de guerrilha urbana mais bem preparada e militarmente mais eficaz da América Latina. Estruturada com três mil militantes, ela comandava o cenário político do Uruguai e sensibilizava o mundo com as grandes ações revolucionárias que abalariam o país na década de 70.

Na Argentina, onde eu presenciara, em minha recente passagem, grandes discussões ideológicas em torno das teses do "foquismo" do francês Régis Debray, e apesar do total fracasso, em 1964, da solitária experiência guerrilheira de Jorge Ricardo Masetti, no norte do país, aninhavam-se as mais variadas tendências de luta armada contra a ditadura militar de Onganía, que iriam eclodir no ano seguinte com a criação do Exército Revolucionário do Povo (ERP) de tendência trotskista e braço armado do Partido Revolucionário dos Trabalhadores, bem como com o surgimento dos Montoneros, a extrema esquerda do peronismo, sob o comando de Mario Firmenich. O ERP, fundado por Mario Roberto Santucho, iria se destacar, nos anos seguintes, por várias ações urbanas e rurais, contra os alvos militares da ditadura mais sanguinária da América, com cerca de 30 mil mortos.

Na Bolívia, Inti Peredo, sobrevivente da guerrilha do Che, em Ñancahuazú, retornou de Cuba em maio de 1969 e lançou, publicamente, já no mês de julho, sua mensagem "Voltaremos às montanhas", surpreendendo bolivianos e latino-americanos com a retomada do movimento guerrilheiro herdado de Guevara.

No Peru, Héctor Béjar, a despeito dos reveses de Hugo Blanco na guerrilha do vale do Cusco em 1963, retomara, com o MIR de Luis de la Puente Uceda, as ações armadas em 1965. Apesar do fracasso das quatro frentes guerrilheiras, aprisionados em 1966 e sob ameaça de fuzilamento pelo governo de Belaúnde Terry, Béjar e Hugo Blanco, cumprindo pena desde 1963, chamam a atenção do mundo com os apelos por suas vidas, feitos pelos filósofos Bertrand Russel, Jean-Paul Sartre e pelo ator Yves Montand.

Na Colômbia, com três movimentos guerrilheiros em ação, na década de 60, Fábio Vasquez Castaño, movido pelo sucesso da Revolução Cubana, funda em 1964, o Exército de Libertação Nacional (ELN), que na década de 90 chegaria a ter cerca de 35 mil guerrilheiros. Em 1965, inspirado pela Teologia da Libertação, o padre Camilo Torres entra para o ELN e lança a sua "Mensagem aos cristãos", cuja ampla difusão visando a convocar o povo para a luta armada valeu-lhe o ódio eclesiástico e a expulsão da Igreja. Jorge Camilo Torres Restrepo, referência indelével das guerrilhas latino-americanas, caiu em combate em 1966, mas seu gesto revolucionário marcado pelo despojamento e pelos sonhos de justiça social no campo levara, naqueles anos, muitos jovens colombianos para as fileiras do ELN.

Na Venezuela – assim como na Colômbia e Guatemala, diferentemente do Brasil, Argentina, Uruguai e Chile, onde o Partido Comunista não apoiava a luta armada – a guerrilha começou já em 1962, organizada pelo Partido Comunista Venezuelano, sob o comando de Douglas Bravo à frente das Forças Armadas de Libertação Nacional, cujas ações de combate bem-sucedidas nos estados de Falcón e Mérida colocavam-no na liderança da estratégia guerrilheira ao sul do continente.

Na Nicarágua, os sandinistas organizavam-se na clandestinidade para enfrentar, a partir de 1979, uma guerra revolucionária de vida e morte contra a dinastia dos Somoza.

Na Guatemala, depois da derrubada de Jacobo Arbens, pela CIA, em 1954, quatro grupos guerrilheiros assumiram, em 1960, a longa guerra civil contra a ditadura, que crucificou o povo durante 36 anos. Entre seus grandes comandantes, destacavam-se os guerrilheiros Turcios Lima e César Montes.

No México, na década de 60, o professor Lucio Cabañas Barrientos e Genaro Vázquez Rojas cravaram, nas montanhas do estado de Guerrero e Oaxaca, a bandeira da luta guerrilheira contra as oligarquias agrárias locais, criando suas organizações militares formadas por camponeses, indígenas, operários e habitantes de comunidades marginalizadas.

2. A feijoada da despedida. A travessia do deserto. O "Morro de Arica"

Esses eram os traços mais marcantes da luta armada no continente, quando decidi ir para a Bolívia em busca de um possível espaço para fazer alguma coisa pelos oprimidos de tantas pátrias. À noite, na casa de Arimateia, muitas esperanças foram vivenciadas, muitos projetos construídos em torno de um sonho no qual ele também queria participar, se pudéssemos partir juntos. Porém, Arely estava grávida e pediu-me que não perdêssemos o contato, porque aquele sonho que nascera em sua militância nas Ligas Camponesas, no Nordeste do Brasil, ainda continuava vivo.

Dia 24 de agosto era um domingo e o Arimateia resolveu oferecer uma feijoada para marcar minha despedida. Como já mencionei, a cidadezinha de Paine fica na região metropolitana, ao sul de Santiago e sua casa era um dos ambientes socialmente mais frequentados pelos nossos exilados. Lá chegaram uns trinta brasileiros. Arimateia me fez uma surpresa, mimeografando vários poemas meus em português e fazendo um livreto que foi distribuído entre os presentes. Entre o cheiro, o sabor da feijoada intercalado pela leitura dos meus versos, ficou o carinho de tantos companheiros que a memória nunca me deixou esquecer. Alguns deles guardados para sempre pelo sentimento de gratidão, lembrando os lares, as mesas e os braços que se abriram para me acolher com tanta solidariedade, depois das primeiras semanas em Santiago. Quarenta e dois anos depois, é meu coração que redige esse parágrafo para escrever com saudade os nomes de José de Arimateia e Arely, Vicente Abreu e Zélia, Antônio Romanelli e família, Salvador Losacco e Edmur Fonseca.

Na segunda-feira, véspera da minha viagem para Arica, saí cedo para me despedir de outros amigos chilenos, hispano-americanos e outros brasileiros. Foi uma grande via-sacra e a grata surpresa deu-se na minha despedida ao goiano João Batista Zacariotti, no prédio da FAO. Embora minhas relações com o "Zaca", tesoureiro da "Caixinha dos Exilados", fossem apenas cordiais, ele me surpreendeu, oferecendo o valor de três mesadas para ajudar na minha viagem à Bolívia. Aquele foi um dia de muitas despedidas e, de muitos abraços. O mais sentido foi o que dei em meu querido amigo chileno Bernardo Tapia. Ele foi e seria, muito tempo depois, no meu retorno a Santiago, um dos exemplos mais tocantes que a amizade pode oferecer desinteressadamente.

Eu estava ansioso para conhecer o norte do Chile. Cruzar o deserto de Atacama e conhecer Arica, por onde se embarcava, no século XVII, as toneladas da prata de Potosi para a Espanha. Terminara de ler uma ampla história do Chile, onde um episódio da Guerra do Pacífico, passado em Arica, deixou-me curioso para conhecer o "Morro de Arica". O fato curioso e até hilariante deu-se na chamada Batalha de Arica, onde se descreve um dos momentos mais trágicos da guerra e quando teriam morrido cerca de 500 chilenos e 1.000 peruanos. Contava-se que havia um morro em Arica, onde os aliados peruanos e bolivianos reforçaram as últimas defesas da cidade, ante o avanço das tropas inimigas e que depois de muitos embates e já sem munição, os soldados chilenos, comandados pelo tenente coronel Pedro Lagos – o mesmo que alguns anos depois participaria do massacre dos mapuches na região da Araucânia – tomaram *pisco* (aguardente) com pólvora e se tornaram verdadeiros selvagens, escalando o morro e infundindo tal terror aos peruanos que o seu general subiu no cavalo e com ele atirou-se ao mar, levando consigo a bandeira do Peru.

Na manhã seguinte, tomei o rumo para Arica. Levava comigo uma carta de recomendação de Arimateia endereçada a um poeta da cidade: Ariel Santibañez, seu amigo e editor de uma prestigiosa revista de poesia chamada *Tebaida*. Com a mochila nas costas e a fim de economizar a bolada que recebi da "Caixinha", peguei um ônibus até a saída da cidade e de lá fui de carona até La Serena e dali, sempre de carona, fui dormir em Copiapó. Dessa forma, cheguei a Antofagasta. Dormi num hotel barato, passei o dia conhecendo a cidade e me recuperando do cansaço da viagem de 1.400 quilômetros, desde Santiago. À noite, no hotel, consegui uma carona de caminhão até Iquique, com um velho caminhoneiro. Filho da região, simpático e bem falante, partilhamos, na mesma mesa, o jantar e um pouco das nossas histórias. Saímos cedo, na manhã, e durante o trajeto ele me contou muitas coisas sobre o deserto salgado de Atacama que, durante três horas, atravessamos sob um calor escaldante. A viagem pela rodovia Pan-Americana não permite conhecer outras paisagens interiores do deserto a não ser o cenário árido do caminho próximo da costa. Ele me falou de ruínas anteriores à era cristã, de vales arborizados na região da pré-cordilheira e da cidade de São Pedro de Atacama, num oásis do deserto, onde se cruzam muitos caminhantes e mochileiros de várias nacionalidades. Sempre pela Pan-Americana, nas cercanias da cidade de Calama, passamos ao largo de Chuquicamata, a maior mina de cobre a céu aberto, do mundo. Na entrada de Iquique, despedimos-nos num posto da rodovia e segui num caminhão para Arica. Ao chegar, hospedei-me num hotelzinho simples e na manhã seguinte, sob uma atmosfera muitíssimo agradável, saí a caminhar pelo centro. Visitei uma igreja, a catedral de São Marcos, construída em metal por

Gustave Eiffel e inaugurada em 1876. O sacristão da igreja, aparentemente culto e bem falante, falou-me da igreja e disse que Eiffel andou pela região e deixou o rastro da sua genialidade num relógio, na praça central de Iquique, e numa ponte de ferro em Arequipa, ao sul do Peru.

Fui ver também o tal "Morro de Arica". É impressionante: uma imensa rocha com 130 metros de altura, integrada na paisagem da cidade. Havia um caminho para o topo, mas não subi. Resolvi terminar o mês de agosto em Arica e comprei minha passagem de trem para La Paz para dali a dois dias, 1º de setembro, segunda-feira, às 22 horas. À tarde, saí em busca de um endereço para entregar a carta ao poeta Ariel Santibañez.

3. O amigo de Arimateia. A revista "Tebaida". Os poetas da "Geração Dizimada"

Um pouco sério, ao apresentar-me à sua porta, abriu-se num largo sorriso quando lhe falei de José Macedo de Alencar entregando-lhe a carta datilografada, que leu com incrível rapidez. De estatura baixa, feição calma, olhos muito vivos e mansos por trás de grossas lentes, levou-me para o interior da casa onde, depois de dar-lhe notícias sobre nosso amigo comum, passamos a trocar nossas impressões culturais. Ouvia muito e falava pouco, mas depois que me respondeu sobre os poetas nortenhos, abriu-se, demonstrando uma atualizada cultura literária sobre autores hispano-americanos e de língua portuguesa, comentando a poesia de Drummond, João Cabral de Melo Neto e Fernando Pessoa. Depois desse "quebra gelo" fechamos na ideologia e no gosto pela história. Na época, trabalhava num livro que pretendia lançar chamado *Estado de coisas* e no terceiro número da revista *Tebaida*. Falou-me com grande entusiasmo da revista, da nova geração de poetas que *Tebaida* estava revelando, e me passou um exemplar do segundo número para folhear. A revista num formato 24x26 trazia, no alto da capa, o desenho de uma pomba e ilustrações internas impressas em xilogravura, ladeando os versos de uma vintena de jovens poetas. Minha surpresa, ao abrir a revista, foi ler nas duas primeiras páginas o nome de *Andrés Sabella*, que nascido em Antofagasta, em 1912, era o mais velho deles, cujo livro *Rumbo indeciso* eu tinha lido há alguns dias antes de viajar para o norte. Surpreendeu-me, também, a criteriosa seleção de autores que qualificou literariamente aquele segundo número publicado em 1969. Dos 21 poetas participantes, quase todos teriam seus nomes consagrados nos anais da literatura do Chile, da América Latina e do mundo, alguns dos quais eu conhecera a poesia em revistas, publicações esparsas em jornais e suplementos de cultura, nos quatro meses que estive em Santiago.[80]

---

80 O segundo poeta é *Jaime Quezada*, na época conhecido pelos livros *Poemas de las cosas olvidadas (1965)* e *Las palabras del fabulador* (1968) e que entraria, posteriormente, na galeria dos grandes poetas nacionais. No início da década de 70 viajou pelo México e América Central e conviveu, na Nicarágua, com Ernesto Cardenal no Archipiélago de Solentiname. Autor de vários outros livros, desde 1988 preside, em conjunto com o poeta Floridor Perez, a Fundação Pablo Neruda.
Seguia-se com *Edilberto Domarchi*, cuja obra conheci posteriormente já que foi o poeta chileno mais premiado na década de 70, recebendo em 1971 o cobiçado prêmio nacional "Andres Bello" de poesia.
Alicia Galaz aparece com quatro belíssimos poemas. Era a diretora da revista *Tebaida*, e na época, professora de literatura espanhola medieval e clássica, na Universidade do Chile, em Arica. Contava com vários ensaios acadêmicos publicados. Partilhamos toda uma tarde de conversa na casa de Ariel, relembrada aqui pela sua grande cultura hispânica e elegância intelectual. Como mantive, por algum tempo, uma grata correspondência com Ariel, ele me disse, já na primeira carta, que Alicia Galaz fora escolhida como presidente de um comando de intelectuais pró-candidatura de Pablo Neruda para presidência do Chile que, indicado em 1969, renunciou no ano seguinte em favor de Allende, para quem passou a trabalhar. Seu primeiro livro de poesia *Jaula gruesa para el animal hembra* foi publicado em 1972. Depois do golpe militar, em 1973, radicou-se nos Estados Unidos, onde doutorou-se em letras na Universidade de Alabama. Posteriormente, tornou-se conferencista e catedrática titular de literatura na Universidade de Tennessee. Publicou o poemário *Ofício de mudança*, na Espanha, em 1987 e *Señas distantes de lo preferido*, no Chile, em 1990. Seus poemas estão em antologias e revistas do continente, da Espanha e dos Estados Unidos. Alícia Galaz faleceu em 18 de outubro de 2003 na cidade de Martin, no estado do Tennessee, onde residia. Sua memória tornou-se uma lenda entre os poetas no norte do Chile.
O quinto poeta era nada mais nada menos que *Omar Lara*, que eu já conhecia através da revista *Trilce,* fundada por ele em 1964, em Valdivia. Seus primeiros livros são *Argumento del día* e *Los enemigos*. Seu perfil literário posterior é muito amplo para delinearmos aqui. Conhecido internacionalmente como poeta, ensaísta e tradutor, recebeu o Prêmio Casa das Américas, em Cuba, em 2007, com o livro *Papeles de Harek Ayun*, além de outros prêmios internacionais de poesia na Itália e na Espanha. Com vários títulos publicados, veio ao Brasil em 2008, para participar da VIII Bienal Internacional do Livro do Ceará.
O sexto nome é *Luis Moreno Pozo*, que aparece com três poemas e cuja poesia vinha sendo publicada nas revistas *Caleidoscopio, Germinal* e na antologia *Norte do Chile*. Na página 12 da revista, estão dispostos cinco poemas de *Gonzalo Milan*, na época com 22 anos, e que era membro do Grupo "Aruspice", uma prestigiosa confraria literária, fundada no começo da década de 60 por Jaime Quezada, e em cuja revista, do mesmo nome, colaboravam Julio Cortázar, Gonzalo Rojas e Nicanor Parra. Gonzalo Milan, que depois da queda de Allende, passou quase vinte anos no exílio, é considerado pela crítica como um dos mais importantes poetas da "geração de sessenta".
Segue o próprio *Ariel Santibañez*, cujo prestígio como poeta e intelectual vinha num crescendo. Participara da seleta antologia *La juventude del centenario* e recebera em 1967, em Arica, o Prêmio Municipal de Poesia. Preparava seu primeiro livro e dirigia os cartões de poesia *Presencia de Tebaida*.
Segue-se a poesia de *Floridor Perez*, que em 1965 publicou seu primeiro livro *Para saber y cantar*, seguido por *Los cuentos de Pedro Urdemales* (1972) e *Cielografía de Chile* (1973). Depois do golpe de 1973, foi condenado à prisão na Ilha de Quiriquina, de cuja memória surgiu o livro

Tenho em mãos o mesmo exemplar nº 2, com que Ariel me presenteou quarenta anos atrás. Apesar do tempo, está em ótimo estado e integra o grande acervo de documentos de minha trajetória pelo continente. Eu não conhecia a revista e pelo entusiasmo de Ariel na sua composição me fez lembrar, até pela estatura, pela voz e pelos gestos, um grande amigo que eu deixara no Brasil, o pintor e artista gráfico Cleto de Assis, que em 1966 também usara todo o seu entusiasmo e talento gráfico para par tilhar, com o brilho intelectual de Philomena Gebran, a criação de *Forma*, uma revista de cultura

---

Cartas de prisionero, editado em 1994. Pertencente também à "Geração de Sessenta" é considerado um dos grandes poetas do Chile e, com Jaime Quezada, preside a Fundação Pablo Neruda.

Miguel Morales Fuentes é o décimo primeiro poeta desta prestigiosa lista. Seu livro *Elegia y regreso* inaugurou as Edições *Tebaida.*

Na lista de autores, aparece em seguida *Guillermo Ross-Murray*, nascido em Iquique e autor de *En tus propias narinas*, bem como do livro *Boreal*, publicado no Canadá e *Las espuelas del ángel,* publicado na Argentina.

Seguem, na página 17, três poemas de *Enrique Valdes*, que estreou na literatura em 1968, com o poemário *Permanências*, e junto com Omar Lara foi um dos pilares da revista *Trilce*. Nascido em 1943, pertence à chamada "Generación Dispersa" ou "Geração Dizimada", título dado a muitos dos poetas que integram este número da revista *Tebaida* e de muitos outros poetas chilenos que se desagregaram literariamente, exilando-se no exterior ou passando internamente à clandestinidade, depois do golpe militar de 1973, que levou Pinochet ao poder. Poeta e violoncelista da Orquestra Sinfônica do Chile desenvolveu, posteriormente, em sua trajetória de escritor, todos os gêneros literários, recebendo, entre numerosas distinções, o "Prêmio Nacional de Crítica", em 2002, por sua novela *Solo de orquestra.*

Estreando em 1966 com o livro *Príncipe de naipes, Waldo Rojas* aparece na revista com três poemas, integrando essa brilhante lista dos poetas da geração 60. Por razões políticas, passou a viver na França desde 1974, onde é professor de história na Sorbonne. Com vários livros publicados e tradutor da grande poesia de Vicente Huidobro para o francês, suas obras têm sido publicadas no Chile, Canadá, França, Itália, Suíça, México e Espanha.

Nascido em Santiago, em 1940, *Guillermo Deisler* compunha a equipe de *Tebaida* e era o autor de todas as xilografias que ilustravam a revista. Já naquela época, como xilografista, havia exposto seus trabalhos na Segunda Bienal de Gravura, de Havana, em 1968, bem como na Argentina, no Peru e no Brasil. Autor do livro *GRRR*, sua poesia já havia sido publicada em vários países do continente.

Preso pela ditadura chilena em 1973, e solto posteriormente, parte, a convite do governo francês, para o exílio na França, depois viaja à Alemanha, à Bulgária e neste país vive doze anos. Em 1986, passa a viver na Alemanha Oriental, onde editou a revista *UNI/vers*, publicando poetas europeus e latino-americanos em seus seus 35 números, interrompidos com sua morte em 1995.

Ilustrado por uma cimitarra, dois poemas de *Luis Araya Novoa* ocupam a página 20. Era, na época, professor de literatura hispano-americana na Universidade do Chile, em Arica. Havia publicado o livro *Caracola*, na Espanha e figurava na *Antologia de la poesía española e hispanoamericana* publicada pela Editora Aguilar, em 1963/1964.

Hernan Lavin Cerda integra essa galeria com uma brilhante história posterior. Nascido em 1939, em Santiago, estreou na literatura em 1962, com o livro *La altura desprendida,* seguindo-se *Neuropoemas (1966)* e *La conspiración* (1971). Como jornalista teve destacadas funções nos periódicos e revistas chilenas. Seu reconhecimento dentro e fora do Chile veio em 1971, com a novela *La crujidera de la vida*, pela qual recebeu o prêmio Vicente Huidobro. Em 1973, depois que Pinochet tomou o poder, foi viver no México, onde é professor de literatura na UNAM (Universid Nacional Autónoma de México). Com vários livros publicados, Cerda é um dos autores contemporâneos mais destacados da literatura mexicana e do continente.

que apesar de morrer infante, marcou sua presença no calendário cultural de Curitiba.[81] Como se sabe, a maioria das revistas de cultura, pela ausência de apoio publicitário, entra, já nos primeiros números, nas estatísticas da "mortalidade infantil". Mas ali estava a revista *Tebaida*, desafiando essa fatalidade e dando seus primeiros passos com um elenco de jovens poetas, cujos nomes iriam ecoar nas paisagens da literatura chilena e continental. E no entanto, essa brilhante caminhada, de cinco anos e nove exemplares, foi tragicamente interrompida em 11 de setembro de 1973. Quando voltei ao Chile em 1972, cheguei diretamente a Santiago e não pude rever Ariel Santibañez, que continuava em Arica. Mas tive nas mãos a *Tebaida* nº 7, que traz um texto do poeta nicaraguense *Ernesto Cardenal* com o título *La madre de Camilo Torres* e, entre outros autores, três poemas de Ariel. No fim daquele ano, saiu a última edição de *Tebaida* com os números 8 e 9. O próximo número estava pronto para ser impresso, quando o golpe

---

Manuel Silva Acevedo, nascido em Santiago, 1942, lança seu primeiro livro, *Perturbaciones*, em 1967. Pertence à Geração de 1960. Além dos prêmios e dos vários livros publicados no Chile, tem obras publicadas no Canadá, Argentina, Espanha e Alemanha. *Oscar Hahn*, além da poesia, cultivou a crítica e o ensaio. Nascido em 1938, em Iquique, iniciou sua carreira poética em 1961, com o livro *Esta rosa negra*, seguindo-se *Agua final*, em 1967, ambos premiados. Preso pela ditadura em 1973, posteriormente radicou-se nos EE.UU., dedicando-se à docência. Publicou *Arte de morir* (1977), *Mal de amor* (1981) *Imagines nucleares* (1983), *Antologia virtual* (1996) e *Apariciones profanas* (2002). Em 2006, ganhou o Prêmio Casa das Américas de Poesia Americana, com o livro *En un abrir y cerrar de ojos*. Com vários prêmios no Chile, alguns de seus livros foram traduzidos para o inglês.

Nana Gutierrez, o penúltimo nome dessa lista, nasceu em Arica, 1924, e morreu em 1985. Em 1968, recebe o Prêmio Municipal de Poesia de Arica com o livro *Manos arriba* publicado posteriormente no México. Publicou também *Abril* (1971), *Calendário* (1972), *Luna llena* (1974), *Tiempo de palomas* (1975). Poemas de seu livro *Por el rabo del ojo* escrito em 1970 foram lidos por Pablo Neruda para a televisão italiana. Seus poemas foram traduzidos para o inglês, francês e italiano, e sua poesia tem sido redescoberta nos últimos anos por alguns críticos que a consideram a maior poetisa de Arica. Quando passei por lá, em agosto de 1969, a cultura vivia *La Época de Oro de la Poesía de Ariqueña* e a cidade era tida como a Meca da poesia de toda a região norte, não só pelo papel aglutinador da revista *Tebaida,* mas pela intensa vida acadêmica em torno da qual se propagava a vida literária. A partir de 1973, a voz de Nana Gutierrez e de tantos outros poetas da cidade, bem como toda aquela euforia intelectual voltada para a arte e a literatura, silenciou abruptamente. Instalou-se uma reitoria militarista, professores foram substituídos e muitos estudantes desaparecem da noite para o dia, sem deixar rastros ou endereços. Sobreveio a prisão e a tortura, o engajamento e a clandestinidade, a diáspora e o exílio. A ditadura apagava assim todo o esplendor cultural de Arica, transformando aquela aldeia de sonho em sombra, silêncio e escombros. Um trauma irrecuperável na história da literatura de Atacama.

Ramon Riquelme é o último autor dessa memorável galeria que integrou o segundo número de *Tebaida*. Em 1933, nasce em Concepción, estreando na literatura em 1965, com o livro *Pedro, el Ángel* e publicou, posteriormente, cerca de 15 livros. Pela sua condição de poeta e compromisso com as causas populares, foi também uma das tantas vozes silenciadas pela prisão e a tortura na ditadura chilena.

81 Escrevi, em 2009, um artigo sobre a revista *Forma*, comentando o *impacto cultural que causou na época, acenando-nos, naquele janeiro de 1966, com um espaço onde pudéssemos semear nossas ideias e nossos sonhos.* Disponível em: <http://palavrastodaspalavras.wordpress.com/2009/03/24/a-revista-forma-por-manoel-de-*andrade*/>.

e 9. O próximo número estava pronto para ser impresso, quando o golpe militar fechou as páginas daquela que é considerada por muitos intelectuais e poetas como a melhor revista de poesia do Chile. *Tebaida* nascera no segundo semestre de 1968 e no decorrer daqueles cinco anos suas páginas estamparam os versos de grandes poetas peruanos e norte-americanos e mais de cem poetas chilenos, entre eles Pablo Neruda.

4. Ariel Santibañez: uma voz silenciada pelo martírio

Coincidentemente, neste 15 de dezembro de 2009, enquanto escrevo estes relatos sobre minha passagem pelo Chile em 1969, leio a notícia de que o ex-general Manuel Contreras acaba de receber a pena de cinco anos de prisão, em segunda condenação, pelo sequestro e desaparecimento do poeta Ariel Santibañez, em 13 de novembro de 1974. Contreras foi o amigo que Pinochet escolheu para comandar a DINA (Dirección de Inteligencia Nacional), logo depois do golpe militar.

Eu tinha 28 anos quando passei por Arica, em fins de agosto e embora tivéssemos nos identificado pelos ideais políticos, não avaliei, na precocidade literária dos seus 21 anos, o futuro dirigente estudantil e militante revolucionário que quatro anos depois estaria em Cuba, fazendo treinamento militar como um dos quadros do MIR (Movimiento de Izquerda Revolucionaria). Em novembro de 1973, já de volta a Antofagasta, sua cidade natal, Ariel é preso por três dias e torturado. Em uma nova tentativa de prisão, escapa da casa dos pais com a ajuda dos vizinhos e entra na clandestinidade. Em 13 de novembro de 1974 é detido, em Santiago, pelos agentes do SIM (Servicio de Inteligencia Militar) e em 22 de dezembro é visto entre os prisioneiros de Villa Grimaldi, as sombrias construções usadas para interrogatório e tortura pela DINA, a polícia secreta do regime. Desde então, nunca mais se soube do poeta Ariel Santibañez. Todas as buscas terminaram no mistério, no medo e nas ameaças, ante o arbítrio insuportável da repressão e da cultura do terror. A irmã, Ingrid, bateu em todas as portas da ditadura e a sua esposa, Gladys Rojas

Segovia, diante daquela superlativa aflição, perdeu o filho que palpitava em seu ventre e, a partir daí, o que se sabe da vida do notável poeta de Atacama está na dispersa herança literária que deixou.

O seu desaparecimento, aos 26 anos, foi a frustração de uma aventura humana cujo destino apontava para uma grande realização literária. A obstinação com que se levanta atualmente a sua memória de poeta e de mártir se compara ao trabalho de pesquisa com que se constrói, no Peru, a imagem do poeta guerrilheiro Javier Heraud, morto em combate aos 21 anos, no vale do Cusco, quando integrava, em 1963, a coluna guerrilheira comandada por Hugo Blanco. Com 21 anos cai também, em 1970, o poeta Leonel Rugama, combatendo contra a guarda somozista, na Nicarágua. Esse culto a Ariel e a Heraud é comparável à homenagem que o povo da Guatemala presta à figura heroica do grande poeta Otto René Castillo, mártir da luta guerrilheira, queimado vivo, aos 31 anos, pela ditadura de Julio César Méndez Montenegro, em 1967.

Ariel Dantón Santibañez Estay nasceu em 15 de novembro de 1948, em Antofagasta. Ainda muito jovem, editava um jornal que ele mesmo datilografava, e distribuía na cidade os seus poemas em folhas soltas. Aos vinte anos já está em Arica, cursando pedagogia, em língua castelhana, na Universidade do Chile, e participando politicamente da vida acadêmica e do ambiente literário, que contagiava toda a cultura da cidade, no fim da década de 60.

Essa foi a tônica das nossas conversas nos dois dias que passei com ele em Arica. Ariel parecia colocar nos ombros toda a responsabilidade pela divulgação da nova cultura poética do país. Aos 19 anos, ganha seu primeiro prêmio literário com o sugestivo pseudônimo de "Gladiador", símbolo histórico de uma guerra pela liberdade, que colocou militarmente em xeque o maior império da antiguidade. Aos 20 anos, com Alicia Galaz, funda a revista *Tebaida* que passou a ser a sua bandeira intelectual de luta pela poesia, e preparava uma versão marxista de dom Quixote, quando a revista foi fechada pela ditadura. Aos 21 anos, já polariza a atenção dos grandes poetas de Chile, que disputam as páginas e o prestígio nascente de *Tebaida.* Em 1970, com 22 anos, os seus poemas começam a ter destaque internacional, publicados na Argentina pela revista *Cormorán y Delfin*, bem como na revista *Nuevo Mundo*, em Paris. Dois poemas seus, *Ídolo roto* e *Esos viejos* aparecem na *Road Apple Review,* editada pela Universidade de Wisconsin, e a revista estudantil *Oclae*, de Havana, também publica seus versos. Em 1971, o nº 6 de *Tebaida* traz a importante entrevista que fez com Guillermo Deisler, evidenciando a maturidade de ambos numa saborosa conversa sobre filosofia da arte, alternada num diálogo fraterno de dois poetas amigos, conhecidos por uma invulgar inteligência e que seriam marcados pelas cruéis cicatrizes da repressão política.

A partir de 1968, participa de recitais, debates e encontros de poesia pelo país e escreve muitos artigos de crítica literária e artística, publicados em jornais de Arica e Santiago. Essa foi, por alguns anos, a sua agenda intelectual, época em que aparece numa memorável foto, ao lado de Neruda. Após o golpe em 1973, entra gradativamente no anonimato social e literário e no fim daquele ano, já na clandestinidade, é detido, torturado e permanece desaparecido até hoje. Quem sabe seu corpo esteja sepultado no meio do deserto de Atacama, na região onde a ditadura chilena levou os corpos de suas milhares de vítimas, algumas atiradas ao mar e outras enterradas nas areias salgadas do deserto, próximas à cidade de Pisagua.

No Chile, a oligarquia tem uma triste tradição de hostilidade aos poetas. Não somente pelos tantos que foram vítimas do regime de Pinochet, mas por uma estrutura classista de poder que, desde a época colonial, sempre defendeu os opressores contra os oprimidos, fossem eles indígenas, mineiros ou intelectuais de esquerda. O poeta Pablo Neruda, – que, apesar de doente, deve ter morrido certamente de desgosto, três semanas depois do golpe de 1973 – conta em suas memórias o seguinte:

> *Eu tinha sido em Temuco o correspondente da revista* Claridad, *órgão da Federação de Estudantes, que vendia 20 a 30 exemplares entre meus companheiros de liceu. No ano de 1920, as notícias que chegaram a Temuco marcaram a minha geração com cicatrizes sangrentas. A "juventude dourada", filha da oligarquia, havia assaltado*

e destruído o local da Federação dos Estudantes. A justiça, que desde a colônia até agora tem estado a serviço dos ricos, não prendeu os assaltantes mas sim os assaltados. Domingos Gómez Rojas, esperança jovem da poesia chilena, enlouqueceu e morreu torturado em um calabouço. A repercussão deste crime, dentro das circunstâncias nacionais de um país pequeno, foi tão profunda e vasta como haveria de ser o assassinato de Federico García Lorca em Granada.[82]

Na atualidade, quando se levanta o negro véu com que se ocultou a morte de Ariel Santibañez, perguntamos se o que se passou com ele nas dependências de Villa Grimaldi, não seria algo semelhante ao que Neruda denuncia no calabouço de Temuco.

Em 1972, o nº 28/29 da revista *Cormorán y Delfin*, publicada na Argentina pela Editorial Losada, traz o seu poema *Discorrayado*, onde fala *la voz de Gardel y el verdadero sentido del amor*, e diz a Gladys de *nuestro lejano hijo*, que a ditadura faria abortar no ventre de sua jovem esposa.

La vieja vitrola del tío, muerto a mediados de siglo,
todavía toca discos de repente, y son 78 giros por minuto.
Y giró y gira el mundo para todos:
mi padre le hacía escuchar a mi madre
la voz de Gardel y el verdadero sentido del amor.
Y soy, yo soy el que toma la manija estas tardes
de domingo, y doy vuelta y vuelta y te hago
escuchar Gardel, y tú, Gladys, sigues el movimiento
silenciosamente, pensando, quizá, en nuestro lejano hijo.[83]

---

82 Neruda, P. Op. cit., p. 35-6.

83 *A velha vitrola do tio, morto em meados de século,/ ainda toca-discos de repente, e são 78 voltas por minuto. E girou e gira o mundo para todos: Meu pai lhe fazia ouvir a minha mãe/ a voz de Gardel e o verdadeiro sentido do amor./ E eu, eu sou o que toma a manivela estas tardes/ de domingo, e lhe dou volta e volta e te faço/ouvir Gardel, e tu, Gladys, segues o movimento/ silenciosamente, pensando, talvez, em nosso filho distante.*

VI
BOLÍVIA

1. A guerra do Pacífico. O contato com os indígenas. O altiplano. O "soroche"

A estrada de ferro que liga Arica a La Paz foi o trocado que o Chile, em 1884, voltou para a Bolívia pela espoliação dos seus 480 quilômetros de litoral, cobiçado pelas ricas reservas de cobre e de nitrato. Considerado o maior conflito bélico da região, a Guerra do Pacífico, ocorrida entre os anos 1879 a 1883, foi gerada pela ganância do capital britânico nas explorações dos recursos minerais – salitre e guano – no deserto de Atacama, envolvendo três nações irmãs e deixando, até os nossos dias, feridas incuráveis no povo peruano e boliviano. O Peru e a Bolívia, despreparados militarmente, apenas se defenderam da sanha de conquista do Chile, monitorada pelos interesses ingleses, numa guerra travada no meio do deserto e de um vasto litoral, cuja supremacia marítima deu a vitória ao Chile, cujos soldados entraram em Lima saqueando e queimando os subúrbios ao sul da Capital e levando, como espólio de guerra, os bens da Biblioteca Nacional Peruana. O Peru perdeu a província de Tarapacá e a Bolívia, traumatizada até hoje com a entrega da província de Antofagasta, tornou-se um país mediterrâneo, isolado nas montanhas e uma grande comunidade aymara teve que mudar de nacionalidade. Não conheço, na história do mundo, outro país que tenha perdido o mar e não creio que possa haver perda mais triste para um povo. Um espinho vivo na alma de cada cidadão. Como cantam agora o mar, os poetas bolivianos? Como cantar um mar cujas águas já não banham suas terras? Como descrever essa inconsolável saudade de um mar de outrora? Um território sem seu branco cinturão de areias? Uma terra sem um porto sequer para alguém partir um dia? Praias onde já não são jogadas suas redes e onde já não navegam seus seculares pescadores. Que amarga nostalgia. Como desfazer-se, na alma de uma nação, essa insubstituível paisagem: um passado marítimo, feito de barcos, velas e marinheiros, de ondas, espumas e areia e uma linha do horizonte apagada na história de um povo?

Minha viagem, na segunda classe, foi o meu primeiro contato com a população indígena, que trazia consigo sacos, trouxas, bugigangas e cacarecos. O grande problema que tive começou com o desconforto e agonia que, madrugada adentro e montanha a cima, ia causando a ausência de oxigênio nos pulmões. Ar rarefeito e coração acelerado, estive a ponto de desmaiar, quando chamaram um funcionário do trem. Ele me passou sal na língua e me deu um comprimido de *coramina*. Pela manhã, quando acordei, já me sentia bem melhor. Viajávamos em pleno altiplano, a 4.000 metros de altitude, cruzando uma paisagem vegetalmente árida, com pequenas povoações indígenas e casas perdidas pelas extensões daquela imensa meseta.

Paramos para almoçar na estação de um povoado chamada Pando. Enquanto toda a primeira classe foi comer no vagão restaurante, desci com todos os indígenas e fui mastigar minha curiosidade numa espécie de feira-restaurante ao ar livre, onde velhas índias aymaras expõem sobre as mesas os panelões de comida indígena. Conversando com eles – que entre si falavam em aymara –, almocei num tosco prato de barro, com uma colher que uma índia, antes de me dar, limpou no avental encardido. Era uma comida bastante condimentada, uma espécie de ensopado de carneiro com batatas e outros ingredientes que não decifrei.

A viagem rumo a La Paz continuou e durante quase todo o dia, o trem corria ao lado de um pequeno rio de montanha com suas águas rápidas e cristalinas. Na verdade, a estrada de ferro seguia todo o tempo entre pequenas elevações, numa espécie de corredor que, pelo seu aspecto aluvional, supunha-se ter sido o leito de um grande curso d'água.

Durante todo esse percurso, nos lados da ferrovia, abundavam os rebanhos de ovelhas, lhamas e alpacas cuidadas por crianças e, de quando em quando, pequenas aldeias com casas muito simples, construídas com tijolos de barro e sem reboco.

Cheguei muito cansado a La Paz. Um cansaço sem fazer esforço. Mal podia caminhar. Era o "mal de puna" ou "soroche" como diziam por lá. Peguei o hotel próximo da estação, largando-me na cama com o ritmo do coração sempre acelerado. Afinal, amanheci melhor no dia seguinte.

2. A visão de La Paz. A "Família Garafulic". Leo Redin e minha residência diplomática

A primeira visão que tive de La Paz era de uma cidade dentro de uma cratera, em forma de meia-lua, metida no fundo de um profundo vale que se precipita do altiplano. No centro desse corredor, emergem os edifícios mais altos e a cidade espalha-se pelas encostas altíssimas e quase verticais. O trem levou uma hora para baixar do nível do altiplano até a estação de La Paz.

Eu trazia duas cartas de recomendação do Chile e, pela manhã, saí para entregar a que mais me interessava. Era a que Ariel Santibañez me entregara na estação, na noite do embarque. No endereço, informaram-me de que o destinatário estava em Potosi e que voltaria no fim de semana. Saí, então, em busca do endereço da segunda carta sobrescrita: "À Família Garafulic". A carta foi escrita por um amigo do arquiteto Bernardo Tapia, meu amigo chileno. Tratava-se de um geólogo boliviano que fazia pós-graduação em Santiago e era quase noivo da filha dessa família. Bernardo também era muito considerado pelos Garafulic e já fora hospedado por eles numa viagem a La Paz. Achada a residência, – na calle 2, número 490, esquina com a rua 14 de Setembro, no bairro Obrajes – feitas as apresentações e lida a carta, convidaram-me para um lauto café da manhã e depois ofereceram fraternalmente a hospedagem, perguntando pela minha bagagem. Ofereceram-se para ir buscá-la de carro, mas, diante de tanta aristocracia, recusei, para que não contassem as estrelas do meu hotel. Eu mesmo fui buscar, dizendo que precisava andar um pouco, para me acostumar com as alturas de La Paz. Instalaram-me num espaçoso quarto muito bem mobiliado. A casa, grande e bonita, ficava na parte alta da capital e da janela do meu quarto viam-se os picos nevados do Illimani, na cordilheira Real. Era uma típica família burguesa, conservadora e reacionária. Apesar de me tratarem maravilhosamente bem – e de me incluírem num programa que, entre outras coisas, passava por uma Feira Agropecuária que começaria dia 20 daquele mês, na cidade de Santa Cruz, onde a família tinha um hotel e no qual eu era convidado para passar os dez dias da Feira,– na manhã do terceiro dia, 05 de setembro, uma sexta-feira, depois do café da manhã, alegando minha hospedagem com um amigo, agradeci todos os favores recebidos e deixei aquela belíssima mansão, onde se falava numa linguagem política que eu, na qualidade de hóspede, via-me obrigado a ouvir em silêncio.

Como não conhecia mais ninguém em La Paz, mas tinha quase todo o dinheiro da "Caixinha", e também de uma "vaquinha" feita pelos exilados, na feijoada da minha despedida em Santiago, procurei um outro hotel barato para me hospedar. Antes, porém, resolvi voltar novamente pelo endereço da primeira carta e lá dei de cara com o amigo de Ariel que acabara de chegar de viagem. Chamava-se Leo Redin. De origem argentina, era ator e diretor de teatro na Bolívia e, pelo fato de na sua casa não haver como me hospedar, fez alguns trâmites e no fim daquela mesma sexta-feira, por seu intermédio, acabei me hospedando na casa de um diplomata, adido cultural da Argentina, seu amigo e conterrâneo.

3. A Peña Naira. Cavour, o "Mestre do Charango". A praça de Armas e a memória de Murillo

No sábado e domingo, arrastei meu cansaço pelo centro de La Paz. Havia muito que ver. Setenta por cento da população boliviana era descendente de aymaras e quíchuas e essa proporcionalidade fazia da Bolívia um dos países latino-americanos com o mais rico e variado conteúdo folclórico.

A arte popular boliviana entrou pelos meus olhos e me deslumbrou com seu encanto. Entrava de loja em loja para conhecer a variedade de tão delicados trabalhos em ouro, prata, cobre, bronze e estanho, que são abundantes na Bolívia. Em muitos casos, aquelas joias, que representavam temas nativos, alcançavam a perfeição de filigranas. Por outro lado, o artesanato em fibras, tecidos manualmente com as finas lãs de vicunha, lhama e alpaca, era matizado em cores fortes e motivações nativas, com figuras típicas da mitologia aymara e quíchua. A cerâmica, naquele período, estava entrando numa fase de florescimento na rica morfologia de jarros, pratos, cinzeiros, baixos-relevos e figuras humanas e de animais. Havia sempre novidades e redescobertas e eu estava encantado com a diversidade daquele tesouro cultural.

Sábado à noite, por indicação do adido cultural, fui à famosa Peña Folclórica Naira, onde iria se apresentar um conjunto musical chamado Los Jairas e, segundo ele, o melhor tocador boliviano de charango.[84] Aquela foi a primeira das outras tantas vezes que ouvi, no meu retorno a La Paz, aquele genial intérprete chamado Ernesto Cavour[85] e que três anos depois receberia, do Instituto Boliviano de Cultura, o título de "Mestre do Charango".

Na segunda-feira, com a praça Murillo batida pelo sol, sentei-me num dos bancos para observar as pessoas que passavam. Sempre gostei de sentar nas praças das cidades e caminhar no meio do povo, usufruindo da liberdade do anonimato. Como é tranquilo ser apenas um rosto na multidão e sentir a pulsação de um povo, em seu torvelinho incessante pelas ruas centrais de uma cidade!

84 O charango, pelo seu tamanho e formato se assemelha ao cavaquinho brasileiro. É feito com a carapaça do tatu e possui cinco cordas duplas. Quando estive em Potosi, em 1970, observei na porta de uma igreja do século XVIII, sereias esculpidas que tocavam charango. Alguns dirigentes estudantis – que me mostravam o fabuloso passado histórico daquela que já fora considerada a cidade mais populosa do mundo, no século XVI, quando ali descobriram uma montanha de prata – disseram-me que foi em Potosi que nasceu o charango. Contaram-me também que foi Violeta Parra que levou o charango para o Chile, em meados da década de 60, onde passaria a ser tocado por grandes conjuntos chilenos, como Los Quilapayún, Inti Illimani e outros.

85 Ernesto Henrique Cavour Aramayo nasceu em La Paz, em 1940. Há muito passou a ser considerado o maior charanguista do mundo. Genial e versátil, além de incomparável solista do charango, destacou-se como escritor, poeta, bailarino, inventor e construtor de instrumentos musicais, sobre os quais escreveu muitos livros.

La Paz, a capital mais alta do mundo, foi fundada em 20 de outubro de 1548, por Alonso de Mendoza, por recomendação da Real Audiência de Lima, para comemorar o fim dos sangrentos conflitos entre os herdeiros e partidários de Diego de Almagro e Gonzalo Pizarro, irmão de Francisco Pizarro, instalado com sua corte no ilusório esplendor de Charcas – depois chamada La Plata, Chuquisaca e finalmente Sucre, então a capital judiciária do país. Na casa do adido cultural argentino, cujo nome esqueci, havia uma excelente biblioteca e eu já estava "devorando", desde a primeira noite que lá cheguei, uma velha e manuseada edição argentina da *Nueva historia da Bolivia*, de Enrique Finot. Assim, sentado ali, naquela praça que honrava seu nome, lembrei-me do que acabara de ler sobre Pedro Domingo Murillo e do seu gesto, em 1809, dando o primeiro grito de independência contra o Vice-Reino da Prata, do qual a Bolívia fazia parte. Conta o historiador Enrique Finot que, em 16 de julho daquele ano, Murillo liderou uma rebelião de *criollos* e mestiços, proclamando a independência do Alto Peru. Mas a revolta foi sufocada e ele, ao ser fuzilado no ano seguinte, ali, naquela praça, disse diante da morte: *o facho que deixo aceso, nada o apagará*[86], referindo-se à independência maior, da Espanha, que viria dezesseis anos depois, em 06 de agosto de 1825, com o estabelecimento da República da Bolívia, batizada com o nome de seu histórico padrinho, Simón Bolívar.

A praça Murillo era a antiga praça de Armas, nome que os espanhóis davam às praças das grandes cidades nos tempos coloniais. Por ali eu passava sempre, enchendo os olhos diante da catedral metropolitana Nossa Senhora de La Paz, edificada numa mescla arquitetônica do neoclássico e o barroco. Ao seu lado, o Palácio Quemado, na época ocupado pelo presidente Luis Adolfo Siles Salinas, sucessor de René Barrientos.

---

86 Finot, E. *Nueva historia de Bolivia: ensayo de interpretación sociológica de Tiwanako a 1930*. Buenos Aires, Fundación Universitaria Patiño, 1946.

4. Coquetel de amigos: Oscar Soria, Jorge Sanjinés, Antonio Eguino. O filme "Yawar Mallcu"

Na noite daquela segunda-feira, dia oito, Leo Redin levou-me a um coquetel. Tratava-se da comemoração pelo primeiro prêmio internacional dado a um filme boliviano *Yawar Mallcu* (expressão quíchua que significa *Sangue de condor*), de Jorge Sanjinés, rodado naquele ano e aplaudido de pé no Festival de Cinema de Veneza, recebendo, por unanimidade dos jurados, o troféu Timão de Ouro. O filme, politicamente revolucionário, denunciava a esterilização das camponesas bolivianas pelos então chamados "Corpos de Paz", jovens norte-americanos treinados para conter a explosão demográfica do Terceiro Mundo, e que fazia parte da ampla estratégia da "Aliança Para o Progresso", no continente. Lançada pelos Estados Unidos em 1961, seu objetivo principal, no aspecto político, era intensificar a ajuda militar norte-americana às Forças Armadas Latino-Americanas, a fim de *controlar a subversão, prever o terrorismo e liquidar os focos de violência que poderiam alcançar proporções incontroláveis.*[87] O filme de Sanjinés mostra também a expulsão dos "Corpos de Paz" da Bolívia – o que aconteceu, na realidade, em consequência das grandes repercussões que a denúncia do filme teve no país – e o povo armado contra a opressão e a injustiça, representadas no conflito social pelas cenas do luxo e do supérfluo, contrastando com a miséria extrema dos excluídos, que morrem por falta de medicamentos e de atendimento médico. O filme prega a revolta contra uma estrutura social que escarnece da pobreza e do sofrimento, convocando a consciência política e o engajamento para as lutas sociais.

Naquele coquetel, conheci Jorge Sanjinés, o diretor do filme, Antônio Egino, um talentoso cineasta que trabalhava com Sanjinés e o escritor Oscar Soria, que havia escrito o roteiro da filmagem. Sanjinés surgira no cinema em 1963, com o curta-metragem *Revolución*, – o *Couraçado Potemkin* boliviano –, mostrando, numa sucessão de imagens, dez minutos da miséria e da grandeza da Bolívia.

87 Fernandez, J. S. *El consejo de defensa centroamericano y la pax americana*. Cuadernos Americanos, México, may.-jun., 1967, Ano XXVI.

Em 1966, Sanjinés lança o longa-metragem *Ukamau* – o primeiro filme falado em aymara e que daria o nome ao Grupo – cuja originalidade estava na proposta de um cinema popular, andino, que valorizasse a cultura indígena, mostrando a questão racial dentro das contradições sociais, resgatando a imagem histórica do homem andino, maculada pelas imposições culturais do colonialismo, mas também sem a exigência exclusiva de uma ideologia marxista, que dialeticamente não interpreta os fatos sociais pelos problemas raciais. Algo parecido postulou Frantz Fanon, em seu livro *Os condenados da terra*, uma bandeira erguida em nome da descolonização dos povos e um libelo contra a dominação francesa na Argélia, acusando a violência colonial, pela destruição dos valores e das referências originais da cultura do país.

É por essa ótica anticolonial que surge Sanjinés, como um dos principais pioneiros do cinema político latino-americano, colocando uma bandeira de luta nas mãos indígenas da América andina, no contexto de uma conjuntura histórica dominada pela cultura imperialista, e propondo mostrar ao povo quais as causas sociais de sua inalterável miséria. Enfim, um cinema revolucionário, sem finalidades comerciais e sem a proposição do entretenimento, mas levando as projeções às comunidades indígenas e às cidades mineiras, para provocar a polêmica cultural e a politização através do debate e das discussões. O seu novo paradigma cinematográfico rompeu radicalmente com a estrutura hollywoodiana de cinema: em vez de atores individuais, atores coletivos; em vez de heróis e bandidos, algozes e vítimas, opressores e oprimidos; em vez de enredos de ficção, enredos documentados. Seus filmes *Ukamau* e *Yawar Mallcu* e, sobretudo, *El coraje del pueblo*, que rodaria no ano seguinte, levaria os maiores entendidos de cinema no continente a considerá-lo um dos mais revolucionários cineastas latino-americanos.

Naquele coquetel, estava reunida parte da intelectualidade de esquerda da Bolívia, ideologicamente, das mais radicais do continente. Ali nasceriam algumas das grandes amizades que tive na Bolívia e entre elas o próprio Sanjinés, mas, especialmente o escritor Oscar Soria Gamarra, um homem calmo, encantador e sábio. Oscar, nascido em La Paz em 1917, era um dos mais prestigiados intelectuais bolivianos.

Vinha de um invejável passado de lutas, já que participara como cadete na Guerra do Chaco e das trincheiras do grande processo revolucionário deflagrado por Paz Estenssoro, em 1952. Na época em que o conheci já era um escritor premiado, com os livros *Preces en el cerro* (1953), *Seis veces la muerte.*(1966). Havia publicado também *Contando y soñando* (1957) e *Mis caminos, mi cielo, mi gente* (1966). Sua literatura estava comprometida com os problemas indígenas, operários e mineiros, e destacava-se como o mais importante escritor de cinema do país. Havia trabalhado como roteirista, com o cineasta boliviano Jorge Ruiz, precursor do cinema boliviano e autor do curta-metragem *Vuelve Sebastiana*, tido como o filme mais importante na história do cinema boliviano. Foi com alegria que, muitos anos depois, encontrei o nome de Oscar Soria Gamarra, e seu livro *Mis caminos, mi cielo, mi gente*, citado no denso volume da *Nueva historia de la literatura hispanoamericana*, de Giuseppe Bellini, por certo o mais importante crítico e estudioso da literatura hispano-americana, na Europa.

5. O assassinato de Inti Peredo

O dia 9 de setembro de 1969, uma terça-feira, nunca mais se apagaria de minha memória. Fazia exatamente uma semana que eu chegara ao país, quando, naquele dia, assassinaram Inti Peredo, em La Paz. Quando coloquei a Bolívia no destino dos meus passos, minha intenção era integrar-me à nova fase da guerrilha boliviana. Esse sonho começou a se tornar realidade quando em Arica, Ariel Santibañez me recomendou por carta ao teatrólogo Leo Redin, que por aqueles dias buscava seus contatos secundários com o Exército de Liberação Nacional de Bolívia (ELNB), para uma possível entrevista minha com os dirigentes da Organização. Agora só restava a minha frustração pessoal e uma imensa dor continental pela morte daquele que sobrevivera a Ñancahuazú e era o mais legítimo herdeiro político e militar de Che Guevara.

Era inacreditável tudo aquilo. Fazia apenas dois meses que ele lançara sua mensagem revolucionária: *Voltaremos às montanhas* e recrutava os quadros do ELNB. A história política de Inti Peredo registra o perfil de um verdadeiro revolucionário. Nascido em Cochabamba, em 1937, aos treze anos militava no Partido Comunista Boliviano e ainda jovem foi enviado para a escola do Partido, no Chile. Aos vinte e cinco anos parte para estudar ciência política em Moscou e em 1963, já de volta ao continente, transita clandestinamente na região de Salta, dando apoio ao Exército Revolucionário do Povo, organização guerrilheira argentina, comandada pelo jornalista Jorge Ricardo Masseti. Mais tarde presta ajuda a revolucionários peruanos e em maio de 1966 redige um documento ao Congresso do Partido Comunista Boliviano, defendendo a necessidade da luta armada. Com mais nove militantes, em julho, chega a Cuba, onde se prepara a guerrilha boliviana. Em 12 de novembro está de volta ao país e duas semanas depois já se encontra na selva, ao lado de Che Guevara. Nos últimos dias de dezembro, rompe com o Partido, quando da visita de seu secretário, Mario Monje a Ñancahuazú, impondo a orientação do PC boliviano pela renúncia à luta armada.

Depois de todos os lances como sobrevivente do trágico combate da Quebrada do Yuro, da estratégica retirada para o Chile com a ajuda do senador Salvador Allende e sua viagem a Cuba, retorna clandestinamente à Bolívia em maio de 1969, para reorganizar a guerrilha.

Depois de sua mensagem ao povo, comovendo o país e surpreendendo a América Latina, há pouco mais de um ano da morte do Che, uma sistemática perseguição foi movida contra ele pela inteligência policial. Através da delação, seu "aparelho" foi encontrado em La Paz. A casa foi cercada e atacada por cerca de cento e cinquenta policiais e militares que, por uma hora não conseguiram abalar sua resistência, até que a explosão de uma granada no interior do recinto o feriu gravemente. Foi preso com uma selvagem brutalidade, mas jamais se rendeu. Torturado com perversão, pelo seu inquebrantável silêncio foi finalmente assassinado a cutiladas de fuzil, pelo sanguinário coronel Roberto Toto Quintanilla, o mesmo que mandou cortar as mãos do cadáver do Che, em La Higuera.

6. Na casa de Oscar Soria. O convite de Eliodoro Aillón. Viagem a Cochabamba. Atílio Carrasco, um novo amigo

Foi a minha condição de autoexilado e de poeta que levou o espírito solidário e generoso de Oscar Soria a me surpreender, organizando, no dia 10 de setembro. em sua casa, uma reunião com escritores, artistas e intelectuais bolivianos, a fim de que eu fizesse um relato do que estava acontecendo, politicamente, no Brasil, e uma leitura dos meus poemas. Foi nessa reunião que conheci o poeta Eliodoro Aillón Terán que organizava o Segundo Congresso Nacional de Poetas, a realizar-se em Cochabamba, de 22 a 27 de setembro. Ao terminar a leitura, ele se levantou, saudou-me, em nome dos poetas da Bolívia e me convidou a participar do Congresso, como representante do Brasil. A partir desse dia, Eleodoro Aillón se tornaria mais um amigo, dos tantos que deixei na Bolívia.

Como a apresentação boliviana de *Yawar Mallcu* foi proibida em La Paz, a Universidad Mayor de San Simon, de Cochabamba, que mantinha uma corajosa posição de vanguarda política no país, ofereceu-se para auspiciar a estreia nacional do filme, no próximo dia 14 setembro. Assim, além do Congresso de Poetas, recebi de Jorge Sanjinés o convite para sua primeira apresentação em Cochabamba, aonde cheguei no dia 11 de setembro de 1969, em companhia de Mário Arrieta, um homem que conhecia meio mundo, fora jornalista no Uruguai e na Argentina, e era um dos atores do filme.

Após a estreia de *Yawar Mallcu*, fui apresentado, por Oscar Soria, a jornalistas, poetas, artistas e a um pintor, Atílio Carrasco. Este estudara Arte no México, onde viveu 14 anos, foi discípulo de David Alfaro Siqueiros e amigo de Diego Rivera. Batalhador incansável pela importância da arte, fundara em 1952, em La Paz, junto com os pintores Miguel Alandia e Carlos Salazar, a Asociación Boliviana de Artistas Plásticos. Quando o conheci, era tido como um dos maiores pintores da Bolívia e muitos se referiam a ele como o Siqueiros boliviano. Respeitado pela sua formação ideológica, fora um dos principais organizadores, em abril de 1965, da dissidência comunista que convocou, no acampamento mineiro da mina Siglo XX, o 1º Congresso Nacional Extraordinário do Partido Comunista Boliviano, incorporando intelectuais e militantes sociais marxistas *cuya primera resolución determinó la expulsión ignominiosa de los cabecillas de la camarilla derechista y revisionista de los Monje--Kolle y Otero.*[88] Oscar Soria e agora Atílio estariam entre os maiores amigos que tive na Bolívia. Ele ilustrou dois poemas meus. O primeiro, *Canción para los hombres sin rostro*, publicado em outubro de 1969, no número 5 da revista *Letras Bolivianas*, e o segundo *Saludo al Che Guevara* editado como cartaz pela Federación Universitaria Local, de Cochabamba, também em outubro. Mas há um fato relevante que ocorreu em minha passagem pela cidade. Eu chegara à Bolívia com a intenção de entrar na guerrilha. A morte de Inti Peredo frustrara meus planos, mas não destruíra meu sonho. No entanto, Oscar Soria e Atílio Carrasco demoveram-me dessa ideia, convencendo-me, ante o processo de liberação que incendiava a América Latina, da minha importância muito maior como poeta do que como guerrilheiro. Fizeram-me ver como seria muito mais bela a minha missão, se eu empunhasse a bandeira da poesia, para cantar a saga revolucionária que agitava suas vanguardas em todo o continente. As palavras de ambos mudariam meus planos e me convenceriam da força política da poesia, ainda que soubesse que só com ela não se pudesse mudar o mundo. Ela passaria a ser o meu lírico fuzil de combatente, minha mais bela bandeira, desfraldada por todo o continente, quando a América se tornava uma só trincheira.

88 Documentos del Primer Congreso Extraordinario del PCB (marxista-leninista) *cuja primeira resolução determinou a expulsão ignominiosa dos líderes da camarilha direitista e revisionista dos Monje-Kolle e Otero.*

7. Um Congresso de Poetas. Novos amigos. Meu primeiro poema em espanhol. Ovando toma o poder. Ameaçado de expulsão da Bolívia. Recital

Era minha segunda semana em Cochabamba. O frio começava a se despedir do vale, enquanto a primavera se anunciava nos brotos das árvores, vestindo com novas cores as flores das praças. Era delicioso caminhar, escutar o vozerio do povo nos mercados, os cantores de rua, visitar museus e galerias e provar os pratos indígenas.

Alguns dias depois da estreia do *Yawar Mallcu*, fui procurado no hotel Boston, onde estava hospedado, a convite da Comissão do Congresso de Poetas, por um professor e três alunos do Colégio "6 de Junio", tradicional instituição lassalista de Cochabamba, para dar um recital e debater sobre fatos da ditadura brasileira, com os alunos secundaristas da instituição. Aceitei gratificado o convite e o evento contou com recitais e diálogos pela manhã, à tarde e à noite.

Verti para o castelhano, com a participação de Oscar Soria, alguns de meus poemas escritos no Brasil, para ler na noite da minha apresentação no Congresso de Poetas, e escrevi, naquele mês de setembro, meu primeiro poema em espanhol, em memória de Inti Peredo. A sua imagem revolucionária ficara ainda mais forte depois de sua morte. Ela estava presente desde então em meus pensamentos, insistindo, pedindo a minha atenção e uma noite, no hotel, toda a minha frustração por um sonho que sua morte fizera desvanecer em meu caminho, transformou-se em versos. Na noite de 25 de setembro, ao encerrar minha apresentação no Congresso, diante do grande público que lotava o auditório do Palácio da Cultura, e ignorando a comentada presença dos agentes políticos durante a realização daquele evento, declamei meu primeiro poema escrito em espanhol, *El guerrillero*, interpretando meu tributo poético ao grande combatente assassinado há duas semanas, em La Paz. É um longo poema e aqui reproduzo apenas seu início e seu final:

O guerrilheiro, senhores
é um sonho armado que marcha

no chão injusto da pátria.
Sabe que quem tem a terra
não a reparte sem guerra...
e nesse áspero caminho
é um pássaro sem ninho
migrando para o amanhã.

O guerrilheiro, senhores,
é uma flor clandestina
que se abre na mata imensa
quando os ecos da montanha
rompem o silêncio do tempo
e revelam o punho escondido
nas mãos agrárias de um povo.

Seu corpo... a sua trincheira,
sua vida por uma bandeira...
pela honra, pela fé
e o seu destino traçado.
Se cai... segue erguido na verdade
quando a voz da liberdade,
sorvendo a taça de fel,
é um grito assassinado.(...)

(...)Companheiros, camaradas
já é hora de partir...
Camilo Torres, Guevara
Inti Peredo e Sandino
nos ensinaram que o sonho
é a alavanca do destino.
Pois cantem sempre em meu canto
os mártires da liberdade
poucos podem pressentir
que por trás do véu do tempo
os coágulos do seu sangue
são o doce pão do porvir. (...)[89]

---

89 Andrade, M. de. *Poemas para a liberdade*. São Paulo, Escrituras, 2009, p. 79-83.

Aconteceu que, durante aqueles dias do Congresso, uma série de fatos imprevistos entrelaçando a vida política do país, a minha atividade como congressista e outras atividades culturais a que estava convidado, e ainda pela minha condição de estrangeiro, envolveram-me numa trama que culminou com a minha expulsão do país. Os fatos iniciais se atropelaram, mais ou menos, na seguinte ordem: De 22 a 27 de setembro participei das muitas atividades do Congresso. Li meus poemas, integrei comissões, estive presente em visitas e passeios culturais, conheci a intelectualidade boliviana presente no Congresso, relacionei-me com grandes poetas, como os bolivianos Jorge Calvimontes, Oscar Cerruto e Yolanda Bedregal[90], o peruano Luis Nieto, os equatorianos Euler Granda e Carlos Manuel Arízaga e alguns outros que estavam também hospedados no hotel Boston. Inesperadamente, na manhã do dia 26, um acontecimento nacional afetou também o Congresso. O presidente Siles Salinas, sucessor de René Barrientos, foi deposto pelo general Ovando com um golpe militar. – Aliás, naqueles anos, o golpe militar tornar-se-ia um fato quase banal na história do país. – Um dos poetas congressistas, Ambrosio García Rivera, – que posteriormente seria ministro de relações exteriores da Bolívia – foi detido no hotel onde estávamos hospedados. A direção do Congresso tentou, sem resultado, conseguir a sua liberdade. Felizmente, eu havia lido meus poemas na véspera do acontecimento, dia 25, e entre estes estava o poema *El guerrillero*, que fazia a apologia da luta armada e era dedicado a Inti Peredo, chefe guerrilheiro recentemente assassinado pelos militares. A partir daí, o Congresso passou a ter a presença de um "observador" militar, o capitão Menacho. O curto governo de Salinas, um civil moderado, havia trazido alguma tranquilidade à Bolívia, depois do governo truculento de Barrientos, responsável direto pelo assassinato do Che e que morrera carbonizado num misterioso acidente de helicóptero, em abril daquele ano. Agora voltava ao governo outro general, cujas mãos

90 Yolanda Bedregal de Cónitzer (La Paz, 1916-1999), poeta, novelista e diplomata foi um dos maiores vultos da literatura boliviana e uma destacada representante do pós-modernismo hispano-americano. Aos vinte anos, publicou seu primeiro poemário, *Naufragio* ao qual se seguiram *Poemar* e *Ecos, Almadia, Nadir, Del mar y la ceniza*, etc. Quando a conheci, no Congresso de Poetas em Cochabamba, em fins de 1969, comentou que trabalhava em sua primeira novela, que publicou em 1971 com o nome de *Bajo el oscuro sol.* Em 1977, publicou uma excelente *Antologia de la poesía boliviana,* com cujo material deu muitas conferências na América e na Europa. Recebeu os maiores prêmios e honrarias de seu país.

estavam manchadas com o sangue de dezenas de mineiros massacrados na noite de São João, em 1967.

No dia 27, pela manhã, no hotel, fui procurado por agentes da Diretoria de Investigações Criminais (DIC) e educadamente convidado para dar algumas informações ao delegado. A intimação foi feita na portaria do hotel, na presença de outros poetas congressistas, que depois de minha saída mobilizaram a presidência do Congresso. Na delegacia, eles constataram a legalidade dos meus documentos e me perguntaram o que me levara, como estrangeiro, a escrever um poema para Inti Peredo. Se eu tinha alguma ligação com a organização a que ele pertencia, e dizendo que a leitura pública do meu poema, pregando a luta armada, duas semanas depois de sua morte, era uma afronta à segurança nacional e uma intolerável interferência, ainda que literária, nos assuntos internos do país. A conversa com o delegado passava de uma hora, e ele já me notificara que eu dispunha apenas de 48 horas para resolver meus assuntos e deixar o país. Naqueles momentos, acompanhado de quatro congressistas, chegou o poeta Eliodoro Aillón Terán, um dos principais organizadores do Congresso e de quem recebera o convite em La Paz. Inteirados dos fatos e da determinação da minha saída do país, Eliodoro Aillón – conhecido nacionalmente como um grande poeta e por seu poema *Pido da palabra*, um hino de amor à pátria, historicamente oprimida e humilhada, lido e declamado em recitais e escolas de todo o país – que tinha um amigável relacionamento com o delegado, justificou meus arroubos revolucionários de poeta e pediu a reconsideração da decisão, em vista da minha participação no encerramento do Congresso na noite daquele dia e de uma programação cultural a que eu já me comprometera na cidade. A conversa entrou numa fase de negociação, em que interagiram os demais poetas, sempre desagravando os efeitos políticos da minha poesia. Por fim, o delegado, ante o aval dos meus confrades, disse que a determinação seria transformada num alertamento oficial e que minhas atividades seriam monitoradas enquanto eu estivesse no país.

8. Elmo Catalán e Genny Köller. O poema-cartaz "Saludo a Che Guevara". "El Poeta"

Depois do recital, muitas pessoas foram ao hotel para pedir cópias dos meus poemas. Durante o período do Congresso, na manhã do dia 25, dei um recital no "6 de Junio", então o maior colégio de 2º grau de Cochabamba, onde li poemas para aproximadamente 2.000 estudantes.

Muitos jovens procuraram-me no hotel. Eram estudantes, bem mais jovens que eu – estava com 28 anos e a maioria dos amigos bolivianos tinha de 35 a 50 anos – pedindo uma cópia do poema *Saudação a Che Guevara.* No dia seguinte, na tarde do dia em cuja manhã eu estivera com o delegado, procurou-me um casal – ele, aparentando uns trinta e cinco anos e ela, ainda muito jovem e bonita – comentando a leitura do poema e pedindo autorização para a sua publicação ilustrada, com a imagem do Che, para comemorar, em 08 de outubro, o segundo ano da sua morte. Aceitei, honrado pela finalidade da publicação, mas com a condição que meu nome fosse omitido. Primeiro, porque já estava visado pela polícia política da cidade e segundo, porque não estava preocupado com notoriedade literária. Pedi que voltassem no dia seguinte, porque queria melhorar a versão para o espanhol e retirar os primeiros vinte e um versos para se adequar ao tamanho proposto do cartaz, de 40 por 56. Na manhã seguinte, eles voltaram e conversamos por quase uma hora. Ele falava pouco, disse-me o seu nome e que era chileno. Mas só gravei o nome dela, Genny, e sua frase que nunca esqueci: *Dizem que ninguém é insubstituível, mas o Che foi incomparável e nunca existirá quem o substitua.*

Entreguei-lhes a tradução e o poema foi posteriormente publicado pela federação estudantil, com a ilustração feita pelo pintor Atílio Carrasco, com o pseudônimo de *Poma* e eu escondi minha identidade atrás da singela autoria de "El Poeta". Quem era aquele casal a quem não dera maior atenção? Ela era Genny Köller Echalar, uma jovem estudante de arquitetura e militante da democracia cristã boliviana, e ele era o já então famoso jornalista chileno Elmo Catalán Avilés. Nada adiantarei sobre o que aconteceria com ambos no dia oito de junho do ano seguinte, quando seus nomes estariam nas páginas dos grandes jornais do continente. Essa história somente me seria contada um ano mais tarde, alguns dias depois de minha segunda viagem à Bolívia. Só então eu saberia seus nomes completos e que opção de luta já tinham, quando me procuraram no hotel.

POMA 69
SALUDO AL CHE GUEVARA
EN EL CANTO DE LA LIBERTAD
DONDE CADA MARTIR RENACE
DONDE NO HAY HOMBRE SIN TIERRA
DONDE NO HAY PUEBLO SIN ROSTRO
EN UN TIEMPO GESTO DE SANGRE
EN LA SANGRE GESTO DE AMOR
EN EL AMOR DE QUIEN SE DIO
COMO UN PERFUME DE FLOR
EN ESA FLOR DE LA MONTAÑA
ABIERTA AL CONTINENTE
EN ESTA BELLEZA TAN GRANDE
EN MI CANTAR TAN DOLIDO
AHI ESTAS, MI COMANDANTE,
EN LA NOSTALGIA BIEN CLARA
DE LOS QUE MUEREN Y RENACEN
CONTIGO, ERNESTO GUEVARA.
EN NUESTRO ODIO INDIGESTO
EN LA VOZ DE LA REBELION
EN LA MANIFESTACION DE PROTESTA
EN CADA HOMBRE SIN PAN
EN CADA CIUDADANO LIBRE
AMETRALLADO EN LA CALLE
EN EL SENO DE CADA HUELGA
EN EL SALARIO DEL QUE SUDA
EN EL ESTOMAGO QUE LADRA
EN LA OPRESION Y EN EL HAMBRE
EN ESTE MAL QUE NOS CONSUME
COMO FARO CLARO Y FUERTE
SURGE TU IMAGEN, TU NOMBRE
TU BRAZO DE GUERRILLERO
COMO FUSIL JUSTICIERO
APUNTANDO EL DERROTERO
CON EL CANTO DE TU SANGRE.
EN LAS PATRIAS NEGOCIADAS
DE ESTA AMERICA SUFRIDA
EN LA DICTADURA INSTALADA
EN LA TIERRA NO REPARTIDA
EN TODA PRISION INJUSTA
EN TODO ESTUDIANTE MUERTO
EN CADA HOMBRE SIN ROSTRO
DE QUIEN OTRO VIVE A COSTA
EN LA MASACRE MINERA
EN LA LUCHA QUE LIBERA
EN LOS PUÑOS QUE SE ABREN
A LA ROJA FLOR DEL COMBATE
TU ESTAS, CHE, MI COMANDANTE.
MIENTRAS LA HISTORIA SE ESCURRE
POR LA GARGANTA DEL TIEMPO
LAS GENERACIONES PREPARAN
LA ESTACION DE LA COSECHA.
LA SEMILLA ESTA BROTANDO
EN LA FLOR-REVOLUCION
Y LA CONCIENCIA DEL PUEBLO
VA TOMANDO POSICION,
TU SEMBRASTE EN TIEMPO BUENO
LOS GRANOS DEL PORVENIR
QUE LLEVADOS POR EL VIENTO
EN EL ESTAMPIDO DE LOS METALES
BROTAN EN LOS CAMPOS, AL SUR
DE LAS TIERRAS CONTINENTALES.
ADIOS, ADIOS, HASTA SIEMPRE
MI INMORTAL COMANDANTE
EN LA TIERRA HAY FLORES ABRIENDOSE
EN EL PECHO LA FE TRIUNFANTE
EN EL TIEMPO UN CAMINO ABIERTO
Y EN EL HOMBRES SONRIENDO
EN INMENSO GESTO DE HERMANOS
EN LA BUSQUEDA DE UN MUNDO NUEVO
EN LA PATRIA PURIFICADA
PARA ALEGRIA DEL PUEBLO.
EL POETA
¿QUIEN ES EL POETA?
EL POETA ERA ANTES UN CANTOR DE SU PUEBLO
PERO EL CANTO FUE PROHIBIDO
Y AHORA EL POETA YA NO TIENE PATRIA
SE TORNO AMERICANO.
EL POETA LLEVA SU VERSO A CADA RINCON DE LA AME-
[RICA
EL POETA NO TIENE NOMBRE, NO TIENE LIBROS
EL POETA ES UN HOMBRE DE SU TIEMPO: ES EL POETA
[DEL PUEBLO.
FEDERACION UNIVERSITARIA LOCAL — COCHABAMBA-BOLIVIA

9. Considerações sobre o Congresso de Poetas

O Congresso contou com a presença de quase cinquenta poetas, além de novelistas bolivianos, críticos literários e poetas, escritores e jornalistas nacionais e estrangeiros. Na solenidade de abertura, o historiador, ensaísta, crítico literário e jornalista Eduardo Ocampo Moscoso, – autor de uma monumental *Historia del periodismo boliviano* e com quem partilhei bons momentos – indagando, em seu discurso, sobre o papel do poeta na sociedade, ressaltou que

> *O Poeta já não é o intérprete egoísta nas aras do sonho e da beleza. E por isso não pode se manter à margem dos acontecimentos do seu tempo. O Poeta tem que se encarnar no Homem para entesourar a plenitude do sentimento e do pensamento a serviço da vida.(...) O Poeta, como todos os homens dispostos à batalha, tem que ir, se acaso não o fez, em busca de uma tomada de consciência da realidade na qual vive o povo. Tem também que vislumbrar novas rotas para os propósitos da libertação nacional no material e no espiritual.*

E, referindo-se ao papel heroico de Che Guevara, afirma que

> *Há alguém que, sem haver sido poeta, nos ensinou há pouco tempo, como se morre em defesa das ideias que encarnam o anelo de paz e de felicidade dos preteridos e dos abandonados...*[91]

Houve muito interesse na discussão de temas e conclusões que revelaram e demonstraram a união dos poetas, em relação aos destinos das nações latino-americanas. Esse posicionamento foi explicitamente demonstrado na declaração final e unânime, condenando o imperialismo e as formas sobreviventes de colonialismo que afetava a Bolívia e todos os países subdesenvolvidos, explicitando *Que é dever dos poetas da Bolívia denunciar e combater toda a forma de penetração do imperialismo e solidarizar-se com a luta dos povos avassalados por ele.*[92]

---

91 *Cultura Boliviana*, n. 36, Suplemento n. 1, nov./dez. 1969, Universidad Técnica de Oruro.
92 Idem.

Foi dado destaque para a liberdade de criação e expressão e a plena identidade com a angústia dos povos que combatem pela justiça e pela dignidade humana. O Congresso foi um passo à frente no sentido de propor a integração dos escritores bolivianos num organismo continental, em que artistas e escritores se obriguem *a defender a independência e a cultura dos povos frente ao imperialismo e às oligarquias internas* (...), bem como *a instauração definitiva da paz, das normas morais e os princípios de não intervenção, autodeterminação e coexistência pacífica entre regimes políticos diferentes com base nas relações entre os Estados*.[93]

No último dia do Congresso, fui convidado para participar de uma antologia de poetas bolivianos, que iria incluir os quatro poetas estrangeiros convidados ao evento. A presença de um representante do governo golpista no interior do Congresso foi a única pincelada sombria, num quadro onde brilhava o luminoso lirismo da poesia declamando versos, onde os sonhos da liberdade anunciavam uma aurora de justiça e paz para os sofridos povos da América. O dia 26 de setembro amanheceu com a nação sobressaltada e essa surpresa tomou todos os membros do Congresso, cuja sessão plenária somente pôde ser aberta às 10h45 com a prévia determinação de um "observador" militar. Felizmente, era o penúltimo dia do Congresso e, por sorte, minha apresentação pública tinha sido na noite do dia anterior. A partir do novo governo, o capitão Menacho esteve presente em todas as atuações do evento. As comissões tinham que apresentar seus informes e "alguns documentos, como o da *Declaração dos poetas frente ao momento sociopolítico*, foram aprovados por unanimidade e outros rechaçados para sua revisão"[94]. Obviamente todas as informações para a imprensa passaram a ser censuradas.

93 Idem.
94 Idem.

VII
A REVOLTA INDÍGENA NA BOLÍVIA

1. Visita a comunidades indígenas. A história de Julián Apaza Nina

Terminara o Congresso de Poetas e com toda disponibilidade de tempo, aceitei o convite do pintor Atílio Carrasco para conhecer duas comunidades indígenas, nas vizinhanças de um povoado chamado Quillacollo, a uns quinze quilômetros de Cochabamba. Ele conhecia alguns chefes das comunidades quíchuas da vizinhança e um velho *curaca* (chefe), sobre cuja sabedoria comentara dias antes e que foi o primeiro a visitarmos pela manhã. Quando chegamos, por volta das 10 horas, ele estava sentado sobre um banco de troncos ao lado da porta de sua casa, num *ayllu* (comunidade), nas redondezas do povoado. Tinha perto de sessenta anos; cobria-se com uma leve manta com listas de cores fortes e usava um chapéu indicando sua condição de *curaca*. Sua expressão era respeitável e serena. Os olhos apertados e mansos como todo o tipo andino. Feições fortes, o grande nariz inclinado sobre a boca, os lábios grossos sempre prenunciando um sorriso e as maçãs do rosto eram salientes e firmes, como as pequenas colinas da região. Não sei se pela amizade que tinha com Atílio, fugia da idiossincrasia impenetrável que pude observar nos habitantes indígenas dos *ayllus*, quando em contato com os brancos. O velho patriarca, de sorriso aberto, irradiava paz e empatia ao acenar para os comuneiros que por ali passavam. Diante de minha curiosidade por uma imagem num pequeno altar no interior de sua casa, contou-me a história da Virgem de Urkupiña, segundo a qual uma bela mulher e um menino apareciam naquela região a uma jovem camponesa, com a qual brincavam. O fato foi constatado pelo pároco do local e pelos pais da menina e, então, a história virou milagre, devoção e festa. Construiu-se uma igreja no local das aparições, a Virgem passou a ser padroeira de Quillacollo e, desde então, a peregrinação, vinda de toda a Bolívia, fez do fato religioso um dos maiores eventos nacionais, associado às tradições, ao folclore e à festa que se fazia em sua homenagem, no mês de agosto, da qual ele e sua comunidade participavam vestidos com roupas típicas.

Falava de tudo com um profundo respeito e religiosidade. De Deus, da Pachamama, da comunidade, do sol, da chuva e das colheitas, com uma emotiva gratidão pela vida. Contou-nos que falava com as plantas, com o vento e que suas lhamas e ovelhas o entendiam. Falou-nos de um passado recente em que a terra não lhe pertencia, do trabalho árduo, e o cansaço que foi chegando com a velhice, da parte da produção que lhe obrigavam a entregar como imposto, embora sempre tenha perdoado os maus patrões que teve. Havia tanta espiritualidade em seu olhar, tanta transparência em suas palavras e isso era admirável num homem socialmente tão simples, um índio sem cultura, mas com uma profunda noção moral da vida, da verdade, do perdão, do real significado do cristianismo, enfim, uma religiosidade cujo templo era a Natureza e cujo culto era feito no sacrário do próprio coração. Seu nome era Tomás, e nunca o pude esquecer, dele e do seu nome, porque a sua imagem humana sempre me fez lembrar o personagem do livro *A cabana do Pai Tomás*, da escritora abolicionista americana Harriet Beecher Stowe, que eu lera na juventude. Tal como o sofrido e solidário escravo negro Tomás – personagem em torno do qual giram, na novela, as vítimas e os algozes da abominável escravidão nos Estados Unidos –, assim era a personalidade calma e bondosa do velho sábio quíchua, um ser humano de sentimentos puros, cheio de amor pelo Criador e às criaturas e sem nenhum ressentimento pelas humilhações sofridas no passado – segundo me contou Atílio – nas mãos dos *encomenderos*, num sistema agrário que marcara com desprezo a desumana servidão em que vivera desde a infância, antes que a reforma agrária devolvesse a terra aos seus verdadeiros donos.

Depois de tantas histórias e estórias e beber boa *chicha*[95], ele nos levou para mostrar sua agricultura na encosta de um monte, onde um milharal exibia suas espigas barbadas. Na subida, passamos no meio de um rebanho de ovelhas e lhamas, e descemos com a visão de pomares, plantações de coca e muita terra lavrada com batata, verduras e ervas medicinais. Ensinou-nos que as plantas devem ser colhidas conforme a lua, porque sua seiva caminha entre as folhas e as raízes. Que no crescente se colhem as plantas com folhas, porque a seiva está na superfície, e no minguante se colhem os tubérculos, como a beterraba e a cenoura, porque a seiva está na raiz. E assim também as plantas lunares, como a alface, que devem ser colhidas ao amanhecer e as solares, como a laranja, que devem ser colhidas durante o dia e, preferencialmente, sob o sol. Que toda poda deve ser feita no minguante e no inverno, quando a seiva dorme nas raízes. Disse que as plantas são seres sensíveis, que têm memória, conhecem as pessoas com quem convivem e reagem emocionalmente ao carinho e à agressão.[96] O velho índio parecia ter uma aliança mística com a natureza e conhecer os segredos materiais e espirituais das coisas, fazendo justiça à imagem respeitada dos *amautas*, considerados os homens mais sábios na corte do Império Inca. Depois falou-nos da terra repartida. Disse-nos que a reforma agrária feita pelo presidente Paz Estenssoro, em 1953, devolveu a ele e a todos os camponeses bolivianos não só a terra,

95 A chicha é uma bebida fermentada produzida pelos povos indígenas dos Andes, cuja fabricação remonta ao tempo dos incas. Consiste na mastigação do milho por mulheres jovens que o cuspiam em um caldeirão de água fervida. Depois de alguns dias de fermentação a mistura se transforma em chicha.

96 Quando da minha visita, achei que havia muita fantasia nas suas palavras, mas muitos anos depois me caiu nas mãos um livro curioso: *A vida secreta das plantas,* dos norte-americanos Peter Tompkins e Christofher Bird, editado no Brasil, em 1988, pelo Círculo do Livro. A obra, quando lançada nos Estados Unidos, ficou durante seis meses encabeçando a lista das mais vendidas. Em suas 377 páginas, os autores falam dos pioneiros e das modernas pesquisas sobre as plantas, enfatizando sua descrição sobre as experiências de Cleve Backster, um técnico do FBI e perito em polígrafos (um aparelho para detectar a mentira), que, por volta de 1967, conectando os eletrodos de sua máquina às folhas de uma dracena, foi surpreendido com as mudanças gráficas do aparelho, demonstrando reações semelhantes a de um ser humano. Os registros produzidos pela planta indicavam que ela possuía memória, pressentimentos e demonstrava emoções de prazer e de dor, de afeição e de medo, conforme as experiências produzidas. Ante a ideia de Backster de queimar a folha da planta, esta entrou em pânico, demonstrando ter advinhado seu pensamento. Os autores, depois de vasta pesquisa, revelam que as plantas têm vida inteligente, apresentando seu trabalho como uma constatação científica e não como uma visão mística e ocultista.

mas também o próprio respeito, antes esmagado pela oligarquia rural. Disse que o indígena sem sua terra não é ninguém, que a terra, a Pachamama, era a mãe bondosa que nunca deixava seus filhos com fome e que agora eles tinham dignidade, porque cada *ayllu*, cada família, tinha o seu pedaço de terra e eram livres, depois de quatrocentos anos.[97]

Na parte da tarde, fomos visitar outro *ayllu*. Era uma comunidade aymara, todos unidos pela consanguinidade. Foi então que ouvi, pela primeira vez, o nome e a história de Túpac Katari, o maior líder aymara na guerra contra os espanhóis, que nascera em 1750, no povoado de uma comarca do altiplano chamado Sicasica. A história foi-nos contada por um velho curaca da comunidade. Mascava coca e era tido como o *amauta* (sábio) da região.

– Túpac Katari foi o Túpac Amaru boliviano. – Começou ele e continuou contando que, ao nascer, ele foi chamado Julián Apaza Nina, mas em homenagem ao grande caudilho peruano Túpac Amaru e ao cacique de Chayanta, Tomás Katari, mudou seu nome para Túpac Katari.

Contou-nos o velho amauta que Julián Túpac Katari ficou órfão aos sete anos, sendo adotado como um serviçal por um padre espanhol. Posteriormente, trabalhou como padeiro e cresceu atento à exploração e às crueldades que passavam os povos aymaras e quíchuas nas mãos dos colonizadores. A cultura harmônica e solidária que herdara de seus antepassados chocava-se com a prática odiosa e rapinante com que os espanhóis tratavam seus irmãos indígenas, obrigando-os a entregar os frutos da terra como forma de tributo. Na ausência da produção ou do valor do imposto em dinheiro, eram obrigados a trabalhar num regime de semiescravidão nas minas ou nas fazendas, sob as ordens cruéis do *encomiendero*.[98] Testemunha itinerante de tantos atos desumanos nas

---

97 Diferente da reforma agrária que começava a ser implementada no Peru, onde as fazendas seriam transformadas em unidades de produção coletiva, na Bolívia a real reforma agrária feita por Paz Estenssoro, em 1953, devolveu aos indígenas, em forma de lotes individuais para cada família, as terras do *ayllu* – unidade familiar incaica – que lhes haviam sido usurpadas, desde a conquista pelos espanhóis e repassadas aos fazendeiros *criollos* pelo sistema de *encomiendas*.

98 Para se entender a economia, a sociedade e a exploração do trabalho indígena no sistema colonial espanhol, é indispensável saber que a exploração das minas de prata foi a principal atividade econômica no Vice-Reinado do Peru. A mão de obra indígena era empregada na *mita* e na *encomienda*, que eram formas diferenciadas de escravidão.

comunidades e fazendas por onde passava, presenciando, perplexo, as injustiças que sangravam o destino de seu povo, assassinado por autoridades, sacerdotes católicos e mestiços, aguardava o momento para atuar no extenso cenário das lutas sociais de sua pátria.

2. Tomás Katari: a odisseia de um índio

A grande revolta indígena, na região andina, começou em 1780, liderada pelo cacique Túpac Amaru II. Simultaneamente, na Bolívia, então chamada Alto Peru, Tomás Katari, um índio revoltado por ter o seu posto de cacique usurpado pelo mestiço Blas Bernal, na localidade de Chayanta, iniciou, em 1877, uma longa querela judicial, na qual foi sempre prejudicado e várias vezes aprisionado pelo corregedor Alós Flores, com o apoio venal dos tribunais da Real Audiência de Charcas, na época sede do governo espanhol na Bolívia. Em face dos desmandos e da corrupção tributária de Blas Bernal, Tomás Katari polariza o descontentamento social na região, onde além dos impostos escorchantes, predominava a cruel obrigação da *mita* mineira de Potosi, aonde chegavam as grandes levas de *mitayos* peruanos para o trabalho mortal nas minas de Cerro Rico. Tomás Katari inicia a revolta liderando os *ayllus* (clãs de indígenas andinos) guerreiros, em San Pedro de Macha, no departamento de Potosi, não para derrubar o governo colonial como queria Túpac Amaru, mas para denunciar o poder local exercido por caciques mestiços e o corregedor da província, pela conduta corrupta e fraudulenta, como usurpadores na cobrança dos impostos.[99] A fama

---

Abolida em 1791, a *mita*, instituída pelos incas, obrigava os homens (*mitayos*) das tribos dominadas a trabalhar em suas minas, e o sistema foi adotado pelos colonizadores, mas não somente para o trabalho nas minas. A *encomienda*, criada pelos espanhóis, era a exploração do trabalho de uma comunidade indígena por um colono, que em troca pagava um tributo, pela produção agrícola, à autoridade espanhola e se obrigava em troca a cristianizar os indígenas.

A sociedade colonial era estratificada pelo nascimento e pela cor. Os *chapetones*, nascidos na Espanha, detinham os mais altos cargos coloniais. Os *criollos* eram os descendentes espanhóis nascidos na América, brindados com as grandes extensões de terra, a exploração das minas e os grandes cargos militares e administrativos. Os *mestiços*, filhos do branco com o índio, eram livres, e exerciam atividades comuns. A imensa maioria da população era indígena, submetida aos trabalhos forçados.

99 O espaço limitado que disponho na organização desses relatos de viandante desmerece a gloriosa história da revolta indígena na região andina, no fim do século XVIII. Um texto maior seria imprescindível

e a coragem de Tomás surgiu em 1777, quando – revoltado com os excessos da administração local, o desrespeito à sua hierarquia indígena (*curaca*) e à autonomia das comunidades agrárias – viajou 600 léguas[100], ou seja, 3.600 quilômetros até Buenos Aires, a pé – porque aos índios era proibido andar a cavalo – para exigir respeito aos direitos indígenas por parte das novas autoridades do Vice-Reinado do Rio da Prata, cuja autonomia, em relação ao Vice-Reinado de Lima, fora decretada, no ano anterior, pelo rei da Espanha.

> *Se trata de una verdadera odisea para um indio sin recursos materiales, sin conocimiento del idioma, obligado a caminar a pie las 600 leguas que hay desde su pueblo, ubicado en la altiplanicie andina, hasta la capital del Vireinado. Llega a Buenos Aires a fines de 1778.*[101]

Tomás Katari voltou gratificado com o apoio às suas reivindicações, avalizadas e documentadas pelo vice-rei Juan José de Vértiz. Mas, ao chegar à Bolívia, foi detido sob o pretexto de perturbar a cobrança de impostos. Libertado meses depois, foi preso novamente em 1779, pelas denúncias e protesto contra o regime criminoso do trabalho indígena, embora, no caminho, tenha conseguido fugir, pela ação dos seus seguidores. Posteriormente, em face da ameaça que sua grande liderança representava para as autoridades coloniais, é aprisionado novamente em 1780 e mantido em incomunicabilidade. Diante dessa nova injustiça contra seu líder, explode a revolta entre os indígenas da região. A prisão é destroçada e Tomás Katari é libertado. Enquanto aguardava ordem de Túpac Amaru – com quem estava em contato por emissários diretos – para atacar La Paz, foi preso novamente e, de surpresa, por uma força mercenária comandada pelo mineiro Manuel Álvares Villarroel, tão explorado e tão andino como ele, sendo atirado

para trazer aos leitores brasileiros o quadro quase desconhecido desse heroísmo libertário contra o colonizador espanhol que aqui, no Brasil, só tem paralelo num único grande exemplo: o martírio solitário de Tiradentes.

100 Para se ter uma ideia da distância dessa viagem de ida e volta, imagine-se, no Brasil, uma pessoa fazer, a pé, um percurso equivalente de ida e volta de Porto Alegre, no extremo sul do país, a Recife, no Nordeste do Brasil.

101 Lewin, B. *La rebelión de Túpac Amaru*. Havana, Editorial de Ciencias Sociales, 1972, tomo I, p. 354. Trata-se de uma verdadeira odisseia para um índio sem recursos materiais, sem o conhecimento da língua, forçado a andar a pé as 600 léguas que existem entre sua aldeia, localizada no altiplano andino, e a capital do vice-reinado. Chega a Buenos Aires em 1778...

a um precipício em Chataquila, em 15 de janeiro de 1781.[102] O assassinato de Tomás Katari levou a uma sublevação violenta na região de Potosi. O assassino, Álvares, mero instrumento das autoridades coloniais, foi morto pelas mãos dos índios enfurecidos e o próprio vice-rei de Buenos Aires mandou investigar a cumplicidade das autoridades, no assassinato do caudilho.

Além das informações que me deu o velho curaca, pouco se sabia, até então, sobre a origem de Tomás Katari. Embora tenha vivido numa comunidade aymara, seu sobrenome Katari é de origem quíchua e significa réptil venenoso, assim como Túpac Amaru significa serpente do fogo. Os historiadores se ressentem de informações sobre sua idade, sua origem e afirmam que era analfabeto.[103]

Era um índio pobre, mas prestigiado por amigos influentes de toda a província, onde interpunha suas reivindicações em favor de seus direitos e das comunidades indígenas. Líder nato, a um gesto seu poderiam levantar-se imediatamente 20 a 30 mil índios.

> *En la información sumaria secreta mandada efectuar por Manuel de la Bodega el 12 de octubre de 1780, a fin de averiguar en qué medida los indígenas de su corregimiento estaban ligados con los de Chayanta, declaró el alcalde indio Manuel Ari que aquéllos se levantariam "al*

102 Essa era uma triste característica das lutas indígenas no período colonial no altiplano e no Chile: índios na condição de servos e escravos, por dinheiro, covardia ou traição, delatavam ou matavam outros índios, que lutam pela liberdade dos demais. Os grandes exemplos foram Lautaro, Túpac Amaru e Túpac Katari. Mas a história do Brasil registra também seus delatores. No passado, Domingos Fernandes Calabar se uniu aos holandeses na conquista do Arraial de Bom Jesus, bastião da resistência luso-brasileira em Pernambuco e Joaquim Silvério dos Reis entregou Tiradentes aos portugueses. É lamentável dizer que a legislação brasileira, a partir de 1990, resolveu premiar a delação através da lei 8.072, numa vergonhosa demonstração de que o Estado se mostra incapaz de investigar e punir os criminosos, incentivando o favor jurídico através da traição.

103 Existem ainda poucos estudos sobre a revolta índígena de Chayanta e Sicasica, além da clássica *La revolución índia* do historiador boliviano Fausto Reinaga (La Paz, 1969) e a Historia de la rebelión de *Túpac Katari – 1781-1782*, de Maria Eugenia del Valle de Siles (La Paz, 1990). O que existe é uma farta documentação à espera de pesquisadores e estudiosos, no Arquivo Nacional da Bolívia. Pelo que sabemos, alguns pesquisadores, ligados ao Departamento de História da Universidad Mayor de San Andrés, de La Paz, e entre esses Silvia Arce, Magdalena Cajías e Eugenia Muñoz, trabalham na investigação desses documentos. Em 1970, tive a oportunidade de ler, em La Paz, *La revolución índia* de Fausto Reinaga, cujas páginas abriram meu interesse pela história das rebeliões indígenas na região andina e particularmente pela figura de Túpac Amaru, o grande precursor da emancipação dos países americanos.

instante que se les prevenga por Tomás Katari". (...) "No deja de ser digno de atención el hecho de que el corregidor Alós considere que Katari está en condiciones de movilizar entre 20 y 30 mil indios".[104]

Por ter sido assassinado antes de explodir a rebelião no Alto Peru, frustrou-se, historicamente, sua capacidade de movimentação militar e seu talento como um chefe guerreiro.

Precursor e principal aliado de Túpac Amaru na grande revolta indígena do fim do século XVIII, sua grandeza estava no carisma de uma personalidade iluminada pelos ideais de justiça, um caráter inquebrantável, cristalino e puro e um espírito de luta social marcado por uma abnegação sem limites, pelos direitos dos índios pobres e desprezados. Como não falava o castelhano, por certo não pôde mostrar com palavras sua íntima imagem,

> *Pero fue, como hemos dicho, entre los suyos donde descolló y donde pudo mostrar sin intérpretes lo que valía; fueron también los indios quienes estaban en mejores condiciones que los españoles para apreciar sus aptitudes y virtudes. Y ellos, pobres y incultos, exteriorizaban su admiración por el caudillo a su manera, arrodillándose ante él y besándole la mano o el poncho que vestía, considerándolo redentor y casi una divindad.*[105]

---

104 Lewin, B. Op. cit., p. 382.
Na informação sumária secreta mandada efetuar por Manuel de la Bodega em 12 outubro de 1780, a fim de verificar em que medida os indígenas do seu município estavam ligados aos de Chayanta, declarou o prefeito índio Manuel Ari que aqueles se levantariam "no instante que sejam prevenidos por Tomás Katari". (...) "Não deixa de ser digno salientar o fato de que o corregedor Alós considere que Katari está em condições de mobilizar entre 20 e 30 mil índios".

105 Idem, p. 381.
Mas foi, como dissemos, entre os seus, onde se destacou e onde ele pôde mostrar, sem intérpretes, o seu valor; foram também os índios que estavam em melhores condições do que os espanhóis para apreciar as suas aptidões e virtudes. E eles, pobres e incultos, exteriorizavam sua admiração pelo caudilho à sua maneira, ajoelhando-se diante dele e beijando-lhe a mão ou o poncho que vestia, considerando-o um redentor e quase uma divindade.

3. Túpac Katari e o cerco de La Paz

Segundo os historiadores, o nome de Túpac Katari era desconhecido, quando surge como um destacado caudilho no cerco de La Paz, em março de 1781, época em que se calcula que tivesse trinta anos de idade. Até então a única figura guerreira que ameaçava a capital do Alto Peru era o próprio Túpac Amaru, cuja estrondosa vitória, em 17 de novembro do ano anterior, sobre as tropas espanholas em Sangarará, deixara o pânico nos documentos que na época circulavam entre as autoridades da Real Audiência de Charcas. A ausência de informações sobre a personalidade de Túpac Katari deve-se a que os documentos que a ele se referem foram escritos por seus inimigos e, portanto, são marcados pela parcialidade e pelo ódio. Muitas informações provêm do *Diario* de Sebastián Segulora, comandante de La Paz, durante o sítio da cidade. Contrariando as afirmações preconceituosas de Segurola – que o chamava de índio ordinário e de origem miserável – opinião que foi repetida pelos historiadores oficiais ao se referirem circunstancialmente à rebelião de 1780-1781, no Alto Peru –, e do frei Matias Borda, do qual teria sido sacristão e o desprezava chamando-o de índio ridículo, o historiador Boleslao Lewin, baseado em ampla documentação, nega que Túpac Katari fosse um órfão desvalido e que tenha exercido os ofícios de sacristão e padeiro, mas que era um comerciante de coca – entenda-se folhas de coca, as quais eram normalmente consumidas para abrandar a fome desde os tempos do incário – e de tecidos.[106]

Contrariando a opinião dos seus detratores espanhóis, Lewin cita – desconsiderando as ressentidas opiniões que procuravam denegrir odiosamente a imagem de Túpac Katari – *el origen del enorme ascendente de Túpac Katari sobre las masas indígenas, de cuyas vidas y haciendas disponía en forma ilimitada durante muchos meses, por más que hubo tentativa individuales de destituirlo de su cargo.*[107]

---

106 Lewin, B. Idem, tomo II, p. 527.
107 Idem, p. 529.

... a origem da enorme ascendência de Túpac Katari sobre as massas indígenas, de cujas vidas e fazendas dispunha de forma ilimitada durante muitos meses, por mais que houvessem tentativas individuais para destituí-lo de seu cargo.

A liderança e os objetivos estratégicos de Túpac Katari tiveram início quando ele organizou, com Bartolina Sisa, sua mulher, um exército de 40.000 índios que, no início de 1781, conquistou as províncias de Sicasica, Carangas Pacajes, Yungas Omasuyos e Chucuito. Em seguida, o caudilho aymara avança em direção a La Paz e, em 13 de março de 1781, inicia o primeiro sítio à atual capital da Bolívia, onde foram mortos 10.000 espanhóis, numa população que contava 23.000 habitantes entre brancos e mestiços. Cumpre aqui ressaltar que, a par do cerco de Cusco por Túpac Amaru, o sítio de La Paz, por Túpac Katari, está entre as ações militares mais destacadas na grande revolta indígena de 1780-1781.

Diante da fome que começou a matar os habitantes de La Paz, Túpac Katari propôs a entrega das armas e das autoridades para levantar o cerco. Diante do rechaço das exigências, o bloqueio continuou e era tal a coragem dos índios em seus ataques, que causavam assombro aos próprios inimigos. Mas a falta de armas de fogo, por parte do exército indígena, impedia um ataque frontal às forças espanholas. Foi neste período que vários mestiços foram presos e fingiram aderir ao comando de Túpac Katari. Um deles Mariano Murillo, depois de descoberto, teve os braços cortados, que foram enviados ao comandante Segurola, com uma carta de desafio aos espanhóis e de desprezo ao frade Matias Borda, coparticipante da traição.

Diante do impasse, Ignácio Flores, presidente da Real Audiência de Charcas, chega, em 1º de julho de 1781, com um exército para socorrer La Paz. O exército indígena se desloca estrategicamente para o alto da cidade, mas em 4 de agosto o exército de Flores se retira, deixando apenas 80 soldados veteranos e quatro companhias de milicianos. As tropas rebeldes iniciam o segundo cerco, de 64 dias, a La Paz, agora com o reforço de Andrés Túpac Amaru, sobrinho de Túpac Amaru, que depois de tomar Sorata, em 4 de agosto, inundando a cidade com a construção de um dique, tentou a mesma estratégia em La Paz, mas a obra rebentou antes do tempo, não causando o resultado esperado. Diante do agravamento da situação em La Paz, as autoridades de Lima e Buenos Aires enviaram seus exércitos para enfrentar as tropas indígenas.

4. A bravura de Bartolina Sisa. Túpac Katari é traído e executado

Enquanto isso, Bartolina Sisa, à frente de um pequeno exército de aymaras com armas primitivas, derrotara 400 espanhóis na Batalha de Chuquiago. Traída, foi aprisionada em 2 de julho de 1781 e entregue aos espanhóis. Indômita, diante das torturas, não se abateu até o momento da morte, aos 26 anos. Executada quase um ano depois do marido, em 5 de setembro de 1782, Bartolina Sisa, tal como Micaela Bastidas, esposa de Túpac Amaru, teve um grande papel como combatente na rebelião. Ambas secundaram seus maridos na condução das tropas indígenas, participando abertamente nos combates.

Diante da chegada dos dois exércitos fortemente armados, as tropas indígenas suspendem o cerco a La Paz, quando a cidade estava a um passo da rendição. Enquanto Andrés Túpac Amaru dirigiu seus índios para o Santuário de Peñas, Túpac Katari retira-se para os montes de Pampajasi, nos arredores da cidade, fustigando os espanhóis, mas em fins de outubro é fortemente atacado e se retira também para o Santuário de Peñas.

O exército indígena avançou até Charcas, onde foi derrotado pelas tropas realistas vindas de Buenos Aires. No início de novembro, Túpac Katari dirigiu-se a Achacachi, na costa do lago Titicaca, para refazer as tropas que lhe restavam. Os espanhóis recorreram então à traição para prender o grande caudilho aymara, entrando em contato com seu amigo, o índio Tomás Inca Lipe, que na noite de 10 de novembro revelou o paradeiro de Túpac Katari, num lugar chamado Chinchaya. *El traidor recibió en recompensa una medalla por su "lealtad" y el gobierno del pueblo de Achacachi, de donde fue oriundo y donde ejecutó la aleivosia.*[108]

Depois de interrogado e torturado por vários dias, Túpac Katari foi executado na capital do país, em 31 de novembro de 1781. Cortaram-lhe

---

108 Idem, p. 545.
O traidor recebeu como recompensa uma medalha por sua "lealdade" e a prefeitura do povoado de Achacachi, de onde era oriundo e onde executou sua deslealdade.

a língua depois de dizer *Solamente a mi me matam... Volveré y seré millones.*[109] Amarraram-no a quatro cavalos e o esquartejaram com machados e espadas. Sua cabeça ficou exposta na praça principal de La Paz, os braços e pernas foram expostos em outras cidades, durante 10 meses. Sua mulher e sua irmã Gregoria Apaza tiveram a mesma sorte meses depois. Seus restos foram queimados e as cinzas jogadas ao vento.

5. Um herói maldito

Personagem incomparável na história das lutas indígenas da Bolívia e embora sua auréola de herói e de mártir tenha sido belissimamente descrita na excelente obra *La revolución india* (1969) pelo escritor boliviano Fausto Reinaga, o seu nome só recentemente ganhou as merecidas honras do seu povo com a vitória do índio Evo Morales[110], o qual, segundo a ABIN, pretende colocar em 2014, através da China, a memória de Túpac Katari nos céus da Bolívia, através do lançamento de um satélite de comunicações com tecnologia chinesa, que levará seu nome.[111]

Em recente biografia sobre o presidente da Bolívia Evo Morales[112], seus pais dizem, com base em documentos, que para fugir do estigma e da morte, depois da fracassada revolta indígena, seus antepassados teriam mudado o sobrenome de Katari para Morales: *Luego de la ejecución de Túpac Katari, aparece este escrito: El oidor de Chile, Francisco Tadeo Diez de Medina, trás una tortura de una semana a Túpac Katari, concluye: ni al Rey, ni al Estado conviene, quede semilla*

---

109 Siles, M. E. del V. de. *Historia de la rebelión de Túpac Katari – 1781-1782.* La Paz, Editorial Don Bosco, 1990.

110 Há dois anos recebi de um médico boliviano o livro *Un tal Evo,* uma biografia de Evo Morales, escrita pelos premiados jornalistas bolivianos Roberto Navia Gabriel e Darwin Pinto Castán. A obra conta toda sua trajetória de lutas e prisões e é uma apologia à sua condição de indígena, assinalada pelo amauta Valentin Mejillones, como um predestinado pelos seus antepassados para governar a Bolívia, relacionando sua eleição e o povo indígena que o elegeu como o cumprimento profético das palavras de Túpac Katari, na hora da morte: *Voltarei e seremos milhões*.

111 Pinto, D.; Navia, R. *Un tal Evo*. Santa Cruz de la Sierra, Editorial El País, 2007.

112 Pinto, D.; Navia, R. Op. cit., p. 54.

o raza de este y de todo Túpac Amaru y Túpac Katari, por el mucho ruido e impresión que este maldito nombre ha hecho en los naturales... por eso se debe exterminar a todos los que lleven su nombre.[113]

A biografia de Evo Morales viaja num mar de interessantes suposições afirmando que: *Todos fueron muertos en la gran revuelta de 1781. Pero en 2006 Katari volvió y fue millones como lo había prometido...*[114]

Em sua posse, a 22 de janeiro de 2006, como presidente, Evo Morales, numa clara alusão à saga guerreira de Túpac Katari, disse: *A luta de nossos antepassados e avós não foi em vão, estamos aqui para dizer que chegamos ao poder.*[115]

---

113 Ibid., p. 239.
Depois da execução de Túpac Katari, surge este documento: O ouvidor do Chile, Francisco Tadeo Diez de Medina, depois de uma semana de tortura a Túpac Katari, conclui: nem ao rei, nem ao Estado convém que fique semente ou descendência deste e de todo Túpac Amaru e Túpac Katari, pelo muito barulho e impressão que este maldito nome causou ao povo... por isso deve-se exterminar a todos os que levem seu nome.

114 Ibid., p. 239.
Todos foram mortos na grande revolta de 1781. Mas, em 2006, Katari voltou e foi milhões como havia prometido...

115 Evo Morales foi eleito com 1.544.374 votos (54% do total) nas eleições de 2005. Dizem os autores da obra citada que numa cerimônia em 21 de janeiro de 2006, em Tihuanaco, Evo Morales, antes de tomar posse como presidente, recebeu do amauta aymara Valentin Mejillones o bastão do poder andino e o nomeou *Apu Mallku,* o líder supremo dos povos andinos. O último a receber essa distinção foi Túpac Amaru, há mais de 200 anos.
Com base em muitas outras passagens e insinuações do livro, faltou muito pouco para os autores afirmarem que Túpac Katari voltou, renascendo como Evo Morales. Hipótese que segundo as doutrinas reencarnacionistas, seria perfeitamente viável. Reencarnação ou admiração pela imagem de um herói, o fato é que, nos últimos anos, o nome de Túpac Katari vem emergindo da história nacional como um novo símbolo libertário do país, rivalizando com a consagrada figura de Bolívar. Em 1990, depois de uma profunda pesquisa documental e a interpretação antropológica e etno-social das fontes, a historiadora boliviana María Eugenia del Valle de Siles publicou, até então, o mais importante livro sobre o grande caudilho aymara. A obra traz fatos novos sobre a revolta indígena no Alto Peru – assim se chamava a Bolívia antes da independência – e um perfil muito mais religioso de Túpac Katari, unindo a inteligência militar a um carisma com características messiânicas. A convicção de sua predestinação está expressa na carta que escreveu em 29 de abril de 1781 ao comandante sitiado Sebastián Segurola, durante o longo cerco que fez a La Paz: (...) *sou um enviado de Deus e ninguém tem o poder de fazer alguma coisa contra mim, porque sinto que tudo o que digo é a palavra do Espírito Santo...* (Ballivian y Roxas. *Doc. Relativos a La Historia de Bolivia.* Citado por María Eugenia del Valle de Siles, em sua Op. cit.).

VIII
ADEUS BOLÍVIA, EU VOLTAREI...

1. As "heroínas de la Coronilla"

Um dia, tomei um coletivo e fui visitar a colina San Sebastián que ficava dentro da cidade, perto da estação de trem. Fui para fazer algo que, durante minha viagem, nem sempre tinha tempo ou condições financeiras de fazer: conhecer pontos e lugares turísticos. Mas aquele morro estava ali perto, todos os dias ao alcance do meu olhar e do meu bolso e eu queria ter, do alto, uma visão geográfica de Cochabamba, – a *Khocha Pampa*, que no idioma quíchua significa planície cheia de charcos – um vale situado no coração da Bolívia, rodeado ao longe por grandes montanhas e que disputava com Santa Cruz o segundo lugar entre as cidades do país. Eu conhecia a cidade humana, misturando-me com paixão e alegria ao povo nas ruas, nos recintos universitários, nos mercados populares onde, diariamente, fazia as minhas refeições baratas e nas feiras onde os indígenas – herdeiros da antiga miscigenação entre aymaras e quíchuas – vendiam os frutos da terra, o seu artesanato de palha, lã e de barro. Eu frequentava um lugar, chamado *La Cancha*, que era uma parte do Grande Mercado de Cochabamba onde havia bares, restaurantes e *chicherias* e um grande pátio onde as *cholas* quíchuas expunham suas grandes quantidades de objetos de barros, destacando-se as panelas. Ali, na região do vale, as *cholas* vestiam chales de lã de vicunha ou de alpaca e usavam muitas saias. Na cabeça um tipo de chapéu branco, de cano alto e arredondado, de aspecto tipicamente espanhol, diferente do chapéu coco usado pelas mulheres aymaras, no altiplano. Algumas traziam, junto às costas, suas *guaguas*[116] acomodadas em largas mantas amarradas junto ao peito.

Diferente do cansaço que sentia caminhando pelas fortes ladeiras de La Paz, Cochabamba era uma cidade plana, era a chamada "Cidade Jardim", com muitas e belas praças e sua arquitetura central marcada pelo estilo mourisco das antigas construções espanholas. Era, na época, o maior centro universitário do país e dizia-se que muitos magnatas de La Paz tinham as casas de férias nos arredores da cidade. Era comum deparar-me, na parte central, com algum conjunto musical onde *quena*, *charango*, *zampoña* e *tambor* retinham meus passos em alguma praça para ouvir um *carnavalito*, um *taquirari* ou um *huayno*, nas vozes cuja magia musical me inundavam com o encanto melancólico da melodia e do seu ritmo. Desde que cheguei a Cochabamba, uma aura misteriosa de temporalidade, história e liberdade contagiavam minh'alma, mesclada com aquela impressão contemporânea de cultura e solidariedade. Subi aquela colina porque queria ampliar a imagem daquela cidade que tanto amei, onde dei os primeiros passos da minha missão poética pela América e à qual nunca pude voltar. Mas lá em cima deparei com um monumento que mudaria o foco dos meus interesses de turista. Encontrei um pedestal, dedicado às "heroínas de la Coronilla", sustentando duas esculturas sobrepostas no mesmo monumento. No alto, ergue-se a estátua de uma mulher idosa, com a mão esquerda junto ao peito e a mão direita estendida num gesto de proteção a outras mulheres, em cenas de combate sobre um segundo plano, mais abaixo. A meio metro do solo, na parte frontal do monumento, esculpida numa placa de mármore branco, lia-se a legenda: *Dios y patria – He aqui el alma de la mujer cochabambina. El secreto de su heroismo y sus virtudes. Maio 27 de 1812.*

Contam alguns historiadores bolivianos que na Guerra da Independência, tropas realistas sob o comando de José Manuel Goyeneche – general espanhol que recuperou o domínio do Alto Peru e se notabilizou pela vitória na célebre *Batalha de Desaguadero* – encaminhavam-se para Cochabamba em busca de um dos chefes dos guerrilheiros da

116 *Guagua* é uma corruptela do termo quíchua *wawa*, cujo significado é bebê.

independência, Esteban Arce, que reorganizava suas forças, na clandestinidade, depois da derrota de Pocona.

A cidade, invadida em 27 de maio de 1812, teve fazendas, casas e o comércio danificados e destruídos na presença de velhos, mulheres e crianças que caminhavam em desespero e gritando pelas ruas. A angústia em Cochabamba era indescritível, quando o resto de suas forças foi aniquilada e dispersada pelas tropas espanholas. Já parecia inútil qualquer resistência frente à cidade desguarnecida, quando se escutou a voz das mulheres cochabambinas: *Se não existem homens para defender a Pátria, aqui estaremos nós*.

Eram as vendedoras do mercado popular que, junto com outras mulheres lideradas pela anciã Manuela Guandarillas e a esposa de Esteban Arce, Manuela Rodriguéz, organizaram a resistência, sob o lema *Nosso lar é sagrado*, e saíram em procissão, levando a imagem de Nossa Senhora das Mercês, rumo à colina da San Sebastián. O tirano espanhol, ante a ausência de homens na cidade, esperava um pedido de clemência da população que, para sua surpresa, representada pelas mulheres e lideradas por Manuela Guandarillas, idosa e cega, entrincheirara-se no alto do morro e oferecera-lhe a mais heroica e encarniçada batalha. Armada com facões, porretes, alguns fuzis e três canhões, resistiu heroicamente, enquanto o cerco se fechava em torno da colina, até que as combatentes foram abatidas impiedosamente. Os registros históricos do massacre de San Sebastián contam que em defesa da pátria e da liberdade, tombaram mais de 200 vítimas. A estátua que vi no alto do monumento – criada pelo escultor italiano Prieto Piraino, e inaugurado em 27 de maio de 1926 – era de Manuela Guandarillas, a mestiça que acaudilhou um movimento de resistência que não tem comparação na história. Com poucas armas, um batalhão de mulheres, no dia 27 de maio de 1812, depois de percorrer ruas e praças, ocupou a coroa da colina. A matança levada a cabo pelos realistas foi cruenta. Os soldados de Goyeneche, no dia seguinte, fuzilaram, no paredão, o prefeito da cidade e todos os suspeitos de colaborarem com os guerrilheiros da Independência. Cochabamba viveu, naqueles fatos, os três dias de maior horror de sua história.

2. Novos recitais. Novo poema. Três feridas abertas. A Bolívia depois do Che

Quando terminou o Congresso, começaram a surgir muitos convites para a leitura dos meus poemas. Havia uma intensa movimentação estudantil na cidade, pela proximidade de um grande festival universitário de música e poesia, que atraía estudantes de todo o país e para o qual fui convidado. Organizado pela Federación Universitaria Local (FUL) na Universidad Mayor de San Simón (UMSS), o festival trouxe a Cochabamba os melhores conjuntos musicais do país e dezenas de jovens poetas. Minha participação, no dia 4 de outubro, foi marcada por grande solidariedade, pela minha condição de refugiado político e pela lamentável ausência de uma edição panfletária dos meus poemas, que pudessem atender ao interesse pelos meus versos. No final do evento, me outorgaram um diploma *En mérito a su participación en el Festival de la Canción y Poesía de Protesta,* e uma medalha de prata pelo segundo lugar. A expectaviva criada pela minha participação no Festival, levou os dirigentes da FUL a organizarem um recital de minha poesia com entrada paga, onde eu pudesse dar a conhecer outros poemas e ao mesmo tempo me ajudar financeiramente. Eu havia estado com vários músicos dos conjuntos participantes do Festival e havia feito parcerias em violão com eles. Acharam que eu devia, além da leitura dos poemas, dedilhar o violão no recital e assim foi feito. No dia 9 de outubro, dei um Recital de Poesia e Violão, no Palácio da Cultura, da UMSS. O convite constava, na primeira parte, da leitura de oito poemas, na segunda, de temas variados de violão. Promovido pelo Departamento de Cultura daquela universidade e pela FUL, o evento vinha assinado pelo prestígio de Eduardo Ocampo Moscoso e Alfredo Maldonado Rossetti. Já comentei, em páginas anteriores, do grande intelectual que foi Eduardo Ocampo Moscoso. Quanto a Alfredo Maldonado Rossetti, era estudante de medicina, um dos líderes estudantis da época e de quem recebi um grande apoio na realização do recital. O teatro lotou e ouve quem se sentasse no chão, ocupando as escadas laterais e central, mas não creio que ali estivessem mais de 600 pessoas. Minha condição de poeta não poderia ter recebido um presente mais caloroso e mais solidário, e meu alforje de caminhante abrigava agora uma pequena fortuna.

Ressoavam ainda em meu espírito as considerações de Oscar Soria e Atílio Carrasco sobre a missão que eu deveria abraçar, seguindo pela América para cantar um tempo que se abria numa aurora de lutas e esperanças, um tempo semeado de ideais e marcado pela crença de uma nova sociedade em que a opressão e as injustiças, herdadas de quinhentos anos de colonialismo e novas formas imperialistas de domínio, deveriam ser combatidas pelos inumeráveis militantes que a causa revolucionária recrutava em tantas pátrias. Gratificado pelo conselho de ambos e envolvido agora pelo sonho de uma poesia itinerante e combativa, as primeiras luzes da inspiração, que se derramariam em tantos poemas escritos pelos caminhos da América, começaram a iluminar meu espírito ali mesmo em Cochabamba, onde escrevi, no início de outubro, meu segundo poema em espanhol: *El sueño del sembrador.* Seus versos exprimem uma convocação para a luta e um apelo aos poetas para o engajamento. É também um longo poema, e aqui registro apenas os últimos versos:

(...)Oh! eu sei..., eu sei...,
é tão pouco...
é quase nada o que pode a poesia no mundo dos homens,
mas é ela que fermenta o sonho
que contém a chave do coração e o segredo da beleza.
Grande e humilde
a poesia é tão misteriosa como uma semente...
e a semente é um sonho alucinante
porque promete a flor,
o fruto, a sombra
e a floresta deslumbrante.[117]

Apesar de uma agenda tão apertada, eu reservava, sempre que possível, algumas horas do dia para me inteirar da história da Bolívia, na biblioteca da Universidade Mayor de San Simon. Compreendi que três grandes acontecimentos marcavam a história do país. O primeiro deles era uma ferida já antiga, mas jamais cicatrizada: a perda da saída para o mar, – esse espinho ainda vivo e lancinante cravado, há cento e cinquenta anos, na carne da nação – e os demais eram fatos que integravam

117 Andrade, M. de. Opus cit., p. 77.

a conjuntura contemporânea na história da Bolívia: a Guerra do Chaco de 1932 a 1935, entre a Bolívia e o Paraguai e a Revolução de 9 de abril de 1952. A Guerra do Chaco remonta às intenções da Bolívia que, já sem o litoral do Pacífico, tentava uma saída para o Atlântico, através do rio Paraguai. Com a descoberta do petróleo na região boreal do Chaco, os interesses internacionais atiçaram o conflito entre as duas nações. Após três anos de luta e apesar da sua superioridade militar, a Bolívia perdeu a guerra, o território em conflito e 60 mil homens. Já o movimento operário de 1952, que gestou um grande processo revolucionário na Bolívia e a segunda reforma agrária do continente depois do México, daria o poder ao maior homem público da Bolívia, Victor Paz Estenssoro, que promulgou naquele ano o voto universal, levou a educação para o campo e nacionalizou as minas, tirando das mãos dos Patiños, Hochschilds e Aramayos a exploração do estanho. No ano seguinte, fez uma verdadeira reforma agrária que mudaria radicalmente a paisagem social do país. Paz Estenssoro que, ironicamente, foi trazido do exílio por René Barrientos, para assumir o poder em 1952, levou-o, alguns anos depois, à vice-presidência em seu terceiro mandato em 1964, e três meses depois foi traído pelo próprio Barrientos e seu comandante das Forças Armadas, Alfredo Ovando Candia. Derrubado pelo golpe de Estado, amado e odiado por muitos, teve que fugir às pressas do país para só voltar em 1985, para seu último mandato presidencial. A tomada do poder por René Barrientos frustou os ideais revolucionários de 1952, que embora tenha introduzido notáveis mudanças na propriedade agrária e na sociedade boliviana, não conseguiu extirpar totalmente as profundas heranças do latifúndio feudal. O período contrarrevolucionário que se seguiu ao golpe de 4 de novembro de 1964 viu o país retomado pelo imperialismo norte-americano e pela voracidade da antiga oligarquia em recuperar terras e privilégios. Foi dentro deste quadro de imensa frustração revolucionária da classe operária, grupos sociais, partidos políticos, organizações populares e de esquerda, que amadureceu uma nova consciência de guerra revolucionária, a qual levou Ernesto Che Guevara a implantar o processo guerrilheiro na Bolívia, acreditando que todo aquele descontentamento iria recrutar os quadros combativos de Ñancahuazú. O governo Barrientos polarizou o apoio da oligarquia nacional, das forças políticas mais reacionárias e culminou com o apoio dado à CIA para assassinar Che Guevara, em 1967.

Os desdobramentos de todos esses fatos davam as cores sombrias no quadro do desenvolvimento histórico-social do país. Foi esta a situação histórica que encontrei, quando cheguei à Bolívia em 1969. A nação trazia a alma manchada pelo sangue dos mineiros, assassinados em 24 de junho de 1967, no célebre "Massacre de San Juan"; pelo sangue de tantos guerrilheiros covardemente atocaiados, em outubro, na Quebrada de Yuro e a fria execução do Che, uma semana depois, na aldeia de La Higuera. Em abril de 1969, um "acidente" aéreo matou Barrientos. Em julho, Inti Peredo retomava a luta guerrilheira e em setembro cai assassinado, em La Paz. E agora, no mês de outubro, eu era a testemunha pessoal dos fatos. Um golpe de Estado, um Congresso de Poetas monitorado pelos militares, um poeta preso e eu ameaçado de expulsão do país. Mas não era só isso. O mundo inteiro voltava os olhos para a Bolívia. Na França, a voz e a caneta de Jean-Paul Sartre lideravam um movimento mundial pela liberdade do jovem filósofo e jornalista francês Régis Debray, preso com o pintor argentino Ciro Bustos, em 1967, quando deixavam Ñancahuazú. Debray cumpria, na época, uma pena de trinta anos, na cidade boliviana de Camiri.

3. Detido e intimado a sair do país

Eu estava com passagem marcada para ir à cidade de Oruro, onde pretendia fazer uma reportagem sobre os mineiros de estanho e publicar no Peru, conforme entendimentos feitos no Congresso de Poetas com jornalistas peruanos. Recebera convite para recitais em Potosi, Sucre e Santa Cruz. No entanto, a partir de 8 de outubro, meu poema ao Che, editado em grandes cartazes ilustrados em Cochabamba, pela FUL (Federación Universitaria Local) começara a ser vendido pelo preço de um jornal por toda a Bolívia e distribuído através das demais federações estudantis, objetivando comemorar o segundo ano de sua morte. Fiquei sabendo que os agentes da D.I.C. (Dirección de Investigación Criminal), estavam atrás de um poeta estrangeiro cognominado "El Poeta". Diante disso, saí do hotel, fui para a casa de amigos e passei a entrar sempre mais na clandestinidade. Jornalistas passaram a me procurar em

Cochabamba e no dia 13 de outubro fui detido na Universidad de San Simon, perante muitas testemunhas. Levado para o D.I.C., dei de cara com o mesmo delegado, que me recebeu torcendo a boca e perguntando se eu era "El Poeta". Eu neguei. Houve, em seguida, interferência da Reitoria da Universidade, solicitando a minha liberdade. Houve outras interferências de intelectuais a meu favor. Fiquei detido cinco horas. Todos os indícios e fatos conspiravam pela minha autoria do poema. Ao final, deram-me 72 horas para sair do país. A decisão era irrecorrível já que se argumentava que, na condição de estrangeiro, esses atos eram intoleráveis, uma vez que eu já fora alertado sobre o caráter subversivo dos meus poemas. Que eu deveria sair no prazo dado e depois disso seria preso e investigado. Despedi-me rapidamente de Atílio Carrasco e de outros amigos cochabambinos e viajei a La Paz.

4. Volta a La Paz. Cartas do Chile. Rapto de Elbrick. Adeus aos amigos

Quando cheguei à capital, algumas cartas me esperavam na posta restante do Correio Central que era, normalmente, meu endereço postal pelos países por onde passei. Duas delas vinham de Santiago, remetidas por José Macedo de Alencar, o Arimateia. A primeira contava que, por iniciativa de alguns exilados, fora feita uma singela edição mimeografada e em português, de oito poemas meus, que foram distribuídos entre os brasileiros com o nome de *Poemas e canções*. A segunda carta, datada de 21 de setembro de 1969, lamentava a morte de Inti Peredo, dizendo que:

> *Realmente os últimos dias, para nós, foram horas de amargura e tristeza. Digo horas porque as notícias sobre a morte de Inti Peredo não podem e não devem infundir pânico de dias. O espírito revolucionário não deve conhecer tristezas longas, pois a morte de um combatente não deve ser motivo para alquebrar nosso ânimo. Mais um companheiro*

morto na larga lista dos que já caíram e dos que ainda estão para cair. Como também o triste desaparecimento do grande líder[118] *desse grande povo, que é o vietnamita, nos causou dor e amargura.*

A carta festejava o sucesso do rapto de Elbrick, pela ALN e o MR-8, no Rio de Janeiro, em 04 de setembro:

> *No meio desses acontecimentos trágicos, a alegria: o grande golpe assestado pelo grupo que raptou o embaixador ianque no Brasil.*[119] *Aqui, todos nós vibramos. Comentou-se muito o fato e desses comentários saíram piadas gostosas de acordo com a tradicional irreverência brasileira. Depois, a mais profunda das preocupações com o "decreto da pena de morte". Quanta injustiça está ainda por ser praticada em nosso desgraçado país.*

---

118 Referência ao revolucionário e estadista vietnamita Ho Chi Minh, morto em Hanói, em 02 de setembro de 1969, quando era presidente do Vietnã do Norte. Em 30 de abril de 1975, as tropas vietcongues entraram em Saigon e um tanque nortevietnamita invadiu o palácio presidencial do regime sul-vietnamita, apoiado pelos norte-americanos, dando fim aos dez anos de guerra. Algum tempo depois, Saigon, antiga capital do Vietnã do Sul, passou a chamar-se Ho Chi Minh.

119 Em outubro de 2009, foi lançado em São Paulo, pela Plena Editorial e o Núcleo de Preservação da Memória Política, o livro *Virgílio Gomes da Silva* – de retirante à guerrilheiro, de Edileusa Pimenta e Edson Teixeira. A obra conta a trajetória de um homem que deixa o sertão do Rio Grande do Norte e vem para São Paulo, politiza-se na luta sindical, entra para o Partido Comunista e depois para a Aliança Libertadora Nacional (ALN), comandada por Carlos Marighella e, com o codinome de "Jonas", comandou militarmente, no Rio de Janeiro, em 04 de setembro de 1969, o rapto do embaixador americano Charles Burke Elbrick, trocado por quinze presos políticos. Aprisionado uma semana depois em São Paulo, e resistindo ao interrogatório, sem entregar os quadros da organização, Virgílio foi cruelmente torturado até a morte na Oban (Operação Bandeirantes), pela equipe do capitão Benone de Arruda Albernaz.

Esse livro vem esclarecer uma série de fatos relacionados com aquela ação política, que foi colocada com parcialidade no livro *O que é isso, companheiro?* de Fernando Gabeira e, igualmente retratada no filme do mesmo nome, de Bruno Barreto, que além de contrariar certos fatos da verdade histórica, mostra a imagem revolucionária de Virgílio totalmente desfigurada, na obsessão pelo poder e pela crueldade. Diz-se que Jonas foi assassinado duas vezes: pela tortura, na Oban e, desmoralizado no filme. A obra resgata apenas sua memória política, colocando-o no lugar em que sua coragem e seu martírio exigem na história de nossas lutas.

Cumpre aqui acrescentar que, conforme foi documentado pelos historiadores, em nenhum momento Virgílio se intimidou e mesmo morrendo, cuspia na cara dos torturadores. Acredita-se que seja o caso mais cruel de tortura de um preso político durante a ditadura. A repressão mascarou e escondeu sua morte, dando-o como desaparecido (o primeiro desaparecido da ditadura) e somente em 2004, pela pesquisa datiloscópica é que se pôde comprovar a tutela do Estado quando de sua morte. Na página 75 do livro está escrito o seguinte: "Um delegado do Dops, doutor Orlando Rozande, contou, chorando, para o doutor Décio, o seguinte: "– A cena que eu assisti, nunca assisti em canto nenhum, em todos esses anos de delegado: os olhos do Virgílio tinham saltado como dois ovos de galinha, o pênis dele estava no joelho, de tanto pisarem em cima dele. Eu nunca vi uma coisa tão bárbara como aquela".

A carta falava também do "caso Raimundo", um problema rumoroso, e até então insolúvel, que movimentou, sigilosamente, a opinião dos exilados em Santiago. Referindo-se às dúvidas que pairaram sobre minha procedência política[120] – dúvidas levantadas pelo goiano João Batista Zacariotti, tesoureiro da organização de ajuda aos exilados, – Arimateia informou:

> *Uma boa notícia para você: aqui chegou seu ex-colega de Faculdade, Luís Filipe. Como se esperava, o citado companheiro, por sinal gente muito boa, deu ótimas referências a seu respeito, para quem se interessou pedi-las.*[121]

Entre tantos assuntos ligados aos companheiros de exílio, comenta uma importante reunião que houve, dia 07 de setembro, na casa de Paulo de Tarso Santos, o ex-ministro da educação de Jango Goulart. Ao terminar e ignorando ainda as mudanças que se deram nos objetivos políticos que eu trazia de Santiago, a carta termina incentivando a minha decisão de entrar na guerrilha e confessando:

> *Lamento profundamente não possuir condições necessárias para uma empresa dessas.*

Depois da leitura das cartas vindas do Chile e do Brasil, procurei meus amigos de La Paz para noticiar os acontecimentos que se passaram na delegacia da D.I.C., em Cochabamba, e apresentar minhas lamentáveis despedidas. Tive ainda bons momentos com Oscar Soria, Jorge Sanjinés, Eliodoro Aillón e Leo Redin. Eu deixava a Bolívia

---

120 Havia, por parte de muitos exilados em Santiago, críticas em relação à intransigência e até ao despotismo com que, segundo alguns, o "Zaca" dirigia a "Caixinha". Ao escrever a memória dos fatos, quarenta anos depois, quero dizer que as dúvidas quanto à minha pessoa foram legitimamente levantadas pelo goiano João Batista Zacariotti, como tesoureiro da organização. Muito jovem, eu chegara a Santiago como um desconhecido, sem um ilustre currículo de homem público no Brasil, sem nenhuma referência de organização revolucionária como militante. Eu era apenas um poeta ainda quase que totalmente desconhecido. Quando alguns exilados pleitearam uma ajuda para mim, era justo que o "Zaca", pelos seus critérios de segurança e militância política, tivesse suas dúvidas quanto ao meu passado no Brasil.

121 Fui calouro de Luis Filipe Ribeiro na Faculdade de Direito da Universidade Federal do Paraná, na década de 1960. Luis Filipe se notabilizou nos meios acadêmicos como aluno brilhante e pela sólida formação ideológica de esquerda. Sua notoriedade surgiu pela força da sua oratória, nos júris simulados que organizávamos na Faculdade de Direito.

contrariado, frustrado e com um grande pesar. Um torvelinho incessante de ricos acontecimentos envolvera minha vida naquele mês e meio. Chegara disposto a entregar minha vida por um sonho que me levaria para a guerrilha, nas montanhas, mas mudara os rumos desse sonho e reencontrara, na expressão comprometida da poesia, uma trincheira já aberta nas cidades, nas minas de estanho e no coração daqueles que ousavam sonhar com um mundo novo. Depois de Cuba, a Bolívia era então o coração revolucionário da América. Desde a Revolução de 1952, a luta sem tréguas dos mineiros e a presença de Che Guevara, em 1967, fizeram da Bolívia a maior referência contra a oligarquia agrária e o imperialismo. Agora que tantas tribunas se abriam no país para os meus versos, era obrigado a partir. Na bagagem do coração, levava o tesouro fraterno de grandes amizades e tantas promessas deixadas para trás. Era triste pensar que, no incerto caminho entreaberto nos meus passos, por certo não voltaria a abraçar pessoas tão queridas e a merecer oportunidades semelhantes. O que me esperava além da próxima fronteira? Não tinha nenhum plano para o Peru e lá não conhecia ninguém, além do poeta cusquenho Luis Nieto com quem me relacionara nos dias em que transcorrera o Congresso. Duplamente desterrado em minha cidadania latino-americana, era preciso assumir o meu destino: um bardo errante e solitário pelos caminhos da América? Mas isso era muito romântico, diante de tantas bandeiras desfraldadas. Minha participação no Congresso, as palavras de Atílio e de Oscar e o reconhecimento político da minha poesia me obrigavam a rever esse engajamento. Era imprescindível redefinir o compromisso com a história do meu tempo. Identificar-me com a condição de latino-americano e fazer da minha poesia uma aguerrida trincheira de luta. E os fatos recentes pareciam confirmar essa opção. O poema ao Che me fizera deixar o Brasil em 14 de março e agora, sete meses depois, obrigava-me também a sair da Bolívia. Era gratificante sentir que meus versos começavam a cumprir sua missão. Dava adeus à Bolívia, mas uma íntima certeza prenunciava a minha volta.

5. A travessia do lago Titicaca

Eu havia programado uma visita a Tiwanaku, a cultura mais antiga e a mais importante da região no período pré-colombiano, e assim, diante do inesperado, ficara sem conhecer a Porta do Sol e o Monolítico Ponce. O micro-ônibus que tomei em La Paz passou ao largo, pela planície, distante das célebres ruínas, cujas solitárias edificações remontam a 1.500 anos a.C. No meio da tarde, embarquei num vapor inglês de passageiros, no porto lacustre de Guaqui, viajando na segunda classe, com destino à cidade de Puno, no Peru.

O barco deixou o porto, singrando sob um céu limpo e azul, refletido no espelho verde das águas do chamado lago Pequeno. As montanhas desenhavam-se ao longe e à direita a paisagem aquática era formada de pequenas "ilhas" flutuantes, feitas com feixes de totora, um junco que cresce no lago, cujos brotos eram comidos por alguns bois nas margens. Era intrigante vê-los com água até o peito, pois me disseram que a temperatura do lago é tão baixa que em poucos minutos pode paralisar, pela câimbra, os movimentos do melhor nadador. Era curioso ver aquelas pequenas comunidades de três a cinco famílias vivendo sobre as pequenas ilhas, em casas de junco em forma de cones, seus habitantes trajando roupas de lã vivamente coloridas, e as crianças respondendo aos acenos dos passageiros. Via-se os barcos feitos com feixes de totora, aportados nas tantas ilhas e alguns navegando com suas velas de caniço içadas num mastro de madeira. Depois, navegamos pela passagem do estreito de Tiquina rumo à parte imensa do chamado lago Grande. A praia boliviana de Copacabana ficava por trás das costas da longa península e assim não pude vê-la. Mais adiante, a ilha do Sol, ainda em águas bolivianas e a lembrança da história do primeiro inca: Manco Cápac. Com um mapa na mão e alguns dados turísticos da geografia do Titicaca, acompanhava o cair da tarde sentado numa parte da proa, recordando a lenda andina, segundo a qual a civilização inca nascera naquelas águas. Intuídos pelo "deus Sol", Manco Cápac, sua irmã e esposa Mama Ocllo saíram em busca de um lugar ideal para seus filhos e encontraram na ilha do Sol o berço do povo inca, que dominou a região do século XIII até a chegada dos espanhóis no século XVI. Remanescentes do grande Império do Sol, restaram, no abrangente perímetro do lago, várias comunidades dos povos *uros* que vivem da pesca e da agricultura cultivada nas margens. Os uros falam uma mescla de *quíchua*, língua falada pelos incas, e do *aymara*, idioma dos povos que dominaram remotamente toda a imensa região do altiplano em torno do Titicaca, até o estabelecimento do incário, em toda a parte austral do império com o nome de *Collasuyo*. Seu centro era a meseta do Titicaca, estendendo-se ao sul de Cusco até as margens do rio Maule, no Chile, e das costas do Pacífico até as planícies de Santiago del Estero, ao norte da Argentina.

O barco deixou para trás a ilha do Sol e avançou por aquele grande mar salgado de 175 km de comprimento e 50 km de largura com suas 41 ilhas, bordando um cenário único e fascinante. A 3.811 metros acima do nível do mar, e com uma profundidade de até 280 metros, é o lago comercialmente navegável mais alto do mundo.

A travessia do Titicaca! Como esquecer aqueles momentos! Uma imensa paz flutuava sobre as águas, cujo espelho era marcado pelas ilhas próximas e distantes. A transparência das águas, o ar cortado pelas aves entrecruzando seus destinos, o céu do altiplano de um azul imaculado e a neve resplandecente do *Illimani*, águia dourada, dominando a cordilheira Real. São lembranças ainda vivas, entre outras cujas cores enfraqueceram ou se apagaram depois de tantos anos. O historiador inglês Arnold Toynbee quando passou por lá, em 1956, escreveu num artigo para o jornal londrino *The Observer* que *o lago Titicaca é uma visão dos deuses*. Navegar a 4.000 metros de altura e ter a sensação de um verdadeiro mar onde as margens desaparecem! Eu, que sempre quis ser um marinheiro, tinha ali, caminhando pela amurada, a singela ilusão de um oceano e de muitos portos onde ancoraria meu destino. Trinta e cinco anos depois eu recordaria, em versos escritos em 2004, aquela viagem de encanto, num poema justamente chamado *Travessia*:

> *(...) Navegar, não naveguei...*
> *as águas do Titicaca, foram minha gota de oceano no alto da Cordilheira.*[122]

122 Andrade, M. de. *Cantares*. São Paulo, Escrituras, 2007, p. 34.

A noite chegou e fiquei somente com a visão da lua, das estrelas e de algumas luzes chegando de longínquas comunidades flutuantes. Depois do jantar, voltei a sentar-me na proa, saboreando os mágicos momentos daquela aventura em “alto-mar”. Quando acordei pela manhã, fui logo para o convés para conferir meu mapa, mas a grande ilha Taquile já ficara para trás. Há muito que o barco entrara pela imensa baía, na parte mais ocidental do Titicaca, e o porto de Puno já estava à vista.

IX
PERU

1. O Vale Sagrado dos Incas. Luis Nieto. Ruínas de Sacsayhuamán. Garcilaso de la Vega

Em 18 de outubro de 1969, cheguei à cidade peruana de Puno, meio perdido, em relação à minha atividade como poeta. Tinha que começar tudo de novo. Como cheguei cedo, dei uma volta pelo centro da cidade e saí antes do meio-dia para Cusco. A viagem de trem foi meu primeiro contato com a região, onde há 700 anos florescera o coração geográfico do Império Inca. Eu trazia uma grande curiosidade sobre a territorialidade dessa cultura e agora, pelas janelas do trem, saboreava as paisagens onde, por certo, transitara aquele povo no passado. Vales lindos, culturas escalonadas nas encostas das montanhas, herança do sistema da agricultura incaica. Povoações indígenas, pequenas cidades como Juliaca, as águas do Vilcanota, – rio de aluvião que corre entre altas montanhas rumo ao Vale Sagrado dos Incas – os habitantes do vale com suas mantas pretas ou vermelhas, seus gorros indicando se são solteiros ou casados, e os chapéus femininos em forma de grandes discos negros, com símbolos desenhados sobre a superfície.

Não chegava totalmente órfão ao Peru. Mariscal Gamarra nº 8-G, em Cusco. Esse o endereço que me passara o poeta Luis Nieto nas saudosas despedidas do Congresso, há três semanas, em Cochabamba. Depois de viajar toda aquela tarde, cheguei à noite e hospedei-me num hotelzinho, nos arredores da praça de Armas. Na manhã seguinte, saí em busca da residência do poeta Luis Nieto.[123] Surpreso com a minha aparição em sua porta, – já que lhe previra chegar a Cusco em meados de novembro – abraçamo-nos com alegria e passamos todo aquele dia juntos. Depois do almoço, ele me levou a conhecer um pouco do patrimônio histórico de Cusco e as magníficas ruínas de Sacsayhuamán. Contou-me que, durante duas gerações, 200 a 300 mil homens nela trabalharam. Falou-me dos *Comentarios* de Garcilaso de la Vega, descrevendo a grandeza de Sacsayhuamán. É que ali qualquer visitante se deslumbra. Algo portentoso, com pedras de até 230 toneladas que até hoje não se sabe como puderam ser movidas pelos incas e, entre tantas surpresas, um curioso calendário solar, construído em dois círculos de pedras. O exterior marca os doze meses e o interior os sete dias da semana.

Contou-me Luis Nieto que ali, no alto da cidade, naquele complexo arqueológico em ruínas, houvera uma importante área sagrada do Império Inca e um grande templo. O que se via era o que restava das edificações, cujas pedras foram retiradas pelos espanhóis para construir a catedral e outras construções coloniais na cidade de Cusco. O que ficara constituía ainda uma fantástica alvenaria, com suas paredes poligonais, blocos talhados e unidos com tal precisão que sequer a mais fina lâmina de uma faca se introduz entre eles. De volta à sua casa, folheei, pela primeira vez, os *Comentarios reales de los incas,* escrito por Inca Garcilaso de la Vega [124], escritor peruano de origem indígena, que nasceu em Cusco

123 Luis Nieto, carinhosamente chamado em Cusco por "Cholo" Nieto, nasceu em Sicuani em 1910 e fez parte da geração dos poetas peruanos dos anos 40, com uma poesia marcadamente indigenista e voltada para a justiça social. Na época em que passei por Cusco, ele integrava um grupo de boêmios intelectuais dedicados à beleza musical do charango. É autor do poema *Biografia de mi charango* que integra seu livro *Charango: romancero cholo*. Publicou também *Los poemas perversos, Puños en alto, Mariátegui, La canción herida* e *Itinerario de una canción*. Luis Nieto já era considerado um dos grandes poetas peruanos e seu nome consta de várias histórias da literatura hispano-americana.

124 Filho do capitão espanhol Sebastián Garcilaso de la Vega e da princesa cusquenha Chimpu Ocllo, neta de Túpac Yupanqui, antepenúltimo imperador inca, e batizado como Goméz Suárez de Figueroa (Cusco, 1539 – Córdoba, Espanha, 1616), o menino foi criado pela mãe e sua primeira língua foi *o runa simi*, a língua geral dos incas. Aos dez anos, seu pai casa-se com uma *criolla* e sua mãe com um outro soldado espanhol. Com a morte do pai, parte para a Espanha, onde chega em 1561 e em 1596, depois de muitas variações em seu nome, e sem nunca explicar a razão da mudança, passa a chamar-se com o nome mestiço de Inca Garcilaso de la Vega, por certo numa homenagem ao pai e à origem inca da mãe. Considerado o pai das letras americanas e chamado o Príncipe dos escritores do Novo Mundo, sua principal obra, *Comentarios reales de los incas*, cuja primeira parte foi publicada em 1609 e a segunda em 1617, é um repositório inestimável de suas lembranças de infância e juventude sobre a cultura inca, ainda atual e atuante naquelas primeiras décadas da conquista, e testemunhadas visualmente pelo autor, quando Cusco ainda era a capital do Incário.

e ali viveu durante os primeiros anos da conquista. Nos dias seguintes, "devorei" a obra. Em sua primeira parte toda dedicada à fundação e auge do Império Inca, descreve, no capítulo XXI, com riqueza de detalhes como era, em toda a sua grandeza, a então chamada Fortaleza de Sacsayhuamán, localizada no alto de um monte, a dois quilômetros ao norte de Cusco, cuja construção teria levado cinquenta anos e fora edificada, naquele ponto estratégico, com objetivos militares contra os inimigos do império.

> *La fortaleza edificaron en un cerro alto, que está al septentrión de al ciudad, llamado Sacsa huaman, de cuya faldas empieza la población del Cozco,(...) La obra mayor y más soberbia que mandaron hacer para mostrar su poder y majestad, fue la fortaleza del Cozco, cuyas grandezas son increíbles a quien no las ha visto, y al que las ha visto y mirado con atención le hacen imaginar, y aun creer, que son hechas por vía de encantamiento, y que las hicieron demonios y no hombres; porque la multitud de las piedras, tantas y tan grandes, como las que hay puestas en las tres cercas (que más son peñas que piedra), causa admiración imaginar cómo las pudieron cortar de las canteras de donde se sacaron, porque los indios no tuvieron hierro ni acero para las cortar ni labrar; pues pensar cómo las trajeron al edificio, es dar en otra dificultad no menor, porque no tuvieron bueyes, ni supieron hacer carros, ni hay carros que las puedan sufrir, ni bueyes que basten a tirarlas; llevábanlas arrastrando a fuerza de brazos, con gruesas maromas; ni los caminos por do las llevaban eran llanos, sino sierras muy ásperas con grandes cuestas, por do las subían y bajaban a pura fuerza de hombres.*[125]

---

125 Vega, G. de la. *Comentarios reales de los incas.* Colección Autores Peruanos, Lima, Editorial Universo, 1967, p. 93.
A fortaleza foi construída sobre uma colina elevada, que está ao norte da cidade, chamada Sacsahuamán, em cujo sopé começa a povoação de Cusco, (...) O trabalho maior e mais magnífico que eles mandaram fazer, para mostrar seu poder e majestade, foi a fortaleza de Cusco, cujas grandezas são incríveis aos que ainda não viram, e aos que viram e olharam com atenção imaginam que foram feitas por encantamento, e que foram feitas por demônios e não por homens, porque a quantidade de pedras, tantas e tão grandes, como as colocadas nas três cercas (que mais parecem penhascos que pedras), causa admiração imaginar como puderam cortar das pedreiras das quais foram retiradas, porque os índios não tinham ferro ou aço para cortá-las nem lavrá-las, e pensar como as trouxeram ao edifício, era outra dificuldade ainda maior, porque eles não tinham bois, nem sabiam fazer carros, e nem há carros que possam suportá-las, nem bois que possam puxá-las; levavam arrastando-as com a força dos braços, com grossas cordas, e nem os caminhos por onde as levavam eram planos, mas serras muito ásperas com grandes encostas, pelas quais subiam e desciam com a pura força dos homens.

A obra de Garcilaso é fundamental para entender a memória histórica e mítica do passado andino. Fenômeno cultural comum a todas as civilizações pré-hispânicas, as crenças e os ritos incas baseiam-se nos grandes mitos que fundamentaram sua cultura, como a existência mágica de *Manco Cápac y Mama Occllo* saindo do lago Titicaca e *Los hermanos Áyar* saindo da cova de Pacaritambo. As páginas dos *Comentarios* abrem-se também para glorificar as últimas bandeiras libertárias do império, descrevendo as batalhas heroicas e as derradeiras trincheiras dos incas de Vilcabamba.

O escritor peruano Christian Fernández afirma que [126]

> *En realidad, cuando el Inca escribe los* Comentarios reales *hace más que servir de comento y glosa a los cronistas españoles, como la crítica lo há creído. Garcilaso no escribió una serie de humildes comentarios y explicaciones, sino una historia completa y detallada del Tawantinsuyo. La historia de Garcilaso es una narración cronológica desde la fundación del imperio por Manco Cápac hasta el último inca, Túpac Amaru, con la biografia de cada uno de estos incas, sus batallas y conquistas. Asimismo narra la historia de los hechos de la conquista y las luchas entre españoles e indios y las guerras civiles entre los primeros. Los relatos intercalados, las descripciones de la flora y la fauna, de las frutas propias del Perú y de las nuevas frutas llegadas al Perú y de su hibridización y aclimatación en nuevas tierras no solo tienen propósitos específicos dentro del discurso narrativo sino que cumplen funciones que van más allá de una sola y simple descripción.*[127]

O que se observa na literatura hispano-americana do descobrimento e da conquista são textos de historiadores e cronistas exaltando

126 Fernández, C. *Inca Garcilaso: imaginación, memoria e identidad*. Lima, Fondo Editorial, 2004, p. 53.

127 *Na realidade, quando o Inca escreve os* Comentários reais *faz mais do que servir de comentário e glosa aos cronistas espanhóis, como a crítica tem acreditado. Garcilaso não escreveu uma série de humildes comentários e explicações, mas uma história completa e detalhada do Tawantinsuyo. A história de Garcilaso é uma narrativa cronológica desde a fundação do império por Manco Cápac até o último inca, Túpac Amaru, com a biografia de cada um destes incas, suas batalhas e conquistas. Também conta a história dos acontecimentos da conquista e a luta entre espanhóis e índios e as guerras civis entre os primeiros. Os relatos intercalados, as descrições da flora e da fauna, das frutas próprias do Peru e das novas frutas trazidas ao Peru e de sua hibridização e aclimatação em novas terras não tem apenas propósitos específicos dentro do discurso narrativo, mas cumprem funções que vão muito além de uma só e simples descrição.*

a coragem dos conquistadores e descrevendo os feitos heroicos dos soldados peninsulares, ante a idolatria e o barbarismo dos habitantes do Novo Mundo. Nesse contexto, são raríssimos os casos de escritores espanhóis reconhecendo alguma grandeza nos vencidos. As mais belas e honrosas exceções são o dominicano Bartolomé de las Casas, Alonso de Ercilla e o mestiço Garcilaso de la Vega. Las Casas, denunciou, já em 1552, em sua *Brevísima relación de la destrucción de las Indias*, as atrocidades cometidas pelos conquistadores contra os índios das Antilhas, e o sucesso da obra, no século XVII foi uma das fontes de nascimento da "lenda negra" que mostrou para a Europa o rastro de sangue que o Império Espanhol foi deixando nas suas colônias. Já me referi, anteriormente, à grande poesia épica de Alonso de Ercilla, cantando n'*A Araucana*, a resistência e a saga heroica dos araucanos. Quanto a Garcilaso, demonstra claramente a sua opção e a dignidade com que assumiu, literariamente, a condição de índio, consagrando seus *Comentarios* a história extraordinária do *Tawantinsuyo*.

> *José de la Riva Agüero se ha referido al Inca como el "Padre de la historia". Nosotros diremos, sin ir tan lejos, que Garcilaso fue un gran escritor y que puso en sus obras toda su pasión, confesando implícitamente su conflicto jamás resuelto.* Los Comentarios reales de los incas *y la* Historia general del Perú *son el documento vivo de una gran pasión americana, como los ha definido José Durand, con la mirada vuelta hacia el futuro. Miguel Ángel Asturias, admirador del Inca, vio en la Florida, pero sobretodo en los Comentarios, el precedente más importante de la literatura de protesta, y una habilidad narrativa que volverá a dar frutos más tarde, en la novela contemporánea.*[128]

Para mim, que deixei o Brasil pelo caráter engajado dos meus versos, era estimulante saber de precedente tão ilustre na literatura de

---

128 Bellini, G. *Nueva historia de la literatura hispanoamericana*. Madrid, Editorial Castalia, S.A., 1997, p. 96.
José de la Riva Agüero tem-se referido ao Inca como o "Pai da História". Nós diremos, sem ir tão longe, que Garcilaso foi um grande escritor e que colocou em suas obras toda a sua paixão, confessando implicitamente seu conflito nunca resolvido. Os Comentarios reales de los incas *e a* Historia general del Perú *são os documentos vivos de uma grande paixão americana, como os definiu José Durand, olhando para o futuro. Miguel Angel Asturias, um admirador do Inca, viu na* Florida, *mas sobretudo nos* Comentarios, *o precedente mais importante da literatura de protesto, e uma habilidade narrativa que voltará a dar frutos mais tarde no romance contemporâneo.*

protesto, apontado justamente por Miguel Ángel Asturias que em 1965 recebera o Prêmio Lenin da Paz e, em 1967, o Nobel de Literatura. Os espanhóis já haviam percebido, quase dois séculos depois de sua publicação, o conteúdo subversivo dos *Comentarios reales*, e quando da revolta de Túpac Amaru II, em 1780, a obra de Garcilaso foi proibida pelo Conselho das Índias, como perigoso aos interesses do Vice-Reino do Peru, ao exaltar a grandeza dos incas.

2. Na memória de Cusco

A cidade de Cusco ficou na memória dos meus anos. Milenar e sagrada, reservada e cosmopolita, a cidade engastada qual uma concha geológica num rico vale entre montanhas de mais de três mil metros, foi a capital de um reino que durou trezentos anos, e cujas obras foram construídas para a eternidade. Pachacútec, Túpac Yupanqui e Waina Cápac marcam a glória de um século em que o império se estendeu da Colômbia até as fronteiras meridionais com o Chile e a Argentina, abarcando parte da selva amazônica, numa extensão maior do que o Império Romano. Cusco era a capital desse colosso territorial, o ventre da pátria peruana e o berço da sua infância nacional. Era a cidade viril, máscula, monumental. Quando Lima nasceu, parida pela estratégia, a ambição e a vaidade espanholas, representava a imagem da cidade feminina, moldada pelos caprichos e a sensualidade dos conquistadores. Cusco, encravada nas alturas, simbolizava a resistência, o palco espartano das grandes batalhas, a imagem rebelde de dois comandantes: Túpac Amaru I e Túpac Amaru II, ambos ali martirizados, em 1572 e 1781, respectivamente.

> *Aquí unificó pueblos y enseñó técnicas Manco Cápac, personaje escapado de la leyenda que puso los cimientos del más grande imperio de la América india. En Cusco nació y vivió "el más grande hombre que há producido la raza aborigen americana" a decir de Markham, refiriéndose al "transformador del mundo" a Pachacútec. En esta cuidad se aposentaron los Pizarro y los Almagro y varios de ellos dejaron*

sus huesos. Aquí también sucumbió el incanato con el asesinato "legal" de Túpac Amaru en 1572 bajo la mirada del duro virrey Toledo. Aquí nació la idea y la lucha independentista peruana con Manco Inca que levantó al Perú contra los españoles en 1536, y con José Gabriel Túpac Amaru en 1780. En Cusco se gestó la idea y se organizó la expedición que descubrió Chile, jefaturada por Almagro "el viejo", (...); en Cusco se organizó la expedición de Pedro de Valdivia para colonizar Chile; en esta ciudad se organizó la expedición que partió hacia Quito y luego el País de la Canela, descubriendo el Amazonas; (...) La ciudad aclamó a Simón Bolívar después de la batalla de Ayacucho.[129]

Parecia inacreditável estar finalmente em Cusco, a cidade atemporal e histórica, lendária e real, fundada por Manco Cápac há mil anos, capital de um império teocrático, cuja misteriosa origem pairava em cada vestígio do tempo, no espírito da cultura, sobrevivendo nos monumentos portentosos, nas imensas pedras lavradas, adornando os grandes portais, pátios e arcadas. Depois chegaram os "deuses" da Espanha, violentando seus santuários e abrindo seu relicário de artes sagradas, construindo a catedral majestosa com seus dois campanários, dominando toda a praça e adornada internamente com a simbologia da fé cristã. As demais igrejas, os altares dourados, o esplendor dos vitrais da igreja da Companhia, o convento de Santo Domingo, construído e reconstruído, depois do terremoto de 1950, sobre as ruínas de Corikancha, o Templo do Sol. Eu agora estava ali, no "umbigo" do mundo, refletindo a glória do período de Pachacútec, seu filho Túpac Yupanki e a extensão do imenso império, depois da grande vitória de Yahuarpampa sobre os chancas e a anexação do Reino Chimú. Um lustro de esplendor, domínio e conciliação de tantas tribos. Cusco era a capital

129 Vargas, V. A. *Historia del Cusco incaico*. Cusco, Edição do autor, 1988, t. I, p. 19-20. *Aqui unificou os povos e ensinou ofícios Manco* Ccápac, *personagem lendário que colocou os fundamentos do maior império indígena da América. Em Cusco, nasceu e viveu "o maior homem que produziu a raça aborígene americana", no dizer de Markham, referindo-se ao "transformador do mundo", a Pachacútec. Nesta cidade se hospedaram Pizarro e Almagro e onde muitos deles deixaram seus ossos. Aqui também sucumbiu o incanato com o assassinato "legal" de Túpac Amaru em 1572. sob o olhar duro do Vice-Rei Toledo. Aqui nasceu a ideia e a luta pela independência peruana com Manco Inca que levantou o Peru contra os espanhóis em 1536, e com José Gabriel Túpac Amaru, em 1780. Em Cusco, nasceu a ideia e foi organizada a expedição chefiada por Almagro "o velho", que descobriu o Chile; em Cusco foi organizada a expedição de Pedro de Valdivia para colonizar o Chile; nesta cidade, foi organizada a expedição que partiu a Quito e depois à Terra da Canela, descobrindo o Amazonas; (...) A cidade aclamou Simón Bolívar depois da Batalha de Ayacucho.*

sagrada de um mundo construído ao longo de cinco mil quilômetros de montanhas e tudo ali, para mim, era magia, um poder sagrado encravado na paisagem imóvel e eloquente da cidade, pronunciada pelo tempo como a mais antiga da América e espiritualmente envolvida por uma secreta religiosidade vinda não da religião dogmática dos conquistadores, mas do passado panteísta do *Tawatinsuyo*, onde o céu e a terra são representados na cosmovisão inca da Pachamama, a Mãe Terra, e onde a política e a religião, o templo e o palácio, o Sol e o inca se identificavam no mesmo sentimento, na mesma fé e na mesma submissão. Para o habitante do império, a religiosidade era vivenciada, diária e incondicionalmente, na sua ética e na sua conduta social, muito mais voltadas para o sentido agrário e material da vida, do que para qualquer forma de transcendência. Mariátegui[130]. , que penetrou, com precocidade histórica e, também, com genial precocidade intelectual, no âmago cultural do problema indígena peruano, afirma, ao analisar o *Fator religioso* que:

> *O povo incaico ignorou toda a separação entre a religião e a política, toda diferença entre Estado e Igreja. Todas as suas instituições, como todas as suas crenças, coincidiam estritamente com sua economia de povo agrícola e com seu espírito de povo sedentário. A teocracia apoiava-se sobre o comum e o empírico; não na virtude taumatúrgica de um profeta nem de seu verbo. A religião era o Estado.*[131]

3. Machu Picchu. "Acreditará alguém no que encontrei?"

Dia 29 de outubro, saí de viagem para Machu Picchu. O trem correu a manhã inteira pelo Vale Sagrado, zigue-zagueando, sempre subindo,

---

130 José Carlos Mariátegui (Moquegua, 1894 – Lima, 1930), apesar de ter vivido apenas 35 anos, foi, por certo, o mais brilhante pensador peruano e o mais lúcido intérprete do marxismo latino-americano. Autodidata, jornalista, ensaísta e poeta, celebrizou-se através dos seus *Sete ensaios de interpretação da realidade peruana*, livro pelo qual tornou-se uma referência intelectual e política em todo o continente e onde analisa com clareza e originalidade o problema da terra e do indígena peruano e latino-americano.

131 Mariátegui, J. C. *Siete ensayos de interpretación de la realidad peruana*. 11 ed. Lima, Amauta, 1967, p. 146.

passando por regiões agrícolas, pomares, mostrando os frutos negros do capuli, vales povoados de lhamas, salgueiros debruçados sobre os cursos de água, altas encostas rochosas, o estreito caminho beirando os precipícios, assustadoras gargantas, corredeiras. Depois..., a descida para o vale do Vilcanota e a exuberante vegetação que já anuncia a flora amazônica. No decorrer da viagem, viam-se caminhos e trilhas abandonadas, onde corriam, séculos atrás, os *chasquis*, os mensageiros do correio inca que atravessavam todo o império, do sul da Colômbia até o norte da Argentina. A dois terços do caminho passamos pelas ruínas da Fortaleza de Ollantaytambo e chegamos a Águas Calientes, onde todos descem para almoçar e comprar lanches e onde desembarcam quase todos os indígenas. A poucos quilômetros adiante, por volta de treze horas, o trem chegou em Machu Picchu, com uns trinta turistas. Tudo era muito precário. Pagava-se uma pequena taxa e subia-se uma longa e empinada escadaria até o plano das ruínas, onde um jovem recebia o boleto num pequeno portão de entrada, dizendo que a visita se encerrava às dezessete horas. Não havia guia para explicar a disposição dos monumentos, mas eu trazia de Cusco alguns postais legendados e um folheto explicativo. Os passageiros de Cusco, e alguns mochileiros que haviam embarcado em Ollantaytambo, espalharam-se pelas ruínas da entrada. Juntei-me a três mochileiros argentinos e um deles já conhecia o local. Era emocionante dar os primeiros passos em Machu Picchu, "o grande pico" e começamos perambulando pelas ruínas da entrada, seguimos para a íngreme subida do Wayna Picchu numa cansativa caminhada de uma hora, por uma difícil trilha de pedras. A recompensa estava lá, nas alturas: uma visão deslumbrante de toda a paisagem montanhosa e dentro dela a visão lá embaixo, distante e completa, das ruínas da Cidade Sagrada, sobre o dorso planificado da montanha. Hoje, na distância de quatro décadas e com outras visões do mundo, posso dizer que foi o que de mais deslumbrante entrou pelos meus olhos. O historiador Arnold Toynbee, que no início de 1956 passou pela região em sua viagem em torno do mundo, conta, em seu livro *De leste a oeste*, do seu espanto ao chegar a Machu Picchu. Sobre "o pequeno pico", diz ele:

> *Wayna Picchu! Ele se ergue para o céu como a agulha da torre de uma catedral gigantesca. E a cidade pousada entre os dois picos equipara-se em grandeza ao seu ambiente natural, embora o supere em*

mistério. Jamais atingida pelos conquistadores espanhóis do Império Inca, ela foi posta a nu por um explorador norte-americano, Hiram Bingham. Este irrompeu através da selva que protegia a cidade e trouxe-a para a luz como uma bela adormecida.[132]

Depois descemos o Wayna Picchu e entramos por um desvio pelo qual se chega ao pequeno Templo da Lua. Lá pelas quatro e meia da tarde muitos já saíam para pegar o trem. Mas eu decidi me ocultar para passar a noite dormindo nas ruínas.

Guardo muitas lembranças que me encheram os olhos nas paisagens dos caminhos: cânions gigantescos, precipícios profundos, altas passagens no centro-sul dos Andes, densas florestas, verdes vales cultivados, as travessias do Atacama e do Chaco paraguaio, baías deslumbrantes, rios imensos, lagos escondidos na intimidade das montanhas e a visão inesquecível do Titicaca. Mas Machu Picchu era magicamente diferente. Tudo ali era solene e sagrado. Circundada pelo rio Vilcanota, cujas águas ligeiras correm em torno dos picos de Machu Picchu e Huayna Picchu e cercado de altas montanhas, a cidade é única em majestade, isolamento e beleza. *Acreditará alguém no que encontrei*, foi com essa frase que o antropólogo Hiram Bingham registrou seu espanto, no livro *A cidade perdida dos incas*, ao descobrir as ruínas de Machu Picchu, em 24 de julho de 1911.

4. Minha noite solitária em Machu Picchu

No fim da tarde, quando o trem já havia partido, apareceram outros mochileiros, descendo apressados do Wayna Picchu e me disseram que iam acampar lá embaixo e perguntando se eu não iria descer, porque era proibido ficar à noite entre as ruínas. Depois disso, eu me encaminhei para a parte alta da entrada, onde ficava o local das moradias. Abri minha mochila, escrevi no meu diário e quando a penumbra invadiu o ambiente, estendi meu saco de dormir no canto de uma peça,

132 Toynbee, A. J. *De leste a oeste*. Trad. de Aydano Arruda. São Paulo, Ibrasa, 1959, p. 28.

para ali passar a noite. Era primavera e estava fresco, quase frio a 2.400 metros de altitude. E ali estive muito tempo, envolvido pelo entardecer e debruçado sobre a parte baixa das paredes do meu "aposento", olhando o perfil das montanhas, a silhueta vertical do Wayna Picchu. Sentia que algo faltava no meu íntimo e o que faltava era a ansiada experiência da noite que me propus passar na solidão das ruínas. E ali fiquei, esperando que a lua aparecesse. Guimarães Rosa escreveu que: *esperar é reconhecer-se incompleto*. E era assim que minha expectativa fazia-me sentir: incompleto perante a expectativa daquela experiência noturna em Machu Picchu e incompleto até hoje, porque o conhecimento quanto maior, mostra-nos que muito maior se torna a consciência do que ignoramos. As primeiras estrelas que surgiam e toda aquela paisagem noturna passava a ser só minha e parecia existir somente pela minha consciência sobre ela. Lembro-me de que havia uma passagem no romance *A náusea*, de Jean-Paul Sartre em que o personagem – Antoine Roquetin – estava sentado diante de um amplo vale e achava que tudo aquilo somente existia pela sua consciência e que se aparecesse outra pessoa tomando consciência do ambiente, a paisagem já não era só sua. Bem, era assim que eu me sentia, porque sabia que estava absolutamente sozinho naquele lugar fantástico. A lua surgiu, iluminando a vaga escuridão e uma onda de mistério começou a rondar minha mente.

Imaginava como teria sido a vida dos habitantes que ali viveram nos dias do *Tawatinsuyo*. A sua anímica religiosidade povoada de deuses, os rituais sagrados, as cerimônias no Templo do Sol e da Lua. Ali tudo se pronunciava em silêncio: as ruas, as praças, as escadarias, o caminho que levava ao Wayna Picchu. Ali tudo era uma "saudade de pedra", embora não fosse o cais a que se referiu Fernando Pessoa em sua *Ode marítima*. A memória histórica de tantos fatos era conduzida por minha excessiva imaginação e algo estranho me acontecia aquela noite. Era como se minhas evocações mentais abrissem uma sintonia com outro plano de pensamento.

Eu era, naquela época, um incrédulo, com uma visão materialista do mundo e a vaga noção de transcendência vinha dos diálogos de Platão, de *Fédon*, sobretudo; do conceito socrático de imortalidade e do mundo das ideias de Platão. E me perguntava se a minha consciência era a única presença mental naquele espaço. Ou haveria um ambiente paralelo, um outro plano, ou seja, se por trás da realidade objetiva e da nossa limitada visualidade, haveria o que alguns filósofos chamaram de um mundo fantasma de percepções, ou de energias distintas, como estabeleceu a ciência nas muitas faixas de ondas no espectro eletromagnético[133]!? Haveria uma Machu Picchu invisível, uma Cidade Sagrada paralela, nas ruínas de um plano astral, com presenças espirituais ao meu lado? Quem sabe as almas dos que ali viveram no passado ou talvez o espírito protetor e "ciumento" do imperador Pachacútec[134]– que, em 1452, colocara a primeira pedra e convocara o arquiteto Apomayta para construir Machu Picchu, fundada com o nome mítico de Huiñaymarca (Cidade Eterna) e que depois, estrategicamente, passou a denominar-se Vitcos, para iludir a ganância dos espanhóis na sua busca do El Dourado. Onde estariam as almas das duzentas sacerdotisas, as virgens que cultuavam o sol, trazidas às pressas de Ajjllahuasi, a residência das vestais, em Cusco, antes que lá chegassem os sanguinários e depravados espanhóis?

Quem sabe a Cidade Numinosa ainda existisse, alimentada pela possível imortalidade dos seus "mortos", reconstruída incessantemente pela paisagem mental dos seus arquitetos, sacerdotes, vestais, *amautas* e *haravicus* (poetas)! Medo do invisível? Não, nenhum... Enquanto escrevia meu diário, uma ideia se impunha em minha mente, como a dizer que eu era bem-vindo e esperado ali e que eu fora mentalmente

---

133 A ciência mostrou que a realidade perceptível ao olho humano é vista somente pela estreita"janelinha" das ondas de luz que compõem parte do espectro eletromagnético, e que somos cegos a uma vasta faixa de radiação que se estende das altas frequências dos raios cósmicos, cujo comprimento de onda é de apenas um trilionésimo de centímetro, até as ondas de rádio, infinitamente longas.

134 Pachacútec (1.400? - 1471) foi a figura mais notável do Império Inca antes da chegada dos espanhóis. Foi seu nono governante e o fundador do império. Sábio e legislador, aboliu os sacrifícios humanos nos atos religiosos e pelo elevado espírito público reconstruiu Cusco, canalizando os rios que cruzavam a cidade e construindo calçadas, monumentos e palácios, num tempo em que a capital do mpério tinha mais de cem mil habitantes. Instituiu o sistema de cultivo de terraços, com que se notabilizou o sistema comunista da agricultura inca.
Visionário e destemido guerreiro, defendeu o império quando os ferozes chancas estiveram a ponto de tomar Cusco e posteriormente expandiu o império até o Equador, chegando a ter o domínio de mais de quinhentas tribos com línguas, costumes e religiões diferentes.
Deixou seu nome imortalizado pela construção da cidadela de Sacsayhuamán, a cidade fortaleza de Machu Picchu e a reconstrução, em Cusco, do Coricancha (Templo do Sol).

induzido àquela casa e que eu não poderia ter ido dormir nos templos. Que isso teria sido uma profanação. Depois tudo foi substituído por um imenso bem-estar, por uma inexplicável confiança e a isso sobreveio a sublime catarse daquela absoluta solidão, do silêncio perfeito e a imaginação, buscando a vida e os rastros indeléveis dos que viveram um dia no cotidiano encantado daquele fantástico local. Quantas preces e rituais, quantos amores, quantos dramas, quantas danças e cantares, quantos sonhos se sucederam atrás daquelas ruínas, ali sepultadas pelo tempo!?

Meu espírito bebia o mistério de um tempo que eliminava seus próprios limites. Um tempo que a memória tornou mágico, aleatório, fora da linearidade cronológica, um tempo permanente, sustentado pelo encanto e onde havia a beleza de uma grande literatura, embora não fosse escrita, porque os incas não conheciam a escrita, fonética ou pictográfica. "Escreviam" nas páginas da memória com a expressão da oralidade.[135] Os poetas escreviam seus *jailli* ao Sol, à Lua, à Wiracocha e à Pachamama. Havia um teatro de tragédias e comédias composto pelos *amautas*, filósofos do império, cujas cenas eram dramatizadas diante da nobreza inca. Havia uma prosa quíchua, composta de fábulas e lendas e suas preces ao Senhor da vida chegam a lembrar a beleza da *Prece de cáritas*. Diziam eles com fervor:

> *Oh Fazedor, felicíssimo, venturoso Fazedor, que tens misericórdia e piedade dos homens; olha teus servos, pobres desventurados, que tu criaste, e a quem deste o ser; tem piedade deles, vivam com saúde e salvos com seus filhos e descendentes, caminhando pelo reto caminho sem pensar na maldade! Vivam longo tempo, que não morram em sua juventude, que não passem fome e vivam em paz.*

135 Em seu livro *Muchas lunas en Machu Picchu,* o escritor cusquenho Enrique Rosas Paravicino, conta que o astrônomo Sapan Huillcanina apresentou ao Inca Huayna Ccápac sua invenção de um sistema de escrita, baseado em setenta e nove signos pintados em pranchas de madeira, representando imagens de aves, plantas, montanhas, astros, flores, mãos humanas, garras de águia, figuras do sol e da lua, etc. Os signos representavam o som da voz humana que, associados, equivaliam a palavras, frases e pensamentos. Seu invento, no entanto, foi rejeitado pelos sábios do Imperador e as suas tábuas da memória foram queimadas, posteriormente, por um sacerdote espanhol como uma obra do diabo.

Minha alma de poeta buscava, naquela abstração, um "encontro" com o lirismo panteísta dos *haravicos*, os jograis que levavam a tradição oral do povo pelos quatro cantos do império e por certo ali passaram declamando seus poemas, cantando os huaynos e contando os mitos e as lendas dos antepassados. Quem sabe seus gestos e suas vozes estivessem e ainda estejam ali registrados numa tela misteriosa que as filosofias orientais chamam de registros acásicos, uma memória universal contendo todo o conhecimento do passado.

5. Intihuatana, a pedra que amarrava o sol

Tudo o que eu havia lido sobre os incas borbulhava aquela noite, atropelando-se no torvelinho incessante da memória. Ali fora a capital sagrada de um império que possuía uma organização político-religiosa e social perfeita. A produção agrícola partilhada como uma devoção à Terra e as misteriosas construções do seu gigantesco império. Que fatores astronômicos ou geográficos determinaram as localizações de Macchu Picchu, de Cusco e Ollantaytambo, assim como o platô de *Nazca* e suas estranhas figuras? Que misteriosos significados havia por trás daquela famosa pedra de *Intihuatana,* ali em Macchu Picchu, um relógio solar, por onde se chegava através de uma escadaria, tido como um poderoso centro de energias cósmicas, cultuadas ainda hoje pelos indígenas e por místicos e esotéricos? Lavrada num único bloco e embora não fosse grande, a forma enigmática e sua posição soberana no terraço mais alto das ruínas sugeria-me uma inesgotável e mística curiosidade. Decompondo seu significado, *inti* significa sol e *huatama* significa amarrar. E daí a pergunta: estaria aquela pedra posicionada em função dos pontos cardeais do mundo? Seria ali o lugar onde os incas pensavam "amarrar" o sol? Seria ela o centro energético e teocrático do império? Suas profundas relações com o além são surpreendentemente cada vez maiores, à medida que sucessivas investigações são feitas pelos pesquisadores e, muitos livros, alguns interessantes, outros exagerados, têm procurado interpretar o significado espiritual da pedra de *Intihuatana* e os desenhos de Nazca.

Como teria sido composta a família e a quem pertencera aquela casa onde eu me "hospedaria" aquela noite? As informações históricas afirmam que na Cidade Sagrada viviam cerca de três mil pessoas e que a grande maioria eram mulheres: as sacerdotisas. Nunca se soube ao certo sobre a vida social de Machu Picchu e há quem afirme que muitos morreram de uma epidemia, ou que os sobreviventes abandonaram o local em 1572, depois da execução do último inca.

> *En toda La Ciudad Oculta, la noticia de la muerte de Túpac Amaru corrió de casa en casa y, de inmediato, se oyeron grandes lamentaciones de dolor y voces duras que recriminaban a los bárbaros y a sus crueles divinidades de madera. (...) Todos cantaram con la misma voz del corazón el Phuluya Phuluya Huila o* La canción de los difuntos,
>
> *(...) Anda, señor mio, derecho a la luz*
>
> *no te inquiete el rayo de la muerte*
>
> *ni te hostiguen las voces perversas*
>
> *tu cuerpo que fue de hueso noble*
>
> *ahora es filamento de niebla.*
>
> *Que tu viaje sea guiado por la luna*
>
> *que te cubra de amor el arco iris*
>
> *no mires el vacío de los abismos*
>
> *ni hagas caso de los rencores*
>
> *anda nomás, nobilísimo difunto,*
>
> *derecho al país de los ancestros.*
>
> *(...) Durante todo ese tiempo, Vitcos (a pesar de los vientos de guerra y de la viruela) fue la activa y numinosa Ciudad de los Ritos, pero a partir de mañana debería convertirse, inevitablemente. en la* Ciudad de los Muertos, *una estancia privativa de los antepasados y de sus maneras de pasar la eternidad. (...)*

Muchísimo tiempo después el nombre de la ciudad sería olvidado. Las nuevas generaciones terminarían atribuyéndola solo la denominación del cerro que la cobija: Machu Picchu.[136]

Naquela noite, acenderam-se fogueiras para iluminar, com o clarão das chamas e os gestos do coração, a glória final do Tawantinsuyo. Era o grande ato religioso no final do império. O último suspiro do longo estertor político do incário. Foi a derradeira noite habitada na Cidade Sagrada, e no dia seguinte, tudo seria abandono. O que ficou seria encontrado somente 339 anos depois, retirando do silêncio o grande segredo dos incas. As ruínas contariam, com sua mudez, a história fascinante do sacrário de um povo construído nas montanhas. A história de uma civilização abatida pela cobiça e pelo fanatismo, mas que renasceria de suas cicatrizes, sublimada, nos séculos seguintes, nas grandes expressões da arte, da música e na literatura.

Naquele momento, Machu Picchu ali estava, impassível e enigmática diante do meu espírito. Mesmo os arqueólogos ainda não decifraram o mistério que envolveu a vida naquele local. E eu, um mero viandante do tempo, chegara ali 397 anos depois, e ousava perguntar, mentalmente, quem teria sido a última pessoa que dormiu naquela peça onde eu iria passar a noite. Quem sabe naquele quarto ela tivesse agonizado de varíola ou tivesse derramado suas lágrimas pela cruel execução de Túpac Amaru. Quem sabe seus restos repousassem ainda no grande cemitério à direita, na parte baixa das ruínas. Eu observava aquelas pedras perfeitamente encaixadas. Eram os documentos "vivos", as

---

136 Paravicino, E. R. *Muchas lunas em Machu Picchu*. Lima, Huaca Prieta e Lluvia Editores, 2006, p. 216-8. *Em toda a Cidade Oculta, a notícia da morte de Túpac Amaru correu de casa em casa, e logo, ouviram-se grandes lamentações de dor e vozes duras que recriminavam os bárbaros e as suas cruéis divindades de madeira. (...) Todos cantaram com a mesma voz do coração o Phuluya Phuluya Huila ou "A canção dos defuntos", (...)*
Anda, senhor meu, direto à luz/ não te inquiete o raio da morte/ nem te hostilizem as vozes perversas/ teu corpo que foi de osso nobre/ agora é filamento de neve.// Que tua viagem seja guiada pela lua/ que te cubra de amor o arco-íris/ não olhes para o vazio do abismo/ não faças caso dos rancores/ anda, pois, tão nobre morto/ direto à terra dos antepassados.
(...) Durante todo esse tempo, Vitcos (apesar dos ventos de guerra e da varíola), foi a ativa e luminosa Cidade dos Ritos, mas a partir de amanhã deverá tornar-se, inevitavelmente, na "Cidade da Morte", um lugar privativo dos antepassados e de suas formas de passar a eternidade. (...) Muitíssimo tempo depois o nome da cidade seria esquecido. As novas gerações acabariam atribuindo-lhe somente o nome do monte que a cobre: Machu Picchu.

silenciosas testemunhas de tantos seres que ali conviveram. Lembrei--me dos meus estudos de história e de Cecília Westphalen, aquela fantástica professora e historiadora que me motivou a ler Fernand Braudel, e ele dizia que a história não é apenas a ciência do que muda, mas também daquilo que ficou e permanece imutável. Sim, permanecia ali uma legião imutável de testemunhas. E era assim que eu me sentia, no irreal torvelinho de minha consciência, cercado por uma "nuvem de testemunhas", como afirmou Paulo de Tarso. E era preciso "ver" o que havia atrás, muito atrás, das aparências, porque agora eram meras paredes. Já não havia abrigo, nem fogo, nem calor humano. Já não havia teto. E se chovesse? Mas não, o céu estivera azul durante todo o dia e a lua começava a surgir na parte oriental do cenário.

6. Um ateu na Cidade Sagrada

O frio foi chegando e finalmente entrei em meu saco de dormir. Acendi minha pequena lanterna e li algumas páginas de Walt Whitman. Mas eu estava muito inquieto e não me concentrava na leitura. Apaguei a luz e fiquei de frente para as estrelas. Que outros mundos habitados haveria no universo, ou aqueles minúsculos faróis acesos diante dos meus olhos eram apenas a luz que chegava de estrelas que já haviam se apagado há milhões de anos? Mas, naquele momento, que lugar era mais real que o meu leito no topo de uma montanha, no meio da cordilheira e onde o andino e o amazônico estendiam seus braços para me amparar aquela noite? Creio que adormeci envolvido por esse enredo mágico e não sei onde me levaram e com quem estive em meus sonhos, porque nada interrompeu meu sono e somente acordei com os passos de algumas lhamas que, ao amanhecer, pastavam a poucos metros da "minha casa". Elas vinham dos inúmeros terraços agrícolas. Era muito cedo e não havia ainda ninguém em toda a região urbana das ruínas. Levantei-me deslumbrado e a luz do sol ainda não havia transposto as montanhas do leste. Tinha a impressão de que tudo renascia com a luz do sol e todo aquele mágico recanto do mundo parecia a imagem maternal da vida. Desci, caminhando descalço sobre a grama umedecida pelo rocio da madrugada, até uma fonte de água corrente que brotava das ruínas, e me lavei. Depois, acariciado pelo ar matutino das montanhas, subi lentamente para a parte superior, onde ficavam as grandes edificações e, sentado sobre a rocha sagrada do Templo do Sol, presenciei seus raios chegarem sobre o pico do Wayna Picchu, invadindo aos poucos todo o vale, envolto ainda numa bruma transparente. Ao redor da praça principal, a luz chegou afastando as sombras entre as paredes dos santuários, das torres e das tumbas. Ali fiquei por quase duas horas. Quanta subjetividade! Um ateu numa silenciosa prece, o olhar passeando respeitoso por um cenário de encanto, entre a praça e as ruínas ou sobrevoando o distante perfil das montanhas. Diante de uma paisagem que se iluminava sempre mais, o meu permanente espanto. Sentado sobre a lateral da grande pedra circular, majestosa e única, ali estive, na aldeia inesquecível do tempo, hipnotizado por tanta beleza, imaginando os dias em que, em seus jardins, as flores recendiam seu perfume pelo ambiente e as crianças corriam alegres pela praça.

7. Ollantaytambo, habitada desde o Império

Por volta das dez horas chegaram os primeiros mochileiros e espantaram-se com a minha presença, por estarem seguros que eram os primeiros que subiam, porque não havia hotéis nem casas lá embaixo. Somente a estação de trem e a casa dos poucos empregados. Disseram-me que haviam acampado perto da entrada da escadaria e ninguém subira antes deles. Eram os dois casais chilenos que desceram apressados o Wayna Picchu e disseram que sabiam que eu dormira nas ruínas, porque ninguém desceu depois deles. Perguntaram curiosos sobre minha experiência.

Aquele segundo e último dia revisitei e vasculhei outros recantos da cidade. Ainda pela manhã fui ao cemitério, andei pelos terraços agrícolas, descobri novas fontes e espreitei as encostas, os precipícios, observando de todos os ângulos o curso do Vilcanota, correndo em torno dos dois picos e serpenteando no sopé do Wayna Picchu. Eu sabia que aquelas águas um dia chegariam ao Brasil, através dos cursos do rios Ucaiali, Urubamba e Marañon e que ao entrar no território brasileiro passa a chamar-se Solimões e, perto de Manaus, ao encontrar-se com o rio Negro, recebe o nome de Amazonas. Em alguns momentos reencontrei os chilenos e foram eles que mataram a minha fome. No fim da tarde, desci para tomar o trem de volta a Cusco.

Quando o trem parou na estação de Ollantaytambo, subiram vários mochileiros. Um deles sentou-se ao meu lado e logo começamos a conversar. Acampara por dois dias em suas ruínas, onde estivera em missão de estudo. Estudava antropologia na Universidade de São Marcos, em Lima, e fora aluno do escritor José Maria Arguedas. Muito versado em cultura e arqueologia peruanas, falou-me da importância da arquitetura incaica do local, que na época todos chamavam de Fortaleza de Ollanta, dizendo que o que se via, através das janelas do trem, não dava a ideia da grandiosidade das suas ruínas interiores. Comentou que Garcilaso de la Vega referira-se a ela em seus Comentarios, que aquelas fortificações foram const`ruídas sob as ordens do Inca Wiraquocha e que era, além de Cusco, a única cidade da época do Incário que ainda continuava habitada por mais de seiscentos anos. Em outras fontes da história de Cusco me inteirei que Simón Bolívar, no auge de sua glória de Libertador, depois das vitórias de Junín e Ayacucho, em viagem pelas províncias do sul, chegou a Cusco em 25 de junho de 1825 e visitou, dias depois, a Ollantaytambo. Diante de sua grandeza, recomendou, por carta, a Hipólito Unanue[137], as providências para sua conservação, afirmando que *a glória destes monumentos ainda em ruínas reclamam a favor dos seus autores, e não deve ser esquecida.*

137 José Hipólito Unanue y Pavón (1755-1833), médico, naturalista e político, foi um precursor da independência peruana. Amigo de Simón Bolívar, a quem atendeu como médico, revolucionou a medicina em seu país e, como presidente do Primeiro Congresso Constituinte do Peru, esteve à frente da comissão que redigiu a sua Constituição Republicana.

8. A praça de Armas, a catedral e a igreja da Companhia

Eu morava nas imediações da Wacaypata, a praça de Armas e, naquela manhã, de volta a Cusco, sem outra programação, sentei-me num de seus bancos, frente à catedral e à igreja da Companhia, batidas pelo sol de novembro. Conta-se que foram mais de cem anos para construir aquele portentoso templo, sobre as paredes do palácio do imperador Wiracocha Inca, com os blocos de pedra retirados de Sacsayhuamán. Sob as ordens dos conquistadores, a partir de 1560, milhares de indígenas eram obrigados a destruir os seus monumentos e santuários para edificar os símbolos do poder espanhol na América. Os seus artistas marcaram o significado dessa violência espiritual, deixando os sinais da sua revolta e a sua frustração nas obras de arte da célebre catedral. No quadro da *Última ceia*, Judas Iscariotes é representado com o rosto de Pizarro e nos assentos do coro os entalhes na madeira representam não a Virgem Maria, mas a Pachamama, no culto agrícola da Mãe Terra. Essas e outras obras, no seu interior, são referências importantes da arte colonial da Escola Cusquenha, onde o barroco europeu e a arte indígena se unem num dos seus mais evidentes exemplos.

Onze anos depois, no seu lado direito, foi edificada a igreja da Companhia de Jesus, sobre as estruturas do Amarucancha, o palácio onde viveu o imperador Huayna Cápac. Bem menor que a catedral, os detalhes e as filigranas do barroco andino mostravam-na, aos meus olhos, muito mais bela que a primeira. Logo na entrada há dois quadros que representam o casamento de uma princesa inca com um sobrinho de Inácio de Loyola, o basco que fundou a Ordem Jesuíta, em 1540. Estive algum tempo meditando numa capela, na lateral da igreja, onde, em 1781, Túpac Amaru esteve preso antes de ser executado naquela praça. Conhecendo a dimensão social da revolta que liderou e do magnetismo com que contagiou as massas indígenas para a grande rebelião libertária, era emocionante estar ali, naquele local, onde ele passara as últimas horas de sua vida.

Havia tanta beleza naquela praça, mas além do encanto incrustado em sua memória de pedra e na expressão inigualável da sua arte, havia também a oculta cicatriz de grandes tragédias humanas. Um misterioso desencanto, escondido por trás das páginas da história oficial, e registrado na agenda etérica do tempo, porque foi escrita com o sangue das disputas entre os algozes e com os gritos de suplício das suas vítimas.

Deixei a praça de Armas e saí em busca de informações para visitar os sítios arqueológicos nos arredores do Cusco: queria conhecer o rico vale agrícola de Huatanay, a região do Alto Vilcabamba e tinha planos de passar uma semana convivendo com os indígenas da região. Acabara de ler o livro *Los ríos profundos*, de José Maria Arguedas e a sua convivência até os quatorze anos, com uma comunidade quíchua das redondezas, obrigava-me a olhar mais de perto toda a beleza daquela cultura invisível aos próprios peruanos e desprezada em sua própria pátria.

9. "La Rosa de los Vientos"

À tardinha, saí novamente a andar nas redondezas, encantado com as luzes do crepúsculo e seu clarão iluminando os telhados dos antigos casarões. Fui parar na praça das Nazarenas, atrás da catedral, à meia quadra da praça de Armas. Havia ali um Café, mas ainda estava fechado. Voltei lá à noite. Foi uma descoberta. Chamava-se *La Rosa de los Vientos*, propriedade de um jovem casal. Ele era um médico do trabalho, peruano, cujo nome esqueci e ela, francesa, bem mais alta que o marido, era um encanto de pessoa e chamava-se Françoise. Passei ali por acaso, no meu passeio da tarde, atraído pelas construções incaicas daquelas ruazinhas estreitas atrás da catedral, onde me espantava tanta perfeição na junção das pedras, nas grandiosas portadas e nos pátios interiores, com seus arcos e colunas e, mais adiante, outros encantos nas sacadas esculpidas, nos balcões mouriscos e nos falsos janelões em estilo e cores coloniais, com seus parapeitos salientes, desenhados e sobrepostos nas paredes. Caminhava por essas veredas onde muros, casas e balcões eram tão bem conservados pelos seus proprietários, quando deparei com a intimidade daquela estreita pracinha de residências, onde tudo era uma volta ao passado. Construções incas edificadas com pedras, em ângulos perfeitamente encaixados e sobre elas a arquitetura colonial. O Café da Françoise era a única porta comercial daquele recanto, aberto ao lado de sua casa. Passei a frequentar o lugar todas as noites. Sua entrada ampla se abria para um ambiente que devia ter no máximo 50 metros quadrados. A cozinha ficava logo à direita da entrada, separada do salão por uma parede, cuja metade era um balcão por onde se serviam as comidas e bebidas, terminando numa abertura de acesso ao salão. Os móveis do salão eram feitos de grandes bancos encostados nas paredes, bem como de mesas e cadeiras de madeira rústica. Havia peças de artesanato ornamentando as paredes, onde os visitantes deixavam suas palavras e todo o ambiente transpirava simplicidade, acolhimento e reflexão. *La Rosa de los Vientos* era aquele bar singelo e mágico aberto ao mundo e por cujas portas, com molduras de pedras, entravam tantas nacionalidades e onde se falavam muitos idiomas. Ali nasceram minhas primeiras amizades peruanas e de outros quantos caminhantes como eu, chegados de todas as partes da América e do mundo. Foi ali que, em seguidas noites, partilhei minha poesia com a música dos mochileiros argentinos e chilenos. Foi ali que conheci o arequipenho Enrique Macias e através dele, seu irmão Francisco, em Lima. E também foi onde conheci o equatoriano Simón Pachano, amigo de muitas fronteiras, com quem partilhei inesquecíveis momentos em Lima, em Quito e depois em seu exílio político, em Santiago. Recentemente o descobri, casualmente, na Internet, pelos seus artigos de ciência política, disciplina que leciona na *Flacso* (Faculdade Latino-Americana de Ciências Sociais), em Quito e na universidade espanhola de Salamanca. Ao trocarmos *e-mails*, ele recordou que: *En Cusco algunas noches dormimos en un museo, ya que el administrador era un amigo. Además siempre en la noche íbamos a un café cultural en el que leías tus poesías. Con nosotros andaba siempre un poeta peruano (nisei, o sea hijo de japoneses), Felix Tosihiko Arakaki. También estaban unos muchachos peruanos, cuyos nombres he olvidado, que siempre estaban muy tristes y hacían poesía más triste que ellos. En algún momento tú y yo pensamos en hacer un viaje en balsa por el Ucayali desde Contamana hasta el Amazonas*.[138]

---

138 Em Cusco, algumas noites dormimos num museu, já que o administrador era um amigo. Além disso, sempre à noite íamos a um café cultural em que lias tuas poesias. Conosco andava sempre um poeta peruano (*nissei*, ou seja, filho de japoneses), Felix Tosihito Arakaki. Também havia uns jovens peruanos, cujos nomes esqueci, que sempre estavam muito tristes e faziam poesia mais triste que eles próprios. Em algum momento, tu e eu pensamos em fazer uma viagem de balsa pelo Ucayali, desde Contamana até o Amazonas.

Eu voltaria a *La Rosa de los Vientos* na minha segunda viagem a Cusco, no ano seguinte, e ali trabalharia por uns dois meses, indo morar na casa de Françoise. Um tempo inesquecível, marcado pela cultura e o romantismo de todos os caminhantes que ali chegavam, trazendo em suas almas a bagagem do encanto e da aventura.

10. Museu Histórico de Cusco e a Escola Cusquenha

Lembro-me de que depois de conhecer Enrique Macias, ele me convidou para visitar o Museu Histórico de Cusco, cujo diretor era seu tio e onde ele trabalhava como administrador. Segundo Kiko – era seu apelido e foi um dos grandes amigos que tive no Peru. Na minha segunda passagem por Cusco estava tão entusiasmado com minha viagem pelo continente, que esteve a ponto de largar tudo para me acompanhar – fazia pouco mais de vinte anos que o museu fora organizado. Suas dependências haviam sido, quatrocentos anos antes, a própria casa onde vivera Garcilaso de la Vega, e por isso chamado o "primeiro mestiço biológico e espiritual da América". Reunia muitas peças de cerâmica pré-incaica, ferramentas, instrumentos musicais, tecidos e trajes dos antigos incas. Numa sala, estava a cama onde dormira Simón Bolívar, quando passou por Cusco e se alojou na sede do Colégio São Francisco de Borja.

Havia retratos de Garcilaso e muitos quadros da Escola Cusquenha, que floresceu do século XVI ao XVIII, influenciada, respectivamente, pela pintura flamenca e italiana de Rubens e de Bernardo Bitti, que esteve em Cusco e deixou muitos discípulos. A escola Cusquenha – que a despeito de se chamar cusquenha, floresceu também na Bolívia e no Equador, onde o convento de São Francisco detém um acervo semelhante – foi a precursora e educadora da pintura no Novo Mundo, – pois o Vice-Reinado do Peru investiu pesado nas artes – revelando a genialidade de grandes pintores indígenas, como a arte de Diego Quispe Tito, além de outros mestiços como Gregório Gamarra, Lázaro Pardo de Lagos, Basílio Santa Cruz e Marcos Zapata, com quem a escola praticamente se encerra. Eram extraordinários os quadros de Quispe que pude ver. Sua obra estava muito distribuída pela cidade e uma das mais interessantes era a série *O zodíaco*, constando de vários quadros na catedral de Cusco.

Centralizada em Cusco, ela promoveu o talento e a originalidade, em muitos casos no anonimato, de índios, mestiços e *criollos*, no emprego de cores fortes, imagens grandes e desproporcionadas, de passagens do evangelho ambientadas nas paisagens andinas. Os quadros que vi tinham uma motivação estritamente religiosa, para não dizer eclesiástica, até porque a cultura espanhola em geral e a arte, em particular, na América, tinham por finalidade básica a didática do proselitismo católico.

11. Atahualpa e a Bíblia. Francisco de Assis e Al-Malik Al-Kamil

Aos olhos dos incas, os espanhóis chegaram ao Peru como "divindades", montadas em grandes animais desconhecidos, mas já nos primeiros dias mostraram sua indisfarçável perversidade e intolerância, apostando todas as cartas na divulgação dos postulados da Igreja, numa absoluta desconsideração pelas seculares tradições religiosas da civilização inca. Havia um plano de "evangelização" em marcha para o Novo Mundo, como parte do sonho imperial dos reis católicos da Espanha, e o primeiro ato de soberba e crueldade dos conquistadores do Peru, já nos primeiros contatos com os incas, foi exigir do imperador Atahualpa o imediato juramento ao catolicismo diante da Bíblia.

> *Quando disseram a Atahualpa que a Bíblia era a palavra de Deus, o inca encostou a Bíblia ao ouvido para escutar essa palavra, mudou de posição, sacudiu, e como não ouviu nada atirou-a ao chão.* Meu deus é esse, o que vejo, o que sinto e de onde venho, *disse*

e apontou o sol. Então prenderam o inca por herege, e o mataram estrangulando-lhe o pescoço.[139, 140]

Essa perversidade e miopia religiosa que caracterizava a imensa maioria dos seguidores da Igreja, leva-nos a ver outra face do real cristianismo, mostrando, como consolo, que entre as grandes almas, o respeito pela crença alheia está acima de qualquer desentendimento. No ano de 1219, Francisco de Assis partiu para Jerusalém como soldado da Quinta Cruzada. Uma vez na Terra Santa, achou que poderia evitar aquela guerra cruel, convertendo o sultão Al-Malik Al-Kamil ao cristianismo, embora sabendo que isso poderia significar a sua morte. *Educado por seu tio, o terrível Saladino, Al-Kamil era competente nas artes militares, porém preferia a disciplina das orações*. Levado à presença de um homem cujo poder se estendia sobre o Egito, a Síria e a Palestina, e cuja devoção o fazia inclinar-se cinco vezes ao dia em adoração a Alá, dirigiu-se, por um intérprete, a alguém da sua idade, falando ao sultão e aos seus conselheiros sobre sua fé em Jesus Cristo e, em nome dele, concitava a paz e a fraternidade entre os dois exércitos. Ao terminar, os conselheiros opinaram que o insolente infiel deveria ser imediatamente decapitado. O sultão, porém, que conhecia o íntimo significado da verdadeira fé, disse-lhe: *Vou contrariar esses conselhos.Jamais te condenarei à morte. Seria uma perversa recompensa para alguém que voluntariamente arriscou-se a morrer a fim de salvar minha vida diante de Deus, como acreditas.*[141]

Segundo as crônicas e registros de ambos os lados, o fato não teve precedente na história das relações entre cristãos e muçulmanos. Conta-se que Francisco e seus companheiros ficaram uma semana no acampamento

139 Pinto, D.; Navia, R. Op. cit., p. 235.

140 No livro citado *Um tal Evo*, os autores contam que "O Inca Manco, depois de fartar-se de ser tratado como um cachorro por Pizarro, o assassino de seu irmão Atahualpa, entrincheirou-se em Vilcabamba e sitiou Cusco, à ponta de flechas, hostilizando os espanhóis com emboscadas e incêndios e emitiu um preceito de caráter espiritual para todos os quéchuas e aymaras que dizia: *Se os espanhóis nos forçam com fuzil a ir a suas igrejas e obrigam a adorar a seus trapos pintados, fazei-o mostrando os dentes, filhos meus; no entanto vossos corações e vossas almas reservai-os para o nosso deus Sol e para nossos lugares sagrados, porque, se continuam resistindo abertamente correm o risco de que atentem contra vossa própria vida e cometam atropelos contra vossas mulheres e filhos".*

141 Spoto, D. *Francisco de Assis: o santo relutante*. Rio de Janeiro, Objetiva, 2010, p. 253-4.

do inimigo e, na despedida, o sultão forneceu todas as garantias para seu retorno, bem como deu-lhe presentes preciosos, os quais foram respeitosamente recusados por Francisco.[142] Eram duas grandes almas, uma voltada para a guerra e outra para a paz, mas ambas sublimadas pela razão, pela magia da fé, e o respeito pela condição humana.

12. O "assalto" espanhol ao Templo do Sol

Nos dias seguintes, fiz minha via-sacra por outros museus, bibliotecas, grandes monumentos e dentre estes me marcou a solene impressão que me deixou o Coricancha, que originalmente se chamava *Inti Kancha*, o Templo do Sol. Sua história conta que as paredes e o assoalho eram cobertos de ouro e seu pátio ornamentado com muitas estátuas douradas. Construído em 1438, pelo Inca Pachacútec, em comemoração à sua vitória sobre os chancas, tornou-se o mais importante templo do império. Era ali que vivia Willac Umu, o grande sacerdote do sol, e no seu interior erguiam-se, em ouro maciço, as principais divindades incas e a representação da flora e da fauna do Peru. Tudo isso foi saqueado pelos espanhóis quando chegaram a Cusco, em 1533. Os cronistas da época falam de um despojo de 103 toneladas de ouro retirados do local.

> *O ocidente, ao conquistar e dominar outros continentes, e outros povos, saqueou toda a sua riqueza física, artística e espiritual, e a levou para suas metrópoles como "botín" de conquista.*[143]

No século XVII, Coricancha foi parcialmente destruído pelos espanhóis e sobre sua estrutura construíram a igreja de Santo Domingo.

---

142 Embora algumas versões afirmem que Francisco não tenha aceitado os presentes do sultão, numa visita que fiz à Itália, em meados de setembro de 2012, pude ver, emocionado, por conhecer a história dos fatos, o presente de Al-Kamil a Francisco, no ano 1219, em Damietta, no Egito. O objeto, cujo significado simbólico desconheço, está na sala de suas relíquias, no subsolo da Basílica de São Francisco, em Assis, na Úmbria. Trata-se de um chifre de osso branco com cerca de 30 centímetros, anelado, nas pontas e no meio, com adornos dourados em flor de lis e ligados a três correntes com cerca de 20 centímetros, reunidas em uma argola pequena, na qual prende-se uma argola grande e duas correntes ligadas a dois bastões de madeira de 15 e 30 centímetros, igualmente com adornos dourados nas pontas.

143 Reinaga, F. *La revolución india*. La Paz, Partido Indio de Bolivia, 1969.

Curiosa e ironicamente, a construção foi abalada por dois terremotos nos anos de 1650 e 1950. No primeiro deles, a construção dominicana foi destruída e, depois de reconstruída, foi novamente derrubada no segundo terremoto. Mas, em ambas as catástrofes, o Templo do Sol, feito com pedras polidas e perfeitamente encaixadas, sem massa ou cimento, resistiu intacto, graças à misteriosa técnica de construção dos engenheiros incas.

X
A REVOLTA INDÍGENA DO PERU

1. Os incas de Vilcabamba

Ele fora, duzentos anos depois, o quinto neto do último imperador inca, Túpac Amaru I, mas a história de lutas e da morte de José Gabriel Condorcanqui, o Túpac Amaru II, não seria bem contada sem revisar a rápida sucessão dos imperadores incas que sobreviveram ao assassinato de Atahualpa e o fim do Império Inca.

Quando Francisco Pizarro aportou seus três navios no Peru, os herdeiros do poderoso imperador Inca Huayna Ccápac disputavam, numa guerra sangrenta, a sucessão do trono. A luta, polarizada entre Atahualpa, sediado em Quito, e Huascar, reinando em Cusco, foi vencida pelo primeiro, na grande batalha de Cusco. Foi nesse contexto histórico que Pizarro, usando a intriga entre os irmãos, fez da conquista espanhola do Peru uma piada. Com 180 soldados, trinta e sete cavalos e alguns tiros, ele dominou um império de cerca de três milhões de habitantes.

Com esse pequeno exército e seus três irmãos, desembarcou em 16 de novembro de 1532 no litoral norte do Peru, dirigindo-se posteriormente a Cajamarca para um jantar com Atahualpa, onde surpreendeu o imperador, ao assassinar sua guarda de honra, fazendo-o seu prisioneiro, sob a acusação de uma absurda heresia, e exigindo seu resgate em ouro e prata. Explorando as remanescentes disputas dos irmãos pelo poder e em vista do assassinato posterior de Huascar, por ordem de Atahualpa, Pizarro ordenou seu estrangulamento, acusando-o pela morte do irmão, heresia contra a Bíblia e rebelião contra o rei da Espanha. Colocou em seu lugar Túpac Huallpa, seu segundo irmão, que passou a servir os interesses e a ganância de Pizarro na exploração do ouro, colocando seus guerreiros lado a lado com os espanhóis e outros aliados andinos, na conquista de Cusco, destruindo assim o Império Inca, o *Tahuantinsuyu,* numa batalha de incas contra incas, sob suas pérfidas manobras e a cumplicidade de Diego de Almagro. Quando Túpac Huallpa resolveu se contrapor a Pizarro já era tarde, e morreu envenenado por seu súdito Chalcuchima.

Manco Inca Yupanqui (também chamado Manco Cápac II), quarto irmão, inimigo de Atahualpa e aliado de Huascar na Batalha de Cusco – vencida pelas forças combinadas de Atahualpa, comandadas pelo general Quisquis e onde morreram, em 1532, cerca de cem mil índios – foi quem sucedeu Túpac Huallpa. Foi coroado imperador pelo próprio Pizarro que, por respeito e medo de seus aliados indígenas manteve, na aparência, a instituição política do império, e garantiu, hipocritamente, seu apoio ao novo imperador dizendo-lhe, em sua chegada a Cusco em 15 de novembro de 1533, *que solo venia a Cusco sabiendo de los agravios que le hacíam los quiteños y para remediar los males que aquejaban los cusqueños.*[144]

Aqui é relevante frisar que é somente com Manco Inca Yupanqui, e com dois de seus três filhos, que realmente começa, em 1536, a revolta contra os conquistadores, sediada na região de Vilcabamba, a leste de Cusco, estendendo-se com grande ferocidade até 1572, quando cairiam as últimas resistências das tribos que ainda se opunham aos espanhóis. Manco Inca acreditava que os conquistadores voltariam para a Espanha e que o Império do Sol voltaria a ser como era. Depois de receber a ajuda

144 Vargas, V. A. Op. cit., t. III, p. 446.
que só vinha a Cusco sabendo das ofensas que lhe faziam os quitenhos e para remediar os males que afligem os cusquenhos.

militar de Pizarro e dos seus aliados andinos para combater as forças remanescentes de Atahualpa, Manco Inca avança pelo centro do país, derrotando as forças do general Quisquis em Jauja e Tarma. Ao retornar a Cusco, em 1536, encontra os grandes templos e monumentos destruídos pela ganância de Pizarro em busca de ouro e prata. Revoltado ao ver as instituições e crenças de seu povo violadas, afronta abertamente o conquistador, que o manda aprisionar em Sacsayhuamán. Posteriormente, Fernando Pizarro, irmão de Francisco, volta da Espanha e assume o governo de Cusco. O Inca prometendo, ardilosamente, trazer ao novo governador algumas estátuas de ouro maciço, recebe permissão para sair da cidade e foge, dirigindo-se para Yucay.

> *Manco viéndose libre, avanzó rapidamente por el viejo sendero hacia la importante población de Chinchero, allí comenzó la rebelión incendiando el pueblo que había sido convertido hacía poco en feudo español, luego continuó viaje hacia el valle, llegó a Yacay y Ollantaytambo; el inca fue reconocido supremo capitán de la causa independentista y los guerreros fueron aglutinándose bajo su bandera.*
>
> *Sorprendido Hernando Pizarro con la actitud del inca, envió parte de sus efectivos en rápidos corceles hacia Yucay y Ollantaytambo, efectivos que sufrieron importante derrota frente a los bastiones de Choqana, Mascapampa y Punkupunku, siendo probable que no llegaran a la plaza de Mañay Raqay, pues, de ella ninguno habría salido vivo. Los españoles fueron perseguidos hasta cerca a Cusco, no obstante que los guerreros nativos avanzaban a pie y los hispanos huían a caballo.*[145]

---

145 Vargas, V. A. Idem, t. III, p. 448.
Manco vendo-se livre, avançou rapidamente pelo velho caminho até o importante povoado de Chinchero, onde começou a rebelião, incendiando a aldeia que tinha sido convertida, recentemente, em feudo espanhol. Depois continuou em direção ao vale, chegando a Yacay e Ollantaytambo; o Inca foi reconhecido supremo capitão da causa da independência e os guerreiros foram se reunindo sob sua bandeira. Fernando Pizarro surpreso com a atitude do Inca, enviou parte dos seus efetivos em rápidos corcéis até Yucay e Ollantaytambo, os quais sofreram uma grande derrota ante os bastiões de Choqana, Mascapampa e Punkupunku, sendo provável que não tenham chegado à praça de Mañay Raqay Mañay, já que dela ninguém havia saído vivo. Os espanhóis foram perseguidos até perto de Cusco, apesar dos guerreiros nativos avançarem a pé e os hispânicos fugirem a cavalo.

Em maio de 1536, Manco Inca com suas forças reagrupadas, abre três frentes de ataque: uma contra os povos *huancas* que apoiavam os espanhóis, outra contra a povoação de Lima, fundada por Pizarro no ano anterior e a terceira contra Cusco, que manteve sitiada por quase um ano, tendo sua base militar nas ruínas de Sacsayhuamán. Foi ali que se travou a batalha final pelo domínio da cidade, cabendo a vitória aos espanhóis. Depois disso, a luta continuou nos setores norte, centro e sul da ampla região de Vilcabamba, onde a defecção gradativa de muitas tribos para o lado espanhol, foi enfraquecendo o poder militar do imperador. Nesses embates, a esposa e o irmão de Manco Inca foram aprisionados e como ele não aceitou a chantagem de Pizarro, para entregar-se em troca de suas vidas, ambos foram flechados. Com suas forças militares cada vez mais reduzidas, Manco Inca adotou a tática da guerrilha, mantendo sempre em xeque as tropas espanholas.

Depois de assassinar Francisco Pizarro em 1541, vingando seu pai, decapitado em 1537 na praça de Armas de Cusco, Diego de Almagro, o Moço, e mais sete comparsas recebem de Manco Inca o refúgio político em Victos, em 1542. Três anos mais tarde, o governador de Cusco, Alonso Toro, ofereceu o perdão e a liberdade dos almagristas em troca da morte de Manco Inca que, em 1545, traído em sua gratidão, foi apunhalado na presença de seu filho Titu Cusi Yupanqui, pelos sete espanhóis a quem dera asilo. Os assassinos fugiram, mas foram logo alcançados pelos soldados do Inca e mortos impiedosamente. Seus restos foram vistos por vários anos em Vitcos.

Seu herdeiro, Sayri Túpac Inca, depois de negociar com o vice-rei Andrés Hurtado de Mendoza o seu direito ao Império Inca, troca, em janeiro de 1560, as bandeiras de luta que seu pai cravou nas montanhas de Vilcabamba por uma renda de 17.000 castelhanos, recebe o batismo e segue para Cusco, onde recebe uma *encomienda* no vale de Yucay. Morre em 1561, segundo certas fontes, de morte natural, segundo outras, por envenenamento.

Sucedendo seu irmão, Titu Cusi Yupanqui retoma o título de "Sapa Inca", assume o poder em Vilcabamba e declara guerra aberta ao vice-reinado, ao invadir as *encomiendas* de Apurímac e Urubamba, devolvendo aos chefes tribais as terras que possuíam antes da conquista. Polarizando, com essa atitude, a admiração de muitas outras tribos que eram inimigas dos incas, agrupou, em torno de sua imagem libertária, um amplo apoio militar, abrangendo alianças que se estendiam de Quito até o norte da Argentina, com vista ao seu plano de iniciar em 1567 o grande *Taquiy Onqoy*, o levantamento geral dos povos incas contra os espanhóis. Porém, o sonhado plano de libertação do Império do Sol não se concretizou. Os aguerridos *huancas* voltaram atrás em seu compromisso, em troca de independência, títulos e terras oferecidos pelo vice-rei. Os espanhóis, sabedores do plano, ocuparam estrategicamente os principais cenários políticos da região e usaram a ameaça, o terror e a brutalidade para desencorajar um sonho que começava a nascer.

Com a situação totalmente adversa, o penúltimo inca manteve o seu pequeno império com sede em Vitcos e, sabedor de suas limitações militares, evitou grandes confrontos com os espanhóis. Em 1570 ditou, em forma de crônica, uma carta ao rei Felipe II, denunciando os maus tratos ao seu povo e as injustiças cometidas contra seu pai. O relato, do ponto de visto historiográfico, é um dos mais importantes documentos sobre a conquista do Peru, sob a ótica indígena. Morreu no ano seguinte, com a língua inchada e expelindo sangue pelo nariz e pela boca, supondo-se que foi envenenado pelo padre agostiniano Diego Ortiz, depois de um incidente entre ambos.[146]

Túpac Amaru I, o filho caçula de Manco Inca Yupanqui, não seguiu a política de retraimento militar de seu irmão Titu Cusi. Sacerdote e guardião do corpo de seu pai, assumiu o título de Sapa Inca com a morte do irmão e liderou, em 1571, uma aguerrida rebelião contra o cruel vice-rei Francisco de Toledo, chamado de *El diablo negro* ou *La baba de la muerte*, pondo em prática uma estratégia de ataques

146 Huirta, L. R. de. *El inca titu cusi yupanqui y su tiempo*. Lima, Fondo Editorial, Pontificia Universidade Católica del Perú, 1997.

guerrilheiros que mantinha as tropas espanholas em constante defensiva. A revolta tomou tais proporções que o Conselho das Índias enviou instruções para reprimir duramente a insurreição. O vice-rei armou um grande contingente militar que, sob o comando de Martín de Hurtado de Arbieto, invadiu a região de Vilcabamba em 1572, destruindo altares e fortalezas, incendiando povoações e obrigando Túpac Amaru I a fugir para a região da Amazônia peruana, onde foi incansavelmente perseguido e aprisionado.

O último imperador inca foi julgado pela alta traição de defender seu povo da servidão e dos maus tratos e foi publicamente executado, em 24 setembro de 1572, naquela praça de Armas onde, quatrocentos anos depois, eu me sentaria, numa manhã de sol, relembrando com emoção e amargura as páginas lidas nos dias anteriores, na Biblioteca Municipal de Cusco, onde sua imagem e de seu pai se agigantavam como os grandes heróis na resistência contra os invasores do Império do Sol.

O historiador Víctor Angles Vargas, citando o cronista da época Fray Antonio de la Calancha, conta que ao ser levado pelas ruas da cidade em direção ao suplício na praça de Armas, os indígenas lotaram o local e choravam aos gritos a morte de Túpac Amaru:

> *El amor de los indios era tan grande, las lágrimas de todos, muchas y la confusión lastimosa; pidiéronle los religiosos (al inca) les mandase callar, y con una majestuosa severidad alzó el brazo derecho con la mano abierta, que le desataron sólo para aquello, y puesta junto al oído la fue bajando poco a poco hasta el muslo y al punto callaron todos de manera que ni un tosido, sollozo ni palabra se oyó, quedando la plaza en un silencio qui si no hubiera persona. El virrey que lo estaba mirando desde una ventana aunque encubierto, y los españoles, quedaron admirados de tal obediencia, y los indios rendidos a tal mandato.*[147]

147 Vargas, V. A. Idem, t.III, p. 478.
O amor dos índios era tão grande, as lágrimas de todos, muitas e uma lamentável confusão; pediram-lhe os padres (ao Inca) que os mandasse calar, e com uma majestosa severidade levantou o braço direito com a mão aberta, que lhe desataram apenas para isso, e colocada junto ao ouvido foi baixando lentamente até a coxa e naquele momento calaram-se todos de maneira que nem um tossido, soluço e nenhuma palavra se ouviu, ficando a praça em silêncio como se ali não houvesse ninguém. O vice-rei, que olhava de uma janela, embora encoberto, e os espanhóis, ficaram admirados com tal obediência, e os índios rendidos à sua autoridade.

Sua língua foi cortada e no momento em que a lâmina do carrasco se erguia para decepar sua cabeça, levou a mão atrás da orelha, como querendo escutar na solenidade daquele momento, o silencioso lamento do seu povo assistindo, em lágrimas, como o último filho do sol era assassinado, desaparecendo assim a dinastia dos soberanos incas.

Três dos quatro incas de Vilcabamba, que foi a família de Manco Inca Yupanqui, foram os únicos que se insurgiram e combateram os espanhóis no período da conquista. Depois da execução de Túpac Amaru I, nenhuma voz mais se alçou em protesto e nenhuma bandeira se levantou durante dois séculos na região do Vale Sagrado. O glorioso período do *Tahuantinsuyu* ia ficando na memória e na saudade dos povos andinos e um longo período de silêncio e letargia invadiu a alma dos quíchuas e aymaras.

2. O segundo Túpac Amaru: o último inca

Descrevi esse histórico caminho, pelos rastros sangrentos da conquista espanhola no Peru, para informar das ações e omissões libertárias que antecederam, por duzentos anos, a grande revolta do povoado de Tinta, no ano de 1780, na província de Cusco.

Com base nos fatos que marcaram a história do Império Inca nos séculos XV e XVI, o narrador peruano Enrique Rosas Paravicino descreve em sua novela *Muchas lunas em Machu Picchu*[148], a fundação da Cidade Sagrada, os prenúncios cósmicos das grandes mudanças no império e a tragédia política e social que se abateu sobre os incas, com o assassinato do imperador Atahualpa e o sangue de milhares de justos e inocentes que manchou as quatro décadas de fúria, rapinagem e genocídio da conquista espanhola, até a destruição final do *Tahuantinsuyo*.

148 Paravicino, E. R. Idem, p. 18-20.

Num enredo histórico marcado pelo lirismo e religiosidade, em torno do personagem Astor Ninango e da ilustre figura de seu pai, o astrônomo Sapan Huillcanina, o autor conta com grande dramaticidade os movimentos de resistência e a queda final da monarquia inca de Vilcabamba, com a extinção da dinastia fundada pelo mítico Manco Cápac. Os momentos da agonia do incário foram historicamente marcados pela inenarrável melancolia e desesperança, para os sobreviventes do império. Afirma Enrique Rosas:

> *La muerte de Atahualpa, la ruina total ocasionada por el desplome del imperio, la posterior ocupación de Cusco por los bárbaros y outros hechos aciagos (...) desencadenó una terrible hambruna en la comarcas aldeañas al Cusco, debido a la destrucción de la agricultura, así como al saqueo perpetrado por los barbudos en los depósitos comunitarios de alimentos. La hambruna constituía un insulto para quienes – como nosotros – habían domesticado, durante siglos, más de mil especies de cereales, frutos y tubérculos, además de que nuestras mesas siempre estuvieran holgadas de carnes de aves, peces y otros animales comestibles. A la mortalidad provocada por el hambre siguió la esclavitud de nuestras gentes. Confinados en los hornos subterráneos de Potosí y Santa Bárbara, cada día reventaban en el trabajo miles de mitayos, obligados a extraer el mineral desde el duro intestino de la tierra. Ningún trabajador regresaba vivo a su aldea luego de su ingreso al Huañuy Pacha*[149] *ni menos sabíamos, en verdad, si las almas de tan crueles opresores irían a salvarse del juicio de su dios, como lo aseguraban sus sacerdotes. Tarde o temprano, alguien en este mundo o en el outro tendría que juzgarlos con el mismo filo de metal con que pishtaban*[150] *a sus víctimas, porque el clamor del llanto inocente ya demandaba justicia, mejor aún si ésta se alcanzaba en el Cay Pacha.*[151, 152]

---

149 Ciclo de la morte (nota do texto).

150 Na tradução deste período para o português, não encontrei a palavra *pishtaban* no idioma castelhano. Consultando o autor da obra sobre o assunto, por achar que se tratava de um erro tipográfico e que o termo correto deveria ser *pinchaban*, Enrique Rosas me respondeu que: *La palabra "pishtaban" es correcta. "Pishtar" es un peruanismo (mezcla de quechua y español) que significa degollar, cortar la cabeza, sangrar... De allí viene el personaje "Pishtaco", el degollador de los Andes, de siniestra fama y aura sombría. El "Pishtaco" se embosca en los caminos y ataca a los viajeros solitarios. Luego de asesinarlos, les extrae la grasa para venderla en alto precio a los exportadores de este macabro insumo. Por una arraigada sugestión, algunos quechuas no quieren someterse a una cirugía del hospital, porque al médico (vestido de bata blanca y bisturí entre manos) lo asocian con el Pishtaco.*

151 Mundo Terrenal (Nota do texto).

152 *A morte de Atahualpa, a destruição total causada pelo colapso do império, a ocupação posterior de Cusco pelos bárbaros e outros fatos lamentáveis (...) desencadeou uma terrível fome nos distritos vizinhos a Cusco, devido à destruição da agricultura, e aos saques perpetrados pelos barbudos nos depósitos comunitários de alimentos. A fome era um insulto para aqueles que – como nós – tínhamos*

Cabe ainda dizer, como prelúdio da maior insurgência indígena da história do continente, que no século XVIII, outras insurreições localizadas surgiram na região andina, como a de Juan Santos Atahualpa em 1742, insuflando as etnias amazônicas contra o poder espanhol no Peru e a já citada rebelião comandada, na Bolívia, por Túpac Katari. No entanto, nenhuma delas teve a importância histórica e a dimensão social daquela que foi liderada, no sul do Peru, por Túpac Amaru II.[153]

Nascido em 19 de março de 1740, na localidade de Surimana, e descendente, em quinta geração, do último inca, Túpac Amaru I, José Gabriel Concorcanqui Noguera, o Túpac Amaru, não era, independente de sua genealogia, um mero cacique. Havia estudado em Cusco, no Colégio São Francisco de Borja e depois fora aluno ouvinte na Universidade de São Marcos, em Lima, onde entrou em contato com os intelectuais da época, os quais lhe abriram os olhos com as ideias iluministas que semeavam os sonhos de independência das colônias inglesas na América, insurgidas em 1776, e que seriam os estopins da Revolução Francesa, em 1789. Aos vinte anos, casou com Micaela Bastidas Puyucawa, com quem teve três filhos. A herança da nobreza indígena dos caciques de Surimana, Tungasuca e Pampamarca e de uma grande quantidade de mulas, fizeram dele um líder político da região e, profissionalmente, um incansável viandante e próspero mercador na região dos Andes.

Naquela época, com cerca de dois milhões de habitantes, a sociedade colonial peruana era formada por 60% de índios e 20% de mestiços.

---

cultivado, há séculos, mais de mil espécies de cereais, frutas e tubérculos, além de sempre termos mesas fartas de carne de aves, peixes e outros animais comestíveis. À mortandade causada pela fome seguiu a escravidão do nosso povo. Confinados nos fornos subterrâneos de Potosi *e Santa Bárbara a cada dia, milhares de índios definhavam no trabalho das minas, obrigados a extrair o minério das duras entranhas da terra. Nenhum trabalhador retornava à sua aldeia vivo depois de sua admissão naquele Ciclo da Morte e nem ao menos sabíamos se, na verdade, as almas de tão cruéis opressores iriam salvar-se do julgamento de seu deus, como diziam seus sacerdotes. Cedo ou tarde, alguém neste mundo ou no outro teria que julgá-los com o fio do mesmo metal com que degolavam suas vítimas, porque o clamor das lágrimas inocentes implorava justiça, e melhor ainda se esta fosse cumprida aqui no Mundo Terreno.*

153 Ribas, L. M. *Movimientos revolucionarios en las colonias españolas de América*. Editorial Claridad, Montevidéu, 1940.

A classe branca, *criollos* e espanhóis, não passava de 12%. No contexto dominador, era proibida a alfabetização do índio, e assim, o fato de Túpac Amaru saber ler e escrever era um raríssimo privilégio no meio indígena.[154]

A causa principal que gerou a grande revolta liderada por Túpac Amaru foi lhe ter sido negada a sua longa e bem fundamentada solicitação, datada em Lima, em 18 de dezembro de 1777, de liberar da *mita* mineira os índios da província de Tinta, obrigados a trabalhar nas distantes minas bolivianas de Potosi, um verdadeiro inferno, do qual poucos voltavam vivos. Argumenta ele, no seu longo documento, que de cada cem homens que partiam, numa caminhada de ida por mais de 200 léguas – ou seja, cerca de 1.300 quilômetros – para trabalhar o longo período de quatro meses nas minas de prata, somente vinte regressavam aos seus lares, doentes ou como desertores. Escreve Túpac Amaru que os índios ao deixarem suas comunidades no Peru para a longa viagem a Potosi, na Bolívia: *Despedem-se, ou para morrer ou para não voltar mais à sua pátria.*

Os índios morriam aniquilados pela doença e pela brutalidade no interior dos socavões das minas ou eram aviltados, em seus povoados, pelo chamado *reparto,* pelo qual os corregedores – espécies de prefeitos nomeados pelos vice-reis – mantinham o monopólio comercial de mercadorias diversas e imprestáveis, em troca de seus produtos agrícolas, pelos quais pagavam preços irrisórios.[155]

> *A conquista rompeu as bases daquelas civilizações. Piores consequências do que o sangue e o fogo da guerra teve a implantação*

154 No dia 22 de janeiro de 2006, ao tomar posse como o primeiro índio a presidir um país latino-americano, o boliviano Evo Morales pronunciou um discurso, de quase uma hora e meia, cuja tônica foi denunciar a humilhação, o sofrimento e a marginalização por que passaram, durante séculos, os povos andinos. Nesse contexto, declarou perante o povo, cuja imensa maioria indígena ocupava todos os recintos da praça Murillo, às autoridades e correspondentes estrangeiros: Devo *dizer-lhes, para que o saiba a imprensa internacional, que aos primeiros aimaras e quíchuas que aprenderam a ler e escrever, lhes arrancaram os olhos e cortaram as mãos para que os demais nunca mais aprendessem a ler e escrever...*

155 Lewin, B. Op. cit., Tomo I, p. 327 à 330.

de uma economia mineira. As minas exigiam grandes deslocamentos da população e desarticulavam as unidades agrícolas comunitárias; não só extinguiam inumeráveis vidas com o trabalho forçado, como abatiam indiretamente o sistema coletivo de cultivo. Os índios eram conduzidos aos socavões, submetidos à servidão dos encomenderos *e obrigados a entregar por nada as terras que obrigatoriamente deixavam ou descuidavam. Na costa do Pacífico, os espanhóis destruíram ou deixaram extinguir enormes cultivos de milho, mandioca, feijão, amendoim, batata-doce; o deserto devorou rapidamente grandes extensões de terras que foram trabalhadas pela rede incaica de irrigação. Quatro séculos e meio depois da conquista, só restam pedras e capim bravo em lugar da maioria dos caminhos que unia o Império.*[156]

Diante do descaso das autoridades, Túpac Amaru passou três anos deslocando-se pela região andina pregando a revolta e o sonho de restaurar o Império Inca – o *Tahuantinsuyo*, o Reino das Quatro Partes. Caminhando distâncias enormes, foi ao encontro dos caciques peruanos e bolivianos, buscando apoio para uma grande rebelião.

El 4 de noviembre de 1780 es la fecha del comienzo del estallido revolucionario que conmovió los cimientos más profundos del edificio español en las Indias y fue el jalón más importante en el camino hacia la independencia de Hispano-América.[157]

Naquele mesmo dia, quando os espanhóis comemoravam em Tinta o aniversário do rei da Espanha, o corregedor Antônio Arriaga foi preso e seis dias depois, enforcado publicamente na praça central de Tungasuca sob o comando de Túpac Amaru que, em altos brados, convocou os herdeiros da civilização inca a empunharem suas armas contra os espanhóis e declarou a extinção dos impostos e da *mita* mineira de Potosi. O grito de guerra de Túpac Amaru correu como um

156 Galeano, E. *As veias abertas da América Latina*. Trad. Galeno de Freitas. 48 ed. São Paulo, Paz e Terra, 2008, p. 64.
157 Lewin, B. Idem, Tomo I, p. 449.
Dia 4 de novembro de 1780 é a data de início da explosão revolucionária que abalou os alicerces mais profundos do domínio espanhol nas Índias, e foi o marco mais importante no caminho para a independência hispano-americana.

rastilho de pólvora pelo antigo Vale Sagrado, sendo ouvido na região dos Andes, cujos ecos chegaram até o altiplano e os vales bolivianos, recebendo o apoio dos caciques de La Paz, Oruro, Chuquisaca e Tupiza, dos caciques de Jujuy, no norte argentino e até dos chefes das tribos chiriguanas e mocovies da região do Chaco.

Após a execução do odiado corregedor Arriaga e com o apoio dos principais curacas (caciques) da região, Túpac Amaru recrutou seu exército e deu início à luta, prendendo e enforcando as autoridades espanholas que encontrava nas vilas e povoações da província. Destruiu as fábricas de tecidos onde crianças indígenas, a partir de dez anos, tinham que cumprir desumanas cotas de produção. Confiscou dinheiro e armas para suas tropas e distribuiu os bens e patrimônio para a população. Nomeou chefes locais comprometidos com a remissão da dignidade indígena, contagiando a todos com seus sonhos libertários e antecipando-se aos movimentos abolicionistas da América, redigiu, em 16 de novembro de 1780, um documento decretando a libertação dos escravos negros do Peru. Seu gesto fez incorporar no exército indígena um grande contingente de negros e mestiços zambos, bem como alguns brancos *criollos* revoltados contra as injustiças espanholas.

A surpresa do enforcamento de uma autoridade espanhola por um cacique inca e a rapidez com que a rebelião crescia, provocou a pronta reação do vice-reinado e da Igreja. O bispo de Cusco, Juan Manuel de Moscoso y Peralta armou rapidamente um exército de 1.500 soldados, para deter a insurreição tupamarista. O encontro deu-se em 18 de novembro, na vila de Sangarana, a poucos quilômetros de Cusco. Túpac Amaru, comandando 6.000 mil homens, cercou os soldados do bispo que, dizimados, refugiaram-se na igreja local, onde os 600 sobreviventes da batalha foram mortos. O bispo excomungou Túpac Amaru e seus guerreiros, e o peso religioso do anátema acabou inibindo novos alistamentos nas fileiras rebeldes.

3. A grande vitória de Sangarará. O cerco e a Batalha de Cusco. Retirada para Tinta

O historiador polonês Boleslau Lewin[158] conta em seu livro *Túpac Amaru, el rebelde*, a saga do grande líder peruano e a estratégia com que ele imaginava conquistar Cusco. Pensava inicialmente tomar a cidade de Puno, para dali fortalecer suas tropas com os contingentes bolivianos para atacar Cusco. Sua vitória esmagadora em Sangarará, levou o bispo Moscoso a excomungá-lo por ter incendiado a igreja, onde os soldados se haviam entrincheirado, bem como levou o vice-rei a pedir socorro ao rei Carlos III, da Espanha. Sabedor dessas providências, Túpac Amaru adiantou o ataque à cidade de Cusco. Cercada por altas muralhas de pedra, uma grande guarnição de soldados e com o apoio de muitas tribos, cujos caciques eram católicos e fiéis ao rei da Espanha, sua conquista não seria uma tarefa fácil para os rebeldes. Com a aproximação do exército indígena, os soldados espanhóis partiram ao seu encontro.

---

158 Ressalvados os méritos de Carlos Daniel Valcárcel sobre o mesmo tema, faço aqui uma especial consideração pela excelência das obras de Boleslau Lewin sobre a vida e a causa libertária de Túpac Amaru. Não somente por se tratar dos mais completos trabalhos publicados até a atualidade sobre o maior comandante indígena da América, mas também pelo seu itinerante esforço, no início da década de 1940, buscando nos arquivos da Bolívia as fontes documentais da rebelião no Alto Peru, liderada por Túpac Katari, e no Peru sobre a revolta peruana do grande caudilho de Tinta. Creio que o maior mérito de Boleslau Lewin é a inspiração e o despojamento cultural de um europeu, ao escrever uma obra biográfica sobre um herói latino-americano, num período emocionalmente tão difícil de sua vida, quando sua pátria e sua família sofriam os horrores da ocupação alemã. Nascido em 1908, em Lodz, na Polônia, sua origem judaica o levou a emigrar para Buenos Aires em 1930. Depois de 1939, viu seu país desaparecer como nação, invadido pela Alemanha e a União Soviética. Toda a sua família fo exterminada pelos nazistas. Seu livro *Túpac Amaru, el rebelde* – o segundo livro seu que uso neste capítulo – foi editado originalmente em 1943, em Buenos Aires e teve posteriormente outras edições em espanhol, sendo traduzido para vários idiomas, inclusive o russo, japonês e o chinês. A outra obra sua, que estou usando mais densamente na redação deste capítulo, *La rebelión de Túpac Amaru*, segundo o autor, *es un nuevo y más amplio estúdio del tema que he tratado en* Túpac Amaru, El rebelde *(Ed, "Claridad", 1943)*. Na Nota *a la edición cubana*, de 1972, de que disponho – cujos dois avantajados volumes somam 1.023 páginas e foi tomada da primeira edição argentina de 1957 –, pergunta-se a Boleslau Lewin se: *Su nacionalidad ha servido de pretexto para que alguien cuestione su interés por "um tema tan genuinamente americano"*. O professor Lewin responde: *Debo confesar que, a mi juicio, no hay temas de incumbencia exclusiva de nadie. Sólo hay temas que encuentran resonancia en el espírito del autor. Creo que con la misma desinteresada dedicación estudiaría la figura admirable de fray Bartolomé de las Casas y el levantamiento incomparable en su grandeza heroica – prácticamente una lucha suicida de decenas de miles de hombres en médio de la indiferencia desesperante del mundo – de los judíos del* ghetto *de Varsóvia*.

Em 28 de dezembro daquele ano, os quarenta mil homens de Túpac Amaru entram pelo Cerro Picchu, no norte de Cusco. Mal armados, eles contavam com a adesão das tribos locais e com as forças de Diego Cristoval, irmão do líder, que deveriam atacar pelo nordeste da cidade. *Mientras en Lima se deliberaba y se enviaban refuerzos militares, el pánico cindía en el Cusco, que desde el dia 28 de diciembre estaba acosado por Túpac Amaru. En la vieja capital del incanato se formaron dos bandos: uno, dispuesto a aceptar las exhortaciones del jefe rebelde de entregarle la ciudad; y outro, decidido a no cederle terreno.*[159]

As autoridades, ao tomarem conhecimento de que parte da população estava deixando a cidade para juntar-se a Túpac Amaru, proibiram, sob pena de morte, que alguém mais saísse.

Em 2 de janeiro, as hostilidades começaram com os 12 mil soldados espanhóis resistindo por vários dias ao avanço dos índios, cujos efetivos militares foram reforçados com a chegada de 8.000 soldados vindos de Lima, com seis canhões e três mil fuzis. Como Diego Cristoval não chegou ao palco da batalha, por não ter conseguido furar as defesas espanholas no rio Urubamba, e o policiamento na cidade de Cusco reprimiu a sublevação interna, Túpac Amaru deflagra um ataque massivo em 8 de janeiro. Lutando contra os soldados e os próprios índios, a batalha de sete horas terminou com os bastiões da defesa realista intactos e com poucas baixas espanholas. Conta-se que apesar da insistência de sua esposa Micaela para atacar a cidade antes da chegada das tropas e armamentos vindos de Lima, *Túpac Amaru não atacou Cusco quando ainda era tempo para não matar índios, comandados pelo cacique Pumacahua, que defendiam o bastião espanhol.*[160]

O fato enigmático de por que Túpac Amaru não atacou Cusco em fins de novembro de 1789, quando a cidade estava dividida e ainda não

---

159 Lewin, B. Idem, p. 463.
Enquanto em Lima deliberava-se e enviavam-se reforços militares, o pânico imperava em Cusco, que desde o dia 28 de dezembro foi assediada por Túpac Amaru. Na antiga capital do incanato, formaram-se dois bandos: um disposto a aceitar as exortações do chefe rebelde de entregar-lhe a cidade; e outro decidido a não ceder terreno.

160 Pinto, D.; Navia, R. Op. cit., p. 236.

contava com as forças militares a caminho, determinou, segundo algumas fontes, o fracasso posterior da operação. Segundo uma dessas fontes, Túpac Amaru disse ao padre de Acomayo: *que se habia retirado de la ciudad, porque le pusieron en las primeras filas por carnaza a los indios, y por haberse acobardado los mestizos que manejaban los fusiles.*[161]

Ante as dificuldades estratégicas de furar o cerco, Túpac Amaru se retirou para sua base em Tinta. As perspectivas de vitória ficavam cada vez mais longínquas. Em março, chegaram à cidade 17 mil soldados espanhóis para dar fim à rebelião, derrotando o exército indígena em 6 de abril e oferecendo o perdão aos desertores. Posteriormente, com a informação de traidores, o exército rebelde foi novamente derrotado, gerando a fuga e a dispersão militar das tropas tupamaristas.

4. Traição, prisão e suplício

Túpac Amaru e seu estado maior foram capturados numa emboscada preparada pela traição. *Na derrota, fugindo por um rio é capturado e entregue aos espanhóis por seu compadre Francisco Santa Cruz.*[162] Naquela fatídica semana, os espanhóis vingaram a morte do corregedor Arriaga, enforcaram 70 curacas rebeldes, na mesma praça onde ele foi executado.

O historiador Boleslao Lewin, estudando minuciosamente os documentos judiciais da época, confessa seus momentos de inesquecível amargura, diante dos relatos de tanta crueldade humana, nos dias que antecederam a execução de Túpac Amaru:

---

161 José *Rosendo Gutiérrez, Relación histórica del principio, progresso y estado de la sublevación de José Gabriel Túpac Amaru, p.* 132. Citado por Lewin, B. Op. cit., p. 470.
que se havia retirado da cidade porque puseram os índios, nas primeiras filas, como "carne de canhão", e porque os mestiços, que manejavam os fuzis, se acovardaram.

162 Ibid., p. 236.

Cruel y amargo, pero también edificante, es el acta minuciosa del tormento de Túpac Amaru. Corresponde destacar, empero, que salvo interjecciones de dolor, nada salió de la boca del gran rebelde de 1780. Durante la tortura, como lo hemos dicho en el capítulo XV, le fue dislocado un brazo a Túpac Amaru. Pero aun así, no cesava en sus empeños de deslizarse de las garras terriblemente vengativas de la justicia colonial.[163]

Túpac Amaru, sua mulher Micaela e seus filhos foram levados à capital para o "julgamento". O grande caudilho foi torturado por 35 dias a fim de que desse informações sobre o esconderijo de outras lideranças rebeldes e sobre seu irmão. Diego José António de Areche, representante do rei, depois de negociar em vão suas promessas, e vencido pelo silêncio do guerreiro, lhe diz com arrogância:

Nós, teus odiados espanhóis te ensinamos a falar, e tua primeira palavra foi: Revolução. Te ensinamos a escrever, e tu escreveste: Guerra. Índio soberbo, diga quem são teus cúmplices, os outros culpados.

Túpac Amaru, sem abrir os olhos disse:

Aqui não há mais cúmplice que tu e eu; tu por opressor e eu por libertador, merecemos a morte.[164]

Em 18 de maio de 1871 – a exemplo de grandes caudilhos indígenas, como Lautaro, Caupolicán e Túpac Katari, que ousaram se levantar contra o domínio espanhol na América –, cumpriu-se a sentença de execução de Túpac Amaru e sua família. Antes de ser esquartejado, ele teve que assistir ao enforcamento de vários companheiros de luta. Depois – num superlativo sofrimento junto a Fernando[165], filho caçula –, seu coração subiu

163 Lewin, B. Idem., p. 494-5.
Cruel e amargo, mas também edificante, é a ata minuciosa do tormento de Túpac Amaru. Corresponde destacar, porém, que à exceção de exclamações de dor, nada saiu da boca do grande rebelde de 1780. Durante a tortura, como mencionamos no capítulo XV, foi deslocado um braço de Túpac Amaru. Mas, ainda assim, não cessava em seus empenhos de fugir das garras terrivelmente vingativas da justiça colonial.

164 Varcárcel, C. D. *La rebelión de Túpac Amaru.* México, Fondo de Cultura Economica, 1965.

165 Nas páginas 745 à 747, da obra citada, Lewin conta que dos filhos de Túpac Amaru que sobreviveram, Mariano, o mais velho, foi preso posteriormente à execução do pai e morreu no navio militar *El Peruano*, na altura do Rio de Janeiro, quando era transportado para a Espanha. Fernando, o menor,

ao calvário ao ver a mulher, o segundo filho Hipólito e seu cunhado Antônio, com as línguas cortadas e depois enforcados. Por fim, seus braços e pernas foram atados a quatro cavalos para a torturante execução e martírio, na presença da multidão que lotava a praça de Armas. Cortada a língua, os quatro cavalos, chicoteados e por reiteradas vezes, não conseguiram romper seus membros. Os espanhóis, então, decidiram decepar a cabeça do último herdeiro do Império Inca.

La sentencia huele a velas y a escapulario, a metal mercenario y a agua bendita de esa que se vende al mejor postor al igual que los perdones para acceder al cielo, firmados por el puño y letra de su eminencia el Papa de ese mundo:

"Se condena a José Gabriel Condorcanqui Tupaj Amaru a ser sacado a la plaza de esa ciudade hasta el lugar del suplicio para que contemple la ejecución de su mujer Micaela Bastidas, de su hijo Hipólito, de su tío Francisco y su cuñado Antonio. Concluidas las ejecuciones, se cortará al inca la lengua y despues amarrado y atado por sus brazos y pies con cuerdas fuertes para fijarlo a las cinchas de cuatro caballos fuertes que tirarán cada uno en dirección de las cuatro esquinas de la plaza llevando sus partes al cerro Picchu para ser quemadas echando sus cenizas al viento. Su cabeza se expondrá en el pueblo de Tinta, siendo exihida por tres días en la horca. Un brazo irá al pueplo de Tungasuca, donde fue cacique, el otro a la capital de la provincia Carabaya, una pierna a Livitaca, y la otra a Santa Rosa.

assistiu à morte dos pais e do irmão Hipólito na praça de Cusco, mas foi poupado por ter apenas nove anos. Como as autoridades coloniais não queriam em solo da América nenhum descendente de Túpac Amaru, todos os seus parentes que sobreviveram, depois de terríveis padecimentos nos calabouços de Lima, foram levados, em navios de guerra, para a Espanha.
Num destes navios, o *San Pedro de Alcántara*, em 13 de abril de 1783, embarcou Fernando Túpac Amaru, na época com onze anos. Mas o navio naufragou na costa portuguesa, onde o menino vagou por três dias. Faminto, maltrapilho, sem recursos e completamente abandonado, optou por apresentar-se às autoridades espanholas que, sem mostrar clemência, encerraram-no no Castelo Santa Catalina, em Cádiz. Ali ficou até 1788, quando foi transladado para a Escuela de Abapies, de Madri. Aos 21 anos, obteve liberdade condicional, com a condição de morar em Madri. Devido aos seus padecimentos nas úmidas prisões, Fernando ficou gravemente doente e sem recursos para curar-se. Chegou a receber a extrema unção em 15 de junho de 1798, mas conseguiu curar-se. Nesta época, com 26 anos, procura as autoridades espanholas em busca de ajuda para sua sobrevivência. Segundo Boleslau Lewin, nesta época desaparecem os rastros documentais do último descendente de Túpac Amaru.

Las casas del reo serán arrasadas a la vista de los vecinos, sus bienes confiscados, y se falla que sus familiares que no han caído en las manos de la justicia queden inhabilitados para adquirir, poseer o pretender herencia alguna".[166]

As bandeiras hasteadas por Túpac Amaru tremularam ainda algum tempo na região, sob o comando de Diego Cristobal:

Es notable la rapidez con que los indios rehicieron sus fuerzas. En lo mismo pueblo de Langui, donde su admirado chefe fue entregado el 6 de abril, entre 18 y 22 del citado mes, ya luchava denodadamente con los españoles (columna de Paruco) un ejército indígena mandado por Diego Cristóbal Túpac Amaru, que fue derrotado. En cambio, en la outra banda del río Pisac, los indios, en el mismo momento, obtuvieron una Victoria rotunda.[167]

No Alto Peru, Túpac Katari manteve a ofensiva sobre as tropas espanholas na Bolívia, até ser traído e derrotado na Batalha de Peñas. Preso e posteriormente executado em 31 de novembro de 1781, Katari foi igualmente esquartejado por quatro cavalos na praça de Armas de La Paz, honrando a imagem daquele a quem tomara o nome, ao comportar-se com igual coragem e dignidade, no momento do martírio.

---

166 Pinto, D.; Navia, R. Op. cit., p. 236-7.
A sentença cheira a velas e a escapulário, a metal mercenário e à água benta, dessa que se vende ao melhor proponente, da mesma forma que os perdões para chegar ao céu, assinado por punho e letra de sua eminência o Papa desse mundo:
"Se condena a José Gabriel Condorcanqui Túpac Amaru a ser levado à praça dessa cidade até o lugar de suplício para que contemple a execução de sua mulher Micaela Bastidas, de seu filho Hipólito, de seu tio Francisco e seu cunhado Antônio. Concluídas as execuções, se cortará ao inca a língua e depois amarrado e atado por seus braços e pés com cordas fortes para fixá-lo à cilhas de quatro cavalos fortes que puxarão cada um em direção às quatro esquinas da praça levando suas partes ao monte Picchu para serem queimadas jogando suas cinzas ao vento. Sua cabeça será exposta no povoado de Tinta, sendo exibida por três dias na forca. Um braço irá para o povoado de Tungasuca, onde foi cacique; o outro à capital da província Carabaya; uma perna a Livitaca e a outra a Santa Rosa.
As casas do réu serão arrasadas à vista dos vizinhos, seus bens confiscados e se determina que seus familiares que não caíram nas mãos da justiça fiquem impossibilitados para adquirir, possuir ou pretender herança alguma".

167 Lewin, B. Idem, p. 491.
É notável a rapidez com que os índios refizeram suas forças. No mesmo povoado de Langui, onde, em 6 de abril, foi entregue seu admirado chefe, entre 18 e 22 do citado mês, um exército indígena (Coluna de Paruco) já lutava denodadamente contra os espanhóis sob o comando de Diego Cristóbal Túpac Amaru, que foi derrotado. Contudo, no outro lado do rio Pisac, os índios, no mesmo momento, obtiveram uma contundente vitória.

5. As sementes libertárias lançadas por Túpac Amaru

Conta Lewin que Juan Bautista, irmão de Túpac Amaru, o qual sobreviveu depois de longas e inenarráveis penalidades em presídios da Espanha e da África, chegou à Argentina, em 1822, onde obteve de Rivadavia[168] uma pensão vitalícia, em troca dos relatos de suas memórias, publicadas em Buenos Aires, com o nome de *Cuarenta años de cautiveiro*. Na obra, ele lamenta que:

> *Mi Hermano mártir de la libertad y de su amor a los hombres pasará por un perverso y su tentativa por un crimen. E acrescenta o grande historiador: Afortunadamente, el anciano sobreviviente de la familia de Túpac Amaru estava equivocado. La memoria de Túpac Amaru no fue execrada en su época, ni menos en la centuria siguiente, aunque hoy hay historiadores, americanos, nacionalistas "in extremis", que prefieren guardar silencio acerca de su brega heroica y de sus fines elevados. Corresponde, empero, hacer justicia a los historiadores españoles del siglo XIX (Ferrer Del Rio, Lobo y otros) que en su forma realmente comovedora y categórica repudiaron el crimen horroroso cometido con Túpac Amaru y sus familiares, sin sentir necesidad de justificarlo con crímenes, quiza no menos horrendos, cometidos en otras épocas o en otros paises*[169].

Pergunto se as sementes lançadas por Túpac Amaru, à revelia de todas as medidas para apagar seu nome e manchar sua imagem, brotariam nas terras do altiplano, transformadas em flores e frutos de mudanças e conquistas políticas e sociais. Se é verdade que os corregedores foram suprimidos e em seu lugar se estabeleceu, em 1782, o regime de Intendência. Se é verdade que o rei da Espanha extinguiu a *mita* e foi criada a Audiência de Cusco, para se denunciar as arbitrariedades

---

168 Idem, p. 746.

169 Ibid., p. 502.

Meu irmão, mártir da liberdade e de seu amor aos homens, passará por um perverso e sua tentativa por um crime. Felizmente, o velho sobrevivente da família de Túpac Amaru estava errado. A memória de Túpac Amaru não foi execrada em sua época e nem sequer na centúria seguinte, embora hoje haja historiadores, americanos, nacionalistas in extremis, *que preferem manter o silêncio sobre a sua luta heroica e seus fins elevados. Deve-se, porém, fazer justiça aos historiadores espanhóis do século XIX (Ferrer Del Rio, Lobo e outros) que de forma realmente comovedora e categórica repudiaram o crime horrível cometido contra Túpac Amaru e sua família, sem sentir a necessidade de justificá-lo com crimes, talvez não menos horrendos, cometidas em outras épocas ou em outros países.*

contra os indígenas, também o é que o tempo provou que tais providências eram somente aparência e embuste. A civilização andina, mesmo depois da Independência, continuaria sendo despojada de suas riquezas minerais, escravizada e ignorada pelo poder e pela história – como foram os araucanos, no Chile – com sua cultura usurpada e condenada ao esquecimento. Gustave Le Bom, afirma em sua célebre *Psicologia das multidões* que:

> *As verdadeiras convulsões históricas não são as que nos espantam por sua grandeza e violência. As únicas mudanças importantes, aquelas das quais provém a renovação das civilizações, produzem-se nas opiniões, concepções e crenças. Os acontecimentos memoráveis são os efeitos visíveis das invisíveis mudanças dos sentimentos dos homens. Se eles raramente se manifestam, é porque o fundo hereditário dos sentimentos de uma raça é seu elemento mais estável.*[170]

Neste sentido, acreditamos que a eleição de um índio à presidência na Bolívia, bem como as fortes correntes indigenistas que têm motivado o enredo da recente literatura hispano-americana e particularmente a peruana, vêm finalmente justificar os sonhos libertários de Túpac Amaru e Túpac Katari, dando o poder do voto aos antigos habitantes do altiplano e voz aos seus personagens literários, que têm denunciado a injustiça e o massacre do povo andino, pelo mundo inteiro.

Algumas dessas sementes floriram nos movimentos de resistência guerrilheira que ocuparam as paisagens revolucionárias do sul. Além da homenagem com que os tupamaros uruguaios honraram o nome dos dois Túpac Amarus, os guerrilheiros peruanos do MIR (Movimiento de Izquierda Revolucionaria) em 1965, sob o comando de Luis de la Puente Uceda, formaram três frentes de ofensiva armada com o nome de *Guerrilha Pachacútec*, esta comandada pelo próprio Puente Uceda, *Guerrilha Túpac Amaru*, chefiada por Guillermo Lobatón, *Guerrilha Manco Cápac*, sob a direção de Gonzalo Fernández Gasco e Elio Portocarrero Rios. A quarta era *Guerrilha Javier Heraud,* do ELN (Ejército de Liberación Nacional) comandada por Héctor Béjar. Esses movimentos, apesar

170 Le Bom, G. *Psicologia das multidões*. Trad. Mariana Sérvulo. São Paulo, WMF Martins Fontes, 2008, p. 19.

dos árduos combates que mantiveram com a polícia e o exército, e das façanhas da Guerrilha Túpac Amaru, transmitidas pelas ondas da Rádio de Moscou e Rádio de Havana, estavam todos praticamente destruídos, em janeiro de 1966. Os grandes comandantes foram mortos em ação, outros covardemente fuzilados, alguns conseguiram fugir do país e entre os presos estava Héctor Béjar e Hugo Blanco, ambos anistiados em 1970, pelo governo de Velasco Alvarado. Quem sabe Hugo Blanco, precursor da guerrilha peruana, tenha sido uma das mais fecundas sementes brotadas do sangue de Túpac Amaru. Apesar das torturas, prisões e muitos exílios, sua incansável e incorruptível missão na defesa da causa indígena, segue viva e atuante, com uma incomparável combatividade, nos seus atuais 77 anos de idade.

6. Os frutos da revolta, na literatura: Arguedas, Alegría e Scorza

José Maria Arguedas, cuja prematura orfandade materna e uma madrasta maldosa o levou a viver numa comunidade indígena, onde aprendeu o quíchua, trouxe desse convívio os mais belos, comoventes e chocantes quadros da cultura andina para as páginas de seus livros, mesclando seus profundos conhecimentos de etnólogo, com a sensibilidade e a linguagem lírica de suas narrações. Em seu romance *Rios profundos,* o personagem Antero, contando a vida humilhante dos colonos indígenas, descreve assim seu perpétuo calvário:

> *– Em minha fazenda tem pouquinhos – disse. – E sempre levam chicotadas. Minha mãe sofre por causa deles; mas meu pai tem de dar conta do recado. Nas fazendas grandes, os amarram nos* pisonayes *dos pátios ou os penduram pelas mãos de um galho e os surram. É preciso surrá-los. Choram com suas mulheres e suas crianças. Choram não como se fossem castigados, mas como se fossem órfãos. É triste. E, ao ouvi-los, a gente também tem vontade de chorar como eles; eu fiz isso, irmão, quando era criança. Não sei de que teria que consolar-me, mas chorava como que procurando consolo, e nem nos braços de*

minha mãe eu me acalmava. Todos os anos vão padres franciscanos pregar nas fazendas. Se você visse, Ernesto! Falam em quíchua, dão alívio aos índios; os fazem cantar hinos tristes. Os colonos andam de joelhos na capela das fazendas; gemendo, gemendo, põem a boca no chão e choram noite e dia. E quando os padrezinhos vão embora, se você visse! Os índios os seguem. Os padres vão a galope nos seus cavalos; os índios correm atrás, chamando-os, saltando pelas cercas, pelos montes, pelas valas, cortando caminho; gritando, caem e se levantam; sobem as encostas. Voltam à noite; continuam gemendo na porta das capelas. Minha mãe se cansava procurando me consolar naqueles dias e não conseguia.[171]

Essa cruzada literária em defesa do indigenismo, – cuja primeira obra foi a novela *El Padre Horán*, de Narciso Aréstegui, publicada em 1848, sob a forma de folhetim pelo jornal *El Comercio*, de Lima – começa a tomar corpo em 1941, com duas obras que inauguram a moderna narrativa indigenista peruana: – precursoras do amplo contexto literário que vinte anos depois se abriria no extraordinário *boom* da literatura latino-americana – *El mundo es ancho y ajeno*, de Ciro Alegría e *Yawar fiesta* de José Maria Arguedas. O primeiro descreveu, em sua premiada novela, as terras indígenas tomadas pela ganância despótica de um poderoso fazendeiro que lhes diz: *Vão-se para outra parte, o mundo é imenso.* Mas se é verdade que o mundo é largo e imenso, é também um mundo totalmente alheio ao indígena; àquele em que nasceu e vive na sua comunidade andina. Nos Andes, os que perdem a sua terra perdem tudo. Enganados, escorraçados e empobrecidos, passam a ser explorados e escravizados sobre suas próprias terras usurpadas ou partem para as periferias das cidades, sobrevivendo no subemprego e na miséria extrema, morrendo lentamente pelas enfermidades e pela nostalgia da sua comunidade. Em *Yawar fiesta*, o problema social é o mesmo: as terras das comunidades indígenas (*ayllus*) são tomadas pelos brancos *(mistis)* para a criação de gado, com o agravante de ter suas mais sagradas tradições culturais *(fiestas)* violentadas pelo poder oficial do Estado.

171 Arguedas, J. M. Op. cit., p. 137-8.

Estes livros de Alegría e de Arguedas, que, como adiantamos, inauguram em 1941 a moderna narrativa peruana, destacando-se pelo seu caráter regional, cultural e indigenista, são um explícito testemunho de crueldade social e do aniquilamento total de duas comunidades indígenas. As obras, em síntese, denunciam literariamente ao mundo, que não existe, culturalmente, lugar para o homem andino fora de sua própria comunidade.

A segunda fase dessa narrativa surge com o neoindigenismo de Manuel Scorza[172], que adotou como conduta de luta política e social o arquétipo que ele mesmo chamou de "inconsciente coletivo índio", testemunhando essa atitude num ciclo literário denominado *La guerra silenciosa,* onde relata, ironicamente, em seu próprio título, toda a dimensão e a natureza da luta secular dos indígenas sem voz e sem registro nas páginas da história peruana. Essa série – que começou com a publicação, em 1970, na Espanha, de *Redoble por rancas* e continuou com *Historia de Garabombo, el invisible* (1972), *El jinete insomne* (1977), *Cantar de Agapito Robles* (1977) e *La tumba del relámpago* (1978) –, enfoca – numa narrativa tecnicamente moderna e renovadora, sem linearidade, sem cronologia e estabelecendo sua própria lógica, numa atmosfera de lirismo e de realismo mágico –, especificamente um grande período das insurreições camponesas, ocorridas na região central do Peru, nas décadas de 1950/60. Scorza, que lamentavelmente morreu num acidente aéreo em 1983, interrompendo uma das mais importantes carreiras literárias em defesa da causa indigenista, soube colocar nos lábios e nos punhos dos seus personagens o mais legítimo estandarte de luta do massacrado índio peruano. Mostrou ao mundo e ao Peru que as bandeiras indígenas do seu povo são gritos sem eco social, que suas terras, indelevelmente marcadas pelo desprezo e o mais cruel autoritarismo, estão marcadas pelos limites geográficos do seu próprio desterro. Suas obras, traduzidas para mais de quarenta idiomas, mostram que nos rastros do destino dos atuais camponeses andinos só existe a glória de um império iluminado por um passado longínquo, mas

172 Manuel Scorza, nascido em 1928, começou sua carreira literária como poeta. Em sua precoce militância política, como aprista, esteve a ponto de assaltar o quartel de uma escola militar, em 1948, que o levou, já aos 20 anos, a ser deportado para o México, onde renunciou publicamente à Apra com o: *Good bye, Mr. Haya.*

manchado pela memória de uma tragédia de cinco séculos. Um destino onde não existe mais lugar para a esperança, nem um porto de chegada. Esse não ser ninguém, essa invisibilidade pessoal quase mágica em seu livro *Garabombo, el invisible,* é também justificada, historicamente, em *Redoble por rancas,*[173] denunciando o drama dos camponeses andinos, expulsos de suas terras na comunidade de Rancas, pelo poder, a ganância dos grandes proprietários e os interesses imperialistas da Cerro de Pasco Cooper Corporation. No intento de recuperá-las, foram massacrados pelo exército peruano, em maio de 1960.[174]

> *Este libro* – escreve o autor em sua nota introdutória – *es la crónica exasperantemente real de una lucha solitaria: la que en los Andes Centrales libraron entre 1950 a 1962, los hombres de algunas aldeas sólo visibles en las cartas militares de los destacamentos que las arrasaron. Los protagonistas, los crímenes, la traición y la grandeza, casi tienen aquí sus nombres.*[175]

Ao escrever estes relatos, cinquenta anos depois daquele massacre, constato que o conflito de Rancas ainda não foi resolvido e que a população continua lutando, para defender seus direitos contra a mineradora encampada em 1973, agora com o nome de Volcan Compañia Minera. Esse tem sido o teatro das lutas indígenas da América: o palco de uma permanente tragédia. Um palco sem plateia, de cortinas fechadas, sem as luzes da ribalta ideológica e cujo drama é representado por personagens manietados e amordaçados. Foi essa a forma como todo esse enredo de quinhentos anos de sonhos, rebeliões, massacres, genocídio e martírio foi escrito nos anais da historiografia do continente e nas páginas das literaturas nacionais onde, em cada país, contam-se nos dedos os prosadores e poetas, que realmente se comprometeram em denunciar a invisibilidade, o silêncio e o anonimato desses povos

---

173 Scorza, M. *Redoble por ranca*. Barcelona, Editorial Planeta, 1970.
A obra foi publicada no Brasil pela Civilização Brasileira, em 1978, com o título de *Bom-dia para os defuntos*.

174 Um dos personagens do livro, Hector Chacón, tido como um personagem fictício do autor, mas na verdade esquecido há onze anos, numa prisão, na selva amazônica, por sua luta contra a mineradora Cerro, foi mandado ser liberto pelo presidente Velasco Alvarado, por influência do livro *Redoble por rancas*.

175 *Este livro é a crônica exasperadamente real de uma luta solitária: aquela que nos Andes Centrais travaram, entre 1950 e 1962, os homens de algumas aldeias somente visíveis nas cartas militares dos destacamentos que as arrasaram. Os protagonistas, os crimes, a traição e a grandeza, quase têm aqui seus nomes verdadeiros.*

oprimidos. O talento e a coragem de Scorza pagam até hoje – apesar do seu reconhecimento internacional – o preço vergonhoso de suas denúncias, o preço de sua legítima indignação como peruano, o preço de sua rebelião como escritor, implícitos na inconfessável indiferença do seu próprio país perante sua grande obra. Algo parecido ao desprezo que, no passado, os peruanos tiveram por um poeta que hoje é reconhecido como um poeta universal e a maior glória das letras do Peru: César Vallejo.

XI LIMA: SONHO E REALIDADE

1. Viagem à capital. Reencontro com amigos

Em Cusco eu estava amiúde com Enrique Macias, o Kiko, no Museu Histórico. Havia lá um cômodo disponível e por isso, a seu convite e por minhas escassas economias, deixei o hotel e me instalei com Simón Pachano numa dependência aos fundos do Museu. Na condição de administrador daquela importante instituição, suas atividades eram muito abrangentes. Embora sempre ocupado em vista da alta frequência dos turistas, fazia questão de satisfazer minhas curiosidades sobre a história de Cusco, que ele conhecia muito bem. Através dele, tinha feito algumas amizades na cidade e, num fim de semana éramos cinco, quando tomamos um trem e fomos conhecer a fazenda que seu tio tinha nos arredores de Písac. Nos últimos dias, fizera outros passeios pelo Vale Sagrado dos Incas e era sempre um deslumbramento contemplar a paisagem geográfica da região e verificar a grandeza arquitetônica das edificações preservadas e das ruínas incaicas que se espalhavam por todo o vale do rio Vilcabamba. Chegava ao fim minha estadia na cidade. Revisitei e me despedi do poeta Luis Nieto e programei minha viagem para a capital. Levava o endereço de Francisco Macias, o irmão de Kiko, em cuja casa iria me hospedar.

Por péssimas estradas e num ônibus velho, cheguei a Lima em 10 de novembro. Francisco já me esperava, com uma simpatia ainda maior que a de Enrique. Já no dia seguinte, encontrei-me com Francisco e Mario Rojas, meus saudosos amigos costarriquenhos que conhecera em Assunção, e viajáramos juntos pelo norte da Argentina, até Santa Fé. Eles também me aguardavam ansiosos, querendo que lhes contasse as aventuras dos caminhos. Bem..., nossos corações estavam em festa. Às vezes, ao escrever partes destes relatos, sou tomado por uma imensa saudade. O passado me convoca e me comove, ao recordar estes e muitos outros momentos marcados no coração e que se repetirão ainda, tantas vezes, no decorrer desse caminho.

Lima era tão linda estampada em sua memória colonial! Meus amigos me facilitaram tudo. Museus, teatros, bibliotecas e a indicação da melhor literatura. Alguns dias depois, Simón Pachano chegou de Cusco. Nas décadas de 1960 e 70, o sul do continente era uma imensa avenida, onde se entrecruzavam jovens de muitas nacionalidades: hispano-americanos, franceses e norte-americanos, mas poucos brasileiros itinerantes. Simón era também um desses caminhantes. Nascera em Ambato e estudava Sociologia em Quito. Em Lima, éramos inseparáveis e um dia ele levou-me à casa de suas amigas, Maria Isabel e Maria Teresa que, respectivamente deveriam ter entre 21 e 23 anos. O pai das garotas, dr. Alfonso Benavides Correa, era o Procurador Geral da República no Governo de Juan Velasco Alvarado, o general que, em 1968, derrubou o governo corrupto de Belaúnde Terry. Ficamos amigos das meninas e tivemos bons momentos culturais. A mais jovem era linda e a mais velha, culta e inteligente. O cargo político do pai nos propiciou convites para exposições de arte, boas peças teatrais e o mais interessante, assistir pela primeira e única vez a um auto sacramental, em cenários naturais de arquitetura sacra. De ilustre tradição familiar paterna, – já houvera um Benavides que fora presidente do Peru – eram educadíssimas, mas sem afetação e sem o espírito pretensioso e arrogante que caracterizava a decadente burguesia limenha. Na verdade, eram ideologicamente bem formadas, pois seguiam a posição progressista e esquerdista do pai, o qual participava do governo revolucionário de Velasco. O senhor Benavides era uma figura intelectualmente admirável. Escritor político, doutor em direito público, já fora deputado, com uma invejável imagem como defensor da liberdade, das causas estudantis e fora um dos que mais lutaram pela recente nacionalização do petróleo. Sua luta contra o domínio norte-americano sobre o petróleo peruano o levou a escrever dois livros tratando do assunto, um deles chamado *Oro negro del Peru*. Passei a admirá-lo e respeitá-lo, depois de algumas conversas que tivemos. Devia ter uns quinze anos a mais que eu e, apesar da sua seriedade como pai, tinha um espírito alegre e jovial.

Uma tarde, Simón e eu fomos com as duas jovens à praça de Acho assistir à última corrida de touros da temporada. Esse era ainda um dos traços sobreviventes do domínio espanhol no Peru. Sete imponentes touros miura foram mortos, para trazer alegria e delírio a uma plateia lotada. A maioria dos matadores era espanhola. Foi um espetáculo emocionante. Às vezes, quando o toureiro dava seus melhores passes, dominando com calma e garbo o touro enfurecido, a multidão delirante gritava olé, olé, e depois, quando o matador cravava a espada no dorso do animal cansado e iludido, toda aquela multidão ricamente colorida levantava-se deslumbrada com a pose e a bravura do toureiro. Então, a arena enchia-se de flores, lenços, bolsas e chapéus, numa homenagem que me sugeria irracionalidade. Os limenhos diziam que a tourada era uma festa do "povo". O final era sempre o mesmo, tanto lá como na Espanha. O touro cambaleava duas ou três vezes e depois caía sangrando. Abre-se um imenso portão e os carregadores vêm com três fogosos cavalos, amarram a cabeça do pobre animal e levam-no. Era um espetáculo tão fascinante quanto triste e deprimente. Fica-se hipnotizado, vendo o toureiro enfrentar a morte, mas ele sempre vence e para mim, era angustiante ver o matador retesado, com a espada apontada. Depois, a corrida curta e fatal, e o animal cambaleante cai morto na areia. Impassível, engoli minha angústia. Foi preciso ver pessoalmente, para compreender a dimensão de tamanha crueldade.

Depois daquele período em Lima, eu reencontraria as garotas no México, um ano e meio mais tarde, quando o senhor Benavides ocupava então o cargo de embaixador do Peru.

2. O "Festival de Lima". Recitais e entrevista

Tive a sorte de chegar a Lima numa época programada para importantes acontecimentos. Realizava-se no fim de novembro a 6ª Feira Internacional do Pacífico, onde países americanos, europeus e asiáticos expunham seus produtos. Eram imensos pavilhões e levava-se dois dias para percorrê-los. Era como se o mundo inteiro estivesse ali, ao alcance dos nossos olhos e das nossas mãos. Atualmente, isso é comum e já não chama atenção, mas em 1969 era uma novidade. Não havia essa mídia poderosa, nem globalização. Além desse grande evento comercial, realizavam-se, pela terceira vez na cidade, os chamados "Festivais de Lima". Eram várias modalidades de apresentações culturais, com a participação de nomes internacionais. Lamentavelmente, quando cheguei de Cusco, o programa do festival daquele ano já estava finalizando. Ainda assim, pude assistir no Teatro Municipal à apresentação da "Missa Criolla", interpretada por um famoso coral argentino.[176] Era uma peça sacra, cantada e tocada com música folclórica argentina e muitíssimo aplaudida. Assisti ainda a um concerto sinfônico dirigido por um maestro russo, mas o que mais me tocou foi um auto sacramental do século XVI. A peça, baseada no Evangelho de Lucas, chama-se *O filho pródigo*, de Josef de Valdivielso e foi encenada ao ar livre, no átrio da igreja de São Francisco. Recebi o convite do próprio senhor Benavides, e com ele e sua filha Maria Teresa, assisti a um dos mais grandiosos espetáculos de teatro de minha vida. Eram 211 atores em cena e além da qualidade dramática e do destaque que a beleza coreográfica trouxe ao palco, os recursos pirotécnicos, de iluminação e a música coral deram à representação um caráter operístico e apocalíptico. Josef de Valdivielso (1560-1638), segundo o erudito mexicano Alfonso Méndez Plancarte, era chamado "El Divino", por nunca ter escrito temas profanos e pela graça e beleza do seu *Cancionero espiritual y sacramental.* A peça de Valdivielso a que assisti era marcada pela delicadeza e pela espiritualidade, onde sobressaía o apelo amoroso do Bom Pastor ao pecador, em busca de sua ovelha perdida, numa poesia contagiada pela ternura e o lirismo.

---

176 A "Missa Criolla" era uma peça muito cantada e ouvida em toda a América Latina. Eu já a conhecia na interpretação do conjunto argentino "Los Fronterizos", gravada alguns anos antes. Criada em 1964 pelo músico argentino Ariel Ramirez, a obra foi interpretada por grandes cantores como José Carreras, Mercedes Sosa – com a qual ganhou o Grammy Latino no ano 2000, – pela peruana Chabuca Granda e outros.

Contou-me o procurador que a representação dos autos sacramentais era uma antiga tradição cultural, na programação municipal de Lima e que tiveram sua origem na celebração da missa e certos tipos de cerimônias litúrgicas, que na Espanha apresentavam-se revestidas de elementos dramáticos. Os autos eram um misto do teatro sagrado e profano, onde o real e o alegórico dialogavam. Ele me indicou alguns livros e envolvido pelo clima cultural de Lima passei a frequentar a Biblioteca Nacional pela manhã, lendo e pesquisando sobre o chamado Século de Ouro da literatura espanhola. Só então ampliei meus conhecimentos sobre o teatro dos séculos XVI e XVII e da importância da dramaturgia de Lope de Vega, Tirso de Molina, Alarcón e Calderón de la Barca, esteticamente tão grande quanto o teatro grego do século V a.C., o período shakespeareano e o teatro clássico francês. Nesse contexto, Josef de Valdivielso era considerado o maior poeta sacro anterior a Calderon de La Barca. Fora grande amigo de Miguel de Cervantes[177] e de Lope de Vega, com quem esteve até seus últimos momentos. Por esses e outros motivos, aquela primeira passagem por Lima resultou num banho de cultura, e apesar da superficialidade e do esnobismo cultural de sua elite, minha experiência posterior pelo continente me mostrou que Lima era, então, a única capital da América do Sul onde ainda se representavam espetáculos teatrais desse gênero.

No desenrolar daquela rica agenda cultural, muitos intelectuais peruanos me foram apresentados e dos contatos culturais, surgiram alguns

177 Meu interesse pelo teatro clássico espanhol já começara no Brasil e entre tantas peças lidas, uma ficou na minha memória.
Trata-se de uma obra teatral de Cervantes. Sua peça *O cerco de Numância*, – a única tragédia que escreveu e suponho que a única do Século de Ouro, na Espanha – é um monumento dramático, sem precedente na história do teatro, onde descreve a resistência de um povo pela sua liberdade. A cidade ibérica de Numância, depois de 20 anos de luta contra os soldados romanos, foi destruída em 133 a.C. após um cerco de onze meses, levando os numantinos a morrer de fome e ao suicídio coletivo, para não se entregarem ao inimigo. Cervantes descreve todo o drama da luta nos muros da cidade, o desespero interno que tomou conta dos habitantes nos últimos dias de sobrevivência, quando as mães morriam abraçadas aos filhos, disputados pelo canibalismo. As cenas finais narram as tropas de Cipião Emiliano entrando na cidade e buscando, entre os mortos, alguém vivo, como um troféu da vitória. Em dado momento, foi visto alguém subindo para a torre de uma igreja. Quando os soldados chegaram para aprisioná-lo, depararam-se com o último sobrevivente. Era apenas um menino e antes que o pegassem, ele subiu no alto da torre e de lá se atirou, enrolado na bandeira da cidade. Em 1968, o dramaturgo espanhol Alfonso Sastre publicou a peça *Crónicas romanas* sobre o mesmo cerco de Numância, fazendo referência à tragédia de Cervantes. A peça de Sastre mescla imagens nazistas e evocações de Che Guevara, fugindo do seu sentido clássico e denunciando a violência do mundo atual, sob a qual sucumbem os numantinos, massacrados por forças policiais.

recitais de poesia que dei em galerias de arte – entre eles um recital, no dia 9 de dezembro na Galeria de Arte "Cultura y Libertad", pelo qual me pagaram o equivalente a 50 dólares – e uma posterior entrevista em que a jornalista e poetisa Ana Maria Portugal, depois de me ouvir em um dos recitais, e admirada com minha capacidade de sobrevivência e projeto de percorrer todo o continente, preocupou-se, ao entrevistar-me, com o significado aventureiro de minhas andanças:

> *Detenerse un lugar por un tiempo indeterminado: un mes, quince días, dos meses, seis. Convivir con gentes de toda condición social y económica. Internar-se en las ciudades, en sus recovecos, en sus suburbios, hablar con sus gentes, conocer sus problemas y sus proyectos. Así en Buenos Aires, como en Santiago, Cochabamba o en Lima. Si la suerte lo ayuda, ofrecerá recitales y con el dinero que le paguen por leer su poesía, podrá subsistir (...) América Latina es inmensa e inacabable para un poeta que no se contenta con destilar el cinismo urbano y el rictus literario del café.(...) El Brasil le duele mucho al poeta. "Es la noche oscura", dice y luego cuenta la vía crucis de la cultura aplastada.(...) No cree en la cultura libresca y si en la lucha del hombre americano por su liberación política, social y humana.*[178]

3. Beleza e esnobismo. Desprezo e miséria

A Lima que conheci já era uma cidade com todas as características de uma metrópole moderna. Um movimento viário intenso, gente apressada nas ruas, um concorrido comércio, bares e cafés centrais

178 Fragmentos de uma entrevista do autor à jornalista Ana Maria Portugal publicada no jornal *Correo*, de Lima, em 18 de dezembro de 1969.
Deter-se num lugar por um tempo indeterminado: um mês, quinze dias, dois meses, seis. Conviver com pessoas de todas as condições sociais e econômicas. Internar-se nas cidades, em sua volta, seus arredores, falar com o seu povo, conhecer seus problemas e seus projetos. Assim, em Buenos Aires, como em Santiago, Cochabamba e Lima. Se a sorte o ajuda, oferecerá recitais e com o dinheiro que lhe paguem para ler sua poesia, poderá se sustentar (...) A América Latina é imensa e infindável para um poeta que não se contenta em destilar o cinismo urbano e ricto literário dos cafés. (...) O Brasil é uma grande dor para o poeta. "É a noite escura", diz ele, e depois conta a via crucis *de uma cultura esmagada.(...) Não acredita em cultura livresca mas sim na luta do homem americano por sua liberação política, social e humana.*

sempre cheios e uma intensa vida cultural. A cidade era linda, não só pela formosura antiga da sua arquitetura colonial, mas também pela modernidade das avançadas concepções urbanísticas dos bairros e das residências. San Isidro e Miraflores, com amplas e imensas alamedas arborizadas, suas transversais pequenas e íntimas, calçadas largas e ajardinadas, casas belíssimas e sem muro e espaços parecendo amplos jardins; um paraíso para as crianças que ali brincavam, e tudo concebido de tal maneira, que todo o trânsito se canalizava pelas grandes avenidas. Mas além de tantas belezas, das magníficas edificações coloniais, dos balcões mouriscos com que a dominação espanhola marcou a vida faustosa do vice-reinado, à parte desses museus onde o esplendor da arte e objetos sinistros do poder deixaram sua memória, entre o que vi e o que não vi, uma real constatação: Lima era uma cidade humanamente superficial, de gente vazia, de "homens de palha", como nos versos de Elliot.

Quando caminhava pelo Giron de la Unión, a rua principal de Lima – como a rua Direita, em São Paulo, como a calle Florida, em Buenos Aires, como a Zona Rosa, na Cidade do México – tinha a impressão de uma passarela, onde desfilavam as modernas grifes, exibindo o luxo colorido e extravagante. Sim, a gente limenha foi a mais bonita que encontrei na América Hispânica, mas ostentando uma personalidade maquiada com os caprichos da aparência, do esnobismo, o verniz de uma cultura alienante e os atavismos rançosos da desigualdade colonial. Eduardo Galeano que, suponho, tenha passado por lá naqueles mesmos anos, recortou com mais precisão o perfil da burguesia limenha:

> *A oligarquia de Lima, soberba e presunçosa como nenhuma outra continua enriquecendo-se a mancheias e acumulando símbolos de seu poder nos palácios e nos mausoléus de mármore de Carrara, que a capital ergue em meio dos desertos de areia. Antigamente, as grandes famílias limenhas floresceram à custa da prata de Potosi, e agora passavam a viver da merda dos pássaros e da seiva branca e brilhante das salitreiras: meios mais grosseiros para os mesmos fins elegantes.*[179]

179 Galeano, E. Op. cit., p. 183.

Não quero generalizar, porque conheci verdadeiros cultores da arte e da beleza, intelectuais respeitáveis e, no meio acadêmico, grandes estudiosos do indigenismo, mas as circunstâncias acabaram me envolvendo culturalmente com essa mesma alta burguesia de Lima e isso me permitiu conhecer o seu caráter superficial, decadente e hedonista, imitando ainda os modismos da antiga metrópole europeia, num binômio de paixões e sentimentos que lhe permitia digerir com naturalidade uma sangrenta corrida de touros à tarde, e à noite assistir contrita, no pátio de uma igreja, o espetáculo teatral de um piedoso auto sacramental.

Depois do deslumbramento cultural, resta o momento histórico, o compromisso com o tempo em que nos cabe viver e atuar, e todo esse esplendor passa a nos aborrecer, porque nem tudo em Lima eram heróis equestres e balcões mouriscos, nem a romântica Puente de los Suspiros que inspirou a sonoridade da *Flor de la canela*, o merecido sucesso musical de Chabuca Granda, cuja interpretação se ouvia por todo o Peru e, sobretudo, na vaidosa e encantadora Lima. E assim, passado o estusiasmo, fala mais alto a essência da alma e os passos do caminhante vão em busca de paisagens mais reais e mais humanas.

Alguns dias depois, passei a tomar diariamente o coletivo, para conhecer os arredores da capital e fui parar nas mais longínquas periferias. Estive em várias zonas de uma "barriada" chamada "Collique", a quinze quilômetros ao norte de Lima. As casas eram feitas de esteira e depois de economizar anos e anos, os moradores aos poucos vão fazendo suas casas de tijolos, sobre um terreno árido e montanhoso. Lá não havia madeira. Muitos deles eram indígenas das regiões serranas e rurais dos Andes Centrais, cujas terras foram espoliadas e ali chegavam, em numerosa migração, desde a década anterior.

O escritor Manuel Scorza, que colocou abertamente o dedo nessa ferida social, denunciando a exploração dos índios peruanos – aos quais a empresa norte-americana Cerro de Pasco Corporation roubou as terras e a vida, com a cumplicidade do governo e o silêncio da imprensa –, enfoca, em sua série de livros que integram *La guerra silenciosa,* a consequente migração em massa, para as periferias urbanas, das comunidades camponesas, cuja estrutura agrária foi totalmente degradada pelas terras espoliadas, pelo trabalho escravo e pela apropriação estrangeira.

Essa era a beirada triste dos caminhos da América. Havia favelas no Brasil, *villas misérias* de Buenos Aires, *poblaciones callampas* de Santiago e Concepción, mas em Lima era um imenso cinturão de miséria em volta da capital, onde vivia um terço dos seus três milhões de habitantes. Um milhão de seres humanos desumanamente marginalizados e entregues à sua própria sorte. A partir da década de 1940, a modernização da economia atraiu a população do campo para as cidades, dando início à favelização das periferias urbanas, notadamente em Lima. Sem luz elétrica, sem água, sem esgoto, sem esperança e sobrevivendo com as mais indignas opções de trabalho, quando o encontravam. O alto índice de mortalidade infantil, a embriaguês, a prostituição, a folha da coca mascada para amortecer a fome, eram os traços e as cores sombrias que desenhavam a paisagem miserável daqueles seres humanos.

Minha curiosidade não encontrou resposta sobre os planos do novo governo para aquelas imensas aldeias desoladas e famintas. Creio, sinceramente, que se o general Velasco Alvarado tivesse deixado sucessores, aquelas ruelas miseráveis e sombrias seriam iluminadas pelo sol da esperança. Nos belos bairros de Lima, viviam os filhos legítimos do colonialismo, os brancos, por autodefinição, mas ali, em Collique, viviam os seus herdeiros bastardos. Eram os filhos mestiços da grande nação indígena, encurralada pelos opressores, de ontem e de hoje, humilhados pelo desprezo social, pelo poder político e por uma exploração de quinhentos anos. Aqueles cujas terras foram usurpadas em toda a região rural. Ali viviam os sobreviventes de um massacre cultural de cinco séculos, do qual só restaram as ruínas arquitetônicas de um grande império, os cacos de sua estrutura social e econômica, e, milagrosamente, a beleza quase intacta de uma cultura filológica, artesanal e musical.

Frantz Fanon, descrevendo também, no início daquela década de 1960, a recíproca exclusão em que, num outro contexto geográfico e cultural, colocaram-se os colonizadores europeus na África diante do imenso genocídio da cultura indígena no continente negro, pinta com as mesmas tintas sociológicas a radical fronteira social em que habitam colonizadores e colonizados:

> *A cidade do colono é uma cidade sólida, toda de pedra e ferro. É uma cidade iluminada, asfaltada, onde os caixotes de lixo regurgitam de sobras desconhecidas, jamais vistas, nem mesmo sonhadas. Os pés dos colonos nunca estão à mostra, salvo talvez no mar, mas nunca ninguém está bastante próximo deles. Pés protegidos por calçados fortes, enquanto que as ruas de sua cidade são limpas, lisas, sem buracos, sem seixos. A cidade do colono é uma cidade saciada, indolente, cujo ventre está permanentemente repleto de boas coisas. A cidade do colono é uma cidade de brancos, de estrangeiros.*
>
> *A cidade do colonizado, ou pelo menos a cidade indígena, a cidade negra, a médina*[180]*, a reserva, é um lugar mal afamado, povoado de homens mal afamados. Ali se nasce não importa onde, não importa como. Morre-se não importa onde, não importa de quê. É um mundo sem intervalos, onde os homens estão uns sobre os outros, as casas umas sobre as outras. A cidade do colonizado é uma cidade faminta, faminta de pão, de carne, de sapatos, de carvão, de luz. A cidade do colonizado é uma cidade acocorada, uma cidade ajoelhada, uma cidade acuada. É uma cidade de negros, uma cidade de árabes. O olhar que o colonizado lança para a cidade do colono é um olhar de luxúria, um olhar de inveja. Sonhos de posse. Todas as modalidades de posse: sentar-se à mesa do colono, deitar-se no leito do colono, com a mulher deste, se possível. O colonizado é um invejoso. O colono sabe disso; surpreendendo-lhe o olhar constata amargamente mas sempre alerta: "Eles querem tomar nosso lugar". É verdade, não há um colonizado que não sonhe pelo menos uma vez por dia em se instalar no lugar do colono.*[181]

---

180 Cidade árabe ao lado da qual se erguem edificações para europeus (Nota da edição).

181 Fanon, F. Op. cit., p. 28-9.

4. A "revolução" peruana

O Peru que conheci em fins de 1969 era um dos países mais interessantes do mundo no âmbito da arqueologia, da cultura, da arte e das belezas naturais. Porém, no aspecto conjuntural e por secundar em nove anos a revolução cubana, o Peru chamava a atenção do mundo, por arrebatar as bandeiras da esquerda, pelas novas esperanças que trazia ao continente, em vista do alcance das mudanças que prometia aos oprimidos do seu povo e às fortes barreiras que interpôs aos interesses imperialistas. Temendo a vitória eleitoral do aprismo de Haya de la Torre, nas eleições de 1969, veredicto eleitoral inaceitável para os militares peruanos, Velasco tomou o poder em outubro de 1968. Ele e seus generais sonhavam sinceramente com uma sociedade justa, idealizada num socialismo nacional e na redenção do indígena peruano. Tentaram realizar uma missão quase impossível: desvincular a imagem do Peru como país dependente, na divisão internacional do trabalho, numa região tida como proletária na periferia do capitalismo mundial, e, internamente, quebrar a própria estruturação do capitalismo, na relação entre opressores e oprimidos, na dinâmica das classes sociais.

No começo, foi duro engolir o novo governo do Peru, onde toda a cúpula era composta de militares, e esse fato reportava ao Brasil do quartelaço de 1964 e o segundo "golpe" em dezembro de 1968, que me obrigou a deixar o país. A diferença entre eles era que os militares peruanos estavam ao lado dos oprimidos, contra a oligarquia nacional e o imperialismo, e eram apoiados pelo povo. Apesar disso, nunca aceitei inteiramente a "revolução" peruana, por saber, que na sua origem, os exércitos foram criados para defender os interesses dos ricos contra os pobres. E foi exatamente assim que acabou a "revolução" no Peru.

Abalando o poder das grandes famílias de oligarcas agrários, Velasco realizou uma reforma agrária radical, devolvendo aos indígenas as terras organizadas em cooperativas e associações agrárias, sindicalizou todos os trabalhadores em federações especializadas, cooperativizadas e integradas aos órgãos nacionais da classe operária. Expropriou poços e refinarias de petróleo norte-americanos, bem como usinas de açúcar e empresas pesqueiras. Posteriormente, em 1973, encampou a mineradora Cerro de Pasco Corporation, símbolo vergonhoso do imperialismo e que tantas desgraças sociais e ambientais trouxe ao Peru. Expulsou os pesqueiros norte-americanos do seu mar territorial. Nacionalizou os serviços telefônicos e estabeleceu o controle financeiro sobre os bancos, fazendo desmoronar todo o poder que o capital estrangeiro e as oligarquias locais tinham sobre a economia e a política. E fez ainda mais, reconhecendo por decreto, em 1975, o quíchua como língua oficial do Peru, junto com o castelhano. Todas essas reformas sociais, econômicas e culturais, fosse pela rapidez com que foram implantadas, fosse pela originalidade como medidas processadas por militares, surpreendeu a própria esquerda peruana e latino-americana.

Vivia-se numa época em que, no âmbito internacional, o mundo se dividia em países com forte economia de mercado e países em desenvolvimento. Estes últimos, pelas suas próprias condições de dependência, eram anti-imperialistas, anticolonialistas e mantinham, internamente, francas posições democráticas. Na América Latina, o exemplo da revolução cubana e a imagem guerrilheira de Che Guevara contagiavam a juventude e a intelectualidade para o engajamento ideológico e a prática revolucionária, ante a ferocidade das ditaduras do Brasil, Argentina, Uruguai, Paraguai e, posteriormente, da Bolívia de Banzer e do Chile de Pinochet.

Na África, além da luta contra o *apartheid*, na África do Sul, o colonialismo português era batido em todas as frentes pelas tropas guerrilheiras de Agostinho Neto e Daniel Chipenda, em Angola e por Samora Machel, em Moçambique. Na Ásia, sob o comando militar do general Giap e a liderança ideológica de Ho Chi Minn, os vietcongues resistiam bravamente às bombas de napalm e ao imenso poderio militar dos EE.UU., mostrando a dimensão vergonhosa e genocida da agressão norte-americana. No mundo inteiro, se questionava o capitalismo, e o sonho socialista, defendido pelos Países não Alinhados, recrutava quase três quartos da humanidade. O novo governo peruano se engajou nessa cruzada, e na sua política externa abertamente contra a Guerra no Vietnã e anticolonialista, conduzida pelo general Mercado Jarrín, promoveu a defesa contra o isolamento de Cuba, o reatamento das relações com Havana, com Moscou, com a China maoísta e deu apoio à soberania territorial do Panamá. Em 1973, a visita do general Leonidas Rodrigues Figueroa a Cuba e sua posterior declaração afirmando que: *as armas dos soldados que anteriormente protegiam os poderosos se viraram contra eles, para permitir que o Peru seja um país livre, independente, soberano e revolucionário como é Cuba*, representava uma explícita declaração de guerra contra a oligarquia peruana, historicamente corrupta e mancomunada com o poder financeiro internacional.[182] A reação da direita foi violenta, apelando para o nacionalismo peruano contra uma futura ditadura marxista-leninista. E assim o jogo de xadrez começou a ser montado para depor os generais que sonharam com um novo "Império do Sol" para todos os peruanos. Quando Velasco adoeceu gravemente em agosto de 1975, o general Morales Bermúdez, seu ministro da fazenda, aproveitando-se da situação, deu o golpe depondo o presidente e toda a sua utopia de redenção social e política do Peru. A bem-intencionada revolução dos coronéis não chegou a durar uma década. Houve um forte "namoro" com o socialismo e até a esperança de um "noivado". Quem sabe o erro dos militares peruanos foi fazer uma revolução embutida nas velhas, conservadoras e resistentes estruturas do poder, que posteriormente acabaram sendo devolvidas abertamente aos civis, à oligarquia e aos agiotas internacionais. Mas a intenção de Velasco era sincera e redimiu, momentaneamente, a imagem negativa que os militares tinham na América Latina, borrada para sempre pelas ditaduras sangrentas e perversas de Stroessner, Videla e Pinochet. E quando Velasco Alvarado morreu, em fins de 1977, o tributo ao seu sonho foi prestado pelo maior cortejo fúnebre visto, até então, nas ruas da capital peruana.

182 O general Rodrigues era um dos baluartes militares do novo regime peruano. Muito próximo de Velasco, era um mestiço de origem quechua, nascido em Cusco, que defendia com unhas e dentes a condição do camponês indígena e o direito às terras que lhe foram tomadas. Quando, em agosto de 1975, o general Morales Bermúdez se aproveitou da doença de Velasco Alvarado para destituí-lo do poder, Leônidas Rodrigues, como comandante da poderosa Segunda Região Militar e pela liderança que tinha entre os oficiais, poderia ter impedido que a trama armada por Morales devolvesse o poder à oligarquia e ter salvo a chamada revolução peruana. Sua obediência à hierarquia militar falou mais alto que o dever revolucionário e ele aceitou a destituição do comando sem reagir. Foi preso, deportado para a Argentina e posteriormente, através de gestões internacionais pela sua liberdade, foi acolhido no Panamá, pelo general Omar Torricos.

5. Novas cartas do Brasil e do Chile. Notícias dos exilados

Em Lima, recebi cartas do Brasil e do Chile. Algumas me foram reenviadas de Cusco pelo poeta Luis Nieto para a casa de Enrique Macias, no bairro de Orrantia, onde fiquei até irmos para Arequipa passar o Natal com sua família. Chegaram cartas de uma companheira de lutas, de São Paulo, de familiares de Curitiba, de Itajaí e de Lionette Silva, diretor da *Revista Catarinense dos Municípios*, de Florianópolis, oferecendo-me alguns dólares em troca de textos sobre minhas memórias de viagem. De Santiago chegou, com a data de 30 de outubro, uma longa carta de meu amigo chileno Bernardo Tapia, comentando sua recente participação no Festival Internacional de Teatro de Manizales, e informando que entre os grupos que mais se destacaram para o primeiro lugar estava o seu grupo, do Chile e o grupo brasileiro da Pontifícia Universidade Católica de São Paulo, com uma peça de criação coletiva, baseada na novela *Pedro Páramo*, do mexicano Juan Rulfo. No entanto, para decepção dos atores e do público *y por razones um tanto oscuras el premio se lo adjudicó al grupo de La Universidad de los Andes, de Colómbia*. Contava-me também Bernardo, que em seu retorno a Santiago passara por Lima e reencontrara os irmãos costarriquenhos Francisco e Mario Rojas que havia conhecido rapidamente na nossa saída de Santa Fé e que: *me recibieron com gran alegría y generosidad; son unos muchachos excelentes; yo les conte el resto de nuestro viaje y tu estadía en Chile. Ellos naturalmente no sabían nada, pero de todos modos te están esperando que llegues por allá*. Evidentemente, quando me reencontrei com Mario e Francisco, eles comentaram a recente passagem de Bernardo, por Lima. Quanto ao Festival de Manizales, teve seu início em 1968 e foi o pioneiro dos grandes eventos teatrais do continente, tornando-se uma referência em toda a América Latina. Dele participavam importantes companhias de todo o mundo. Combinando a tradição dramática e as novas linguagens cênicas de vanguarda, o Festival de Manizales buscou uma nova identidade para o fenômeno teatral, abrindo a interação entre autores, atores e o público. Conhecido como a "Meca do Teatro", nos seus primeiros anos, os organizadores trouxeram para debater no Festival grandes dramaturgos, escritores e poetas como

Pablo Neruda, Alfonso Sastre, Ernesto Sábato, Augusto Boal, Miguel Angel Astúrias e muitos outros.

As duas outras cartas, de Santiago, eram do exilado brasileiro José Macedo de Alencar, o José de Arimateia. A primeira, de 15 de outubro de 1969, foi-me reenviada de Cusco, e a segunda, de 22 de dezembro, chegou diretamente a Lima. Na minha vida itinerante, eu tinha o hábito de avisar, por cartão-postal, aos meus correspondentes mais chegados, meu próximo endereço, público ou privado, para as novas correspondências.

As cartas de Arimateia eram sempre longas e, pela nossa confiança, ele relatava tudo o que de relevante acontecia na nossa "colônia" de exilados, em Santiago. Contou-me da grande reunião da "Caixa", no dia 25 de setembro e que "Botaram abaixo a ditadura do Zaca... e Cia". Embora casado e com a esposa esperando um filho, ele estava inquieto e inconformado com aquela tranquilidade e acomodação política com que viviam os exilados brasileiros em Santiago. Mas o caso é que a maioria dos exilados eram todos homens públicos ou com funções acadêmicas, do grupo que saiu em 1964, e não quadros de organizações revolucionárias, que fizeram sua opção pela luta armada a partir de 1968. E, portanto, era natural que estivessem acomodados a suas funções em organismos intenacionais como a Cepal ou como professores universitários. Os segundos estavam começando a chegar e com eles novos fatos surgiriam na "colônia". Mas Arimateia fora politizado e treinado para as perspectivas de luta nas "Ligas Camponesas" do Nordeste, e o violentava aquela passividade. Termina sua carta reiterando um trato que tínhamos feito, quando eu ainda estava em Santiago:

> *Não te esqueças jamais os compromissos comigo, estejas onde estejas. De uma hora para outra minha vida pode querer exigir uma mudança. Dessa próxima vez será a decisiva. Subirei a montanha ou ficarei mesmo no asfalto, onde a necessidade da luta me chamar.*

O ano de 1969 chegava ao fim e algo estava acontecendo em Santiago que ele não quis ou não achou prudente me revelar, porque termina assim sua carta:

Do mesmo modo, muita coisa poderia te contar. Escasso é o tempo, temeroso é o meio de comunicação. Devemos organizar um esquema, de maneira rápida, a fim de que possamos ter liberdade nas cartas. (...) Não te esqueças de mandar algo para nosso amigo Ariel, de Arica.

A segunda carta, escrita nas vésperas do Natal, já era reveladora desde a primeira frase:

Nada houve realmente. O medo de certas represálias se apossou de mim e fiquei aguardando tempo mais propício para regularizar minha correspondência contigo. Recebi todas as cartas e pacotes mencionados em tuas cartas. Nada foi extraviado. Não me quiseram receber no Instituto[183] *por ser estrangeiro. Tudo isso por causa do clima político aqui reinante, promessas e rumores de golpe. A PP perseguindo gente, até professor de francês, com imunidade diplomática, foi preso e, dizem, torturado.*

Comenta depois o assassinato de Carlos Marighella, e a posterior prisão e tortura de freiras e padres dominicanos, e as repercussões do fato, no *Times* de Londres e na revista *Veja,* no Brasil. Refere-se jocosamente "à morte do sinistro Bosta e Silva" (sic) em 17 de dezembro e fala da infiltração do SNI[184] no seio da colônia dos exilados. Finalmente, reitera nesta carta a vida insuportável de exilado:

sem a mínima parcela de colaboração com os que estão lutando por dias melhores para nossos filhos e irmãos. Vivo bem, enquanto milhares de crianças morrem de inanição, os gorilas se fortalecendo enquanto aqui desfrutamos de um turismo prolongado.[185]

183 Instituto Cubano de Cultura. Arimateia fazia gestões para mandar meus poemas a Cuba.

184 Serviço Nacional de Informação da Ditadura Brasileira.

185 Embora sem muita relevância, pelos aspectos meramente pessoais dessas cartas, achei interessante evidenciar alguns detalhes da vida pessoal de um exilado político brasileiro, num período em que tantos viveram muitos anos no exílio. A nostalgia da pátria, a vida monótona, o trabalho burocrático, o desemprego e a ausência da ação política afetavam muitos deles. Já os que chegaram posteriormente, comprometidos com a luta armada, não tinham essa paciência. Sempre buscavam um meio de voltar clandestinamente ao Brasil, correndo todos os riscos, para se reintegrar à militância revolucionária. Muitos deles acabaram encontrando a morte neste retorno, como foi o caso do grupo comandado por Onofre Pinto que, em julho de 1974, proveniente da Argentina, entrou pelo sudoeste do Paraná, para implantar uma guerrilha rural na região. Traídos pelo ex-preso político e ex-sargento Alberi Vieira dos Santos, todos foram executados pelo exército, ao entrarem no Brasil. O fato foi amplamente relatado no livro *Onde foi que vocês enterraram nossos mortos,* de Aluízio Palmar, militante da VPR (Vanguarda

XII
CÉSAR VALLEJO: UM CORAÇÃO DIVIDIDO

1. Meu "encontro" com Vallejo

Eu conhecia apenas alguns poemas esparsos de César Vallejo quando encontrei, entre os livros de Francisco Macias, meu anfitrião em Lima, em fins de 1969, o poemário *Trilce*.

Publicada em 1922, sob a influência das vanguardas europeias, e, marcada pelo seu rompimento com a tradição poética peruana, a leitura da obra, não somente pela data da edição, mas pela nova postura literária, lembrava-me da renovação da linguagem e a liberdade na criação poética, apresentada pelo movimento modernista brasileiro de 22 – também rompendo com os cânones parnasianos e românticos, bem como influenciado pelos *ismos* europeus e maiormente pelo *Futurismo* de Marinetti.

Como nunca aceitei o radical rompimento com os ideais estéticos do século XIX, proposto pela Semana da Arte Moderna de São Paulo – que foi um modernismo meramente paulista e irreverente,

Popular Revolucionária), que em 7 de janeiro de 1970 chegou ao Chile, juntamente com outros 69 presos políticos, trocados pelo embaixador suíço, raptado pela Organização. Aluízio não aceitou o convite feito por Alberi para integrar o grupo. Escapou por pouco do mesmo destino dos demais. Viveu para contar a abominável armadilha que levou à morte cinco militantes brasileiros e um argentino; como foram mortos e onde foram enterrados os últimos guerrilheiros que se armaram contra o regime militar do Brasil.

absurdamente ufanista e reacionário, e com uma insensata aversão pelo lirismo – não me identifiquei com o discurso poético do segundo livro de Vallejo. *Trilce* surgiu numa época em que, na literatura hispânica, estava em moda a poesia "experimental", como uma reação em marcha contra o modernismo e foi um desesperado manifesto de liberdade do poeta, expresso por sua íntima intuição, mas marcado então por uma liberdade literária ainda sem norte. *Quero ser livre* – declara, na época, em carta, a seu amigo Antenor Orrego – *ainda que a troco de todos os sacrifícios. Por ser livre, me sinto ocasionalmente rodeado de espantoso ridículo com o ar de um menino que leva a colher às narinas...*[186] O resultado desse íntimo desencontro é uma atitude poética audaciosa e original, mas expresso em versos sem lógica, frases fragmentadas, espaços em branco, letras invertidas, neologismos, imagens herméticas, numa linguagem extraída do caos e do absurdo que maculam a imagem da poesia.

Como a postura de vanguarda, em *Trilce*, pertencia a uma fase da linguagem poética que eu já havia superado, – notadamente pelo engajamento político da minha poesia na década de 1960, no Paraná – mas sabendo da consagração mundial da poesia de Vallejo e das providências que, naqueles anos, tomava a intelectualidade peruana, para consagrar a imagem do seu maior poeta – desprezado e autodesterrado para sempre da pátria, quarenta anos antes –, isolei-me por uma semana, na Biblioteca Nacional do Peru, para ler a tão comentada primeira edição nacional de sua obra poética completa, lançada no país, no ano anterior, pelo editor Francisco Moncloa.[187]

---

186 O texto original em espanhol pode ser encontrado em: Ferrari, A. César Vallejo entre la angustia y la esperanza. In: Ferrari, A. (int.). *César Vallejo: obra poética completa*. Madrid, Alianza, 1983, p. 20.

187 O reconhecimento editorial da obra poética completa de Vallejo chegou trinta anos atrasado em seu próprio país. A primeira grande edição de parte de sua obra poética foi publicada em Paris, em 1939, um ano depois de sua morte. Já na América do Sul, foi a editora argentina Losada que tomou a dianteira na publicação da sua obra, editando em 1949 as *Poesías completas* (1918-1938). Em 1959, *Los heraldos negros* e *Poemas humanos* foram publicados em Lima, em edições separadas, pela Editora Peru Nuevo. Mas a publicação de César Vallejo, obra poética completa, somente foi lançada no Peru em 1968, pelo editor Francisco Moncloa. Essa edição tornou-se clássica, servindo de base para muitas outras edições latino-americanas e espanholas. Além do excelente prólogo de Américo Ferrari, a obra, com 510 páginas, foi supervisionada por Georgette Vallejo, esposa do poeta, e sua originalidade está em apresentar os fac-símiles dos poemas póstumos, quase todos datilografados e corrigidos pelo próprio Vallejo. Em 1970, a Casa das Américas edita em Havana *César Vallejo, obra poética completa*, com prólogo do poeta cubano Roberto Fernández Retamar, reproduzindo o título e o texto da edição Moncloa.

Excetuando-se quatro poemas, toda a obra poética de Vallejo, escrita depois de *Trilce*, somente foi publicada depois de sua morte. O livro *Poemas humanos*, última fase de sua produção poética, continuaria marcado pelo binômio metafísico do tempo e da morte, ante a ironia e a orfandade do homem diante do destino, mas agora enriquecido pelo comprometimento político, pelo seu despojamento social e solidário com o ser humano e onde sua poesia conquista o merecido reconhecimento mundial e a cidadania da universalidade. Percebe-se claramente nessa obra o resgate poético do vazio com que ele próprio declarou ter escrito *Trilce: O livro nasceu no maior vazio.* – Escreveu ao amigo Antenor Orrego, logo após seu lançamento – Sou responsável por ele. Assumo toda a responsabilidade de sua estética.[188] Essa discreta *mea culpa* prematura de Vallejo será reassumida abertamente, alguns anos depois em Paris, quando ele renega *Trilce*, depois que adere ao marxismo e ao ativismo ideológico.

2. Los heraldos negros

Mas além da grandeza e da qualidade social dos *Poemas humanos,* tocou-me, muito mais, o lirismo de seu primeiro livro, *Los heraldos negros*, de 1918, obra com a qual inaugurou uma nova fase da poesia peruana. O primeiro poema, que dá o nome ao livro, aqui apresentado na excelente tradução de Felipe José Lindoso[189], leva-nos a profundas reflexões sobre o significado da vida, com seus golpes, poucos, mas cruéis, que nos são enviados como os arautos da morte:

Os arautos negros

Há golpes na vida, tão fortes... Não sei!
Golpes como o ódio de Deus; como se diante deles
A ressaca de todo o sofrido
Encharcasse a alma... Não sei!

---

188 Ferrari, A. Op. cit.

189 Mariátegui, J. C *Sete ensaios de interpretação da realidade peruana*. Trad. Felipe José Lindoso. São Paulo, Clacso, 2008, p. 291-2.

São poucos; mas são... Abrem valas escuras
no rosto mais duro e no lombo mais forte.
Serão talvez os potros de bárbaros átilas;
ou os arautos negros que nos manda a morte.

São as quedas profundas dos Cristos da alma,
de alguma fé adorável que o Destino blasfema.
Esses golpes sangrentos são as crepitações
de algum pão que nos queima na porta do forno.
E o homem... Pobre... pobre! Volta os olhos, como
quando por cima dos ombros nos chama uma palmada;
volta os olhos loucos, e todo o vivido
se empoça, como charco de culpa, na mirada.
Há golpes na vida, tão fortes... Não sei![190]

Todo o simbolismo que permeia *Los heraldos negros*, ultrapassa esse estilo, meramente literário, para identificar-se com a própria simbologia da vida no seu cotidiano como um todo e a uma particular expressão nostálgica das imagens antropomórficas da cultura andina. Talvez, por isso mesmo e por sua origem e aparência de mestiço, sua poesia não foi aceita, na época, pela "aristocrática" intelectualidade limenha. Na atualidade, Vallejo é a glória da poesia peruana, mas Mariátegui colocou abertamente, já em 1928, o dedo nessa preconceituosa ferida cultural, ao afirmar que:

> *Essa arte assinala o nascimento de uma nova sensibilidade. É uma arte nova, uma arte rebelde, que quebra com a tradição cortesã de uma literatura de bufões e lacaios. Essa linguagem é a de um poeta e de um homem. O grande poeta de* Los heraldos negros *e de* Trilce *– esse grande poeta que passou ignorado e desconhecido pelas ruas de*

---

190 *Hay golpes en la vida, tan fuertes... Yo no sé!/ Golpes como del odio de Dios; como si ante ellos,/ la resaca de todo lo sufrido/ se empozara en el alma... Yo no sé./ Son pocos; pero son... Abren zanjas oscuras/ en el rostro más fiero y en el lomo más fuerte./ Serán tal vez los potros de bárbaros atilas;/ o los heraldos negros que nos manda la Muerte./ Son las caídas hondas de los Cristos del alma,/ de alguna fe adorable que el Destino blasfema./ Esos golpes sangrientos son las crepitaciones/ de algún pan que en la puerta del horno se nos quema./ Y el hombre... Pobre... pobre! Vuelve los ojos, como/ cuando por sobre el hombro nos llama una palmada;/ vuelve los ojos locos, y todo lo vivido/ se empoza, como un charco de culpa, en la mirada./ Hay golpes em la vida, tan fuertes... Yo no sé!*

Lima tão propícias e subservientes aos louros dos jograis de feira – e apresenta, em sua arte, como um precursor do novo espírito, da nova consciência.[191]

3. O indigenismo de Vallejo

Vallejo foi amigo do grande ensaísta peruano José Carlos Mariátegui, com quem conviveu e depois manteve o mais estreito contato do exterior, publicando seus textos na revista *Amauta*, fundada em Lima no ano de 1926, por Mariátegui, levantando com ele as bandeiras do indigenismo andino – empunhadas primeiramente pelo pensamento lúcido e acusador de Manuel Gonzáles Prada, "descobridor" do índio peruano[192], e depois, respectivamente por Ciro Alegria, José Maria Arguedas e Manuel Scorza – e referindo-se poeticamente ao incário em sua histórica grandeza, quando o perfil do Império do Sol se justapunha à silhueta litorânea e a paisagem andina do continente americano, do sul da Colômbia até o norte do Chile.

Consiste o indigenismo de César Vallejo em mostrar a seus antepassados não como débeis criaturas, mas sim pelo contrário.

É o que afirma o colombiano Miguel Manrique, evidenciando a disposição de Vallejo para o melhor indigenismo, não só na poesia, mas também como prosador na novela *Hacia el reino de los Sciris:*

Ressaltando a pompa de uma civilização na plenitude de sua glória e não na apresentação melindrosa da arquissabida má história da conquista. O que melhor, para alguém que se considera membro ou natural de uma coletividade, que representá-la com o brilho que César Vallejo faz com esta curta porém imensa novela. Muito melhor do que

191 Mariátegui, J. C. Op. cit., p. 299.

192 A importância do indigenismo, no Peru, surge somente com as obras de Gonzalo Prada, estabelecendo, entre 1900 e 1930, o início da grande polêmica entre hispanismo e indigenismo que dominariam todo o pensamento social do Peru durante o século XX e marcam os conflitos culturais até os dias de hoje no país, cujas negociações têm buscado, sem sucesso, a igualdade cultural sem desconsiderar as diferenças.

se o escritor se colocasse na chorosa tarefa de encenar a captura de Atahualpa e as exigências para o seu resgate. Vallejo se converte assim em um Homero quíchua que tece com luminosidade o esplendor de sua civilização, do outro costado do seu ser. Os dois sangues nunca o abandonarão nem muito menos o trairão, um em benefício covarde do outro. Vallejo soube toda a vida ser índio e espanhol, desfraldando uma mestiçagem fidalga, fiel descendente do quixotesco e do quíchua.[193]

E agora, é novamente Mariáteghi quem declara:

> *Vallejo é o poeta de uma estirpe, de uma raça. Em Vallejo se encontra, pela primeira vez em nossa literatura, sentimento indígena virginalmente expresso.*[194]

É um pouco diferente a opinião contemporânea do poeta e ensaísta peruano Américo Ferrari – talvez o melhor conhecedor da poesia de Vallejo – quando se refere a *Os heraldos negros*:

> *O tema indigenista e telúrico é, de todos os modos, n'*Os heraldos negros, *secundário: a vocação do verdadeiro Vallejo é ruminar obsessões mais que descrever paisagens ou cantar a raça.* E no entanto é o mesmo Ferrari quem escreve anteriormente: *(...) E, não obstante, existe algo mais: sob o espartilho das novas formas palpita a emoção e a nostalgia, o apego à terra andina de um homem que já antes de sair do Peru, na cidade costeira de Trujillo primeiro, em Lima depois, se sentia desterrado: desterrado do lar, que se confunde com o lugar onde nasceu, que se confunde com a pátria. A pátria é o entorno andino, com seu povoador, o camponês índio e serrano. Mais tarde, em Paris, o índio, essencializado e agigantado pela distância e a nostalgia, será protótipo de humanidade: "Índio depois de homem e antes dele"; e a serra peruana, símbolo de pátria universal: "Serra do meu Peru, Peru do mundo/ e Peru ao pé do orbe; eu concordo!"*[195].

O fato é que sua condição de mestiço está sempre presente na sua assumida postura quíchua e castelhana, índia e espanhola, marcada

193 Manrique, M. El hombre vallejiano. *Cuadernos hispanoamericanos,* Madrid, v. I, n. 456/457, jun./jul. 1988, p. 531.

194 Mariátegui, J. C.. Idem, p. 291.

195 Ferrari, A. Op. cit., p. 12.

pelo seu amor ao Peru e à Espanha, pela sua vida quixotesca e sempre iluminada pela luz e o calor de Inti, o deus Sol dos seus antepassados.

> *Había en Vallejo esa "inocencia candorosa" que ha visto bien Larrea, pero oculta tras una máscara algo dura: la de su "pathos" indígena, difícil en el primer momento de traspasar, llegando al transfondo puro, más allá del mestizaje sufrido. "Mineraloide", incaico, andino – se ha dicho*[196].

Há também, na fase inicial da poesia de Vallejo, uma contraditória religiosidade e uma imagem de Deus ora evocada com amargura e hostilidade (*golpes como o ódio de Deus*) ora com o sentimento de piedade pelos homens:

Sinto Deus que caminha
tão em mim, com a tarde e com o mar.
Com ele vamos juntos. Anoitece
Com ele anoitecemos. Orfandade...

Mas eu sinto Deus. E até parece
que ele me dita nem sei que boa cor.
Como um hospitaleiro, e bom e triste;
languesce um doce desdém de apaixonado:
deve doer-te muito o coração.

Oh, Deus meu, só agora a ti chego
hoje que amo tanto esta tarde; hoje
que na balança falsa de uns seios
olho e choro uma frágil Criação.

E tu, o que chorarás... tu, apaixonado
de tão enorme seio girador...
Eu te consagro Deus, porque amas tanto;
porque jamais sorris; porque sempre
deve doer-te muito o coração.[197]

---

196 Torre, G. de. *Tres conceptos de la literatura hispanoamericana*. Buenos Aires, Losada, 1963, p. 164. *Havia em Vallejo essa "cândida inocência" que bem observou Larrea, porém oculta atrás de uma máscara algo dura: a de seu* pathos *indígena, difícil de transmitir num primeiro momento, chegando por trás de sua profunda pureza, mais além da sua sofrida mestiçagem. "Mineraloide", incaico, andino – com se tem dito.*

197 *Siento a Dios que camina/ tan en mí, con la tarde y con el mar./ Con él nos vamos juntos. Anochece./ con él anochecemos. Orfandad.../ Pero yo siento a Dios. Y hasta parece/ que él me dicta no sé qué buen*

4. A pobreza, a indiferença e os caminhos do mundo

Nascido em 1892, em Santiago de Chuco, numa região montanhosa a quinhentos quilômetros ao norte de Lima, décimo primeiro filho de uma família de origem indígena e espanhola, César Abraham Vallejo Mendoza sempre se identificou com os pobres e desamparados do mundo, porque essa foi a imagem que trouxe da infância e adolescência, marcada por dificuldades familiares próximas da miséria. Viveu sua juventude com a intelectualidade de Trujillo, em cuja universidade estudou e onde publicou seus primeiros poemas. Foi lá onde entrou em contato com a poesia de Juan Ramón Jimenez, Unamuno, Rubén Darío, Walt Whitman, Julio Herrera y Reissig e Chocano.[198]

Chega a Lima em 1917 e no ano seguinte publica *Los heraldos negros*, onde transparece a influência e sua admiração por Darío, a afinidade com Herrera e onde usa e abusa do valor dos símbolos. Talvez tenha sido a indiferença com que os limenhos trataram a poesia de seus dois primeiros livros e sua injusta prisão de quatro meses, em Trujillo, por sua suposta participação num incidente público ao visitar sua terra natal em 1920, que o levou, em 1923, a deixar o Peru, para sempre, indo viver em Paris onde passará fome, dormirá algumas noites ao relento e depois sobreviverá da atividade gráfica, jornalística, de traduções e docência. É ali onde conhece os grandes poetas e pintores da época como Vicente Huidobro, Pablo Neruda, Juan Gris, Pablo Picasso, Antonin Artaut, Jean Cocteau, Tristan Tzara e o poeta espanhol Juan Larrea, que seria seu grande amigo, futuro biógrafo e com quem funda, em 1926, a revista *Favorables Paris Poema*. Em 1928, viaja a Moscou, onde conhece Maiakovski. Retorna a Paris, onde abre a primeira célula parisiense do Partido Socialista do Peru e no ano seguinte, em companhia

---

color./ Como un hospitalario, es bueno y triste;/ mustia un dulce desdén de enamorado:/ debe dolerle mucho el corazón./ Oh, Dios mío, recién a ti me llego,/ hoy que amo tanto en esta tarde; hoy/ que en la falsa balanza de unos senos,/ miro y lloro una frágil Creación./ Y tú, cuál llorarás... tú, enamorado/ de tanto enorme seno girador.../ Yo te consagro Dios, porque amas tanto;/ porque jamás sonríes; porque siempre/ debe dolerte mucho el corazón. (Trad. Felipe José Lindoso. N.A.).

198 José Santos Chocano, destacado poeta modernista peruano nascido em 1875, em Lima, também conhecido pelo pseudônimo de *O cantor da América*. Foi uma estranha figura literária. Polêmico e aventureiro, foi secretário de Pancho Villa, escapou por pouco do fuzilamento na Guatemala, em 1920. Matou em Lima, num duelo, o jovem escritor Edwim Elmore e morreu em 1934, em Santiago, assassinado por um demente, que acreditava ter Chocano o mapa de um tesouro.

de Georgette Marie Philippart Travers – com quem passa a viver – viaja novamente à Rússia, retornando pela Hungria, Áustria, Tchecoslováquia, Polônia, Alemanha e Itália.

Em 1930, chega à Espanha para o lançamento da segunda edição de *Trilce*, voltando em seguida a Paris, de onde é expulso por propagar o comunismo. Em 1931, está novamente na Espanha, onde testemunha a queda da monarquia e a ascensão republicana. Relaciona-se com o filósofo Miguel de Unamuno, com António Machado e com os poetas mais jovens, da chamada "Geração de 27", como Federico Garcia Lorca, Rafael Alberti, Jorge Guillen, Miguel Hernandez, Luis Cernuda, Dámaso Alonso, Pedro Salinas, entre outros e quase todos vítimas da Guerra Civil Espanhola. Neste mesmo ano, publica suas crônicas e ensaios sobre a *Rusia en 1931* e *Reflexiones al pie del Kremlin*, título cujo sucesso de vendas levou os editores espanhóis a publicar três edições em quatro meses. Ainda em 1931, atendendo a uma proposta editorial de uma novela proletária, escreve em três semanas e publica em Madri o livro *El tungsteno*, onde recorda seu tempo de adolescente e seu contato com os trabalhadores da Empresa Minimo Society, no assentamento mineiro de Quiruvilca, perto de sua cidade natal. Denuncia as injustiças porque passam os mineiros, acusando os "gringos" e autoridades peruanas que defendem os interesses dos exploradores norte-americanos em detrimento dos abusos contra os trabalhadores das minas e, sobretudo, pela exploração de uma coletividade indígena da etnia *sora*, submetida pelos atos mais cruéis e iníquos de arbitrariedade, cuja revolta é sufocada com o sangue dos caídos.

Em 1931, realiza sua última viagem a Moscou para participar do Congresso Internacional de Escritores Solidários com o Regime Soviético, de onde retorna a Madri e encontra as portas editoriais fechadas a seus novos livros, em razão do caráter marxista e revolucionário de suas obras. Recomeça a escrever poesia, cujos versos serão publicados, postumamente, com o título de *Poemas humanos*.

Em 1932, filia-se ao Partido Comunista Espanhol e regressa a Paris onde vive na clandestinidade, organizando, posteriormente, com Neruda, a coleta de fundos para a causa republicana na Guerra Civil

Espanhola. Em 1937, volta pela última vez à Espanha para participar do Congresso Internacional de Escritores Antifacistas, e talvez porque sua precária saúde o impedisse de empunhar um fuzil para defendê-la, escreve seu grande poema político: *España, aparta de mí este cáliz*, que deu título ao livro de quinze poemas, publicado postumamente, em 1939, como um verdadeiro testamento poético, por sua viúva, Georgette Vallejo.

5. César Vallejo: um coração dividido

Vallejo foi homem repartido. Filho da consanguinidade indígena e espanhola, sentiu seu coração dividir-se pelos caminhos da vida. Primeiro sentiu sua alma partir-se, dolorosamente, entre a imagem querida da mãe e a imperecível saudade que chegou com sua morte, em 1918. Repartiu-se entre o idílio e a separação da mulher que amou, num romance tormentoso e frustrado de sua juventude, como professor em Lima. Sentiu sempre o coração dividido entre a pátria e o mundo, e culturalmente entre o Peru e a Espanha. Vallejo viveu dividido entre Paris e a sua crônica nostalgia da beleza andina. Pablo Neruda, seu grande amigo, afirma que:

> *Vallejo era sério e puro. Morreu em Paris. Morreu no ar sujo de Paris, do rio sujo de onde tiraram tantos mortos. Vallejo morreu de fome e asfixia. Se o tivéssemos trazido para o Peru, se o tivéssemos feito respirar ar e terra peruana, talvez estivesse vivo e cantando*[199].

O poeta transitou balizado pelas ironias da vida, pelos golpes do destino, entre o desespero e a esperança que atormentaram sua alma depois dos quarenta anos, onde a sua poesia mantém sempre aquela obscuridade tatuada pela dor dos homens, pela perplexidade ante o grande mistério da vida e o significado da morte: *Haver nascido para viver de nossa morte*, e ante sua sensibilidade do imenso vazio do mundo e seu sonho de plenitude espiritual e de uma eterna felicidade.

199 Neruda, P. *Confesso que vivi*. São Paulo, Difel, 1979, p. 285.

E se alguém fica perplexo ante esse universo de trevas, de limites, é sobretudo o próprio poeta que o revela em seu poema "Panteón";. daí o acento de angústia que raramente abandona Vallejo; daí essas juntas, essas parelhas de significações em conflito que não são nunca abolidas nem superadas: o todo-o nada, a alma-o corpo, o alto-o baixo, o nunca-o sempre, o tempo-a eternidade, a vida-a morte, Deus-nada.[200]

Vallejo viveu repartido entre sua íntima plenitude, filosófica e poética e sua fidelidade ao marxismo. Conforme carta, datada em 29 de janeiro de 1932 ao poeta e amigo Juan Larrea, ele confessa:

> *Comparto a minha vida entre a inquietação política e social e a minha inquietação introspectiva e pessoal minha para dentro.* Ou seja, *O poeta sentia-se, pois, dividido, sem conseguir unificar as duas partes de que se sentia feito: uma de* inquietação política e social, *que o marxismo satisfazia;* outra introspectiva e pessoal minha para dentro *para a qual nunca encontrou resposta que o satisfizesse, nem mesmo a religião que desde os primeiros tempos pulsava no seu íntimo, sem que por isso possa entender-se a adesão a uma igreja. Essa angústia persistirá até a sua morte, não sem um vislumbre de esperança que o levará a ditar à sua mulher, poucos dias antes de morrer, estas palavras:* Qualquer que seja a causa que tenha de defender perante Deus, para além da morte, tenho um defensor: Deus.[201]

Vallejo, cuja poesia foi desprezada por seus contemporâneos, é tido hoje como o maior poeta peruano de todos os tempos, e talvez a figura mais proeminente da poesia hispano-americana depois de Pablo Neruda, o qual declarou que a poesia de Vallejo era maior que sua própria poesia. Foi um homem marcado por transes pedregosos, por uma infância de misérias e penitências, e sua pobreza o obrigou a abandonar, em 1910, o curso de letras na Universidade de Trujillo – somente concluído em 1915 – para dar aulas particulares e depois trabalhar na administração de uma fazenda açucareira no vale de Chicama, onde presencia o drama cruel e cotidiano da exploração do trabalho indígena. Ciro Alegria – que depois se tornaria um dos grandes romancistas peruanos – conta que foi aluno de Vallejo no Colégio San Juan, de Trujillo, e que:

200 Ferrari, A. Op. cit., p. 39.

201 Vallejo, C. *Antologia poética*. Tradução, seleção, prólogo e notas de José Bento. Lisboa, Relógio D'Água, 1992, p. 19-20.

De todo seu ser fluía uma grande tristeza. Nunca vi um homem que parecesse mais triste. Sua dor era como uma secreta e ostensível condição, que terminou por contagiar-me.(...) Ainda que à primeira vista pudesse parecer tranquilo, havia algo profundamente desgarrado naquele homem que eu não entendi mas senti com toda minha desperta e alerta sensibilidade de menino.(...) Foi assim como encontrei César Vallejo e como o vi, como se fosse pela primeira vez. As palavras que dele ouvi sobre a Terra são também as que mais gravei na memória. O tempo haveria de revelar-me novos aspectos de sua pessoa, os longos silêncios em que caía, sua atitude de tristeza infindável...[202]

6. "O poeta dos vencidos"

Eu nasci num dia em que Deus estava enfermo, afirma ele, reiteradamente, em seu poema *Espergegia*. E apesar de tudo, do sentimento pessimista pela sua dor e por compreender a imensa dor humana, do desamparo que colheu da vida, nunca permitiu que suas dolorosas experiências alterassem seu espírito solidário com os pobres e os injustiçados do mundo e apagassem de sua alma a fé revolucionária e a esperança com que o marxismo prometia a construção de uma sociedade mais justa para todos os homens.

É, por isso mesmo, chamado o poeta dos pobres, da dor dos homens, o "poeta dos vencidos" na ótica histórica de Eduardo Galeano, e esse é o retrato que está por trás dos 76 poemas que integram os seus *Poemas humanos*, escritos entre 1931 e 1937, e publicados, postumamente, em Paris, em 1939.

Aí o poeta exprimiu o sofrimento próprio e dos outros, o absurdo da existência, o sentimento de culpa que sentia pelos direitos em que se baseia a sociedade que fazia parte, e revolta perante a injustiça que era gritante ao seu redor, o horror da guerra vista como conflito global, sem rosto, e como tragédia dos seus humildes protagonistas anônimos,

202 Alegría, C. El César Vallejo que yo conocí. *Cuadernos Hispanoamericanos*. México, ano III, v. XVIII, n. 6, nov./dez. 1944.

as contradições de um ser tenso entre pontos opostos que não param de enfrentar-se, a esperança num mundo de compreensão entre os homens, que ele sabia ser uma utopia.[203]

O seu sentimento poético de solidariedade e de piedade pelos desamparados e humildes, cujos primeiros passos são dados n*'Os heraldos negros*, – como neste fragmento do poema *El pan nuestro*:

Todos meus ossos são alheios;
quem sabe os tenha roubado!
Dei-os a mim mesmo o que talvez estivesse
designado para outro;
e penso que, se não houvesse nascido,
outro pobre tomaria este café!
Sou um mau ladrão...Para onde irei?
E nesta hora fria, em que a terra
recende a pó humano e é tão triste,
quisera eu bater em todas as portas
e suplicar a não sei quem, perdão,
e fazer-lhe pedacinhos de pão fresco
aqui, no forno do meu coração...![204]

– caminham no transcurso de toda sua vida de escritor e chegam ainda mais comoventes em seus últimos poemas, como a perplexidade frente a dor humana em *Los nueve monstruos* e nestes versos fraternos de *Traspié entre duas estrelas*, ambos do livro *Poemas humanos*:

Amado seja aquele que tem percevejos,
o que anda sob a chuva com sapatos furados
o que vela o cadáver de um pão com dois fósforos,
o que prende um dedo numa porta,
o que não tem aniversário,
o que perdeu sua sombra num incêndio,

---

203 Vallejo, C. Op. cit., p 18.

204 *Todos mis huesos son ajenos/ yo talvez los robé!/ Yo vine a darme lo que acaso estuvo/ asignado para otro;/ y pienso que, si no hubiera nacido,/ otro pobre tomara este café!/ Yo soy un mal ladrón... A dónde iré!/ Y en esta hora fria, en que la tierra/ trasciende a polvo humano y es tan triste,/ quisiera yo tocar todas las puertas,/ y suplicar a no sé quién, perdón,/ y hacerle pedacitos de pan fresco/ aquí, en el horno de mi corazón...!*

o animal, o que parece um papagaio,
o que parece um homem, o pobre rico,
o puro miserável, o pobre pobre![205]

7. Os pressentimentos e a morte

Na poesia dos últimos tempos de Vallejo, apesar do engajamento político dos seus versos, persistirão sempre a sua obsessão pelo metafísico, que já existia com a feição religiosa n'*Os heraldos negros* e ressurgindo somente em *Espanha, aparta de mi este cáliz*, e nos *Poemas humanos* onde o social e o metafísico se abraçam solidariamente nas emoções e sentimentos dos homens, diante da pobreza, do abandono, da injustiça e da morte. O tema da morte é uma constante na poesia de Vallejo e, à medida que o poeta se avizinha dela, vai registrando com seus versos sua despedida do mundo, como no poema *París, octubre 1936:*

De tudo isto sou o único que parte.
vou-me deste banco vou-me, de meus calções,
de minha grande situação, de minhas ações,
de meu número fendido parte a parte,
de tudo isto sou o único que parte.
Dos Campos Elíseos ao dar volta
à estranha viela da Lua,
meu féretro se vai, parte de meu berço,
e, rodeada de gente, sozinha, solta,
minha semelhança humana dá a volta
e despacha suas sombras uma a uma.
E afasto-me de tudo, porque o todo
fica para ser restringido:
meu sapato, sua botoeira, seu lodo
e até a dobra do cotovelo
de minha própria camisa abotoada.[206]

---

205 *¡Amado sea aquel que tiene chinches,/ el que lleva zapato roto bajo la lluvia,/el que vela el cadáver de un pan con dos cerillas,/el que se coge un dedo en una puerta,/ el que no tiene cumpleaños,/ el que perdió su sombra en un incendio,/el animal, el que parece un loro, el que parece un hombre, el pobre rico,/ el puro miserable, el pobre pobre!*

206 *De todo esto yo soy el único que parte./ De este banco me voy, de mis calzones, de mi gran situación, de mis acciones,/ de mi número hendido parte a parte,/ de todo esto yo soy el único que parte. /De los*

Há também um claro pressentimento de sua morte no poema *Pedra negra sobre uma pedra branca*. Não morreu na quinta, como supôs, mas no dia seguinte, numa sexta-feira chuvosa. Era outono em Lima, mas primavera em Paris. Este é um dos seus poemas mais conhecidos e dos mais reproduzidos nas antologias. Seu estranho título deriva de uma tradição dos habitantes de Santiago de Chuco, sua cidade natal: o de colocar uma pedra negra sobre uma pedra branca para assinalar os enterros. Eis um fragmento:

Morrerei em Paris com aguaceiro
num dia do qual já tenho a lembrança.
Morrerei em Paris – de onde não saio –
talvez numa quinta, como hoje, de outono.(...) [207]

No início de 1938, leciona língua e literatura em Paris, quando tem um forte esgotamento físico e foi internado em 24 de março com sintomas indefinidos, que o levaram a uma forte crise e à morte em 15 de abril daquele ano, numa sexta-feira chuvosa. O poeta e romancista francês, Louis Aragon, um dos iniciadores do surrealismo, fez o elogio fúnebre a Vallejo, cujos restos repousam no cemitério de Montparnasse com o epitáfio: *He nevado tanto, para que duermas.* Neruda lhe honrou com este texto, posteriormente publicado em Santiago do Chile, pela revista *Aurora*, em 1° de agosto de 1938:

Esta primavera da Europa está crescendo sobre mais um, um inesquecível entre os mortos, nosso bem-admirado, nosso bem-querido César Vallejo. Por estes tempos de Paris, ele vivia com a janela aberta, e sua pensativa cabeça de pedra peruana recolhia o rumor de França, do mundo, da Espanha... Velho combatente da esperança, velho querido. É possível? E que faremos neste mundo para sermos dignos de tua silenciosa obra duradoura, do teu interno crescimento essencial? Já em teus últimos tempos, irmão, teu corpo,

---

Campos Elíseos al dar vuelta/ la extraña callejuela de la luna,/ mi defunción se va, parte de mi cuna,/ y, rodeada de gente, sola, suelta,/ mi semejanza humana dase vuelta/ y despacha sus sombras una a una./ Y me alejo de todo, porque todo/ se queda para hacer la coartada:/ mi zapato, su ojal, también su lodo/ y hasta el doblez del codo/ de mi propia camisa abotonada.

207 *Me moriré en París con aguacero,/ un día del cual tengo ya el recuerdo./ Me moriré en París –y no me corro – / tal vez un jueves, como es hoy, de otoño.*

tua alma te pediam terra americana, mas a fogueira da Espanha te retinha na França, onde ninguém foi mais estrangeiro. Porque eras o espectro americano – indo-americano como vós outros preferis dizer –, um espectro de nossa martirizada América, um espectro maduro na liberdade e na paixão. Tinhas algo de mina, de socavão lunar, algo terrenamente profundo.

"Rendeu tributo a suas muitas fomes" – me escreve Juan Larrea. Muitas fomes, parece mentira... As muitas fomes, as muitas solidões, as muitas léguas de viagem, pensando nos homens, na injustiça sobre a terra, na covardia de meia humanidade. O caso da Espanha já te ia roendo a alma. Essa alma roída por teu próprio espírito, tão despojada, tão ferida por tua própria necessidade ascética. O caso da Espanha foi a verruma diária para a tua imensa virtude. Eras grande, Vallejo. Eras interior e grande, como um grande palácio de pedra subterrânea, com muito silêncio mineral, com muita essência de tempo e de espécie. E ali no fundo, o fogo implacável do espírito, brasa e cinza... Salve, grande poeta, salve irmão![208]

208 Neruda, P. *Para nascer nasci.* Difel, São Paulo, 1979.

XIII
ARGUEDAS, BLANCO E HERAUD: TRÊS ALMAS ENTRELAÇADAS PELO MESMO SONHO

José Maria Arguedas: *a luta por uma cultura esquecida*

1. O suicídio de Arguedas

No entardecer do dia 28 de novembro de 1969, um sábado, eu aguardava um amigo costarriquenho no Café Goyesca, na praça San Martin, centro de Lima. Era Francisco Rojas, estudante de arquitetura da Universidade de San Marcos, que eu conhecera em março daquele ano, em Assunção. Ele chegou com uma frase nos lábios: – *Arguedas se dió un balazo y agoniza.*

Há um mês eu lera, em Cusco, seu livro *Os rios profundos* e, por meu crescente interesse pelo indigenismo, o poeta Luis Nieto aconselhou-me a procurá-lo na Universidade Nacional Agrária de La Molina, em Lima, onde Arguedas era professor. Eu chegara à capital peruana há duas semanas, mas, envolvido numa intensa atividade cultural, aguardava a resposta de alguns contatos, a fim de encontrar os caminhos para entrevistá-lo.

A notícia me deixou perplexo, estupefato e olhando fixamente nos olhos de meu amigo, eu, repentinamente, lembrei-me da chegada a La Paz e da morte, alguns dias depois, do guerrilheiro Inti Peredo a quem eu também fazia os trâmites para encontrar. Arguedas já tentara o suicídio, em 1966, decepcionado culturalmente com a política indigenista do Peru, e agora, diante de um espelho, no banheiro da própria universidade onde lecionava, dera um tiro na cabeça. Deixou para fazer isso num sábado, como confessou em carta, para evitar que os alunos fossem prejudicados. Sempre me perguntei o que leva um escritor ao suicídio, por tratar-se justamente de alguém com um profundo significado da vida, com um mágico compromisso consigo mesmo, com seu tempo e com a humanidade. Havia tantos casos, e alguns muitos tristes, na literatura. Casos que me tocavam mais de perto como o do nosso poeta Pedro Nava, também com um tiro na cabeça, em maio de 1984, no Rio de Janeiro. O suicídio da grande poetisa argentina, Afonsina Storne, atirando-se ao mar em 1938 e de Florbela Espanca, no dia do seu 36º aniversário. Os casos mais célebres, de Maiakovski e Hemingway, e o mais emocionalmente triste, da cantora Violeta Parra. Quais os motivos de um desfecho tão lamentável para quem tem tanta beleza para dar ao mundo? O sociólogo francês Émile Durkhein fala de causas sociais, provenientes de sociedades carentes de integração, como sempre foi, etnicamente, a sociedade peruana onde viveu e sofreu, culturalmente, o escritor e etnólogo José María Arguedas, visceralmente identificado com a causa indígena.

2. O universo transcultural de Arguedas

Eu respirava ainda na atmosfera cultural d'*Os rios profundos*, em cujas páginas mergulhara nos conflitos de um universo heterogêneo de duas culturas assimiladas pelo jovem Ernesto, o personagem autobiográfico do romance. Foi a obra que me abriu a primeira janela para olhar a paisagem literária do indigenismo através da transculturação, pela qual a oralidade dos povos indígenas da América, aplastada pela colonização espanhola, é resgatada pela palavra escrita da literatura indigenista – no exemplo pioneiro de Miguel Angel Astúrias, traduzindo do *quiché*, em 1926, o *Popol Vuh*, livro sagrado dos maias, seguido por Arguedas e posteriormente por Roa Bastos, com o guarani. Em *Os rios profundos*, esse processo transparece em cada página, numa prosa traduzida com poesia e lirismo e onde o quíchua e o castelhano mesclam-se, recriando trechos de canções de amor à vida e à natureza:

> *Elas só conheciam* huaynos *do Apurímac e do Pachachaca, da terra morna onde crescem a cana-de-açúcar e as árvores frutíferas. Quando cantavam com suas vozes fraquinhas, pressentíamos outra paisagem; o ruído das folhas grandes, o brilho das cascatas que saltam entre arbustos e flores brancas de cactos, a chuva pesada e tranquila que cai sobre os campos de cana; as quebradas em que brilham flores de* pisonay*, cheias de formigas vermelhas e insetos vorazes:*

Ay siwar k'enti!
amaña wayta tok'okachaychu,
siwar kenti.
Ama jhina haychu
mayupataman urayamuspa
k'ori raphra,
kay puka mayupi wak'ask'ayta

K'awaykamuway
K'awaykamuway
siwar k'enti, k'ori raphra,
llakisk' ayta,
purun wayta kirish'aykita,
mayupata wayta
sak'esk'aykita.

Ai, beija-flor!
não fures tanto a flor,
asas de esmeralda.
não sejas cruel
desce a beira do rio,
asas de esmeralda,
e olha-me chorando junto da água vermelha
olha-me chorando.
Desce e olha-me,
beija-flor dourado,
toda minha tristeza,
flor do campo ferida,
flor dos rios
que abandonaste.[209]

No dia seguinte, domingo, todos os jornais traziam, em manchete, o gesto trágico do grande narrador peruano do século XX. As legendas resumiam que *O escritor José María Arguedas, em frente a um espelho, no banheiro da Universidade Agrária, disparou um tiro nas têmporas, num sábado, para evitar que seus alunos perdessem o ditado das aulas.*

209 Arguedas, J. M. Op. cit., p. 48-9.

O fato enlutou o país e deixou consternados os meios intelectuais, ideólogos e militantes de esquerda, assim como muitas lideranças agrárias e indígenas com as quais Arguedas tinha contato, defendendo e buscando sua identidade perdida, lutando pela pureza da sua cultura e pela redenção de suas degradantes condições econômicas e sociais. Este foi, na verdade, o dramático enredo biográfico do escritor, como Ernesto, no romance *Os rios profundos*. O crítico literário peruano Antonio Cornejo Polar, analisando *Os rios profundos*, no seu contexto indigenista, refere-se ao comprometimento político de Arguedas, quando ele o relaciona à grande sublevação camponesa no vale de La Convención, nas cercanias de Cusco, em 1962, transformada em movimento guerrilheiro sob o comando de Hugo Blanco:

> *A exatidão desse enfoque; isto é, sua verdade sociológica, era provada por Arguedas com a recente história do Peru, especialmente com o levante camponês de La Convención:*
>
> *Quatro anos depois (de publicada a novela) deu-se a revolta de La Convención. Eu estava seguro de que essas pessoas se rebelariam antes que as comunidades livres, porque estavam muito mais castigadas e muito mais à beira da morte do que as comunidades livres que tinham alguma terra. Aos colonos se impunha essa alternativa: ou invadir as terras, ou morrer de fome e nesse caso, o homem, por instinto, defende sua vida.*
>
> *Estas mesmas ideias estão contidas na primeira parte da estremecedora carta de despedida de Arguedas a Hugo Blanco, líder da revolta de La Convención, na época encarcerado.*[210]

---

210 Cornejo Polar, *A La novela peruana*. 3 ed. Lima, Latinoamericana Editores, 2008. p. 174-5.
La exactitud de este planteamiento; esto es, su verdad sociológica, la probaba Arguedas con la historia reciente del Perú, especialmente con el levantamiento campesino de La Convención:
Cuatro años después (de publicada la novela) ocurrió la sublevación de La Convención. Yo estaba seguro de que estas gentes se rebelarían antes que las comunidades libres, porque estaban mucho más castigadas y mucho más al borde de la muerte que las comunidades libres que tienen algo de tierra. A los colonos se los puso ante esta alternativa: o invadir las tierras o morir de hambre y en ese caso el hombre, por instinto, defiende su vida.
Estas mismas ideas están contenidas en la primera parte de la estremecedora carta de despedida de Arguedas a Hugo Blanco, líder de la sublevación de La Convención, entonces encarcelado.

3. A carta de Arguedas a Hugo Blanco

Na sequência, Cornejo Polar cita a primeira parte da carta de Arguedas a Hugo Blanco. Creio ser imprescindível transcrevê-la aqui integralmente. No mês em que Arguedas se suicidou, novembro de 1969, o guerrilheiro Hugo Blanco, preso desde 1963, escreve-lhe duas cartas. A primeira, no dia 14 e a segunda dia 25, quatro dias antes do tiro que o levou à morte. Foram originalmente escritas em *quéchua* e retratam a intimidade de ambos com a cosmogonia indígena, expressando, numa linguagem quase sempre poética, a singela grandeza e a cruciante miséria do mundo andino. Mesmo nas vésperas de sua morte, Arguedas não demonstra nenhuma amargura pessoal ao responder ao amigo. Assumindo seu invejável engajamento político como escritor, denuncia, exalta a luta social e política e respira com o ar puro da esperança. Quanto ao guerrilheiro, com sua "pena de morte" comutada para "25 anos de reclusão", não cede um milímetro nas suas convicções, contando a Arguedas as glórias e os calvários de sua "via-sacra" revolucionária, do significado de sua luta inabalável pelo movimento indígena e de sua crença no advento de um mundo novo. As duas cartas de Hugo Blanco e a resposta de Arguedas estão entre os mais interessantes documentos indigenistas que tenho lido.[211] Mas transcreverei aqui apenas a resposta de Arguedas:

> *Irmão Hugo, querido coração de pedra e de pomba*
>
> *Talvez já tenhas lido o meu romance "Os rios profundos". Lembra, irmão, o mais forte, lembra. Nesse livro não falo apenas de como chorei lágrimas ardentes; com mais lágrimas e com mais arrebatamento falo dos pongos, (1) dos colonos de fazenda, de sua escondida e imensa força, da raiva que no âmago de seu coração arde, em fogo que não se apaga. Esses piolhentos, diariamente flagelados, obrigados a lamber a terra com suas línguas, seres desprezados pelas mesmas comunidades, esses, na novela, invadem a cidade de Abancay sem temer a*

211 Pelos limites desta obra, deixo de transcrever aqui as cartas de Hugo Blanco a Arguedas. Os três documentos foram publicados em 2009 no *site* peruano *Lucha Indígena*, onde o leitor interessado poderá ler as três cartas comentadas, no *link*: <http://www.luchaindigena.com/2009/05/cartas-entre-jose-maria-arguedas-y-hugo-blanco/comment-page-1/>. (Acesso em: 12 dez. 2010 às 18h32).

metralha e as balas, vencendo-as. Assim obrigavam o grande pregador da cidade, o padre que os olhava como se fossem pulgas; vencendo as balas, os servos obrigam o padre a rezar missa, a que cante na igreja: impuseram-lhe pela força. Na novela imaginei esta invasão com um pressentimento: somente os homens que estudam os tempos vindouros, os que entendem de lutas sociais e de política, compreendem o que significa esta sublevação na tomada da cidade como imaginei. Como, com o sangue ainda mais quente se levantariam esses homens, não para perseguir apenas a morte da mãe da peste, do tifo, mas aos gamonales, (2) no dia em que vençam o medo e o horror que têm deles! "Quem há de superar esse terror formado e alimentado durante séculos, quem? Em algum lugar do mundo existe esse homem que os ilumine e salve? Existe ou não existe? Caralho, merda!", digo isto porque tu choravas fogo, esperando sozinho. Os críticos da literatura, os mais ilustrados, não descobriram a princípio o objetivo final da novela, aquele que coloquei em seu miolo, no meio mesmo de sua corrente. Felizmente um, um somente, descobriu e o proclamou abertamente.

E depois, irmãos? Não foste tu, tu mesmo quem encabeçaste a esses "pulguentos" índios de fazenda, dos pisoteados o mais pisoteado homem do nosso povo; dos asnos e os cachorros o mais enxotado, o cuspido com o mais sujo escarro? Convertendo esses no mais valoroso dos valentes, não os fortaleceste? Não te aproximaste de sua alma? Ergueste a alma, a alma de pedra e de pomba que tinham, que estava esperando na mais pura semente do coração desses homens. Não tomaste Cusco como me dizes em tua carta, e da mesma porta da catedral, bradando e denunciando em quíchua, não espantaste os gamonales, não fizeste que se escondessem em seus buracos como se fôssem periquitos muito doentes das tripas? Fizeste correr a esses filhos e protegidos do antigo Cristo, do Cristo de chumbo. Irmão, querido irmão, como eu, de rosto algo branco, do mais intenso coração índio, lágrima, canto, dança, ódio.

Eu, irmão, somente sei chorar lágrimas de fogo; mas com esse fogo tenho purificado a cabeça e o coração de Lima, a grande cidade que negava, que não conhecia bem seu pai e sua mãe; abri um pouco seus olhos, os próprios olhos dos homens do nosso povo, limpei-os um pouco para que vejam melhor. E nos povos que chamam estrangeiros, creio que levantei nossa verdadeira imagem, seu valor, seu valor verdadeiro, creio que a levantei bem alto e com luz suficiente para que nos estimem, para que saibam e possam esperar nossa parceria e nossa força; para que se apiedem de nós como do mais órfão dos órfãos; para que não sintam vergonha de nós, e de ninguém.

Essas coisas, irmão, esperadas pelos mais escarnecidos de nossas gentes, essas coisas nós fizemos; uma a fizeste tu e eu fiz a outra, irmão Hugo, homem de ferro que chora sem lágrimas; tu, tão semelhante, tão igual a um comunero, (3)lágrima e aço. Eu vi teu retrato numa livraria do bairro latino de Paris; enchi-me de alegria, vendo-te junto a Camilo Torres e a "Che" Guevara. Ouça, vou confessar-te algo em nome de nossa amizade recém-começada: ouça, irmão, somente ao ler tua carta senti, soube que teu coração era terno, é flor, tanto como o de um comunero de Puquio, meus mais semelhantes. Ontem recebi tua carta: passei a noite inteira, primeiro andando, e depois me inquietando com a força da alegria e da revelação.

Eu não estou bem, não estou bem; minhas forças anoitecem. Mas se agora morro, morrerei mais tranquilo. Esse formoso dia que virá e de que falas, aquele em que nossos povos voltarão a nascer, vem, sinto-o, sinto na menina dos meus olhos sua aurora, nessa luz está caindo gota por gota a tua dor ardente, gota por gota sem se acabar jamais. Temo que esse amanhecer custe sangue, muito sangue. Tu sabes e por isso denuncias, bradas da prisão, aconselhas, cresces. Como no coração dos runas (4) que me cuidaram quando era menino, que me criaram, existe ódio e fogo contra os gamonales de toda laia; e para os que sofrem, para os que não têm casa nem terra, os wakchas, (5) tens peito de cotovia; e como a água de alguns mananciais muito puros, amor que fortalece até regozijar os céus. E todo o teu sangue soube chorar, irmão. Quem não sabe chorar, sobretudo em nossos tempos, não sabe do amor, não o conhece. Teu sangue já está no meu, como o sangue de Don Victo Pusa, de Don Felipe Maywa, Don Victo e Don Felipe me falam dia e noite, choram sem cessar dentro de minh'alma, me censuram em sua língua, com sua grande sabedoria, com seu pranto que alcança distâncias que não podemos calcular, que chega mais longe que a luz do sol. Eles, ouça Hugo, me criaram, amando-me muito, porque sabendo que eu era filho de misti, (6) via que me tratavam com desprezo, como a índio. Em nome deles, recordando-os em minha própria carne, escrevi o que tenho escrito, aprendi tudo o que tenho aprendido e feito, vencendo barreiras que às vezes pareciam inacreditáveis. Conheci o mundo. E tu também, creio que em nome de runas semelhantes a eles dois, sabes ser irmão do que sabe ser irmão, semelhante a teu semelhante, ao que sabe amar. Até quando e até onde hei de te escrever? Já não poderás esquecer-me. Ainda que a morte me agarre, ouça, homem peruano, forte como nossas montanhas onde a neve não se derrete, a quem a prisão fortalece como a pedra e como a pomba. Eis aqui que te escrevo, feliz, em meio da grande sombra de meu mortal sofrimento. A nós não nos atingem a tristeza dos mistis, dos egoístas; chega-nos a tristeza forte do povo, do mundo, dos que conhecem e sentem o amanhecer. Assim a morte e a tristeza não são nem morrer nem sofrer. Não é verdade, irmão?

Recebe meu coração

José María [212]

---

212 *Hermano Hugo, querido, corazón de piedra y de paloma:*
Quizá habrás leído mi novela "Los Ríos Profundos". Recuerda, hermano, el más fuerte, recuerda. En ese libro no hablo únicamente de cómo lloré lágrimas ardientes; con más lágrimas y con más arrebato hablo de los pongos, de los colonos de hacienda, de su escondida e inmensa fuerza, de la rabia que en la semilla de su corazón arde, fuego que no se apaga. Esos piojosos, diariamente flagelados, obligados a lamer tierra con sus lenguas, hombres despreciados por las mismas comunidades, esos, en la novela, invaden la ciudad de Abancay sin temer a la metralla y a las balas, venciéndolas. Así obligaban al gran predicador de la ciudad, al cura que los miraba como si fueran pulgas; venciendo balas, los siervos obligan al cura a que diga misa, a que cante en la iglesia: le imponen a la fuerza. En la novela imaginé esta invasión con un presentimiento: los hombres que estudian los tiempos que vendrán, los que entienden de luchas sociales y de la política, los que comprendan lo que significa esta sublevación de la toma de la ciudad que he imaginado. ¡Cómo, con cuánto más hirviente sangre se alzarían estos hombres si no persiguieran unicamente la muerte de la madre de la peste, del tifus, sino la de los gamonales, el día que alcancen a vencer el miedo, el horror que les tienen! "¿Quién ha de conseguir que venzan este terror en siglos formando y alimentado, quién? ¿En algún lugar del mundo está ese hombre que los ilumine y los salve? ¿Existe o no existe? ¡Carajo, mierda!", diciendo, como tú lloraba fuego, esperando, a solas. Los críticos de literatura, los muy ilustrados, no pudieron descubrir al principio la atención final de la novela, la que puse en su meollo, en el medio mismo de su corriente. Felizmente uno, uno solo, lo descubrió y lo proclamó, muy claramente.
¿Y después hermanos? ¿No fuiste tú, tú mismo quien encabezó a esos "pulguientos" indios de hacienda, de los pisoteados el más pisoteado hombre de nuestro pueblo; de los asnos y los perros el más azotado, el escupido con el más sucio escupitajo? Convirtiendo a esos en el más valeroso de los valientes, ¿no los fortaleciste, no acercaste su alma? Alzándoles el alma, el alma de piedra y de paloma que tenían, que estaba aguardando en lo más puro de la semilla del corazón de esos hombres, ¿no tomaste el Cusco como me dices en tu carta, y desde la misma puerta de la catedral, clamando y apostrofando en quechua, no espantaste a los gamonales, no hiciste que se escondieran en sus huecos como si fueran pericotes muy enfermos de las tripas? Hiciste correr a esos hijos y protegidos del antiguo Cristo, del Cristo de plomo. Hermano, querido hermano, como yo, de rostro algo blanco, del más intenso corazón indio, lágrima, canto, baile, odio.
Yo hermano, sólo sé bien llorar lágrimas de fuego; pero con ese fuego he purificado algo la cabeza y el corazón de Lima, la gran ciudad que negaba, que no conocía bien a su padre y a su madre; le abrí un poco los ojos, los propios ojos de los hombres de nuestro pueblo, les limpié un poco para que nos vean mejor. Y en los pueblos que llaman extranjeros creo que levanté nuestra imagen verdadera, su valer,

Naquele fim de 1969, o nome de Arguedas e de Hugo Blanco eram lembrados nos encontros de gente de esquerda com quem eu conversava em Lima. Traduzidas do quíchua, as três cartas foram publicadas e eram lidas e comentadas pelos intelectuais comprometidos com o indigenismo. Não somente se lamentava a morte do escritor, mas se

---

su muy valer verdadero, creo que lo levanté en alto y con luz suficiente para que nos estimen, para que sepan y puedan esperar nuestra compañía y fuerza; para que no se apiaden de nosotros como del más huérfano de los huérfanos; para que no sientan vergüenza de nosotros, nadie.
Esas cosas, hermano a quien esperaron los más escarnecidos de nuestras gentes, esas cosas hemos hecho; tú lo uno y yo lo otro, hermano Hugo, hombre de hierro que llora sin lágrimas; tú tan semejante, tan igual a un comunero, lágrima y acero. Yo vi tu retrato en una librería del barrio latino de París; me erguí de alegría, viéndote junto a Camilo Cienfuegos y al "Che" Guevara. Oye, voy a confesarte algo en nombre de nuestra amistad personal recién empezada: oye, hermano, sólo al leer tu carta sentí, supe que tu corazón era tierno, es flor, tanto como el de un comunero de Puquio, mis más semejantes. Ayer recibí tu carta: pasé la noche entera, andando primero, luego inquietándome con la fuerza de la alegría y de la revelación.
Yo no estoy bien, no estoy bien; mis fuerzas anochecen. Pero si ahora muero, moriré más tranquilo. Ese hermoso día que vendrá y del que hablas, aquél en que nuestros pueblos volverán a nacer, viene, lo siento, siento en la niña de mis ojos su aurora, en esa luz está cayendo gota por gota tu dolor ardiente, gota por gota sin acabarse jamás. Temo que ese amanecer cueste sangre, tanta sangre. Tú sabes y por eso apostrofas, clamas desde la cárcel, aconsejas, creces. Como en el corazón de los runas que me cuidaron cuando era niño, que me criaron, hay odio y fuego en ti contra los gamonales de toda laya; y para los que sufren, para los que no tienen casa ni tierra, los wakchas, tienes pecho de calandria; y como el agua de algunos manantiales muy puros, amor que fortalece hasta regocijar los cielos. Y toda tu sangre había sabido llorar, hermano. Quien no sabe llorar, y más en nuestros tiempos, no sabe del amor, no lo conoce. Tu sangre ya está en la mía, como la sangre de don Victo Pusa, de don Felipe Maywa, Don Victo y Don Felipe me hablan día y noche, sin cesar lloran dentro de mi alma, me reconvienen en su lengua, con su sabiduría grande, con su llanto que alcanza distancias que no podemos calcular, que llega más lejos que la luz del sol. Ellos, oye Hugo, me criaron, amándome mucho, porque viéndome que era hijo de misti, veían que me trataban con menosprecio, como a indio. En nombre de ellos, recordándolos en mi propia carne, escribí lo que he escrito, aprendí todo lo que he aprendido y hecho, venciendo barreras que a veces parecían increíbles. Conocí el mundo. Y tú también, creo que en nombre de runas semejantes a ellos dos, sabes ser hermano del que sabe ser hermano, semejante a tu semejante, el que sabe amar. ¿Hasta cuando y hasta dónde he de escribirte? Ya no podrás olvidarme, aunque la muerte me agarre, oye, hombre peruano, fuerte como nuestras montañas donde la nieve no se derrite, a quien la cárcel fortalece como a piedra y como a paloma. He aquí que te he escrito, feliz, en medio de la gran sombra de mis mortales dolencias. A nosotros no nos alcanza la tristeza de los mistis, de los egoístas; nos llega la tristeza fuerte del pueblo, del mundo, de quienes conocen y sienten el amanecer. Así la muerte y la tristeza no son ni morir ni sufrir. ¿No es verdad, hermano?
Recibe mi corazón
José María

(1) *Pongos:* são arrendatários indígenas obrigados a fazer serviços gratuitos aos donos da terra, em seus campos ou em sua residência na cidade.
(2) *Gamonales*: não existe uma correspondência social adequada para este termo em português. No Brasil, poderiam ser incorretamente comparados aos "coronéis" do Nordeste, ou aos poderosos capatazes das fazendas. Na região andina, o gamonalismo é sinônimo de caciquismo, exercido pelo monopólio do poder de um mestiço, ou grupo de mestiços sobre uma determinada população indígena.
(3) *Comuneros*: são os habitantes indígenas das comunidades camponesas, assim chamados no Peru e no Chile.
(4) *Runas*: são geralmente chamados os índios peruanos e, especialmente, os de fala quéchua.
(5) *Wakchas:* comunidade indígena que vive na província de Cusco.
(6) *Misti*: essa palavra designava o latifundiário branco da região andina, visto pelos indígenas quéchuas e aymaras como o opressor, que os trata culturalmente com preconceito, agravado quase sempre com explícito desprezo e repugnância.

rememorava a saga do famoso guerrilheiro peruano, então cumprindo a pena de 25 anos na ilha de El Frontón, onde chegou em 1966, transferido da prisão de Arequipa. Arguedas já era um escritor reconhecido nacionalmente, com muitos prêmios, altos cargos e distinções acadêmicas. Ele era a mais honrosa imagem intelectual do indigenismo e neste sentido, uma referência nas reuniões literárias que sucederam o suicídio do escritor. Toda a obra de Arguedas e especialmente *Todas las sangres* – que motivou a primeira carta de Hugo ao autor, depois de receber o livro na prisão – é um exemplo de compromisso com a história do povo indígena, seja como receptor secular de inomináveis injustiças e de vítima encurralada pelos longos conflitos agrários entre o "feudalismo" colonial e o capitalismo, seja pela sua dimensão nacional, discutindo o destacado papel do índio nas transformações da sociedade peruana, cuja causa Arguedas sempre defendeu alimentando, como escritor, o sonho de uma comunidade indígena modernizada e integrada na sociedade peruana.

4. O centenário de Arguedas

Depois de três semanas de interrupção dessas memórias, volto a reescrevê-las – neste 8 de janeiro de 2011 – frente à paisagem do mar que tanto amo. Passo aqui alguns dias nesta saudosa praia catarinense de Itapoá, onde, há vinte anos, a infância de meus filhos viveu os mais belos verões de suas vidas. Chego ao final de minhas referências sobre Arguedas, mas não esqueço que daqui a 10 dias comemoram-se os cem anos de seu nascimento. Sobre isso li, posteriormente, na Internet, o texto da conferência que o premiado escritor peruano Enrique Rosas Paravicino escreveu sobre o centenário do autor de *El Zorro de arriba y el Zorro de abajo,* recortando do seu texto o invejável perfil de Arguedas *cuya estatura intelectual, moral y estética se halla al nivel de los más insignes exponentes de la cultura latinoamericana del siglo XX.*[213]

213 Disponível em: <http://palavrastodaspalavras.wordpress.com/2011/04/07/jose-maria-arguedas-en-el-primer--centenario-desu- nacimiento-por-enrique-rosas-paravicino-peru/>. (Acesso em: 08 mai. 2011 às 15h30).

A essa merecida imagem literária acrescento a do abnegado militante pela causa indígena, dedicando-lhe sua alma de poeta, explícita no lirismo da carta a Hugo Blanco, bem como do incansável trabalho como antropólogo, numa luta obstinada para preservar a cultura dos antepassados incas e que, num gesto triste, sangrou tragicamente o seu destino, indignado pelo desprezo com que se tratava a cultura quíchua no Peru.

Quantas homenagens deverá fazer o Peru a um dos filhos mais queridos e também tão incomprendido nos últimos anos de sua vida! Por certo não foi o gatilho que ele acionou em novembro de 1969 que o matou. Arguedas "foi morto" lentamente pela indiferença ou pela inveja de alguns "grandes intelectuais" peruanos que não quiseram ver a sua genialidade. Sua mais importante novela *Todas las sangres,* de 1964, que tanto sensibilizou Hugo Blanco, é um vigoroso enredo indigenista que traça o perfil moral e cultural do homem andino, ante os conflitantes interesses trazidos pelo progresso e pela ambição. Não obstante, foi tratada com desprezo pelos "sábios" do Instituto de Estudos Peruanos e rejeitada como texto de estudos sociológicos, em 1965. O reconhecimento posterior da grandeza cultural dessa obra provou que eles estavam errados, e o justo ressentimento de Arguedas, explicitado em sua carta de despedida, foi por certo o primeiro tiro que atingiu seu coração:

> *Creio que hoje minha vida deixou, completamente, de ter razão de ser. Destroçado meu lar pela influência lenta e progressiva da incompatibilidade entre minha esposa e eu: convencido da inutilidade ou impraticabilidade de formar um novo lar com uma jovem a quem peço perdão; quase demonstrado por dois sábios sociólogos e um economista, também hoje, que o meu livro "Todas las sangres" é negativo para o país, não tenho mais nada para fazer neste mundo.*
>
> *Creio que minhas forças declinam irremediavelmente.*
>
> *Peço perdão aos que me estimaram por tudo de incorreto que tenha feito contra alguém, ainda que não me lembre nada disso. Tentei*

viver para servir aos outros. Eu vou ou irei para a terra em que nasci e procurarei morrer ali de imediato. Que me cantem em quíchua de vez em quando, onde quer que seja enterrado em Andahuaylas, e ainda que os sociólogos encarem como piada esse apelo – e com razão – acredito que o canto me chegará não sei onde nem como.

Sinto algum terror ao mesmo tempo que uma grande esperança. Os poderes que dirigem aos países monstros, especialmente aos Estados Unidos, que, por sua vez, dispõem o destino dos países pequenos e de todas as pessoas, serão transformados. Talvez haja para o homem em algum tempo a felicidade. A dor existirá para que seja possível reconhecer a felicidade, vivida e transformada em fonte de infinito e triunfante alento.

Perdão e adeus. Que Célia e Sybila me perdoem.

José María Arguedas

(O quíchua será imortal, amigos desta noite. E isso não se mastiga, só se fala e se escuta).[214]

---

214 Disponível em: <http://generacioncaoba.blogspot.com/2011/01/jose-maria-arguedas-fue-asesinado-por.html>. Acesso em: 08 jan. 2011 às 16h21).
Creo que hoy mi vida ha dejado por entero de tener razón de ser. Destrozado mi hogar por la influencia lenta y progresiva de incompatibilidades entre mi esposa y yo; convencido hoy mismo de la inutilidad o impracticabilidad de formar otro hogar con una joven a quien pido perdón; casi demostrado por dos sabios sociólogos y un economista, también hoy, de que mi libro "Todas las sangres" es negativo para el país, no tengo nada que hacer ya en este mundo.
Mis fuerzas han declinado creo irremediablemente.
Pido perdón a los que me estimaron por cuanto de incorrecto haya podido hacer contra cualquiera, aunque no recuerdo nada de esto. He tratado de vivir para servir a los demás. Me voy o me iré a la tierra en que nací y procuraré morir allí de inmediato. Que me canten en quechua cada cierto tiempo donde quiera se me haya enterrado en Andahuaylas, y aunque los sociólogos tomen a broma este ruego –y con razón– creo que el canto me llegará no sé dónde ni cómo.
Siento algún terror al mismo tiempo que una gran esperanza. Los poderes que dirigen a los países monstruos, especialmente a los Estados Unidos, que, a su vez, disponen del destino de los países pequeños y de toda la gente, serán transformados. Y quizá haya para el hombre en algún tiempo la felicidad. El dolor existirá para hacer posible que la felicidad sea reconocida, vivida y convertida en fuente de infinito y triunfal aliento.
Perdón y adiós. Que Celia y Sybila me perdonen,
José María Arguedas.
(El quíchua será inmortal, amigos de esta noche. Y eso no se mastica, solo se habla y se oye).

Hugo Blanco:
o precursor da guerrilha peruana

1. Um jovem trotskista e a química revolucionária da década de 60

A ilha de El Frontón, um colossal rochedo a 7 quilômetros do porto de Callao, deixou de ser a temível penitenciária depois do célebre massacre, pela marinha peruana, de 135 presos políticos do Sendero Luminoso, em junho de 1986, no governo aprista de Allan García.[215]

Quando, em 29 de novembro de 1971, por razões de segurança, voltei de navio à capital peruana, procedente de Guayaquil, pude contemplar de perto a famosa ilha-prisão, cujas histórias de tortura e morte eu havia ouvido quando estivera em Lima dois anos antes. Mas Hugo Blanco não estava mais ali. Embora tivesse sido anistiado e libertado no ano anterior pelo chamado governo revolucionário de Velasco Alvarado, – que me expulsou para o Equador, em 1º de agosto de 1970, em razão de uma publicação panfletária de meus poemas políticos – ironicamente fazia dois meses e meio que fora deportado para o exílio no México, em 14 de setembro de 1971. Acompanho ainda, pela Internet, os 76 anos de sua atividade incansável em prol das lutas populares e do movimento indígena, com destaque para a "Carta aberta a Vargas Llosa", onde Hugo Blanco afirma que:

215 O massacre de El Frontón (135 senderistas mortos) e de Lurigancho (124 senderistas executados um a um com uma bala na nuca, depois de se renderem) no dia 18 de junho de 1986, amotinados por melhores condições carcerárias, bem como os crimes inomináveis cometidos pela ditadura argentina entre 1976 e 1983, são as manchas mais negras na história das lutas sociais do século passado na América do Sul. Na Argentina, muitos dos carrascos da ditadura foram condenados à prisão perpétua e entre eles o ex-general Jorge Rafael Videla, tristemente célebre pelo seu rosário de crueldades. No entanto, Allan García e seus cúmplices continuam impunes, assim como continuam impunes os carrascos da ditadura brasileira. Sabe-se que o caso do bárbaro assassinato dos militantes de Sendero Luminoso em 1986 não está encerrado, e que a Corte Interamericana de Direitos Humanos declarou o massacre de El Frontón como um crime contra a humanidade e, por isso mesmo, imprescritível.

O prêmio Nobel outorgado a você representa um golpe a mais do neoliberalismo às populações indígenas, já que dificilmente se encontrará maior inimigo delas que sua pessoa.[216]

Nascido em Cusco, em 1934, Oscar Hugo Blanco Galdós estudou agronomia na Argentina, onde se politizou e aderiu definitivamente ao trotskismo, sob a orientação de Hugo Bressano – que depois ficaria conhecido como Nahuel Moreno.

Era o início dos anos 60, década em que trotskismo e stalinismo ainda se digladiavam na América Latina numa ofensiva ideológica, que começara muito antes do assassinato de León Trotsky, em 1940, no México, a mando de Stalin. Era a época em que a Revolução Chinesa de 1949 e a Revolução Cubana, surgida dez anos depois, trouxeram os novos modelos revolucionários ao mundo e ao continente, promovendo debates e confrontos em que as diferentes posições da ideologia marxista disputavam a primazia revolucionária nas lutas da América Latina. Debruçadas sobre os *estudos da natureza da revolução* e suas peculiaridades continentais, os intelectuais de esquerda se envolveram em amplas reflexões e acirradas discussões sobre alianças e estratégias políticas, táticas militares e métodos de luta, fossem eles baseados no foco guerrilheiro ou na organização combativa das massas. Vivia-se numa época em que era imprescindível não confundir marxismo com stalinismo. Nessa dicotomia, a teoria e a prática revolucionária estavam divididas. Por um lado, na viabilidade da revolução democrático-burguesa por etapas, orientada pela burocracia privilegiada de Moscou, e os partidos comunistas nacionais, – cujas conclusões negavam o amadurecimento econômico e social latino-americano para uma revolução socialista – e, por outro lado, nas ideias trotskistas da "revolução permanente" e no caráter internacional da luta proletária defendido por Trotsky na Quarta Internacional, bem como pelas rápidas e avançadas etapas da Revolução Cubana, propondo a luta aberta e armada contra o imperialismo.

---

216 Disponível em: <http://desacato.info/2010/11/carta-aberta-de-hugo-blanco-a-mario-vargas-llosa/>. (Acesso em: 08 jan. 2011 às 17h08).
El Premio Nobel entregado a usted representa um golpe más del liberalismo a las poblaciones indígenas, ya que dificilmente podrá encontrarse mayor enemigo de ellas que su persona.

Neste sentido, no começo da década de 60, o Peru era um grande laboratório de ideias políticas, manipulado com a química revolucionária de jovens e brilhantes ideólogos, onde se combinavam e se excluíam os mais diversos ideais de esquerda: maoísmo, trotskismo, castrismo ou guevarismo e, dentro dessas opções, colocou-se a importante dissidência do aprismo. Portanto, o grande racha deu-se no antigo Apra[217] (Alianza Popular Revolucionaria Americana), de onde surgiu o Apra Rebelde, dirigido por Luis de la Puente Uceda que o transformou, em novembro de 1960, no MIR (Movimiento de Izquierda Revolucionaria), caracterizado como uma nova e extrema esquerda peruana. Outros movimentos surgiram posteriormente e, sempre deixando de lado as posições ortodoxas do Partido Comunista – chamado Partido Socialista do Peru – uma meia dúzia de frentes e partidos de esquerda optaram pela luta armada, definindo-se, preferencialmente, entre trotskistas e castristas, já que entre as organizações de esquerda do continente nunca predominou um só pensamento sobre a natureza da revolução.

Foi nessa fogueira de sonhos que brilhou a chama revolucionária de Hugo Blanco. Regressando da Argentina em 1956, ingressa no POR (Partido Obrero Revolucionario) e, já na clandestinidade, destaca-se como líder e precursor do movimento guerrilheiro no Peru. Com vistas à necessidade inadiável da reforma agrária, como um imperativo do desenvolvimento nacional, e à luta pela defesa da causa indígena contra a oligarquia agrária e o imperialismo, funda a organização trotskista FIR (Frente de Izquierda Revolucionaria). Demonstrando um grande despojamento, em 1958 foi trabalhar e viver entre os camponeses humildes do vale de La Convención e de Lares, em Cusco, vestindo-se como eles, vivendo em suas comunidades e aprendendo a língua quíchua.

217 O Apra, movimento político de centro-esquerda, fundado em 1924, pelo peruano Victor Haia de la Torre quando do seu exílio no México, baseava sua doutrina numa visão geopolítica estritamente cultural, regional e indo-americanista, abrangendo, em seu início, vários países do continente e dando origem a importantes organizações políticas como o Movimiento Nacionalista Revolucionario (MNR), na Bolívia, o Partido Socialista do Chile (PS), a Ação Democrática (AD), na Venezuela, entre outras. Com a bandeira da Justiça Social com Pão e Liberdade e uma visão crítica do marxismo europeu, propunha uma teoria estritamente continental para o processo revolucionário. Acabou restrito ao populismo do PAP (Partido Aprista Peruano), abdicando de sua postura anti-imperialista e, a despeito da sua antiguidade como partido político, tanto no Peru como na América, conseguiu finalmente chegar ao poder em 1985 e 2006, elegendo Alan García, o mais "ilustre" (e cruel) discípulo de Haya de la Torre.

2. Os símbolos do calvário

A região – que fui conhecer em minha segunda passagem por Cusco, em 1970, com a grata companhia e esclarecimentos de dois dirigentes da FUL (Federación Universitaria Local), que haviam tido contato com Hugo Blanco – em fins da década de 50, chamara a atenção do país inteiro pela sua extrema pobreza, pela injusta exploração dos camponeses, no extorsivo arrendamento do trabalho agrícola e a sua gratuidade periódica prestada aos proprietários da terra, e pelo alarmante índice de mortalidade infantil. Quando Hugo Blanco lá chegou em 1958, encontrou, estampado em cada semblante, os símbolos do calvário. Deparou com a vida dos camponeses marcada pelos crimes mais iníquos. O ser humano humilhado, sua cultura esmagada, seus hábitos religiosos e costumes milenares escarnecidos. Encontrou as faces crucificadas pela miséria, marcadas pelos sulcos indeléveis do sofrimento e os olhos vazios de esperança. Iniciou então a fundação de sindicatos camponeses, criando uma federação de 142 núcleos sindicais, pedindo escolas para alfabetizar o povo, promovendo, em cinco anos, a educação pelo trabalho e diminuindo o uso do fumo e da coca entre os camponeses.

Com o lema "Terra ou Morte", organizou, a partir de 1961, greves e enfrentamentos com a oligarquia agrária da região, – que em todo o país possuía 80% da terra – tornando-se pessoalmente uma grande referência na mobilização de massas em toda a América Latina. Diante da insustentável situação agrária na região, Hugo Blanco inicia a invasão de latifúndios, expropriações de terras para a Reforma Agrária e lidera grandes manifestações de trabalhadores rurais. Sua imagem combativa e seu carisma arrebatavam, para sua causa libertária, cada vez mais adeptos entre os camponeses indígenas da região e entre estudantes e intelectuais das grandes cidades peruanas. Faltava apenas o apoio estratégico mais importante: a adesão de um partido político forte e dos trabalhadores urbanos que, infelizmente, nunca veio. Por outro lado, o seu nome tornava-se para alguns poucos um estigma maldito, porque era pronunciado com ódio e desprezo pelos latifundiários da província de Cusco e do país.

Os trotskistas sabemos que a luta armada é uma fase obrigatória da revolução, mas somente isso: uma fase. A luta revolucionária é um processo, através do qual as massas crescem em sua organização, em sua consciência, em suas formas de luta, guiadas por sua vanguarda consciente, pelo partido revolucionário. As massas, naturalmente, preferem obter suas reivindicações por vias pacíficas. Durante o processo, percebem que os exploradores não cedem e respondem às suas reivindicações com a violência; é somente então que as massas se veem obrigadas a opor à violência dos exploradores a sua própria violência. Com o agudizamento deste choque entre a violência dos exploradores e a resposta violenta dos explorados, chega-se à luta armada, inevitavelmente.[218]

Hugo Blanco, ao acenar com a igualdade e a justiça de uma sociedade socialista para os camponeses, tal como José Carlos Mariátegui, ao falar do comunismo inca, certamente conhecia muito bem a histórica tradição coletivista do indígena andino, herdeiro de um aperfeiçoado sistema de produção comunitária que lhe garantia a justiça social e o necessário para viver com dignidade. Sabia também, como Mariátegui, – e contrariando a "sapiência" dos teóricos do stalinismo – que a revolução socialista possível tinha que ser agrária, anti-imperialista, contra a burguesia local e sem passar pelas etapas da revolução nacional-democrática, como propunha o Partido Comunista Peruano, que nunca participou dela. Para tanto Hugo Blanco tirou do esquecimento a "Lei da Reforma Agrária" e em Chaupimayo deu início à divisão das terras não cultivadas, regulando o processo de distribuição pela autoridade da "Reforma Agrária da Federação Departamental de Camponeses de Cusco". A polícia não ousava interferir na distribuição da terra para os camponeses e o receio policial era tanto que:

Quando algum camponês não sindicalizado se queixava de alguém de Chaupimayo, no posto de Guarda Civil do distrito lhe diziam que fosse ao sindicato procurar justiça ou que voltasse ao posto com um pedido assinado por nosso sindicato para atender o caso.[219]

218 Blanco, H. *Terra ou morte*. Trad. Omar de Barros Filho. Editora Versus, São Paulo, 1979, p. 81.
219 Blanco, H. Op. cit., p. 76.

Mas esta aurora de justiça, no vale de La Convención, era apenas o primeiro passo de uma Reforma Agrária que abrangeria o país inteiro e ele sabia que o dono da terra não a reparte sem a guerra.

Na década de 60, os camponeses peruanos viviam vergonhosamente humilhados pela extrema miséria, pelo desprezo cultural e pela condição semiescrava do trabalho. Apesar de todos esses ingredientes para a rebelião, certas correntes de esquerda, doutrinariamente voltadas para o marxismo europeu, não viam, nessa dependência do campesinato latino-americano, formas tão desumanas da produção capitalista – ou pré-capitalista e feudal, como tem se caracterizado essa discussão teórica sobre a natureza na economia ibero-americana a partir da colonização – e à doutrina de dominação imperialista[220], o conteúdo emocional de revolta e o caráter socialmente indispensável para deflagrar um processo revolucionário no campo, como único caminho para romper essa nefasta dependência.

O grande exemplo acabara de ser dado pela Revolução Cubana, fosse pelo apoio incondicional dos *guajiros* da Sierra Maestra – camponeses sem-terra e explorados pelos latifundiários da região – fosse pela rápida transição para o socialismo (agosto-outubro de 1960), frente a uma estrutura socioeconômica dominada até então pelo capital da oligarquia financeira e pelas grandes empresas norte-americanas que mantinham o monopólio da telefonia, eletricidade e produção de açúcar na ilha. Naturalmente, Hugo Blanco conhecia de muito mais tempo a história rebelde dos camponeses latino-americanos. No começo do século, um fenômeno semelhante acontecera no sul do México, quando as terras indígenas, tomadas pelos grandes latifundiários amparados pelo regime corrupto e pró-ianqui de Porfírio Dias (1830-1915), foram reconquistadas por um exército de 30 mil camponeses, liderados por Emiliano Zapata (1879 -1919). Os anais dessa história registraram também a trajetória guerrilheira de Augusto César Sandino (1895-1934), liderando, na década de 1930, um exército de camponeses contra a invasão norte-americana da Nicarágua.

220 O Peru era na época o paraíso das grandes empresas pesqueiras, petroleiras e mineiras norte-americanas, e entre estas a tristemente célebre Cerro de Pasco Corporatión, cujo perfil já delineamos anteriormente neste livro.

Na mesma época, liderada por Agustín Farabundo Martí (1893-1932), explode, com incontida violência, a revolta do campesinato indígena em El Salvador contra a ditadura militar, a usurpação de terras pela burguesia local e as empresas bananeiras norte-americanas, terminando num verdadeiro genocídio, perpetrado pelo exército contra camponeses mal armados, num episódio conhecido como *La Matanza*, onde morreram cerca de 30 mil pessoas entre homens, mulheres e crianças. [221]

Outro grande exemplo, tão aguerrido como a Revolução Mexicana pela conquista da terra, foi a decisiva participação que tiveram os campo neses e mineiros bolivianos, ocupando terras e enfrentando o exército, na Revolução Boliviana de 1952-53, como já comentamos nesta obra.[222, 223]

Foi sob esse conturbado cenário de revoltas, lutas e grandes sacrifícios indígenas do continente que Hugo Blanco construiu, no vale de La Convención e de Lares, seu palco de redenção dos humilhados e oprimidos de sua pátria, para conduzi-los à conquista da terra e da liberdade.

No passado, suas propriedades haviam sido usurpadas, muitos foram mortos impunemente, outros foram expulsos, formando as massas de deserdados que sobreviviam nas *barriadas* de Lima. Os que ousaram

---

221 A Revolução de 1932 em El Salvador foi um caso raro e único de um movimento de massa, integrado num processo guerrilheiro, dirigido por um partido comunista latino-americano. Farabundo Martí, que foi seu fundador, participou, ao lado de Sandino, da luta guerrilheira contra a ocupação da Nicarágua, pelos Estados Unidos.

222 Na Bolívia, em 1951, Victor Paz Estenssoro, com uma campanha contra a oligarquia e o imperialismo, vence as eleições para presidente, mas os militares negam sua posse, dão o golpe e assumem o poder. No ano seguinte, os mineiros de Oruro se rebelam, exigindo a posse de Paz Estenssoro. Marcham sobre La Paz, juntam-se aos camponeses e derrotam sete exércitos. Paz Estenssoro assume seu mandato, mas o país fica sob o controle dos mineiros e camponeses, que criam a Central Obrera Boliviana (COB), e mantêm-se mobilizados em defesa da Revolução, com uma poderosa milícia de 100.000 homens, dirigida por uma maioria trotskista.

223 Um dos documentos mais antigos, na América Latina, de adesão ao trotskismo são as Teses de Pulacayo, aprovadas num congresso de trabalhadores mineiros bolivianos em novembro de 1946, na mina de Pulacayo. Redigidas por Guillermo Lora, eram uma adaptação do Programa de Transição da IV Internacional e propunham um programa de ação político-revolucionária para a independência econômica nacional e a plena vivência democrática como parte dos caminhos para o estado socialista. Usadas como motivação programática na Revolução de 1952-53 e notórias pelo espírito de vanguarda revolucionária que sempre caracterizou o proletariado boliviano, sua referência histórica e seu conteúdo são celebrados e seguidos ainda na atualidade.

ficar, jaziam aprisionados pelos grilhões da dor, do medo e do silêncio. Há duzentos anos, no último grito rebelde da raça, houve cem mil caídos e os que sobreviveram derramaram suas últimas lágrimas ante o martírio infamante de Túpac Amaru, ali mesmo, na praça central de Cusco. Agora surgia um jovem peruano que não era índio, mas conversava com eles na sua língua, cantava suas canções e aprendia seus costumes. Semeava e colhia com eles a mesma pobreza, vestia-se como eles e trazia nas mãos a chave para abrir os portões de suas antigas terras. De onde viera? Quem era aquele homem que trazia na alma uma legenda missionária, iluminada pelo sublime ideal da justiça e pelo sol da esperança?

Dia a dia, mês a mês, ano a ano, o sonho de um tornou-se o sonho de todos. Alguns pequenos proprietários na região de Lares chegaram a entender que a Reforma Agrária levada a cabo por Hugo Blanco estava sendo feita *de maneira perfeita, que havia paz social, que pediam ao governo que não perturbasse a tranquilidade da região*. Porém, esse sonho encontrou seus pacíficos e justos caminhos fechados, pela resistência feroz dos grandes fazendeiros. Eram os donos da terra, da vida e da morte. Cobertos pelo manto da impunidade, eram cruéis, insensíveis e perversos, e agora que se viam sitiados pela força organizada por aqueles que escravizavam, agora que o amanhã os ameaçava com a espada da justiça, apelavam pela ajuda do governo.

A queixa e o pedido dos "gamonales" determinaram a escalada da repressão, com a prisão de dirigentes sindicais e a instalação de postos da guarda civil na região.

3. Das milícias à guerrilha

Então a frustração daquele sonho, de distribuir pacificamente a terra aos seus verdadeiros donos, transformou-se em punhos crispados, bandeiras e trincheiras de luta.

O motivo imperioso para nosso passo de mudança da milícia para a guerrilha foi a brutal arbitrariedade cometida pelo dono da "hacienda" Qayara, acompanhado de guardas civis contra a casa de Tiburcio Bolaños, secretário-geral do sindicato daquela "hacienda": saquearam sua casa, levaram dinheiro e móveis, e maltrataram seus familiares. O proprietário, na presença dos guardas, pôs o cano da arma no peito de um menino e ameaçou disparar se ele não dissesse onde estava Bolaños; o garoto ignorava seu paradeiro. O proprietário colocou o cano da arma sobre o braço do menino e disparou. (...)

(...) Em Chaupimayo, começamos a realizar, de maneira informal, sessões de tiro ao alvo, tanto homens, como mulheres. Como não era costume as mulheres caçarem, a simples fotografia de uma camponesa da região com uma carabina nas mãos levantava o espírito do campesinato de outros sindicatos. (...)

(...) Em Chaupimayo, realizávamos treinamentos intensivos, com participação de outros companheiros que vinham, eventualmente não só de La Convención e de Lares, mas também de outros pontos do departamento de Cusco.

Também foram enviados instrutores a outros sindicatos de vanguarda de La Convención e de Lares.

As ações eventuais das milícias de Chaupimayo haviam começado ao se ter aprovado oficialmente, na Federação, a formação de "Brigadas".[224]

Já em 1960, todo o território do vale de La Convención era uma poderosa fortaleza social de massa camponesa, consciente do seu papel histórico na região e, dois anos depois, suas milícias de autodefesa, transformadas em colunas guerrilheiras, sustentavam as desapropriações das grandes fazendas, enfrentavam com bravura os primeiros ataques do exército, tomaram a ofensiva nos confrontos com os soldados e infringiram muitas baixas nas forças militares.

224 Idem, p. 83, 86 e 89.

A gesta revolucionária de Hugo Blanco incendiava o país e ecoava em todo o continente. Em 1961, os delegados peruanos participantes da reunião da Slato (Secretariado Latino-Americano do Trotskismo Ortodoxo) realizada na Argentina, trouxeram a Hugo Blanco uma extensa carta de Nahuel Moreno – escritor, teórico do marxismo e uma das maiores figuras do trotskismo argentino e latino-americano – incentivando a ocupação de terras e a organização sindical no campo. Algum tempo depois, chegavam vários quadros do POR argentino para integrar-se ao POR peruano e entre eles Daniel Pereyra, Eduardo Creus e José Martorelli. Daniel Pereyra, atuando sobretudo em Cusco, ampliou os quadros do FIR recrutando estudantes, conscientizando os camponeses através da panfletagem e acelerando a preparação da luta guerrilheira em vista dos níveis a que chegava a luta de classes no campo.

Em Cuba, o jovem poeta Javier Heraud, contagiado pelo sonho de Hugo Blanco e vislumbrando a aurora social que raiava em seu país, integra, em meados de 1962, uma frente guerrilheira composta por 40 intelectuais que chegou ao Peru, no início de 1963, para unir-se às forças de Hugo Blanco, sonho que infelizmente afogou-se com seu sangue, escorrendo nas águas do rio Madre de Deus, em Porto Maldonado.

Nas grandes cidades peruanas e nas zonas rurais, seus partidários realizavam várias ações políticas, expropriando fazendas e devolvendo as terras aos seus antigos proprietários indígenas, recrutando e armando combatentes para defenderem-se da forte repressão militar que apertava o cerco na região de Cusco.

Assim, em início de 1962, o vale de La Convención tornou-se um território totalmente controlado pela organização guerrilheira criada por Hugo Blanco, e a Reforma Agrária era feita pela decisão dos próprios camponeses da fazenda onde trabalhavam, que "legislavam" sobre a distribuição da terra, garantida por suas próprias milícias.

> *Os camponeses concordaram em prover-nos de tudo que necessitávamos, e aceitar tudo que, voluntariamente, nos ofereceram os pequenos proprietários da região, mas que não confiscaríamos nada deles. Segundo disseram: "para que vejam que o que os camponeses*

querem é a terra para trabalhar, mas que não somos ladrões para tirar-lhes as suas coisas". Nós os informamos de nossa intenção de confiscar os "caciques" verdugos, mostrando-lhes que precisamente o nosso Decreto de Reforma Agrária, apesar de seu caráter sintético, assinalava a opção pelo confisco, e que o Decreto sublinhava que, em cada caso específico, o juiz era o campesinato da respectiva "hacienda", que devia decidir sobre as medidas confiscatórias, e sobre a forma de distribuição da terra, entendendo que a existência da guerrilha não era para substituir, mas para sustentar a vontade camponesa. (...)

(...) O apoio do campesinato era quase absoluto, emocionante. Alimentava-nos, vestia-nos, guiava-nos, protegia-nos.

"Comam e levem quanto puderem", nos diziam as companheiras chorando.

"Ai! Nós tão comodamente em nossas casas e vocês, nas montanhas, perseguidos! Como é doloroso não poder servi-los, cada dia que estão nas montanhas. Companheiros! Irmãos!".

Como nosso estômago e nossa mochila tinham capacidade limitada, recebíamos um pouco de cada um, para que ninguém se sentisse ofendido.[225]

4. O crepúsculo do movimento

Em abril de 1962, o grande líder trotskista argentino Nahuel Moreno, preocupado com o desvio guerrilheiro do movimento dirigido por Hugo Blanco, chegara a Lima para uma reunião da Slato, com o objetivo de corrigir a nova orientação militar do FIR peruano, que optara pela luta armada, em face da resistência tenaz da oligarquia agrária contra o avanço da reforma agrária. Depois de grandes debates, suas colocações não foram aceitas, porque o processo guerrilheiro já estava estrategicamente instalado no vale de La Convención. Alguns dias depois

225 Idem, p. 91-2.

daquela reunião, o Banco de Crédito, no bairro de Miraflores, em Lima, foi espetacularmente assaltado por um comando de nove militantes do FIR.[226] O fato talvez não tivesse grandes consequências em Cusco, se um dos expropriadores não tivesse sido identificado, gerando uma perseguição contra os militantes do MIR em todo o país. Todo o comando acabou sendo preso num posto policial, quando descoberto num caminhão que chegava a Cusco. Em maio, o poder da repressão aumenta vertiginosamente, e o FIR, sem grande penetração no movimento de massas, é totalmente desbaratado em Lima, Arequipa e em Cusco, onde a perseguição avança para a região rural da província. Hugo Blanco, completamente isolado, redireciona alguns grupos de camponeses para a guerrilha, a fim de defender-se do cerco militar cada vez mais forte na região.

À medida que crescia a repressão armada, cresciam também as arbitrariedades do poder judicial:

A repressão judicial ao campesinato peruano é permanente, igualada apenas pela repressão armada. Depois de cada matança de camponeses, iniciam julgamentos, por ataque à "força armada", aos camponeses que se salvaram de morrer, incluindo feridos. Em alguns casos, a polícia faz averiguações sobre quem está mantendo os órfãos de suas vítimas e os persegue (Santiago Arroyo, de Ongoy, esteve preso por estar cuidando de seu sobrinho, filho de seu irmão assassinado).[227]

Mas essa luta heroica não era somente contra os grandes latifundiários e as forças da repressão. Na verdade, os que estavam, oportunisticamente, aproveitando-se do retrocesso do movimento e dificultando a recuperação da sua combatividade nas áreas libertadas, eram poderosas forças da própria esquerda peruana:

O estalinismo, ajudado pela repressão, tomou grande força na Federação; isso somado com a falta de partido, e a própria

226 Data do ano de 1962 as primeiras "desapropriações de bancos" na América Latina. Neste caso, para angariar fundos e compra de armas para as milícias camponesas de Hugo Blanco, cuja ação foi comandada pelo trotskista Daniel Pereyra, conhecido como "Che Pereyra".

227 Idem, p. 97.

repressão, produziram a acentuada polarização da vanguarda ao redor de Chaupimayo. "Ali há outra federação, protestavam os burocratas do PC"[228] *que andavam por Quillabamba.*[229]

No dia 16 de dezembro de 1962, Hugo Blanco reuniu cerca de 15 mil camponeses na praça central de Quillabamba e num discurso inflamado historiou a imensa memória das injustiças denunciando, acusando e reiterando sua confiança na vitória do movimento e na conquista da terra para aqueles que nela trabalhavam. Contagiou com seu sonho a alma singela e humilde daqueles indígenas, secularmente humilhados e levados à miséria extrema pela insensível ganância dos poderosos. Não lutava pelo poder, como faziam os outros movimentos revolucionários, lutava apenas pela dignidade dos camponeses, pela alfabetização dos seus filhos, pela devolução de suas antigas propriedades.

Sua verve revolucionária arrebatou a imensa multidão com aplausos, gritos de apoio e palavras de ordem. Diante da onda crescente de entusiasmo e da revolta da população presente na praça de Armas, a própria repressão policial se encolheu e as principais autoridades municipais e judiciais abandonaram a cidade.

Ao findar o ano de 1962, as tropas militares já estavam à vista. Conta Hugo Blanco em seu livro *Tierra o muerte: la lucha campesina en el Peru*, que terminou de escrever em maio de 1970, quando ainda estava preso na ilha penal El Frontón:

---

228 Como atestam tantos ensaios, artigos e documentos, os interesses dos partidos comunistas da América Latina, em quase todo o século XX, variavam conforme variavam os interesses de Moscou, quer fosse quanto aos paradigmas da natureza da revolução, quer em relação à sua tolerância quanto ao imperialismo norte-americano, conforme a conveniência dos pactos e acordos feitos pela URSS, sobretudo na Segunda Guerra Mundial, ora com os EUA contra a Alemanha, ora com a própria Alemanha (pacto Molotov-Ribbertrop). Essa flutuação era muito mais evidente na Argentina e no México, onde o ódio dos comunistas pelo trotskismo era visceral. A corrente stalinista ditava o comportamento marxista na América Latina e poucos se arriscavam a ter uma visão crítica do que acreditavam ser os verdadeiros ideais do comunismo, com exceção, obviamente, dos partidários do trotskismo, que eram acusados de "provocadores" e no passado, que ironia, de "agentes do fascismo".

229 Ibidem, p. 86.

> *Em janeiro, as forças repressivas surpreenderam nossa guerrilha, atacando-nos com toda a munição possível. (...) ... nos dispersaram. Depois deste ataque, não pude reunir-me com meus companheiros. Com todas as precauções possíveis, cheguei à choça de um companheiro, que vivia em um lugar isolado. (...) Escondi-me, mas os policiais eram muitos e não foi difícil me achar. Apenas tive tempo de destruir papéis comprometedores para outros companheiros.*
>
> *Faziam parte do grupo efetivos da Guarda Civil que tinham ordem de matar-me e membros da Polícia de investigações (PIP), com ordem de capturar-me vivo. Foram os da PIP que me encontraram, algemaram-me e me prenderam. O oficial da Guarda Civil que me encontrou, quando já tinha sido preso, teve de contentar-se em bater na minha cabeça com a coronha do revólver, ...(...) Menos sorte que eu e Béjar, tiveram os companheiros De La Puente, Vallejos, Heraud, e tantos outros, que foram mortos a sangue frio depois de capturados, como aconteceu com Che.*[230]

5. A prisão, a "pena de morte", os desterros e o político

Depois de preso, em 29 de maio de 1963, Blanco foi levado descalço e com a cabeça sangrando pelos campos. Ao passarem por um povoado, os camponeses, verificando quem era o prisioneiro, espalharam a notícia pelas redondezas. Algumas horas depois, surgiram indígenas de todos os lados e quando a patrulha com o guerrilheiro chegou a uma pequena cidade, a multidão já os esperava reunida aos gritos de "Terra ou morte" e "Viva Hugo Blanco". Em vista de um confronto para libertar Hugo Blanco, a polícia rapidamente pediu um helicóptero que o levou ao quartel do Exército, em Cusco. Houve uma greve geral pela sua liberdade e a própria oligarquia peruana temia que sua desejada execução levantasse as massas no país inteiro. Preso, em Cusco,

230 Idem, p. 112.

com centenas de outros militantes, Blanco foi confinado em uma solitária durante três anos e posteriormente transferido para Arequipa. Em 1966, foi "julgado" em Tacna, sob forte pressão internacional pela sua anistia. Mas em vez da liberdade, foi condenado a 25 anos de prisão, na famigerada ilha El Frontón. Os militares, que desejavam sua morte, recorreram, através do fiscal do conselho supremo da justiça, pedindo a pena capital.

A campanha internacional pela sua liberdade e de outros presos políticos, que já havia começado, intensificou-se com a perspectiva de sua execução pelo governo peruano. Com base na "justiça para os presos políticos", a campanha fora organizada pela Quarta Internacional, solicitando a anistia a Hugo Blanco, Héctor Béjar e outros prisioneiros, o que resultou numa grande pressão estrangeira sobre o governo de Balaúnde Terry. Do Chile, veio uma emocionante lista com milhares de marcas digitais dos camponeses analfabetos de Arauco – eram as "assinaturas" dos índios mapuches, historicamente celebrizados com o nome de araucanos, pela sua indomável tradição de quinhentos anos de invencibilidade e de luta pela liberdade – bem como o voto unânime de todos os deputados chilenos, pedindo anistia para Blanco. Chegaram mensagens de apoio dos sindicatos argentinos, da Confederação Italiana do Trabalho e dos membros do Parlamento Belga.

Seria cansativo relacionar aqui tantos pedidos internacionais e as demonstrações massivas de apelo dos próprios peruanos pela vida de Hugo Blanco. Mas é relevante citar ainda os nomes de Jean-Paul Sartre, Bertrand Russell, Simone de Beauvoir, Isaac Deutscher, Yves Montand, além de instituições internacionais de anistia e direitos humanos e intelectuais de todo o mundo.

Os apelos internacionais e a comovedora carta que Blanco escreveu aos estudantes do Peru, fizeram com que o governo de Belaúnde Terry suspendesse o processo da pena de morte e mantivesse a prisão de 25 anos. O governo de Belaúnde caiu em outubro de 1968, mas somente em dezembro de 1970 Hugo Blanco foi beneficiado pela anistia "geral", promulgada pelo presidente Velasco Alvarado. O ex-chefe guerrilheiro Héctor Béjar, para surpresa de muitos, aceitou um cargo no novo governo[231]. O jornalista e líder trotskista peruano, Ismael Frias, foi também seduzido pela junta militar e somente Hugo Blanco rejeitou os cargos oferecidos, mantendo o dedo nas grandes feridas sociais que ainda persistiam no governo "progressista" de Alvarado, entre elas por denunciar a mentira oficial de que já não havia presos políticos no Peru. Por estes e outros motivos e, supostamente, por apoiar uma greve nacional de professores, mas sem nenhuma explicação oficial, em 13 de setembro de 1971, Blanco foi detido por 24 horas e em seguida deportado para o México. De lá seguiu posteriormente para a Argentina, onde foi detido e encarcerado por três meses e meio e deportado para o Chile, onde chegou no último ano do governo de Salvador Allende. Com o golpe de Pinochet, foi enviado para o único país que o aceitou como exilado: a Suécia. Em 1975, houve uma anistia para os deportados peruanos e ele voltou. Incorporou-se, como membro executivo, à Confederação dos Camponeses e pelos efeitos de suas ideias e liderança, nove meses depois, foi novamente deportado para a Suécia. Voltando em junho de 1978, candidatou-se como deputado nas eleições para assembleia constituinte. Novamente é preso e faziam-se os trâmites para expulsá-lo novamente do país, quando sua estrondosa vitória eleitoral com mais de 600 mil votos deu-lhe a imunidade parlamentar para permanecer no país. Residindo em Lima, mantém até hoje uma atividade incansável, dando conferências por toda a América Latina, participando de eventos mundiais de direitos humanos e mantendo em seu *site Lucha Indígena,* uma bandeira permanente em defesa dos povos e nações indígenas da América e do mundo.

Ainda que a história oficial tenha deformado sua imagem, Hugo Blanco, como político, nunca defendeu interesses que não fossem dos camponeses e dos operários. Como Antônio Conselheiro, em Canudos,

231 Longe de mim julgar aqui o gesto de um escritor premiado, intelectual brilhante e a bravura guerrilheira de um homem que empenhou a vida para defender um sonho, como foi o caso de Héctor Béjar. Ressalvada sua imagem, é indispensável registrar que os mesmos militares que derrubaram Belaúnde, em 1968, foram os mesmos que, em 1965, sob sua autoridade, liquidaram os movimentos guerrilheiros dos quais Béjar foi um dos comandantes, bem como arrasaram com napalm várias comunidades indígenas que apoiavam a guerrilha. É claro que entre os generais houve algumas honrosas exceções, e entre eles Leónidas Rodrigues Figueroa, um mestiço de origem quíchua, nascido em Cusco, que defendia com unhas e dentes a condição do camponês indígena e o direito às terras que lhe foram tomadas, como já anotei anteriormente nesta obra.

ele construiu no vale de La Convención um santuário de promissão e liberdade para os deserdados, semeando a coragem para os vencidos e, como Francisco de Assis, ele se fez instrumento da união, do amor, da alegria e da esperança onde havia tanto ódio, tristeza e desespero. Filiado ao Partido Revolucionário dos Trabalhadores, jamais compactuou com coalisões e negociatas inconfessáveis. Propôs a dissolução das Forças Armadas e sua substituição por milícias populares, que defendessem a justiça social. Propôs a nacionalização total dos bens estrangeiros que imputaram a indignidade e a miséria aos operários peruanos das regiões serranas. Forçado a trocar a trincheira pela tribuna política, justificou-se aos trabalhadores afirmando que:

> *Nós participamos destas eleições para demonstrar, entre outras coisas, que não são democráticas, e para organizar o povo e poder continuar na luta. Dizemos ao povo peruano, pela televisão, rádio e jornais, que não confiem que as eleições vão solucionar seus problemas, que somente confiem em sua força* [232].

JAVIER HERAUD:
a poesia e a vida por um sonho

La poesía es
un relánpago maravilloso,
una lluvia de palabras silenciosas,
un bosque de latidos y esperanza,
el canto de los pueblos oprimidos,
el nuevo canto de los pueblos liberados.
J. H.

232 Berardo, J. B. *Guerrilhas e guerrilheiros no drama da América Latina*. São Paulo, Edições Populares, 1981, p. 178.

1. Os poetas revolucionários

Que sublime herança, ter vivido num tempo semeado de esperanças, de ideais que prometiam a redenção dos oprimidos e a solidariedade entre os povos do mundo!

Vivíamos, na América Latina, durante um período em que as contradições entre o sonho e a realidade opressiva geraram os grandes impasses da nossa história. Nas décadas de 60/70, as utopias anunciavam, pelas trincheiras de luta e pelos versos dos poetas, uma pátria de homens livres, uma aldeia global onde em cada coração palpitaria o amor, a liberdade e a justiça. Livros, revistas, cartazes, poemas panfletados, recitais e debates compartilhados, encontros clandestinos, reuniões secretas, diálogos luminosos... quantos nomes, quantos abraços, chegadas e despedidas, quantas cartas e quantas vozes ecoam ainda em minhas lembranças de poeta e viandante.

Contudo, neste trecho de minhas memórias, não contarei dos tantos poetas que estreitei em meus braços. Evoco aqui apenas a imagem dos caídos, daqueles que ficaram na saudade do seu povo e, como os poetas não morrem, por certo, continuarão vivos nos versos que escreveram, ou cantando em outras possíveis dimensões da vida. Alguns, como Otto René Castillo, – martirizado até a morte no suplício mais cruel – caíram no campo de batalha e tiveram seus cantos libertários escritos na história da pátria agradecida. Outros foram sepultados nos arquivos do silêncio oficial, mas um dia terão seus nomes ressuscitados pelo tempo, num tempo muito além deste tempo cruel, em que a poesia já não palpita no coração dos homens. Seus poemas não puderam mudar o mundo, mas eles anunciaram um amanhecer. Seus versos deram nomes aos tiranos e convocaram os homens para o "bom combate".

E por isso volto a falar de ti, Ariel Santibañez, meu irmão chileno no sonho e na poesia e são para ti essa memória e essa saudade. Ficou de ti a lembrança do nosso primeiro encontro, numa manhã ensolarada de Arica. Da carta fraterna que te trazia de Santiago. De tua porta e teu sorriso se abrindo ao te falar do nosso querido Arimateia. Atrás desses quarenta anos ainda ecoam as palavras e os versos que acompanharam nossos poucos dias e as cartas trocadas da Bolívia. E depois..., depois o teu tempo clandestino, tua visita a Cuba, tua volta a uma pátria que seria banhada em sangue, a tua militância e teu trágico silêncio. E agora, que teu nome ressurge depois da longa noite dos terrores, agora que teu carrasco é levado ao patíbulo dos culpados, só agora venho escrever teu nome nas memórias tardias dos meus passos, relendo teus poemas, folheando teu talento de editor nas páginas de *Tebaida*, lembrando da tua imagem lúcida e fraterna, imaginando a extensão do teu martírio nos porões assassinos da Villa Grimaldi e sentindo-te na perene saudade de minhas lágrimas.

Quanto a ti, Javier, no tempo em que cheguei, tu já não estavas. Falaram-me de ti, não só pela candura dos teus versos, mas porque foram em busca do teu rastro sobre as águas, "entre pássaros e árvores" e sobre as folhas do outono. Eram três estudantes de Arequipa, e durante algumas noites eles estiveram em "La Rosa de los Vientos", naquela pracinha tão íntima chamada "Las Nazarenas", na quadra posterior à catedral de Cusco. Eu trabalhava ali, no número 199, naquele Café romântico, que se abria ao entardecer e onde a poesia, a música e a história recebiam os caminhantes de tantas pátrias. Uma noite, me contaram a história do teu sonho, das balas que cruzaram teu destino e das águas que levaram o teu sangue para a imensidão do mar. Na noite seguinte, eu voltei a perguntar por ti, e no terceiro dia, me trouxeram a primeira edição de *El río*. Naquelas páginas, eu bebi os teus primeiros versos e em Lima tu nasceste em minha poesia.

2. O poeta de Miraflores

Eu conheci Miraflores, o bairro onde nasceu e viveu o poeta Javier Heraud. Como eram movimentadas suas ruas, praças e parques na primavera de 1969, e muitas vezes misturei meus passos com os elegantes transeuntes da avenida Larco. No número 656, moravam Francisco e Mario Rojas, meus amigos costarriquenhos, e lá nos reuníamos toda semana, com seus colegas de arquitetura. Também era ali, nas mesas dos bares, que eu trocava ideias com jovens intelectuais latino-americanos. Tínhamos a mesma faixa de idade e os mesmos sonhos. Lembro-me, claramente, de dois equatorianos: Santiago Carcelén e Simón Pachano. Santiago é atualmente cineasta, no Equador e Simón, saudoso amigo desde Cusco, a quem já me referi.

Miraflores era um encantamento. Quantas vezes vi o sol despedir-se atrás das águas do Pacífico, naqueles crepúsculos deslumbrantes que iluminavam as praças e as calçadas no "Malecón de Miraflores". Havia um mágico suspiro naquelas ruínas do passado pré-incaico. Eu frequentava suas livrarias, galerias de arte e respirava aquele romantismo no esnobe vozerio dos bares e – com exceção da "Zona Rosa", na Cidade do México, – não creio que tenha conhecido, nos meus caminhos pela América, uma região urbana tão atraente, embora socialmente tão exclusiva. Árvores frondosamente grandes, jardins tão bem cuidados, as pétalas multicores desenhando-se nos canteiros, o aroma das flores e os botões desabrochando. – *En Europa no hay nada más bello que Miraflores*, escreve Javier de Paris ao seu pai. – Cafés literários, estrangeiros exóticos, latino-americanos do sul, franceses e estadunidenses, as melodias dedilhadas no *charango* e a voz telúrica das *zampoñas*, o desenho policrômico dos ponchos indígenas, rivalizando com as mais variadas grifes europeias. Crianças graciosas, peruanas lindas, uma pequena aldeia de seduções no coração da orgulhosa Lima, marcada em parte por sua legítima beleza, histórica e cultural e em parte por um desfile de aparências que somente a vaidade e o desperdício proporcionam.

Foi nessa passarela de encantos que o poeta passou a infância e a juventude, filho de uma família de classe média, que marcou sua vida e sua poesia com um constante e reconhecido carinho. Começa a escrever aos quinze anos e em 1960, aos dezoito, publica sua primeira obra: *El río*. Nesse mesmo ano, com seu segundo livro *El viaje*, participa do concurso "El Joven Poeta del Peru", dividindo o primeiro prêmio com aquele que seria o grande poeta e revolucionário César Calvo.

Em 1963, seu livro *Estación reunida*, recebe o primeiro prêmio de poesia nos Jogos Florais da Universidade de San Marcos, chamando a atenção da comissão julgadora pela beleza dos seus versos, apresentados com o pseudônimo de “O Lenhador”. Mas naqueles dias o poeta já estava morto.

Os vinte e um anos da vida de Javier Heraud Pérez é parte da história da literatura política da América Latina nas décadas de 60-70, e que ainda está por ser escrita. Nessa memória, – como escrevi no prólogo deste livro – a poesia rebelde ocupa uma mágica galeria de mártires e sobreviventes, lembrando dezenas de poetas que empenharam suas vidas, seus sonhos e o encanto de suas metáforas para cantar a mística revolucionária pela lírica dimensão da poesia.

Javier Heraud foi a poética expressão do espanto ao testemunhar sua esperança e sua angústia numa sociedade cruel. O Peru era um país marcado pela mais descarada opressão e o desprezo por um povo indígena com o mais belo passado de glória do continente americano e que, desde a conquista, galga um longo calvário em seu destino.

Nascido em Lima, em 19 de janeiro de 1942, conheceu na juventude uma pátria convulsionada pelo domínio estrangeiro sobre as comunidades quíchuas dos Andes Centrais, pelas mais perversas práticas de servidão no trabalho agrícola, e por uma infindável injustiça, cuja impunidade precipitava a nação num perigoso abismo social. Começava a década de 1960 e, pelo país inteiro, os trabalhadores, há anos sugados pelo trabalho das minas e do campo, faziam suas primeiras marchas, sangrados pela repressão. Os camponeses, literalmente, para não morrer de fome, preferiam cair lutando para retomar as terras que lhes foram usurpadas. Nas grandes fazendas de açúcar, os trabalhadores estavam na vanguarda dessa luta. As grandes empresas norte-americanas ditavam suas ordens e o governo peruano as cumpria com o dedo no gatilho e lotando as prisões.

Os primeiros contatos com a vida acadêmica em San Marcos trouxeram a Heraud novas concepções sociais e políticas e houve um dia, um momento, em que ele começou a trocar os encantos de Miraflores pelas solitárias trilhas andinas de seu país, e as paisagens humanas que encontrou, encheram-lhe a alma de assombro e amargura:

(...) E lembrei de minha pátria triste
meu povo amordaçado
suas crianças tristes, suas ruas
despovoadas de alegria.
Lembrei, pensei, entrevi suas
praças vazias, sua fome,
sua miséria em cada porta.
Todos recordamos o mesmo
triste Peru, dissemos, ainda é tempo
de recuperar a primavera,
de semear de novo os campos,

(...) Triste Peru, aguarda,
nascerão novos rios,
novas primaveras serão
devastadas por novos outonos,
e em cada face brilhará
uma alegria transbordante
e a força do povo
reunido e santo[233]

3. O engajamento político, as viagens pelo mundo e a Cuba

Em 1961, vários fatos irão marcar sua vida política. Filia-se ao Movimento Social Progressista (MSP), de tendência social-democrata, integra uma ampla manifestação de repúdio à visita de Richard Nixon ao Peru e participa de um confronto entre simpatizantes da Revolução Cubana e exilados anticastristas. Ainda em 1961, é nomeado professor de literatura em importante colégio de Lima e, em julho, a convite do

---

233 Heraud, J. Poesías completas. In: *Vida y muerte en la poesía de Javier Heraud.* Lima, Campodónico Ediciones, 1975.
(...) Y recordé mi triste pátria /mi pueblo amordazado /sus tristes niños, sus calles /desplobadas de alegría. /Recordé, pensé, entreví sus /plazas vacías, su hambre /su miseria en cada puerta. /Todos recordamos lo mismo /triste Peru, dijimos, aún es tiempo /de recuperar la primavera,/ de sembrar de nuevo los campos, // Triste Peru, aguarda, /nacerán nuevos ríos, / primaveras nuevas serán / devastadas por nuevos otoños / y en cada rostro brillará /la alegría rebosante /y la fortaleza del pueblo / reunido y santo.

Fórum Mundial da Juventude, viaja à União Soviética. Em Moscou, visita a tumba de Lênin e escreve os poemas *Plaza roja 1961* e *En la plaza roja*. Viaja por alguns países da Ásia e depois para a França, onde conhece o túmulo do poeta peruano César Vallejo, dedicando-lhe o poema *En Montrouge*. Na capital francesa encontra-se com vários artistas e intelectuais peruanos, entre eles o jovem escritor Mario Vargas Llosa. E antes de deixar Paris, foi conhecer o povoado de Illers onde vivera Marcel Proust, a quem admirava e a quem dedicou, na época, um poema. Depois de cogitar ficar em Paris para estudar cinema, resolve voltar ao Peru e passa, em outubro, pela Espanha:

(...) Esta é Madri,
este é o meu coração
sangrando,
este é o nosso caminho,
e seguirei gritando a
verdade dos
bosques apagados,
A verdade das rosas
caídas,
a verdade de Espanha
e suas histórias.[234]

Em princípios de 1962, renuncia ao MSP com uma carta, onde expressa:

(...) É uma posição falsa este chamado "socialismo humanista" que condiciona toda a marcha do Movimento e o leva a uma práxis equivocada. Eu não creio que seja suficiente chamar-se revolucionário para sê-lo... Logo depois dirá: De agora em diante, rumarei pela rota definitiva onde brilha esplendorosa a aurora da humanidade.[235]

234 Heraud, J. Op. cit.
(...) Esta es Madrid, /éste es mi corazón /sangrando, /éste es nuestro camino, /y seguiré gritando la / verdad de los /bosques apagados, /La verdad de las rosas /caídas,/la verdad de Espana / y sus historias.

235 Perez, C. H. *Vida y muerte de Javier Heraud*. Lima, Mosca Azul Editores, 1989, p. 142.
(...) Es el planteamiento falso de este llamado "socialismo humanista" lo que esta condicionando toda la marcha del Movimiento y que lo lleva a una praxis equivocada. Yo no creo que sea suficiente llamarse revolucionario para serlo. Luego diría: De ahora en adelante, me enrumbaré por la ruta definitiva donde brilla esplendorosa el alba de la humanidad.

Em março, recebe uma bolsa para estudar cinema em Cuba e parte, com escala de cinco dias em Arica, onde encontra militantes do Partido Comunista Chileno e Salvador Allende, embarcando numa aeronave da Cubana de Aviación e, junto com outros bolsistas, chega a Havana em 4 de abril. Dias depois, com outros companheiros, tem um encontro com Fidel Castro:

> *(...) Vi a Fidel de piedra movediza,*
> *escuché su voz de furia incontenible*
> *hacia los enemigos. (...)*

Percorre as cidades cubanas e conhece Santa Clara, a legendária cidade onde o Che Guevara definiu a vitória da revolução. Já se encontravam na ilha os peruanos Guillermo Lobatón e Fernández Gasco, que iriam liderar dois importantes grupos guerrilheiros em 1965, na região central do Peru. Encontrava-se também em Havana um grupo de 300 peruanos, operários e camponeses. Eram os quadros dissidentes do Apra (Alianza Popular Revolucionaria Americana), integrantes do Apra Rebelde, comandada por Luis de la Puente Uceda. Lá chegaram outros militantes da esquerda peruana e, entre eles, Héctor Béjar. Atraídos pelo recente sucesso da Revolução Socialista, ali estavam para preparar-se militarmente, trazer ao Peru a experiência guerrilheira cubana e a esperança de mais uma pátria socialista. O poeta integra o grupo de 40 bolsistas que, por três semanas, percorrem em Sierra Maestra, os lugares por onde transitaram os heróis da Revolução Cubana e, num rápido processo de transformação, todos optam por preparar-se militarmente, lutar pela justiça e redenção social do Peru. Integrado ao grupo dos 40 bolsistas, Javier, em novembro, volta ao Peru para dar apoio armado a Hugo Blanco, que à frente das massas camponesas do vale de La Convención, lutava pela implantação da reforma agrária, na província de Cusco.

4. A opção pela luta armada

O mundo na década de 60 passava por grandes transformações e novos paradigmas comandavam o comportamento da juventude. Como participar da história sem fazer uma opção? No campo ideológico, tínhamos que fazer uma escolha: engajar-se na luta a favor dos oprimidos, contra a repressão e o imperialismo, ou permanecer na contramão da história, defendendo os interesses inconfessáveis do poder ou, pior ainda, manter-se inconsciente da sua própria inconsciência, um espectador alienado ao que estava acontecendo no seu país, na América Latina e no mundo.

No meu longo caminhar, convivi com intelectuais de várias vertentes de esquerda e me contagiei com a paixão revolucionária que caldeava a história, recrutando o coração da juventude. A leitura e a discussão dos importantes pensadores de esquerda disseminavam-se na cultura estudantil de todas as grandes universidades. O marxismo, com seu caráter científico e analítico da sociedade, sua mística ideológica, sua dimensão moral do "homem novo", seu legítimo romantismo semeado pela aventura da Sierra Maestra e a saga de Che Guevara, transformou-se numa mágica convocação, numa cartilha de sonhos que, iluminada pela imagem da justiça social e da solidariedade com os pobres e oprimidos, unia, num gesto plural e despojado, intelectuais, estudantes e trabalhadores. Javier Heraud foi um exemplo eloquente dessa opção. Consciente de que somente a insurreição armada poderia banir a dominação oligárquica e o indisfarçável colonialismo que ainda predominava no Peru, escolheu colocar sua vida na balança do destino, sabendo que poderia encontrar a morte na travessia do seu sonho. Renunciando a uma grandeza literária que já se anunciava nas letras peruanas como um provável sucessor do grande César Vallejo, não vacilou em despedir-se de si mesmo e assumir, com o codinome de Rodrigo Machado, a sublime missão de defender os oprimidos.

No início de 1963, o grupo, chefiado por Héctor Béjar, deixa Havana e, em vista do bloqueio e o controle imperial contra Cuba, segue para Praga e, através de Paris, chega ao Rio de Janeiro para atravessar clandestinamente o Brasil. Em 19 de janeiro, o poeta-guerrilheiro celebra seus 21 anos, na passagem por São Paulo rumo à Bolívia. Armados e guiados por esquerdistas bolivianos, os 40 quadros militares entram no Peru por Riberalta, tendo pela frente 300 quilômetros de selva, numa caminhada de cinco meses até Porto Maldonado, onde o grupo deveria dividir-se em duas colunas, sendo que a integrada por Heraud seguiria para o vale de La Convención, para unir-se às forças de Hugo Blanco.

Durante todo esse trajeto, contam os depoimentos dos que sobreviveram, que Heraud escrevia muito e que falava da sua entrega incondicional em favor dos camponeses explorados, dos expulsos de suas terras e dos anos que os esperavam nos longos caminhos da luta. Em seu poema *Palavras de guerrilheiro*, ele fala do seu amor à pátria e à natureza:

I
Porque minha pátria é formosa
como uma espada no ar
e tão grande agora e ainda
mais bela
eu canto e a defendo
com minha vida.

II
Não me importa o que digam
os traidores
nós fechamos o passado
com grossas lágrimas de aço.

III
O céu é nosso
nosso é o pão de cada dia
temos semeado e colhido
o trigo e a terra
são nossos
e para sempre nos pertencem
o mar
as montanhas e os pássaros.[236]

---

236 Heraud, J. Op. cit.
Porque mi patria es hermosa / como una espada en el aire / y mas grande ahora y aún mas hermosa todavía / yo hablo y la defiendo / con mi vida. // No me importa lo que digan /los traidores, / hemos

Esses versos dizem de sua abnegada entrega, testemunhando que trazia na alma o estandarte veemente da justiça, quem sabe esperando um dia entregá-lo à pátria na forma poética de um epinício, celebrando em versos a vitória dos vencidos. Que maior pendão pode existir para um poeta do que cantar e lutar pelos humilhados e esquecidos? Que caminhos são mais belos que os caminhos da liberdade, quando são balizados entre o sonho de um combatente e a esperança dos oprimidos?

5. A marcha na selva, a escaramuça e a travessia para a morte

Nos primeiros dias de maio a coluna expedicionária, já em marcha pela selva oriental do território peruano, destaca seis combatentes que são enviados como batedores, para avaliar a segurança da rota que levariam os outros até as zonas de conflito. Em 14 de maio, depois de vários dias por trilhas amazônicas, essa vanguarda tática, da qual fazia parte Javier Heraud, chega a Porto Maldonado, uma pequena cidade, capital do departamento de Madre de Dios, a uns 40 qui lômetros da fronteira boliviana, onde ficaram os demais. Entram na cidade, e o chefe do grupo, Alaín Elías, com 24 anos, é confundido com o guerrilheiro Hugo Blanco. Ao anoitecer daquele dia, buscavam se hospedar no hotel Chávez, quando são abordados por um grupo de policiais que os intimam a apresentar-se na delegacia local. No caminho, os guerrilheiros resolvem reagir, há um enfrentamento com tiros, um sargento cai morto e os guerrilheiros se dispersam em várias direções. Alaín e Javier passam a noite escondidos na floresta mas, no dia seguinte, são vistos por um camponês que os denuncia, passando a ser perseguidos por policiais e pelos fazendeiros da região, munidos com armas de caça. Fogem para o rio Madre de Dios e tentam escapar em uma canoa, porém a polícia

cerrado el pasado. / Con gruesas lágrimas de acero. //El cielo es nuestro, /nuestro el pan de cada día, / hemos sembrado y cosechado / el trigo y la tierra /son nuestros /y para siempre nos pertenecen / el mar /las montañas y los pájaros.

chega às margens e começa a atirar. Elías atira primeiro, mas depois ambos decidem entregar-se. Neste momento, aproxima-se uma lancha cheia de policiais e civis que chegam atirando. Os dois jovens pedem que não atirem e agitam uma camiseta acenando a rendição, mas os tiros continuam. Alaín é ferido e se deita. Javier de pé grita que não disparem mais, mas recebe um tiro na clavícula e volta a gritar que não atirem. Alaín, embora baleado, agita a pequena "bandeira" numa desesperada súplica de paz e compaixão. Javier ferido se recosta e todos os tiros concentram-se no seu corpo. Os estampidos se sucederam das onze e meia a uma da tarde, como um sádico tiro ao alvo. É um tempo irreal, apavorante para duas vítimas indefesas, porque marca o supremo desespero da sobrevivência. As explosões ecoavam como mágicos relâmpagos, explodindo o sacrário da esperança de dois jovens sonhadores. De repente, o silêncio. Uma canoa que se mantém imóvel sobre as águas. A missão estava cumprida, a dignidade humana ultrajada, o massacre consumado por militares treinados para matar, e por fazendeiros treinados pela ambição e pelo ódio. Estirado sobre o tronco flutuante, os olhos do poeta buscam ainda o azul, despedindo-se do querido céu da pátria. Quem sabe, no derradeiro alento, Javier Heraud tenha se lembrado das palavras que alguma vez escreveu àquela que lhe embalou a infância:

> *Recorda tu, recordem todos que meu carinho e meu amor crescerão sempre, que nada nem ninguém nos poderão separar, ainda que estejamos distantes, e que algum dia nos reuniremos para cantar e chorar juntos, para abraçar-nos e querer-nos mais. E que eu sempre serei o menino a quem tu tiveste nos braços ainda que haja crescido por este tempo que avança e destroça os anos, mas não as recordações.*[237]

---

237 Heraud, J. Idem.
Recuerda tú, recuerden todos que mi cariño y mi amor crecerán siempre, que nada ni nadie nos podrá separar aunque estemos lejos, y que algún día nos reuniremos para cantar y llorar juntos, para abrazarnos y querernos más. Y que yo siempre seré el niño a quien tú tuviste en brazos aunque haya crecido por este tiempo que avanza y destroza los años, pero no los recuerdos.

6. Javier Heraud: a vida e a poesia por um ideal

No momento em que escrevo estes relatos, 47 anos depois de sua morte, sua obra poética, reeditada muitas vezes, tanto no Peru como em Cuba, é uma das mais estudadas em seu país, tanto pelo seu significado histórico na saga guerrilheira daqueles anos, como por sua precocidade literária, marcada por refinado lirismo, concisão e transparência. Muitos perguntarão: o que leva um jovem intelectual de 20 anos, privilegiado por uma invejável estruturação familiar, a alistar-se numa missão tão imprevisível para defender uma causa sem interesses pessoais e onde a morte o espreitaria a cada passo? José Ingenieros ao expressar a emoção do ideal nos fala de *sua força misteriosa qual uma áscua sagrada capaz de nos preparar para as grandes ações e que se a deixarmos apagar, jamais se reacenderá em nós e uma vez morta nada mais seremos que fria bazófia humana*[238]. Foi essa "força misteriosa", esse gesto de renúncia e de coragem que fez de sua vida uma paixão constante, marcada em seus versos pelo persistente tema da morte, uma presença imanente em sua poesia nos últimos poemas do livro *El viaje*.

Não desejo a vitória nem a morte,
não desejo a derrota nem a vida,
somente desejo a árvore e sua sombra,
a vida com sua morte.[239]

Em seus poemas, o rio é, também, sempre uma ideia forte e recorrente, como uma metáfora da vida. O rio, na poesia de Heraud, é o rio da própria vida, expressa em seu longo e belíssimo poema *El río*. O poeta desnuda-se em emoção e lirismo nos seus versos, semelhante ao místico significado do rio de Sidarta, no romance de Hermann Hesse. Para o poeta peruano, o rio é sua própria imagem, um corpo que caminha angustiosamente em busca do destino. É o movimento incessante por onde escorre o tempo e navega o seu espírito de poeta, fluindo às vezes em desatada emoção e envolvendo a natureza em

238 Ingenieros, J. *O homem medíocre*. 9 ed. Rio de Janeiro, Tupã Editora, s/d.
239 Heraud, J. Op. cit. In: *Vida y muerte en la poesía de Javier Heraud.*
No deseo la victoria ni la muerte, / no deseo la derrota ni la vida, /sólo deseo el árbol y su sombra, la vida con su muerte.

todo o seu entorno. Mas é também e, paradoxalmente, em muitos versos, como uma premonição do lugar onde ocorreria sua morte.

Eu sou um rio,
vou descendo
pelas largas pedras,
vou descendo
pelas rochas duras,
pelo caminho
desenhado pelo
vento.
Há árvores em minha
volta, sombreadas
pela chuva.
Eu sou um rio,
desço sempre mais
furiosamente,
mais violentamente
eu desço
cada vez que
uma *ponte me reflete*
em seus arcos.

Eu sou um rio
um rio
um rio
cristalino no
amanhecer.
Às vezes sou
terno e
bondoso.
Deslizo suavemente
pelos vales férteis,
dou de beber mil vezes
ao gado, à gente dócil.
As crianças se acercam de mim
de dia
e
de noite trêmulos amantes
apoiam seus olhos nos meus
e fundem seus braços

na escura claridade
de minhas águas fantasmagóricas. (...)[240]

7. O intelectual brilhante

Aos 16 anos, Javier Heraud ingressa, em primeiro lugar, no curso de letras na Universidade Católica do Peru e começa a dar aulas de espanhol e inglês em colégios secundários. Aos 19 anos, entra na Faculdade de Direito da Universidade de San Marcos, em cujo ambiente oferece seus primeiros recitais e relaciona-se com os principais poetas da época: José Washington Delgado, Cesar Calvo, Javier Sologuren, Arturo Corcuera entre outros. José Miguel Oviedo, considerado um dos maiores críticos literários peruanos, ao resenhar seu livro *El viaje*, em 1960, afirma sobre o poeta que ainda não completara 20 anos:

> *Javier Heraud – ya no cabe duda – es la mejor esperanza que la poesía peruana tiene dentro de las novísimas generaciones.*[241]

Nessa idade, já com uma grande cultura literária, estuda Marx e Lênin, penetra na historicidade do Peru, estudando suas profundas contradições sociais na década de 60 e transforma todo esse conhecimento em consciência revolucionária. Tudo, na pessoa de Javier Heraud era uma luminosa promessa. Quer como poeta, quer como revolucionário. Em Heraud, projetava-se, potencialmente, a imagem do grande intelectual engajado, assim como foi José Carlos Mariátegui (1895-1930), como homem de ideias e tido como o maior e mais original pensador marxista latino-americano. Semelhante a Mariátegui, pela precocidade e abrangência de sua intelectualidade, Javier Heraud era, relativamente, aos 21 anos, um intelectual completo, orgânico, poeticamente voltado

---

240 Heraud. J. *El río*. Colección Cuadernos del Hontanar, Lima, 1960.
Yo soy un río, /voy bajando por /las piedras anchas,/ voy bajando por /las rocas duras, /por el sendero / dibujado por el /viento./ Hay árboles a mi /alrededor sombreados /por la lluvia./Yo soy un río, /bajo cada vez más / furiosamente, /más violentamente /bajo /cada vez que /un puente me refleja / en sus arcos.// Yo soy un rio / un rio / un rio / cristalino en la /mañana. / A veces soy / tierno y / bondadoso. Me / deslizo suavemente / por los valles fértiles, / doy de beber miles de veces / al ganado, a la gente dócil. Los niños se me acercan de / día, / y / de noche trémulos amantes / apoyan sus ojos en los míos, y hunden sus brazos / en la oscura claridad / de mis aguas fantasmales.

241 Perez, C. H. Op. cit., p. 84.

para o profundo significado da vida (e da morte) e politicamente comprometido com os movimentos sociais do seu tempo. Isso para fazermos um paralelo apenas com intelectuais marxistas, como eram também, pela sua abrangência, Neruda e Vallejo.

Quando esteve em Paris, no retorno da União Soviética, em julho de 1961, seu período na capital francesa foi aproveitado ao máximo. Em carta à família, ele escreve:

> *(...) Aqui não posso desperdiçar uma hora. Há muitas coisas, insisto, que tenho que aprender. Música, pintura, teatro, museus, ciências, livros, etc. Quero formar-me bem para depois ser útil à revolução e ao meu país. (...)*[242]

Em Paris, teve um curto período de convivência com Mario Vargas Llosa, na época com 25 anos. Em um longo depoimento, em 1981, para Cecília Heraud Perez, irmã do poeta, o laureado escritor peruano relata:

> *(...) Nesses dias, nos víamos muito, praticamente todos os dias, conversávamos por longo tempo e muito identificados. Nasceu uma relação muito cordial, muito próxima, porque ele era uma pessoa sumamente afetuosa, sumamente simples, com uma coisa muito pura, ingênua, uma imensa candura no melhor sentido da palavra.*
>
> *(...) A viagem tinha sido um fator de radicalização para ele. Creio que naqueles momentos militava no Social Progressismo e no retorno da União Soviética, já em Paris, todos vivíamos nesse momento uma radicalização. Eu também estava bastante radicalizado, sobretudo com o entusiasmo que despertou em todos nós a revolução cubana.*
>
> *Javier participava absolutamente desse sentimento, dessa atividade e esse foi um dos longos temas de nossas conversações. Falamos muito de política, da impressão que lhe causara a viagem, de sua radicalização, da problemática peruana, mas também muito de literatura,*

---

242 Idem, p. 98.
(...) Aqui no puedo desperdiciar una hora. Hay muchas cosas, insisto, que tengo que aprender: Música, pintura, teatro, museos, ciencias, libros, etc. Quiero formarme bien para después ser útil a mi revolución y a mi país. (...)

porque a vocação literária de Javier era enorme, uma vocação realmente muito forte, evidente, ou seja, era algo que ele sentia à flor da pele. Ele me falou de um projeto de escrever baladas, uma série de baladas sobre temas despojados, muito simples, uma poesia narrativa, quase didática. (...) uma poesia para o povo, no melhor sentido da palavra, mas escrita com qualidade literária.

(...) Ele tinha 19 anos, era grande, alto, bastante forte, com olhos claros, ao mesmo tempo com uma transparência que imediatamente seduzia. A mim me seduziu fortemente sua personalidade e realmente tive com ele uma comunicação muito próxima, uma boa amizade, apesar de um contato rápido e passageiro.

Depois ele foi passar alguns dias em Madri, onde recebi um cartão-postal. Retornou ao Peru, e me escreveu uma carta bastante atormentada onde me fala de uma crise muito profunda, que por um lado é uma crise política, a crise em que vivia o país, num clima de repressão e bastante desesperançada politicamente (...)

(...) Quando Javier esteve em Paris, eu acabava de escrever La ciudad e los perros. *Eu li para ele alguns capítulos do romance, a descrição de La Victoria, de um personagem que vai à rua Huatica frequentada pelas prostitutas, lembro de ter-lhe lido sobre isso e lhe perguntado se sua geração ainda tinha aqueles costumes, como a minha, ou foi uma geração que mudou seus ritos... "Essa descrição – disse-me – incomoda-me um pouco.*[243]

---

243 Idem, p. 96-7.

(...) En esos días nos vimos mucho, prácticamente todos los días, conversamos largo y parejo. Se estableció una relación muy cordial, muy estrecha porque él era una persona sumamente afectuosa, sumamente sencilla, con una cosa muy pura, ingenua, tenía algo candoroso en el mejor sentido de la palabra.

(...) El viaje había sido un factor de radicalización para él. Estava en esos momentos creo, militando en el Social Progresismo y al regreso de la Unión Soviética, ya en París, todos vivíamos en ese momento una radicalización. Yo también estaba bastante radicalizado, sobre todo con el entusiasmo que había despertado en todos nosotros la revolución cubana.

Javier participaba absolutamente de ese sentimiento, de esa actividad y ese fue uno de los temas largos de conversasión.

Hablamos mucho de política, de esta impresión que le había hecho el viaje, de esa radicalización suya, de la problemática peruana, pero también mucho de literatura, porque la vocación literária de Javier era enorme, una vocación realmente muy fuerte, evidente, es decir, era una cosa que estaba en él a flor de piel. Me habló de un proyeto de escribir baladas, una serie de baladas sobre temas muy sencillos, muy simples, una poesía narrativa, casi didáctica. (...) una poesía popular en el buen sentido de la palabra, acompañada de una exigencia literaria.

O que certamente Javier Heraud jamais poderia imaginar é que, como um jovem poeta de 19 anos, pudesse ser entrevistado, em Paris, por um peruano que um dia seria distinguido com o Prêmio Nobel de Literatura? É que Vargas Llosa naqueles anos trabalhava na Radiodifusão-Televisão Francesa onde tinha um programa cultural, emitido para toda a América Latina. No dia 1º de setembro de 1961, ele entrevistou o poeta Javier Heraud, transmitindo suas opiniões e seus versos para a América Latina, causando profunda emoção à família e aos muitos amigos que o ouviram em Lima. Javier falou sobre a poesia peruana e citou os poetas que influenciaram sua formação, nomeando Vallejo, Neruda, os espanhóis Antonio Machado, García Lorca, Miguel Hernandez e o inglês Dylan Thomas. É um diálogo rico e inteligente entre dois jovens escritores, cujos passos seriam marcados por destinos radicalmente diferentes. Javier morreria como guerrilheiro dali há dois anos nas selvas peruanas e Vargas Llosa seguiria sua grande carreira de escritor, recebendo em Estocolmo, quase que exatamente 49 anos depois, o mais cobiçado prêmio literário do planeta.

Este pequeno convívio de Javier com Vargas Llosa, deixou em ambos fortes sentimentos de amizade. Um ano depois do encontro em Paris, Vargas Llosa foi a Cuba e procurou por Javier. O ex-guerrilheiro peruano Alfonso Imaña, na época em Havana, relata o fato:

> *Eu saí alguns dias de Havana, para cumprir um encargo e um membro do Governo cubano, das Relações Exteriores, me disse:*
>
> *– Há um peruano, um amigo de vocês procurando por Javier, já faz alguns dias que deseja falar com ele. É um escritor que vem da*

(...) Tenía 19 años, era grande, alto, más bien fuerte, con unos ojos claros y al mismo tiempo con una transparencia que inmediatamente seducía. A mí me sedujo muchísimo la personalidad de él y me sentí realmente en una comunicación muy estrecha, en una buena amistad con él, a pesar de que fue un contacto rápido y pasajero.

Después, él se fue a Madrid por unos dias, de donde recibí una postal. Regresó al Peru y me escribió, carta bastante atormentada donde me habla de una crisis muy profunda que por una parte es una crisis política, por la crisis que vivía el país, por la atmósfera represiva, bastante desesperanzada politicamente (...)

Quando Javier estuvo en Paris, acabava de escribir La ciudad y los perros. *Yo le leí a Javier capítulos de la novela, la descripción de La Victoria, de un personaje que va al jirón Huatica donde andan las prostitutas, recuerdo haberle leido eso y haberle preguntado si su generación todavía tenía esos ritos, como la mía, o era una generación que ya cambió de ritos. "Esa descripción – me dijo – me molesta um poco".*

Europa. Cheguei a falar com ele, era Vargas Llosa, e conversando com ele no hotel Riviera perguntei-lhe por que queria ver Javier. (...)

Acontece que Javier estava em treinamento militar, longe de Havana e isso não podia ser revelado a Vargas Llosa, que não ficou satisfeito com a explicação evasiva de Alfonso. Mas alguns dias depois Javier retorna à capital e recebe o recado.

(...) Eu me lembro claramente que estava no lobby do hotel Riviera, em Havana, onde fomos à procura de algumas pessoas, e também de Mario Vargas Llosa pois haviam dito a Javier que ele o estava procurando. Chamam-no e Vargas Llosa aparece, cumprimenta-me rapidamente e se abraça com ele, lembro-me perfeitamente. (...)[244]

Muitos depoimentos creditam o precoce brilhantismo intelectual de Javier Heraud. Julio Dagnino, jornalista e educador peruano, que participou do mesmo grupo de Javier que voltou de Cuba para o Peru, comenta a precocidade intelectual do poeta:[245]

De Havana para a Bolívia tínhamos viajado por rotas diferentes para alcançar nosso objetivo de entrar armados no país. Com Javier

---

244 Idem. p. 177-8.
Yo salí unos días a La Habana por un encargo que tenía que cumplir y un miembro del Gobierno Cubano, de Relaciones Exteriores me dijo:
– Hay un peruano, un amigo de ustedes que busca a Javier, hace varios días que quiere hablar con él. Es un escritor que viene de Europa.
Llegué a hablar con él, era Vargas Llosa, y he conversado con él en el hotel Riviera preguntádole el motivo por el que quería ver Javier.(...)
(...) Yo recuerdo claramente, estoy en el hall del hotel Riviera de La Habana a donde hemos ido buscar a algunas personas y también a Mario Vargas Llosa pues le habían dicho a Javier que lo estaba buscando. Lo llaman y Vargas Llosa sale, me saluda brevemente a mí y se abraza con él, lo recuerdo perfectamente. (...).

245 Disponível em: <http://elgatodescalzo.wordpress.com/2009/11/12/rosina-valcarcel-aun-es-tiempo-de--recuperar-laprimavera/>.(02 mar.2011 às 22h00).
De La Habana a Bolivia habíamos viajado por diferentes rutas para lograr nuestra finalidad de entrar armados al país. Con Javier Heraud me vi nuevamente en La Paz. Nos cruzamos sin dirigirnos la palabra pues viajábamos clandestinos. Cuando surcábamos el río Chapare, en Cochabamba, nos volvimos a ver; a propósito de un círculo que se organizó con él, Héctor Béjar, Abraham Lama (Junco) y yo. En las orillas del río, entre otros puntos, tratamos sobre el realismo socialista y la presencia "canónica" de Joyce y Proust. En ese debate Javier, que era muchos años menor que nosotros, se destacó. La forma de plantear el problema y el desarrollo no esquemático que le dio al papel de la literatura en el proceso de la revolución socialista fue convincente en el círculo que se caracterizaba por su posición crítica a los sesgos que entonces iba tomando el realismo socialista.

Heraud, me avistei novamente em La Paz. Nos cruzamos sem falar, pois viajávamos clandestinos. Quando sulcávamos o rio Chapare, em Cochabamba, nos voltamos a ver; a propósito do círculo que se formou com ele, Héctor Béjar, Abraham Lama (Junco) e eu. Nas margens do rio, entre outras coisas, discutimos sobre o realismo socialista e a presença "canônica" de Joyce e Proust. Nesse debate, Javier, que era muitos anos mais jovem do que nós, se destacou. A maneira de colocar o problema e o desenvolvimento não esquemático que deu ao papel da literatura no processo da revolução socialista foi convincente no círculo que era conhecido, por suas críticas ao rumo que então vinha tomando o realismo socialista.[246]

Nas três semanas em que o poeta percorreu Sierra Maestra, em meados de 1962, junto com o grupo de bolsistas peruanos estava Ricardo Gadea – irmão da peruana Hilda Gadea, primeira esposa de Ernesto Che Guevara –. Conta Ricardo:

(...) "Conversei muito com Heraud. Um jovem com uma procedência diferente da média. Um verdadeiro intelectual, apesar de sua juventude. Uma promessa. Tinha a possibilidade de ir para a Europa, mas estava ali, na Sierra Maestra. Hesitava. Tinha dúvidas". Quando de retorno a Havana, no entanto, Fidel confrontou o grupo com a escolha final – profissão ou revolução? – O poeta cruzou o Rubicão para a luta armada. Havia nascido Rodrigo Machado. Ninguém como ele expressaria o espírito com que aquele compromisso era assumido.

"Rodrigo Machado nasceu num dia de julho, em Havana, no ano de 1962. (Sua idade não se sabe ainda, pois tem a idade da luta de seu povo). A guerra contra o imperialismo, à que irá junto com 40 companheiros, vai dizer ou calar os anos que ele haverá de cumprir. Cairá em alguma montanha perfurado com uma bala no corpo? Seguirá

246 Certamente, a visão crítica que Javier Heraud tinha do realismo socialista, que ainda vigorava naqueles anos, referia-se, não à opção política que a arte poderia (ou deveria) ter, retratando o papel cultural e singelo das classes operária e camponesa numa sociedade socialista em construção, como propôs Máximo Gorki em 1934 – e como foi notavelmente colocada por Georg Lukács, enfatizando a importância do realismo socialista na arte e literatura, e repudiando as abstrações do modernismo – mas ao papel castrador que o stalinismo vinha tomando em relação à liberdade da arte, no endeusamento pessoal do próprio Stalin, na glorificação do regime soviético, e na dependência política da arte e da literatura ao partido e ao poder.

na viagem da esperança ou será enterrado no leito de um rio, então completamente seco? Não, os rios da vida, da esperança, continuarão fluindo em torrentes cristalinas. Porque no rio está a vida de um homem de muitos homens, de um povo de muitos povos. E Rodrigo Machado, de pé ou deitado, seguirá cantando ao homem, com um fuzil, porque o fuzil será um dos meios para alcançar a liberdade. E uma vez livres, os homens dignos e honrados dirão ao mundo a verdade sobre o nosso povo, sobre suas lutas e a vida futura. Só então, Rodrigo Machado e com ele os 40 que partiram para a vida (de pé ou debaixo da terra) se sentirão felizes e ditosos".[247]

8. O herói de sua geração

Em dezembro de 1969, escrevi em Lima três poemas: *El marinero y su barco, El caminante y su tiempo* e *Réquiem para un poeta guerrillero*[248], este dedicado à memória de Javier Heraud:

---

247 Disponível em: <http://www.cedema.org/uploads/JosLuisRnique.doc>.
(...) "Conversé mucho con Heraud. Un joven de extracción distinta a la del promedio. Un verdadero intelectual a pesar de su juventud. Una promesa. Tenía posibilidad de ir a Europa pero estaba ahí, en la Sierra Maestra. Vacilaba. Tenía dudas".
Cuando, de retorno a La Habana, sin embargo, Fidel confrontó al grupo con la opción definitiva –¿profesión o revolución?— el poeta cruzó el Rubicón hacia la lucha armada. Había nacido Rodrigo Machado. Nadie como él expresaría el ánimo con que dicho compromiso se asumía:
"Rodrigo Machado nació un día del mes de julio en La Habana, el año de 1962. (Su edad no se sabe aún pues tiene la edad de la lucha de su pueblo). La guerra contra el imperialismo a la que irá conjuntamente con 40 camaradas, dirá o callará los años que él ha de cumplir. ¿Se quedará en algún monte regado con una bala en el cuerpo? ¿Seguirá de viaje a la esperanza o lo enterrarán en el lecho de algún río, entonces enteramente seco? No, pero los ríos de la vida, de la esperanza, seguirán afluyendo con torrentes cristalinos. Porque en el río está la vida de un hombre de muchos hombres, de un pueblo de muchos pueblos. Y Rodrigo Machado, de pie o acostado, seguirá cantando con un fusil al hombre, porque el fusil será uno de los medios para lograr la liberación. Y una vez liberados, los hombres dignos y honrados dirán la verdad a todo el mundo sobre nuestro pueblo, sobre sus luchas y su futura vida. Sólo entonces, Rodrigo Machado y con él los 40 que partieron hacia la vida (de pie o debajo de la tierra) se sentirán felices y dichosos".

248 Andrade, M. de. *Poemas para a liberdade*. São Paulo, Escrituras, ed. bilíngue, 2009, p. 96-9.
Con treinta balazos de odio / sus dulces ojos temblaron /crimen tan grande señores /árboles y pájaros lloraron. // Y cayó muerto el poeta /inmensa alma alumbrada. / Como él cayeron otros / Byron cayó en la Grecia / García Lorca en Granada. // – Díme hermano campesino.../ ¿por qué murió Javier?– ¡/Por su sueño, viajero! / porque hay hombres que nacen / con sangre predestinada. / Javier murió de justo / por el pan de cada dia / murió por la gente pobre / por su hambre y su agonía. // Ay poeta, hermano mio /verde cigarra de espanto / en tu cuerpo acribillado / la sangre escurrió tu canto. // Y la noche conmemoró // la victoria de los generales /el pueblo vendrá mañana /con su voz de mil puñales. //Me

Com trinta balaços de ódio
seus doces olhos tombaram
crime tão grande, senhores
árvores e pássaros choraram.
E caiu morto o poeta
alma imensa, iluminada
como ele caíram outros
Lord Byron caiu na Grécia
Garcia Lorca em Granada.

– Diga-me, irmão camponês...
por quem morreu Javier?

– Por seu sonho, viajante!
porque há homens que nascem
com o sangue predestinado;
Javier morreu de justo
pelo pão de cada dia,
morreu pela gente pobre
por sua fome e agonia.
Ai poeta, hermano mío
verde cigarra de espanto
em teu corpo metralhado
o sangue escorreu teu canto.

E a noite comemorou
a vitória dos generais.
O povo amanhã virá
com sua voz de mil punhais.

Me contaram de um lugar
onde um rio canta dolente
e que suas águas choram
pela morte de um valente.

Quando em janeiro de 1970 os estudantes de Arequipa publicaram uma coletânea de meus versos com o nome de *Poemas de América*

---

contaron que hay un sitio /donde un río canta doliente /dicen que sus aguas lloran /por la muerte de un valiente.

Latina, – onde constava este poema a Heraud – um trecho, com uma referência ao poeta, colocado na contracapa do livreto, atestava, há menos de seis anos de sua morte, que seu nome já era uma lenda entre a combativa classe dos estudantes peruanos. O texto, com a característica linguagem política da época, expressava que:

> *A revolução não é uma palavra. É uma tarefa heroica que deve ser iniciada sem demora, aqui e agora. Isso deverá ser compreendido por todos nós. Também deveríamos compreender que a revolução é modelo de conduta a seguir, para que depois possamos dizer com plenitude como Javier Heraud: "Soube viver e soube morrer como homem digno".*[249]

Javier foi o herói poético de sua geração. Para mim, um estrangeiro recém-chegado ao país, todo aquele reconhecimento pela imagem de um poeta – morto entre tantos outros jovens combatentes, numa época de grandes confrontos guerrilheiros no Peru – era um fato novo no solitário mundo dos poetas, esses seres tão desgarrados do mundo. Muitos relatos da época mostram que não se dava importância à poesia e aos poetas nos meios políticos e guerrilheiros das organizações que lutavam no Peru, e em outras partes do continente. Eu senti tantas vezes este desprezo pelos poetas, por parte dos revolucionários, em parte justificada pelo excessivo intelectualismo com que a maioria dos poetas escreve seus poemas, sem aquela linguagem simples e sincera com que Javier escreveu seus versos. Em 1960, ele renuncia à influência surrealista e ao ambiente de elitismo literário que predominava nos meios universitários da Universidade de San Marcos e quando, em janeiro de 1961 é convidado a participar do ciclo de eventos culturais "El Artista y La Época" no Instituto José Carlos Mariátegui, ao oferecer um recital com poemas de seu livro *El viaje*, declara:

249 Andrade, M de. *Poemas de América Latina*. Arequipa, Centro Federado de Letras e Federación Universitaria de Arequipa, 1970.
La revolución no es una palabra. Es una tarea heroica que deve ser iniciada sin demora, aqui y ahora. Esto debiera ser comprendido por todos nosotros. También debiéramos comprender que la revolución es modelo de conducta a seguir, para que después podamos decir con plenitud como Javier Heraud: "Supe vivir y supe morir como hombre digno".

> *(...) que a poesia, longe de ser uma isolada e solitária criação do artista, "é um testemunho da grandeza e da miséria dos homens, uma voz que denuncia o horror e clama por solidariedade e por justiça"; (...)*[250]

Estranhamente, nós, os poetas engajados, também éramos vistos com indiferença e até desprezo pelos próprios poetas não comprometidos com a história do seu tempo, um pouco semelhantes àqueles "poetas celestes" ironizados por Neruda, em seu *Canto geral*:

> *(...) que fizestes vós gidistas,*
> *intelectualistas, rilkistas,*
> *misterizantes, falsos bruxos*
> *existenciais, papoulas*
> *surrealistas acesas*
> *numa tumba, europeizados*
> *cadáveres da moda,*
> *pálidas lombrigas do queijo*
> *capitalista, que fizeste*
> *ante o reinado da angústia,*
> *frente a este escuro ser humano,*
> *a esta escarnecida compostura,*
> *a esta cabeça submersa*
> *no esterco, a esta essência*
> *de ásperas vidas pisoteadas? (...)*[251]

Quanto a mim, considero todos os poetas meus irmãos, nesta busca pelos tantos caminhos que levam ao encanto, à "beleza pura", mas também à justiça e à liberdade. Em outubro de 1969, em Cochabamba, participando de um Congresso Nacional de Poetas, embora tenha sentido essa frieza por parte de alguns poetas participantes, – quem sabe "maculados" com o caráter político dos meus versos – resolvi "convocá-los", e a todos os poetas da América, escrevendo e lendo meu poema *O sonho do semeador:*

---

250 Perez, C. H. Op. cit., p. 121.
(...) que la poesía, lejos de ser una aislada y solitária creación del artista, "es un testimonio de la grandeza y la miseria de los hombres, una voz que denuncia el horror y clama la solidariedad e la justicia"; (...)

251 Neruda, P. *Canto geral.* Trad. Paulo Mendes Campos. São Paulo, Difel, 1979, p. 180.

(...) Poetas da América...
mais que nunca é preciso cantar
é preciso fazer com que as palavras sejam uvas
é preciso embriagar os homens
para que todos conheçam o sabor da vida.
É preciso alistar nosso lirismo
desertado das fileiras dessa luta.
Desertado pelos que não comprometem a estesia do seu canto...
que falam de flores
indiferentes aos campos calcinados da pátria,
que declamam seus versos de amor
cegos aos transeuntes da fome e do abandono
e é missão dos poetas cantar seus olhos de súplica
denunciar que a morte ronda seus ventres
e que eles são milhares nas barriadas
tugúrios *e* calhampas *das vossas cidades*
nas favelas do meu país
na verdade eles são milhares em todas as nacionalidades
e é preciso que eles sejam celebrados na beleza da poesia
é preciso decantar seu desencanto
e reconstruir, para eles, a esperança.
E por isso,
quando me perguntam de que vale um poeta no mundo
eu respondo com meu canto de filho proletário
com minha infância descalça e sem brinquedos
com todas as crianças do mundo que fui em meu estômago de água...
e só assim posso ouvir meu coração de povo
sentir meu canto nascer como um grito de combate
e eis porque deve nascer uma canção na América
para que possamos semear o sonho no coração dos homens
para que possamos metralhar com um punhado de palavras. (...)[252]

Javier Heraud sentiu também essa estranheza por parte de alguns militantes com quem compartilhou as fileiras guerrilheiras, já que ele sempre escrevia e falava de poesia, durante suas atividades como

252 Andrade, M. de. *Poemas para a liberdade*, p. 73.

combatente. Muitos de seus companheiros somente compreenderam a sua dimensão como poeta depois de sua morte. Alguns deles deram depoimentos nesse sentido, relembrando seu desprezo pela poesia e penitenciando-se, posteriormente, com uma sincera *mea culpa*. Muitos revolucionários latino-americanos e brasileiros achavam muito estranho que eu tivesse que fugir do Brasil em função da minha poesia. Entretanto, o caso de Heraud era um fato isolado, porque pude constatar pelos caminhos que, depois de sua morte, tudo mudou e sua imagem de poeta renascia a cada dia. Renascia na voz e nas canções que lhe fez a extraordinária cantora peruana Chabuca Granda. Renasceu nos monumentos que se erguem em seu nome, nas tantas edições de sua obra reunida e, projetando-se na história literária do continente. O escritor italiano Giuseppe Bellini, considerado o principal crítico e estudioso da literatura hispano-americana na Europa, cita duas vezes Javier Heraud, em sua abrangente *Historia de la literatura hispanoamericana*. Numa delas, ao referir-se ao grande poeta salvadorenho Roque Dalton García (1935-1975), comenta seu assassinato dentro da própria organização em que militava, afirmando que:

> *se converteu em símbolo – como o peruano Heraud e o argentino Urondo – do compromisso da poesia latino-americana ante a história.*[253]

A poesia de Heraud tem aparecido em importantes antologias poéticas latino-americanas, e já naqueles anos, como na *Poesia rebelde de América* organizada pelo escritor equatoriano Miguel Donoso Pareja e lançada em 1971, na Cidade do México[254], onde está publicado seu conhecido poema *Yo no me rio de la muerte*[255]:

---

253 Bellini, G. Op. cit., p. 394.
se ha convertido en símbolo – como el peruano Heraud y el argentino Urondo –del compromiso de la poesía latinoamericana frente a la historia.

254 Donoso Pareja, na época exilado na capital mexicana, presenteou-me a excelente antologia que selecionou e prefaciou, num dos encontros que lá tivemos, em meados de 1971. Apesar de Javier Heraud ainda não ser conhecido fora de seu próprio país, seus versos já partilhavam aquelas páginas com grandes poetas latino-americanos como Neruda, Vallejo, Gelman, Guillén, Adoum, Cardenal, Benedetti, e os brasileiros Drummond, Bandeira, Vinicius, Gullar, Romano e outros.

255 Pareja, M. D. *Poesia rebelde de América*. Ciudad de México, Extemporaneos, 1971, p. 345.
Yo nunca me rio /de la muerte. / Simplemente / sucede que / no tengo / miedo /de /morir /entre /pájaros y árboles //Yo no me río de la muerte. /Pero a veces tengo sed /y pido un poco de vida, /a veces tengo sed y pregunto/ diariamente, y como siempre /sucede que no hallo respuestas / sino una carcajada

Eu nunca rio
da morte.
Simplesmente
acontece que
não tenho
medo
de
morrer
entre
pássaros e árvores.

Eu não rio da morte.
Mas às vezes tenho sede
e peço um pouco de vida,
às vezes tenho sede e pergunto
diariamente e, como sempre
acontece, não encontro respostas
mas sim uma gargalhada profunda
e negra. Já disse que nunca
costumo rir da morte
mas conheço sua branca
face, sua tétrica vestimenta.

Eu não rio da morte.
Contudo, conheço sua
branca casa, conheço sua
branca vestimenta, conheço
sua umidade e seu silêncio.

É claro, a morte não
me visitou ainda,
e vocês perguntarão: o que

---

profunda /y negra. Ya lo dije, nunca / suelo reir de la muerte, / pero sí conozco su blanco /rostro, su tétrica vestimenta. // Yo no me río de la muerte. / Sin embargo, conozco su / blanca casa, conozco su / blanca vestimenta, conozco / su humedad y su silencio. // Claro está, la muerte no //me ha visitado todavía, //y Uds. preguntarán: ¿qué // conoces? No conozco nada. // Es cierto también eso. /Empero, sé que al llegar /ella yo estaré esperando, / yo estaré esperando de pie /o tal vez desayunando. /La miraré blandamente/ (no se vaya a asustar) / y como jamás he reído / de su túnica, la acompañaré, / solitario y solitario.

sabes dela? Eu não sei nada.
Também isso é verdade.
Mas sei que quando ela chegar
eu a estarei esperando
eu a estarei esperando de pé
ou talvez tomando o café da manhã.
Eu a olharei brandamente
(Não irei me assustar!)
e como eu nunca ri
de seu manto, eu a acompanharei,
sozinho e solitário.

9. Nos passos da posteridade

Depois de sua morte, o Exército de Liberação Nacional do Peru (ELN), em que militava, retomou a luta, em 1965, sob o comando de Héctor Béjar, e em sua memória a Organização passou a chamar-se *Guerrilha Javier Heraud*. Béjar, seu companheiro de armas desde os treinamentos militares no quartel Camilo Cienfuegos, em Cuba, – um dos poucos comandantes da guerrilha peruana que sobreviveu e posteriormente laureado com o Prêmio Literário Casa de Las Américas – referindo-se, anos mais tarde ao poeta, testemunhou:

> *(...) Creio que Javier é um caso extraordinário em que a poesia e a revolução se entrelaçam com uma força sem precedentes na nossa história. Javier continuou a escrever até mesmo na guerrilha (...) É evidente que também sua poesia mostra um desenvolvimento que infelizmente não é muito conhecido, porque grande parte de seus poemas foram perdidos com a sua morte. Mas, acredito que ele, embora seja difícil dizer isso, e sempre é muito arriscado dizer o que se possa pensar – de alguém que morreu –, que tenha decidido ser sobretudo um combatente, um revolucionário. Essa era a sua atitude (...)*[256]

256 Béjar, H. R. *Perú 1965: apuntes sobre una experiencia guerrillera*. La Habana, Casa de las Américas, 1969. *(...) Yo creo que Javier es un caso extraordinario en el que la poesía y la revolución se entrecruzan con una fuerza inédita en nuestra historia. Javier siguió escribiendo incluso en la guerrilla (...) Es evidente que también su poesía, acusa una evolución que desgraciadamente no es muy conocida porque gran*

Um mês depois do seu assassinato em Puerto Maldonado, realizou-se em Lima, na Universidade Nacional de Engenharia, uma homenagem à sua memória, na qual estava presente uma das maiores expressões da literatura peruana da época: José Maria Arguedas. O autor de *Rios profundos*, entre outras verdades, disse:

> *(...) E agora me permitam dizer algumas palavras sobre o puríssimo poeta Javier Heraud cuja afeição ganhei honestamente.*
>
> *Tendo em conta a personalidade de Javier Heraud, apenas duas possibilidades lhe foram oferecidas no Peru: a glória literária, ou o martírio. Preferiu a mais árdua, a que não oferece as recompensas a que humanamente aspiram quase todos os homens. É raro que num país como o nosso se apresentem exemplos como este.*
>
> *Até o dia de hoje, os que têm a responsabilidade do governo e do destino do Peru, não permitiram um único campo de ação sequer para aqueles que anseiam a verdadeira justiça, ou seja, o caminho aberto para a igualdade econômica e social que corresponda à igualdade da natureza humana; esse caminho é o da rebelião, do assédio e o da morte. Javier o escolheu, mas não nos esqueçamos que ele foi forçado a escolher. Talvez tivesse agido de forma diferente em um país sem tanta crueldade para os despossuídos, sem a crueldade que se requer para manter as crianças escravas, "colonos" escravos e "barriadas" onde o cão sem dono e a criança abandonada comem o lixo, juntos.*
>
> *Para aqueles que estão cegos pelo egoísmo e furiosos contra os que clamam por um pouco de justiça, a morte de Javier, por mais que pretendam desfigurá-la, é uma advertência suficientemente eloquente, talvez a única eficaz, para os outros egoístas de todo tipo; estudantes ou não, escritores que tratam apenas de lavrar sua "glória" e não expressam a vida com maior pureza, o caso de Heraud é também uma advertência.*

---

número de sus poemas se perdieron con su muerte. Pero, creo que él, aunque sea difícil decir esto, y siempre es tan riesgoso decir lo que ha podido pensar – de alguien que ha muerto – había decidido ser sobre todo un combatiente, un revolucionario. Esa era su actitud (...)

Acho que Javier encontrou a imortalidade verdadeira, aquela que a poesia, por si só, quem sabe não lhe teria dado. Não o esqueçamos. (...)[257]

Quando em 1989, Cecilia Heraud Perez, irmã do poeta, editou, em Lima, seu livro *Vida y muerte de Javier Heraud (Recuerdos, testimonios y documentos)*, revelou cartas e poemas inéditos, bem como muitos depoimentos de poetas, amigos e sobreviventes das guerrilhas. Há relatos emocionantes sobre o caráter cristalino de Javier, os sentimentos de solidariedade e a imensa compaixão que ele tinha pelos que sofriam necessidades e injustiças. Numa passagem, na página 198, o ex-guerrilheiro Manuel Cabrera conta que chegando a La Paz, a caminho do Peru, estavam ambos hospedados no hotel Ferrocarril, quando numa noite ouviram os gritos desesperados de uma mulher sendo agredida. Vamos interferir –disse Javier. Cabrera respondeu que não, já que poderiam ter problemas com a polícia. Mas como, – respondeu ele indignado – vamos deixar que matem essa mulher? Não podemos pôr a missão em risco, respondeu Cabrera. Na manhã seguinte, viram o sangue no corredor e souberam que quem estava espancando a mulher era um agente da PIP, a Polícia de Investigações. Cabrera conclui o episódio elogiando a sensibilidade de Javier. O livro traz outros depoimentos, destacando seu caráter solidário e compassivo, mas nosso espaço não comporta tantas informações. Cecilia Heraud revelou também, entre os versos inéditos de Javier, um de seus mais belos e longos poemas: *Oda*

---

257 Perez, C. H. Op. cit., p. 130-1.

(...) Y ahora permítanme decir unas palabras sobre el purísimo poeta Javier Heraud cuyo afecto gané honestamente.

Dada la personalidad de Javier Heraud, sólo dos posibilidades se le ofrecían en el Perú: la gloria literaria o el martirio. Prefirió la más ardua, la que no ofrece recompensas a las que humanamente aspiran casi todos los hombres. Es raro que en un país como el nuestro se presenten ejemplos como éste.

Hasta el día de hoy, quienes tienen la responsabilidad del gobierno y del destino del Perú no han permitido sino un solo campo de acción para quienes anhelan la justicia verdadera, es decir, el camino abierto hacia la igualdad económica y social que a la igualdad de la naturaleza humana corresponde; ese camino es el de la rebelión, el de acoso y el de la muerte. Javier lo eligió; pero no olvidemos que lo obligaron a elegir. Quizá habría procedido de otro modo en un país sin tanta crueldad para los desposeídos, sin la crueldad que se requiere para mantener niños esclavos, "colonos" esclavos y barriadas en que el perro vagabundo y el niño sin padre comen la basura, juntos.

Para los que están ciegos de egoismo y de furor contra los que claman por un poco de justicia, la muerte de Javier, por mucho que pretendan desfigurarla, es una advertencia suficientemente elocuente, quizá la única eficaz, para los otros egoístas de todo tipo; estudiantes o no, escritores que únicamente se ocupan de lavrar "su gloria" y no de expresar la vida con la mayor pureza, el caso de Heraud es también una advertencia. Creo que Javier ha encontrado la inmortalidad verdadera que la poesía por sí sola acaso no le habría dado. No lo olvidemos. (...)

a Pablo Neruda. São 20 cantos, onde ao longo de 265 versos ele evoca, com refinado lirismo, partes da temática do *Canto geral* e outras obras de Neruda. Reproduzimos aqui, pelas mesmas limitações do espaço, apenas os três primeiros cantos:

I
Vieste a mim como um
rápido corcel. Me trazias
unhas duras e douradas
e uvas secas e
invisíveis.
Eras erva enredada em
teu cabelo, entrelaçada
árvore, te fizeste
ouro, alma te tornaste
em minha alma.

II
Agora és a rosa
que hoje se anuncia.
E então foste a voz
seca do carvalho
endurecido.
E novamente és
a luz e a luz
iluminada.

III
Tu eras canto
num mundo de oferendas.
Eras pão e pedra
perfurada. Eras
frescor, inumerável,
escrevendo no
coração, no
pássaro, na
água enrugada. (...)[258]

258 Idem, p. 125-6.

I- Viniste a mí como un/ rápido corcel. Me traías/ uñas duras y doradas,/ uvas secas e/ invisibles./ Eras enredadera en/ tu pelo, te mezclaste/ árbol, te volviste/ oro, alma te tornaste/ en mi alma. // II- Ahora

No mês seguinte da morte do poeta, Neruda enviou esta carta à família Heraud:

Universidade do Chile
Ilha Negra, junho de 1963

Li com grande emoção as palavras de Alejandro Romualdo sobre Javier Heraud. Também o valioso exame de Washington Delgado, os protestos de Cesar Calvo, de Reinaldo Naranjo, de Arturo Corcuera, de Gustavo Valcárcel. Também li o comovente relato de Jorge A. Heraud, pai do poeta Javier.

Sinto que uma grande ferida foi aberta no coração do Peru e que a poesia e o sangue do jovem caído seguem resplandecentes, inesquecíveis.

Morrer aos vinte anos crivado de balas "desnudo e sem armas no meio do rio Madre de Dios, quando estava à deriva sem remos..." o jovem poeta morto ali, esmagado ali naquelas solidões pelas forças das trevas. Nossa América escura, nosso tempo escuro.

Não tive a ventura de conhecê-lo. Pelo que vocês contam, pelo que choram, pelo que recordam, sua curta vida foi um deslumbrante relâmpago de energia e de alegria.

Honra à sua memória luminosa. Guardaremos seu nome bem escrito. Bem gravado no mais alto e no mais profundo para que continue resplandecendo. Todos o verão, todos o amarão no amanhã, na hora da luz.

Pablo Neruda[259]

---

eres la rosa/ de hoy en el anuncio./ Luego fuiste la voz/ seca del roble/ endurecido./De nuevo eres la/ luz y la luz/ esclarecida. // III- Tú eras canto en el/ mundo ofrendado. Tu/ eras pan y piedra/ agujereado. Eras/ fresco, innumerable,/ escribiendo en el/ corazón, en el/ pájaro, en el/ agua rugosa. (...)

259 Disponível em: <http://www.muladarnews.com/2011/01/correspondencia-sobre-el-poeta-javier-heraud/>.
Universidad de Chile
Isla Negra, julio de 1963
He leído con gran emoción las palabras de Alejandro Romualdo sobre Javier Heraud. También el valeroso examen de Washigton Delgado, las protestas de Cesar Calvo, de Reinaldo Naranjo, de Arturo Corcuera, de Gustavo Valcárcel. También leí la desgarradora relación de Jorge A. Heraud, padre del

Além da mensagem de Neruda, chegou de Havana, em julho de 1963, uma carta do premiado poeta cubano Nicolás Guillén, dirigida ao poeta Gustavo Valcárcel, lamentando a morte de Heraud e comentando que os *(...) jóvenes cubanos que hoy lo lloran, lo quisieron como hermano, pues fraternal era su corazón tanto como lúcida su inteligencia. (...)*

E entre os documentos inéditos, o livro de Cecília Heraud revelou também esta carta:

Novembro, 1962. Havana, Cuba

Querida mãe:

Não sei quando poderás ler esta carta. Se a leres significa que algo aconteceu na Serra e que já não poderei saudar-te e abraçar-te como sempre. Se soubesses quanto te amo! Se soubesses que agora que me disponho a sair de Cuba para entrar em minha pátria e abrir uma frente guerrilheira penso mais que nunca em ti, em meu pai, em meus irmãos tão queridos!

Vou à guerra pela alegria, por minha pátria, pelo amor que tenho, por tudo enfim. Não me guardes mágoa se algo me acontecer. Eu quisera viver para agradecer o que fizeste por mim, mas não poderia viver sem servir ao meu povo e à minha pátria. Isso tu bem sabes, pois me criaste honrado e justo, amante da verdade e da justiça.

He leído con gran emoción las palabras de Alejandro Romualdo sobre Javier Heraud. También el valeroso examen de Washigton Delgado, las protestas de Cesar Calvo, de Reinaldo Naranjo, de Arturo Corcuera, de Gustavo Valcárcel. También leí la desgarradora relación de Jorge A. Heraud, padre del poeta Javier. Me doy cuenta de que una gran herida ha quedado abierta en el corazón del Perú y que la poesía y la sangre del joven caído siguen resplandecientes, inolvidables.
Morir a los veinte años acribillado a balazos "desnudo y sin armas en medio del río Madre de Dios, cuando iba a la deriva, sin remos..." el joven poeta muerto allí, aplastado allí en aquellas soledades por las fuerzas oscuras. Nuestra América oscura, nuestra edad oscura.
No tuve la dicha de conocerlo. Por cuando ustedes lo cuentan, lo lloran, lo recuerdan, su corta vida fue un deslumbrante relámpago de energía y de alegría.
Honor a su memoria luminosa. Guardaremos su nombre bien escrito. Bien grabado en lo más alto y en los más profundo para que siga resplandeciendo. Todos lo verán, todos lo amarán mañana, en la hora de la luz.

Pablo Neruda

Porque sei que minha pátria mudará, sei que tu também te acharás ditosa e feliz, em companhia de meu pai amado e de meus irmãos. E que minha ausência logo será preenchida com a alegria e a esperança da pátria.

Te beija, teu filho,
Javier[260]

No dia 2 de maio de 2008, os restos mortais de Javier Heraud são trasladados de Puerto Maldonado para Lima. A cada ano, no dia 15 de maio, crescem as manifestações em sua homenagem por todo o Peru. Poetas declamam seus versos, conferências e palestras são proferidas por escritores, intelectuais e ex-guerrilheiros. Cantores entoam as canções feitas em sua memória e novos artigos e ensaios são publicados sobre sua poesia. As organizações de esquerda relembram a bandeira que empunhou, seu heroísmo e seu martírio e o Governo peruano, através da Secretaria Nacional da Juventude, promove nacionalmente o Prêmio Juvenil de Poesia "Javier Heraud", para jovens poetas entre 15 e 28 anos. Além dos três livros já citados, sua produção sempre foi incessante, seguindo-se as obras *Poemas de la tierra*, *Viajes imaginarios* e *Ensayo a dos voces* (escrito com César Calvo). Postumamente, foram publicados seus Poemas de Rodrigo Machado e Otros poemas dispersos de Javier Heraud.

Quantos sonhos se aninharam em seus breves anos! Quanta beleza ansiava florescer na aldeia de sua alma! Morrer aos 21 anos quando se é poeta!!! – Temos célebres exemplos em nosso Romantismo: Álvares de

---

260 Idem, p. 220.
Nov. 62. La Habana. Cuba./ Querida madre: /No sé cuándo podrás leer esta carta. Si la lees quiere decir que algo ha sucedido en la Sierra y que ya no podré saludarte y abrazarte como siempre. ¡si supieras cuánto te amo!, ¡si supieras que ahora que me dispongo a salir de Cuba para entrar en mi patria y abrir un frente guerrillero pienso más que nunca en ti, en mi padre, en mis hermanos tan queridos!
Voy a la guerra por la alegría, por mi patria, por el amor que te tengo, por todo en fin. No me guardes rencor si algo me pasa.
Yo hubiese querido vivir para agradecerte lo que has hecho por mí, pero no podría vivir sin servir a mi pueblo y a mi patria.
Eso tú bien lo sabes, y tu me criaste honrado y justo, amante de la verdad, de la justicia.
Porque sé que mi patria cambiará, sé que tú también te hallarás dichosa y feliz, en compañia de mi padre amado y de mis hermanos. Y que mi vacío se llenará pronto con la alegría y la esperanza de la patria.
Te besa/ Tu hijo/ Javier

Azevedo, aos 20, Casimiro de Abreu, aos 21 e Castro Alves, aos 24. – Deixar, com tão poucos anos, oito livros e quando os mais belos versos certamente ainda moravam no amanhã. Morrer infante, quando todas as flores e os frutos ainda são promessas e a vida transita entre a seiva e a semente. Morrer poeta com uma lira apenas dedilhada, quando suas palavras cantavam novos hinos para a liberdade. Morrer guerrilheiro, com a trincheira da justiça escavada no coração, e morrer assim, abatido no primeiro embate, interrompendo uma alvorada, abortando a esperança. Mas, se a morte surge como um gesto de resistência e de renúncia, na encruzilhada dessa luta milenar entre opressores e oprimidos, o guerreiro cai para erguer-se na memória luminosa da posteridade, na saudade imperecível dos amores e nos anais da história e da pátria agradecida.

Leitor amigo, se um dia fores a Lima, visite o túmulo do poeta peruano Javier Heraud no Cemitério Los Jardines de La Paz. Ali jaz o que de mortal ficou de um coração nobre, valente e compassivo. Um ser humano que deu tudo sem nada pedir. Deu sua imensa pureza no lírico sabor de sua poesia e deu sua vida, ainda em botão, por um sonho de amor e de justiça. Pediu apenas que, sobre seus restos, a vida continuasse a florescer:

Quero que saiam dois gerânios dos meus olhos,
de minha fronte duas rosas brancas,
e de minha boca, (por onde saem minhas palavras)
um cedro forte e perene
que me dê sombra
quando arder dentro e fora,
que me dê vento
quando a chuva dispersar meus ossos.
Joguem-me água, todas as manhãs,
fresca e de um rio próximo
que eu serei o adubo
das minhas próprias plantas.

O FIM DE UM SONHO

1. As quatro frentes guerrilheiras de 1965: Puente Uceda, Lobatón, Portocarrero, Fernández Gasco e Béjar

Quinze dias depois que caiu o poeta Javier Heraud, Hugo Blanco foi preso. Houve um período de dois anos para se avaliar o fracasso guerrilheiro na revolta camponesa no vale de La Convención, em 1963. Em 1965, outras frentes rebeldes recomeçaram suas atividades militares no Peru. Três delas, vinculadas ao MIR, dividiam suas operações em diferentes partes do Peru. Na região de Serra Pelada, na parte oriental do departamento de Cusco, atuava a guerrilha Pachacútec, dirigida por Luis de la Puente Uceda. A guerrilha Túpac Amaru, comandada por Guillermo Lobatón e a guerrilha Manco Cápac, chefiada por Elio Portocarrero Rios e Gonzalo Fernández Gasco, atuaram na região central do país. A quarta era a guerrilha Javier Heraud, vinculada ao ELN, comandada por Héctor Béjar e que atuava na região de Ayacucho. Mas todo aquele legítimo entusiamo teve um período fugaz. Em fins de 1965, as quatro frentes já estavam praticamente liquidadas pelo exército, com centenas de combatentes mortos. Em outubro, foi derrotada a guerrilha Pachacútec, caindo seu grande comandante Puente Uceda.[261] A última coluna rebelde a cair foi a guerrilha Túpac Amaru, em 7 de janeiro de 1966, quando também tombou para sempre seu chefe Guillermo Lobatón. Os únicos comandantes guerrilheiros que sobreviveram foram Héctor Béjar, Elio Portocarrero e Gonzalo Fernández Gasco.

261 Luis de la Puente Uceda, o mais ilustre dissidente de esquerda do aprismo, era o mais preparado, entre os intelectuais de origem burguesa que lideraram as guerrilhas peruanas, onde não houve lideranças proletárias. Esteve em Cuba e na Europa e preparou-se para um longo período guerrilheiro, priorizando a politização a longo prazo dos camponeses. Achava que a luta armada era o único caminho para convocar a juventude e redimir o indígena peruano. Caiu num aguerrido combate em 23 de outubro de 1965, depois do estratégico cerco de Serra Pelada pelo exército, e seu corpo jamais foi encontrado.

Houve, no entanto, um momento em 1965, em que as atividades e avanços das várias colunas guerrilheiras trouxeram preocupação ao exército e pânico à alta burguesia urbana e à oligarquia rural. Seus poderes passaram a pressionar a imprensa reacionária e o governo, para ações mais urgentes e táticas contra a guerrilha. Com esse propósito, chegaram ao Peru assessores norte-americanos, veteranos do Vietnã, anulando todos os escrúpulos éticos e humanitários que ainda restavam nos militares, e propondo novos métodos e propaganda de terror às populações indígenas que apoiassem os guerrilheiros. Em meados daquele ano, as guerrilhas se enfrentavam em pé de igualdade com os efetivos do exército. Os partidos de direita e, para surpresa de muitos, o próprio Apra, apoiaram as novas medidas de terror de Belaúnde Terry, aprovadas, às pressas, no Congresso, transformando meras contravenções e pequenos delitos em longos anos de prisão e pena de morte, com os réus sentenciados por Conselhos de Guerra.

Tal como no Brasil, em 1964, lá a direita também fez uma campanha semelhante ao "Ouro para o bem do Brasil", com a oligarquia agrária e a burguesia industrial, fazendo aprovar leis de emissão de bônus para a "Defesa da Soberania Nacional", arrecadando milhões de *soles* para contrarrestar os sucessos da campanha guerrilheira.

2. O terror e o napalm para matar um sonho

A campanha de terror atingiu as famílias dos guerrilheiros, cujas esposas foram presas e mantidas em cárceres até o fim das operações militares, caracterizando como crime ser esposa de guerrilheiro.

Não faltou o fator psicológico nessa guerra suja, que acabou trazendo o pânico aos humildes camponeses indígenas, já historicamente tão traumatizados. Os assessores americanos propuseram, e os bombardeios com napalm não só incendiaram vastas áreas guerrilheiras de florestas, mas arrasaram milhares de hectares em regiões suspeitas de apoiar a guerrilha, habitadas e cultivadas por camponeses, queimando plantações, aldeias, rebanhos e vidas humanas. Nessa guerra de extermínio, oito mil camponeses foram massacrados e um número ainda maior de indígenas foram presos e torturados como supostos cúmplices da guerrilha. Trezentos gerrilheiros caíram em combate ou foram torturados até a morte. Os militares peruanos inauguram em 1965 a fase mais cruel da história contemporânea da América Latina, seguidos por ditaduras, que também contaram com a consultoria de terror dos assessores norte-americanos que, no "bom exemplo" de Daniel Mitrione, produziram, do Uruguai à Guatemala, dores e lágrimas inimagináveis.[262] Chama-se *Alejandro Sierralta* o general do exército peruano que comandou, nos Andes Centrais do Peru, essa guerra cruel e covarde de peruanos contra peruanos, de militares bem armados, contra camponeses indefesos e jovens idealistas.

Foi um sonho? Sim..., foi um sonho apenas! As guerrilhas peruanas, ao lado das guerrilhas guatemaltecas, na década de 60, foram dos mais belos ideários sociais do continente. Que mais belo gesto legitima a liberdade, senão o direito de sonhar, quando esse sonho é sublimado pela redenção dos humilhados e vencidos? Os guerrilheiros peruanos eram jovens intelectuais bem formados, muitos deles filhos de famílias abastadas, que negaram seus privilégios e, sem nenhum outro interesse, que não fosse a justiça social para o seu povo, semearam a própria vida, sonhando com uma aurora de espigas e de frutos para os famintos e esquecidos. Sonharam, nos mesmos anos em que sonharam Ho Chi Minh, Che Guevara e uma legião de combatentes em tantas pátrias. Num tempo em que as sementes prometiam uma primavera de pão e a liberdade para os povos oprimidos do mundo. E eis porque o silêncio dos que tombam pela renúncia transforma-se numa canção perene, num hino de vitória na memória agradecida dos povos.

Foi um sonho? Sim..., foi um sonho, entre tantos os que sonharam e cantaram seus anseios de justiça nos grandes impasses da história da

262 Leia neste *link* alguns detalhes de quem foi Daniel Mitrione e também uma amostra do que foi a tortura sofrida pelos revolucionários brasileiros naqueles anos, no eloquente exemplo de Virgílio Gomes da Silva, já citado anteriormente nesta obra.
<http://palavrastodaspalavras.wordpress.com/2010/01/26/o-poeta-manoel-de-andrade-comenta-sobre-a-extradicao-de-militartorturador- curitiba/>. (Acesso em: 12 mar. 2011 às 21h20).

humanidade. Aqui, na América, por esse sonho cantaram também os poetas e, entre eles, Marti, Neruda, Castro Alves e caíram, no decorrer desses quinhentos anos, Lautaro, Caupolicán, Túpac Amaru, Tiradentes, Sandino, o "CHE" e eu quisera nominar aqui todos os bravos. Seus personagens, anônimos, encheriam muitas páginas e os anais de muitas pátrias, mas nesse transe cruel da história peruana eles se chamam José Maria Arguedas, Hugo Blanco e Javier Heraud. Três almas que partilharam, no mesmo sonho, o sonho de todos os peruanos justos. Que sonharam com a redenção dos vencidos numa sociedade marcada pelo desprezo e a voracidade. Três idealistas, três ovelhas no meio de lobos. A pureza e a dignidade contra a ambição e a crueldade. Entretanto, os idealistas se justificam a si mesmos. Seu destino é sublimado pela obstinação e o despojamento, a despeito da indiferença e da inconsciência humana. Suas bandeiras de luta e o que escreveram e escrevem, sinalizam os caminhos da esperança, porque eles apenas sabem semear. Os frutos somente são colhidos pelos filhos do amanhã, porque os sonhadores não florescem nem cabem na época em que viveram. Eles são os viandantes de um tempo mágico, além da vida e da morte. Transitam na imortalidade e nas páginas indeléveis da história. Seu sangue é a seiva do futuro, porque sempre ousarão viver o presente com toda a intensidade. Sua existência é um apostolado feito de fé e compromisso, uma trajetória de glória e sofrimento. Como Prometeu, eles surgem na encruzilhada dos tempos para entregar aos homens a chama do amor e da esperança. Nascem predestinados para a luta, para "combater o bom combate". Vivem para iluminar o caminho da humanidade, ensinando o sabor da liberdade e da justiça e, como todos os apóstolos da redenção humana, eles *são o sal da terra e a luz do mundo.*

XIV
NOS RASTROS DA UTOPIA

Se as coisas são intangíveis... ora.
Não é motivo para não querê-las...
Que tristes os caminhos se não fora
A mágica presença das estrelas!
Mário Quintana

Eram os últimos dias de 1969 e, nas conversas em Lima, discutíamos a herança que recebêramos dos "anos rebeldes". A década de 60 se iniciara com um exército murando a liberdade de Berlim, mas terminara com três astronautas abrindo os caminhos do universo. O mundo se comovera com a mensagem de paz e de amor, na imagem sacrificada de Martin Luther King, e conhecera o real significado da resistência, na figura irretocável de Ho Chi Minh. A revolta de Nanterre mobilizara os estudantes do mundo inteiro e, ao longo do continente, aportávamos em 1970 na crista de uma poderosa onda libertária, cujas espumas espraiavam o exemplo de Che Guevara. Vivíamos num tempo sem liberalismo e sem globalização e Cuba surgia como uma alternativa socialista e referência da luta revolucionária. O mundo era uma alquimia de ideias e a América Latina seu melhor laboratório. A nova história, no contexto continental, era a de uma só nação, de um só povo, latino e "indo-americano" – na expressão de Mariátegui. A esperança era uma bandeira hasteada no coração de todos os que ousavam sonhar com uma sociedade justa e fraterna, fossem eles um guerrilheiro, um intelectual engajado ou integrasse uma vanguarda estudantil. Nossa ancestralidade cultural – manchada pela violência colonial e por tantos mártires na memória sangrenta de cinco séculos – era redescoberta como uma fonte, trazendo novas águas para interpretar a história. Nossos sonhos navegavam no misterioso veleiro do tempo, enfunado pelos ventos da fé revolucionária, carregado de hinos e canções libertárias, levando a mãe-terra e as sementes para os deserdados, carregado com as emoções e o encanto da solidariedade e rumando à sociedade que sonhávamos.

Nós, os poetas, expressávamo-nos pelos líricos rastros dessa ansiada utopia, cantando as primícias de um novo mundo e pressentindo as luzes daquele esperado amanhecer. Transitávamos na rota das estrelas, em busca de um porto no horizonte, em busca de um homem novo, de uma terra prometida a ser entrevista nos primeiros clarões da madrugada. Havia uma perseverante certeza no amanhã e muitos caíram lutando com essa crença tatuada na alma, embora os sobreviventes nunca tenham chegado a contemplar essa alvorada.

Nos anos 60, ser jovem significava estar comprometido com uma fé, com uma causa social e, naqueles passos da história, era um desconforto, perante o grupo, não ter um engajamento político e, pior ainda, ser de "direita". Na juventude daqueles anos, ser um "reacionário" era um estigma. Essa era a palavra com que nós, da "esquerda", desfazíamos ideologicamente os adversários da "direita" e até os dogmáticos do Partidão[263], por quem éramos chamados de revisionistas. Por outro lado, falava-se de um "Poder Jovem". Mas que "Poder Jovem" era aquele, maquiado com a credibilidade das filosofias orientais, se esse poder não estivesse comprometido com o significado social da liberdade e da justiça? A ideologia marxista não nos permitia confundir os ideais inconsequentes da contracultura com o ideário daqueles que estavam dispostos a dar a vida pela construção de uma nova sociedade. Era como se houvesse, na América Latina, duas Mecas para a juventude: uma em Berkeley e outra em Cuba.

Se a palavra "esquerda", perante as benesses do poder, foi perdendo sua transparência ideológica, é imprescindível não se perder o

263 Partidão: apodo que recebia o Partido Comunista Brasileiro (PCB), na época considerado o maior partido político de esquerda do país.

significado histórico dessa dicotomia, já que na sua origem, durante a Revolução Francesa, o clero e a nobreza ficavam à direita do rei e os representantes do povo à sua esquerda. Passados duzentos e vinte anos, todos sabemos qual o lado que continua defendendo as causas sociais. Os princípios são intocáveis, mas não as ideias. É razoável, portanto, que possamos ressignificá-las redefinindo as cores de nossa antiga bandeira, assim como reconhecer os equívocos e os defeitos congênitos da própria "esquerda".

Os anos 60, ricos pela geração de novas teses sociais, por filosofias que apontavam para o progresso das relações humanas, não mostrariam, no gosto amargo dos frutos, o doce sabor semeado pela esperança. Os grandes sonhos políticos foram desmobilizados por interesses ideológicos equivocados, pelo oportunismo eleitoral e pela sedução do poder. Os sonhos alimentados pela contracultura, inicialmente legitimados pelas postulações contra os males do capitalismo, perderam-se nas perigosas síndromes da ilusão propiciada pelas drogas, pelos desencantos da sexualidade e pela posterior dependência de tecnologias alienantes. Sonhos e esperanças acabaram desaguando neste inquietante "mar de sargaços" em que se transformou o mundo, onde navegam os corsários da ambição e da crueldade.

Mas também havia jovens que não vivenciaram essa sublime emoção de indignar-se com as injustiças. Numa outra linha de reações, uma elitizada coluna de jovens marchava contra tudo pelo que lutávamos. Conheci essas sinistras figuras nas ruas de Curitiba. Porta-vozes da alta hierarquia da Igreja, desfilavam altaneiros, com seus paramentos medievais, nos primeiros anos da ditadura no Brasil, defendendo o regime militar e os interesses conservadores da oligarquia que representavam com os estandartes da "Tradição, Família e Propriedade". Vi também seus parceiros, no Chile, liderados por Maximiano Griffin Ríos, em 1969, durante o governo de Eduardo Frei, portando, nos panos ao vento com o emblema da "Fiducia", o ódio social, o ressentimento contra um cristianismo que abraçava as causas populares e, abertamente, plantando as sementes da conspiração que derrubaria, com outros aliados sanguinários, o governo legítimo de Salvador Allende.

A partir da década de 1970, a ascensão do capitalismo financeiro, sob o disfarce de globalização, começou a estender as suas redes e a ganhar, com armas invencíveis, essa nova e totalizada guerra mundial, avançando com sua voracidade, desterrando os valores humanos, gerando multidões de excluídos, triturando nossas utopias, transformando o planeta num supermercado e descaracterizando a própria cultura com atraentes modelos de um consumismo supérfluo e descartável.

Ainda que haja, no Brasil, muitos jovens "conectados", preocupados com a ética, com as fronteiras alarmantes da corrupção, com a redenção ambiental e com belos projetos comunitários, toda aquela geração foi vítima da nova ordem social, imposta durante os vinte e um anos de ditadura militar, sendo induzida a "educar-se" pela cartilha da Educação Moral e Cívica, focada na obediência, passividade, no anticomunismo e num patrioterismo doentio. Vítimas de todo um processo subliminar de moldagem comportamental, os jovens que abdicaram da consciência crítica foram transformados em meros consumidores. Formam parte da juventude apressada dos nossos dias, descomprometida com os problemas sociais, imediatista, avessa à leitura, ou derrotada pelo vício. Essa é a facc trágica de um segmento da juventude contemporânea: jovens como meras marionetes de um mercado global de ilusões, aculturados pelas novas mídias, homogeneizados desde os primeiros anos para consumir, abdicando quase sempre da análise dos fatos e do estágio promissor da cidadania.[264]

---

264 O presente capítulo, escrito em 2011, foi publicado, no decorrer de 2012, em dois blogues brasileiros e um português, cerca de um ano antes de começarem, em junho de 2013, as manifestações populares no Brasil, protestando contra o aumento nas tarifas de transporte público, estendendo-se para outros temas como os gastos públicos em eventos esportivos relacionados com a Copa do Mundo de 2014, e a corrupção política. O autor se regozija com o despertar da juventude para os problemas nacionais, polarizando o apoio popular, a consciência de cidadania e conquistando grandes vitórias em votações parlamentares que arquivaram a PEC 37 – que limitava o poder de investigação criminal do Ministério Público –, transfomando a corrupção em crime hediondo e proibindo o voto secreto nos parlamentos. A voz das ruas nos leva a uma reflexão: a de que a falta de líderes ou a sua falência obriga o povo a ocupar seu lugar na história, assim como o desvio para a violência e o barbarismo de uma facção dos manifestantes indica que, na atualidade, já não move a juventude, como um todo, o espírito revolucionário. O autor aproveita este espaço para passar aos leitores seu poema *Bandeiras e Máscaras*, escrito nos últimos dias retratando as manifestações sociais e onde saúda a juventude pela retomada do seu legítimo espírito de luta.
http://fuellgrafianas.blogspot.com.br/2013/11/manoel-de-andrade-bandeiras-e-mascaras.html (Acesso em: 09 dez. 2013 às 21h20).

Os precursores involuntários da pós-modernidade – leia-se Nietzsche e Heidegger – e os seus mais ilustres ideólogos, na filosofia e na arte, aliaram-se ao trabalho posterior de demolição, comandado pela globalização. Reagindo aos paradigmas orgulhosos e dogmáticos da ciência mecanicista do século XIX, os intelectuais niilistas apostaram na reação generalizada da descrença nos valores humanos, desconstruindo o significado da verdade, da beleza e da transcendência do humanismo na tradição ocidental; anunciando uma liberdade sem a noção do dever; desrespeitando os arquétipos da religiosidade; desqualificando a história; invertendo a estética da arte ao despojá-la da estesia e do encanto (e se há algum mérito nos exageros da arte moderna é o de retratar o perfil catastrófico do mundo contemporâneo); retirando a melodia da música, proclamando a irreverência e ironizando os ideais e o significado da utopia. Sobre esse termo, tão desfigurado em nossos dias, certa vez estudantes colombianos fizeram ao celebrado cineasta argentino Fernando Birri, a seguinte pergunta: *Para que serve a utopia?* Ele respondeu que a utopia é como a linha do horizonte, está sempre à nossa frente e por isso nunca podemos alcançá-la. Se andamos dez, vinte, cem passos, ela sempre estará adiante de nós. Se a buscamos, ela se afasta. Para que serve a utopia? Perguntou ele, respondendo: *Para fazer-nos caminhar...*

Embora quase tudo tenha sido desconstruído, nossos ideais desterrados e a globalização já não nos deixem sonhar e nos insinuem a esquecer, é necessário acreditar que há uma Fênix entre as cinzas que restaram do mundo pelo qual lutamos. Não abdicamos da esperança, mas reconhecemos que nosso veleiro soçobrou e que seus restos foram bater nas praias melancólicas desses anos. Sobrevivemos quais náufragos num mar de ultrajes e decepções, junto com os destroços das grandes ideologias e com as cruéis aberrações que envergonharam os nossos sonhos, ao vermos o marxismo dogmatizado pelo stalinismo e ao compreendermos porque murchava a "Primavera de Praga". Sobrevivemos nas lágrimas derramadas sobre as páginas d'*O arquipélago Gulag*, no desencanto de saber a beleza da utopia hegeliana invertida pelo totalitarismo nazista e o conhecimento científico manchado pela explosão atômica.

A contracultura, a pós-modernidade, a globalização e a destruição ambiental, são os novos cavaleiros do mundo apocalíptico que recebemos. Dessas quatro patéticas "figuras", as três primeiras causaram efeitos desastrosos sobre a cultura – e lá na região andina, minha nova escola naqueles anos, a globalização insinuaria o esquecimento da história e da cultura, deparando-se com a luta dos peruanos ante a herança quíchua e a resistência inquebrantável dos bolivianos pela manutenção da cultura aymara – e as duas últimas sobre os rumos futuros da humanidade.

Não herdamos somente a decepção, mas uma crônica indignação a despeito de qualquer otimismo. Hoje somos, tão somente, seres comprados nesse grande shopping de negócios e aparências em que se transformou o mundo, herdeiros impotentes de um sonho, vivendo num mundo alienante, distópico e devorado pelas fauces da globalização.

Anos 60 – Que ventura ter sido jovem naquele tempo! Lá a realidade estava a poucos passos dos ideais. Século XXI – Que estranha transição! Para onde vamos? Sem norte, sem porto, sem um amanhecer! Quanta perplexidade, quantos pressentimentos! Haverá outro mundo, melhor e possível? Sem crueldade, estupidez e promessas mentirosas? São perguntas plurais que pedem respostas plurais. Essa é uma transição sombria, balizada pela desventura e o desencanto. É um tempo de antíteses. Esperamos que o próprio *Tempo*, com sua misteriosa dialética, traga-nos uma regenerada síntese. Nesse impasse, restam-nos, tão somente, os territórios invioláveis da imaginação e da esperança e para mim um pouco mais: a transcendência, e a grata introspecção nessas memórias.

XV ADEUS ANOS 60: QUE VENTURA TER SIDO JOVEM NESTE TEMPO

1. Obrigado, Arequipa!

A década de 60 terminava e no dia 22 de dezembro, a convite dos irmãos Macias, viajei para o sul do Peru em companhia de Francisco, o "Lucho", meu anfitrião na capital. Enrique, o "Kiko", partiria de Cusco para Arequipa, onde eu passaria o Natal de 1969, com a família de ambos. O ônibus em que viajamos não era um "pinga-pinga", mas correu pela rodovia Pan-Americana, entrando em algumas vilas e nas pequenas cidades a caminho do sul, passando por Chincha Alta, Pisco, San Martin, Ica, Nazca, Camaná. As vilas eram pobres e densamente habitadas, embora estivesse começando o êxodo para os arredores de Lima, num amplo fenômeno social, em que o homem andino abandonaria massivamente o seu meio natural, e os que ficavam, passariam a viver num progressivo isolamento. O tempo, com sua agenda inexorável, vai remarcando os enredos da história humana e geológica do mundo, e naquelas paragens ainda perduravam os rastros milenares da cultura Nazca, que conquistou o deserto entre os anos 300 a.C. e 800 d.C. Seus engenheiros descobriram e canalizaram subterraneamente as fontes profundas de água e marcaram, astronomicamente, a região com grandes figuras geométricas. Na mesma época, no litoral, a cultura Paracas destacara-se pela beleza da tecelagem, pelos rituais religiosos e a mumificação dos mortos.

Ainda que toda a região seja árida e sem vida, havia paisagens deslumbrantes nos caminhos do estreito litoral, onde a rodovia corta grandes penhascos e estende-se ao lado de praias imensas, algumas recortadas por pequenas baías, banhadas pelo azul perene das águas do Pacífico. É uma região desértica, mas refrescada no litoral e nos vales interiores, pela fria corrente de Humboldt, também chamada corrente do Peru. Nos caminhos que levam a Nazca, vi falhas geológicas gigantescas que pareciam longas trincheiras escavadas pela erosão, dividindo a paisagem desértica com os altos, baixos e infindáveis montes de areia. Mas lembro-me de alguns verdes vales no caminho. Viajei por algum tempo ao largo do vale de Ocoña, florido e frutificado entre as águas de um grande rio. Trata-se de um dos rios que descem da cordilheira distante e, em busca do mar, semeiam as bênçãos da fertilidade em suas margens. Assim são os rios, desde que o mundo é mundo, inundam as terras com a vida e a esperança.

Chegamos a Arequipa ao anoitecer e lá já nos esperava o "Kiko". Tive uma grata acolhida da família Macias. Gente tradicional da cidade, esbanjando simpatia, carinho, naturalidade e, o mais importante, imunes àquele comportamento afetado que caracteriza todo rico esnobe. Deixaram-me à vontade, cercaram-me com gentilezas e muita curiosidade sobre o Brasil. No dia seguinte, saímos os três a andar pela parte central da cidade, sempre com a majestosa altitude de quase 6.000 metros do vulcão Misti, cujo cone branco projeta-se para um céu de anil perfeito, polarizando a todo tempo o meu olhar. Era minha primeira manhã em Arequipa. Um passeio inesquecível. A cidade, rodeada pelo encanto de uma paisagem montanhosa, a 2.380 metros do nível do mar, nas alturas dos Andes meridionais era, e talvez ainda seja, a segunda maior cidade do Peru. As alturas de Chachani à esquerda, os "dentes" do Picchu Picchu à direita e o rio Chili que desce, dividindo-se no alto das montanhas e transformando a cidade num oásis bíblico, numa Canaã de leite e mel, numa terra prometida. Uma concha urbana, tão perto do céu, refletindo com um brilho imaculado a luz dos astros, de dia e de noite. Mas há ali algo novo no ambiente, dizem meus anfitriões: os indígenas quíchuas e aymaras estão descendo das montanhas para conviver, pacificamente, com os descendentes dos conquistadores, as ilusões da "civilização" urbana. Seria o mesmo fenômeno migratório que vi em Lima? E seria essa sua melhor opção? O historiador Arnold Toynbee também passara por lá dez anos antes, quando esse êxodo social estava começando. Percorrendo a região, ele afirma que:

> *(...) a civilização nativa dos índios, por mais árdua que seja, é admirável em sua autossuficiência. Dois dias mais tarde, quando estava correndo sobre as rodas de um trem no Altiplano e vendo de passagem os índios em sua terra, a impressão de que me dominou foi a mesma que eu tive certa vez quando passei pelos campos, ao sair de Quebeque. Se o moderno mundo civilizado conseguir um dia destruir-se por uma perversa combinação de tecnologia, loucura e pecado, estes camponeses presos ao solo ainda lá estarão para multiplicar-se e reencher a Terra quando tiver cessado a inundação da radiação venenosa. Demoraria talvez uns escassos mil anos para que os pioneiros camponeses franco-canadenses mais sulinos se encontrassem com os pioneiros camponeses índios quíchua mais nortistas, entre as ruínas de Miami, na Flórida, ou Houston ou Texas; e neste dia o Novo Mundo, de qualquer maneira, teria sido repovoado.*
>
> *Esta fantasia de autodestruição e autorrecriação da civilização era familiar a Platão. Ele a retratou como já tendo acontecido muitas e muitas vezes. Mas, para nós, uma vez será demais. Esperemos que esse seja um daqueles pesadelos que não se transformam em realidade.*[265]

Naquelas duas semanas, conheci também a face histórica de Arequipa, hoje patrimônio universal da humanidade, cujas expressões de beleza estão traçadas nas linhas da arquitetura colonial, preservada em portentosas construções, cujo mais belo exemplo era a antiga catedral, rivalizando em beleza com a de Lima e a de Cusco. Uma cidade fascinante, encrustada na paisagem andina, com aquele pico nevado do longínquo vulcão, atraindo todos os olhares.

---

265 Toynbee, A. J. Op. cit., p. 19-20.

2. Meu primeiro "livro"

Meus anfitriões, Enrique e Francisco Macias, tinham muitas relações culturais em Arequipa. Enrique, pela sua condição de administrador do Museu Histórico de Cusco, mantinha abertas muitas portas por onde entrei, levado pelo seu interesse em me apresentar a seus amigos e conhecidos. Direta e indiretamente foi através deles que estabeleci meus primeiros contatos com estudantes e intelectuais da cidade. A meu pedido, fomos conhecer a Universidad de San Agustín, onde fiz um caloroso contato com dirigentes estudantis no curso de letras, e dessa conversa surgiu a ideia de um recital-debate com uma data a ser combinada por aqueles dias. Deixei com eles alguns de meus poemas e depois do Natal eles me procuraram, propondo a publicação de um livreto com minha poesia, pedindo-me um texto com uma mensagem aos estudantes do Peru e marcando o recital para o dia 5 de janeiro. No primeiro dia do ano, entreguei a eles uma saudação em castelhano que, em português, expressa o seguinte:

Estudantes do Peru!

Saúdo-vos para estreitar meus versos aos vossos punhos, nesta década de esperanças – semeada de combates pela libertação dos nossos povos.

Na verdade, para mim esta é uma saudação imensa. Porque ao vos saudar sinto comprometer ainda mais minha poesia com estes anos de lutas que virão.

Saúdo-vos com a inesquecível herança dos caminhos já trilhados e com a memória voltada para as jornadas de 65 em vossa pátria e em 67 na Bolívia.

Saúdo-vos com os mártires anônimos da Guatemala, da Venezuela e da Colômbia. E em nome do meu povo silenciado, em nome de todos os poetas proibidos de cantar, eu vos saúdo.

Ah! Irmãos, eu vos saúdo com esses coágulos heroicos de tantos e tantos companheiros mortos – símbolos poderosos para todos nós que amadurecemos estrategicamente para a luta.

Saúdo-vos com meu coração de companheiro e com esta rígida ternura dos meus versos.

Estudantes do Peru! Estudantes da América! Eu vos saúdo, seduzido pelo mesmo ideal que nos une nestes anos; este mesmo amor com que um dia chegaremos plenamente ao coração do povo.

Saúdo-vos com minha esperança ardente de poeta e, sobretudo, com minha fé imperecível de revolucionário, vislumbrando a minha, a nossa América, libertada e reconstruída para os nossos irmãos do amanhã; para aqueles que serão os herdeiros dos nossos sonhos.

Saúdo-vos irmãos, porque sei que hoje estamos dispostos a cair para que finalmente um dia eles possam nascer já erguidos para a vida.

Manoel de Andrade

Arequipa, 1° de janeiro de 1970 [266]

No dia 3 de janeiro, um sábado, eles chegaram depois do almoço na casa dos Macias, com vários pacotes, surpreendendo-me com a entrega de 1.000 exemplares dos 1.500 livretos que haviam mimeografado.

– É nosso interesse divulgar, no Peru, este tipo de poesia combativa e também para ajudá-lo com as despesas de sua viagem, vendendo-os nos seus recitais. – disse-me, nestes termos, um deles.

Que ideia providencial uma publicação panfletária! Nem sequer tinha pensado numa forma tão prática de sobreviver financeiramente, com a impressão dos meus próprios versos! A partir dali, esse foi o meu "ganha-pão" durante os anos em que peregrinei pelo continente. O gesto solidário chegou no momento em que eu mais precisava. Primeiro, porque naquele Natal sequer tivera dinheiro para enviar postais à minha família no Brasil e segundo porque naquela mesma noite eu daria um recital na Asociación de Intelectuales y Escritores de Arequipa (ANEA), e certamente lá iria vender, pela primeira vez, os frutos da

266 Andrade, M. de. *Poemas para a liberdade*. São Paulo, Escrituras, ed. bilíngue, 2009, p. 133-4.

minha poesia. Embora fosse uma edição panfletária editada em papel jornal, era, na verdade, o meu primeiro livro publicado. Com a apresentação do Centro Federado de Letras, que escolheu o título, e a colaboração material da Federación Universitaria de Arequipa (FUA), o livreto foi publicado com o nome de *Poemas de América Latina*. Na capa, sobre o mapa das três Américas, via-se, num desenho panfletário – lamentavelmente sem nenhuma qualidade gráfica –, a figura armada de um guerrilheiro com o braço direito levantando um fuzil e gritando as palavras: *¡Patria o muerte, Venceremos!* Na contracapa, como já citei em páginas anteriores, havia uma citação do poeta-guerrilheiro peruano Javier Heraud. Disseram-me que grande parte dos 500 exemplares restantes seria enviada para todas as federações universitárias do Peru.

Agradeci emocionado, porque não cabia em mim de alegria. Sem pôr a mão no bolso recebia tudo aquilo. Que presente! Que regalo! Eu achava que tudo aquilo era um sonho. Nunca minha poesia fora tão prestigiada e além do carinho com que me tratava a família Macias, os estudantes de Arequipa me recebiam como se eu já fosse aquilo que nunca cheguei a ser: um poeta consagrado. A singela coletânea que prepararam trazia a seguinte introdução:

Presentación

La Federación Universitaria de Arequipa (FUA) y el Centro Federado de Letras, al presentar esta publicación dan a conocer una actitud y pensamiento revolucionarios plasmados en poemas, verdaderos mensajes y cantos a la liberación de los pueblos latinoamericanos, que deben ser escuchados y meditados por los hombres justos y honestos, los que adoptando una actitud decidida y combativa tomen su lugar en la lucha de los pueblos por su liberación.

Nuestro anhelo es que estos mensajes, como lo desea Manoel de Andrade, cumplan su cometido, llegando a la conciencia y al corazón de los latinoamericanos en general, y a los peruanos en particular, en este momento histórico que vivimos cuando el imperialismo yanqui no puede ya detener el movimiento revolucionario que va tomando caracteres continentales, como quizo el Che: "Crear dos, tres... muchos Vietnam", y como decía Carlos Marighella (Acción Libertadora Nacional de Brasil) "El ejemplo a seguir es el de Vietnam".

Manoel de Andrade es, como nos dijo un día, "uno de los muchos que encarna la nueva mística revolucionaria en latinoamerica", que desea, como dijera su compatriota Carlos Marighella, "la unión de los pueblos de América Latina", que "Nuestra fuente de inspiración común es la lucha contra el imperialismo norteamericano y las dictaduras militares. De ahí nuestra persistencia en organizar y desencadenar la guerra justa y necesaria contra la dictadura militar y los imperialistas norteamericanos. Esta guerra justa y necesaria, es la guerra revolucionaria".

Centro Federado de Letras[267]

267 Andrade, M. de. *Poemas de América Latina*. Arequipa, Centro Federado de Letras y Federación Universitaria de Arequipa (FUA), 1970, p. 3.

3. Estudantes de Arequipa: jamais minha poesia foi tão prestigiada

Integrando o centro histórico e monumental de Arequipa, a Universidad de San Agustín, criada em 22 de janeiro de 1714 sob a licença do rei Felipe V, da Espanha, é uma vetusta construção colonial com largas paredes e portentosas colunas, em cujos corredores transitei, cruzando com centenas de alunos a caminho do teatro, onde li meus poemas e participei de um debate com uma assembleia de aproximadamente 1.300 estudantes. Supus que não haveria público, porque já começara o período de férias. Para minha surpresa, havia muita movimentação, pelos vários cursos que integravam o maior campus universitário do sul do país. Por outro lado, e especialmente no Peru, os jovens viviam potencialmente mobilizados pela ideologia. Havia também muita expectativa em conhecer e solidarizar-se com exilados e refugiados políticos latino-americanos e especialmente do Brasil, onde a escancarada repressão, a partir de 1969, provocou a fuga e o exílio de centenas de brasileiros para países sul-americanos. O fato de chegar a Arequipa um poeta brasileiro, vítima de uma ditadura cruel, cujos crimes começavam a ser denunciados internacionalmente, chamou a atenção da classe estudantil, bem como de outros setores da cultura arequipenha. Os estudantes queriam notícias do que estava acontecendo no Brasil, qual o papel da classe operária e estudantil ante o endurecimento do regime;

Apresentação

A Federação Universitária de Arequipa (FUA) e o Centro Federado de Letras, ao apresentarem esta publicação, dão a conhecer uma atitude e pensamento revolucionários plasmados em poemas, verdadeiras mensagens e cantos para a libertação dos povos latino-americanos, que devem ser ouvidos e meditados pelos homens justos e honestos, aqueles que adotando uma atitude decidida e combativa tomem seu lugar na luta dos povos pela sua libertação.

Nossa esperança é que estas mensagens, como o deseja Manoel de Andrade, cumpram a sua missão, chegando à consciência e ao coração dos latino-americanos em geral, e aos peruanos em particular, neste momento histórico em que o imperialismo ianque não pode já deter o movimento revolucionário que vai tomando caracteríticas continentais como queria o Che: "Criar dois, três ... muitos Vietnã" e, como dizia Carlos Marighella (Ação Libertadora Nacional do Brasil), "O exemplo a seguir é o do Vietnã".

Manoel de Andrade é, como nos disse um dia, "um dos muitos que encarna a nova mística revolucionária latinoamericana", e que deseja, como disse o seu compatriota Carlos Marighella, "a união dos povos da América Latina", e que "Nossa inspiração comum seja a luta contra o imperialismo norte-americano e as ditaduras militares. Daí nossa persistência em organizar e desencadear a guerra justa e necessária contra a ditadura militar e os imperialistas norte-americanos. Esta guerra justa e necessária, é a guerra revolucionária"(Centro Federado de Letras).

queriam saber como estava sendo organizada a resistência armada à ditadura, e o papel do cinema, do teatro, da música popular e da literatura, no palco intelectual dessa luta. Estes foram os temas do debate, porque eram os assuntos colocados pelos organizadores, ao anunciar o evento em publicações acadêmicas, cartazes, folhetos, e também promovendo a convocação boca a boca, que lotou o teatro onde se realizou o recital.

Aquele foi o primeiro dos grandes recitais que dei diretamente para estudantes, numa atividade que marcaria minha participação nas maiores universidades latino-americanas. Era emocionante sentir, pela primeira vez, todo aquele explícito engajamento da juventude. Os ideários políticos transpiravam emocionalmente em cada gesto, em cada frase. Vivia-se, no ambiente estudantil, numa psicosfera que contagiava ideologicamente, não só aos estudantes, mas também a cultura daquela cidade, como pude perceber posteriormente. Mas este não era um fenômeno somente local. Na verdade, era muito raro um jovem latino-americano não estar comprometido com o paradigma revolucionário que iluminava o continente inteiro. O conteúdo sentimental daquele comportamento era motivado pela indignação e pela resistência à ditadura internacional do capitalismo que, especialmente no Peru, sugava, através de grandes empresas norte-americanas e dos "gamonales", até a última gota de sangue dos camponeses e dos trabalhadores indígenas dos Andes Centrais.

Reitero que ser jovem naqueles anos era estar identificado com os problemas sociais do seu país e com as consignas políticas de vanguarda que agitavam a época; era estar subliminarmente empenhado em mudar o mundo, ser consequente nos atos e nas ideias, no seu espaço e no seu tempo, ser um militante da história. Tudo isso era, culturalmente, um íntimo compromisso, um sonho, uma corrente que não podia ser interrompida, porque em toda a América e no mundo inteiro, a luta prosseguia. Prosseguia no sonho de Ho Chi Minh por um Vietnã livre; prosseguia nos heroicos combates pela independência de Angola e Moçambique; prosseguia em Cuba, isolada, hostilizada, cercada pelo imperialismo e seus vassalos latino-americanos e ainda assim determinada a semear uma nova sociedade; prosseguia nas brisas de esperança que sopravam por todo o Chile, agitando as bandeiras democráticas por uma outra pátria socialista na América; prosseguia nas trincheiras urbanas do Uruguai e do Brasil, e nas montanhas da Guatemala. E prosseguia também ali, diante do espanto dos meus olhos, naquele auditório superlotado relembrando, nas faixas e nos cartazes, os exemplos de renúncia e sacrifício que haviam marcado recentemente a história do Peru: na luta obstinada de Hugo Blanco para arrancar das mãos da aristocracia rural as terras usurpadas dos miseráveis indígenas; na revolta e no sentimento lutuoso por milhares de camponeses massacrados, por seus campos calcinados com o napalm e pelas centenas de jovens guerrilheiros que caíram em 1965, sonhando com uma pátria peruana redimida da voracidade oligárquica e da crueldade política que governava o país. A luta prosseguia ainda na memória e na saudade daqueles inesquecíveis estudantes de Arequipa, e prossegue até hoje em tantas lágrimas tardias, vertidas simbolicamente pela morte do poeta Javier Heraud.

Esses e tantos outros fatos caldeavam a história da América Latina e no mundo. Como ser jovem e ficar indiferente a tudo isso, se o próprio Peru estivera no centro dessas tricheiras e dessa fogueira de ideais?

4. O Recital na Universidad de San Agustín

O recital foi aberto às 20h00 por um estudante de letras, saudando-me e falando do perfil político e peregrino da minha poesia, das razões que me levaram a deixar o Brasil e da minha militância intelectual cruzando tantas fronteiras. Referindo-se ao lançamento em Arequipa do meu primeiro "livro", falou do significado pioneiro do poemário político que haviam publicado, leu todo o segundo parágrafo do texto da *Apresentação* e me passou a palavra. Tomado de emoção, abri o livreto e li, para uma assembleia silenciosa, a saudação que eu escrevera aos *Estudantes do Peru*. Em seguida, disse-lhes que o primeiro poema a ser lido havia sido escrito há três semanas em Lima e que oferecia aos organizadores do recital e a eles como um preito de gratidão por tão calorosa acolhida. Tratava-se do poema *O caminhante e seu tempo*.

São versos fortes e acusatórios, mas que falam de sementes e esperanças. É um texto longo, como são geralmente meus poemas mas, ao contrário do que se vê atualmente, o público das décadas de 60/70 ainda se alimentava com o sabor da poesia. Eu tinha nas mãos um microfone e nos lábios o coração. Os aplausos me interromperam na metade do poema, e eu recomecei dizendo:

(...) Eu canto para acusar meu tempo
para perguntar por quê?, por quê?, por quê?
Para perguntar... por que tantas crianças não têm Natal?
Por que a fome, o frio e o abandono
rondam, invadem e destroem a sua aldeia de sonhos?
Por que a pobreza se reparte com tantos?
Por que há um tirano governando impunemente?
Por que as prisões estão cheias de justos?
Por que somos tantos
e somos tão poucos???

Por tudo isso
por esta América com suas feridas abertas
com suas silenciosas entranhas
onde vi a vida parindo a fome,
por tudo isso
semearei meu canto.
E de povo em povo
por essas cidades cheias e vazias
nos teatros e nas fábricas
nas escolas e nos sindicatos
pelos socavões profundos das minas
no alto dos Andes
e pelo eco misterioso das montanhas
sobre os vales florescidos
e entre os camponeses no meio da colheita
de fronteira a fronteira
de esperança em esperança
por toda parte semearei meu canto.
Semearei aqui
no coração do continente
sobre seus campos úmidos de sangue.

Semearei meu canto para transformar o mundo
com ele recrutarei os homens para um novo Outubro.

Ah canto meu!
duro punhal nos ouvidos delicados
meu fuzil formoso e terno.
Terno e formoso para cantar a Ho Chi Minh
e seu povo de pássaros;
para cantar ao Che
e sua senda de luz.

Aqui novas palmas e consignas de luta interromperam-me novamente. Meu reiterado agradecimento devolveu o silêncio ao auditório. O poema terminava nestes versos:

Eu canto para dizer minhas verdades
para testemunhar meu tempo
com seus verdugos
e seus mártires diários.
Meu tempo, com seus cadáveres vivos
caminhando resignados pelas ruas.

Li, ao todo, os sete poemas do livreto, deixando os três mais combativos para o final. O público aplaudiu com palmas, gritos e assobios, quando terminei de ler os poemas *Saudação a Che Guevara*, e *O guerrilheiro*, dedicado à memória do combatente boliviano Inti Peredo. Mas fui aplaudido de pé e aclamado quando terminei a leitura de *Réquiem a um poeta guerrilheiro*, dedicado ao poeta-mártir da guerrilha peruana: Javier Heraud.

Terminado o recital, houve uma longa interlocução com os estudantes onde expus e respondi sobre o que estava acontecendo no Brasil. Tive um questionamento polêmico com três poetas surrealistas sobre a minha defesa da arte comprometida. Eram um poeta argentino e dois peruanos, estes tidos como os melhores poetas de Arequipa. Depois dos meus argumentos, os três se retiraram do recinto. O assunto foi muito comentado entre estudantes e intelectuais. Ao final, senti-me envolvido com palavras solidárias e estímulos de luta e alguns poetas se apresentaram, sugerindo reencontros e formulando convites para recitais em outras cidades. Aquele foi um dos momentos mais gratos que a vida me ofereceu. Depois levaram-me para uma mesa onde duas estudantes vendiam, ao preço de um jornal, os meus livretos. Eu já havia vendido cerca de 50 exemplares no recital que ofereci, dois dias antes, na ANEA. Mas ali formou-se uma fila que dava a volta por todas as laterais do teatro. Eram centenas e centenas de exemplares que me eram entregues para autografar e no final eu apenas rubricava sobre a capa. Dos 1.000 recebidos, restavam-me ainda cerca de 200. Ainda que o valor de cada exemplar fosse muito barato, a quantidade vendida foi minha providencial tábua de salvação financeira.

5. Via-sacra pela cultura de Arequipa. César Vega Herrera

Naquela semana, entre o Natal e o Ano Novo de 1970, além de meu contato com os estudantes da Universidad de San Agustín, conheci também a intensa vida intelectual de Arequipa, adentrando o Teatro Municipal, visitando o Centro Cultural Mariano Melgar, a Asociación de Escritores, Artistas e Intelectuales de Arequipa (ANEA), a Biblioteca Municipal, etc. Entre tantos escritores e poetas lembro-me de uma jovem poetisa. Chamava-se Brunilda Joyce, devia ter uns 20 anos e se apresentou quando do meu recital na Universidad de San Agustín. Era encantadora pela simpatia e pela beleza de suas ideias sociais. Li alguns de seus poemas, todos marcados pelo tom contestatório e plenamente identificados com o paradigma revolucionário daqueles anos. Ficamos amigos pelos laços dos nossos ideais políticos e foi ela quem ciceroneou meus passos pelos vários recantos de cultura. Brunilda fez parte da geração dos poetas de Arequipa dos anos 60. Em agosto de 2010, no IX Congresso das Jornadas Andinas de Literatura Latino-Americana (Jalla Brasil, 2010), realizado em Niterói, tive o prazer de conhecer outro integrante daquela famosa geração. Trata-se do poeta e crítico arequipenho Raúl Bueno, com quem pude recordar fatos e pessoas que eu conhecera quarenta anos atrás, na sua cidade natal. Nossas relações e suas atividades no Congresso, como expositor e conferencista, foram mencionadas numa entrevista que dei, posteriomente, em Curitiba.[268]

No recital da universidade, conheci também um intelectual brilhante, um par de anos mais velho que eu, que na época tinha 29 anos. Era César Vega Herrera e seu endereço, assim como o de Brunilda Joyce e de outros gratos relacionamentos, constam de uma velha caderneta de "Direcciones" que ainda guardo em minhas relíquias de caminhante. Conversamos muito em alguns reencontros que tivemos, identificados também pela ideologia e na admiração da poesia de Walt Whitman. Ele estava totalmente voltado para o teatro e pensava colocar, na dramaturgia, a universalidade dos problemas humanos, dramatizados nos fatos cotidianos da vida. Era um prosador e falava da arte teatral com o senso visceral do encanto. Havia escrito alguns contos, mas contou, entusiasmado, da primeira peça que escrevera no ano anterior e com a qual receberia a menção honrosa do prêmio Casa das Américas, em Cuba. Chama-se *Ipacankure* e retrata o drama dos únicos personagens (UNO e DOS) que se obrigam, pela extrema pobreza, a partilhar um minúsculo quarto de uma só cama. A palavra "ipacankure", inventada pelo autor, era parte constante do escasso diálogo que mantinham os dois personagens, mas não me lembro da razão disso e dos demais detalhes do enredo, cuja finalidade era mostrar, num jogo psicológico, o significado social da alienação, da desesperança e da abulia, como consequência da luta desigual do ser humano num mundo injusto e culturalmente dominador.

Depois que deixei Arequipa, nunca mais encontrei César Vega Herrera, mas fiquei sabendo, alguns anos depois e já de volta ao Brasil, que em 1976, com sua peça *¿Que sucedió en Pasos?* ele recebeu o prêmio Tirso de Molina, que é o mais importante reconhecimento literário com que a Espanha distingue, internacionalmente, os dramaturgos de língua hispânica. Pelos relativos conhecimentos que tenho da literatura hispano-americana, não creio que outro peruano tenha recebido, até hoje, este prestigioso galardão literário.

---

268 Disponível em: <http://cdeassis.wordpress.com/2010/08/31/manoel-de-andrade-e-sua-participacao--nas-jornadas-andinasde- literatura-latino-americana/>. (Acesso em: 25 mar. 2011 às 10h41).

6. O recital na ANEA

Meu relacionamento com César Vega Herrera foi muito proveitoso. Foi ele quem me apresentou aos seus amigos da ANEA, onde se faziam leituras públicas com a mais qualificada assembleia intelectual da cidade. Lá conheci o escritor Pedro Luis Gonzalez Pastor, presidente da instituição, e da nossa conversa surgiu o convite para uma palestra sobre a poesia brasileira e leitura dos meus poemas. O evento na ANEA aconteceu no dia 03 de janeiro de 1970 e foi noticiado no dia 2 pelo jornal *El Pueblo*, e nos dias 2 e 3 pelo jornal *Correo*. A notícia do recital publicada no dia 3, na coluna "Índice Cultural" do jornal *Correo*, assinada por Max Neira G., sob o título de: *Manoel de Andrade en la ANEA*, informava inicialmente que:

> *La poesía brasileña actual en su vigencia cosmopolita y en su manifestación vibrante será ofrecida esta noche por el excelente poeta Manoel de Andrade, quién con motivo de confraternizar con los escritores latinoamericanos, ha llegado a Arequipa e según nos manifiesta el dr. Pedro Luiz Gonzalez, Presidente reelecto de la ANEA, Manoel de Andrade, antes de leer su producción poética hará un breve informe sobre el movimiento cultural del Brasil, incidiendo sobre la poesía concreta que actualmente está dando logros definitivos en ese lado de Sudamérica. (...)*[269]

O recital na ANEA, – cujo auditório não comportou todos os presentes sentados – transformou-se, depois da leitura dos poemas, numa espécie de "pinga-fogo" de alto nível intelectual entre os favoráveis e contrários ao Concretismo, movimento pelo qual tive uma passagem fugaz e do qual me afastei definitivamente em 1965.

No dia seguinte, 06 de janeiro, o jornal *El Pueblo*, em sua coluna "Guia Cultural", publicou um longo comentário, do qual citamos alguns parágrafos:

---

269 *A poesia brasileira atual em sua vigência cosmopolita e em sua manifestação vibrante será oferecida esta noite pelo excelente poeta Manoel de Andrade, cuja finalidade é confraternizar com escritores latino-americanos, chegou a Arequipa e segundo nos manifesta o dr. Pedro Luiz Gonzalez, reeleito presidente da ANEA, Manoel de Andrade, antes de ler sua poesia fará um breve relato sobre o movimento cultural no Brasil, com foco na poesia concreta que atualmente tem repercutido nesse lado da América do Sul. (...)*

Manoel de Andrade: poesía y compromiso

Para dar veraz testimonio de los conflictos de su patria continental y de su época está, en Arequipa, el destacado poeta brasileño Manoel de Andrade.

La búsqueda tenaz por conocer plenamente el sentido y el destino de la experiencia humana que tiene lugar en América, ha llevado a este artista a superar los años de información "libresca" y a lanzarse a esa universidad azarosa pero fidedigna del peregrinaje viajero. Paraguay, Uruguay, Argentina, Chile y Bolivia son, junto a nuestro país, los puntos que ha tocado ya en su periplo.

(...) Admirador de la obra del gran poeta portugués Fernando Pessoa, lamentablemente desconocido en América Latina; de la poesía comunitaria de Walt Whitman; de Vladimir Mayacowski y de Federico García Lorca cuyo "Romancero gitano" cuenta entre los "mas hermosos libros" que ha conocido, De Andrade es un escritor comprometido.

(...) Precisamente por la sensibilidade madura y equilibrada que revela la mirada atenta De Andrade hacia la problemática de su contorno, por la manera como va descubriendo entre las convulsiones y los hervores de estos años la posibilidad de la poesía por que ella es "el gesto dilatado de toda mano extendida/ es el dulce sabor de los fructos/ la faz amarga del mundo/ la eterna canción de la vida".

(...) De Andrade es un poeta bilingüe que escribe en español con creciente dominio del idioma, con pleno manejo de las posibilidades expresivas de este. Sus lecturas realizadas en la Universidad de San Agustín y en la ANEA ha posibilitado que el público de nuestra ciudad aprecie sua poesía en la que se conjugan permanentemente una ternura cálida, una modulación melancólica con la lucidez de quien asume sin temor su condición de americano, aquí y ahora, que es una forma de asumir la integral estatura humana.

Como una primicia transcribimos aquí una composición suya dedicada a una de las más valiosas personalidades de la Literatura Peruana: (...)[270, 271]

---

270 O poema aqui referido e publicado ao final do comentário foi *Requién para un poeta guerrillero*, que eu acabara de escrever em Lima, em memória de Javier Heraud.

271 ***Manoel de Andrade: poesia e compromisso***
Para dar um verdadeiro testemunho dos conflitos de sua pátria e de sua época, está em Arequipa, o destacado poeta brasileiro Manoel de Andrade.

7. Recital no Centro Cultural Mariano Melgar

O Recital na ANEA abriu-me novas portas no ambiente cultural de Arequipa. Um dos convites que recebi foi para dar um recital no dia seguinte, no Centro Cultural Mariano Melgar. Não sei se até hoje, aquela famosa instituição, que era a "menina dos olhos" dos poetas de Arequipa, ainda está naquele local, chamado Palacio Viejo, que visitei há 42 anos. Foi lá que, depois do recital na noite do dia 6 de janeiro, entre tantos poetas e intelectuais, conheci um senhor que deveria ser um dos diretores da instituição. Sei que conversamos muito sobre o poeta Mariano Melgar e se já não me lembro de suas feições, ficou daquele encontro um fato inesquecível: o livro que me presenteou. Tratava-se dos *Siete ensayos de interpretación de la realidad peruana,* de José Carlos Mariátegui. Era a 11ª edição de 1967, publicada em Lima pela Biblioteca Amauta, e cujo conteúdo li, reli e estudei, semanas depois em Cusco. É a edição cujo texto em castelhano tenho citado algumas vezes nas páginas deste livro. Ele teve a gentileza de perenizar aquele encontro dedicando-me, na sua última página, essas fraternas palavras: *Manoel..., que tu alta conciencia siga sembrando libertad por donquiera que pases. Tu hermano latinoamericano, Jesús Elvira Medina Valdivia. Arequipa, 6/1/70.* Deixo aqui esse singelo registro da minha ainda viva gratidão pelo seu gesto amigo e pelo conhecimento de um livro

---

A busca tenaz para conhecer plenamente o sentido e o destino da experiência humana que tem lugar na América, levou este artista a superar os anos de informação "livresca" e a lançar-se nessa universidade arriscada, porém legítima de peregrino e viajante. Paraguai, Uruguai, Argentina, Chile e Bolívia são, junto com o nosso país, os pontos que já tocou em sua jornada.

(...) Admirador da obra do poeta português Fernando Pessoa, infelizmente, desconhecida na América Latina, da poesia comunitária de Walt Whitman, de Vladimir Mayacowski e Federico García Lorca, cujo "Romanceiro gitano" conta entre os "mais belos livros" que conheceu, Andrade é um escritor comprometido.

(...) Precisamente pela sensibilidade madura e equilibrada que revela o olhar atento de Andrade para os problemas do mundo, pela maneira como vai descobrindo entre as convulsões e a efervescência desses anos a possibilidade da poesia, pois que ela é "o gesto dilatado de toda mão estendida / é o doce sabor dos frutos / a face amarga do mundo / a eterna canção da vida".

(...) Andrade é um poeta bilíngue que escreve em espanhol com crescente domínio do idioma, com pleno manejo das suas possibilidades expressivas. Suas leituras, realizadas na Universidade de San Agustin e na ANEA, possibilitaram ao público de nossa cidade apreciar sua poesia onde se conjugam, permanentemente, uma calorosa ternura, uma modulação melancólica com a lucidez de quem assume sem medo a sua condição de americano, aqui e agora, numa forma de assumir a plena estatura humana.

Como uma primícia, transcrevemos aqui um poema seu dedicado a uma das mais valiosas personalidades da literatura peruana: (...)

que me abriu a consciência para o indigenismo e para melhor entender a realidade peruana e latino-americana.

Eu nunca ouvira falar de Mariátegui no Brasil. Na Bolívia, me falaram dele algumas vezes, mas seu nome se diluiu entre tantos novos nomes da literatura hispano-americana que começava a conhecer. Já no Peru, na minha primeira passagem por Cusco, a sua imagem de pensador destacava-se sempre mais diante do meu crescente interesse pela cultura andina. O que ocorria é que Mariátegui estava sendo redescoberto pelos próprios peruanos nos anos 60/70, depois de ter sido esquecido por quatro décadas.

8. Mariano Melgar: o primeiro peruano na literatura indigenista

Conta-se que Arequipa nasceu sobre as ruínas de uma antiga cidade inca e que foi fundada em 1540 pelo próprio conquistador do Peru, Francisco Pizarro. Berço de notáveis nomes da política e da literatura peruana, nela nasceu Mario Vargas Llosa, no ano de 1936. Sua celebridade como escritor, coroada com o Nobel de Literatura, dispensa aqui qualquer comentário. Devo, entretanto, dizer que quando por lá passei, na virada da década de 60, o nome de Vargas Llosa, apesar de seus quatro livros já publicados, ainda não era tão comentado como o do poeta Mariano Melgar, um dos filhos mais queridos da cidade. Falo de um poeta que empenhou a vida pela independência do Peru, como intelectual e como combatente, e com o qual se inicia o Romantismo e o Indigenismo na literatura peruana. Tal como o nosso Castro Alves, também libertário pelo abolicionismo, morre igualmente aos vinte e quatro anos.

Mariano Lorenzo Melgar Valdivieso nasceu em Arequipa, em 10 de agosto de 1790 e por sua precocidade foi um verdadeiro prodígio intelectual. Aos três anos, já lia e escrevia, aos oito falava latim e aos nove anos dominava o inglês e o francês. Profundamente identificado com o povo na sua expressão indígena, encontrou no singelo lirismo das canções *quechuas* a motivação poética para grande parte de seus versos compostos em forma de *yaravís*, gênero musical de origem incaica, de composição breve e com um caráter elegíaco, amoroso e melancólico. É o que o poeta expressa neste seu poema chamado *Yaraví*:

¡Ay, amor!, dulce veneno,
ay, tema de mi delirio,
solicitado martirio
y de todos males lleno.

¡Ay, amor! lleno de insultos,
centro de angustias mortales,
donde los bienes son males
y los placeres tumultos.

¡Ay, amor! ladrón casero
de la quietud más estable.
¡Ay, amor, falso y mudable!
¡Ay, que por causa muero!

¡Ay, amor! glorioso infierno
y de infernales injurias,
león de celosas furias,
disfrazado de cordero.

¡Ay, amor!, pero ¿qué digo,
que conociendo quién eres,
abandonando placeres.
soy yo quien a ti te sigo?[272]

272 Disponível em: <http://www.vivir-poesia.com/yaravi/>. (Acesso em: 02 abr. 2011 às 09h23).
Ai, o amor!, doce veneno,/ ai, tema do meu delírio,/ meu ansiado martírio/ de todos os males pleno. // Ai, amor! cheio de insultos,/ centro de angústia mortal,/ onde o que é bem vira mal/ e os prazeres, tumultos.// Ai, amor! ladrão do lar/ da quietude mais estável/ Ai, amor, falso e mutável!/ Ai, que morro por te amar! // Ah, o amor! glorioso inferno/ e das infernais injúrias,/ leão de ciumentas fúrias/ disfarçado de cordeiro.// Ah, o amor!, mas o que digo?/ pois é por assim tu seres/ que abandonando os prazeres / sou eu quem a ti te sigo?

José Carlos Mariátegui, em seus *Sete ensaios de interpretação da realidade peruana*, ao analisar a poesia de Melgar, ressalta inicialmente o "extremo centralismo" com que Lima dominou a literatura colonial, tida como um "produto urbano", e acrescenta:

> *(...)Por culpa dessa hegemonia absoluta de Lima, nossa literatura não pode se nutrir da seiva indígena. Lima foi primeiro a capital espanhola. Só foi a capital* criolla *depois. E sua literatura teve essa marca. O sentimento indígena não careceu totalmente de expressão nesse período de nossa história literária. Quem primeiro o expressou com categoria foi Mariano Melgar. (...)*[273]

É esclarecedor colocar aqui o exemplo da poesia de Melgar, para avaliar, em dado momento histórico, os dois lados com que a crítica peruana encara a sua própria literatura: uma do ponto de vista colonialista e culturalmente preconceituosa e outra do ponto de vista legitimamente peruano, ou seja, indigenista, explicitados por duas figuras tão emblemáticas na história da intelectualidade peruana, como Mariátegui e o historiador José de la Riva Agüero (1885-1944), com opiniões tão diversas sobre a imagem literária de Melgar:

> *Para Riva Agüero, o poeta dos yaravíes não passa de "um momento curioso da literatura peruana". Retifiquemos esse julgamento, dizendo que é o primeiro peruano dessa literatura.* [274]

Comenta Mariátegui o desdém com que a crítica limenha tratou a poesia popular e indigenista de Melgar, num arraigado preconceito colonial que, um século depois, atingiria ainda, com o punhal da indiferença, o coração poético e indígena de César Vallejo, a ponto de fazê-lo abandonar o Peru para nunca mais voltar. Vallejo é hoje reconhecido como o maior poeta do Peru e, como poeta universal, divide com Pablo Neruda a grandeza da poesia hispano-americana. Mariano Melgar teve sua imagem poética e como prócer da Independência, reconhecida oficialmente pelo governo peruano, somente em junho de 1964. Apenas

---

273 Mariátegui, J. C. *Sete ensaios de interpretação da realidade peruana*. Trad. Felipe José Lindoso. São Paulo, Clacso, 2008, p. 252.

274 Mariátegui, *José C.* Op. cit., p. 253.

nos dois casos aqui citados, essa é uma justa, necessária e tardia penitência, mas perguntamos se a cultura limenha já limpou a alma desse antigo pecado, porque continua, até os dias de hoje, ditando suas sentenças culturais no exercício de sua explícita hegemonia intelectual, em detrimento dos valores literários das províncias.

Mariátegui é o que melhor dá a dimensão do poeta de Arequipa, seja como mártir da Independência, seja pela potencialidade de sua poesia, caso não houvesse morrido tão cedo. Abordando o lado romântico de Melgar, ressalta o grande despojamento do jovem poeta pela causa da Independência, comparando-o ao cacique cusquenho Mateo Pumacahua, que em 1815 tornou-se um dos líderes da revolta contra os espanhóis, sendo preso e fuzilado pelas tropas coloniais.

> *Melgar é um romântico. Não apenas em sua arte, mas também em toda sua vida. O romantismo ainda não tinha oficialmente chegado a nossas letras. Em Melgar, portanto, não é, como será mais tarde em outros, um gesto de imitação, é um impulso espontâneo. E esse é o dado de sua sensibilidade artística. Já se disse que se deve a sua morte heroica uma parte de seu renome literário. Mas essa valorização dissimula mal a desdenhosa antipatia que a inspira. A morte criou o herói, frustou o artista. Melgar morreu muito jovem. E mesmo que seja sempre um pouco aventureira qualquer hipótese sobre a trajetória provável de um artista prematuramente surpreendido pela morte, não é demais supor que Melgar, maduro, teria produzido uma parte mais purgada da retórica e do maneirismo clássicos e, por conseguinte, mais nativo, mais puro. (...)*
>
> *Os que se queixam da vulgaridade de seu léxico e de suas imagens partem de um preconceito aristocrático e academicista. O artista que escreve um poema de emoção perdurável na linguagem do povo vale, em todas as literaturas, mil vezes mais que aquele que, em linguagem acadêmica, escreve uma depurada peça de antologia. Por outro lado, como observa Carlos Octavio Bunge em um estudo sobre a literatura argentina, a poesia popular sempre precedeu a poesia artística.*

Alguns dos yaravíes de Melgar só vivem como fragmentos de poesia popular. Mas, com esse título, adquiriram substância imortal.[275]

Não é diferente a opinião do crítico italiano Giuseppe Bellini, tido como o mais abalizado estudioso europeu da literatura hispano-americana. Comentando a poesia gauchesca do poeta da independência uruguaia Bartolomé José Hidalgo (1788-1822), Bellini anota que:

Junto con Hidalgo cabe recordar a Mariano Melgar (1791-1815), cultivador también de la poesía popular en los "yaravíes" y "palomitas". El poeta peruano, sin duda más culto que Hidalgo, traductor e imitador de Horacio y de Virgilio, manifestó, tal vez por su carácter de mestizo, un profundo apego al elemento popular quechua y a la naturaleza, antecipando un indigenismo que dará resultados consistentes durante el Romanticismo y en el siglo XX.[276]

Mariano Melgar une-se às tropas do cacique Mateo Pumacahua, que no passado fora aliado dos espanhóis, mas que a partir de 1814 empunhou a bandeira da independência em Cusco. Vencidos na batalha de Umachiri, o poeta é aprisionado e mantido em cativeito até o amanhecer do dia 12 de março de 1815, quando é executado. Ante o pelotão de fuzilamento, Melgar escreveu um bilhete aos oficiais espanhóis, com as seguintes palavras:

Cubram seus olhos, já que vocês são os que necessitarão misericórdia porque a América será livre em menos de dez anos!

E assim aconteceu. Em 9 de dezembro de 1824, um exército de 6.879 patriotas de vários países hispano-americanos, sob o comando do general venezuelano Antonio José Sucre, vence o exército espanhol de 10.000 soldados, selando em Ayacucho a independência do Peru e da América do Sul.

---

275 Mariátegui, J. C. Idem, p. 252-3.

276 Bellini, G. *Nova historia de la literatura hispanoamericana*. Madrid, Editorial Castalia, 1997, p. 209. *Junto com Hidalgo cabe recordar a Mariano Melgar (1791-1815), cultivador também da poesia popular nos* yaravíes y palomitas. *O poeta peruano, sem dúvida mais culto que Hidalgo, tradutor e imitador de Horácio e de Virgílio, manifestou, talvez por seu caráter mestiço, um profundo apego ao elemento popular* quechua *e à natureza, antecipando um indigenismo que dará resultados consistentes durante o Romantismo e no século XX*.

9. Recital na Universidade de Puno

Meu plano era voltar logo para Lima com Francisco Macias, e prosseguir em minha viagem para o Equador, mas nos últimos dias tudo mudou. Dia 05 de janeiro, no recital que dei na ANEA, surgiu, de duas pessoas presentes, uma delas ligada à Universidad Nacional Técnica del Altiplano, de Puno, o convite para um recital naquela instituição, a ser confirmado numa consulta que fariam, por telefone, com o reitor da universidade. Na tarde do dia seguinte, confirmaram o recital para o dia 9 e meu contato ao chegar a Puno seria com o poeta Alberto Valcárcel, que era também o subprefeito da província.

Depois de gratas despedidas à família Macias e com os planos de reencontrar-me com Enrique em Cusco, dali a uma semana, viajei para Puno, aonde cheguei de trem na manhã de 08 de janeiro. Lá encontrei Alberto Valcárcel e durante o resto do dia ele foi meu cicerone por alguns lugares históricos da cidade e à noite nos reunimos com poetas e intelectuais da cidade. Meu recital marcado para o dia seguinte, foi assim anunciado em 09 de janeiro de 1970 no jornal *Los Andes*, de Puno:

> ***Recital del poeta Manoel de Andrade se realizará en Auditorium de Agronomía.***
>
> *El poeta joven de nacionalidad brasilera, Manoel de Andrade, se presentará el día de hoy en un recital de poesía, donde dará lectura a su más selecta producción bajo los auspicios del Departamento de Extensión Cultural de la Universidad Técnica del Altiplano.*
>
> *El acto cultural se lleva a cabo esta mañana a las 11 a. m. en el auditorium de Agronomía, y la presentación estará a cargo del poeta Alberto Valcárcel.*
>
> *Estamos asi mismo informados que la entrada será completamente libre, donde al terminar el recital el público tendrá la oportunidad de dialogar con el poeta de Andrade.*
>
> *Manoel de Andrade tiene publicaciones en revistas, periódicos y ha viajado por los paises latinoamericanos y canta lo que ve.*

De esta manera una vez más la universidad pone de manifiesto sus actividades programadas para este ano, y se asegura que el recital alcanzará éxito, dado el talento y calidad poética de Manoel de Andrade.[277]

Além da notícia no jornal, circulou na universidade um folheto intitulado *Recital Poético* onde constava um programa mais amplo que o anunciado no jornal e cujo primeiro item eram as *Palabras del Director de Investigación y Promoción Social* antecipando a apresentação do poeta Alberto Valcárcel.

Entrei no Auditório de Agronomia lotado. Creio que havia uns 2.500 estudantes. Estiveram presentes o reitor e muitos catedráticos. Tal como no recital de Arequipa, a leitura dos meus poemas foi interrompida algumas vezes com aplausos. Foram vendidos todos os livretos que me sobraram. No dia seguinte, um canal de televisão mostrou, no noticiário local, uma foto que tiraram depois do recital. Nela eu aparecia ao lado do crítico literário Jesualdo Portugal Castello e dos poetas José Luiz Ayala e Alberto *Varcálcer*. Esses nomes cresceriam, nos anos seguintes, na história literária de Puno e do Peru. Jesualdo Portugal tornou-se um dos grandes estudiosos da cultura *quechua, aymara* e mestiça da região, desenvolvendo uma imensa obra como bibliófilo e catalogando, sobre o assunto, mais de 8 mil títulos.

José Luiz Ayala, além de professor destacou-se como cronista, narrador e escreveu parte de sua poesia bilíngue, em aymara e castelhano. Publicou vários livros e estudou na École Practique de Hautes Etudes, de Paris, cidade onde recebeu, em 1994, o Prêmio Internacional de Poesia.

---

277 ***Recital do poeta Manoel de Andrade se relizará no Auditório da Agronomia***
O poeta jovem de nacionalidade brasileira, Manoel de Andrade, apresentar-se-á no dia de hoje em um recital de poesia, onde fará a leitura de sua mais seleta produção, sob os auspícios do Departamento de Extensão Cultural da Universidade do Altiplano.
O ato cultural será esta manhã, às 11. a.m. no auditório de Agronomia, e a apresentação estará a cargo do poeta Alberto Valcárcel.
Estamos também informados que a entrada será totalmente livre, e no fim do recital o público terá a oportunidade de dialogar com o poeta de Andrade.
Manoel de Andrade tem publicações em revistas, jornais, e tem viajado pelos países latino-americanos e canta o que vê.
Dessa maneira, mais uma vez a universidade manifesta suas atividades programadas para este ano, e assegura que o recital alcançará êxito, dado o talento e a qualidade poética de Manoel de Andrade.

Quanto ao poeta Francisco Alberto *Varcálcer* Acuña, com quem estreitei laços mais profundos, tornou-se um dos grandes homens públicos do Peru. Foi prefeito de outras cidades peruanas, diretor de comunicação do Instituto Nacional de Cultura, e entre os inumeráveis cargos que exerceu em Lima, um deles foi representar oficialmente o Peru, numa missão cultural na Europa, em 1990. Alberto morreu em Arequipa em 20 de maio de 2010. Deixou 12 livros publicados e duas obras de teatro inéditas. Quando estivemos juntos em Puno, ele me presenteou o único livro até então publicado: *Vuelco a pasos*.

O jornal *Los Andes*, de Puno, o mesmo que anunciou suas palavras na apresentação do meu recital em 9 de janeiro de 1970, publicou no dia seguinte de sua morte as palavras emotivas do escritor peruano, José Luis Velásquez Garambel. Depois de relatar a grandeza humana do poeta e os atos de desinteressada solidariedade que caracterizaram sua vida como poeta e homem público, o autor finaliza, liricamente, seu artigo ao dizer que:

> *(...) Alberto, a estas horas las golondrinas ni los golondrinos cantan, tu fe la está cuidando un niño que juega con la esperanza, tu alegría está zurciendo a las palabras tristes que puedan decirse en este momento en el que has partido... y todas las palabras se van contigo. Hoy el dolor se hace universo en el corazón de los que te quisieron, tu voz se ha unido al grito de tu Vilcapaza, de tu Túpac Amaru, de todos tus cantos que son alimento de la esperanza de tu pueblo.*
>
> *Hermano mayor, tú no has muerto, estás esperándonos en ese pedazo de cielo que el eterno diera a los poetas, estás vivo como tu palabra porque palpitas en las metáforas de tus amigos.*[278]

---

278 Disponível em: <http://www.losandes.com.pe/Cultural/20100521/36298.> (Acesso em: 08 abr. 2011).
(...) Alberto, a estas horas nem as andorinhas e nem as aves peregrinas cantam, e tua fé é cuidada por um menino que brinca com a esperança, tua alegria está tecendo as palavras tristes que se podem dizer neste momento em que partiste.., porque todas as palavras se foram contigo. Hoje a dor se torna um universo no coração daqueles que te amaram, tua voz juntou-se ao grito do teu Vilcapaza, do teu Túpac Amaru, de todos os teus cantos que são o alimento da esperança do teu povo.
Irmão maior, tu não morreste, estás esperando-nos neste pedaço do céu que o eterno deu aos poetas, estás vivo, como tua palavra porque palpitas nas metáforas dos teus amigos.

Ao escrever estas memórias, revivo momentos que deram sentido à minha vida nos anos em que a beleza da história registrou em meus passos pela América os gestos solidários os calorosos abraços, que ainda hoje me apertam o coração. Cada dia, mais e mais, minhas recordações me convidam a voltar pelos mesmos caminhos e rever aqueles que deixaram os rastros mais fortes em minha alma. Sei que muitos daqueles que estreitei nos meus braços ainda vivem porque, pela Internet, encontro-os atuando na história do seu povo. Quisera cruzar novamente o Titicaca e aportar em Puno como fiz, pela primeira vez, em 18 de outubro de 1969. Lá poderia quem sabe abraçar ainda a Jesualdo e Luiz Ayala, mas a Alberto somente posso rever na sua imagem vibrante aos 26 anos, naquela mesma fotografia veiculada pela televisão.

(Foto onde o autor, de óculos escuros, aparece à direita de Jesualdo, ao lado de Alberto e de Luiz Ayala à sua direita). Aquele precioso retrato ele mesmo me entregou na nossa despedida, dentro de um envelope com um documento, onde se lia:

Subprefectura e Intendencia – Puno

Alberto Valcárcel Acuña. Subprefecto de la Provincia e Intendente de Policía de Puno.

Recomenda de maneira muy especial a las autoridades políticas, policiales y civiles en general de la jurisdicción de la Provincia, así como de las del Departamento de Puno, y también a las de ajena, al señor Manoel de Andrade, periodista brasilero, para que se sirvan prestarle todas las facilidades del caso y la ayuda necesaria y de este modo cumplir a cabalidad su comedido de divulgación del Peru en sus aspectos Turísticos y Culturales.

Puno, 9 de enero de 1970
Alberto Valcárcel Acuña
Subprefecto de la Provincia[279]

Muito teria ainda que falar sobre aqueles dois dias intensos que passei em Puno e sobre o recital na sua universidade. Da atenção com que fui ouvido por aquela multidão. Do valor que a juventude dava à poesia. Do apaixonante debate político que finalizou o evento. Da solidariedade, em gestos e palavras, com que os estudantes se interessavam pela minha condição de um solitário refugiado político, pelo destino dos meus passos ao perguntarem pelo meu norte, das feridas abertas no Brasil, indagando-me que poderia eu fazer com a poesia, ante as injustiças do mundo. Creio ter dito a eles que com a poesia eu podia pronunciar com indignação o nome dos tiranos, exaltar a saga dos heróis e revelar o significado e a beleza da esperança para que o sonho nunca fosse desterrado da alma humana.

A repercussão que aquele recital teve não somente em Puno, mas acredito que em outras cidades no país, – como eu mesmo constatei alguns

279 ***Subprefeitura e Intendência – Puno,*** *Alberto Valcárcel Acuña. Subprefeito da Província e Intendente de Polícia de Puno.*
Recomenda de maneira muito especial às autoridades políticas, policiais e civis em geral da jurisdição da Província, assim como as do Departamento de Puno, e também as alheias, o Sr. Manoel de Andrade, jornalista brasileiro, para que lhe prestem todas as facilidades do caso e a ajuda necessária e desse modo cumprir cabalmente sua intenção de divulgação do Peru em seus aspectos Turísticos e Culturais. Puno, 09 de janeiro de 1970. Alberto Valcárcel Acuña – Subprefeito da Província

dias depois em Cusco – ficou evidente pela importância que uma agência internacional de notícias como a *United Press Internacional* deu ao assunto, publicando dia 14 de janeiro, no importante jornal *El Comercio*, de Lima, a seguinte nota:

Poeta brasileño dio recital en la U. de Puno.

Puno, 13 (UPI) – El jovem poeta brasileño Manoel de Andrade, ofreció un recital de poesía a los estudiantes de agronomía de la Universidade Técnica del Altiplano, quienes al final lo aclamaron.

De Andrade leyó sua más selectas composiciones después que fue presentado por el poeta Alberto Valcárcel. El acto se realizó en el anfiteatro de la Universidad Nacional Técnica, que auspició la presentación del vate brasileño.

Manoel de Andrade tiene publicaciones en revistas, periódicos y libros, gran número de temas de su pródiga inspiración, que le han dado fama internacional.[280]

10. Museu de Cusco: minha noite na cama de Bolívar

No dia 10 de janeiro, tomei um trem para Cusco. Em Juliaca, embarcou um mochileiro e sentou-se à minha frente. Passamos a trocar nossas memórias de caminhantes. Era argentino, estava conhecendo o Vale Sagrado a caminho de Cusco, onde chegamos ao anoitecer. Ele não conhecia a cidade, estava com pouco dinheiro e me propus ajudá-lo. Eu planejava dormir numa peça aos fundos do Museu Histórico, como fazia antes de viajar para Lima, em novembro. Trazia um bom dinheiro

---

280 *Poeta brasileiro deu recital na U. de Puno.*
Puno, 13 (UPI) – O jovem poeta brasileiro Manoel de Andrade ofereceu um recital de poesia aos estudandes de Agronomia da Universidade Técnica do Altiplano, os quais ao final o aclamaram. De Andrade leu suas mais seletas composições depois que foi apresentado pelo poeta Alberto Valcárcel. A cerimônia foi realizada no anfiteatro da Universidade Técnica Nacional, que auspiciou a apresentação do poeta brasileiro. Manoel de Andrade tem publicações em revistas, jornais e livros com muitos temas de sua pródiga inspiração, que lhe tem dado fama internacional.

com a venda dos meus livretos em Arequipa e em Puno, mas não queria gastá-lo com hotel. Sabia que meu amigo Enrique Macias, o "Kiko", já voltara de Arequipa e me aguardava. Como já disse anteriormente, Enrique Macias era o administrador do Museu Histórico de Cusco, cujo tio era o diretor e, como meses atrás eu e o equatoriano Simón Pachano dormíramos um tempo naquela peça do museu, fui procurá-lo, como combinamos, mas também para pedir abrigo ao meu companheiro de viagem. Encontramos o "Kiko" na casa de seu tio e ele saiu conosco em direção ao museu. No caminho, nos disse que aquela peça onde eu já dormira estava ocupada com tralhas da instituição, mas que ele encontraria um lugar onde pudéssemos dormir. Ele abriu o museu e levou-nos por algumas salas em busca de um lugar para passarmos a noite. Finalmente, conduziu-nos para a parte nobre do museu, onde se encontravam as peças mais importantes da história de Cusco e nos disse:

– Vocês dormirão esta noite na cama onde dormiu Simón Bolívar, quando passou por aqui.

Eu já sabia que aquela era a cama de Bolívar, porque tudo ali me era familiar. Fiquei um pouco surpreso com a cumplicidade que nascia entre nós três, afinal, aquilo poderia se tornar um escândalo nacional e sul-americano: dois mochileiros, suados, com a roupa do corpo, depois de uma longa viagem de trem, dormindo na cama do grande caudilho e herói da independência hispano-americana. O argentino estava achando aquilo inacreditável e dizendo que dormir na cama de Bolívar seria sua maior aventura desde que saiu da Argentina. Eu abri minha mochila, tirei um pequeno cobertor e estendi com reverência sobre o colchão, para não macularmos com nossas transpirações a história e o lugar onde dormiu um dia o Libertador da América. Que estranha honra nos aprontava o destino. Iríamos passar a noite dormindo naquela ampla sala da casa onde, também, quatrocentos anos atrás vivera o grande Garcilaso de la Vega, chamado o Príncipe dos Escritores do Novo Mundo. Não sei se pensei em tudo isso naqueles momentos. Estávamos cansados e quando deitamos naquele colchão duro só acordamos pela manhã, com as palavras atropeladas do "Kiko", dizendo que levantássemos imediatamente, pois um funcionário do museu chegara antes e abrira a porta para os turistas, que já caminhavam entre as salas. Foi a conta exata de enfiarmos os sapatos, pôr as mochilas nas costas, enquanto as vozes se aproximavam. Saímos disfarçando o olhar diante dos quadros, ante a surpresa dos turistas, pois sabiam serem os primeiros a entrar naquele salão. Na verdade, senti-me constrangido pela imagem da instituição, mas o argentino segurava o riso. Afastamo-nos discretamente, cabelos despenteados, cara de sono, ainda meios zonzos pelo súbito despertamento e sob os olhares de dois homens e três mulheres de meia-idade que nos olhavam insistentemente. Suponho que não ousaram imaginar o que seria incrível: que havíamos dormido naquele local, e pior ainda, na cama de Simón Bolivar. Mas todo aquele momento mágico ficou suspenso ao seu próprio encanto e este fato somente foi contado, na época, em carta para meus familiares e está sendo publicamente revelado só agora, nestas páginas. O argentino sumiu nos dias seguintes rumo a Pisac e a Machu Picchu, e eu me ajeitei, dormindo no chão, entre móveis e caixas que ocupavam a peça ao fundo do museu.

Se o gesto amigo de Enrique Macias foi, para mim, apenas uma circunstancial aventura ou se foi um ultraje à memória de Bolívar, deixo o fato ao juízo dos meus leitores, mas não creio que nosso ato seja tão ultrajante à memória de Cusco, como foram as concessões ao comércio elitizado, à instalação de butiques de luxo e ao turismo de aparências que promoveu Alberto Fujimori em seu governo, maculando as tradições comerciais indígenas e a imagem cultural do Centro Histórico da cidade.

11. Reencontro com "La Rosa de los Vientos"

Na noite seguinte da minha chegada, fui matar a saudade de "La Rosa de los Vientos". Lá estava Françoise e não sei qual dos dois ficou mais feliz com aquele reencontro. Ela e o marido me contaram que a "Rosa" estava em sua melhor fase; casa cheia toda noite e por isso os dois não conseguiam dar uma melhor atenção aos presentes.

Convidaram-me para trabalhar no bar, em troca de cama e comida, e ainda um pequeno salário. Eu tinha planos de logo seguir para Lima e dar alguns recitais nas universidades da capital, sobretudo na de San Marcos, conforme entendimentos que tivera com estudantes de arquitetura, antes de viajar para Arequipa. Deveria depois seguir para as cidades do norte para dar recitais em Trujillo, Cajamarca e Chiclayo. Eram os projetos que eu tinha para o Peru, antes de viajar ao Equador. Mas resolvi ficar mais um tempo em Cusco. A cidade me fascinava e cheguei a pensar em viver sempre ali. Toda aquela região está permeada pela história. Cada esquina, cada pedra, cada templo, cada igreja, cada monumento, cada rosto indígena ou mestiço que encontrava pelas ruas, contavam a história de dois povos, duas culturas, numa memória mítica, eloquente e mágica. Aceitei o convite de Françoise e do marido. E aceitaria ainda que não recebesse nada. Só pelo prazer de estar em Cusco, de trabalhar à noite naquele bar romântico, onde só entravam pessoas sensíveis, inteligentes e quase todas portando um sonho na bagagem da alma. O que eu fazia não era propriamente um trabalho. Eu ajudava a preparar os sanduíches, servir as bebidas, cobrar a conta, mas quando sobrava um tempo, estava sentado às mesas com os sempre novos frequentadores. Cantava com eles, ouvia suas músicas, seus poemas e dizia os meus. Eram jovens estudantes, poetas, cantores, músicos, viandantes de tantas pátrias latino-americanas, procedentes do Chile, Bolívia, Argentina, Equador e também peruanos de outras cidades. Durante os dois meses que estive ali, nunca apareceu um brasileiro. Ali também chegaram muitos jovens norte-americanos e franceses, e quase todos a caminho ou de volta a Machu Picchu. Uma noite, apareceu um grupo de jovens norte-americanos e um deles portava uma filmadora. Entre eles, havia um que era a cara do ator Robert Mitchum. Tal pai, tal filho. Sim, era o filho do grande ator norte-americano, que eu vira em tantos filmes e lembrava-me ainda de *El Dorado*, seu mais recente filme a que assistira no Brasil, onde Mitchum contracenava com John Wayne. Um grande clássico do *western*, do diretor Howard Hawks. Na verdade, uma extraordinária refilmagem de *Onde começa o inferno*. O filho de Mitchum e seu grupo estiveram lá várias noites seguidas. Estavam fazendo um filme, cujas cenas se passavam na região. Muitos dos amigos que tive do Peru e em outros países da região, conheci em "La Rosa de los Vientos". Muitos poetas passaram por ali naquelas semanas e um deles chama-se Ivan Egüez e sua companheira, uma jornalista. Eram equatorianos e uma circunstancial amizade nasceu entre nós. Estavam a caminho do Brasil e passariam por Curitiba, levando uma carta minha, com recomendação de se hospedarem em minha casa.

12. Recitais em Cusco e Ayacucho e as edições de "Poemas para la libertad"

Corria o ano de 1970 e resolvera ficar mais dois meses em Cusco, dividindo meu tempo entre a leitura de *La historia en el Perú* de José de la Riva-Agüero, os *Siete ensayos de interpretación de la realidad peruana* de José Carlos Mariátegui e de outros autores peruanos, durante o dia, e meu trabalho à noite em "La Rosa de los Vientos", entremeado de pequenas viagens por locais históricos do Vale Sagrado.

Foi no início de fevereiro que se iniciaram as aulas na célebre Universidad Nacional San Antonio Abad del Cusco, criada em Roma, pelo Papa Inocêncio XII, em 1692. Entre as grandes universidades peruanas, ela foi precedida em antiguidade pela Universidade de Ayacucho e pela Universidad Nacional Mayor de San Marcos, a segunda mais antiga da América, fundada em 12 de maio de 1551, por um decreto do rei espanhol Carlos I. Sua importância fazia da cidade uma das metrópoles universitárias do Peru. Toda a força cultural do Império Inca, as tradições históricas de luta e as sagas libertárias dos dois Túpac Amarus polarizavam não só a atenção do mundo, mas faziam dela um santuário sagrado reverenciado no coração de cada peruano. Assim, nos primeiros dias de fevereiro, entrei em contato, na universidade, com os dirigentes da Federación Universitaria de Cusco (FUC). Para minha surpresa, eles andavam à minha procura. Haviam recebido alguns exemplares do livreto com meus poemas publicados pela Federación Universitaria de Arequipa (FUA) e a informação que eu estava a caminho da cidade. Foi nessa época que conheci um poeta chamado René Ramírez Lévano, um intelectual com firmes posições ideológicas, uma poesia vibrante e totalmente comprometida. Foi com ele e um dirigente da FUC que fomos ao vale de La Convención e entramos em contato com alguns camponeses que enfrentaram, em 1963 o exército peruano, comandados pelo guerrilheiro Hugo Blanco.

Nos dias que se seguiram ao meu contato com os estudantes, foram agendados vários recitais e debates e a promessa da FUC de fazer uma nova edição mimeografada de meus poemas. Diante disso, pedi que desenhassem uma nova capa e mudei o título do livreto publicado em Arequipa, passando de *Poemas de América Latina*, para *Poemas para la libertad* numa grata memória ao subtítulo da série *Violão de rua: poemas para a liberdade*, cuja poesia cumpriu uma importante missão política no início da década de 1960, no Brasil.[281]

281 A série *Violão de rua: poemas para a liberdade* foi um projeto do Centro Popular de Cultura (CPC), da União Nacional dos Estudantes (UNE), integrante dos memoráveis 24 volumes de escritos políticos, de vários autores, que formaram a coleção *Cadernos do povo brasileiro*, lançada pela Editora Civilização Brasileira, a partir de 1962 e interrompida em 1964, pela ditadura militar. Lembro-me da "fome" com que li o primeiro volume, escrito por Francisco Julião: *Que são as ligas camponesas?* Na época revolucionando a injusta situação agrária do Nordeste. Nos três volumes de *Violão de rua* apareceram os versos de Moacyr Félix, Vinicius de Moraes, Cassiano Ricardo, Affonso Romano de Sant'Anna, Geir Campos, Oscar Niemeyer, Paulo Mendes Campos e dezenas de outros poetas, comprometidos com uma época marcada por uma grande efervecência política e estética na cultura brasileira. A literatura e a arte foram as caixas de ressonância dos novos ideais revolucionários, que iriam caracterizar as profundas mudanças da década de 60, no Brasil. Havia, por parte do CPC uma preocupação em levar a ideologia ao povo, através de um discurso poético abertamente comprometido com o lado social, e identificado com os problemas brasileiros, ligados aos problemas do campo. *O Violão de rua: poemas para a liberdade*, nas palavras do poeta Moacyr Félix, supervisor do projeto, pretendia *ser a utilização, em termos de estética, de temas reais, de temas humanos, baseada na certeza de que tudo aquilo que é verdadeiro serve ao povo, de que o uso apaixonado de uma verdade é o instrumento por excelência da humanização da vida. É o ato de mostrar a ação dos poetas intervindo na vida para dialogar emocionalmente com aquilo que ela possui de mais vivo e mais dinâmico. Nas condições atuais da nossa história, um dos seus objetivos imediatos, portanto, não poderá deixar de ser o de revelar também o sentimento destas duas verdades que cada vez mais vão-se clarificando no coração do povo brasileiro: uma, a identificação da luta contra os imperialismos, sobretudo o norte-americano, com a luta pela nossa emancipação econômica; outra, mais funda, a da incompatibilidade essencial entre o regime capitalista e a liberdade ou construção do homem* (In: *Cadernos do Povo Brasileiro – Violão de rua (v. III)* – Rio de Janeiro, Editora Civilização Brasileira, 1963, p. 10).

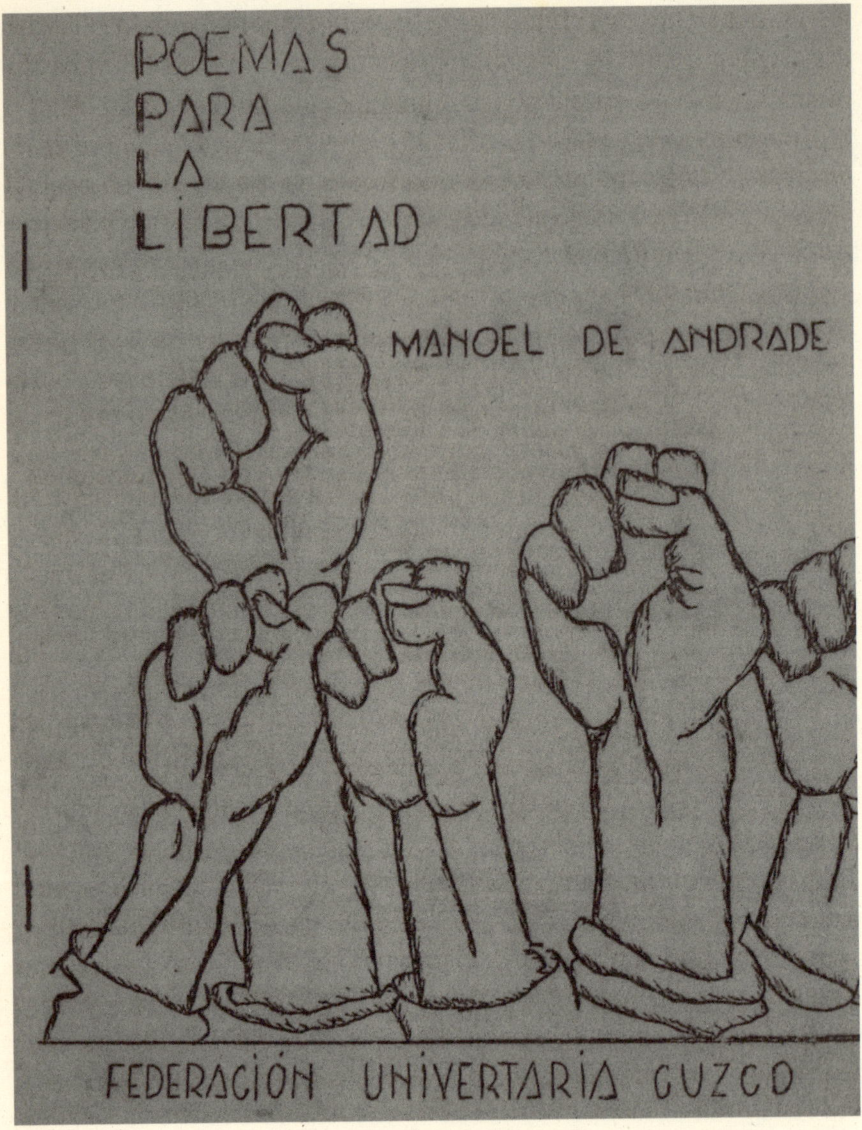

Na segunda semana de fevereiro, a FUC lançou uma edição mimeografada de 700 exemplares já com o novo título, *Poemas para la libertad,* e uma sugestiva capa cujo desenho, cinco punhos fechados alçando-se para o alto, insinuava o caráter combativo dos meus versos. Nesta primeira edição de Cusco, foi modificada a ordem dos sete poemas constantes da edição feita pela FUA, de Arequipa e acrescentados mais três poemas: *Mensaje*, *Poema inmenso* e *Canto a los marginales.* Recebi, gratuitamente, 500 exemplares que foram todos vendidos no recital de lançamento, na Universidade Nacional San Antonio Abad, onde havia aproximadamente 2.000 estudantes. Os dirigentes da FUA, entusiasmados com o sucesso e as motivações políticas do recital e do debate, providenciaram uma nova edição de 1.000 exemplares. Nesta segunda edição de Cusco, foram feitas duas pequenas modificações, no final do texto da minha *Saudação aos estudantes do Peru*, escrito para a edição de Arequipa. Dia 28 de fevereiro, alguns dias depois do segundo grande recital que dei na Universidade de Cusco, viajei para Ayacucho já com um recital programado para os primeiros dias de março na Universidad Nacional de San Cristobal de Huamanga, a segunda mais antiga do Peru, fundada em 1677. Da nova edição de 1.000 exemplares, que me foi doada integralmente, eu levara para Ayacucho apenas três centenas que me sobraram do segundo recital em Cusco.

13. No eco dos meus passos

Pouco sei dos rastros que deixei em minhas andanças por dezesseis países da América, porém a Internet tem-me permitido reencontrar velhos amigos e conhecidos, bem como publicações e referências aos meus versos, em vários países, muitos anos depois de já ter voltado ao Brasil. Através de um amigo atual, o escritor cusquenho Enrique Rosas Paravicino, recentemente fiz contato com um companheiro que deixei em Cusco em 1970, e que me revela dois fatos: um alegre e outro triste. O primeiro, que musicou meu poema *Réquiem para un poeta guerrillero*, que escrevi em Lima, em 1969, em homenagem a Javier Heraud e o segundo, da morte, quatro meses depois que deixei Cusco, do poeta René Ramírez Lévano, com quem partilhei meus sonhos de poeta e de revolucionário. Pablo Ojeda Vizcarra era na época estudante e violonista. Conheci-o em meus recitais e apesar do pouco contato que tivemos, sua alma de artista deixou em meu coração a memória de belos momentos. Atualmente, com o pseudônimo de Américo Del Campo, Pablo Ojeda escreve sobre política e filosofia para vários *sites* peruanos de cultura e é articulista da prestigiosa revista *El Antoniano*, editada pela Universidade San Antonio Abad, de Cusco. Sua imagem na cultura peruana, já desde a década de 70, é a de grande compositor e maestro, com reconhecimento nacional e cujas músicas, com sabor indígena, tenho ouvido nestes dias no *Youtube*.

Foi desse amigo tão distante, no tempo e no espaço, mas ainda tão próximo do coração, que recebi, em 23 de maio de 2011, um *e-mail* em que escreve:

Poeta Manoel Andrade:

"Con treinta balazos de odio/sus dulces ojos cerraron/ no hay crimen tan grande..." (más o menos). Recuerdo tus recitales poéticos en el Cusco de 1970. Le puse música a ese tu poema dedicado a Javier Heraud, pero lamentablemente se perdió debido a situaciones políticas durante la dictadura militar. Tú, con esa gran experiencia política sabes de los atropellos del imperio y la derecha, arremetidas que hacen perder incluso pertenencias íntimas.Por ese tiempo presentaba mis canciones de protesta con letra de poetas. Los cantantes eran Hugo Lecaros y Guido Avendaño. Yo les acompañaba con guitarra. En junio de 1970 murió en un accidente el poeta René Ramírez Lévano, quien nos lideraba a un grupo de amigos revolucionarios. En su memoria fundamos con el dramaturgo Hugo Bonet la Agrupación Cultural René Ramírez Lévano, con presentaciones teatrales en la calle, con música y danzas. Publicamos durante diez años la revista eventual "Llaqta" (Pueblo), con lineamiento marxista sin militancia. Combatíamos al imperio estadunidense, al gobierno militar, a la derecha y propugnábamos la unión de la izquierda subdividida. Me dediqué después a componer música para guitarra, piano y orquesta de cámara. En "Google" se pone Pablo Ojeda Vizcarra y se escucha algunas composicones de carácter andino. Me fui a la selva por tiempo largo, perdiendo todo contacto con familiares y amigos. No sabían si estaba vivo o muerto durante 7 años. Volví hace cuatro años y vivo con mi esposa y mi menor hija. Vivo alejado de la vida social y relacionado sólo con muy pocas personas. Escribo artículos sobre política y naturaleza humana en la revista "El Antoniano" de la Universidad San Antonio del Cusco. Mantengo mis sueños socialistas, sigo admirando a Fidel Castro y el pueblo de Cuba que buscan renovación y nuevas propuestas socialistas.

Estoy imbuído más de socialismo libertario y convencido que el cambio social y cambio individual deben ser complementarios. Debe haber revolución social pacífica y revolución en la conciencia de los luchadores sociales. Las elecciones en el Perú no son definitorias aunque triunfe la derecha fujimorista. Lo definitorio está en los movimientos sociales urbanos e indígenas. En la democracia directa y el respeto a la naturaleza. Movimientos que se dan en América y otros lugares del mundo. Me dedico a escudriñar la ambivalente naturaleza humana. A reducir el dañino ego que para Adam Smith era una virtud y que no significa nada para intelectuales y políticos de derecha, centro e izquierda. Tengo dos libros inéditos sobre la naturaleza humana y sus defectos de carácter que influyen en comportamientos sociales, políticos y económicos. Bueno a mis 75 años hay pues buena experiencia para escribir sobre el cambio social e individual.

Saludos Pablo Ojeda Vizcarra [282]

---

282 Poeta Manoel Andrade:

"Com trinta balaços de ódio/ seus doces olhos fecharam/ não há crime tão grande..." (mais ou menos). Lembro-me de seus recitais poéticos em Cusco em 1970. Coloquei música a esse teu poema dedicado a Javier Heraud, mas lamentavelmente se perdeu devido a situações políticas durante a ditadura militar. Você, com essa grande experiência política sabe dos abusos do império e da direita, perseguições que nos fazem perder até os bens mais íntimos. Naquele tempo, apresentava minhas canções de protesto com letras de poetas. Os cantores eram Hugo Lecaros e Guido Avendano. Eu os acompanhava com o violão. Em junho de 1970, morreu em um acidente o poeta René Ramírez Lévano, que liderava a nós, um grupo de amigos revolucionários. Em sua memória, fundamos com o dramaturgo Hugo Bonet o Grupo Cultural René Ramírez Lévano, com apresentações de teatro de rua, com música e danças. Publicamos durante dez anos a revista eventual *Llaqta* (Povo), com uma linha marxista, mas sem militância. Combatíamos o imperialismo norte-americano, o governo militar, a direita e defendíamos a união da esquerda dividida. Dediquei-me, depois, a compor música para violão, piano e orquestra de câmara. No *Google* se põe Paul Ojeda Vizcarra e se ouve algumas composições de caráter andino. Fui para a selva por muito tempo, perdendo todo o contato com a família e amigos. Não sabiam se eu estava vivo ou morto durante 7 anos. Voltei há quatro anos e vivo com minha esposa e minha filha mais nova. Vivo distanciado da vida social e relacionado apenas para poucas pessoas. Escrevo artigos sobre política e natureza humana na revista *El Antoniano* da Universidade Santo Antonio, de Cusco. Mantenho meus sonhos socialistas, e sigo admirando Fidel Castro e o povo de Cuba, que buscam renovação e novas propostas socialistas. Estou imbuído sobretudo do socialismo libertário e convencido de que a mudança social e a mudança individual devem se complementar. Deve haver revolução social pacífica e revolução na consciência de ativistas sociais. As eleições no Peru não são determinantes, ainda que triunfe a direita fujimorista. O determinante está nos movimentos sociais urbanos e indígenas. Na verdadeira democracia e no respeito pela natureza. Movimentos que ocorrem na América e em outros lugares do mundo. Dedico-me a prescrutar a ambivalente natureza humana. A reduzir o nocivo ego que para Adam Smith era uma virtude e que não significa nada para intelectuais e políticos de direita, centro e esquerda. Tenho dois livros inéditos sobre a natureza humana e seus defeitos de caráter que influenciam o comportamento social, político e econômico. Bem, nos meus 75 anos existe uma boa experiência para escrever sobre a mudança social e individual.

Saudações
Pablo Ojeda Vizcarra

Continuei trocando *e-mails* com Pablo Ojeda e no dia 13 de setembro de 2011, ele me surpreendeu, dizendo que havia refeito a trilha musical para o meu poema dedicado a Javier Heraud, em 1969. É uma renovada alegria saber que, depois de 42 anos, meus versos podem ainda

inspirar uma nova versão musical. Pela singularidade deste presente fraterno, mas, sobretudo, pela honrosa homenagem à memória do grande mártir da poesia peruana, deixo aqui, aos que conhecem o idioma da música, a leitura da sua linha melódica:

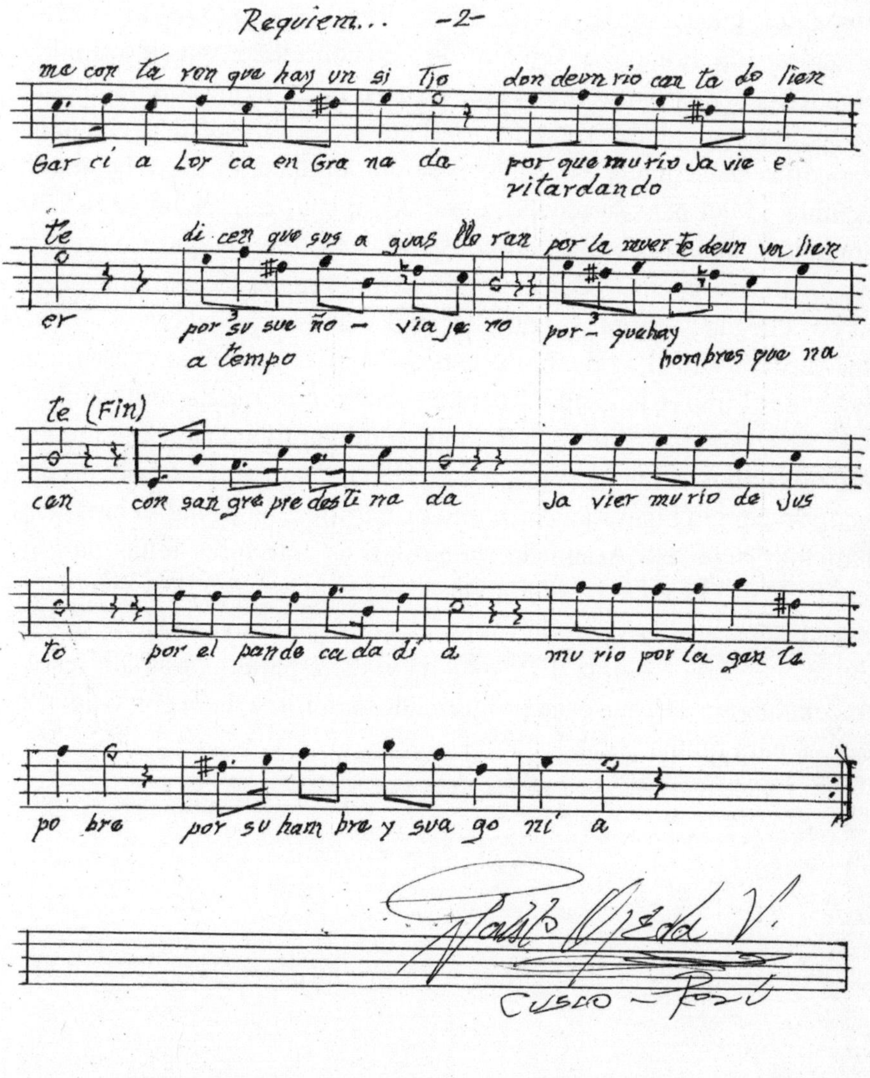

14. O adeus a Cusco, o recital em Ayacucho e o inesperado retorno ao Paraguai

Aquela era minha última noite em "La Rosa de los Vientos". Amigos como Enrique Macias, o poeta René Ramírez Lévano e alguns estudantes, chegaram lá para o último abraço. Quando o Café fechou, de madrugada, Françoise, seu marido e eu contínhamos a emoção. Eles sabiam dos meus planos de viagem para o norte e que certamente não mais voltaria à cidade. Tudo em mim era um doloroso adeus, naquelas despedidas da segunda e inesquecível temporada em Cusco. Na manhã seguinte, viajei para Ayacucho, onde dei apenas um recital para 1.300 estudantes, quando foram vendidos todos os livretos que trouxera de Cusco. Passei apenas dois dias na cidade, em face de minha urgência em chegar à capital, já que há duas semanas, recebera em Cusco uma carta do Brasil, onde minha esposa Marilena escrevia que viria me visitar em Lima. Chegando à capital, recebi outra carta retificando os planos de viagem a fim de que também minha filha Daniela, na época com nove anos, e minha sogra, Dona Helena, também viessem ao meu encontro em um lugar mais próximo de Curitiba, na fronteira brasileira. O melhor lugar era Assunção. Por relações anteriores feitas na Universidade de Cusco, eu deveria entrar em contato com dois estudantes de Lima, para uma série de apresentações nas universidades de San Marcos, Agrária e outras. Em vista da viagem para o Paraguai, resolvi cancelar alguns encontros já programados em Lima, bem como adiar os recitais para minha volta.

XVI
O SABOR DA AVENTURA

1. Lima, Antofagasta, Salta e "Un Tren a las Nubes"

Meu plano de viagem para chegar ao Paraguai era por terra. Não queria gastar todo o dinheiro que tinha numa passagem de avião, mas guardar meus recursos para as despesas que teria em Assunção.

Planejando meu roteiro, o caminho por terra mais conveniente para viajar de carona era o percurso de 1.450 quilômetros, de Lima até Antofagasta, no Chile, pela rodovia Transamericana e de lá cruzar a cordilheira, de trem, num percurso de 900 quilômetros até Salta, na Argentina, onde através de Resistência, Formosa e Clorinda eu chegaria à fronteira paraguaia, distante 1000 quilômetros de Salta, ou seja, uma longa viagem de 3.500 quilômetros, que no Brasil equivaleria viajar desde o Chuí, na fronteira com o Uruguai, até Natal, no Rio Grande do Norte.

E assim foi feito. Dia 8 de março cheguei a Antofagasta. No escritório da ferrovia, me disseram que só havia trens de carga para Salta e não se transportava passageiros. Eu já sabia disso, mas fui falar com o diretor local da ferrovia e inventei uma história de doença na minha família no Brasil, que deveria viajar com urgência por aquele caminho mais curto, já que não tinha dinheiro para uma passagem aérea. Não foi muito fácil convencê-lo. Alegou que não havia acomodações para dormir, além daquelas reservadas para a equipe de trabalho e que nunca levavam passageiros nesta longa viagem, por uma das partes mais frias da cordilheira, embora estivéssemos em pleno verão. Disse a ele que tinha um excelente "saco de dormir" de penas e que me sujeitava a dormir no lugar que me indicassem. Acreditando, e suponho que sensibilizado com minha "estória" de um familiar à beira da morte no Brasil, o diretor local da ferrovia concordou em permitir a viagem, cobrando um valor pequeno pela passagem e me alertando que deveria levar comida para os dois dias, agasalho para uma viagem transandina de 900 quilômetros, e por caminhos gelados no alto da cordilheira.[283]

Havia apenas uma viagem de trem por semana e eu tive a sorte de embarcar no dia seguinte. A composição deixou Antofagasta, na costa do Pacífico, pela manhã, para cruzar o Atacama, um deserto salgado, rico em salitre e outrora muito explorado para a fabricação de fertilizantes e explosivos. É o deserto mais seco do mundo, porque lá nunca chove. Nas paisagens próximas da costa, via-se rebanhos de alpacas e, mais adentro, os coelhos do deserto. Depois, tudo é uma paisagem árida feita de solidão e de silêncio, de areia solta e cinzenta, formando montes e pequenas colinas, algumas formando "estátuas" desenhadas pelo vento, numa altura que não passa de 500 metros. Viaja-se subindo sempre rumo ao leste, em direção à cordilheira da Costa e depois a geografia vai mudando, quando se entra pela região de tundra que leva às paisagens geladas da cordilheira dos Andes. São 334 quilômetros em território chileno até Socompa, na fronteira com a Argentina, e daí o percurso quase dobra até chegar a Salta.

283 Nesta parte das minhas memórias, devo repetir aos leitores que eu escrevia um diário de viagem, mas que foi destruído na Nicárагua, em dezembro de 1970, por razões de segurança. Assim, reitero que escrevo esses relatos baseados nos fatos repassados nas constantes cartas que escrevia à minha esposa Marilena, em Curitiba, e à minha irmã Maria da Graça, em Itajaí, dando notícias dos meus deslocamentos, das minhas atividades culturais e enviando tudo o que era publicado a respeito e que constituem o imenso acervo de documentos que garantem a historicidade de minhas memórias. Ao chegar a Antofagasta, enviei, no dia 9 de março, à Marilena, uma carta noticiando o roteiro da minha viagem ao Paraguai e a previsão do nosso encontro dentro de uns dez dias. Como estivemos juntos cerca de um mês em Assunção, esta correspondência se interrompeu a partir de Antofagasta e somente voltei a lhe escrever depois que voltei para a Bolívia, no início de maio de 1970. Portanto, minhas memórias, daqui em diante, até minha chegada à Bolívia, não estão baseadas em datas e fatos precisos – a não ser as datas de entrada e saída em meu passaporte – mas somente nas lembranças que ficaram dessa etapa da viagem.

Eu me dei muito bem na viagem, porque logo me fiz amigo do maquinista e seus auxiliares. Passava grande parte do tempo na cabine de comando, apreciando os povoados perdidos nas paisagens do caminho. Não tive problema para dormir. Deram-me a cama de um beliche onde dormia o pessoal do serviço e acabei repartindo as dezenas de sanduíches que trouxe de Antofagasta com um grupo de três ferroviários do mesmo quarto, e eles me deram bifes de carne bovina assada de excelente qualidade.

Que inesquecível aventura visual foi aquela viagem, quando se descortinaram ante os meus olhos os cenários mais fascinantes que já vira dos Andes, os quais já cruzara tantas vezes por outros caminhos. Naquelas alturas, tudo é exuberante. Picos e mais picos, encostas imensas de gelo, o sol brilhando num céu imaculado, a luz e a sombra sobre a neve, regiões onde a ferrovia corta imensos jardins coloridos de musgo e líquens. A própria história da construção da estrada de ferro de Salta a Antofagasta, também chamada de *Tren a las Nubes*, fora um feito épico da engenharia que, entre o sonho e a realidade, levou 60 anos, segundo me contou o maquinista, nas longas conversas que tivemos. Uma obra que orgulha o engenho humano, cortando montanhas de pedra em dezenas de túneis, dezenas e dezenas de pontes, zigue-zagues para contornar as íngremes subidas da cordilheira e entre tantos viadutos, um de tirar o fôlego, quando o trem passa sobre os trilhos em curva de uma armação metálica, a 70 metros de altura sobre as águas de um rio. Anos depois, em Curitiba, conheci o escritor e cineasta Frederico Füllgraf [284], que

284 Frederico Füllgraf nasceu na Alemanha e foi criado no Brasil. Retornou à Alemanha, estudando comunicação social, ciências políticas e filosofia na FUB – Universidade Livre de Berlim, até o grau de mestrado (MA). Após sua estreia como redator de rádio (rede nacional ARD) e diretor de TV (canal ZDF), retornou ao Brasil na década de 1980 como repórter associado à ARD TV, realizando algumas dezenas de reportagens e documentários sobre temas socioeconômicos, ambientais e culturais da América do Sul. Residindo em Berlim, mas viajante obsessivo, conheceu a Europa toda. Algumas missões profissionais o levaram à Índia, ao Japão, à África do Sul e Namíbia, aos EUA, Argentina e Chile. Como enviado especial e documentarista, cobriu, entre outros, a *Revolução dos Cravos* em Portugal, a independência de Angola (1975), a ditadura do Gal. Pinochet no Chile, a queda da ditadura argentina, a tragédia de Bhopal (Índia, 1985), as alterações climáticas na Antártida. Sua reportagem sobre e com Emilie Schindler (a viúva abandonada na Argentina por Oskar, da "Lista de Schindler") realizada para a Deutsche Welle TV, foi vista em mais de trinta países. No final da década de 80, estreou também como escritor, publicando *A bomba "pacífica"– o Brasil e outros cenários da corrida nuclear* (Brasiliense, 1988). Seu primeiro filme, *Queremos que esta terra seja nossa*, rodado em Portugal, em 1975, aborda a *Revolução dos Cravos*, seguindo-se *Fogo sobre cristal* – um diário antártico (2002) e *Maack, profeta pé na estrada* (2006), sobre o cientista alemão *Reinhard Maack*, um precursor do ambientalismo,

se tornara estudioso dessa ferrovia, porque nela descobrira uma parada, chamada "Alemán Muerto", uma cova a 4.200 metros de altitude, em plena Puna de Atacama, onde jaz um jovem alemão, chamado Karl Wilmer, morto durante uma misteriosa caminhada, na década de 1930, que Frederico decidira transformar em roteiro para um longa-metragem e um livro. Uma das hipóteses de sua presença naquele deserto é de que perdera seu navio em Buenos Aires, e tentara atalhar caminho, para reencontrar-se com o navio em Antofagasta. Morrera desgraçadadamente ali, porque os trilhos da ferrovia terminavam então em Olacapata, mais de cem quilômetros antes de Socompa, na fronteira com o Chile. Na verdade, um muito antigo ramal do Caminho Inca, quando Salta servia de posto de abastecimento das minas de Potosi. Ali a ferrovia se confunde com um caminho de "arreeros" (tropeiros), que conduziam gado de Salta, por Socompa, até as minas de salitre do Atacama. Creio que muitos animais morriam de frio, e talvez por isso pode-se ver, suponho que ainda até hoje, centenas de rezes mumificadas e petrificadas em certos locais do caminho.

Disse-me Frederico que o nome original desta ferrovia é Ramal C-14, iniciada em Salta, em 1921, pelo engenheiro norte-americano Richard Fontaine Maury, e concluída em Socompa, em 1948, durante o primeiro governo do Gal. Perón. "Tren a las Nubes" fora um nome de batismo dado na década de 1970, por um jornalista do diário *Clarín*, de Buenos Aires, que, dentro do trem, a quatro mil metros de altitude, observava algumas nuvens, à mesma altura.

Na noite de 10 de março de 1970, carimbaram em Maturaqui meu passaporte com o visto de saída do Chile e, logo depois, em Socompa, com o visto de entrada na Argentina. Nessa região dos Andes, encontram-se as partes mais elevadas da maior cordilheira do mundo e na primeira parte da viagem em território argentino, o trem passou toda a madrugada contornando as partes mais altas do trajeto.

Prêmio Doc.TV do Ministério da Cultura, estreado em 2007, com difusão nacional pela TV Cultura de São Paulo. Trabalha em seu romance *O caminho de Tula* e, a partir de 2012, vive no Chile onde tem produzido, como repórter e cineasta, reportagens e documentários publicados e prestigiados pela mídia e intelectuais chilenos. Sua investigação sobre a morte de Neruda foi publicada no Chile, México e Portugal e pode ser lida em seu blog: <fuellgrafianas.blogspot.com>.

Depois seguimos numa longa curva, disse-me o maquinista, até chegarmos a Salta ao amanhecer.

2. Sapatos queimados e pé na estrada

Desci do trem, sonolento e indisposto, porque meu coração disparou nas alturas e cheguei a pensar que ele iria parar de bater. Ah! meu coração, quantos sustos já te dei e tu me deste, mas agora aqui estamos, alma e coração, sempre entrelaçados, relatando nossas aventuras e nosso deslumbramento pela vida. Com a mochila nas costas e os pés gelados, saí caminhando pela cidade amanhecida e cheguei a uma chefatura de polícia, tremendo de frio. Havia dois policiais. Contei de onde vinha, para onde ia e pedi a eles um lugar para ficar e me abrigar até procurar, mais tarde, os meios para seguir viagem rumo à província de Formosa. Um deles levou-me a um local atrás da delegacia, onde havia uma peça de chão batido, com janelas de vitrô, no alto de uma das paredes. No meio do ambiente, ardiam os restos de uma pequena fogueira e algumas cadeiras toscas e baixas em volta. Ele colocou alguns tocos de lenha sobre as brasas e disse que eu podia descansar ali. Sentei-me numa das cadeiras e estiquei as pernas, deixando os sapatos bem perto do fogo. Creio que devo ter adormecido rápida e profundamente, porque só acordei com o calor das chamas queimando meus sapatos. Tive que, literalmente, arrancar um deles do pé, com a ponta da sola fumegando e um pouco deformada. Com aquele susto começou meu novo dia. Levantei-me, fui até os guardas agradecer e pedir um banheiro onde esfriei o sapato, lavei o rosto e saí da delegacia, comendo o último sanduíche que me sobrara da viagem. Meu próximo destino era a cidade de Resistência a 700 quilômetros, aonde cheguei depois de dois dias, viajando sempre de carona. Eram os anos em que a juventude corria o mundo de mochila nas costas e era muito fácil viajar assim. Não havia violência nem assaltos nas estradas e muitos motoristas gostavam de ouvir as histórias dos caminhantes. E foi assim que cheguei no começo da tarde em Formosa, a 160 quilômetros de Resistência. De Formosa a Clorinda, fiz uma das maiores bobagens da minha vida. Num posto de gasolina, na saída da cidade, falei com o motorista de um caminhão tanque que ia para Clorinda, cidade às margens do rio Pilcomayo na divisa com o Paraguai, e pedi uma carona, já que tinha pressa para chegar a Assunção a fim de alugar uma casa e esperar meus familiares do Brasil. O caminhoneiro me disse que daria carona, mas somente em cima do tanque, porque ele estava com a mulher e uma criança na cabine. Eu aceitei e subi com minha mochila, sentando-me sobre o tanque e agarrando-me a uma grade que cercava todo o contorno superior do tanque e parte das laterais, atrás da cabine. Coloquei a mochila num dos cantos gradeados e me sentei no meio do tanque, encostado na grade e com os braços abertos segurando seus ferros. Eram apenas 100 quilômetros, e como saímos, no fim da tarde, esperava chegar dentro de duas horas e ainda cruzar a fronteira naquela noite. À medida que deixamos a cidade, o caminhão entrou em uma estrada de terra seguindo para uma região de pequenas serras com subidas e curvas e eu tinha que me agarrar com firmeza, porque minhas pernas pendiam de um lado para outro sobre o abaulado do tanque. Tentava firmar as pernas abrindo-as ao máximo sobre o abaulado do tanque, mas o motorista, pela maneira que dirigia, não estava preocupado com minha situação e havia curvas feitas nas descidas o que quase todo o meu corpo jogava para um ou outro lado. Havia momentos em que, pela minha posição, eu não via estrada, somente precipícios.

Depois de dois terços da viagem, além do cansaço, começou a cair uma chuva fina e a temperatura também baixou. Estava extenuado por ter viajado todo o dia e, mais ainda, pelo constante esforço que fazia com as mãos e os braços, para não escorregar. Sentia sono, receio de dormir e cair do caminhão, além de estar com frio e totalmente encharcado. Resisti ao sono e ao cansaço o quando pude, até que um momento, temendo pela minha vida, gritei para o motorista que parasse. Ele parou e eu lhe disse, enquanto descia, que não tinha mais condições de continuar lá em cima. Informou que estávamos apenas a meia hora da cidade, mas respondi que não voltava mais pra cima do tanque e que preferia ir a pé. Era um ambiente ermo, de matas altas e continuava chovendo, mas ainda assim peguei minha mochila e resolvi caminhar. Agradeci e comecei a andar. O caminhão arrancou, passou por mim, seguiu por quarenta metros e parou. Com a mochila nas costas e passo acelerado para que a escuridão não me surpreendesse naquelas paragens, parei ao seu lado e olhei para a cabine. A mulher abriu o vidro e me disse para subir. Creio que ela o convenceu a me levar. Ela pôs a criança no colo, se achegou ao motorista e seguimos apertados até o centro da cidade. Agradeci a ambos e, ainda cansado e com a roupa molhada, procurei um hotelzinho para passar a noite.

3. Reencontro em Assunção

Na manhã seguinte, dia 16, regressava ao Paraguai exatamente um ano depois de cruzar, em 17 de março de 1969, a mesma fronteira em direção à Argentina, em companhia dos costarriquenhos Francisco e Mario Rojas. Era quase meio-dia quando voltei a bater palmas em frente à casa do pintor Angel Higinos Yegros Semidei, na avenida Mariscal Lopes, número 2947. Desta vez, foi ele quem abriu a porta e me saudou com espanto e alegria. Conversamos muito. Angel, sua irmã Lucy, também pintora, e eu relatando um ano de estrada, desde que saíra de Assunção. Tanto Angel como Lucy se tornariam os grandes artistas plásticos do Paraguai, expondo suas obras em vários países do mundo. Mais tarde, Angel saiu comigo em busca de uma casa para alugar. Consegui uma casa confortável, num bairro afastado do centro, que não me lembro como se chamava. Alguns dias depois, chegaram meus familiares. Tenho pouca coisa interessante para relatar, além da alegria que me trouxeram a presença de minha esposa, filha e sogra. No quintal, atrás da casa, havia um rancho e uma bananeira, onde uma gata pariu vários gatinhos e isso fez a alegria de minha filha Daniela, de nove anos. Ela me ajudava a molhar o jardim e diariamente aguardava ansiosamente a passagem do carrinho do sorveteiro e nunca chupava menos de cinco picolés. Perto da casa onde morávamos havia uma praça, onde nos fins da tarde das quintas-feiras, uma banda tocava suas marchinhas. Algumas vezes, fomos visitar os pais de Francisco e Mario Rojas, meus amigos costarriquenhos que estudavam em Lima. Volto a dizer que eles tinham me hospedado em minha passagem por Assunção, um ano atrás e que o pai era funcionário das Nações Unidas pela FAO (Organização para a Alimentação e Agricultura). Sempre que ali chegávamos, Dona Nora recebia-nos com sua impecável educação, cortesia e carinho e um dia, a seu convite, fomos com ela a um passeio de barco no lago de Ypacarai.

Lembro-me de encontros que tive com intelectuais paraguaios. Um deles era ligado ao teatro e chamava-se Antonio Ayala. Uma tarde, Angel apareceu lá em casa trazendo consigo o Roberto Requião e a Maristela, que estavam de passagem por Assunção. Roberto me pôs a par de tudo o que estava acontecendo em Curitiba, em termos de repressão política. De amigos presos na Prisão Provisória do Ahú e do pânico que as medidas do AI-5 estavam causando nos ambientes de esquerda e no meio estudantil. Lembro-me de que dei a ele um exemplar do meu livreto *Poemas para la libertad*, publicado em Cusco e falei dos meus planos de prosseguir com a missão essencialmente política da minha poesia, difundindo sua mensagem política por todo o continente.

4. Novos planos: cruzar o Chaco paraguaio e entrevistar Régis Debray em Camiri

Depois que meus familiares voltaram para o Brasil, em meados de abril, ainda fiquei três semanas no Paraguai. Entre os livros que li, estava uma obra de Jean-Paul Sartre: *Um crime monstruoso* – O caso *Debray*. O escritor e jornalista francês Régis Debray, desde 1967, cumpria, na cidade boliviana de Camiri, uma condenação de 30 anos de reclusão, junto com o pintor argentino Ciro Roberto Bustos, depois que ambos foram capturados ao deixarem a área da guerrilha do Che, em Ñancahuazú. Eu deveria voltar ao Peru, para dar meus recitais em Lima, mas não aceitava a ideia de dar toda aquela volta imensa pelo norte da Argentina e do Chile, numa outra peregrinação de 3.500 quilômetros. Resolvi então fazer uma das aventuras mais arriscadas da minha vida: cruzar o Chaco paraguaio e entrevistar Régis Debray em Camiri. Fiquei sabendo que não havia estradas através do Chaco paraguaio que levasse ao sul da Bolívia. Pesquisando e perguntando, soube de uma trilha que ligava os dois países, pela floresta, que era usada somente pelos contrabandistas bolivianos para levar perfume, uísque e cigarros para a Bolívia. Comecei então a procurar os bolivianos nos pontos de comércio atacadista de Assunção.

Foram duas semanas numa busca infrutífera de contatos que me permitissem chegar ao sul da Bolívia. Conversei com alguns comerciantes que vendiam uísque e cigarros para os bolivianos e eles disseram que estes contatos deveriam ser feitos mais perto da fronteira, onde se fazia o transbordo das mercadorias dos caminhões para veículos apropriados, a fim de cruzar a floresta. Esse local ficava num lugar chamado Mariscal Estigarribia a mais de 700 quilômetros de Assunção, no longínquo Departamento de Boquerón. Procurando informações, soube que se tratava de um lugarejo habitado por uma pequena povoação civil nas vizinhanças do quartel militar, localizado na região do Chaco paraguaio – e que desde 2005 se transformou, para vergonha do Paraguai e da América Latina, numa poderosa base militar e aérea dos Estados Unidos. Outra Guantánamo no coração da América do Sul. – No final de minhas buscas, consegui conversar com dois bolivianos que transportavam as mercadorias até a região e eles disseram-me que era perigoso para um estrangeiro entrar na Bolívia por aquela fronteira. Que havia guerrilheiros estrangeiros presos em Camiri e que os militares continuavam alertas, apesar de derrotada a guerrilha de Che Guevara há quase três anos. Mas toda essa conversa não mudou meus planos e procurei outros meios para chegar a Camiri.

5. Augusto Roa Bastos: o mais longo exílio

Durante aquelas duas semanas, enquanto procurava, sem êxito, fazer contatos com contrabandistas, estive também algumas vezes na Univerdade Nacional de Assunção, inicialmente sondando a possibilidade de dar um recital de poesia, ainda que fosse num ambiente privado, mas até isso era realmente impossível. A tirania de Alfredo Stroessner – um permanente estado de sítio – mantinha a população amedrontada. O Paraguai que eu conheci era um país sombrio e triste. Perseguições, torturas, desterro e uma rede de espionagem que vigiava e denunciava qualquer suspeito e mantinha o meio estudantil numa camisa de força. Não se permitia qualquer manifestação ideológica e nenhuma oposição política, e os processos eleitorais eram uma farsa. O Paraguai era uma nação de joelhos. O capital financeiro internacional e a nefasta influência norte-americana no poder passaram a dominar toda a política agrária do país, levando ao empobrecimento a classe camponesa e sua sobrevivência na marginalidade urbana.

Nas minhas idas à Universidade Nacional, tive rápidos contatos com alguns estudantes de esquerda e foram eles que me descreveram a imagem literária e histórica da resistência política de um escritor paraguaio que nunca ouvira o nome: Augusto Roa Bastos, que vivia exilado há mais de vinte anos na Argentina. Suas obras estavam proibidas no Paraguai, mas na biblioteca da universidade encontrei e li três livros seus: os poemários *El ruiseñor de la aurora y otros poemas, El narajal ardiente* e a novela *Hijo de hombre*. Depois acompanhei os passos de Roa Bastos pelas notícias que dele chegavam do seu exílio na França e em outras partes. Suas dezenas de obras publicadas, cátedras internacionais de literatura, prêmios e entre estes o Prêmio Cervantes em 1989, cujo valor destinou totalmente a um projeto de escolas paraguaias para crianças pobres. Um poeta marcado por uma aguda nostalgia da pátria, da qual esteve separado por sessenta e dois anos, convivendo na alma com a longa história de crueldades que crucificou o seu povo. Um intelectual que nunca negociou suas posições ideológicas. Um escritor que soube retratar, a exemplo de Miguel Angel Astúrias e García Márquez, a dimensão perversa das ditaduras latino-americanas. Não conheço outro escritor, no mundo, que tenha sofrido um tão longo exílio como Roa Bastos.

6. A carta de recomendação de um general de Stroessner

Na ausência de contatos que me permitissem encontrar os meios de atravessar a fronteira, eu já não sabia o que fazer para continuar viagem, sem refazer todo aquele longo e cansativo caminho de volta. Diante do impasse, troquei ideias com o pintor Angel Yegros. Ele me desencorajou a fazer aquela aventurosa travessia do Chaco, mas diante da minha obstinação, disse que tinha uma amiga cujo pai era general e que eu não poderia chegar ao quartel da região de fronteira sem um aval da hierarquia militar de Assunção. Era indigesto pedir um favor para um general de um governo tão cruel e corrupto, mas era o único jeito de conseguir um visto para cruzar aquele caminho que, na verdade, era um território militar. Como passar pelas imediações do quartel com uma mochila nas costas, pedir um visto no passaporte e seguir pelos quase 200 quilômetros de campos e florestas até a fronteira boliviana, sem levantar suspeitas? Ainda que eu viajasse com os contrabandistas, como entrar no sul da Bolívia sem um visto de saída do Paraguai? Fomos então falar com sua amiga, cujo pai também conhecia Angel e a quem contei mais uma mentira. Como minha profissão, constante no passaporte, era de jornalista, disse ao general que pretendia viajar por terra e chegar no início de junho ao México a fim de fazer a cobertura da Copa do Mundo. Como já estávamos no fim de abril, eu queria cortar caminho pela região ao Chaco até Camiri, rumo a La Paz e ao Peru e de lá seguir pela rodovia Transamericana até o México. Ele, a despeito de ser um general de Stroessner, era cortês e simpático. Mostrou-se muito surpreso ao me perguntar como eu iria atravessar a imensa região do Chaco até a Bolívia. Respondi que faria isso com os comerciantes bolivianos que negociam e transportam produtos do Paraguai para o sul da Bolívia. Falar da rota do contrabando para um general paraguaio não era ofensa à sua dignidade pessoal e nem um assunto que maculasse a instituição militar e menos ainda a imagem da pátria. Como se sabe, o Paraguai nunca se estruturou economicamente, nunca teve produtos de exportação que permitissem se integrar comercialmente com os países da região. A economia paraguaia não só sempre existiu na informalidade, mas, a par dela, foi o próprio Stroessner que organizou o contrabando no país, loteando os principais produtos de importação e revenda, fossem eles bebidas, perfumes, cigarros, etc., entre os generais que lhe garantiram 35 anos de poder. Disse-me aquele general que era uma travessia muito arriscada. Que não sabia de ninguém, além dos bolivianos, que tivesse feito essa viagem. Que não havia nenhuma estrada.

Concluiu dizendo que era uma louca aventura, mas que ele iria escrever uma carta para o comandante da região militar, pedindo-lhe que me facilitasse a passagem e que viesse buscá-la no dia seguinte.

Foi sua filha quem me entregou a carta dirigida ao comandante do quartel do Chaco. Com o documento na mão, despedi-me de Angel e Lucy Yegros, de Mirian Siendra e Raul Fernandez, cujos nomes ainda lembro, pois estavam entre os poucos amigos que tive na cidade.

7. Viagem para o fim do mundo

A estrada que ligava Assunção a Mariscal Estigarribia, na longínqua região ocidental do país, era, em 1970, uma rota onde transitavam raríssimos veículos. Não havia cidades naquelas distantes paragens. Por isso viajei num ônibus que, semanalmente, chegava àquele destino. Embarcamos cedinho. O velho ônibus estava lotado com passageiros civis e militares, com mercadorias dentro e num grande bagageiro no teto. Na época, aquela viagem semanal era o único contato que os habitantes daqueles confins faziam com a capital, abastecendo-se de vários produtos. Viajamos algumas horas entre paisagens de campos, palmeiras e bosques que depois foram passando para uma região desértica, com árvores solitárias e muitos cactos. Creio que já havíamos percorrido uns 450 quilômetros quando, no meio da tarde, naquela planície árida e deserta, o ônibus desviou-se e entrou no único povoado que havia em nosso caminho. O lugar chama-se Filadélfia, uma colônia de imigrantes russos, seguidores de Menno Simons, um reformador holandês do século XVI. Haviam chegado à região há quarenta anos e o governo paraguaio os "premiou" com um inconfessável ostracismo naquela terra de ninguém, a fim de que povoassem e colonizassem aquelas paragens totalmente virgens. Desci na pequena estação para fazer um lanche, mas não havia nada para vender. Somente um banheiro e água para matar a sede dos passageiros. Enquanto esperava, dei uma voltinha pela "cidade". Ruas longas, casas esparsas, poucas árvores e empoeiradas. Mas havia uma aparente ordem em tudo. Todas as pessoas que vi nas ruas estavam trabalhando, inclusive as crianças. Gente muito clara, misturando castelhano com alemão, embora fossem menonitas russos. Literalmente, um oásis humano no meio do deserto.

Retomamos a estrada, viajando agora em pleno centro do Chaco e em todo aquele trajeto de 700 quilômetros, depois que nos afastamos das vizinhanças de Assunção, o ônibus cruzou com apenas alguns caminhões. Eu tinha a impressão de que estava viajando para o fim do mundo. Chegamos ao anoitecer em Mariscal Estigarribia. Desci com os soldados e orientado por eles dirigi-me à guarda do quartel, onde entreguei a carta a um oficial que foi levar à casa do comandante. Algum tempo depois, o oficial voltou me encaminhando para um quarto situado à direita de um pequeno pátio, e despediu-se dizendo que falaríamos na manhã seguinte. Meu estômago roncava de fome, mas a providência divina bateu à porta. Vinha em forma de um soldado, trazendo um prato de comida. A peça em que me alojaram era pequena, simples, mas confortável. Creio que era usada para receber visitantes. Tinha um banheiro, um pequeno guarda-roupa, uma mesa onde abri minha mochila e uma cama em que estirei meu cansaço, num sono que durou até a manhã seguinte.

8. O oficial amigo e o comandante da fronteira

Era cedo quando abri a porta e atravessei o pátio, em busca do oficial que me atendeu na noite anterior. Que falta faz meu diário! Não lembro seu nome, mas tinha a minha idade. Toquei e cantei com seu violão e ficamos amigos nos dias que passei ali. Depois de encontrá-lo, levou-me para o refeitório, onde tomamos o café da manhã. Seguimos para um escritório, onde pediu meu passaporte para levar ao comandante. Abriu, folheou e exclamou:

– Você é o primeiro jornalista que vejo por aqui.

Fomos para a antessala do comandante. Ele entrou primeiro, enquanto aguardei num salão onde havia peças com inscrições, indicando relíquias da Guerra do Chaco. Depois fui chamado e encaminhado a um militar de meia-idade. Com meu passaporte na mão e a carta aberta sobre a mesa, supus que já estava informado do brasileiro louco e, louco por futebol, com interesse em chegar ao México para a Copa do Mundo. Perguntou-me porque escolhera aquele caminho para chegar à Bolívia.

– Um pouco por espírito de aventura, comandante – disse a ele mais ou menos com estas palavras – e também para ganhar tempo cruzando a região com comerciantes bolivianos. Creio que não é comum alguém chegar à Bolívia por esse caminho, mas há algumas semanas decidi cobrir a Copa do Mundo como repórter independente. Alertaram-me, em Assunção, sobre os imprevistos dessa travessia até Camiri, mas já estamos há dois meses do evento e esse é um atalho ideal para chegar a tempo ao meu destino. Tenho também, como jornalista, uma grande curiosidade sobre esta região onde aconteceu a Guerra do Chaco, sobre cujos fatos já li e me surpreendi como duas nações escolheram um lugar tão inóspito para travar seus combates. Penso escrever um dia sobre as paisagens que foram o palco dessa guerra, vencida sobre o comando do vosso grande Mariscal Estigarribia, e creio que o testemunho de minha passagem pelos cenários históricos dessa luta poderá tornar o meu relato mais interessante.

Então ele me disse que aquela região onde estávamos era um território militar e que, embora eu viesse recomendado de Assunção, deveria aguardar a permissão para cruzá-la. Acrescentou que nos próximos dias voltaríamos a conversar e que durante esse período o quartel me oferecia hospedagem e que teria liberdade para entrar e sair quando quisesse.

Porém, ali não havia para onde ir a não ser ao povoado vizinho, onde não creio que vivessem mais que 500 pessoas. Ante meu interesse pelas peças da Guerra do Chaco, o oficial amigo levou-me para conhecer outras peças maiores: canhões sobre rodas, bazucas e metralhadoras. Depois fomos para o refeitório, onde almoçavam oficiais e soldados. Naquela primeira tarde, fui conhecer o povoado, um pequeno aglomerado de casas simples, situado numa planície tão ampla que por todos os lados se perdia num horizonte onde não se viam nem sinais apagados de montanhas. Poucas pessoas transitavam pelas ruas e, das janelas, as pessoas me olhavam com curiosidade. Num lugar onde todos se conheciam, e onde os estranhos que apareciam deviam ser somente os bolivianos que ali faziam escala entre Assunção e a fronteira, minha presença, naquelas paragens longínquas, era algo quase bizarro. Visitei o único "hotel" que havia da "cidade". Era uma casa-pensão de madeira, comprida e desbotada. Perguntei pelos comerciantes bolivianos e o proprietário me disse que eles sempre dormiam lá na segunda-feira.

O comandante ficara com meu passaporte e no segundo dia minha cabeça começou a esquentar. Era um simples visto de saída que eu queria. O que estaria se passando que ele não me chamava? Será que estava investigando minha vida? O que estaria escrito naquela carta? Que tipo de recomendações viera de Assunção? Passaram-se três dias. Será que estavam me investigando no Paraná? Seria apenas preocupante, se não fosse trágico, caso me deportassem para o Brasil. Não teriam feito isso porque, naquela época, ainda não estava em voga a Operação Condor. De qualquer forma, eu tinha um visto de saída do Brasil postado na ponte de Amizade há pouco mais de um ano. Certamente, o comandante, folheando meu passaporte, estava se perguntando: por que depois de passar pelo Paraguai, Argentina, Chile, Bolívia e Peru, eu voltara a Assunção? No meu passaporte, estavam todos os vistos, todas as datas, todas as fronteiras. Se examinou meu roteiro, certamente poderá ter pensado: por que motivo deixou o Peru e viajando por fronteiras terrestres, atravessou os Andes no norte do Chile para a Argentina, e numa rápida viagem de uma semana chegou ao Paraguai e um mês e meio depois tem tanta pressa em sair do país por um caminho que não existe? Que contatos teria vindo fazer em Assunção? Que informações carrega? Por que passar por Camiri, onde está preso um francês amigo de Che Guevara e Fidel Castro?

Tudo isso passou pela minha cabeça, num fim de semana cheio de pressentimentos e tédio, até que na manhã do quinto dia, 04 de maio de 1970, o oficial amigo entregou-me o passaporte com o visto de saída com três carimbos idênticos, onde se lê em tinta fraca e borrada: *Território militar do Chaco – Comandancia*, e escrito à mão: *Salida del Paraguay – 5-V-70 - Gral. Eugenio A. Garay* e uma assinatura ilegível que deveria ser do comandante. Agradeci, pedi que agradecesse ao comandante e disse que iria até o povoado me informar sobre o contato com os bolivianos. Na pensão, disseram-me que provavelmente eles chegariam ainda naquele dia, e assim aconteceu. No meio da tarde, já os esperava sentado em frente da pensão, mas foi somente quando o crespúsculo coloria o horizonte distante, que um caminhão empoeirado parou na minha frente. Desceram dois homens com feições indígenas. Eram dois bolivianos, procedentes da longínqua Assunção. Conversei com eles sobre a viagem a Camiri. Contei que fora orientado por comerciantes da capital para fazer esse contato em Mariscal Estigarribia e que ali estava, já com o visto de saída, dado pelo comando da região e que meu objetivo era cruzar a fronteira rumo a La Paz. Disseram que não podiam me levar a Camiri porque, na manhã seguinte, já voltariam para Assunção e que eu teria que falar com o pessoal que vinha da Bolívia, para buscar a mercadoria que estava no caminhão. Já anoitecia quando chegou um enorme jipe, um jipão. Até aquela época nunca tinha visto um tão grande. Não era da marca Willys, tão comum e conhecida naquele tempo. Era de cor verde, como os veículos militares, altos, largos, fechados, com grandes pneus e tinham a placa da Bolívia. Desceram dois homens, entraram na pensão e foram ter com os dois que haviam chegado de Assunção. Um destes, quando me acheguei à mesa em que acabavam de sentar-se para jantar, falou de mim para um dos recém-chegados, que parecia ser o chefe. Repeti para ele a mesma história e ele me disse que poderia me levar, mas não de carona e me deu um preço muito além do que eu poderia imaginar. Barganhei, ele fez um desconto e combinamos a viagem para a manhã seguinte.

No outro dia, fui um dos primeiros a chegar ao refeitório do quartel. Tomei meu café e pedi ao oficial amigo alguns pães para levar na longa viagem pelo Gran Chaco. Despedi-me com o coração gratificado e sentindo meu preconceito contra militares penitenciar-se diante daquelas exceções: a cortesia com que ele me tratou todos aqueles dias e do misterioso conteúdo com que me recomendara o general em Assunção.

9. Atravessando o Chaco paraguaio com contrabandistas

Quando cheguei à pensão, os bolivianos faziam o transbordo da mercadoria do caminhão para o grande jipão. Lá pelas nove horas, deixamos Mariscal Estigarribia para trás. Eu ia sentado entre o "chefe" e outro boliviano com traços indígenas. Em poucos quilômetros, a estrada acabou, mas continuava por uma estreita senda arenosa entre matas baixas, onde sobressaíam grandes árvores, espaçadas e contínuas, algumas vestidas de verde e outras totalmente nuas. À medida que avançávamos, aumentava a desolação e as árvores altas eram cada vez mais solitárias, vistas sobre um horizonte muito distante, onde não se desenhava nenhuma montanha ou qualquer mínima elevação. O que haveria por trás daquelas lonjuras? E eu que já viajara por tantos caminhos, que já cruzara todo o interior do Nordeste brasileiro, ao retomar minha viagem pelo Chaco paraguaio, tinha novamente a sensação de que viajava para outro fim do mundo. Tudo era triste, seco, o cenário cada vez mais desolado e inóspito, e a vegetação empobrecida, parecia sobreviver agonizando na solidão. Lembrei-me dos versos do *Payador perseguido* de Atahualpa Yupanqui:

> *(...) Tal vez otro habrá rodao*
> *tanto como he rodao yo,*
> *y le juro, creameló,*
> *que he visto tanta pobreza,*
> *que yo pensé con tristeza:*
> *Dios por aquí no pasó. (...)*

Era uma planície sem fim e assustadora. Paisagem semiárida, vegetação esparsa, um misto de cerrado do centro do Brasil e de caatinga nordestina. Estávamos no início de maio, mas o sol do outono derramava uma luz intensa e um forte calor sobre a região. A cabine foi-se tornando um forno e caminhamos assim por muitas horas. Depois o cenário foi mudando por algum tempo. Surgiam passagens lamacentas, algo parecido ao pantanal mato-grossense. É que ali há vários biomas, ecossistemas que se sucedem. A floresta foi chegando, com matas mais verdes, ora abertas, ora fechadas, minúsculas lagoas, a presença de grandes e pequenas aves e animais. Emas, papagaios, gaviões, muitas garças, grandes cegonhas brancas, veados, raposas, tatus, coelhos e porcos-do-mato que cruzavam em frente do veículo ao longo das trilhas e das horas. Mas essa paisagem também mudou em pouco tempo, para fechar-se sempre mais e tornar-se quase intransitável. A viagem tornou-se muito lenta, com depressões e subidas, e o jipe seguia sacolejando por caminhos difíceis e estreitos, desviando dos grandes troncos no meio dos caminhos. Viajamos assim horas e horas. Perguntava aos meus companheiros sobre as largas trilhas que se abrem e se fecham na floresta, sobre abundantes restos de metais, peças militares no meio da mata, e apontava, com curiosidade, grandes valas e buracos cavados na terra, em clareiras que se abrem na floresta. Disseram-me que são trincheiras, abrigos contra a artilharia, que são picadas e materiais bélicos abandonados da Guerra do Chaco. Como puderam fazer uma guerra naquele inferno verde? Pensava eu. Ilhas de mata densa no meio de campos, matas espinhentas, grandes árvores, um calor insuportável e a ausência de água. Que tipo de estratégia usavam para movimentar os exércitos em luta? Cavalaria? Muito difícil, com tantos galhos cruzando as trilhas. Caminhões? Até onde podiam chegar? E saber que aqui lutaram milhares de homens durante três anos. Que nessa região dantesca caíram 30 mil paraguaios e o dobro de bolivianos. Certamente, foi o poder aéreo de ambos que causou os maiores estragos. Duas nações pobres que gastaram o que não tinham para recrutar milhares de soldados, sob a orientação de militares europeus, e armadas com a compra dos mais modernos aviões de combate. Uma das guerras mais sangrentas e selvagens travada num ambiente selvagem. Pelo que lutavam? Por fronteiras, por petróleo? Qual petróleo, se até hoje, no Chaco, nunca se achou uma gota sequer de petróleo?! Mas a gananciosa imaginação da Standart Oil acreditava ter descoberto uma rica jazida de petróleo nos arredores de Santa Cruz de la Sierra, e no lado paraguaio os técnicos alemães da Royal Dutch também acreditavam ter encontrado um "El Dourado" negro. Ainda hoje se especula, historicamente, suas verdadeiras causas e entre elas a tal saída para o mar que a Bolívia buscava depois de perder, para o Chile, o seu litoral no Pacífico. Foram os interesses desses dois vilões internacionais que provocaram o conflito entre dois povos irmãos, pobres e cujos soldados morreram sem saber por que lutavam. Os paraguaios, militarmente em menor número e muito mais pobres que os da Bolívia, rica em estanho e prata, venceram a guerra, em 1935, sob o inteligente comando do grande general José Felix Estigarribia Insaurralde e anexando quase todo o Chaco ao território paraguaio. Que aventura e que tristeza passar por aquele cenário onde se acredita ter sido o palco da maior tragédia guerreira da América do Sul. Conta a história que os soldados de ambos os lados eram homens simples, na maioria camponeses, mestiços e indígenas analfabetos. Na novela *Hijo de hombre*, de Roa Bastos, que eu havia lido semanas atrás, em Assunção, a paisagem da região e as cenas humanas descritas pelo personagem Miguel Vera eram chocantes. A luta feroz para conseguir água, a sede que alucina, o calor sufocante, o tormento interminável causado pelos mosquitos, a fome, a desesperança e por fim, a indiferença diante de tudo e da morte. A Guerra do Chaco foi uma ignomínia para nós latino-americanos, um jogo só de peões, movido por mãos estrangeiras, atiçado pela cupidez mais cruel e maquiavélica.

O percurso até o meu destino ainda era longo, a marcha vagarosa, as trilhas acidentadas. Contavam-se 150 quilômetros até a divisa com a Bolívia e depois mais 80 até Camiri. Que trecho inusitado nos meus caminhos de viandante! Quantos passos somados numa viagem tão imensa! Desde que saíra de Lima já andara cerca de 4.500 quilômetros, mais de um terço do diâmetro equatorial da Terra. E qual era realmente o meu destino? Eu mesmo não sabia. Como um sonho, ele estava sempre à frente, em distantes fronteiras da América. Quarenta anos depois me pergunto o que tinha na cabeça e no coração para encarar tantos desafios, para ver tudo aquilo com tanta naturalidade...

No meio da tarde, paramos numa clareira para aliviar a bexiga. O "chefe" acena com uma garrafa térmica de café com leite e abre uma caixa com *empanadas*. Eu fui buscar meus pães e ali partilhamos o lanche. Perguntam sobre a minha viagem. Falo da minha mentira sobre a Copa do Mundo e, depois pergunto se era verdade que estávamos próximos da região onde acontecera a guerrilha do Che. Respondeu-me o "chefe" que estávamos próximos, a uns 100 quilômetros adiante de Camiri e que na sua prisão estavam presos guerrilheiros bolivianos e estrangeiros, sobreviventes da guerrilha. Os dois dizem que o povo odeia os guerrilheiros, mas que odeia, sobretudo, um francês que queria trazer o comunismo para a Bolívia. Terminei a conversa por ali mesmo, ao ver até onde tinham chegado os tentáculos tardios do macartismo. Poderiam me matar ali mesmo, caso me revelasse. Que ideias poderia ter um contrabandista sobre os sonhos de justiça social e luta contra o imperialismo? Eram os tempos em que por trás das falsas intenções solidárias da Aliança para o Progresso, os ianques, assustados pelas teses de Thomas Malthus sobre a insuficiência de alimentos para uma população mundial crescente, esterilizavam as índias bolivianas, com o pretexto de poupar os povos subdesenvolvidos da miséria e da fome, e semeavam a cizânia e o ódio entre os homens simples, contra aqueles que sonhavam com a redenção revolucionária dos povos.

XVII
BOLÍVIA..., VOLTEI!

1. Camiri: um prisioneiro sob os olhos do mundo

Já era noite quando chegamos a Camiri. Não era uma cidade, contou-me "o chefe" na viagem, era um povoado criado há 40 anos a partir de um acampamento petroleiro. Camiri era chamada a capital petroleira da Bolívia, embora só extraísse gás. Perguntei ao "chefe" sobre um hotel para me hospedar. Disse estar me levando a um hotel bom e barato. Que não tinha tempo para descer e apresentar-me ao proprietário, que era seu amigo, mas que falasse em seu nome. Disse que ali se hospedavam viajantes e moravam alguns técnicos da YPFB, *Yacimientos Petrolíferos Fiscales Bolivianos.*[285]

Meu corpo havia sacolejado o dia inteiro e, na minha exaustão, só acordei na manhã seguinte, quando então falei com o proprietário do hotel, contei da aventurosa viagem pelo Chaco e lhe transmiti o abraço do "chefe". Ele era de La Paz e ali chegara há alguns anos, atraído pelo "boom" petroleiro da região, interessando-se pela hotelaria, como uma oportuna opção de trabalho, em vista das centenas de bolivianos que

285 A hoje tão conhecida corporação estatal boliviana YPFB foi criada em 1936, assim que terminou a Guerra do Chaco, pelo presidente boliviano David Toro Ruilova, um nacionalista que, apoiado pelo povo, depôs o presidente Luiz Tejada Sorzano, nacionalizou as concessões petrolíferas da Standard Oil e proclamou a Bolívia um país socialista. No seu governo, a Standard Oil foi acusada de levar petróleo para a Argentina, durante a Guerra do Chaco, através de um oleoduto clandestino (Nota do Autor).

ali chegavam, já contratados para o serviço nos campos petrolíferos. Perguntei a ele onde poderia vistar meu passaporte e saí em busca do posto militar que me indicou. No local, havia dois militares que mostraram muita estranheza quando disse que chegava em busca de um visto de entrada. Falei que viajara até ali com comerciantes bolivianos, dei o nome de ambos e novamente contei toda minha história da Copa do Mundo. Ambos folhearam meu passaporte, perguntando sobre o visto de saída do Paraguai e depois de achá-lo, vistaram com um carimbo redondo onde se lê literalmente: *Exército de Bolivia – Secc. II – Cuarta División. 5/V/70.* O visto está assinado na parte inferior e externa do círculo. Disseram-me que ali era apenas um posto militar e que minha entrada e permanência no país deveriam ser confirmadas, dentro de 48 horas, no Ministério de Imigração, na cidade de Santa Cruz de la Sierra.

Ao sair dali, andei pelo centro da cidade e fui parar numa interessante feira de alimentos e artesanato, onde havia indígenas que falavam em guarani e outros que se expressavam em *quechua*. Comi algumas empanadas, ouvi guaranias, huaynos, carnavalitos e depois de me informar, saí em busca do presídio onde estava Debray. Um pouco receoso, passei pela primeira vez em frente à penitenciária e depois diante dos seus portões, com intenções de fazer algum contato para pedir uma audiência com o comandante, na condição de jornalista brasileiro. Algo muito estranho me passou no pensamento, algo como um pressentimento, como se uma misteriosa energia entrasse em minha "frequência" mental, informando que não deveria fazer aquele contato, que seguisse o meu caminho. Era uma ideia que se impunha sobre o meu pensamento mas, apesar de sua insistência, achei que era coisa da minha imaginação, reflexo do que eu sabia sobre a repressão e a crueldade que se abateu sobre os sobreviventes da guerrilha do Che, naquela mesma região, três anos antes. Concluí que era apenas medo. Que o medo criara um fantasma que só existia no meu pensamento e eu, covardemente, estava me assustando com ele. Como estava decidido a tentar uma entrevista com Debray, resolvi deixar esta decisão para a parte da tarde. Retornando ao hotel para almoçar, voltei a conversar com o proprietário e lhe perguntei sobre os guerrilheiros presos em Camiri e especialmente sobre o argentino

Ciro Bustos e Régis Debray [286]. Ele me disse que os parentes dos presos vinham periodicamente visitá-los e que alguns se hospedavam em seu hotel. Perguntei-lhe se muitos jornalistas chegavam a Camiri para entrevistar Debray, que era conhecido mundialmente, já que Charles de Gaulle, Robert Kennedy e até o Papa intercederam pela sua anistia. Ele me disse que embora Camiri, em vista dos acontecimentos recentes da guerrilha, estivesse sob os olhos do mundo, ali só ousavam aparecer os familiares, notadamente as esposas, desde que viessem com uma credencial do Estado Maior do Exército, expedida em La Paz. Disse-me também que alguns oficiais eram seus conhecidos e que através deles ficara sabendo que o regime de vigilância era muito rígido para os prisioneiros políticos. Que até um ano atrás cumpriam pena com algumas concessões no Cassino Militar, mas que agora estavam praticamente confinados em minúsculas celas individuais, na Comandância da Divisão Militar. Essas notícias foram um balde de água fria no meu ânimo. Diante dos fatos e dos estranhos pressentimentos que senti ao me aproximar do presídio, resolvi seguir viagem para Santa Cruz.

2. Chegada a Santa Cruz e viagem a Sucre

Como tinha apenas 48 horas para vistar meu passaporte em Santa Cruz, a quase 300 quilômetros de Camiri, logo depois do almoço comprei a passagem para o primeiro ônibus que saía na manhã seguinte. Viajando em péssimas estradas de terra, cheguei ao destino por volta do meio-dia. Algumas horas depois, meu passaporte já estava carimbado no *Ministerio de Inmigración*, com data de seis de maio de 1970 e com permanência *Válida hasta 5-VI-70*.

286 Apesar de saber que estava numa região comandada pelos militares mais conservadores e intransigentes das Forças Armadas da Bolívia, no mês de maio já era possível abrir o jogo numa conversa particular sobre o destino dos sobreviventes da guerrilha boliviana. Embora o general Ovando Candia estivesse no poder, a influência do seu amigo, o general esquerdista Juan José Torres, estava levando o presidente a promulgar reformas mais democráticas e profundas, a despeito da resistência dos oficiais reacionários que acabaram dando o golpe em Ovando, em seis de outubro daquele ano. Mas a resistência heroica de Torres em defesa de Ovando acabou por levá-lo ao poder.

Minha última carta à família fora enviada no dia 9 de março, de Antofagasta, no Chile. Depois de quase dois meses pelo Paraguai, eu retomava essa correspondência, num cartão-postal enviado de Santa Cruz, no dia 6 de maio:

Querida Marilena!

Depois de uma viagem dantesca pelo Chaco paraguaio e chegando a Camiri em caminhões de contrabandistas bolivianos que trazem uísque do Paraguai, chego hoje a Santa Cruz, de onde parto amanhã para Sucre. Passarei rapidamente pela Bolívia. Escreva-me para Lima e conta-me como foi tua volta de Assunção para Curitiba. Beijos, Manoel.

No fim da tarde, segui para Sucre, onde cheguei na manhã seguinte. Não queria deixar novamente a Bolívia sem conhecer essa cidade fundada em 1538, capital administrativa da Bolívia, marco da arquitetura colonial boliviana e que teve um relevante papel na luta pela independência. Passei apenas um dia e meio em Sucre. Fiz alguns contatos no meio estudantil, onde já era conhecido pela repercussão da minha participação, no ano anterior, no Congresso de Poetas em Cochabamba, mas, especialmente, pelo meu poema ao Che que, de Cochabamba, foi distribuído para todas as federações estudantis da Bolívia.

No dia 8, à noite, viajei para La Paz, a 700 quilômetros de Sucre, numa viagem estafante, de 20 horas, numa longa subida para o altiplano, por péssimas estradas e beirando precipícios, nos estreitos caminhos que contornavam as montanhas. Encontrei a capital do país envolvida por uma movimentação estudantil, deflagrada há várias semanas na Faculdade de Direito da Universidad Mayor de San Andrés[287].

---

287 Cumpre aqui ressaltar que, na Bolívia, a vanguarda revolucionária nasceu nos bancos da Faculdade de Direito da UMSA. O cenário de manifestações democráticas, que surpreendentemente o governo de Ovando estava permitindo, eram os sintomas prematuros da tolerância ideológica que a influência política do general de esquerda Juan José Torres, seu principal assessor, trazia ao país. Era o prenúncio de uma abertura política historicamente fascinante, mas que teria apenas a duração de uma primavera, com a queda de Torres, em agosto do ano seguinte. Tive a sorte de retornar e sair da Bolívia no meio dessa bonança.

Mal cheguei a La Paz, juntei-me à manifestação estudantil em busca de oportunidades para recomeçar meus recitais. Além da intensa agitação no meio universitário, planejava-se um Congresso da C.O.B. (Central Obrera Boliviana) e os estudantes de direito resolveram fazer, paralelamente, em Oruro, o *Segundo Encuentro de la Juventud Universitaria de Bolivia*, a realizar-se entre 10 e 15 de maio.

3. O encontro de estudantes em Oruro

Convidado pelo estudante de direito Benigno Ojeda, um dos organizadores do Encontro, mal cheguei a La Paz, já viajei com a delegação estudantil para participar daquele acontecimento, que foi um marco na história das lutas universitárias na Bolívia. Ainda não fazia uma semana que entrara na Bolívia pelas inóspitas florestas do Chaco e agora viajava sob o céu escancarado do altiplano, em longas retas desenhadas num cenário surreal, onde o ar é escasso, os lábios se ressecam e onde toda a paisagem se recorta na distância, como uma misteriosa miragem. De quando em quando, um rebanho de lhamas tocado por um *coya* ou uma *chola* com seu bebê, ou sua *guagua*, nas costas, e depois de uma viagem de 230 quilômetros, cheguei a Oruro, cheio de curiosidades históricas. Sim, porque foi ali que em 10 de fevereiro de 1781, quando a cidade chamava-se Vila Real de São Felipe da Áustria, que se ouviu o primeiro grito de liberdade da América contra a dominação espanhola, com a revolta do caudilho Sebastián Pagador. Fundada em 1606, a prata e o estanho fizeram sua glória e sua decadência. Somente a cultura indígena sobreviveu aos tempos, cabendo à verdadeira riqueza do folclore dos povos do antiplano garantir sua sobrevivência e redenção cultural. Não cheguei a conhecer o famoso e milenar Carnaval de Oruro, mas quando lá estive em 1970, a cidade era chamada a Capital do Folclore da Bolívia.

Dei meu primeiro recital para cerca de 150 mineiros de estanho, no interior da Mina San José. Percorri seus profundos socavões em companhia de um dirigente da Federación Universitaria Local (FUL), cujo nome os anos apagaram, mas de quem guardo a imagem solidária, à minha direita, nesta foto que tiramos juntos, na boca da mina.

Meu segundo recital realizou-se na Universidad Técnica de Oruro. Lá havia mais de 2.000 estudantes, a fina flor da juventude combativa da Bolívia. Fui anunciado por um outro dirigente da FUL de Oruro, como o autor de um poema a Che Guevara, cuja panfletagem motivou minha fuga do Brasil e a expulsão da Bolívia, no ano anterior. Na apresentação, relatou minha recente atividade poética no Peru, dos planos de correr a América com a mensagem revolucionária e que era "El Poeta", o autor anônimo nos cartazes com o poema Saludo a *Che Guevara*, pregados nas paredes daquele auditório. Quando isso foi revelado, houve um grande aplauso e muitos estudantes se levantaram, gritando consignas revolucionárias. Só então fiquei sabendo que meu poema era tão conhecido e que aquele cartaz fora distribuído através das FUL, em todo o país. Não posso deixar de relatar, com toda humildade do poeta revolucionário que fui, que houve então um respeitosa atenção naquele grande auditório. Parecia que bebiam as metáforas da minha poesia. Depois da leitura dos poemas e do relato sobre a opressão política no Brasil, uma enxurrada de perguntas manteve-me por mais de uma hora em diálogo com os estudantes. Ali estavam presentes várias representações universitárias, cujos delegados, depois do debate, convidaram-me a dar recitais em suas cidades. Com os dirigentes da *Federación Universitaria Local (FUL)* de Potosi, marquei presença naquela cidade no dia 20 de maio, e com os delegados de Sucre minha participação na abertura do *Primero Festival Nacional Universitario de Cultura*, a realizar-se proximamente em Sucre de 21 a 30 de maio. Outros convites não puderam ser aceitos, em vista do meu interesse em ficar em Sucre até o fim do festival e logo depois deixar a Bolívia, pelo término do meu visto de permanência.

A importância política do *Segundo Encuentro de la Juventud Universitaria de Bolívia,* realizada em Oruro, podia ser avaliada não só em vista da participação de estudantes do todo o país, mas também pela presença de delegações políticas operárias, ali trazidas pelo espírito de solidariedade ideológica, e em busca de apoio das lideranças estudantis. Assim era a Bolívia que conheci, um caldeirão fervente de lutas, cujas bandeiras estavam nas mãos dos operários das minas, dos camponeses indígenas e dos estudantes. Eu estava descobrindo uma Bolívia que não conhecia. Na verdade, uma América Latina quase desconhecida, e que só me chegara, ainda no Brasil, pela imagem do subdesenvolvimento e do folclore. A classe estudantil boliviana – assim como camponeses e mineiros – vinham de uma longa história de lutas, com um nível de integração social que eu não conhecera entre os estudantes brasileiros. No brilho intelectual dessas lutas, estavam os jovens que liam e discutiam Marx, Recabarren, Mella, Gramsci e Mariátegui, postulando seus ideários de luta por uma América que, por toda parte, enrijecia seus punhos contra as oligarquias nacionais e o imperialismo norte-americano. A Bolívia era o país mediterrâneo, e a perda irreparável do mar sempre vinha à tona nos discursos inflamados que ouvi dos estudantes, declamando os versos nostálgicos dos seus grandes poetas, como cantou Orcar Cerruto[288]:

Cantar:

Mi patria tiene montañas,
no mar.
Olas de trigo y trigales,
no mar.
Espuma azul los pinares,
no mar.
Cielos de esmalte fundido,
no mar.
Y el coro ronco del viento
sin mar.

A Bolívia me chegava pela força de uma indomável tradição universitária e pela revelação das grandes lutas sociais, desde a saga de Túpac Katari, dos guerrilheiros da Independência, da vitoriosa revolução nacionalista de 1952, mas também pela pátria humilhada no massacre da "Noche de San Juan" e indelevelmente manchada pelo frio assassinato de Che Guevara. Naquele encontro de Oruro, os estudantes bolivianos discursavam com os versos dos seus poetas e reviviam a história combativa do povo, reabrindo novos motivos de luta. Meus leitores por certo perguntarão: por que tanta significação para um país pequeno e ainda tão emergente? É que a Bolívia não se conhece por fora, mas somente palpitando junto com o coração do seu povo. Quantos diálogos luminosos penetraram minha alma naqueles dias! Quantos

288 Tive o prazer de conhecer de perto a alma desse grande poeta que foi Oscar Cerruto, nascido em La Paz em 1912 e falecido em 1981 e com quem troquei ideias no Congresso de Poetas de Cochabamba, em setembro de 1969. Considerado um dos grandes poetas da Bolívia, foi também prosador, jornalista e embaixador no Uruguai. Com muitos livros publicados, o Instituto de Cooperação Ibero-Americana da Espanha publicou em 1985, um denso volume, onde reuniu toda a sua obra poética com o título: *En Poesía*.
Cantar: Minha pátria tem montanhas, não mar./ Ondas de trigo e trigais, não mar. Espuma azul dos pinhais, não mar./ Céus de esmalte fundido, não mar./ E o coro rouco do vento sem mar.

amigos novos! Lá deixei um companheiro chamado Kim Palenque. Lá estava o trostkista Alfredo Rojas, secretário-geral do *Partido Obrero Revolucionario (POR)*, com quem troquei tantas ideias! O encontro se encerrou no dia 15 de maio, com uma declaração pela causa operária mundial, o apoio aos movimentos de liberação nacional latino-americanos, a condenação do racismo, com a incondicional solidariedade aos povos vietnamitas e cambojanos em sua guerra contra o imperialismo, e uma saudação de luta pela conquista do socialismo.

4. Retorno a La Paz e meu encontro com Edgar Prieto

No dia seguinte, com alguns delegados, retornei a La Paz, onde tinha importantes contatos a fazer, em face de uma intensa agenda de atividades, que ocupou minha segunda passagem pela Bolívia. Tive apenas alguns dias para rever grandes amigos e reencontrar-me finalmente com meu inesquecível benfeitor, o escritor Oscar Soria Gamarra. Ao chegar à sua casa, conheci Edgar Prieto, um estudante de direito, de Sucre, que estava em La Paz para o *Terceiro Congresso Nacional de Universidades* como representante dos alunos da Universidade San Franscisco Xavier de Chuquisaca e, coincidentemente, organizando, na capital, o Festival de Sucre, para o qual eu fora convidado, em Oruro. Prieto fora convidar Oscar para o festival, bem como solicitar uma cópia do filme *Yawar Mallcu,* para apresentar no evento. Disse já me conhecer de nome e achou muito providencial aquele nosso encontro, por acreditar que, pela notoriedade que eu já tinha na Bolívia e pelo caráter político da minha poesia, seria a pessoa indicada para abrir um festival universitário com poesia, junto com a música do cantor de protesto boliviano-argentino Benjo Cruz. Minha convivência posterior com Prieto, em Sucre, transformou nossas relações numa das grandes amizades que tive na Bolívia. Era um intelectual brilhante, um agente e organizador da cultura e um homem de esquerda com uma admirável coerência ideológica. Pela sua inegociável posição política, eu o reencontraria, dois anos mais tarde, em Santiago, aonde chegou refugiado em 1971, depois do golpe do general Hugo Banzer.

Quando dessa minha visita a Oscar Soria, encontrei-o profundamente envolvido com o enredo e o roteiro do novo filme de Jorge Sanjinés: *El coraje del pueblo*. Ele me convidou para acompanhar algumas cenas filmadas em La Paz e assim, enquanto aguardava para viajar a Potosi e a Sucre, juntei-me a Sanjinés e ao seu grupo, onde reencontrei Antonio Eguino, responsável pela fotografia do novo filme, e conheci seu produtor, o italiano Franco Lazaretti, da *RAI, Radio Television Italiana*. Eu estava com eles em vários ambientes de filmagem. Lembro-me do que comentou Oscar Soria, sobrecarregado com a pesquisa histórica do novo filme, que começara como um simples documentário de uma hora para a televisão italiana sobre o problema dos mineiros, mas que fora se modificando, aumentando o tempo de filmagem, passando a ser o semidocumentário *El coraje del pueblo*.

O produtor Franco Lazaretti tinha um auxiliar italiano de quem não me lembro o nome, mas ambos eram extraordinários seres humanos, com um grande conhecimento dos problemas latino-americanos, imbuídos em mostrar a grandeza e miséria dos indígenas bolivianos, num cinema político de testemunho e de denúncia. Eles me convidaram e me fizeram participar de algumas cenas rodadas numa praça de La Paz, em um outro documentário que a RAI estava fazendo sobre os indígenas da Bolívia.

A pesquisa feita por Oscar Soria sobre a longa história dos massacres mineiros na Bolívia e o talento cinematográfico de Sanjinés, resultaria, no ano seguinte, no lançamento de um dos mais importantes filmes políticos da América Latina. *El coraje del pueblo* começa sob o impacto frio e cruel do massacre mineiro de 1942 nas minas de Catavi, e desdobra-se, cena após cena, no rastro sangrento dos grandes holocaustos de mineiros no amplo contexto da exploração do estanho, na Bolívia. É a história visual de assassinatos em massa, mostrando cenas de centenas de velhos, mulheres e crianças, covardemente metralhados junto com os trabalhadores indígenas, totalmente desarmados. O longa-metragem de Sanjinés retrata entre tantas crueldades, um dos fatos mais vergonhosos na história da Bolívia: "O massacre da noche de San Juan", em junho de 1967, quando centenas de mineiros, da mina Siglo XX, foram friamente executados pelo exército, sob o comando do general Ovando Candia e sob a presidência de René Barrientos. O filme é um ato superlativo de coragem e denúncia de Sanjinés, mostrando a imagem legendada, com o nome de todos os assassinos oficiais.

Com os filmes *El coraje del pueblo* lançado em 1971, e películas realizadas em anos anteriores e seguintes, Sanjines dá início a uma nova estética cinematográfica, propondo a ausência de atores, de heróis individuais e tendo o povo como protagonista em todas as cenas. Em *El coraje del pueblo* realiza-se a mais completa interação entre os sobreviventes do massacre e a direção do filme, numa verdadeira cumplicidade para acusar os responsáveis empresariais, militares e políticos, explicitamente expostos como criminosos. Esta proposta de uma nova linguagem cinematográfica, que começara com *Los caminos de la muerte* e continuaria com *El enemigo principal*, projetaria Sanjinés, pelas décadas seguintes, como o cineasta mais importante na história do cinema latino-americano.

5. A montanha de prata de Potosí

Na manhã de 20 de maio, acordei quando o ônibus estacionou em Potosí, depois de uma viagem noturna de 550 quilômetros desde La Paz. Sentia palpitações aceleradas e o desconforto de respirar numa das cidades mais altas do planeta. Um estudante de direito estava à minha espera. Percebendo aquele estado ofegante, levou-me a um bar onde tomei um chá de coca, que trouxe algum alívio. Chegava para o recital, programado com os dirigentes da FUL, no *Encuentro Estudiantil de Oruro*. Finalmente, iria conhecer a cidade que fora em meados do século XVII a mais rica e populosa do mundo e onde, de uma montanha chamada Cerro Rico, os espanhóis extraíram tanta prata que, segundo os potosinos, daria para construir uma ponte até Madri e, uma outra, de volta a Potosí, com os ossos dos milhões de indígenas "sacrificados" no desumano sistema da *mita* mineira, onde morriam não só os indígenas bolivianos, mas onde chegavam também, depois de andar 1.300 quilômetros, as grandes levas de quíchuas peruanos, para tombar aniquilados pela silicose ou pela brutalidade no interior das minas. Era realmente inimaginável que eu estivesse caminhando naquela manhã por uma cidade, que num determinado tempo de sua história fora um centro populacional tão grande como Londres e maior que Paris, Roma e Madri, quando contava com 160 mil habitantes. A montanha de prata de Potosí, descoberta lendariamente por um pastor *quechua* em 1545, foi o palco de histórias e estórias fantásticas, onde se enredam atos de arcanjos e diabos e de um estrondo ameaçador e premonitório, anunciando aos indígenas que a propriedade era inviolável e que aquela imensurável riqueza estava reservada para "os que ainda não haviam chegado". Essa lenda foi convenientemente interpretada pelos espanhóis, para legitimar sua ganância.

Em busca de fortuna fácil, ali chegaram aventureiros de várias partes do mundo. O escritor Eduardo Galeano, que também percorreu a América Latina nos mesmos anos em que eu subia pelo continente, conta do fascínio que os veios abertos das minas de Potosi exerceram sobre a imaginação de milhares de migrantes que ali chegavam em busca de riqueza e fantasia.

> *Em Potosi, a prata levantou templos e palácios, mosteiros e cassinos, foi motivo de tragédia e de festa, derramou sangue e vinho, incendiou a cobiça e gerou desperdício e aventura. A espada e a cruz marcharam juntas na conquista e na espoliação colonial. Para arrancar a prata da América, encontravam-se em Potosi os capitães e ascetas, toureiros e apóstolos, soldados e frades. Convertidas em bolas e lingotes, as vísceras da rica montanha alimentaram substancialmente o desenvolvimento da Europa. "Vale um Peru" era o elogio máximo às pessoas ou às coisas, quando Pizarro tornou-se dono de Cuzco; mas a partir do novo descobrimento, Dom Quixote de La Mancha adverte Sancho com outras palavras: "Vale um Potosi".*
>
> *(...) No começo do século XVII, a cidade já contava com 36 igrejas esplendidamente ornamentadas, 36 casas de jogos e 14 escolas de danças. Os salões, teatros e tablados para as festas ostentavam riquíssimos tapetes, cortinas, brasões e obras de ourivesaria; dos balcões pendiam damascos coloridos e trançados de ouro e prata. As sedas e os tecidos vinham de Granada, Flandres e Calábria; os chapéus, de Paris*

e Londres; os diamantes do Ceilão, as pedras preciosas da Índia, as pérolas do Panamá; as meias de Nápoles; os cristais de Veneza; os tapetes da Pérsia; os perfumes da Arábia, e a porcelana da China. As damas rebrilhavam com joias de diamantes, rubis e pérolas; os cavalheiros ostentavam tecidos bordados na Holanda. Às touradas, seguiam-se os jogos de argolinha e nunca faltavam os duelos no estilo medieval, rixas de amor e de orgulho, com elmos de ferro incrustados de esmeraldas e vistosas plumagens, arreios e estribos de filigrana de ouro, espadas de Toledo e cavalos chilenos paramentados com todo o luxo.[289]

Meu tempo foi muito escasso e fiquei apenas aquele dia em Potosí e assim não pude visitar tudo o que me recomendara Oscar Soria, ao nos despedirmos em La Paz. A mais importante visita foi ao Museo Casa de la Moneda. A abundância da prata levou os administradores espanhóis a criar uma Casa da Moeda, fora da Espanha, para fundi-la ali mesmo. Depois que a prata acabou, a monumental construção virou presídio, quartel e por fim um museu magnífico, onde passei duas horas, e de onde saí deslumbrado com as telas barrocas do mestiço Melchor Pérez de Holguín, o mais importante pintor boliviano da fase colonial.

Não lembro o nome do estudante de direito que ficou encarregado de me receber e hospedar em Potosí, mas nunca esquecerei o que disse ao entrar na casa de sua família e levar-me diretamente ao seu quarto, para mostrar na parede o cartaz com o meu poema *Saludo a Che Guevara*, ilustrado pelo pintor Atílio Carrasco, que fora editado no ano anterior em Cochabamba e distribuído por toda a Bolívia. Como a autoria do poema referia-se apenas a "El Poeta", sem sequer uma referência de sua nacionalidade, ele me "provocou" mais ou menos com estas palavras:

– Sei que você é um poeta revolucionário, mas o verdadeiro exemplo da arte revolucionária está aqui neste poema, cantando o comandante Che e pregando a luta armada.

Quando lhe perguntei quem escrevera aqueles versos, ele me disse desconhecer... À noite, quando os dirigentes da FUL de Potosí

289 Galeano, E. Op. cit., p. 38-9.

fizeram minha apresentação no recital realizado no auditório da Universidad Tomas Frias, identificaram-me como o autor dos versos do cartaz que se espalhara pelo país e das questões de segurança que, no ano anterior, levaram-me ao anonimato como "El Poeta". O recital fora bem organizado e foi um dos grandes recitais que dei na Bolívia, para aproximadamente 2.500 estudantes, que ocuparam todas as cadeiras e todos os espaços dos corredores do grande auditório. Havia faixas saudando a arte revolucionária, dizeres contra o imperialismo, imagens ampliadas do Che e vários cartazes com meu poema ao Che, colados nas paredes. Depois da leitura dos poemas e do diálogo com os estudantes, meu anfritião subiu ao palco e veio com um imenso sorriso parabenizar-me, dizendo sentir-se honrado por hospedar "El Poeta".

As poucas horas da minha única passagem por Potosí deixaram-me muitas alegrias, pela receptividade política dos meus versos e pelo calor solidário de tantos braços que me envolveram, mas também deixaram uma inconsolável frustação por não haver palpado a história da cidade, na visão de sua memória barroca estampada nas igrejas, mosteiros, palácios, residências, ruelas, monumentos, portais, altares, em tantos recantos e em tudo que sua faustosa memória deixou. Frustação também por não ter penetrado nos socavões daquela montanha toda perfurada e de onde a ambição e a crueldade retiraram incontáveis toneladas de prata e onde ficaram sepultadas milhares de vidas humanas.

6. O grande festival de Sucre e a presença de Benjo Cruz

Na manhã seguinte, tomei um ônibus para Sucre, onde à noite estava convidado para abrir, com o cantor boliviano Benjo Cruz[290], o

290 Naquela época, Benjo Cruz era já conhecido como um grande cantor argentino-boliviano, nascido na província de Santiago del Estero. Hoje se sabe, pelos seus descendentes, que ele era boliviano e nasceu em La Paz, em 12 de janeiro de 1942. Tive um convívio cultural e politicamente intenso com Benjo, naqueles dez dias do Festival de Sucre. Suas canções e meus poemas entoavam o mesmo grito pela luta armada, pela justiça social e foi nesse ideário que nos afinizamos. Depois do festival, nos vimos num breve momento em La Paz, quando embarcava num ônibus a caminho de um sonho que o levaria à morte. Soube muito tempo depois que ele trocara a sua crescente celebridade de cantor pela clandestinidade e o despojamento da luta guerrilheira, integrando-se na campanha do Teoponte, onde morreu

Primer Festival Universitario de Protesta y Cultura, realizado na Capital Constitucional da Bolívia, de 21 a 30 de maio de 1970. O grande acontecimento, que polarizou a atenção do país inteiro e convocou a presença de vários setores culturais da Bolívia, era uma referência ao Primeiro Grito Libertário da América, bradado pelos estudantes da Universidade de Chuquisaca (Sucre), em 25 de maio de 1809, que disputava com a Rebelião de Oruro de 1781, a precedência da revolta contra os espanhóis na América. Lá estavam presentes cantores, músicos, poetas, escritores, dramaturgos, atores, cineastas, pintores, dançarinos, etc. O escritor Oscar Soria e Jorge Sanjinés, como cineastas, também foram convidados para o grande acontecimento nacional, mas estavam impossibilitados de deixar La Paz em vista da filmagem de *El corage del pueblo*. Sabendo de minha participação no Festival, Jorge Sanjinés pediu-me para levar seus três filmes para o evento. Era o curta-metragem *Revolução*, os longa-metragem *Ukamau*, falado em aymara, e o premiado *Yawar Mallcu*.

Com os três pesados rolos dos filmes na bagagem e depois de percorrer os 160 quilômetros desde Potosí, cheguei a Sucre antes do meio-dia. Meu contato na cidade foi, inicialmente, com Edgar Prieto, que eu conhecera em La Paz e depois, com uma jovem estudante de direito chamada Ana María Forest, encarregada de toda a organização do festival. A cidade estava sendo invadida. Diziam que nunca houvera, na Bolívia, uma movimentação cultural tão intensa. Com a chegada de jovens de toda parte do país, os estudantes da cidade abriam suas portas para hospedá-los, e foi assim que me acolheram. Naquela noite de 21 de maio de 1970, o festival foi aberto no Gran Teatro Mariscal de Ayacucho com o recital musical de Benjo Cruz e o meu recital poético. O Festival de Sucre caracterizou-se, culturalmente, pela importância dada aos espetáculos teatrais e a música de protesto, onde se destacou também o cantor boliviano José Rico. Os únicos recitais poéticos foram os meus. Dois deles agendados no programa do festival e um, numa praça pública de um bairro da cidade, juntamente com um grupo de teatro de La Paz, que interpretou a peça *A vítima* do dramaturgo colombiano

com quase todos os seus integrantes, abatidos pelo exército boliviano, entre agosto e outubro daquele mesmo ano de 1970, e até hoje seu corpo não foi encontrado.

Carlos José Reyes. A obra, que foi premiada como a melhor apresentação dramática do festival, mostrava, num impressionante enredo, toda a tragédia social do camponês e do mineiro boliviano. Reyes, o autor, e Enrique Boaventuta, tornar-se-iam os maiores dramaturgos da Colômbia e da América Latina. Outra obra importante apresentada foi a peça *América desperta* de Jaime Fernández, dirigida por Leo Redin, meu primeiro amigo boliviano quando cheguei a La Paz, em setembro de 1969.

Embora estivesse chegando a Sucre pela primeira vez, minha poesia já era conhecida nos meios estudantis, não somente pelo cartaz com o poema *Saludo a Che Guevara,* mas através do poema *El guerrillero,* que escrevera em memória de Inti Peredo, no ano anterior e apresentara no Palácio da Cultura, em Cochabamba, por ocasião da participação no Segundo Congresso Nacional de Poetas. O poema *El guerrillero* – que ocasionou minha detenção e advertência de expulsão da Bolívia – chegou à cidade levado por um mochileiro argentino e foi reproduzido, sem autoria, numa publicação bimensal da Federação Universitária Local (FUL), de Sucre, editado semanas antes do festival, seguido de uma nota com a seguinte e incorreta informação:

> *Esta poesía es el legado de un raidista brasilero a su paso por esta ciudad. Publicamosla porque creemos que es de alto contenido artístico y revolucionario; las poesías que concursen en el Festival de la Cultura tienen en ésta una muestra de poesía revolucionaria.*[291]

Eu estranhara quando vi os versos de *El guerrillero*, publicados na Bolívia, porque a ninguém dera cópia do poema, depois da advertência que me fizera o chefe da polícia política (D.I.C), de Cochabamba, em outubro do ano anterior, alguns dias antes do prazo de 48 horas que me deram para deixar o país. Levara comigo o original inédito e ele somente foi publicado no Peru, no meu primeiro "livro", o livreto mimeografado *Poemas de América Latina,* editado em janeiro de 1970,

291 Informativo. Federación Universitaria Local, Sucre, abr. 1970.
Esta poesia é o legado de um raidista (na América Hispânica, o termo raidista é sinônimo de caminhante) brasileiro, de passagem por esta cidade. Publicamo-la porque acreditamos que é de alto conteúdo artístico e revolucionário; as poesias que concorrem neste Festival da Cultura têm nesta uma amostra de poesia revolucionária.

em Arequipa. Digo que a informação da nota é incorreta, porque naqueles dias fiquei sabendo pelos próprios dirigentes da FUL, que quem portava a cópia de meu poema era um estudante argentino, de passagem por Sucre e não um brasileiro. Na nota explicativa, confundiram a nacionalidade do autor com a do portador. Tudo ficou esclarecido quando me contaram que o argentino trazia em sua mochila um exemplar do livreto *Poemas para la libertad*, editado por estudantes em Cusco, em fevereiro, com base na edição de Arequipa, como já comentei em páginas anteriores. O que não compreendi foi porque não constava o meu nome na autoria do poema.

Fiz muitos amigos no Festival de Sucre e somente deixei a cidade quando tudo terminou, em 30 de maio. Durante aqueles dias, houve muitos convites para pequenos recitais e debates em ambientes culturais e até em reuniões organizadas em residências de estudantes. Depois da leitura dos poemas, surgiam intensas discussões sobre a natureza da revolução, suas particularidades continentais e suas estratégicas ideológicas e militares, sobre a arte e a literatura engajada e, neste sentido, algumas querelas e posições radicalizadas com poetas e intelectuais apolíticos, às vezes presentes. Perguntavam-me sobre a onda crescente da tortura no Brasil e o recente assassinato de Carlos Marighella. Discutia-se também sobre a questão indígena na região andina e tantos outros assuntos que enriqueceram minha marcha pelo continente. Quantas vezes lamentei não ter cópias dos meus poemas diante de tantos pedidos! Mas sequer sugeri aos organizadores do festival uma publicação semelhante à que fizeram os estudantes peruanos de Arequipa e de Cusco, porque a organização do evento mal podia cumprir a agenda cultural anunciada. Tal como na casa de meu anfitrião em Potosí, encontrei o cartaz com meu poema ao Che, em residências e ambientes estudantis e era sempre uma surpresa para muitos saber que eu era o autor anônimo daqueles versos. Lembro-me de uma noite gloriosa com Benjo Cruz, músicos e atores, quando criamos um ambiente de pura arte, polarizando a atenção de centenas de pessoas com interpretações de canções, poemas e cenas teatrais, num bar que se abria para uma praça no centro da cidade. O bar estava cheio e depois que Benjo começou a cantar, os transeuntes iam se aglomerando no lado de fora. Em seguida, li alguns poemas e na sequência vieram cenas dos grupos de teatro. Foi uma festa, uma apoteose, com repetidos aplausos, palavras e gestos pessoais de solidariedade, pela mensagem social e política da arte que expressávamos. No dia 30 de maio de 1970, numa carta à Marilena, relato, num dos parágrafos, o entusiamo e a emoção daqueles dias:

> *(...) Se tu soubesses da significação dos meus versos no coração de tantos e tantos jovens latino-americanos que depois de meus recitais vêm me abraçar emocionados. Se tu soubesses da comoção que tudo isso me causa, por saber que estou fazendo algo pelo meu tempo, por uma arte nova e verdadeira para a América destes anos... (...)*

Porém, naqueles dez dias, não me ocupei exclusivamente com a cultura do festival. Eu estava na segunda capital da Bolívia, a sede do poder constitucional. Sucre, a velha, a culta, *La ilustre y heroica Sucre*, a mais antiga cidade do país, por onde se olhasse, era um cartão-postal da arquitetura barroca, porque fora desenhada e tantas vezes redesenhada pela história intensa dos séculos, pintada e repintada de branco pela tradição conservadora da sua ciumenta cultura. Museus, igrejas, conventos, palacetes, fachadas renascentistas, ruas calçadas com pedras seculares de granito. A cidade já tivera tantos nomes a começar com Charcas, nome do lugar e do povo indígena que ali habitava, antes da chegada dos espanhóis que a fundaram oficialmente em 1538, por ordem de Francisco Pizarro, com o nome de Villa da Plata de la Nueva Toledo. Depois, quando sua jurisdição passou do Peru para o vice-reinado argentino de la Plata, veio a chamar-se Chuquisaca e finalmente Sucre, em homenagem ao general venezuelano, vencedor da Batalha de Ayacucho que juntamente com Bolívar, vitorioso em Junin, libertou em 1824 a América do domínio espanhol. O Alto Peru passou a chamar-se Bolívia, num preito de gratidão ao Libertador, e o general Antonio José de Sucre foi o primeiro presidente republicano do país.

7. O "Diario de un soldado de la Independencia"

Por onde eu passava, os melhores caminhos sempre levavam inicialmente a universidades e bibliotecas e foi assim que já nos primeiros dias conheci a antiga Universidade São Francisco Xavier, fundada em 1623. Cheguei, perguntei e entrei em sua biblioteca à procura de um livro: *Diario de un soldado de la independencia altoperuana en los valles de Sicasica y Hayopaya, 1816-1821*, cujo autor, José Santos Vargas, fora um guerrilheiro da Independência da Bolívia. Oscar Soria, conhecendo meus interesses, recomendara com insistência, em La Paz, sua leitura, afirmando que aquela raridade encontrava-se ali. A obra, escrita durante os anos da guerra e depois esquecida por mais de um século, somente foi editada em 1952, pela própria Universidade de Sucre. Como meus compromissos com o festival e os convites particulares que eram à tarde e à noite, passava as manhãs inteiras na biblioteca. Foi um relato dos mais sedutores que já li. Escrito em castelhano antigo e contando, numa linguagem simples e regional, a saga guerrilheira da Republiqueta de Ayopaya, é um documento marcado pela extrema originalidade literária de um homem sem grande cultura, mas com o pendor para a escrita e um misterioso instinto de historiador. Seu valor é inapreciável como testemunho pessoal de fatos que retratam um dos mais importantes movimentos pela Independência da América. Nessa heroica aventura, o autor destaca a figura de José Miguel Lanza, líder e comandante de um exército guerrilheiro de indígenas e mestiços, que nunca negociou suas posições, em meio a tantas traições, no transe das lutas pela Independência da Bolívia. Combatente incansável contra o exército espanhol, Lanza foi um dos poucos sobreviventes durante o longo e cruel período de luta pela emancipação política do seu país. A Republiqueta de Ayopaya, instituída por Lanza, tinha uma administração social e política organizada e democrática, com eleições para os seus comandos, na chamada Divisão dos Vales e foi, certamente, o mais importante das dezenas de grupos guerrilheiros da Independência. Protegida pelo difícil acesso a uma região montanhosa e selvática entre La Paz, Oruro e Cochabamba, onde ocupava uma imensa área livre, nos territórios de Ayopaya e Sicasica (atualmente Inquisiví), dali partiam os ataques de surpresa aos soldados realistas. Eram indígenas e mestiços aguerridos, mas desprovidos de armas de fogo e contando apenas com pedras, paus, lanças, fundas e as armas tomadas dos espanhóis. Integravam um pequeno exército, dividido em várias frentes guerrilheiras, das quais Vargas, o autor do livro, era um dos oficiais comandantes, na região de Mohosa. Sua extraordinária obra, que ele chama sempre de "obrita", inicia-se com um longo prefácio marcando, desde as primeiras palavras, sua sinceridade e extrema humildade:

> *En este corto Diario histórico está escrito mi vida, mi patria natural, mi procedencia y mi corta educación, con todas sus circunstancias, de cómo abracé el partido de la libertad de la Patria y casos que me pasaron en el servicio de ella hasta el triunfo total de mi opinión en la gran victoria de Ayacucho.*[292]

Em suas 320 páginas, relatando ano a ano, de 1816 a 1821, o desdobramento dos fatos na busca da Independência, detalhando a intensa movimentação militar dos guerrilheiros entre ataques e retiradas estratégicas através dos difíceis caminhos das montanhas, dando nomes a comandantes e comandados, heróis e traidores, ressaltando as dificuldades da luta, da pobreza e do sofrimento do povo, o *Diario de un soldado de la independencia*, além de ser um documento único por ter sido escrito por um participante da guerra, é uma cartilha para se aprender o verdadeiro sentido de pátria e de liberdade, do poder misterioso do ideal e do significado da esperança, num mundo encurralado pela miséria, pela injustiça e a crueldade do opressor colonial. O que é triste em suas páginas introdutórias é "ver" o autor, durante mais de vinte anos, em busca de amigos, intelectuais e magistrados que pudessem corrigir, gramaticalmente, seu livro; andar de cidade em cidade, em busca de autoridades que pudessem publicá-lo. Com esse objetivo, dedicou finalmente sua obra a Manuel Isidoro Belzu, presidente da República, na época, e, sem nunca guardar mágoa e confessar qualquer decepção, leva resignado seu desencanto para o túmulo, sem ver sua obra editada. Com

292 Vargas, J. S. *Diario de un comandante de la Independencia Americana, 1816-1821*. México, Siglo XXI, 1952, p. 44.
Neste curto Diário histórico está escrita minha vida, minha pátria natural, minha origem e minha limitada educação, com todas as suas circunstâncias, de como abracei o partido da liberdade da Pátria e casos que me passaram no seu serviço até o triunfo total da minha opinião na grande vitória de Ayacucho.

sua morte, em 1854, seu *Diario* foi também sepultado pelo desinteresse dos seus contemporâneos. Suas memórias de luta somente ressuscitaram quase cem anos depois, quando o historiador Gunnar Mendoza Losa a descobre e a publica em 1951, pela Universidade de Sucre. Na década de 60, com a campanha de Che Guevara, ela começa a ser estudada, como precursora da historiografia das táticas guerrilheiras, por intelectuais revolucionários e inclusive pelo jornalista e filósofo francês Régis Debray.

Na sua longa *Declaração perante o Conselho de Guerra* da Bolívia, em fins de outubro de 1967, Régis Debray, depois de aprisionado, ao tentar sair da região onde atuava a guerrilha do Che, expõe sua própria defesa. Tratado pelo Tribunal Militar como bandido, ele usa a imagem dos guerrilheiros da Independência em defesa dos ideais revolucionários, citando a obra de José Santos Vargas:

> *(...) "Qual o fundamento, então, do procurador, para tratar os guerrilheiros de bandidos, de malfeitores vulgares? Desde o primeiro dia do processo, o procurador disse que não aceitaria nunca que estes bandidos pudessem ser comparados aos guerrilheiros da Independência boliviana, aos heróis da Pátria, aos Camargo, aos Warnes, aos Padilla, aos Lanza. Não são guerrilheiros, disse o procurador, porque combatem covardemente, escondidos na floresta, nas emboscadas, contrariamente aos "nossos mineiros" que, estes sim, têm coragem para combater frente a frente em terreno descoberto. Os guerrilheiros da Independência não combateram nos yungas, nas montanhas e nas gargantas de Inquisivi, de Goroico, de Vallegrande? E que faziam, senão emboscadas mortais e sangrentas contra os espanhóis, encurralando-os nos desfiladeiros montanhosos, enterrando-os sob as pedras e as rochas que faziam rolar sobre eles? Eles tratavam dos feridos inimigos?*
>
> *(....) Não são guerrilheiros, disse depois o procurador, porque não têm bandeira. Não fizeram nenhuma declaração de guerra. Com efeito, é possível que, surpreendida por um ataque súbito do exército, a guerrilha não tenha tido tempo de enviar ao exterior um manifesto, folhetos, comunicados; talvez seja um erro, pelo menos na minha opinião, mas isso não*

é da competência do tribunal. O importante é que a guerrilha tinha uma bandeira, a maior, a mais prestigiosa, a mais nobre que se possa ter na América Latina e esta bandeira é o nome do Che. O exército conhecia-o antes mesmo de entrar em ação; fez o possível para escondê-lo, para interceptar, por exemplo, os comunicados escritos da guerrilha, os relatórios de guerra do E.L.N. e depois os senhores surpreendem-se que não se tenha mostrado esta bandeira.

Mas principalmente, diz o procurador, estas pessoas não podem ser comparadas aos guerrilheiros da Independência, porque são estrangeiros.

É verdade, havia estrangeiros entre eles. Uma minoria, é claro; a maioria, a grande maioria eram bolivianos, mas havia peruanos, cubanos e um argentino. Seria novidade na História da Bolívia? Contradiz o conteúdo profundamente nacional e patriótico desta luta de libertação? Não estamos falando de Bolívar, de Sucre, de Santa Cruz, de Belgrano e dos quatro Exércitos auxiliares argentinos, destes venezuelanos, chilenos e argentinos que fundaram a Bolívia e toda a América Latina. Falemos apenas não destes grandes chefes de exércitos regulares, mas dos guerrilheiros da Independência, de Padilla, Warnes, Lanza. Tenho sob os olhos um livro editado pela Universidade de São Francisco Xavier de Sucre, o jornal de um soldado da Independência do Alto Peru,[293] *de um guerrilheiro que combateu*

293 Creio ser interessante anotar que José Santos Vargas nas referências que faz ao seu livro não lhe dá um título definido. Fala quase sempre de *Diario histórico*. Na carta que o encaminha, dedicando-o a Manuel Isidoro Belzu, presidente da Bolívia, titula-o como *Diario histórico de los hechos sucedidos en los valles de Sicasica y Ayopaya* e em outra parte como *Diario histórico de algunos acontecimientos políticos y militares de Bolivia*. Seu *Diario* hoje é conservado a sete chaves na "Coleção Ruck" do Arquivo e Biblioteca Nacionais da Bolívia, e motivo de altos estudos históricos pelos pesquisadores acadêmicos do país. Foi descoberto, como já mencionei, pelo historiador Gunnar Mendoza Losa, na época Diretor do Arquivo e Biblioteca Nacional da Bolívia, ao pesquisar documentos sobre a Guerra da Independência, surpreendendo-se com a natureza testemunhal dos fatos ocorridos na região de Sicasica e Ayopaya, contra os exércitos espanhóis. Gunnar Mendoza lançou uma 1ª edição, com as duas primeiras partes da obra, em 1951, publicadas em duas edições da *Revista da Universidade de Sucre*, com o título: *Diario Del Tambor Mayor Vargas* e, no ano seguinte, uma nova edição, já em livro e com 320 páginas, incluindo a terceira parte, publicada com o título: *Diario de un soldado de la independencia altoperuana en los valles de Sicasica y Ayopaya, 1816-1821*, a edição que li na Biblioteca de Sucre, em 1970. Essas duas primeiras edições somente cobriam o período de luta entre 1816 a 1821. Alguns anos depois, Gunnar Mendoza descobriu uma nova versão do *Diario* com uma família de Sucre, onde constava a versão completa da Guerra da Independência de 1814 a 1825. Esse texto completo, acrescido de seu excelente prefácio, índices onomásticos e topográficos, foi publicado em 513 páginas pela editora Siglo XXI, do México, em 1982, com o título de *Diario de un comandante da independencia americana: 1814 – 1825*, que estou usando neste trecho de minhas memórias. Diante de edições anteriores e incompletas é que aparecem tantos títulos para a obra como esta citada por Régis Debray, em sua

nos vales de Sicasica e Ayopaya por volta de 1820, no auge da nacionalidade, precisamente na "facção", isto é, na guerrilha comandada por José Manuel Lanza. Leio no prefácio: "A estrutura humana fundamental da facção é constituída por homens dos vales, quer dizer, índios e mestiços. Mas a facção é uma tropa de recrutas, também; chegam contribuições de todas as espécies por vias subterrâneas e colunas de exércitos as mais diversas e inesperadas vêm para agregar-se ao tronco principal. Naturalmente, a facção comporta muitos bolivianos vindos de outros pontos do país: Oruro, de Cochabamba, de La Paz e até de Santa Cruz. Na facção, há soldados também de outras regiões americanas: de Buenos Aires, de Tucuman, do Paraguai, que talvez sejam restos da expedição argentina de Rondon[294]*. Há alguns peruanos de Cusco. Não faltam negros. E há mesmo, neste pequeno exército indiano-mestiço, que luta contra a Espanha na parte mais continental do território montanhoso do Alto Peru*[295]*, dois ingleses vindos Deus sabe quando e como"* (Gunnar Mendoza l, p. 36).

Não cabe a um francês ensinar a um procurador militar boliviano a história do seu país. Mas já que se falou tanto da História, eis aqui senhores oficiais, os seus fatos: foi desta forma, com estes homens voluntários vindos de todos os cantos da América Latina, que a Bolívia se libertou dos espanhóis, que a Bolívia foi fundada e toda a América Latina. E é assim, da mesma forma, na mesma fraternidade latino-americana, posta à prova nos combates e na vida do campo, que a Bolívia se liberta do Império ianque, que se fundará a Bolívia socialista e com ela o continente de que é coração. Encuentro Estudantil de Oruro.[296]

---

defesa, em 1967. O título parcialmente diferenciado, citado por Debray, na edição brasileira, deve-se à tradução. Mas não concordo, neste contexto, com a tradução da palavra *Diario* para *Jornal*, pois a obra de José Santos Vargas é realmente um diário de campanha testemunhando, dia a dia, as vivências dos guerrilheiros e como tal tem o mesmo significado em português. Isto significa que Debray, em 1967, e eu, três anos depois, compulsamos a mesma 2ª edição de 1952, editada em Sucre.

294 Aqui se trata do general argentino José Casimiro Rondeau, chefe do Terceiro Exército Auxiliar, que combateu os espanhóis na Guerra da Independência, na Bolívia.

295 Alto Peru, como já adiantei, era o nome que os espanhóis davam à Bolívia antes da Independência.

296 Sartre, J. -P. *Um crime monstruoso*: o caso Debray. Trad. Carlos T. Simões. São Paulo, Edições Dorell, 1968, p. 44-6.

8. Manuel Ascencio Padilla

À medida que lia o *Diario* de José Santos Vargas, o interesse e o entusiasmo me levaram a comentar a obra com estudantes e intelectuais do festival. Poucos a conheciam, mas muitos passaram a me falar sobre os outros grandes guerrilheiros da Independência como Vicente Camargo, Ignacio Warnes, José Miguel Lanza e entre estes se destacava o herói na própria região de Sucre: Manuel Ascencio Padilla e sua esposa Juana Azurduy de Padilla. Contaram-me com orgulho a saga regional de Padilla e que fora estudante de direito ali na Universidade de Charcas. Ao explodir a revolta dos estudantes, em 25 de maio de 1809, uniu-se aos revolucionários e, depois da brutal repressão, passou à clandestinidade, fugindo para as serras da região e escondendo-se entre os indígenas. Com o desdobramento armado da Revolução de Maio, começou por comandar seu pequeno exército de 2.000 guerrilheiros índios, dando combate aos espanhóis ao defender um amplo território que abrangia parte de Chuquisaca, Cochabamba e Santa Cruz de la Sierra. Destemido ao extremo, manteve o controle militar de toda a região e, com os recursos das fazendas da família, armava e sustentava suas tropas guerrilheiras. Com os impasses da guerra, sofreu algumas derrotas, seus bens foram confiscados e sua esposa Juana Azurduy foi presa. Ao conseguir resgatá-la, o general vencedor, o espanhol José Manuel de Goyeneche tentou corromper Padilla com vantagens e indulto se aderisse aos espanhóis, mas o líder guerrilheiro preferiu fugir para a Argentina, onde se uniu ao exército do general Manuel Belgrano, participando das batalhas de Tucumán e Salta. Volta à região em 1813, reúne um exército guerrilheiro de quase 10.000 indígenas e forma sua Republiqueta de La Laguna. Nesta fase da guerra, sua mulher Juana combate com uma admirável bravura à frente do seu batalhão de "Leais". A partir de então, o exército dos Padillas bate os espanhóis em várias batalhas e nesse período de tantos combates seus quatro filhos são presos, os dois meninos são mortos e as duas meninas são usadas como chamariz para aprisioná-los. Diante da inominável covardia, Padilla e Joana atacam com desesperado furor os inimigos, matando-os e resgatando suas filhas, que, debilitadas, morrem alguns dias depois. A partir de então, Padilla tornou-se um dos chefes guerrilheiros mais violentos de toda a região. Na sua luta sem trégua contra os espanhóis, Padilla não teve o apoio que precisava e merecia dos generais argentinos Belgrano e Rondeau. Depois de sete anos de lutas, suas tropas foram derrotadas e ele morreu lutando na Batalha de Laguna. Todos os prisioneiros foram mortos e a cabeça do grande caudilho foi exposta, na ponta de uma lança, na praça central de La Laguna (hoje Padilla).

9. Juana Azurduy

Em 1780, ano em que nasceu Juana Azurduy, estremeceram, em toda região andina, as bases do poder espanhol na América. No fim daquele ano, Túpac Amaru, com quarenta mil índios, começa o cerco de Cusco, e Túpac Katari e sua mulher Bartolina Sisa organizam o cerco de La Paz. É a grande revolta indígena de 1780-1781 que agita nos céus dos Andes as bandeiras precursoras da Independência.

Juana e Manuel Ascênsio Padilha casaram-se em 1802 e, predestinados para o mesmo destino, uniram-se aos estudantes que, em 25 de maio de 1809, levantaram-se e destituíram o governador espanhol da região, nos fatos que ficaram conhecidos como Revolução de Chuquisaca.

Combatente da primeira hora, Padilla despojou-se da sua privilegiada condição social, para lutar pela causa da Independência. Diante do exemplo e da abnegação do marido, num contexto cada vez mais intenso da luta, Juana toma a decisão de somar-se às ações militares contra os espanhóis, declarando que:

> *Tambiém yo debo sacrificarme, como mis hermanos, por la libertad de mi patria!*

Integrando-se, em 1810, ao exército libertador do general argentino Manuel Belgrano, Juana surgiu nos cenários das lutas, profundamente identificada com a sua condição de combatente. Chega com sua formosura e determinação, trazendo para o palco dos combates os punhos das mulheres chuquisaquenhas, convocadas por ela para o embate guerrilheiro. Seguida por suas montoneras, incondicionalmente magnetizadas pela sua liderança, Juana se tornaria a maior referência de coragem e despojamento feminino que a América iria conhecer na luta pela sua Independência.

> *Vanas fueron las reflexiones de Padilla para disuadirla de sus valientes propósitos. "Desde entonces (escribe el general Ramallo), tomó parte activa en las batallas, encuentros, sorpresas y escaramuzas sin cuenta en que se halló el guerrillero, participando de esa vida errante, llena de fadigas y periglos, teniendo siempre al frente la muerte, acosados por todas partes, sufriendo toda clase de privaciones... Ella comunicaba su entusiasmo entre sus rudos y bravíos montañeses (a los que mandaba como jefe y amaba como madre); ella era la primera en acometer y la última en abandonar el campo de combate. Curaba a los heridos, socorría, era la providencia y alegría de su partida... Sabía imponerse a ellos de un modo absoluto, y éstos la obedecían más que al mismo Padilla, cuyo carácter se hacía áspero y dominador, de manera que lo temían más, pero su cariño era por doña Juana.*
>
> *Organizó como el más experto jefe sus montoneras; las disciplinó. Ella formó el famoso batallón* Leales, *a cuyo comando tomó parte en más de dieciséis combates. Ágil y serena, manejaba el corcel y las armas com proverbial maestría. Yendo de campaña, vestía uniforme: pantalón de corte mameluco, blanco; chaquetilla escarlata o azul dormaneada com franjas doradas; uma gorrita militar com plumas azul y blanca (colores de la bandera de los independientes del general Belgrano). Con ella iban muchas mujeres patriotas; muchas garridas jóvenes se incorporaban a sus partidas. Cuéntase, aunque no está probado, que llevaba una escolta de 25 amazonas".*[297]

---

297 Urquidi, J. M. *Glorias del tiempo heroico 1809-1825: las heroinas chuquisaqueñas; Juana Azurduy de Padilla.* La Paz, Vicepresidencia del Estado Plurinacional, 2009, p. 22.
Em vão foram as reflexões de Padilla para dissuadi-la de seus valentes propósitos. "Desde então (escreveu o general Ramallo), tomou parte ativa nas batalhas, encontros, surpresas e escaramuças sem conta em que se achou o guerrilheiro, participando dessa vida errante, cheia de fadigas e perigos, tendo sempre a morte pela frente, acossado por todas as partes, sofrendo todos os tipos de provações... Ela comunicou o seu entusiasmo entre seus rudes e bravos montanheses (aos quais comandava como chefe e amava como uma mãe); ela era a primeira no ataque e a última em deixar o campo de batalha. Curava os feridos, socorria, era a providência e a alegria de sua luta... Sabia impor-se a eles de um modo absoluto, e estes a obedeciam mais que ao mesmo Padilla, cujo caráter era áspero e dominador, de forma que o temiam mais, porém, seu carinho era por Dona Juana.

Em 2009, recebi o livro que cito neste capítulo sobre a vida de Juana Azurduy Padilla. Foi-me enviado, com uma carta de Cochabamba, pela historiadora Martha Urquidi Anaya[298] , uma amiga querida, esposa do escritor e jornalista boliviano Jorge Suárez, o mais intranhável amigo que encontrei em meus caminhos pela América. São quarenta anos de distância e, apesar do tempo, nossos corações ainda recordam o convívio em La Paz, na Cidade do México e em Santiago, quando Jorge ali chegou exilado, depois do golpe militar que derrubou o governo progressista de Juan José Torres, em agosto 1971. Jorge partiu, em 1998, para outra dimensão da vida, mas Martha continua defendendo os ideais de justiça e liberdade e coparticipa dessa obra declinando, na beleza do seu texto, sua admiração pela imagem de Juana Azurduy:

> *Los indígenas aymaras y quechuas creían ver en ella una reencarnación de la Pachamama. Juan Huallpa Rimachi Maita, joven poeta de origen inca y español, se puso a las ordenes de Juana para combatir junto a ella en las guerrillas. Fue su más fiel y devoto servidor y perdió la vida en una batalla por protegerla.*
>
> *La historia de Juana Azurduy de Padilla tiene visos de leyenda, hay en ella pasajes increíbles como el haber dado a luz en plena batalla y luego de desembarazarse proseguir ardorosamente la lucha hasta el final.*
>
> *Por las condiciones en que se desarrollaban sus correrías, en medio de las inclemencias de la naturaleza, las condiciones insalubres, la falta de alimentación y de atención médica, sus cuatro hijos, que la acompanhaban siempre, fallecieron a temprana edad. A la última hija, Luisa, nacida luego de todos estos desastres, Juana Azurduy la defendió en una ocasión fieramente de cinco individuos que en un despoblado querían acabar con su vida y de ella.*[299]

Organizou como o mais experiente chefe as suas montoneras, disciplinando-as. Ela formou o famoso batalhão Leais*, em cujo comando participou de mais de dezesseis combates. Ágil e serena, manejava cavalo e as armas com admirável destreza. Na campanha, vestia uniforme: calça de corte mameluco, branca; jaqueta vermelha ou azul guarnecida com franjas douradas; um boné militar com penas azuis e brancas (cores da bandeira dos independentes do general Belgrano). Com ela, seguiam muitas mulheres patriotas, muitas jovens formosas foram incorporadas em suas campanhas. Conta-se, embora não esteja provado, que tinha uma escolta de 25 amazonas".*

298 Escritora e historiadora boliviana, nascida em Cochabamba. Foi ensaísta, crítica de arte, presidente da Sociedade de Geografia e História e diretora da *Revista Análisis Cultural.*

299 Urquidi, M. A., coautoria com Urquidi, J M., Op. cit., p. 98.
Os indígenas aymaras e quechuas acreditavam ser ela uma reencarnação da Pachamama. Juan Huallpa Rimachi Maita, um jovem poeta de origem inca e espanhola, colocou-se às ordens de Juana para

Quando aos 42 anos, Padilla caiu em Villar, em 14 de setembro de 1816, na Batalha de Laguna, Juana Azurduy escapou ferida para o vale de Segura e substituiu o marido no comando dos guerrilheiros de Chuquisaca. Suas arriscadas ações militares já a tinham tornado famosa e temida em toda a região. Em 8 de março daquele ano, tomara dos espanhóis a montanha de Potosi e, por sua bravura no Combate de Villar, recebeu o grau de tenente-coronel e, posteriomente, das mãos de general Belgrano, a sua própria espada.

> *Nunca la historia sabrá narrar los episodios y todos los hechos curiosos, sorprendentes y aislados, de las multitudes y sus intrépidos y obstinados caudillos, muchos de los que sólo han merecido rápidos e inconexos recuerdos... Nunca ya se sabrá de la odisea íntima y dolorosa de eses aciagos eventos, de angustiosos días sin un rayo de esperanza: días y noches de horror, de oprobio y de penuria, en que agitóse inconsolada, tormentosa la existência extraña de doña Juana Azurduy de Padilla, singular y épica figura.*[300]

Com as mudanças estratégicas nos planos da guerra, Juana uniu-se às forças do grande general argentino Martín Miguel de Güemes, injustiçado e infatigável defensor das fronteiras do norte e da província de Salta. Com a morte de Güemes, na defesa da cidade de Salta, com apenas 36 anos, Juana ficou sem trincheira de luta. Sobre este transe de sua vida, conta o historiador José Macedonio Urquidi que:

---

combater com ela nas guerrilhas. Foi o seu mais fiel e devotado servidor, e perdeu a vida em uma batalha para protegê-la.
A história de Juana Azurduy de Padilla tem lances lendários, com passagens inacreditáveis, como ter dado à luz no campo de batalha e depois do parto prosseguir em ardorosa luta até o fim.
Pelas condições em que se desenvolveram suas incursões, em meio às inclemências da natureza, às condições insalubres, falta de alimentos e de cuidados médicos, seus quatro filhos, que a acompanhavam sempre, morreram muito jovens. A última filha, Luisa, nascida depois de todos esses desastres, Juana Azurduy a defendeu ferozmente contra cinco indivíduos que em uma região despovoada queriam acabar com sua vida e a dela.

300 Urquidi, J. M. Op. cit., p. 18.
A história jamais saberá narrar os episódios e todos os fatos curiosos, surpreendentes e isolados das multidões e seus intrépidos e obstinados caudilhos, muitos dos quais só têm merecido rápidas e desconexas memórias... Nunca se saberá da odisseia íntima e dolorosa desses fatídicos acontecimentos, dos dias angustiosos, sem um raio de esperança: dias e noites de horror, de opróbio e de penúria, em que se agitou inconsolada e tormentosa a estranha existência de Juana Azurduy de Padilla, essa figura épica e singular.

(...) uniéndose a las caravanas emigrantes al Sud, de Tarija dirigióse a Salta, donde fue objeto de los agasajos y admiración del célebre GÜEMES, general de los audaces gauchos, esos centauros de las pampas argentinas, que tantos reveses dieron a los realistas, especialmente a los de Goyeneche, Pezuela, La Serna y Olañeta, en inauditas y temerarias refriegas, asaltos y escaramuzas legendarias. Los jefes argentinos le tributaram homenajes y distinciones, dispensándolo singular estimación y respeto. "En el ejército salteño, afirma el general Ramallo, permaneció (la Azurduy) mucho tiempo... muy estimada y respetada por todos los gauchos, que asombrados la veíam manejar un cavallo con el mismo aplomo y destreza que ellos...[301]

Depois da morte dos generais Güenes e Belgrano em 1820, começou o longo calvário de Juana.

La guerrillera altoperuana, cuyo renombre ya era continental, dejó el campamento y siguió viviendo resignada en Salta, "resignada a su nueva suerte; la de trabajar para vivir y suspirar en tierra extraña"... [302]

Em 1825, nasce a Bolívia como nação e Juana pôde voltar à sua cidade natal. Em Chuquisaca, comemorava-se com grandes festas a Independência e a criação da nova república. Nos dias que se seguiram, Simón Bolívar, acompanhado do Marechal Sucre, chegou a Chuquisaca e seu primeiro gesto foi visitar aquela extraordinária mulher, expressando ambos o reconhecimento num preito de gratidão, admiração e respeito pelo seu despojamento e bravura na luta pela Independência. Concedeu-lhe uma pequena pensão vitalícia, que lhe foi retirada, depois da morte do Marechal Sucre.

---

301 Idem, p. 84.
(...) juntando-se às caravanas que emigravam ao sul, de Tarija dirigindo-se à Salta, onde foi objeto das atenções e admiração do célebre Güemes, general dos ousados gauchos, esses centauros dos pampas argentinos, que tantas derrotas infligiram aos realistas, especialmente aos de Goyeneche, Pezuela, La Serna e Olañeta, em inauditos e temerários combates, em assaltos e legendárias escaramuças. Os chefes argentinos tributaram-lhe homenagens e distinções, dispensando-lhe singular estima e respeito. "Em um exército de Salta, afirma o general Ramallo, permaneceu (a Azurduy) por muito tempo... muito estimada e respeitada por todos os gauchos, que assombrados a viam dominar um cavalo com a mesma postura e habilidade que eles".

302 Idem, p. 85.
A guerrilhera altoperuana, cuja fama já era continental, deixou o acampamento e seguiu vivendo resignada em Salta, "resignada ao seu novo destino; o de trabalhar para viver e suspirar em terra estranha"...

Juana Azurduy, a maior heroína da Bolívia, nasceu e morreu na cidade atualmente chamada de Sucre. Sua heroica e trágica existência só se compara, nas lutas da independência hispano-americana, a outra extraordinária mulher: a bela mestiça Micaela Bastidas Puyucahua, esposa de Túpac Amaru. Tal como Micaela, Juana foi marcada por um temperamento inquebrantável e cristalino. Viu quatro de seus filhos morrer, dois deles executados, assim como Micaela teve que presenciar a morte de seu filho Hipólito, na praça central de Cusco. Não foi executada, como a grande revolucionária peruana, que teve a língua cortada e enforcada com crueldade aos 36 anos. Juana morreu aos 82 anos, num julgamento quem sabe mais lento e doloroso que Micaela. Depois de uma vida gloriosa como combatente, acabou seus dias solitária e na mais injusta pobreza. Morreu abandonada e esquecida pela nação e pelo povo pelo qual lutou.

A saga heroica de Manuel Ascencio e Juana foi cantada por poetas e cantores bolivianos e latino-americanos. Entre tantos destaca-se a composição *Manuel Ascencio Padilla* de Sérgio Ortega, interpretada pelo conjunto chileno Quilapayún. Por outro lado, Adolfo Mier Rivas, atualmente considerado um dos mais importantes e prolíferos dramaturgos bolivianos, reverenciou a memória da heroína da independência no livro Juana, drama histórico (Cochabamba, Los Amigos del Libro, 1980).

Eduardo Galeano, referindo-se a ela escreve:

1816, Tarabuco:

Juana Azurduy, educada no catecismo, nascida para monja de convento em Chuquisaca, é tenente-coronel dos exércitos guerrilheiros da Independência. De seus quatro filhos, só vive o que foi parido em plena batalha, entre os trovões de canhões e cavalos; e a cabeça do marido está fincada no alto de uma estaca espanhola.

Juana cavalga nas montanhas, à frente dos homens. Seu xale celeste ondula aos ventos. Uma mão aperta as rédeas, a outra quebra pescoços com a espada.

Tudo o que come se converte em valentia. Os índios não a chamam de Juana. É chamada Pachamama, é chamada Terra.[303]

10. Meu padrinho editorial

Canción para los hombres sin rostro

MANOEL DE ANDRADE

Especial para LETRAS BOLIVIANAS

No canto mi dolor
dolor de un hombre solo no es dolor que se proclame
canto el dolor de los hombres sin rostro
canto a los que cayeron acribillados
a los hombres escondidos
a los que conocieron la nostalgia del exilio
a los encarcelados
canto a los asaltantes
los ebrios, los vagabundos
y los toxicómanos
canto a las prostitutas
y a las mujeres desfloradas
a las que huyeron con el hombre amado
canto a la multitud que entra y sale por los portones de las fábricas
a los que ven nacer el día en el asfalto de las carreteras
a los lavadores de autos y a los que venden loterías
canto a los recogedores de basura y a los serenos
a las largas filas de personas que esperan colectivos en las plazas
y a los extranjeros que aquí vinieron a vivir
canto a los hombres sin raíces, sin familia, sin patria
canto mi llanto cuando canto a los que vivieron el mar
que arribaron a países distantes
y conocieron hombres de muchas razas
y cuando canto a los navíos canto a mi corazón de barco

me gusta cantar a todo lo que veo
a los hombres que conozco
y a los que todavía no comenzaron a existir para mí
me gusta caminar solo y con las manos en los bolsillos, por las calles
[y por la vida
me gusta hablar con las gentes de los almacenes, de los mercados,
[de las oficinas,
de los surtidores de gasolina, de los puestos de revistas, de las agen-
[cias de viajes,
con los ascensoristas, con los obreros municipales, y otros hombres,
otros
canto a los niños que juegan en los parques y saltan cuerdas en las
[aceras
y canto a los que van a las tablas a representar el drama de los otros
[hombres
canto también a los hombres que caen en Asia, en África, en América
canto a la vergüenza de ser brasilero en un tiempo defecado
canto a mi pueblo
y si todavía no canto a mi país
es porque no sé cantar en presencia de hombres indecentes
yo canto sobre todo a aquellos que preservaron su sueño
a los que pudieron morir por él
canto a la memoria de un guerrillero argentino

y es aquí que mi verso se endurece
y yo canto mi canción de guerra
y sólo así puedo cantar a los posibles hermanos y camaradas
reclutando compañeros para la lucha
y cuando mi canto es hecho para los oídos de los justos, yo canto
[sin temor
para que mi canción palpite solitaria y solidaria en el corazón de
[los que se preservaron del lodo
canto sin miedo y sin juego
y enfilo mis versos para la lucha
listos para herir como bayonetas
prontos a morir cuando sea preciso
y como soldados invisibles
mis versos se infiltrarán al país de los corruptos
por las fronteras de las entrelíneas
y renacerán en los labios del revolucionario
ora como una flor, ora como un fusil

ah, ya no reconozco en estos versos los del poeta que fui
mi canto es hoy un canto trastornado por los partos inhumanos de
[los hombres
por la inevitable necesidad de odiar
por la violencia aprendida en los titulares de los diarios
y es así que un poeta no canta sin que su verso casi desfallezca
y ahora
en esta mañana enlodada de decretos
en este tiempo suspendido en un mástil sin banderas
en esta nación de hombres que ingieren caldo de gallina
en este momento tísico
en que solamente los traficantes se regocijan
en estos días enjabonados de muertes negras y muertes amarillas
en estos años en que la sangre de América es un inmenso canto de
[esperanza
este poema llega así, tan de repente
solicitando audiencia para hablar conmigo
como si supiese que estoy para morir
y me encuentra postrado en una bacanal de cosas fútiles
un alienado tal vez
un hombre inútil
casi un desertor
mi dios casi un desertor

ah, mis versos
mi absolución
en ellos renazco transfigurado y fuerte
y cabalgo el universo entero
y camino lleno de amor por todos los seres y por todas las cosas
lleno de odio por los tiranos y los hombres hipócritas
y siento el corazón limpio y rebozante de ternura
y mi canto crecer y explotar más fuerte que la bomba

ah, mis versos que no son míos
que son de todos los hombres y todas las mujeres que yo canto
que son de todos los que se aproximan a mí
y que hablan conmigo
mis versos que al final nunca serán de nadie
caminando por la terrible soledad blanca del papel
por el itinerario clandestino de las gavetas
estampados en las palabras escarlata de mi revuelta pública
impresos en mi mirar solitario de samurai

yo canto para todos los hombres
sin embargo, en este tiempo,
yo canto para los hombres sin rostro
aquellos que se pierden en la multitud de las grandes ciudades
y que maduran día a día
los puños para la lucha

Cheguei a La Paz em três de junho, com planos de viajar dali a dois dias para o Peru, já que meu visto de permanência acabava dia cinco de junho. Comprei a passagem de ônibus para Lima, via Puno e Arequipa, para as oito da manhã, mas meus planos mudaram completamente. Antes de minha viagem a Sucre, eu havia conhecido em La Paz o jornalista brasileiro Paulo Cannabrava Filho, que ali havia chegado em abril. Contou-me que estivera dois anos em Cuba e que resolvera voltar para o Brasil no início daquele ano, mas como a repressão estava em sua busca, escapou pela Argentina e de lá chegou à Bolívia. Cannabrava militava na Ação

303 Galeano, E. *Memória do fogo (II) – As caras e as máscaras*. Trad. de Eric Nepomuceno. Rio de Janeiro, Nova Fronteira, 1985, p. 164-5.

Libertadora Nacional (ALN), uma organização surgida do Agrupamento Comunista de São Paulo, que pregava a instauração de uma sociedade socialista no Brasil, através da tomada do poder pela luta armada, na época comandada por Carlos Marighella. Pois bem, na véspera da minha viagem ao Peru, encontrei o Cannabrava no centro da La Paz e ele me disse que o jornalista Jorge Suárez lera o poema *Canción para los homens sin rostro,* – publicado em outubro de 1969, nº 5 da revista *Letras Bolivianas* – e que queria me conhecer. Dali mesmo fomos ao vespertino *Jornada*, um jornal de esquerda do qual Jorge era o diretor. Foi então, que naquele fim de manhã, conheci o poeta e contista Jorge Suárez, que se tornaria meu maior amigo na Bolívia, com um convívio que depois se estenderia ao México e ao Chile. Almoçamos juntos, conversamos sobre poesia, literatura e política e lhe passei um exemplar da edição mimeografada dos meus poemas, editada em Cusco, da qual ele leu grande parte, fazendo estimulantes observações sobre minha poesia, comentando que apesar de ser uma poesia política, seus versos não prescindiam de lirismo. Voltamos para sua sala no jornal e lá ele propôs a publicação desses poemas, em um livro que poderia ser lançado, sem nenhum custo para mim, pela Universidade de San Simon. Argumentei que estava com a passagem comprada para Lima, no dia seguinte, quando terminava meu visto de permanência no país. Ele disse que arranjaria sem nenhum problema a prorrogação do meu visto e me daria, pelo seu jornal, uma viagem de avião para Lima, se eu resolvesse ficar. Jorge, além de grande poeta e respeitado jornalista, era uma espécie de ministro sem pasta do governo nacionalista de Alfredo Ovando Candia, pelas fortes relações políticas e ideológicas que tinha com o general Juan José Torres, principal assessor de Ovando. Na verdade, fazia poucos dias que Torres o havia indicado como novo embaixador boliviano no México.

Diante de sua visível influência no âmbito cultural do país e de tão fascinante proposta editorial, resolvi ficar. Passei a trabalhar na tradução de outros poemas e Jorge me dispôs uma mesa e uma máquina de escrever na redação do seu jornal, para preparar o original do meu primeiro livro. Cannabrava, naquele tempo, trabalhava como correspondente, escrevia alguns textos para o *Jornada* e algumas vezes almoçamos juntos na cantina do jornal, em companhia de Jorge e de Ted Córdoba Claure[304], chefe de redação.

Com uma recomendação de Jorge, meu visto de permanência foi prorrogado até 10 de julho de 1970 e neste novo período, estive sempre em contato com o diretor da gráfica da universidade, fazendo a correção das provas e trocando ideias sobre a capa e o formato do livro. Uma das exigências que fiz foi que não queria reserva de direitos autorais para meu livro, e na página seis pedi que constasse: *Los poemas de este libro pueden ser reproducidos*. Esta mesma frase constou da edição colombiana, equatoriana, e da edição norte-americana publicada em San Diego, naqueles anos.

11. O encontro com Elisabeth Burgos

Eram os primeiros dias de convívio com Jorge e numa manhã descemos da redação do jornal e ele me levou ao hotel Nacional onde o aguardava, numa mesa do restaurante, uma mulher interessante. Era a venezuelana Elisabeth Burgos, esposa de Régis Debray e que chegara da França para revisitá-lo na prisão militar de Camiri. Cumprimentaram-se como velhos amigos e depois lhe fui apresentado. Estava um pouco abatida e falou-nos da extenuante viagem de 24 horas que fez de Paris a La Paz com muitas escalas, e que a altitude de La Paz lhe causava muito desconforto, porque sofria de asma. Disse que nos próximos dias viajaria para Camiri onde sempre ficava dez dias, para usufruir das duas horas diárias que tinha para estar com Debray.

304 Ted Córdoba Claure foi um jornalista excepcional. Culto, perspicaz e bem-humorado, convivemos naqueles poucos dias em que transitei na redação do *Jornada* e quando Torres assumiu o poder em outubro, ele passou a ser porta-voz de imprensa e seu secretário particular.
Ted Córdoba destacou-se em 1959 quando fundou, junto com o jornalista argentino Jorge Ricardo Masseti e Gabriel García Márquez, a Agência Prensa Latina. Morreu aos 79 anos nos EE.UU., em 03 de maio *deste ano de 2.011 em que sigo* escrevendo estas memórias, e me gratifica sua referência, durante estes registros, algumas semanas antes de sua morte. Com admirável coerência ideológica, manteve durante toda a vida sua posição de esquerda, reiterada em textos que escreveu a amigos, nas vésperas de seus derradeiros momentos.

Elisabeth contou-nos que estava otimista em relação a uma possível anistia de Debray. Não somente pela pressão internacional em favor de sua liberdade, mas também porque o governo de Ovando mostrava um direcionamento progressista e era assessorado por grandes intelectuais de esquerda. Entre eles, lembro-me do seu ministro da economia, Marcelo Quiroga Santa Cruz, fundador do Partido Socialista Boliviano. Quanto ao general Ovando, embora tristemente célebre como corresponsável pelo massacre de mineiros na Noche de San Juan, e pelo assassinato de Che Guevara, três anos antes, apresentava-se agora maquiado com um perfil nacionalista. Elisabeth, movida por uma legítima esperança de liberdade para o marido, via Ovando com outros olhos. Disse que numa viagem anterior tivera oportunidade de conversar com ele no aeroporto e que ele lhe facilitara seus encontros posteriores com Debray, em Camiri. Que ele parecia mudado, ideologicamente. Havia normalizado as relações com a Rússia, nacionalizado a petroleira Gulf Oil e tinha um ambicioso plano de desenvolvimento social e econômico para a Bolívia. Acrescentou que contava também com uma forte pressão internacional a favor da liberdade do marido, integrada por escritores como Jean-Paul Sartre, André Malraux, François Muriac, além da influência de Charles de Gaulle sobre o governo boliviano. Jorge Suárez era um dos paladinos pela anistia de Debray e Elisabeth sabia das suas ótimas relações com Juan José Torres, que na época era o homem de total confiança do presidente. Naquele encontro, eles conversaram sobre o que Torres poderia fazer pela liberdade de Debray. Seu instinto de mulher estava certo. Quando Torres assumiu o poder, em 7 de outubro daquele ano, as negociações para anistia de Debray começavam a dar seus primeiros passos e culminou em dezembro, com sua corajosa decisão política de libertá-lo e ao argentino Ciro Bustos, depois de cumprirem três, dos trinta anos de prisão a que foram condenados. Comentava-se que houvera um acordo secreto com o governo francês, o qual mais tarde nunca teria cumprido a sua parte. O que houve, realmente, é que a liberdade de Debray dependeu de uma operação militar comandada pelo Major Rubén Sánchez, homem de confiança de Torres, que, literalmente, tomou a divisão do exército de Camiri, onde o francês cumpria pena, e em 23 de dezembro de 1970 colocou-o num avião, com Bustos, que os levou ao Chile como extraditados, pois temia-se – e esse era o comentário que circulava entre o pessoal de esquerda, em La Paz – que os militares radicais assassinassem Debray, ante a eminência de sua libertação. A situação posterior de Debray era muito desconfortável, ante a suspeita de que ele – depois de três dias de tortura, quando de sua prisão em Muyupampa, em 20 de abril de 1967 – teria "falado mais que o necessário", revelando que o Ramón era o Che e fornecendo informações que teriam levado ao desastre da guerrilha. O próprio Che é quem levanta essa suspeita no que escreveu em seu *Diário*, em 30 de junho de 1967.

12. O assassinato de Elmo Catalán e Genny Köller

Naquele junho de 1970, em La Paz, aconteceram fatos que me trouxeram alegrias e lágrimas. Fazia apenas alguns dias que não cabia em mim de contentamento pela notícia da edição do meu primeiro livro quando, em nove de junho, os jornais publicam outra que me levou a uma curiosa referência: o jornalista chileno Elmo Catalán e sua companheira boliviana Genny Köller haviam sido assassinados no dia anterior, em Cochabamba.

Devo lembrar aos leitores dessas memórias que, quando um ano antes estive em Cochabamba por ocasião do Congresso Nacional de Poetas, relatei que um casal me procurou no hotel Boston para pedir uma cópia do poema ao Che, com o qual se editou o cartaz *Saludo a Che Guevara*, em comemoração ao segundo ano de sua morte.

Alguns dias depois que a notícia havia se espalhado, encontrei, na capital, o pintor Atilio Carrasco, meu querido amigo de Cochabamba. Atílio, comunista de longa data, mas partidário da luta armada, vivia na periferia da clandestinidade, entre o anonimato revolucionário e sua aberta participação como um inovador das artes plásticas na Bolívia. Confiando no meu silêncio, ele me confessou integrar uma frente ampla de esquerda, com uma proposta de educação política das massas, com vistas a uma ação militar de libertação nacional. Mas me contou também ter amigos dentro do ELN (Exército de Libertação Nacional) e aquele casal que me procurou no ano anterior no hotel Boston para pedir a cópia do poema ao Che, publicado no cartaz ilustrado por ele, foi por sua indicação, e eram Elmo Catalán Avilés (Ricardo) e Genny Köller Achalar (Victoria), militantes do ELN e aos quais estivera pessoalmente ligado por afinidades ideológicas.

A revelação que inicialmente me causou grande amargura, semanas mais tarde se transformou em revolta e perplexidade, quando fiquei sabendo que ambos foram assassinados por um militante do próprio ELN, ante a decisão do casal de amantes de retirar-se da Organização, em razão da gravidez de Genny. O autor desse duplo homicídio por envenenamento foi Aníbal Crespo Ross, que até hoje permanece impune perante a justiça boliviana.

Não me estenderei aqui sobre a história de Elmo Catalán, cujos fatos ultrapassam suas relações com minhas memórias. Sobre ele sobram informações na Internet, bem como no interessante livro do historiador boliviano Gustavo Rodríguez Ostria, *Teoponte: la otra guerrilla guevarista en Bolivia* (Grupo Editorial Kipus, Cochabamba, 2006), onde se contam passagens extraordinárias da vida de Catalán, seja como escritor e destacado jornalista humanitário no Chile, sua entrega à causa libertária latino-americana, seu estágio militar em Cuba, em 1967, e a intermediação em 1968 no resgate dos três cubanos sobreviventes da Guerrilha do Che, reencaminhados a Cuba por Salvador Allende, através do Tahiti. O livro detalha a chegada de Catalán à Bolívia em 1969, respondendo à convocação de Inti Peredo "Voltaremos às Montanhas", ressalta sua forte liderança e o papel que teve ao organizar os remanescentes do ELN em Cochabamba, para a Guerrilha do Teoponte.

13. A Guerrilha do Teoponte

Sobre a Guerrilha do Teoponte e seu trágico desenlace, somente tomei consciência dos fatos em fins de outubro daquele ano, por uma carta de Atílio Carrasco, quando me encontrava no Equador. Em junho de 1970, eu continuava em La Paz, e soube que dezenas de universitários organizaram um programa para alfabetizar os adultos nas comunidades indígenas na região do Teoponte, distante uns 300 quilômetros ao norte da capital. Eu os vi partir muito cedo, em um ônibus lotado, dando adeus a familiares e amigos, repartindo beijos e esperanças em seus gestos eufóricos e fraternos e entoando hinos e canções. Entre os que partiam, descobri com surpresa um rosto conhecido. Portava um violão, e quando me aproximei, ele abriu os braços e nos apertamos com carinho e com saudade. Era o cantor Benjo Cruz, com quem convivera algumas semanas antes, no Festival Universitário de Cultura de Sucre.

Quando os vi distanciar-se, em meados de junho, jamais poderia imaginar que o programa de alfabetização fosse apenas um secreto pretexto, para uma missão clandestina e tão sublime, criada por cerca de 60 jovens, para não deixar morrer o mesmo sonho por que lutara Che Guevara, três anos antes, num outro extremo da Bolívia. A carta recebida em Quito me trouxe, com os fatos relatados, novas lágrimas. Em pouco mais de dois meses, aqueles estudantes aos quais eu tinha acenado um dia, já estavam mortos. Contava-me que uma semana depois de ambientar-se na região, um comando guerrilheiro atacou uma mina de ouro de propriedade norte-americana, sequestrando um engenheiro ianque. Era o sinal enviado à América de que os guerrilheiros do ELN haviam voltado às montanhas. A partir daí inicia-se também uma cruel perseguição do exército boliviano, com tropas treinadas pela CIA em contrainsurgência. Durante as semanas seguintes, a expedição guerrilheira, enfraquecida pela fome e por doenças contraídas na selva, foi dizimada pelo exército, que assassinou cruelmente cerca de 60 combatentes, já sem forças para resistir. Nessa desproporcional covardia, participaram mais de mil soldados, apoiados por estrategistas norte-americanos com aviação e bombas de napalm. Havia ordens superiores para executar os prisioneiros. Apenas 9 sobreviventes escaparam do assassinato, por militares comandados pelo ódio reacionário. Isso porque em 9 de outubro o general progressista Juan José Torres derrubou o governo de Ovando e determinou que se respeitasse a vida dos prisioneiros. Entre os 9 sobreviventes havia 3 chilenos, recrutados por Elmo Catalán. A expedição de Teoponte terminou em 1º de novembro de 1970 e três dias depois, quando Salvador Allende tomou posse no Chile, seu primeiro ato como presidente foi decretar o asilo político aos nove sobreviventes, entre os quais se encontrava o comandante da guerrilha, o médico Osvaldo Peredo, cujos irmãos, Coco e Inti, morreram como combatentes. O primeiro caiu em La Higuera, em setembro de 1967, duas semanas antes do Che, e Inti foi assassinado em La Paz, em setembro de 1969, quando reorganizava a insurreição armada no país.

A Guerrilha do Teoponte foi um sonho pago com o preço da perversidade e da barbárie. Seus trágicos resultados levaram a profundas reflexões sobre a validade estratégica do foquismo e a posterior adoção da organização de massas para a tomada do poder, como efetivamente aconteceu na Bolívia com o descrédito dos partidos políticos e a ascensão dos movimentos sociais, que levaram Evo Morales à Presidência.

Embora quisesse nominar todos aqueles jovens combatentes, homens e mulheres, apenas conheci um entre tantos desaparecidos. E eis porque minhas memórias honram aqui o nome e a saudosa imagem do cantor Benjo Cruz, cujo corpo nunca foi encontrado. Lembro-me dos primeiros versos de uma das canções que parecia prever sua morte:

Voy a cantar uma copla por si acaso muera yo,
porque nosotros los hombres hoy somos, mañana no.

14. Poesia de América

Apesar dos sentimentos amargos, aquela prorrogação de estadia em La Paz proporcionou bons momentos nos ambientes de cultura. Os contatos com intelectuais e escritores era frequente e na noite de 21 de junho, participei do recital denominado "Poesia de América", com outros quatro poetas, na célebre Galeria Naira. Dividi a apresentação com a argentina Elsa Pasquali, os peruanos Vladimir Herrera, Arturo Marmarillo e o boliviano Pedro Shimose, o qual se destacava no cenário da literatura da Bolívia como um grande poeta, e dali a dois anos receberia em Cuba o prêmio latino-americano Casa das Américas, com o livro *Quiero escribir, pero me sale espuma.*[305]

Presencia, o principal jornal de La Paz, em sua edição de domingo, 21 de junho, anunciou o evento na sua seção de Arte y Cultura traçando também o rápido perfil dos participantes:

> *(...) Elsa Pascuali, joven poetisa porteña que regresa a su país después de una gira por Latinoamerica, publicó recientemente un libro en México y há dado recitales en casi todos los países del continente. Manoel de Andrade, que el año pasado visitó Cochabamba como invitado especial al Congreso Nacional de Poetas, tiene sus poemas publicados en varias revistas suramericanas. Sus "Poemas para la libertad" fueron publicados en Perú y ahora serán reeditados en Bolívia. Vladimir Herrera y Arturo Marmarillo, poetas peruanos de Cusco, llevan por América la presentación dramática de los poemas de César Vallejo. Pedro Shimose, poeta nacional con varios libros publicados, es una de las voces que actualmente se levantan con mayor personalidad en el encenario poético de Bolivia.*[306]

---

305 Pedro Shimose (1940) é atualmente um dos mais conhecidos poetas bolivianos, embora viva na Espanha desde 1971, onde teria se exilado depois do golpe militar que deu início à sangrenta ditadura de Hugo Banzer Suárez. Considerado clássico aos 39 anos, pelo jornal francês *Liberación*, sua obra poética e ensaística é considerável. Precoce na literatura, publicou *Triludio en el exilio* aos 21 anos, seguindo-se os poemários *Sardonia* (1967), *Poemas para un pueblo* (1968), *Quiero escribir, pero me sale espuma* (1972), *Caducidad del fuego* (1975), *Al pie de la letra* (1976), *Reflexiones maquiavélicas* (1980) *e Bolero de caballería* (1985). Em 1976, publicou *El Coco de llama Drilo*, um livro de relatos e em 1989 sua *Historia de la literatura hispanoamericana*. O historiador e crítico italiano Giuseppe Bellini, em sua *Nueva historia de la literatura hispanoamericana*, cita Shimose como a *figura de mayor relieve* entre os poetas contemporâneos da Bolívia.

306 *(...) Elsa Pascuali, jovem poetisa portenha que retorna a seu país depois de percorrer a América Latina, publicou recentemente um livro no México e deu recitais em quase todos os países do continente. Manoel de Andrade, que o ano passado visitou Cochabamba como convidado especial do Congresso Nacional dos Poetas, tem seus poemas publicados em diversas revistas sul-americanas. Seus* Poemas para la libertad *foram publicados no Peru e agora serão relançados na Bolívia. Vladimir Herrera e Arturo Marmarillo, poetas peruanos de Cusco, levam pela América a representação dramática dos poemas de César Vallejo. Peter Shimose, poeta nacional com vários livros publicados, é uma das vozes que atualmente se levantam com maior personalidade no cenário poético da Bolívia.*

15. Um ato cultural pelas vítimas do terremoto do Peru

Em 31 de maio de 1970, um terremoto de 7,8 graus na escala Richter, nos Andes peruanos, tido como um dos dez maiores terremotos do mundo, provocou um deslizamento de terra que enterrou a cidade de Yungay e matou cerca de 66 mil pessoas. A embaixada peruana em La Paz organizou, em fins de junho daquele ano, um ato cultural de agradecimento ao povo e às autoridades bolivianas pela valiosa colaboração que deram às vítimas. Como já relatei em páginas anteriores, em nove de outubro do ano anterior, quando de minha estada em Cochabamba, ofereci um recital de poesia e violão no Palácio da Cultura daquela cidade. Agora ficara sabendo que lá estivera o dr. Edgardo de Habich[307], poeta e adido cultural da embaixada do Peru, na Bolívia. Coincidentemente, ele também estivera no recital "Poesia de América", oferecido dias antes na Galeria Naira, e depois do evento convidou-me para participar como violonista, no ato cultural que se faria em memória das vítimas do terremoto. Marcamos um reencontro na embaixada peruana para a manhã seguinte, onde falamos de literatura e de nossa admiração por Che Guevara. Como eu não tinha violão para compor as músicas apropriadas para a apresentação, ele me emprestou um excelente instrumento que havia na embaixada, pedindo-me que treinasse um fundo musical, para a leitura de três poemas de sua autoria, relacionados com a tragédia.

O evento realizou-se na noite do dia 30 de junho na Sociedade Peruana de Beneficiência, no salão de Atos totalmente lotado, com a presença de autoridades peruanas e bolivianas, e repórteres da grande imprensa e da televisão. Na primeira parte do programa, constavam as palavras de abertura pelo peruano Luis Benavente Corrales, presidente da Instituição, e na continuidade a leitura do poema *Tierra en letargo*,

---

307 Edgardo de Habich nasceu em Lima em 1930, e antes do período em que esteve na Bolívia (1969-1971), já havia prestado serviços diplomáticos na Índia (1964-1969) e posteriormente na União Soviética (1973-1974). Promovido a embaixador, representou seu país na Argélia (1975-1976) e em Cuba (1977-1980). Em 1986, abriu em Atenas a primeira Missão Diplomática do Peru na Grécia, onde ficou até 1992. Poeta e dramaturgo, com vários livros publicados, prêmios literários e condecorações diplomáticas no Peru, Japão, Dinamarca e Grécia, Edgardo de Habich é atualmente considerado um dos grandes intelectuais peruanos.

acompanhado com solo de violão. A primeira parte encerrou-se com a conferência *Semblanza ancashinas*, pelos engenheiros Miguel Basagoitia e Carlos Chueca, ilustrada com projeções sobre os locais afetados pelo terremoto. A segunda parte foi aberta com o discurso de Eduardo Valdez, embaixador do Peru, seguida com solo de violão e a leitura nas vozes de Edgardo de Habich e do ator boliviano Guillermo Tarazona, dos poemas *Remolino del silencio* e *Cordillera de angustia*.

Un acto cultural en memoria de los desastres del Perú se realizó ayer

Un acto cultural en memoria a los trágicos sucesos del Perú en el pasado, se realizó anoche en la Sociedad Peruana de Beneficencia.

Dr. Eduardo Valdez, Embajador del Perú; Dr. Edgardo de Habich, Agregado Cultural de la misma embajada; Guillermo Tarazona y el poeta brasileño Manoel de Andrade.

El acto, además de emotividad se mantuvo en un elevado nivel artístico, merced a la presencia de los poetas Edgardo de Habich (peruano) y Manoel de Andrade (brasileño) y del intérprete Guillermo Tarazona.

El Embajador del Perú, Dr. Eduardo Valdez intervino en la inauguración de la segunda parte del acto, con un breve discurso de ocasión. La apertura general del programa estuvo a cargo del presidente de la Sociedad Peruana de Beneficencia, Dr. Luis Benavente Corrales. Los señores Miguel Basagoitia y Carlos Chueca presentaron una semblanza de la zona de Ancash, la mayormente afectada por los terremotos del pasado mes.

El artista y poeta brasileño Manoel de Andrade tuvo a su cargo la interpretación de la guitarra. Este acompañamiento también tuvieron los poemas del escritor y poeta Edgardo de Habich, Agregado Cultural de la Embajada del Perú Los poemas de Habich fueron escritos motivados por los últimos sucesos del Perú. La interpretación a dos voces de esos poemas estuvo a cargo de Habich y Guillermo Tarazona.

No dia seguinte, 1º de julho de 1970, o jornal Presencia, de La Paz, destacou o acontecimento com fotos noticiando que:

> *Um acto cultural em memoria a los trágicos sucesos del Peru en el pasado, se realizo anoche en la Sociedad Peruana de Beneficiencia.*

El acto, además de emotividad se mantuvo en un elevado nivel artístico, merced a la presencia de los poetas Edgardo de Habich (peruano) y Manoel de Andrade (brasileño) e del intérprete Guillermo Tarazona.

(...) El artista y poeta brasileño Manoel de Andrade tuvo a su cargo la interpretación de la guitarra. Este acompañamento también tuveron los poemas del escritor y poeta Edgardo de Habich, agregado Cultural de la Embajada del Peru. Los poemas de Habich fueron escritos motivados por los últimos sucesos del Peru. (...)[308]

Convidado a comparecer na embaixada alguns dias depois, lá me aguardavam Edgardo de Habich e o embaixador Eduardo Valdez, que agradeceram minha colaboração em nome de seu país e, inteirados de meus planos de viajar ao Peru, presentearam-me com uma passagem de primeira classe de vapor e trem, via lago Titicaca até Arequipa, e daí outra passagem de ônibus até Lima. E agora..., o que eu iria fazer com a passagem de avião até Lima que me prometera o diretor do verpertino *Jornada*? Eu, que tantas vezes viajara em cima de caminhões e de maneira tão incômoda e perigosa, sentia-me agraciado com tanto maná caindo do céu.

16. Entrevista com Sylvia Laborde

Em meados de junho, a jornalista boliviana Sylvia Laborde me procurou. Queria escrever uma matéria sobre minhas andanças desde

---

308 *Um ato cultural, em memória aos trágicos acontecimentos do Peru no passado, foi realizado ontem à noite na Sociedade Peruana de Beneficência. O evento, além da emotividade, manteve-se em um alto nível artístico, graças à presença dos poetas Edgardo Habich (peruano) e Manoel de Andrade (brasileiro) e do intérprete Guillermo Tarazona.*
(...) O artista e poeta brasileiro Manoel de Andrade foi o responsável pela interpretação do violão. Este acompanhamento também teve os poemas do escritor e poeta Edgar Habich, agregado cultural da embaixada do Peru. Os poemas de Habich foram motivados pelos últimos acontecimentos no Peru. (...)

que saí do Brasil. Marcamos a data e conversamos ao entardecer num Café no centro de La Paz.

MANOEL DE ANDRADE:
La voz de un poeta sin patria

por: SYLVIA LABORDE

"yo canto para decir mis verdades
para atestiguar mi tiempo
con sus verdugos
y sus mártires diarios:
mi tiempo con sus cadáveres vivos
caminando resignados por las calles".

(Manoel de Andrade.— "El Caminante y su tiempo")

Se dice que Brasil es un país de poetas. Pero destacarse literariamente en un país de casi 100 millones de habitantes no es tan fácil como se puede creer.

De la nueva generación de poetas brasileros, Manoel de Andrade es uno de los nombres cuya obra se ha popularizado más en estos últimos dos años. Pero en verdad su nombre crece fuera de su país, donde tuvo que salir por motivos relacionados con su poesía.

Ha realizado extensas giras por Sudamérica, principalmente en Bolivia y Perú, ofreciendo recitales en los centros universitarios y entidades culturales por casi tódas las ciudades de estos países.

Su voz lírica alterna entre la ternura y la rebeldía y está llena de un profundo sentimiento de libertad y esperanza; de un indescifrable propósito de denuncia y acusación, pero expresadas con el amor de un hombre que habla con el corazón y que sabe decir con ternura las duras verdades de nuestro tiempo. En verdad la violencia de su poesía es un acto de amor para con el pueblo; porque Andrade no canta para los oídos delicados; él canta para los oprimidos, para los hombres sin rostro, para "aquellos que maduran, día a día, los puños para la lucha".

En algunos de sus poemas más conocidos, como en "Tiempo de Siembra" y "Canción para los hombres sin rostro", Andrade habla de su patria oprimida y silenciada. Habla amargado cuando canta con "la voz de los compañeros torturados" y con "la faz ensangrentada de la patria".

Ahora ya se sabe que el afiche con un poema anónimo al "Che" que ha recorrido toda América, fue escrito por este poeta brasilero. Cuéntase que muchos estudiantes latinoamericanos que se encontraron con el poeta, le mostraban el afiche como un ejemplo de un arte realmente revolucionario, sin saber que estaban hablando con su propio autor.

A principios de este año sus "POEMAS PARA LA LIBERTAD" fueron publicados en libretos mimeografiados en Perú y ahora su primer libro sale editado en Bolivia, dedicado a la memoria del líder minero Federico Escóbar Zapata.

En este su segundo paso por Bolivia, Andrade ha viajado por varias ciudades del país invitado por las organizaciones estudiantiles. Como delegado fraternal del Brasil ha leído sus poemas en el Segundo Encuentro Extraordinario de Juventudes Universitarias, realizado en Oruro el mes pasado. Ofreció un recital en Potosí a invitación de la FUL y participó como invitado especial del I Festival Nacional Universitario de Cultura, realizado en Sucre a fines de mayo.

A continuación, transcribimos su poema "Tiempo de Siembra" escrito el año pasado en Cochabamba, donde Manoel de Andrade ha estado como uno de los invitados extranjeros al Segundo Congreso Nacional de los Poetas.

TIEMPO DE SIEMBRA

ya no se puede hablar de amor
sin pensar en el tiempo inmenso de la siembra
en las semillas grávidas de esperanzas
pariendo flores nuevas sobre el continente
y después
redescubrir la vida en las espigas maduradas
y saber que hay una cosecha de trigo
a la espera de ser pan

ya no se puede hablar de amor
sin caminar con la expectativa de estos pueblos fatigados
presintiendo un tiempo mejor para nosotros
como la caricia del rocío en una madrugada lejana
porque la América, hermanos,
está presta a ser reconstruida en cada puño.

vamos entonces compañeros
hay poco tiempo por la vida
y es urgente comprender
que no fue en vano haber sido un hombre
vamos porque son muchos los que esperan por nosotros
en alguna parte hay un niño que llora
hay un hombre que todavía cree en la justicia
hay pueblos que esperan una estación nueva
una aurora dulce sobre el campo

vamos, hay una mañana abierta en nuestros pasos
la América está cruzada de caminos
y ya son muchos los que llevan su sueño como un fusil
clandestino
porque este es el tiempo inmenso de la siembra
y es preciso reconstruir el mundo
cantar para el pueblo finalmente
hacer que las palabras sean uvas
es preciso embriagar a los hombres
para que todos conozcan el sabor de la vida

y a vosotros, poetas y cantores,
hay que redescubrir la poesía
tantas veces muerta
por aquellos que no supieron cantar la vida desde el pueblo
que hablaron de flores ante el suelo calcinado de la patria
que cantaron al amor sin comprender la súplica de niños
hambrientos

y por eso
cuando me preguntan de qué vale un poeta en el mundo
yo contestó con mi canto de hijo proletario
con mi infancia descalza y sin juguetes
con todos los niños del mundo que fuí en mi estómago
de agua
por eso sé cantar con mi corazón de pueblo
sentir que mi canto nace como un grito de combate
y para eso debe nacer una canción en América
para que podamos ametrallar
con un puñado de palabras

ah amiga hermanos, camaradas
cuando se vive en un tiempo mutilado
cuando se canta con la voz de los compatriotas muertos
con el dolor de los compañeros torturados
cuando se canta so pena de muerte
con el pánico de un pueblo entero
con la faz ensangrentada de la patria,
entonces, camaradas,
entonces hay que cantar más fuerte
aunque esa sea nuestra última canción
nuestra ternura de poetas
dibujada en palabras de sangre
y por eso es tan dolorosa la misión de un poema
porque un poema es también un gesto de tortura
un grito de odio que lacera el corazón del justo

vamos pues camaradas
cerrad vuestros puños, vuestros labios
ya no se puede hablar de amor
sin pensar en el tiempo inmenso de la siembra

Cochabamba, octubre de 1969

No dia 20 de junho de 1970, seu texto foi publicado no vespertino *Jornada*[309]:

17. O lançamento do primeiro livro

O livro, conforme consta do Programa que ainda guardo em meus documentos, foi editado em La Paz, pelo Comitê Central Revolucionário

---

309 *Manoel de Andrade: A voz de um poeta sem pátria* por: Sylvia Laborde

eu canto para dizer minhas verdades
para testemunhar meu tempo
com seus verdugos
e seus mártires diários;
meu tempo com seus cadáveres vivos
caminhando resignados pelas ruas.

Manoel de Andrade, *O caminhante e seu tempo*

Diz-se que o Brasil é um país de poetas. Mas destacar-se literariamente em um país de quase cem milhões de habitantes não é tão fácil como se acredita.

Da nova geração de poetas brasileiros, Manoel de Andrade é um dos nomes cuja obra mais se popularizou nos últimos anos. Mas na verdade, seu nome cresce fora de seu país, de onde teve que sair por motivos relacionados com sua poesia. Realizou extensas peregrinações pela América do Sul, principalmente na Bolívia e no Peru, dando recitais em centros universitários e entidades culturais por quase todas as cidades desses países.

Sua voz lírica se alterna entre a ternura e a rebeldia, e está cheia de um profundo sentimento de liberdade e esperança; de um indecifrável propósito de denúncia e acusação, mas expressadas com o amor de um homem que fala com o coração e que sabe dizer com ternura as duras verdades de nosso tempo.

Na verdade, a violência da sua poesia é um ato de amor para com o povo; porque Andrade não canta para os ouvidos delicados; ele canta para os oprimidos, para os homens sem face, para "aqueles que amadurecem, dia a dia, os punhos para a luta".

Em alguns de seus poemas mais conhecidos, como em *Tempo de semeadura* e *Canção para os homens sem face*, Andrade fala de sua pátria oprimida e silenciada. Fala amargurado quando canta com "a voz dos companheiros torturados" e com "a face ensanguentada da pátria".

Agora já se sabe que o cartaz com um poema anônimo ao "Che" que percorreu toda a América, foi escrito por este poeta brasileiro. Conta-se que muitos estudantes latino-americanos que se encontraram com "El Poeta", mostravam-lhe o cartaz como um exemplo de arte realmente revolucionária, sem saber que estavam falando com seu próprio autor.

No início deste ano, seus *Poemas para a liberdade* foram publicados em livretos mimeografados no Peru e agora seu primeiro livro sai editado na Bolívia, dedicado à memória do líder mineiro Federico Escobar Zapata.

Nesta sua segunda passagem pela Bolívia, Andrade tem viajado por várias cidades do país a convite de organizações estudantis. Como delegado fraternal do Brasil, leu os seus poemas no Segundo Encontro Extraordinário de Juventudes Universitárias, realizado em Oruro no mês passado. Ofereceu um recital em Potosí a convite da FUL e participou como convidado especial do I Festival Nacional Universitário de Cultura, realizado em Sucre em fins de maio.

A seguir, transcreveremos seu poema *Tempo de semeadura* escrito o ano passado em Cochabamba, onde Manoel de Andrade esteve como um dos convidados estrangeiros no Segundo Congresso Nacional de Poetas. (...)

da Universidad Mayor de San Andrés, e foi lançado no Teatro Universitário, em 9 de julho de 1970. A saudação inicial foi feita pelo poeta Roberto Sánchez e em seguida o poeta Pedro Shimose fez uma análise da minha poesia. Depois li seis poemas do livro que ali nascia editorialmente, com o nome de *Poemas para la libertad.*

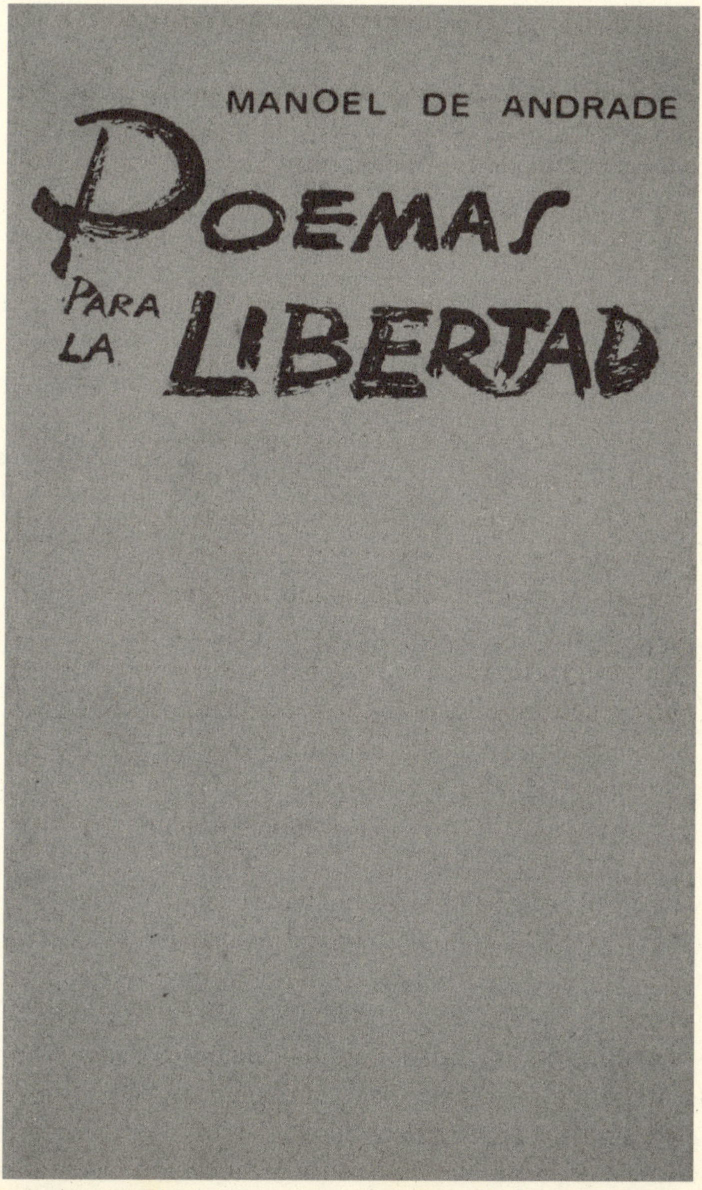

Meu primeiro livro saiu com a seguinte dedicatória:

Dedico este libro
a la memoria de un hombre sin precio.
a Federico Escobar Zapata
ese obrero simple e incorruptible
ese sol de estaño
ese minero boliviano que dedicó su vida a la causa de sus hermanos

y a Oscar Soria
y a Atílio Carrasco
que reavivaron mi fe en la poesía
como sendero de lucha.

Dediquei meu livro ao mártir da luta mineira boliviana, Federico Escobar Zapata (1924 -1966), pela sua imagem humana irretocável, moralmente íntegra e politicamente visionária. Na minha segunda passagem pela Bolívia, procurei inteirar-me da vida desse homem extraordinário, tido então como a figura revolucionária mais importante do proletariado mineiro. Lutou para tirar a Bolívia da dependência imperialista, pela sua industrialização, por uma cultura científica para a agricultura e por uma economia independente. Como militante maoísta e líder mineiro, sofreu torturas e confinamentos, prisões e exílio. O que de concreto me levou a dedicar a ele meu primeiro livro foi o seu caráter absolutamente incorruptível. Contaram-me que a dois dias de ser nomeado para um cargo gerencial na Comibol (Corporação Mineira Boliviana), renunciou à promoção e voltou a trabalhar no interior da mina, por não achar justo que, pela mesma jornada de trabalho, ele ganhasse 40 vezes mais que seus companheiros. Contaram-me também que o ex-ministro do interior Antonio Arguedas, tido como agente da CIA, tentou corrompê-lo como líder sindical, oferecendo 6.000 dólares para negociar sua consciência política. Federico cuspiu em seu rosto e o expulsou da cela onde estava preso. Algum tempo depois, morreu misteriosamente e sua morte nunca foi esclarecida.

Na segunda parte da dedicatória, expressei meu preito de gratidão ao escritor Oscar Soria Gamarra e ao pintor Atílio Carrasco. A Oscar, porque quando da minha chegada à Bolívia, em setembro do ano anterior, abriu as portas do seu coração com a mais sincera e fraterna amizade, e da sua casa para me apresentar aos grandes intelectuais bolivianos. A Atílio, porque foi o grande amigo e companheiro de ideais revolucionários que conheci em Cochabamba, quando lá participei do Congresso de Poetas. Foi ele que me levou a conhecer as comunidades indígenas da região, que ilustrou com sua arte o meu poema *Canción para los hombres sin rostro,* publicado na revista *Letras Bolivianas,* bem como o meu poema ao Che, no cartaz editado em outubro de 1969, pela Federação Universitária Local, de Cochabamba.

Já o poeta e jornalista Jorge Suárez escreveu em suas primeiras páginas:

Presentación:

A Manoel de Andrade, que debe ser el primero de los juglares de nuestro tiempo – y lo es porque anduvo mucho tiempo repartiendo sus poemas bajo el simple pero explícito rubro de "El Poeta" – lo hemos convencido de dejar aquí, en Bolivia, el primer testimonio de su creación literaria. Y estamos seguro de haber tenido, siquiera esta vez, un gran acierto. Porque Manoel de Andrade se proyecta hacia el tiempo como un gran poeta. Cantor de nuestro tiempo, modula su voz como quiere; irritada cuando trasunta la protesta de su pueblo avasallado por la tiranía, o tierna cuando le dice a su hija su antiguo afán de marinero. Esta versatilidad de acorde, este ser poeta y, a pesar de ser poeta, ser insurrecto; este andar por América diciéndole el canto al pueblo; esta investidura, legítima porque le viene de la sangre y no se la concedió nadie, convierten a Manoel de Andrade en un paralelismo que tiende a plasmarse, en una especie de profeta, es decir, en lo que fue Maiakovsky antes de que triunfara la Revolución Soviética.

Si, profeta de la tormenta, del gran sacudimiento que hará del Brasil, por todos los indicios, campo de muerte pero, al fin, campo de libertad.

Entiendo la poesía de Andrade como el azoramiento de frondas y pájaros enloquecidos, raptantes sierpes que silban mientras fugan, cuando el huracán se avecina a los llanos. Es el preludio, el clarín de la catástrofe; pero también a momentos, en ciertos pozos de quietud, maulla como un felino dócil y arrulla. Canto desatado, que se prodiga en tintes imaginativos, Brasileño es Andrade por donde se lo mire; sin embargo, este su primer libro sale a rodar en castellano, idioma que lo acoge cuando la persecución policial lo proscribe de su tierra. Este rasgo de su poesía, si la predicción que tenemos de él se cumple, hará de Andrade un puente espiritual entre esta América de nieve y rocas y el inmenso Brasil que entrevemos a través de la niebla andina. Para este día, para el día en que el viento nuevo de la revolución latinoamericana borre las fronteras, es que anuncio a este poeta. Pero bastan las palabras. Es el cantor el que interesa. ¡Escuchémoslo!

Jorge Suárez[310]

Eu estava me tornando rapidamente conhecido na Bolívia como poeta. Quer por minha participação no Congresso de Poetas, publicações de meus poemas em revistas e informativos universitários, recitais que dei em Cochabamba, como pela divulgação pelas federações estudantis do cartaz com meu poema ao Che e as repercussões políticas do "convite" para deixar o país no ano anterior. Nesta segunda viagem, havia dado grandes recitais em Oruro, Potosi, Sucre e La Paz. Creio que tudo isso fez lotar totalmente o Teatro Universitário, no lançamento de *Poemas para la libertad*, de cuja edição de 2.000 exemplares recebi

310 ***Apresentação*** *– A Manoel de Andrade, que deve ser o primeiro dos jograis do nosso tempo – e o é porque andou muito tempo repartindo seus poemas sob o simples, mas explícito pseudônimo de "El Poeta" – convencêmo-lo a deixar aqui, na Bolívia, o primeiro testemunho de sua criação literária. E estamos seguros de haver tido, ao menos desta vez, um grande acerto. Porque Manoel de Andrade se projeta no tempo como um grande poeta. Cantor do nosso tempo, modula sua voz como quer, irritada quando transcreve o protesto do seu povo avassalado pela tirania, ou terna quando conta a sua filha o seu antigo afã de marinheiro. Esta sonora versatilidade, este ser poeta e, apesar de ser poeta, ser insurreto; este andar pela América dizendo seu canto ao povo; esta investidura, legítima porque lhe vem do sangue e não lhe concedeu ninguém, convertem Manoel de Andrade em um paralelismo que tende a plasmar-se em uma espécie de profeta, isto é, no que foi Maiakovski antes que triunfasse a Revolução Russa.*

Sim, profeta da tormenta, da grande sacudida que fará do Brasil, por todos os indícios, campo de morte mas, finalmente, campo de liberdade.

Entendo a poesia de Andrade como a inquietação das ramagens e pássaros enlouquecidos, serpentes que silvam enquanto fogem, quando o furacão se avizinha das planícies. É o prelúdio, o clarim da catástrofe; mas também por momentos, em certos poços de quietude, mia como um felino dócil e arrulha. Cantor desatado, que se prodigaliza em cores imaginativas. Brasileiro é Andrade por onde seja visto; contudo, este seu primeiro livro sai publicado em espanhol, idioma que o acolhe quando a perseguição política o proscreve de sua pátria. Este rasgo de sua poesia, se a predição que temos dele se cumpre, fará de Andrade uma ponte espiritual entre esta América de neve e rochas, e o imenso Brasil que entrevemos através da neblina dos Andes. Para este dia, para o dia em que o vento novo da revolução latino-americana apague as fronteiras, é que anuncio este poeta. Mas chegam as palavras. É o cantor o que interessa. Vamos ouvi-lo. Jorge Suárez.

gratuitamente 500, dos quais cerca de 200 foram vendidos no evento, além de receber da universidade 60 dólares pelo recital de apresentação do livro.

Entre os jornais que anunciaram o lançamento, lia-se em 9 de julho, no jornal *Presencia*:

Recital

En el paraninfo de la Universidad Mayor de San Andrés, a las 18h30 se realizará una lectura de poemas y la presentación del libro "Poemas para la libertad", del poeta brasileño Manoel de Andrade. La presentación de Manoel de Andrade estará a cargo del poeta boliviano Pedro Shimose. Posteriormente, Andrade dará lectura a algunas composiciones que integran el libro, entre las cuales citamos: Canción para los homens sin rostro, El guerrillero, Tiempo de Siembra, Qué es la poesía, mi Hermano?, Requien para un poeta guerrillero e, enfin, El caminante y su tiempo.[311]

No dia seguinte, o jornal El Diário trouxe a seguinte nota:

Tuvo éxito lectura de poemas ayer

Ayer a horas 18 y 30 en el Paraninfo de la Universidad Mayor de San Andrés fué presentado el libro "Poemas para la libertad" del poeta brasileño Manoel de Andrade.

El poeta nacional Pedro Shimose dijo las palabras de presentación del nuevo poeta.

La obra presentada es la primera del autor y se editó en nuestro país.

311 ***Recital*** – No auditório da Universidade Mayor de San Andrés, às 18h30, realizar-se-á uma leitura de poemas e a apresentação do livro "Poemas para a liberdade", do poeta brasileiro Manoel de Andrade. A apresentação de Manoel de Andrade será feita pelo poeta boliviano Pedro Shimose. Posteriormente, Andrade lerá algumas composições que integram o livro, do qual citamos: *Canção para os homens sem rosto, O guerrilheiro, Tempo de semear, O que é a poesia, meu irmão?, Réquiem para um poeta guerrilheiro,* e, ao final, *O caminhante e seu tempo.*

En la presentación del poemario se lee "...Manoel de Andrade se proyeta hacia el tiempo como un gran poeta". En otro párrafo: "Entiendo la poesía de Andrade como un azoramiento de frondas y pájaros enloquecidos, reptantes sierpes que silban mientras fugan, cuando el huracan se avecina a los llanos".

Luego el poeta dió lectura a los poemas impresos en su obra acaparando la atención del público que premió sus creaciones con un cerrado aplauso.[312]

18. A solidariedade de Jorge Suárez

Uma insistente pergunta sempre pairou sobre meu espírito, no transcorrer desses 42 anos: que misteriosos fios do destino puderam enredar meus passos a ponto de, sem mover um dedo sequer, ver meu primeiro livro publicado sem gastar um centavo, receber 500 exemplares e ter seu lançamento num dos locais intelectualmente mais cobiçados de La Paz? Como creio que nada acontece por acaso, sempre me perguntei que imperscrutáveis forças guiaram-me para aquele encontro com Jorge Suárez na redação do seu jornal e qual teria sido o meu futuro, como poeta, se aquele livro não abrisse, por toda a América Latina, tantas portas por onde transitaram meus sonhos transformados em poesia? Jorge havia lido apenas um poema meu – *Canción para los hombres sin rostro* – publicado no quinto número da revista *Letras Bolivianas,* editada em outubro de 1969, pela Universidad Mayor de San Simon, de Cochabamba. Ler e gostar de um poema é muito comum para qualquer amante da poesia, como também é normal o interesse em conhecer o autor, ainda que praticamente desconhecido literariamente. Mas não é

312 Teve êxito ontem a leitura de poemas – *Ontem às 18h30, no auditório da Universidade Mayor de San Andrés, foi apresentado o livro "Poemas para a liberdade" do poeta brasileiro Manoel de Andrade. O poeta nacional Pedro Shimose proferiu as palavras de apresentação do novo poeta. A obra apresentada é a primeira do autor e se editou em nosso país. Na apresentação do poemário se lê "... Manoel de Andrade se projeta no tempo como um grande poeta". Em outro parágrafo: "Entendo a poesia de Andrade como a inquietação das ramagens e pássaros enlouquecidos, serpentes que silvam enquanto fogem, quando o furacão se avizinha das planícies". Em seguida, o poeta leu os poemas impressos em sua obra, monopolizando a atenção do público que honrou suas criações com um longo aplauso".*

comum surgir, num primeiro encontro, a oferta de uma edição gratuita de 2.000 exemplares de um livro de poesia. Tudo isso parece muito estranho, em nossos dias, quando o mercado editorial apenas pensa em lucro e despreza os títulos de poesia. Ainda que fosse uma edição promovida por uma instituição universitária, muitos editores poderão duvidar dessa história. Mas esse é o incrível enredo dos fatos que propiciaram a primeira edição dos meus *Poemas para la libertad.*

Hoje, transitando na memória de um passado tão distante, sinto que persiste em meu coração, entrelaçado com esse "mistério", um inesgotável sentimento de gratidão pelo mais belo e solidário gesto que recebi em toda a minha vida. Apesar da minha convivência com Jorge além das fronteiras da Bolívia, nenhum ato dessa imperecível gratidão, – e mesmo na nota de agradecimentos na edição brasileira de 2009 de *Poemas para a liberdade*, onde credito a ele, exclusivamente, os méritos pela publicação do meu primeiro livro – pode igualar o tamanho da sua solidariedade. O tempo, que tudo coloca em seu lugar, ajudou-me a compreender, sempre mais, a dimensão do seu despojamento, do seu total desinteresse pessoal, convocando-me para retardar minha partida ao Peru e abrir para mim, editorialmente, e tão distante do meu país, as portas da literatura. Quantos insondáveis mistérios envolvem certas passagens de nossas vidas! Pergunto-me, com frequência, o que significaram as sementes do seu gesto na minha posterior condição de poeta, pelos frutos que colhi nas reedições daquele livro na América Latina e nos EE.UU., nas resenhas e comentários, na sua inclusão em catálogos de autores latino-americanos, em cadastro de várias bibliotecas no continente, e ao descobrir, muitos anos depois, os poemas publicados em revistas, jornais e em importantes antologias poéticas latino-americanas. Nas palpitações deste sublime agradecimento, meu coração também se abre para o jornalista brasileiro Paulo Cannabrava Filho, relembrando nosso "casual" encontro, numa manhã de sol no centro de La Paz, referindo-se a alguém de quem eu nunca ouvira o nome e insistindo para me apresentar um tal Jorge Suárez, diretor do jornal onde ele trabalhava e que havia lido um poema meu e queria me conhecer. Foi através desse "misterioso acaso" e da sua intermediação que tudo aconteceu..., meu primeiro livro foi publicado, e nasceu daquele encontro uma amizade que uniu nossas almas em La Paz, na Cidade do México e na bela Santiago, no governo de Salvador Allende. Em agosto de 1998, quando dirigia o jornal *Correio do Sul,* na cidade de Sucre, seu coração parou de bater. Apesar dos meus pesares,"sei" que seu coração continua palpitando num Mundo Maior e por muitas vezes nossas almas já partilharam a mesma frequência espiritual. Mas voltarei a falar de Jorge ainda "vivo", quando meus passos o encontrarem no México, em janeiro de 1971 e depois no Chile, em 1972.

19. Carta violada

Durante aquele mês em que prorroguei minha estadia na Bolívia, estava estranhando a ausência de cartas dos meus familiares. Alguns brasileiros que viviam em La Paz, e entre eles a jovem refugiada política Talita Rosa Munhoz, já haviam comentado sobre a violação de correspondência vinda do Brasil. As suspeitas se confirmaram quando, em 1º de julho de 1970, recebi uma carta de minha esposa Marilena, datada de 22 de junho, com as extremidades do envelope coladas com fita adesiva. Eram os sinais do cerco que fazia a ditadura brasileira a qualquer sinal de "subversão". Foi a época em que surgiram os mais sanguinários órgãos de repressão política, que começaram com a Operação Bandeirantes, a famigerada Oban, continuando com a criação, em setembro de 1970, do Destacamento de Operações de Informações (DOI), um órgão de inteligência, criado em vários estados e subordinado ao Centro de Operações de Defesa Interna (Codi), surgindo dessa união o DOI-Codi. As dependências dessa sigla sinistra, cuja pronúncia trazia pânico e desespero, foi o palco, em São Paulo, dos mais perversos atos de tortura, assassinatos cruéis e desaparecimentos políticos na história da nossa sangrenta ditadura militar, entre eles a tortura que levou à morte, em 1975, o jornalista Vladimir Herzog. A luta contra o regime estava declarada, nos atos e nos fatos. Naquele mês de junho, no Rio de Janeiro, foi sequestrado o embaixador alemão Ehrenfrid von Holleben e trocado por 40 presos políticos, dos cerca de 500 que havia nas prisões da ditadura, a maioria estudantes, cuja idade média era 23 anos. Em dezembro daquele ano, também o embaixador suíço Giovanni Enrico Bucher[313] foi sequestrado e trocado por 70 presos políticos.

Foi a partir desse período mais cruel do regime militar que o controle e a violação de correspondência se intensificaram, notadamente para aqueles que estavam exilados no Chile, para onde voltei em 1972. Muitas das cartas que recebi chegaram violadas a outros países por onde passei e muitas que enviei ou que me foram enviadas, nunca chegaram ao seu destino.

20. Um novo convite, despedidas dos amigos, o último adeus à Bolívia

Alguns dias antes de seguir viagem, recebi um telefonema do poeta e diplomata Edgardo de Habich, convidando-me para uma conversa na embaixada do Peru. Lá chegando, ele comentou que o ato cultural sobre o terremoto tivera ótimas repercussões, quer pela opinião do público presente, quer pelas imagens veiculadas na televisão, e que a Sociedade Peruana de Beneficência havia sugerido à embaixada a reprise do evento. O novo ato cultural estava sendo pensado para dali a uns quinze dias e ele esperava contar com minha presença como violonista. Embora honrado e agradecido, tive de declinar do convite. Expliquei que dali a dois dias se daria o lançamento do meu livro e já no dia seguinte, dia 10 de julho, terminava a prorrogação do meu visto de permanência. Ao entardecer, eu tomaria o vapor no porto de Guaqui, com escala em Puno, de onde seguiria de trem para Arequipa. Ambos lamentamos, mas ele compreendeu e confirmou sua presença no lançamento do meu livro.

313 Bucher jogou carta com os sequestradores que conviviam com ele de cara limpa e depois se negou a reconhecê-los diante da polícia, dizendo que eles sempre estavam encapuzados. Com a chegada dos 70 militantes ao Chile – entre eles, o companheiro e amigo Aluízio Palmar – encerrava-se a fase de sequestros de diplomatas pelas organizações revolucionárias. Essas ações políticas permitiram que 130 jovens militantes presos, que viviam sob tortura, sob o risco de morte e de desaparecer para sempre, fossem libertados das garras mortais da ditadura.

Uma semana antes da minha viagem, comprei uma mala grande e reforçada para levar o que deveria restar dos 500 exemplares que seriam postos à venda no lançamento. Dos que foram vendidos e dos que presenteei a amigos, sobraram 270 livros, dos quais acomodei 200 na mala, com a maior parte das minhas roupas, e 70 na minha mochila. Chegara a hora de partir novamente, e agora com o coração ainda mais repartido que da primeira vez. No ano anterior, eu fora intimado a deixar a Bolívia, mas agora os convites, os fatos e os gestos fraternos me acenavam para ficar.

As despedidas deram-se na noite do lançamento. Poetas, intelectuais, estudantes misturavam-se com os amigos da minha primeira e da segunda passagem pelo país: o escritor Oscar Soria Gamarra e o pintor Atílio Carrasco, cujos nomes honravam a dedicatória do meu livro, o diretor de teatro Leo Redin, os cineastas Jorge Sanjinés e Antonio Eguino, o poeta Eliodoro Ayllon Teeran, e entre outros a presença do meu mecenas editorial: Jorge Suárez. Eu partia da Bolívia, talvez para não mais voltar, mas ali ficaria para sempre um pedaço de minh'alma. *Onde estiver o teu tesouro, lá estará também teu coração*, disse Jesus de Nazaré. Sim, na Bolívia ficaram os rastros mais luminosos de minha vida de poeta, e os mais ricos tesouros da amizade que guardo no coração.

XVIII PERU: MEU DESTINO NA BALANÇA

1. O Titicaca, passagem por Puno e surpresas em Arequipa

A segunda viagem pelo Titicaca encheu novamente meus olhos com as paisagens do altiplano. A tarde caía sobre o imenso lago, quando o vapor deixou o cais. Era o mesmo barco em que viajara nove meses atrás, só que agora num camarote de primeira classe. Que emocionante recomeçar aquela rota de encanto, navegar pelo lago Pequeno ou *Huinaymarca*, como dizem os bolivianos. No rastro da popa, ficou o estreito de Tiquina e se abrindo na proa a imagem sem fim do *Chucuito*, o grande lago que inunda com a imensidão os olhos dos viajantes. Navegamos tarde adentro, com o sol já caindo pela esquerda e seus raios pintando o oriente, com um incêndio de luzes, manchas e cores. Lembro-me de um vento inefável batendo em minha face, como uma carícia da liberdade. Um tempo inesquecível de minha vida, quando meus sonhos viajavam sob o imaculado azul do altiplano, pousavam na imagem silenciosa da cordilheira e navegavam sobre as águas da montanha. Hoje pergunto como as nítidas imagens desse encanto puderam ficar imaculadas e para sempre dentro de mim. Lembro-me ainda do barco penetrando no crepúsculo e quando o dia se despediu atrás das águas, a penumbra foi cobrindo aquele imenso mar, apagando os contornos das montanhas do ocidente e, qual uma miragem fastástica, as neves eternas do Illimani pareciam suspensas no céu. A obscuridade apagou também as linhas do horizonte e permaneci no convés à espera que a Via Láctea acendesse as primeiras lâmpadas. Foi um momento de sedução, ver sobre o fundo escuro da noite a luz difusa da lua refletir a imensa cordilheira nevada. Sob as estrelas solitárias, meu barco seguia para o seu destino distante. Uma campainha externa se ouviu no lado da proa. Era anunciada a hora do jantar.

Nessa segunda viagem pelo Titicaca, saí da cama bem cedo para acompanhar a chegada ao outro lado do lago. Queria olhar de perto a ilha Taquila e o conjunto de ilhas flutuantes dos Uros. Sempre amei a imagem das baías, golfos, estreitos e enseadas e queria, desta vez, ver a aurora iluminar a baía de Puno. Amanhecia quando cheguei ao convés. Era inverno, fazia frio e o sol ainda não escalara o Illimani, colorindo a neve com várias tonalidades, naquele espetáculo multicor que tantas vezes contemplei no amanhecer, em La Paz. Ao longe, muitas aves riscavam a paisagem rumo a não sei onde. Entre as ilhas, algumas canoas de totora navegavam solitárias. Toda a paisagem era um parto de luz. As auroras são assim..., símbolos de esperança e em minh'alma tudo era expectativa. Meu olhar divisava ao longe o porto de Puno, mas pairava também na magia do amanhecer, olhando para o futuro que sonhava: numa sociedade justa e fraterna. Minha poesia era a expressão dessa esperança e por isso voltava ao Peru com novos sonhos. Tinha pressa em chegar à capital e contagiar a juventude com meus versos. Pensava dar início aos meus recitais nas grandes universidades de Lima. Já tinha os contatos para programar minha apresentação na célebre Universidade de San Marcos e na Nacional Agrária de La Molina, onde ensinara o grande escritor indigenista José María Arguedas. Pensava também dizer meus versos em outros recintos culturais e depois levar meu canto para as cidades do norte, Trujillo, Cajamarca, Chiclayo, Piura, rumo ao Equador.

Minha passagem por Puno foi muito rápida e não foi possível fazer contato com os poetas José Luiz Ayala, Alberto Valcárcel e com o crítico Jesualdo Portugal Castello. O trem chegou em Arequipa no meio da tarde e me hospedei num hotel modesto, no centro da cidade. Na manhã do dia seguinte, fui à Universidad de San Agustín onde fiz contato com os dirigentes da Federação Universitária de Arequipa (FUA) e do Centro Federado de Letras. Para surpresa minha, eles haviam feito uma nova edição mimeografada de Poemas de América Latina. Esta de 1.000 exemplares, editada em fevereiro de 1970, quando eu estava em Cusco. Diferente da edição de janeiro, tinha a capa impressa em papel couché fosco, azul claro, realçando as cores da ilustração. Presenteei alguns dos dirigentes com a edição boliviana do meu livro. Um deles me disse que muitos estudantes comprariam meu livro, se soubessem onde encontrá-lo e daí surgiu a ideia de colocá-lo nas livrarias de Arequipa. Ele me levou a duas livrarias do centro. O estudante de letras disse aos proprietários que meus livros seriam rapidamente vendidos e que ele mesmo faria a divulgação na universidade. Numa delas, o proprietário já me conhecia, porque estivera no recital que eu dera na Associação de Escritores, Artistas e Intelectuais de Arequipa (ANEA), em janeiro. Acabou comprando 50 exemplares dos Poemas para la libertad, recém-editado em La Paz.

2. Lima: sonho e decepção

Recusei o convite para uma nova apresentação na Universidade de San Agustín. Estava ansioso para voltar a Lima e organizar meus recitais há quatro meses protelados. Marquei a passagem e me despedi dos amigos. Eu voltava à capital cheio de sonhos. Trazia comigo alguns endereços e referências de dirigentes estudantis de Arequipa, destinados a importantes contatos nas universidades limenhas. Estava motivado para cumprir uma etapa importante na minha missão revolucionária como poeta e também acreditava estar intelectualmente preparado para o debate. Nos dois longos períodos que estivera em Cusco, estudei o que pude sobre o Peru. Havia lido os *Comentarios reales* de Garcilaso de la Vega, *La historia en el Perú*, de José de la Riva Agüero, e os *Siete ensayos de interpretación de la realidad peruana* de José Carlos Mariátegui. Estudara a literatura indigenista através das obras de Ciro Alegria, Manuel Scorza e José María Arguedas. Pesquisara a história das lutas sociais do Peru através da revolta de Túpac Amaru e dos recentes movimentos guerrilheiros dirigidos por Hugo Blanco, Puente

Uceda, Lobaton, Héctor Béjar e outros. Estudara em Lima a obra poética de César Vallejo e me inteirara da heroica aventura do poeta Javier Heraud, a quem dedicara um poema. Por outro lado, estava me tornando conhecido em todo o sul do país, pelos grandes recitais que dei em Arequipa, Puno, Cusco e Ayacucho. As edições mimeografadas dos meus poemas, publicadas em Arequipa e Cusco corriam o Peru e o continente e agora eu trazia 200 exemplares dos meus *Poemas para la libertad*, cuja explícita mensagem revolucionária não se encontrava nem se encontraria em nenhum outro livro de poesia publicado na América Latina. A tudo isso, somava-se a atração dos estudantes daqueles anos pela romântica imagem peregrina de um poeta revolucionário, fugitivo de sua pátria, e que levava seus cantos a distantes rincões da América. Enfim, esse era o perfil com que imaginava estar chegando a Lima, onde esperava dar grandes recitais e debater sobre problemas brasileiros, latino-americanos e peruanos, com uma das mais preparadas e aguerridas juventudes do continente. Mas toda essa bela expectativa e esse acalentado sonho transformaram-se na mais completa frustação.

3. Detido na estrada e preso por quatro dias em Lima

No dia 14, segui para Lima. O ônibus saiu muito cedo, numa longa viagem direta à capital. Rodamos a manhã inteira pela rodovia Pan-Americana e creio que em torno das 16h00, já na entrada de Lima, o ônibus foi parado num posto policial e um guarda entrou perguntando se havia estrangeiros no veículo. O motorista disse que havia um brasileiro e me foi pedido o passaporte. O agente desceu com o documento e cerca de cinco minutos depois, ressurgiu na porta, comunicando que eu deveria descer com toda a minha bagagem. Desci apenas com minha mochila e deixei no ônibus a mala com os duzentos exemplares do meu livro. O local era um posto de guarda rodoviária e me mandaram sentar num banco em frente a um grande balcão. Perguntei o que havia de irregular comigo e me disseram que nada sabiam. Que apenas meu nome e minha nacionalidade ali constavam, para que fosse detido para averiguações. O ônibus partiu levando minha mala, cujo tíquete estava comigo. Depois de

40 minutos, chegou uma caminhonete cinza, com dois indivíduos em trajes civis: o motorista e um agente policial. Entregaram ao último meu passaporte e minha mochila e fui "convidado" a entrar na viatura. Logo chegamos à capital e fui levado a um edifício no centro da cidade, onde se lia na entrada: *Policía de Investigaciones del Perú* (P.I.P.). Ver aquela placa gerou-me sinistros presságios. Conhecia de muitas referências a tenebrosa imagem da P.I.P., que torturava os homens até a morte e violentava as mulheres. Seus agentes eram tidos como os mais cruéis, perversos e corruptos da América Latina. Não me lembro se o edifício tinha dois ou três andares, mas subimos as escadas até o final, onde havia um pequeno terraço e um corredor com algumas salas de ambos os lados. Havia, no início, uma sala que era o escritório do delegado e creio que as demais eram para a detenção. O agente levou-me para a primeira sala à direita do corredor que estava vazia, e disse que no dia seguinte o delegado chamaria para uma conversa. Trancou a porta à chave e ali fiquei, impotente, passageiro do destino, diante de um monte de palha num canto da sala, que seria meu colchão durante quatro dias. No compartimento, não havia pia, nem sanitário.

Ao receber o café, pela manhã, disse ao carcereiro que conhecia o dr. Alfonso Benavides Correa, o atual Procurador Geral da República e pedi para passar a informação ao delegado, rogando que o Procurador fosse notificado da minha presença ali. Tinha a certeza de que havia algum equívoco sobre minha detenção e o dr. Benavides poderia esclarecer quem era eu. Disse também que cheguei ao Peru com uma passagem de cortesia da embaixada peruana em La Paz, por ter participado de um evento cultural, relacionado com as vítimas do terremoto do Peru. Se ele comunicou ou não isso ao delegado não sei, mas no meio da tarde fui levado à sua presença. Tinham tirado de minha mochila os 20 exemplares do meu livro e também me mostraram as edições panfletárias editadas no ano anterior em Arequipa e Cusco. Fui interrogado pelo chefe daquele setor e um agente. Perguntaram com que finalidade estava voltando ao Peru e porque saíra do Brasil. Disseram-me que eu era um agitador perigoso e irresponsável, porque com meus versos insuflava, nos jovens, a luta armada. Respondi que era um idealista, como eram aqueles que lutaram pela Independência do Peru e da América contra o jugo espanhol e que o meu maior inimigo era o imperialismo norte-americano, e as oligarquias reacionárias latino-americanas que mantinham o povo oprimido e explorado. Depois de quase meia hora de interrogatório, resolvi mostrar a carta que trazia de Edgardo de Habich, poeta e agregado cultural da embaixada peruana em La Paz, recomendando-me para intelectuais peruanos e mencionando a minha participação no ato em memória das vítimas do terremoto. Eles leram a carta e não me devolveram, apesar da minha insistência. Um importante documento, cujo conteúdo já não me lembro a quem estava dirigido. Pedi também a eles que me permitissem telefonar para o dr. Benavides, mas ignoraram, com indiferença, o meu pedido.

Depois disso, o interrogatório terminou. Fiquei três dias incomunicável. Meu único passatempo foram os registros no meu diário e a leitura dos versos de Walt Witmann, num pequeno exemplar, contendo sua obra poética em papel bíblia, editada em castelhano, pela Aguillar. Lá pelas nove horas da manhã do quarto dia, fui levado à sala do delegado. Recebeu-me totalmente diferente ao dia do interrogatório. Estava descontraído e até simpático. Disse que tinha lido partes do livro, apreciara meus versos, mas que havia ordens para que eu fosse encaminhado à expulsão do país naquele mesmo dia. Que seria encaminhado em seguida para o Departamento de Estrangeiros, para o processo de expulsão. Tirou da gaveta um exemplar de uma edição mimeografada dos meus *Poemas para la libertad*, editados em fevereiro pela Federação Universitária de Cusco e disse que a razão da minha expulsão é que meus poemas pregavam a luta armada e que alguns exemplares foram parar nas mãos de agentes do serviço de inteligência do exército, em Cusco. Que seu conteúdo fazia apologia à guerrilha e a guerrilheiros peruanos – por certo numa suposta referência ao meu poema a Javier Heraud, bem como pela agravante de que meus poemas foram editados em Cusco, região onde se instalara alguns anos antes o maior movimento guerrilheiro do Peru, comandado por Hugo Blanco – e que a partir de sua análise e pela minha condição de estrangeiro, fora expedida, há alguns meses, a ordem da minha detenção e, no dia anterior, a resolução de minha expulsão pelo Ministério do Interior. Dali mesmo, sem outras considerações, o delegado chamou um agente e o encarregou de levar-me para outro local da cidade.

4. Meu destino na balança

Quando soube que seria expulso do Peru, entrei em pânico por imaginar que eles fossem me colocar num avião com destino ao Brasil, com algum dossiê de informações no qual estivesse anexado um exemplar do meu livro. Em vários poemas, eu denunciava a ditadura brasileira. Num deles se lia:

Vamos pois companheiros...
quando se vive numa pátria amordaçada
quando se canta com os gritos dos companheiros torturados
com o silêncio dos compatriotas assassinados
e com a face ensanguentada da pátria.
Quando se canta sob pena de morte
e com o pânico de um povo inteiro,
então temos que cantar mais forte
ainda que esta seja nossa última canção...

Fui levado à Divisão de Estrangeiros e encaminhado a outro delegado. Rosto fechado e autoritário, perguntou se eu tinha alguma colocação a fazer sobre o tratamento que recebi durante minha detenção. Disse que sobre isso nada tinha a reclamar, além da incomunicabilidade de quatro dias e a negativa de poder me comunicar com o Sr. Benavides, Procurador da República. Lamentava não ter sido compreendido pelas razões políticas da minha poesia, já que admirava as posições nacionalistas do governo do general Juan Velasco Alvarado, sua clara opção na defesa dos oprimidos, expropriando latifúndios e voltando-se contra o imperialismo. E, por isso mesmo, estranhava que os representantes do seu governo, tido como de esquerda e revolucionário, me expulsassem do país por cantar em versos os mesmos ideais de liberdade e justiça social que eles diziam defender. Senti que ele se mostrou incomodado com minhas francas insinuações, ao contestar que seu governo poderia simplesmente ter me mandado para o Brasil, o que por certo seria um destino indesejável. Que esta possibilidade foi politicamente desconsiderada, quando o processo chegou ao Ministério do Interior, por se saber que tipo de militares estava governando o país. Disse que também ele era um homem de esquerda e que compreendia as justas razões sociais da minha poesia, mas que já não se podia fazer mais nada. Que no governo do Peru havia generais e generais. Minha expulsão do país fora tomada por setores de segurança militar que avaliaram como *perigoso* o conteúdo dos meus poemas, tanto em Cusco como em Lima. Deixou no ar uma implícita participação nas decisões tomadas quando disse – como que insinuando seu papel pessoal na minha defesa – que eu devia pôr as mãos para o céu por não ter sido enviado ao Brasil, como chegou a ser proposto, mas que seria acompanhado, com toda a segurança, até a fronteira com o Equador. Depois disso respirei tranquilo, pois realmente estava entrando em desespero só em pensar o que poderia me esperar no Brasil, ainda que não fosse um militante de nenhuma organização de esquerda. Dos males o menor. Bem mais aliviado e apesar dos pesares, agradeci a ele pela escolha do meu destino. Depois disso, perguntou se tinha dinheiro para pagar minha passagem de ônibus até a cidade peruana de Tumbes. Pegado de surpresa, disse que sim e acabei desembolsando uma razoável quantia para uma viagem de 1.300 quilômetros até a fronteira.

Um agente de imigração foi encarregado de me acompanhar, daquele momento até a travessia da fronteira com o Equador. Tínhamos algumas horas pela frente, já que o ônibus somente partiria no meio da tarde. Diante disso, pedi se ele podia me acompanhar, como convidado, para almoçarmos em algum restaurante das imediações e me levar ao Correio para ver se havia cartas de meus familiares do Brasil, caso contrário eu jamais as receberia. Ele concordou e deixamos a Divisão de Estrangeiros por volta do meio-dia. Entramos num restaurante popular e durante o almoço tratei de conquistar o meu acompanhante. Era um homem jovem, baixo, muito calmo, de fácil comunicação e não foi difícil que se criasse entre nós uma crescente simpatia. De lá fomos ao Correio. Não havia cartas para mim e ele me permitiu que despachasse um simples recado à minha esposa, onde anunciava minha viagem, no dia seguinte, para Guayaquil:

Lima, 17/7/70

Marilena! Parto amanhã para Guayaquil. Escreva-me para Correio Central – Quito – Equador. Manoel

5. Uma mala cheia de poesia

Assim que saímos do Correio, perguntei se ele me permitia fazer um rápido telefonema para duas amigas que tinha em Lima, apenas para dizer que estava de passagem para o Equador. Ele disse que recebera ordens para que não me comunicasse com ninguém, mas concedia alguns minutos e ficaria por perto. Acontece que assim que me dirigi ao telefone público, ele se afastou em direção a uma banca próxima para comprar cigarros. De pronto, liguei e falei com Maria Teresa, a filha mais velha do senhor Benavides, relatando rapidamente o que me acontecera, pedindo que seu pai, como Procurador da República, verificasse junto ao Ministério do Interior, o que realmente havia por trás da minha detenção e expulsão do Peru. Quando desliguei o telefone, ele estava voltando. Dali, saímos para tomar um café e depois seguimos para a Estação Rodoviária, a fim aguardar a hora de embarque. Lá chegando, disse-lhe, com naturalidade, que precisava retirar uma bagagem num depósito da estação a fim de despachar para Tumbes.

Como ele nem ninguém sabia do detalhe da mala na minha detenção na estrada, acompanhou-me sem problemas. Lá chegando, fui ao balcão da companhia em que vim de Arequipa e apresentei o tíquete. Um funcionário foi comigo até um depósito e lá estava ela, junto com outras malas e pacotes, dentro de um enorme quadrado de malha plástica amarela, ocupando toda uma pequena sala. Meu Deus, que imensa alegria senti em recuperar os duzentos exemplares do meu livro que já imaginava perdidos. Era o segundo grande alívio naquele dia. Saí com minha mala na mão, saboreando intimamente a vitória daquela luminosa providência que salvou meus livros.

SEGUNDA PARTE

Ai, América, que longo caminhar!

Equador, Colômbia, Panamá, Costa Rica, Nicarágua, El Salvador, Honduras, Guatemala, México, Estados Unidos, Equador, Peru, Chile

XIX
EQUADOR

1. Meu livro vira contrabando

Eu deixava Lima com minha alma de poeta partida ao meio. Quantos projetos carinhosamente esperados eram agora abortados, às vésperas de vir à luz. Por carta anunciara a alguns amigos da minha chegada a Lima e pedia que antecipassem os contatos para recitais no meio estudantil. Com parte de meus livros confiscados, eu agora estava à deriva, num mar de indagações, sem um norte, sem um porto e sem ninguém à minha espera.

O ônibus cruzou o centro de Lima e se encaminhou para a rodovia. Assim que tomamos o caminho da Pan-Americana Norte, perguntei ao agente que problema eu teria se não tivesse dinheiro para pagar minha passagem. Ele respondeu que não teria problema nenhum, porque o Ministério do Interior pagaria e que isso acontecia na maioria dos casos de expulsão de estrangeiros, inclusive em passagens de avião. Minha mera curiosidade foi providencial, porque aquela informação me seria muito útil dentro de três meses, quando algo semelhante se passaria em Bogotá. Viajamos o resto da tarde e toda a noite, amanhecendo em Tumbes, a última cidade ao norte do Peru. Descemos, peguei a pesada mala com meu tesouro literário e procuramos um bar. Depois do café, tomamos um ônibus urbano que percorreu 30 quilômetros até chegar à fronteira. Parou próximo à ponte internacional, que era uma divisa aberta, onde transitava o grande comércio que se fazia entre Tumbes e o povoado equatoriano de Huaquillas. Desci minha bagagem, despedimo-nos, e ele seguiu no mesmo ônibus para Tumbes.

Durante a viagem, desde que saí de Lima, vinha pensando como iria levar aquela mala cheia de livros para Guayaquil. Se no Peru, numa viagem interna, ainda estava colhendo os frutos dos meus "perigosos" versos, imagine-se ao cruzar uma fronteira. E se na alfândega equatoriana resolvessem abrir minha bagagem? E se resolvessem ler e encontrassem poemas com os títulos: *Saludo al Che Guevara*, *El Guerrilheiro* e *Réquiem a un poeta guerrillero*? Por certo chamariam algum agente de inteligência política para avaliar que destino teriam tantos livros de conteúdo subversivo e o que poderia acontecer com seu autor, com um passaporte carimbado em tantos países? E se daí investigassem e descobrissem que fora expulso do Peru? A reflexão não me deixou dormir direito durante aquela cansativa viagem de 1.300 quilômetros. Que fazer? Como cruzar a fronteira e depois escapar de alguma revista durante a viagem, já que Huaquillas, no outro lado da ponte, era um vilarejo de grande comércio e rota de contrabando entre os dois países?

Depois que me despedi do agente da emigração e sempre preocupado com o destino da minha mala, resolvi procurar um hotel no lado peruano, antes de cruzar a fronteira. Como ali tudo era aglomerado, cheio de indígenas por onde se olhasse, logo achei um hotelzinho qualquer e pedi um quarto, onde deixei a mala e a mochila, e saí em seguida com uma estranha ideia na cabeça. Fui à procura de contrabandistas que pudessem levar com segurança minha mala até Guayaquil. Não foi difícil encontrá-los, mas não foi fácil escolher o mais confiável e o mais barato. Contei a alguns a minha história: que era um poeta brasileiro fugitivo da ditadura, trazia uma mala cheia de livros com poemas políticos que receava fossem confiscados pela fiscalização policial no caminho para Guayaquil e que buscava uma rota tranquila e sem riscos de perdê-los. Muitos me olhavam com curiosidade, outros com desconfiança e alguns com desinteresse. Somente no dia seguinte, achei quem me convinha. Era um sujeito simpático de meia-idade e se chamava Jaime Benitez Bejarano. Achei-o confiável, embora não fosse barato o preço pelo transporte que somente seria pago com a entrega da mala no endereço e telefone que me deu em Guayaquil, onde chegaria dentro de 5 ou 6 dias. Tudo acertado, fomos ao hotel onde lhe entreguei a mala. Novamente, respirei aliviado e, uma vez pago o hotel, peguei minha mochila e saí em direção à emigração peruana, onde carimbaram minha saída, no dia 19 de julho de 1970. Atravessei a ponte e me dirigi à alfândega e à imigração equatoriana, apresentando meu passaporte. Qual não foi minha surpresa quando me disseram que antes do visto de entrada em Huaquillas eu tinha que ter o visto com a *tarjeta de turismo*, fornecida pelo Consulado do Equador em Tumbes. Perguntei ao funcionário como poderia voltar ao Peru se já tinha o visto de saída no passaporte. Ele respondeu que durante três dias não teria problema em cruzar a fronteira e que isso acontecia com muitos turistas desavisados. Saí dali contrariado e estranhando que na emigração peruana não tivessem me alertado sobre o assunto. Resolvi buscar outro hotel nas imediações e só no dia seguinte me preocupar com o problema. Aproveitei para ficar dois dias a mais na região da fronteira, visitando lojas de artesanato, locais de música típica e conhecendo outros viajantes que me fizeram modificar o roteiro de viagem para Guayaquil. É que encontrei alguns mochileiros latino-americanos em locais de refeição e alguns me indicaram viajar de ônibus até Puerto Bolívar e de lá tomar um barco e chegar a Guayaquil pelo belíssimo estuário do golfo. Foi o que fiz. Dia 21, pela manhã, fui até Tumbes, peguei o visto no Consulado do Equador e em seguida vistei minha entrada por 90 dias na imigração de Huaquillas. À tarde, tomei um ônibus para Puerto Bolívar, no litoral do Pacífico distante 50 quilômetros de Huaquillas. Que alegria voltar a ver o mar! Cheguei a Puerto Bolívar no fim da tarde e fui em busca de um barco para viajar a Guayaquil. Foi uma viagem de sucessivos encantos, por um golfo com mais de duzentos quilômetros de comprimento, recortado por ilhas, rios, canais e penínsulas semeadas de pequenos lugarejos e com uma paisagem de navios, barcos, veleiros e canoas que se cruzam constantemente nas águas mediterrâneas, entre a costa e a imensa ilha de Puná.

2. Guayaquil: o gesto solidário de León Ricaurte

Na parte final da viagem, navegando pelo rio Guayas, o cenário era de mangues e casebres de madeira. Cheguei ao grande porto de Santiago de Guayaquil, no dia 22, em meio a um torvelinho incessante de intenso comércio fluvial feito por pequenos barcos, chalupas à vela que chegavam, saíam carregadas de produtos agrícolas e frutas e mais adiante o cais do porto, com vários navios atracados. Com a mochila nas costas, deixei aquele formigueiro humano e rumei para o centro da cidade. À medida que caminhava, tudo ia mudando e Guayaquil ia se mostrando linda, cheia de luz e calor tropical. Era, na época, a capital comercial do país e sua cidade mais populosa, com um milhão de habitantes. Eu tinha três amigos em Quito, o estudante de sociologia Simón Pachano, Santiago Carcelén e o poeta Iván Egüez. Trazia também os endereços de outros dois poetas que conhecera em Cochabamba. Mas em Guayaquil não conhecia ninguém e estava com os bolsos quase vazios. Tirando o valor reservado para pagar o transporte da minha mala, pouco mais me restava, do muito que tinha quando deixara a Bolívia, há doze dias. O dinheiro que me sobrava dava apenas para dormir e comer bem barato por apenas uns três dias e por isso me hospedei num hotel de última categoria no centro da cidade. Depois escrevi uma carta à Marilena resumindo o que se passou comigo no Peru. Na manhã seguinte, saí para conhecer a cidade e à tarde fui à Casa da Cultura, em busca de oportunidade para um recital de poesia. Foi lá que conheci alguns intelectuais da cidade e entre eles o pintor León Ricaurte que se tornaria um de meus grandes amigos em Guayaquil, nas duas semanas que lá fiquei. Passei o resto daquela tarde com Ricaurte e partilhamos intensamente nossos sonhos e respectivas visões da pintura e da poesia. Ele já era um pintor famoso no país quando o conheci em Guayaquil, em 1970. Já havia recebido dois importantes prêmios, em 1965 e 1969, em salões da cidade e fazia parte do Grupo VAN (Vanguarda Artística Nacional), integrado por pintores que haviam rompido com o plano pictórico, em busca de novas concepções de espaço. Contou-me sobre seus planos de estudar pintura no México, para onde partiu, em setembro daquele ano, com uma bolsa de estudos oferecida pela Unesco. León Ricaurte foi um dos mais destacados pintores equatorianos, reconhecido por muitos outros prêmios, medalhas nacionais e internacionais. Descrevo esses mínimos traços da biografia de Ricaurte, não somente pela sincera amizade que me dedicou durante o tempo que fiquei na cidade, mas porque já nos primeiros dias em que trocamos informações, percebeu que eu estava sem dinheiro e ofereceu-me um de seus quadros para pôr à venda e contornar minhas necessidades. Entre nossas almas, houve uma grande identificação, não só pela arte, mas também pela sua paixão pelo mar, já que, como me contou, ainda jovem deixou Mera, sua cidade natal, chegando a Guayaquil, onde se matriculou na Escola Naval. Esse querido amigo faleceu em 7 de janeiro de 2003, na Guayaquil que tanto amou. Tinha 69 anos. Seja lá em que dimensão da vida ele se encontre agora, que receba, pelo seu gesto de solidariedade, esse póstumo sentimento como testemunho da minha eterna gratidão.

3. Recuperando meu tesouro

Num dos derradeiros dias de julho, telefonei para o contrabandista e falei com o próprio Jaime que já chegara trazendo a minha mala. Marcamos o encontro à tarde, em sua casa.

Pode parecer incrível, mas no dia em que escrevo esta passagem, 25 de outubro de 2011, portanto 41 anos depois, procuro seu nome na Internet e o encontro em uma notícia veiculada em 04 de maio de 2006, no importante jornal *Universo* de Guayaquil, dando *Jaime Benitez Bejarano* como falecido e proprietário de uma casa abandonada no bairro de Los Esteros, na grande Guayaquil, com uma solitação de demolição pela comunidade, em vista de ser refúgio de "supuestos delincuentes". Se é a mesma pessoa não sei, mas é uma estranha coincidência, embora em minha antiga caderneta de endereços de viagem conste que ele morava na rua Esmeraldas nº 21 y Piechahita, Telefone 390421 – Guayaquil. O nome de sua esposa era Eva e constam também os nomes de Hernan, Pepe, Elizabeth e Susana, que imagino fossem seus filhos. Tudo estava anotado em minha caderneta para que, se eu não o encontrasse, alguma dessas pessoas me entregasse a mala. Penso que entre 28 e 30 de julho, foi quando cheguei àquele endereço, num bairro distante do centro. Todos da casa e até alguns vizinhos me esperavam com ansiedade. Certamente, estavam curiosos em saber quem era aquele jovem brasileiro, fugitivo de sua pátria, um caminhante que trazia uma mala cheia de misteriosos livros de poesia! Bem, é o que eu imagino que pensassem, pelas histórias que contei ao próprio Jaime em Huaquillas, e pela curiosa recepção que tive. Sempre achei que para vender uma ideia, temos que ter uma boa história para contar e creio que foi isso que o motivou a trazer minha mala e correr riscos com a natureza do seu conteúdo. Abracei o Jaime, cumprimentei a todos e depois me trouxeram aquela mala encantada, contendo meu tesouro. Tirei a chave do bolso, abri a fechadura à frente de todos e lá estavam os duzentos exemplares intactos e sequinhos, depois de uma longa viagem pelo estuário marítimo que leva ao porto de Guayaquil. Agradeci ao portador, tirei um livro e dediquei a ele dizendo que quem sabe um dia, se eu me tornasse famoso, muitas pessoas viriam a saber do papel que ele teve, transportando clandestinamente meus livros do Peru para o Equador. Convidaram-me para um café com doces e diante de algumas perguntas, falei do Brasil e contei um pouco das minhas andanças e dos planos em seguir adiante, até o México.

4. Recital, entrevistas e notícia da minha expulsão do Peru

Um dia depois que resgatei minha mala, o pintor León Ricaurte deu-me a notícia de que fora agendado meu recital de poesia na Casa de la Cultura Ecuatoriana. Que maravilha, poderia vender meus livros nessa apresentação, porque meu dinheiro chegava ao fim. Sabendo que recebera meus livros, levou – me também a um livreiro, seu conhecido, contando a ele parte de minha história, do recital que eu daria e propondo deixar meus livros em consignação, com o compromisso de indicar sua livraria a todos os interessados. Ele aceitou ficar com 50 exemplares, dando destaque na vitrine, onde dispôs vários volumes em forma de leque. Ainda indicado por León, um repórter me procurou, colheu alguns dados e no dia 1º de agosto de 1970, o jornal *La Razón* publicou, com uma foto minha, a seguinte nota:

Recital de poeta brasileño

El día de mañana, a las seis y treinta p.m., en la Sala de Cine del Núcleo Guayas de la Casa de la Cultura Ecuatoriana, dará un recital de su propia poesía el poeta brasileño Manoel de Andrade nascido hace 20 años en la ciudad de Curitiba, Estado do Paraná. De Andrade se encuentra realizando un recorrido por países de América Latina, habiendo visitado anteriormente Paraguay, Argentina, Chile, Perú y Bolivia, presentando recitales con el auspicio de organizaciones estudiantiles. Su primer libro "Poemas para la libertad", poesía de protesta, fue editado por la Universidad Mayor de San Andrés de La Paz, Bolivia y se encuentra a la venta en librerías de Guayaquil.[314]

Embora o repórter tenha se equivocado quanto ao meu local e data de nascimento, dando-me dez anos a menos já que nasci em 1940, na cidade catarinense de Rio Negrinho, sua nota levou muitos poetas e intelectuais ao meu Recital. Mas creio que não foi isso que fez lotar totalmente a sala de cinema onde se realizou o recital. Na manhã do dia da minha apresentação, 02 de agosto de 1970, León Ricaurte me procurou no hotel trazendo na mão a edição daquele dia do importante jornal *El Tiempo*, editado em Quito. Sem nada me adiantar, abriu-o mostrando o seguinte:

Breves del Peru

Brasileño expulsado

Lima, 1º (AP). – Manoel de Andrade Rita, brasileño, fue expulsado del Peru por realizar actividades "que constituyen un manifiesto peligro para la tranquilidad pública y seguridad del Estado".

---

314 ***Recital de poeta brasileiro***
Amanhã, às seis e trinta da tarde, na Sala de Cinema do Núcleo Guayas da Casa da Cultura Equatoriana, dará um recital de sua própria poesia o poeta brasileiro Manoel de Andrade nascido há 20 anos na cidade de Curitiba, estado do Paraná. De Andrade está percorrendo os países da América Latina, tendo visitado anteriormente Paraguai, Argentina, Chile, Peru e Bolívia, apresentando recitais promovidos por organizações estudantis. Seu primeiro livro "Poemas para a liberdade", poesia de protesto, foi editado pela Universidad Mayor de San Andrés, em La Paz, Bolívia e está à venda nas livrarias de Guayaquil.

Según la resolución de expulsión del Ministerio del Interior los cargos han sido formulados por la división de estranjería de la policía de investigaciones que se encargará de hacer efectiva la medida.

No se revelaron las acusaciones contra Andrade Rita.[315]

Não sei quantos leram aquela notícia e relacionaram com minha presença na cidade e com a agenda do meu recital naquele mesmo dia, embora meu nome tenha saído com o sobrenome materno, como acontece nos países hispânicos. O fato é que o recital foi um sucesso de público, até com pessoas em pé nas laterais do auditório. Depois da leitura dos poemas, houve um longo diálogo com os presentes e uma sessão final de autógrafos, em que os 50 exemplares que levei se esgotaram. Foi anunciada publicamente a livraria onde meu livro estava à venda e quando alguns dias depois passei por lá, mais da metade dos exemplares consignados haviam sido vendidos. O proprietário entusiasmado pela sua procura pagou à vista pelos exemplares restantes.

Depois do meu recital, fui convidado para muitas reuniões particulares para leitura de poemas e conversações sobre a situação política do Brasil e problemas latino-americanos. Naqueles dias, um repórter me procurou no hotel, convidando-me para dar uma entrevista no jornal *El Telégrafo*, de Guayaquil. Na véspera de minha partida, fui à redação, onde três jornalistas conversaram comigo. A matéria, mal redigida e que não correspondeu às minhas colocações, foi publicada com destaque, foto, e finalizada com a publicação do meu longo poema *Tiempo de siembra.*[316] Saiu com o título de *Mi poesía nasce de la humanización del hombre, nos dijo Manoel de Andrade*, na edição de 09 de agosto de

---

315 ***Breves do Peru – Brasileiro Expulso***
Lima, 1° (AP). – Manoel de Andrade Rita, brasileiro, foi expulso do Peru por realizar atividades "que constituem um manifesto perigo para a tranquilidade pública e a segurança do Estado".
Segundo a resolução de expulsão do Ministério do Interior as acusações foram formuladas pela divisão de estrangeiros da polícia de investigações que se encarregará de tornar efetiva a medida.
Não se revelaram as acusações contra Andrade Rita.

316 O poema *Tiempo de siembra*, escrito em Cochabamba, em outubro de 1969, aparece com este título somente nas edições latino-americanas e norte-americana de meu livro *Poemas para la libertad*, editado na década de 70, bem como em algumas antologias posteriores, como em *Poesía latinoamericana – Latin-American Poetry – Bilingual Anthology*, (Colômbia, Epsilon Editores, 1998). Na edição brasileira, bilíngue, de 2009, o poema aparece com o nome de *El sueño del semeador.*

1970, quando eu já estava na capital. A entrevista, muito longa, ocupou quase uma página do jornal, da qual cito aqui a sequência inicial:

Recientemente nos visitó Manoel de Andrade, poeta brasileño, que recorre toda la América Latina, diciendo su poesía, poesía militante, humana, comprometida, pero fundamentalmente poesía. Cuando visitó nuestra redacción tuvimos oportunidad de conversar con él, sobre el arte y su misión en el mundo:

¿Por qué escribe poesía?

Escribo poesía porque es la manera más bella de llegar al mundo y por que quiero trasmitir mis inquietudes.

Sus poemas publicados em Bolivia bajo el título de *Poemas para la libertad* son todos de profundo contenido social, son poemas comprometidos, es así toda su poesía?

No, antes he hecho outro tipo de poemas; pero ahora que he visto tantas cosas en Brasil, no puedo creer en cantar por cantar. El poeta vive su momento, y el momento actual de nuestra América es tiempo de disturbios, de problemas, de definiciones y el poeta tiene que dar sentido histórico a su vida, tiene que identificarse con la hora que le toca vivir.

Entonces Ud. cree que el arte tiene una misión específica?

Desde luego, y en nuestra época en que tecnologicamente el hombre llega a las estrellas, pero sicologicamente está en la Edad de Piedra, debe ser instrumento de subversión, de transformación, no un conjunto de palabras bonitas.

¿Ud. escribe poemas para dar un mensaje?

No exactamente, escribo porque tengo algo para decir. En la poesía, el esencial es preservar su encanto. El mensaje es parte de su belleza.

¿ Cual es su definición de poesía?

No tengo ninguna. Ella está definida en mis versos.

¿Qué opina de la Literatura Latinoamericana contemporánea?

Creo que su importancia está en su contenido político y social, descrito entre el real y el fantástico. Pero me falta tiempo para leer todo lo que está surgiendo. Me interesa sobre todo la lectura de la Historia, la Poesía y la información de contenido socio económico y político. Cuando puedo leo las novelas que retratan la realidad social de los países que visito. (...)[317]

5. Quito, a mais colonial das cidades que conheci

Cheguei a Quito no dia 5 de agosto de 1970 e me encantei com a cidade, que nas palavras de Humboldt era "a mais bonita de toda a América do Sul". Trazia bastante dinheiro, estava muito bem de saúde, tinha alguns grandes amigos para visitar, mas estava inquieto com

---

317 Recentemente visitou-nos Manoel de Andrade, poeta brasileiro, que percorre toda a América Latina, dizendo sua poesia, poesia militante, humana, comprometida, mas fundamentalmente poesia. Quando visitou nossa redação, tivemos a oportunidade de conversar com ele sobre a arte e sua missão no mundo:
Por que escreve poesia?
Escrevo poesia porque é a maneira mais bela de chegar ao mundo e porque quero transmitir minhas inquietudes.
Seus poemas publicados na Bolívia sob o título "Poemas para a liberdad" são todos de um profundo conteúdo social, são poemas comprometidos, é assim toda a sua poesia?
Não, antes fiz outro tipo de poemas; mas agora que vi tantas coisas no Brasil, não posso crer em cantar por cantar. O poeta vive seu momento e o momento atual de nossa América é tempo de distúrbios, de problemas, de definições e o poeta tem que dar um significado histórico para a sua vida, tem que identificar-se com a hora que lhe toca viver.
Então você acredita que a arte tem uma missão específica?
Obviamente, e sobretudo em nossa época em que o homem tecnologicamente está chegando às estrelas, mas psicologicamente está na Idade da Pedra, deve ser um instrumento de subversão, de transformação, não um conjunto de palavras bonitas.
Você escreve poemas para dar uma mensagem?
Não exatamente, escrevo porque tenho algo a dizer. Na poesia, o essencial é preservar seu encanto. A mensagem é parte da sua beleza.
Qual é a sua definição de poesia?
Não tenho nenhuma. Ela está definida em meus versos.
Que opina da literatura latino-americana contemporânea?
Creio que sua importância está em seu conteúdo político e social, descrito entre o real e o fantástico. Porém, me falta tempo para ler tudo o que está surgindo. Interessa-me sobretudo a leitura da história, da poesia e a informação de conteúdo socioeconômico e político. Quando posso, leio as novelas que retratam a realidade social dos países que visito. (...)

aquela notícia, veiculada por uma agência internacional com o prestígio da Associated Press. Depois da minha apresentação pública em Guayaquil, não procurei os recintos universitários onde pudesse também dar recitais, e o mesmo pensava fazer na capital, mantendo certo anonimato intelectual, para não chamar a atenção dos setores de investigação política que pudessem relacionar meu nome com a recente notícia e me inquirir sobre os motivos de minha expulsão do Peru. Embora naquele início da década de 70 ainda não estivéssemos sendo observados pelo olhar arguto da Operação Condor, a luta ideológica na América Latina tornava a vida dos intelectuais engajados cada vez mais tensa. Fazia um mês e meio que Velasco Ibarra, presidente do Equador, dissolvera a Constituição, fechara o Congresso e assumira poderes extraordinários. Ibarra fora um paladino da reforma agrária equatoriana em 1934, enfrentou a reação dos fazendeiros e foi deposto no ano seguinte. Agora, em 1970, resolvera enfrentar o imperialismo norte-americano e estabelecer laços amistosos com a Cuba socialista de Fidel Castro. Até aí tudo bem, mas era preciso andar com cautela, afinal eu fora expulso do país vizinho por um governo com o mesmo perfil "revolucionário".

Quando cheguei a Quito, fui morar na casa de um poeta que conheci no recital, na Casa da Cultura em Guayaquil. Ele passava por lá a trabalho e foi me ouvir. Tornamo-nos amigos. Como logo percebi sua difícil condição financeira, presenteei-lhe meu livro. Ele, sabendo que eu viria para a capital, ofereceu hospedagem em sua casa, para onde fui quando cheguei. Era um bairro humilde de Quito, com pequenas casas tipo COAB ou as atuais "Minha casa, minha vida". Lá, vivia com sua esposa e duas filhas pequenas. Era inverno, mas havia tanto calor humano naquela família! A comida era simples e eu dormia num sofá que havia num pequeno quarto. Ele era socialmente muito humilde, mas uma figura intelectualmente conhecida na cidade. Seus poemas não me chamaram a atenção, mas havia uma grande poesia na sua maneira despojada e fraterna de viver. Era um filósofo à sua maneira. Uma espécie de Diógenes, sem nenhuma ambição material, além do necessário. Lembrava também um Quixote, alto, magro e sonhador. Sua solidariedade para comigo foi admirável e eu não me perdoo por haver esquecido seu nome. Creio que por viver em sua casa, não me preocupei em anotá-lo no meu livreto de endereços.

Em nenhuma cidade, tive tantos amigos como em Quito. Uma semana depois que ali cheguei, viajei à cidade de Ambato, na província de Tungurahua, para visitar meu grande amigo Simón Pachano.[318] Havíamos nos conhecido em Cusco, vivendo ali muitas aventuras e depois tivemos aventuras ainda maiores em Lima. Encravada entre as altas montanhas dos Andes orientais, a 130 quilômetros ao sul da capital, Ambato era conhecida como o Jardim do Equador, pela variedade de flores e frutas que ali se cultivavam. Alguns dias depois do nosso encontro, Simón chegou a Quito e me apresentou o estudante de arquitetura Jorge Escandón, que, por sua vez, apresentou seu colega de faculdade Manuel Perez e o arquiteto Rodrigo Samaniego, que me apresentou a italiana Luigina Fossati e o arquiteto Mario Solis Guerrero. Com Jorge Escandón tive uma grande amizade e almoçava todos os dias em sua casa. Tinha uma maravilhosa família, sua esposa Emma, estudante de sociologia, seu filho Jorge Alberto com quatro anos e Maria Belén, com dois. Sua casa na hora do almoço era quase um restaurante, porque ali apareciam muitos jovens, desgarrados como eu. Jorge era muito conhecido na Faculdade de Arquitetura, como presidente da associação de estudantes, pelas suas brincadeiras, e pela facilidade com que conquistava a amizade de todos. Com Manuel Perez tive, posteriomente, um excelente relacionamento, hospedando-me em sua casa na terceira vez que cheguei ao Equador e convivendo com ele, em Santiago, quando ali chegou em 1972, como refugiado politico. Foi a ele que repassei, quando deixei o Chile, a beretta que me entregou Roberto Requião na véspera de minha saída do Brasil. Deixei a arma com Perez porque estava voltando para o Brasil em julho de 1972, numa arriscada viagem de volta, onde não podia correr mais riscos, além da suposição de ser detido ao cruzar a fronteira.

Luigina Fossati, a primeira secretária da embaixada italiana em Quito, tinha um filhinho chamado Daniel e namorava Rodrigo Samaniego, o

318 Simón Pachano é hoje um respeitado cientista político. Graduado em sociologia no Equador e doutorado em ciência política na universidade espanhola de Salamanca, tem vários livros publicados e sua credibilidade, como analista de instituições políticas e como estudioso da democracia na classe média, tem crescido, na atualidade, pelas conferências e cursos que ministra no Peru, Bolívia, Argentina, Espanha, etc. É coordenador do Programa de Estudos Políticos na FLACSO – Faculdade Latino-Americana de Ciências Sociais.

melhor amigo que tive no Equador, nas três vezes em que lá estive, na década de 70. Rodrigo foi o ser humano que mais perto esteve do meu coração de todos os amigos que tive nos anos de autoexílio. Seus gestos fraternos para comigo, despojados e desisteressados, nunca foram limitados por qualquer condicionamento. Socorreu-me, espontaneamente, quando cheguei expulso e sem dinheiro da Colômbia, indo me buscar no aeroporto e oferecendo-me a hospitalidade de um amigo. Seu carro estava sempre à minha disposição quando precisei e sua atenção constante é a mais grata imagem de *amigo* que guardo num recanto especial do coração.

Mario Solís Guerrero[319] era um arquiteto brilhante, pintor e professor da Faculdade de Arquitetura da Universidade Central do Equador e foi quem desenhou a capa e prefaciou a quarta edição do meu livro *Poemas para a liberdade*, editado, em setembro de 1971, pela Faculdade de Arquitetura e Urbanisno da Universidade Central do Equador.

Lá encontrei também Santiago Carcelén, que havia conhecido em Lima, em 1969, mochileiro como eu, percorrendo a América. Segui para o norte e ele para o sul, reencontrando-o em 1972, em Santiago, onde estudava Sociologia na Universidade Católica, fazia teatro e militava no Partido Socialista. Foi nessa militância que conheceu Michelle Bachelet, a qual se tornaria presidente do Chile, em 2006. Ela era estudante de medicina e depois que se tornaram namorados, estive com ambos algumas vezes. Mas tudo terminou com o golpe militar que derrubou Allende, em 11 de setembro de 1973. Ele e mais 60 compatriotas refugiados no Consulado do Equador conseguiram chegar à pátria. Ela – filha do general Alberto Bachelet, integrante do governo de Allende e morto na prisão – depois de presa e torturada, conseguiu partir com a mãe para o exílio. Santiago Carcelén estudou cinema no Brasil e tornou-se um importante cineasta em seu país.

319 Fundador da Escola de Belas-Artes e do Colégio Integral, Mario Solís Guerrero é atualmente uma das figuras mais destacadas na América Latina, pela bandeira que empunha pela paz mundial, como criador do Currículo Internacional Integral de Educação Holística para a Paz. É ex-presidente e sócio-fundador da Associação Latino-Americana de Desenvolvimento Pessoal e Social e ex-assessor do reitor da Universidade para a Paz das Nações Unidas. Como criador e coordenador da Cátedra Unesco Vida Integral, para uma Nova Consciência e Cultura de Paz, Mario Solís tem sido expositor e organizador de oficinas e seminários de Arquitetura da Vida Humana, Organizacional e Educativa de Qualidade Integral no Equador e vários países do continente.

Entre outros caminhantes que reencontrei em Quito, estava o poeta Iván Egüez[320], que havia conhecido no início de 1970, quando trabalhava no Café *Rosa de los Vientos*, em Cusco. Mas ainda havia outros poetas, cujos rastros ficaram no Congresso de Poetas em Cochabamba. Eram Carlos Manuel Arízaga e Euler Granda, mas somente com o último pude reencontrar-me. Nascido em 1935, em Riobamba, e naquela época com dois livros publicados, Euler Granda conquistaria, no decorrer dos anos, seu honroso lugar na poesia hispano-americana, pela sensibilidade e o lirismo com que canta os problemas humanos e pela comoção que expressa em seus poemas sociais. Com vários livros publicados, esse justo reconhecimento veio em 1987, quando recebeu o Prêmio Internacional de Poesia Jorge Luís Borges. Minhas memórias reverenciam esse distante irmão na poesia, com um de seus poemas em que denuncia a tragédia em que vivem as comunidades indígenas no Equador.

Poema sin llanto

Hoy mataron a Juan el Huasicama
lo mataron a palo en día claro,
lo mataron por indio,
porque trabajaba como tres
y nunca sació el hambre,
porque junto a los bueyes
arrastraba el arado,
porque dormía sobre el suelo
y con su mala suerte cobijábase,
porque amaba la tierra
como la aman los árboles;
lo mataron por bueno,
por animal de carga.

---

320 Iván Egüez nasceu em Quito, em 1944, estreou na literatura em 1969 com o poemário *Calibre catapulta* e em 1975 foi premiado com sua novela *La linares.* Renomado poeta, novelista e ensaísta, seu prestígio intelectual cresceu com o convite, em 1975, para jurado do Prêmio Casa das Américas, em Cuba. Com cerca de 20 títulos publicados no Equador, seus livros começam a ser editados em outros países. Atualmente, é o Diretor do Departamento de Difusão Cultural da Universidade Central do Equador.

Se quedó
de los pies hasta el alma ensangrentado
se quedó boca abajo
para que los trigales no le vieran
la cara destrozada,
quedó
como las hierbas
después que pasan los caballos
y nadie dice nada;
lo mataron sin que nadie lo notara,
sin que a nadie le importara nada.
El viento persistió en su erranza,
como siempre las aves revolaron,
siguió impasible el soledoso páramo.
No hubo más,
el patrón lo mató
porque le dio la gana.[321]

Estive três vezes em Quito. A primeira quando cheguei expulso do Peru, a segunda quando cheguei expulso da Colômbia e a terceira quando voltei ao país diretamente do México. Todas as vezes em que lá estive, meus dias eram enriquecidos pelo convívio quase diário com esses amigos em uma intensa agenda envolvendo reuniões sociais, culturais, políticas, que avançavam pelas madrugadas em residências e pelos cafés românticos na zona histórica da cidade.

321 ***Poema sem pranto***
Hoje mataram a João o Huasicama/ mataram-no a pau em dia claro,/ mataram-no por índio,/ porque trabalhava por três/ e nunca saciou a fome/ porque junto com os bois/ arrastava o arado,/ porque dormia no chão/ e cobria-se com seus azares,/ porque amava a terra/ como as árvores amam;/ mataram-no por bom,/ por animal de carga.
Ficou dos pés à alma ensaguentado/ caiu de bruços/ para que os trigais não o vissem/ com a face destroçada,/ ficou como as ervas/ depois que passam os cavalos/ e ninguém disse nada;/ mataram-no sem que ninguém notasse,/ sem que nada e a ninguém importasse./ O vento seguiu errante,/ como sempre, as aves revoaram,/ seguiu impassível o solitário páramo./ Não houve nada de mais,/ o patrão o matou/ porque sentiu vontade.

6. Um novo poema

Naqueles primeiros dias de agosto, terminei de escrever um poema que começara em Guayaquil, motivado por uma das visitas que fiz ao porto, onde vi um navio brasileiro atracado, com nossa bandeira tremulando no alto do mastro. O poema chama-se *Memória* e aqui declaro seus versos, por testemunhar o que significa a íntima solidão dos caminhos, de quem vive na distância do seu idioma, da sua cultura e por saber da pátria coberta pelas sombras da opressão. Foi a visão de um navio com uma bandeira brasileira que transformou essa emoção nostálgica em versos:

Memória
De onde venho e por quem sou
desterrado da face do meu povo
desterrado dos amores e do meu sangue...
pelo meu coração de êxodo e batalhas
e pelo nostálgico lirismo da poesia,
eu te saúdo, pátria minha.

Por onde venho e rumo ao norte
sobre o dorso iluminado da América
por minha fé
pelo mágico idioma da utopia
e pelas páginas clandestinas do meu canto,

pátria minha... eu te saúdo.
Avançando entre o mar e a cordilheira
estrangeiro, bardo e peregrino
semeando a flor do bom combate
aprisionado
silenciado no meu canto
banido pelas tiranias do altiplano
e hoje... enfim...
recebido pelas mãos da liberdade...
passageiro da brisa e do encanto...
hoje, pátria...
é para ti meu canto aberto e solidário.

Com a alma povoada de caminhos
partilhando meus punhos e meus sonhos
e respirando o ar dessas trincheiras...
daqui,
onde não me alcançam as mãos que te torturam
repartido entre a dor e a esperança
e pela estrofe combativa dos meus versos,

levanto minha voz por teu martírio.
Hoje eu canto com a memória dos caídos,
escrevendo teu nome ensanguentado
e do meu refúgio latino e americano
e pelo tempo que te dure esta noite
e este silêncio,
há de ouvir-se o testemunho implacável dos meus versos.

Hoje escrevo sobre a água
e sobre o vento
mas um dia há de voltar meu desterrado canto.
Hei de voltar um dia
levando nos lábios uma canção de trigo
há de voltar minha alma de cigarra
e o marinheiro antigo.

Ó pátria minha...
hoje te sigo pelos mares mais longínquos
pelos portos onde tua bandeira chega navegando
e pela notícia de uma ação política,
e o impasse de um sequestro,
sinto no peito que tua ferida está aberta.

Eu nunca quis cantar-te assim,
com amargura...
mas hoje me lembro de ti, do teu regaço...
e a tua imagem me chega como uma mãe em lágrimas.
Chega pelos gemidos e os estertores da bravura...
por esses sonhos que a morte silencia.

Chega pelo inquietante dossiê dos tempos
e por essa sombra imensa aquartelada sobre o povo.
E aqui, onde a Terra em duas latitudes se reparte,
pelo que sei e o que não sei,
em dois pedaços...
meu coração aqui também se parte.

Hoje eu canto pelo amanhecer luminoso que te espera
e te deixo em verso essa memória...
hoje escrevo a palavra: companheiros...
para que nunca se extinga a fé nesse combate.

7. Recital privado em Quito

No dia 19 de agosto daquele ano, *El Tiempo*, o mais importante jornal de Quito, trouxe a seguinte nota:

Poeta revolucionario leerá sus cantos hoy

Con fecha 1° de los corrientes la AP trajo la noticia de la expulsión del Peru, "por realizar actividades que constituyen un manisfesto peligro para la tranqüilidad y seguridad del Estado", del poeta Manoel de Andrade.

El poeta, a quien el Peru puso en la frontera, quitándole sus libros de versos, está en nuestra ciudad.

Hemos leído su obra – la obra decomisada en Peru, y que antes le valiera la expulsión de Bolívia – Poemas para la libertad, *y nos parece poesía auténtica. Al saberlos ante un poeta, hemos buscado a Manoel de Andrade para conversar con él, y resulta que aborrece el cartel.*

Pues bien, este poeta – poeta de verdad, lejos del cartel; poeta comprometido – va a leer sus versos esta tarde. Por obvias razones el acto es casi privado – casi: poetas, gentes de letras, gentes inquietas por los caminos actuales de la poesía americana estarán invitados –

La jovem poetisa ecuatoriana – poeta de dulces canciones de cuna – Sheila Bravo le há abierto su casa.[322]

Sheila Bravo Velásquez tinha apenas 17 anos e uma sensível alma de poeta, quando a conheci em 1970, na cidade de Quito. Sua rica trajetória posterior confirmou a precocidade e os múltiplos talentos como intelectual. Apesar de jovem, seu carismático encanto polarizava a atenção de poetas, artistas e intelectuais da época. Foi nesse ágape de cultura que apresentei meus poemas, num fim de tarde, no apartamento em que vivia com a família. A grande sala foi pequena para tantos convidados e todos os espaços foram ocupados, nas cadeiras, de pé nos cantos e sentados no chão, sobrando para mim um pequeno espaço no meio daquele "jardim" de cabeças atentas. De pé e voltando-me para todos os lados, dirigi meus versos para os tantos olhares, trazendo nas palavras a notícia das trincheiras abertas pelo continente, exaltando o heroísmo dos caídos, semeando nos corações a imagem revolucionária da esperança e convocando a cada um para o seu compromisso com a história. Jamais, numa plateia tão selecionada, fui ouvido como naquele dia. Havia um mágico aroma intelectual no ambiente, onde estavam presentes inúmeros poetas, num tempo em que ainda se cultivava e se amava a poesia. Meus versos pareciam sugados como um lírico perfume. Algo semelhante aconteceu algumas vezes em dezenas de íntimos recitais que ofereci em outras partes. Sei que não era pelo meu discurso poético que se creditava tal encanto, porém muito mais à seiva e ao poder da própria poesia, florescendo culturalmente na primavera de uma época especial. Eis o enigma das palavras, pairando sobre a misteriosa vertigem do tempo, porque hoje quando relembro meus passos no passado, sinto que seus rastros mais luminosos foram aqueles marcados pelo ardor poético dos meus atos.

---

322 ***Poeta revolucionário lerá seus cantos hoje***

Com data de 1º do corrente mês, a AP trouxe a notícia da expulsão do Peru, "por realizar atividades que constituem um manifesto perigo para a tranquilidade e segurança do Estado", do poeta Manoel de Andrade.

O poeta, a quem o Peru colocou na fronteira, confiscando seus livros de versos, está em nossa cidade. Temos lido sua obra – a obra apreendida no Peru, e que antes lhe valera a expulsão da Bolívia – "Poemas para a liberdade", e nos parece poesia autêntica. Ao sabermos dele por um poeta, buscamos Manoel de Andrade para conversar com ele, e concluímos que ele despreza o cartel.

Pois bem, este poeta – um poeta de verdade, longe do cartel; poeta comprometido – estará lendo seus versos esta tarde. Por razões óbvias, o ato é quase privado – quase: poetas, homens de letras, pessoas inquietas pelos caminhos atuais da poesia americana estarão convidados –. A jovem poetisa equatoriana – poeta de doces canções de ninar – Sheila Bravo lhe abriu sua casa.

8. A visita de famoso crítico

Hernán Rodríguez Castelo[323] ainda não era o famoso crítico de arte e literatura quando apareceu na casa do poeta onde morei, com o objetivo de entrevistar-me. Havia ouvido falar de mim e desejava escrever uma matéria sobre o poeta, cuja imagem peregrina se comentava na cidade. Sentamo-nos sobre os degraus da porta de entrada e ali conversamos longamente. O texto foi publicado em 22 de agosto de 1970, na coluna *Miniensaio*, que ele assinava semanalmente no jornal *El Tiempo*. Depois disso, nunca mais encontrei Hernán em Quito. Em meados de 2008, trinta e oito anos depois, revendo o longo acervo de recortes de jornais, revistas, publicações e entrevistas que marcaram meus anos pelo continente, encontrei a matéria publicada por Hernán com o título: *Acerca de un poeta comprometido y sus poemas*. Resolvi procurá-lo na Internet e, através de um comentário que fiz a um artigo seu, publicado pelo Instituto Cervantes, consegui seu *e-mail* e lhe enviei uma mensagem que nunca chegou. Agora, em novembro de 2011, escrevendo estas memórias sobre minha primeira passagem pelo Equador, tentei novamente contatá-lo para saber o nome do poeta em cuja casa fiquei hospedado e onde fui entrevistado. Enviei-lhe o texto da entrevista que me fez em 1970 e uma semana depois, em 27 de novembro, recebi dele, por *e-mail*, a seguinte resposta:

Manoel de Andrade:

Ha sido gratísimo tener noticias tuyas, y me ha dado pena saber que un correo electrónico tuyo de hace tres años no tuvo respuesta. Es que nunca me llegó.

Te agradezco que por estas mismas vías – para las que no hay distancias – me hayas hecho llegar transcripción del "Microensayo" que te dediqué en "El Tiempo", cuando tu visita a Quito, en 1970.

---

323 Hernán Rodríguez Castelo, *(Quito 1933)* é atualmente considerado um dos mais lúcidos intelectuais equatorianos. Crítico e historiador de arte, literatura e cinema, jornalista, ensaísta e dramaturgo, recebeu vários prêmios nacionais e internacionais e publicou até hoje 107 livros. Seu perfil de grande humanista surge quando organizou e escreveu o prólogo de uma das maiores obras culturais realizadas no século XX, no Equador: a Biblioteca de Autores Equatorianos de Clássicos Ariel, em 100 volumes.

Yo no he tenido holgura para recoger todos esos pequeños ensayos que a Benjamín Carrión le gustaban tanto. El me dijo un día que a él le habría gustado escribir "microensayos", pero que como yo ya lo hacía...

Como esto va a salir en mi página web (www.hernanrodriguezcastelo.com) voy a incluir ese "Microensayo" titulado 'Acerca de un poeta comprometido y sus poemas", que vio la luz el 22 de agosto de 1970, para que quien esto lea sepa quién era, ya en 1970, ese gran poeta.

Me dices: "Te pregunto si te acuerdas el nombre del poeta en cuya casa me entrevistaste. Escribo mis memorias de los años en que viajé por 16 países de América Latina y me gustaría tener esa información".

En la Página Cultural del diario "El Tiempo", que yo por esos años mantenía, hallo, el jueves 19 de agosto de ese año 70, la noticia de que, llegado a Quito expulsado del Perú, leerías esa noche, para unas pocas gentes de cultura y poetas, tus "Poemas para la libertad", en el departamento de la poetisa Sheila Bravo. Debe haber sido allí nuestra entrevista. (Sheila Bravo murió este mismo año 2011).

En otra comunicación me cuentas que has publicado un libro recientemente. Quedo a la espera de mayores noticias y, de ser posible, el mismo libro.

Un fuerte abrazo a la distancia, Hernán.[324]

---

324 ***Manoel de Andrade:***
Foi gratificante ter notícias tuas e lamentei saber que um e-mail *teu de três anos atrás não teve resposta. É que nunca me chegou. Te agradeço que por estas mesmas vias – para as quais não há distância – me hajas feito chegar a transcrição do "Microensaio" que te dediquei em "El Tiempo" quando de tua visita a Quito, em 1970. Não tive folga para recolher todos esses pequenas ensaios que Benjamin Carrión tanto gostava. Ele me disse um dia que teria gostado de escrever "microensaios", mas que como eu já o fazia ...*
Como isto vai sair no meu site *(www.hernanrodriguezcastelo.com), vou incluir este "Microensaio" intitulado "Sobre um poeta comprometido e seus poemas", que viu a luz em 22 de agosto de 1970, para que quem este leia, saiba quem foi, já em 1970, esse grande poeta.*
Me dizes: "Te pergunto se lembras o nome do poeta em cuja casa me entrevistaste. Escrevo minhas memórias dos anos em que viajei por 16 países da América Latina e gostaria de ter essa informação".
Na Página Cultural do diário "El Tiempo", que eu por aqueles anos mantinha, acho, na quinta-feira, 19 de agosto desse ano de 1970, a notícia de que chegado a Quito expulso do Peru, lerias naquela noite para umas poucas pessoas cultas e poetas, teus "Poemas para a liberdade" no apartamento da poetisa Sheila Bravo. Deve ter sido ali nossa entrevista. (Sheila Bravo morreu este mesmo ano de 2011).

O miniensaio de Hernán, *Acerca de un poeta comprometido y sus poemas,* começa afirmando que: *Isto era o fundamental: que Manoel de Andrade sim é um poeta. Havia aberto seus "Poemas para la libertad" quase ao acaso e havia sentido este vento novo agitar o tempo e as espigas.*

Antes que Manoel chegasse a Quito, viera através dos teletipos a notícia com sabor de alerta: "Lima, 1° (AP). – Manoel de Andrade Rita, brasileiro, foi expulso do Peru por realizar atividades que constituem um manifesto perigoso para a tranquilidade pública e segurança do Estado".

As aspas mostravam que a A.P. colocava aquilo a cargo do governo peruano. E o comunicado terminava: "Não se revelaram as acusações contra Andrade Rita". (...)

Pois bem, as acusações contra Manoel de Andrade se resumem em uma: faz versos.[325]

9. Canção de amor à América

Em meados de agosto, escrevi em Quito o melhor poema da minha fase latino-americana. É uma longa descrição de tudo o que já havia passado pelos caminhos da América. Cito-o também aqui como um lírico e comovente testemunho de uma experiência marcada pelo sentimento de indignação e da amargura em incontáveis paisagens humanas descoloridas pela miséria e pela injustiça, pela verdade histórica que transformei em versos e pela legítima esperança que contagiava a tantos sonhadores como eu, que perseveravam em acreditar numa utopia social que trouxesse a redenção dos oprimidos:

Em outra comunicação me contas que publicaste um livro recentemente. Fico à espera de mais notícias e, se possível, o livro.

Um forte abraço a distância, Hernán

325 O texto completo da entrevista foi publicado na Fortuna Crítica da edição brasileira de meu livro *Poemas para a liberdade*, da página 152 a 159, como também pode ser encontrado no *site* citado: <http://www.hernanrodriguezcastelo.com/poeta_amdrade.htm>. (Acesso em: 28 fev. 2012 às 22h32).

Canção de amor à América

Ai, América,
que longo caminhar!

Eu venho com o trigo do meu canto
minha ternura aberta
e o meu espanto;
e do fundo de mim e do meu assombro
e pelos meus lábios de vinho e gaivotas,
te trago o meu cantar de caminhante.

Para ti, amada minha,
para teu corpo de cansaço
e por tua fome
eu trago esse meu verso frutecido.

Eu venho com o rocio do amanhecer
sou o cantor da aurora
o que desperta
o que anuncia a vida e a esperança.
Eu sou o mensageiro destes anos
o cantor deste tempo e destas terras
eu sou daqui,
desde a Patagônia até o Rio Bravo
e daqui alço meu canto para o mundo.

Ai América,
que longo caminhar!
Eu sou como uma ave que passa
apenas um cantor errante,
mas se na minha voz há uma sinfonia delirante,
é para golpear-te, América,
para entoar teu grito emudecido.

Agora venho cantar-te
e meu canto é como o dia e como a água
para que me entenda sobretudo o homem humilde.

Agora venho cantar-te
mas em teu nome, América,
eu só posso cantar com a voz que denuncia.
Eu não venho cantar o esplendor de Machu Picchu,
a Grande Cordilheira e a neve eterna;
não venho cantar esta América de vulcões e arquipélagos
esta América altiplânica da lhama esbelta e da vicunha;
venho em nome de uma América parda, branca e negra,
e desde Arauco a Yucatán,
venho em nome desta América indígena agonizante.
Eu venho sobretudo em nome de uma América proletária,
em nome do cobre e do estanho ensanguentado.

Eu hoje não venho cantar um continente de paisagens,
não venho cantar o mar que amo,
os lagos escondidos na montanha,
nem os rios que correm ao fundo dos vales florescidos.
Não, eu não venho cantar este trigo que se nega a quem semeia;
eu venho por uma história mais sincera,
venho falar do homem que vi e ouvi pelos caminhos.

Ai América,
que longo caminhar!

Eu venho falar do camponês
de seu poncho roto e o seu colchão de terra,
de sua resignação e o seu misterioso silêncio,
de seu gesto incontido que em alguma parte se levanta,
de sua fome saciada com o sangue dos massacres.
Eu venho falar do mineiro e sua morte prematura,
de uma vida vivida na penumbra tumular dos socavões,
da silicose escavando dia a dia os pulmões dos operários jovens.
Venho contar das mulheres de Yanuni, Catavi e Siglo Veinte
das palhiris bolivianas com quem falei um dia,
dessas desamparadas viúvas do mineiro massacrado ou soterrado,
que buscam no lixo do estanho
o pão diário dos seus filhos.

Eu não venho cantar o encanto colonial destas cidades,
os altares espanhóis recobertos com o ouro dos Incas,
as grandes praças onde se erguem as estátuas dos libertadores.
Venho cantar as favelas, barriadas e tugúrios,
as povoações calhampas e as vilas-misérias,
Venho denunciar a tuberculose e o frio,
venho em nome dos meninos sem pão e chocolates,
em nome das mães e de suas lágrimas.
Eu venho falar por toda voz que se levanta,
por uma geração reprimida com fuzis,
venho falar das universidades fechadas
e com a marca das tiranias encravada nas paredes.

Eu venho denunciar falsas revoluções
e o oportuno pacifismo,
venho denunciar um tempo de desterros e de torturas,
eu venho alertar sobre um terror que cresce uniformizado
e sobre estes anos em que cada promessa de paz é uma mentira.

Ai América,
eu venho em nome do homem e sua agonia,
em nome de uma infância sem doçura.
E por isso eu venho falar de outra colheita
e de um vale semeado na montanha.
Eu venho anunciar o mel e a espiga
e a terra fértil e doce e repartida.

Ai América,
em nome de uma América americana,
eu venho convocar-te para a luta.
Eu canto para isso, amada minha,
para pronunciar um tempo já chegado entre nós todos,
para dizer-te destes punhos que amadurecem em cada gesto,
e destes rifles que disparam em cada peito.

Ai América,
que longo caminhar!

Rumo ao norte
ao sul
a leste ou a oeste,
eu avanço atravessando essas nações.

Oh caminhar, caminhar...
e saber sentir-se um caminhante!
Pois é tão triste morrer a cada dia,
morrer com os punhos abertos e o coração vazio.
Morrer distante do homem e sua esperança
morrer indiferente ao mundo que morre
morrer sempre,
morrer pequenamente
quando a vida é um gesto de amor desesperado.

Oh caminhar, caminhar...
mas caminhar como caminha o rio e a semente,
conhecendo a completa plenitude em seu destino.
Oh caminhar!
Caminhar
e saber-se um dia fruto.
Caminhar
e sentir-se um dia mar.

Ai América,
que não exista a dúvida em meu caminho,
que somente esta paixão de justo me enamore.
Fui prisioneiro,
mas outra vez sou pássaro,
outra vez um caminhante,
e volto a abrir a alma com meu canto.
Hoje me detenho aqui...
levanto minha voz, minha acusação, meu juízo.
Declamo minha bandeira de sonhos,
proclamo minha fé,
recolho meu testemunho e me vou.

Eu sou o jogral maldito
e bem amado.

Meu canto é um grito de combate
e eu não canto por cantar.
Eu parto deixando sempre uma inquietude,
deixando numa senha a certeza de uma aurora.

Eu sou o cantor clandestino e fugitivo,
aquele que ama a solidão imensa dos caminhos.
Passo despercebido de cidade em cidade,
em algum lugar público eu vou dizer meus versos
e ali conheço amigos e inimigos.
Mas sempre pude encontrar o grande companheiro,
o homem novo,
aquele que traz a face da esperança,
aquele que se aproxima em silêncio
e com um gesto inconfundível me saúda.

Ai América,
que longo caminhar!

Eu venho amada América,
para iluminar com meu canto este caminho.
Trago-te meu sonho imenso, latino e americano
e meu coração descalço e peregrino.
Mas quando sinto meu sangue escorrendo-se nos anos
e a vida se me acabe antes de ver-te amanhecida;
Quando penso que é tão pouco, amada minha,
o que eu posso dar-te em um poema;
Ai, quando penso nessas flores de sangue que murcharam,
nestes iluminados corpos que tombaram,
e que ainda não pude fazer por ti quanto quisera;
Ai, se com o tempo eu descobrir
que este lírico fuzil que empunho não dispara,
ai América...
quem dirá que a intenção que tive foi sincera.

Os poemas que concebi pelos caminhos, que integraram e posteriormente se acrescentaram às edições que sucederam à edição boliviana, foram todos escritos em castelhano.[326] Não é uma tarefa fácil escrever em outro idioma, porque a poesia somente pode sugar seu legítimo encanto no seio da língua materna. Como também não foi fácil traduzir aqueles poemas para o português e verter os escritos no Brasil para o castelhano. Creio mesmo que a poesia, pela sua imprescindível síntese, seu ritmo, sua métrica e rimas, sua mágica sintaxe e pelo mistério das palavras, é intraduzível. Dante Alighieri, com sua imaculada aura de poeta já dizia: "Nada que seja harmonizado pelo vínculo das Musas pode ser transferido do que lhe é próprio para outra língua sem perder a sua doçura". Apesar desta e de tantas célebres opiniões negando a possibilidade da tradução e da versão da poesia, por um lado e, por outro, o contágio de quatro anos na vivência diária do castelhano dificultaram o pleno regresso à minha lírica cidadania e à pátria dos meus versos. Mas digo isso apenas como poeta e não como revolucionário, onde minha bandeira tem todas as cores humanas. Humildemente, prefiro confessar que minha inabilidade para traduzir meus próprios poemas do castelhano para o português me "foi cobrada" pelo crítico literário Wilson Martins, quando a longa *Canção de amor à América* foi publicada pela primeira vez no Brasil. No artigo *Poesia cerebral*, em 2 de agosto de 1980, no Caderno B, do *Jornal do Brasil*, o exigente crítico paranaense comenta:

> *(...) A inspiração épica que falta ao poema de Carlos Nejar (ou que não se pode realizar por inadequação da forma adotada) encontra-se no de Manoel de Andrade, aqui evocado como contraste à poesia cerebral e hermética, ou supostamente hermética, e como demonstração quase didática das noções acima referidas ("Canção de amor à América", na revista Encontros com a Civilização Brasileira, 19 de janeiro de 1980). Embora maculado aqui e ali por insidiosos castelhanismos ("desde o fundo de mim"; "desde aqui alço meu canto"; "não venho cantar a esta América", etc.), é, com certeza, um dos belos poemas do nosso tempo, integrado nos seus conflitos e perplexidades, e no qual o lirismo e epopeia se combinam (no sentido químico da palavra) para formar uma terceira enteléquia (a enteléquia poética, alimentada pelo mundo exterior); a contaminação linguística, que se explica*

326 Alguns leitores talvez estranhem que uso sempre o termo *castelhano* e não o *espanhol* para me referir à língua que se fala nos países hispano-americanos. É que na verdade não existe o idioma espanhol. Na Espanha, fala-se quatro línguas: catalão, basco, galego e o castelhano, como língua predominante entre os peninsulares e na América.

por circunstâncias de ordem biográfica, talvez concorra para induzir o sentimento de uma identificação latino-americana que não existe nos fatos, mas pode existir na poesia (ou que existe apenas em poesia).

10. Carta ao Brasil

Em 17 de agosto de 1970, escrevi em Quito a seguinte carta:

Marilena, querida!

Recebi hoje tuas duas cartas – 3 e 5 do corrente.

Devo ficar uma semana mais em Quito e depois seguir para Cali, na Colômbia.

Quito é uma cidade lindíssima. Menor e tão linda como Lima. Aqui também se realizam corridas de touros. Todas essas cidades sul-americanas, onde o Império Espanhol deixou a trágica cicatriz da conquista e a marca desumana de sua colonização, deixou também o esplendor requintado de sua cultura. É fascinante andar pelas partes antigas de Quito. Visitar igrejas, caminhar à noite por estreitas vielas e deslumbrar-se com o sabor quinhentista destas casas de dois andares, com seus pequenos pátios interiores, suas janelas que se abrem sobre balcões entalhados em madeira negra, seus lampiões, etc. A "calle La Ronda", que às vezes é parte do meu caminho para a casa onde estou hospedado, é a que mais caracteriza a história colonial de Quito. É realmente romântico andar por tudo isso e ouvir alguém nos dizer que "daqui deste bairro partiram os espanhóis a conquistar o Amazonas e em busca do El Dorado".

Apesar de tudo isso, eu já devia estar em véspera de viagem para a Colômbia. Acontece que em Guayaquil me presentearam um quadro. É de um pintor famoso do Equador chamado León Ricaurte e que foi um dos melhores amigos que deixei naquela cidade. Pus o quadro à venda numa galeria de arte daqui e ainda não foi vendido.

Tenho que esperar pelo negócio, pois afinal são 2.000 sucres, cerca de 100 dólares. É claro que León sabe que estou vendendo o quadro.

Ganhei muito dinheiro em Guayaquil com a venda dos meus livros. Foram 140 exemplares vendidos à base de 3 cruzeiros novos. Gastei quase todo o dinheiro. Comprei algumas roupas, comi muito bem e até engordei alguns quilos. Este livro me tem dado algumas satisfações. Não literárias, por certo. É que nele eu expresso minhas mais profundas inquietações e com as quais me identifico plenamente. Seu sucesso é para mim um alento e uma esperança histórica. No recital de sua apresentação em La Paz, foram vendidos cerca de 200 exemplares e quando fui buscar os livros que havia deixado em consignação em uma livraria de Guayaquil, o proprietário queria comprar todos os exemplares restantes à vista. Me disse que estava vendendo muito bem. Cheguei a Quito com somente 60 livros. Não estou fazendo questão de vendê-los, porque como vou até o México, pretendo deixar alguns exemplares nos países onde passarei.

Quando ainda estava em Guayaquil, li em um jornal de Quito, divulgada desde Lima por uma agência internacional de informação, a notícia da minha última passagem pelo Peru. Este tipo de informação chega a vários países e imagino que se chegou ao Equador, com muito mais razão deve ter chegado ao Brasil. Meu nome saiu acrescentado com Rita. É que no Peru o nome da mãe é que determina a descendência. Agora que tudo já passou te mando o recorte. Não te preocupes mais com isso. É parte de um acontecimento que teve seus maus momentos, mas que, por outro lado, me traz orgulho porque em nenhum momento vacilei em minha posição de poeta e de homem. Este fato foi também um exemplo eloquente de que esse tipo de arte é a mais verdadeira forma para que um intelectual latino-americano possa identificar-se com seu tempo e dar uma dimensão eminentemente histórica à sua obra. Sei que estes comentários não te agradam, mas esta é minha posição, é parte da minha honestidade e da minha consciência.

Em Guayaquil, saíram algumas notícias sobre mim. Te mando alguns recortes, inclusive de uma reportagem imbecil que me fizeram e onde confundiram tudo o que eu disse. Ademais dá a impressão que eu fui à redação do jornal pedir publicidade, quando foi tudo o contrário. Aqui em Quito não dei recitais públicos. Apenas algumas reuniões onde li meus poemas. Depois de amanhã darei um recital privado na casa de uma poetisa. Por esta notícia de Lima vou clandestinizar-me um pouco mais. Tenho escrito aqui alguns poemas novos que oportunamente te enviarei. (...)

XX
HUASIPUNGO

1. A revolucionária Manuela Sáenz

Alguns dias depois que cheguei a Quito, passei a frequentar, pelas manhãs, a Biblioteca Nacional "Eugenio Espejo". Procurei a biblioteca a fim de pesquisar sobre a vida da revolucionária equatoriana Manuela Sáenz, nascida em Quito, em 1797 e que, tal como a boliviana Juana Azurduy Padilla, lutou pela independência da América e morreu no abandono. Alguns intelectuais que conheci, referiam-se a ela como a maior heroína nacional e, nestes dias, em entrevista dada em outubro de 2011, o escritor, historiador e crítico equatoriano Hernán Rodríguez Castelo – autor de uma recente biografia sobre *Manuela Saens* – afirmou que *no hay en América en la primera mitad del siglo XIX ninguna otra mujer de la grandeza de Manuela Sáenz.*

Insurgindo-se contra uma sociedade colonial decadente e corrupta, envolveu-se na adolescência com as forças que organizaram, a partir de 1809, a emancipação do Equador. Foi posteriormente internada num convento de onde fugiu para Lima, integrando-se na luta pela Independência do Peru, ocorrida em julho de 1821. No ano seguinte, conheceu e tornou-se amante de Bolívar, passando a tomar parte nos combates, vestida com uniforme militar e salvando-o da morte por duas vezes. Desterrada para a Jamaica, após a morte do Libertador e posteriormente para a cidade norte-peruana de Paita, onde morreu na pobreza em 1856, tal era a sua fama, que ali foi visitada pelo revolucionário italiano Giuseppe Garibaldi e pelo escritor Herman Melville.

Enquanto lia a obra *Manuela Sáenz, la Libertadora del Libertador,* do historiador equatoriano Alfonso Rumazo González, alguém comentou sobre a importância de um livro que, ano a ano, impunha-se na literatura equatoriana e hispano-americana e que eu desconhecia. Era o do romance *Huasipungo*, de Jorge Icaza, publicado em Quito, em 1934.

2. O Huasipungo de Jorge Icaza

Desde as primeiras páginas, a narrativa indigenista despertou meu interesse, a ponto de ler a obra duas vezes no Equador e ter relido recentemente numa surpreendente edição de 1941, publicada em Curitiba, pela antiga Editora Guaíra. Foi realmente uma festa, para o "rato" de livraria que sou, encontrar a obra num dos sebos da cidade, em uma das primeiras edições feitas na América Latina e, certamente, a primeira no Brasil. Apesar de ter sido traduzida para mais de 40 línguas e de outras edições nacionais, *Huasipungo* é um livro praticamente desconhecido entre nós. *Huasipungo* é uma palavra quíchua que significa o local onde vive o índio com sua família: pais, avós, esposa e filhos. É a sua querência, o seu ancestral e sagrado pedaço de terra, a qual lhe emprestam pelo trabalho que executa na fazenda e onde constrói sua casa de taipa e seu quintal, onde planta e cria seus animais.

Huasipungo, pela sua fidelidade cultural, é a obra indigenista por excelência do continente. A corrente indigenista, que precedeu o realismo mágico na narrativa latino-americana, surge no começo do século XX, com a novela *Raza de bronce*, do boliviano Alcides Arguedas (1879-1946), obra que circunstancialmente não pude ler, quando passei pela Bolívia e de cujo autor conheço somente parte de sua grande poesia. Não faço aqui uma análise literária da obra porque essa não é minha ciência e nem minha paixão, apenas cito algumas passagens do romance, focadas na denúncia de um enredo chocante, marcado pelos sucessivos quadros de um drama continuado, onde a opressão e o desprezo pelo ser humano se impõem em suas 200 páginas.

O realismo do romance deve-se, em parte, à própria vivência do escritor entre os índios, numa região andina de selvas, batida pela fúria dos ventos e pelas enchentes dos rios que arrastam árvores, casas, homens e animais, sepultando tudo em poucos momentos. Foi, em parte, nesse cenário natural que o talento de Icaza pintou as cenas mais sombrias de sua obra, retratando a cruel escravidão a que os habitantes indígenas eram submetidos e cujas vidas eram sacrificadas de forma banal, conforme os interesses dos fazendeiros.

O enredo gira em torno de dois personagens: o fazendeiro Alfonso Pereira e o índio André Chiliquinga, e começa com Alfonso – pressionado por muitas dívidas – aceitando a proposta de seu tio Julio Pereira de internar-se na selva para construir uma estrada que a ligasse ao povoado de *Tomachi*. Na continuidade, a compra das terras da região e a destruição das aldeias de *huasipungos* para que o norte-americano Mr. Chapy instalasse a administração para a retirada da madeira, como um disfarçado pretexto para apoderar-se do petróleo da região.

Acompanhado da esposa Blanca e da filha Lolita, grávida de um cholo, um camba, – um índio aculturado – alguns indígenas de serviço e montando uma mula, Alfonso chega ao povoado, a caminho da fazenda que mantinha numa localidade chamada *Cuchitambo*.

> *Entardecia e a caravana entrava na povoação de Tomachi. O inverno, a montanha e a miséria, haviam feito de Tomachi uma povoação de lama, de imundície, de agachos. Agacham-se as choças, ao largo da única rua lamacenta e adornada de monturos. Agacham-se, às portas das vivendas, as crianças, para brincarem com o barro, ou para tiritar com os calafrios do paludismo. Agacham-se as mulheres junto ao fogo, desde a manhã à tarde, preparando as papas de farinhas de cevada ou o guisado de batatas. Agacham-se os homens, de seis a seis, junto ao trabalho da chácara ou da montanha, ou se perdem pelos caminhos com as mulas, levando cargas às povoações vizinhas. A rua estreita está tatuada por um pequeno regato de água suja, onde se dá de beber ao gado existente nos huasipungos, e onde os suínos fazem suas camas de lodo, para espojarem-se em seus ardores. E ali mesmo, os meninos, pondo-se de quatro, saciam a sede.*[327]

---

327 *Icaza*, J. *Huasipungo*. Trad. de De Plácido e Silva. Curitiba, Guaíra Limitada,1941, p. 28-9. Como farei citações seguidas do mesmo livro, optei por quebrar as normas editoriais, e colocar, no fim de cada texto citado, a referida página. As eventuais mudanças, na literalidade do texto, correm devido à nova ortografia.

Quanto ao índio André, fazia dois anos que ao terminar o trabalho no casarão de Alfonso, ao invés de voltar para o huasipungo dos pais, penetra encondido no bosque até chegar à choça onde vive com a Cunshi.

> *Ela o vê aproximar-se, solta a lenha, agacha-se em baixo, como a galinha, que espera o galo. E aguarda que atue a agressividade do macho, que, colhendo um bagaço de cana, que há no pátio, o emprega para açoitar. Se alguém houvesse pretendido defendê-la, ela se voltaria irada e olhando para o defensor lhe cuspiria na cara em sinal de protesto, como todas as índias: "Intrometido, não faz mal que me pegue, para isso é o marido". (35)*

3. Um seio indígena para uma criança branca

Depois que Lolita ficou sem leite para amamentar o filho bastardo, Dona Blanca manda o capataz Policarpo em busca de índias que possam amamentá-lo. Quando o filho da primeira índia morreu, por não poder disputar seu único alimento com o neto de nhá Blanquita, o leite acabou e Policarpo foi atrás de novas índias numa plantação da região, onde as mães carpem a terra e os filhos ficam na sombra da mata. As crianças choram de fome e o capataz diz que veio para levar uma jovem índia:

> *– Cadelas! E agora que vou, pois, tenho de levar a menina. O menino, chorando, ficou por mamar. A índia de Cachishano já lhe secou o leite. Ela o substituirá. (45)*

As índias exibem seus filhos, espremem os seios respingando jatos de leite e o capataz seleciona duas índias para a escolha final:

> *– E nós, não?*
>
> *– Vão trabalhar. E se não terminam a tarefa desse lado, verão, bando de cadelas. (46)*

4. André fica coxo

Com a demanda da lenha e o carvão no comércio da capital, Don Alfonso delega ao mestiço Rodrigues o comando de trinta índios para tirar a madeira dos montes e entre eles André, que reluta em deixar Cunshi e seu filho recém-nascido, mas, ainda que tomado pela revolta, acaba obedecendo a Rodriguez, contratado para fazer o carvão. Ao usar o machado para picar o tronco, o objeto desvia-se e lhe atravessa o pé, cravando-se no tronco. O capataz manda buscar teias de aranha e lhe aplicam todas emporcalhadas sobre o corte sangrando e enfaixando o pé. No terceiro dia, seu pé era uma chaga viva, fétida, putrefata e tomada pelos vermes. Foi levado para a fazenda, tratado e curado, mas ficou coxo.

5. A estrada da morte

A construção da estrada começou com grande entusiasmo, mas, quando os trabalhos chegaram a uma região de pântanos, foi necessário embriagar os índios para que eles tivessem coragem para entrar no lodo profundo, onde eram mordidos por caranguejos famintos.

Naquele ambiente insalubre, atacados pelo impaludismo, tremores e febre, os índios são obrigados a trabalhar sob a ameaça do chicote de Rodrigues, que está orientado pelo fazendeiro Alfonso para não deixar as obras atrasarem, ainda que muitos índios tenham que morrer no pântano.

> *– Vamos, canalhas! Corram... Corram...*
>
> *Aferrada à febre, vai também a preguiça que torna lerdos os membros, impedindo-os de correr.*
>
> *– Canalhada suja! Que se passa, pois? – afirma o zarolho, vendo que os índios atacados da palustre se movem apenas. Volta a lubrificar as mãos com a saliva e força o braço, enlouquecendo-se com os desmaios dos impaludados. (99)*

Diante da pressa com que Don Alfonso exige o difícil trabalho dos índios retirando lodo e lama para drenar o pântano, o engenheiro da obra o adverte que não se pode secar pântanos à custa de cadáveres. Que se deve avançar aos poucos para não se perder centenas de índios, morrendo enterrados em alguns sumidouros.

> *Um grito saído do meio da neblina faz emudecer todos os comentários. Ao longe se distingue, ligeiramente apenas, a silhueta de um índio, que levanta as mãos, como se buscasse apoio no ar. O engenheiro volta a olhar, procurando descobrir a tragédia em todas as direções, e ao ver o índio, que pede socorro, exclama triunfante:*
>
> *– Veja, veja, começa a submergir-se. Aí tem você um índio perdido. E será este o primeiro; mas não será o último. (103)*

Diante da tragédia, muitos mestiços falam em deixar aquele inferno e voltar ao povoado. Mas o fazendeiro Alfonso tem uma solução:

> *– Não... Já verá que tudo se arranja. Aos mestiços é dar mais um trago. Vou mandar vir do povoado mais uns cinco barris. Eles manterão o entusiasmo, pela insconsciência do álcool... É preciso que o trabalho continue dessa maneira, pois do contrário teríamos um insucesso e veríamos sem cumprimento nossa missão cultural, de trazer a este povoado a imagem e semelhança de nossa civilização. Verá... – afirma o latifundista, alimentando projetos prazenteiros entre as mãos. (104-105)*

O engenheiro comenta que tais mortes irão desencorajar os peões. Mas Don Alfonso retruca:

> *– Isto ficará a cargo, em primeiro lugar, do trago estimulador. E, em segundo, ao cargo de meu amigo cura... Já verá você. Apenas venha o padre, que os ensope com um sermão, oferecendo-lhes a glória e alguma cousita mais, tudo entrará nos seus eixos. (105)*

6. O "socorrinho" para os famintos

Era costume do fazendeiro Alfonso dar o resto das espigas de milho que sobrava no campo para os índios dos huasipungos. Naquele ano, porém, ele resolveu recolher tudo para vender, negando aos índios o socorro que eles contavam para matar a fome da família. O fato geraria uma revolta silenciosa e imprevisível entre os indígenas. Sentados naquela manhã em torno do pátio da casa da fazenda, esperavam que o patrão se levantasse para fazer a petição daquilo que sempre receberam: o "socorrinho", os grãos caídos na terra. O fazendeiro chega, perguntando o que querem, e nega o "socorrinho".

Os índios, pressionados pela fome, permaneceram mudos e imóveis, ante a negativa dos "trinta quintais" de grãos que Alfonso pretendia vender no mercado de Quito. Depois, saíram dizendo em quíchua que à noite iriam recolher "os socorros". Alertado, pelo mordomo, que estavam esfomeados e poderiam matar pela comida, o fazendeiro mandou que telefonasse para o Intendente de Quito, pedindo um piquete policial contra um possível levante de índios.

Pela aldeia e pelo vale cruzam rajadas de fome, embrenhando-se pelas casas, pelas choças, pelos huasipungos.

Não é a fome dos rebeldes que se deixam morrer no cárcere. É a fome dos escravos, que se deixam matar.

Não é a fome das estrelas do cinema, que a aceitam para não perder a linha; é a fome dos índios que se matam para conservar a robustez das elites latifundistas.

Não é a fome dos desocupados; é a fome dos índios super-ocupados e esfomeados.

Não é a fome improdutiva; é a fome que há engordado os celeiros da serra, que há posto motor no orgulho da aristocracia capitalista.

Fome, que toca harpa nas costelas das crianças e dos cachorros.

Fome que se cura com a receita da mendicidade, da prostituição e do roubo. (144)

7. Um "banquete" de carne podre

Um dia aparece um boi morto, num valo da fazenda de Don Alfonso. Os índios buscam o mordomo pedindo que interceda ao fazendeiro para que lhes deem a carne.

– Que os regale com a carne? Não estou louco! Já mesmo, mandes fazer um fosso bem fundo, e enterres o boi. Os índios não devem provar, nem mesmo uma migalha de carne. Desde que se lhes dê, assanham-se e estamos fritos. Todos os dias me fariam rodar uma cabeça de gado. Mataram-me esta intencionalmente. Os pretextos não faltam. Carne para os índios! Não faltava mais nada. Nem o cheiro. São como feras. Se se acostumam, quem os aguentará depois? Precisaria matá-los para que não acabassem com o gado. Do mal o menor. Fazes enterrar o boi pintado, o mais profundo que se possa. (148)

Quando o mordomo chega ao local, os urubus já estavam devorando o animal. O buraco foi feito e enquanto o corpo do boi é puxado para a cova, alguns índios arrancam pedaços de carne e ocultam sob a roupa. O mesmo faz o índio André, escondendo um pedaço de perna por baixo do poncho.

(...) mas o chicote do mordomo lhe envolve em um fustigo, que o atravessa até os ossos.

– Solta, canalha!

Não foi vergonha; foi ódio, foi desespero o que o índio sentiu, quando arrojou seu pequeno roubo ao fundo do buraco. Somente os corvos seguem pondo coroas alucinantes sobre os enterradores. (151)

André, ante a fome da mulher e do filho que não para de pedir comida, espera a noite chegar e volta ao local onde o boi foi enterrado. Encontra dezenas de índios cavando a terra fofa, de onde exala o cheiro fétido da carne apodrecida. Repartem os sinistros despojos cobertos de vermes e voltam aos seus huasipungos, ocultados pelas sombras da noite. André volta a sua choça trazendo o precioso banquete. Depois de fartos, os três tentam dormir. André levanta-se enjoado no meio da noite, sai da choça e vomita tudo. Cunshi sente queimar-lhe o estômago e grita de dor. Entre remédios para a dor de barriga, a fraqueza e a sonolência, o dia amanhece e Cunshi passa as horas retorcendo-se e retratando nos olhos esbugalhados o sofrimento mais cruel. A imensa dor faz dela uma possessa, contorcendo-se sem parar. Desesperado, André atira-se a ela, tentando paralisar-lhe os movimentos, entre seus gritos de tormento. Depois de lutar até as derradeiras forças, seu corpo prostra-se e silencia.

8. Quanto se paga para entrar no paraíso?

Depois das lágrimas de André, chegaram as carpideiras para o *chasquibay*, o ritual dos índios para prantear seus mortos. Ao fim dos lamentos, as mulheres levam o corpo de Cunshi para banhá-la no rio e após enxugá-la, começam a catar seus piolhos e lêndeas. André sai em busca do padre para encomendar a missa e o enterro. Ao encontrá-lo, pergunta quanto custa a cerimônia e o padre leva-o para mostrar suas mercadorias num cemitério de cruzes atrás da igreja.

> *– Olha! – ordena o bom pároco, passando a vista pelo campo de cruzes, com a cobiça igual ao fazendeiro observador de sementeiras bem carregadas.*
>
> *– Jesus!*
>
> *– Agora bem, estes que se enterram aqui, estão nas primeiras filas, como estão mais perto do altar-mor, mais perto das orações e, portanto, mais perto de Nosso Senhor Sacramento – tira o gorro e faz uma reverência de caída de olhos, pondo um ar de mistério em suas*

afirmações – são os que vão mais rapidamente aos céus, são os que, geralmente, se salvam. Daqui ao céu, não há mais que um passinho.(...)

(...) Depois deste sermão, deu alguns passos, e começou de novo a farsa, diante das cruzes, que se erguiam no meio de cemitério. – Estas cruzes de paus sem pintura são todas de índios pobres. Como podes perfeitamente compreender, estão um pouco mais afastadas do santuário; as rezas às vezes chegam até elas, às vezes não. A misericórdia de Deus, que é infinita – outra reverência e outra saudação com o gorro – levou estes infelizes ao Purgatório. Tu já sabes que são as torturas do Purgatório, são piores que as do Inferno. (...)

– E, por último...! Não caminhes mais – grita vendo que o índio avança campo a dentro.

– Acaso não percebes um olor estranho? Algo fétido... Algo enxofrado.

– Não paizinho.

(...) – Ali... Os distantes... Os esquecidos... Os réprobos!

Como se a palavra lhe queimasse a boca, como se tivesse visto um relâmpago sinistro, desembaraçou-se dela:

– O Inferno! (167-169)

Depois de assustar o pobre índio, o pároco resolveu tratar de negócios:

– Como te tens sempre portado serviçal para comigo, vou cobrar-te baratinho, coisa que não faço mais a pessoa alguma. Pela missa e pelo enterro nas primeiras filas, só te custam vinte e cinco sucres. Nas do meio, que serão as que te convêm, te custam quinze sucres. E... nas últimas, onde habitam os demônios, cinco sucres. Coisa, que não te aconselharia, nem estando louco. Preferível seria, deixá-la sem sepultura. (170)

Como o padre, ante a pobreza extrema de André, arrematou o negócio dizendo que o pagamento era à vista, o índio se afastou em lágrimas. Com receio que sua querida Cunshi vá para o inferno, rouba uma vaca de Don Alfonso e vende por quarenta sucres para poder mandá-la para o céu. O roubo é descoberto e ele é açoitado até desfalecer.

Balanceia o índio, dependurado em regular altura. A corda aperta-lhe os pulsos, como mordidas de fogo. A cada movimento das pernas do dependurado, a corda aprisiona com mais firmeza e os calções, que foram as únicas vestes que lhe deixaram, começam a escorregar pela cintura. Um índio que estava aprendendo a contar, exercita em voz baixa, a sua sabedoria, contando as costelas de André.

(...) O desespero e o pranto infantil mexem com a alma dos índios, sacudindo-lhes com um tremor de lágrimas. Até as índias se sentem em estado de gritar. Basta, canalha!... Basta! Mas o protesto se esbarra de encontro à parede da humildade, da resignação, dos entraves que, desde pequenos, lhes puseram o cura, o amo, o delegado de polícia, e todos os brancos pregadores de moral, todas as elites da civilização, que vivem buscando espáduas submissas, sobre as quais passe o carro do progresso, por onde irão eles e seus satélites.

(...) Uma pausa para tomar alento, para cuspir nas mãos, para voltar ao começo. O chicote apazigua os gritos, apazigua as convulsões, faz calar as súplicas, imobiliza os protestos. As costas do delinquente se fizeram vermelhas de sangue, a cabeça se abate. Somente o chicote é capaz de fazer oscilar o corpo inerte. Não paga a pena, gastar as forças para golpear um corpo desmaiado.

Desafiante, o Jacinto grita para o dependurado:

– Índio cachorro, por que não aguentas mais? Maricão...

Como única resposta, o índio se balança dependurado na estaca, como bandeira hasteada, depois de uma tempestade. (179-182)

9. Os gringos mandam destruir os huasipungos

Correu a notícia que os norte-americanos iam chegar. Os mestiços engalanaram as portas das casas com bandeirolas e com “vivas aos gringos". Os índios, desconfiados, ficaram à margem daquela alienante euforia. Numa manhã, três automóveis e sete caminhões, carregados com máquinas, cruzaram com rapidez o povoado, sem tomar conhecimento das homenagens.

Encarapitados em uma elevação de barro, numa dessas tapias formada pelos tempos, Mr. Chapy e Don Alfonso faziam sobre a vasta planta da serra, com o ponteiro afilado dos indicadores, o croquis para os primeiros trabalhos.

– Isto aqui estará bem sem as choças. Teremos que construir nossas casas por aí, nossas oficinas, tudo – comenta o estrangeiro, apontando para as margens do rio.

– Ah! O que ofereci, cumpro.

(...) – Well... Well... Nessa lombada poderíamos pôr a serraria grande – afirma Mr. Chapy, arrastando o castelhano de uma pronúncia que tem os eixos dos "erres" e dos "esses" mal engraxados.

– Ali? – interroga o fazendeiro, assinalando o grupo dos huasipungos.

– Yes. Justamente, por isso, dizia a Mr. Julio que preciso de tudo limpo, completamente limpo.

O gringo seguia, assinalando as diferentes choças, que inteiriçadas de frio entre as brenhas da montanha, se deixariam caçar pela necessidade civilizadora de Mr. Chapy.

– Temos bosques para um século. – atreve-se a comentar Don Alfonso, com o riso meloso dos que creem vender bagatelas.

– E outra coisa mais, todavia. Certamente, há lido você que toda a cordilheira oriental destes Andes está cheia de petróleo – afirma Mr. Chapy em tom confidencial.

– Ah? Sim?

– Não sabia você? Há bom tempo que já havíamos firmado o contrato. Aqui temos petróleo. Eu examinei isto. Você e seu tio também terão boa parte no negócio.

– Que grandes são vocês os Ianques! (184-186)

Nos dias seguintes, dada a ordem de destruição, começa a demolição das choças.

Caíram sobre os primeiros huasipungos, com a voracidade de corvos, os senhores gringos, até deixar as choças em ossos.

(...) – Vão saindo com brevidade. Aqui vamos começar os trabalhos.

Da choça saiu um índio.

– Por que nos tirar? Este aqui é meu huasipungo. Desde o tempo do patrão grande, mesmo. Por que nos tirar?

– Não queremos saber de nada. Vá saindo. Na montanha, há terreno de sobra. Vá pra lá.

Como o índio, instintivamente, se opusesse ao despejo, um dos homens lhe deu um repelão, fazendo-o rodar sobre o milho, enquanto ordenava aos mestiços armados de picaretas, alavancas e pás:

– Já, fora tudo. Vamos começar...

E começaram, em cumprimento ao mando, investindo sobre a miserável choça. Caiu a cobertura de palha, aos pedaços, sobre a nudez do lar índio. Diante dos olhos curiosos do sol, destapa-se a panela de cultivos de miséria, onde a magnificência de uma cultura feudal havia guardado, por séculos, o segredo de sua nobreza dourada.

– Canalha!... Eu vou avisar o patrão... – ameaça o índio ultrajado, sem saber a quem dirigir seu despeito e sua impotência.

– Te há de mandar a patadas – informa o capataz.

Acovardado, o índio, ao ver-se rodeado pela mulher, pelos filhos e pelos farrapos, suplicou humildemente:

– Então... Onde vamos, pois, passar o dia, patrãozinho?

Já lhe disse que nos montes. Por enquanto não se precisam desses terrenos. (187-188)

Diante dos gritos da família, o índio viu seu castelo desmoronar. Era como se arrancassem o coração do próprio peito. Nascera ali, aquele quintal fora as fronteiras de sua infância. Ali criara seus filhos e agora amparava seu velho pai. Sua choça era o seu ninho, seu pequeno mundo, seu melhor lugar no universo.

Fez uma maleta com os trapos; juntou as galinhas e o milho; carregou o pai paralítico e, seguido pela mulher, a quem entregou a maleta, pelos pequenos e pelo cão, o índio entrou no caminho do monte, pensando em ir pedir pousada ao compadre Tucuso. No caminho foi encontrando outras famílias despojadas, entre elas, também se encontrava a do compadre. (189)

10. A revolta

Nasce a revolta e ela chega até o coração de André, quando avisado pelo filho que estão derrubando os huasipungos.

– Não... Não hão de roubar assim não, grandes canalhas – afirma o índio.

Sem atinar com a defesa imediata se pôs pálido, com os olhos mui abertos. Como podiam arrancar-lhe a sua chácara, se nela se sentia cravado como uma árvore da montanha. Teriam, primeiramente, que tombá-lo a machado. (189-190)

(...) Parece que a encosta despertou, enquanto o vale e a montanha, com seus mil huasipungos, seguem dormindo. Despertar parcial,

despertar imprevisto, que põe mais furor desordenado e selvagem nos rebeldes. O cartel sonoro da trompa não penetrou em todas as choças. As cem famílias índias se precipitam sozinhas. A terra sente a cócega de seus pés nus, que correm; os huasipungos da planície parecem ter mudado a atitude de agachamento pacífico para o agachamento de espreita nas barricadas. As árvores são torres de observação, com seu telegrafista, que abriram seus olhos nas copadas. As enseadas e as covas da rocha se engordam de material bélico. (191)

Os índios se levantam em fúria e seguem pela encosta, com mulheres e crianças aos gritos de "nosso huasipungo". Encontram seis homens que sob o comando do delegado Jacinto haviam posto fogo na região. Cercam-nos, e André, apoiado em muletas, ataca Jacinto que morre sob seus golpes, assim como morrem os demais, e entre eles o capataz Rodrigues.

Enquanto à noite os índios invadem a casa do fazendeiro em busca de comida e retiram daquela servidão suas mães, irmãs e filhas, em Quito o governo envia trezentos soldados para combater a revolta.

Nos círculos governamentais, a notícia caiu, como caem sempre estas notícias, como um ato de barbaria contra a civilização.

– Que sejam mortos.

– Que os acabem.

– Que os eliminem.

(...) Quando a tropa chegou ao povoado, Don Alfonso recomendou ao oficial que a comandava:

– Oxalá consiga pegar alguns deles vivos, para que se faça um exemplo.

– Creio difícil. Quando do famoso levante em Cuenca[328]*, meu general Naranjo, que era bem compassivo, ameaçou-os fazendo descargas para o ar, mas foi tudo inútil. São uns néscios.*

– Como selvagens que são.

– Tivemos que os matar a todos; mais de dois mil ficaram estendidos. Demônios, que se alguém não está alerta bem pode ficar frito – afirma o oficial, tomando um copo duplo com o fazendeiro, servido pela mulher do Jacinto, que começava a inquietar-se pela demora do marido. (196-197)

Eis aí o espírito do capitalismo – filho do feudalismo e da escravidão – transformando suas vítimas em algozes, para justificar sua nefasta intervenção e seus atos criminosos.

11. O massacre

Mais tarde as metralhadoras começaram a cantar, levando as famílias indígenas a se enconderem nas matas da encosta. Os soldados, cercando os fugitivos, metralhavam sem parar. Caem homens, mulheres e crianças.

Os tiros de fuzis vão catando os índios de todos os esconderijos.

Passam as horas. O sol vai se afundando entre algodões, empapados de sangue dos charcos.

Uma vintena de índios se fortificou no huasipungo de André Chiliquinga, o qual se encontra situado ao fim da quebrada grande. (198)

328 Jorge Icaza refere-se aqui à greve dos indígenas de Cuenca, por ocasião do centenário da Independência do Equador. Célebre na história do país, a revolta ocorrida entre 1920 e 1921 deu-se diante da notícia de novos impostos para os trabalhadores indígenas, pelo abuso e os maltratos praticados pela burguesia agrária e as fortes tensões sociais e políticas no campo, em face da reação de fazendeiros conservadores, revogando as conquistas liberais do governo de Eloy Alfaro (1895- 1911), que proibia a servidão dos índios equatorianos e os protegia legalmente contra as arbitrariedades e a exploração dos latifundiários.

Os soldados cercam o local, e são atacados por blocos de pedras, que os índios fazem descer do alto do morro, e disparam contra os militares com escopetas de caçar rolas. O batalhão abre fogo sem piedade.

(...) No valado, as mulheres, os garotos e os índios começam a ficar imóveis. Uivam de dor todas as bocas. Os ais se revolvem, formando ninhos de lodo sanguinolento. Os garotos morrem no regaço de suas mães, as índias morrem no regaço dos alaridos infantis. Entre nuvens de pó e de dor, os poucos índios e os poucos rapazolas que restam, defendem-se a pedradas. De repente, à mandíbula inferior do valado, brotam dentes de baionetas. O refúgio se converte em focinho carnívoro, que se compraz em triturar a indefesa indiada, com seus caninos de aço. (199)

Quais aves sem ninho e refugiados dentro da choça de André, os últimos índios ouvem as rajadas que chegam. As metralhadoras rasgam o teto da humilde choça. O fogo se acende sobre as palhas do telhado. O desespero, o pânico e a tosse asfixiante atingem a todos. André abre a porta e com o filho nos braços grita:

– Canalhaaaaas... Nosso huasipungo!

(...) Tudo emudece, até a choça terminou de arder. O sol se asfixia entre tanto algodão ensopado, ensopado com o sangue dos charcos.

(...) Entre os despojos da dominação, entre as choças desfeitas, entre o montão de carne flácida ainda, surgiu a grande sementeira de braços fracos, como espigas de cevada, que, ao serem mexidas pelos ventos gelados dos páramos da América, murmuram, pondo os dominadores de pele eriçada, com voz ululante de trado:

– N o s s o h u a s i p u n g o !

– N o s s o h u a s i p u n g o ! (201)

12. O porquê desse resumo

Creio que uma simples resenha não daria a dimensão do dramático enredo dessa obra, cuja *via crucis* somente pode ser avaliada pela sua leitura integral. Propus-me nessa síntese transcrever apenas os seus quadros mais reais e, lamentavelmente, os mais chocantes. Resolvi fazê-lo, por saber que o romance *Huasipungo*, apesar de tantas edições pelo mundo e algumas no Brasil, é praticamente desconhecido dos leitores brasileiros. Creio também que para isso servem as memórias: para aproximar o que está distante, para que se relembre o que não deve ser esquecido e destroçado pelos anos e para que o tempo faça a sua justiça, denunciando as arbitrariedades, revelando a verdade, revendo e interpretando os fatos, seja na ficção, seja na história. Parece uma ironia dizer que perante a história oficial – quando trata das injustiças sociais e os crimes políticos – transita-se numa cultura do esquecimento, insinuando-nos que não deveríamos olhar para o passado. Que isso é um retrocesso. Mas foi por sentir-me assim induzido pela história contada pelos vencedores que, na primeira parte deste livro, dediquei tantas páginas para reavivar a "memória esquecida" dos araucanos no Chile e, se essa extensa crônica de viagem tiver alguma importância, será pelas sementes deixadas pelos caminhos, e pelas flores e os frutos colhidos nesse reencontro com o passado. É apaixonante vivenciar o resgate e o usufruto do conhecimento histórico. Escrevo para que o esquecimento não apague minhas pegadas. Meus passos pela América não teriam sido tão fecundos se não tivesse encontrado os rastros libertários de Lautaro e Caupolicán, Túpac Amaru e Túpac Katari, Bartolina Sisa e Micaela Bastidas, Juana Azurduy e Manuela Sáenz, bem como, em episódios mais recentes, os exemplos memoráveis dos poetas Javier Heraud, Otto René Castillo e a luta atual e incondicional do ex-guerrilheiro Hugo Blanco em favor do indígena. O que conto é a história dos vencidos, para que sua memória e o sabor desse conhecimento não morram comigo, já que nem eu, nem ninguém, tem certeza se terminará seu dia vivo. Não creio que a literatura possa mudar o mundo, mas a consciência do que ela retrata pode ser um apelo para essa mudança. Quanto à minha literatura, há de ser sempre um ato de liberdade, de aventura e de resistência. Mas é também um gesto de esperança, porque creio que assim são os poetas, na sua maneira profética de ver o mundo. O livro de Jorge Icaza é um clássico e por isso será sempre uma trincheira aberta. Ainda que seja uma ficção, é o retrato fiel de uma amarga realidade que continua marcando a história do índio no continente. Efetivamente, minha intenção, ao resumir esta novela, foi mostrar a figura simbólica de André Chiliquinga e seu gesto de resistência, no contexto de uma revolta reprimida durante séculos de inomináveis injustiças e sofrimentos. O livro não apenas mostra o drama do indígena no Equador, mas é o reflexo do seu calvário em todo o continente.

O indigenismo, no contexto andino, é virtualmente um problema estranho aos estudos brasileiros, mas é uma bandeira desfraldada pelos hispano-americanos conscientes e cada vez mais presente nos debates nacionais, promovido por movimentos e governos populistas e democráticos que se formaram nas últimas décadas. O livro de Icaza é um protesto e o testemunho de um sonhador contra a injustiça social em seu país, um gesto corajoso de denúncia que transcende pela sua universalidade. *Huasipungo* é o enredo da crueldade e da cobiça do branco e do mestiço, ante a inocência e o desamparo do índio. Supersticioso e ingênuo, o índio retratado por ele é explorado pelos engodos do sacerdote que negocia, com descarada cupidez, o lugar no paraíso, ameaçando com o fogo do inferno. Impotente e humilde nas relações de trabalho, o indígena é sugado pelo poder da ganância até o extremo de suas forças, levando-o ao desfalecimento ou à morte. Humilhado perante seus iguais, sob o látego cortante dos castigos mais cruéis e, massacrado ante a ousadia da revolta, cai abatido como uma ave indefesa, numa luta desigual, ante o ribombar das metralhadoras dos "heroicos" militares, defensores da "civilização" e dos interesses norte-americanos.

Ao comentar, recentemente, a importância da obra com alguns amigos, causou-me surpresa ouvir de alguns que não a conheciam. Quem sabe eu também não a conhecesse, se não tivesse passado pelo Equador. Eis porque achei interessante resumir esse livro, cujo tema constitui uma crítica frontal à exploração desumana dos índios na região andina. Quem sabe alguns leitores perguntem por que, ao invés de um enfoque tão pontual, não escrevi sobre os grandes poetas equatorianos. Quero dizer que muitos dos seus versos povoaram de encanto alguns de meus momentos mais especiais. Mas a literatura pela literatura era um luxo, que não se alinhava na luta aberta e no compromisso com a história daqueles anos. A literatura que me interessava era aquela que abria um caminho, cerrava os punhos contra as injustiças, escrevia o nome dos opressores e apresentava-se com uma visão crítica dos fatos sociais, porque é disso que é feito o mundo e a história: de fatos..., sejam eles tecidos com tragédias ou esperanças.

Como cruzar o continente sem deparar, a todo o momento, com o grande drama por que passa, há quinhentos anos, o indígena americano, seja na região andina ou na América Central – como também aqui no Brasil, onde as demarcações de suas terras são violadas pela ganância da agroindústria – descendentes das civilizações pré-colombianas, herdeiros culturais de sagas gloriosas, atualmente sobrevivem marcados pela servidão e pela extrema pobreza. *Huasipungo*, como um retrato desse drama, não somente é considerada a obra literária mais importante do Equador, mas, pelo seu significado, tornou-se a grande novela indigenista por antonomásia. Em 1934, já no ano de sua publicação, o livro recebeu o primeiro prêmio de novela, em um concurso realizado em Buenos Aires, e foi publicado pela importante casa editorial Losada.

Quando passei pelo Equador em 1970, o sistema de servidão do huasipungo vigorava incólume na sua estrutura agrária, gerando o empobrecimento massivo e a fome da população indígena que, na época, correspondia à metade dos habitantes do país. Uma ansiada reforma agrária e a educação do índio foram os sonhos de notáveis intelectuais equatorianos, como Pio Jaramillo Alvarado e Benjamin Carrión. Diante de uma realidade tão cruel, da ganância e do desprezo por uma raça tão nobre, esses belos projetos abortaram, pela ausência de responsabilidade social, pela indiferença do poder e pelo silêncio da própria cultura. Além do sonho, sobrevive a esperança. Creio que a esperança apenas, nada mais...

XXI
COLÔMBIA

1. Notícias à família

Dia 25 de agosto, na véspera de minha viagem à Colômbia, escrevi à Marilena:

> *(...) Parto amanhã para a Colômbia. Escreva-me para Bogotá.*
>
> *Envio-te um novo poema e um recorte de uma estrevista que fizeram e que também não me agradou porque fala de coisas que eu pedi que não publicassem, como o assunto do Peru (...)*
>
> *Recebi hoje o dinheiro da venda do quadro. Eu te havia falado disso numa carta anterior. Trata-se de um quadro que ganhei como presente de um pintor famoso do Equador. Ele foi ontem para o México. Ganhou uma bolsa de estudos da Unesco. Recebi muitos convites para dar recitais privados. Infelizmente, não pude atender a todos. Deixo aqui muitos e alguns grandes amigos. Dei algumas palestras sobre a posição do poeta latino-americano. Sei que deixei inquietudes em muitos poetas jovens. Recebi 1.200 sucres pelo quadro. Tive que baixar o preço porque já queria viajar. E também paguei a comissão da galeria de arte. (...)*

Os 461 quilômetros que ligam Quito a Cali foram extenuantes pelas condições das estradas, dos ônibus, pelas longas paradas e baldeações. Eis o relato da viagem:

Cali, 28 de agosto de 1970

Querida Marilena!

Cheguei hoje a Cali. Creio que ficarei uma semana aqui. Foi muito cansativa esta viagem e toda feita por etapas. Saí ontem de Quito às 07h30, viajei todo o dia e às 17h00 cheguei a Turcan, já na fronteira com a Colômbia. Cruzei a fronteira e cheguei a Ipiales onde tomei outro ônibus para Pasto. Cheguei às 20h30 a Pasto e o ônibus para Cali só saía à meia-noite. Jantei, fui ao cinema e depois tomei o ônibus. Viajei toda a noite num ônibus péssimo. Os assentos não eram reclináveis e, ademais, muito apertados. As 09h00 da manhã passei por Popayán, uma cidade grande, onde tomei café. Às 12h00. cheguei aqui. Cali tem cerca de 1 milhão de habitantes e é a segunda cidade da Colômbia.

(...) estou tão cansado e com sono que vou terminar por aqui. São três horas da tarde. Escrevo-te de um café. Agora vou sair para buscar umas pessoas cujo nome trago do Equador.

Escreva-me para Bogotá. (...)

Em vez de uma semana, minha estadia em Cali se prolongaria por um mês. Fatos novos que marcariam minhas andanças se sucederam numa gratificante expectativa e entre eles a segunda edição dos meus *Poemas para la libertad.* No dia 11 de setembro, enviei outra carta à Marilena:

Ainda estou em Cali. E somente em 24 do corrente devo viajar para Bogotá.

Muitos compromissos, nascidos do meu relacionamento aqui, me obrigaram a protelar a viagem.

Minha ansiedade em chegar a Bogotá é porque ali espero receber correspondência de várias partes. De ti, da Bolívia, Peru, Paraguai, Equador e de brasileiros exilados no Chile.

Algumas surpresas me aguardavam aqui. Meus poemas mimeografados em Cusco chegaram a Cali e um editor daqui me propôs uma segunda edição do livro.

Estive bastante ocupado estas duas semanas. Revisei dois poemas que escrevi em Quito e escrevi outro, os quais serão incluídos nesta reedição.

Darei um recital dia 14 em um teatro. Será com entrada paga. É a primeira vez que dou um recital assim. Antes ou eram gratuitos ou pagos pela entidade mesma e com entrada franca.

Mando-te estes programas e a redação final da "Canción de amor a América" cuja primeira cópia te enviei de Quito junto com recortes. Fiz muitas modificações. Jogue fora a cópia anterior.

Em outra parte da carta, pela segurança dela, de minha filha e de meus familiares, alertei novamente a ela que não colocasse remetente nas cartas que me enviava. Dia a dia tomava conhecimento da situação política cada vez mais agravada no Brasil. A repressão, depois do AI-5, enchia as prisões e assassinava torturando. Disse a ela dos grandes caminhos que se abriam para minha poesia, mas que era quase insuportável a nostalgia da pátria:

Falta-me tanto meu país e haveria tanto que fazer por ele. Ai! Tudo isso me golpeia fortemente. À parte desse sonho que me enche a alma, sofro muito por essas raízes que o tempo aprofundou com tanto amor. A consciência desse repartimento – inevitavelmente vital para o entendimento de mim mesmo – me despedaça cada dia mais. E, no entanto, não sei revelar a ninguém essa solidão, essa saudade imensa. Em mim tudo isso é sempre um gesto de silêncio. Tu sabes que sou um homem inconfessável quando se trata de coisas pessoais e se te escrevo sobre isso é porque somente contigo posso compartilhar esse sentir. (...)

2. A segunda edição do livro

Meu editor chamava-se José Borrero e sua editora, *Nueva Era,* tinha uma linha nitidamente de esquerda. Havia publicado vários autores na sua Colección Popular Internacional e entre eles o antropólogo marxista francês Maurice Godelier, o filósofo comunista francês Lucien Seve, o sociólogo grego Nicos Poulantzas, o filósofo francês Michel Pêcheux (com o pseudônimo de Thomas Herbert), o ex-guerrilheiro e escritor peruano Héctor Béjar e, na época, estava em processo editorial *O estado e a ideologia*, de Louis Althusser. Havia recém-lançado a Colección Nueva Cultura, iniciando com dois títulos para sair: um livro de contos chamado *Nueva narrativa colombiana* e o livro de ensaio e teatro *Enrique Buenaventura y el teatro colombiano.*

Conheci Borrero já na primeira semana de minha chegada. Eu havia ido à Universidade Santiago de Cali em busca de contatos para um recital e lá fui apresentado a ele por estudantes de direito. Depois que me identificou como autor dos livretos publicados em Cusco, nossos interesses caminharam para o mesmo objetivo: uma edição colombiana dos meus *Poemas para la libertad.* As conversas continuaram nos dias seguintes na sua editora e ele resolveu lançar, com meu livro, uma nova série chamada *Jograis no nosso tempo*, como colocou na contracapa do livro:

> *Estos "Poemas para la libertad" circularon durante mucho tiempo en hojas sueltas y libretos mimeográficos, en Chile y en el Perú. Otros aparecieron anónimamente en Bolivia bajo la simple denominación de "El Poeta".*
>
> *Hace pocos meses algunos amigos bolivianos de "El Poeta" lo convencieron de publicar sus cantos revolucionarios; y así surgía su primer libro – uno de los pocos testimonios líricos y a la vez implacables de la América de estos años.*
>
> *Ediciones Nueva Era, al reeditar los "Poemas para la libertad", dá inicio a una colección destinada a acoger a los nuevos poetas del continente que han sabido comprometer su poesía con la época que les toca vivir, y que han hecho de su arte una arma más para la lucha y un grito más fuerte y más bello de combate.*
>
> *Son con estos cantores, cuyos versos profundamente sencillos puedan llegar hasta el corazón de un campesino o un obrero americano, que daremos continuación a la serie "Juglares de nuestro tiempo"*[329].

---

329 *Estes "Poemas para a liberdade" circularam durante muito tempo em folhas soltas e livretos mimeografados, no Chile e no Peru. Outros apareceram anonimamente, na Bolívia, sob a simples denominação de "El Poeta".*
Há poucos meses, alguns amigos bolivianos de "El Poeta" convenceram-no a publicar seus cantos revolucionários. E assim surgia seu primeiro livro – um dos poucos testemunhos líricos e, por sua vez, implacáveis da América destes anos.
Edições Nueva Era, ao reeditar os "Poemas para a liberdade" dá início a uma coleção destinada a acolher os novos poetas do continente que têm sabido comprometer sua poesia com a época que lhes toca viver, e que fizeram de sua arte uma arma a mais para a luta e um grito mais forte e mais belo de combate.
São com estes cantores, cujos versos profundamente simples podem chegar até o coração de um camponês ou um operário americano, que daremos continuação à série "Jograis do nosso tempo".

A nova edição sairia com os dois poemas que escrevi no Equador e um novo poema – *"Recado à mulher amada"* – que escrevi depois que cheguei a Cali. No nosso contrato constava que não haveria reserva de direitos autorais para meu livro, que a editora faria sua distribuição nacional e que dos 1.500 exemplares editados eu receberia 500.

Na sua apresentação, Borrero escreveu a seguinte nota, aqui traduzida ao português:

Nota do editor

Ao conhecer Manoel de Andrade, associei seu nome a uns livretos que há três meses me haviam mostrado dois estudantes argentinos de passagem por Cali. Tratava-se de alguns exemplares mimeografados de poemas revolucionários publicados no princípio deste ano pela Federação Universitária de Cusco. Na capa, sobre uma ilustração de punhos fechados que se alçavam em sugestiva eloquência, lia-se "Poemas para a liberdade". Contaram-me que seu autor era brasileiro, mas seu nome escapou da minha atenção.

Naquela ocasião – por curiosidade editorial – me fixei nos livretos mimeografados com preferência entre o conjunto de recortes e papéis que os argentinos traziam como uma preciosa coleção probatória de sua viagem pela América. E reafirmo que foi simples inquietação editorial, pois neste mesmo dia havia revisado algumas declarações dos grandes editores argentinos, nas quais se qualificava a "nova poesia" como investimento pouco ou nada rentável no negócio dos livros. Depois da tiragem milionária que fizera Losada dos poemas de Neruda, as grandes editoras haviam retirado a poesia dos seus títulos de venda.

Calculei então o grande valor de literatura combatente que deveriam possuir os poemas que tinha nas mãos. Tratava-se de cantos que percorriam o continente e circulavam zelosa e furtivamente, multiplicando os leitores de contados exemplares.

Em geral, parece que a "nova poesia" não chega a despertar nenhum interesse no público consumidor da América. Sem conjeturar demasiado sobre a etiologia deste fenômeno, podemos descobrir superficialmente três causas diferentes: Em primeiro lugar, os efeitos da publicidade e da informação massivas que descartam a poesia dos seus materiais diários; em segundo lugar, a ideia popularizada da poesia, associada a corroídos sentimentos e a uma afetação anacrônica, quando não a um tresnoitado romantismo e a uma boemia oitocentista, que desvirtuou totalmente a função da poesia; e em último lugar, a própria responsabilidade histórica dos poetas, que não souberam atualizar a linguagem e os propósitos da sua criatividade às novas condições sociais.

A abundância de textos poéticos carregados de metáforas forçadas, de recalcitrante subjetivismo, de linguagem linfática e rebuscamento pretensioso e gongorista, que não chega a comunicar nada ao hipotético leitor, por um lado; e a copiosa literatura poética "revolucionária", que não vai além de discursos e cartéis ideológicos numa má prosa de clichê, por outro, se converteram em sérios fatores de desarticulação do poeta com a realidade contemporânea, de desconexão da linguagem que se pretende elaborar como "poética", com a linguagem viva do cotidiano.

No entanto, diante da poesia de Manoel de Andrade, a quem em poucos dias conhecemos em sua autêntica dimensão – de poeta e sobretudo a dimensão de um homem profundamente identificado consigo mesmo – estamos seguros de encontrar-nos com a renovada versão do jogral, que leva e traz pela América um canto carregado de violência popular num marco de infinita ternura.

Em sua viagem pelo continente recolheu os anelos e as esperanças dos protagonistas anônimos da nossa história que diretamente sentiu quando leva seu canto aos sindicatos, teatros e universidades.

E um dos aspectos mais meritórios do seu trabalho foi a rapidez com que dominou o espanhol para poder comunicar-se com os nossos países de língua hispânica.

Isto não é muito fácil para quem escreve poesia, considerando as exigências líricas e todos os atavismos vivenciais de cada idioma, que um escritor e sobretudo o poeta traz como a marca íntima da sua emotividade quando a expressa literariamente.

Na verdade, acreditamos tratar-se de um fenômeno completamente novo. Seu grande despojamento, sua crença profética numa América nova ainda por vir; este saber identificar-se com seu tempo e com sua condição de latino-americano fazem deste poeta um batedor do nosso tempo – destes anos cheios de pressentimentos e carregados de esperanças.

Acreditamos haver acertado ao realizar esta nova edição de seu primeiro livro "Poemas para a liberdade", publicado inicialmente pelo Comitê Central Revolucionário de la Universidade Mayor de San Andrés, de La Paz. Acrescentamos três poemas inéditos.

José Borrero

Cali, setembro de 1970.[330]

3. Encontro com o dramaturgo Enrique Buenaventura e recital no TEC

Na visita que fiz à Universidade Santiago de Cali, li meu poema *Canção de amor à América* a um pequeno grupo de estudantes de direito, integrantes do Movimento de Unidade Acadêmica e eles prontamente se ofereceram a editar trezentos exemplares mimeografados desse longo poema, que me foram integralmente doados. Alguns dirigentes organizaram alguns recitais improvisados para os dias seguintes e mais de 200 exemplares foram vendidos por um valor bem baixo.

Naqueles primeiros dez dias, muitos fatos interessantes marcaram minha chegada à cidade. Um deles foi conhecer o dramaturgo Enrique Buenaventura, no escritório da Editora Nueva Era, onde ele também tinha um livro no prelo. Buenaventura era considerado o maior homem de teatro da Colômbia e sua fama já se espalhava pelo continente. Havia fundado, em 1955, o célebre Teatro Experimental de Cali, tinha

330 Andrade, M. de. *Poemas para la libertad.* Cali, Nueva Era, 1970. A Nota do Editor, em castelhano, encontra-se nas páginas 9 a 11 da edição colombiana e nas páginas 138 a 141 no texto bilíngue da edição brasileira, editada pela Escrituras, em 2009.

cerca de dez livros publicados e já recebera, em 1967, uma Menção do Prêmio Casa das Américas, cujo primeiro prêmio receberia em 1980, com a peça *Los papeles del infierno*. Não comentarei aqui sobre seus vários prêmios nacionais e internacionais, citando apenas que dois deles foram-lhe outorgados pela Unesco. Quero mencionar a grande amizade que nos uniu naquele mês que fiquei em Cali. Muitas coisas nos identificavam. Ele havia sido marinheiro e esse fora meu sonho. Nossas conversas eram quase diárias e muitas avançavam pelas madrugadas, nos bares da cidade. Já nos primeiros dias do nosso convívio, ele me convidou para dar um recital no Teatro Experimental de Cali, alterando o programa já feito e marcando-o para o dia 14 de setembro. Na programação daquele mês, constavam a projeção de vários filmes como *O fascismo ordinário* de Mijail Romm, *Sobra um homem* de Costa Gavras, *Fahrenheit 451* de François Truffaut, *Meu tio* de Jacques Tati, *O tesouro do enforcado* de John Sturges, *Chuka* de Gordon Douglas, e outros; peças de teatro como *O fantoche de Lusitânia* de Peter Weiss, *O conversível vermelho* do próprio Enrique Buenaventura, lançado aquele ano e cuja apresentação ocupou várias datas do programa de setembro; conferências de Álvaro Bejarano sobre *Gustavo Adolfo Bécquer*, de Germán Cobo sobre *Urbanização e marginalidade*, e *Pergunte sobre Cuba*, de Enrique Buenaventura. Entre estes e outros eventos do programa, minha apresentação era a única com leitura de poesia.

Dois jornais de Cali noticiaram, com fotos, o recital. O *Diario Occidente*, de Cali, publicou no dia 14 de setembro daquele ano a seguinte nota:

T. E. C.

RECITAL

del Poeta Brasilero

MANOEL de ANDRADE

TEATRO EXPERIMENTAL DE CALI - 8 p.m.

Cali, Lunes 14 de Septiembre de 1.970

Poeta brasileño ofrece recital hoy en el T.E.C.

El joven poeta brasileño Manoel de Andrade ofrecerá esta noche en la sede del Teatro Experimental de Cali TEC um recital de sus poema, escritos en su Patria de la cual fue desterrado hace año y médio y realizados, otros, en los distintos países de América del Sur por cuyos territorrios, en su vida de destierro, ha viajado el vate brasilero.

De Andrade leerá en español una serie de poemas que reflejan su claro pensamiento en favor de las libertades del hombre. Su protesta por la coacción y la dictadura en el Brasil le mereció que el gobierno le aplicara la ley del desterro.

Un libro suyo, "Poemas para la libertad" fue editado hace pocos meses en Bolívia.

El recital de hoy se iniciará a las ocho de la noche el la sede del TEC, calle 7ª, Nº 8-67.[331]

O matutino *El País* também noticiou no mesmo dia:

Teatro Experimental de Cali presenta hoy al poeta de Andrade

Para hoy lunes a las 8 de la noche el Teatro Experimental de Cali, T.E.C, tiene preparada la presentación del famoso poeta brasileño, Manoel de Andrade, quien en la actualidad hace una gira por las principales ciudades de América Latina.

De Andrade cuenta con 29 años de edad y hace un año y médio tuvo necesidad de abandonar su país. Decidido a recorrer toda

---

331 ***Poeta brasileiro oferece recital hoje no T.E.C.***
O jovem poeta brasileiro Manoel de Andrade oferecerá esta noite na sede do Teatro Experimental de Cali T.E.C um recital de seus poemas, escritos em sua pátria da qual foi desterrado há um ano e meio, e compostos, outros, em vários países da América do Sul por cujos territórios, em sua vida de desterro, tem viajado o vate brasileiro.
De Andrade lerá em espanhol uma série de poemas que refletem seu claro pensamento a favor das liberdades do homem. Seu protesto pela coerção e a ditadura no Brasil levou o governo a lhe aplicar a lei do desterro.
Seu livro, "Poemas para a liberdade" foi editado há poucos meses na Bolívia.
O recital de hoje terá início às oito da noite na sede do T.E.C, rua 7ª, nº 8-67.

Latinoamérica, há actuado em Bolívia, Peru y Ecuador, cocechando triunfos en cada una de las naciones mencionadas.

Es autor del libro Poemas para la libertad, *que se editó en La Paz y será presentado el día 23 de los corrientes, en una atuación de Andrade en la Universidad del Valle.*[332]

O Recital superou minhas expectativas. Na verdade, foi uma surpresa. Afinal, era um desconhecido que chegara há apenas duas semanas na cidade. Sei que devo muito, pelo grande público que lá compareceu, ao trabalho do Enrique Buenaventura. Trago ainda comigo as provas da sua solidariedade. Não só um programa do "Teatro Experimental de Cali – Septiembre", como também os cartazes que ele mandou seu grupo de teatro colocar nas universidades e sindicatos. Foram também impressos – tudo na Editora Nueva Era, com o apoio do José Borrero – os convites individuais em primorosa impressão gráfica. A entrada geral custava 10 pesos. Estudantes e operários pagavam a metade. Além de muitos estudantes, havia gente de teatro, escritores, intelectuais, jornalistas e muitos poetas. Depois da leitura, Enrique coordenou o debate sobre a importância da poesia engajada, perguntas sobre a repressão do Brasil e a minha experiência nos países percorridos. Depois que tudo terminou, saímos num pequeno grupo para "esticar" pelos bares, na madrugada. Entre nós, havia um jornalista chamado José García, que pediu um amplo depoimento de minha peregrinação, cuja entrevista foi marcada para o dia seguinte.

Em carta de 16 de setembro, entre outras notícias, contei à Marilena que:

332 ***Teatro Experimental de Cali apresenta hoje o poeta de Andrade***
Para hoje, segunda-feira às 8 horas da noite, o Teatro Experimental de Cali, T.E.C, preparou a apresentação do famoso poeta brasileiro Manoel de Andrade, o qual atualmente percorre as principais cidades da América Latina.
De Andrade tem 29 anos de idade, e há um e meio teve que, necessariamente, deixar seu país. Decidido a viajar por toda a América Latina, atuou na Bolívia, Peru e Equador, colhendo triunfos em cada uma das nações mencionadas.
É autor do livro "Poemas para a liberdade", que foi editado em La Paz e será apresentado no dia 23 deste mês, em uma atuação de Andrade na Universidade do Valle.

O recital foi um sucesso absoluto. Pena que não tivesse já o livro que estão editando aqui, para vendê-lo. Muita gente queria meus poemas e os 50 livretos mimeografados que me restavam dos 300 que imprimiram, foram todos vendidos. Havia muita gente. O Teatro estava quase cheio. Depois do recital mantive um longo diálogo com o público.

Dia 23 darei outro recital na Universidad del Valle para a apresentação da 2ª edição do meu livro. (...)

4. O recital de lançamento

Eu ia todas as manhãs à Editora para ver como andava a produção do livro que seguia em marcha acelerada, em vista de minha urgência em seguir para Bogotá. No dia 21 de setembro, a edição estava pronta e dali a dois dias seria feito seu lançamento na Universidad do Valle. Dia 23, o *Diario Occidente* publicou, com a capa do livro, a seguinte nota:

> *Esta es la carátula del libro "Poemas para la libertad" del poeta brasileño Manoel de Andrade que hoy será presentado durante recital que ofrecerá su autor en el auditorium de la Escuela de Enfermaria de la Universidad del Valle, a partir de las seis y media de la tarde. El libro – segunda edición – fue editado por la Editorial Nueva Era en su colección Juglares de Nuestro Tiempo.*[333]

Os estudantes lotaram o auditório da Escola de Enfermagem. Lá estavam meu editor, o dramaturgo Enrique Buenaventura, o jornalista José García, gente de teatro e mais alguns amigos que fiz em Cali. Li apenas seis poemas, já que são muito longos. Os estudantes aplaudiram

333 *Esta é a capa do livro "Poemas para a liberdade" do poeta brasileiro Manoel de Andrade, que hoje será apresentado durante o recital que oferecerá seu autor, no auditório da Escola de Enfermagem da Universidade de Valle, a partir das seis e meia da tarde. O livro – segunda edição – foi publicado pela Editora Nueva Era, na sua coleção Jograis do Nosso Tempo.*

de pé quando li o poema *El guerrillero*, dedicado a Inti Peredo e onde falo do padre colombiano Camilo Torres.[334]

Não houve debate por ser um recital de lançamento, e após a leitura, por mais de duas horas, autografei em torno de 250 exemplares da nova edição.

No dia seguinte, o livro estava à venda nas livrarias de Cali e em dois dias seguidos foram também vendidos outros 250 exemplares. O editor, entusiasmado, disse-me que já estava pensando numa nova edição.

5. O artigo de José García

Em 27 de setembro de 1970, um domingo, na sessão *Esquirla*, Suplemento Literário do Diário *El Crisol*, de Cali, saiu publicada uma ampla reportagem com o título: *Saludo a un Guerrero Armado con poemas*, escrita pelo jornalista José García:

> *(...)Seus poemas começavam a circular já furtivamente, em edições mimeografadas; como folhas ao vento, como papéis insurretos. E se distribuíam profusamente, e corriam de mão em mão e eram anônimos. Lota, Cataví, Siglo XX; Favelas, tugúrios, villas misérias, por toda parte corriam. "El Poeta" cantava a essa outra América lastreada, ensanguentada. Cantava as injustiças e as misérias humanas. Cantava e decantava as angústias do mineiro silicoso, do camponês sem campo, do operário oprimido. E sua voz se alçava entre todas as vozes. Sub-reptícia, como uma poderosa torrente subterrânea, como a voz dos vertedouros e dos bueiros, sua poesia se multiplicava, ia de sul a norte, de boca em boca. Ali onde morria uma esperança, metralhada com o chumbo mercenário, renascia outra, com palavras como balas.*

---

334 Camilo Torres morreu em combate em 15 de fevereiro de 1966, quando integrava o Exército de Libertação Nacional. Fazia quatro anos e meio de sua morte, e sua imagem entre a juventude e, principalmente, entre os estudantes, era a mais forte referência revolucionária da Colômbia e espalhava-se pelo continente. Caiu em sua primeira ação guerrilheira e nunca se soube onde os militares colombianos enterraram seu corpo.

Com a esperança colada nos sapatos e o espírito incendiado de liberdade, chega ao Peru. Em 1º de janeiro de 1970, depois de andar e desandar pelos caminhos por onde transita o coya boliviano, pela rota dos incas, à vista do fabuloso incário, nas sendas altiplânicas, "El Poeta" adquire sua cédula de cidadania americana, sua real condição de jogral da redenção.[335]

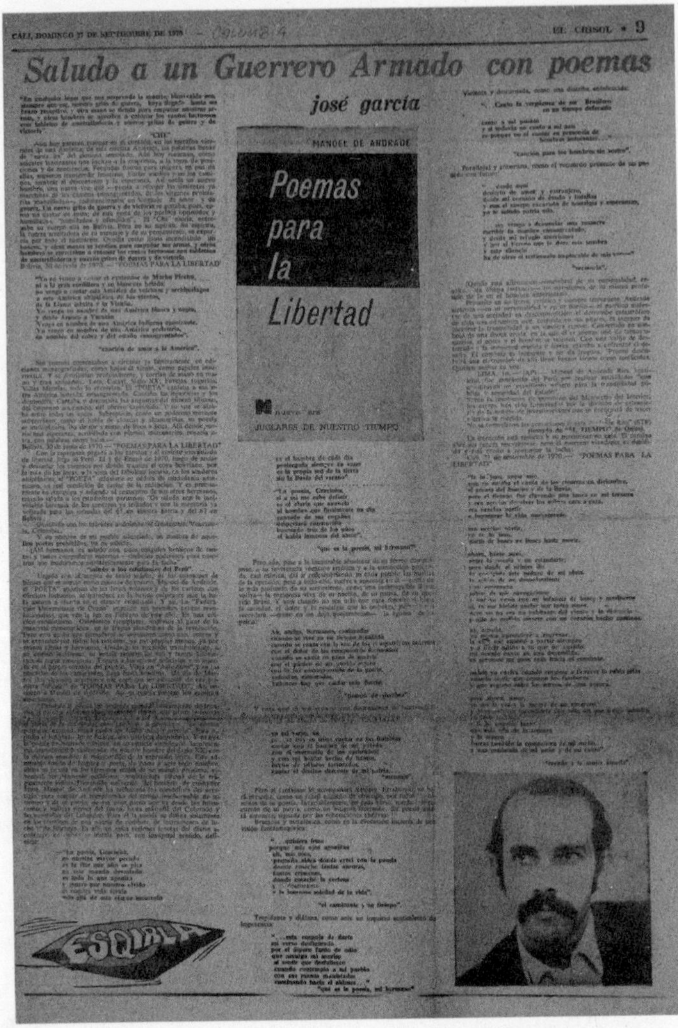

EL CRISOL • 9

Saludo a un Guerrero Armado con poemas

josé garcía

MANOEL DE ANDRADE

Poemas para la Libertad

JUGLARES DE NUESTRO TIEMPO

---

335 As limitações de espaço não me permitem reproduzir o extenso artigo de José García. O texto integral em castelhano e em português encontra-se nas páginas 162 a 179 da edição bilíngue brasileira de *Poemas para a liberdade,* já citada na nota 325.

6. Hospedado num grande hotel

No dia 30 de setembro, escrevi à Marilena:

Cheguei ontem a Bogotá. (...) Tenho dinheiro agora. A venda do meu livro foi um sucesso em Cali. 250 livros em dois dias. O editor está agora distribuindo nacionalmente. Enviei-te 2 exemplares de Cali.

Já tenho três recitais programados aqui. Dia 6 na Universidade Nacional, dia 7 na Universidade de los Andes e dia 12 na Casa de la Cultura.

Me disseram, no Correio, que ontem devolveram 5 cartas endereçadas a mim, pelo tempo que estavam esperando. (...)[336]

A carta que lhe enviei dia 10 foi carregada de ótimas notícias:

Estarei duas semanas em Bogotá. Viajarei a Medellín, Manisales, Bacaramanga e Cúcuta e voltarei aqui. Continue escrevendo para aqui. Faz 20 dias que saiu esta edição de 1.500 exemplares e já está quase esgotada. Diz meu editor que é um "boom" literário, ainda mais em se tratando de um livro de poesia. Ele pensa fazer uma nova edição e exportar com outros livros editados pela Nueva Era, para a Argentina, Chile e Venezuela. (...) Meus recitais aqui em várias universidades foram melhores do que esperava. 40 ou 50 livros que levo se acabam. Outro dia, num recital, os dois últimos exemplares estavam sendo disputados. (...)

Sou realmente um tipo de sorte. Estou hospedado em um dos melhores hotéis de Bogotá como convidado da Associação Nacional dos Jornalistas. Estou muito bem relacionado aqui. (...)

Recomendado pelo jornalista José García, de Cali, na minha segunda semana em Bogotá, procurei a redação do *El Siglo*, um jornal de circulação nacional. Fui em busca do presidente da Associação Nacional dos Jornalistas da Colômbia, que ali trabalhava e era

336 Era lamentável a perda dessas cartas, sobretudo a de muitos amigos hispano-americanos, e isso aconteceu muitas vezes. Eu indicava aos parentes e amigos o Correio Central de uma cidade que estava para chegar e acontecimentos imprevistos retardavam meus passos, como aconteceu em Cali.

amigo de García. Feito o contato com ele, que me apresentou para toda a redação, saímos para almoçar e no fim da tarde, como convidado da Associação, eu estava hospedado no hotel San Francisco, um dos grandes hotéis do centro da capital, na avenida Jimenez, Carrera 5ª. Parecia um sonho, – pois quando não me hospedava em casa de alguém, buscava sempre os hotéis de última categoria – que eu estivesse ocupando uma das *200 habitaciones con baño privado, teléfono y servicio esmerado*, como constava do papel de carta que era oferecido para os hóspedes. Não lembro o nome do jornalista que me propiciou tanta solidariedade, em vista de minha condição de autoexilado, mas tivemos vários encontros no jornal e me foi oferecida a possibilidade de viajar a Cuba, através de conversações que ele poderia fazer com outros jornalistas de esquerda. Era um convite fascinante para conhecer a ilha, no auge do seu processo revolucionário. Mas naquele acelerado transe de minhas atividades poéticas e ansioso para conhecer toda a América Latina, declinei, agradecido, daquela oportunidade.

7. A revista *UNAULA*

Um dia após o café da manhã, estava sentado na sala de recepção do hotel, quando dois rapazes da minha idade sentaram-se nas poltronas ao lado e começaram a folhear os jornais do dia. Lá pelas tantas começamos a conversar. Disseram-me que eram professores e deram-me uma revista chamada UNAULA, editada na Universidade de Medellín. Mas logo apareceu alguém com quem eles saíram. Abri a revista e não caí de susto porque estava sentado. O exemplar que me deram era o número 7-8 – ano 2 – 2º semestre de 1969 – Diretor: Ramon Emilio Arcila H. Até aí nada de novo. Ao passar para a página seguinte, onde se lia: *Los autores*, numa lista de 19 nomes, alguns internacionalmente famosos como Bertold Brecht, Peter Weiss, Heinrich Mann, André Gunder Frank e colombianos ilustres, como os historiadores Antonio Garcia Nossa, Álvaro Tirado Mejia, Juvenal Herrera Torres e o jovem escritor Oscar Collazos, além de poetas como o guatemalteco Otto René Castillo, o colombiano Raul Henao, o argentino Hugo Acevedo e outros, meu nome aparecia escrito incorretamente como Manoel Do Andrade. Percorrendo suas 160 páginas, encontrei a partir da 113, três poemas meus, ilustrados por Jairo. Os poemas eram *El guerrillero*, *Canción para los hombres sin rostro* e *Tiempo de siembra*, cujo título posteriormente mudei para *El sueño del semeador.*

Terminei de ler, mal acreditando no que lia. Como podiam estar publicados aqueles poemas, se a edição era do segundo semestre de 1969 e as primeiras edições panfletárias dos meus poemas saíram em janeiro de 1970, em Arequipa e em Cusco no mês seguinte? Certamente, a edição saíra com grande atraso e assim como a edição de Cusco, chegou às mãos do meu editor através de estudantes argentinos de passagem por Cali, certamente os mesmos, ou outros caminhantes, passaram por Medellín e deixaram meus livretos na Universidade, pois o nome da revista UNAULA é uma sigla com as iniciais da Universidad Autonoma Latinoamericana de Medellín. Bem, este é um mistério que eu pretendia ver esclarecido quando fosse dar meus recitais em Medellín. Infelizmente, outros fatos surgiram posteriormente e não me deixaram ir além de Bogotá.

8. Meus maiores recitais

Os recitais de Bogotá foram os maiores que dei na América Latina, na década de 70. O excelente resultado do recital do dia 6, na Universidade Nacional levou, no dia seguinte, aproximadamente três mil estudantes ao Teatro Richard, na Universidad de Los Andes. Esse foi o maior público que tive em meus caminhos. É que quando cheguei a Bogotá e entrei em contato com lideranças estudantis para agendar minhas apresentações, meu nome já era conhecido. Na verdade, não sei como. Talvez pelas notícias dos jornais de Cali, talvez por estudantes mochileiros que traziam meus livretos mimeografados publicados no Peru e passavam informações sobre minhas atividades no sul. Para o recital na Universidad de Los Andes, na época considerada a mais importante do país, os organizadores fizeram grandes cartazes de 100 x 70 cm, que foram fixados em vários locais do campus universitário, anunciando o evento.

O ingresso custava 2 pesos colombianos e, mesmo com entrada paga, o teatro superlotou, com jovens em pé, ocupando as laterais. Depois da leitura dos poemas, houve um diálogo com o público e como levei apenas 50 exemplares de meu livro, os últimos foram literalmente disputados. Foi indicado aos demais interessados as livrarias de Bogotá, onde estavam à venda.

Depois das apresentações nas Universidades Nacional e Los Andes, dei também recitais na Universidade Tadeo Lozano e Javeriana. Tinha já programado recitais na Casa da Cultura para o dia 12 e na Universidad Pedagógica para o dia 13. Eram tantos meus compromissos, que terminava meu dia extenuado, mal tendo tempo de folhear os jornais, em busca de notícias sobre minhas atividades. Estava diariamente ocupado em dar e programar recitais e atendendo, no hotel, lideranças estudantis, solicitando minhas apresentações nas universidades de outras cidades. Sei que foram publicadas muitas notas e algumas resenhas do meu livro, mas não dispus de tempo para recortá-las dos jornais, e dos recortes enviados por carta à minha esposa, muitos não chegaram ao seu destino. Foram realmente muitos e dos que chegaram, apenas três podem documentar minha intensa e incrível atividade naquelas semanas. No dia 11 de outubro, o jornal *El Tiempo* publicou em sua seção cultural *Carátulas y Solapas* o seguinte comentário sobre o lançamento do meu livro, destacando sua capa:

> ***Poemas para la libertad***. *Ediciones Nueva Era de Cali há iniciado la colección "Juglares de nuestro tiempo" con el fin de acoger a los nuevos poetas del Continente "que han sabido comprometer su poesía con la época que les han tocado vivir, y que han hecho de su arte una arma más para la lucha y un grito más fuerte y más bello de combate". Y el libro con el cual irrumpe en el mercado (pues las izquierdas también están creando su gran sociedad de consumo editorial entre nosotros) es este jovem brasileño, Manoel de Andrade, que nos visita en misión ideológica y artística, demonstrando que há puesto su vida al servicio de la nueva causa. José Borrero, su editor, lo presenta así: ".... Frente a la poesía de Manoel de Andrade, a quien en pocos días hemos conocido en su auténtica dimensión – la del poeta y sobre todo la dimensión de un hombre profundamente identificado consigo mismo – estamos seguros de encontrarnos con la renovada versión del juglar, que lleva y trae*

por América un canto cargado de violencia popular en un marco de infinita ternura. En su viaje por el Continente há recogido los anhelos y las esperanzas de los protagonistas anónimos de nuestra historia que directamente há escuchado cuando lleva su canto a los sindicatos, teatros y universidades". Por eso empieza así el primer poema de su libro:

No canto mi dolor...
dolor de un solo hombre no es dolor que se proclame.
Canto el dolor de los hombres sin rostro
canto a los que cayeron acribillados
a los hombres escondidos
a los que conocieron la nostalgia del exilio
a los encarcelados.
Canto a los parias de la vida...
a los ébrios, a los mendigos y a los toxicómanos...[337]

Em 12 de outubro de 1970, o diário *El Siglo* publicou:

---

337 ***Poemas para a liberdade.*** *Edições Nueva Era de Cali deu início à coleção "Jograis do nosso tempo", a fim de acolher os novos poetas do continente "que têm sabido comprometer sua poesia com a época que lhes toca viver, e que fizeram de sua arte uma arma a mais para a luta e um grito mais forte e mais belo de combate". E o livro com o qual irrompe no mercado (pois as esquerdas também estão criando sua grande sociedade de consumo editorial entre nós) é este do jovem brasileiro, Manoel de Andrade, que nos visita em missão ideológica e artística, demonstrando que colocou sua vida a serviço da nova causa. José Borrero, seu editor, apresenta-o assim: "... Diante da poesia de Manoel de Andrade, a quem em poucos dias conhecemos em sua autêntica dimensão – de poeta e sobretudo a dimensão de um homem profundamente identificado consigo mesmo – estamos seguros de encontrar-nos com a renovada versão do jogral, que leva e traz pela América um canto carregado de violência popular num marco de infinita ternura. Em sua viagem pelo continente, recolheu os anelos e as esperanças dos protagonistas anônimos da nossa história que diretamente sentiu quando leva seu canto aos sindicatos, teatros e universidades". Por isso começa assim o primeiro poema de seu livro:*
Não canto a minha dor ...
dor de um só homem não é dor que se proclame
canto a dor dos homens sem face
canto os que tombaram crivados
os homens escondidos
os que conheceram a nostalgia do exílio
para os encarcerados
canto os assaltantes
aos bêbados, aos vagabundos
e aos toxicômanos...

Recital de Manoel de Andrade hoy a las 7 P.M.

Hoy a las 7:00 p.m. en La Casa de la Cultura, ofrecerá un recital el controvertido poeta brasileño Manoel de Andrade, cuyo libro "Poemas para la libertad", editado en Bolívia, aparece en el mercado nacional editado este mes por Nueva Era.

"En verdad, creemos tratarse de un fenómeno completamente nuevo. Su gran despojamiento, su creencia profética en una nueva América por venir; este saber identificarse con su tiempo y con su condición de latinoamericano hacen de este poeta un batidor de nuestro tiempo, de estos años llenos de presentimientos y cargados de esperanzas", dice de él el editor José Borrero en la presentación del libro.

En verdad sus poemas – por el contenido social, real, crudo y a la vez lleno de lirismo y amor a los hombres – le han valido la huída de su país, Brasil, hace un año y medio. Posteriomente, fue "invitado" a salir de Bolivia, cuando había participado en el Congreso Nacional de Poetas, celebrado en Cochabamba. Igual situación le fue planteada en el Perú. Su estilo y tendencia han tenido gran acogida entre la juventud suramericana. De Andrade se ha presentado en vários planteles universitarios, entre ellos la Javeriana, Tadeo Lozano, Nacional, etc.[338]

No mesmo dia, *El Tiempo* trouxe a seguinte nota:

El poeta brasileño Manoel de Andrade ofrecerá dos nuevos recitales, hoy en la Casa de la Cultura, a las 7 de la noche, y mañana en la Universidad Pedagógica, a las 6 p.m. De Andrade dará a conocer algunas

---

338 *Hoje às 07:00 p.m. na Casa da Cultura, oferecerá um recital o controvertido poeta brasileiro Manoel de Andrade, cujo livro "Poemas para a liberdade", editado na Bolívia, aparece no mercado nacional publicado neste mês por Nueva Era.*
"Na verdade, acreditamos tratar-se de um fenômeno completamente novo. Seu grande despojamento, sua crença profética em uma nova América por vir, este saber identificar-se com seu tempo e com sua condição de latino-americano fazem deste poeta um batedor do nosso tempo, destes anos cheios de pressentimentos e carregados de esperanças", diz o editor José Borrero, na apresentação do livro.
Na verdade, seus poemas – pelo conteúdo social, real, cru e, contudo, cheio de lirismo e de amor pelos homens – valeram-lhe a fuga de seu país, Brasil, há um ano e meio. Posteriormente, foi "convidado" a sair da Bolívia, quando de sua participação no Congresso Nacional dos Poetas, realizado em Cochabamba. A mesma situação lhe foi criada no Peru. Seu estilo e tendência têm tido grande acolhida entre a juventude sul-americana. De Andrade tem se apresentado em vários campus universitários, entre eles a Javeriana, Tadeo Lozano, Nacional, etc.

partes de su libro "Poemas para la libertad", publicado inicialmente en Bolívia y reeditado en Cali; otros recitales había presentado la semana pasada en las universidades Nacional y de Los Andes.[339]

Eu quase não tinha tempo de fazer qualquer turismo pelos arredores de Bogotá. Mas, em 18 de outubro daquele ano, relatei por carta à Marilena, o seguinte:

> *Estes dias conheci a catedral do Sal, em Zipaquirá, uma pequena cidade perto daqui. Um templo subterrâneo, colossal, entalhado no ventre de uma montanha de sal. Muitas coisas me impressionaram desde que saí do Brasil. O deserto de Atacama, ao norte do Chile, a travessia dos Andes por Mendoza, as ruínas de Machu Picchu, a fortaleza de Sacsayhuamán, em Cusco, as minas de estanho da Bolívia, a travessia do lago Titicaca, a aventurosa viagem pelo Gran Chaco paraguaio e enfim muitas outras coisas que seria incômodo enumerar. Mas esta catedral me assombrou mais que tudo. Dizem que é tida como a oitava maravilha do mundo.*
>
> *Esta revista –* UNAULA *– chegou-me casualmente. Uns hóspedes do hotel me entregaram. São de Medellín, onde a editam. Abri a revista sem muito interesse e, na segunda página, dou de cara com meu nome escrito errado – Manoel do Andrade. Folheio a revista e encontro três poemas meus. Fato bastante curioso, porque a publicação é do segundo semestre do ano passado quando eu estava no Peru. Veja você, parece que "mi cantar de caminante" caminha mais rápido que eu. Bem, são coisas da vida. Escrevo meus poemas e já me esqueço deles. Eles fazem sua própria vida. Sabes, são todos bem paridos. Já nasceram grandes e fortes. Por isso andam por aí cumprindo sozinhos a sua missão. Acho engraçado encontrar-me com eles assim de supetão. Outro dia, na rua, cruzei com um indivíduo que trazia meu livro. Sabes, creio que nunca me sentirei um escritor; nunca me sentirei literariamente. Sentir-me-ia um pouco incômodo com um traje tão importante.*

339 *O poeta brasileiro Manoel de Andrade oferecerá dois novos recitais, hoje na Casa da Cultura, às 7 da noite e amanhã na Universidade Pedagógica, às 6 horas da tarde. De Andrade dará a conhecer algumas partes do seu livro "Poemas para a liberdade", publicado inicialmente na Bolívia e reeditado em Cali. Na semana passada, apresentou outros recitais na Universidade Nacional e de Los Andes.*

Bem, tu me entendes.

Hoje é domingo. Faz uma semana que te escrevi uma longa carta. Passei todo o dia nos tugúrios – favelas – das colinas.

Já se esgotam os 1.500 exemplares editados em Cali. Está-se vendendo em quase todas as livrarias daqui.

Nesta próxima semana tenho 4 recitais em universidades. Na outra, irei a Manisales, Medellín e Bucaramanga dar recitais e voltarei aqui para em seguida viajar a Cartagena e Barranquilha, na costa atlântica e daí seguir para a Venezuela, em fins de novembro. (...)

9. Último recital em Bogotá

No dia 22 de outubro, dei um concorrido recital num teatro de tamanho médio. Ficava no centro de Bogotá, a algumas quadras do hotel San Francisco onde estava hospedado, mas não me lembro exatamente do seu nome e não posso dizer com certeza se era o Teatro Colômbia. O evento foi organizado por um sindicato e como na manhã seguinte fui preso e três dias depois fui expulso do país, não pude ler os jornais e nem recortar alguma possível nota sobre o evento. Por isso, não tenho nenhuma informação precisa sobre o nome do local e o sindicato que o organizou. Todas essas informações eram registradas em meu diário de viagem que, como já disse anteriormente, foi destruído na cidade de Manágua, por razões de segurança.

Eis os fatos: depois de ser apresentado por um dirigente sindical, subi ao palco e li meus poemas para uma plateia de jovens trabalhadores e estudantes, muito tumultuada por aplausos, assobios e gritos de nomes revolucionários como Che Guevara e Camilo Torres. Depois da leitura dos poemas, respondi a algumas perguntas do público e comecei a autografar meu livro numa mesa, no centro do palco. Havia muita gente comprando o livro e no final dos exemplares, surgiu na fila um homem baixo, gordo, de uns 40 anos, pedindo um livro. Olhei surpreso para ele e disse que o livro era vendido. Ele não comprou. De pronto pressenti que havia algo estranho. Ele ficou em volta dos últimos jovens que compraram o livro e sempre me olhando. Seu rosto não expressava intelectualidade, e seu olhar e atitudes não representavam engajamento político. Terminada a sessão de autógrafos, ele se aproximou, disse ser um agente policial e, sabendo que eu era brasileiro, perguntou pelo meu passaporte. Respondi que estava no hotel e ele disse que me acompanharia para verificar. Quando desci do palco, outro agente juntou-se a ele, trocaram palavras e me fizeram sair do local. Cinco jovens que organizaram o recital perceberam e juntaram-se a nós, ficando ao meu lado. Disseram aos policiais que eu era apenas um poeta, que o recital foi anunciado pelos jornais e que se algo me acontecesse, eles se mobilizariam e levariam o fato à imprensa. Chegando ao hotel, subi com um deles ao apartamento e trouxe o passaporte. Eles verificaram a legalidade da minha permanência, pediram desculpas ao ler que eu era também um jornalista e que ali estava hospedado a convite da Associação dos Jornalistas da Colômbia. Entregaram-me um papel com um endereço dizendo que comparecesse ao local, pela manhã, para mais alguns esclarecimentos. Disseram que não me preocupasse, que esse era um procedimento normal. Fingidamente, retiraram-se sorrindo e dando-nos a impressão de que estava tudo bem comigo. Eu e meus acompanhantes acreditamos que realmente estava tudo bem e saímos para um bar próximo, onde confraternizamos por algumas horas.

10. Prisão e expulsão da Colômbia

Na manhã seguinte, ao invés de passar pelo jornal *El Siglo*, ali perto, relatar o caso a meu amigo `jornalista e solicitar o acompanhamento do advogado da Associação Nacional do Jornalistas – e até hoje não entendo como posso ter sido tão ingênuo, – dirigi-me sozinho até o endereço indicado. Ficava também a algumas quadras do hotel e lá chegando, subi a um segundo andar e encontrei apenas uma pessoa. Era um escritório e nada deixava perceber o que havia por trás daquelas duas ou três salas, com um aspecto meramente administrativo.

Identifiquei-me, mostrei meu passaporte, disse o porquê da minha chegada e deu-me a impressão de que ele não sabia de nada. Levou-me para outra sala e ao sair fechando a porta, disse-me para esperar. Só então percebi que ali era uma espécie de delegacia política, tipo o Dops do Brasil, que, na época, eu conhecera muito bem, na rua João Negrão, em Curitiba. Depois de quase uma hora, ele voltou, trazendo nas mãos o meu passaporte. Sentou-se numa mesa com máquina de escrever e pediu que me sentasse diante dele. Folheando meu passaporte, começou a tomar meu depoimento sobre os motivos que me fizeram sair do Brasil, da minha passagem por tantos países e quais meus objetivos na Colômbia. Irritei-me com algumas perguntas e ele, sempre muito frio, objetivo, mas educado, alertou-me, em tom de ameaça quanto aos termos impróprios que eu estava usando, questionando seu trabalho de policial. O depoimento deve ter durado uns quarenta minutos e depois disso fui levado para uma porta, a qual se abria para uma escada que levava a um corredor do primeiro andar, onde ele me entregou para outro policial que me levou até o centro do corredor e abriu uma cela à direita, onde entrei prisioneiro. Ali havia um homem jovem, com cara de preso político. Era isso mesmo. Um estudante que ali estava há alguns dias. Na cela ao lado, havia outro estudante, seu conhecido, e eles conversavam pelas grades. Contei minha história, ele contou a sua e ali fiquei por três dias. Ele tinha um rádio de pilha e no dia seguinte, 24 de outubro, os três vibramos ouvindo a proclamação oficial de Salvador Allende como presidente do Chile.

A cela era deplorável. Havia um beliche, onde passávamos quase todo o tempo deitados. No fundo, havia uma pia e uma latrina ao rés do chão. Por duas vezes, vi uma ratazana andar pelo fundo da peça, sair e entrar por um buraco perto da latrina. A comida era intragável e todos nós dávamos dinheiro para o carcereiro comprar nossa alimentação.

Na manhã do terceiro dia, a porta se abriu e disseram-me para sair. No escritório, devolveram a cinta, o relógio, mas não o passaporte e disseram que seria expulso do país e mandado para o Equador, de onde tinha vindo. Perguntaram-me se tinha dinheiro para pagar a passagem de avião. Embora estivesse bem de finanças, com a venda dos livros nos recitais, lembrei-me da expulsão do Peru, em que paguei a passagem, e disse que não tinha dinheiro. Dois agentes me levaram até o hotel para pegar a bagagem. Não permitiram tomar um banho e nem fazer a barba. Também não permitiram ligar para ninguém para explicar o que acontecera. Na saída, perguntaram na portaria se eu devia alguma coisa e os recepcionistas disseram que não devia nada. Colocaram-me num carro, levaram-me à agência de passagens da "Avianca", apresentaram meu passaporte e compraram a passagem. Dali seguimos para o aeroporto, porque o avião que me levaria a Quito estava para sair. No embarque entregaram meu passaporte carimbado com a *República da Colômbia – Emigración. "Eldorado" – Salida: 26 oct. 1970 – número: 3.* Acompanharam-me até a escada da aeronave e entrei no interior do aparelho sob os olhos curiosos da tripulação, com a roupa suja e amassada, com a barba crescida e a mesma cara desgrenhada com que havia saído da prisão há pouco mais de uma hora.

XXII SEGUNDA VIAGEM AO EQUADOR

1. A solidariedade de Rodrigo Samaniego

Ao chegar ao aeroporto de Quito, liguei para meu fraterno amigo, o arquiteto Rodrigo Samaniego. Logo ele apareceu com sua pick-up e foi uma grande surpresa para ele ver-me voltando à cidade, sabendo de meus planos de seguir para a Venezuela, cruzar a América Central e chegar ao México. Abraçamo-nos com alegria e, no caminho para sua casa, contei-lhe porque me "devolveram" para o seu país. Como não havia como acomodar-me, disse que buscaria alguém que me hospedasse. Já em sua casa, enquanto ele fazia os telefonemas, escrevi uma carta ao Brasil, dando a notícia recentíssima dos fatos:

Quito, 26 de outubro de 1970

Querida Marilena!

Há uma hora e meia estava em Bogotá. Viajei até Quito em um jato da Avianca, como "convidado" especial do governo colombiano. Entendes, não? Isso está cada vez mais divertido. Hoje, pela manhã, quando acordei numa prisão, não imaginava que à tarde (15h30) estaria em outro país. Estou muito bem e até bastante alegre com tudo isso. Parece que estou sonhando. Pena que não permitiram me despedir dos amigos em Bogotá. Ninguém lá sabe que viajei. Estive três dias incomunicável. Escreva urgente para aqui. Não te preocupes, entrei no Equador normalmente como turista. Nem sequer revistaram minha bagagem. Para ir à Venezuela tenho que ir de avião, porque não posso mais entrar na Colômbia.

Ficarei algum tempo aqui. De verdade, não te preocupes. Estou muito bem. Prometo comportar-me no Equador. Beijos..., Manoel

Dizer que estava muito bem e até bastante alegre com o que me acontecera em Bogotá não era a inteira verdade. Certamente, estava alegre por sair da prisão, sem qualquer constrangimento físico, mas frustradíssimo pelo grande programa de recitais que deixei de dar em várias cidades da Colômbia. Com exceção da Bolívia, nunca fora tão prestigiado com tantos convites, quer na capital, quer para as grandes universidades do interior. Medellín,... ah! Medellín! Meus olhos não viram a "Cidade da eterna primavera". Quanta expectativa em conhecê-la, depois de ver meus poemas publicados na revista UNAULA, de Medellín. Não foi por acaso que meus versos chegaram aonde tanto se ama a poesia. Quase vinte anos depois, em 1991, um grupo de poetas ligados à revista *Prometeo*, sob a direção de Fernando Rendón, dá início ao Festival Internacional de Poesia de Medellín, que desde então tem reunido, anualmente, grandes poetas do mundo inteiro. Mas não era só por isso que, entre as tantas cidades colombianas que estavam no meu caminho rumo à Venezuela, Medellín palpitava no meu coração de poeta e de revolucionário. Dois anos antes, Medellín fora palco de grandes discussões que repercutiram em todo o continente, promovidas pelos bispos combativos da Igreja Católica, na 2ª Conferência Geral do Episcopado Latino-Americano, que, reunidos ali, em 1968, colocaram o dedo nas grandes feridas sociais e políticas dos nossos países, denunciando suas estruturas antidemocráticas, as profundas desigualdades pelo vazio social entre ricos e pobres e a degradante miséria das maiorias, oprimidas pelas oligarquias nacionais e pelo imperialismo.

Medellín, Medellín..., quem sabe um dia a festa da poesia te coloque no rumo dos meus passos. Quem sabe um dia eu possa ouvir, na magia dos teus ares, o eco das últimas canções de Gardel, entoadas em teu regaço, antes de partir para a imortalidade.

Dos tantos e queridos amigos que me estenderam a mão em algumas situações difíceis pelas quais passei naqueles anos, Rodrigo Samaniego foi sempre o campeão dessa imensa solidariedade. Seus telefonemas naquela tarde em que cheguei, resultaram no convite para hospedar-me na casa de um amigo seu, também arquiteto, e no fim daquela tarde em que cheguei a Quito, uma porta se abriu no número 542, da rua 9 de outubro. Recebeu-nos Hector Chávez e sua solidária família.

Três meses depois de ser expulso do Peru para o Equador pelo "crime" de ser um poeta comprometido com a história do meu tempo, eu chegava novamente ao Equador expulso agora da Colômbia pelos mesmos motivos. Que fazer então com meus versos, com o caráter político dos meus poemas? Cantar apenas para os ouvidos delicados? Fazer "poesia de evasão" como dizíamos na época? Versos para namorados, parecidos com os de *Eu e você (Toi et moi)* do poeta francês Paul Géraldy, que um tempo falaram ao meu coração apaixonado, na bela tradução de Guilherme de Almeida?

2. Quito: uma cidade patrulhada

Essa segunda expulsão, novamente me fez pensar que eu poderia ter sido deportado para o Brasil. Isso era inquietante e, por isso mesmo, tal como ao chegar pela primeira vez ao Equador, não busquei contatos para recitais em universidades, onde agentes da polícia política poderiam estar monitorando as manifestações estudantis. Na verdade, cheguei a Quito numa época politicamente conturbada e com toque de recolher depois das nove da noite. O governo de José Maria Velasco Ibarra, eleito presidente pela quinta vez em 1968, apesar de sua aliança com um bloco político da Esquerda Democrática, encontrava uma situação adversa no Congresso, para realizar reformas sociais que beneficiassem o povo. Diante disso, em 22 de junho de 1970, ele assumira poderes de ditador, revogando a Carta Política vigente, e adotando uma Constituição anterior. A partir daí, começaram seus problemas, com os militares por um lado e com os estudantes por outro. Enfim, o país estava virado do avesso, com o exército patrulhando ruas e enchendo as prisões. Falava-se muito de um político chamado Assad Bucaram, um líder populista, com um perfil neoliberal, grande carisma e notável influência política, que fora prefeito de Guayaquil – cidade cujos altos interesses econômicos sempre determinaram as linhas de apoio ou resistência ao processo político do país. Bucaram era um crítico do governo de Velasco Ibarra, e semanas depois foi desterrado para o Panamá.

Em 2 de novembro, escrevi à Marilena:

(...) Estou encurralado aqui no Equador. Não posso viajar nem para o sul nem para o norte. Se conseguir o dinheiro que me falta, viajarei de avião para Caracas. Pensava ir de barco desde Guayaquil até Balboa, no Panamá; mas não me convém, porque do Panamá teria que viajar até a Venezuela e daí de volta ao Panamá, para poder seguir por terra pela América Central até o México. Me sairia mais caro que viajar diretamente a Caracas e daí ao Panamá. Eu tinha 1.500 pesos para receber em Bogotá, mas esta rápida viagem me impediu de receber.

(...) Estou hospedado numa belíssima casa de um amigo. Hoje é segunda-feira, dia dos mortos e amanhã é feriado nacional. Assim todos aqui viajaram sábado para Ambato e fiquei sozinho na casa. Quase todos os meus amigos quitenhos viajaram a outras partes do país ou estão escondidos devido aos últimos acontecimentos – o sequestro do Comandante da Aeronáutica. Todas as casas estão sendo revistadas, ninguém pode estar na rua depois das nove da noite; prisões massivas de gente; soldados por todas as partes; enfim, só saio para comer. Passei estes dias lendo sem parar. Agora mesmo, antes de começar esta carta, terminei de ler "Cien años de soledad", do escritor colombiano Gabriel García Márquez.

Parece que a leitura deste livro e o significado fúnebre deste dia contagiaram minha alma. Sinto-me mais solitário que nunca. Parece que estou só no mundo. Sinto-me sem alento, sem horizontes, sem forças para continuar. (...)

Aquele mês que passei em Quito, estive distante das minhas atividades poéticas em locais públicos. O país estava politicamente convulsionado e eu meio traumatizado com o que me acontecera na Colômbia, por ser um fato semelhante e tão próxino do que se passara no Peru.

Como não podia programar nada, dediquei largo tempo para minhas leituras, tão escasso durante o intenso período de atividades que tive na Colômbia. Lia muito, visitava amigos à tarde e à noite, vivia nos bares da "calle La Ronda", em grandes rodas de amigos e sempre conhecendo gente nova, ligada à literatura e ao teatro.

Minhas manhãs eram inteiramente dedicadas à leitura, no sossego do excelente aposento que dispunha na casa de Hector Chávez. Entre tantos livros que "devorei", lembro-me da leitura de *A grande marcha*, uma longa biografia de Mao Tsé Tung contando a epopeia da imensa caminhada de 9.700 quilômetros para a província de Shensi, em 1934, – que ainda assim foi um terço apenas da distância percorrida pela Coluna Prestes de 1924 a 1927 por 13 estados brasileiros – fugindo do Kuomintang, o exército de Chiang Kai-shek. Começara também a ler um denso volume com os escritos econômicos de Ernesto Che Guevara, que me fora dado de presente em Bogotá, por dois amigos queridos: Alfredo e Landa Well. Mas não fiquei totalmente distante da minha atividade poética, pois sempre era convidado para dar palestras e recitais privados na casa de amigos. No entanto, esse não era o tipo de recital que me agradava. Gostava de minhas apresentações públicas em instituições de cultura e, de preferência, em recintos universitários. O único recital público que dei, foi em 27 de novembro na *Casa de Benalcázar,* na época uma das mais prestigiadas instituições culturais do centro histórico da capital, já que ali viveu Sebastián de Benalcázar, o conquistador e fundador de Quito.[340] O recital, patrocinado pela Faculdade de Arquitetura e o Colégio de Arquitetos, foi realizado para arrecadar fundos, a fim de que eu pudesse seguir viagem. Devo sua organização a poetas, intelectuais, professores universitários e a iniciativa de três arquitetos de prestígio: Mario Solís Guerrero, Rodrigo Samaniego e Hector Chávez. O auditório era pequeno e não comportou, sentados, todos os presentes, apesar de, a meu pedido, não ter sido

340 A história da fundação de Quito remete o pesquisador a muitas datas, já que a meseta onde se localiza a cidade foi habitada por povos antigos, entre eles os *quitus* e os *caras*, conquistados pelos incas, a partir do século XV, sob o comando de Túpac Inca Yupanqui, filho do grande Pachacútec, fundador do império. Em Quito, sede da parte norte do incário, nasceu, em 1502, Atahualpa, último imperador inca, executado em Cajamarca no ano de 1533, a mando de Francisco Pizarro. Registra a história que depois da vitória dos espanhóis sobre as forças incas, comandadas pelo general Rumiñahui, a cidade foi nominalmente fundada em Riobamba, em 28 de agosto de 1534, por Diego de Almagro, com o nome de São Francisco de Quito. No entanto, sua instalação oficial somente se deu em 6 de dezembro daquele ano, na cidade indígena de Quito, a cerca de 30 léguas de Riobamba, por Sebastián Benalcázar, que encontrou a cidade destruída pelo incêndio ordenado por Rumiñahui.

anunciado o evento pela imprensa, para evitar qualquer problema, pois no dia seguinte tinha passagem marcada para o Panamá.

Diante do impasse político do país, resolvi seguir diretamente para a América Central sem passar pela Venezuela, já que algumas semanas atrás, profundamente contrariado, acompanhei pelos jornais de Quito a invasão da Universidade Central da Venezuela, em Caracas, por maciças forças policiais e militares, ordenada pelo presidente conservador Rafael Caldera. Este conflito acabaria marcando indelevelmente a história das lutas estudantis na Venezuela, por se tratar de uma intervenção com tanques e uma violenta repressão, que resultou em batalhas campais, dezenas de feridos e um número quase centenar de estudantes presos. Esse descompasso entre a liberdade de manisfestação estudantil e a opressão política, tido como a mais prolongada intervenção na instituição universitária do país, trouxe-me mais uma grande frustação nos planos de minha peregrinação poética pelo continente. A Venezuela representava uma etapa importante na propagação da minha poesia revolucionária, por ser o país onde a tradição guerrilheira fundada por Douglas Bravo e a presença de uma combativa classe estudantil abririam muitas portas para minhas apresentações. Diante dessa situação, que tipo de motivação, além da atividade poética, levar-me-ia a viajar ao país? Praticamente nenhuma, já que o turismo pelo turismo nunca esteve nos meus planos de caminhante. Resolvi então seguir para a América Central, embora sabendo que a região estava também convulsionada por situações pontuais como a ditadura de Somoza, na Nicarágua, e a cruel repressão imposta à luta guerrilheira pela ditadura de Carlos Manuel Arana Osório, na Guatemala.

E foi assim que em 25 de novembro de 1970, em carta à Marilena, dei a notícia de minha saída do Equador:

(...) Resolvi antecipar minha viagem ao norte. Sábado próximo, dia 28, tomo um avião para o Panamá.

Sexta-feira, 27, darei um recital (...)

Está tudo bem comigo.

Estava me aborrecendo aqui em Quito e por isso me vou. (...)

XXIII
PANAMÁ

1. "Fale com suavidade, mas tenha à mão um porrete"

Entrei no istmo do Panamá pelo aeroporto de Tocumen e me deparei com uma capital moderna, bem arborizada, altos edifícios, grande tráfego de automóveis, intenso comércio nas ruas centrais e onde era visível o domínio norte-americano, pelo uso do inglês em toda parte e a circulação predominante do dólar, em detrimento da moeda nacional o *balboa*, cujo nome era uma homenagem ao espanhol Vasco Nuñez de Balboa, que descobriu o oceano Pacífico, em 1513. Hospedei-me num pequeno hotel do centro e saí a passear pelo agitado centro da cidade. O peso da presença ianque pairava na atmosfera social da cidade. Uma nação invadida, ferida, cercada, hipotecada por tratados perversos.

No terceiro dia, comprei um cartão-postal onde se via um navio atravessando as eclusas de Gatún e escrevi:

Panamá, 1º de dezembro de 1970

Mi querida Marilena

Cheguei sábado, 28, ao Panamá, país lindíssimo, mas, economicamente, é uma vergonha. Aqui a moeda nacional – o Balboa – está em paridade com o dólar, mas faz três dias que cheguei ao país e até agora não conheci o dinheiro panamenho. Todo o comércio é feito com o dólar. A vida é caríssima. Dentro de 5 dias sigo para Costa Rica, onde estarei uma semana. Escreva-me para Correo Central, Manágua.

Programei-me para conhecer rapidamente o pequeno país, com uma superfície bem menor que o meu estado de Santa Catarina e na época, com uma população de pouco mais de um milhão de habitantes. Meu principal interesse era conhecer a zona do canal, algumas igrejas e cruzar seu estreito território para matar a saudade do Atlântico. Era curioso estar num país cujas terras eram totalmente divididas pelas águas e usadas para unir, comercialmente, dois oceanos num "atalho" por onde passavam flutuando tantas bandeiras do mundo.

A ideia que eu tinha do Panamá, até então, era a pior possível. De governantes corruptos, uma burguesia tão reacionária e asquerosa como a chilena, tão fútil como a limenha e herdeira da mesma oligarquia agrária que entregou o país aos ianques, em 1903. Some-se a isso uma população resignada, vivendo numa alienante cultura "colonial" e imperialista. Enfim, uma situação abominável e indigna, diante do sentimento latino-americano.

Entretanto, nos dois últimos anos, esse quadro começara a mudar. Quando passei pelo Panamá, em fins de 1970, seu presidente era o marxista Demetrio Lakas, mas quem mandava no país era Omar Torrijos, um coronel nacionalista que, em 1968, à frente da Guarda Nacional, comandou um golpe contra o governo de Arnulfo Arias Madrid, e iniciou um legítimo movimento em busca da soberania do Panamá. Torrijos assumiu uma posição francamente anti-ianque e, por outro lado, revolucionária, atando relações diplomáticas com o Vietnã, apoiando a luta dos palestinos e se solidarizando com os movimentos de libertação nacional do continente.[341]

341 Naquela época, assessorava Torrijos uma figura sinistra. Era o capitão Manuel Antônio Noriega, que assumiria um poder despótico em 1982, depois do suspeito acidente aéreo que matou Torrijos, em julho de 1981. Sua trajetória posterior como agente da CIA e com o tráfico de drogas foi usada pelos Estados Unidos como pretexto para a invasão do Panamá, em dezembro de 1989, com a finalidade de prendê-lo. A operação militar ordenada por George Bush foi das mais graves intervenções norte-americanas no continente, deixando um rastro sangrento de 3.000 panamenhos mortos. Noriega foi levado e condenado a 30 anos de prisão por tráfego de drogas para os Estados Unidos, onde cumpriu 20 anos, sendo depois extraditado para a França, onde cumpriu 2 anos pela lavagem do dinheiro do cartel de Medellín. Atualmente, cumpre uma extensa pena no Panamá, pelo assassinato de três opositores nos anos 80.

Havia muito que fazer para recuperar a dignidade da nação que, nos seus últimos sessenta anos, vivera ajoelhada sob uma dependência social e econômica cruel, e maculada pela vergonha de um tratado, assinado em 1903, que dera a *perpetuidade*[342] do domínio norte-americano sobre a zona do canal, em troca do apoio militar para sua independência contra a Colômbia, uma vez que o Panamá, depois da emancipação política hispano-americana, em 1821, passou a fazer parte da Gran Colômbia, integrada pela Venezuela, Colômbia, Equador e Panamá. Seu próprio processo de independência teve início em 1902, dirigido pela oligarquia panamenha. Mas a farsa para entregar o país aos EE.UU., e o descaramento dos fatos, falam por si mesmos:

> *El 18 de octubre de 1903, Raul Amador escribía a su hijo una carta en la cual, entre otras cosas, le decía:*
>
> *El plan me parece bueno. Una porción del istmo se declara independiente y los Estados Unidos no permitirán que ese sector sea atacado.*
>
> *Será convocada una Asamblea, y ésta dará poderes a un ministro nombrado por el nuevo Gobierno para hacer el tratado sin necesidad de ratificación de la Asamblea. El nuevo tratado será aprobado por las dos partes y la nueva República permanecerá bajo la protección de los Estados Unidos, y se unirán otros distritos del istmo que aún no forman parte de la nueva República y que también permanecerán bajo la protección de los Estados Unidos. (...)*[343]

---

342 Em face da pressão internacional e de uma grande batalha diplomática, o conceito de perpetuidade do domínio norte-americano sobre o canal foi eliminado, em fevereiro de 1974, com a Declaração Tack/Kissinger, e a necessidade de se redigir, sobre o assunto, um novo tratado. Finalmente, em 1977, com a assinatura do *Tratado Torrijos-Carter,* o canal e sua área de domínio foram devolvidos, por etapas, ao Panamá. Uma vitória de *Torrijos*, o ditador bom, depois de sua via-sacra pelo mundo.

343 García, E. R. *América Latina hoy – Anatomia de una revolución,* Ediciones Guadarrama, S.A., Madrid, 1971, p. 354, v. 1.
Em 18 de outubro de 1903, Raul Amador escreveu a seu filho uma carta na qual, entre outras coisas, lhe dizia: O plano me parece bom. Uma parte do istmo se declara independente e os Estados Unidos não permitirão que esta área seja atacada. Será convocada uma Assembleia, e esta dará poderes a um ministro nomeado pelo novo Governo para fazer o tratado sem necessidade de ratificação pela Assembleia. O novo tratado será aprovado por ambas as partes e a nova República permanecerá sob a proteção dos Estados Unidos, e se unirá a outros distritos do istmo que ainda não são parte da nova República e que também permanecerão sob a proteção dos Estados Unidos..(...)

Diante disso, continua Enrique Ruiz García:

> *En efecto, "estalló" una revolución en Panamá el día 3 de noviembre de 1903 y el 4 se instalaba el nuevo Gobierno. Dos días antes, un navío de guerra de los Estados Unidos – el Nashville – echó el ancla en la bahía de Colón para impedir los movimientos de las tropas colombianas que pudieran acudir en socorro, cosa no imprevisible, de una zona que formaba parte territorial de la nación colombiana. Dos días más tarde – esto es, el día 6 – Norteamérica reconoció la independencia de Panamá, y el 18 se firmaba el tratado: por parte de los Estados Unidos ponía su firma Mr. Hay, y por parte de Panamá, el señor Bunau-Varilla.*[344]

O presidente Teodoro Roosevelt, criador do modelo imperialista norte-americano e autor da política do Grande Garrote *(big stick)*, foi o artífice desta célebre tramoia entre o Departamento de Estado, o traficante político francês Philippe Bunau-Varilla e os conspiradores panamenhos, entre eles Manuel Amador, o primeiro presidente da recém-criada nação. Na Colômbia, haviam me contado que a República do Panamá nasceu com o grito: *Viva os americanos*. Tão descarada foi a intervenção da Casa Branca que ele declarou explicitamente: *I took Panamá* (Eu tomei o Panamá). Roosevelt foi uma das pérolas mais preciosas no colar de crimes do imperialismo norte-americano, pelo estilo de expansão e intervenção militar, que ele resumiu numa frase: *Fale com suavidade, mas tenha à mão um porrete.*

---

344 García, E. R. Op. cit., p. 355, v. 1.
Com efeito, "estalou" uma revolução no Panamá, em 03 de novembro de 1903 e no dia 4 se instalava o novo Governo. Dois dias antes, um navio de guerra dos Estados Unidos – o Nashville – ancorou na baía de Columbus para evitar os movimentos de tropas colombianas que poderiam vir em auxílio, coisa não imprevisível, em uma área que formava parte territorial da nação colombiana. Dois dias mais tarde – isto é, no dia 6 – a América do Norte reconheceu a independência do Panamá, e no dia 18 se assinava o tratado: por parte dos Estados Unidos punha sua assinatura Mr. Hay, e por parte do Panamá, o senhor Bunau-Varilla.

2. Finalmente um pouco de turismo

No dia seguinte à minha chegada, passei a manhã no canal, vendo o incrível trabalho das comportas das eclusas no lago Miraflores, onde as águas são levantadas a 8 metros sobre o nível do Pacífico. É realmente impressionante o trabalho de esvaziar e encher as comportas, sobretudo no lago Gatún, onde as águas sobem a 26 metros sobre o nível do Atlântico. Havia todo um ritual de segurança para entrar nas eclusas, controladas pelo fuzileiros navais norte-americanos. Na verdade, toda a zona do canal, uma faixa de 80 quilômetros de comprimento por 8 quilômetros de largura, nada mais era que uma região de domínio ocupada por militares, técnicos, burocratas e empregados ianques. Em todo esse poderoso enclave imperialista, havia várias bases militares e duas delas mais conhecidas pelas técnicas assassinas da sua cartilha de treinamento: o Fort Sherman, onde se preparavam os soldados para matar no Vietnã e o Fort Gulich, mais conhecido como a Escola das Américas, criada em 1946 e – a exemplo do Fort Bragg, na Carolina do Norte – onde 60 mil oficiais das ditaduras latino-americanas fizeram estágios de treinamento nas técnicas de contrainsurgência e tortura, para reprimir os movimentos revolucionários de seus próprios países.[345] Teriam sido eles que ensinaram os militares chilenos como quebrar os ossos do cantor Víctor Jara???[346]

345 O conceito com que o Departamento de Informação e Educação das Forças Armadas Norte-Americanas definia a contrainsurgência (antiguerrilha) era *uma combinação de ações militares, paramilitares, políticas, econômicas, psicológicas e civis tomadas por um dado governo para derrotar qualquer movimento de insurgência subversiva.* Para completar este sinistro programa, que tantas vítimas deixou na América Latina, as técnicas de contrainsurgência ministradas no Panamá eram, no caso do Brasil, complementadas pelos serviços de inteligência locais (Dops, SNI, CIE, DOI, Oban, etc), em muitos casos treinados e dirigidos pela CIA. Como se sabe, o papel dos serviços de inteligência era se infiltrar e sabotar o movimento revolucionário em nível de direção. Os efeitos desta combinação se evidenciaram nos resultados que proporcionaram na Venezuela (Douglas Bravo), Guatemala (Turcios Lima), Colômbia (Camilo Torres), Peru (Hugo Blanco, Lobatón, Puente Uceda, Héctor Béjar), Bolívia (Che Guevara, Inti Peredo), Brasil (Marighella e Lamarca), assim como as dezenas de lideranças assassinadas no Uruguai, na Argentina e no Chile. Em todos esses países, as atividades guerrilheiras eram cuidadosamente monitoradas, principalmente por serem sistemáticas a tortura e a execução dos comandantes.

346 Hoje se sabe que por trás das técnicas de torturas ensinadas em Fort Bragg e na Escola das Américas, estavam os assessores militares franceses, treinados na experiência da guerra colonialista da Argélia, onde se teriam criado os mais eficientes procedimentos de tortura. O "catedrático" nos métodos de interrogatório, da impiedade e da execução era o general francês Paul Aussaresses, que esteve no Brasil entre 1973 e 1975, ensinando sua "arte" à ditadura brasileira.

Lembro-me de uma tarde, que passei postado sobre a ponte das Américas. Foram horas de um lado e de outro do rio-canal, acompanhando a passagem dos navios sob aquela imensa armação metálica. Desde minha adolescência, em Itajaí, gostava de ver os navios chegarem e partirem. Há, numa curva da estrada que liga a cidade à praia de Cabeçudas, uma pedra chamada "Bico do Papagaio", e era ali onde me sentava em algumas tardes, para acompanhar o movimento dos barcos, pesqueiros e navios, entrando pelo rio Itajaí-Açu ou saindo para o oceano. A ponte das Américas era uma portentosa construção de dois quilômetros sobre o canal do Panamá, que os Estados Unidos haviam inaugurado alguns anos antes e dali, no meio da ponte, a uns setenta metros de altura, eu pude "navegar" com os navios, que passaram rumando para o Pacífico ou para o Atlântico.

Numa manhã, fui conhecer as ruínas da antiga catedral do Panamá, na chamada Panamá Velha, destruída pelo fogo dos canhões em 1671, durante o ataque de Henry Morgan, o mais temido dos piratas ingleses. Conta a história que o governador do Panamá Agustín Bracamonte desafiou Henry Morgan a invadir a capital do Panamá depois de ter tomado, saqueado e incendiado a cidade panamenha de Portobelo, em 1668. Morgan respondeu que ele aguardasse sua visita, o que aconteceu quase três anos depois, num ataque espetacular, comandando 35 navios e 2.000 homens, tomando e arrasando a cidade. Contaram-me no local que, apesar do imenso botim em ouro levado pelos piratas, o altar principal, lavrado em madeira nobre e coberto de ouro, foi salvo a tempo da rapina dos piratas de Morgan.

Eduardo Galeano conta, "à sua moda", os dois ataques de Morgan:

1671 – Cidade do Panamá – Sobre a pontualidade nos encontros

Há mais de dois anos que Henry Morgan chegou em uma canoa ao Panamá, e à cabeça de um punhado de homens saltou as muralhas de Portobelo levando um facão entre os dentes. Com tropa muito escassa e sem colubrinas nem canhões venceu esse bastião invulnerável; e para não incendiá-lo recebeu como resgate uma montanha de ouro e prata.

O governador do Panamá, derrotado e deslumbrado frente à façanha ímpar, mandou pedir a Morgan uma pistola das que tinha usado no assalto.

– Que a guarde por um ano – disse o pirata. – Voltarei para buscá-la.

Agora entra na Cidade do Panamá, avançando entre as chamas, com a bandeira inglesa ondulando em uma das mãos e o sabre na outra. Dois mil homens e vários canhões o seguem. Em plena noite, o incêndio é uma luz de meio-dia, outro verão que sufoca o eterno verão desta costa: o fogo devora casas e conventos, igrejas e hospitais, e jorra fogo a boca do corsário que grita:

– Vim em busca de dinheiro, não de preces!

Depois de muito queimar e matar, afasta-se seguido por uma infinita caravana de burrinhos carregados de ouro, prata e pedras preciosas.

Morgan manda pedir perdão ao governador, pela demora.[347]

Esse célebre ataque de Morgan ao Panamá, destruindo quase inteiramente a cidade, gerou novos conflitos nas aguerridas relações entre Espanha e Inglaterra, fomentadas por questões religiosas, pela disputa dos mares e pelos ataques dos corsários ingleses aos galeões espanhóis, carregados com o ouro do Peru e a prata da Bolívia.[348]

---

347 Galeano, E. *Memória do fogo (I) – Nascimentos.* Trad. Eric Nepomuceno. Rio de Janeiro, Nova Fronteira,1986, p. 360-1.

348 Comentei alhures, num blog de história, que a Inglaterra, no século XVII, comandou extraoficialmente a pirataria, para se apoderar da prata que os espanhóis criminosamente levavam das minas de Potosí, na Bolívia. E foi nessa "pirataria de Estado" que o corsário Henri Morgan esteve a serviço da Coroa Inglesa no Caribe. Depois dos saques à esquadra e cidades espanholas nas Antilhas e algum tempo após seu violento ataque e tomada da Cidade do Panamá, Morgan chegou à Inglaterra preso, para ser julgado e recebeu, em 1674, como "sentença", além do perdão de Carlos II, o título de cavaleiro e ainda, de lambuja, a vice-governança da Jamaica e o comando das tropas inglesas na ilha. Este era o perfil com que os ingleses se diziam os dominadores dos mares, contando-se nesta galeria de rapinagens outras figuras ilustres como William Dampier e sir Francis Drake, consagrados com a fama de navegadores e exploradores, mas que também mancharam seus nomes com atos de pirataria. De qualquer forma, essa história das "aventuras" inglesas no Caribe é um eufemismo, comparada com o sinistro comércio que se fazia cerca de um século depois na China, onde se vendia o ópio produzido na Índia. (Leia-se as denúncias de K.M. Panikkar sobre as duas Guerras do Ópio, em seu livro *A dominação ocidental na Ásia* (Saga, 1965), com prefácio de Otto Maria Carpeaux).
Quanto às aventuras de Henry Morgan, não existiram somente enquanto vivia (1635-1688) Consta que quase dois séculos depois de sua morte, seu espírito começou a resgatar seus crimes, ajudando

Numa manhã, por sugestão dos recepcionistas do hotel, tomei um ônibus com um grupo de turistas também lá hospedado, para conhecer uma das mais antigas cidades do litoral do Pacífico, chamada Natá de los Caballeros, a duas horas da capital. Fui ver de perto a igreja Santiago Apóstolo ou igreja de Natá, como era mais conhecida. Disseram-me no hotel que era a igreja mais antiga de todo o continente americano e sua construção datava de 1522. Deparei-me com uma vetusta construção barroca no estilo do renascimento espanhol. Apesar de mal conservada, mostrando a fachada e a alta torre lateral com a pintura envelhecida e o branco inteiramente manchado pelo tempo, sua imagem era imponente e solene. No interior, suas cinco naves, embora baixas, lembravam a estrutura de uma basílica. Toda a sua memória estava intacta. Dos seus dois altares, o menor mostrava os detalhes preciosos da madeira esculpida e dourada. Embora ostentando quase 450 anos, mantinha ainda atividades diárias. Era considerado um dos mais preciosos monumentos nacionais. Uma visita inesquecível!

No quarto dia, viajei para Colón, um porto no extremo litoral do Caribe, a 80 quilômetros da capital. Depois de molhar meus pés nas águas do Atlântico, vaguei pelas ruas atulhadas de comerciantes e

---

os precursores do espiritismo a produzir fatos mediúnicos que comprovassem a sobrevivência da alma e a comunicabilidade dos espíritos. Arthur Conan Doyle, em sua *História do espiritismo* relata que, entre 1830 e 1833, o espírito do pirata Henry Morgan se manifestava numa igreja de Londres, sob a mediunidade do clérigo escocês Edward Irving. Escreve o criador de Sherlock Holmes: *E tem sido constantemente afirmado, conquanto seja difícil prová-lo, que o primeiro organizador de tais manifestações foi um aventureiro, que em vida se chamava Henry Morgan e que morreu como Governador de Jamaica, um posto para o qual havia sido nomeado ao tempo de Carlos II. (...) John King, que é o nome do Espírito do suposto Henry Morgan, é um ser muito real: poucos espíritas esperimentados há que não tenham visto a sua cara barbuda e ouvido a sua voz máscula.* Mais adiante ao relatar os fenômenos de efeitos físicos que o cientista inglês William Crookes, durante quatro anos, pesquisou através da mediunidade de Florence Cook, reporta-se ao famoso caso das perfeitas materializações do espírito de Katie King. Pergunta Conan Doyle: *"Quem foi Katie King?" A isto só se pode dar a resposta que ela deu, quando reconhecia que não tínhamos provas. Declarou-se filha de John King, que desde muito era conhecido entre os espíritas como um Espírito que presidia a sessões de fenômenos materiais. Sua personalidade é adiante discutida, num capítulo sobre os Irmãos Eddy e Mrs. Holmes, que recomendamos ao leitor. Seu nome era Morgan e King era antes um título comum a certa classe de Espíritos, do que um nome familiar. Sua vida decorrera duzentos anos antes, no reinado de Carlos II, na ilha de Jamaica.* (Conan Doyle, A. *História do espiritismo*. Trad. Julio Abreu Filho. São Paulo, Pensamento, 1978, p. 54 e 209).

turistas da zona Livre, onde se vende de tudo. A cidade portuária de Colón era, na verdade, um imenso bazar, onde se comercializavam produtos do mundo inteiro. Acabei comprando, por trinta e dois dólares, um relógio Seiko, que funcionou com precisão durante trinta e sete anos, quando o perdi, em 2007, nas areias de uma praia em Santa Catarina.

Entre tantas outras visitas à herança colonial da Cidade do Panamá, conheci um forte construído sobre uma ponta de pedra que avança para o mar. Chamava-se "Las Bovedas", e fora levantado depois da destruição da cidade, pelos piratas, em 1671. Ao visitar a segunda catedral do Panamá, sua arquitetura frontal fez-me lembrar a catedral de Cusco, pelas duas torres laterais e as três portas da fachada. Essa nova catedral foi construída no século XVII, numa pequena península bem distante da antiga, destruída, como já adiantei, pelos canhões dos navios de Henry Morgan. Conheci também os restos queimados de uma construção espanhola do século XVII, chamada "O Arco Chato de São Domingo", bem como a estátua de Balboa e, no centro da cidade, a igreja do Carmem, de construção recente, com duas delgadas torres, num gótico moderno. O templo ficava de frente e a poucos metros das águas do Pacífico. Minha última visita foi ao convento dos Franciscanos, uma respeitável construção do século XVII, que se tornou famosa por ter sido escolhida por Simón Bolívar para sediar, em 1826, o Congresso Anfictiônico do Panamá. Foi importante saber que ali foram relançadas as sementes do acalentado sonho pan-americano de Bolívar de uma Grande América, de uma integração continental, com o apoio da Inglaterra e contra a Espanha. Um sonho apenas. Lamentavelmente, nem todos os países convidados compareceram.[349] Na época, era chamado *O palácio de Bolívar* e considerado o principal monumento nacional.

---

349 Essas sementes não floriram nem frutificaram como sonhou Bolívar, apesar de tantos congressos regionais posteriormente convocados para esse fim. (Leia-se Lima (1847), Santiago (1856), Lima (1874), Caracas (1883), Montevidéu (1888)). Algo semelhante propôs o uruguaio Carlos Quijano em seu livro *América Latina: una nación de repúblicas*. Apesar desse desencanto, é consolador imaginar que o sonho bolivariano continue vivo na busca incessante de um código de solidariedade, baseado em ideais de cooperação continental e de relações de igualdade, justiça e fraternidade entre nossos povos. Uma ideia bem diferente daquilo que tirou o sono do Libertador: a doutrina promulgada naquela mesma época (1823), pelo presidente dos Estados Unidos, James Monroe, com o pretexto de defender o continente americano da intervenção europeia: *A América para os americanos,* (que na linguagem imperialista corresponde a "Uma América só para os norte-americanos"). Uma ironia diante do bloqueio a Cuba, o embargo à Nicarágua, a invasão da República Dominicana, do Panamá, Operação Brother Sam e tantas outras invasões e intervenções ianques.

3. Um poema de Rogelio Sinán

Na minha última manhã na capital do Panamá, voltei a andar pelo centro da cidade. Numa rua principal, achei uma livraria e nela um livro do poeta panamenho Rogelio Sinán, recentemente publicado: *Saloma Sinsalomar*. Era a única voz que eu conhecia da literatura panamenha, cujo nome atravessara as fronteiras do país. Sinán foi seguidor da vanguarda europeia. Li seu livro na viagem para Costa Rica. Variedade de estilos, grande lirismo, quarenta poemas, a maioria curtos, mas o penúltimo, é um longo e para mim, o melhor poema do livro. Um tributo ao poeta espanhol Federico García Lorca, que transcrevo aqui para não deixar de honrar, com a beleza da poesia, a cultura e a autonomia de um país, cuja dignidade política não pude testemunhar, quando por lá passei há 42 anos:

Guitarra decapitada
(romance a media asta)

Voces de fusil se oyeron
a eso de la madrugada ...
¡Parad el canto, que ha muerto
Federico, en su Granada!
Guitarra decapitada,
ay, Federico García,
ya nadie podrá decir
la canción que tú dirías.
¡Corre, luna, luna, luna,
avísale a los gitanos
que Federico García
allí se está desangrando!
Su sangre de luna y sombra,
sangre gitana y caliente,
cabalga potro de plata
caminito de la muerte.
La tierra mojada en ella
la guardará el Santo Graal.
Los cuatro primos Heredia
luego la han de custodiar.

El canto de la zumaya
quiebra un silencio de estrellas.
La luna llega a la fragua
de Antonio Torres Heredia.
¡Que se desangra, gitanos!
¡Tened el cante! Su sangre
teñirá todos los ríos
y los cielos de la tarde.
Sobre el caballo del alba
corre Soledad Montoya.
¡Ay, Federico García,
guitarra lejana y sola!
El camino de tu sangre
está sembrado de estrellas.
la luna se baña en él.
Sangre de sal salinera.
Sombras de muerte cabalgan
a lomo de las navajas.
¡Ay, Federico García,
zumo de lima y naranjas!
Angeles negros tenían
la misión de fusilarte.
Angeles blancos tendrán
noble misión: enterrarte.
El ciprés te dará sombra
y los pájaros canción,
que los cuchillos del viento
te rezarán la oración.
Malas sombras degollaron
el canto de tu guitarra.
La luna de los gitanos
no olvidará su venganza.
Y tu sangre, Federico,
– corre, corre que te
alcanza – ha de seguirlos, aullando,
hasta morderles la entraña.[350]

---

350 ***Guitarra decapitada (Romance a meio mastro)***
Vozes de fuzil se ouviram/ por volta da madrugada .../ Parem o canto, que foi morto/ Federico, em sua Granada!/ Guitarra decapitada,/ ai, Federico García/ já ninguém pode dizer/ a canção que tu dirias./

Passei uma semana no Panamá e antes de viajar para San José, escrevi à Marilena e minha filha Daniela:

Panamá, 02 de dezembro de 1970

Minhas queridas Marilena e Dani!

Estou escrevendo este rápido bilhetinho porque quase não tenho tempo para nada. Cheguei sábado, 28, e já vou para Costa Rica sexta- feira e por isso tenho que correr muito para conhecer o que há de interessante.

Estarei em Costa Rica – a terra da família Rojas – uma semana, daí seguindo para Nicarágua.(...)

É delicioso, depois de dois anos, sentir outra vez o calor tropical e o intranhável sabor do Atlântico.

Havia te escrito uma carta de Quito, dizendo que ia dar um recital na Casa de Benalcázar – Sebastián de Benalcázar, o fundador de Quito, em 1534 – patrocinado pela Faculdade de Arquitetura e o Colégio de Arquitetos. Foi o recital mais bem pago que dei até hoje: 3.500 sucres. Viajei de avião até aqui e daqui sigo por terra até o México. (...)

Corre, lua, lua, lua,/ vai avisar aos ciganos/ que Federico García/ ali está dessangrando!/ Seu sangue de lua e sombra,/ seu sangue cigano e quente,/ monta cavalo de prata/ pelo caminho da morte.
A terra molhada nele/ a guardará o Santo Graal./ Os quatro primos Heredia/ logo haverão de guardá-la./ Eis que o piar da coruja/ quebra um silêncio de estrelas./ A lua chega à forja/ de Antonio Torres Heredia./ Que se dessangra, ciganos!/ Tende seu canto! seu sangue/ tingirá todos os rios/ e os céus do entardecer./ Sobre o cavalo da alba/ corre Soledad Montoya./ Ai, Federico García/ guitarra longínqua e só/
O caminho do seu sangue/ está semeado de estrelas/ a lua nele se banha./ Sangue de sal salineira./ Sombras de morte cavalgam/ no lombo dessas navalhas./ Ai, Federico García/ suco de lima e laranjas!/ Os anjos negros tiveram/ a missão de fuzilar-te./ Os anjos brancos terão/ nobre missão: enterrar-te./ Dar-te-á sombra o cipreste/ os pássaros uma canção,/ a voz afiada do vento/ soprará sua oração./ Sombras do mal degolaram/ o canto da tua guitarra/ Mas a lua dos ciganos/ não esquecerá a vingança./ E teu sangue, Federico,/ – Corre, corre que te/ alcança – há de segui-los, uivando,/ até morder-lhes as entranhas.

XXIV
COSTA RICA

1. Costa Rica: "a Suíça centro-americana"?

Cheguei à Costa Rica na primeira semana de dezembro de 1970 e a referência que trazia era da família Rojas, cujos filhos, Mário e Francisco, eu conhecera em março de 1969, em Assunção. Soube que eles continuavam em Lima, onde Francisco estudava arquitetura, e, gentilmente, acabei recusando o convite para visitar seus pais. Conhecera sua amabilidade no Paraguai, mas, já nos primeiros dias, meus compromissos culturais foram condicionando minha agenda e não dispus de tempo para revê-los.

Alguns dias depois de minha chegada, mandei notícias à família:

San José, 09 de dezembro de 1970

Minhas queridas Marilena e Dani!

Faz 4 dias que cheguei a esta tranquila Costa Rica. Na verdade, é o país politicamente mais quieto da América Central e onde o imperialismo econômico norte-americano (como no Panamá e na Guatemala) está sugando o sangue desse povo (um milhão) dependente, com uma mentalidade pequeno-burguesa e acomodado demais para o meu gosto.

Parece que a gente aqui vive sonhando. Vive-se numa paz contagiante. Será aqui o Admirável Mundo Novo? Tida como a Suíça centro-americana, me contaram as más línguas que "A sua independência veio pelo correio".

Já o Panamá é um país asqueroso, onde o dólar e o sexo estão na ordem do dia e o povo gosta mais de falar inglês que espanhol.

Ai, que esta América sangra por tantas partes... (...)

2. Recital-debate

Meu primeiro contato na capital costarriquenha foi com Antônio Iglésias, diretor-geral do Departamento de Artes e Letras do Ministério da Cultura de Costa Rica, um jovem progressista que, sensibilizado com o posicionamento político da minha poesia, abriu as portas do Teatro GIT, para o recital-debate que dei em San José, na noite de 14 de dezembro daquele ano. O recital foi precedido por uma entrevista à jornalista Inês Trejos de Steffen, publicada naquele dia, pelo jornal *Prensa Libre*, de San José:

> *Este mesmo poeta, que sabe buscar a doçura nas palavras para explicar o que é a poesia, estará esta noite no Teatro GIT onde desafiou os intelectuais, artistas e escritores a um Recital-Debate sobre "Poesia comprometida e poesia de consumo".*
>
> *Temos diante de nós um homem jovem, pulcro, com uma ancestralidade marcadamente portuguesa. Não é somente sua voz, na qual se inicia a cadência musical do seu idioma natal, mas também seu aspecto. Mas Manoel de Andrade é brasileiro.*
>
> *(...) Manoel de Andrade escreve claro e direto. Contudo, a música da sua poesia está presente em cada linha que lança. E existe ternura, paixão e fé em suas colocações. É o seu caudal de*

amor, pela América, pelo camponês, o operário, o estudante, o necessitado... que busca, na esperança da comunicação, um futuro de justiça para o continente.[351]

Delibera con cautela, pero obra con decisión; cede con gracia y oponte con firmeza.
Charles C. Colton

Día 348 del año — Faltan 17 días

Sección Social

Dirige: Inés Trejos de Steffen

Lunes Literario

Con Manoel de Andrade

"Yo vengo en nombre del hombre y su agonía..."

La poesía, Gracinha,
está en la raíz del amor
en toda cosa creada
y en el acto del creador...
Es mi forma de morir
cuando tengo que cantar...

Este mismo poeta, que sabe buscar la dulzura en las palabras para explicar qué es poesía, estará esta noche en el Teatro GIT donde ha retado a los intelectuales, artistas y escritores a un Recital-Debate sobre "Poesía comprometida o poesía de consumo".

"Todo lo que está en mis poemas es vivido y sentido" —dice Manoel de Andrade, el joven poeta brasileño que ha lanzado un reto a los artistas, escritores, estudiantes e intelectuales para el Recital-Debate que tendrá lugar esta noche, a las 8 en el Teatro GIT, sobre su obra "Poemas para la libertad", cuya edición, de 1 500 ejemplares se agotó en 20 días— caso extraño en publicaciones poéticas.

Por Inés Trejos de Steffen

Tenemos ante nosotros a un hombre joven, pulcro, con un ancestro marcadamente portugués. No es solamente su voz, en la cual se inicia la cadencia musical de su idioma natal, sino también su aspecto. Pero Manoel de Andrade es brasileño.

De un hogar humilde, hijo de obreros. Como dice en su poesía "Tiempo de Siembra":

"... por eso
cuando me preguntan
(de qué vale un poe
(ta en el mundo
yo confieso con mi
(canto de hijo pro-
(letario
son mi infancia des-
(calza y sin jugue-
(tes..."

Manoel, sin embargo, ha sabido elevarse de aquella condición, pero sin desligarse de ella. Conoce, mejor que nadie, la soledad de la pobreza y quiere compartir su riqueza poética con todos los desheredados y también con los afortunados, para hacer conciencia de las necesidades del pueblo.

En Bolivia, en Colombia... ha dado recitales de poesía en los tugurios.

—¿Cómo recibe la masa un mensaje de esa naturaleza? —preguntamos.

—Se quedan atónitos. No están preparados para lo que es realmente un poeta. Han oído hablar de ellos y, no obstante, son como seres de otros mundos. Incomprensibles, lejanos.

Uno de los proyectos de Manoel es hacer que el pueblo se empape de la belleza de [illegible] nidos y formas del arte y la literatura, para que disfrute más y sienta que no está solo.

—o—

Hay una constante en la poesía de Manoel de Andrade que nos interesa. Una honda vinculación al mar.

"Acuérdome de un
(tiempo inmenso
de un niño de espu-
(mas y arena
del mar que tuve en
(mi infancia.
Después la vida cre-
(ció dentro de mí
las tardes me acostum
(braron con aquella
(mirada de barcos
(partiendo
y en mi pequeño pe-
(cho nació un sue-
(ño de marinero.
Acuérdome que en mi
(todo era harse
y que la existencia
(llamábame de to-
(dos los puertos del
(mundo
acuérdome de mis an-
(helos ojos tatuados
(con invisibles rutas
navegando errantes so-
(bre el horizonte.
Sí, hay cosas tristes en
(la vida
como el sueño de
(niño
cuando muere en nues
(tro corazón de hom
(bre".

y nos aclara:

—Sí. Siempre viví a la orilla del mar. Yo me sentaba, solo, a mirar la inmensidad y la entrada y salida de barcos. Quería irme con todos ellos. Sentía la necesidad de unirme a otros mundos por el mar. Recuerdos que el mar y los puertos son como caminos a la vida...

Esta presencia del mar se nota a través de toda la obra de Manoel de Andrade:

"Va velero, va...
y no encalles la poe-
(sía en las aguas ba
(jas de estos años
porque aquí los poetas
(ya no son oídos;
navega en busca de
(los que aún ven-
(drán,
lleva mi sueño por el
(inmenso mar del
(tiempo,
llévame bien lejos de
mis lágrimas".

—o—

¿Qué se propone este joven brasileño que abandonó su patria, hace dos años y se ha dedicado a viajar por América Latina, con su mensaje de paz y fraternidad, pero también de lucha?

—Me propongo crear un concepto nuevo del poeta. Como los juglares que en épocas remotas llevaban, de un lugar a otro sus inquietudes, se mezclaban con el pueblo y a él cantaban en sus versos. Es una labor de soledad, pero al mismo tiempo, es una forma de identificación histórica con el momento en que vivimos. Todo lo que está en mis versos es vivido y sentido. Yo observo, hablo, medito. Y mi poesía sirve para expresar lo que pienso y siento.

—¿Por qué escribe poesía?

—Si escribo poesía es por encontrar en ella un camino para profundizar mis propias convicciones. Ella nace en mí como un gesto de amor, de rebeldía, de búsqueda. Todo poema que escribo es una esperanza inmensa de llegar al corazón de los hombres y hablarles de un mundo nuevo, de una aurora de pan y de abrazos. Escribo poesía porque es la mejor manera de comunicar mis inquietudes y, a la vez, dejar alguna consigna y la dimensión de mi propio despojamiento de hombre y de poeta.

En verdad, si para mí la poesía no significara una forma más de lucha, un camino más para la redención del hombre latinoamericano, y si yo no hubiera tenido comprobaciones personales en este sentido, no continuaría escribiendo poesía. Por ahora, creo que soy más necesario en la poesía que en otro tipo de lucha. Lo importante en uno es sentir que ya no puede retroceder un solo paso.

—o—

Y llegamos entonces a la médula de este joven poeta que quiere crear una profunda conciencia histórica de América Latina. Aunque ello pueda parecer utopía. Pero... dice:

—Toda utopía es una semilla cargada de bosques y de esperas. Basta que uno crea, que tenga esperanza.

Manoel Andrade, que parte mañana y ha estado solamente una semana en Costa Rica con su fardo andariego de poesía y de mensaje, ha desafiado a los poetas, escritores, artistas, intelectuales y estudiantes, para que asistan esta noche a un Recital-Debate en el Teatro GIT, de la Calle 4, sobre el tema "Poesía Comprometida o Poesía de Consumo", auspiciado por Artes y Letras.

En Potosí, Bolivia, habló ante 1.500 estudiantes. En Bogotá, ante 3.000 estudiantes. El quiere crear conciencia a través de su poesía y cree que en Costa Rica, donde hay tantas inquietudes sociales, sobre todo en la juventud pensante, encontrará eco a sus proyecciones. Como dice en su "Canción de amor a la América":

"Yo vengo a hablar del
(campesino,
de su piel seca y su co
(lor de bronce,
de su poncho roto y su
(colchón de pirita
de su resignación y su
(misterioso silencio,
de su grito inconsciente
(que en alguna parte
(se levanta,
de su hambre saciada
(con la sangre de u-
(una masacre".

Manoel de Andrade escribe claro y directo. Sin embargo, la música de su poesía está presente en cada línea que lanza. Y hay ternura, pasión y fe en sus planteamientos. Es su caudal de amor, hacia América, hacia el campesino, el obrero, el estudiante, el desposeído... que busca, en la esperanza de la comunicación, un futuro de justicia para el continente.

351 O texto completo dessa entrevista, em texto bilíngue, encontra-se nas páginas 181 a 189 do meu livro *Poemas para a liberdade* (Escrituras, 2009).

Depois do recital, houve um debate sobre "poesia comprometida e poesia de consumo", onde estavam presentes escritores, jornalistas e políticos. Posteriormente, fui entrevistado pela televisão e recebi convites para reuniões privadas com intelectuais e líderes estudantis. Não havia como agendar recitais nas universidades. As aulas estavam se encerrando e naquele dezembro em San José, como em qualquer dezembro em toda parte do mundo, toda a gente se movimenta para as festas de Natal.

3. Novas notícias à família

No dia 15 de dezembro, escrevi à Marilena:

(...) Deveria viajar amanhã para Manágua. Acontece que ontem dei um recital e tive um diálogo com vários intelectuais daqui, e parece ter agradado bastante. Ontem mesmo recebi um convite para almoçar com um escritor político, chamado Enrique Obregón Valverde que participou do debate e hoje no almoço me convenceu a ficar até domingo próximo (20), para dar outro recital e outro debate privado para um grupo inquieto de pessoas e pelo qual me pagarão 100 dólares, a título de ajuda para minha viagem. Nestas circunstâncias, protelei a viagem.

Mando-te este recorte de uma reportagem que saiu ontem e esta foto que também tiraram de mim no jornal. (...) Tenho-te escrito estas pequenas cartas porque todos estes dias ando ocupado em reunir-me com pessoas e lendo alguns livros sobre problemas centro-americanos. Sábado passado (hoje é terça) fui estrevistado pela Televisão.

Apesar de tudo isso, apesar de minha vida estar cheia de perspectivas, apesar de sentir que em todas as partes o meu trabalho é cada vez mais bem compreendido, e que afinal a gente pode deixar algum exemplo de algo verdadeiro quando se entrega inteiramente para realizá-lo, apesar de tudo, sou um homem cada vez mais solitário.

Em verdade, minha alma se abre cada vez mais, num gesto de amor sempre maior pelos homens. Mas apesar dessa ternura com que meu coração canta e se abre a toda gente, sinto que não tenho nada, nem ninguém. (...) Isto significa uma solidão imensa e a gente sente um despojamento e, de certa forma, com tal grandeza de alma, que chega a sentir-se um predestinado. Tantos amigos queridos nesta América, tanto poder de dar-se, tantas recordações que enchem a nossa vida de beleza, mas tudo fica atrás quando existe um caminho e todos os caminhos são cheios de solidão, todas as cidades, todas as ruas repletas de gente, todos os dias são cheios de solidão. (...)

4. Os amigos

O recital no Teatro GIT levou-me a conhecer algumas pessoas que depois se tornaram meus amigos, entre eles José Pablo Azofeifa, Álvaro Monteiro Mejía – escritor, economista e fundador do Partido Socialista Costarriquenho – e Enrique Obregón Valverde. Este último, escritor, advogado, estudioso da ciência política, já havia sido deputado e candidato à presidência de Costa Rica, por um partido minoritário. Era casado com uma mulher linda e encantadora chamada Catalina e ambos tornaram-se meus maiores amigos em San José. Com Enrique, eu estava todos os dias e foi ele quem me deu informações importantes e com um refinado senso crítico, sobre a recente história política do país.

Enrique Obregón também organizou um recital privado na casa do professor de economia Álvaro Monteiro Mejía, a fim de que, além da leitura dos poemas, eu expusesse e respondesse sobre os problemas políticos latino-americanos. A reunião atingiu plenamente seus objetivos e ao seu final me entregaram 120 dólares, 20 a mais do que Enrique me havia prometido.

5. Quarenta e dois anos depois

Abro aqui um parêntesis para cruzar a linha do tempo e contar aos leitores um acontecimento especial, que marcou meu coração nos últimos dias.

Há uma semana, entre os dias 28 a 31 de março deste ano de 2013, voltando de um Congresso em Cuba, em companhia de minha esposa e quatro amigos, passei por Costa Rica, onde tive a imensa alegria de rever, após 42 anos, o escritor Enrique Obregón Valverde e sua esposa Lina, bem como o arquiteto Francisco Rojas. Há momentos que são inexprimíveis em palavras e foi isso que aconteceu em San José, no dia 30, sábado. Reabraçá-los foi um presente que a vida me deu, por sentir que o mesmo carinho fraterno do passado voltava a unir nossos corações, depois de quase meio século. Não foi fácil localizá-los – sobretudo a Francisco Rojas, com tantos homônimos – por telefone. Quando Lina atendeu e me identifiquei, ela disse: *Manoel de Andrade?, mas você está vivo? Alguém contou a Enrique que você havia sido fuzilado no Chile, depois do golpe de Pinochet... Bem, eu estou reconhecendo sua voz e para mim você está ressuscitando, nesta véspera de Páscoa.* Era a mesma Lina que eu conhecera, alegre, espirituosa e fraterna. Depois, quando ela chamou Enrique, ouvi-a dizer: *Enrique, Manoel de Andrade, está aqui, nunca morreu.*

Enrique chegou ao telefone e disse: *Manoel, é você? Isso parece um sonho. Depois que partiste, durante cinco anos, aos caminhantes do sul que passavam por aqui, eu perguntava por ti, mas ninguém tinha notícias tuas. Até que um dia alguém me disse que tu havias sido preso e fuzilado em Santiago, depois do golpe de Pinochet. De você ficaram as mais belas lembranças, a biografia de José Martí que me presenteaste e a gravação da tua última palestra na casa de Álvaro Monteiro Mejía, onde iniciaste com a leitura do teu poema* Canción de amor a América. *Durante trinta anos, em muitas palestras que dei aqui e em outros países, em tua memória, eu iniciava fazendo ouvir a tua declamação. Infelizmente, a gravação se perdeu numa das mudanças que fiz.*

Depois dos nossos primeiros momentos ao telefone, combinamos o encontro e ao meio-dia, quando descemos, eles já nos esperavam no saguão do hotel. Reconheci facilmente Enrique, porque já havia visto sua atual imagem no *Google*. Que abraços longos e desejados nos uniram nesse mágico reencontro! Enrique então detalhou o que me dissera aos borbotões pelo telefone: de como lhe deram a notícia da minha "morte", de quanto lamentava não mais ter em seu poder a minha voz gravada, para que eu pudesse ouvir o que disse há 42 anos. Contaram da chácara em que me levaram para almoçar e onde toquei violão. Foram muitos fatos por eles recordados e que eu já havia esquecido. Levaram-nos a almoçar num luxuoso restaurante de comida brasileira. Falamos de Alfredo Sancho Colombari, o amigo costarriquenho a quem ele me recomendara por carta no México. Tive notícias da jornalista Inês Trejos de Steffen, que me entrevistara no jornal *Prensa Libre*, de José Pablo Azofeifa e Álvaro Monteiro Mejía. Com exceção de Alfredo, que falecera em 1990, no México, todos os demais estavam vivos e atuantes.

Naquele almoço, fiquei sabendo que Lina era espanhola. Contou-nos que estava casada há 53 anos com Enrique. Conhecera-o na Espanha, quando ele lá foi para doutorar-se. Nascera em Cádiz, onde seu pai foi fuzilado em 1936, naquele ano trágico da Guerra Civil Espanhola, quando também fuzilaram García Lorca, em Granada. Depois que passei por Costa Rica, em fins de 1970, muitos fatos marcaram a vida pública e literária de Enrique Obregón Valverde. Foi embaixador na Espanha, nas Nações Unidas, em Genebra, ante o governo Suíço, no Vaticano e em Moscou. Foi ministro nos governos de Luis Alberto Monge Álvarez e Óscar Arias Sánchez, e catedrático de história das ideias políticas e história da cultura, na Universidad de La Salle. Dos muitos livros que publicou, ele me presenteou os três últimos: *Gobernar para el pueblo* (2009), de ciência política, *Escalerita al jardin* (2009), contos e *El señor Rocha* (2010), ensaios. Um de seus filhos, Manuel Obregón, é o atual ministro da cultura de Costa Rica. Enrique e Lina foram novamente impecáveis com seu carinho comigo e Neiva. Subscrevi a eles meus livros *Cantares* e *Poemas para a liberdade*. Deixaram-nos depois na porta do hotel. Era a véspera de nossa viagem para o Panamá e eu ainda não tinha me encontrado com

Francisco Rojas e assim não pudemos programar mais nada. Foi uma despedida inesquecível e comovente.

Quando chegamos ao hotel, havia um recado de Francisco, aguardando meu chamado. Durante a manhã eu fizera dezenas de telefonemas para todos os Franciscos Rojas da lista telefônica até que, sem sucesso, resolvi ligar para uma associação dos arquitetos, onde me deram o nome de seu presidente, Javier Rojas, que me disse conhecer um Francisco Rojas que estudara arquitetura em Lima. Foi este amável senhor que fez contato com Francisco e lhe passou minhas informações.

Às quatro e meia da tarde, Francisco chegou ao hotel e lá estivemos até depois do jantar. Só então soube que seu nome completo é Francisco Antonio Rojas Chaves. A conversa durou cerca de cinco horas e neste tempo revisamos nosso encontro em Assunção, nossa viagem, com Mario Rojas, seu irmão, rumo a Buenos Aires, nosso encontro em Santa Fé com o chileno Bernando Tapia e nossos reencontros em Lima. Ele recordou algumas passagens que minha memória perdeu, relembrando nossas aventuras no caminho a Buenos Aires e contando sobre o punhado de moedas que nos restavam, as quais oferecemos ao dono de um restaurante em pagamento de um ovo cozido e um copo de água para matar a fome de cada um.

Francisco tem hoje 66 anos. Seu irmão Mario Rojas, que também pensei encontrar em San José, vive há muitos anos no Chile. Como arquiteto, Francisco desenvolve um belíssimo trabalho em Costa Rica, com muitos projetos, nos quais valoriza o meio ambiente. Suas ideias sobre a prioridade no respeito e aproveitamento ecológico e social têm sido citadas em importantes revistas de arquitetura. Recentemente, um de seus projetos: *Pacuare Lodge*, escolhido entre os 25 melhores *ecolodges* do mundo, foi publicado pela revista *Traveler*, da National Geographic. Seu dircurso sobre o assunto é brilhante e eu o incentivei a escrever sobre isso. É a mesma alma pura e despojada que conheci no passado.

San José, 30 de março de 2013. O coração e o tempo guardam nossos verdadeiros tesouros. Eles estão lá, preservados pela magia da vida, à espera de uma voz, de um gesto, de um olhar ou de um passo que nos faça voltar aos venturosos caminhos do passado. Essa foi minha melhor viagem. Inesquecível e comovente. Um dos momentos mais felizes destes meus últimos anos.

Quase três semanas depois, Enrique Obregón Valverde publicou na edição de 19 de abril, do jornal *La Nación*, de San José, o artigo *Misión de los poetas de ahora*, relembrando nosso reencontro, do qual reproduzo, em castelhano, a sua segunda parte:

> *(...)De todo esto conversé, hace algunos días, con Manoel de Andrade, poeta brasileño a quien conocí hace cuarenta años, aquí en San José. Iniciaba un largo peregrinar por estas tierras continentales de valles, cordilleras, ríos, lagos y mares, tan eternamente pisoteadas por todos los ladrones de libertades y derechos de los pueblos. Lo conocí, le organicé un acto en casa de un amigo para recoger algo de dinero y continuar así valientemente denunciando.*
>
> *Pocos años después, alguien me lo dijo casi llorando: "A Manoel lo fusiló Pinochet en Santiago". Mi esposa y yo, entonces, sí que lo lloramos, y lo enterramos 'para siempre' si es que se puede enterrar a un poeta. Pero la conferencia que dictó la grabé y reproduje decenas de veces entre grupos de jóvenes revolucionarios en Costa Rica, en Chile, en Guatemala, en Honduras y en el inmenso y profundo Brasil.*
>
> *De pronto escuché el grito de mi esposa: "¡Enrique, Manoel de Andrade está aquí, nunca murió!". Había logrado escapar de las garras sangrientas de Pinochet, para continuar su transitar hasta que llegó la democracia a Brasil. Alegremente regresó a su patria refugiándose en un lejano pueblecito para disfrutar de la libertad por primera vez.*
>
> *Después de tantos años, pasó de nuevo por Costa Rica; alguien le dio mi número telefónico y me llamó. Entonces volvimos a llorar, pero ahora de alegría. Manoel había resucitado. Nos encontramos en el hotel. Éramos distintos. Quizá, de habernos encontrado en otras circunstancias, no nos hubiéramos reconocido. El tiempo hace estragos.*

Pero volvimos a coincidir espiritualmente. Continuábamos hablando el mismo idioma; idénticas palabras resentidas pero siempre fervorosas. El fuego batallador y la fe en el destino de mentes y espíritus abiertos para toda la humanidad estaban presentes. Habíamos cambiado pero permanecíamos siendo iguales, y ahora, en una América distinta. Hay mayor razón para la esperanza. Talvez, hoy, no sea prematura la ilusión por la democracia.

Pero todavía quedan las palabras perdidas de todos los poetas asesinados que decidieron entregar sus vidas en nombre de la libertad.

"Manoel – finalmente le dije – aún cuando ya no eres joven tienes que recoger esas palabras, aquel grito de rebeldía prematuro ¡Recógelas Manoel, con esa doble autoridad que tienes por haber nacido poeta, por haber fallecido y por haber finalmente resucitado. Recógelas Manoel, y publícalas con ritmo de victoria!".[352]

6. O Che passou por aqui

Voltando aos anos 1970, os fatos que mais me despertaram curiosidade em San José foram as histórias contadas por meus amigos e por pessoas que conheceram pessoalmente Che Guevara, na sua passagem pela cidade, no ano de 1954. Eu já tinha conhecimento deste período em que ele vivera na Costa Rica, por um livro publicado em 1968, no Brasil, pela Editora Civilização Brasileira, e que eu lera ainda antes de sair do país. Trata-se da obra *Meu Amigo Ché*, de Ricardo Rojo, um jornalista argentino que peregrinara com o Che por toda a América Latina e que também estivera com ele na Costa Rica. Contaram-me que o Che convivera na capital com refugiados políticos brilhantes, como o dominicano Juan Boch, o venezuelano Romulo Bitancourt, e outros. Na verdade, 1954 foi um ano que marcou a história de Costa Rica. José Figueres foi reeleito presidente por uma imensa maioria, e tomou medidas politicamente originais. Já no seu primeiro mandato,

352 O texto completo do artigo pode ser lido no *link:* <http://www.nacion.com/archivo/Mision-poetasahora_0_1336466510.html>. (Acesso em: 25 jun.2013 às 21h23).

entre 1948 e 1949, transformou os quartéis em escolas, nacionalizou os bancos e instituiu o voto feminino. Na visita ao Museu de Belas-Artes, fiquei sabendo que ali havia sido um quartel do Exército. Em 1970, ano em que passei por Costa Rica, Figueres tinha sido novamente eleito em fevereiro. Sua figura política estava envolvida numa legendária história de lutas como combatente e como reformador social. Em 1948, à frente dos grupos de esquerda que contestaram os resultados eleitorais, Figueres criou a sua "Legião do Caribe", e saiu vitorioso no comando de uma curta guerra civil que o levou ao poder. Radicalizando suas reformas, ele aboliu o Exército, criou uma guarda civil, elaborou uma nova constituição e entregou em 1949 o governo ao presidente eleito Utílio Ulate Blanco. José Figueres fez parte de uma geração de homens que na década de 1950 deram uma renovada tonalidade política à história latino-americana, tais como Haya de la Torre, Rómulo Betancourt, Paz Estenssoro, Juan Boch e Jacobo Arbenz Guzmán. Eram todos homens de esquerda, mas – salvo duas honrosas exceções (Arbenz e Boch) – não eram revolucionários e seus ideários progressistas não iam além do processo eleitoral e dos ideais da Social-Democracia. A Revolução Cubana obrigou todos, políticos e intelectuais, a tirar a máscara: Ou o processo revolucionário, ou o continuísmo conservador e reformista.

7. Um aventureiro chamado Frank Marshall

Quando passei por Costa Rica, o movimento estudantil estava relativamente inquieto. Anteriormente, a entrega da exploração do alumínio para a companhia norte-americana Alcoa criara fortes conflitos e unira os estudantes contra o Governo. Algumas semanas antes de minha chegada, o presidente da República, Figueres, numa visita que fizera à universidade, tivera um enfrentamento pessoal com os estudantes e um deles recebeu uma bofetada do presidente. Este estudante, José Pablo Azofeifa, foi um dos amigos que deixei em Costa Rica.

Durante as duas semanas que estive em San José, a agitação estudantil não foi o único fato a alterar o clima de paz e tranquilidade que caracterizava a vida de Costa Rica. Naquele dezembro de 1970, um deputado denunciou à imprensa que dois misteriosos barcos, avistados em Punta Llorona, eram da CIA, e traziam armas para o grupo fascista Movimento Costa Rica Livre. Lembro-me de que a notícia sobre a presença dos barcos ocupava as manchetes dos jornais, mas o governo ocultou as averiguações, porque "o fio de Ariadne" levava por um labirinto de mistério cujo "minotauro" era um tal Frank Marshall. Marshall era um costarriquenho de origem alemã que "norte-americanizou" seu nome na época da Segunda Guerra Mundial, para fugir da perseguição contra o nazismo. Muitos anos atrás já havia sido deputado em Costa Rica, e em 1948, com o apelido de *El Diablo Rubio*, integrou o movimento armado de Figueres, agora seu inimigo. Sua vida estava envolta por um imenso muro de mistérios. Contaram-me que "no Caribe não se disparava um tiro que não haja sido vendido por Frank Marshall". Sabia-se que mantinha uma extensa e poderosa organização com mercenários armados e intimamente ligados ao Movimento Costa Rica Livre – um forte grupo paramilitar de direita. Marshall era um homem poderoso e seus tentáculos mantinham o poder político numa camisa de força. Era fiel aos seus comandados e implacável com os traidores.

Enrique Obregón Valverde, que já fora deputado, conhecia a fundo a vida de Marshall e disse-me que as armas negociadas por ele não tinham ideologia. Tanto serviam para apoiar o governo, como para facilitar as ações dos conspiradores. Estava na "boca do povo" que os mercenários de Marshall eram a vanguarda armada dos grupos de direita, combinados com a CIA, para fomentar provocações armadas, conspirações e eventuais golpes de Estado. Dizia-se também que o próprio presidente Figueres estava na mira das armas traficadas por Marshall.

Comentava-se, na época, que um alto funcionário da embaixada americana em San José estava por trás das armas contrabandeadas e que a operação, planejada pela CIA, era dirigida contra Figueres e o general Omar Torrijos, chefe da Junta Militar do Panamá. As manchetes dos jornais resumiram, numa de suas edições, uma notícia que deixou a mim e aos meus amigos eufóricos: cerca de 200 mercenários, entre eles cubanos anticastristas, foram desbaratados na fronteira com o Panamá, por soldados de Torrijos, com apenas dois sobreviventes entre os invasores.

8. Vico Starki e o "Movimento Costa Rica Livre"

Conheci também o caso de Vico Starki, igualmente de origem alemã. Starki, que também integrara em 1948 a "Legião do Caribe" sobre o comando de Figueres, tinha uma fazenda-fortaleza, em Sarapiqui, ao norte de San José, onde dispunha de uma pista para pequenos aviões, vigiada por mercenários fortemente armados. Sabia-se que fora ali que os cubanos anticastristas fizeram, em 1964, os treinamentos, com a intenção de preparar uma segunda invasão a Cuba, depois do fracasso de Playa Girón, em 1961. Também fiquei sabendo da existência de uma fazenda chamada "O Morcego", que o Ditador Anastácio Somoza, presidente da Nicarágua, mantinha ao norte do país e que era igualmente usada como centro de treinamento militar de cubanos anticastristas refugiados na região.

Não comentarei aqui a minha perplexidade sobre todas as ações criminosas que me relataram sobre a organização paramilitar "Movimento Costa Rica Livre", e o seu arsenal de bombas descoberto, meses antes, no bairro de Tibas, na capital. Como se sabe, esse tipo de terrorismo era então utilizado para justificar mudanças drásticas na estrutura política de um país. Apoiadas pelas oligarquias e os governos militares, essas organizações prosperaram na década de 70, e ficaram conhecidas como o Movimento Taquara, na Argentina; os Mao Mao, no Paraguai; os Ton Ton Macute, no Haiti: a Fiducia, no Chile; a Mão Branca, na Guatemala; a Banda, em São Domingos; os Falcões, no México, etc.

9. La Condeca – Conselho de Defesa Centro-Americano

De fato, toda a região continental do Caribe era um barril de pólvora. Primeiro, pelo exemplo da Revolução Cubana, como um poderoso paradigma revolucionário para todas aquelas nações, há décadas submetidas por ditaduras militares e pelo domínio geopolítico, econômico e militar dos Estados Unidos. Segundo, pela disputa ideológica mantida, em todo o mundo, pelos blocos antagônicos da "Guerra Fria" e terceiro, pela própria situação do canal do Panamá, como área de influência dos altos interesses estratégicos norte-americanos. A América Central na década de 60 era, literalmente, um quintal dos Estados Unidos, economicamente regionalizada e controlada pela United Fruit e Standart Fruit, e politicamente submetida, em cada país, pela estratégia da contrainsurgência e pelos programas de ação cívico-militar coordenados pelos norte-americanos. Providencialmente, chegou-me às mãos um texto publicado em *Cuadernos Americanos*, mostrando a presença ostensiva de forças norte-americanas procurando controlar militarmente toda a região. Esse excelente ensaio, escrito pelo então jovem cientista político costarriquenho John Saxe Fernandez, chama-se *El Consejo de Defensa Centroamericano y la Pax Americana*, onde descreve o papel subserviente dos governos da região perante as intenções dos Estados Unidos no processo de criação da Condeca – Conselho de Defesa Centro-Americano – um órgão de segurança e de defesa incorporado à Odeca – Organização de Estados Centro-Americanos, criado, fundamentalmente, para combater a Revolução Cubana. O novo instrumento de dominação regional era integrado pelos ministros da defesa de cada país e assessorado por conselheiros militares norte-americanos. Sua função era coordenar ações militares comuns, a fim de incrementar a segurança coletiva, em caso de uma eventual agressão comunista, bem como controlar os "agentes subversivos que se infiltram na área". Essa ideia de um exército centro-americano unificado vinha sendo, por razões óbvias, acariciada pelas ditaduras da Guatemala e da Nicarágua. A primeira motivada pela própria guerra civil iniciada em 1960, com a formação e o enfrentamento de quatro movimentos guerrilheiros contra o governo de Ydígoras Fuentes. Na Nicarágua, a Frente Sandinista de

Libertação Nacional (FSLN), desde 1961, tirava o sono de Anastasio Somoza Debayle, cujo pai, o ditador Anastasio Somoza, apoiado pelos Estados Unidos, mandou matar Sandino, assassinado à traição, sob bandeira de trégua, em 1934.

Essa era a América Central, onde andei sobre o fio da navalha e onde tive que "sacrificar" os registros mais preciosos dos meus passos pelo continente: um diário de viagem.

XXV NICARÁGUA

1. Na pátria de Rubén Darío e de Sandino

No dia 20 de dezembro de 1970, saí de Costa Rica e entrei na Nicarágua pela localidade fronteiriça de Peñas Blancas. Chegava enfim à pátria do grande poeta Rubén Darío, precursor do movimento "modernista", na América Latina, e de Augusto César Sandino, precursor do "moderno" movimento guerrilheiro no continente.

No dia seguinte, mandei notícias à família:

Manágua, 21 de dezembro de 1970

Minhas queridas Marilena e Dani!

Cheguei ontem ao país natal de Rubén Darío e de Sandino.

Manágua é pequena, feia e suja, mas a beleza do lago (imenso) que se estende a leste da cidade e do país compensa tudo isso e, sobretudo, a ideia desta Nicarágua sofrida e onde a tirania dos Somoza se estende por quase quarenta anos.

Acabo de chegar do Correio. Recebi uma carta tua de nove do corrente, com um postal de Curitiba e uma cartinha da Dani.

De Costa Rica te enviei várias cartas. Ultimamente, mandei o recorte de uma entrevista e depois um cartão para a Dani, com um disco do "Chapeuzinho Vermelho".

Deixei muitos amigos em Costa Rica. Não busquei os familiares dos Rojas porque, apesar de excelentes pessoas, soube que são grandes burgueses. Sei que é puro radicalismo de minha parte e assumo o débito dessa descortesia. Ganhei 30 dólares por um recital em um teatro e 120 em um recital privado, em casa de um professor universitário de economia. Este recital foi organizado por um advogado famoso de lá, que já foi deputado e também candidato a presidente do país. Creio que já falei disso em outra carta. Enfim, havia gente "politicamente" muito "importante" no recital. Professores, deputados e profissionais liberais. Depois do recital fizeram muitas perguntas, e segundo a opinião de alguns, minhas respostas satisfizeram plenamente a todos.

Muitos amigos pediram que eu passasse o Natal em San José. Mas eu tinha que viajar porque dentro de quatro ou cinco semanas espero estar no México.

Mando-te estes postais e num envelope grande, em separado, estou despachando hoje uma bolsa típica daqui, que poderás pendurar na biblioteca ou usar, se quiseres.

Devo ficar uma semana aqui e seguir para Tegucigalpa. A América Central é completamente diferente da América do Sul. Ali as cidades e, sobretudo as capitais, são grandes e superpovoadas (B. Aires, Santiago, Lima, Bogotá) e tudo é longe. Aqui tudo é perto. Manágua é como Ponta Grossa, com a diferença de que não tem edifícios tão altos.

Foi impressionante como gastei dinheiro no Panamá. Imagine você que quando saí de Quito, além da passagem para o Panamá, eu tinha 245 dólares. Mas no Panamá a vida é caríssima. Com comida e hotel eu gastava 7 a 8 dólares por dia. É que o Panamá é uma "sucursal" dos EE.UU., tudo é pago em dólares. É verdade que fiz duas viagens. Na última, fui a Colón, um porto panamenho no Atlântico, onde existe uma grande zona de livre comércio e lá comprei um bom relógio que me custou 30 dólares. Comprei a passagem de ônibus do Panamá – San José – Manágua, por 17 dólares. Bem, eu estava com somente 80 dólares em Costa Rica quando dei o recital e recebi aqueles 120 dólares. Isso me tranquilizou um pouco, porque para entrar no México é necessário ter um mínimo de 100 dólares. Neste momento, tenho 164 dólares e 50 "córdobas". Córdoba é a moeda da Nicarágua e que equivale ao "Colón", a moeda costarriquenha. 7 "córdobas" é o valor de um dólar. (...)

2. Os herdeiros de Sandino

Cheguei a Manágua no ano em que o poeta Leonel Rugama morreu, combatendo os soldados da Guarda Nacional de Somoza e na década em que a Frente Sandinista de Libertação Nacional (FSLN) lançaria suas grandes ações militares no país. Encontrei um clima de repressão absoluto e nos primeiros contatos que fiz, tinha que "pisar em ovos" quando abria minha posição ideológica e falava do caráter político da minha poesia.

A militarização e a consequente longa história da repressão do povo nicaraguense começou em 1927, quando Augusto Cesar Sandino cravou nas montanhas de Las Segovias a bandeira guerrilheira contra a oligarquia agrária e contra os fuzileiros navais norte-americanos. Os *marines* haviam se instalado no país, a convite do presidente Adolfo Díaz, para combater os liberais, e ele acabou transformando a Nicarágua, de 1912 a 1933, num protetorado, ou melhor, numa "colônia" dos Estados Unidos.

No transitar de minha viagem, conheci a história de muitos heróis da liberdade, quando, por tantas vezes, me referi a Lautaro, Caupolicán, Túpac Amaru, Túpac Katari e outros, mas nenhum deles com uma legenda de heroísmo como Sandino. Seu espírito libertário, o incondicional despojamento pela pátria, a tenacidade como estrategista e sua imagem guerrilheira, estavam tatuadas indelevelmente na alma do povo da Nicarágua. De origem indígena e camponesa, Sandino, durante sete anos, liderou um exército esfarrapado, com armas arrebatadas do inimigo e empunhando facões, contra os soldados da Guarda Nacional e as poderosas forças ianques apoiadas pelas esquadrilhas de aviões Fokker e Curtiss. A retirada dos *marines* norte-americanos em 1933 foi exclusivamente uma vitória do seu comando, a despeito do hipócrita abraço de vitória que recebeu de Anastácio (Tacho) Somoza, comandante da Guarda Nacional, pró-ianque e seu futuro assassino. Sua morte, no ano seguinte, foi muito semelhante à de Emiliano Zapata. Ambos foram metralhados à traição, quando chegaram como convidados, ao local de um acordo, com os representantes do poder. O exemplo de Sandino está por trás de toda a história recente da Nicarágua e foi o símbolo de luta e resistência que inspirou o movimento sandinista. O poeta Pablo Neruda, em seu *Canto geral*, celebrou nos 94 versos do poema *Sandino* (1926), a saga gloriosa desse mártir da liberdade.

3. Recitais clandestinos e poemas publicados em Manágua

Quanto à minha atividade poética na Nicarágua, pouco tenho a relatar. A repressão policial-militar era tal que qualquer expressão de arte que apoiasse alguma forma de luta pela liberdade política era facilmente detectada e reprimida. Apesar disso e dos 5 dias apenas que lá passei, aceitei os riscos e dei dois recitais clandestinos em Manágua. Um deles foi numa quinta afastada da cidade, para umas cinquenta pessoas, e pelas perguntas que me fizeram relacionadas à guerrilha boliviana e peruana, creio que havia vários militantes sandinistas presentes. Alguns amigos que lá deixei, como Rute Vasquez e Mariano Baraúna, imprimiram, rapidamente, algumas centenas de um opúsculo chamado *Canción de amor a la América y otros poemas*, que foram vendidos nestes recitais, já que os exemplares restantes de meu livro, reeditado na Colômbia – com exceção de uma dezena de exemplares que guardava comigo,– tinham sido todos vendidos em San José. A pequena edição foi custeada com o montante de uma rápida campanha de fundos feita por iniciativa de Mariano e outros amigos. Do livreto constavam os poemas *Canción de amor a América, El guerrillero* e *Tiempo de siembra*. Seus trezentos exemplares foram impressos na gráfica Asel, de Manágua.

Não imagino que destino teve os cerca de 100 exemplares que ficaram nas mãos de Mariano, porém recentemente descobri na Internet que o opúsculo *Canción de amor a la América y otros poemas*, editado em Manágua, bem como a edição colombiana de *Poemas para la libertad*, constam do catálogo da Biblioteca Casa das Américas, em Havana.

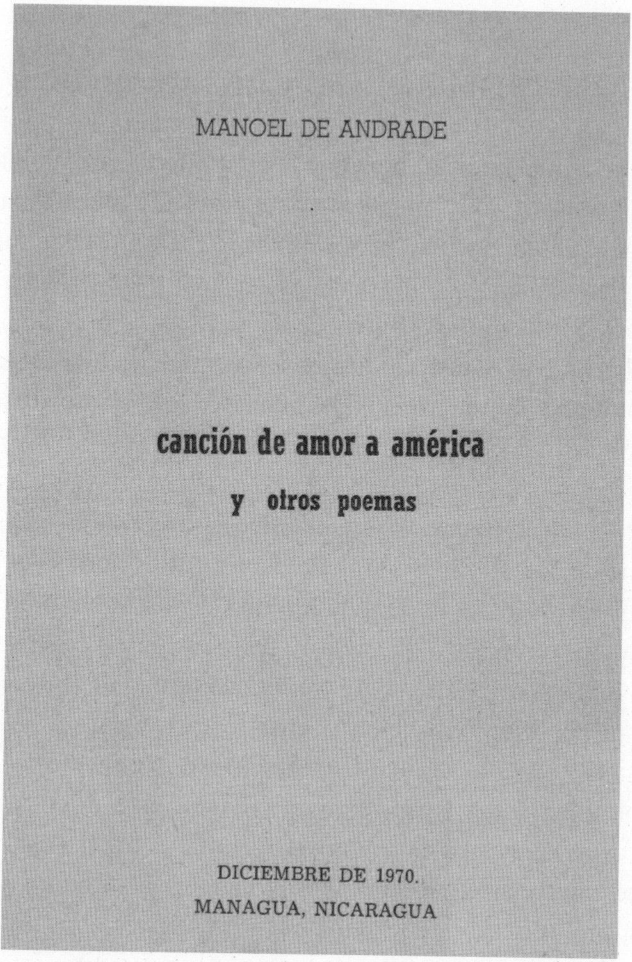

Registro, aqui, minha imensa gratidão a Mariano Baraúna, que foi um amigo incansável durante aqueles poucos dias que passei em Manágua. Ele era um dirigente estudantil, cuja referência eu trouxera de San José. Pela conversas que tivemos, tudo indicava que era um quadro da militância sandinista, embora não me tenha revelado sua relação com a FSLN. Conheci Rute Vasquez na sua casa, em Ciudad Jardin – E – 46, e ambos foram meus melhores amigos, entre alguns poetas, intelectuais e estudantes com quem me relacionei naqueles poucos dias.

4. Meu diário no vaso sanitário

Em Manágua, ocorreu uma das maiores perdas de minha vida: um diário de viagem. Lembro-me de um dia, por volta das 10 horas da manhã, quando Baraúna chegou da rua apressado, dizendo-me que soldados da Guarda Nacional haviam cercado a nossa quadra e estavam revistando, alternadamente as casas em busca de sandinistas. Apressadamente, peguei meu diário, entrei no banheiro, rasguei e piquei todas as suas folhas e desoladamente vi o registro de dois anos extraordinários da minha vida serem engolidos pelo vaso sanitário. Havia ali muitos fatos e nomes que comprometeriam irremediavelmente a mim e a outras pessoas. Detalhes inconfessáveis de minha correspondência com exilados brasileiros no Chile, comentários sobre projetos de ações guerrilheiras revelados por amigos bolivianos, quando da minha segunda passagem pelo país, além do registro quase diuturno do roteiro dos meus passos desde que saí do Brasil. Havia também o receio por minha condição de estrangeiro, num regime político onde os suspeitos eram levados para "averiguações" e alguns simplesmente desapareciam. Passadas duas horas de tensão, tudo voltou ao normal. Respiramos aliviados, pois nossa casa não foi escolhida, mas os restos do meu diário já corriam no esgoto. Ao escrever hoje este relato, baseado apenas nas cartas que enviei aos meus familiares, nos recortes de jornais, num pequeno caderninho de endereços, nas datas do meu velho passaporte e na minha extraordinária memória, lamento a perda inconsolável daquele diário, cujo conteúdo trazia o testemunho e a análise de um tempo, cuja expressão histórica dificilmente se projetará novamente no continente, com um significado político tão relevante.

5. Um poema de Leonel Rugama

Eu trazia sempre na bagagem o cartaz com meu poema a Che Guevara que os estudantes de Cochabamba publicaram pela FUL, em outubro de 1969. Depois que mostrei o cartaz a Rute, ela me contou a história do poeta Leonel Rugama, que aderiu à guerrilha sandinista aos 18 anos. Cercado com alguns companheiros pelas tropas da Guarda Nacional de Somoza, não aceitou a proposta de rendição e morreu metralhado em 15 de janeiro de 1970, com 20 anos de idade. No dia de Natal, ao embarcar para Tegucigalpa, entre os amigos que abracei, Rute me entregou uma cópia do poema que Rugama também escreveu para o CHE:

Libro de la historia del CHE

hijo de Augusto
hijo de Lautaro:
casado con Guaconda
hermano de Caupolicán
engendró a Lecolón,y este a Rengo;
Rengo engendró a Túpac-amaru y este a Túpac-Yupanqui;
y este a Tucapel que engendró a Urraca de Panamá;
Urraca engendró a Diriangén de Nicaragua y este a Adiact,
Adiact engendró a Xochitl Acatl y este a Guegue Miquistl(perro viejo),
y este a Lempira que engendró a Tecun-Uman;
Tecun-Uman engendró a Moctezuma Iluitamina y este a
Cuauhtemotzin que fue ahorcado por Cortez, pero antes
engendró a Quaupopoca;
y este a Tlacopán, que engendró a Huascar;
Huascar engendró a Jerónimo;
Jerónimo engendró a Pluma Gris;
Pluma Gris a Caballo Loco;
Caballo Loco a Toro Sentado;
Toro Sentado engendró a Bolivar;
Bolivar engendró a Sucre, y este a José de San Martín;
José de San Martín engendró a José Dolores Estrada,
y este engendró a José Martí y éste a Joaquín Murrieta,
que engendró a Javier Mina y éste a Emiliano Zapata;

Emiliano Zapata a Pancho Villa y éste a Guerrero,
y este Ortiz que engendró a Sandino;
Augusto Cesar Sandino engendró a Bayo;
el esposo de Adelita
del cual nació el CHE
que se llama Ernesto.[353]

6. Natal solitário

A noite de Natal é sempre triste quando se está longe da família. Não lembro como passei a noite de Natal de 1970, mas deixei transparecer minhas saudades, numa carta que escrevi à Marilena naquele dia:

Manágua, 24 de dezembro de 1970

Minha querida Marilena!

Amanhã sigo viagem para Honduras. Alguns amigos que deixo aqui editaram rapidamente este livreto. Já não tenho mais livros para vender, por isso esta pequena publicação veio a propósito. Mando-te estes dois exemplares.

Espero que tenhas recebido a carta com os postais e um envelope grande com uma bolsa de tecido, típica, que te mandei no dia seguinte à minha chegada (20)

Havia uma carta tua com um cartão-postal de Curitiba e uma cartinha da Dani.(...)

---

353 ***Livro da história do CHE***
filho de Augusto /filho de Lautaro: /casado com Guacolda /irmão de Caupolicán /gerou Lecolón, e este a Rengo; /Rengo gerou Túpac Amaru e este a Túpac Yupanqui; /e este a Tucapel que gerou a Urraca de Panamá; /Urraca gerou a Diriangén da Nicarágua e este a Adiact, /Adiact gerou a Xochitl Acatl e este a Guegue Miquistl (cão velho) /e este a Lempira que gerou a Tecun Uman; /Tecun Uman gerou a Moctezuma Iluitamina e este a /Cuauhtemotzin que foi enforcado por Cortez, mas antes /gerou Quaupopoca; /e este a Tlacopan, que gerou Huascar; /Huascar gerou Jerônimo; /Jerônimo gerou a Pena Cinzenta; /Pena Cinzenta a Cavalo Louco; /Cavalo Louco a Touro Sentado; /Touro Sentado gerou Bolívar; /Bolívar gerou a Sucre, e este a José de San Martin; /José de San Martin gerou José Dolores Estrada, /e este gerou José Martí e este a Joaquin Murrieta, /que gerou a Javier Mina e este a Emiliano Zapata; /Emiliano Zapata a Pancho Villa e este a Guerrero, e este a Ortiz que gerou Sandino; /Augusto Cesar Sandino gerou Bayo; /o esposo de Adelita /da qual nasceu o CHE /Que se chama Ernesto.

Estou feliz por vocês. Sei que esta noite haverá festa e toda gente estará reunida. Haverá uma árvore de Natal na casa dos teus pais e a Daninha estará deslumbrada com os presentes que vai ganhar. Bem que gostaria, se é que recebeste a tempo o disquinho do "Chapeuzinho Vermelho" e o cartão que eu mesmo fiz para ela, que estivessem sob a árvore de Natal. (E também a bolsa que te mandei daqui). Não é sentimentalismo, mas seria minha forma de estar aí. Já basta a gente ter tantos problemas de consciência por ter que deixar sua filha e esposa e não poder estar junto delas sequer nestes dias tão cheios de significado.

Um abraço a todos, desse caminhante solitário.

XXVI
HONDURAS

1. A república das bananas

Cheguei a Honduras no dia de Natal e deixei o país no dia 03 de janeiro de 1971. Foi apenas uma passagem. É um período no qual em todo o mundo vive-se num clima de comemorações, festanças, réveillon, comida, bebida, novos projetos de vida e muita ansiedade. Portanto, não havia clima para atividades poéticas, e muito menos de caráter político. Apesar disso, fiz alguns contatos e lá deixei um amigo chamado Benjamin Erazo, estudande de direito, a quem eu vinha recomendado de Manágua e em cuja casa me hospedei, na avenida Buenos Aires, nº 1406 – B. Ele organizou uma reunião em sua casa, onde compareceram cerca de trinta pessoas. Li alguns poemas e dei minhas impressões sobre os movimentos estudantis na Bolívia e no Peru e as organizações revolucionárias do Uruguai, no Chile e na Colômbia. Essa foi minha única atividade como poeta em Honduras.

2. Jairo Coelho e a "paella vallenciana"

Encontrei em Tegucigalpa um conterrâneo brasileiro. Jairo Coelho fora um brilhante estudante de direito na Universidade Federal do Paraná, onde eu tinha sido seu "calouro". Admirado nos bancos acadêmicos por sua invejável cultura, depois da graduação em direito, entrou para o

Instituto Rio Branco e agora era o primeiro secretário da embaixada brasileira em Honduras. Ficou surpreso ao ver-me por lá e me convidou para almoçar no Country Club de Tegucigalpa, onde provei, pela primeira vez, a *paella vallenciana*. Ficou surpreso também ao saber da minha imensa caminhada pela América Latina. Relatei a ele os motivos que me levaram a deixar o Brasil e ele contou-me da participação que teve na saída de vários brasileiros depois do golpe militar de 1º de abril de 1964. Acrescentou que em meados de junho daquele ano foi encarregado de acompanhar até o Rio de Janeiro um grupo de brasileiros, que há dois meses estava refugiado na embaixada da Iugoslávia, em Brasília. Disse tratar-se de oito pessoas e entre alguns nomes citados lembro-me apenas de Almino Afonso, que foi ministro do trabalho e previdência social no governo deposto de Jango Goulart, e que eu conhecera em 1969, no Chile. Contou-me Jairo que na chegada ao Rio havia uma desproporcional movimentação militar em torno do avião, um exagero na segurança e que, do aeroporto, os refugiados foram levados à casa do embaixador iugoslavo, partindo, no dia seguinte, de navio, para a Iugoslávia.

Há tanto tempo longe do Brasil e dos meus familiares, foi gratificante encontrar um brasileiro e, afortunadamente, um conterrâneo, naquela longínqua região da América. Na melancólica passagem daqueles dias natalinos, com o coração partido pela nostalgia da pátria e a saudade dos seres mais queridos, o encontro com Jairo foi o meu presente de Natal.

Tegucigalpa, pela altura dos seus 1.000 metros lembrava Curitiba, mas somente por isso, porque a capital do Paraná daqueles anos já era uma grande cidade, com seus altos arranha-céus e na capital de Honduras os edifícios não passavam de dois andares. Ao seu lado, visitei uma cidade chamada Comayagua, que já havia sido a capital do país. Naqueles dias que passei na pequena e provinciana Tegucigalpa, não havia nada interessante a fazer depois de conhecer o centro colonial, a catedral do século XVIII e o cansaço de algumas caminhadas pelas ruas que sobem e descem pelas encostas do morro *El Picacho.* Aproveitei meu melhor tempo para ler, entre os livros de meu anfritrião, uma pequena história de Honduras e alguns ensaios sobre a situação sociopolítica e econômica do país, que ele me indicou. Há quase quarenta anos, quando por lá passei, para um estrangeiro entender a então história contemporânea de Honduras – e de quase toda a região caribenha – era imprescindível analisar suas relações com a empresa bananeira norte-americana United Fruit Company, atrás da qual havia um nome conhecido de qualquer cidadão hondurenho: Samuel Zemurray.

3. Mamita Yunai

A United Fruit esteve envolvida nas maiores tragédias sociais, massacres, crimes e corrupção política que se teve notícia na América Central, continental e insular. Criada em Nova Iorque, em 1899, com a finalidade de comercializar produtos tropicais, a origem da sua penetração em Honduras está relacionada com um tal Samuel Zemurray, judeu nascido em 1877, na Bessarábia – na época anexada à Rússia imperial e a partir de 1918 à Romênia – que imigrou para os Estados Unidos com 14 anos e aos 18 já negociava banana no estado de Alabama. Com os lucros do comércio da banana comprou um barco e tomou o rumo de Honduras, onde comprou muitas terras, fundou a Cuyamel Fruit Company e ajudou o presidente deposto Manuel Bonilla a retomar o poder do país. Bonilla, agradecido, abriu todas as portas da facilidade para Zemurray, que se tornou um magnata e depois presidente da United Fruit Company.

Não é novidade registrar aqui o poder sinistro que a United Fruit exerceu durante quase todo o século XX sobre a América Central, a Colômbia e o Equador. Além do monopólio na produção e exportação de bananas e no controle de portos e ferrovias, seu tráfego de influência no poder político e o apoio da Casa Branca e da CIA determinavam quem devia assumir ou renunciar ao cargo de presidente. Este poder era tão descarado em Honduras que no governo de Tiburcio Carías Andino – cuja ditadura foi de 1933 até 1948 e, segundo me contaram, o maior tirano na história do país – seu ministro da guerra, o presidente do congresso e o presidente da suprema corte de justiça foram, em momentos diferentes, advogados da United Fruit.

Proprietária de intermináveis latifúndios na América Central, no caso de Honduras era chocante o domínio que a companhia tinha sobre as melhores terras, num país onde a agricultura constituía a principal atividade econômica e a fonte de subsistência da imensa maioria dos camponeses pobres.

Os casos de crueldade dos administradores da United Fruit são muito numerosos para se registrar aqui, mas é relevante comentar as denúncias que o escritor costarriquenho Carlos Luis Fallas registra em sua novela *Mamita Yunai* – Mamita Yunai era o nome com o qual a companhia era conhecida na América Central e no Caribe – referindo-se aos trabalhadores bananeiros, que morriam durante o trabalho. Conta o autor que os capatazes da United Fruit não sepultavam seus corpos no cemitério, mas eram enterrados nas próprias plantações onde trabalhavam, para que "servissem de adubo para as bananeiras".

Quanto aos seus crimes mais hediondos, cabe citar o que teve mais repercussões jurídicas e na história. Trata-se do "Massacre das bananeiras" no dia 06 de dezembro de 1928, na praça principal da cidade colombiana de Ciénaga onde, sob as ordens ianques da United Fruit, as impiedosas rajadas de chumbo tingiram o chão de vermelho, ao silenciar o protesto de mais de mil camponeses que caíam abraçados com suas mulheres e seus filhos.[354]

Neruda, em seu *Canto geral*, pintou com a ironia dos seus versos os traços sombrios da multinacional norte-americana no poema *A United Fruit Co.*

---

354 Sobre este caso do "Massacre das bananeiras", cito parte do meu comentário em 2009 na Internet: <http://palavrastodaspalavras.wordpress.com/2009/09/01/manoel-de-andrade-comenta-em-siete-punales-en-el-corazon-deamerica- por-fidel-castro/>. (Acesso em: 23 abr. 2012 às 21h32).

XXVII
EL SALVADOR

1. Pouca terra para muita gente

Quando cheguei a San Salvador, nos primeiros dias de 1971, o problema sociopolítico que mais se impunha a um observador atento era o da superpopulação, associado a um minúsculo território. El Salvador é o menor país centro-americano e o mais densamente povoado da região. Consequentemente, em torno do problema da terra, suscitaram-se grandes crises sociais, as maiores revoltas populares e grandes matanças, já que normalmente a posse da terra, tanto em El Salvador como em toda a América Latina, dá aos maiores proprietários, além do poder econômico, o controle político do país. Esses fatos levaram-me a fazer algumas leituras que me deixaram perplexo. A história dessas revoltas está demarcada por três grandes movimentos de camponeses-índios. O primeiro, em 1811, quando se sublevaram contra as arbitrariedades das autoridades coloniais. O segundo, em 1833, depois da independência, quando 3.000 camponeses de origem indígena, oprimidos e perseguidos pelo despotismo *criollo* se levantam, comandados pelo cacique Anastácio Aquino. E o terceiro, e até então o último movimento de revolta no campo – e ao qual já me referi quando relatei minha primeira passagem pela Bolívia –, foi o que determinou a terrível matança de 1932, onde se conta que foram assassinados 30.000 camponeses. O fato, pela sua excepcionalidade, teve grandes repercussões internacionais. Na verdade, essa rebelião foi um dos acontecimentos mais heroicos na história dos camponeses centro-americanos, comandado por Farabundo Martí, que já havia lutado ao lado de Sandino, na Nicarágua. Seus protagonistas foram os camponeses-indígenas, numa luta que assumiu toda a dramaticidade de uma guerra civil:

En 1932 – bajo el Gobierno del general Maximiliano Hernández Martínez – se produjo la terrible rebelión de los campesinos indios, sobre todo en la zona del volcán Izalco. La rebelión terminó adquiriendo todo el carácter, bronco y dramático, de una pugna social, resumida, finalmente, entre el machete de los campesinos y el fuzil y las ametralladoras del Ejército. Fue una guerra social sin cuartel. Dicen que cuando llegaron los navios norteamericanos y canadienses, el general José Tomás Calderón pudo decir a los marines:

"Ya no necesitamos ninguna ayuda. Hemos liquidado a cuatro mil bolcheviques".

No es extraño que el cronista del Times *hiciera, también, esta frase: "Uma cosa es cierta. Aquellos hombres no habían oído nunca hablar de Karl Marx".*

Los odios acumulados produjeron venganzas y asesinatos espantosos. Mujeres y hombres de las famílias terratenientes fueron pasados a cuchillo, y las primeras, sometidas a peores aventuras. No muchos dias antes del levantamiento todo el comité central del partido comunista había sido asesinado por orden gobernamental. Alguno de sus componentes pensó, sin tener en cuenta la realidade objetiva de El Salvador, que una sublevación campesina echaría todo a rodar. No ocurrió nada de eso, sino al revés: estratificó los poderes, introdujo el miedo en el cuerpo. *La matanza y la represión siguieron, con las palabras de Calderón, a aquellas noches y dias de San Bartolomé. Sin embargo, también puso en claro la situación del campesinato. Por ello, se intentaron realizar algunas reformas sociales, que, dada la época y consideradas las estructuras, no podia ser outra cosa que el resultado de la sangre campesina vertida. (...)*[355]

355 García, E. R. Op. cit., p. 350, v.1.
Em 1932, – sob o governo do general Maximiliano Hernández Martínez – aconteceu a terrível rebelião de camponeses índios, especialmente na área do vulcão Izalco. A rebelião acabou assumindo todo o caráter, duro e dramático, de uma luta social, resumida, finalmente entre o facão dos camponeses e o fuzil e as metralhadoras do Exército. Foi uma guerra social sem quartel. Dizem que

2. Luta e morte de Farabundo Martí

O historiador salvadorenho Jorge Araias Gómez conta que ante a exploração do trabalho agrícola as massas camponesas *haviam chegado a um tal estado de desespero, que mesmo os líderes mais respeitados não conseguiam encaminhar corretamente as explosões espontaneístas que afloravam dia a dia*[356]. As greves que surgiam nas grandes fazendas eram reprimidas de forma sangrenta, só restando aos camponeses a guerra aberta contra a oligarquia agrária e o poder que a protegia. Assim ele descreve o desenrolar da revolta:

> *À meia-noite de 22 de janeiro eclode a insurreição. Milhares de camponeses, armados apenas com machetes, ferramentas de trabalho e poucas armas de fogo, ocupam no decorrer do dia diversos povoados nos departamentos de Sansonate e Ahuchapán. Nas imediações de Nueva San Salvador, luta-se encarnecidamente. Desde os primeiros momentos as forças revolucionárias comprovam na prática o que já era do seu conhecimento: as tropas regulares, avisadas antecipadamente, mobilizadas, reforçadas e postas em estado de alerta, possuíam uma esmagadora superioridade de fogo e grande disciplina. Apesar do arrijo, valentia e audácia dos insurretos, careciam de orientação e controle militares, sendo rechaçados nos assaltos aos principais pontos estratégicos e são, posteriormente, destroçados.*
>
> *Três dias depois, a insurreição havia sido dominada. Os revolucionários mortos em combate não foram muitos. Foi o massacre*

---

quando chegaram os navios norte-americanos e canadenses, o general José Tomás Calderón pôde dizer aos marines:

– "Nós não precisamos de nenhuma ajuda. Liquidamos quatro mil bolcheviques" . Não é estranho que o cronista do *Times* tenha escrito, também, esta frase:

– "Uma coisa é certa. Esses homens nunca tinham ouvido falar de Karl Marx".

Os ódios acumulados produziram vinganças e assassinatos espantosos. Mulheres e homens das famílias de fazendeiros foram passados na faca, e as primeiras, submetidas às piores desventuras. Poucos dias antes da revolta, todo o Comitê Central do Partido Comunista havia sido assassinado por ordem governamental. Alguns de seus componentes pensaram, sem ter em conta a realidade objetiva de El Salvador, que uma revolta camponesa modificaria tudo. Não aconteceu nada disso, mas pelo contrário: *estratificou os poderes e introduziu o medo no corpo*. A matança e a repressão seguiram, nas palavras de Calderón, como as noites e os dias de São Bartolomeu. No entanto, também isso deixou clara a situação do campesinato. Por isso, buscou-se realizar algumas reformas sociais, que, em vista da época e consideradas as estruturas, não poderiam ser outra coisa que o resultado do sangue camponês derramado.

356 Gómez, J. A. *Farabundo Martí, herói do povo de El Salvador.* Trad. Dilair Aguiar. São Paulo, Anita Garibaldi,1977, p. 18.

desencadeado em seguida, nas ações armadas das chamadas "forças expedicionárias" do governo, que centuplicou as vítimas da repressão, transformando o episódio em um dos maiores genocídios conhecidos na história da América Latina.

Nos locais da insurreição, todo rapaz maior de 18 anos que se considerasse suspeito de participação na rebelião foi fuzilado sem qualquer formalidade. Por sua parte, a burguesia, com apoio das camadas médias urbanas, organizou suas forças paramilitares, às quais denominou "Guarda Cívica", para reforçar o exército. A "Guarda Cívica", integrada por refinados jovens da alta sociedade, chegou mesmo a superar, em alguns casos, a ferocidade das tropas regulares. Em seus poucos meses de existência, assassinou inúmeros camponeses, operários e estudantes. Contam-se em centenas os casos de assassinatos movidos por vinganças pessoais, de estupros de mulheres do povo, de ultrajes a crianças e velhos. Suas sinistras atividades eram relatadas, entre um e outro gole de whisky nos clubes exclusivos, como heroicas e grandiosas façanhas.

A burguesia, atemorizada pela insurreição, forneceu ao governo elevadíssimas quantias para pagar as despesas necessárias para esmagar os revolucionários.

Segundo depoimentos de pessoas não comunistas, as supostas vítimas feitas pela insurreição na zona ocidental do país não foram muitas. Entre estas se contavam inimigos ativos e odiados do campesinato. Sua morte constituiu, propriamente falando, um justiçamento revolucionário. Outros, pelo menos, durante os combates. No entanto, os boletins oficiais – única versão que podia ser publicada na imprensa – exageraram de forma caluniosa os inexistentes desmandos e crimes dos insurretos, para impressionar a oligarquia, aterrorizar outros setores da população e justificar, finalmente, o inútil massacre de milhares de operários, camponeses e estudantes. Durante a chacina, estendeu-se uma cortina de silêncio na região, impedindo-se a presença de jornalistas, de forma a ocultar o assassinato em massa que as forças repressivas estavam realizando.

Testemunhas que viveram o terror implantado pelas forças expedicionárias relatam todas as atrocidades e crimes cometidos por estas.

As forças repressivas não apenas se dedicavam a ceifar vidas indiscriminadamente, como também violaram e estupraram mulheres do povo e saquearam todos os povoados onde venciam a resistência armada.[357]

No fim da tarde de 30 de janeiro de 1932, instala-se o tribunal militar, que condena Farabundo Martí e os estudantes Alfonso Luna e Mario Zapata à morte, por fuzilamento.

Agustín Farabundo Martí pede, em nome de seus companheiros, que seus olhos não sejam vendados, que os fuzilem de frente, disparando contra o peito.

No último instante, quase junto à voz de comando do oficial que dirige o pelotão de fuzilamento, Martí inicia com firmeza um "Viva o Soci..." que assim fica, interrompido, porque a descarga dos fuzileiros o apaga. Caem abatidos os três comunistas. São sete e 15 da manhã. Ao contrário dos demais, a morte chega lentamente para o camarada Zapata.[358]

3. O grande recital de El Salvador

Cheguei a El Salvador dia 3 de janeiro e lá passei apenas uma semana. Apesar disso, fiz bons contatos intelectuais e encontrei em San Salvador um ambiente cultural respeitável. Relacionei-me com os maiores poetas do país e entre eles deixei alguns amigos: José Roberto Cea, Tirso Canales e Manlio Argueta.

Dia 8 de janeiro, dei um concorrido recital no Auditório da Faculdade de Direito da Universidade de El Salvador. O evento foi assim noticiado no jornal *Crítica,* na edição de 6 de janeiro de 1971:

---

357 Gómez, J. A. Op. cit., p. 24-5.
358 Idem, p.28..

Poeta brasilero leerá poesía y promoverá debate

El viernes 8 de enero, a las 6,30 p.m., en el Auditorium de la Facultad de Derecho, el poeta brasilero Manoel de Andrade dará lectura a sus poemas y promoverá un debate sobre la importancia de la poesía social en el actual encenario histórico de la América Latina.

La poesía De Andrade es conocida en casi todos los paises suramericanos donde las ediciones de su libro "Poemas para la libertad" se agotaron rapidamente. Su poesía está escrita en un estilo directo y sencillo, despojada de todo artificio formal y preocupada únicamente en dar un testimonio verdadero y contingente de la América de hoy. Sus versos están cargados de acusación y de juicio pero en ningún momento pierden su caracter de auténtica poesía, es decir, no caen en el cartelismo político y en el panfleto. Son cantos llenos de violencia pero también llenos de lirismo, de ternura y de amor.

En el debate participarán los poetas salvadoreños Manlio Argueta, José Roberto Cea, Uriel Valencia, Luis Melgar Brizuela y el público asistente.

Invita Consejo Ejecutivo de AGEUS y Promoción Cultural de la Universidad de El Salvador.[359]

No Auditório da Faculdade de Direito, havia mais ou menos 400 pessoas. Após o recital se seguiu um debate sobre o papel sociopolítico da poesia na América Latina. Deste caloroso e memorável debate, participaram os mais destacados poetas do país, professores universitários, intelectuais e estudantes. Um departamento cultural da Universidade de El Salvador, por solicitação de alguns poetas, publicou "a toque de

359 *Poeta brasileiro lerá poesia e promoverá debate*
Na sexta-feira, 8 de janeiro às 6h30 da tarde, no Auditório da Faculdade de Direito, o poeta brasileiro Manoel de Andrade fará a leitura dos seus poemas e promoverá um debate sobre a importância da poesia social no atual cenário histórico da América Latina.
A poesia de Andrade é conhecida em quase todos os países sul-americanos onde as edições do seu livro "Poemas para a liberdade" se esgotaram rapidamente. Sua poesia está escrita em um estilo direto e simples, despojada de todo artifício formal e preocupada unicamente em dar um testemunho verdadeiro e contingente da América de hoje. Seus versos estão carregados de acusação e de julgamento, porém em nenhum momento perdem seu caráter de autêntica poesia, isto é, não caem no cartelismo político e no panfleto. São cantos cheios de violência, mas também cheios de lirismo, de ternura e de amor.
Do debate participarão os poetas salvadorenhos Manlio Argueta, José Roberto Cea, Uriel Valencia, Luis Melgar Brizuela e o público presente.
Convida o Conselho Executivo da AGEUS e Promoção Cultural da Universidade de El Salvador.

caixa" uma segunda edição do livreto *Canción de amor a la América y otros poemas*, publicado em Manágua. A edição salvadorenha de 500 exemplares saiu com 24 páginas e acrescida do poema *Recado a la mujer amada,* que eu havia escrito em Cali. Foram-me doados 250 exemplares, dos quais dois enviei ao Brasil e o restante, todos vendidos ao final do debate. O livreto saiu editado em janeiro de 1971, pela *A.G.E.U.S y Promoción Cultural – Universidad de El Salvador* e impresso pela gráfica da mesma universidade.

4. A Geração Comprometida

Em maio de 2009, o *site Palavras, todas palavras* publicou meu pequeno ensaio sobre o poeta guatemalteco Otto René Castillo, em que falo de *La Generación Comprometida*, numa curta referência a alguns poetas que conheci em janeiro de 1971, quando de minha passagem por El Salvador. Esse original fenômeno literário marcou duas importantes etapas na fecunda vida intelectual do país, sendo que a primeira, – surgida no Cenáculo de Iniciación Literaria, depois chamado Grupo Octubre – ocupou a década de 50 e foi integrada pelos poetas Ítalo López Vallecillos, que lhe deu o nome, Irma Lanzas, Álvaro Menéndez Leal, Waldo Chávez Velasco, Jorge Cornejo entre outros poetas e alguns pintores. A segunda, que marcou realmente a denominação do "comprometimento" floresceu na década de 60, surgindo ambas do *Círculo Literario Universitario*, fundado em 1956, na Faculdade de Direito da Universidade de El Salvador. Os principais integrantes do segundo grupo foram os amigos com quem privei naqueles dias e debati no recital na Faculdade de Direito e em algumas reuniões particulares. Eram eles Roberto Armijo, Manlio Argueta, Tirso Canales, Alfonso Quijada Urías e José Roberto Cea, este último, o amigo que mais me apoiou em San Salvador. Canales, ao presentear-me com a primeira edição de 1967 da coletânea poética *De aquí en adelante*, integrada por eles, encreveu: *Al poeta Manoel de Andrade el afecto y amistad de nuestra poesía. – S.S. enero 1971 – Tirso Canales.* Cinco poetas, e cada um personalizando sua visão do mundo. O livro *De aquí en adelante*[360] é uma inspirada aldeia onde brotam as fontes da justiça e adeja a esperança. Cinco recantos onde se abrem as pétalas do encanto. Polifonia, linfa e cristais, onde correm as novas águas da literatura salvadorenha.

Referindo-se ao livro, escreve o crítico italiano Giuseppe Bellini:

> *En 1967, cinco poetas – Manlio Argueta (1936), Roberto Armijo (1937), Tirso Canales (1933), José Roberto Cea (1939), Alfonso Quijada Urías (1940) –,publican una antología de su propia obra titulándola programáticamente "De aquí en adelante". Se trata de un manifesto contra el academicismo y el conformismo, afirmación de rebeldía contra el ambiente oficial, repudio por la "torre de marfil", por el poeta burocratizado, en nombre de una responsabilidad fundamental frente a la historia y sin rechazar ninguno de los resultados positivos a los que ha llegado la poesía anterior.*[361]

Na página 11, Manlio Argueta abre as portas da obra com o poema *Réquiem para un poeta*:

Tú que vas por el mundo en la hora del sueño.
Marchas con alegría. Saludas con una flor
iluminada por tu sonrisa de niño malo.
Tú que hablas con los vagabundos. Haces poemas.
Das de beber al sediento de las noches difíciles.
Tú que deseas congraciarte con la humanidad. Repites
homo homini lupus *y sin embargo nada tienes.*
Por el camino vas dejando todo. Tiemblas de frío.
Ves en el amigo la mejor estrella.
Campartes la camisa. Te das en la poesía.
Te queda sucio el cuerpo, el polvo de la luz:

---

360 Argueta; Armijo; Canales; Cea; Quijada Urías. *De aquí en adelante*. San Salvador, Los Cinco, Ediciones, 1967.

361 Bellini, G. Op. cit., p. 395.
Em 1967, cinco poetas – Manlio Argueta (1936), Roberto Armijo (1937), Tirso Canales (1933), José Roberto Cea (1939), Alfonso Quijada Urías (1940) – publicam uma coleção de sua própria obra com o título programado "De aquí en adelante." *Trata-se de um manifesto contra o academicismo e o conformismo, afirmação de rebeldia contra o ambiente oficial, repúdio da "torre de marfim" pelo poeta burocratizado, em nome de uma responsabilidade fundamental ante a história e sem rejeitar qualquer dos resultados positivos à que chegou a poesia anterior.*.

lees orlando fresedo en las páginas literarias
pero por dentro te nacem ríos entre lirios.
Y descubres el oficio de ser hombre" (...)[362]

Na página 71, Roberto Armijo nos leva por veredas solidárias, nos versos de *Treno del mendigo*:

Soy un mendigo. Ya no siento mis manos
perdidas en la noche llena de presagios.
Hiere el frío
Y el clamor de un triste amanecer.
Soy un mendigo. Nada tengo.
Sólo la claridad que enciende el corazón.
En otros lugares de la tierra
hay hombres como yo
junto a un difícil claror que anuncia la mañana.
Habrá una edad que no tendrá mendigos.(...)[363]

Tirso Canales, um dos mais comprometidos deles, canta a saga heroica do maior herói nacional salvadorenho na guerra civil de 1932: Farabundo Martí[364]. No poema *Hablo de Farabundo*, ele escreve nas páginas 104-105:

362 *Tu que vais pelo mundo, na hora do sonho. / Andas com alegria. Saúdas com uma flor / iluminada por teu sorriso de menino mau. / Tu que falas com os vagabundos. Fazes poemas. / Dás de beber ao sedento das noites difíceis. / Tu que desejas congratular-te com a humanidade. Repetes /* homo homini lupus *e contudo nada tens. / Ao longo do caminho vais deixando tudo. Tremes de frio. / Vês no amigo a melhor estrela. / Compartilhas a camisa. Te dás na poesia. / Queda-te o corpo sujo, a poeira da luz: / lês orlando fresedo nas páginas literárias /mas por dentro te nascem rios entre os lírios. / E descobres o ofício de ser homem (...)*

363 *Sou um mendigo. Já não sinto minhas mãos / perdidas na noite plena de presságios. / Fere o frio / E o clamor de um triste amanhecer. / Sou um mendigo. Nada tenho. / Somente a luz que ilumina o coração. /Em outros lugares da terra / há homens como eu / junto a um difícil clarão que anuncia a manhã. / Haverá uma idade que não terá mendigos. (...)*

364 Agustín Farabundo Martí Rodríguez (1853-1932) fundou em 1930 o Partido Comunista de El Salvador, que venceu as eleições legislativas e municipais em 1932, cuja posse foi negada aos eleitos pelo presidente golpista, general Maximiliano Hernández Martínez. Farabundo Martí liderou então o povo numa imensa revolta social, organizando a guerrilha camponesa que tomou alguns quartéis, mas, mal armada, foi esmagada pelas forças do exército com um massacre de 30.000 camponeses. Esse genocídio, que estremeceu a sociedade do país e no qual nem as crianças foram poupadas, ficou tristemente célebre como *La Matanza*. Martí foi fuzilado em 1º de fevereiro de 1932, junto com o grande líder indígena José Feliciano Ama, chefe da rebelião em Izalco. Naquele dia caíram também fuzilados Francisco Sánchez, líder do levante em Juayúa, os estudantes Alfonso Luna, Mario Zapata e o sapateiro Miguel Mármol, velho militante comunista. O historiador salvadorenho Jorge Arias Gómes, autor de obras sobre Sandino e do poeta Roque Dalton, traçou o retrato chocante da tragédia social de 1932, ao biografar a saga revolucionária de Martí em seu livro *Farabundo Martí: esbozo biográfico* (1972). O nome de Farabundo Martí foi dado a várias organizações revolucionárias do continente.

Tanto año que ha pasado, y todavía
no acaba de morir la muerte suya.
Tanto año de justicia fusilada
Protestando en el sol de su caída.

Desde mil novecientos treintidós
a esta fecha, ¡cuántas aguas corrieron
por los ríos del alma! ¡Caramba!
Para un hombre del pueblo
la muerte es golpe largo!
Farabundo Martí, nació en Teotepeque,
en la costa del mar que huele a balsamares.
Su niñez transcurrió entre campesinos.
Su juventud fue libro de estudiante.
Y sus huellas adultas aún son ecos cantores.

Lo vieron las estrellas,
caminaba su vida legendaria.
En la patria gemía
con gemidos de sangre la miseria.(...)

El pueblo está en lo justo cuando afirma
que era un corazón
de cantos colectivos
y distribuía el alba.

Su vida pareciera surgir de una legenda,
de la misma manera que surgen los volcanes
y los lagos de América
envueltos en poesía.

Alguién refiere su alma como paloma o sueño.
Habla con gran cariño del negro Farabundo. (...)

Por eso, compañeros, este día, Farabundo
continúa su vida en nuestra casa,
porque aquella mañana, cuando fue
fusilado, caía defendiendo el pan de los obreros.[365]

---

365 *Tanto ano tem passado e, contudo, / não acaba de morrer a sua morte. / Tantos anos de justiça fuzilada /Protestando no sol de sua queda. // Desde mil novecentos e trinta e dois / Nesta data, quantas águas correram / pelos rios da alma! Caramba! / Para um homem do povo / a morte é golpe longo! //*

Páginas 155-6. José Roberto Cea, nos versos de *No tienes consejo* lembra o grande poema de Armando Tejada Gómez: *Hay un niño en la calle.*

(...)Pues bien, compañero,
no dejes a tus niños en la calle.
Por mucho que suceda, no los dejes expuestos.
Te puede suceder cuando estés viejo.
Y una bestia perdida, por mucha inocencia
que arrastre en la mirada,
no tiene salvación...
Además, te puede suceder como a mi padre,
que le nació un poeta
y el muy bruto no sabe...

Yo te digo, hay cosas que se deben decir y hacer,
pero los niños ¡por Dios! no les des la espalda.
Es duro, víctima sin perdón, cuando d amos consejo
nos quedamos sin él.
Pero a los niños, sí el dinero no alcanza,
dadles aunque sea tu nombre, que algún día se lo pueden comer.
Los nunca siempre llegan.[366]

Alfonso Quijada Urías encerra a obra com 33 poemas. Da página 198, colhemos um fragmento de seu poema *La ciudad y la poesía*:

Farabundo Martí, nasceu em Teotepeque, / na costa do mar que recende a balsamares. / Sua infância transcorreu entre campônios. / Sua juventude foi livro de estudante. / E suas pegadas adultas ainda são ecos cantores. // Viram-no as estrelas / caminhava sua vida legendária. / Na pátria gemia / com gemidos de sangue a miséria (...) // O povo está no justo quando afirma / que era um coração / de cantos coletivos / e distribuía o alvorecer. // Sua vida parecia surgir de uma lenda, / do mesmo modo como surgem os vulcões / e os lagos da América / envoltos em poesia. // Alguém se refere à sua alma como pomba ou sonho. / Fala com muito carinho do negro Farabundo. (...) // Por isso, companheiros, neste dia, Farabundo / continua a sua vida em nossa casa, / porque naquela manhã, quando foi / fuzilado, caiu defendendo o pão dos trabalhadores.

366 *(...) Pois bem, companheiro, / não deixes tuas crianças na rua. / Por pior que aconteça, não os deixes expostos. / O mesmo pode te acontecer quando estejas velho. / E um animal perdido, por mais inocência que traga no olhar, / não tem salvação... / Além disso, te pode acontecer como a meu pai, / que lhe nasceu um poeta / e o bruto não sabe... // Eu te digo, existem coisas que não se devem dizer e fazer, / mas as crianças, por Deus! não lhes volte as costas. / É duro, vítima sem perdão, quando damos conselho / ficamos sem ele. / Mas as crianças, se o dinheiro lhes falta, / dá-lhes ainda que seja teu nome, que algum dia poderão comê-lo. / Os nunca sempre chegam.*

(...) Es la hora de la luz dolorosa de las fábricas
del espasmo y los furiosos engranajes,
esta belleza desconocida por los antiguos,
esta ciudad hermosa y enferma.
A mi pobreza y a mi oficio pido cuentas en esta hora.
Hoy a mis veinticinco años de edad,
el solitario,
contemplando la débil luz de las fábricas,
oyendo el grito de la parturienta.
Yo el perseguido, enfermo en el cinema.
yo el desvelado, el poeta,
yo el que no soy y estoy en todas partes.

A mi pobreza y a mi oficio pido cuentas.
Qué himno cantaré? Qué batalla libraré? En donde estoy?
En que pozo?
Hoy escribo para todos aunque nadie me entienda.
Qué más da si me entienden? Si la poesía siempre fue terrible,
oscura y frágil,
si los poetas siempre fuimos enemigos del ordem
calculadores de la bondad?
Oh, abrid las puertas, dejad que entre la luz.[367]

A Geração Comprometida foi integrada por muitos poetas – e entre eles os poetas guerrilheiros Otto René Castillo e Roque Dalton – que reagiram contra uma literatura voltada para as classes dominantes. Seus integrantes foram ativistas sociais e políticos e muitos deles militantes do Partido Comunista, marcando suas obras pela denúncia das injustiças que pontuaram as lutas sociais em El Salvador naquelas décadas. Sobre Otto René Castillo, relatarei seu heroísmo e seu martírio quando os passos de minha memória cruzarem a Guatemala. Quanto a Roque

367 *(...) "É a hora da luz dolorosa das fábricas / do espasmo e das furiosas engrenagens, / esta beleza desconhecida pelos antigos, / esta cidade formosa e enferma. / À minha pobreza e a meu ofício peço contas nesta hora. / Hoje em meus vinte e cinco anos de idade, / o solitário, / contemplando a débil luz das fábricas, / ouvindo o grito da parturiente. / Eu, o perseguido, enfermo no cinema. / Eu, o insone, o poeta, / Eu o que não sou e estou em todas partes. // À minha pobreza e a meu ofício peço contas. Que hino cantarei? Que batalha travarei? Onde estou? / Em que poço? / Hoje escrevo para todos, ainda que ninguém me entenda. / Quem se importa se me entendem? Se a poesia sempre foi terrível, / escura e frágil, / se os poetas sempre fomos inimigos da ordem / calculadores da bondade? / Oh, abri as portas, deixai que entre a luz."*

Dalton, não cheguei a conhecê-lo pessoalmente, e acredito que naquela época já estava na clandestinidade. Cinco anos depois de minha passagem por El Salvador, ele seria assassinado, por membros dissidentes da organização revolucionária na qual militava. Roque Dalton foi e ainda é celebrado com grande referência como intelectual politicamente comprometido. Deixou uma imagem grandiosa de poeta e revolucionário. Alguns dos integrantes da Geração Comprometida, como Tirso Canales e Manlio Argueta sofreram um longo exílio político. Os cinco integrantes do livro *De aquí en adelante*, com os quais me relacionei, tornaram-se grandes poetas e prosadores. Suas obras foram publicadas em vários idiomas e honrados com grandes prêmios literários como Alfonso Quijada Urías, que recebeu o Prêmio Cervantes de Poesia, em 2003.

XXVII
GUATEMALA

1. Tensão social e medo

Minha passagem pela Guatemala foi rápida e arriscada. Cheguei dia 9 e saí dia 17 de janeiro de 1971. Governava o país Carlos Manuel Arana Osório, um coronel do Exército, que embora tenha sido "eleito" no ano anterior, era impopular, deslocava-se velozmente e com sirene aberta, numa caravana de motos e automóveis pretos, com um esquema de segurança tal que evidenciava, por um lado, o quanto era odiado pelo povo e, por outro, o medo que tinha de ser assassinado pelas organizações de guerrilha urbana. Este movimento atuava, naquela época, com ações revolucionárias. Seu projeto político mais ambicioso era a criação de um exército revolucionário popular, com a incorporação da grande massa camponesa indígena à guerra revolucionária, cuja integração já dera os primeiros passos sob o comando guerrilheiro de Pascual (morto em 1966) e Luis Turcios Lima, Comandante das Forças Armadas Revolucionárias (FAR), morto em 1968. Foi neste clima de tensão social e de insegurança pessoal que passei uma semana na Cidade da Guatemala. Ainda assim, lá deixei dois grandes amigos: o poeta Luiz Alfredo Arango Enriquez a quem eu vinha recomendado por alguns poetas salvadorenhos e Maria Victoria Guzmán, uma jovem intelectual de esquerda com uma invejável coerência política e cuja potencial liderança estudantil estava sendo abortada, pela impotência diante de uma repressão política que beirava o terror.

Hospedei-me na casa de Alfredo Arango, na avenida "D", nº 1141, na Zona 7 da capital. Alguns anos mais velho que eu, já era, na época, um poeta conhecido, com alguns livros publicados, e um recente, chamado *Papel y tusa*. Tornou-se um dos maiores poetas da Guatemala e foi o primeiro escritor guatemalteco a receber o Prêmio Nacional de Literatura, em 1988.

2. Presentes para a família

Naquela única semana em que lá estive, visitei algumas igrejas, praças e muitos mercados populares, deslumbrado com a beleza do artesanato indígena. Comprei e enviei para o Brasil objetos para minha filha e tecidos belíssimos para minha esposa e minha irmã Maria da Graça. "Para não dizer que *(aqui)* não falei de flores" transcrevo uma carta e um cartão-postal, entre tantos que enviei para o Brasil, onde trato, sobretudo, de assuntos pessoais:

Guatemala, 12 de janeiro de 1971

Marilena, querida!

Acabo de enviar-te uma caixa grande, que pesa quatro quilos, contendo tecidos típicos daqui. Mandei pela companhia de aviação Pan-Americana, com uma apólice de seguro no valor de 50 dólares.

A mercadoria custou 20 dólares, o transporte 15,35 e o seguro 1 dólar. (...)

A mercadoria consta de um casaquinho típico e um burrinho para a Dani. Dois tapetes para pendurar na parede, e dois cortes de vestido em tecido típico, ilustrado e belíssimo, um para você e outro para a Graça. O artesanato têxtil da Guatemala se caracteriza pela beleza das cores e são produzidos de maneira primitiva em teares de pedal que remontam ao período pré-colonial e à cultura maia. As cores e o formato dos desenhos identificam as diversas povoações indígenas, já que aqui, dos cerca de cinco milhões de habitantes, quase a metade são índios. Muitos desses produtos são feitos nas próprias feiras de artesanato que existem no centro da capital. São tecidos, túnicas, xales, tapetes, feitos quase que exclusivamente por mulheres, e a maioria delas são viúvas, cujos maridos foram mortos por suspeitos de colaborar com as guerrilhas. Outras são jovens mães solteiras cujos filhos nasceram dos abusos sexuais cometidos por soldados, nas regiões de conflito com os guerrilheiros.

Coloquei meu endereço de remetente como embaixada da Bolívia, no México, para qualquer problema. Jorge Suárez, um amigo meu da Bolívia é agora embaixador no México.

Recebeste um envelope com livretos de poemas publicados em Nicarágua e El Salvador? Recebi aqui duas cartas tuas. Uma que me remeteram do Panamá e outra em que mandavas um recado do argentino Alberto.

No começo da próxima semana irei para o México. Beijos.

E num cartão onde se lia: *Ruinas de La Iglesia de Santa Rosa que data de la época colonial, destruída por el terremoto de Santa Marta en el año de 1773. Antigua Guatemala, "Monumento de América". Ciudad fundada en 1543,* escrevi três dias depois:

Quatemala, 15 de janeiro de 1971

"Antigua Guatemala" é uma cidade histórica a 50 quilômetros daqui da capital. É a cidade colonial que foi a capital do país na época do "Vireinato" de Guatemala e Nova España. Ontem à tarde fui visitá-la. Nos tecidos típicos que te enviei, em todos, creio, está a estampa de um pássaro. É uma ave que, segundo dizem, somente existe na Guatemala, rara e belíssima. Chama-se quetzal, e é o símbolo daqui e também o nome da moeda.

3. Caminhando no fio da navalha

Intelectualmente, não pude fazer praticamente nada na Guatemala. "Devorei" um livro de poemas de Otto René Castillo. O clima de terror colocava suspeita, pressentimento e medo em qualquer pessoa. O poeta Luiz Alfredo Arango organizou uma única reunião na casa de Maria Victoria Guzmán que morava na Zona 6, na 14ª avenida A, 7-81. Compareceram somente umas vinte pessoas. Li alguns poemas e trocamos ideias e essa foi toda minha atividade, como poeta, na Guatemala.

Algo semelhante ao que se passou em Manágua aconteceu, numa manhã, no conjunto habitacional, onde morava Alfredo Arango. Estávamos os dois em casa, quando o quarteirão foi cercado. Disse-me ele que era um acontecimento normal no governo de Arana Osorio: o patrulhamento diário da cidade com o toque de recolher à noite e o sistema de "cateos" durante o dia, quando quadras inteiras eram cercadas e muitas casas aleatoriamente revistadas e seus moradores interrogados em busca de "terroristas". Eu estava com meu passaporte em dia, com visto de entrada, e por isso mais tranquilo, mas tal como em Manágua, a revista não chegou à nossa casa. Nunca, em minha vida, vivi num ambiente de tensão social como aquele. O governo de Arana Osório, a partir de 1970, agravou ainda mais a repressão de seu antecessor Julio César Mendez Montenegro, em cujo governo surgiram atividades contrarrevolucionárias sem precedentes no país, com a criação de organizações fascistas como La Noa, La Mano Blanca e o Exército Secreto Anticomunista, com o objetivo de assassinar os altos quadros das organizações revolucionárias, bem como políticos que fizessem oposição ao governo. No período presidencial de Arana Osório, esta política de terror chegou ao auge e fazia apenas quatro dias que eu havia chegado à Guatemala, quando os jornais anunciaram, no dia 13 de janeiro de 1971, o assassinato do advogado e deputado da esquerda cristã, Oscar Adolfo Mijangos López. O caso teve uma imensa repercussão no país, em vista da imagem nacional que esse combatente democrático, influente político e jurista doutorado em Paris, possuía como homem público. Ressalto que as ações não eram apenas dirigidas contra revolucionários e políticos de esquerda, mas visava também a eliminar lideranças do movimento estudantil, dos sindicatos e trabalhadores, e mesmo à oposição política legalizada. Nos diálogos que mantive durante aquela semana, comentava-se que naqueles seis primeiros meses do Governo de Arana Osório a repressão exorbitara no número de expulsões e fugas do país de dirigentes políticos, em mais de mil presos políticos e centenas de denúncias de assassinatos e desaparecimentos por motivos ideológicos. Esse período sinistro de terror se iniciou em 1966 e se consolidou com a chegada de Arana Osório ao poder, em junho de 1970, com o aparecimento quase explícito do terror das organizações de direita, convocando seus assassinos entre militares, as classes dominantes e os aliados imperialistas. Foi neste contexto que, em 1967, foi barbaramente assassinado o grande poeta e guerrilheiro Otto René Castillo.

XXVIII
OTTO RENÉ CASTILLO: O SONHO E O MARTÍRIO DE UM POETA

1. Um poeta queimado vivo

Em meados de 1969, um exilado político guatemalteco me contou, em Santiago do Chile, a incrível história de um poeta queimado vivo em seu país. Em fins de 1970, quando de minha passagem pela Nicarágua, alguns intelectuais de esquerda também comentaram sobre o poeta-guerrilheiro Otto René Castillo, supliciado até a morte pela ditadura da Guatemala, em 1967. Mas foi com os relatos dos poetas salvadorenhos que passei a construir a imagem heroica desse grande revolucionário.

Como já adiantei, cheguei a El Salvador em janeiro de 1971 e, pelas referências que levava, de pronto fiz contato com alguns poetas. A poesia borbulhava na capital e uma jovem geração de excelentes escritores comandava a vida intelectual do país. Algumas páginas atrás me referi, nominalmente, a cinco deles com os quais vivi bons momentos de literatura, política e debate ideológico. Com uma média de 30 anos, quase todos já detinham premiações em diversos certames literários centro-americanos. Integrantes de um grupo brilhante, que ficou conhecido como a "Geração Comprometida" – eles alistaram seus versos nas trincheiras das lutas sociais e muitos deles foram perseguidos, encarcerados, torturados e exilados, por empunhar a bandeira de um dos povos mais oprimidos e massacrados da América. Foram Tirso Canales e Manlio Argueta que me falaram da solidária relação ideológica e literária que os ligou a Otto René Castillo em San Salvador, onde chegou exilado, em 1954, após o golpe do coronel Carlos Castillo Armas, contra o governo democrático de Jacobo Arbenz, na Guatemala.

2. 1º exílio: El Salvador

Filho de uma família de classe média, Otto René Castillo nasceu em 1936, em Quetzaltenango, a segunda cidade do país. Sua precoce militância estudantil e revolucionária o obriga, com apenas 18 anos, a fugir da Guatemala e asilar-se em El Salvador, onde sobrevive trabalhando como vigia, pintor de parede e vendedor de livros. Apesar das dificuldades, ingressa na universidade e entra numa fecunda fase de organização política e produção poética, despertando a atenção dos círculos de cultura salvadorenha ao ganhar, com apenas 19 anos, o Prêmio Centro-Americano de Poesia, o qual lhe abre as portas da imprensa para a publicação de seus poemas. Uma profunda nostalgia da pátria marca sua poesia de então, cantando a dor de seu povo oprimido e a condição em que sobreviviam as comunidades indígenas, secularmente exploradas pelas oligarquias agrárias e as grandes empresas bananeiras norte-americanas. Seus poemas a Atanásio Tzul cantam a saga histórica desse grande líder indígena contra o colonialismo espanhol na região. Apesar da sua juventude, revela-se um intelectual influente, enfatizando a necessidade de engajamento da arte e da literatura com as circunstâncias político-sociais por que passava o cenário centro-americano da época, governado pelos títeres do imperialismo norte-americano como os Somozas, Duvaliers, Trujillos, etc. Com esse espírito, desfralda a bandeira da poesia com as cores das lutas sociais, seguindo os sulcos das primeiras trincheiras poéticas abertas no continente, por César Vallejo, Miguel Hernandez, Nicolas Guillén e Pablo Neruda.

Os três anos de exílio em El Salvador foram assinalados por uma intensa atividade política e literária. Nesse período, por várias vezes cruzou clandestinamente as fronteiras da pátria para manter-se informado dos planos revolucionários, cujas sementes de justiça social e liberdade germinariam alguns anos depois, nos embates da longa Guerra Civil, que por 36 anos mergulharia o país nas águas sangrentas do massacre social. Com uma marcante personalidade, aberto, envolvente e apaixonado pela vida, sua figura humana deixou um rastro indelével entre a juventude salvadorenha da época, onde fundou, em 1956, com Manlio Argueta, Roberto Armijo e o lendário poeta-guerrilheiro Roque Dalton, seu íntimo amigo, o Círculo Literário Universitário. Esse grupo tinha como lema a frase *No hay estética sin ética* e contava, segundo Argueta, entre seus conselheiros, com Miguel Angel Astúrias, na época embaixador da Guatemala em El Salvador, cuja obra, galardoada com o Nobel de Literatura em 1967, combinava a grandeza da cultura maia com o protesto e a denúncia das atrocidades cometidas pelo ditador guatemalteco Manuel Estrada Carrera.

3. Alemanha: estudos de letras e cinema

Com o assassinato do ditador Castillo Armas em 1957, Otto regressa no ano seguinte à Guatemala, onde inicia o curso de direito na Universidade de São Carlos, que o distingue com o prêmio Filadelfo Salazar de melhor estudante, recebendo uma bolsa para estudar na República Democrática Alemã. Dois anos depois, inicia seus estudos de letras em Leipzig, mas em 1962 interrompe a vida acadêmica para estudar cinema na Brigada Joris Ivens – cineasta holandês que comanda um grupo de filmagens para divulgar as lutas de liberação latino-americana.[368]

368 Era uma honra para poucos fazer parte das Brigadas de Joris Ivens, naquela época já celebrizado por uma série de filmes e documentários, considerados verdadeiras obras-primas do cinema. Uma delas, o clássico *Terra de Espanha*, foi rodado em 1937 – escrito e narrado por Ernest Hemingway e com o apoio de grandes intelectuais de esquerda, como John dos Passos e Luis Buñuel – para financiar as Brigadas Internacionais, formadas por voluntários franceses, alemães e norte-americanos, que lutavam contra o franquismo na Guerra Civil Espanhola. Comunista sem partido e considerado um dos mais importantes

Na época, era grande o interesse dos jovens intelectuais europeus em testemunhar e documentar um fenômeno histórico com tanta riqueza social e política como o que estava acontecendo na América Latina. Encontrei muitos deles transitando pelos caminhos da América e, dentre tantos, recordo minha amizade, em La Paz, com o cineasta italiano Franco Lazaretti, da RAI - Rádio e Televisão Italiana, quando filmava, em maio de 1970, um documentário sobre o indígena boliviano.[369]

4. A América revolucionária na década de 60

Na década de 60, as vanguardas revolucionárias latino-americanas começaram a ocupar as primeiras trincheiras herdadas da Revolução Cubana, que ao sul foram abertas pelos tupamaros uruguaios e atravessaram a cordilheira para unir comunistas e socialistas nos quadros chilenos do MIR (Movimento de Esquerda Revolucionária). Subindo o continente pela floresta boliviana, onde, em 1967, transitava a coluna de Che Guevara, essas trincheiras, quatro anos antes, já haviam cortado o Peru pelo vale do Cusco, onde a guerrilha trotskista do agrônomo Hugo Blanco – e onde morreu, aos 21 anos, o grande poeta Javier Heraud – levantara a bandeira dos camponeses secularmente oprimidos pelos grandes latifúndios. Foi também essa bandeira que motivou o padre colombiano Camilo Torres a trocar a batina pelo fuzil e levou Douglas Bravo a tantas façanhas, nos estados venezuelanos de Falcón e Mérida. Com esse mesmo grito de combate, em 1967, os sandinistas declararam guerra aberta ao somozismo, na Nicarágua, e seus ecos continentais eram ouvidos além das fronteiras da Guatemala, ressoando até a guerrilha de Genaro Vasquez, no estado mexicano de Guerrero.

---

documentaristas da história do cinema, Joris Ivens sempre direcionou sua câmera para valorizar a condição humana, a importância da Natureza e o papel das lutas sociais contra a opressão e as injustiças.

369 Nesse sentido, o exemplo mais marcante foi deixado pelo filósofo e jornalista francês Régis Debray – pai da teoria do foco guerrilheiro, – que no início dos anos 60, chegou à Venezuela para filmar o movimento guerrilheiro com o qual se envolveu e onde conheceu sua esposa, a ativista Elisabeth Burgos. Elisabeth escreveu um livro polêmico sobre a indígena guatemalteca Rigoberta Menchú – Nobel da Paz em 1992. Quanto a Debray, acompanhou o processo de instauração da Revolução Cubana e se tornou amigo de Fidel Castro e de Che Guevara, com quem esteve em Ñancahuazú em 1967 e, ao sair, foi preso, "julgado" e condenado à prisão na cidade boliviana de Camiri.

5. 2º exílio: Europa e missão cultural internacional

Atraído por esse contagiante espírito de luta continental, Otto René Castillo, ao terminar seus estudos na Alemanha, regressa em 1964 a seu país, reiniciando sua apaixonada militância política e cultural, ao dividir as atividades clandestinas da luta armada, com a direção do Teatro Municipal da Cidade da Guatemala. Mas já no ano seguinte, quando se preparava para filmar, nas montanhas, as atividades guerrilheiras das Forças Armadas Rebeldes (FAR), é preso e novamente enviado para o exílio. Pela sua capacidade e coerência ideológica, as organizações revolucionárias da Guatemala nomeiam-no representante do país no Comitê Organizador do Festival Mundial da Juventude a realizar-se na Argélia. Com essa missão, percorre a Alemanha, Áustria, Hungria, Chipre, Argélia e Cuba, onde se detém por alguns meses, a fim de vivenciar toda a rica experiência social e política com que a Revolução Cubana instalava o socialismo no país.

6. O retorno – o problema agrário – a guerra civil

Em 1966, ao se iniciar a Guerra Civil, Otto René Castillo retorna clandestinamente à Guatemala para integrar-se na luta patriótica contra a oligarquia agrária e a cobiça estrangeira instalada em seu país. Seu sonho era ver uma Guatemala livre do domínio interno e externo e a maioria indígena integrada na cidadania nacional. Mas encontra a soberania da pátria hipotecada pelos interesses comerciais das grandes companhias norte-americanas. Quando passei pela Guatemala, em janeiro de 1971, qualquer análise que se fizesse sobre os conflitos sociais que assoberbavam a região levava diretamente ao problema agrário, e nesse "território", o *trust* bananeiro United Fruit era visto como um estado dentro do estado. Enquanto 266.000 pequenas propriedades cultivavam somente 9% da área agrícola do país, mais de 40% da superfície agrária era ocupada pelos latifúndios de apenas 158 grandes proprietários e, neste contexto, o império territorial da United Fruit ocupava 25% de toda a terra produtiva da nação.[370] Esses dados, por si só, falam com eloquência das causas que levaram o país a uma Guerra Civil tão cruel. A repressão política interna e o domínio econômico externo eram as faces de uma mesma moeda com que se pagava a extrema miséria do povo. Foi esse poder "invisível" que derrubou o governo de Jacobo Arbenz, em 1954. Com o apoio da oligarquia agrária, a expedição mercenária de Castillo Armas, planejada pela companhia United Fruit, a CIA e o Secretário de Estado americano John Foster Dulles, – que, anos antes, fora um dos advogados da companhia – não tinham outro objetivo militar senão impedir que Arbenz fizesse a reforma agrária como se propunha. Como se sabe, a Guerra Civil que daí surgiu foi um conflito longo e sangrento, arrastando-se de 1960 a 1996, época em que os governos militares e os movimentos guerrilheiros se envolveram numa luta onde os mortos e desaparecidos somaram cerca de 300 mil.

7. O engajamento revolucionário

Assim, ao chegar à Guatemala em 1966, Otto René Castillo retoma a bandeira pela dignidade do seu povo, de uma pátria onde 90% da população não tinha terra para semear sua própria sobrevivência. Uma pátria de excluídos, socialmente abandonados à própria sorte e onde 70% de seus irmãos não aprenderam a ler. Ele sabia que, sem a guerra, ninguém iria repartir a terra e é nesse longo impasse na história de seu povo que se incorpora às Forças Armadas Rebeldes (FAR) comandadas por César Montes, ocupando-se do setor de Propaganda e Educação da Frente Edgar Ibarra. Um ano depois, quando parte da Frente deslocava-se pelo relevo selvagem, no leste montanhoso do país, confrontou-se com inimigos fortemente armados e, nesse combate, caiu Otto René Castillo e sua companheira, a guerrilheira Nora Páiz. O enfrentamento, em março de 1967, se deu em Sierra de las Minas, entre a coluna guerrilheira e as tropas mercenárias do governo de Julio César Méndez Montenegro. Conta-se que, nesse embate, somente teria sobrevivido Pablo

370 García, E. R. Op.cit., v. 1, p. 295.

Monsanto que, 40 anos depois, disputou, pelas forças de esquerda, a presidência do país.

8. O suplício e a morte

Otto René Castillo foi levado para uma base militar na cidade de Zacapa e ali barbaramente torturado e mutilado. Como manteve heroicamente o silêncio, sem entregar qualquer informação sobre os quadros da organização, um capitão do exército, enquanto recitava debochadamente os versos do seu poema *Vámonos patria a caminar*, ia cortando seu rosto com uma lâmina de barbear. Diante de seu silêncio, passaram a queimá-los vivos – o poeta e Nora, seu amor – entre os dias 19 a 23 de março, martirizados num lento suplício, inenarrável na expressão humana. O poeta e ensaísta salvadorenho Roque Dalton descreveu com as seguintes palavras os últimos momentos de seu camarada:

> *Seus próprios verdugos testemunharam sua coerência e sua coragem ante o inimigo, a tortura e a morte: morreu como um inquebrantável lutador revolucionário, sem ceder um milímetro no interrogatório, reafirmando seus princípios embasados no marxismo-leninismo, em seu fervente patriotismo guatemalteco e internacional, em seu convencimento de estar seguindo – por sobre todos os riscos e derrotas temporais – o único caminho verdadeiramente libertário para nossos povos, o caminho da luta armada popular.*

9. O poeta

Assim, aos 31 anos, foi silenciada uma das mais belas vozes da poesia latino-americana, muito antes que seu potencial poético pudesse amadurecer ainda mais o lirismo e o explícito compromisso político com a história de sua amada Guatemala. Um sonho libertário, regado com o rocio da esperança, comandou sua curta existência.

Vivia somente para esse sonho, guardado como uma força misteriosa que inundou seus versos, com o amor pela pátria e por seu povo:

> *Pequeña patria mía, dulce tormenta,*
> *un litoral de amor elevan mis pupilas*
> *y la garganta se me llena de silvestre alegría*
> *cuando digo patria, obrero, golondrina.*
> *Es que tengo mil años de amanecer agonizando*
> *y acostarme cadáver sobre tu nombre inmenso,*
> *flotante sobre todos los alientos libertarios,*
> *Guatemala, diciendo patria mía, pequeña campesina.*
> *(...)Pequeña patria, dulce tormenta mía,*
> *canto ubicado en mi garganta*
> *desde los siglos del maíz rebelde:*
> *tengo mil años de llevar tu nombre*
> *como un pequeño corazón futuro*
> *cuyas alas comienzan a abrirse a la mañana.(...)*
>
> ***Distante de tu rostro*** (fragmento).[371]

Sua obra poética é reconhecida e celebrada em seu país e projeta-se, atualmente, para o exterior. No ano de 1964, publicou o livro *Tecún Umán.* Seu grande poema *Vámonos patria a caminar*, deu título, em 1965, a uma coletânea de poemas, muitos deles escritos na prisão, e que em 1968 foram editados no México, com prólogo de seu antigo comandante César Montes. Alguns catálogos editoriais apresentam o poemário *Informe de uma injusticia*, publicado em 1975 e que dá título a um dos poemas publicados no livro *Vámonos patria a caminar.* Depois de sua morte, um familiar seu, residente na Alemanha, encaminhou a Roque Dalton uma grande quantidade de poemas escritos nos anos que precederam sua morte.

371 *Pequena pátria minha, doce tormenta, / um litoral de amor elevam minhas pupilas/ e a garganta me enche de silvestre alegria/ quando digo pátria, operário, andorinha. / É que tenho mil anos de amanhecer agonizando / e adormeço como um cadáver sobre teu corpo imenso, / flutuando sobre todos os alentos libertários, / Guatemala, dizendo pátria minha, pequena camponesa. / (...) Pequena pátria, doce tormenta minha, / canto situado em minha garganta/ desde os séculos do milho rebelde: / tenho mil anos ao carregar teu nome / como um pequeno coração futuro / cujas asas começam a abrir-se ao amanhecer.*

Além dos vários prêmios recebidos em concursos centro-americanos, sua poesia recebeu em 1957 o prêmio Internacional de Poesia de Budapeste; em 1958, outorgaram-lhe o prêmio Filadelfo Salazar, da Universidade de São Carlos da Guatemala e posteriormente uma antologia de sua obra, chamada *Poemas*, recebe o importante prêmio *Casa de las Américas*, em Havana. Seus versos bebem, com o sabor das metáforas, a seiva das raízes culturais do seu povo indígena e explorado. Canta para não deixá-lo morrer; canta para que seu nome se enrede no mar e nas estrelas e sobreviva palpitante no seu grito.

> *(...)Para que nadie diga: ¡tierra mía!,*
> *con toda la decisión de la nostalgia:*
> *canto.*
> *Por lo que no debe morir, tu pueblo:*
> *canto*
> *Me lanzo a caminar sobre mi voz para decirte:*
> *tú, interrogación de frutas y mariposas silvestres,*
> *no perderás el paso en los andamios de mi grito,*
> *porque hay un maya alfarero en tu corazón,*
> *que bajo el mar, adentro de la estrella,*
> *humeando en las raíces, palpitando mundo,*
> *enreda tu nombre en mis palabras (...)*
>
> ***Nuestra voz*** (fragmento)[372]

Toda a sua poesia é, por vezes, um radical ato de denúncia, como no poema *O túmulo de Deus*, onde ele canta a sorte desigual das criaturas e a ironia com que a justiça humana julga o oprimido e o opressor. Mas sua poesia é também um comovente gesto de amor pela vida. Cantam o amor, mas o amor sublimado por um sonho libertário, o amor despojado pelo engajamento. O amor pela mulher amada que se desfralda, empunhando com ela a mesma bandeira da justiça e da liberdade.

---

372 *Para que ninguém diga: terra minha!, / com toda a força da saudade:/ canto. / Porque não deve morrer, teu povo: / canto / Lanço-me a caminhar sobre minha voz para dizer-te: / tu, interrogação de frutas e mariposas silvestres, / não perderás o passo nos andaimes do meu grito, / porque existe um oleiro maia no teu coração, / que sob o mar e no seio das estrelas, / fumegando nas raízes, palpitando pelo mundo, / enreda teu nome em minhas palavras.*

(...)Pero a tí te quiero.
No por bella que eres.
Ni por lo fluvial de tus ojos,
cuando ven que voy y vengo,
buscando, como un ciego, el color
que se me ha perdido en la memoria.
Ni por lo salvaje de tu cuerpo indomable.
Ni por la rosa de fuego, que se entrega
cuando la levanto del fondo de la sangre
con las manos jardineras de mis besos.
A tí te quiero, porque eres la mía.
La compañera que la vida me dió,
para ir luchando por el mundo.(...)

Respuesta (fragmento)[373]

Em meados de 1971, num encontro com o escritor equatoriano Miguel Donoso Pareja, na Cidade do México, onde se exilara desde 1964, recebi um exemplar de seu último livro, *Poesia rebelde de América,* um adensado volume de 400 páginas, lançado a poucos meses na capital mexicana. Percorrendo o índice, encontramos 24 países do continente perfilados, alfabeticamente, nos cantos de mais de uma centena de poetas. Ali estava o Brasil, honrado com os versos de Carlos Drummond de Andrade, Manuel Bandeira, Vinícius de Moraes, Thiago de Mello, Affonso Romano de Sant'Anna, Ferreira Gullar, entre outros. No meio de tantos nomes, alguns dos quais eu conhecera pelos caminhos da América, três grandes poetas representavam a heroica Guatemala: o veterano Otto-Raúl Gonzalez, Otto René Castillo e seu contemporâneo Marco António Flores. Que surpresa! Apesar da sua juventude e dos quatro anos de sua morte, a poesia de René Castillo já cruzava as fronteiras da pátria para alinhar-se a dos maiores poetas da América. Donoso escolhera o poema *Viudo del*

373 *Mas a ti eu quero. / Não por bela que és. / Nem pelo fluvial dos teus olhos, / quando veem que vou e venho, / buscando, como um cego, a cor / que se tenha perdido na memória. / Nem por teu corpo selvagem e indomável. / Nem pela rosa de fogo, que se entrega / quando a levanto do fundo do seu sangue / com as mãos jardineiras dos meus beijos. / A ti eu quero, porque és a minha/ A companheira que a vida me deu, /para ir lutando pelo mundo.*

mundo, escrito por Otto ante a patética certeza de sua morte iminente e por declinar, em cada verso, sua inalterável coragem e a imensa esperança com que lhe *hubiera gustado llegar hasta el final:*

Compañeros míos
yo cumplo mi papel
luchando
con lo mejor que tengo.
Qué lástima que tuviera
vida tan pequeña,
para tragedia tan grande
y para tanto trabajo.

No me apena dejaros.
Con vosotros queda mi esperanza.
Sabéis,
me hubiera gustado
llegar hasta el final
de todos estos ajetreos
con vosotros,
en medio de júbilo
tan alto. Lo imagino
y no quisiera marcharme.
Pero lo sé, oscuramente
me lo dice la sangre
con su tímida voz,
que muy pronto
quedaré viudo del mundo.

Viudo del mundo [374]

---

374 Pareja, M. D. *Poesia rebelde de América*, México, Editorial Extemporáneos, 1971, p. 255. *Companheiros/ cumpro meu papel/ lutando/ com o melhor que tenho./ Que lástima eu ter/ uma vida tão pequena,/ para tragédia tão grande/ e para tanto trabalho. Não sinto pena em deixá-los./ Com vocês fica minha esperança./ Sabeis,/ me houvera gostado/ chegar até o final/ de todos estes encontros/ com vocês/ em meio a júbilo/ tão alto. Eu o imagino/ e não quisera partir./ Mas eu sei, sombriamente/ me revela o sangue/ com sua tímida voz,/ que em breve/ ficarei viúvo do mundo.*

10. O herói nacional

Sua história como combatente e a entrega da vida como aval de um postulado teórico fizeram deste grande poeta um herói nacional. Seu nome hoje é uma referência histórica na Guatemala, quer pela beleza de sua poesia, quer pela imagem do seu comprometimento político aureolado com a coroa do martírio. E foi pelo mistério da poesia que ele, de certa forma, predisse o seu próprio destino:

Vámonos patria a caminar, yo te acompaño
Yo bajare los abismos que me digas.
Yo beberé tus cálices amargos.
Yo me quedare ciego para que tengas ojos.
Yo me quedare sin voz para que tú cantes.
Yo he de morir para que tú no mueras,
para que emerja tu rostro flameando al horizonte
de cada flor que nazca d e mis huesos.(...)

(fragmento)[375]

Este seu poema, *Vámonos patria a caminar*, é hoje um hino na memória do povo guatemalteco. Conta-se que, durante os horrores da Guerra Civil, seus versos foram como um farol naquela imensa noite de tempestade e que era cantado pelo povo como hino de luta, contra a opressão das ditaduras militares.[376]

Sua bravura como combatente foi reconhecida já na década de 80, quando o Exército Revolucionário dos Pobres, – organização guerrilheira surgida na década de 70 como uma dissidência das FAR – dirigido pelo Comandante Rolando Morán e que, na época, contava com quase 250.000 combatentes, deu a uma de suas frentes guerrilheiras urbanas o nome de Otto René Castillo, a par de outros nomes como Che Guevara, Sandino e Ho Chi Minh.

---

375 *Vamos pátria a caminhar, eu te acompanho / Eu descerei aos abismos que me digas. /Eu beberei teus cálices amargos./ Eu ficarei cego para que tenhas olhos./ Ficarei sem voz para que tu cantes. / Hei de morrer para que tu não morras, / para que surja teu rosto flamejante no horizonte / de cada flor que nasça dos meus ossos.*

376 Talvez algo semelhante ao significado de protesto e símbolo de luta que teve, aqui no Brasil, a canção *Pra não dizer que não falei das flores,* de Geraldo Vandré.

11. Tributo do autor

Em outubro de 1969, escrevi em Cochabamba um longo poema chamado *O sonho do semeador* onde tributo, em meu livro *Poemas para a liberdade*, uma solidária homenagem a este grande poeta:

(...)Poetas da América...
nós que herdamos a canção continental de Whitman,
e o homem sincero nos versos de Martí.
(...)Nós que escutamos ainda próximo
o eco colombiano de Gaitán,
e a sinfonia altiplânica no verso maior de Vallejo.
Nós que hoje cantamos com Guillén, com Neruda e Benedetti
e que daqui evocamos a Otto René Castilho,
poeta e combatente,
martirizado na fogueira acesa por Méndez Montenegro.
Salve hermano, memória heroica na massacrada Guatemala,
eu te saúdo hasta siempre com o lirismo dos meus versos
e digo contigo: Vámonos, todos con la patria a caminar.(...)

12. Otto René Castillo e Che Guevara: juntos???

Finalmente, vale a pena fazer aqui uma curiosa conjectura. Em 1954, o médico argentino Ernesto Guevara de la Serna estava na capital da Guatemala, participando do governo revolucionário de Arbenz, no Instituto Nacional de Reforma Agrária. Naquele ano, ele e o Comandante guerrilheiro Rolando Morán fizeram uma amizade que duraria até a morte do "Che", na Bolívia. Sabemos que, neste mesmo período, Otto René Castillo também transitava na Cidade da Guatemala, como militante do Partido Guatemalteco do Trabalho (nome do Partido Comunista) e que, em 1953, um ano antes do golpe contra Arbenz, participava ativamente da vida estudantil na capital do país. Naquele ano, foi nomeado presidente da Associação dos Estudantes Secundários. Em face das afinidades ideológicas, já que tanto Ernesto como Otto tiveram que deixar o país depois do golpe, perguntamos se, naquela época, ambos defensores do governo revolucionário de Arbenz, não tenham partilhado algum relacionamento pessoal, ainda que Otto tivesse 18 anos e Ernesto 26. Quem sabe os futuros biógrafos do poeta possam levantar esta mesma hipótese.

O que, com certeza, se pode afirmar é que o golpe militar contra o governo democrático de Arbenz deixou em ambos uma mesma opção, expressa na militância armada que marcaria o resto de suas vidas, até que fossem assassinados no ano de 1967: a convicção de que as transformações revolucionárias nas estruturas sociais dos países latino-americanos não seriam possíveis pelas vias pacíficas.[377]

377 García, E. R. Op.cit., v. 1, p. 307.

XXIX
MÉXICO

1. Atravessando os heroicos territórios do sul

Em 17 de janeiro de 1971, saí da Guatemala por Tecún Umán e entrei no México por Ciudad Hidalgo, na parte mais ocidental da fronteira, muito próxima do Oceano Pacífico. Cruzando o rio Suchiate entra-se no estado de Chiapas, cujo nome começou a surgir na mídia a partir de janeiro de 1994, quando lá surgiu o EZLN, Exército Zapatista de Libertação Nacional, um forte movimento de guerrilheiros indígenas que, sob a liderança do subcomandante Marcos – os comandantes são os índios maias, – tomou seis cidades de Chiapas, pregando a justiça, a liberdade e a conquista da terra para os índios. Mas o Exército Zapatista de Marcos, embora fosse um movimento guerrilheiro, tinha propostas bem diferentes das guerrilhas dos anos 1960 e 1970, marcadas pelas utopias socialistas. Tal como o Movimento dos Trabalhadores Rurais Sem Terra (MST), no Brasil, os Piqueteiros, na Argentina, e os camponeses cocaleiros da Bolívia, os zapatistas de Chiapas iriam aglutinar grandes movimentos de massas com projetos sociais concretos de trabalho, igualdade de oportunidade e dignidade para os camponeses indígenas. No decorrer desses quase vinte anos, o movimento zapatista de Chiapas conquistou a credibilidade no México e no mundo, pela coerência de seus propósitos em fundamentar sua autonomia territorial, em ações baseadas na mútua responsabilidade, no pleno interesse e na participação democrática da coletividade. Algo semelhante ao que sonhou San Simon – um dos fundadores do socialismo – propondo uma nova sociedade, em que os homens partilhassem com justiça os seus direitos e deveres e recebessem segundo os méritos do seu trabalho.

Eu não tinha pressa para chegar à capital. Fui parando em algumas cidades dos estados de Chiapas, Oaxaca e Puebla para conhecer, embora superficialmente, a vida e a cultura dos habitantes indígenas da região, onde se sentia o hálito da revolução zapatista. Na verdade, basta entrar no México para respirar o espírito da cultura pré-colombiana e sentir os ecos da Revolução Mexicana. Desde que saí da Cidade da Guatemala, viajava na segunda classe dos trens e em ônibus "pinga-pinga", para conhecer os pequenos povoados e misturar-me com aquele povo, descendente dos maias e secularmente injustiçado, explorado e escravizado, nas terras que herdou dos seus antepassados. Quando cruzei o sul do México, dois fortes movimentos guerrilheiros de inspiração zapatista – precursores, na região, do atual EZLN do subcomandante Marcos – polarizavam a simpatia dos camponeses, no vizinho estado de Guerrero. Um deles era comandado por Jenaro Vázquez e o segundo por Lucio Cabañas. Quanto ao último, lembro-me perfeitamente dos jornais que folheei no dia 2 de março de 1971, na Cidade do México, onde davam destaque para uma ação revolucionária do PDLP (Partido de los Pobres) comandado por Lucio Cabañas, noticiando uma "expropriação" de 400.000 pesos, contra um banco do estado de Aguascalientes. Na história do México, os movimentos guerrilheiros estiveram presentes desde a época colonial. Tiveram um importante papel na resistência durante o processo da Independência, bem como contra as invasões norte-americanas, durante o século XIX. O ponto alto dessa resistência guerrilheira deu-se sob o comando de Emiliano Zapata, contra a ditadura de Porfírio Díaz e na Revolução de 1910.

2. Meu primeiro anfitrião no México

Cheguei à capital no dia 23 de janeiro e portava uma carta do meu melhor amigo em Costa Rica, o escritor Enrique Obregón Valverde, para outro amigo seu, compatriota e também escritor, Alfredo Sancho

Colombari, que se mudara para a Cidade do México há dois anos. Como era a única referência que trazia, assim que cheguei, hospedei-me num pequeno hotel e, no dia seguinte fui procurá-lo, na calle Lerdo 284 C, apto. 610, edifício Presidente Juarez, na praça das Três Culturas, no bairro Tlatelolco. Fui anunciado, informando que era portador de uma carta de Enrique e quando cheguei ao sexto andar, Alfredo já me esperava na porta do elevador com um sorriso e os braços abertos. Não foi somente a primeira impressão. Alfredo era assim mesmo: espontâneo, alegre e solidário. Correspondia à bela imagem humana que dele fizera Enrique, ressaltando também seu talento como novelista e dramaturgo.

Apresentou-me à esposa e às duas filhas adolescentes, conversamos sobre minha passagem por San José e depois lhe entreguei a carta. Ao terminar sua leitura, disse-me que eu vinha muito bem recomendado e que podia contar com ele como o primeiro amigo no México. Trocou algumas palavras com a esposa, quis saber onde eu estava hospedado e ofereceu, caso eu aceitasse, um bom quarto com banheiro, totalmente independente, que mantinha no terraço do edifício, onde ficavam as dependências das empregadas domésticas de todos os apartamentos do Edifício, já que eles não tinham empregada. Aceitei gratificado e, enquanto sua esposa preparava a mesa para o café da tarde, subi com ele para ver minhas novas dependências. Chegamos ao terraço, onde muitas mulheres lavavam roupas nos tanques e as penduravam em varais dispostos num amplo espaço, agitado por crianças brincando. O quarto era ótimo. Um banheiro logo na entrada à esquerda, um armário embutido na parede externa do banheiro, uma boa cama e ao final uma ampla janela, de onde se via grande parte do centro e dos arredores da grande metrópole. Em seguida, descemos, partilhamos um lanche, com muita conversa sobre minhas andanças e, depois, ambos tivemos uma longa conversa sobre teatro e poesia. Em San José, Enrique Obregón me falara do grande papel que Alfredo desempenhara na cultura dramática de Costa Rica, fundando o Teatro Universitário (TU) e o Instituto Nacional de Artes Dramáticas (Inad). E agora estávamos ali, trocando experiências, sonhos e esperanças. Presenteei-lhe a edição colombiana dos meus *Poemas para la libertad* e ele retribuiu-me com três de seus livros: a novela *Fuera de acta*, uma obra polêmica em que critica os burocratas de seu país, a peça *Las 3 carátulas*, que já fora apresentada em 1968 no Teatro Hidalgo, na cidade do México e a peça *Los Alcmeónidas,* que tivera sua estreia no Teatro Nacional de Costa Rica, em 1962, cujo tema remete à luta na antiga Atenas entre os eupátridas – ou seja, entre a nobreza proprietária das terras e dos escravos – e a família dos Alcmeônidas, que lutavam pela igualdade do povo, e por isso foram por duas vezes expulsos e finalmente proscritos, desaparecendo depois da Guerra do Peloponeso.

Já era noite quando deixei sua casa, depois de combinar para a manhã seguinte trazer minha ínfima bagagem e ocupar o quarto no alto do edifício. Com a chave na mão agradeci, comovido, àquela família que me recebia com tanto carinho e solidariedade.

3. Seguindo os rastros da história

Eram os primeiros dias e sentia-me feliz por estar no México, deslumbrado com a herança cultural que a capital oferecia, e por isso andei, andei e andei. Quantas vezes cruzei aquele imenso retângulo da praça de La Constitución, conhecido como El Zócalo. Ali fora a sede do poder do Império Asteca. A antiga Tenochtitlán e suas três calçadas. No Centro Histórico, onde há quinhentos anos navegava-se na Veneza dos astecas, está o coração da história do México que, desde suas origens pré-colombianas, era o centro de uma imensa cidade, onde viviam 250 mil habitantes. Não creio que haja na América um lugar, historicamente, mais importante e com uma praça tão grande. Para um amante da história, era emocionante estar ali. Saber que naquele exato lugar Montezuma recebeu Cortez, como um enviado dos deuses em 1519 e que ali o imperador foi traído e aprisionado pelo conquistador. Ali, também, em 30 de junho de 1520, sucederam-se as trágicas cenas da *Noche Triste* em que os espanhóis e seus aliados indígenas, em fuga por uma ponte improvisada, foram massacrados pelos guerreiros astecas:

(...) Mucho discrepan los pareceres en cuanto a las perdidas que aquella noche tuvieron los españoles. Según Cortés fueron de 150 españoles y 2.000 indios. Thoan Cano, uno de los oficiales que se hallaron presentes, dice que fueron de 770 españoles y 8.000 indios; pero este cálculo es evidentemente excesivo. Quizá nos apartaremos menos de la verdad si aceptamos el de Gómara, según el cual murieron 450 españoles y 4.000 indios aliados. Quedaron fuera de combate veintiséis jinetes, que juntos con los muertos anteriormente, redujeron la caballería a veintitrés hombres, muchos de ellos en la más triste situación. La mayor parte del tesoro, los bagajes, los papeles del general, la artillería, todos los mosquetes, las municiones, quedaron sepultados bajo las águas. Los prisioneros aztecas y el ex rey de Tetzcoco perecieron a manos de sus mismos compatriotas, que no pudieron reconocerlos en la fúria del combate. Entre los oficiales destinguidos españoles, también encontraron allí la muerte Francisco de Morla y Juan Velázquez de León. La noche en que acaeció la catástrofe quedó registrada en los anales de la historia con el nombre de la Noche Triste.[378]

A passagem dos espanhóis pelo México trouxe o maior rastro de sangue deixado pelos conquistadores na América. Obcecado pela conquista do Império Asteca e a posse do seu ouro, Cortez mandou queimar seus próprios navios, para que ninguém pudesse voltar à Espanha. Depois da Matança de Cholula, em novembro de 1919, quando seu exército, a caminho do vale Imperial, matou aproximadamente 6.000 índios, – quase todos civis e desarmados – fez alianças com vencidos e os povos inimigos do império e derrotou os astecas na grande Batalha de Otumba. Posteriormente, tomou a capital, Tenochtitlán, prendeu Montezuma, e em 1525 mandou executar Cuauhtemoc, o último rei asteca.

378 Precott. W. H. *Historia de la conquista de México.* México, D.F. Compañia General de Ediciones, S.A., 1952, p. 188-9.
Muito diferem as opiniões quanto às perdas que naquela noite tiveram os espanhóis. De acordo com Cortez, foram 150 espanhóis e 2.000 índios. Thoan Cano, um dos oficiais que se achavam presentes, disse ter sido de 770 espanhóis e 8.000 índios; mas esse cálculo é claramente excessivo. Talvez nos afastemos menos da verdade se aceitarmos o de Gomara, segundo o qual morreram 450 espanhóis e 4.000 índios aliados. Ficaram fora de combate vinte e seis cavaleiros, que somados aos mortos anteriormente, reduziram a cavalaria a vinte e três homens, muitos deles na mais triste situação. A maior parte do tesouro, as bagagens, os papéis do general, a artilharia, todos os mosquetes, as munições, ficaram sepultadas sob as águas. Os prisioneiros astecas e o ex-rei de Texcoco morreram nas mãos de seus próprios compatriotas, que não puderam reconhecê-los na fúria do combate. Entre os altos oficiais espanhóis, também encontraram a morte Francisco de Morla e Juan Velázquez de León. A noite que se abateu sobre a catástrofe ficou registrada nos anais da história com o nome de *A noite triste.*

Leonardo Boff, referindo-se ao genocídio indígena iniciado por Cortez, no México, afirma em seu prefácio ao livro *Manual dos inquisidores*:

> *A Inquisição contradiz o bom senso das pessoas. Como se pode, em nome da verdade e ainda mais da verdade religiosa, perseguir, torturar, matar tanto e de forma tão obsessiva? Importa enfatizar que, mediante a Inquisição, a Igreja hierárquica introduziu os sacrifícios humanos. O auge do sacrificialismo furibundo da Inquisição no século XVI na Europa corresponde aos sacrifícios humanos perpetrados pelos colonizadores espanhóis chegados ao nosso continente contra as culturas originárias astecas, maias, incas, chibchas e outras. Quando Hernán Cortez penetrou em 1519 no planalto de Anahuac no México, havia no Império Asteca 25.200.000 habitantes. Menos de 80 anos, em 1595, só restavam 1.375.000 habitantes. A dizimação global, por guerras, doenças, excesso de trabalho escravo nas encomiendas, desestruturação cultural, nos dois primeiros séculos da colonização-invasão, foi da ordem de 25 por 1. Quem oferecia mais sacrifícios humanos: os astecas, que faziam sacrifícios rituais ao deus Sol para que sempre voltasse a nascer e assim garantisse a vida para todos os povos e para o universo, ou os espanhóis, que sacrificavam ao deus Mamona para serem ricos e fidalgos na Espanha? E sobre isso os bispos reunidos no Concílio de Trento (1545-1563), contemporâneo a todos esses fatos, não dizem uma palavra.*[379]

Sim, ali estava eu com minha viva consciência de um passado de 500 anos. Eu que sonhei um dia ser professor de filosofia da história. Sabia que sob as ruínas do Palácio Nacional, que atrás daquela beleza colonial e das dimensões arquitetônicas que enchem os olhos e a alma dos amantes da história, jaziam as ruínas do Palácio de Montezuma II. Entrei como quem entra num santuário e meus olhos não se cansaram de andar pelos imensos murais de Diego Rivera, retratando a cultura asteca, a época colonial e as lutas sociais, mostrando num dos quadros um personagem segurando *El capital* de Karl Marx.

---

379 Eymerich, N. *Manual dos inquisidores.* Trad. Maria José Lopes da Silva. In: Boff, L. Prefácio: *Inquisição: um espírito que continua a existir*. Rio de Janeiro, Rosa dos Ventos; Brasília, Fundação Universidade de Brasília, 1993, p.26.

No dia seguinte, minha via-sacra levou-me ao Museu Antropológico e pelo primeiro dos muitos passeios que fiz pelo parque de Chapultepec, nas duas vezes em que estive no México. Numa daquelas primeiras tardes, caminhando pela avenida de Los Insurgentes, fui desembocar numa região denominada Zona Rosa. Mulheres lindas e elegantes, carros caríssimos, dezenas de butiques, muitos bares, restaurantes finíssimos, lindas floriculturas, muitas joalherias, agências de grandes bancos. Sentei-me num charmoso Café chamado *Toulouse Lautrec*, pedi um café, procurei observar e compreender aquele luxo, esnobismo e tanto desperdício, diante de crianças que esmolam e meninos que passam um pano nos meus sapatos e estendem a mão pedindo-me algum dinheiro. Era, e suponho que ainda deva ser, uma zona cosmopolita. Ali se ouvia o castelhano, inglês, francês e os ambulantes falavam *meshica*. A maioria das jovens passava de minissaia ou calças boca de sino. Era a moda da época. Na verdade, havia todo o tipo de vestuário. Rapazes com longas cabeleiras, *hippies*, muitos mochileiros, bonzos budistas, sul-americanos com seus ponchos coloridos. No centro da Zona Rosa, apresentavam-se cantores, conjuntos indígenas bolivianos e peruanos, bailarinos e poetas. Disseram-me que no *Toulouse Lautrec* compareciam alguns dos grandes intelectuais da época como Carlos Fuentes, o pintor José Luis Cuevas, o escritor argentino Luis Guillermo Piazza, a jornalista China Mendonza e o divertido poeta e cineasta chileno Alejandro Jodorowsky. Foi nesse mesmo Café que, em meados de 1971, encontrei-me com o escritor equatoriano Miguel Donoso Pareja, conforme referi em meu relato sobre a Guatemala, ao escrever sobre o poeta Otto René Castillo.

4. No quarto dia começou meu calvário

No quarto dia de minha chegada à capital, adoeci gravemente. Fiquei literalmente de cama durante quatro ou cinco dias, com fortes dores abdominais, muita febre, suores constantes, uma insônia interminável e com tal debilidade que pensei estar à beira da morte. Esse mal-estar começou na Nicarágua e no México, todas aquelas tensões explicitaram seus sintomas e "se somatizaram". Alfredo me trouxe um médico, tratei-me com antibióticos e passei uma semana tomando caldo de galinha, que sua esposa me enviava, pelas suas filhas.

Só depois que tudo passou, escrevi à Marilena contando que:

(...) Alguns dias depois que cheguei ao México estive quase uma semana de cama com uma inflamação intestinal que me deixou prostrado, com febre alta, suores noturnos, médico, antibióticos e uma insônia dantesca que esgotou meu sistema nervoso e me deixou em um estado de tensão desesperante. O aspecto psíquico dessa crise começou em Nicarágua. Tu deves saber que os países centro-americanos passam por problemas sociopolíticos muito agudos, que determinam formas sistemáticas de repressão, cujo conhecimento traz para um estrangeiro muitos receios e certos tipos de precauções, pois nesses países diariamente se assassina e tem havido casos incontáveis de estrangeiros que simplesmente desaparecem para sempre. Pois bem, entre outras coisas, e para evitar problemas, destruí na Nicarágua um diário que escrevi durante quase dois anos e onde estavam contidas todas as anotações que durante este tempo fiz sobre a América Latina. Foi uma perda sem preço para mim, mas uma medida de disciplina e prudência que, para evitar complicar outras pessoas além de mim, tive que tomar. Esse diário era fundamental para um trabalho que pretendia escrever sobre os últimos acontecimentos sociais, culturais e políticos, os quais mudaram a história de certos países sul-americanos.

Como te dizia, em Nicarágua começou a se agudizar essa crise, que foi crescendo até a Guatemala, em forma unicamente psicológica, mas que no México estendeu-se a todo o corpo. Dor de cabeça, de estômago, no fígado, dor nos pulmões, nas costas, enfim, no corpo inteiro. Não sei se tu podes imaginar o efeito que tudo isso teve sobre meu ânimo. Eu sempre procurava não "afogar-me em meio copo de água" e manter minha autocrítica, para não me sugestionar com essa avalanche que descarregou tudo de uma só vez, mas acontece que ultimamente eu já não podia conversar com ninguém, minhas mãos tremiam e eu fumava dois maços de cigarros por dia. Finalmente e felizmente tudo está passando. Estou tomando alguns remédios e me cuidando o melhor possível. Passou a dor de cabeça "crônica", passou aquela incompreensível agressividade, passou a desconfiança por tudo e por todos, fruto de minhas prisões e expulsões do Peru e da Colômbia. Deixei de fumar, volto a trabalhar em alguns poemas iniciados há algum tempo, volto a falar contigo com o mesmo coração que te amou sempre, enfim, volto a viver sem pressentimentos e a dormir bem e sem pesadelos (nas últimas semanas tive pesadelos todas as noites – um dia te contarei que tipo de pesadelos).

(...) Agora estou bem, não te preocupes. Estou vivendo na casa de um escritor costarriquenho a quem fui recomendado de San José. São muito atenciosos comigo; trouxeram um médico e sua esposa me enviou caldo de galinha todos esses dias. Escrevo-te esta carta na casa de outro amigo. Trata-se de Jorge Suárez, um amigo boliviano que agora é embaixador aqui. Aliás, o atual embaixador do Peru aqui, Sr. Benavides, foi também um amigo na primeira vez que estive em Lima e procurou notícias sobre mim quando soube, pelo telefonema que fiz à sua filha, da minha "saída" do Peru. Ele era então o Procurador da República. Visitei-o estes dias no escritório da embaixada. Presenteei-o com a edição colombiana do meu livro e ele comentou que quando procurou saber o que se passara comigo em Lima, disseram que eu já fora "enviado" para o Equador. (...)

5. Reencontro com Jorge Suárez e o "bate-boca" com o embaixador uruguaio

Assim que melhorei, fui também ao escritório da embaixada da Bolívia rever meu grande amigo boliviano Jorge Suárez, que havia promovido e prefaciado a primeira edição de *Poemas para la libertad* em La Paz e que agora era o embaixador da Bolívia, no México. Presenteei-lhe a nova edição colombiana e logo que abriu o livro, senti sua decepção, ao comentar que o editor não manteve o seu prefácio. Na verdade, foi uma distração minha naqueles dias corridos, em Cali, em que não pude dar uma inteira atenção ao novo projeto editorial, e até hoje não me perdoo por isso. Logo ele, a quem eu devo, exclusivamente, a primeira edição do primeiro livro. No dia seguinte, fui almoçar com ele, sua esposa Martha e a filha Mirella, na residência oficial da embaixada, quando me convidou para uma recepção que nos próximos dias iria oferecer aos representantes diplomáticos da América Latina. Era uma experiência nova para mim e, na noite do evento, compareci ansioso, sem imaginar como poderia ser minha interlocução com intelectuais tão refinados, como soem ser os diplomatas.

A recepção ia a meio caminho quando, interagindo com o grupo de pessoas que integrávamos, o embaixador do Uruguai, Juan Bautista Ochoteco, passou a comentar a difícil situação política do seu país em face do "crescente terrorismo das esquerdas". Eram os anos em que o Movimento Tupamaro assumira, no Uruguai, a vanguarda da luta revolucionária na América Latina, e Raúl Sendic, seu maior comandante, era mantido e torturado, desde agosto de 1970, no presídio penal de Punta Carretas. Ouvi calado até os limites do meu dever com a verdade, e lá pelas tantas, reagindo as suas falsas interpretações e colocações mentirosas a respeito dos "assaltos, sequestros e assassinatos" que, segundo ele, os tupamaros cometiam pelo país, pedi a palavra para esclarecer que havia outra versão dos fatos. Argumentei que o caos político por que passava o Uruguai, começara com o mandato de Jorge Pacheco Areco, responsável por instalar no país um sistema repressivo, até então desconhecido no Uruguai, amordaçando a imprensa, oficializando a opressão e a cultura do medo. Acrescentei que a imagem do Uruguai, que eu conhecera anos antes, quando era chamada a Suíça da América Latina, começou a ser manchada logo nos primeiros dias do seu governo, com medidas semelhantes a um estado de sítio e a violência policial assumindo, nas ruas, proporções nunca vistas na sua história. Disse que havia centenas de presos políticos mantidos em condições carcerárias desumanas e que o alvo da repressão não eram apenas os tupamaros, mas qualquer legítimo movimento de contestação, fosse ele promovido por trabalhadores ou estudantes, como o caso emblemático da morte do estudante Líber Arce, baleado pela polícia em agosto de 1968. Diante de minhas francas colocações, sua reação foi desdizer-me e afirmar peremptório que eu estava equivocado e mal informado. Que seu governo apenas estava defendendo os "valores democráticos e humanitários" e "preservando a ordem, a segurança do país" contra "bandidos e delinquentes" e referindo-se ao líder revolucionário Raúl Sendic como um "assaltante". Diante disso, e da expectativa do grupo em relação à minha resposta, informei a todos o que realmente estava acontecendo no Uruguai. Comecei dizendo que em outubro do ano anterior eu recebera de um exilado brasileiro no Chile uma carta, contando as barbaridades que um norte-americano, a serviço da CIA, chamado Daniel Mitrione, fizera em Belo Horizonte, antes de ir para o Uruguai. Repassei então as informações que recebi, descrevendo a cátedra de perversidades que Mitrione ministrou à *intelligentsia* da ditadura brasileira em Minas Gerais, ensinando as maneiras de conduzir os interrogatórios, usando as partes mais vulneráveis do corpo sem deixar sequelas físicas; sobre o uso dos instrumentos mais adequados para o suplício, como ministrar o "soro da verdade", sobre as requintadas técnicas com o choque elétrico e como aplicar a "dor precisa, no lugar preciso, e na proporção precisa" até o limite da resistência, sem levar à morte. Esclareci que Dan Mitrione, depois de deixar o Brasil, foi para Montevidéu em 1969 e, afirmando que "a tortura é uma ciência", utilizou os prisioneiros tupamaros para demonstrar, na prática, aos militares e policiais uruguaios, a "sua ciência" para extrair, com modernas técnicas, o máximo de sofrimento do ser humano. Informei que Mitrione fora sequestrado, em 31 de julho de 1970, ferido e curado pelos tupamaros, com o objetivo de trocá-lo por 150 presos políticos para salvá-los da tortura e da morte. Ante a recusa do governo de Pacheco Areco e novas prisões de tuparamos, o "Mestre da Tortura" foi julgado e justiçado com dois tiros, dez dias depois.

Como a morte de Mitrione teve uma grande repercussão dos Estados Unidos e também na América Latina onde a CIA estava infiltrando seus agentes, o embaixador, já emocionalmente alterado, disse várias vezes que aquilo fora um frio "assassinato" em vista da posição dos militares uruguaios de não negociar com "criminosos". A essa altura dos fatos, nosso combate verbal acabou chamando a atenção de todos os demais convidados – imaginem os leitores a tensão emocional nas palavras de um porta-voz oficial de uma ditadura cruel e um defensor incondicional dos ideais revolucionários em plena década de 1970, na América Latina – e a discussão foi se transformando em um tenso e nada diplomático "bate-boca", quando ele disse que eu estava defendendo "assaltantes e delinquentes". Minhas palavras foram interrompidas com a intervenção de Jorge e outros embaixadores. Jorge colocou a mão no meu ombro, pediu meu silêncio e me retirou do salão. Depois, no jardim da embaixada disse-me que concordava comigo, mas que, nas circunstâncias, eu fora longe demais. Desculpei-me, dizendo que não poderia ficar calado diante de tanta ignomínia, e nem ouvir impassível os ideais libertários sendo criminalizados.

Abalado por minhas próprias razões, abracei meu amigo, abri o portão e saí. Entre a coerência de minhas legítimas colocações e o constrangimento que causei ao caráter cerimonial da sua recepção, decidi retirar-me de um ambiente de concessões ideológicas que, na verdade, não tinha nada a ver com a transparência e a honestidade com que eu via o mundo e com a postura do meu engajamento político e minha consciência de cidadão latino-americano. Bastante amargurado, deixei o nº 1335 da calle Monte Cáucaso em Lomas de Chapultepec e saí para fazer minha catarse, numa longa caminhada.

Como já adiantei na carta à Marilena, além de Jorge, um outro sul-americano estava também como embaixador no México, naquele ano de 1971. Era o peruano Alfonso Benavides Correa. Um dia, liguei para a embaixada peruana para saudá-lo e recebi o convite para uma visita. Alguns dias depois, abraçávamo-nos calorosamente. Nunca tivera com ele uma conversa tão longa e interessante. Inicialmente, ele comentou que ao saber de minha prisão e expulsão do Peru, pelo telefonema que eu dera à sua filha Maria Teresa, procurou se informar do que se passara comigo, mas que já não pudera fazer nada, porque lhe informaram que, em companhia de um agente, eu estava a caminho da fronteira com o Equador. Deu-me a entender que no governo de Velasco Alvarado havia os que eram realmente de esquerda e aqueles que, responsáveis pelo setor de segurança, desmereciam a linha revolucionária do governo. Certamente, foi por isso que, durante minha prisão em Lima, meu apelo, para que entrassem em contato com o dr. Benavides e se informassem sobre mim, não foi levado em conta. Depois desse assunto, ele se interessou sobre minhas andanças pelo continente, até chegar ao México. Ao final, relatou-me que estava fazendo trâmites para conceder asilo, no Peru, a vários presos políticos mexicanos, condenados por seu envolvimento nas revoltas estudantis de 1968, que resultou no trágico Massacre de Tlatelolco. Logo que cheguei ao México me inteirei dos fatos acontecidos na praça dos Três Poderes, em 2 de outubro de 1968 e o que o embaixador Benavides estava se propondo, era dar asilo aos 68 presos políticos comprometidos com a revolta e que acabavam de ser sentenciados – em novembro de 1970 – a pesadas penas de reclusão. Soube, posteriormente, que seu belo gesto, tão humano e solidário, não deu em nada, não por dificuldades nos trâmites oficiais, mas porque alguns líderes condenados, pertencentes ao Partido Comunista Mexicano, não só repudiaram, orgulhosamente, os benefícios do exílio, bem como ameaçaram com expulsão do partido aqueles que o aceitassem.

Havia, na embaixada do Peru, um distinto senhor peruano, de uns quarenta anos, baixo e magro, que tinha um alto cargo administrativo, não sei se era secretário, conselheiro ou adido cultural e de cujo nome também não me lembro. Creio que o embaixador Benavides, ou ele, tenha comentado com os familiares da minha visita à embaixada e, dias depois recebi de sua esposa um convite para uma festa em sua casa. Não tenho dúvida de que este convite foi sugerido pelas filhas do embaixador, – já que as duas famílias eram amigas – que estavam presentes na festa e foi uma alegria nosso reencontro. Foi também lá que conheci o jovem casal peruano Augusto Villa García e Marcella Bernales, que se tornariam dois grandes amigos, dos tantos que tive no México.

6. Meu encontro com Francisco Julião

Em 3 de fevereiro, escrevi um cartão-postal à Marilena dizendo que "estava em Cuernavaca visitando um amigo brasileiro". Obviamente, prevendo a censura da correspondência, não disse que visitava Francisco Julião. Eu conhecera na Cidade do México uma jovem senhora chamada Guadalupe, que era amiga da companheira de Julião, uma chilena chamada Angélica. Ela mesma fez o contato por telefone, marcou a visita e me levou de carro, num início de tarde, até a casa de Julião, em Cuernavaca, a 70 quilômetros da capital.

Eu era ainda muito jovem quando ouvi falar de Julião. Estudava direito em Curitiba e naqueles dois ou três anos que precederam o golpe militar, acompanhava-se com muito interesse, nos meios universitários, as posições radicais tomadas em Pernambuco por Miguel Arrais e as reivindicações dos camponeses e trabalhadores rurais, canalizadas politicamente por Francisco Julião, com a criação das Ligas Camponesas, e sua luta por uma verdadeira reforma agrária no Brasil. Suponho que foi em 1966 que li o seu recém-lançado livro "*Até Quarta, Isabela*", onde conta os meses que se seguiram ao golpe militar de 1964, em que perdeu seu mandato de deputado federal e tentou se esconder em vão até ser preso, numa manhã, nas margens do rio Tocantins.

Meu encontro com Julião foi lindo demais. Que homem íntegro e sensível! Cada um ouviu do outro um pouco da sua história. Contou-me da gratidão que tinha por David Alfaro Siqueiros, o célebre pintor muralista mexicano, pela solidariedade quando de sua chegada ao exílio, e que o ajudou em sua vinda para Cuernavaca. Seu agradecimento era também muito grande por Ivan Illich, o pensador e pedagogo austríaco-mexicano que criou o Centro Intercultural de Documentación de Cuernavaca (Cidoc), para onde o levou para trabalhar. Ele leu meus poemas e eu, os dele, manuscritos num caderno. Julião conquistava a todos pela sua coerência, pela sua noção de dever, sua inegociável consciência revolucionária. Sua casa em Cuernavaca era um ponto por onde passaram grandes nomes da esquerda latino-americana, entre eles jornalistas, exilados, artistas e escritores, como seu grande amigo, Gabriel García Márquez. Falamos de tudo aquela noite e até do teólogo e filósofo francês Teilhard de Chardin, cujo pensamento conhecíamos e admirávamos. Nossa conversa nos levou à madrugada. Minha amiga Guadalupe havia voltado no fim da tarde para a capital, já que Julião havia me convidado para ficar aquela noite em sua casa. No dia seguinte, quando levantei, ele já tinha saído para trabalhar. Seguindo sua recomendação, saí também, naquela manhã, para conhecer os murais de Diego Rivera, no Palácio de Cortés. Julião ministrava cursos de politização no Cidoc, e quando voltou para o almoço, entrou pela porta dizendo:

– Manoel, vou organizar um recital para você na capital.

À tarde, fez vários contatos telefônicos com a Cidade do México, e marcou, para dia 12 de fevereiro, minha apresentação no Instituto Mexicano-Cubano, na Capital.

7. Um recital e muitos contatos

Voltei naquela mesma tarde e uma semana depois, Julião foi à Cidade do México para abrir meu recital. Só então me dei conta do prestígio e da grande rede de amigos mexicanos e exilados latino-americanos que ele tinha na capital. No auditório do Instituto Mexicano-Cubano não cabiam mais que 70 pessoas e por isso estava lotado. Ali havia cubanos, exilados guatemaltecos, um grupo de jovens mexicanos porta-vozes dos chicanos, um grupo de exilados nicaraguenses e no meio de tantos revolucionários, alguns poetas e intelectuais. Meu anfitrião, Alfredo Sancho Colombari, também compareceu, levando convidados e, entre eles, um dirigente de teatro chamado Mariano Leyva Domínguez, ligado aos chicanos. O ato começou com a saudação que me fez o diretor da instituição, seguido pelas palavras poéticas e comoventes de Julião, falando da dramática situação política do Brasil. Apresentando-me como um compatriota que, como ele, trazia o coração marcado pela dor e a nostalgia da pátria distante e que transformava em poesia a trajetória do autoexílio, numa proposta de luta e esperança através da América. Poucas vezes me emocionei tanto, fosse pela honra recebida daquele grande combatente, fosse por saber que naquela assembleia estavam presentes companheiros marcados pelas mais legítimas cicatrizes de lutas. Depois da leitura dos meus poemas, coloquei-me à disposição do auditório para perguntas, mas um nicaraguense levantou-se e digirindo-se a todos, sugeriu que eu falasse sobre os movimentos revolucionários nos países que já tinha passado. Essa conversa durou quase uma hora e depois dos abraços solidários surgiram dois convites: o primeiro, dos nicaraguenses, para ir a Tampico, no norte do País, participar, como poeta, das comemorações da morte de Sandino e o segundo, na pessoa de Mariano Leyva Domínguez, convidando-me para ir à Califórnia também contar sobre a América Latina para os chicanos.

O recital no Instituto Mexicano-Cubano mudou todos os planos e projeto de esperar o término das férias para programar meus recitais nas universidades do México. Nos dias que se seguiram entrei em contato com alguns jovens do grupo da Nicarágua para integrar-me nas comemorações da morte de Sandino e planejar minha ida a Tampico. Um deles era o estudante de direito José Ovidio Puente. Havia também o sociólogo guatemalteco Edelberto Torres Rivas, filho de um escritor e revolucionário nicaraguense. Embora já não me lembre dos nomes de tantos contatos pessoais que tive com nicaraguenses, foram eles os principais organizadores das homenagens a Sandino.

8. Sandino é comemorado em Tampico

Depois de viajar 600 quilômetros de ônibus, cheguei a Tampico em 20 de fevereiro daquele ano de 1971. Foram três dias de intensas atividades culturais para comemorar o 37° aniversário da morte de Augusto Cesar Sandino, enganado, traído e executado em Manágua, em 21 de fevereiro de 1934, pela Guarda Nacional. Realizaram-se palestras, projeções e debates sobre a situação da Nicarágua sob a ditadura de Somoza, as perspectivas da luta guerrilheira no país e do movimento revolucionário na América Latina, bem como conferências e seminários sobre a vida de Sandino, mostrando seus passos em Tampico, a partir de 1924, como trabalhador em empresas petroleiras e sua respectiva vinculação com o movimento sindical, com militantes socialistas e anarquistas, e com a maçonaria. No segundo dia, dei um recital e promovi um debate sobre a importância do engajamento político da poesia. Foram fotocopiadas algumas centenas do meu opúsculo *Canção de amor à América e outros poemas* editado em El Salvador. Representantes da Frente Sandinista de Libertação Nacional (FSLN), chegados da Nicarágua, fizeram exposições, revelando detalhes sobre o episódio da invasão da Baía dos Porcos em 1961, preparada em Puerto Cabezas, na costa atlântica da Nicarágua. Contaram que dali partiu a chamada Brigada 2.506 integrada por 1.500 cubanos anticastristas, recrutados pela CIA, em Miami, com salários de 225 dólares e treinados nas fazendas Helvécia e Gênova, na Guatemala. Os mercenários foram levados à costa cubana por cinco barcos norte-americanos, numa expedição que custou aos EE.UU. 45 milhões de dólares, e do contingente de 1500 invasores restaram 1.318 prisioneiros, que o governo cubano trocou, em 1963, por tratores e medicamentos.

Havia uma colônia de exilados ou refugiados nicaraguenses vivendo em Tampico. Pelo que percebi, todos estavam bem empregados. Não lembro os nomes das pessoas que me cercaram com tanto carinho e solidariedade, quer da família que me hospedou, quer daqueles cuja atenção preencheu os três dias em que lá estive. É que, por razões de segurança, por tratar-se de um evento relacionado a Sandino e ao movimento de resistência guerrilheira da Nicarágua, a única referência da viagem que fiz à família foi através de um cartão-postal onde escrevi:

Tampico, 22 de fevereiro de 1971

Queridas Marilena, Dani e Graça!

Tampico é um porto do Atlântico ao norte do México. A convite de amigos vim aqui participar de um programa cultural.

Muitas saudades, beijos, Maneco.

9. Novos amigos. Reencontro com León Ricaurte e a viúva de Bruno Traven

De volta à capital, fui visitar Jorge Suárez para contar da homenagem a Sandino e saber como andava o governo de Juan José Torres, na Bolívia. No escritório da embaixada conheci Sara Dunayevich, casada com o eng. Mario Dunayevich, ambos argentinos. Na época, ele integrava o *staff* diplomático da embaixada argentina e, se bem me lembro, era um adido cultural. Fiquei amigo do casal, frequentava sua casa na calle General Alatorre, nº 33, e foi com eles que assisti aos melhores concertos e espetáculos de teatro na capital do México. Aproximadamente um ano depois, em companhia de Marilena, visitaríamos Sara em seu apartamento na rua Charcas, em Buenos Aires, para onde tinha voltado.

Entre os grandes amigos que reencontrei na Cidade do México, estava o pintor equatoriano León Ricaurte, que tanto me ajudara num período difícil, quando cheguei a Guayaquil, expulso do Peru e sem dinheiro. León chegara ao México em setembro do ano anterior, com uma bolsa de estudos da Unesco, para estudar restauração e conservação de pintura, assim como novas técnicas pictóricas no mundialmente conhecido Centro Internacional de Churubusco. Ele foi meu grande companheiro na Cidade do México e foi quem me introduziu nos melhores meios intelectuais da cidade. Numa das nossas tantas conversas, comentei que estivera na cidade portuária de Tampico, onde me contaram a aventurosa história do escritor norte-americano Bruno Traven, que lá chegara de navio em 1924, como um fugitivo político da Alemanha. Fiquei surpreso quando me disse ter um amigo, o pintor Adrián Brun, que conhecia a viúva do escritor, a qual vivia na Cidade do México. Isto despertou meu interesse em conhecê-la, porque a pessoa que me hospedou em Tampico disse ter conversado com velhos trabalhadores do porto que conheceram Traven, quando ele trabalhou em companhias petroleiras na zona portuária, e que era figura muito discreta e misteriosa. Que, na verdade, seu nome somente passou a ser comentado na cidade depois de 1948, quando seu romance, *O tesouro de Sierra Madre,* foi levado ao cinema por John Huston, protagonizado por Humphrey Bogart e mostrando várias cenas filmadas em Tampico.

Até então nunca tinha ouvido falar de Bruno Traven e embora tenha assistido, na minha adolescência, ao grande clássico de John Huston, naquela fase de minha vida não tinha interesse nem tino cultural para relacionar o roteiro do filme com o autor do romance. O que inicialmente me interessou foi sua vida aventureira, fugitiva e anônima, contada em Tampico; um pouco semelhante à vida que eu estava levando naqueles anos. Mas, além de seu perfil misterioso, havia traços que nos identificavam, especialmente por saber que ao sair de Tampico ele instalou-se em Chiapas, no sudoeste do país, com o nome de Hal Croves, onde passou a conviver com indígenas maias, estudando sua cultura e solidarizando-se com eles, ante as injustiças sociais a que estavam submetidos. Que rica e viva experiência deve ter tido entre os indígenas, imaginei. Para mim, uma experiência invejável, já que somente pude estudá-los pela história dos massacres.

Mas, quanto à viúva de Traven, numa noite, com León Ricaurte e Adrián Brun chegamos à calle rio Mississippi nº 61, Col. Cuauhtemoc. Foi assim que conheci Rosa Elena Luján Montes de Oca, cujo segundo marido foi Bruno Traven, há dois anos falecido na Cidade do México. Ficamos amigos. Dela e de sua linda filha Maria Eugênia Montes de Oca, a quem todos chamavam de Malu e que na época devia ter seus vinte e cinco anos. Passei a frequentar aquela casa, aonde, no fim da tarde, chegavam intelectuais e artistas. Minha amizade com Adrián Brun nasceu daquele convívio, estendendo-se às frequentes reuniões que fazia em sua casa. Ele falou-me muito de Traven e da sua amizade com os grandes pintores mexicanos, relacionando Diego Rivera, Frida Kahlo, David Alfaro Siqueiros e outros.

A casa de Rosa Elena tinha uma aura mágica de cultura. A memória de Traven estava em toda parte. Lembro-me das longas conversas sobre suas ideias socialistas-anarquistas, sua persistência em manter o anonimato, sua visão de um mundo violento estruturando o enredo dos seus romances, seus inumeráveis contos, o caráter social, mágico, fantástico e enigmático de sua obra, traduzida para inúmeros idiomas. Passei então a emprestar e ler parte da imensa obra de Traven e só então compreender seu importante papel na literatura mexicana. Uma noite, comentava com ela e com outros visitantes que acabara de ler *O tesouro de Sierra Madre* e argumentava a genialidade de Traven ao armar toda a emocionante trama do romance. Então Rosa Elena saiu da sala e voltou com um grande envelope na mão, dizendo que ia mostrar-nos algo que poucos conheciam. Puxou do envelope um grosso maço de folhas e disse que ali estava o original do romance *O tesouro de Sierra Madre,* dando a entender que o verdadeiro tesouro da Sierra Madre era aquele manuscrito de 1927.

Os assuntos que conversávamos naquela casa eram sempre palpitantes. Lembro-me de uma noite em que se comentou as irreconciliáveis relações de Octavio Paz com Pablo Neruda, quando o poeta era o cônsul do Chile na Cidade do México. Contaram-me que Paz, decepcionado com a política de Stalin, chamou Neruda de stalinista, o qual retrucou qualificando-o de purista. Uma bronca ideológica parecida com a de Vargas Lhosa e García Márquez, em 1976, que chegou às vias de fato. Numa outra noite os ânimos se incendiaram quando se falou da amizade de Neruda com o pintor muralista David Alfaro Siqueiros. A acirrada polêmica deu-se entre dois intelectuais trotskistas e um pintor comunista, amigo de Siqueiros que ainda vivia. Sabia-se que em maio de 1940, Siqueiros, à frente de um grupo de artistas stalinistas, que havia participado da Guerra Civil Espanhola, invadem à noite a casa de Trotsky, (que lá chegou, em 1937, com apoio do também pintor muralista Diego Rivera, em cuja casa se hospeda inicialmente) na avenida Viena, em Coyoacán, disparam centenas de tiros de metralhadora no quarto de Trotsky, que escapa ileso.

Foi também na casa de Rosa Elena que, pela primeira vez, ouvi falar de uma monja do século XVII, cuja excepcional poesia começava a ecoar entre estudiosos e interessados pela literatura.

XXX
JUANA INÉS DE LA CRUZ: GLÓRIA, ESQUECIMENTO E REDENÇÃO

Dice que yo soy la Fénix
que, burlando las edades,
ya se vive, ya se muere,
ya se entierra, ya se nace...
Juana Inés

Naquele ano de 1971, em conversas com poetas e intelectuais, na Cidade do México, não foram poucas vezes que me falaram de uma freira mexicana, tida como uma das maiores poetas da língua espanhola. Minha impressão é de que estavam redescobrindo um tesouro escondido há trezentos anos. Diante de minha curiosidade, alguém disse que Juana Inés de la Cruz havia sido esquecida depois de sua morte, em 1695. O próprio poeta Octavio Paz (1914-1998) escreveria no prólogo do extraordinário livro que publicou sobre o assunto, em 1982:

> *Como se fosse uma presença recorrente, cíclica, sóror Juana reapareceu em 1971. A Universidade de Harvard me convidou para ministrar alguns cursos e quando me perguntaram qual seria o tema de um deles, respondi sem pensar muito: Sóror Juana Inés de la Cruz.*[380]

380 Paz, O. *Sóror Juana Inés de la Cruz: as armadilhas da fé.* Trad. Wladir Dupont. São Paulo, Mandarin, 1998, p. 14.

Foram tantas as referências sobre aquela monja-poeta, a qual eu sequer podia dizer que conhecia, pois havia passado os olhos, meses atrás, em Quito, em dois poemas seus que abriam a antologia *Poesías de amor hispanoamericanas*, organizada por Mario Benedetti e lançada em Havana, em 1969. Saí, então, em busca de sua história e do que ela escrevera. Encontrei, numa edição espanhola de 1952 das *Obras completas* de Amado Nervo, a biografia que o poeta mexicano escreveu, em 1910, sobre *Juana de Asbaje*, e as *Obras completas de Sor Juana Inés de la Cruz,* em 4 volumes, sendo os três primeiros editados por Alfonso Méndez Plancarte e o último por Alberto G. Salceda. Naquela época, li *Juana de Asbaje* e a *Lírica personal,* o primeiro tomo das *Obras completas de Sor Juana*, um denso volume de 638 páginas.

Ao iniciar estas reflexões, devo informar ao leitor brasileiro que ainda pouco se sabe sobre a história de sóror Juana Inés de la Cruz, em nosso país. Foi a partir da tradução da obra de Octavio Paz e de alguns comentários na mídia quando do seu lançamento no Brasil, em 1998, que sua importância na poesia hispano-americana passou a ser conhecida por aqui, mesmo nos meios intelectuais. Para que se tenha uma ideia da sua posição no cenário da literatura latino-americana e mundial, a redescoberta de sua obra a recolocou como a mais importante figura da literatura mexicana do período colonial, ao lado de Juan Ruiz Alarcón e Carlos de Sigüenza y Góngora; dos grandes poetas universais dos séculos de ouro, na Espanha, bem como passou a ser considerada a máxima expressão do barroco no Novo Mundo, ao lado de outros grandes nomes da literatura castelhana na América dos séculos XVI e XVII, como o poeta espanhol Alonso de Ercilla y Zúñiga, no Chile, o Inca Garcilaso de la Vega, no Peru, e de Alarcón. Se tivéssemos que procurar na história, pelo talento literário e pela lucidez do pensamento, uma grande mulher americana no século XVII, esta mulher seria Juana Inés de la Cruz. Primeiro porque, pelo sabor dos versos que escreveu, sua obra não só marcou indelevelmente o século em que viveu, como fez com que, pela quantidade de estudos feitos sobre ela, nos últimos cem anos, sua figura voltasse a ter atualidade e vida no cenário da literatura contemporânea e especialmente no México, onde seus poemas são oralizados e suas peças são amiúde representadas. Segundo porque, como escritora, ela foi a única ponte literária entre o Novo e o Velho Mundo. É esse também o espírito contagiante do livro de Octavio Paz, notadamente quando analisa seu longo poema *Primero sueño* (reflexo de uma época marcada pela ousadia da ciência, por um mundo descentralizado pelas concepções de Kepler e pela passagem do clássico para o barroco), estabelecendo a relação entre seus versos e o poema *Un coup de dés* de Stefan Mallarmé, evidenciando a ruptura, ou um marco divisório na invenção poética, entre a tradição e a modernidade, outorgando-lhe a suprema glória do barroco, e sua reconquista da cidadania na poética universal.

1. A família e a corte

Filha natural de pai basco, Pedro Manuel de Asbaje y Vargas Machuca – na verdade um pai enigmático, segundo seus biógrafos – e da mexicana Isabel Ramírez, Juana de Asbaje y Ramírez de Santillana nasceu na data incerta de 12 de novembro de 1651, na fazenda de San Miguel Nepantla. Digo incerta porque, tanto Octavio Paz, como a poetisa, crítica e ensaísta cubana Mirta Aguirre Carreras, em seu livro sobre sóror Juana, – publicado sete anos antes da obra de Paz, – embora dê o ano de 1951 como a data oficialmente aceita, inicia a síntese cronológica da poetisa mexicana três anos antes, com base numa certidão de batismo, encontrada na paróquia de Chimalhuacán, ligada a Nepantla, onde consta que no ano de:

> *1648 – En el Archivo Parroquial de Chimalhuacán, con fecha 2 de diciembre, aparece anotado y firmado por Fr. Pº de Monastério, el bautismo de "Inés, hija de la Iglesia", cujos padrinos fueron Miguel Ramírez y Beatriz Ramírez, hermanos de la madre de Juana de Asbaje. Se piensa que puede tratarse de Sor Juana, que en este caso tendría tres años más de edad que los que confesaba.*[381] *

381 Aguirre, M. *Del encausto a la sangre: Sor Juana Inés de la Cruz.* Havana, Casa de las Américas, 1975, p. 89.
* 1648 – No Arquivo Paroquial de Chimalhuacán, com data de 2 de dezembro, aparece anotado e assinado por Fr. Pº de Monastério, o batismo de "Inés, filha da Igreja", cujos padrinhos foram Miguel Ramírez e Beatriz Ramírez, irmãos da mãe de Juana de Asbaje. Pensa-se que pode tratar-se de Sor Juana, que neste caso teria três anos a mais de idade que os que confessava.

Na segunda parte da sua introdução a *Obras completas*, Alfonso Méndez Plancarte afirma que sóror Juana já lia aos três anos e que:

> *(...) rogó en vano a su madre, a los 6 ó 7, que "mudándole el traje" la inviaran a "cursar la Universidad"; y a los 8 rimaba una Loa Eucarística, en tanto "despicaba" su sed de leer, entre los libros del próprio abuelo. Traída, en fin, a Méjico, en la casa de ciertos "deudos" – probablemente la de Juan de Mata, casado con su tía Doña Maria Ramírez – tomó "veinte lecciones" de latín del Pbro Br. Martín de Olivas, que le bastaron, sin que haya que tachar de "deplorables" sus poemas latinos; y para 1665 estaba en Palácio, como Dama "muy querida" de la Virreina Marquesa de Mancera, encantando a la Corte con su gentileza y su espíritu.*[382]*

Na verdade, o pouco que se sabe de sua infância está contido em sua *Respuesta a sor Filotea de la Cruz*, – pseudônimo usado pelo bispo de Puebla e seu intelocutor intelectual, Manuel Fernández de Santa Cruz, – e em trechos dispersos de sua obra. É o que afirma Octavio Paz, o qual escreveu até o momento o melhor estudo sobre sóror Juana, considerando que ela deve ter sido uma menina solitária, que brincava sozinha e sempre movida pela curiosidade:

> *Esse foi seu signo e sua sina: a curiosidade. Curiosa sobre o mundo e si própria, sobre o que acontece no mundo e dentro dela. A curiosidade logo se transformou em paixão intelectual: O que é? e Como é? Foram perguntas que ela repetiu durante toda a sua vida. Na "Respuesta a sor Filotea de la Cruz", ela lembra:*

---

382 Méndez Plancarte, A. *Obras completas de Sor Juana Inés de la Cruz*, México 1951-1957, tomo I. Introducción. p. XXVII-XXVIII.

* *(...) implorou em vão à sua mãe, aos 6 ou 7, que lhe "mudasse o traje" e a enviasse a "cursar a universidade" e, aos 8, rimava uma loa ao Santíssimo Sacramento, enquanto "satisfazia" sua sede de ler, entre os livros do próprio avô. Trazida, finalmente, para o México, à casa de certos "parentes" – provavelmente a de Juan de Mata, casado com sua tia Dona Maria Ramírez – teve "20 lições" de latim do Ir. Pe. Martin Olivas, que lhe bastaram, sem que tenha que achar "deploráveis" seus poemas latinos; e no ano de 1665 estava no Palácio, como Dama "muito querida" da vice-rainha marquesa de Mancera, encantando a Corte com a sua gentileza e seu espírito.*

Estavam em minha presença duas meninas brincando com um pião, e logo que vi o movimento e a figura, comecei, com essa minha loucura, a considerar o fácil girar da forma esférica, e como durava o impulso já impresso e independente de sua causa...[383]

Seu primeiro biógrafo, o jesuíta espanhol Diego Calleja (1639-1725) com quem sóror Juana manteve uma longa correspondência, discorre sobre sua incomum precocidade e que sua habilidade na composição poética lhe proporcionou uma rápida notoriedade literária. A inteligência, o talento, os conhecimentos e a beleza física lhe abriram as portas para, com apenas treze anos, entrar na vida palaciana, chamada pelo conde de Mancera, vice-rei da Nova Espanha, como então era chamado o México colonial. Embora adolescente, na corte, tornou-se amiga e confidente da vice-rainha Leonor Carreto, Marquesa de Mancera. Em poucos meses, sua imagem intelectual se impôs na corte, celebrada por seus versos, admirada pela inteligência e sensibilidade, assim como cortejada pela sua beleza. Comenta Amado Nervo (1870-1919) que: *Allí, pronto cautivó todos los corazones, se granjeó todos los sufragios, encadenó las admiraciones todas. Para ello tenía dos arbitrios invencibles: La bondad de su carácter, dulce y amable, y su sorprendente sabiduría y discreción.*[384]*

Conta ainda Amado Nervo, citando Calleja, que já aos dezessete anos tal era o seu saber que um dia quarenta professores da universidade, entre teólogos, filósofos, matemáticos e humanistas, puseram à prova seus conhecimentos, inquirindo-a em vários ramos do conhecimento humano. Tais foram as suas respostas, que o vice-rei comparou-a a um galeão real defendendo-se dos ataques de uns quantos barquinhos.

---

383 Paz, O. Opus cit., p. 115-6.

384 Nervo, A. *Obras completas.* Madrid, Aguilar, 1952, tomo II, p.438-9.

* *Ali, logo cativou todos os corações, granjeou todos os apoios, conquistou todas as admirações. Para isso tinha dois meios invencíveis: a bondade de caráter, doce e gentil, e sua surpreendente sabedoria e discrição.*

2. O convento e a busca do conhecimento

Aos dezesseis anos, no auge desse reconhecimento, aconselhada por seu confessor, o padre jesuíta Antonio Núñez de Miranda, toma a decisão de encerrar-se num convento já que, apesar de sua rejeição ao estado religioso, teve que aceitá-lo, por repugnar o casamento. Juana nascera num tempo em que o convento e a universidade eram os centros do conhecimento e como a sociedade não permitia a entrada das mulheres na universidade, sua sede de saber a levou para o claustro. Mas sua permanência entre as Carmelitas Descalças foi muito breve. Os rigores de suas regras obrigaram-na a retirar-se ao fim de três meses. Quinze meses depois, com o dote pago por Pedro Velázquez de la Cadena e os custos da cerimônia pagos pelo seu confessor, ingressa no convento da Ordem de São Jerônimo, espaço mais descontraído que precisava para dedicar-se ao estudo e ao pendor literário. Em 1669, ao entrar nos Jerônimos, trazia uma imensa bagagem de livros e de instrumentos musicais. Com o decorrer dos meses e durante os 26 anos em que lá viveu, sua cela transformou-se numa respeitável referência, visitada por grandes poetas e escritores, autoridades da Igreja e da corte, e de onde se correspondeu com grandes intelectuais de outros países, abrindo-se para ela as portas da imortalidade literária. Conta Amado Nervo que durante nove anos sóror Juana foi a contadora do convento e que: *Sabemos, además, que en dos ocasiones sus compañeras la eligieron por unanimidad para Abadesa, negándose ella a admitir este cargo.*[385]*

O poeta mexicano relata também, no seu livro sobre Juana, que no século XVII a vida nos conventos do México não era somente de orações e cilícios, mas que suas celas eram visitadas pelos mais importantes vultos da corte e da literatura:

> *Era esparcimiento de la aristocracia de la época asistir por las tardes a las vísperas de los conventos. Antes y después de ellas se charlaba devotamente en el locutorio. Comentábase el último sermón, la*

385 Nervo, A. Opus cit., tomo II, p. 446.

**Sabemos, ademais, que em duas ocasiões suas companheiras a elegeram por unanimidade para Abadesa, negando-se ela a assumir este cargo.*

última religiosa festividad, las hazañas de los piratas, las pestes y rebeliones, las noticias de Madrid; y las jícaras de chocolate aderezadas por las monjas con el mejor soconusco ibam y venían, mostrando su temblorosa y perfumada filigrana de espuma. El Virrey casi no faltaba a las vísperas, y la Virreina menos. En general, el locutorio de las Jerónimas era frecuentado por cuanto más valia en México, gracias al renome de Sor Juana. Amaba ésta la soledad, pero de ella le sacaban encumbradas visitas. No hubo Virrey de su época que no desease conocerla, y a menudo era consultada sobre asuntos arduos. Su natural afable y gracioso hacía que ella se prestase de buen grado a estas fatigosas diligencias; mas lo que en general era molestia y esfuerzo, tratándose del conde y la condessa de Paredes volvíase amenidad y encanto discreto.[386]**

E no entanto, conta Juana, em sua *Respuesta a sóror Filotea*, que o convento não era um ambiente feliz. Apesar do seu fraterno relacionamento com as mais influentes amizades, lá teve que suportar a inveja e muitas perseguições, entre elas de uma sua superiora a quem – não sei se por caridade ou ironia – definiu como "muito santa e muito cândida", a qual, por acreditar que o estudo era "coisa da Inquisição" lhe proibiu de estudar durante três meses, período que durou sua direção do convento.

O respeitado erudito e historiador espanhol Marcelino Menéndez y Pelayo, – o primeiro crítico a redescobrir e valorizar os escritos de sóror Juana – no largo espaço que lhe dedica nas páginas de sua *Historia de la poesía hispanoamericana*, declara que a lírica mexicana no século XVII se reduz a um só nome, que vale por muitos: o de sor Juana Inés de la Cruz, e que é muito pouco declará-la superior a todos os poetas do

386 Nervo, A. Idem, p. 462.

* * *Era entretenimento da aristocracia da época assistir pelas tardes às novenas dos conventos. Antes e depois delas se conversava devotamente no locutório. Comentava-se o último sermão, a última festa religiosa, as façanhas dos piratas, as pestes e rebeliões, as notícias de Madri; e as xícaras de chocolate regados com o melhor cacau, iam e vinham, com as freiras mostrando sua tremeluzente e perfumada filigrana de espuma. O vice-rei quase não faltava às vésperas, e a vice-rainha muito menos. Em geral, o locutório das celas das Jerônimas era frequentado pelas pessoas mais importantes do México, graças ao renome de Sor Juana. Ela amava a solidão, mas dela se conseguiam importantes visitas. Não houve vice-rei de sua época que não desejasse conhecê-la, e frequentemente era consultada sobre questões difíceis. Sua natureza afável e graciosa fazia com que ela se prestasse de bom grado a essas cansativas diligências; mas o que no geral era incômodo e esforço, tratando-se do conde e da condessa de Paredes tornava-se amenidade e discreto encanto.*

reinado de Carlos II. Segundo ele, o que mais interessa na obra de Juana é compreender o raríssimo fenômeno psicológico que se revela através do que escreveu:

> *Abundan en nuestra literatura los ejemplos de monjas escritoras, y no sólo en asuntos místicos, sino en otros seculares y profanos: casi contemporánea de sor Juana fué la portuguesa sor Violante do Ceo, que en el talento poético la iguala y quizá la aventaja. Pero el ejemplo de curiosidad científica, universal y avasalladora, que desde sus primeros años dominó a sor Juana, y la hizo atropellar y vencer hasta el fin de sus días cuantos obstáculos le puso delante la preocupación o la costumbre, sin que fuesen parte a entibiarla, ni ajenas reprensiones, ni escrúpulos propios, ni fervores ascéticos, ni disciplinas y cilicios después que entró en religión, ni el tumulto y pompa de la vida mundana que llevó en su juventud, ni la nube de esperanzas y deseos que arrastraba detrás de sí en la corte virreinal de México, ni el amor humano que tan hondamente parece haber sentido, porque hay acentos en sus versos que no pueden venir de imitación literaria, ni el amor divino, único que finalmente bastó a llenar la inmensa capacidad de su alma; es algo tan nuevo, tan anormal y peregrino, que a no tener sus propias confesiones escritas con tal candor y sencillez, parecería hipérbole desmedida de sus panegiristas.*[387]*

Menéndez y Pelayo não economiza adjetivos para colocar Juana no merecido pedestal literário que conquistou, com a beleza de sua poesia. Segundo ele, seus versos de amor profano são os mais suaves e delicados que já saíram da pena de uma mulher. Por outro

---

387 Menéndez y Pelayo, M. *Historia de la poesía hispanoamericana*. Santander, Aldus, 1958, p. 59-62.

* *Nossa literatura está cheia de exemplos de monjas escritoras, não apenas em assuntos místicos, mas em outros, seculares e profanos: quase contemporânea de* sóror *Juana foi a portuguesa* sóror *Violante do Ceo, que em talento poético a iguala e talvez a supere. Mas o exemplo de curiosidade científica, universal e avassaladora, que desde seus primeiros anos dominou* Sóror *Juana, e a fez atropelar e vencer, até o fim de seus dias, os obstáculos apresentados ante a preocupação ou os costumes da época, sem esfriar seu ânimo ante as repressões alheias, nem ante seus próprios escrúpulos, os fervores ascéticos e as disciplinas e cilícios depois que se tornou religiosa, nem ante o tumulto e a pompa da vida mundana que levou em sua juventude, nem a nuvem de esperanças e desejos que arrastava atrás de si na corte do vice-reinado no México, nem o amor humano que tão profundamente parece ter sentido, porque há acentos em seus versos que não podem vir da imitação literária, nem o amor divino, o único que, na verdade, foi suficiente para preencher a imensa capacidade de sua alma; é algo tão novo, tão anormal e peregrino, que não fossem suas próprias confissões, escritas com tal candura e simplicidade, pareceria um excessivo exagero de seus panegiristas.*

lado, compara a espiritualidade das canções que intercala sua peça *O divino Narciso* com o *Cântico dos cânticos*, de Salomão, comentando que elas:

> *Tan bellas son, y tan limpias, por lo general, de afectación y culteranismo, que mucho más parecen del siglo XVI que del XVII, y más de algún discípulo de San Juan de la Cruz y de Fr. Luis de León que de una monja ultramarina, cuyos versos se imprimían con el rótulo de* Inundación Castálida. *Tales prodigios obraban en esta humilde religiosa, así como en otras monjas casi contemporáneas suyas (sor Gregoria de Santa Teresa, sor María do Ceo, etc.), la pureza y elevación del sentido espiritual, y un cierto género de tradición literaria sana y de buen gusto, conservada por la lectura de los libros de devoción del siglo anterior. Pero en sor Juana es doblemente de alabar esto, porque a diferencia de otras esposas del Señor, en cuyos oídos rara vez habían resonado los acentos de la poesía profana, y a cuyo sosegado retiro muy difícilmente podía llegar el contagio del mal gusto, ella, por el contrario, vivió siempre en medio de la vida literaria, en comunicación epistolar con doctores y poetas de la Península, de los más enfáticos y pedantes, y en trato diario con los de México, que todavía exageraban las aberraciones de sus modelos.*[388]*

3. Uma amizade fraterna

Pelos seus retratos, feitos pelos pintores Juan de Miranda e Miguel Cabrera, e na opinião dos seus contemporâneos, sóror Juana foi

388 Opus cit., p. *64-65*.

* *Comumente são tão belas e tão isentas de afetação e culteranismo, que mais parecem do século XVI que do XVII, e mais de algum discípulo de San Juan de la Cruz e frei Luis de León que de uma freira ultramarina, cujos versos foram impressos com o título de "Inundación Castálida". Tais prodígios operavam, nesta humilde religiosa, assim como em outras monjas quase contemporâneas suas (*sóror *Gregoria de Santa Teresa,* sóror *Maria do Ceo, etc.), a pureza e a elevação do sentido espiritual, e um certo gênero de tradição literária saudável e de bom gosto, preservada pela leitura de livros de devoção do século anterior. Mas no caso de* Sóror *Juana tem-se que redobrar os aplausos, porque, diferente das outras esposas do Senhor, em cujos ouvidos raramente tinham ressoado os acentos da poesia profana, e a cujo sossegado retiro dificilmente poderia chegar o contágio do mau gosto, ela, pelo contrário, sempre viveu no meio da vida literária, em comunicação epistolar com os doutores e poetas da península, dos mais enfáticos e pedantes, e nas relações cotidianas com os do México, que ainda exageravam as aberrações de seus modelos.*

uma mulher de grande beleza. Acrescente-se que, além da sua formosura física, a parte imperecível do seu encanto, como mulher, estava nos reflexos de sua elegância intelectual, pela agudeza da sua percepção do mundo, sua criatividade literária e suas opiniões próprias e dissonantes que a fizeram respeitada dentro e fora do México. Absolutamente voltada para o conhecimento e solicitada pelos afetos fraternos que ocuparam seu coração, muito se tem especulado sobre a natureza afetiva de sua amizade com María Luiza Manrique de Lara y Gonzaga, a condessa de Paredes e Marquesa de Laguna, esposa do vice-rei da Nova Espanha e a quem ela deve a satisfação de ver publicada, ainda em vida, duas coletâneas de seus trabalhos. O primeiro, *Inundación Castálida*, editado em Madri em 1689, e, posteriormente, o *Segundo volumen de las obras de sor Juana Inés de la Cruz,* em Sevilha, em 1692. Afirma Menéndez y Pelayo que: *Fué además mujer vehemente y apasionadísima en sus afectos, y sin necesidad de dar asenso a ridículas invenciones románticas ni forjar novela alguna ofensiva a su decoro, difícil era que con tales condiciones dejase de amar y de ser amada mientras vivió en el siglo.*[389]*

Octavio Paz, que contradiz uma série de informações maliciosamente insinuantes publicadas sobre sóror Juana, defende a pureza da sua feminilidade, contrapondo-se abertamente às opiniões que o escritor alemão Ludwig Pfandl expôs em seu livro *Sor Juana Inés de la Cruz, La décima musa de México. Su vida, su poesía, su psique*, onde, através de seu estudo psicanalítico sobre a personalidade da monja mexicana, confunde sua ânsia de impor-se intelectualmente numa sociedade dominada pela imagem do homem, como uma expressão de sua masculinidade. Octávio Paz define isso como *um delírio de interpretação* e pergunta: *Como, numa civilização de homens e para homens, pode uma mulher, sem se masculinizar, ter acesso ao saber?* Quanto a mim também pergunto: O que se poderia esperar de uma poeta tão fecunda, reclusa por 26 anos, senão o poder das imagens retratadas afetivamente na ficção poética e nas suas fantasias platônicas? Paz cita, em seguida,

389 Opus cit., p. 64.

**Foi, além disso, uma mulher veemente e apaixonadíssima em suas afeições, e sem necessidade de dar consenso a ridículas invenções românticas nem forjar mentira alguma ofensiva a seu decoro. Difícil era, que em tais condições, deixasse de amar e de ser amada, enquanto viveu naquele século.*

a importância dos artigos da erudita americana Dorothy Schons como *a primeira tentativa de inserir a vida e a obra de sóror Juana na história da sociedade novo-hispânica do século XVII.* Acrescenta que *ela tentou compreender o feminismo da poeta como uma reação frente à sociedade hispânica, sua acentuada misoginia e seu fechado universo masculino.* É neste amplo e contraditório contexto cultural que Paz acrescenta a frustração de Juana ante a imagem masculina do pai, que abandonou a família, e pela figura inaceitável do novo amante da mãe, o capitão Diego Ruiz Lozano: *O feminismo de Juana Inés muda subitamente; sua sátira contra os homens e sua defesa das mulheres deixam de ser uma opinião: são uma reação moral, até mesmo física, diante das experiências vividas.*[390]

Mirta Aguirre reforça essa ideia, citando as revelações do testamento de sua mãe, onde declara que sempre foi uma mulher solteira e que todos os seus filhos foram naturais. E mais adiante referindo-se a sóror Juana, acrescenta a poeta cubana: *Hija natural; e hija con hermanos de igual estado civil, provenientes de dos padres: el fantasmal Vasco Pedro de Asbaje y el capitán Diego Ruiz Lozano, hombre casado com doña Catalina Maldonado Zapata.¿No es lo más natural que sea esto lo que dé lugar a la "total negación" de Juana Inés al matrimónio?*[391]**

Na verdade, sua única e mais grata referência masculina da infância foi o avô materno, não somente pela imagem carinhosa com que a envolveu, mas, também, porque seus primeiros passos na busca do conhecimento – que era o que ela mais amava – foram dados nas páginas de seus livros.

Pela leitura que fiz, os poemas de sóror Juana dedicados a condessa de Paredes são expressões do sentimento platônico de uma alma

390 Paz, O. Op. cit., p. 101, 102, 109 e 110.
391 Aguirre, M. Op. cit., p. 16.
** *Filha natural; e filha com irmãos de igual estado civil, provenientes de dois pais: o fantasmático Vasco Pedro de Asbaje e o capitão Diego Ruiz Lozano, homem casado com dona Catalina Maldonado Zapata. Não é o mais natural que seja isto o que deu lugar à "total negação" de Juana Inés ao matrimônio?*

desprendida e sensível, à procura de uma musa inspiradora, de alguém como um objeto digno da lírica expressão do amor – muito comum na poesia provençal e renascentista e na retórica do século XVII – e por onde ela manifestou, com veemência, a sua criação e paixão literária. É o poder da imaginação na obra literária de que nos fala Stendhal. É a sua ânsia de comunicar, de forma profana, a sua visão do amor. São objetos verbais, arquétipos poéticos do sentimento amoroso tão comum no barroco espanhol, e não expressões de uma experiência. E mesmo que se baseassem numa experiência, esta abrange o real e o imaginário, o pensado e o sonhado, no dizer de Octavio Paz, que acrescenta:

> *Nos poemas mais intensamente pessoais dos séculos de ouro – os de um Garcilaso, ou um Lope de Vega – não existe, na acepção moderna dessas palavras, confissão nem confidências. Embora sejam a transposição de experiências vividas profundamente e seja fácil ler nos sonetos das Rimas a história dos amores de Lope com Micaela de Luján, essas experiências se inserem nas formas canônicas e tendem a uma espécie de exemplaridade genérica. Os poetas e seus leitores procuravam não a realidade vivida, mas a perfeição da arte que transfigura o vivido e lhe dá uma realidade ideal.*
>
> *Boa parte da poesia amorosa de sóror Juana – a mesma coisa acontece com a sagrada e com o resto de suas obras poéticas – é mero exercício, alarde e exibição de mestria. Mas a outra porção, mais reduzida, contém poemas que satisfazem as maiores exigências da arte: são obras belas e autênticas.*[392]

Além de todas essas colocações, e para que, sobre sua amizade fraterna com María Luiza, não se façam outras ilações, é necessário dizer que quando a condessa de Paredes chegou ao México, em 1680, já fazia onze anos que Juana entrara na clausura do convento São Jerônimo, onde se comunicava com as visitas através de um locutório, ainda que, segundo Paz, em algumas ocasiões festivas o amplo ambiente de sua cela fosse aberto às visitas.

---

392 Paz, O. Op.cit., p. 384-5.

Enfim, pela ousadia dos seus poemas profanos, bem como pela coragem de discordar de um sermão do padre Antônio Vieira, – como se verá mais adiante – sua condição de mulher e freira pagaria um alto preço. O preço exigido pela sua inteligência, seu talento literário, e por estar, pela sua incomum lucidez, muito à frente dos seus futuros algozes: os prelados-intelectuais do seu tempo.

4. A Fênix do México

Juana morreu em 17 de abril de 1695 e nos anos seguintes dezenas de poetas mexicanos e espanhóis consagraram seu nome com os mais poéticos epítetos. Cinco anos depois, um dos seus maiores defensores, Juan Ignacio de Castorena y Ursúa, bispo de Iucatã e reitor da Universidade do México, tributou essas homenagens ao publicar sua obra com o título de: *Fama y obras posthumas del Fénix de México dezima musa, poetisa americana, Sor Juana Inés de la Cruz*. Após a publicação de Castorena, seguiu-se a edição de 1725, a última. Depois disso, o tempo estendeu um longo sudário sobre seu nome. Durante os séculos XVIII e XIX sua obra foi esquecida. Passaram-se quase 200 anos e sua primeira reaparição não foi no México, nem na Espanha, mas numa solitária edição equatoriana: *Obras selectas de la célebre monja de México, sor Juana Inés de la Cruz,* apresentada em Quito, em 1873, pelo poeta Juan León Mera. Dir-se-ia que com essa publicação começava a "exumação" literária de sóror Juana, glória do barroco espanhol na América. Mas não é só isso, e como ninguém é rei em sua terra, a primeira avaliação crítica de sua obra tampouco foi feita no México, e sim na Espanha, por Marcelino Menéndez y Pelayo, em fins do século XIX. Eis porque em1971, diante de minha curiosidade, na Cidade do México, alguém me disse, na casa de Rosa Elena Luján, a viúva do escritor Bruno Traven, que Juana havia sido esquecida há trezentos anos, que ela era a *bela adormecida* da literatura mexicana, e que naqueles anos, misteriosamente beijada pela magia do Tempo, começava a *despertar.*

Depois da justa homenagem de Castorena e da edição de 1725, passaram-se dois séculos para que surgissem, no início do século XX, no México, a sua primeira biografia moderna, publicada em 1910, pelo poeta Amado Nervo e os primeiros estudos críticos sobre sua obra, feitos por Manuel Toussaint, em 1928. A primeira edição mexicana de suas *Poesias completas* foi compilada, prefaciada e publicada em 1940, por Ermilo Abreu Gómes, dando-se assim os primeiros passos para a redenção de Juana Inés, na sua própria pátria. Na verdade, essa tardia reparação só aconteceu, plenamente, com a edição de Alfonso Méndez Plancarte de 1951 a 1957. Essa foi a edição que adquiri em 1971, e que volto a compulsar depois de quarenta e dois anos. Sobre esse extraordinário trabalho, é relevante assinalar a opinião de um prêmio Cervantes e Nobel de literatura. Apesar das sérias restrições que faz a Plancarte, opina Octávio Paz na monumental obra que escreveu sobre Juana Inés de la Cruz: *Direi que sem as versões depuradas dos textos que nos deu Méndez Plancarte, sem suas notas ao mesmo tempo eruditas e inteligentes, sem seu saber e sua sensibilidade, eu não teria podido escrever estas páginas.*[393] Já de minha parte, devo dizer que entre as obras que tenho lido e consultado sobre sóror Juana, o livro de Paz é o mais completo estudo quanto aos seus aspectos críticos e biográficos, assim como um espaço deslumbrante de lucidez, erudição e historicidade, sobre o panorama cultural do século XVII.

5. A Biblioteca

Nesse seu livro sobre sóror Juana, ele dedica o capítulo *Reino de signos* para comentar a célebre biblioteca da monja mexicana, retratada pelos pintores Juan de Miranda e Miguel Cabrera, onde ela aparece de pé ou sentada, portando seu hábito e rodeada de livros.

O quadro de Juan de Miranda foi pintado entre 1680 e 1688, e representa sóror Juana de pé, ostentando seu conhecido medalhão. Tendo

393 Op.cit., p. 380.

ao fundo a biblioteca, ela traz uma pena na mão e sobre a mesa um manuscrito, aparentando um documento com timbre oficial. Esta pintura, feita em vida, foi a imagem da qual se serviu o pintor Miguel Cabrera para pintar, em 1750, o mais importante retrato da poetisa, sentada em seu escritório, com a mão direita sobre um livro aberto e a esquerda tocando um rosário. Tendo ao fundo sua biblioteca, sua postura íntima parece indicar que numa mão ela toca o conhecimento e na outra a espiritualidade e a fé. Foi assim que interpretei este retrato, quando o vi em 1971, na Cidade do México, num dos tantos museus que visitava. Creio que foi no Castelo de Chapultepec. A imagem da biblioteca retratada por Miranda e Cabrera mostra, pela grossura e os títulos legíveis em alguns volumes, o nível intelectual das leituras de sóror Juana. Seu biógrafo, o padre Calleja, dizia que ela amenizava suas mágoas quando estava em contato com seus quatro mil amigos. Paz acha exagerado o número de Calleja, comentando que não há dados para determinar a quantidade de volumes e afirma: *Eu arrisco uns mil e quinhentos, pelo menos.* Mais adiante acrescenta que: *A (assim chamada) cela de sóror Juana era de dois andares, composta de uma sala ampla, dividida talvez em quarto de dormir e estúdio (retrete, dizia-se então), outra sala (que pode ter servido de salão e biblioteca), cozinha e banheiro. As peças eram espaçosas e de tetos altos. Numa "cela" dessas dimensões não era difícil acomodar dois ou três mil volumes.*[394]

Há quem fale em cinco mil volumes e muitos estudiosos se aventuraram a levantar a quantidade de seus livros, seus títulos e autores. Um deles foi Ermilo Abreu Gómez (1894-1971) escritor, professor e crítico mexicano, que em 1934 publicou sua *Bibliografia y biblioteca de sor Juana Inés de la Cruz,* onde identifica cento e trinta e quatro autores, com ilustres ausências, segundo Paz, *como a Bíblia, Cervantes, Lope de Vega, Quevedo, frei Luis de Granada.*

Mais adiante continua Paz:

> *Uma biblioteca é o reflexo do seu dono. Sóror Juana era freira e poeta, afeiçoada à teologia e à mitologia, amante da música e curiosa*

394 Idem, p. 337-8.

pelas ciências e informações raras. Religiosa de profissão, mas poeta de nascimento: assim devemos começar pela poesia e pela literatura. Em primeiro lugar, os poetas espanhóis dos séculos XVI e XVII que formaram seu gosto, guiaram-na e inspiraram-na. Às vezes suas liras e silvas lembram Garcilaso, outras, São João da Cruz; nos romances e décimas há ecos de Lope e também de Quevedo; em outros poemas se ouve, confundida com a sua, a voz de Alarcón; são famosas as estrofes pareadas nas quais imita Jacindo Pólo de Medina, e alguns de seus sonetos históricos e mitológicos têm um ar familiar aos de Rioja e Arguijo. Em sua biblioteca, contudo, figuravam também muitos outros poetas: Herrera, frei Luis de León, Hurtado de Mendoza, Figueroa, Villegas, os Argensola e os culteranistas como Carrillo y Sotomayor, Villamediana, Jáuregui, Soto de Rojas e, para não aumentar ainda mais esta lista, Bocángel e Anastásio Pantaleón de Ribera. Sofreu, melhor dizendo, aproveitou a influência de Góngora e deve ter lido Pellicer e outros críticos do poeta cordobês. A luz de Góngora só ilumina – ou escurece – uma parte de sua obra; o exemplo de Calderón não foi menos decisivo: como poeta dramático é sua discípula e seu nome deveria juntar-se aos de Moreto e Rojas[395].

Sigo o olhar percuciente de Paz nessa imensa estante onde se arrinconam também os nomes imprescindíveis da literatura latina, porque lá não poderiam estar ausentes Virgílio, Horácio, Ovídio e Lucano, mas não se mencionam Lucrécio nem Catulo. Entre os prosadores, Juana menciona Sêneca, Cícero, Apuleio e os dois Plínios. Dos historiadores, Tácito e Júlio Cesar são citados. Parece que teve um conhecimento superficial dos gregos e se os teve foi pela tradução latina. *As estantes pintadas nos retratos de Miranda e Cabrera* – segue a descrição de Paz – *mostram pouquíssimos livros de literatura: a esmagadora maioria é de tratados teológicos, volumes de história eclesiástica e outros de mitologia. É um reflexo da época, não da realidade – o que mais nela admiraram seus contemporâneos foi o saber teológico e a erudição*[396].

Quanto aos filósofos, nas lombadas dos livros pintados por Miranda aparecem os nomes de Aristóteles, Tomás de Aquino, do jesuíta

395 Idem, p. 340.
396 Idem, p. 343-4.

espanhol Luis de la Puente, do filófoso escolástico italiano Pedro de Lombardo e em seus textos são citados Pitágoras, Parmênides, Heráclito e Demócrito.

O estudo que Octavio Paz faz da biblioteca de sóror Juana é fascinante e para mim é um dos capítulos mais interessantes do seu livro, mas eu não poderia reproduzir aqui suas 17 páginas, já que o autor espalha essa pesquisa no âmbito de toda sua obra e, na página 518, comentando os conhecimentos de anatomia de sóror Juana, afirma que *Ela deve ter conhecido essas ideias nos manuais da época, embora nos retratos de Miranda e Cabrera se veem, nas estantes, volumes de Hipócrates e Galeno e outros tomos em latim de anatomia, cirurgia e farmácia.* Meu espaço não permite estender-me mais sobre esse assunto e ao fechar a porta de tão fascinante biblioteca, quero finalmente acrescentar que os séculos XVI e XVII foram as grandes encruzilhadas da cultura ocidental, onde por um lado se conjugam os símbolos da alegoria e da mitologia, do hermetismo e do platonismo, junto com as novas concepções cosmográficas e o avanço vitorioso das ideias cartesianas e da astronomia newtoniana. Juana viveu numa época culturalmente fascinante. Não somente pelo brilho da poesia e do teatro espanhol, mas também pela presença subversiva de grandes pensadores que ousaram questionar a intolerância dogmática da Igreja, como Copérnico e Giordano Bruno. Viveu na fronteira de dois mundos do pensamento, num tempo em que acabava o romance entre a escolástica e a filosofia aristotélica e começava o namoro entre o neoplatonismo e a jovem Renascença. Toda essa suculenta sopa de cultura, ainda fortemente condimentada pelo pensamento dos grandes teólogos e Pais da Igreja, certamente estavam presentes nas milhares de páginas do fantástico acervo reunido em tão famosa biblioteca. Sem dúvida leu a *Douta ignorância* de Nicolau de Cusa, as obras dos italianos Giovanni Pico della Mirandola e Marsílio Ficino – criador da expressão “amor platônico”– e bem como do jesuíta alemão Athanasius Kircher, humanistas cuja fantástica erudição deve ter sido assimilada pelo seu insaciável amor pelo conhecimento, que caracterizou, ao lado da paixão pela poesia, sua singular personalidade.

Apesar do seu platonismo e do conhecimento do hermetismo que, por certo, conheceu na ampla leitura de Kircher, sóror Juana nada tinha de mística. É o que afirma, categoricamente, Mirta Aguirre, ao assegurar que:

> *Mística, Sor Juana no lo era. No lo fue nunca, aunque la poesía de los místicos españoles le fuese familiar y literalmente supiese expresarse a lo místico alcanzando a veces la altura de un San Juan de la Cruz, lo mismo que podía igualar, cuando queria, la tonalidad de un Garcilaso. A ella no fue dado el estado de éxtasis y la unión hipostática le fue desconocida. Ella no era una Teresa de Jesús de visiones y "lanzadas" y ni siquiera un fray Luis que hubiese escuchado los "inenarrables gemidos de la voz Del Espírito Santo".*[397]*

6. O Teatro

Aos vinte e cinco anos, sóror Juana publica os primeiros vilancicos e, por volta dos trinta anos, sua produção literária entra numa fase de grande fecundidade, marcada pela beleza lírica dos sonetos, coplas, vilancicos, liras de amor, loas, peças de teatro e autos sacramentais, produção literária cuja qualidade iria colocá-la entre os maiores poetas de sua época. É neste período que escreve o *Neptuno alegórico*, o arco triunfal para saudar, em 1680, a entrada do novo vice-rei Manuel de la Cerda: conde de Paredes e Marquez de Laguna. Surgem também suas peças de teatro como as comédias: *La segunda Celestina*, *Los empeños de una casa*, uma peça em parte autobiográfica, cujo título faz um jogo com a comédia de Calderón de la Barca, *Los empeños de un ocaso* e a peça com motivação mitológica *Amor es más labirinto*, onde a ação gira

397 Aguirre, M. Op. cit., p. 9-10.

* *Mística,* Sóror *Juana não era. Não o foi nunca, ainda que a poesia dos místicos espanhóis lhe fosse familiar e literalmente soubesse expressar-se no místico alcançando às vezes à altura de São João da Cruz, e podendo mesmo igualar-se, quando queria, ao tom de um Garcilaso. A ela não foi dado o estado de êxtase e a união hipostática lhe era desconhecida. Ela não era uma Teresa de Jesus de visões e "desdobramentos" e nem mesmo um frei Luis que houvesse ouvido os "inenarráveis gemidos da voz do Espírito Santo".*

em torno de Teseu, Ariadne e a lenda do Minotauro de Creta, mostrando que não há labirinto mais difícil, misterioso e atraente do que o amor.

Escreveu três autos sacramentais: *El martir del Sacramento: San Hermenegildo, El cetro de José* e o mais importante deles: *El divino Narciso*, escrito bem mais tarde, em 1688, publicado no ano seguinte e tido como o mais original e perfeito de seus autos. É um drama marcado pelo lirismo, onde Narciso é a personificação de Jesus e no qual se mesclam as tradições astecas e católicas, no contexto da conversão ao cristianismo.

No estudo liminar que faz aos *Autos y loas* das *Obras completas,* Alfonso Méndez Plancarte, ao analisar *El divino Narciso*, classifica-o *como el más logrado y bello de todos los "Autos mitológicos", sin excepción*. Mais adiante cita a opinião do insigne crítico alemão Karl Vóssler:

> *Su Divino Nasciso es de lo más bello que la literatura puede presentar en el género de los Autos Sacramentales... El encanto de la obra, difícil de precisar..., está quizás en la sensualidad difusa y llena de alma con que se sientem, se reflejan y se cantan las cosas del Más Allá, y en la erótica intelectual femenina, cuya gracia...no deprecia, sino mitiga, el asunto grandioso... El espírito de la poetisa abarca toda la amplitud del Misterio... Su fantasía percibe el Drama Eterno en formas mansamente virginales, como un drama entre pastores y ninfas, en bosques, junto a fuentes, flores y arbustos, acompañado de música y canto... Versos redentores..., sentencias profundas..., entonaciones igualmente tiernas e inteligentes...*[398]*

398 Méndez Plancarte, A. Opus. cit., Estúdio liminar. Tomo III, p. LXXV- LXXVI.

** Seu Divino Narciso é do mais belo que a literatura pode apresentar no gênero dos Autos Sacramentais... O encanto da obra, difícil de precisar... está talvez, na sensualidade difusa e cheia de alma com que se sentem, se refletem e se cantam as coisas do Além, e na erótica intelectual feminina, cuja graça... não deprecia, senão mitiga, o grandioso assunto... O espírito da poetisa abarca toda a amplitude do Mistério... Sua fantasia percebe o Drama Eterno em formas mansamente virginais, como um drama entre pastores e ninfas, em bosques, junto a fontes, flores e arbustos, acompanhado de música e canto... Versos redentores..., sentenças profundas..., entonações igualmente ternas e inteligentes.*

Não é outra a opinião de Mirta Aguirre: *¿Cuántos osan reconocer que su Divino Narciso es más bello que cualquier auto sacramental calderoniano?*[399]**

Distribuída no terceiro e quarto tomos das *Obras completas*, a dramaturgia de sóror Juana Inés de la Cruz mereceu o capítulo *O palco e a corte*, no livro de Paz, o qual, citando o historiador de teatro no México, Armando de Maria y Campos conta que as peças *Amor es más labirinto* e *Los empeños de una casa* foram representados em Manilla, em 1709, pela celebração do nascimento do filho de Felipe V. E acrescenta que *Em seu século, só Lope de Vega, Góngora e Calderón tiveram tão ampla fama; depois, na era moderna, unicamente Darío, Neruda e Borges.*[400]

Paz, na sua imensa *via-sacra*, pronunciando sua imensa erudição na literatura dramática, pergunta: *Terá realmente lido os trágicos?* Sófocles e Eurípedes são citados no *Neptuno alegórico* e Ésquilo e Sófocles são citados no poema (38). Imagino que tenha conhecido os trágicos gregos e inclusive Aristófanes, – já que sóror Juana era comediante – e que tenha lido também as tragédias gregas do ciclo tebano, especialmente as três peças de Sófocles, onde a concepção do trágico chega ao seu clima mais perfeito. No entanto, como os grandes dramaturgos do século de ouro espanhol, não escreveu nenhuma tragédia. É algo intrigante, e a única tragédia que conheço do Século do Ouro espanhol é a *Destruição da Numância*, de Cervantes. Por que, numa época marcada por tantas intrigas religiosas c palacianas, que poderiam enriquecer o conteúdo dramático, nem Calderón de la Barca, – o mestre seguido por sóror Juana – nem Lope de Vega – um dos mais prolíficos autores da dramaturgia universal – não escreveram tragédias? Teria o Santo Ofício desencorajado todas as inspirações para este gênero? Sabe-se que o teatro foi a grande arte do século XVII, mas restringiu-se a comédias e autos sacramentais, assim como textos teatrais de ocasião como as loas e sainetes. Sabe-se também que as peças de sóror Juana, em sua época,

---

399 Aguirre, M. Opus cit., p. 46.
** *Quantos ousam reconhecer que seu Divino Narciso é mais belo que qualquer auto sacramental calderoniano?*
400 Paz, O. Opus cit., p. 469.

nunca foram representadas no teatro popular, pois foram exibidas somente nos recintos da corte.[401]

7. A Poesia

As histórias da literatura hispano-americana, baseadas nos métodos da periodização por estilos, classificam os três séculos coloniais pelo renascentismo, barroco e neoclássico (rococó) onde já se mistura o romantismo. Como se sabe, o barroco dominou a poesia lírica e épica do século XVII. Nesse contexto, Luis de Góngora y Argote exerceu a grande, senão a maior influência. Muito se tem escrito sobre a influência do poeta cordovês na poesia de sóror Juana, associando-se os três séculos em que foi esquecida, com a rejeição generalizada do estilo barroco e, consequentemente, da aversão ao gongorismo, nos séculos XVIII e XIX. Seu renascimento, como poeta, em parte deve-se à redescoberta de Góngora e do barroco no século XX, graças aos estudos de Menéndez y Pelayo sobre sóror Juana e a historiadores da arte e da literatura como Jacob Burckhardt e Heinrich Wölfflin, cuja reinterpretação da cultura seiscentista projetaram novas luzes sobre o barroco, até então ofuscado pejorativamente com os significados de extravagante, bizarro e alambicado.

---

401 Na atualidade, o teatro de sóror Juana tem sido tratado em profundidade pelo dramaturgo e crítico mexicano Guillermo Schmidhuber de la Mora. Foi ele quem descobriu a peça *La segunda Celestina* atribuída a sóror Juana e publicada com prólogo de Octavio Paz. Schmidhuber a considera como a primeira dramaturga em língua moderna. A premiada *Revista Hispanista* – editada em Niterói, em português e castelhano, pela doutora em literaturas espanhola e hispano-americana, Suely Reis Pinheiro – publicou, na edição n. 15, de 2003, um excelente artigo de Guillermo Schmidhuber sobre o teatro de sóror Juana onde conclui que, quantitativamente, *sor Juana fue más dramaturga que poeta. Un conteo de las obras sorjuaninas del género dramático suma cincuenta y dos, incluyendo tanto las obras originales, como las escritas en colaboración. En la historia del teatro universal no había habido una mujer escritora con una producción dramática comparable. Ni en el México colonial, ni en la España de los siglos de oro, no había el antecedente de una monja que escribiera comedias con tanta sapiencia y calidad.* *

* *sóror* Juana foi mais dramaturga do que poeta. Uma contagem das obras sorjuaninas do gênero dramático soma cinquenta e duas, incluindo tanto as obras originais, como as escritas em colaboração. Na história do teatro universal, não tinha havido uma mulher escritora com uma produção dramática comparável. Nem no México colonial, ou na Espanha dos séculos de ouro, não havia o antecedente de uma freira que escrevesse comédias com tanta sabedoria e qualidade.

O erudito estudo introdutório das *Obras completas de sor Juana Inés de la Cruz*, feito por Alfonso Méndez Plancarte enfoca o barroco espanhol e a influência de Góngora, sem o que, segundo ele, não se pode compreender a obra de sóror Juana. É esse também o pensamento do crítico italiano Giuseppe Bellini, segundo o qual *es Góngora el poeta que, en el triunfante Barroco, influyó de manera más honda en la poesía de la religiosa en cuanto a técnica y gusto.*[402] Aqui no Brasil, Otto Maria Carpeaux seguindo a mesma tendência, já afirmava, em 1960, que: *Entre todos os gongoristas, o único que tem algo de gênio do mestre é uma poetisa: a religiosa mexicana Juana Inés de la Cruz.*[403]

Mas essa não é exatamente a opinião de Octavio Paz: *As diferenças são maiores e mais profundas que as semelhanças. (...) A linguagem de Góngora é estética, a de sóror Juana, intelectual.*[404] Em torno dessa mesa, sentaram-se e sentam-se muitas opiniões e o que colocamos aquí é tão somente o espírito de uma polêmica, para mim irrelevante, diante da grandeza e da originalidade do que esvreveu.

Toda a obra de sóror Juana, constante dos quatro tomos das *Obras completas*, é identificada pela numeração. Os poemas dos dois primeiros volumes não têm título, mas todos são precedidos por uma frase de referência. A sequência do primeiro volume, – onde, para mim, encontra-se o mais interessante de sua poesia – ordena-se nas formas poéticas por Romances – filosóficos e amorosos, os dedicados aos Marqueses de Laguna, à condessa de Galve, os epistolares, sacros, etc. – Endeixas, Redondilhas, Décimas, Glosas, Sonetos, Liras, Ovillejos e Silvas. Sobre sua grande produção poética, é oportuno ressaltar a dificuldade de se datar seus poemas, já que seus manuscritos e suas cartas se perderam.

A poesia juanina se reparte entre o amor, a filosofia, a religião, a sátira e a mitologia. A poesia amorosa, embora não seja tão numerosa, foi sempre a mais estudada e em torno do tema se credita parte de sua glória como poeta, e sobre a qual se escreveram despropositadas ilações

---

402 Bellini, G. Op. cit., p. 138-9.

403 Carpeaux, O. M. *História da literatura ocidental.* Rio de Janeiro, Edições O Cruzeiro, 1960, v. II, p. 745.

404 Paz, O. Op. cit., p. 501.

e se criaram tantas fantasias, como já comentei. Sobre tão polêmico assunto, Amado Nervo pergunta:

> *¿Amó alguna vez de amor? Dicen que sí, que cierto caballero, allá cuando tenía diecisiete años y era dama de honor de la Marquesa de Mancera, se le adentró en el corazón, logrando inspirarle un gran afecto; añaden unos que este gentilhombre estaba muy alto para que Juana, hidalga, pero pobre, pudiese ascender hasta él; otros, que se murió en flor cuando iba ya a posarse sobre sus manos unidas la bendición que ata para siempre. Juana de Asbaje, inconsolabre, buscó alivio en el estudio e en el retiro. (...) ¿Esto es verdad? Muchos biógrafos afirman que si.*
>
> *(...) Por lo demás, el hecho de que haya amado no puede ser menos extraño. La hermosura de la doncella, a juzgar por los retratos que poseemos (...), era notable. Su ciencia y discreción rivalizaban con su belleza. Gran número de caballeros de la época solicitaban su mano. La Virreina, Marquesa de Mancera, la amaba y protegia; ¿Cómo dudar, por tanto, de que entre la turba de amartelados gentileshombres, ella, con todo ímpeto de su fervorosa adolescencia, escogiese uno de por vida?*
>
> *Pero, con elegancia suprema, supo guardarse muy adentro su dolor, que solo se percibe como un eco lejano en tales o cuales estrofas, y el grito, la rebelión, el ímpeto angustioso que pudieron inspirarle versos geniales, escondiéronse quietos y mudos dentro del hábito de monja.*[405]*

---

405 Nervo, A. Opus cit., p. 455, 7.

* *Amou alguma vez de amor? Dizem que sim, que um certo cavalheiro, quando então tinha dezessete anos e era dama de honra da marquesa de Mancera, se lhe adentrou no coração, conseguindo inspirar-lhe um grande afeto; acrescentam alguns que este cavalheiro era muito elevado para que Juana, fidalga, mas pobre, pudesse ascender até ele; outros dizem que ele morreu na flor da idade, quando já ia tomar suas mãos pela bênção que une para sempre. Joana de Asbaje, inconsolável, buscou alívio no estudo e no retiro. (...) Isso é verdade? Muitos biógrafos dizem que sim.*

(...) Além disso, o fato de que haja amado não pode ser menos estranho. Sua formosura de donzela, a julgar pelos retratos que temos (...), era notável. Sua ciência e discrição rivalizavam com sua beleza. Grande número de cavalheiros da época solicitavam sua mão. A vice-rainha, marquesa de Mancera, a amava e protegia; como duvidar, portanto, de que entre a turba de cavalheiros apaixonados, ela, com todo ímpeto de sua fervorosa adolescência, escolhesse um para sua vida?

Mas, com elegância suprema, soube guardar-se no íntimo de sua dor, que somente se percebe como um eco distante em tais e tais estrofes, e o grito, a revolta, o ímpeto angustiante que lhe inspiraram versos geniais, escondendo-se quietos e mudos dentro do hábito de freira.

Diante de tantas solicitações, durante o período em que viveu na corte, soube esquivar-se com honra e discrição, usando as sutilezas de seus versos, como neste jogo de palavras do soneto 168:

Al que ingrato me deja, busco amante;
al que amante me sigue, dejo ingrata;
constante adoro a quien mi amor maltrata;

maltrato a quien mi amor busca constante.
Al que trato de amor, hallo diamante,
y soy diamante al que de amor me trata;
triunfante quiero ver al que me mata,

y mato al que me quiere ver triunfante.
Si a éste pago, padece mi deseo;
si ruego a aquél, mi pundonor enojo:

de entrambos modos infeliz me veo.
Pero yo, por mejor partido, escojo
de quien no quiero, ser violento empleo,
*que, de quien no me quiere, vil despojo**.

Já neste seu conhecido soneto (164), ela canta o amor com o coração em lágrimas:

Esta tarde, mi bien, cuando te hablaba,
como en tu rostro y tus acciones vía
que con palabras no te persuadía,
que el corazón me vieses deseaba;

y Amor, que mis intentos ayudaba,
venció lo que imposible parecía:

---

* *Ao que ingrato me deixa, busco amante;/ ao que amante me segue, deixo ingrata;/adoro a quem meu amor maltrata,/ maltrato a quem meu amor busca constante. // Ao que trato de amor, acho diamante,/ e sou diamante ao que de amor me trata;/ triunfante quero ver ao que me mata/ e mato a quem quer ver-me triunfante.// Se a este cedo, padece o meu desejo,/ se rogo àquele, minha honra renego/ de ambos os modos infeliz me vejo.// Mas eu escolho o partido mais seguro:/ de ninguém quero ser um instrumento cego/ e que não me queiram como um ato impuro.*

pues entre el llanto, que el dolor vertía,
el corazón deshecho destilaba

Baste ya de rigores, mi bien, baste;
no te atormenten más celos tiranos,
nio el vil recelo tu quietud contraste

con sombras necias, con indicios vanos,
pues ya en líquido humor viste y tocaste
*mi corazón deshecho entre tus manos.***

Além dos sonetos de amor, há os temas voltados para a amizade e uma gama de variações afetivas. Os chamados poemas de amizade seguem os modelos do renascimento espanhol, e grande parte deles foram dedicados a María Luiza Manrique de Lara, a marquesa de Laguna, sua mecenas e fraterna amiga. Como já adiantei, são poemas de inspiração platônica, celebrando a empatia espiritual de ambas, sem qualquer intenção de sensualidade e onde a exaltação da formosura da marquesa é o resultado da idealização platônica da mulher, tão natural na poesia cortesã daquele tempo.

Neste fragmento, da longa redondilha de amor de número 84 (112 versos) se *descreve racionalmente os efeitos irracionais do amor*. Méndez Plancarte, em sua nota sobre o poema, afirma que nele se *concentra, maravillosamente asimilados, múltiples ecos de otros grandes poetas.*[406]

Este amoroso tormento
que en mi corazón se ve,
sé que lo siento, y no sé
la causa por que lo siento.

Siento una grave agonía
por lograr un devaneo

** *Esta tarde, meu bem, eu te falava/ e no teu rosto e nos teus atos via/ que com palavras não te persua dia,/ que o coração me visse desejava;// e o Amor, que meus intentos ajudava,/ venceu o que impossível parecia:/ pois entre o pranto, que a dor vertia,/ o coração desfeito destilava.// Basta já de rigores, meu bem, basta;/ não te atormentem mais ciúmes vãos,/ nem vil temor a calma te contraste// com sombras néscias, e tantos indícios,/ que já em líquido humor viste e tocaste/ meu coração desfeito em tuas mãos.*

406 Méndez Plancarte, A. Opus cit., tomo I, notas, p. 484.

que empieza como deseo
y para en melancolía.
Y cuando con más terneza
mi infeliz estado lloro,
sé que estoy triste e ignoro
*la causa de mi tristeza. (...)**

Já as redondilhas satíricas foram escritas para colocar os homens em seu lugar e são uma expressão do seu feminismo e um grito de alerta contra a condição de inferioridade da mulher. A redondilha 92 é o seu mais eloquente exemplo. O poema tem 17 quadras e aqui apresentamos três:

Hombres necios que acusáis
a la mujer sin razón,
sin ver que sois la ocasión
de lo mismo que culpais:

si com ansia sin igual
solicitais su desdén,
¿por qué quereis que obren bien

si la incitais al mal? (...)
Siempre tan necios andáis
que, con desigual nível
a una culpáis por cruel
y a otra por fácil culpáis. (...)

O poema – diz Octavio Paz – *foi uma ruptura histórica e um começo – pela primeira vez na história da nossa literatura uma mulher fala em causa própria, defende seu sexo e, com graça e inteligência, usando as mesmas armas de seus detratores, acusa os homens pelos vícios que eles atribuem às mulheres.*[407*]

---

* *Este amoroso tormento/que em meu coração se vê,/o sinto, e não sei o que/me causa este sentimento. /Sinto uma grave agonia/que chega num denaveio,/que começa como anseio e acaba em melancolia./E quando nessa incerteza/meu infeliz estado choro,/sei que estou triste e ignoro a causa de minha tristeza.*
Nota do autor: Na tradução desse fragmento, tive que sacrificar alguns significados para favorecer as rimas.

407 Paz, O. Op. cit., p. 420.

* Homens néscios que acusais/a mulher sem ter razão,/ sem ver que sois a ocasião/ do mesmo com que culpais:/ se com ânsia sem igual/solicitais seu desdém,/porque quereis que obrem bem/se a

No poema 211, com a referência: *Que expresan sentimientos de ausente*, há alguém a quem ela confessa sua mágoa, marcada pelo sentimento melancólico que certamente lhe impunha a solidão do claustro. O poema tem 90 versos dos quais escolhemos os 6 seguintes:

Óyeme con los ojos,
ya que están tan distantes los oídos,
y de ausentes enojos
en ecos de mi pluma mis gemidos;
y ya que a ti no llega mi voz ruda,
*óyeme sordo, pues me quejo muda.***

É contudo na poesia filosófica que ela abre a alma para dimensionar sua grandeza moral, como no soneto 145, onde cada verso é um passo em busca da perfeição poética:

Este que ves, engaño colorido,
que del arte ostentando los primores,
con falsos silogismos de colores

es cauteloso engaño del sentido;
éste, en quien la lisonja ha pretendido
excusar de los años los horrores,
y venciendo del tiempo los rigores

triunfar de la vejez y del olvido,
es un vano artificio del cuidado,
es una flor al viento delicada,

es un resguardo inútil para el hado:
es una necia diligencia errada,

---

incitais ao mal/(...) Sempre tão néscios andais/que, com desigual nível,/ a uma culpais por cruel,/e a outra por fácil culpais. (...)

** *Ouve-me com os olhos,/já que estão tão distantes os ouvidos,/e de ausentes enfados/ em ecos de minha pena meus gemidos;/ e já que a ti não chega minha voz rude,/Ouve-me surdo, pois me queixo muda.*

es un afán caduco y, bien mirado,
*es cadáver, es polvo, es sombra, es nada.**

No soneto 146, a frase de referência insinua sua aversão aos vícios e à vaidade, bem como seu despojamento e sua opção pela beleza intelectual:

¿En perseguirme, mundo, qué interesas?
¿En qué te ofendo, cuando sólo intento
poner bellezas en mi entendimiento
y no mi entendimiento en las bellezas?

Yo no estimo tesoros ni riquezas,
y así, siempre me causa más contento
poner riquezas en mi entendimiento
que no mi entendimiento en las riquezas.

Y no estimo hermosura que vencida
es despojo civil de las edades
ni riqueza me agrada fementida,

teniendo por mejor en mis verdades
consumir vanidades de la vida
*que consumir la vida en vanidades.***

Primero sueño, seu mais longo e extraordinário poema, contém 975 versos e está identificado pelo número 216, no primeiro tomo das *Obras completas*. Diante de tantas análises que multiplicaram os significados dessa obra fantástica da poesia juanina, meu entendimento, que é de um poeta e não de um crítico, é que se trata de um poema

---

* *Este que vês, engano colorido,/que da arte ostenta os primores,/com falsos silogismos de cores/é cauteloso engano do sentido;/este, em quem a lisonja tem querido/desculpar dos anos os horrores, /e vencendo do tempo os rigores/triunfar da velhice e do olvido,/é um vão artifício, é desatino, /é uma flor ao vento, delicada, /é um resguardo inútil ante o destino: /é uma néscia diligência errada;/é um afã caduco e, bem olhado,/é cadáver, é pó, é sombra, é nada.*

** *Em perseguir-me, Mundo, que te interessa?/ Em que te ofendo, quando só intento/ pôr a beleza em meu entendimento/ e não meu entendimento nas belezas?/ E não estimo tesouros nem riquezas;/ e sempre me causa mais contentamento/ pôr a riqueza em meu pensamento/ do que meu pensamento nas riquezas;/ E não estimo formosura que, vencida,/ é o despojo civil das idades,/ nem riqueza me agrada fementida,/ tendo por melhor, em minhas verdades,/ consumir as vaidades dessa vida/ que consumir a vida em vaidades.*

conceitual e alegórico que transita entre a filosofia, a ciência e a mitologia. Conta o desdobramento do corpo espiritual da poeta pelas regiões lunares durante o sono fisiológico do corpo físico. Fenômeno sonambúlico semelhante à experiência de Dante na *Divina comédia*, sendo guiado pelo poeta Virgílio. Nesse caso, o espírito de Juana caminha sozinho e durante uma única noite. Os versos marcam os passos noturnos de uma alma, numa viagem pelo mundo dos sonhos à procura do conhecimento, da compreensão do Universo, de onde volta desiludida, vencida pelo enigma e identificando-se apenas no último verso, ao acordar ante *el Mundo Iluminado y yo despierta*. O poema é uma aventura espiritual frustrante, na qual o espírito liberto do corpo projeta-se num mundo de luzes e sombras, obeliscos e pirâmides e ante a vertigem das dimensões abissais e silenciosas do cosmos. Muito diferente da visão freudiana do sonho, marcada pelo poder inconsciente do desejo, *Primero sueño* abre caminhos entre metáforas científicas e mitológicas, num discurso entre a escolástica e o neoplatonismo. Sua beleza lírica, originalidade e linguagem de vanguarda indicam o porquê da singular posição que ela ocupou entre os poetas do seu tempo. Méndez Plancarte, em sua Introdução às *Obras completas* comenta que *Primero sueño: tiene aliento y grandeza apenas hoy comparables con la magnífica aunque panteísta* Muerte sin fin *de José Gorostiza, o con* Le Cimetière Marin *de Paul Valéry, y constituye la más auténtica emulación, en su aristocracia formal, del Góngora de las* Soledades, *(...)*[408]

Octavio Paz, que dedica 38 páginas de seu livro para analisá-lo, distinguindo-o pela sua originalidade e seu lugar único na história da poesia moderna, prefere relacioná-lo com o célebre poema de Mallarmé, afirmando que:

> *Ele se parece, sobretudo e antes de tudo, com o poema em que se resume toda essa poesia: "Un coup de dés". O poema de Juana Inés inaugura uma forma poética que se inscreve no próprio centro da Idade Moderna; melhor dizendo, que constitui a tradição moderna em sua*

408 Méndez Plancarte, A. Op. cit., Introducción, Tomo I, p. XXXIII e XXXIV.
Primeiro sonho: tem o alento e a grandeza apenas hoje comparáveis com a magnífica ainda que panteísta "Morte sem fim" de José Gorostiza, ou com "O cemitério marinho" de Paul Valéry, e constitui a mais autêntica emulação, na sua aristocracia formal, do Góngora das "Solidões"(...)

forma mais radical e extrema: justamente no polo oposto da "Divina comédia". Poema barroco que nega o barroco, obra tardia que prefigura a modernidade mais moderna.[409]

8. A Carta atenagórica

A Carta atenagórica – título bizarro que significa *digna da sabedoria de Ateneia* – foi escrita por sóror Juana Inés de la Cruz e dedicada a sóror Filotea de la Cruz, pseudônimo de Manuel Fernández de Santa Cruz, bispo de Puebla, a pedido do qual a *Carta* teria sido escrita e por quem foi publicada nessa cidade mexicana, em novembro de 1690. Na polêmica *Carta*, consta uma crítica ao padre Antônio Vieira, relacionada ao *Sermão do mandato*, pronunciado na capela real de Lisboa, em 1650, no qual se refere ao versículo 12, do capítulo 15, do Evangelho de João, onde se lê: *Um mandato novo lhes dou: que vos amais uns aos outros, assim como eu vos tenho amado.* O jesuíta português Antônio Vieira (Lisboa, 1608- Salvador, 1697), o nosso padre Vieira, chamado "príncipe dos pregadores católicos de seu tempo", foi contemporâneo de Juana Inés de la Cruz, e ficou famoso não somente pelas suas belíssimas pregações em Salvador e em Lisboa, mas também como defensor dos índios, negros e judeus convertidos.

A *Carta*, aparentemente, é dirigida a alguém desconhecido e ilustre que lhe pediu a sua opinião sobre o sermão de Vieira e sobre a qual a autora pede discrição, não se responsabilizando pela sua possível publicação. Na verdade, a *Carta* não cita Vieira, embora o identifique como jesuíta, e toda a polêmica, – muita estranha para os nossos dias – gira em torno da contestação de seus comentários do pregador português sobre os gestos fraternos de Jesus – as finezas do Cristo – nas opiniões de Santo Agostinho, Tomás de Aquino e João Crisóstomo, com as quais sóror Juana não concordou, certamente pela forma pretensiosa colocada por Vieira:

---

409 Paz, O. Op. cit., p. 531-2.

O estilo que guardarei neste discurso, para que procedamos com muita clareza, será este: referirei primeiro as opiniões dos santos, e depois direi também a minha, mas com esta diferença, que nenhuma fineza do amor de Cristo me darão que eu não dê outra maior, e a fineza do amor de Cristo que eu disser ninguém me há de dar outra igual.[410]

Foi ante este orgulhoso pronunciamento que sóror Juana reagiu para defender os Santos e colocar sua própria opinião. Não entrarei no mérito dessas sutilezas teológicas, hoje totalmente extemporâneas, mas em respeito à curiosidade do leitor, cito o próprio esforço de Octavio Paz em resumir uma dessas opiniões:

São João Crisóstomo era de opinião que "a maior fineza foi lavar os pés dos discípulos", entre eles, o próprio Judas, o traidor. Vieira sustenta magnificamente que Cristo lavou os pés de Judas, como dos outros, porque "o amor elevado não procura causa nem efeito – ama por amar. Sóror Juana, como já mencionei anteriormente, refuta o orador definindo o significado de fineza: a causa do ato é o amor e lavar os pés é sua fineza, quer dizer, sua expressão ou signo exterior. Assim, lavar os pés do próprio Judas, sim, teve causa: o amor de Jesus às criaturas.[411]

Paz escreve 20 páginas para analisar toda essa "vã filosofia" e sequer me encorajo a resumir toda a sua argumentação em torno de conceitos doutrinários como: *correspondências, favores negativos, graça suficiente, graça eficaz,* etc. A importância histórica dessa *Carta* – onde a poeta mostra sua sólida cultura teológica, coerência intelectual e uma genial capacidade para o debate – reside nos problemas posteriores que a notoriedade dos fatos trouxe à sua vida e à sua obra.

A publicação da *Carta atenagórica* vinha precedida da carta do bispo de Puebla sob o disfarce de Sor Filotea, – uma suposta freira, estudiosa da poesia, reclusa no convento da Santíssima Trindade de Puebla – onde responde a sóror Juana, criticando suas atividades literárias,

410 Vieira, A. *Sermões*. Erechim, Edelbra, 1998, v. VIII.
411 Paz, O. Idem, p. 545.

questionando sua vocação religiosa e induzindo-a a dedicar-se exclusivamente aos estudos sagrados.

A poetisa cubana Mirta Aguirre Carreras (1912-1980) cujo livro, *Del encausto a la sangre: Sor Juana Inés de la Cruz,* é um tributo à imagem independente e combativa de sóror Juana e uma defesa intransigente de sua posição no episódio da *Carta atenagórica,* – tendo obtido, com a publicação da obra, o primeiro prêmio num concurso literário realizado em Cuba, em 1974, – fez um importante estudo sobre a vida e a obra de sóror Juana, citando fontes preciosas, certamente pesquisadas durante seu exílio político no México, no período do ditador cubano Gerardo Machado, deposto em 1933, pelo golpe militar de Fulgêncio Batista. Na obra de Mirta Aguirre, todo o assunto da *Carta* e suas consequências são analisados com profundo espírito crítico e invulgar inteligência.

> *Toda la "Carta Atenagórica"* – escreve ela – *está dedicada a tratar de las finezas, de los extremos de amor de Cristo hacia los hombres, cuando llega el instante de dejar de permanecer entre ellos. Toda la "Atenagórica" revela las largas y profundas meditaciones dedicadas por Sor Juana Inés de la Cruz a la índole y a las manifestaciones del Amor Divino. Palabras de Cristo en el Cenáculo, en el Huerto, en sus prédicas, esmaltan todo el texto, en el que nada hay de autor pagano ni de erudición profana. (...) ¿De dónde manan, qué razón de ser tienen, entonces, los reproches de Sor Filotea? ¿Por qué habla de robos a la Sabiduría Divina cometidos por las letras humanas? ¿Por qué asegura que se ha regalado ya demasiado tiempo a las ciencias "curiosas" y que es hora de dejar éstas por las "provechosas"?*
>
> *El problema está en que la profesa de Puebla estima que aunque su gran inteligencia le haya permitido escribir la Atenagórica, la Sor Juana Inés de México anda muy mal. Hay poemas que mejor habría hecho en no escribir. Hay cuadros y miniaturas que mejor hecho en no pintar. Hay tratados musicales que ninguna necesidad había de que hiciera. Las plantas, los animales, las personas, los luceros celestes, son como Dios los hizo y no hay por qué – por lo menos una mujer y menos una monja – pretender hallarles explicaciones racionales...*

Deje en paz Sor Juana a las ciencias concretas y ocúpese más de las del espírito:(...)[412]

Mirta Aguirre cita a parte final da *Carta de Sor Filotea*, onde, depois de um rosário de desconsiderações sobre as opiniões de sóror Juana, se lê o mais estranho, e porque não dizer o mais hipócrita dos sentimentos de fraternidade, expressado por um dos seus mais íntimos interlocutores intelectuais:

Esto desea a V.md, quien, desde que la besó, muchos años ha, la mano, vive enamorada de su alma, sin que se haya entibiado este amor con la distancia ni el tiempo; porque el amor espiritual no padece achaques de mudanza, ni le reconoce el que es puro si no es hacia el crecimiento. Su Majestad oiga mis súplicas e haga a V. md. muy santa, y me la guarde en toda prosperidad.[413]

Na sequência comenta a poeta cubana: *Pocas páginas tan pródigas en intencionados flechazos pueden leerse, como estas que constituyen el final de la "Carta de Sor Filotea de la Cruz". Pocas tan aguzadas para herir a profundidad. (...)*[414]

---

412 Aguirre, M. Op. cit., p. 37-8.
Toda a "Carta Atenagórica" – escreve Mirta Aguirre – está dedicada a tratar das finezas, dos extremos do amor de Cristo para os homens, quando chega o instante de separar-se deles. Toda a "Atenagórica" revela as longas e profundas meditações dedicadas por Sóror Juana Inés de la Cruz à natureza e às manifestações do Amor Divino. Palavras de Cristo no Cenáculo, no Horto, em suas pregações, esmaltam todo o texto, no qual nada há de autor pagão, nem de erudição profana. (...) De onde nascem, que razão de ser têm, então, as censuras de Sóror Philothea? Por que falar de roubos à sabedoria divina cometidos por letras humanas? Por que garante que se deu demasiado tempo às ciências "curiosas" e que é hora de deixar estas pelas "proveitosas"?
O problema é que a freira de Puebla acha que ainda que sua grande inteligência lhe haja permitido escrever a Atenagórica, Sóror Juana Inés de México anda muito mal. Há poemas que melhor teria sido não escrever. Há quadros e miniaturas que melhor seria não ter pintado. Há tratados musicais que não havia necessidade de fazê-los. As plantas, os animais, as pessoas, as constelações celestes, são como Deus os fez e não há por quê – pelo menos para uma mulher e menos para uma monja – pretender achar para isso explicações racionais... Deixe em paz Sóror Juana as ciências concretas e ocupe-se mais das do espírito: (...)

413 Idem, p. 38-9.
Isso vos deseja quem, desde que beijou sua mão, há muitos anos, vive enamorada de sua alma, sem que haja amornado este amor com a distância nem o tempo; porque o amor espiritual não sofre achaques de inconstância, nem reconhece o que é puro se não é para o crescimento. Sua Majestade ouça minhas súplicas e vos faça muito santa e a guarde na maior prosperidade.

414 Idem, p. 39.
Poucas páginas tão pródigas em intencionadas flechadas podem ser lidas, como estas que constituem o final da "Carta de Sor Filotea de la Cruz". Poucas tão afiadas para ferir tão profundamente.

Mas o que há por trás de todo este cenário? E Octavio Paz também pergunta: *O que aconteceu entre maio de 1680 e março de 1681?* Segundo ele, a nomeação do espanhol Francisco Aguiar y Seijas como arcebispo da Nova Espanha, em março de 1681, deve ter irritado visceralmente o bispo de Puebla que já teria sido nomeado para o cargo em maio de 1680, mas que, em consequência de poderosa interferência no tráfico de influências, a escolha final de Madri favoreceu Aguiar, o bispo de Michoacán. Como o jesuíta Aguiar e Seijas era admirador e grande amigo do jesuíta Antônio Vieira, a crítica a Vieira feita por sóror Juana, – a pedido de Manuel Fernández de Santa Cruz – era indiretamente dirigida ao arcebispo da Nova Espanha, o qual odiava o sexo feminino, a ponto de não permitir que qualquer mulher entrasse em sua casa. Estabelecida esta disputa entre Santa Cruz e Aguiar y Seijas, sobreveio a desforra do primeiro pela crítica ao pensamento de Vieira, amigo de Aguiar, e agravado pelo fato de ter sido escrito por uma mulher e uma freira, sobre a qual ele, como arcebispo, tinha poderes. Octavio Paz complementa:

> *Só dentro do contexto dessa rivalidade podemos responder com um mínimo de exatidão às perguntas que fizemos. A "Carta atenagórica" é um texto polêmico no qual a crítica a Vieira esconde uma crítica para Aguiar. Ela é feita por uma mulher, nova humilhação para Aguiar, que odiava e desprezava o sexo feminino. A Carta é publicada pelo bispo de Puebla, que assim protege sóror Juana com sua autoridade. O bispo escreve um longo prólogo sob um pseudônimo feminino, burla e vexame de Aguiar e Seijas. Por que só agora foi possível esclarecer um pouco – embora ainda existam muitos pontos obscuros – o enigma da "Carta atenagórica"? Talvez porque no século XX aprendemos a despojar essas tragédias e comédias de máscaras que são os conflitos nas sociedades regidas por uma ortodoxia e uma burocracia.*[415]

O arcebispo da Nova Espanha, Francisco Aguiar y Seijas, embora caridoso com os pobres, era radical, austero e impiedoso. Detestava o teatro, a poesia e as mulheres, e sóror Juana foi, indiretamente, uma vítima de sua soberba, através de queixas e reprimendas feitas pela diretora do convento e por seu próprio confessor, Antonio Núñez de Miranda.

415 Paz, O. Opus cit., p. 556-7.

Tais atitudes não tiveram maiores consequências, em vista do amparo que ela recebia do vice-rei e da condessa de Paredes e posteriormente, de Elvira de Toledo, a condessa de Galve, a quem dedicou cinco de seus romances. A oculta condenação do arcebispo ao seu pendor literário era, na verdade, uma sentença à sua condição de mulher, para ela, quem sabe, um íntimo privilégio porque dela nunca se envergonhou. Sua crítica ao sermão de Vieira foi um gesto de coragem e de desafio à arrogância e a misoginia de Aguiar y Seijas, amigo e admirador de Vieira e cuja fraterna reciprocidade levou o jesuíta português a dedicar, em 1675 e 1678, ao então bispo de Michoacán, dois volumes de seus *Sermões*, publicados em Madri. Coragem e desafio que sóror Juana explicitou na *Carta atenagórica* quando colocou que uma *pobre mulher é o instrumento de Deus para castigar um soberbo*.

9. Respuesta

A *Respuesta a sóror Filotea de la Cruz* veio quatro meses depois, em março de 1691, mas somente foi publicada postumamente, na edição espanhola de *Fama e obras póstumas del fenix de México y décima musa*, em 1700. O célebre texto foi sua legítima reação às repercussões que as duas cartas tiveram nos meios clericais ibero-americanos. De caráter autobiográfico, a *Respuesta* é uma réplica aos ataques à sua condição de mulher e de freira e à defesa de seu direito, – e das mulheres – ao estudo, às atividades intelectuais e ao conhecimento como o melhor caminho para chegar a Deus. *A Respuesta é um documento único na história da literatura hispânica*, afirma Paz. É nessa tribuna que ela vai em busca de si mesma ao exaltar as grandes mulheres da história, apresentando a condição feminina revestida de uma ousadia, um poder intelectual e um espírito de luta até então desprezados no mundo hispânico. Num trecho da *Respuesta*, ela argumenta com audácia: *Nem a tolice é exclusiva das mulheres nem a inteligência privilégio dos homens.* Alberto G. Salceda, na Introdução ao Volume IV das *Obras completas,* afirma que a *Respuesta* é a carta magna de la *libertad intelectual de la mujer americana.*

Na exposição de suas ideias, Juana Inés faz uma leitura sincera e direta de sua vida, trazendo revelações de sua infância, abordando os conflitos entre sua vocação literária e a vida no claustro onde, durante os 26 anos em que lá esteve, não encontrou ninguém com quem compartilhar seu interesse pelo conhecimento, no qual ela transitava com versatilidade e elegância intelectual nos campos da literatura, da ciência, da filosofia e da teologia, astronomia, etc. Retrata a vida vazia, fútil e os mexericos do convento, onde sofreu perseguições abertas ou disfarçadas, embora confessando que este foi o único caminho que lhe restou para mitigar sua sede de saber em busca do sossego e o silêncio que permitisse dedicar-se exclusivamente aos livros.

A *Respueta a sóror Filotea* é o espelho cristalino de sua vida e um extenso documento onde ela abre o coração para também denunciar sua *via crucis*:

> *Quién no creerá, viendo tan generales aplausos, que he navegado viento en popa y mar en leche, sobre las palmas de las aclamaciones comunes? Pues Dios sabe que no ha sido muy así, porque entre las flores de esas mismas aclamaciones se han levantado y despertado tales áspides de emulaciones y persecuciones, cuantas no podré contar, y los que más nocivos y sensibles para mí han sido, no son aquéllos que con declarado odio y malevolencia me han perseguido, sino los que amándome y deseando mi bien (y por ventura, mereciendo mucho con Dios por la buena intención), me han mortificado y atormentado más que los otros, con aquel: "No conviene a la santa ignorancia que deben, este estudio; se ha de perder, se ha de desvanecer en tanta altura con su misma perspicacia y agudeza". ¿Qué me habrá costado resistir esto? ¡Rara especie de martirio donde yo era el mártir y me era el verdugo!*[416*]

---

416 *Respuesta a sóror Filotea de la Cruz.*
* *Quem não acreditará, vendo tão generalizados aplausos, que tenho navegado de vento em popa e em mar de leite, sobre as palmas de tão comuns aclamações? Pois Deus sabe que não tem sido bem assim, porque entre as flores dessas mesmas aclamações se têm levantado e despertado as tais víboras das emulações e perseguições. Quantas eu não poderei contar, mas para mim as mais nocivas e sensíveis, não são aquelas que com declarado ódio e maldade me têm perseguido, mas aquelas que, me amando e desejando meu bem (e quem sabe, tenham muito merecimento ante Deus pela boa intenção), me tem mortificado e atormentado mais que os outros, com o seguinte: "Não convém à santa ignorância que*

10. A crise

Os efeitos da *Carta atenagórica* e da *Respuesta* foram espalhando pedras e espinhos em seus passos. Por trás dos ataques feitos de forma manuscrita ou publicamente nos púlpitos das igrejas e no interior de colégios e seminários, estava o poder das sugestões insidiosas do arcebispo Aguiar y Seijas. Por trás da crítica a Vieira, sua dedicação à literatura profana e seu distanciamento das letras sagradas, as recriminações cruzaram as fronteiras do México, chegaram à Espanha e mais tarde a Portugal.** Dois anos depois, as trincheiras da intolerância e do despeito estavam escavadas em torno do seu talento e do seu encanto. Como silenciar e humilhar aquela mulher que não teve mestres, que não frequentou universidades e que ousara contestar o maior orador sacro do seu tempo? Diante dessa orquestrada perseguição, o bispo de Puebla, causador de todo o problema – já que pediu a sóror que escrevesse a crítica a Vieira e a publicou sem sua autorização – se manteve num cômodo silêncio *revelando uma cautela que beirava a dissimulação e a hipocrisia*, no dizer de Paz que mais adiante continua:

> *A reação do confessor de sóror Juana, o jesuíta Antonio Núñez de Miranda, foi ainda mais dura: ele lhe retirou sua ajuda e se negou a vê-la. Núñez de Miranda era uma figura de grande prestígio e influência: professor de teologia, reitor do Colégio de São Pedro e São Paulo, pregador de fama, homem de crédito com os magnatas, conselheiro incansável de freiras e qualificador do Santo Ofício.*[417]

Seu confessor era, por certo, o único religioso com poder suficiente para defendê-la da influência e das ações do arcebispo Aguiar y Seijas, mas também, já de há muito tempo ele censurava suas atividades literárias. Pela primeira vez sóror Juana sentiu-se só e desamparada, justamente numa época em que os graves conflitos sociais de 1692, na

---

faça este estudo; se há de perder, se há de desvanecer em tanta altura com sua mesma perspicácia e agudeza". Quanto me haverá custado resistir a isso?! Rara espécie de martírio, onde eu era o mártir e o meu próprio verdugo!

** As críticas de sóror Juana Inés de la Cruz ao *Sermão do mandato* foram refutadas em Portugal na extensa *Apologia a favor do Reverendo P. Antônio Vieira*, publicada em 1727, pela madre sóror Margarida Ignácia, religiosa de Santo Agostinho no convento de Santa Mônica de Lisboa.

417 Paz, O. Opus cit., p. 582-3.

Cidade do México, fortaleceram o arcebispo e enfraqueceram o vice-rei, já não podendo contar com a ajuda do conde e da condessa de Galve. Sua crítica ao padre Vieira tomara a proporção de um escândalo ideológico nos meios eclesiásticos. Intimidada pelo poder maléfico de Aguiar y Seijas, abalada pelas censuras que lhe fizeram seus supostos protetores, Manuel Fernández de Santa Cruz e Núñez de Miranda, percebeu que seu mundo caía sob o peso das críticas e pressões que passaram a ameaçar o seu até então inabalável equilíbrio. Anos atrás, ela escrevera uma carta ao padre Núñez de Miranda – *La carta al padre Núñez* somente foi descoberta em 1980, 285 anos depois de sua morte, pelo historiador mexicano Aureliano Tapia Méndez – dispensando-o como confessor – *Volto a repetir que minha intenção é só suplicar a V. Rev.ma que, se não gosta de me favorecer, não se lembre de mim, se não for para me recomendar ao Senhor*[418], – e no entanto sabia que, naquele momento, ele era a única pessoa que poderia ajudá-la no transe mais difícil de sua vida. Foi certamente a conselho de amigos que ela voltou a pedir a sua ajuda. Essa ajuda chegou, mas para determinar sua ruína intelectual.

> *Por tudo que sabemos de Núñez de Miranda e seus procedimentos,* – escreve Octavio Paz – *em suas primeiras entrevistas com sóror Juana deve ter sido benévolo e paternal. Pouco a pouco, uma vez recobrada a confiança e conquistadas as primeiras posições, as exigências aumentaram e as condições se fizeram mais e mais rigorosas. Combate desigual: sóror Juana procurava, em troca de concessões e emendas, proteção e defesa; Núñez de Miranda se propunha a uma rendição total: a submissão da rebelde e sua renúncia às letras. (...) A confissão durou, provavelmente, várias semanas. Esse ato foi decisivo, o eixo sobre o qual girou tudo o que veio depois e o primeiro passo na série de retratações e abjurações.*[419]

Nessa confissão, com poder de julgamento, foram colocados na balança sua obra poética e teatral, suas conversas no locutório, sua correspondência com o mundo exterior, seus retratos, sua amizade com a condessa de Paredes. Para Núñez de Miranda tudo isso era um ofensivo desvio de conduta religiosa, uma infidelidade, como esposa de Cristo. Seu pecado mortal era o seu amor pelo conhecimento profano. Perante

---

418 Idem, p. 683.
419 Idem, p. 625.

o tribunal divino de sua consciência, Juana se sentia inocente, mas diante do julgamento religioso, teve que implorar perdão e misericórdia. *O Tempora, O Mores*, diria Cícero. Diante da irredutibilidade do seu diretor de consciência, pede um ano para provar sua regeneração e que considere como inexistente sua vida anterior, ante a promessa de um caminho exclusivamente religioso para seus novos passos.

Entre fevereiro e março de 1694, perseguida e abandonada, sóror Juana assinou alguns documentos rogando perdão, declarando sua devoção à Virgem e sua fé e amor a Deus. Paz afirma que: *não há uma única declaração na qual sóror Juana renuncie formal e expressamente às letras*. (...)

> *Naqueles dias, ela entregou todos os seus livros e instrumentos musicais e científicos ao arcebispo Aguiar y Seijas para que os vendesse e, com o dinheiro arrecadado, auxiliasse os pobres. Calleja acrescenta: "Só deixou em sua cela três livrinhos de devoção e muitos cilícios e disciplinas". O gesto de sóror Juana foi considerado sublime por seus contemporâneos e depois por muitos críticos. Eu acho que é o gesto de uma mulher aterrorizada, que pretende conjugar a adversidade com o sacrifício do que mais ama. A entrega da biblioteca e da coleção de instrumentos e objetos foi uma verdadeira ação destinada a aplacar o poder inimigo: Aguiar y Seijas. O próprio Calleja, apesar de seu empenho em retratar todos esses tristes acontecimentos como atos maravilhosos nos quais se mostra a misericórdia divina, não teve outro remédio senão escrever: "A amargura que, sem mais estremecer o semblante, teve madre Juana foi se desfazer de seus amados livros...". Segundo parece, pela pressa que tinha o arcebispo de dispor do dinheiro para suas esmolas, os livros e outros objetos foram vendidos a preço vil e inferior ao seu verdadeiro custo. Assim foi desfeita a biblioteca de um dos maiores poetas da América.*[420]

Ela incorporou em seu espírito as sementes, as flores e os frutos do conhecimento acumulado em seu tempo. Pluralizou, com os encantos do seu lirismo, todos os significados dessa colheita. Sabia de tudo e sobre tudo escrevia e *O primeiro sonho* e a *Respuesta* são uma prova incontestável de uma imensa erudição aliada ao talento literário.

420 Idem, p. 629.

La mujer misteriosa – escreve Amado Nervo – *que al nacer traía un alma ya muy vieja, venida de no sé qué mundos superiores, para la cual fué un juego aprender a leer a los tres años, embelesar a los ocho con su discreción y maravillar a los diecisiete con su ciencia.*[421]*

Com essa amplidão no espírito, ela marcou intensamente a sua época e quem sabe por isso foi vítima de uma perseguição covarde e insuportável. Covarde pela sua circunstancial condição de mulher e de freira, numa época marcada pelo preconceito, pela intolerância e a impotência da condição feminina. Insuportável para a sensibilidade de sua alma iluminada de poeta, amante incondicional do conhecimento e da beleza. Somente aqueles que habitam no universo dos seus livros podem compreender a amargura inconsolável de perdê-los. Somente aqueles que se sentem assistidos pela inspiração podem imaginar o que significa não mais poder transferir para as palavras o seu testemunho e suas esperanças e fantasias. Sóror Juana pagou pelo elevado preço da sua ousadia e inteligência, pela sua genialidade poética, e por estar, pelo seu espírito crítico e por seu lirismo encantador, muito à frente dos intelectuais de seu tempo.

Que calvário não viveu esta mulher tão sensível, durante os últimos quatro anos de sua vida, sentindo, no âmago de sua alma, as feridas cruciantes da ingratidão e da maldade! Quem sabe o real tributo pela sua grandeza, como mulher e poeta, somente agora comece a ser prenunciado pela justa, ainda que tardia, remissão da história literária, porque seu gênio poético renasce como Fênix das chamas do passado, para novamente cantar para o mundo! Aprisionada pela miopia da sociedade mexicana em que viveu, Juana Inés tinha o espírito voltado para os enigmas do tempo e, nesse sentido, em pleno barroco, abriu, com seu poema *O primeiro sonho*, as primeiras janelas da modernidade. O estudo de sua vida e sua obra é uma aventura fascinante e não é possível fazê-lo sem se apaixonar pelo lirismo de seus poemas de amor, seus sonetos lapidados com

---

421 Nervo, A. Opus cit., tomo II, p. 486.

* *A mulher misteriosa que ao nascer trazia uma alma já muito velha,* ***vinda de não sei quais mundos superiores,*** (eu diria: vidas anteriores) *para a qual foi um jogo aprender a ler aos três anos, embelezar aos oito com sua discrição e maravilhar aos dezessete com sua ciência.* (A observação e o destaque, na tradução desta nota, são meus, creditados pela minha crença reencarnacionista e pelo conhecimento de revelações que, creio, ainda não ser oportuno, declinar aqui).

perfeição, e pela sua imagem desafiadora e libertária, porque Juana é um exemplo que toca a todos nós, poetas ou intelectuais latino-americanos que tivemos, aqui no sul do continente, nos nossos "anos de chumbo", a inspiração também silenciada pela mordaça do poder.

Em abril de 1695, uma cruel epidemia contagiou o convento de San Jerônimo, com um índice tal de mortalidade, que de cada dez freiras doentes, nove morreram. Juana Inês, enquanto pôde, andava de leito em leito medicando e consolando suas irmãs, sem jamais queixar-se nem impacientar-se. Mas não resistiu por muito tempo. Contaminada pela doença – que nunca foi identificada – deixou a vida física às quatro da manhã, do dia 17 de abril daquele ano. Meses antes, ela escrevera no *Livro de profesiones* do convento:

> *Aqui em cima se há de anotar o dia de minha morte, mês e ano. Suplico, pelo amor de Deus e de sua Puríssima Mãe, às minhas amadas irmãs as religiosas que são e que adiante forem, me encomendem a Deus, que fui e sou a pior que existiu. A todas pede perdão pelo amor de Deus e de sua Mãe. Eu, a pior do mundo: Juana Inés de la Cruz.*

XXXI
INTERMEZZO

1. Os amigos que deixei pelos caminhos

Nessa minha longa romagem pelas Américas fiz muitos amigos, mas nem todos são citados nestas memórias. Apenas aqueles que marcaram certas cincunstâncias objetivas no meu caminho é que foram nomeados nestas páginas. Sempre deixei de lado os assuntos particulares, seja pela sua subjetividade, por discrição, por segurança política ou por conterem caras e íntimas lembranças que somente a mim dizem respeito. Mas enquanto durou minha peregrinação, e mesmo muitos anos depois de voltar para o Brasil, seus nomes compunham minha lista de cartões enviados às vésperas do Natal. Essas inesquecíveis relações foram documentadas pelas muitíssimas cartas que recebi. Sei que muitas delas não chegaram a tempo em minhas mãos, considerando o ritmo itinerante dos meus passos. Depois que cheguei ao México, recebi dezenas de cartas de amigos latino-americanos, mas todas tratando de assuntos meramente pessoais, que não dizem respeito ao projeto dessas memórias. Mas quero citar partes de duas delas, pelo carinho das palavras e o misterioso rastro que o sentimento da amizade deixa em nossas almas.

A primeira delas chegou da Argentina e foi enviada por Enrique Castelli e Ana Maria Ambar, amigos queridos que hospedaram a mim e ao meu amigo chileno Bernardo Tapia, quando chegamos a Buenos Aires, conforme relatei no início destas memórias.

Buenos Aires, 2 de marzo de 1971

Manoel de Andrade

Correo Central – México – Distrito Federal

Querido Manoel!

Nos hás dado uma inmensa alegria al encontrarmos con tu tarjeta el día que volvimos de vacaciones. Y podemos decir mucho más alegria de la que tu piensas puesto que volvíamos de visitar la República de Chile y a nuestro común amigo Bernardo, en Santiago, quien nos manisfestó que no tenía noticias tuyas desde que te fuiste del Peru y que creía que estabas en Colombia (por una nota en la revista "Visión"). Así es que te habíamos perdido en la inmensa y convulsionada América Latina, de la cual nosotros pensamos que eres un actual, digno y ejemplar poeta.

Tenemos muchas cosas para contarte y nos gustaría saber muchas más cosas de ti, pero no sabemos si esta carta va a llegar a tus manos, puesto que la dirección que nos das nos parece muy vaga (sin numeración alguna).

Escríbenos nuevamente y cuéntanos algo de tu azarosa e valiente vida y de tus planes para el futuro, para ubicarte y poder escribirte más seguro.

Manoel, recibe un abrazo muy grande de estes argentinos que te recuerdan con gran cariño.

Enrique, Ana María y Martín[422]

---

422 *Querido Manoel! Nos deste uma imensa alegria ao encontrarmos teu cartão-postal no dia em que voltamos de férias. E podemos dizer muito mais alegria do que você pensa, já que voltávamos de visitar a República do Chile e ao nosso amigo comum Bernardo, em Santiago, o qual nos informou que não tinha notícias desde que deixaste o Peru e acreditava que estavas na Colômbia (por uma nota na revista "Visão"). E assim que havíamos te perdido na vasta e conturbada América Latina, da qual pensamos que és um atual, digno e exemplar poeta.*
Temos muitas coisas para te contar e gostaríamos de saber muito mais sobre você, mas não sei se esta carta chegará às tuas mãos, pois o endereço que você nos dá parece muito vago (sem nenhuma numeração).

A segunda carta foi-me enviada do Equador por Luigina Fossati, na época secretária da embaixada Italiana em Quito e namorada do arquiteto Rodrigo Samaniego, o amigo do coração que tive no Equador. Como sua carta é extensa e com detalhes muito domésticos, citarei apenas algumas partes.

Quito, 16 de marzo de 1971

Carta n. 10

Recordado Manoel,

Recibí tu carta el viernes 5 de marzo, y tu tarjeta con la nueva dirección, ayer. Gracias –

Hubiera querido contestarte inmediatamente a tu carta, pero como la vida se me complicó bastante ultimamente, me há sido imposible hacerlo. En efecto, me cambie de casa (dirás que era hora...!) El sábado 6 por la mañana. Son ya diez días que estoy viviendo allí.

(...) Así que, ahora que te he contado las penas, puedes imaginarte se he tenido tiempo para mi misma...

Te diré que el viernes por la noche (del día en que recibí tu carta) estuvo Jorge [423] *en mi casa com un amigo. Rodrigo quería que le hiciera leer tu carta, pero como estaban chispos no quise, así que a lo mejor está enojado, tanto más que le he dicho que la carta estaba dirigida a mi... De todos modos, no te enojes tú ya que cuando le vuelva a ver, se la haré leer.*

Hablé con Mónica por telefono para darle tus saludos. Una vez ella te mando una tarjeta dentro de una carta mía; como nada hás dicho de recibirla o menos, tiene que haver estado en la famosa carta n. 5 que nunca recibiste.

Escreva-nos novamente e conte-nos algo sobre tua perigosa e valente vida e dos teus planos para o futuro, para localizar-te e escrever com mais segurança.
Manoel, recebe um grande abraço destes argentinos que de ti lembram com muito carinho.
Enrique, Ana Maria e Martín

423 Trata-se do estudante de arquitetura Jorge Escandón, grande amigo ao qual me referi na primeira viagem ao Equador.

(...) Dejando los chismes, te diré que con Roberto traducimos el poema "Canción de amor a América". Lo despachamos este sábado a Italia, así que ahora esperamos la contestación de allá. Hubiera querido mandarte copia de la traducción. Desafortunadamente, como los sábados tengo muchísimo trabajo en la oficina de la Embajada, no tuve tiempo para copiarlo, y me quedé sin la traducción. De todos modos, si llega a publicarse, me mandarán copia del periódico "L'Avanti", y te lo mandaré. Ok?

(...) Aracelly, la chica de Guayaquil con quien hablaste por telefono y que ayudó en la venta de tus libros, vendrá en próximo fin de semana. Cuando le dije que te habías ido, le dio mucha pena no haberte podido conocer. Lástima que todo este tiempo que hás pasado en México no lo hayas pasado en el Ecuador. Pero confio en tu promesa de que algún día regresarás. Nuevamente haremos tus famosas comidas, aunque me vacíes la refrigeradora de la comida de la semana... Todos extrañamos tus platos y no hay nadie que sepa igualarlos. También la guitarra está callada (peor ahora que Rodrigo rompió dos cuerdas) y nadie de nosotros – en realidad nadie sabe tocar – puede igualarse al grande Segovia de las Américas.

(...) Dejo el resto de la hoja al Rodrigo quién te escribirá algo más "profundo" que las tonterías que te he escrito. Pero confio que hayan servido un poco para distraerte. Un recuerdo afectuoso. Luigina

P.S. Esta noche no compareció el Rodrigo (tenía una reunión para una licitación). Así que despacho no más la carta.[424]

---

424 *Recebi tua carta na sexta-feira, 5 de março e teu cartão-postal com o novo endereço, ontem. Obrigada. – Gostaria de responder imediatamente a tua carta, mas como a vida se complicou bastante para mim ultimamente, tem sido impossível fazê-lo. Na verdade, mudei de casa (dirás que já era tempo!...) no sábado, dia 6, pela manhã. Já faz dez dias que moro lá (...)*
Pois bem, agora que eu já te contei meus problemas, você pode imaginar se tive tempo para mim mesma...
Te direi que na sexta-feira à noite (dia em que recebi tua carta) Jorge esteve em minha casa com um amigo. Rodrigo queria fazê-lo ler tua carta, mas como haviam bebido não quis, talvez por isso está chateado, e sobretudo porque disse que a carta estava dirigida a mim... De qualquer forma, não fiques tu chateado porque quando voltar a vê-lo, farei com que a leia.
Conversei com a Monica por telefone para dar teus cumprimentos. Uma vez ela te enviou um cartão--postal dentro da minha carta; mas como nada me disseste sobre o recebimento, por certo estava na famosa carta 5, que nunca recebeste.
(...)Deixando as fofocas, te direi que com Roberto traduzimos o poema "Canção de amor à América". Enviamos este sábado para a Itália, e agora esperamos a resposta de lá. Queria enviar-te uma cópia da tradução. Infelizmente, como nos sábados tenho muitíssimo trabalho no escritório da embaixada,

2. O poema "Liberdade"

Ao voltar de Tampico, fui revisitar Francisco Julião, em Cuernavaca, e ele me informou que a repressão no Brasil escancarava suas portas e que a ordem do exército era matar. As denúncias de tortura aumentavam, assim como aumentavam o número de mortos e desaparecidos. Julião recebera informações alarmantes em relação à escalada da violência contra as organizações da luta armada no Brasil.[425] Depois da nossa conversa, voltei à capital deprimido, indignado e com alguns versos na cabeça. Nos últimos dias de fevereiro, escrevi meu último poema fora do Brasil. Este poema, escrito originalmente em castelhano, ficou esquecido no silêncio de 38 anos e somente surgiu para o mundo em 2009, quando da publicação, no Brasil, do meu livro *Poemas para a liberdade*, pela Escrituras Editora. Em junho de 2010, *a Revista Hispanista*, em seu nº 41, publicou-o com a seguinte introdução:

> *O poema "Liberdade", escrito na Cidade do México em 1971, sete anos depois do golpe militar no Brasil, retrata a amargurada nostalgia do autor, cantando com a imagem de uma pátria silenciada e oprimida. O poeta relembra a liberdade nascendo nos folguedos da inocência, crescendo nas paixões da vida e no sonho de ser marinheiro*

---

não tive tempo para copiá-lo, e fiquei sem a tradução. De qualquer forma, se chegar a ser publicado, me enviarão uma cópia do jornal "L'Avanti" e eu te enviarei. Ok?

(...) Aracelly, a garota de Guayaquil com quem falaste por telefone e que ajudou na venda dos teus livros, virá no próximo fim de semana. Quando lhe disse que já tinhas partido, ficou muito triste por não haver te conhecido. Pena que todo esse tempo que passaste no México não tenhas passado no Equador. Mas confio na tua promessa de que algum dia retornarás. Novamente faremos tuas famosas comidas, ainda que esvazies a geladeira da comida da semana... Todos sentimos falta de teus pratos e não há ninguém que saiba igualá-los. Também o violão está calado (pior agora que Rodrigo rebentou duas cordas) e nenhum de nós – na realidade ninguém sabe tocar – pode igualar-se ao grande Segóvia das Américas.

(...)Deixei o resto da folha para Rodrigo que vai escrever-lhe algo mais "profundo" do que a bobagem que te escrevi. Mas confio que serviu para distrair-te um pouco. Uma lembrança afetuosa. Luigina
P.S. Esta noite não apareceu Rodrigo (tinha uma reunião para uma licitação). Por isso despacho assim mesmo a carta.

425 Hoje se sabe o que foi a "Casa da Morte", montada no início da década de 1970, pelo Centro de Informações do Exército (CIE), em Petrópolis. Era um centro de tortura, com a finalidade de cooptar guerrilheiros e militantes de esquerda para atuarem como informantes do exército. Quase nada se sabe sobre o destino daqueles que para lá foram levados e que se negaram a colaborar com a ditadura. A existência do local somente foi conhecida em 1979, pelo relato da ex-guerrilheira do Grupo VAR-Palmares, Inês Etienne Romeu, à Ordem dos Advogados do Brasil (OAB). Inês passou 96 dias na "Casa da Morte", e foi libertada depois de convencer seus torturadores que entregaria os membros de sua organização. Pelo que se sabe, foi a única sobrevivente daquele sinistro local.

um dia. Esculpe a liberdade com os gestos da insurreição e do heroísmo e com ela empunha as bandeiras de luta do seu povo. Subitamente vê os punhos libertários acorrentados por um tempo de martírio. Nos seus versos, a liberdade bebe pela taça do tormento e canta com os gritos dos caídos. Seu nome era então um murmúrio apenas na solidão da pátria. Para o poeta, restou o exílio e a esperança. Fala de uma América de promessas, de novos campos semeados e de uma primavera ainda por vir. Canta a liberdade pelo voo das aves peregrinas, pelo sonho do Bolívar e na bandeira dos inconfidentes. Sublima a liberdade nas trincheiras da bravura, pelo cântico dos guerreiros de tantas pátrias, entoando seu hino libertário para os filhos do amanhã.

Liberdade

Bandeira mutilada
onde enrolaste um coração de pássaro.
Se foi para abafar o canto
e a voz de um povo,
pois que se faça amiga da revolta.

Liberdade
é o teu nome
e toada dos companheiros em marcha.

Liberdade, liberdade...
este autoconhecer-te
faz-se em meu peito o mais imenso respirar.

Primeiro tu foste a inocência
correndo pelas areias ensolaradas do meu mar,
correndo no pátio dos recreios
no bairro operário onde vivi
e na praça principal da minha infância.

Depois foste minha rebelde bandeira
e a mágica certeza na adolescência do meu ser.
Tu me trouxeste a paixão e a fantasia
e aquele sonho imenso de ser marinheiro um dia.

Mais tarde
a história me mostrou que era ainda maior tua beleza,
e me ensinou a escrever teu nome
na saga gloriosa de Espártaco,
no martírio heroico de Túpac Amaru e de Caupolicán
e no exemplo imperecível dos Inconfidentes.

E assim... de busca em busca,
na biografia dos heróis,
pelas páginas da poesia
e pela verve da eloquência,
tu te abriste, dia a dia, como uma rosa no meu peito...
e depois, quando a pátria cavou suas trincheiras,
como um corcel de luz,
ressurgiste na aldeia de minh'alma,
com teu galope indomável
tua resistência
teu rastro clandestino
e me trouxeste tuas cicatrizes
tuas amarras rompidas
e o teu sonho inabalável.

E desde então marcho nos teus passos...
e éramos dez, éramos cem, éramos mil...
e eras então o ar com que respiravam os ideais de um povo inteiro...
e no coração do nordestino eras a esperança do pão,
da água e da terra repartida.
Eras tu que no sul comandavas a greve,
o comício e a passeata...
cantávamos contigo a canção popular...
eras tu que inspiravas a arte, o teatro e a poesia...
tu eras em toda a nação a véspera de um amanhecer inadiável.

Subitamente...
te atiraram ao chão...
e te pisaram...
te torturaram e te baniram.
E como Prometeu,
foste acorrentada a estes anos de martírio,

onde uma hierarquia de abutres se sucede e te devora;
e sentimos em nossas entranhas
a tua própria entranha devorada.

Um murmúrio apenas é hoje o teu nome na solidão da pátria...
uma legião de sombras te observa
segue teus passos
te vigia nas ruas, nas casas, nas escolas, nas fábricas...
mil línguas mercenárias delatam os que te pronunciam
teus lábios de rocio... há sete anos amordaçados
tua boca bebendo a taça do tormento
teus punhos algemados
teu corpo flagelado
teu nome silenciado com o grito dos caídos.

Liberdade, liberdade...
um pedaço de ti sobrevive aqui,
na intimidade e no lirismo do meu canto.
Em alguma parte da América,
por essas terras e montes,
apesar dos meus pesares,
cantam os rios e cantam as fontes...
mas eu canto a negra angústia
por teu sangue... liberdade
na minha pátria ferida.
E aqui, à beira desse longo caminhar...
aqui onde por ti caíram Hidalgo, Morelos e Zapata,
daqui convoco meu povo emudecido
para recompor teu semblante massacrado.

Liberdade, liberdade...
suprema promessa da esperança...
tu serás ainda a terra por inteira repartida,
os campos finalmente semeados
e o nosso sonho a dançar nas espigas onduladas pelo vento.

Na imorredoura certeza do amanhã
renascerás como raiz ardente;
e no seio de uma primavera palpitante
tu crescerás como uma árvore de beijos

para seduzir os homens, as aves e as estrelas...
e, flor da insurreição
irás desabrochar no retalhado coração dos oprimidos.

Liberdade, liberdade...
lâmpada do abismo, estandarte de luz,
melodia do vento na rota das aves peregrinas,
barca misteriosa do destino
a singrar... sempre a singrar
formosa e impassível em busca do amanhecer.

Liberdade... ó liberdade...
hoje somos apenas os guardiões de um sonho
os que sustentamos em tantas pátrias a bandeira da bravura
hoje somos os guerreiros do silêncio
para que teu hino possa ser entoado com alegria pelos filhos do amanhã.

Cidade do México, fevereiro de 1971

3. O massacre de Tlatelolco

Como já adiantei, ao chegar à Cidade do México, fui morar num edifício da praça das Três Culturas, no bairro Tlatelolco, num quarto cedido pelo escritor costarriquenho Alfredo Sancho Colombari. Nas tantas conversas que tivemos, ele me contou que se mudou para o México em meados de 1968 e do final da tarde de 2 de outubro daquele ano ele observou, estarrecido, da janela do seu apartamento, o maior massacre de estudantes da história do México e do mundo inteiro.

Já me referi, anteriormente, a quatro artigos que publiquei na Internet no primeiro semestre de 2008, comemorando os 40 anos das grandes manifestações mundiais da juventude, no ano de 1968. O quarto desses artigos chama-se *As barricadas que abalaram o mundo*[426], e aqui reproduzo a parte referente ao *Massacre de Tlatelolco*:

426 Disponível em: <http://palavrastodaspalavras.wordpress.com/2008/05/29/as-barricadas-que-abalaram-o--mundo-por-manoelde- andrade/>. (Acesso em: 06 jun.2012).

As cenas da tragédia:

Contudo, foi ainda naquele mês de outubro, enquanto estudantes da esquerda e da direita se enfrentavam na rua Maria Antônia, que aconteceu o mais trágico e sinistro acontecimento na história dos estudantes em todo o mundo. Em consequência da ocupação da UNAM e da longa repressão policial no governo de Díaz Ordaz, 15 mil estudantes de várias universidades mexicanas saíram, numa marcha de protesto, no dia 2 de outubro, cruzaram o centro da Cidade do México e no fim da tarde, cerca de 5.000 estudantes e trabalhadores chegaram à praça das Três Culturas no Bairro Tlatelolco. Os estudantes traziam cravos vermelhos e entoavam canções de liberdade. Ao anoitecer, forças militares e policiais cercaram a praça com carros blindados e tanques, posicionaram-se e começaram a abrir fogo contra a multidão, onde se encontravam não só estudantes mas também mulheres, crianças e transeuntes que atravessavam o local. Apesar de vários corpos caídos ao longo da praça, o som de fuzis e metralhadoras continuou ante a população tentando fugir, mas encontrando todas as saídas da praça bloqueadas. Os policiais invadiam apartamentos do grande bloco de edifícios populares que rodeava a praça, em busca de estudantes. Testemunhas oculares dos fatos relataram que os cadáveres eram tantos, que foram recolhidos em caminhões de lixo. Nunca se chegou a um número exato de mortos. Algumas fontes chegaram a calcular em 1000 mortos, mas há um consenso entre 200 e 300 vítimas. Muitos estudantes foram presos e jamais apareceram (vivos ou mortos). O massacre ocorreu sob o governo do presidente Gustavo Díaz Ordaz Bolaños. O escritor Octavio Paz deixa, naquele ano, o serviço diplomático, em protesto contra o massacre. O autor destas linhas passou o primeiro semestre de 1971 no México, morou próximo à praça do massacre e teve contato com pessoas que presenciaram os fatos, mas infelizmente o espaço limitado deste artigo não permite que se relate considerações particularizadas sobre aquela tragédia. Em 1971, o presidente do país era Luis Echeverría Alvarez, que fora ministro do interior de Díaz Ordaz, e que transmitiu a ordem para reprimir a manifestação. Durante seu governo se lançou uma forte cortina de silêncio sobre o assunto. Somente em outubro de 1997, foi criada uma comissão parlamentar para investigar o ocorrido. Echeverría reconheceu que os estudantes não portavam armas e deu a entender que tudo havia sido militarmente planejado para destruir o movimento estudantil, o qual ameaçava fazer protestos durante os Jogos Olímpicos do México, que se realizaram naquele ano de 12 a 27 de outubro. Em junho de 2006, Echeverría foi acusado de genocídio e colocado, sub judice, *em prisão familiar. No mês seguinte, foi inocentado da acusação, com base numa legislação mexicana de exceção. Sobre o massacre muito se tem escrito. A escritora mexicana Elena Poniatowska publicou em 75 "La noche de Tlatelolco", e o premiado cineasta mexicano Jorge Fons Pérez, em seu filme "Rojo Amanecer", conta, através de uma família mexicana, moradora num apartamento da praça, todo o enredo dos fatos com base nos depoimentos de vítimas e testemunhas. (...)*

4. Los Mascarones

Por ocasião do meu recital no Instituto Mexicano-Cubano, eu havia combinado com Mariano Leyva Domínguez procurá-lo, após minha volta de Tampico. Nos primeiros dias de uma manhã de março, bati à sua porta, na calle Cuahutemoc nº 31, no distante bairro Coyoacán. Mariano era um ex-aluno de letras da Universidade Autônoma do México, a célebre UNAM, e lá estudara arte dramática, fundando, no início da década de 60, um grupo de teatro popular com o nome de *Mascarones,* mais ou menos na mesma época em que no Brasil surgia o Centro Popular de Cultura (CPC), criado em 1961, por Oduvaldo Vianna Filho, o Vianinha, com iguais objetivos, de levar a cultura teatral ao povo.

O grupo teatral de Mariano morava ali mesmo, numa velha casa alugada, naquele famoso bairro da Cidade do México. Famoso em todos os sentidos. Pela história, pela arte, pela política, pela educação e pela vida intelectual e boêmia dos seus bares, cafés e galerias de arte. Foi ali que Cortez construiu a primeira prefeitura do México, ali viveu Frida Khalo, ali encontrou refúgio o revolucionário russo León Trotsky, assassinado em 21 de agosto de 1940, pelo comunista espanhol Ramón Mercader, a mando de Stálin. Em Coyoacán, conheci a maior universidade da América Latina, com dezenas de bibliotecas e a maior população estudantil latino-americana. Coyoacán com seus jardins, museus, a beleza da arquitetura colonial, enfim, até aquele dia eu não conhecia aquele tão falado bairro da capital, e foi um amor à primeira vista. Depois que Mariano me apresentou seu grupo teatral e sua companheira Lourdes Pérez Gay, saímos para conversar num café próximo, a fim de tratarmos de minha viagem à Califórnia, cujo convite me fizera no recital que dei no Instituto Mexicano-Cubano, e onde ele estivera com os *Mascarones*, no ano anterior, a convite de intelectuais chicanos.

Nossa inesquecível conversa foi algo excepcional. Começou no fim da manhã e terminou no fim da tarde. Trocamos nossas aventurosas "figurinhas". Eu, minha longa jornada pelo continente até o México e ele, três anos mais velho, demonstrando uma grande maturidade emocional e intelectual, contou-me de sua militância na vanguarda estudantil da UNAM, da sua participação nos protestos de outubro de 1968, onde, por pouco, não foi uma das vítimas do Massacre de Tlatelolco. Relatando a história da criação do grupo *Mascarones*, falou do seu interesse precoce pelo teatro, da "via-sacra" que fizeram em 1964, percorrendo várias cidades e comunidades rurais, levando espetáculos de poesia, focados na oralidade das tradições indígenas. Relatou com estusiasmo a viagem que em 1965 o grupo fizera a Cuba, onde se apresentaram por mais de cinquenta vezes. Em 1969, voltara a percorrer o México com peças marcadas por aberta crítica social e disse fazer poucos meses que voltara do sudoeste dos Estados Unidos, onde o grupo participara do primeiro Festival de Teatro Chicano, em Fresno, de várias apresentações no estado da Califórnia, e de seu contato com o grande líder chicano Cesar Chávez. Mostrou interesse em saber da minha peregrinação pelo continente, porque seu próximo projeto era levar as representações do grupo pela América Latina. Ao ressaltar a receptividade e o interesse dos chicanos por conhecer a realidade política e social latino-americana, disse que essa fora a razão do convite que fizera, por ocasião do meu recital, e que já recomendara aos chicanos de San Diego, Los Angeles e Fresno, para me receberem como poeta e palestrante, aguardando apenas a confirmação e a data da minha viagem.

Depois daquela longa conversa, saímos para conhecer o campus da UNAM. Na volta, vendo meu encanto pelas paisagens de Coyoacán, convidou-me para ficar em sua casa, a fim de que também me informasse sobre os contatos, detalhes e aspectos culturais importantes a serem considerados, na minha próxima viagem à Califórnia.

No dia seguinte, juntei minhas coisas, despedi-me de Alfredo Colombari e família, agradecendo não só pelo abrigo de um mês e meio, mas por ter me socorrido com médico, remédios e uma invulgar solidariedade, no quadro mais grave de saúde que tive durante todo o percurso de minha viagem. Como era amigo de Mariano e estava a par do convite que me fizera, achou oportuno que eu finalizasse os preparativos da minha visita aos chicanos, na sua casa, em Coyoacán.

Naquele mesmo dia, 7 de março de 1971, escrevi à Marilena:

(...) Espero que tenhas recebido uma outra carta datilografada que escrevi há duas semanas. Fiquei um tempo sem escrever porque dia 20 de fevereiro, a convite de amigos, fiz uma viagem a Tampico, no litoral do golfo do México. É um porto importante no nordeste do país, cuja economia gira em torno da exploração e refino do petróleo. Ali se encontram descendentes de muitas nacionalidades. Creio ter sido o "boom" do petróleo, no início do século, que trouxe muitos imigrantes. Foi lá que a primeira fábrica da Coca-Cola instalou-se no México, a cerca de cinquenta anos. É uma cidade comercialmente muito movimentada e, curiosamente, as construções da sua parte histórica lembram o estilo arquitetônico neoclássico francês.

Não me escreva mais para aquele endereço na calle Lerdo, em Tlatelolco. Recebi um convite para morar com um grupo de jovens ligados ao teatro. Fica no bairro Coyoacán, para onde me estou mudando hoje.

Não sei se já te contei que dia 12 de fevereiro dei um importante recital num instituto cultural da Cidade do México, onde conheci gente muito interessante para os próximos passos da minha atividade poética. Em vista disso, tenho alguns planos de viagem, mas ainda não vou contá-los, porque não estão bem concretizados.(...)

Escreva-me para: calle Cuauhtemoc nº 31 – Z.P. 21 – Coyoacán – México – D.F.

Beijos a todos..., Maneco

XXXII ESTADOS UNIDOS – – CALIFÓRNIA

1. Viagem a Tijuana e chegada a San Diego

Depois dos contatos telefônicos feitos por Mariano com os chicanos de San Diego, na manhã de 17 de março, embarquei num ônibus para uma longa viagem de quase 3.000 quilômetros até Tijuana, a cidade mais ocidental da América Latina, na fronteira com os Estados Unidos. O percurso equivale, no Brasil, à distância de Porto Alegre a Fortaleza. Foi o mais longo tempo num trajeto de ônibus que fiz em minha vida: 58 horas. Tanto de ida como de volta. O percurso rodoviário não se faz pelo asfalto da rodovia Pan-Americana, por onde eu tinha sempre viajado desde o Chile. No México, ela segue pelo leste, passa pelo centro dos Estados Unidos rumo ao Alasca. Já o caminho para Tijuana segue pela costa oeste, rumo ao litoral do Pacífico, até alcançar o golfo da Califórnia ou mar de Cortez, como o chamam os habitantes de Sonora e Sinaloa. Embora certos trechos da estrada fossem de terra, foi uma viagem fascinante. Cruzei os estados do México, Michoacán, Jalisco, Zacatecas, Durango, Sinaloa, Sonora e Baixa Califórnia. Viajei em ônibus comum e isso me permitiu uma bela experiência no conhecimento dos hábitos da classe mais humilde da população, a grande maioria indígena, que se renovava nos muitos estados, descendo uns, embarcando outros, nas várias cidades e estações até a fronteira. As mulheres entravam com as crianças de colo, suas trouxas de roupas e farnéis de comida. Os homens com sacos de mercadorias, cachorros e até um cabrito viajou comigo. Foram dois dias e meio de viagem, cruzando capitais, grandes cidades e vilarejos, vendo a noite chegar e o dia amanhecer nas rodovias, encantado com a beleza das paisagens do golfo, parando naquelas cidades litorâneas e comendo aqueles condimentados pratos que tinham me deixado "de cama" logo que cheguei ao México. *Tortillas*, tacos, empanadas, *chicharrón*, etc. Lembro-me da fartura de frutos do mar em Mazatlán: ceviches (peixe cru), empanadas apimentadas, tacos de camarão e de marlim, bolinho de peixe, além dos *frijoles fritos*, pico de *gallo*, etc., etc.

Cheguei a Tijuana na tarde do dia 19 e hospedei-me num pequeno hotel. No dia seguinte, saí para conhecer aquela movimentada cidade que, na época, era a mais importante e transitada passagem do México para os Estados Unidos. Pela manhã, telefonei para o meu contato em San Diego, marcando o encontro na fronteira, para as três horas da tarde. No horário marcado, cruzei a aduana de San Ysidro e do outro lado esperava-me um jovem de uns 22 anos, chamado Milan. Identificamo-nos, saudamo-nos, para em seguida subirmos em seu Mustang branco, modelo 1964, e em meia hora estávamos chegando à sua casa. Sua mãe, a mexicana Gracia Molina Enriquez de Pick, era o contato feito por Mariano e prontificara-se a hospedar-me em San Diego. Recebeu-me com grande simpatia, junto com sua filha Adela, uma bonita jovem de uns 20 anos.

Gracia, nascida em 1929, era uma autêntica lutadora desde a juventude. Contou-me que seus avós lutaram na Revolução Mexicana e que, aos 16 anos, quando ainda vivia no México, fundou e liderou a juventude do Partido Popular, onde passou a lutar pelo voto feminino. Que na adolescência frequentava a casa de Frida Kahlo em Coyoacán, tendo-se mudado para San Diego em 1957, depois de se casar, no México, com o americano Richard Pick. Contou-me também que depois de chegar a San Diego foi dar aula numa escola, onde a maioria dos alunos eram crianças chicanas e, como não falavam inglês, foram colocados em salas de aula para deficientes mentais. Disse que, horrorizada com aquela injusta segregação, ali mesmo deu os primeiros passos de sua luta para mudar a situação dos descendentes de mexicanos, que viviam nos territórios tomados do México, pelos Estados Unidos. Quando a conheci, em 1971, era professora de ciência política no Mesa College de San Diego, onde fundara o primeiro Departamento de Estudos Chicanos dos Estados Unidos, e lutava pela implantação da educação bilíngue. Gracia já se destacava como uma ativista dos direitos humanos, na defesa radical dos direitos da mulher, das comunidades indígenas, do povo chicano e dos imigrantes. Seu nome se tornaria uma bandeira de luta, pelos oprimidos no sudoeste dos Estados Unidos. Foi ela quem me abriu os caminhos para os primeiros recitais e palestras na Universidade de San Diego e estabeleceu os contatos para minhas atividades em várias cidades da Califórnia.

San Diego, 21 de março de 1971.

Querida Marilena!

Cheguei ontem a San Diego. Estive um dia em Tijuana. Um amigo foi buscar-me na fronteira. Estou muito bem hospedado, na casa de uma família de mexicanos que vivem aqui. Tenho todo o conforto do "sistema". Um carro à minha disposição e até televisão em cores. San Diego é belíssima. Está à beira do Pacífico. É muito grande, dispersa. É fácil perder-se aqui. Tudo está longe e a gente tem que se adaptar ao sistema de trânsito, com superpistas por toda parte. Não sei quanto tempo ficarei. Provavelmente três ou quatro semanas. Depois irei a Los Angeles, San Francisco e outras cidades no caminho de Nova Iorque, que está do outro lado do país. Há muitas coisas que ver e ouvir aqui, pois são muitas as "maravilhas" do "Colosso do Norte".

(...) Como vai o nosso maravilhoso país? Sempre mais "maravilhoso", não é? Somos tricampeões de futebol, temos o melhor carnaval do mundo e um dos índices mais altos de desenvolvimento econômico da América Latina. Um país "democrático", sem fome e sem miséria. Enfim, como diz a canção popular: "um país abençoado por Deus". Termino aqui porque mesmo usando a ironia, tudo isso me deixa de mau humor.

Escreva-me para o seguinte endereço: a/c de Gracia Molina de Pick – 5483 – Redding Road – San Diego – Califórnia – 92115 – USA.

Beijos..., Manoel

2. O Centro de Estudos Chicanos e a 3ª edição do meu livro

Já no dia seguinte, saí de carro com Gracia e fomos à Universidade da Califórnia de San Diego, também conhecida como Universidad La Jolla, onde ela me apresentou as principais lideranças chicanas no meio estudantil. Entre eles, estavam os dirigentes do Centro de Estudos Chicanos daquela universidade, e alguns dirigentes da principal organização estudantil chicana chamada MECHA – Movimento Estudantil Chicano – que coordenava as reivindicações e a luta dos estudantes chicanos em todas as universidades do sudoeste dos Estados Unidos. O Movimento Chicano estava então se estruturando e ainda era pequeno – embora muito combativo – o número de estudantes de origem mexicana, nas universidades da região.

Naquela manhã, junto com Gracia, fui conhecendo muitos dos grandes amigos chicanos que faria em San Diego, entre eles Carlos Blanco Aguinaga, professor de literatura espanhola naquela universidade e o estudante equatoriano Fernando Puyol. Deixei um exemplar de meu livro *Poemas para la libertad* com alguns dirigentes do Centro de Estudos Chicanos e tive uma grata surpresa quando, dois dias depois, me propuseram uma edição em off-set, custeada por eles. Eu não podia acreditar no que ouvia. Seria uma edição de 1.500 exemplares, dos quais me dariam 1.000. Essa terceira edição foi feita pela Grandma's Camera, uma conhecida editora de San Diego. Nos dias seguintes, dei a notícia à Marilena:

San Diego, 27 de março de 1971

Minha querida Marilena

Faz uma semana que te escrevi uma carta anunciando minha chegada aqui.

Hoje quero partilhar contigo uma grande alegria. Dentro dos próximos dias me entregarão 1.000 cópias em off-set (off-set é o mesmo processo que usaram para imprimir meu livreto "Canción de amor a América y otros poemas", em San Salvador) da edição colombiana dos "Poemas para la libertad". Este trabalho não me custará nada, porque foi iniciativa de uns amigos. Poderei, no transcorrer de minha viagem pelas cidades da Califórnia e pelo leste do país, vender esses mil exemplares em meus recitais a um dólar ou um dólar e meio, financiar minha viagem e se me sobrar algum dinheiro. Ademais, como tenho os contatos para as várias partes onde vou, não creio que tenha que gastar, porque aqui a vida é caríssima, comparada com a do Brasil e da América do Sul.

(...) Redijo esta carta com muita pressa porque estou escrevendo um pequeno ensaio sobre o papel político do intelectual, que será traduzido para o inglês e publicado numa revista de Los Angeles, chamada "La Raza" e pelo qual me pagarão 100 dólares.

(...) Escreva-me para aqui que as cartas me serão remetidas depois.

Beijos..., Manoel

Nos primeiros dias de abril, já em posse dos 1.000 exemplares da nova edição do meu livro, dei vários pequenos recitais na Universidade da Califórnia, em San Diego. Eram recitais ou palestras programados pelo Departamento de Estudos Chicanos, nas próprias salas de aula da universidade. Eu saía de uma sala e entrava em outra, onde havia uma concentração maior de estudantes chicanos que falavam o castelhano. Alguns professores norte-americanos de ciência política me contratavam para dar palestras sobre problemas latino-americanos em suas salas de aula. O valor normal que se pagava pelas palestras, durante o período de uma aula era de 100 dólares. Como meu inglês era muito ruim, sempre um estudante chicano fazia a tradução do espanhol. Naquela primeira semana de abril, estavam sendo feitos contatos com lideranças estudantis chicanas de Los Angeles, Santa Bárbara, San José, San Francisco e Berkeley, para meus próximos recitais e palestras no estado da Califórnia. No dia 5 de abril, escrevi de San Diego à Marilena.

Um amigo que chegou ontem do México, me trouxe a carta que escreveste dia 10 de março te lamentando da minha falta de notícias. Suponho que depois daquela carta recebeste várias cartas minhas. Foi intencional meu ausentismo. Era necessário fazer-te sentir o que sinto, quando também não recebo notícias. Mas vamos dar isso por encerrado.

(...) Recebeste as duas cartas e o cartão-postal que te enviei de San Diego? As duas cartas são curtas. É que estou gastando todo o meu fosfato num ensaio que encomendaram. Na verdade, esta noite, antes de começar esta carta, escrevi durante quatro horas e a carta que te escrevo é como um descanso. Sabes, é como uma carta surrealista: a linguagem automática do subconsciente.

Aqui é meia-noite e no Brasil são cinco da manhã. Ontem fui a Los Angeles passar o dia com uns amigos. Fui com um Mustang de um amigo e, na freeway, errei a entrada, me perdi e levei quase uma hora para retomar o caminho. Outro dia dei um recital aqui, na Universidade de San Diego. Não havia muita gente, mas os que estavam presentes ficaram muito entusiasmados. Imagine que um estudante comprou 20 exemplares do meu livro para presentear os amigos. Já ficou pronta a 3ª edição do "Poemas para la libertad". Foi editado por Grandma's Camera, uma editora daqui. Não te mando porque é uma cópia da edição colombiana.

Escreva ainda para cá. Beijos, Manoel

3. O Segundo Festival de Teatro Chicano de Santa Cruz

Na noite de 8 de abril, a convite de dirigentes do Centro de Estudos Chicanos da Universidade de San Diego, tomamos um ônibus da linha Greyhound e rumamos para o Segundo Festival de Teatro Chicano, a realizar-se naquele fim de semana em Santa Cruz, ao norte da Califórnia, distante 650 quilômetros de San Diego.

Que belíssimo acontecimento cultural ver, nas tantas peças encenadas, aqueles jovens atores, diretores e dramaturgos, representarem seu sonho de liberdade e integração, associados às raízes astecas daquele povo, daquela terra que um dia foi sua pátria mexicana. Na nossa comitiva, vindo de San Diego, veio o grupo chamado El Teatro Mestizo. Ali estava presente o conhecido Teatro Campesino de Fresno, dirigido por Luiz Valdés, já famoso como autor e diretor e de cuja importância me falara, no México, Mariano Leyva Domínguez, comentando a participação de seu grupo *Mascarones*, no Primeiro Festival de Teatro Chicano, realizado no ano anterior em Fresno. Em Santa Cruz, também chegaram grupos teatrais de Santa Bárbara, San Francisco, o Teatro Campesino de San Juan, o Teatro del Piojo, do estado de Washington e outros.

O tema que marcou as peças apresentadas era, predominantemente, a opressão cultural a que estavam submetidos os chicanos, nos vários territórios anexados pelos Estados Unidos, depois da guerra de 1846, quando pelo Tratado Guadalupe-Hidalgo, os norte-americanos se apossaram das províncias mexicanas da Califórnia, Novo México, Texas, Colorado e, posteriormente, Arizona. A segregação social e a discriminação racial eram os assuntos centrais de quase todas as peças apresentadas, mostrando o poder opressor da cultura norte-americana e a impotência da grande cultura mexicana-asteca, que perdera sua pátria, sua língua e sobrevivia apenas em suas tradições históricas e culturais. Destacaram-se as peças de Luiz Valdés, pelo humor e a ironia contra os norte-americanos. Havia também peças que ridicularizavam os chicanos que se amoldaram à cultura do dominador. Pairando sobre todos os temas, sobressaía a importância da solidariedade entre todos os chicanos, o compromisso de que todos empunhassem a mesma bandeira de luta pelos direitos civis e a conquista do espaço cultural, em uma sociedade tão estranha e hostil.

Depois que voltei do Festival de Teatro, minhas atividades se intensificaram com minha ida para Los Angeles, de onde dei notícias à família:

Los Angeles, 27 de abril de 1971

Querida Marilena!

Espero que tenhas recebido minhas duas cartas anteriores (...) Pedi que me escrevas para San Diego e San Francisco, simultaneamente. Mas agora diretamente para San Fracisco a/c de Jesus Contreras – 3647 – 20th. Street – San Francisco – 94110 – Califórnia – USA.

Aqui em Los Angeles estou hospedado na casa de uma senhora muito distinta chamada Josefina Van Luben. Seu endereço é 3804, Tracy Street Hollywood – Los Angeles – Califórnia – 90027. Ela é norte-americana, amiga de Gracia Pick e simpatizante da causa chicana.

Bem, as coisas aqui estão correndo mais ou menos. Tenho lido meus poemas para muita gente e dado algumas conferências. As conferências são pagas, mas existe uma burocracia muito grande para o pagamento. Faz quinze dias que dei uma palestra em uma universidade de San Diego, pela qual me pagariam 100 dólares, mas até agora não recebi o dinheiro. Acabo de telefonar para San Diego, já está pronto o cheque e um amigo vai me trazer depois de amanhã. Ontem dei uma palestra numa universidade daqui de Los Angeles (UCLA), mas como foi promovida pelo Departamento de Estudos Chicanos, não aceitei que me pagassem. Ainda assim eles insistiram em me dar 30 dólares para ajudar nas minhas despesas. Quando os professores norte-americanos contratam as palestras, eles me pagam 100 dólares. O problema é a tramitação demorada do pagamento. A eficiência está matando este país. (Esta máquina é para escrever em inglês, não tem acento de nenhum tipo). Como estou a caminho do norte, muitos destes pagamentos deverão ser enviados para San Francisco.

Hoje é terça-feira e no começo da próxima semana vou rapidamente a Santa Bárbara e Fresno, e depois sigo para San Francisco e Berkeley, onde estão as maiores universidades da Califórnia. Tenho toda esta semana ocupada com debates, conferências e leitura de poemas nas universidades daqui. Deveria ir à Universidade de Long Beach (a 60 quilômetros), mas não vou ter tempo. (...)

Minhas atividades na Califórnia foram, realmente, muito intensas. Às vezes, para não deixar a família sem notícia, mal tinha tempo para escrever um curto bilhete, como o recado escrito de Los Angeles, à Marilena, em 30 de abril: *Estou trabalhando duro aqui. As coisas estão melhorando cada vez mais. Fico por aqui, porque estou numa universidade e dentro de 15 minutos vou dar uma conferência.*

4. Novos amigos

Em decorrência de minhas atividades na Universidade da Califórnia, de Los Angeles (UCLA), fiz grandes amigos na cidade e entre eles o chicano Delfino Varela, Gloria Pedersen, e o casal Carmen e David Collins. Delfino Varela era estudante de direito e morava na Soto Street, 409 N, e foi um dos bons amigos que tive em Los Angeles e com quem mais convivi. Com a norte-americana Gloria Pedersen, estudante de letras, aprendi a melhorar meu inglês, em longos serões na sua casa, no bairro Glendale, Street Boynton, 1.275 A. Apesar de jovem, era divorciada e tinha duas lindas crianças entre 3 e 5 anos. Era muito culta e naquele tempo dava seus primeiros passos na literatura, escrevendo pequenos contos. Disse-me que queria ser escritora. Depois que voltei para a América Latina, trocamos algumas cartas, mas com o tempo nada mais soube dela. Recentemente, pesquisando na Internet, encontrei dois romances com seu nome: *Nighthawk's embrace* e *Gabriel's fire*, mas não sei se realmente é de sua autoria ou de um homônimo.

Também conheci Carmen e David Collins na Universidade de Los Angeles (UCLA). Ela era chicana e ele norte-americano e moravam no bairro Venice, Pacific Avenue, 1918. Foi lá que, além de muitos almoços, eles me ofereceram um telefonema para o Brasil a fim de que eu pudesse falar à vontade e matar a saudade da família, ouvindo a voz de minha filha, minha esposa e minha irmã. Foi naquele telefonema de Los Angeles para Curitiba, feito em 3 de maio, que Marilena me revelou o plano de uma viagem, com nossa filha Daniela, para um novo reencontro. Ali mesmo combinamos que eu voltaria para o México, no fim de maio, para esperá-las.

Na verdade, eu estava com planos de viajar por todo o sudoeste dos Estados Unidos para dar recitais e palestras através dos Departamentos de Estados Chicanos nas Universidades de Texas, Arizona e Novo México. Mas aquele telefonema acabaria mudando, em duas semanas, todos os meus planos. Iria apenas terminar o roteiro já traçado com Gracia Pick e os dirigentes chicanos de San Diego, e depois voltaria para o México.

Na última carta que lhe escrevi de Los Angeles, informava à Marilena:

Hoje é cinco de maio, 4ª feira. Faz dois dias que falamos por telefone. Dentro de quinze minutos tomo um avião para San José, 20 milhas ao sul de San Francisco. Tenho ali dois grandes amigos que conheci em Cali. Darei uma ou duas conferências em San José e irei para San Francisco e Berkeley. Durante os 12 dias que estive aqui em Los Angeles, ganhei 950 dólares. Em San Diego, tive que ficar mais tempo, pela impressão do meu livro. Lá eu ganhei 650 dólares. Tenho agora quase 1.500 dólares. Mas terão outras palestras para a frente. Até agora, nos recitais e nas palestras que dei, já vendi cerca de 500 exemplares da nova edição de meu livro. Como ganhei a edição, vendo por apenas 1 dólar.

Vá preparando tua viagem e a da Dani para o México. (...) Um amigo me trouxe ontem, de San Diego, uma carta tua, de 20 de abril. Tem outra lá, mas como veio registrada, está no Correio. Não escreva mais registrada. Escreva para San Francisco. Beijos em todos.

No dia 10 de maio, já em San José, voltei a escrever-lhe:

(...) Anteontem estive em San Francisco e recebi uma carta tua com a primeira carta que a Daniela escreveu, ela mesma, para mim. Não imaginas como me emocionei. Mostrei a carta para todos os amigos e gente que encontrava. E veja que coincidência, recebi no dia 8, data do seu aniversário de 6 anos, e ela fala disso na carta. (Muito obrigado, Daninha, pela linda cartinha que você escreveu ao paizinho, e não esqueça que você também virá para o México com a mãezinha e vamos brincar muito. No México, tem muitos parques e coisas lindas que você, a mãezinha e o paizinho iremos ver juntos).

Marilena, traga um quilo de carne-seca e um de farinha de mandioca.

Bem, eu viajarei para Denver, no estado do Colorado, na próxima semana, dia 18 ou 19 e depois irei para Nova Iorque. Esta semana darei recitais e conferências em San José, Santa Cruz, Stanford, Berkeley e possivelmente em outras partes, se aparecerem outros convites.

Você deve estar preparada para viajar ao México na semana de junho entre 20 e 26. (...) Você deve responder esta carta, imediatamente para três endereços, para que eu esteja ciente dos teus planos de viagem.

1) American Express Company – 20 South Michigan – Chicago – Ilinois – USA

2) American Express Company – 65 Broadway – New York City – USA

3) Escreva em meu nome a/c de Pablo Gusmán – 1678 Madison Ave – New York City – USA (Ele é um jovem jornalista e meu contato em Nova Iorque)

(...) Estarei pouco tempo em Denver e Chicago.

Beijos, Manoel

5. No vale do Silício

Rumando para o norte da Califórnia, a caminho de San Francisco, meu próximo destino foi Palo Alto. A pequena cidade era uma referência na época, pois ali nascera a famosa Universidade de Stanford, criada em 1886, por Leland Stanford. Além disso, na época, lá estavam surgindo as maiores inovações científicas e tecnológicas do mundo e sendo implantadas as indústrias eletrônicas e de informática que iriam revolucionar as comunicações do planeta. Quem sabe eu tenha cruzado, nas suas ruas, ou em seus campus universitários, com os jovens Bill Gates, Paul Allen, Steve Wozniak e Steve Jobs, criador da Apple, e onde morreu em outubro de 2011.

Meu contato, na cidade, era com a chicana Lila González Garfinkel, professora de literatura hispânica na Stanford University e no San José State University, na vizinha cidade de San José, distante 30 quilômetros de Palo Alto. Minha anfitriã morava com o esposo Martin e os filhos na avenida Churchill, 260, e foi incansável no apoio que deu, levando-me em seu carro para vários recitais e palestras e me apresentando às lideranças chicanas da região. Foi ela quem abriu as portas para minhas apresentações na Universidade de Stanford e na San José State University, através dos departamentos de Estudos Chicanos. Lila era também escritora. Havia publicado, pela Universidade de Stanford, uma tese sobre a obra do romancista, poeta e dramaturgo espanhol Ramón Maria del Valle-Inclán e preparava um amplo trabalho sobre o poeta peruano César Vallejo.

Uma dessas minhas apresentações foi noticiada por um jornal de San José:

Spartan Daily, 17 de maio de 1971 – San José, Califórnia.

Poetry

Manoel de Andrade, Brasilian poet and journalist, will present a reading of his poetry in Spanish today at 4 p.m. in the San Jose State University Umunhum Room. De Andrade will also speak on the current Politic Movement in Latin America.[427]

Depois de Palo Alto segui para San Francisco, onde fiquei na casa do chicano Jesus Contreras. Foi ele quem facilitou meus contatos na Universidade de San Francisco e Berkeley, ambas integrando o grupo da Universidade da Califórnia, com campus em várias cidades do Estado. Lembro-me de que o campus de Berkeley estava ainda em construção, mas ali já fervilhava a caldeira ideológica da juventude. Sua universidade, inaugurada há apenas três anos, era a

427 ***Poesia***
Manoel de Andrade, poeta e jornalista brasileiro, apresentará uma leitura de sua poesia, em espanhol, hoje às 4 da tarde, no auditório Umunhum da Universidade do Estado de San José. De Andrade também irá falar sobre o atual movimento político na América Latina.

Meca da contracultura que os *hippies* herdaram da Geração Beat que, por sua vez se espalhara por San Francisco alguns anos antes. As ruas da cidade de Berkeley estavam tomadas por jovens do mundo inteiro. Eram chamados "O povo da Rua". Roupas extravagantes, irreverência, sensualidade e todos fazendo suas "viagens". Mas esse não era meu mundo. Eu estava identificado com outra utopia e acreditava numa sociedade socialista ainda por ser conquistada. Por isso mesmo, meus recitais tiveram mais receptividade na Universidade de San Francisco que em Berkeley, onde os padrões estéticos da contracultura predominavam sobre ideais políticos. Dei dois recitais em San Francisco, um recital e uma palestra em Berkeley e foi então que resolvi modificar meus planos e voltar para o México.

No dia 18 de maio de 1971, escrevi minha última carta dos Estados Unidos para a Marilena, dizendo que: *Não vou a Nova Iorque. Regresso daqui mesmo da Califórnia. Dia 29 ou 30 do corrente mês estarei na Cidade do México. Já tenho dinheiro suficiente para estarmos dois ou três meses no México.*[428]

6. A segunda edição norte-americana do meu livro

De San Francisco tomei um avião para San Diego, aonde cheguei na última semana de maio. Voltei a hospedar-me na casa de Gracia Pick, revi meus amigos e fui procurado pelos diretores da Editora Grandma's Camera, interessados numa nova edição do meu livro *Poemas para la libertad*, já praticamente esgotado. Pretendiam fazer uma segunda impressão da terceira edição, agora de 2.000 exemplares, mas com um novo visual, constando o nome da editora, local e uma nova imagem de capa, diferente da primeira impressão, totalmente fotocopiada, dois meses antes, da edição colombiana. Ainda que nas suas três

428 Esta carta do dia 18 de maio de 1971 foi a última que escrevi dos Estados Unidos para a Marilena. A partir desta data não escrevi mais, porque voltei ao México e lá estivemos até 17 de agosto, quando viajamos para o Equador. De Quito, depois de uma semana, ela e minha filha seguiram para Lima e de lá para o Brasil. Somente voltei a escrever à Marilena em 30 de agosto de 1971. Portanto, neste período meus relatos passarão, novamente, a contar com minha memória e alguns recortes de jornais.

edições eu tivesse renunciado aos direitos autorais fazendo constar que *los poemas de ese libro pueden ser reproducidos*, os editores norte-americanos queriam minha explícita autorização para a nova edição. Agradecido pela divulgação dos meus poemas, dei de bom grado, e sem nenhuma exigência, o aval que pediam. Como alguns dias depois deixei San Diego, para onde nunca mais voltei, não cheguei a ver a segunda impressão com sua nova capa. Mas encontrei seus rastros na Internet. O primeiro constando na biblioteca da Universidade de Stanford, com pouca visibilidade do desenho da capa, de onde se destaca uma bandeira.[429]

7. "Muerte de un poeta" de Malaquias Montoya

A segunda pista também a encontrei na Internet, num quadro do grande pintor chicano Malaquias Montoya, que aparece ilustrando o mês de junho do Calendário Chicano de 1976. A obra chama-se *Muerte de un poeta* e a referência encontra-se nas Coleções Especiais da Biblioteca de Pesquisas da Universidade da Califórnia de Los Angeles.[430]

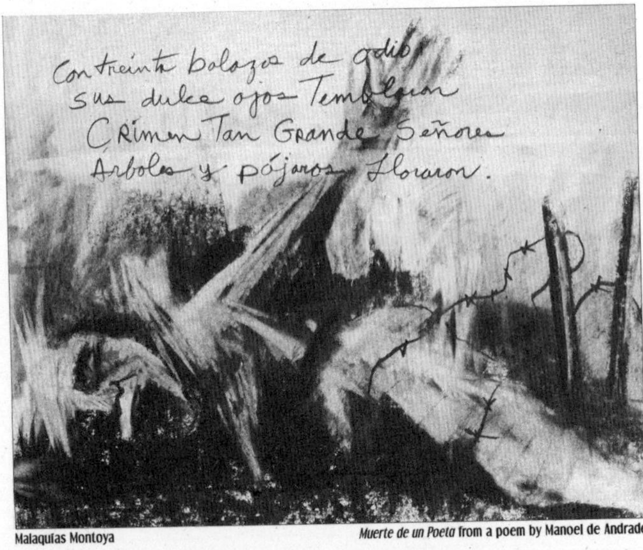

Malaquias Montoya — *Muerte de un Poeta* from a poem by Manoel de Andrade

429 A imagem da capa e a ficha técnica do livro podem ser encontrados no *site*: <http://searchworks.stanford.edu/view/1713313>. (Acesso em: 20 jul. 2012 às 09h21).

430 Disponível em: <http://content.cdlib.org/ark:/13030/hb7z09p431/?order=7>. (Acesso em: 21 ago. 2012 às 17:07).

Embora a legenda não explicite que se trata da morte de Javier Heraud, os quatro primeiros versos do poema comprovam a homenagem do pintor chicano ao poeta mártir da guerrilha peruana, assassinado em 15 de maio de 1963, aos 21 anos, em Porto Maldonado. Os versos fazem parte do poema *Réquiem a um poeta guerrilheiro*, que escrevi em Lima, em 1970, *em memória de Javier Heraud.* Não sei se Montoya se baseou na primeira ou na segunda edição de San Diego. Suponho que tenha sido a segunda, pois a primeira se esgotou rapidamente entre Los Angeles e San Diego. Creio que a segunda edição se espalhou por toda a Califórnia já que Montoya era, nos anos da década de 70, professor de arte na área da baía de San Francisco, lecionando nas Universidades de Stanford, de Berkeley e de Oakland, onde acredito que meu livro lhe chegou às mãos.

8. A conferência de Paulo Carvalho Neto

A terceira notícia encontrei num trecho citado pelo ensaísta brasileiro Paulo Carvalho Neto[431], numa conferência intitulada *Literatura y censura*, pronunciada em 26 de agosto de 1979, no Instituto Nacional de Belas-Artes, na Cidade do México. Seu conteúdo apareceu na Internet, postado em 2009, pelo Centro de Estudos Latino-Americanos da Pontifícia Universidade Católica do Equador (CELA).[432]

Para mim foi uma surpresa encontrar em sua conferência uma posição política tão corajosa contra a repressão à cultura, colocada numa época em que a ditadura ainda imperava no Brasil. Muito mais que pela

431 Certamente, Paulo de Carvalho Neto deve ter conhecido essa segunda impressão dos *Poemas para la libertad,* já que sua conferência, no México, é de 1979 e a primeira impressão esgotou-se rapidamente entre abril e maio de 1971. Sei que ele foi professor nas universidades de Los Angeles e Berkeley por 17 anos, mas não sei em que época. Ele foi um romancista, folclorista e ensaísta sergipano, nascido em 1923 e representou o Brasil em missões culturais, durante 20 anos no Paraguai, Uruguai, Chile e Equador. Publicou quarenta livros e, entre eles, obras em espanhol e inglês sobre o folclore latino-americano, do qual foi um destacado estudioso. Sua novela *Mi Tio Atahualpa* (1972) foi publicada em seis línguas e *Suomi*, romance, em três. Faleceu no Rio de Janeiro, em 2003.

432 Disponível: <http://issuu.com/docspuce/docs/literatura_censura_carvalho_neto?m> .(Acesso em: 24 out.2010 às 00h21).

referência feita à minha poesia, quero citar aqui alguns trechos de seu discurso, primeiro pela sintonia com minhas ideias a respeito do papel político do escritor num processo revolucionário e, segundo, como uma homenagem póstuma à sua condição de pensador.

Ele começa citando o filósofo espanhol Miguel de Unamuno, enfatizando o reiterado esforço mental do homem na busca dialética de suas realizações. Na parte intitulada *Patria o exilio*, pergunta: *(...)¿Es moral para un escritor abandonar su oficio y alistarse en las guerrillas? Si lo es siempre y cuando su "respuesta artística" a la causa de la libertad de los pueblos oprimidos no esté a la altura de lo que podría ser una "respuesta moral" pura y simplemente. Escritor revolucionario es el que cumpre con su deber de hacer la revolución produciendo un arte que pueda calificarse de perfecta "respuesta artística" a la opresión. Y por "respuesta artística" comprendemos aquella que ayude a conscientizar los pueblos. Cuando un escritor revolucionario no produzca tal "respuesta artística", él mismo, siendo revolucionario, buscará otros tipos de respuestas, que sean eficaces. Por "respuesta moral" a solas entendemos aquella que en último término represente la renuncia al arte y a la literatura, sustituyéndolas por la acción bélica dentro de nuestras patrias, cuando no nos reste más recursos.*

Mais adiante, analisando a censura e os temas proibidos pela ditadura brasileira de 1964 a 1978, quando as notícias eram mascaradas com as previsões do tempo e as receitas de cozinha, ele afirma que:

> *Ningún diario, ningún libro (ya fuera ensayo o ficción), ninguna obra teatral, ningún poema, ninguna canción tenía permiso para tratar de esos temas. Tabúes eran ciertos nombres como el Che Guevara, Salvador Allende... o palabras como "tupamaro", "guerrillero" y otras por el estilo. Estábamos bajo el imperio de la alienación organizada, la misma que empeoró después de 1968. Del año 64 al año 68 todavía vivíamos el periodo de la llamada "dictablanda" o "democratura" hasta que ésta se enloqueció de veras a partir de 68, transformándose en real "dictadura" pó un espacio de diez años de terror. (...)*

Pues bien, ¿que "respuesta artística" brasilera pudo haber ante tal ofensiva de la Censura y Represión, estando el escritor y el artista dentro de la hoguera? Ninguna o, si se quiere, "respuestas artísticas" de mala calidad. Hemos dicho ya que la auténtica "respuesta artística" a una dictadura malsana sólo puede lograrse en su plenitud fuera del alcance avasallador de dichas Censura y Represión. Lo que se ve en las patrias castigadas por la Censura ya no es arte, sino distorsión del arte. Bajo el efecto de la Censura la expresión de la inteligencia se ensucia, no es limpia y al no ser limpia no es clara, y al no ser clara no es bella, al no ser bella no es arte. Es un error suponer que el arte busca nuevas formas bajo un sistema de censura. (...)

Mais adiante na parte intitulada*: Las "respuestas artísticas" de buena calidad,* Paulo Carvalho Neto continua*: Artística há sido, por ejemplo, aquella poesía que pudo* decir *y no simplemente* insinuar *como la pobre poesía hierática. Y ésta poesía libre, la poesía-poesía, anduvo sobre todo por las Américas, en español o en inglês, es decir, con un cambio de traje únicamente, pero no un cambio de espírito. La auténtica poesía brasilera de protesta del período de 1968-1978 se encuentra impresa en publicaciones chilenas, mexicanas, venezuelanas, norteamericanas, francesas, alemanas. Urge ser reunida y reinterpretada, a más de traducida al portugués ahora que "el caldo no está más caliente" o "en el horizonte ya brilla el sol", padre de la vida.*

Un ejemplo:

En el canto de la libertad
donde cada mártir renace,
donde no hay hombre sin tierra
donde no hay pueblo sin faz.
En un tiempo..., gesto de sangre
en la sangre..., gesto de amor,
en el amor de quien se dio
como un perfume de flor.
En esa flor de la montaña
abierta al continente,
en esa belleza tamaña
y en mi fé deslumbrante

ahí estás, mi comandante,
en la nostalgia bien clara
de los que muren y renacen
contigo, Ernesto Guevara.
etc.

Es esta una muestra de la poesía de un brasilero en el exilio, Manoel de Andrade, estractada de su libro Poemas para la libertad. *(Andrade, 1971). Poesía abierta o directa sí, valiente y pura, puesto que escrita fuera del alcance de la censura. Reboza de voces y expresiones subversivas, tales como "canto de la libertad", "no hay hombre sin tierra", "Ernesto Guevara"... a más de la belleza intrínseca de la espontánea y sana coordinación de sus versos.*

Ningún poeta pudo cantar como Andrade dentro de las fronteras brasileras y cuando algún canto como ese lograba llegar al pueblo, el gran aparato represivo del Estado caía sobre la persona del poeta para castigarlo. Es el conocido caso de Geraldo Vandré con su canción famosa "Para não dizer que não falei de flores" (...)[433]

---

433 *(...) É moral para um escritor abandonar seu ofício e alistar-se nas guerrilhas? Sim é, sempre e quando sua "resposta artística" pela causa da liberdade dos povos oprimidos não esteja à altura do que poderia ser uma "resposta moral" pura e simplesmente. Escritor revolucionário é o que cumpre com seu dever de fazer a revolução produzindo uma arte que possa qualificar-se de perfeita "resposta artística" à opressão. E por "resposta artística" compreendemos aquela que ajude a conscientizar os povos. Quando um escritor revolucionário não produz tal "resposta artística", ele, mesmo sendo um revolucionário, buscará outros tipos de respostas que sejam mais eficazes. Por "resposta moral" entendemos, por si só, aquela que em última análise, represente a renúncia à arte e à literatura, substituindo-as por uma ação militar dentro de nossas pátrias, quando não nos reste mais nenhum recurso.*

Num outro trecho, analisando a censura e os temas proibidos pela ditadura brasileira de 1964 a 1978, quando as notícias eram mascaradas com as previsões do tempo e as receitas de cozinha, ele afirma que:

(...) Nenhum jornal, nenhum livro (seja ensaio ou ficção), nenhuma obra teatral, nenhum poema, nenhuma canção tinha permissão para tratar esses temas. Tabus eram certos nomes como Che Guevara, Salvador Allende... ou palavras como "tupamaros", "guerrilheiro" e afins. Estávamos sob o império da alienação organizada, que se agravou depois de 1968. Do ano 1964 ao ano 68, ainda vivíamos no período da chamada "ditabranda" ou "democratura" até que esta na verdade enlouqueceu a partir de 68, tornando-se numa real "ditadura" por um espaço de dez anos de terror.

(...) Pois bem, que "resposta artística" brasileira haveria ante tal ofensiva da Censura e Repressão, estando o escritor e o artista dentro da fogueira? Nenhuma ou, se quiserem, "respostas artísticas" de má qualidade. Já dissemos que a autêntica "resposta artística" a uma ditadura enferma só pode ser alcançada, em sua plenitude, fora do alcance esmagador da Censura e Repressão. O que se vê nas pátrias oprimidas pela Censura já não é arte, mas a distorção da arte. Sob o efeito da censura, a expressão da inteligência se suja, não é limpa e não sendo limpa não é clara, e se não é clara, não é bela, não sendo bela, não é arte. É um erro supor que a arte busca novas maneiras sob um sistema de censura. (...)

Mais adiante na parte intitulada: *Las "respuestas artísticas" de buena calidad*, Paulo Carvalho Neto continua:

Além das edições norte-americanas, encontrei na Internet muitas referências sobre outras edições de meu livro *Poemas para la libertad,* constante de vários catálogos de autores latino-americanos. Em 2007, encontrei no número 6 da revista eletrônica *Marginalia*, publicada no Equador, uma resenha do livro *Poesía Latinoamericana – Antología Bilingüe*, onde Alejandra Andrade comenta a *Excelente muestra poética, bilingüe, que incluye 32 poetas, tanto voces consagradas como nuevas voces que, con acento propio, se juntan para formar parte del gran coro de la poesía actual latinoamericana.* Nessa antologia, dois de meus poemas, *Tiempo de siembra* e *El marinero y su barco*, aparecem em espanhol e inglês, ao lado dos versos de Mario Benedetti, Jaime Sabines, Juan Gelman e demais poetas. A obra, editada pela Épsilon Editores de México, teve sua primeira edição na Colômbia, em 1998, e traz, na capa, o quadro *La destrucción del viejo orden*, do pintor mexicano José Clemente Orozco.

O jornalista e escritor colombiano Enrique Santos Molano, no prólogo, observa: *Los treinta y dos integrantes de la antología de "Poesía Latinoamericana", son poetas de elevadísima inspiración de forma y de fondo que nos permiten abrigar, con precioso optimismo, la esperanza de que el futuro del ser humano no será el reino de la desolación. Al fin y al cabo, en los instantes más dramáticos, los poetas siempre*

Artística tem sido, por exemplo, aquela poesia que pôde dizer *e não apenas* insinuar *como a pobre poesia hierática. E esta, a poesia livre, a poesia-poesia, andou sobretudo pelas Américas, em espanhol ou em inglês, ou seja, mudando de roupa apenas, mas não mudando de espírito. A autêntica poesia brasileira de protesto do período de 1968-1978 encontra-se impressa em publicações chilenas, mexicanas, venezuelanas, norte-americanas, francesas, alemãs. Urge ser reunida e reinterpretada, além de traduzida ao português, agora que o "caldo não está mais quente" ou "no horizonte, já brilha o sol", pai da vida.*

Um exemplo: No canto da liberdade /onde cada mártir renasce, /onde não há homem sem terra /onde não há povo sem face. /Num tempo..., gesto de sangue /no sangue..., gesto de amor, /no amor de quem se deu /como um perfume de flor. /E nessa flor de montanha /aberta pro continente, /nesta beleza tamanha /na minha fé deslumbrante /tu estás, meu Comandante, /numa saudade bem clara /dos que morrem e que renascem /contigo, Ernesto Guevara.

Esta é uma amostra da poesia de um brasileiro no exílio, Manoel de Andrade, retirada de seu livro "Poemas para a liberdade"(Andrade, 1971). *Poesia aberta ou direta sim, valente e pura, já que escrita fora do alcance da censura. Coberta de vozes e expressões subversivas tais como "canto de liberdade", "não há homem sem terra", "Ernesto Guevara"... além da beleza intrínseca, da espontânea e correta coordenação dos seus versos.*

Nenhum poeta pôde cantar como Andrade dentro das fronteiras brasileiras, e quando algum canto como esse conseguia chegar ao povo, o grande aparato repressivo do Estado caía sobre a pessoa do poeta para puni-lo. É o caso de Geraldo Vandré com sua canção famosa "Para não dizer que não falei de flores". (...)

asumen la misión de salvar al mundo, aunque a veces tengam para ello que ser crucificados.[434]

Como a segunda edição de *Poemas para la libertad* foi publicada na Colômbia, em 1970, imagino que tenha sido esta a edição pesquisada em 1998, por Mario Laventi, o organizador da antologia, para selecionar meus dois poemas, numa época em que eu estava há quase trinta anos afastado da literatura e já havia esquecido da minha condição de poeta.[435]

---

434 Laventi, M. *Poesía latinoamericana – Antología bilingüe.* Colômbia, Epsilon Editores de México, 1998, p.11.

435 A íntegra da resenha, na revista *Marginalia*, pode ser lida em: <http://www.uazuay.edu.ec/publicaciones/marginalia6/resenas.htm>. (Acesso em: 25 jan. 2010 às 10h20).

XXXII
OS CHICANOS

1. O segredo mais bem guardado dos Estados Unidos

Antes de deixar, nos passos dessas memórias, o território dos Estados Unidos, creio importante complementar minha experiência entre os chicanos, com um artigo que publiquei sobre o assunto, um ano depois, em Santiago. Depois que voltei para o Chile, escrevi, entre março e abril de 1972, vários artigos – alguns sobre as lutas de independência contra o colonialismo português na África – para revistas e jornais da esquerda chilena. Foi nesse contexto que um jornalista amigo, do jornal *Puro Chile*, órgão do Partido Comunista Chileno, sabendo de minha experiência entre os chicanos, pediu-me um texto sobre o tema. Naquela época, as revelações sobre documentos secretos da política externa norte-americana, feitas em dezembro de 1971, pelo jornalista Jack Anderson, no *New York Times*, levaram ao rumoroso caso de espionagem política, envolvendo o presidente Richard Nixon e culminando com sua renúncia. E como esses fatos, conhecidos como o Escândalo de Watergate, vieram à tona em 1972, e eram tidos, até então, como um segredo guardado a sete chaves, pelos serviços de inteligência dos Estados Unidos, resolvi titular meu artigo como: *Os chicanos: o segredo mais bem guardado dos Estados Unidos*, já que os segredos do "Caso Watergate" estavam na consciência da opinião pública mundial. O título tinha seu propósito porque, com exceção do México, nada realmente se sabia, além das fronteiras norte-americanas, sobre os graves problemas pelos quais, historicamente, passaram e passam os chicanos. A única minoria, dentro dos Estados Unidos, cujos problemas de segregação tinham conquistado a consciência mundial era a minoria negra, graças ao trabalho missionário de Martin Luther King. Quando voltei para a América do Sul constatei, perplexo, mesmo entre intelectuais e jornalistas, que também nunca tinham ouvido falar dos chicanos. O que eu propunha revelar era um fenômeno social marcado pela segregação e a crueldade moral das elites norte-americanas do sudoeste, habilmente silenciado pela imprensa e pelo governo norte-americano: a situação humilhante em que viviam milhares de descendendes de mexicanos, no próprio território dos seus antepassados e que lhes fora usurpado. A matéria foi ilustrada com várias fotos, copiadas da revista chicana *La Raza,* que trazia comigo desde a Califórnia. A primeira parte do texto foi publicada com a nota introdutória do jornal, em 09 de abril de 1972, nas páginas 8 e 9 do seu suplemento dominical, chamado *Revista*, que transcrevo aqui traduzido para o português. (O chefe de redação do jornal, no entanto, sem me consultar, panfletizou ideologicamente o título do artigo).

ASI DE FEROZ ES EL IMPERIALISMO YANQUI

Manoel de Andrade, poeta y escritor brasileño, escribió este reportaje para PURO CHILE, luego de haber conocido, de primera mano, la realidad de los chicanos, un ejemplo del destino que podría esperarles a las naciones latinoamericanas si los Estados Unidos pudieran someterlas a su total arbitrio. De Andrade visito el sur norteamericano, precisamente invitado por las organizaciones chicanas, y su reportaje debe constituir uno de los primeros testimonios sobre la verdadera situación de ocho millones de mexicanos y de hijos de mexicanos que viven en el gran imperio del dólar. PURO CHILE publicará este reportaje en dos partes. La primera de ellas, aparece hoy. La segunda y última el domingo próximo.

Los chicanos en una de sus tantas manifestaciones. Sólo piden justicia y libertad. Son tratados como animales por la "democracia" yanqui.

2. "Asi de feroz es el imperialismo yanqui"

Manoel de Andrade, poeta e escritor brasileiro, escreveu esta reportagem para "Puro Chile", depois de haver conhecido, de primeira mão, a realidade dos chicanos, um exemplo do destino que poderia esperar as nações latino-americanas se os Estados Unidos pudessem submetê-las ao seu total arbítrio. De Andrade visitou o sul norte-americano, especialmente convidado por organizações chicanas, e sua reportagem deve constituir um dos primeiros testemunhos sobre a verdadeira situação de oito milhões de mexicanos e filhos de mexicanos que vivem no grande império do dólar. "Puro Chile" publicará esta reportagem em duas partes. A primeira delas aparece hoje. A segunda e última, no domingo próximo.

Desterrados por mais de um século em sua própria terra e espalhados pelo centro e sudoeste dos Estados Unidos, oito milhões de pessoas de língua hispânica vivem atualmente segregadas social, econômica e politicamente, em toda uma imensa e fértil região de cinquenta milhões de hectares, usurpadas através de uma guerra de conquista e agressão contra a nação mexicana.

Sua história passada é a história de sua própria tragédia. A perda do seu território; dos direitos mais elementares do ser humano; o aniquilamento sistemático de sua cultura ancestral; a proibição de falar a própria língua e mais o sangue de milhares e milhares de caídos, isso foi a herança que o tempo preservou para deixar na memória de todo um povo as cicatrizes de 125 anos de genocídio.

Sua história recente é a de uma consigna acariciada de geração em geração. Escreve-se com o conteúdo de muitas palavras: greves, marchas, prisões, mártires. Escreve-se com poemas, contos, teatro, panfletos políticos, revistas e quase uma centena de jornais. Escreve-se com o renascimento de sua cultura, com as raízes de sua raça, e com a consciência de luta de um povo explorado de uma maneira cruel e desumana. Seu grito se soma ao clamor incontido de todos "os condenados da terra". É um grito de combate e de libertação; mas é também um grito em busca de solidariedade, lançado desesperadamente por milhões de homens e mulheres oprimidos, discriminados, massacrados no seio mesmo da nação mais poderosa e agressiva do mundo. Neste artigo, se conta a história do segredo mais bem guardado dos Estados Unidos: os chicanos.

3. A guerra

A guerra que o México declarou aos EE.UU., em 1846, teve como principal motivo a anexação norte-americana do grande território do Texas, na época parte da nação mexicana. O México perdeu a guerra, o território do Texas, e teve que suportar as duras imposições do vencedor, pelas quais a metade do seu território – equivalente a uma extensão superior aos territórios da Bolívia e Chile juntos – foi arrebatada pelos ianques e passou a ser parte dos Estados Unidos da América.

A invasão norte-americana ao território mexicano chegou até a Cidade do México. Alguns livros sobre o assunto relembram essa época de terror e crueldade. Os soldados ianques infundiram verdadeiro pânico à povoação da capital, assassinando, roubando, e violando mães e filhas frente aos homens da família, amarrados ou sujeitados por outros soldados. Dizem os cronistas e historiadores que tal foi a barbárie de seus vizinhos do norte, que 250 soldados norte-americanos, decepcionados, uniram-se ao exército mexicano. Posteriormente, a refinada brutalidade com que foram executados, em um bairro metropolitano, 80 desses desertores, tem sido recordada há longo tempo pelos mexicanos, como uma prova a mais da crueldade ianque.

4. O Tratado Guadalupe-Hidalgo

Terminada a guerra foi assinado, em 2 de fevereiro de 1848, o Tratado Guadalupe-Hidalgo, pelo qual os EE.UU. se apropriaram das províncias mexicanas do Texas, Novo México, Califórnia, Colorado e, posteriormente, do Arizona, vendida em 1853 ao governo norte-americano, quando ainda governava o México o ditador Santa Anna, o qual embolsou uma parte do pagamento. Segundo as condições do tratado, todos os cidadãos que residiam dentro dos territórios perdidos se convertiam em cidadãos dos Estados Unidos, se não abandonassem a região ao cabo de um ano de sua assinatura. Alguns milhares de mexicanos abandonaram suas terras para marchar ao sul. A maioria da população, por negligência, pela impossibilidade de fazer a viagem, ou para não perder o único que tinham, sua terra, converteram-se, automaticamente, em cidadãos norte-americanos. Por outro lado, a bilateralidade do tratado estipulava a garantia da propriedade e os direitos políticos dos mexicanos que viviam na região incorporada, além da preservação de sua língua, religião e cultura. Obviamente que nenhuma dessas normas foram respeitadas pelos norte-americanos que, pelo contrário, passaram a tratar os mexicanos com desprezo e até com repugnância.

5. A época da violência

Desde 1848, os mexicanos que viviam em sua antiga pátria começaram a ter constantes desentendimentos com os norte-americanos, que ali chegavam para viver. No Texas, este fenômeno foi sempre mais agudo que nos demais estados. Em fins do século XIX, o Texas se tornou famoso como uma região de bandoleiros e até os *rangers* titubeavam antes de entrar nessa terra de ninguém. Os ódios estavam tão exarcebados que, por parte dos mexicanos, matar um gringo era um ato de orgulho e, por parte dos texanos, matar um mexicano não era crime.

De 1908 a 1925, toda a fronteira do rio Bravo estava convulsionada, em vista da Revolução Mexicana. Este foi um período de matanças recíprocas e calcula-se que o número de norte-americanos e mexicanos mortos tenha chegado a cinco mil. Além disso, durante a Primeira Guerra Mundial, houve uma verdadeira caça aos mexicanos, por suspeitar-se que estavam conluiados com os alemães. Foi por esses anos que uma força militar norte-americana, a expedição Pershing, entrou no território do México para perseguir mexicanos. Em vista desse fato, em 9 de março de 1916, Pancho Villa invadiu com suas tropas o estado de Novo México, atacando a cidade de Columbus. Esse incidente piorou a situação dos mexicanos que viviam além da fronteira. A matança assumiu proporções nunca antes igualadas. O então presidente do México, Venustiano Carranza, acusou formalmente o assassinato frio de 114 mexicanos em território norte-americano. Na Califórnia e no Texas, os linchamentos e assassinatos de mexicanos eram quase diários. O jornal *New York Times*, com todo o peso de sua importância sobre a opinião pública norte-americana chegou a expressar, no editorial de 18 de novembro de 1922, que a matança de mexicanos sem provocação é tão comum, que passa quase inadvertida. Por sua parte, na Cidade do México, o editorial de *El Heraldo*, de 15 de maio de 1922, comentava que: *É sumamente indignante que enquanto em nosso país os cidadãos norte-americanos gozam de amplas garantias e quando algo lhes acontece se resolve através dos consulados dos Estados Unidos, nesse país, ao contrário, os mexicanos seguem sendo assassinados sem que as autoridades norte-americanas façam o menor esforço para castigar os culpados.*

Essa foi, talvez, a época mais difícil para os mexicanos que viviam no outro lado. O Tratado Guadalupe-Hidalgo, que lhes havia assegurado direitos iguais aos dos cidadãos norte-americanos, foi, na verdade, sua sentença de morte física, jurídica, econômica e cultural. Os grandes fazendeiros texanos expulsaram quase toda a população nativa de suas próprias propriedades agrícolas, sob a proibição, com ameaça de morte, de voltar às vizinhanças de suas antigas fazendas. Os mexicanos, abandonados à sua própria sorte, haviam perdido tudo: o solo que pisavam não era mais sua pátria mexicana; haviam perdido a terra herdada de seus antepassados; depois de algumas gerações foram se esquecendo de sua língua e de sua cultura. Com a sua nacionalidade perdida, sem nenhum governo a quem recorrer, os mexicanos dispersados e perseguidos por todo o sudoeste, somente encontraram asilo no orgulho e na dignidade de sua raça.

Em todas as épocas, depois da queda do Império Romano, não se conhece, na história de um povo, um genocídio espiritual tão grande.

6. Os imigrantes

Em princípios do século XX, a povoação mexicana nos Estados Unidos estava mais ou menos aculturada, porém, de 1900 a 1930, mais de um milhão de mexicanos cruzaram as fronteiras do rio Grande e encontraram trabalho no sudoeste do país, nas grandes plantações norte-americanas de algodão, beterraba e aipo, ou como trabalhadores ferroviários.

Essa imigração massiva de mexicanos veio renovar o velho conflito de culturas. Os novos imigrantes, ao darem-se conta de que estavam sendo estratificados e segregados em relação aos trabalhadores ianques, tentaram rebelar-se. Essa rebelião ao cabo de 20 anos estava totalmente reprimida. Os mexicanos foram culturalmente derrotados, pela segunda vez, dentro dos Estados Unidos.

7. O surgimento da luta sindical

Apesar de tudo, a rebelião dos trabalhadores mexicanos encontrou sua expressão através da militância sindical. Efetivamente, foram os imigrantes os pioneiros da organização sindical no sudoeste dos EE.UU. O primeiro sindicato de trabalhadores mexicanos nesse país foi fundado no sul da Califórnia em 1927, com a formação da Confederação das Uniões Operárias Mexicanas, integrada por 3.000 camponeses, organizados em vinte locais de região.

A primeira greve levada a cabo pela União, em 1928, no vale Imperial, na Califórnia, foi rompida por prisões em massa e deportações. Em 1930, uma greve de 5.000 trabalhadores mexicanos foi novamente esmagada na mesma região. Em 1933, 7.000 camponeses fizeram uma greve no Condado de Los Angeles. Este movimento despertou a atenção e a preocupação dos plantadores e das autoridades sobre a crescente rebeldia dos mexicanos. Neste mesmo ano, outra greve de trabalhadores agrícolas, na Califórnia, protestava "pela discriminação racial, habitações miseráveis e salário baixo". Em 1936, no sul da Califórnia, para romper uma greve de 2.000 trabalhadores mexicanos, a polícia teve que mobilizar cerca de 1.500 homens armados. A repressão foi a mais sangrenta até então. Houve vários grevistas mortos e centenas de presos e feridos. Dessa época em diante, a história dos trabalhadores mexicanos nos Estados Unidos foi uma sequência de greves reprimidas com a maior violência. Mas não somente na Califórnia. A repressão foi sofrida pelos mineiros de carvão no Novo México, pelos mineiros de cobre do Arizona e pelos trabalhadores petroleiros do Texas, onde a companhia tinha duas tarifas de pagamento para o mesmo trabalho: uma tarifa "blanca" para os trabalhadores norte-americanos, e outra "no blanca", para negros e mexicanos. A diferença era 10 centavos de dólar por hora.

8. A discriminação racial

A história do racismo nos Estados Unidos não está somente relacionada com os 23 milhões de negros, com o milhão e meio de portorriquenhos e outras minorias como os chineses e filipinos.

Os mexicanos, a segunda minoria do país, têm sido sistematicamente discriminados e segregados. No entanto, sempre foi nos estados de Texas e Califórnia – onde se concentra, proporcionalmente, a maioria da população de origem mexicana – que este fenômeno tem assumido as dimensões mais insólitas.

Muitos casos famosos, ocorridos principalmente em Los Angeles, mas que não caberia relatar nos limites dessa síntese, ilustrariam a tragédia cotidiana e a humilhação pública da gente mexicana, por um lado e, por outro, o desprezo e o cinismo das autoridades norte-americanas. Na década de 1940, em Los Angeles, os mexicanos, além da discriminação, eram perseguidos por bandos ianquis, condenados à prisão por crimes não cometidos, massacrados nas ruas e assassinados friamente, ante o olhar impassível de cidadãos norte-americanos.

À parte da violência física, a violência moral era absoluta. Por todos os lugares, havia letreiros proibindo a entrada de mexicanos, em determinados lugares públicos. Em certas piscinas públicas, lia-se: *Quintas-feiras: reservadas para negros e mexicanos*. Determinados teatros da cidade não permitiam a entrada aos mexicanos ou lhes reservavam sessões especiais. Alguns restaurantes negavam-se, terminantemente, a servi-los e o declaravam com avisos públicos desse tipo: *Proibida a entrada de negros e mexicanos*. Nos cárceres do Texas, havia letreiros em que se especificavam dias de visitas especiais para negros e mexicanos. Neste mesmo estado, havia igrejas católicas que exibiam em seus letreiros: *Não se admite mexicanos*. Em outras igrejas, lia-se: *Para negros e mexicanos*, e em outras estavam pendurados letreiros com a frase: *Igrejas brancas*. Havia no Texas um restaurante com o seguinte letreiro: *Proibida a entrada de negros, mexicanos e cães*. Em muitos cemitérios, se negava o direito ao sepultamento. Em outros, os cadáveres eram enterrados numa região separada, suficientemente distanciada da terra destinada aos brancos. Nos banheiros de muitos *tribunais* de justiça, lia-se na porta: *Para brancos. Proíbe-se a entrada de mexicanos*.

Proibições desse tipo eram tanto para os mexicanos de nascimento como para os já nascidos nos Estados Unidos.

A discriminação também se fazia nas escolas primárias e secundárias, entre crianças negras e mexicanas. As crianças mexicanas que não sabiam falar bem o inglês, apanhavam, eram colocadas nos últimos lugares ou em salas de aula para retardados mentais.

Seria cansativo relatar todos os aspectos da segregação e da discriminação das pessoas morenas no sudoeste dos Estados Unidos. De qualquer forma, essa era a situação dos habitantes de origem mexicana nesse país quando, há sete anos, começaram a organizar-se em torno de um movimento social e político.

9. Os primeiros passos de oito milhões de excluídos

No domingo, 16 de abril de 1972, as páginas 12 e 13 de *Revista*, suplemento cultural do jornal *Puro Chile*, trazia a parte final do meu texto, com a seguinte nota introdutória:

> *Publicamos a segunda e última parte da reportagem que o poeta e escritor brasileiro, Manoel de Andrade, escreveu sobre os chicanos. Seu informe, cheio de dados contundentes, de revelações incríveis, foi elaborado especialmente com base na mais feroz exploração do homem pelo homem, que fica – uma vez mais – a descoberto. As fotografias que publicamos (de um patetismo estremecedor) foram extraídas da revista "La Raza", que expressa as aspirações de todos os chicanos.*

Entre os acontecimentos mais importantes que marcam o início do Movimento Chicano, nos Estados Unidos, destacam-se a Greve da Uva, na Califórnia; a Marcha de Delano a Sacramento; a Retirada de Albuquerque; a Greve do Texas e a luta sem trégua de Reyes Tijerina, no Novo México.

A Greve da Uva teve início em 8 de setembro de 1965, em Delano, Califórnia. Esta famosa greve, que foi levada ao cinema, durou oito meses e foi dirigida por César Chávez, atualmente o líder mais importante do Movimento Chicano. Seu êxito se deveu à forma como César Chávez a converteu numa "greve de família", ou seja, fundamentando a estrutura da união e solidariedade dos grevistas, na sólida estrutura familiar mexicana. A greve logo se tornou notícia nacional e se difundiu rapidamente por todo o país, obtendo o apoio de muitas organizações civis e eclesiásticas.

O ponto posteriormente culminante da greve foi a Marcha de Delano a Sacramento, capital do estado da Califórnia. A história quase heroica da Greve e da Marcha assinalam os primeiros passos de uma minoria de oito milhões de pessoas, em busca de um caminho para dar causa ao seu anelo secular de justiça econômica, política, social e cultural, numa luta que, em sua primeira etapa, começou por reivindicar igualdade de oportunidades e de direitos. Mas o valor eminentemente histórico da Greve da Uva e da Marcha a Sacramento foi haver dado a primeira vitória aos trabalhadores agrícolas mexicanos nos Estados Unidos. Em si mesmo, a peregrinação de Delano a Sacramento foi um feito carregado de significação, porque era também a primeira vez que o povo de origem mexicana se unia e se solidarizava em torno de um problema comum. Simbolicamente, a marcha dos agricultores era também a marcha de um povo que, embora durante 117 anos tivesse sido sacrificado no vale californiano, marchava agora vitorioso, junto com os trabalhadores de sua raça.

Quase ao mesmo tempo em que os trabalhadores da uva na Califórnia marchavam até Sacramento, em Albuquerque, no estado do Novo México, no dia 28 de março de 1966, sessenta membros da delegação chicana, que participavam das audiências públicas da Comissão de Oportunidade de Igualdade e Direitos, retiraram-se do recinto da audiência, em sinal de protesto pela falta de atenção e a condescendência com que a estavam levando a cabo. Essa retirada assumiu uma grande importância moral aos olhos das novas gerações de jovens e de alguns líderes que começavam a surgir. A Retirada de Albuquerque teve amplas repercussões nas inúmeras comunidades de língua hispânica do sudoeste. Tal como a Greve de Delano, foi um sinal de que os chicanos já não estavam dispostos a sofrer pacificamente todo tipo de humilhação.

Estes três acontecimentos já haviam inicialmente acendido o espírito de luta e de solidariedade dos chicanos, quando, em 5 de junho de 1967, os camponeses mexicanos do Texas, sob a orientação de Eugene Nelson, convocaram uma greve que também culminou com uma longa marcha desde o vale do rio Grande até a capital do Estado. Conta-se que em 4 de setembro do ano seguinte, quando os quarenta cansados camponeses, que haviam resistido por três meses a uma peregrinação de 800 quilômetros, entraram na cidade de Austin, foram recebidos com o entusiamo de 8.000 partidários da mesma luta. Conta-se ainda que, além disso, a marcha despertou a solidariedade de todos os habitantes mexicanos do Texas, estimada em quase dois milhões de pessoas.

É muito longa a história das lutas quase heroicas dos trabalhadores mexicanos nos últimos trinta anos nos Estados Unidos. Mas nenhum acontecimento qualifica com mais exatidão o surgimento de uma consciência de dignidade e orgulho de um povo e sua determinação de pôr um basta à opressão, como o levantamento dos habitantes do norte do Novo México, sob a direção de Reyes López Tijerina, organizador da Aliança Federal de Mercedes. Sua luta para recuperar as terras usurpadas aos mexicanos começou já em 1957 e tem sido, em princípio, baseada na legalidade. Apesar disso, e em face das brutais repressões a que foi submetida sua gente, bem como pelas perseguições pessoais que sofreu, obrigaram-no a recorrer à violência para defender os direitos e a honra dos mexicanos. Esteve várias vezes na prisão e atualmente (em 1972) cumpre uma nova sentença.

10. O Movimento Chicano na atualidade

Até aqui, fez-se uma tentativa de sintetizar os fatos mais significativos da história dos norte-americanos de origem mexicana, do início da guerra até os últimos anos. Para a elaboração desse trabalho, foram utilizados alguns livros e uns quantos documentos.

No entanto, quisera dar uma imagem mais viva e, se possível, analítica do Movimento Chicano. Levado pela curiosidade em conhecer os alcances desse movimento, estive na Califórnia durante os meses de abril e maio do ano passado (1971) e o que reportarei a seguir baseia-se em contatos que tive com estudantes e dirigentes chicanos, em acontecimentos que me foram relatados e em alguns documentos que me foram facilitados.

11. A morte de Rubén Salazar

De cada 100 habitantes dos EE.UU., 4 são chicanos, e de cada 100 soldados norte-americanos que caem no Vietnã, 20 são de origem mexicana.

A desproporção de chicanos sacrificados na Indochina foi um dos principais motivos que, na manhã de 29 de agosto de 1970, levou às ruas do leste de Los Angeles aproximadamente 30.000 chicanos que, além disso, protestavam contra um sistema educativo em que 50% de chicanos se veem obrigados a abandonar seus estudos; pelos baixos salários pagos à gente de origem mexicana; pela falta de oportunidade e a discriminação do trabalho; por falta de representação política; pela violência policial, etc.

A marcha – como quase todas as manifestações políticas, culturais e sociais dos chicanos – começou em um ambiente de alegria e festa. Os casais levavam consigo os seus filhos. Havia grupos procedentes do Arizona, Novo México, Texas, Illinois, Utah, de todo o estado da Califórnia, de Sacramento até San Diego, e porto-riquenhos da costa leste.

Quando a imensa multidão chegou ao parque da Laguna, iniciou-se o programa organizado pelo Comitê de Chicano Moratorium. Cantaram-se canções mexicanas e chicanas e, em seguida, discursariam alguns líderes como César Chávez, Corky González e Rosalio Muñoz.

De repente, viu-se a fumaça das primeiras bombas de gás lacrimogêneo. As mulheres com seus filhos começaram a correr, porém de todas as partes do parque surgiam policiais. Meia hora depois, um cinturão policial rodeava o parque. Ninguém podia entrar, nem sair. Angel Gilberto Diaz foi o primeiro chicano metralhado quando, ao tratar de afastar-se daquele inferno asfixiante de fumaça, tentou atravessar a barricada levantada pela polícia para que nenhum carro saísse. Enquanto isso, o número de policiais aumentava. No início, grupos organizados de chicanos repeliram com garrafas e paus o ataque policial. No entanto, a resistência tornou-se impossível, com a chegada de várias unidades do Departamento de Polícia da Divisão Metropolitana, conhecida por suas táticas de brutalidade e treinadas para dominar as manifestações de massa.

O segundo chicano morto foi Lyn Ward, que expirou num hospital, ferido pela explosão de uma granada de gás. Em face do desespero e da confusão, os pais procuravam os filhos, os filhos gritavam pelos pais, senhoras e meninas vomitavam, rostos banhados de sangue, crianças perdidas correndo histericamente pelas ruas, e, no meio desse caos, os policiais golpeando as pessoas, sem distinção de idade e sexo. Alguns tentaram encontrar refúgio nas casas vizinhas ao parque, mas os policiais atiravam as bombas de gás dentro das casas, entravam brutalmente nelas e de arrasto retiravam as pessoas.

Algumas horas depois, quando todos os manifestantes se haviam dispersado, e uma grande quantidade de chicanos havia sido aprisionada, o rádio informou sobre a morte de Rubén Salazar, chefe de informação do Canal 34 de televisão e repórter do jornal *Los Angeles Times*. A morte de Rubén Salazar foi uma das maiores perdas do Movimento Chicano. Através dele, a informação do movimento chegava ao público sob o ponto de vista chicano. Era o único meio com o qual contavam os chicanos para difundir a mensagem do movimento para as grandes massas. Salazar já havia tido sérios problemas em vista dos artigos e análises que publicara sobre o Movimento Chicano.

LOS CHICANOS QUIEREN MORIR PELEANDO

STOP! CHICANO GENOCIDE

EL GENOCIDIO de chicanos es brutal. En los rostros, la impotencia y el dolor.

Entre los acontecimientos más importantes que marcan el inicio del Movimiento Chicano en los Estados Unidos, destácanse la Huelga de Uva en California; la Marcha de Délano a Sacramento; La Retirada de Albuquerque; la Huelga de Texas y la lucha sin treguas de Reyes Tijerina, en Nuevo México.

La Huelga de la Uva tuvo inicio el 8 de septiembre de 1965, en Délano, California. Esta famosa huelga, que está siendo llevada al cine, duró ocho meses y estaba dirigida por César Chávez, actualmente el líder más destacado del Movimiento Chicano. El éxito de esta huelga se debió a la forma en que César Chávez la convirtió en una "huelga de familia", es decir, fundamentando la estructura de la unión y solidaridad de los huelguistas, en la sólida estructura familiar mexicana. La huelga pronto se convirtió en noticia nacional y se difundió rápidamente en todo el país, obteniendo el apoyo de muchas organizaciones civiles y eclesiásticas.

El punto posteriormente culminante de la huelga fue la Marcha de Délano a Sacramento, capital del Estado de California. La historia casi heroica de la Huelga y de la Marcha, señalan los primeros pasos de una **minoría** de ocho millones de personas en busca de un camino para encauzar su anhelo secular de justicia económica, política, social y cultural, en una lucha que, en su primera etapa, empezó por reivindicar las igualdades de oportunidades y de derechos. Sin embargo, el valor eminentemente histórico de la Huelga de la Uva y de la Marcha a Sacramento, fue haber dado la primera victoria de los trabajadores agrícolas mexicanos en los Estados Unidos. En sí misma la peregrinación de Délano a Sacramento fue un hecho cargado de significación porque era también la primera vez que el pueblo de origen mexicano se unía y se solidarizaba en torno a un problema común. Simbólicamente, la marcha de los agricultores era también la marcha de un pueblo que, si bien durante [illegible] años había sido sacrificado a lo largo del valle californiano, marchaba ahora victorioso junto con los trabajadores de su raza.

Casi al mismo tiempo en que los trabajadores de la uva en California marchaban hacia Sacramento, en Albuquerque, Estado de Nuevo México, el día 28 de marzo de 1966, sesenta miembros de la delegación chicana que participaba de las audiencias públicas de la Comisión de Oportunidad de Igualdad y Derechos, se retiró entera del recinto de audiencia, en señal de protesta por la falta de atención y la condescendencia con que se la estaba llevando a cabo. Esta retirada asumió una gran importancia moral a los ojos de las nuevas generaciones de jóvenes y de algunos líderes que empezaban a surgir. La Retirada de Albuquerque tuvo amplias repercusiones a lo largo de las comunidades de habla hispana del sudoeste. Al igual que la Huelga de Délano, fue una señal de que los chicanos ya no estaban dispuestos a sufrir pacíficamente todo tipo de humillación.

Estos tres acontecimientos ya habían inicialmente encendido el espíritu de lucha y de solidaridad de los chicanos, cuando, el 5 de junio de 1967, los campesinos mexicanos de Texas, bajo la orientación de Eugene Nelson, convocaron una huelga que también culminó con una larga marcha desde el Valle del Río Grande hasta la capital del Estado. Se cuenta que el 4 de septiembre del año siguiente, cuando los 40 cansados campesinos, que habían resistido por tres meses una peregrinación de 800 kilómetros, entraron en la ciudad de Austin, fueron recibidos con el entusiasmo inaudito de 8.000 partidarios suyos. Se cuenta, además, que la marcha despertó la solidaridad de toda la población mexicana en Texas, estimada en casi dos millones de personas.

Es muy larga la historia de las luchas casi heroicas de los trabajadores mexicanos en los últimos treinta años en los Estados Unidos. Sin embargo, ningún acontecimiento califica con más exactitud el surgimiento de la conciencia de la dignidad y del orgullo de un pueblo, y su determinación de poner un alto a la opresión, como el levantamiento de los habitantes del Norte de Nuevo México bajo la dirección de Reyes López Tijerina, organizador de la Alianza Federal de Mercedes. Su lucha por recuperar las tierras usurpadas a los mexicanos empezó ya en 1957, y ha sido en principio basada en la legalidad. Sin embargo, a la larga, las brutales represiones a que fue sometida su gente y las persecuciones personales le obligaron, algunas veces, a recurrir a la violencia para defender los derechos y el honor de los mexicanos. Ha estado varias veces en la cárcel y actualmente cumple una nueva sentencia.

EL MOVIMIENTO CHICANO EN LA ACTUALIDAD

Hasta aquí se ha hecho una tentativa de sintetizar los hechos más significativos de la historia de los norteamericanos de origen mexicano, desde la guerra hasta los últimos años. Para la elaboración de este trabajo se han utilizado algunos libros y unos cuantos documentos.

Sin embargo, quisiera dar una imagen más viva y, si es posible, analítica del Movimiento Chicano. Llevado por la curiosidad de conocer los alcances de ese Movimiento, estuve en California durante los meses de abril y mayo del año pasado y lo que reportaré a seguir está basado en el contacto que tuve con estudiantes y dirigentes chicanos, en acontecimientos que me fueron relatados y en algunos documentos que me fueron facilitados.

LA MUERTE DE RUBEN SALAZAR

De cada 100 habitantes de los EE. UU. cuatro son chicanos, y de cada 100 soldados norteamericanos que caen en Vietnam, 20 son de origen mexicano.

La desproporción de chicanos sacrificados en Indochina fue uno de los principales motivos que, en la mañana del 29 de agosto de 1970, llevó a las calles del este de Los Angeles a cerca de 30.000 chicanos que, además, protestaban contra el sistema educativo en que un 50 por ciento de chicanos se ven obligados a abandonar sus estudios, por los bajos salarios pagados a la gente de origen mexicano, por la falta de oportunidad y la discriminación en el trabajo, por la falta de representación política, por la violencia policial, etc.

La marcha —como casi todas las manifestaciones políticas, culturales y sociales de los chicanos— comenzó en un ambiente de alegría y fiesta. Los matrimonios llevaban consigo sus hijos. Habían grupos procedentes de Arizona, Nuevo México, Texas, Illinois, Utah, de todo el Estado de California desde Sacramento hasta San Diego y puertorriqueños de la costa este.

Cuando la inmensa multitud llegó al Parque de la Laguna, se inició el programa organizado por el Comité de Chicano Moratorium. Se cantaron canciones mexicanas y chicanas y, enseguida, hablarían algunos líderes como César Chávez, Corky González y Rosalio Muñoz.

De pronto se vio el humo de las primeras bombas lacrimógenas. Las mujeres con sus hijos empezaron a correr, pero de todas partes del parque surgían policías. A la media hora un cinturon policial rodeaba el parque. Nadie podía entrar, ni salir. Angel Gilberto Diaz fue el primer chicano ametrallado cuando, al tratar de alejarse de aquel infierno asfixiante de humo, quizo atravesar la barricada levantada por la policía para que ningún auto saliera. Mientras tanto el número de policías aumenta-

Queremos Paz, Justicia Libertad... teatro popular

EL TEATRO EN LA LUCHA. Jóvenes artistas, piden paz, libertad y justicia.

12 PURO CHILE

Ao entardecer daquele 29 de agosto, o parque da Laguna estava estranhamente tranquilo. Um cheiro asfixiante flutuava no ar. Garrafas quebradas, comida derramada, cartazes rasgados, barracas parcialmente destruídas e uma imensa manifestação abortada. Seu saldo: centenas de prisioneiros, muitíssimos feridos, três chicanos mortos e mais de um milhão de dólares em danos a propriedades e comércios de um bairro chicano.

12. O Movimento Estudantil Chicano

Quase todas as manifestações de protesto dos chicanos depende fundamentalmente da presença estudantil, e a organização mais importante nesse nível chama-se MECHA – Movimento Estudantil Chicano. Está difundida em todas as universidades do sudoeste, onde há estudantes chicanos.

A universidade é a principal trincheira da juventude chicana, e o chicano é sobretudo um jovem. Mas sua luta estudantil é relativamente recente. Cinco anos atrás o número de chicanos matriculados nas universidades da Califórnia era insignificante. Em 1967, dos 25.000 estudantes da Universidade de Berkeley, somente 78 eram chicanos. Nesse mesmo ano, na Universidade da Califórnia de Los Angeles, dos 26.000 alunos matriculados, apenas 70 eram de origem mexicana. O último dado é ainda mais significativo, se considerar que em Los Angeles há mais de um milhão de chicanos residentes.

Os poucos chicanos que há cinco anos entraram na universidade começaram uma campanha, a fim de criar condições econômicas e psicológicas para facilitar o ingresso de sua gente na universidade. A campanha se fortaleceu com o nascimento do MECHA, em cujas vitórias está a criação, em cada grande universidade do sudoeste, de um Departamento de Estudos Chicanos, que conta com subvenção oficial e tem propiciado uma grande quantidade de bolsas de estudos a estudantes de origem mexicana, que viviam no campo. Geralmente, cada um desses departamentos publica um semanário sobre as atividades locais e generalidades do movimento. Há duas reuniões semanais do MECHA e, além disso, os estudantes, professores e dirigentes chicanos realizam constantemente encontros estaduais e regionais, para tratarem dos aspectos mais variados com que se organiza o movimento.

À parte do ativismo estudantil, existem outros grupos semiorganizados. Alguns com caráter eminentemente intelectual, como o "Plan Espiritual del Aztlán", criado em 1969, na Primeira Conferência Nacional de Juventude Chicana, em Denver, Colorado. O "Plan" mostra o chicano como descendente de uma raça e de uma cultura superior, os antigos mexicanos. Expressa-se com o amor à sua terra perdida. O "Aztlán" era o nome que os astecas davam a toda região californiana. O "Plan" se propõe devolver aos chicanos seu antigo sentido de comunidade, sua língua, sua música, sua arte, etc. Está caracterizado por um radical nacionalismo cultural e, entre outras coisas, propõe a reconquista do território perdido.

Há muitas outras organizações chicanas, tais como: MAPA, MAYO, LA RAZA UNIDA, CRUZADA de JUSTIÇA, BOINAS Café,AFÉ etc. Os Boinas Café (Brown Beretts), defendem a luta armada; no entanto, pelo que pude observar, seus militantes carecem de preparação política.

13. A literatura chicana

Dentro da atividade cultural, destaca-se sobretudo o teatro. Tive a oportunidade de assistir ao Segundo Festival de Teatro Chicano, realizado em abril do ano passado, em Santa Cruz, Califórnia. Entre os grupos presentes, contava-se o Teatro Mestiço, de San Diego; o Teatro do Piolho, do estado de Washington; o grupo de teatro de Santa Bárbara; o grupo de San Francisco; o teatro camponês de San Juan e o teatro camponês de Fresno, dirigido por Luis Valdés, o mais destacado autor e diretor de teatro chicano.

Quase todas as obras teatrais chicanas refletem o problema da discriminação e da segregação racial, e o conflito brutal entre as duas culturas: uma esmagadora e outra que apenas sobrevive. As obras de Luis Valdés são, em sua maioria, curtas, cômicas e picantes. Nelas, por um lado, são ridicularizados o norte-americano *(el gabacho)* e os chicanos ianquizados, e, por outro lado, procura despertar a solidariedade com a causa, o espírito de luta e a união de todos os chicanos.

Em geral, a literatura chicana é ainda muito pequena e lhe falta força como fenômeno cultural. A maioria dos seus escritores escrevem mesclando o inglês com termos e frases em espanhol. Quase se pode dizer que os chicanos têm um idioma próprio.

Entre os poetas destacam-se: Alurista, José Montoya, Corky González e outros. Corky González, presidente da Cruzada de Justiça, em Denver, além de poeta e cineasta, é um dos líderes mais brilhantes do Movimento Chicano. É o autor de um longo poema chamado *Yo soy Joaquin*, muito conhecido entre os chicanos. O poema conta as glórias do povo asteca e mexicano, a perda do território e a tragédia dos chicanos nos Estados Unidos. Joaquin é um homem que perdeu sua terra, agonizou com sua cultura pisoteada e se viu envolvido por uma sociedade estranha; desprezado por ela, explorado por ela, vivendo uma vida absurda e inumana, em um mundo de gentes absurdas e inumanas:

Yo soy Joaquin,
perdido en un mundo de confusión,
enganchado en el remolino de una
sociedad gringa,
confundido por las reglas,
despreciado por las actitudes,
sofocado por manipulaciones,
y destrozado por la sociedad moderna.

(...)Aqui estoy
ante la corte de la justicia.
Culpable
por toda la gloria de mi Raza
a ser sentenciado a la desesperanza.

(...)Yo soy Joaquín.
Las desigualdades son grandes
pero mi espírito es firme.
Mi fe impenetrable.
Mi sangre pura.
Soy príncipe Azteca y Cristo Cristiano.
Yo Perduraré
Yo Perduraré.[436]

Entre os prosadores mais conhecidos, destacam-se Sylvio Vallavicencio, Miguel Méndez, Octavio Tomano, Carlos Vélez, Nick Vaca, Miguel Ponce e outros.

Quanto às publicações chicanas mais importantes, no estado da Califórnia, contam-se a revista de atualidades *La Raza*, editada em Los Angeles e a revista literária *El Grito*, editada em Berkeley pela Editora Chicana *El Quinto Sol*. *La Raza*, dirigida por Raul Ruiz, um chicano de primeira linha e aberto à experiência revolucionária latino-americana, é a mais representativa revista do Movimento Chicano. Seu papel tem sido muito importante como orientadora política do movimento e por seu esforço em aproximar os chicanos às lutas libertárias da América Latina. É a revista que, na Califórnia, foi a fundo nas denúncias contra a repressão policial às pessoas de origem mexicana.

436 Quando, no início de abril de 1971, estive no Segundo Festival de Teatro Chicano de Santa Cruz, na Califórnia, uma jovem atriz, integrante do Teatro Campesino de Fresno, me deu um livreto com o título *Yo soy Joaquin*. Eu ainda não conhecia o extenso poema de Corky González e depois de sua leitura perguntei a ela o porquê do nome Joaquin, que era muito comum em Portugal e no Brasil, mas não nos países de língua hispânica. Ela comentou que se dizia que era uma referência a Joaquin Murieta, uma figura lendária da Califórnia, que segundo uns era mexicano e segundo outros era chileno. Disse-me que sobre ele se contavam muitas histórias durante a corrida do ouro, na Califórnia. Que ele era uma espécie de herói popular, um Robin Hood, um bandido e patriota que lutou contra a exploração do trabalho nas minas, pelos norte-americanos. Que ele, por ser latino, foi vítima do racismo e da discriminação por que estavam passando os chicanos e que por isso era um símbolo da luta e resistência contra os ianques.
Na verdade, as façanhas de Joaquin Murieta deram motivo para muitos poemas e *corridos* mexicanos, livros, filmes e até uma peça de teatro da autoria de Pablo Neruda chamada *Fulgor y muerte de Joaquin Murieta*, publicada em 1967.

XXXIII
A VOLTA PARA O SUL

1. Reencontro com a família

Depois de viajar quase scssenta horas de ônibus, pelo mesmo caminho de ida para Tijuana, voltei à Cidade do México, nos últimos dias de maio de 1971. Dormi apenas algumas noites na casa de Mariano Leyva Domínguez, em Coyoacán, até alugar um pequeno apartamento e aguardar a chegada de Marilena e minha filha Daniela.

Que grande alegria foi vê-las descer do avião e abraçá-las naquela manhã de 11 de junho! Eu estava com um amigo, o qual nos levou em seu carro para o apartamento. Nossa nova morada ficava no centro da cidade e dali saíamos, quase sempre caminhando, para conhecer a parte histórica da capital. Na primeira semana, passávamos o dia inteiro fora e somente voltávamos ao anoitecer, extenuados de tanto andar. Uma de nossas primeiras visitas foi à grande praça da Constituição, para onde voltamos outras vezes, porque no Zócalo concentra-se a parte mais fascinante da herança histórica, política e social do México. Além da imponente catedral e do Palácio Nacional, todo aquele espaço estava comercialmente tomado pela colorida simbologia do folclore, pela tradição e a memória, expressas nos traços da cultura popular, cujo comércio envolvia lojistas, feirantes, ambulantes, turistas e transeuntes, num torvelinho incessante.

Como foram intensos aqueles dias! Elas estavam encantadas com a Cidade do México. Lembro-me dos passeios de barco pelos canais de Xochimilco, nossas caminhadas, pela zona Rosa, pelo bosque de Chapultepec e, para mim, uma nova visita ao Museu Nacional de Antropologia. Estivemos muitas vezes com os queridos amigos Jorge Suárez, Martha e a filha Mirella, naquela belíssima casa da embaixada da Bolívia. Mirella tinha então quinze anos e era divertido ver como ela e minha filha, de seis anos, se divertiam e se entendiam, cada uma falando seu próprio idioma. Hoje, ao escrever estas memórias, penitencio-me por não ter dado uma mais viva atenção àquela adolescente que sempre estava por perto, nas minhas conversas com Jorge e Martha, tanto no México como em Santiago do Chile, onde Jorge chegou exilado, meses depois. Sim, porque foi Mirella que me reencontrou, trinta e seis anos depois, buscando contato através de um artigo sobre minha poesia, publicado na Internet. Nossa convivência com Jorge, Martha e Mirella na Cidade do México foi inesquecível e, quando em 17 de agosto, Marilena, Daniela e eu nos despedimos para viajar ao Equador, nenhum de nós poderia imaginar que quatro dias depois Jorge perderia seu posto de embaixador, ante o golpe militar de Hugo Banzer, na Bolívia, onde se instalou, por sete anos, uma das ditaduras mais cruéis de sua história.

Havia tantos outros amigos a procurar na Cidade do México e assim, entre passeios, museus e visitas, transcorreram os primeiros dias. Estivemos algumas vezes na casa de Rosa Elena Montes de Oca, a viúva de Bruno Traven. Visitamos também meu primeiro anfitrião, Alfredo Sancho Colombari e sua família, comparecemos a uma recepção na casa do pintor Adrián Brun e tivemos muitos encontros com Augusto Villa García. Augusto e Marcela Bernales eram um jovem casal peruano com quem me relacionei através da família do Sr. Benavides, que eu havia conhecido em Lima e agora era o embaixador do Peru, no México. Na época em que Marilena chegou, Marcela passava um período com a família em Lima. No começo daquele ano de 1971, também chegara, do Equador, a esposa (Sara) e a filhinha do pintor León Ricaurte, meu "mecenas" quando passei por Guayaquil e que agora, como bolsista, estudava novas técnicas de pintura no Centro Internacional de Churubusco. Tal como Jorge, Martha e Mirella, eles foram também amigos especiais durante o período em que Marilena e Daniela estiveram no

México. Sara se tornou grande amiga de Marilena e sei que, posteriormente, trocaram cartas, quando ela voltou para Guayaquil.

Creio que foi na terceira semana que fomos a Cuernavaca visitarmos Francisco Julião, e depois viajamos para Acapulco e Taxco, onde nossa pequena Daniela desapareceu do hotel, depois do café da manhã. Desesperados, saímos, cada um por um lado a procurá-la e encontrei-a numa praça próxima, conversando animadamente com um engraxate que polia suas botinhas. Tínhamos um plano de irmos a San Diego e de lá a Los Angeles, para levar nossa filha à Disneylândia. Marilena já viera com as passagens e os vistos para entrar nos Estados Unidos. Para minha surpresa, a embaixada americana, negou, sem qualquer explicação, minha nova entrada no país. Deduzi que informações sobre meus contatos com os chicanos, os vários recitais e palestras que ofereci na Califórnia, assim como as duas edições do meu livro, em San Diego, houvessem chegado à representação norte-americana, na Cidade do México.

2. No Equador pela terceira vez

Como já referi, deixamos o México em 17 de agosto de 1971, numa viagem, pela Ecuatoriana de Aviación, com destino a Quito. Duas semanas antes havia escrito uma carta a Luigina Fossati, noticiando meu retorno à capital, com minha esposa e filha. Na chegada, lá estava o amigo Rodrigo Samaniego, e de lá fomos para a nova casa de Luigina Fossati, namorada de Rodrigo, que insistiu em hospedar-nos. Luigina, como já adiantei, era secretária da embaixada italiana e tinha um filho da mesma idade da minha filha, chamado Mariano. Luigina foi impecável como anfitriã e como amiga. Muitos dos amigos que eu fizera nas duas vezes anteriores que estivera no Equador lá apareceram para rever-me e conhecer minha família. Lembro-me de que na casa em frente havia duas meninas gêmeas, ruivas e muito graciosas, com quem minha filha brincava e com quem aprendeu a andar de bicicleta. Ao fim de uma semana, Marilena e Daniela viajaram para Lima, sendo recebidas por Marcela Bernales, esposa de Augusto Villa García, e hospedadas por ela, em Miraflores. Marilena teve um contratempo em Lima, onde roubaram parte de seu dinheiro, no centro da cidade. Mas tudo se resolveu e ambas voltaram para o Brasil, nos últimos dias de agosto.

Depois que Marilena viajou, deixei a casa de Luigina e fui morar com Manuel Perez, um estudante de arquitetura que conhecera em minha primeira passagem por Quito. Perez, uma personalidade discreta e muito politizada, foi um amigo incondicional durante o último período que passei em Quito e foi ele que me alertou de um "complô" contra minha pessoa que poderia ter me levado à morte, como relatarei mais adiante.

Somente depois que Marilena e Daniela partiram é que procurei meus "velhos" amigos. Normalmente nos encontrávamos à noite. Durante o dia, voltei a frequentar a Biblioteca Nacional Eugenio Espejo[437]

---

437 Marcado pela ingratidão dos seus contemporâneos, Francisco Javier Eugenio de Santa Cruz y Espejo, sábio, escritor, jornalista, médico, advogado e um dos primeiros próceres da Independência hispano-americana é um exemplo grandioso de superação na sociedade elitista e preconceituosa quitenha do século XVIII, onde se destacaram também as figuras visionárias do historiador jesuíta Juan de Velasco (1727-1792), e do cientista, político e geógrafo Pedro Vicente Maldonado (1704-1748).
Filho de um índio com uma mulata, Eugenio Espejo nasceu na pobreza, em Quito, em 21 de fevereiro de 1747, onde morreu na prisão, aos 48 anos, acusado de conspiração pela Independência. Como escritor foi um revolucionário, seja pela crítica aguda ao colonialismo, seja pelas proposições de profundas mudanças estruturais na sociedade e no pensamento político de sua época. Paladino incansável da igualdade social, lutou pelos mesmos direitos para indígenas e *criollos* e já naquela época lutava também pelos direitos da mulher. Por outro lado, é surpreendente sua contribuição, como médico, pelas ideias que deixou sobre a prevenção e tratamento das doenças contagiosas.
Eduardo Galeano resgata sua imagem nas páginas de *Memórias do fogo (II)*:
(...) Escreveu as mais afiadas palavras contra o regime colonial e seus métodos de educação, uma educação de escravos, *e destripou o estilo balofo dos retóricos de Quito. Cravou suas diabrites nas portas das igrejas e das esquinas principais, para que se multiplicassem depois, de boca em boca, porque* escrevendo como anônimo podia muito bem tirar a máscara dos falsos sábios e fazer com que aparecessem vestidos de sua verdadeira e natural ignorância.
Pregou o governo da América pelos nela nascidos. Propôs que o grito de Independência soasse, ao mesmo tempo, em todos os vice-reinados e auditorias, e que se unissem as colônias para se tornarem pátrias, sob governos democráticos e republicanos.
Era filho de índio. Recebeu o nome de Chusig, que significa coruja. Para ter o título de médico, decidiu chamar-se Francisco Javier Eugenio de Santa Cruz y Espejo, nome que soa à linhagem longa e assim pôde praticar e difundir seus descobrimentos contra varíola e outras pestes.
Fundou, dirigiu e escreveu de cabo a rabo "Primícias da cultura", o primeiro jornal de Quito. Foi diretor da biblioteca pública. Jamais recebeu um salário.
Acusado de crimes contra o rei e contra Deus, Espejo foi trancado numa cela imunda. Ali morreu, no cárcere; e no último suspiro suplicou perdão aos credores.
A cidade de Quito não registra no livro de pessoas notáveis o fim desse precursor da Independência hispano-americana, que foi o mais brilhante de seus filhos.(*)

onde li uma história do Equador e estudei a obra de alguns poetas equatorianos, entre eles Jorge Carrera Andrade e Jorge Enrique Adoum. À noite, encontrava os amigos nos bares e cafés da parte central e antiga da cidade. Eu vivia quase sempre fora de casa, para onde voltava em plena madrugada. Aquela foi uma das épocas mais boêmias de minhas andanças. Estava redescobrindo a cidade e os requintes de sua cultura. Quito era, para mim, só magia e encanto, e diante dos olhos tinha uma das mais formosas heranças coloniais da América. A catedral, as igrejas, os conventos, as construções fortificadas eram o retrato arquitetônico de uma arte que personalizara o passado colonial da cidade. Cruzava a passos lentos a praça de São Francisco para penetrar em seu mistério pré-hispânico e saborear a história da mais bela praça da cidade. Já estivera em Quito por duas longas temporadas, mas somente agora sentia o sabor do seu passado e da sua privilegiada geografia, de uma forma tão sentimental.

Tenho sido um crítico do espírito de cruzada com que os conquistadores espanhóis procuraram "evangelizar" a América, impondo a cruz pela espada, vale dizer, marcando a ferro e fogo os postulados dogmáticos da Igreja, guiados pela intolerância, o fanatismo, a crueldade e pelo poder imperial da conquista. Mas também me pergunto o que seria hoje o continente, do México ao Uruguai, sem o aporte unificador da cultura, da língua, de instituições avançadas e do verdadeiro cristianismo pregado pelos religiosos espanhóis, dos quais frei Bartolomé de las Casas foi o primeiro e, por certo, um dos mais belos exemplos? Era essa incalculável herança que ainda se via erguida por trás de toda a historicidade de Quito: o requinte de uma cultura que, com exceção dos portugueses no Brasil, nenhuma outra nação europeia deixou em suas colônias.

Minha caminhada matinal da casa de Manuel Perez à biblioteca era feita sempre por caminhos diferentes que se desviavam do seu destino e por onde, algumas vezes, transcorria toda a manhã. Sentava-me em pequenas praças ou entrava na igreja de São Francisco para meditar e encantar-me com o esplendor artístico dos altares e as filigranas dos

(*) Galeano, E. *Caras e máscaras*. Trad. Eric Nepumoceno. Rio de Janeiro, Nova Fronteira, 1985, p. 118-9.

ladrilhos. Visitava e revisitava também o convento franciscano, o primeiro a ser fundado pelos espanhóis, em 1535. Estive lá muitas vezes para rever a extraordinária beleza da pintura do período do Império Espanhol, o qual fez da cidade a menina dos seus olhos. Eis porque, no século XVI, chega à Real Audiência de Quito o frei franciscano flamengo Jodoco Ricke, primo do imperador Carlos V, e funda a primeira escola de artes, da qual nasceria a famosa Escola Quitenha de pintura e escultura, onde se destacaram artistas indígenas e mestiços.

Meu caminho naquelas manhãs era sempre muito variado. Refrescava o rosto e bebia a água das bicas, percorria feliz aquelas vielas e ladeiras estreitas, coloridas de fachadas, enfeitadas com balcões e muitas delas me mostrando, lá no fundo, uma colina coberta de casas e ruelas.

Mas não era somente a arquitetura e a arte colonial que me encantava. Havia outra Quito, invisível por trás dos meus olhos, por saber que ali, convivia-se com três mil anos de história. Eu sabia que naquela concha geográfica viveram os habitantes da etnia *quitu*, conquistados pelos *caras*, os quais fundaram, em 980 a.C., o Reino de Quito, (Reino era a palavra que os espanhóis usavam para definir o país de Quito) integrado ao Império Inca, em 1462. Como Napoleão, diante das pirâmides, deslumbrara-se diante de 40 séculos de história, eu também estava ali, mergulhado na subjetividade e colhido pela imaginação e pelo espanto, diante de dois mil e quinhentos anos de uma história pré-colombiana, sobre a qual o jesuíta Juan de Velasco se debruçou, investigando datas, personagens, dialetos, lendas, tradições e costumes, relatados na grande obra que publicou em 1767. Este grande historiador – desterrado em 1768 para a Itália, por sua condição de jesuíta – explicitou as razões pela qual escreveu a *Historia do reino de Quito* ao dizer que o fez *no tanto para complacer a otros, cuanto por hacer ese corto obsequio a la nación, y a la Patria, ultrajada por algunas plumas rivales que pretenden obscurecer sus glorias.* Eu sabia também que, naquele vale entre montanhas, nasceu Atahualpa, no ano 1502, que reinou sobre a região até ser traído e assassinado pelos espanhóis em Cajamarca, aos 31 anos de idade. A Quito espanhola, sede da Real Audiência, cujos monumentos estavam ao alcance dos meus olhos, somente surge em 1534, ante a heroica resistência do general Inca Rumiñahui.

Uma vez, Rodrigo Samaniego me levou às faldas do vulcão Pichincha, para conhecer o local onde, em 24 de maio de 1822, os patriotas chefiados pelo general Sucre derrotaram o exército espanhol e libertaram Quito. De lá pude encher as retinas com aquele platô encravado entre picos alcantilados, montanhas e tantos outros vulcões. O pico nevado do Cotopaxi parecia um cone perfeito e o cume do Chimborazo estava coberto pelas nuvens. Embora seja uma das mais altas cidades da Terra, seu clima é sempre agradável e invariável. Além do mais, sentia-me privilegiado, por estar vivendo bem no meio do mundo. Era com esse espírito cheio de romantismo que me reunia com poetas, gente de teatro, músicos e escritores, nos melhores recantos boêmios de Quito. Quantos novos amigos surgiram naquelas noites, afinizados pela literatura, pela música e pela arte! Os poetas líamos nossos versos, os atores improvisavam cenas de teatro, ouviam-se canções andinas ao som da guitarra, do charango e da samponha. Algumas vezes, com um par de amigos, assistia a uma peça de teatro, uma conferência, uma exposição de pintura, um espetáculo de danças tradicionais, ou íamos saborear um prato típico. Foi nesse banquete de cultura que setembro de 1971 passou, inesquecível, pela minha vida.

3. O sucesso da feijoada brasileira

Em meados de setembro, Luigina fez um jantar na sua casa para uns poucos amigos, dos quais eu era um dos convidados. A maioria eram amigos de Rodrigo Samaniego, seu namorado. Como Rodrigo, eram quase todos arquitetos e entre eles Mario Solís Guerrero, que na época, era diretor da Faculdade de Arquitetura e Urbanismo, da Universidade Central do Equador.

Foi naquele jantar, onde, entre outros assuntos, cada um falou de suas habilidades culinárias, de modo que Luigina me "denunciou" como cozinheiro e ali mesmo surgiu o convite de Mario Solís para no próximo sábado preparar uma feijoada brasileira, em sua casa, para umas trinta pessoas.

Não foi fácil achar os ingredientes para a feijoada. Encontrei os *porotos negros* (feijão), a *harina de yuka blanca* (farinha de mandioca) e a costela de porco defumada. Mas não havia "carne seca", nem "paio", nem as linguiças que temos no Brasil. Encontrei uma espécie de "carne de sol" e outras espécies de linguiças. Tudo isso era vendido em mercados ao ar livre, na zona antiga de Quito. Lá havia também toicinho, pés e orelhas de porco, mas não coloco essas partes em minhas feijoadas. Com muita cebola, alho e cominho, a feijoada foi servida com couve mineira e rodelas de laranjas e foi tão apreciada que, a partir dali fui "convocado" para prepará-la em outras casas. Os convidados eram quase todos arquitetos ou brilhantes estudantes de arquitetura, como Manuel Perez e Jorge Escandón, líder estudantil, em cuja casa eu almoçava quase todos os dias, em minha primeira passagem pelo Equador. Foi naquela feijoada, onde estava presente a elite profissional e acadêmica da arquitetura de Quito, para a qual após ter lido alguns de meus poemas, surgiram os primeiros convites para recitais privados.

4. Quanto vale um amigo?

Além da minha grande amizade com Rodrigo Samaniego, meus contatos com Mario Solís Guerrero[438] estreitaram-se muito mais naquele terceiro período que estive no Equador. Tínhamos a mesma idade e uma grande afinidade no gosto da poesia, pintura e arquitetura. Em nossas primeiras conversas, contei-lhe da minha tensa passagem pelos países centro-americanos e da rica experiência junto aos chicanos, na Califórnia. Ele mostrava-se sempre muito interessado sobre essa parte de minha viagem e, alguns dias depois, propôs-me abrir a Universidade Central do Equador para um ciclo de conferências sobre o assunto.

438 Ex-decano da Faculdade de Arquitetura e Urbanismo da Universidade do Equador, fundador da Escola de Belas-Artes e do Colégio Integral, Mario Solís Guerrero é atualmente uma das figuras mais destacadas na América Latina, pela bandeira que empunha em nome da paz mundial, como criador do Currículo Internacional Integral de Educação Holística para a Paz. É ex-presidente e sócio-fundador da Associação Latino-Americana de Desenvolvimento Pessoal e Social e ex-assessor do reitor da Universidade para a Paz das Nações Unidas. Como criador e coordenador da Cátedra Unesco Vida Integral, para uma Nova Consciência e Cultura de Paz, Mario Solís, atualmente, é expositor e organizador de oficinas e seminários de Arquitetura da Vida Humana, Organizacional e Educativa de Qualidade Integral no Equador e vários países do continente.

Naquele período, ofereci alguns recitais privados, mas cada vez sentia-me mais frustrado por não dispor de qualquer exemplar do meu livro para presentear a alguém ou vender aos interessados. Mario Solís estava presente num destes recitais e acenou com a possibilidade de uma nova edição do livro. Na semana seguinte, ele confirmou a viabilidade de uma edição dos meus *Poemas para la libertad*, a ser impressa pela Faculdade de Arquitetura e Urbanismo. Seria uma pequena edição de seiscentos exemplares, datilografada e fotocopiada em papel jornal, que me seria oferecida sem qualquer custo. Como entender tão providencial solidariedade? São por gestos como estes que nos perguntamos o quanto vale um amigo. Agradecido, pedi que ele me honrasse com a apresentação da edição equatoriana.

No dia 2 de outubro, escrevi uma carta dando as boas notícias à família:

Querida Marilena

Não tenho te escrito porque ando ocupadíssimo preparando três conferências que darei na universidade, em meados de novembro. Serão longas, principalmente a que trata sobre a América Central, pela amplitude dada aos problemas regionais e suas implicações dentro do contexto latino-americano e depois, a segunda parte, pela atenção particularizada a cada país. A segunda é sobre o México, com enfoque na revolta estudantil de 1968 e sobre o trágico Massacre de Tlatelolco. A terceira será sobre os chicanos, mas essa será fácil porque tudo está ainda bem fresco na minha memória. Tudo isso está sendo facilitado por alguns livros, revistas e documentos que trago comigo.

Recebi, há algumas semanas, uma carta de Augusto, falando de tua estadia em Lima e dos dólares que te roubaram (como vês, em qualquer parte, a cara de turista, infelizmente, está relacionada com a de otário).

Como te avisei em carta anterior, por uma questão de segurança, continue escrevendo para mim em nome da Luigina, para a embaixada da Itália. As que forem para mim, ponha remetente e as para ela, não. Não escreva meu nome no envelope, só dentro. Luigina manda dizer que recebeu teus postais.

Não penso viajar tão cedo para Lima. Depois que terminar as conferências, começarei a traduzir uma peça de Augusto Boal para um grupo de teatro daqui. Sairá dentro de uma semana uma edição de seiscentos exemplares do meu livro, publicada aqui, pela Universidade Central do Equador.

Tua partida com a Daniela não deixou somente a mim com saudades. Luigina e Rodrigo também têm comentado a falta de vocês. Beijos..., Maneco

5. A edição equatoriana de "Poemas para la libertad"

Em fins de outubro, meu livro saiu publicado, com a capa e o prólogo de Mario Solís:

Prólogo

Manoel de Andrade expresa a través de su conducta y de su actitud como poeta, una irreversible calidad humana, despojada de compromisos con un sistema que reconoce solamente el éxito económico como índice de valoración social.

Su identificación con los problemas de su pueblo y, por extensión, con toda la difícil problemática socioeconómica y política de América Latina hicieron de él un testigo de su tiempo, un caminante incansable de todos los países de América. Su voz juglaresca se ha hecho oir en todo el continente, desde la Tierra del Fuego hasta más allá del río Bravo.

Al leer estos poemas cálidos y llenos de vitalidad, encontramos las imágines de las esperanzas y dolores que, como soles y sombras, el poeta ha podido captar en los rostros de estos pueblos oprimidos por cadenas centenarias.

Su material poético se vuelve entonces sensiblemente energético, pues parte de la realidad misma, rompiendo con la postura acomodadiza-especulativa del típico intelectual que pregona y se nutre de esquemas y teorías caducas sobre cadavéricas filosofías europeas.

Manoel tiente a ser radical en la medida que parte de las entrañas mismas de nuestra realidad Latinoamericana, identificándose con esa realidad a través de sus vivencias personales y de contactos y confrontaciones íntimas con el medio en que se propuso actuar.

Las raíces de su poesía están profundizadas en su honestidad con la causa revolucionaria y en su amor por la vida misma, cuando el acto de existir llega a significar un elocuente gesto de renuncia y, a la vez, de compromiso.

Solo así es que podremos comprender su labor esencialmente política como poeta. Solo así es que podremos comprender la dimensión de su fe revolucionaria en un nuevo mundo y en una sociedad donde haya justicia y dignidad para todos los hombres.

Mario Solís
Quito, septiembre de 1971 [439]

---

439 *Manoel de Andrade expressa através da sua conduta e de sua atitude como poeta, uma irreversível qualidade humana, despojada de compromissos com um sistema que reconhece apenas o êxito econômico como padrão de reconhecimento social.*
Sua identificação com os problemas do seu povo e, por extensão com toda a difícil problemática socioeconômica e política da América Latina, fizeram dele um testemunho do seu tempo, um caminhante incansável de todos os países da América. Sua voz jogralesca se fez ouvir em todo o continente, desde a Terra do Fogo até mais além do rio Bravo.
Ao ler estes poemas cálidos e cheios de vitalidade, encontramos as imagens das esperanças e dores que, como sóis e sombras, o poeta pôde captar na face destes povos oprimidos por correntes centenárias.
Seu material poético se torna então sensivelmente energético, pois parte da realidade latino-americana, identificando-se com essa realidade através de suas vivências pessoais e de contatos e confrontações íntimas com o meio no qual se propôs atuar.
As raízes da sua poesia estão aprofundadas na sua honestidade com a causa revolucionária e no seu amor pela vida mesma, quando o ato de viver chega a significar um eloquente gesto de renúncia e, por sua vez, de compromisso.
Só assim é que poderemos compreender sua missão essencialmente política como poeta. Só assim é que poderemos compreender a dimensão da sua fé revolucionária em um novo mundo e em uma sociedade onde haja justiça e dignidade para todos os homens.

Mario Solís
Quito, setembro de 1971

manoel de andrade
poemas para la libertad
facultad de arquitectura y urbanismo
universidad central del ecuador

6. A visita de Fidel Castro ao Equador

Depois que o livro ficou pronto, achei conveniente escolher uma data oportuna para seu lançamento, já que toda a esquerda equatoriana estava agitada com a chegada de Fidel Castro, em 4 de novembro, a Guayaquil, para onde parte da classe estudantil, intelectuais e líderes sindicais se programavam para viajar, a fim de ouvi-lo.

Embora não tenha podido ir a Guayaquil para o histórico encontro de Fidel com o presidente José María Velasco Ibarra, li quase tudo o que a respeito era publicado em Quito. No dia da chegada, alguns jornais traziam mensagens do Partido Comunista, de organizações de esquerda e sindicais, saudando o visitante e sugerindo que se abrissem os caminhos para reatar as relações diplomáticas entre os dois países. No dia seguinte, um domingo, jornais, rádios e canais de televisão noticiavam a recepção de milhares de equatorianos ao ilustre comandante. A conferência de imprensa, dada por Fidel no aeroporto, marcou o primeiro grande momento de sua visita. Nessa interlocução, Fidel chegou a ser aplaudido pelos jornalistas, quando colocou e justificou o processo revolucionário cubano. Respondeu com objetividade e conteúdo, enquadrou as perguntas capciosas feitas por alguns jornalistas, encarou com segurança e tranquilidade as provocações e afirmou, com todas as letras, que a OEA era uma *cloaca*. Sobre a leitura que fiz do longo discurso de Velasco e, do mais longo ainda, de Fidel, guardo ainda comigo um recorte de 5 de novembro de 1971 do jornal *El Comercio* de Quito. Hoje releio as corajosas colocações de Velasco e "vejo" o dedo que tantas vezes Fidel colocou nas feridas abertas da América Latina, questionando como seria o nosso amanhã. Suas palavras mais comoventes estão na resposta que deu ao presidente equatoriano sobre a delicada questão dos fuzilamentos havidos em Havana, logo depois da vitória da Revolução. Daquele longo discurso, como soem ser os pronunciamentos de Fidel, deixo aos leitores interessados, numa nota, apenas essa parte de sua fala, para que tomem conhecimento, como eu tomei, da outra versão dos fatos, bem diferente daquela que nos passaram as fontes capciosas do imperialismo.[440]

---

440 *(...) El Presidente ha abordado algunos temas que nosotros nos consideramos en el deber de abordar también, y abordarlos con la franqueza que nos ha caracterizado siempre. Se abordó aquí la cuestión relacionada con los fusilamientos. Todo esto tiene una explicación. La historia de nuestros países la escriben en otros países. La historia de la Revolución Cubana ha sido escrita por agencias internacionales al servicio de los monopolios.*

No tenemos ni la más remota intención de negar que en nuestro país los Tribunales Revolucionarios han fusilado. No tenemos la menor intención siquiera de expresar el menor arrepentimiento, ni rehuir el menor átomo de responsabilidad por lo que nuestro pueblo, en defensa de su soberanía y de su vida, se vio en la necesidad de hacer.

Se contó la historia de los hombres que fueron pasados por las armas. Pero no eran humildes obreros, no eran campesinos sin tierras, no eran limosneros, no eran santos, no eran sacerdotes, no eran hombres honrados. Eran sencillamente asesinos, y asesinos además de la peor especie, que en determinado momento de lucha, durante siete años de combate contra la tiranía batistiana, cometieron las más incalificables fechorías; asesinatos en ocasiones masivos, de 60 y 70 personas; asesinatos de hombres, de mujeres, de niños, de madres; que quemaron decenas y decenas de miles de casas y, en ocasiones, las quemaron con sus moradores dentro de ellas.

Y no sólo eso, no sólo fue necesario ajustar cuentas que demandaba el pueblo, porque nosotros dijimos siempre al pueblo: no queremos venganza, no queremos hombres arrastrados por las calles, no queremos desórdenes, porque los culpables de los desórdenes, los culpables de las vindictas populares son los que preconizan el asesinato y el crimen. Y nosotros le decíamos al pueblo: habrá justicia, por eso no queremos venganza. Y le pedimos al pueblo: cuando la Revolución triunfe, no queremos una casa saqueada, no queremos un hombre ajusticiado por la mano popular, sin juicio, sin pruebas. Y desde la guerra, ya se establecieron las leyes revolucionarias en virtud de las cuales serían sancionados los asesinos.

Pero se fusiló no sólo a los esbirros de aquella guerra. Nuestro país siguió en guerra durante muchos años. Nuestro país todavía está virtualmente en guerra. Cuando triunfa la Revolución, comenzó entonces otra forma de guerra – experiencias que ha vivido Cuba –: cientos de infiltraciones de armas y de agentes y espías organizados, entrenados y armados por la CIA; cientos de lanzamientos de armas en paracaídas; organización de bandas armadas contrarrevolucionarias en todas las provincias del país; organización, entrenamiento y planeamiento de ataques exteriores desde bases en Centroamérica, Guatemala, Nicaragua; ataque a nuestra patria con aviones disfrazados com las insignias cubanas, B-26 cargados de bombas que llevaban la bandera cubana pintada en sus alas y en su cola.

Nosotros presenciamos en un momento determinado cómo esos aviones lanzaron el ataque sobre una de nuestras bases aereas. Y no podremos olvidar jamás las circunstancias de Girón, cuando un batallón avanzaba por una carretera y algunos de aquellos aviones pasaron por encima de las filas de nuestros combatientes, incluso movieron las alas y los saludaron y recibieron el saludo de nuestros soldados, y dieron una vuelta, y en medio de la carretera, sin ningún lugar de protección, los ametrallaron a mansalva y las bombardearon, costando decenas de vidas.

No podremos olvidar los casos de tiendas incendiadas, de mujeres que se quemaron vivas en esas tiendas; de la explosión del vapor "La Coubre" con armas que venían de Bélgica. Porque nosotros al principio de la Revolución intentábamos comprar algunas armas en los países occidentales, precisamente para que no se tomara de precia, texto ningún tipo de relación con países del campo socialista para justificar las agresiones contra nosotros. ¡ Explotar un barco!

No se nos podrá olvidar aquella tarde que estando nosotros en las oficinas del Instituto Nacional de la Reforma Agraria, escuchamos un estremecedor estampido que hizo temblar el edificio, situado a kilómetros de distancia, y vimos la columna de humo que se levantó desde el puerto donde se estaba descargando un barco con miles de toneladas de explosivos, que barrió literalmente a decenas de obreros y soldados de los muelles. No podremos olvidar la segunda explosión que barrió también con los que fueron a prestarles los primeros auxilios.

Sobre esses fatos, que ocorreram há quarenta anos, informo que a rápida passagem de Fidel pelo Equador e pelo Peru surgiu no caminho

---

No podremos olvidar las decenas de campesinos asesinados por las bandas mercenarias; estudiantes alfabetizadores torturados y asesinados, de maestros que estaban enseñando en los campos. No podremos olvidar la cantidad de crímenes y de fechorías que cometieron.

Recordábamos recientemente, en una exposición del Ministerio del Interior sobre las distintas tareas realizadas por los hombres de ese ministerio, una exposición, por ejemplo, del armamento con que en una ocasión se preparaba un atentado contra nosotros, una colección de armas automáticas, bazucas, cañones sin retroceso, granadas de mano, uno de los tantos planes de atentados organizados por la CIA. ¿ De dónde habían salido esas armas? De la Base de Guantánamo, suficientes no para matar un hombre: ¡ para matar un elefante, a una docena de elefantes, a un centenar de elefantes.

Esas cosas naturalmente no las publican los cables: de una base que está ubicada en un pedazo de nuestra tierra, que por la fuerza se nos la impuso, después de que disminuyeron la independencia de nuestro país, después de que le impusieron una Enmienda Platt con derecho a intervenir.

Y nuestro país no ha estado luchando contra un enemigo pequeño: ha estado luchando contra un enemigo poderoso, el más poderoso país imperialista del mundo, que con toda su técnica, todo su dinero, todos sus recursos, hizo lo indecible por aplastar nuestra Revolución, y no por nacionalizar el cobre o el petróleo: sencillamente por hacer una reforma agraria y porque aquellas tierras eran de empresas norteamericanas.

Ese tipo de lucha ha tenido que seguir nuestro país. Y nosotros teníamos que defender a nuestro pueblo, a nuestros obreros, a nuestros estudiantes, a nuestros trabajadores, a nuestra patria, contra aquel tipo de traidores, que desde el exterior, mandados por el exterior, organizados desde el exterior, realizaban todo este tipo de fechorías contra nuestro pueblo. Era el más elemental deber ajustar cuentas con tales criminales, y no hacerlo habría sido una cobardía, no hacerlo habría sido una responsabilidad muy grande. Por eso, no eran obreros masacrados, campesinos masacrados, como lo hemos visto tantas veces en los pueblos. Los que contaron tales historias de los fusilamientos, no dicen uma sola palabra de las fechorías que cometen por el mundo, de los cientos, de los cientos de miles de toneladas de bombas lanzadas contra un pequeño pueblo como Vietnam, de la matanza de My Lai. ¿ Qué se sabe de los cientos de miles, millones de mujeres y niños asesinados en la guerra contra un pueblo pequeño, por el país mas industrializado del mundo, que ha lanzado sobre esa pequeña nación dos veces más bombas que las que se lanzaron en la Segunda Guerra Mundial? ¡Ah!, de eso no habla la reacción, de eso no hablan los fascistas, de eso no hablan los aliados del imperialismo. Y pretenden erigir en mártires prácticamente a los canallas que contra nuestro pueblo cometieron tales fechorías.

Y por eso digo hoy que nuestro deber se cumple y se cumplirá. Nuestro pueblo se ha defendido con valor, con dignidad. Ha pasado peligros muy grandes, muy grandes; no sólo invasiones mercenarias, sino que en determinado momento nuestro país estuvo amenazado por decenas de cohetes nucleares. Y yo pregunto ¿ qué país pequeño como el nuestro se ha visto en situación tan difícil, como la que se vio en la Crisis de Octubre? Y nuestro país, puedo decirlo aquí, no estaba dispuesto a ceder un ápice, no cedió un ápice. Puedo decir más: el 26 de octubre nuestras baterías antiaéreas abrieron fuego contra los aviones yanquis que en vuelo rasante estaban volando sobre nuestro territorio, en plena Crisis. Y puedo decirles algo más, para que se tenga una idea de la dignidad de nuestro pueblo: que no hubo un solo cubano que vacilara, no hubo un solo cubano que temblara, porque las motivaciones de nuestro pueblo han sido muy profundas, la defensa de su causa ha sido algo muy sentida. Y ese pueblo tiene tal sentido de la dignidad y de la justicia que habría estado dispuesto a morir, a desaparecer de la faz de la tierra. Y los pueblos solo llegan a tales determinaciones cuando defienden realmente una causa justa, cuando defienden realmente la patria, cuando tienen motivaciones profundas. Ese pueblo, y con ese pueblo, nosotros, los dirigentes, nos responsabilizamos por las medidas de justicia revolucionaria que se han tomado, y de lo que pudiéramos lamentarnos realmente es de que hayan quedado en el mundo tantos criminales y tantos asesinos sin recibir la sanción ejemplar que se merecían.

Esa es nuestra posición y seguirá siendo nuestra posición. Pero muy lejos de albergar en el sentimiento de ese pueblo actitudes crueles. Es preciso que se sepa que en nuestro país, enfrentándose a tales

da visita oficial de três semanas que fez ao Chile, num explícito gesto de solidariedade ao governo socialista de Salvador Allende. Quanto à "escala técnica em Lima e Guayaquil", era um fato inusitado e que claramente incomodava o Pentágono, e a seus submissos aliados.[441] Neste contexto geopolítico, era animador ver a posição dos dois Velascos. Embora o reatamento das relações do Peru com Cuba somente fossem celebradas em julho de 1972, era previsível e até natural uma visita circunstancial ao Peru. Há que considerar que a simpatia ideológica entre Lima e Havana já começara em 1968, quando o general Juan Velasco Alvarado tomou o poder em 1968, nacionalizou as petroleiras norte-americanas La Brea e Pariñas, colocando-se em franca rota de colisão com os Estados Unidos. O que não era previsível, dentro do "quintal" dos Estados Unidos, era uma visita ao Equador. Eis porque foi tão aplaudido o gesto de Velasco Ibarra, ao convidar Fidel Castro, diante da pressão da embaixada norte-americana em Quito, que tentou impedir o encontro, e da oposição de setores militares e da oligarquia equatoriana. Seu discurso foi um ato de desafio e de coragem. Por um lado, pela imagem de soberania e independência em que colocava o país, no contexto de submissão ao imperialismo em que vivia o continente, e, por outro, por expressar oficialmente sua admiração pela Revolução Cubana e condenar publicamente a injustificável exclusão de Cuba pela OEA, posições tão raras entre os estadistas da América Latina, na época, e ainda hoje.

organizaciones de la CIA, nunca se ha torturado a un hombre, ¡ nunca! Pero por eso mismo se han desarrollado la inteligencia, la capacidad y la moral de los hombres que combaten al enemigo. Nosotros nos apoyamos en las masas. Tenemos el pueblo unido, las masas organizadas, y en nuestro país no se puede mover ni una hormiga contrarrevolucionaria; y lo que hagan lo sabemos. Y por eso siempre tenemos las pruebas en la mano, los argumentos, las razones. Pero jamás en nuestro país se ha torturado a un hombre. En nuestro país se aplican las leyes acordadas por el Gobierno Revolucionario y mediante el Tribunal Revolucionario, no se asesina a nadie y además no se tortura a nadie, no se pone jamás la mano sobre un hombre. Porque una de las cosas que aprendimos en la lucha revolucionaria a detestar, a repudiar, fueron las torturas, las cobardías. El recuerdo de miles y miles de revolucionarios torturados de las maneras más atroces, creó en nuestro pueblo una conciencia tremenda contra tales actos inhumanos, contra tales actos cobardes. (...)

441 Como o Brasil, por exemplo, onde o governo sanguinário de Emílio Garrastazu Médici ia deixando, friamente, o rastro indelével da tortura, morte e desaparecimentos de presos políticos, cujas denúncias internacionais abalaram a imagem do país em todo o mundo, o que não impediu que o ditador fosse recebido, em dezembro daquele ano, pelo poderoso chefão do "Império", Richard Nixon.

A visita de Fidel teve também seus momentos de humor e de risadas. Lembro-me até hoje de uma passagem anedótica que foi muito comentada nos dias seguintes entre os habitantes e rodas de amigos. Contava-se que depois da seriedade dos discursos, durante o jantar de confraternização das comitivas, em que o rigor do protocolo foi quebrado, Fidel, descontraído, perguntou ao anfitrião: *Com uma comida tão boa, por que você é tão magro, dr. Velasco?*

Hoje, quarenta anos depois, é difícil fazer uma reflexão sobre a grande importância que o acontecimento teve na época, já que então vivíamos bipolarizados pelo contexto da Guerra Fria numa década em que, na América Latina, os governos seguiam a cartilha do Departamento de Estado norte-americano e a classe estudantil, a intelectualidade de esquerda e algumas lideranças populares estavam identificadas com os movimentos revolucionários que atuavam no continente, e com a vigorosa aura ideológica da Revolução Cubana. Digo que é difícil essa reflexão porque nesses dias de 2012, quando se fala em Cuba, qualquer interpretação crítica honesta deve levar em conta a questão dos direitos humanos, mas sem discriminação. Nesse sentido, qual país da América Latina ou da Europa está isento de pecado para atirar a primeira pedra no regime cubano? Ante essa visão maquiada sobre Cuba, – que há décadas nos foi imposta pelo governo que mais violou os direitos humanos na história – os chocantes relatórios da Anistia Internacional falam mais alto e mostram, com dados e a memória dos fatos, que Cuba está muito longe de ser o lobo mau dessa história. Quero deixar claro que sou visceralmente contra qualquer violação dos direitos humanos e, a despeito da minha ideologia, nesse tribunal não absolvo nem romanos, nem cartagineses. No entanto, ante essa reacionária retórica das violações, é imprescindível sempre relembrar o que significou o ultraje aos direitos humanos aqui na América do Sul, onde somos os campeões do mundo, e onde a justiça de transição tem denunciado o que foram as ditaduras do Brasil, Uruguai, Argentina, Chile, Paraguai, da Bolívia, de Hugo Banzer e a do Peru, de Alan García.

A passagem de Fidel pelo Peru e pelo Equador certamente se cumpria no contexto da nova estratégia cubana para o continente, já que, nos anos 70, Fidel Castro abandonou a via armada e passou a considerar a via política – que levara o partido socialista ao governo do Chile – como uma nova estratégia para combater o imperialismo, presente nas revoluções nacionalistas de Velasco Alvarado no Peru e de Omar Torrijos, no Panamá.

O encontro histórico com Fidel foi sem dúvida um arriscado gesto de Velasco, do qual deduzia-se, por um lado, a aproximação com Cuba para um próximo reatamento diplomático e, por outro, uma demonstração de força política ante os setores reacionários das forças armadas. Não foi preciso esperar muito tempo para se recolocar a ordem no "quintal" do imperialismo. Três meses depois de receber o comandante cubano, Velasco Ibarra foi deposto pelos militares. O grande caudilho estava no seu quinto mandato presidencial. Perdeu o poder, mas ganhou na história. Esse foi o preço de sua coragem.

7. Ciclo de conferências no Equador

No dia 14 de novembro, o jornal *El Comercio* publicou um edital da Universidade Central do Equador e da Faculdade de Arquitetura, anunciando o início do ciclo de minhas conferências para o dia seguinte, uma segunda-feira, com uma sequência de três conferências e uma leitura de poemas, encerrando o programa na quinta-feira.

Naquele primeiro dia, foi estimulante ver o público, em sua maioria estudantes, lotar o salão nobre da Faculdade de Economia. Nessa primeira apresentação, fiz uma análise sociopolítica de todos os países centro-americanos.

No dia seguinte, 16 de novembro, *El Comercio* publicou na coluna "Registro Cultural" a seguinte nota:

Programa de conferencias

Continuando con el programa de conferencias patrocinado por la Facultad de Arquictetura de la Universidad Central del Ecuador, el poeta brasileño Manoel de Andrade sustentará el segundo título del temário sobre "Análisis de la realidad actual mexicana", a las 7:30 de la tarde, en el Aula Máxima de la Facultad organizadora.

No dia 18, o mesmo jornal publica a seguinte nota:

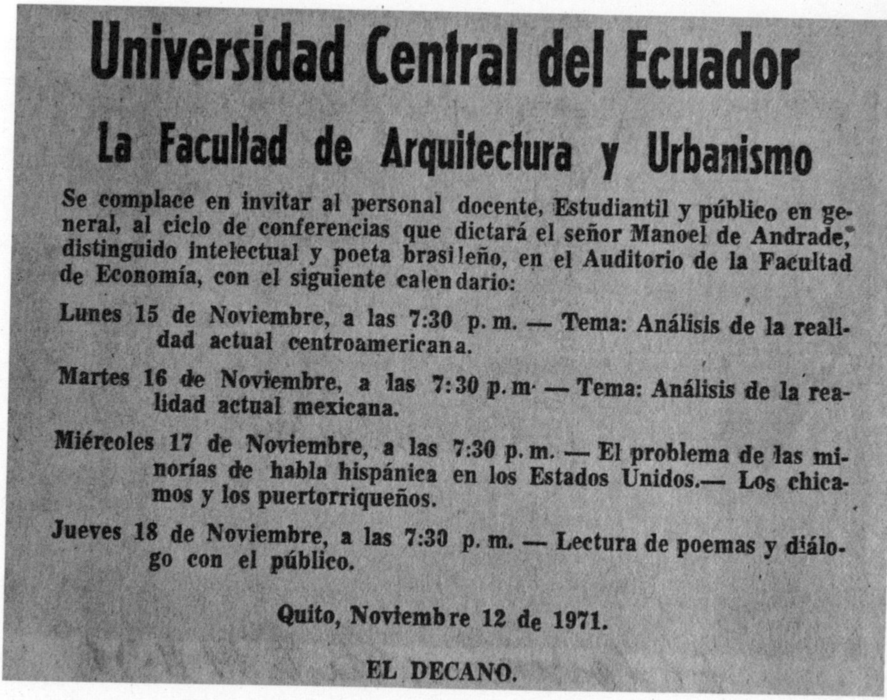

Universidad Central del Ecuador

La Facultad de Arquitectura y Urbanismo

Se complace en invitar al personal docente, Estudiantil y público en general, al ciclo de conferencias que dictará el señor Manoel de Andrade, distinguido intelectual y poeta brasileño, en el Auditorio de la Facultad de Economía, con el siguiente calendario:

Lunes 15 de Noviembre, a las 7:30 p. m. — Tema: Análisis de la realidad actual centroamericana.

Martes 16 de Noviembre, a las 7:30 p. m. — Tema: Análisis de la realidad actual mexicana.

Miércoles 17 de Noviembre, a las 7:30 p. m. — El problema de las minorías de habla hispánica en los Estados Unidos.— Los chicamos y los puertorriqueños.

Jueves 18 de Noviembre, a las 7:30 p. m. — Lectura de poemas y diálogo con el público.

Quito, Noviembre 12 de 1971.

EL DECANO.

Programa de conferencias de U. Central

El poeta brasileño Manoel de Andrade, sustento la tercera conferencia dentro del programa organizado por la Facultad de Arquitectura de la Universidad Central, en su mismo local. El tema último versó sobre "El problema de las minorias de habla hispánica en los Estados Unidos. Los chicanos y los portoriqueños". Hoy concluirá su participación, con la lectura de sus poemas y el mantenimiento de um diálogo con los Estudiantes.

Na conferência de quarta-feira sobre chicanos, o auditório da Faculdade de Arquitetura lotou rapidamente e não foi possível acomodar todo o público que se apresentou para o evento. O próprio Mario Solís me procurou, consultando sobre a repetição do tema num outro dia. Decidimos pela conveniência de realizá-lo naquela mesma semana, na sexta-feira, depois do recital marcado para quinta-feira.

Quanto ao lançamento do livro, optei pela conveniência de fazê-lo no dia já programado para o recital de poesia, onde contaria com o público que vinha acompanhando minhas conferências. A universidade fez alguns cartazes anunciando o lançamento, que foram colocados no local onde eu vinha me apresentando. A leitura dos poemas transcorreu num auditório lotado e atento. Que mais pode desejar um poeta ao ler seus versos? Lá não havia somente estudantes. Compareceram meus velhos amigos das duas vezes anteriores quando estive no país, e os novos amigos, entre poetas, atores, intelectuais e tantos conhecidos com quem convivia todas as noites, naquele período boêmio que estava passando agora em Quito. Entre os poemas lidos, dediquei ao público a minha *Canción de amor a América*, explicando que devia à cidade de Quito os seus versos, porque foram ali que eles nasceram, em agosto de 1970. É o poema mais extenso do livro e retrata meu longo caminhar por todos os lugares e experiências que tinha passado até então. Depois do recital, houve diálogo-debate com os estudantes, que não foi tão longo como os demais a fim de iniciar a sessão de autógrafos. Foram vendidos cerca de trezentos exemplares. Restou-me a metade, quase todos vendidos no dia seguinte, na segunda conferência sobre os chicanos e em alguns recitais privados que dei nas semanas seguintes.

No dia 19 de novembro, sai publicada esta última nota no *El Comercio*, anunciando a repetição da conferência sobre os chicanos.

Vate brasilero finaliza ciclo de conferencias

El poeta Manoel de Andrade concluye hoy el ciclo de conferencias que fue auspiciado por la Facultad de Arquitectura. El tema será el mismo de antiayer "El problema de las minorias de habla hispana en los EE.UU.: Los chicanos y los portorriqueños". La conferencia se repite a solicitud de mucho público que no pudo asistir antiayer al acto y, sobre todo, por la importancia del tema.

O que marcou as quatro conferências que dei aos estudantes de Quito foi o interesse que mostraram, quer pelo comparecimento, quer pelo grau de curiosidade nas incontáveis perguntas. O tema que transbordou, na curiosidade de todos, foi sobre os chicanos. Esse foi o motivo de sua repetição na sexta-feira. Não sei se estarei exagerando ao afirmar que, entre os presentes, nas duas conferências sobre o assunto, ninguém ainda tinha ouvido falar dos chicanos. Foi essa a minha impressão por todo tipo de perguntas que faziam. Alguns jovens ligados ao teatro vieram pedir o endereço de meus contatos com grupos de teatro da Califórnia, para troca de ideias e convites para se apresentarem no Equador. Outros perguntaram se eu podia indicar algum livro ou onde se informarem sobre o assunto. Na verdade, excetuando alguns artigos em jornais e revistas que apareciam no México, eu não sabia de nada que tivesse sido publicado sobre os chicanos na América Latina. Era uma época em que o conhecimento ainda não estava à nossa disposição na Internet e somente no ano seguinte, no Chile, eu publicaria, o primeiro artigo sobre os chicanos na América do Sul.

8. Uma "espiã" da embaixada brasileira no meu recital???

No recital de poesia que ofereci naquele 18 de novembro de 1971, não havia no auditório, como já mencionei, somente jovens estudantes, novos e velhos amigos. Havia também rostos de meia-idade que eu desconhecia. Talvez alguns fossem professores da própria universidade, intelectuais ou pessoas amantes da poesia. Depois que terminou a leitura dos poemas e o diálogo com o público, formou-se uma fila para os autógrafos. Lembro-me muito bem de que, entre as primeiras pessoas, apresentou-se uma senhora baixa, mais para loura que morena, de fina aparência, entre trinta e trinta e cinco anos, e que, dizendo-se uma brasileira residente em Quito, cumprimentou-me pelo recital e entregou o livro para ser manuscrito. Enquanto eu escrevia perguntou, com a naturalidade de uma compatriota, de que parte era eu e quando tinha saído do Brasil. Foi a única pessoa de nacionalidade brasileira que se apresentou ali. Tudo me pareceu normal e o fato foi "esquecido" por quarenta anos, até quando, em 2002, em Curitiba, passei a buscar informações e documentos para encaminhar meu processo de anistia ao Ministério de Justiça. Qual não foi minha surpresa, ao ler as 12 folhas do meu dossiê político, retirado no Arquivo Público do Estado do Paraná? Deparei então com a seguinte informação, datada em 1º de fevereiro de 1972, ou seja, 72 dias depois do recital e lançamento do meu livro na Universidade Central do Equador:

> *(...)Em 1/2/72 – A E.O.E.I.G. através do Enctº 002/SIJ/72, enviou cópia do PB226 DSEG64 do Min. Aer. – 4ª Z. Aer. – solicitando informações de MANOEL DE ANDRADE, brasileiro, natural do Paraná, que se diz Poeta e Arquiteto, e teria Passaporte Brasileiro, expedido pelo Paraná em 1.967, constando que o nominado seria da linha Castrista, estando na Bolívia em 1.970 onde é autor de* Poemas Para La Libertad, *1ª Edição; 2ª Edição em Cali-Colômbia; 3ª Edição em San Diego – Califórnia – USA e 4ª Edição em Quito-Equador em outubro de 1.971.– Desde 1.967, intitula-se Poeta Brasileiro e estaria fazendo estudos e proferindo palestras (Conferências) sobre Realidade Brasileira e Latino-Americana, mantendo contatos com grupos universitários esquerdistas. Com ofício 69/72 S.I.., foi informado o que consta.–*
>
> *Em Fev.72 – O DPF., solicitou também o que constava, verbalmente.*
>
> *Em 11-2-72 – Feito of. 72/72 ao SNI em atenção ao PB 13/72, enviando cópia.*
>
> *Em 7-3-72 – Veja Informação 14/72 SET.SEG.RFFSA, pasta do nominado. (...)* [442]

Mas quais detalhes indicam que as informações vieram da embaixada do Brasil, no Equador? Certamente, a diplomacia brasileira em Quito não tinha conhecimento que eu viajava com um passaporte expedido

---

442 *Siglas:*
E.O.E.I.G: Escola de Especialistas e de Infantaria de Guarda (Ministério da Aeronáutica)
DPF: Departamento de Polícia Federal
SNI: Serviço Nacional de Informações
SET.SEG.RFFSA: Setor de Segurança e Informações da Rede Ferroviária Federal S.A.

no Paraná, em 1967, mas essa informação já era do conhecimento do Dops (Departamento de Ordem Política e Social) do Paraná, desde março de 1969, como me referi no início destas memórias na passagem "O delegado e o marinheiro". Vale dizer que somente quem tivesse a nova edição equatoriana do meu livro na mão poderia ler, na última página, a data da sua impressão, onde constava: *Quito – Ecuador – octubre 1971*. Ou essa informação, – que já constava do dossiê no Brasil apenas 72 dias depois do lançamento do meu livro em Quito – foi enviada do Equador, ou um exemplar da obra foi remetida de lá aos serviços de informações do Brasil. Em segundo lugar, por que me atribuir a condição de arquiteto, se minha formação acadêmica foi em direito, bem como afirmar que eu era *natural do Paraná*, se no Setor de Segurança e Informações da Rede Ferroviária Federal S.A. – onde se localizava o núcleo da inteligência política da ditadura, no Paraná – constava o seguinte:

> *1 – Manoel de Andrade é nome verdadeiro, nasceu em Rio Negrinho – SC à 03 de novembro de 1.940, filho de Donzília Rita; provavelmente o nome de seu pai seja Manoel de Andrade. No Instituto de Identificação do Paraná está registrado sob nº 346.643 e o número do seu passaporte é 611.261 – PR, concedido em 29/05/1967.*
>
> *2 – Bacharel, formado pela Faculdade de Direito da Universidade Federal do Paraná, é ex-funcionário da Secretaria da Fazenda e D.E.R. do Paraná. (...)*

Certamente, os informantes da embaixada supuseram que eu era *natural do Paraná* pela indicação de alguns de meus poemas publicados no livro e subscritos em Curitiba. Quanto à minha condição de *arquiteto*, por certo deduziram pela leitura do programa de minhas conferências publicada em 16 de novembro, pelo jornal *El Comercio*, relacionando minha apresentação com a Faculdade de Arquitetura e, também, pela capa e o prólogo do livro subscrito por Mario Solís, na época diretor na Faculdade de Arquitetura e Urbanismo e uma das mais honrosas referências na arquitetura equatoriana. Finalmente quem, além de minha esposa Marilena, que recebeu dois exemplares, conhecia naquela época, no Brasil, os locais e datas das quatro edições de meu livro citadas no dossiê, se essa informação somente estava colocada na sexta página da dita edição equatoriana recém-publicada? A solicitação, em fevereiro de 1972, do DPF *referindo-se também o que constava, verbalmente,* até hoje me excita a curiosidade sobre o real conteúdo do que suponho ser a informação enviada pela embaixada brasileira, em Quito, para os órgãos de inteligência da ditadura. Como a informação cita: *intitula-se Poeta Brasileiro e estaria fazendo estudos e proferindo palestras (Conferências) sobre Realidade Brasileira e Latino-Americana, mantendo contatos com grupos universitários esquerdistas,* pergunto-me se as conferências também não foram vistas pelos "olheiros" da embaixada.

É oportuno refletir, neste contexto, sobre as conexões que o Itamaraty criou entre 1966 e 1985, através do CIEX (Centro de Informações do Exterior), estabelecendo uma rede de informantes para perseguir e controlar os passos de militantes brasileiros de esquerda no sul do continente. Naquele ano de 1971, além do Chile vivenciando sua experiência socialista, o Peru de Velasco Alvarado, o Panamá de Omar Torrijos e o Equador de Velasco Ibarra buscavam modelos políticos independentes da tutela norte-americana, voltando-se para a esquerda. A visita de Fidel Castro, naquele mês de novembro a Guayaquil, certamente gerou preocupantes relatórios do nosso embaixador em Quito, à chancelaria brasileira.

O jornalista Paulo Cannabrava Filho, companheiro a quem já me referi ao relatar minha segunda passagem pela Bolívia, conta dos problemas que teve com a embaixada brasileira em Lima, quando tentou em vão renovar seu passaporte. Em seu livro *No olho do furacão*, ele conta que:

> *Além de me negar passaporte, o governo brasileiro pedia minha cabeça aos governos dos países onde residi. Em alguns casos, informavam o governo do país onde me encontrava dizendo que eu era* persona non grata, *que estava desenvolvendo atividades contrárias aos interesses do governo brasileiro e me queriam de volta ao Brasil. Uma ocasião, a chancelaria peruana ofereceu uma recepção a chefes de Estado e convidou o corpo diplomático credenciado em Lima. Também fui convidado. Conversei alguns minutos com o presidente, general Velasco Alvarado, e ele, antes de me deixar para dar atenção aos seus convidados, puxou carinhosamente minha barba, dizendo "Cuide-se, barbudo!". Isso*

diante do embaixador brasileiro. Foi uma maneira muito cordial do general Velasco mostrar ao embaixador, o oficial, que eu era da turma, portanto, que parassem de me aborrecer. Quando deixei de ser da turma, os peruanos me deram cinco dias para abandonar o país.

Fiquei sabendo depois, não me lembro agora a fonte, que na embaixada brasileira havia um funcionário, mandado pelo SNI, só para controlar meus passos. Recortava todos os meus escritos, gravava meus discursos e minhas conferências. Certamente, ele teve bastante trabalho.[443]

Paulo Cannabrava era realmente um elemento "perigoso" para a ditadura brasileira. Já havia estado em Cuba e pertencia à Ação Libertadora Nacional (ALN), uma organização de guerrilha urbana comandada por Carlos Marighella, que foi o revolucionário mais procurado pela ditadura brasileira e brutalmente assassinado em São Paulo, em 4 de novembro de 1969. Mas não era o meu caso, que era tão somente um poeta, sem nenhum vínculo com organizações de esquerda. Por que então tanta preocupação com alguém cujas armas eram apenas as metáforas e o lirismo? Para que se tenha uma ideia da paranoia dos órgãos informativos do regime militar, até mesmo a viagem de turismo que minha esposa e minha filha fizeram ao México, consta do meu dossiê:

> *(...) 4 – Marilena é filha do ex-senador Rubens de Mello Braga, e, em companhia da sua filha Daniela viajou no dia 10 de junho de 1971 com destino ao México para encontrar-se com seu esposo. Do México viajariam com destino a San Diego-Califórnia-USA, onde o nominado já estivera no princípio do ano. Marilena e Daniela usaram as passagens aéreas nºs 02121 e 02122 emitidas pela Varig e pagas pelo ex-senador Rubens de Mello Braga com um crédito que tinha naquela Empresa, referente às passagens que o Senado lhe fornecia quando senador e não utilizadas. Marilena trabalha no Departamento de Relações Públicas da Prefeitura Municipal de Curitiba e estuda Jornalismo na Faculdade de Filosofia da Universidade Federal do Paraná. Reside na rua Comendador Macedo, 260 – apto 111 – Curitiba.*

---

443 Cannabrava Filho, P. *No olho do furacão: América Latina nos anos 60/70*. São Paulo, Cortez, 2003, p. 239-40.

9. Acusado de agente da CIA

Como já adiantei alhures, nos rastros destas memórias tenho deixado de registrar nomes de muitas pessoas que conheci, algumas das quais marcaram ocasiões memoráveis em minha trajetória de caminhante. Muitas emoções pessoais foram "esquecidas", por não se inscreverem no projeto dessas crônicas de viagem onde procuro expressar, basicamente, o caráter cultural e ideológico de meus interesses, como poeta e como um viandante atento à história do seu tempo. Quem sabe um dia todo esse "esquecimento" possa ser relembrado numa memória confessional, afinal, foram alguns desses "momentos", guardados para sempre, que dividiram as grandes emoções do homem e do poeta, acelerando o compasso do meu coração e os passos mais intensos da minha caminhada pela América. Embora os personagens da história que irei contar não habitem nessa aldeia de encanto onde vivem minhas secretas lembranças, o impasse que me levou a deixar a capital do Equador às pressas, obriga-me a citar aqui pessoas e acontecimentos que, sem essa circunstância, jamais seriam mencionados. Eis os fatos:

Na minha primeira passagem pelo Equador, entre julho e agosto de 1970, conheci em Quito um jovem argentino, louro, alto e cujo nome minha memória guardou apenas o primeiro: Enrique. Andava sempre com um paletó de cor bege, tão surrado como o meu, de veludo preto. Ele era um jovem intelectual de esquerda, um daqueles tantos caminhantes que, como eu, percorria a América Latina naqueles "anos dourados' da década de 1970. Enrique deu algumas palestras sobre problemas políticos latino-americanos aos estudantes da Universidade Central do Equador e foi numa delas que o conheci e trocamos ideias. Depois tivemos alguns encontros casuais dentro daquele campus universitário e em encontros de amigos em cafés e bares de Quito. Ele andava acompanhado de uma bonita jovem chamada Alicia Parra, ligada a um grupo de teatro amador. Lembro-me de uma noite em que alguns poetas líamos nossos versos num café da estreita calle La Ronda. Depois da minha leitura, ela se aproximou, parabenizando-me e pedindo uma cópia daquele e de outros poemas meus, pois que era atriz e pretendia montar um espetáculo de poesia. Nos dias seguintes, presenteei-a com um exemplar da edição boliviana do livro *Poemas para la libertad.* Logo depois, parti para a Colômbia onde vivi, em Cali e em Bogotá, uma venturosa experiência como poeta, até a desventura da minha expulsão do país, quando fui colocado num avião e enviado de volta para o Equador.

Assim, em 27 de outubro de 1970, retornava profundamente contrariado a Quito, em primeiro lugar por ver frustrado todo meu plano de recitais pelas grandes cidades da Colômbia e também porque fora interrompido meu caminho por terra para a Venezuela.

Com essa volta inesperada, correu entre os amigos e conhecidos a notícia de minha expulsão e, muitos deles, que já sabiam da expulsão do Peru, queriam saber o que desta vez se passara comigo na Colômbia. Entre esses curiosos estava Alicia Parra. Ela não somente estava interessada nos lances da minha aventura colombiana, mas, também, queria saber por onde já tinha passado desde que saí do Brasil e como conseguia sobreviver, já que estava decidida a viajar por terra até o México, fazendo algo culturalmente semelhante ao que eu fazia. Semanas depois, quando lhe disse que estava programando minha viagem para o Panamá, ela pediu se podia me acompanhar, dizendo que assim como eu sobrevivia com os recitais dos meus poemas, ela pensava sobreviver, apresentando pequenos espetáculos de teatro.

Afinal, para resumir essa história, devo dizer que ela embarcou no mesmo voo que me levou ao Panamá, acompanhou-me até San José da Costa Rica e de lá resolveu voltar, por entender que as coisas não eram culturalmente tão fáceis e nem sequer tão românticas como imaginava. Devo-lhe, ainda que tardiamente, minhas desculpas, por não ter encorajado seus sonhos.

Eu, como sempre, segui solitário, caminhando sobre o "fio da navalha" que marcava certas fronteiras da América Central daqueles anos. Estivera no México e na Califórnia e agora, um ano depois, voltara a Quito, onde, depois da partida da esposa e da filha, passara a degustar o sabor cultural da cidade, dividindo o tempo entre bibliotecas, galerias, teatros, bares, cafés e por fim muito feliz, por vivenciar o sucesso de minhas apresentações na universidade e com a nova edição do livro. Além disso, sentia-me honrado pelos convites para recitais privados e me programava agora para uma série de recitais públicos a serem oferecidos em galerias de arte, na Casa da Cultura Equatoriana e em outras instituições. Confesso que, nessa terceira passagem por Quito, eu estava vivendo minha lua de mel com a América Latina através dos encantos da cidade, do carinho e do apoio de grandes amigos. Quito era então para mim um palco da história, uma aldeia mágica e por isso não pensava deixar o Equador tão cedo.

Ainda não fazia uma semana que terminara meu programa de conferências, quando ao fim de uma tarde, ao chegar à casa onde estava hospedado, o estudante de arquitetura Manuel Perez, meu anfitrião, disse que passara o dia na Universidade Central e que lá corria, de boca em boca, o boato que eu era um agente da CIA. Comentava-se que era muito estranho que eu, como um refugiado político, viajasse tanto e sempre sozinho pelo continente. Que a quase totalidade dos exilados brasileiros, na América Latina, estavam no Chile, onde trabalhavam e viviam, muitos deles, com suas famílias. Que eu, além de ler versos, não fazia mais nada. Sabia-se que eu chegara do México, que estivera quase três meses nos Estados Unidos e que retornava pela terceira vez ao Equador. De onde eu tirava o dinheiro para me manter e fazer tantas viagens? Comentava-se que eu usava minha poesia política como um hábil disfarce para infiltrar-me no movimento estudantil. Manuel Perez disse-me também, que não se sabia de quem ou de onde teria surgido essa acusação, mas que havia um núcleo de estudantes radicais, conspirando pela minha morte e que eu deveria deixar o país o quanto antes.

Quase não dormi aquela noite, imaginando quem teria motivo para levantar ideias tão absurdas. Afinal, eu nunca soubera que agentes da CIA davam conferências contra o imperialismo e escreviam, declamavam e publicavam versos revolucionários. Que grupo era esse que tramava a minha morte? Se eram estudantes de esquerda, por que tanta cegueira, tanto radicalismo? Eu até compreenderia que por inconsequência, inveja ou maldade me chamassem de aventureiro, de poetastro, ou de sedutor, tudo menos de agente do imperialismo, justamente numa época em que a imagem da CIA era hostilizada e visceralmente odiada pelos estudantes e, historicamente, por estar fortemente relacionada com o ainda recente assassinato de Che Guevara, na Bolívia.

Na manhã seguinte, eu tinha duas preocupações: procurar o tal grupo radical para contar minha história e dizer que eles estavam sendo manipulados por uma calúnia e, por outro lado, encontrar o caminho para sair do Equador, já que as fronteiras terrestres do sul, com o Peru, e as do norte, com a Colômbia, estavam fechadas para mim. Mas a primeira coisa que fiz foi procurar Jorge Escandón, meu querido amigo, desde que cheguei a Quito pela primeira vez. Jorge era a pessoa mais indicada para falar daquele delicado assunto. Era um líder nato, presidia a associação dos estudantes de arquitetura, era amigo de todos na universidade: professores, estudantes e funcionários. Ele, mais que ninguém, deveria saber o que realmente estava se passando. Só pude encontrá-lo em casa na hora do almoço, quando discutimos o assunto. Ele me disse que se eu não aparecesse, iria me procurar naquele mesmo dia. Contou que realmente se armava algo perigoso contra mim e que os rastros dos boatos terminavam no argentino Enrique. Alertou-me para não ir à universidade, porque corria o risco de ser agredido e que saísse o quanto antes de Quito, sugerindo-me que viajasse sigilosamente para Guayaquil.

Devo dizer que quando voltei a Quito, procedente do México, sempre encontrava, nas noitadas dos bares centrais, Enrique e Alicia Parra novamente juntos. Cumprimentávamo-nos friamente, mas nunca mais nos aproximamos. A suposição revelada por Jorge, na verdade, foi, para mim, uma decepcionante surpresa, mas se fosse verdadeira, continha uma lógica evidente: o ciúme. Como as suposições corriam por conta do disque-disque, preferi não debitar a maldade ao argentino, mas a suspeita não me impediu de imaginar que Enrique, que por certo amargara a partida de Alicia para o Panamá, se sentisse sentimentalmente incomodado com minha nova presença na cidade. Será que foi por isso, pensava eu, que ele teria me promovido à agente da CIA? Ou também o incomodava, como intelectual e palestrante, o sucesso de minhas conferências, como questionaram alguns amigos? São passados quarenta anos e não devo especular sobre algo cujo impasse e expectativas motivaram os momentos mais tensos de minha vida. Estes são os fatos, eufemizados pela discrição e expostos sem os detalhes. Sei que são passíveis de ilações e que, por isso mesmo, constrange-me confessá-los aqui, primeiro por certamente magoar, no Brasil, um coração que respeito e segundo para ter como explicar aos leitores porque tive que deixar Quito de um dia para o outro.

XXXIV
UM NAVIO PARA OS MEUS SONHOS

Cheguei a Guayaquil no dia 21 de novembro, sentindo a grande diferença entre o frescor da serra e a temperatura de estufa do litoral. Estava aborrecido por não ter podido me despedir de todos os melhores amigos. Alguns ficaram boquiabertos com a insensatez dos fatos determinando minha súbita partida. Não houve tempo para dar a entrevista já programada para aqueles dias por um repórter do jornal *El Comercio.* Eu já era bem conhecido no meio estudantil e entre a intelectualidade de Quito, e agora que se abriam os caminhos para grandes apresentações da minha poesia, tinha que partir. Como foi doída minha despedida de Rodrigo e Luigina, os amigos mais queridos que deixei em Quito. De todos aqueles grandes amigos, somente a Manuel Perez eu voltaria a rever. Reencontrei-o alguns meses depois, em Santiago, aonde chegou refugiado, depois do golpe militar que derrubou Velasco Ibarra, em fevereiro de 1972.

Em Guayaquil, procurei um hotel discreto e passei a pensar com mais tranquilidade como sair do país. O meu destino era o sul, a caminho do Chile, mas não poderia voltar pela fronteira peruana de Tumbes, por onde me haviam mandado embora há um ano e meio. Certamente, meu nome estava nos registros policiais da fronteira. No dia seguinte, saí a andar pelo centro e lembrei-me do pintor León Ricaurte, aquele amigo com um coração de ouro que tanto me ajudou, quando cheguei meio perdido em Guayaquil. Mas ele continuava no México e já não me lembro por que motivo não procurei sua esposa Sara. Lembro-me de que León dizia-me, quando do nosso convívio no México, da esperança de que sua bolsa da Unesco fosse prorrogada e ampliada para outros estudos na área da cerâmica e da pintura mural. Pois eu soubera, em Quito, que ela fora concedida até o ano seguinte.

Três dias depois, saí pela manhã em direção ao porto, para matar a saudade do mar e dos navios. Na realidade, o mar estava muito longe, além do golfo que se abria imenso para o oceano. Mas ali estavam o rio e as águas da baía, beijando-me os passos junto às canoas e aos pequenos barcos. Toda aquela paisagem me lembrava um tempo e uma pátria distante, trazendo a saudade da infância na praia de Piçarras e dos meus barquinhos de papel, naufragando em suas ondas:

Quem sabe por tantos barcos
navegarem a minha infância
herdei essa enorme ânsia
por navios, terras e mares.

Nesse mar dos meus pesares
meu porto é uma ilha perdida
e assim naveguei na vida
passageiro do horizonte.

Hoje pergunto a mim mesmo
se não remei sempre a esmo
a bordo do meu batel...

com meu sonho de criança
navegando a esperança
num barquinho de papel.[444]

Ali fiquei, entre as canoas, conversando com os pescadores que, literalmente, vendiam o seu peixe. Eram muito pobres. Em Guayaquil, vi muita pobreza. Perto da margem, ficavam suas casas e casebres, algumas feitas de bambu. Sempre gostei dos pescadores, e quando menino ajudava a puxar as redes que eles lançavam frente à praia. Quando a rede chegava à areia, eles enchiam meu samburá com pequenos peixes...

444 Andrade, M. de. Barco de papel. In: *Cantares.* São Paulo, Escrituras, 2007, p. 46.

Já era quase meio-dia quando rumei para o porto. O cais borbulhava de estivadores, carregando sacos e fardos. Diante de tantos cascos, mastros e marujos, eu agora lembrava a minha adolescência no porto de Itajaí. Em 1968, depois de tentar várias vezes embarcar num navio mercante como marinheiro, escrevi, em Curitiba, um poema inventariando o sonho que nunca se realizou. O poema chama-se *Um homem no cais* e consta de meu livro *Cantares*. O crítico Wilson Martins, ao considerá-lo, escreveu: *É um longo poema de fulgurações whitmanianas e profunda consciência da condição humana, poesia de um homem no mundo dos homens, e também o testemunho das suas ansiedades. Basta ler estes versos, simultaneamente com a maior parte dos que compõem estas antologias, para perceber a diferença de natureza entre o poeta, de um lado e, de outro, as pesadas legiões dos menores.* Pela sua extensão e as limitações editoriais, não me convém citá-lo aqui.

Cheguei ao cais de Guayaquil quando atracava um navio branco de nome *Rossini*. Era um transatlântico italiano. Não era tão grande como outros navios de passageiros italianos muito conhecidos na época, como o *Giulio Cesare*, o *Augustus*, o *Verdi*, o *Cristoforo Colombo*. Que bela ideia me invadiu a alma: viajar para o sul de navio! Procurei me informar e achei no centro da cidade a filial da agência Italian Line e fiquei sabendo que dali a dois dias ele partia com escala em Lima, no porto de Callao, seguindo para Arica, Antofagasta e Valparaíso. Eu poderia fazer duas coisas importantes: sair do Equador e realizar meu antigo sonho de viajar de navio. Mas, e a entrada no Peru? E se me detivessem no porto de Callao? Eu poderia seguir direto para um país socialista, desembarcando sem problemas no porto chileno de Valparaíso, onde Allende estava no poder. Ainda assim, eu precisava passar por Lima. Rever amigos e estabelecer contatos importantes que deixei de fazer quando fui detido, preso e expulso do país, em setembro de 1970. Resolvi arriscar, por acreditar que pela imigração de Callao, a fiscalização era diferente das fronteiras terrestres, por estar voltada para turistas estrangeiros que vinham conhecer Lima, Cusco e Machu Picchu. Comprei uma passagem de segunda classe e entreguei minha sorte ao destino.

Na antevéspera da viagem, escrevi um bilhete à Marilena, mas sem mencionar o contratempo que tive na capital:

Faz alguns dias que cheguei de Quito, onde o frio e a chuva desfaziam o encanto da cidade. Em Guayaquil, está um calor intenso e não chove. Viajo dia 27 para Lima, no navio de passageiros italiano, "Rossini". Talvez você estranhe minha decisão de já deixar Quito, se em cartas anteriores te disse do meu interesse em ficar mais tempo no Equador. É que cheguei à conclusão de que meu melhor lugar agora é viver e aprender com a experiência socialista do Chile. Na última semana, dei conferências e lancei meu livro em Quito. Foi melhor do que eu esperava. Pagaram-me 100 dólares (mando recortes).

Já não me escrevas para cá. Escreva, em meu nome, a cargo de: Aníbal Aguillar Peñarrieta – Av. Cádiz, 395 – esquina Roma – San Isidro – Lima.

Como você sabe, para mim é mais "conveniente" viajar ao Peru de navio.

Beijos..., Maneco

O navio partiu cedo, numa ensolarada manhã de sábado, navegando placidamente pelo largo caudal do rio Guayas. Não conheço tantas baías e golfos do mundo, mas creio que a passagem marítima pelo golfo de Guayaquil é uma das mais interessantes paisagens vistas de um navio. Ilhas, casarios incrustados nas encostas, pequenos portos, trapiches e improvisados embarcadouros, as correntes poderosas do Daule e do Babahoyo que ali desaguam, chalupas à vela, longas dragas deslocando-se lentamente, canoas repletas de banana, embarcações de todo tipo num trafegar incessante, enfim, todo o encanto que nos oferece um cenário mediterrâneo. Viajamos toda a manhã pelo interior do golfo e somente depois que se cruza a ilha Puna, sua extensa abertura para o Pacífico avança centenas de quilômetros até o Cabo Branco, no Peru. Ao sair do golfo, o navio foi deixando um rastro branco em sua longa curva, guinando lentamente para o sul, em busca da sua rota. Finalmente, eu estava em pleno mar, navegava pelo maior de todos os oceanos.

Minha cabine era pequena e me coube a parte de cima do beliche. Meu companheiro tinha feições indígenas e contou-me que nascera em Guayaquil, mas que seus pais vieram da serra, fugindo da servidão e da miséria e atraídos pelos bons salários para trabalhar nas construções da cidade, que há décadas crescia a olhos vistos. O que bem me lembro dele era vê-lo vomitando na pia, quando o navio começou a balançar, ao chegar ao alto-mar. Eu também me senti mal, mas ficava quase todo o tempo no convés. Era minha primeira viagem oceânica de navio. Tudo poderia ter sido mais romântico, como foram as duas travessias nas águas espelhadas do Titicaca, se o mar, naquele primeiro dia, estivesse mais calmo. Eu tinha que misturar a emoção com o enjoo.

Depois que saímos do golfo, navegávamos sempre com o litoral peruano à nossa esquerda e à direita a imensidão e o horizonte, marcando a linha entre o azul do céu e o verde das águas. A costa estava distante e ainda que estivéssemos no verão, avistava-se a terra de uma forma indistinta, apagada por trás de uma fina névoa cinzenta. Meu companheiro de cabine disse que aquele fenômeno era conhecido como *camanchaca*. Imagino que naquela primeira tarde navegássemos no litoral de Piura, no caminho das cidades costeiras de Chinclayo e Trujillo, em cujas cercanias achavam-se as ruínas monumentais de Huacas del Sol y de la Luna e da cidade pré-colombiana de Chan Chan (Sol Sol). Quando se fala em Peru, logo associamos o país com Cusco e Machu Picchu, e poucos sabem das grandes civilizações que floresceram na extensa costa centro-norte peruana. Ao cruzar a região, a história me contava que cerca de quatrocentos e quarenta anos antes, os espanhóis chegavam navegando pela primeira vez por aquela mesma rota, procedentes do Panamá e aportando em Cajamarca no ano de 1532, onde Pizarro cometeu aquela literal barbaridade contra o imperador Atahualpa. Todavia, muito antes do esplendor do Império Inca, podia-se contar quase seis mil anos da presença do homem naquela região do Peru, como comprovam a Cultura Chavín e a remota Cultura Sechín, descoberta em 1937, pelo arqueólogo peruano Julio César Tello.

O *Rossini* navegava agora costeando o litoral que abrigou as grandes culturas Mochica e Chimú. A primeira foi destruída pelas catástrofes com que o *El Niño* castigava periodicamente a região e os *chimús* foram conquistados pelos incas, quando estes cortaram as águas que abasteciam o seu Reino e massacraram, em 1470, os habitantes de Chan Chan.

Não jantei naquela noite, pensando que poderia devolver tudo. Tomei mais um comprimido para o enjoo e me deitei cedo, constrangido pelo mal-estar. As páginas de Walt Whitman me fizeram adormecer com seus versos.

No segundo dia de viagem, madruguei no convés. A manhã foi surgindo pálida e fresca, na quietude da paisagem. O mar estava tranquilo e, depois do café, me debrucei na amurada da popa a olhar a esteira de espumas que o navio deixava, na extensão do seu caminho. O sol surgira por trás dos Andes e sua luz flutuava sobre o mar. Que belo dia! Navegávamos sob um céu de brigadeiro e sobre um mar de almirante. À esquerda, a sempre mesma paisagem distante do litoral e, apesar daquela visão monótona, era um encanto viajar a céu aberto, sobre um mar esverdeado e calmo. Não muito longe, entre o navio e a costa, um grande veleiro se aproximava para cruzar conosco, seguindo para o norte. Quem sabe estivesse a caminho do golfo! Suas velas bojadas empurravam o casco com rapidez e elegância. Seus altos mastros, seu velame triangular, aquele perfil esbelto levado a todo o pano pelo vento, esse destino palpitante que flutua, a poesia e o encanto deslizando sobre as águas. Passei a navegar com ele e a imaginar as longas travessias dos barcos à vela desde os tempos mais remotos. As rotas mitológicas dos argonautas nas águas do mistério. As velas latinas que cruzaram desde sempre o *Mare Nostrum* e levaram os genoveses até Bizâncio. Lembrei-me da esquadra romana de Marcelo, sitiando Siracusa e as velas de seus navios incendiadas pelos espelhos e as lentes de Arquimedes.

Mas para onde navegava agora aquele veleiro branco, subindo a costa peruana? Não era somente eu que, no convés, tinha o olhar imantado em sua beleza. Suas velas cheias mantinham-no levemente adernado para a direita. Talvez seu destino fosse o porto de Guayaquil, disse-me alguém (ao lado). Ou a distante ilha de Santa Cruz, em Galápagos, acrescentou outro passageiro. Enfim nos cruzamos, mas estava muito longe para que seus tripulantes respondessem aos nossos acenos. Que belo presente me dera o mar naquele dia! Já se distanciava, deixando em meu olhar um gosto melancólico. Há sempre algo de nós que parte e que fica, e eis porque os veleiros sempre navegam carregados de saudade. Ah, as velas enfunadas sempre encheram os meus olhos e comoveram minh'alma! Muitos anos depois, descrevi um veleiro saindo pela baía catarinense de Zimbros, entre os primeiros clarões de uma manhã de verão:

Veleiro

Mar afora, mar adentro
lá vai singrando um veleiro
quem dera ser passageiro
pra correr nas mãos do vento.

Mar adentro, mar afora
como navega ligeiro
cruzando este golfo inteiro
nas cores vivas da aurora.

Onde vais assim tão cedo
rumo à ilha do Arvoredo
levando meu coração...?

Vou navegando contigo
meus olhos te seguem, amigo
perdidos na imensidão.[445]

Embora a travessia estivesse banhada pelo sol forte de novembro e nos encontrássemos um pouco abaixo da linha equatorial, a temperatura era fresca e agradável. É que navegávamos sobre as águas da corrente de Humboldt que nasce na Antártida e avança para o norte do Pacífico peruano, carregando suas baixas temperaturas. No convés, o local da primeira classe era separado dos demais passageiros. Pedi e convenci um tripulante a me deixar conhecer a primeira classe. Disse-lhe que era um escritor e

445 Idem, p. 47.

quem sabe um dia contasse aquela viagem em minhas memórias. Naquele momento, tratava-se de um mero pretexto para ter acesso a locais interditados aos "excluídos" da segunda e terceira classe. Muitos anos depois, mas muito antes de iniciar estas memórias, no poema *Travessia*, eu me lembraria das únicas viagens de navio que fizera, até então, na minha vida:

(...) Mar, imenso mar
planície total e palpitante
miragem e sedução
misteriosa superfície nos caminhos do destino
o mar de todas as proas
esse território dos meus sonhos.

Navegar, não naveguei...
as águas do Titicaca foram minha gota de oceano no alto da Cordilheira

navegar como quisera navegar, nunca naveguei...
rota costeira de Guayaquil a Callao,
minha única travessia
meu mar sem horizontes
minha comovida migalha de aventura.[446]

Nunca vira tanto luxo: salão de estar, restaurante, salão de festas, biblioteca, capela, um grande bar, etc., assim como era luxuosa a aparência das pessoas que encontrei. Italianos e espanhóis, na maioria. No bar, conversei com uma jovem colombiana que havia embarcado em Buenaventura com destino a Valparaíso. Era estudante de sociologia e viajava ao Chile com uma bolsa de estudos. Se naquele pequeno navio tudo era deslumbrante, como seriam as dependências dos grandes transatlânticos? Pensei eu. Fazia alguns anos que um dos maiores navios de passageiros, o *Queen Mary*, abandonara os mares. Eu era ainda um adolescente e meu interesse pelos navios nunca me fez esquecer das notícias da tragédia do mais célebre cruzeiro italiano, o *Andrea Doria*, que afundara, em 1956, abalroado pelo transatlântico sueco *Stockholm*, nas costas de Nova Iorque. O destino colocou o *Rossini* no meu caminho,

446 Idem, p. 34-5.

um navio pequeno, mas onde, para mim, tudo era encanto e novidade. Quando garoto, eu entrara muitas vezes nos navios que atracavam no porto de Itajaí. Era a década de 1950, o cais era aberto e eu com alguns garotos subíamos nos navios para nos atirar da proa, disputando, entre nós, a parte mais alta e o mais belo mergulho. Mas nada havia de luxuoso ou interessante em suas dependências. Eram tão somente grandes cargueiros. Na minha adolescência, fiz amizade com muitos marinheiros que sempre voltavam à cidade. Nunca esqueci o nome de um deles: o espanhol Ramón Urrutia Villar. Eu tinha dezessete anos – idade em que o escritor Joseph Conrad começa sua vida de marinheiro – e Ramón uns vinte e cinco. Sentados nos bancos da praça central de Itajaí, ele me fazia navegar, relatando-me "casos" e fatos ocorridos em suas viagens, falando-me de grandes portos, de países distantes, de mulheres e de amores, das cidades nas quais mais gostava de aportar, de como eram belas as costas do Mediterrâneo, contava-me do porto e da cidade de Barcelona e das saudades que tinha da sua Catalunha.

Na hora do almoço, tive que deixar aqueles ambientes e voltar para o meu espaço, porque no luxuoso restaurante da primeira classe as mesas eram marcadas com o número dos aposentos. Já na minha classe, as mesas eram coletivas. Apesar da elegância e o requinte das decorações que vi, toda aquela ostentação não me dizia respeito e achei que meu lugar era mesmo na segunda classe.

No *Rossini* viajava, também na segunda classe, um velho mineiro boliviano. Digo velho porque ele aparentava uns sessenta anos e eu tinha trinta e um. Eu o conhecera em Quito, onde chegara refugiado depois do golpe que derrubou Torres, em agosto daquele ano. Com Rodrigo Samaniego e outros amigos, fizemos uma coleta de fundos para ajudá-lo a chegar ao Chile, para onde agora viajava. Conversamos um pouco naquela manhã. Mas ele era muito fechado. Não sei se era timidez ou desconfiança, mesmo sabendo que eu participara da campanha para ajudá-lo. Não mostrava interesse em falar comigo. Diante do seu distanciamento, imaginei que chegara aos seus ouvidos que eu era o tal agente da CIA.

Mas naquela viagem, o mais importante para mim era o mar. Embora houvesse nos meus passos uma grande aventura em curso: a ida e a volta através de dezesseis países da América, a real vivência do mar era uma experiência sonhada desde a infância. Mas ainda assim aquela travessia não era o sonho que sonhei. Não era como passageiro que imaginara cruzar os mares, mas sim como tripulante, como simples marinheiro em um cargueiro qualquer, em cuja rota constasse sempre um novo porto para chegar. Quem sabe aquele fosse o único quinhão do meu sonho. Eu sabia que era muito pouco, que aquelas poucas milhas não me permitiriam conhecer os segredos do mar, não me revelariam seus mistérios, sua zanga, seus caprichos, seus momentos de sedução. Que não me seria dado conhecer aquele "mar sem fim", aquele mar "português" das grandes navegações, cantado na *Mensagem* de Fernando Pessoa. Por isso era preciso vivê-lo no fascínio da minha solidão no meio de tantos passageiros, no meu íntimo silêncio, na dimensão do horizonte, nas nuvens pintando o fim da tarde sobre o oceano e no esplendor dos crepúsculos refletidos no espelho das águas. Lembrava-me das páginas de Melville, de Hemingway, de Joseph Conrad, de Pessoa. Ah! Quantas vezes reli *Moby Dick,* na minha juventude! Quantas vezes parti e aportei na *Ode marítima*. Aquele grande veleiro há muito sumira na distância e alguns barcos pesqueiros cruzaram nossa rota aquela tarde. Sentado na popa, vi a noite se anunciar com o frescor das sombras e uma suave aragem. Chegou com a primeira estrela, com a palidez da lua e o horizonte morrendo. Ao sul, o facho luminoso de um farol dançava na penumbra. Muitas luzes se acendiam num ponto do litoral. Por onde singrava agora o *Rossini*? Estaríamos passando ao largo da Bahia de Ferrol? Que dimensão era aquela, cada vez mais iluminada? Seria Chimbote, o maior porto pesqueiro do Pacífico sul? Se era, não sei. Tudo o que via então eram luzes acendendo-se a distância e outras se movendo lentamente nas águas da costa. Enfim, a noite chegou solene, soberana e bela. A noite, em alto-mar, envolve, com sua magia, os navegantes. Sobre isso alguns livros me contaram histórias fantásticas. Muitos anos depois daquela travessia, lendo um relato de Amyr Klink, encontrei esta passagem que lembrou minhas duas noites no *Rossini*:

Vivi momentos de intensa beleza à noite, quando fazia passeios à proa do navio. Debruçado na ponta extrema do convés, com meio corpo além da borda, como se fosse uma carranca do São Francisco, distante das máquinas e em total silêncio, passava horas seguidas com os olhos presos na imensa onda levantada pelo bulbo de proa que abria caminho no mar.

Numa dessas noites, assisti pela primeira vez na vida a um espetáculo quase irreal, que muitos velhos mar ujos ainda não tiveram a felicidade de ver: um arco-íris de lua. Em plena noite de lua cheia, chovendo no sul, um fantástico arco-íris no céu...[447]

Dizem os marinheiros que há um momento, no mar, em que tudo se cala. Calam-se as ondas, cala-se o vento e o mar nos fala com seu encanto, como as sereias envolveram Ulisses com seu canto. Hoje, ao recordar aquela pequena viagem, eu penso nas grandes travessias e nesse incomparável navegante chamado Amyr Klink, a cruzar solitário, tantos dias, tantas noites, em tantos mares. Em alguma parte da minha poesia, meus versos também navegaram num saudoso tempo, para dizer do mar:

Conheço teu agitado marulho
tua voz de barítono
conheço tua zangada pronúncia
tuas lanças arrojadas pelos braços da tormenta
conheço tua suave dança
na onda calma e inumerável
na crista transformada em súbita canção de espumas
conheço-te na beleza da baía amanhecida
na hora melancólica do crepúsculo
e no teu dorso enluarado.

Me deste a paisagem das águas litorâneas
e a espuma se estendendo sobre a areia
me mostraste a nudez e o encanto das praias solitárias
a preamar e a vazante
e o teu perfil de mastros e gaivotas

---

447 Klink, A. *Cem dias entre céu e mar.* 27 ed. Rio de Janeiro, José Olympio, 1991, p. 15.

me deste a magia do horizonte
uma vela solta ao vento
e um barco de papel para os meus sonhos
mas nunca me mostraste
a extensão azul dos teus domínios
e nem um indício sequer dos teus enigmas.

Marinheiro sem mar e sem destino
nunca pude navegar tuas distâncias.
Deste banquete
me deste apenas o paladar salgado dos meus versos
minha sílaba de sal
e a tua própria essência salpicada entre meus dedos
molécula elementar
unânime cristal
para que na minha dieta imprescindível
eu possa provar teu sabor todos os dias.[448]

448 Andrade, M. de. Opus cit., p. 40-1.

XXXV
NO PERU PELA QUARTA VEZ

O terceiro dia amanheceu com o navio costeando uma imensa ponta de terra e navegando bem perto do litoral. Estávamos nos aproximando do porto de Callao e ao largo podia-se ver a ilha de El Frontón, em cuja sinistra penitenciária estivera preso, até setembro daquele ano, o famoso guerrilheiro Hugo Blanco, anistiado pelo governo "revolucionário" de Velasco Alvarado e, – que irônica "coerência" – deportado em seguida para o México.

Atracamos no meio da manhã e minha passagem pela polícia de imigração foi tranquila. Eu chegava a Lima pela quarta vez e sem saber em que situação estavam meus antigos contatos. Há um ano e sete meses passara na cidade pela terceira vez, mas totalmente incomunicável e sob a guarda da polícia política, que me deixou livre somente na fronteira com o Equador. Como minha situação no país estava politicamente complicada, não me preocupei em procurar os contatos que trouxera anteriormente de Cusco, para os recitais que pretendia dar nas universidades de Lima, quando lá cheguei pela segunda vez, em início de março de 1970. Naquela passagem, em vista da viagem inesperada para o Paraguai a fim de encontrar a família, adiei os contatos e o planejamento das apresentações para minha volta. Mas nesse retorno, como já referi, fui detido, em 14 de julho de 1970, na entrada da capital. Vinte exemplares de meu livro editado em La Paz foram confiscados e até a carta de Edgardo de Habich, poeta e agregado cultural da embaixada peruana em La Paz, na qual eu vinha recomendado a intelectuais peruanos, foi tomada, e fui expulso do país por constituir *un manifiesto peligro para la tranquilidad pública y seguridad del Estado*. Obviamente, nesta minha quarta passagem por Lima, para não correr o risco de ser novamente preso e, quem sabe, deportado para o Brasil, não planejava dar nenhum recital na cidade. Queria apenas rever alguns amigos, resolver algumas "pendências" estritamente particulares e, também, avaliar melhor a chamada revolução nacionalista do Peru, coletar material a respeito, para futuros artigos e para minhas memórias de viagem, que planejava começar a escrever em Santiago.

Ao desembarcar, fui em busca do endereço de Francisco Macias, onde ficara hospedado quando cheguei a Lima pela primeira vez, em novembro de 1969, e com quem viajei para Arequipa, em fins de dezembro, para passar o Natal daquele ano com seus pais e seu irmão Enrique, o meu querido "Kiko", que viria de Cusco. Mas haviam se passado dois anos e ele não morava mais naquele endereço em que vivi os melhores dias em Lima. Com minha caderneta de *Direcciones* à mão, rumei para Miraflores em busca do número 656 da avenida Larco, onde encontrei meus velhos amigos costarriquenhos Francisco e Mario Rojas. Nosso reencontro, pela surpresa, pelo tempo que não nos víamos e pela ansiedade em saber da minha longa peregrinação, foi um daqueles momentos de intensa alegria que o coração nunca esquece. Convidado para ficar ali o tempo que quisesse, esvaziei minha mala, e no fim da tarde fui ao bairro San Isidro, onde morava a sogra de um amigo e líder operário boliviano, chamado Aníbal Aguillar Peñarrieta, com quem cruzara em meus caminhos para o sul, e me dera um endereço seguro para receber minha correspondência. Lá encontrei várias cartas, e entre elas, duas enviadas por Marilena, a quem escrevi naquele mesmo dia:

Lima, 29 de novembro de 1971

Minha querida Marilena!

Cheguei hoje a Lima depois de dois dias de viagem. Realmente a via marítima era a forma mais conveniente para chegar e possivelmente sair do Peru. Tudo saiu como eu esperava. Estou bem hospedado no apartamento dos irmãos Rojas, filhos do casal costarriquenho que você conheceu em Assunção e cujo pai é funcionário da FAO. Escreva para o mesmo endereço. Recebi tuas cartas de 13 e 20 do corrente. Devo ficar no máximo duas semanas aqui e depois seguirei para Santiago. Estou ansioso para sentir o sabor político de um país socialista. (...)

1. Peru: revolução ou reforma?

Estava novamente no Peru e o governo militar expunha as flores da sua primavera "revolucionária" com um vasto processo de grandes reformas sociais e econômicas em marcha. Embora tivesse sido expulso do país por esse mesmo regime, minha visão crítica não debitava esse fato aos militares idealistas que partilhavam o mesmo sonho de justiça social de Velasco Alvarado, mas sim à facção de coronéis reacionários, mascarada dentro do governo. Terminava o ano de 1971 e o processo da então chamada revolução peruana descartava tanto a via capitalista como a comunista, mas sonhava com uma revolução eminentemente peruana, acenando ao mundo com uma bandeira anti-imperialista e abrindo os caminhos para o socialismo. Foi o ano em que se reataram as relações com Cuba e com a China maoísta, e alguns ex-guerrilheiros anistiados passaram a integrar o governo.

Nas duas semanas que estive em Lima, lia preferencialmente dois jornais: o matutino *Expreso*, cuja linha editorial refletia o pensamento do governo, e outro matutino, antigo e conservador, chamado *El Comercio*, que era o mais importante porta-voz da oligarquia agrária e financeira. Muitas vezes era com asco que, para formar um juízo, obrigava-me a ler até o fim as matérias de seus principais articulistas. Mas nessa linha de oposição ao governo, colocava-se também uma poderosa mídia, incluindo rádio e televisão, defendendo os latifúndios, os bancos e os interesses estrangeiros. Era nesse palco que se digladiavam os debatedores intelectuais, em torno das ideologias em luta. O que percebi, naquelas duas semanas, lendo e conversando com amigos peruanos, é que os coronéis não estavam preocupados com a cultura e não me lembro de nenhum projeto cultural, fosse ele literário, artístico ou cinematográfico, que me tivesse chamado a atenção.

Vivia-se os últimos dias do ano e tanto o jornal *Expreso* como o vespertino *Extra*, que também apoiava o governo, anunciavam com destaque a criação de um organismo estatal chamado SINAMOS (Sistema Nacional de Mobilização Social), cuja finalidade era mobilizar política e socialmente a população, bem como capacitá-la para as tarefas produtivas, através do cooperativismo recém-instalado. Logo depois, viajei para o Chile e não pude acompanhar essa mobilização popular tão promissora, que se implantou no ano seguinte. Soube, meses depois, em Santiago, que o antropólogo Darcy Ribeiro estava assessorando, em Lima, o tal projeto SINAMOS. Muito bem-intencionado e preocupado com a promoção humana e o desenvolvimento social dos pobres, o SINAMOS não sobreviveu à morte do seu idealizador, o presidente Juan Velasco Alvarado, em 1977. Na verdade, o sonho de um socialismo cooperativista no Peru, que surpreendeu toda a esquerda latino-americana em 1968, durou apenas sete anos. Apesar da implantação do SINAMOS, posteriormente se verificou que no seio do povo não se organizaram as bases políticas para defender as grandes mudanças que pretendia o projeto velasquista. Mesmo com a reforma agrária, as fazendas coletivizadas e o caráter paternalista da revolução peruana, a idiossincrasia do índio e do mestiço, traumatizados pelo histórico massacre de sua cultura, permaneceram indiferentes e distanciados das propostas socializantes dos generais. Como se sabe, a direita acabou desterrando o grande sonho peruano, com o contragolpe de Estado pelo qual o comandante do exército Francisco Morales Bermúdez, com a ajuda da CIA, arrebatou o poder de seu presidente, o general Velasco Alvarado, em 1975, já então profundamente debilitado pela doença.

Passada uma semana da minha chegada, voltei a escrever para casa:

Lima, 7 de dezembro de 1971

Querida Marilena!

Já te informei, mas reitero, que quando cheguei – na segunda passada, hoje é terça – havia uma carta tua me esperando e outra, do dia 20 de novembro, que chegou naquele mesmo dia e que foi a última.

Possivelmente dentro de uma semana eu viaje ao Chile. Já consegui praticamente tudo o que necessitava aqui em Lima – publicações e documentos sobre a realidade atual peruana. Na verdade, não tenho interesse em prolongar minha estada aqui. Lima é uma bela cidade, mas é intolerável o espírito de frivolidade e soberba das pessoas daqui. É uma cultura que empesta toda uma classe social. Lima possui a burguesia mais esnobe e presunçosa da América do Sul. Historicamente, pela sua origem, em fins do século XIX, não devia ser tão orgulhosa como é. Segundo o escritor peruano José Carlos Mariátegui, a burguesia do Peru surgiu do rico comércio do salitre e do guano, que são as fezes de pássaros marinhos depositadas no seu litoral. Por outro lado, também é intolerável ver e ouvir por todos os lados a propaganda oficial do governo destacando sua famosa "revolução" nacionalista, e ainda que tenha havido algumas mudanças estruturais, como a agrária e o poder dado aos sindicatos, para mim não passa de uma reforma burguesa concebida com a sutileza ideológica necessária, para conter o clamor e a fome do povo. Ainda não consegui compreender e aceitar o socialismo dos coronéis peruanos. Para um brasileiro que viveu o golpe de 1964 e o arrocho do AI-5, em 1968, é difícil acreditar em governo militar de esquerda. Até quando eles manterão essa imagem é a pergunta que só faço a mim mesmo, para não confessar meu preconceito contra os militares. Aqui no Peru os generais arrebataram o poder econômico das oligarquias, mas entregaram-no à burguesia e a burguesia somente foi revolucionária na Revolução Francesa. Com a devida distância dos fatos, ouso dizer que aqui a alta burguesia são os girondinos, e os intelectuais de esquerda são os jacobinos que, tal qual os revolucionários franceses, estão tentando, através do Sinamos (Sistema Nacional de Mobilização Social) conscientizar e mobilizar a classe campesina contra os perigos da reação da aristocracia oligárquica.

Mas é assim que gira o mundo na ribalta da história. Vivemos num tempo absurdo, kafkiano. Por toda a parte se encontram novas formas – cada vez mais sutis e maquiavélicas – de sugar até a última gota de sangue dessas imensas massas humanas oprimidas e desatentas. Mas o problema não reside apenas no poder pelo poder, mas no conceito de hegemonia cultural ou "bloco hegemônico" de que nos fala Gramsci. E agora não falo do Peru, mas falo da ideologia do "Império" e do que ele impõe a todos nós através do continente. Falo de uma imensa alienação e dos poucos que ousam indignar-se. Parece que todos estão cegos, resignados, impotentes ou embriagados diante de um sistema econômico que vai transformando o mundo numa grande vitrine onde se exibem todas as ilusões da vida. Onde se exibem as mais fúteis necessidades e se negociam os preços dos artifícios, do supérfluo e da vaidade humana. Por certo que o sistema não cria as necessidades morais; ao contrário, há que usar todos os meios para não deixar o homem pensar. O pensamento crítico leva à análise e, por efeito, à opção e o que o "Império" nos propõe é aceitar e não optar. É essa opção que nos torna cada vez mais solitários e impotentes diante do sistema. Fomos educados no espírito mercantilista da competição e é essa disputa que fecha os caminhos da solidariedade. Enfim, somos clientes da economia de mercado, alunos de um sistema educacional falido, "batizados" por instituições religiosas irracionais e sectárias, e informados por uma mídia alienante. É essa superestrutura cultural que na verdade nos domina. Que seria de nós sem os nossos sonhos? Eis porque temos que optar; que não podemos abdicar da "vertigem da liberdade" ainda que cada um carregue o fardo de sua angústia, como queria Kierkegaard. É triste pensar que nosso sonho de amor começa e termina em nós mesmos. O importante é vender. O importante é consumir. E a cada dia se inventam novas necessidades que, simplesmente, nos são impostas. Parece que o mundo se transforma num imenso bazar onde todos somos "educados" para consumir. Temos uma bela música autóctone – a "Nueva Canción" latino-americana e a música indígena de continente – mas se consome a música "hippie" e todas as aberrações que se produzem atualmente em nossos países, calcadas na estrutura da música importada. Se importa a "maxi", a "mini", os "hots pants" e toda essa galeria de "necessidades" para manter a vaidade feminina e fazer da mulher a maior vítima de seu próprio sexo. O vício se impõe, se impõem a irreverência e o hedonismo. A cultura da violência e do erotismo nos impõe os "best-sellers". Uma arte que choca nos impõe uma estética historicamente inútil. As metrópoles nos mandam tudo. Nós não produzimos, originalmente, nada. Nós consumimos, consumimos e nos vamos consumindo também, enquanto vivemos sob esse poderoso metabolismo "colonial", invisível, guiado pela ambição e por poderosas elites.

Onde chegaremos vivendo num mundo tão absurdo? O sistema inventa e reinventa. Cria a moda, dita a moda, desterra a moda e a ressuscita quando lhe convém. Abomina o Materialismo Histórico, mas tem seu conveniente sistema dialético. Conscientemente, carregamos *diariamente nossa cruz, mas no íntimo estamos num beco sem saída. A vida não me concedeu nenhuma dimensão espiritual da transcendência. Minha única bagagem são meus sonhos. Na verdade, somente uma fé, seja ela qual for, política ou religiosa, uma crença, seja ela social ou metafísica e o compromisso com a Liberdade e com a Justiça, pode nos salvar. Por isso os passos dessa minha longa viagem terminarão no Chile. Quem sabe lá se esteja construindo parte dessa utopia.*

Perdoa-me! Isso não é um desabafo. É que a vida para mim se torna, filosoficamente, cada dia mais difícil. E ainda que eu não viva por viver, me asfixio ao ver o mundo feito de ricos e miseráveis, de vítimas e de verdugos, de opressores e oprimidos.

Escreva-me para o Correio Central de Santiago.

Beijos..., Manoel

2. O conselho de Carol

Nos dias seguintes à minha chegada, procurei entrar em contato com Marcela Bernales. Queria rever a querida amiga com quem, junto com seu esposo Augusto Villa Garcia, havia passado bons momentos na Cidade do México. Queria agradecê-la pela fraterna acolhida que deu à minha esposa e minha filha, hospedando-as em sua casa e ciceroneando-as em vários passeios, no período em que ambas estiveram em Lima. Foi quando fiquei sabendo que ela voltara recentemente para a capital mexicana. Marcela me havia dito, ainda no México, que tinha uma grande amiga, funcionária da Braniff, no aeroporto de Lima e, se, depois desses quarenta anos, ainda não me traiu a memória, chamava-se Carol. Telefonei a ela e marcamos um encontro no próprio aeroporto. No fim de uma manhã, encontrei-a no balcão da companhia. Era loira, alta, magra e bonita. Esperei pelo seu horário de almoço e fomos conversar. Ela apresentou-se muito simpática e receptiva, já que Marcela lhe havia dito quem eu era e que passaria por Lima a caminho do Chile. Contei a Carol dos problemas que tive com minha expulsão e sobre esse propósito o que queria saber dela era se o governo militar tinha, no aeroporto, algum tipo de controle político-policial para saída de passageiros em voos internacionais. Disse-lhe que chegara sem problemas a Lima, por via marítima, mas que ainda que me parecesse a forma mais tranquila para eu sair do país, não estava disposto a esperar a próxima escala de navio de passageiros para o sul, marcada para dentro de três meses. Resolvera viajar de avião a Santiago, mas receava pela minha segurança na saída do país. Estranhando minha excessiva preocupação, ela me disse saber que a fiscalização era apenas alfandegária na entrada e que não tinha conhecimento de controle policial para a saída. Garantiu-me que eu poderia viajar sem problema e acrescentou que devia ficar tranquilo, já que os militares peruanos eram bem diferentes dos brasileiros. Em face disso e por algumas facilidades que ela me deu na compra da passagem, resolvi viajar pela própria Braniff.

XXXVI
CHILE:
A TERRA PROMETIDA

1. "Caminhante não há caminho, se faz caminho ao andar"

Em meados de dezembro de 1971, cheguei novamente a Santiago, de onde havia partido em fins de agosto de 1969, com destino à Bolívia. Naqueles mais de dois anos, com exceção da Venezuela, eu cruzara todas as fronteiras terrestres subindo o continente até a Califórnia, de onde iniciara, há sete meses, meu retorno para o sul. Não soubera de ninguém que houvesse feito essa imensa volta como um caminhante solitário. Nem de nenhum poeta que houvesse levado a oralidade do seu canto a tantos rincões da América. Trazia no coração o retrato carinhoso e inesquecível de tantos amigos e chegava com a alma lavada pelo orvalho do tempo e por ter vivido no coração palpitante da história. No espelho da memória balançavam ainda os botões e as espigas na primavera florida dos caminhos, relembrava as paisagens portentosas dos Andes, das tantas travessias, de tantos recantos e encantos, da visão majestosa dos vulcões. Navegara com a imagem do horizonte e sob a carícia da noite e da brisa dos mares. Eu chegava, enfim, com o espírito saciado pelo sabor de tantas aventuras, recontando o significado da história, estampado na memória e no colorido colonial das cidades. Enriquecera meu espírito com a luta libertária dos povos que estudei. Testemunhei, por toda parte, a juventude escavando trincheiras e segurando uma bandeira. Aprendera com ela a poetizar o significado da Liberdade, da Igualdade e da Democracia, e assim voltava transformado por tantas lições de vida, intensamente vividas. Sentia-me realizado por saber que havia "combatido o bom combate", que soubera ler a mensagem do meu tempo, identificar-me com a condição de latino-americano e que minha poesia tinha realizado sua missão, denunciando a opressão e prenunciando um tempo melhor para todos os homens. Chegava em paz comigo mesmo por entender que cumprira um dever, que confiava no poder da Justiça e que minha mensagem, como poeta, fora inspirada pelo encanto da utopia e escrita com o verbo da esperança.

Sabia que nem tudo haviam sido rosas nesse longo caminhar. Que também colhera o espanto e as lágrimas no seio das multidões. Vi a vida parindo a fome, vi a desilusão e o abandono caminhando sem rumo pelas ruas e mendigando nas praças das grandes cidades. Vi os filhos do calvário vergados sob o fardo da angústia. Pressentia, por toda parte, uma sombra opressora pairando sobre o povo. Sabia que havia um "Império" de comandantes e comandados. Um controle sinistro chamado geopolítica, guiado por um poder invisível e cruel. Cruzei o continente ameaçado e punido por essa sombra. É verdade que colhi muitas belezas, partilhei meus sonhos e reparti o lirismo dos meus versos, mas diante da miséria e da desesperança, não podia dizer que voltava realmente feliz.

Não me sentia cansado, mas pensava descansar nos braços fraternos de uma nação onde aportara o sonho de uma nova sociedade. Agora estava ali, novamente em Santiago, diante dos picos gelados da cordilheira. Meu espírito era uma agenda de expectativas. Queria rever meus grandes amigos, brasileiros, chilenos e latino-americanos. Ansiava subir novamente ao Cerro San Cristóbal e lá de cima rever a cidade, voltar a caminhar pelas margens do Mapocho, passear nos parques de Arrayán, revisitar as *peñas*, ouvir Víctor Jara e novamente me encantar com a música do Quilapayún e do Inti-Illimani. Santiago me deixara tantas saudades! A solidariedade dos amigos, quando chegara do Brasil, os companheiros de ideal marcados pelo signo do desterro, os estudos apaixonantes sobre os araucanos. Era, para mim, um momento novo.

Eu chegara a um país renovado pelo sonho e pela esperança, e esperava também fazer a minha parte nesse sonho. Queria me inteirar do que havia mudado no Chile, depois da vitória de Allende. Por isso precisava também me programar, rever as relações críticas comigo mesmo, planejar meus passos para o futuro e resolver o problema da convivência com o distanciamento de minha esposa e minha filha. Pensava dar ao Chile o que de mais belo eu tenho, que é a minha poesia. Era fácil sentir que os chilenos respiravam o significado da esperança. Ah! A esperança, essa, *a mais doce companheira da alma*, como a definiu o padre Antônio Vieira. Eu queria também semeá-la ali, na pátria de Gabriela Mistral e de Neruda. Queria dar recitais nas grandes universidades, falar das trincheiras abertas na América Latina e contar a saga dos poetas que deram a vida pelo mesmo sonho socialista que, naquela "primavera" contagiava os chilenos. Mas também havia algo que eu precisava conciliar com tantas ansiedades e iniciar depois de satisfazer todas as saudades: buscar algum isolamento e começar a escrever minhas memórias. Transformar em palavras tudo que vi e vivi pelos caminhos. A viagem que acabara de fazer, fora minha maior universidade. Perguntava-me como pude andar tanto e como meus rastros de viandante iriam marcar o resto da minha vida. Era como se tivesse escrito com meus passos os próprios versos andaluzes de Antonio Machado: *Caminhante, são tuas pegadas/ o caminho e nada mais;/ caminhante não há caminho,/ se faz caminho ao andar.*

2. O reencontro com os amigos

Cheguei ao aeroporto de Pudahuel no fim da manhã de 15 de dezembro de 1971 e tomei um táxi direto para a avenida Manuel Montt, número 2.124. Era lá que morava agora meu querido amigo chileno Bernardo Tapia. Continuava no mesmo bairro Ñuñoa, mas não mais na Obispo Orrego, naquela velha casa que me acolheu quando cheguei pela primeira vez ao Chile. Havíamos trocado cartas nos últimos dias e ele estava me esperando no apartamento da família, onde vivia com os irmãos, todos estudantes. Foi uma alegria rever-nos depois de dois anos. Voltamos a recordar o tempo em que caminhamos juntos, com a mochila nas costas, desde Santa Fé. Recordamos os dois jovens advogados, Felix García e Pedro Godoy, que mataram a nossa fome nos pagando um jantar em Rosário. Foram eles que nos abrigaram aquela noite e, na manhã seguinte, deram-nos aquela bendita recomendação para a família Castelli em Buenos Aires, e da acolhida que lá tivemos pelo casal Enrique Castelli e Ana Maria Âmbar, que além da carinhosa amizade, ofereceu-nos um apartamento desocupado, para ficarmos o tempo que quiséssemos. Bernardo cursava o último ano de arquitetura e estava noivo de uma bonita jovem chamada Pilar. Contou-me que minha amiga curitibana Elci Susko estivera visitando o Chile e que nossos amigos argentinos Enrique, Ana Maria e o filho Martín, visitaram-no, em Santiago, no começo daquele ano.

Estávamos em meados de dezembro e quando nos reencontramos, Bernardo e seus irmãos já estavam fazendo as malas para viajar a Linares, onde passariam o Natal e as férias escolares com a família. Assim que, dentro de uma semana, fiquei com todo aquele grande apartamento só para mim. Nos dias seguintes, saí a andar pela cidade para recordar os lugares de minhas velhas caminhadas. Perambulei feliz pelo centro de Santiago e cheguei até os cafés da avenida Bernardo O'Higgins, ponto das conversas entre os refugiados e exilados políticos latino-americanos. E foi lá que, num fim de tarde, reencontrei o boliviano Edgar Prieto que fugira para o Chile, depois da queda do general Juan José Torres. Eu o conhecera na casa do escritor Oscar Soria Gamarra, em La Paz, e a última vez que nos víramos foi quando da minha participação no *Primeiro Festival Universitário de Protesto e Cultura,* realizado em Sucre, em maio de 1970, do qual Prieto foi um dos principais organizadores. Foram tantos fatos e pessoas para recordar! Mas houve um momento triste, ao comentarmos o fim que tivera o cantor Benjo Cruz, que estivera conosco no Festival de Sucre e desaparecera na trágica Guerrilha do Teoponte. No fim da conversa, uma bela notícia: meu grande amigo Jorge Suárez estava em Santiago com a família e trabalhava no jornal *Puro Chile.*

Na semana seguinte, fui a Paine fazer uma surpresa ao pernambucano José Macedo de Alencar, o Arimateia. Já fazia algum tempo que nossa correspondência havia se interrompido, com ele e com tantos outros amigos latino-americanos, em face da minha constante mudança de países e de endereços, já que nessas andanças muitas cartas não me chegavam às mãos e por isso não eram respondidas. Algumas me eram reenviadas, como duas cartas que acabavam de chegar do Peru: uma de Marilena e outra de um amigo equatoriano.

Arimateia foi tomado de surpresa, quando abriu a porta de sua casa. Arregalou os olhos, abriu os braços, gritou meu nome e envolveu-nos num demorado abraço, ao qual se juntou sua esposa Arely. Cheguei à tardinha e havia tanto assunto para conversar, que somente voltei para Santiago na manhã seguinte. Crivamo-nos de perguntas. Ele sobre minhas andanças pelo continente e eu querendo saber dos brasileiros, nossos amigos da "colônia", e das novidades sobre a "nossa" ditadura. Comentamos sobre a viagem de Médici aos EUA para beijar a mão de Nixon, sobre as denúncias de tortura, mortos e desaparecidos, no Brasil, que naquele mês de dezembro começavam a ganhar o mundo. Arimateia comentou as grandes comemorações que se fizeram, em outubro, pelo aniversário da morte do Che, da recepção que por todo o país se fez a Fidel Castro, durante as três semanas em que lá esteve em novembro, bem como da difícil situação em que se encontravam os tupamaros, ante a crescente escalada da repressão no Uruguai. Ao final, ele me compôs um panorama da situação geral dos brasileiros no Chile. Por um lado, a solidariedade do governo de Allende aos nossos exilados e, por outro, as pérfidas atividades dos agentes do CIEX, o Centro de Informações do Exterior, criado pela ditadura brasileira e ligado ao Itamarati, pelo qual nossa embaixada mandava informações sobre os passos dos brasileiros em Santiago. Disse-me que entre os exilados comentava-se que naquele ano o torturador Sérgio Paranhos Fleury estivera no Chile, em missão do SNI (Serviço Nacional de Informações).[449]

449 Passadas quatro décadas, toda a verdade está sendo revelada, e para um brasileiro é vergonhoso dizer que a tragédia política que se abateu sobre o Chile, em setembro de 1973, teve a embaixada do Brasil e a residência do embaixador Antônio Cândido Câmara Canto, como dois dos principais endereços da conspiração. Que empresários de São Paulo juntaram fundos para financiar a instalação da ditadura mais cruel que já se conheceu no continente. E que o governo brasileiro enviou seus melhores torturadores ao Chile, para ensinar aos agentes da DINA as modernas técnicas de interrogação e tortura, que fizeram da Villa Grimaldi o mais sinistro centro de crueldade da América. Diferente do que aconteceu na Argentina, no Uruguai e no próprio Chile, aqui no Brasil muitas gavetas ainda não foram abertas. É

3. Natal de 1971

O Natal estava chegando e nas vésperas foram muitos os cartões enviados aos amigos de todo o continente. Nestes dias que, coincidentemente, antecedem o Natal de 2012, abro a última página da minha preciosa caderneta de endereços – que perdi naquele voo para Santiago e felizmente recuperei – e leio com emoção e saudade o nome de amigos a quem, naquele ano, encaminhei meus votos de amor e paz. Eu finalmente chegara ao Chile socialista, um país onde muitos deles também sonhavam estar e era preciso repartir essa alegria. É um registro muito pessoal e que, por isso mesmo, deveria ser "esquecido", mas é também um documento sentimental que o coração me pede para registrar nestas memórias. São quarenta e um anos e certamente os cartões já se perderam, ou jazem sepultados no fundo de alguma gaveta ou já nada significam na história dessas pessoas das quais nunca mais tive notícias – com exceção da minha querida Maria Eugênia, médica sanitarista que atualmente tanto faz pela saúde dos brasileiros – e apenas sei que alguns deles – como Julião, Oscar e Mariano – já não se encontram nesta parte da vida. Quem sabe um dia, se estes relatos forem publicados, esse meu singelo registro chegue a um ou outro dos que ainda vivem. Que reação terá o meu velho amigo? Certamente de espanto. Que reação teria você, leitor, se alguma vez, lendo um livro de memórias, reconhecesse no autor um amigo de antigos caminhos te acenando com o coração e a saudade? É para esse possível (ou impossível) momento de emoção e de "encontro" que transcrevo a última página do meu caderninho azul de *Direcciones*, onde consta:

---

imprescindível achar suas chaves, para saber qual a parte que cabe aos coronéis, policiais e empresários brasileiros, no débito desse nefando genocídio que, no decorrer de dezessete anos, deixou 2.279 mortos e 1.102 desaparecidos, naquele país irmão. Preferimos acreditar que essas e outras chaves acabarão por ser encontradas. Desde o início de 2013, a Comissão da Verdade "Rubens Paiva" tem promovido audiências públicas na Assembleia Legislativa de São Paulo, para mostrar documentos oficiais da ditadura militar, onde constam indícios de relações, entre membros da Federação das Indústrias do Estado de São Paulo (Fiesp) e do Consulado dos Estados Unidos, com os órgãos de repressão da ditadura militar, no período entre 1964 e 1985. Por certo, sobre a cumplicidade criminosa da ditadura brasileira e certas instituições de São Paulo, com o regime de Pinochet, muito ainda será revelado.

20-12-71 – Cartões de Natal:

Enrique Obregón Valverde – Costa Rica
Benjamin Erazo – Honduras
Ana Maria Âmbar e Enrique Castelli – Argentina
Aníbal Aguillar Peñarrieta – Bolívia
Mariano Leyva Domínguez – México
Augusto Villa García e Marcela Bernales – México
Francisco Julião – México
Maria Eugênia Noviski Gallo – Brasil
Jaime Benitez Bejarano – Equador
Gracia Molina Enriquez de Pick – Califórnia – EUA
Lila González Garfinkel – Califórnia – EUA
David e Carmen Collins – Califórnia – EUA
Gloria Pedersen – Califórnia – EUA
Josefina Van Luben – Califórnia – EUA
Maria Victoria Guzman – Guatemala
Mariano Baraúna – Nicarágua
Suely Israel – Brasil
Oscar Soria Gamarra – Bolívia
Landa e Alfredo Well – Colômbia
Luigina Fossati e Rodrigo Samaniego – Equador
Francisco e Mario Rojas – Peru

Além de cartões, escrevi também algumas cartas e entre elas uma para minha esposa:

Santiago, 20 de dezembro de 1971

Querida Marilena!

Estes últimos dias de dezembro vão apertando o cerco. Quando a gente é pequeno, espera o Natal com muita ansiedade. Depois essas coisas passam a ter um significado mais convencional e sua importância simbólica é cada vez mais relativa. Contudo, para quem está distante das pessoas mais queridas, esta data vai chegando carregada de significados, ansiedades e lembranças. Este ano está sendo mais difícil ficar longe daqueles que amo.

Te escrevi dia 15, quando cheguei a Santiago e dia 16 te enviei um postal. Comentei que havia perdido meu livrinho de endereços no avião da Braniff. Felizmente, foi encontrado em Buenos Aires e a companhia me devolveu no dia seguinte, aqui.

Espero que tenhas recebido os poemários que te mandei do Equador e os dois envelopes grandes que te enviei de Lima – um deles para o endereço paterno. Imagino que te ofendeste por devolver-te as cartas e as fotografias, mas o problema é que não disponho de mais espaço em minhas malas e tive que desfazer-me de muitas coisas no Peru para trazer alguns presentes a amigos chilenos que tenho aqui.

Outra vez estou na casa de Bernardo Tapia que agora está vivendo em outro endereço. Escreva-me a cargo dele para: avenida Manuel Montt, nº 2124, departamento 4.

(...) Transmite a todos meu abraço e minhas saudades. Um beijo carinhoso na minha querida irmã Maria da Graça e outros tantos em você e na Daninha.

Manoel

P.S. Jorge e Martha estão aqui. Compraram uma casa e estão vivendo em Santiago. Ontem, eu os vi pela primeira vez e jantei com eles. Moram numa bonita casa e num bom bairro. Ele está trabalhando como jornalista, porque, como sabes, deixou em agosto seu posto de embaixador no México. Os quatro chilenos que estiveram aí, se reuniram sábado passado para me oferecer um jantar na casa de um deles.

Passei o Natal com os bolivianos Jorge, Martha e Mirella, mas sobre isso e sobre eles me referirei mais adiante.

4. Santiago florida de revolucionários

O Chile, em 1972, era o refúgio dos perseguidos políticos latino-americanos e a capital não só tinha mais da metade da população do país, mas abrigava cerca de dez mil exilados, autoexilados e refugiados de todo o continente, sendo a imensa maioria constituída de brasileiros que, ao chegarem, eram tratados com solidariedade pelos compatriotas, recebendo apoio pessoal e a ajuda financeira da "Caixinha". Embora o governo de Allende, que eu saiba, não possuísse um comitê de acolhida aos muitos exilados ou refugiados que lá chegavam, sabia-se de alguns casos em que o Estado lhes facilitou o acesso à moradia, ao trabalho e ao estudo, como aconteceu em janeiro de 1971, com os setenta presos políticos que lá chegaram, trocados pelo embaixador suíço, no Brasil.

O ano começava. As classes populares, que elegeram Allende, estavam comprometidas com o ideal de uma pátria socialista a ser construída, e a economia, dirigida pelo ministro Pedro Vuskovic, mostrava, com estatísticas, os primeiros frutos desse sonho. O governo enfocava seu programa na luta contra os monopólios, o imperialismo e a oligarquia. Os chilenos diziam que *El cobre es el sueldo de Chile* e uma das mais importantes decisões de Allende foi a sua nacionalização. Também a extração do carvão, do salitre e do petróleo foram estatizadas, assim como os bancos e as ferrovias. A reforma agrária se iniciara em 1962, com o presidente Jorge Alessandri e continuou se ampliando no governo de Eduardo Frei, mas foi sob a presidência de Allende que ela se acelerou rapidamente, sob a pressão das organizações camponesas e militantes do MIR, levando o Estado a expropriar milhões de hectares de terras. No amplo programa social do governo, priorizava-se a educação, a redução do analfabetismo e o aumento salarial dos trabalhadores. Pela primeira vez no país, se criou uma legislação para dar aos mapuches e aos indígenas em geral o reconhecimento de sua cidadania, sua diversidade cultural e o direito de recuperarem as terras que lhes foram usurpadas.

Na paisagem ideológica, o Chile era, ainda em fins de 1971, o Jardim do Éden da América, em cujos canteiros desabrochavam as mais belas flores revolucionárias do continente e de cujas árvores podia-se comer, sem proibições, os frutos do conhecimento. No Peru, também havia um processo socialista em marcha, mas resultara de um golpe militar e a esperança estava ameaçada pela idiossincrasia dos coronéis, que acabariam devolvendo o poder à oligarquia. Cuba era o farol revolucionário da América Latina, mas a conquista do poder fora através de uma árdua guerra de guerrilhas e o regime socialista, instalado no país, não permitia que, em face das reações internas e das ameaças constantes do imperialismo (leia-se Invasão de Bahia de Cochinos), a liberdade fosse plenamente respirada pelos pulmões da cidadania. Somente no Chile, onde, pela primeira vez no mundo, o socialismo chegara ao poder pela vontade do povo, é que se podia andar, falar, opinar, reunir-se, entrar e sair do país, enfim, usufruir plenamente da aura e do encanto da liberdade.

O Chile, que reencontrei na minha volta, era, portanto, não somente uma mágica aldeia de liberdade, mas também o melhor refúgio para os perseguidos por ditaduras ferozes como a brasileira, a uruguaia, a paraguaia, a boliviana e a argentina – a Argentina de Lanusse, responsável pelo célebre Massacre de Trelev, ocorrida em agosto daquele ano. Nós, os brasileiros, nunca havíamos respirado tanta democracia e tanta solidariedade. Estar no Chile era então um privilégio e somente aqueles que conheceram essa ventura é que podem expressar o seu encanto. Muitos homens públicos que hoje comandam segmentos do poder no Brasil tiveram no Chile de Salvador Allende uma escola incomparável, onde se conjugava o verbo da liberdade e onde se degustava, nas ações e nas palavras, o sabor universal da democracia.

Somente no começo de janeiro é que comecei a visitar os outros amigos brasileiros que conhecera em 1969: Lossaco, Edmur, Romanelli, o casal Vicente e Zélia e outros. Foi também nesta época que visitei um colega do Paraná que lá havia chegado, depois de minha partida para a Bolívia. Eu fora calouro de Luis Filipe Ribeiro na Faculdade de Direito da Universidade Federal do Paraná, na década de 1960. Já me referi a ele comentando uma carta que José de Arimateia enviou à Bolívia, em 1969, onde dizia que Luis Filipe, ao chegar, abonou minha imagem política entre os exilados e ante os responsáveis pela "Caixinha", que nada sabiam da minha procedência ideológica, no Brasil.

Naquele primeiro semestre de 1972, reencontrei velhos amigos e companheiros de ideal nas ruas de Santiago. Estes quarenta anos apagaram muitos rastros na minha memória, mas ainda me lembro da convivência com Manuel Perez, meu último anfitrião em Quito, quando lá chegou depois do *El Carnavalazo*, o golpe militar com que o general Guillermo Rodríguez Lara derrubou, no Equador, o governo constitucional de José María Velasco Ibarra, em 15 de fevereiro daquele ano, uma terça-feira de carnaval. Os jornais de Santiago estamparam naquela data a imagem de Velasco deixando, pela força, seu quinto mandato presidencial.[450] Com ele ia chegando ao fim, naquela década, a era dos grandes caudilhos populistas latino-americanos, como Getúlio Vargas (Brasil), Jorge Eliérce Gaitán (Colômbia), Lázaro Cárdenas (México), Juan Domingo Perón (Argentina) e Victor Raúl Haya de la Torre (Peru), ainda que este último e Gaitán nunca tenham chegado à presidência.

Além de Manuel Perez, chegaram cerca de cinquenta estudantes e intelectuais de esquerda, muitos dos quais eu conhecera em Quito. Simón Pachano estava entre eles. Com Simón me encontrava sempre. Namorou uma chilena e com ela se casou. Um dia, me levou para conhecê-la e a sua família. Depois daquele período em Santiago fui reencontrá-lo, trinta e seis anos depois, navegando nos mares da Internet. Já me referi ao invejável espaço que conquistou na intelectualidade latino-americana. Era conhecido como sociólogo, cientista político, analista, professor da FLACSO, em Quito, e da Universidade de Salamanca, na Espanha. Trocamos vários *e-mails*, recordamos com saudades nossos tempos em Lima e em Cusco, onde nos conhecemos. Contou-me que ficou três anos no Chile, que se divorciou da chilena e depois se casara com uma equatoriana. Deu-me notícias de Jorge Escadón, informando que há 25 anos vivia com a família no México, e que fora vizinho do arquiteto Manuel Perez, em Quito, pois vivera em um condomínio construído por ele.

450 Foi melancólico e comovente o fim da vida do grande homem que foi Velasco Ibarra. Advogado com formação universitária em Quito e em Paris, era considerado um dos maiores oradores do país e um dos baluartes na luta contra a oligarquia equatoriana. Exilado, depois do golpe, na Argentina, passou por um superlativo sofrimento depois que sua esposa morreu, em 1979, ao cair de um ônibus urbano. O casal usava o transporte coletivo porque não possuía carro e tampouco lhe restava outros bens. Aos oitenta e seis anos, pobre e amargurado pela inconsolável perda, volta ao Equador, dizendo ao chegar: “Venho para meditar e morrer”. Em 30 de março de 1979, dias depois de voltar à pátria, faleceu em Quito.

Foi também naqueles primeiros meses que reencontrei outro equatoriano, o Santiago Carcelén, que fora o amigo de todos os dias na Lima de fins de 1969, junto com Simón Pachano. Naquela época, Simón voltara a Quito, mas Carcelén seguiu para o Chile a fim de estudar. Reencontrava-o somente agora, cursando sociologia e militando no Partido Socialista. Que alegria rever dois companheiros daquele belo período que vivemos em Lima! Carcelén estava integrado a um grupo de teatro chamado El Aleph que apresentava peças políticas de forma itinerante, por diversos locais de Santiago. El Aleph era então considerado um dos melhores grupos dramáticos e assisti a uma de suas peças cujo nome, se bem me lembro, parecia ser: *Cocktail Molotov*. Carcelén, sempre muito motivado, estava plenamente comprometido com o mesmo sonho que contagiava tantos outros revolucionários estrangeiros, acreditando que no Chile se estava construindo uma nova sociedade; assim como também estava comprometido com uma jovem estudante de medicina, que teria um importante papel político no futuro do Chile. Era Michelle Bachelet, que governaria o país de 2006 a 2010.

5. Panelaços, Fiducia e Patria y Libertad

Mal acabara de pisar em Santiago quando me contaram que duas semanas antes houvera um atentado terrorista contra uma central de energia elétrica, deixando a capital às escuras e que, no dia seguinte, um grupo de mulheres da alta sociedade saíra em passeata pela avenida Providência, realizando o primeiro panelaço contra o governo de Salvador Allende. O argumento era que as panelas estavam vazias porque faltavam alimentos. O que se comprovou é que o desabastecimento era fruto de sabotagem na economia, causada pelas "greves dos patrões", entre estes os transportadores, financiada pela CIA, assim como pela burguesia comercial, que escondia os produtos de primeira necessidade e os vendia a preços extorsivos no câmbio negro, como também por todo tipo de boicote promovido pela classe empresarial ligada a organizações e partidos de direita. Era o começo de uma ampla estratégia orquestrada pela elite oligárquica, racista e conservadora, planejada e custeada pelo governo norte-americano, para frustrar o sonho de um governo conquistado pacífica e democraticamente, apoiado pelos trabalhadores de todo o país e idealizado na justiça social, que foi a grande utopia anelada pelos chilenos.

Nos primeiros dias de 1972, já não eram calmos os mares onde navegava a história política do Chile. Em suas águas, um formoso barco levava todos aqueles que buscavam a terra prometida. Eram estudantes, trabalhadores das minas e dos campos, operários das cidades, homens e mulheres humildes, militantes de esquerda, exilados, refugiados, revolucionários de muitas fronteiras, escritores, intelectuais, poetas e cantores do povo que compunham os passageiros daquela nave, cujas velas eram sopradas pela brisa da liberdade e cujo destino era o porto da esperança. Nos céus do país, ainda não se previam tempestades, mas na linha do horizonte já se avistavam velas negras. Eram os galeões do "Império", no rumo dos mares do sul, comandados por piratas ambiciosos, cruéis e armando-se para abordar o pacífico veleiro socialista.[451]

Os panelaços contra a falta de alimentos, que começaram apenas com a presença das ricas madames, – em cuja mesa certamente nunca faltaram os mais requintados pratos – continuaram nos meses seguintes, trazendo depois a participação de rapazes bem vestidos, exibindo seus sinistros estandartes e vociferando seus raivosos protestos. No primeiro período que estive no Chile, em 1969, ainda no governo democrata cristão de Eduardo Frei, presenciei muitas passeatas de um grupo de direita denominado "Fiducia", cujas caminhadas pelo centro de Santiago lembravam, na década de 1960, em Curitiba, as mesmas posturas do grupo "Tradição, Família e Propriedade", uma organização de direita, ligada à ala conservadora da Igreja Católica. A "Fiducia", fundada por

451 Não foi por acaso que usei essas metáforas. O mais belo barco que vi, encheu-me os olhos no porto de Valparaíso. Foi o veleiro chileno *Esmeralda*. Mas nunca pude vê-lo com suas velas abertas. Contentei-me com o perfil majestoso dos seus quatro longos mastros. Naquele segundo período que estive no Chile o "La Dama Blanca", como orgulhosamente o chamavam os chilenos, era realmente um pacífico veleiro de um país socialista. Sua bela imagem, ainda assim, foi maculada depois que Pinochet tomou o poder. Em seus porões, centenas de presos políticos foram torturados e alguns morreram, em consequência da crueldade dos interrogatórios, como o caso do padre anglo-chileno Michael Woodward, cujo trágico desfecho, em 1973, passou a ter repercussão mundial, depois que o episódio constou das acusações do juiz espanhol Baltazar Garzón, contra o general Pinochet, em 1998.

Maximiliano Griffin Rios e Jaime Guzmán, era algo semelhante. Tratava-se de uma organização elitista e ultraconservadora, saudosa dos valores medievais da Igreja Católica, preocupada com a decadência moral da juventude e que, naquelas passeatas, combatia abertamente a ala esquerdizante da Igreja chilena pelo seu engajamento nas lutas sociais, numa época em que a próprio Partido Democrata Cristão, que estava no poder, tinha suas alas de esquerda militando no Movimento de Ação Popular Unitária (MAPU) e na Esquerda Cristã, que lutavam pelos ideais socialistas.

Agora, em 1972, não encontrei mais os "momios" (reacionários) da "Fiducia" protestando pelas ruas. Disseram-me que, com a vitória da Unidade Popular, seus membros se recolheram ao silêncio. E o que encontrei então? Um movimento, cujo perfil neofacista e paramilitar, deixou saudades da "Fiducia", que, apesar de reacionária, não usava a violência. Nos panelaços que se seguiram apareceu, entre as donas de casa, um grupo de jovens ostentando bandeiras com um símbolo que lembrava a suástica nazista. Era a Frente Nacionalista Patria y Libertad (FNPL), um grupo de extrema direita, fundado no ano anterior por Pablo Rodríguez Grez, para opor-se abertamente ao governo de Allende e estrategicamente para contrabalançar a militância da extrema esquerda, representada pelo Movimiento de Izquierda Revolucionaria (MIR). Mas o Patria y Libertad, que conheci em fins de 1971, não passava de uns cinquenta jovens e, com exceção de seu envolvimento – associado com a CIA (leia-se Projeto Fulbelt) – no assassinato do general constitucionalista René Schneider, em 25 de outubro de 1970, um dia depois da eleição de Allende, suas ações visíveis limitavam-se à participação nos panelaços que se tornaram frequentes nas ruas de Santiago, com enfrentamentos físicos com jovens de esquerda, onde me envolvi em duas ocasiões, entre injúrias recíprocas e vias de fato. Entretanto, até meados de 1972, época em que deixei o Chile, era alarmante o sucesso que o proselitismo da Organização vinha tendo entre a juventude de direita, quando se comentava que seu número já chegara a cinco mil militantes. Estava em formação a maior organização neofascista do Chile e talvez da América Latina, a qual felizmente foi extinta pela própria ditadura que ajudou a implantar.[452]

6. A ditadura intimida minha esposa

No começo do ano, consegui uma máquina de escrever emprestada e comecei a escrever minhas memórias. Iniciei contando uma viagem que fiz ao Nordeste em março de 1968, relatando também os fatos sociopolíticos e culturais que no decorrer daquele ano marcaram diretamente o movimento estudantil, deixando marcas indeléveis em minha vida e no destino de milhares de brasileiros e cujo desfecho oficial, em 13 de dezembro, marcaria tragicamente a própria história da nação.

Em março, os estudantes chilenos voltaram às aulas e eu interrompi meus relatos para fazer os primeiros contatos com lideranças estudantis, a fim de planejar meus recitais de poesia em várias cidades do país. Visitei a Universidade do Chile, que na época era o principal reduto da juventude de esquerda, assim como também fiz contatos com

452 Já no Brasil, através de cartas que recebia do Chile, vim a saber que no final daquele ano de 1972, o movimento se aproximava a dez mil quadros. Na história sinistra, que marcou os passos da ampla conspiração para desestabilizar e assassinar o presidente Salvador Allende, a organização Patria y Libertad tem o seu lugar de honra. Não somente pelo terrorismo, atentados, sabotagens e assassinatos que promoveu, mas, principalmente, pela sua franca colaboração no "Tanquetazo" (Tanquaço) de 29 de junho de 1973, a frustrada tentativa de derrubar Allende. Apesar da fuga dos seus líderes para o exterior e da organização ter, desde então, entrado na clandestinidade, um mês depois o comandante Arturo Araya Peters, assessor naval de Allende, foi morto a tiros diante de sua casa, por militantes de Patria y Libertad e o Comando Rolando Matus do Partido Nacional. A organização traficou uma centena de fuzis de assalto, da Argentina, e foi o principal braço armado de Augusto Pinochet, no golpe de 11 de setembro de 1973. Roberto Thieme, seu comandante paramilitar, era casado com uma filha do ditador. Tal era sua força, que foi dissolvida logo depois do golpe que derrubou Allende. No entanto, parte dos quadros da ex-organização foram integrados em setores do novo governo e, os mais "qualificados", na Dirección de Inteligencia Nacional, a tristemente célebre DINA, a polícia secreta de Pinochet, cujas marcas de crueldade determinaram o destino de milhares de torturados, mortos e desaparecidos. Os agentes da DINA, treinados por oficiais de inteligência norte-americanos, no Panamá, não atuavam somente no Chile, onde praticavam suas perversas técnicas de tortura, nas sinistras dependências da Villa Grimaldi, em Santiago. Suas mãos assassinas detonaram as bombas que mataram o general chileno Carlos Prats, em Buenos Aires e o ex-chanceler chileno Orlando Letelier, em Washington. Pablo Rodríguez Grez, o fundador de Patria y Libertad, foi o advogado que defendeu até o fim a inocência de Augusto Pinochet.

dirigentes das Universidades Católica e Técnica, de Santiago. Agendei meu primeiro recital na Universidade do Chile, para o início de abril e estava para visitar a Universidade de Santa Maria, em Valparaíso, bem como viajar para o sul, para contatar com os estudantes da Universidade de Concepción, quando uma notícia recebida do Brasil jogou um balde de água fria em meu projeto. É que por aqueles dias chegou uma carta de Marilena, dizendo que havia sido intimada a comparecer à Delegacia Regional da Polícia Federal, em Curitiba, onde passou por um ríspido interrogatório, feito pelo coronel Waldemar Bianco, sobre minhas atividades no exterior. Entre acusações e ameaças, o conhecido agente da ditadura no Paraná disse a ela que eu era um comunista, inimigo da pátria, que estava denegrindo a imagem do Brasil e insinuando o meu silêncio no exterior, para o bem de todos.[453] A ameaça deixou-a profundamente abalada e preocupada com a sua segurança e de nossa filha e com o tipo de atividades que eu pudesse estar fazendo no Chile. A notícia vinha confirmar minhas suspeitas de que aquele fato era uma consequência do relatório que a embaixada do Equador teria enviado a Brasília, sobre o conteúdo político de meu livro lançado em Quito, e minhas conferências na Universidade Central do Equador, em novembro do ano anterior. Com os fatos se sucedendo na sequência dos meses, as suspeitas que eu tinha, teimavam em se confirmar. Efetivamente, somente pude ter "certeza" das minhas suposições quando, trinta anos depois, ao ter acesso ao meu dossiê do Dops, no Arquivo Público do Paraná, as informações mostravam que no protocolo datado em 07/03/72 – justamente naquele período em que recebi a carta de Marilena – o Setor de Segurança e Informações da Rede Ferroviária Federal S.A. recebia as tais informações oriundas do Serviço Nacional de Informações (SNI) e do Departamento da Polícia Federal (DPF), cujo conteúdo e cronologia já citei ao relatar minha última passagem pelo Equador.

453 Atualmente sabe-se, apesar dos poucos documentos revelados, que alguns órgãos da ditadura, como o Dops de São Paulo, no melhor exemplo, procuraram perverter as denúncias contra o regime, desqualificando moralmente os quadros revolucionários das organizações de esquerda, acusando-os de criminosos, assaltantes, sequestradores, covardes e assassinos. O Comitê de Denúncia à Repressão no Brasil (CDR), nascido no Chile e do qual participava Herbert de Souza, o Betinho, pela dimensão das suas atividades e amplitude de suas denúncias, foi alvo das frequentes informações que o CIEX enviava ao Brasil. Anteriormente ao CDR, alguns exilados da geração de 1964, como Miguel Arraes e Marcio Moreira Alves, criaram em 1969, na Argélia, a Frente Brasileira de Informações (FBI), com ampla rede de denúncias que se estenderam pelos principais países europeus e nos Estados Unidos, relatando as atrocidades que os militares cometiam no Brasil.

Ante a gravidade da informação, todos os meus planos de recitais foram abalados. Consultei amigos brasileiros e eles me aconselharam a não levar para frente o projeto, já que os espiões da ditadura brasileira no Chile, sobretudo os agentes do CIEX, ligados à nossa embaixada em Santiago, certamente enviariam informações sobre o caráter político dos meus recitais, sempre seguidos de debates, cujo conteúdo ideológico normalmente envolvia denúncias e acusações contra o regime militar do Brasil. Essas informações, se enviadas ao Itamarati, provavelmente chegariam à Polícia Federal do Paraná e colocariam em risco a segurança de minha esposa, minha filha de sete anos e minha irmã Maria da Graça, na época com vinte anos, e que, recentemente, mudara-se para Curitiba, passando a morar com Marilena.

Não foi fácil renunciar a um projeto que eu vinha acariciando desde que iniciei, no México, minha volta para o sul e cujo destino era o Chile. Eu imaginava quanta receptividade poderia ter como poeta num país socialista, se toda a minha poesia era um gesto de esperança, na busca de um mundo cuja aura de liberdade e de justiça social, eu via retratar-se na nova imagem do Chile. Correr o país dizendo meus versos seria o coroamento de minha trajetória poética pela América Latina. O que fazer agora, a não ser afogar minha frustração, mergulhando o pensamento na redação de minhas memórias? Voltei a escrevê-las, mas, à medida que avançava, senti falta das minhas próprias cartas e dos documentos que durante aqueles anos havia enviado para o Brasil. Nem sequer tinha mais o meu diário que, por razões de segurança, havia destruído na Nicarágua e assim não dispunha de nada mais, a não ser minhas próprias lembranças para partir "em busca do tempo perdido". Em minhas cartas, estava contido todo o roteiro histórico, geográfico, cultural e sentimental da minha viagem. Era uma correspondência praticamente semanal e nelas ia contando à minha esposa e eventualmente à minha irmã, tudo o que se passava comigo; relatando fatos, nomeando os amigos, descrevendo as cidades e os caminhos, contando um pouco da história, fazendo reflexões, revelando planos, anunciando viagens, informando partidas e chegadas, mas agora tudo isso e muito mais estava no Brasil. Além das cartas, eram cartões-postais, fotos, livros, cartazes, meus livretos panfletados, programas de recitais, revistas, exemplares das edições do meu livro, artigos e reportagens sobre minha poesia, e quase uma centena de recortes de jornais. Na falta desses documentos, passei a rever e reescrever minhas anotações sobre os araucanos que estavam apenas esboçadas em páginas esparsas e que, junto com o pequeno volume das *Obras escogidas* de Walt Whitman, deram a volta comigo por todo o continente, guardadas num compartimento de minha mala.

7. Meu reencontro com Vitório Sorotiuk

Corria março de 1972. Caminhava pelo centro de Santiago, quando, casualmente, dei de cara com o paranaense Vitório Sorotiuk. Surpresa e alegria. Afinal, Vitório entrou na Faculdade de Direito da Universidade Federal do Paraná em 1965, quando eu cursava o penúltimo ano. Foi, portanto, meu calouro e durante dois anos estivemos juntos em vários protestos e passeatas contra a ditadura, ora organizados pelo nosso diretório, ora pela União Paranaense dos Estudantes (UPE). Vitório, desde o primeiro ano e até 1968, quando foi preso, destacou-se na Faculdade por sua motivação ideológica, pela sua liderança e sua constante presença na intensa movimentação da política estudantil. Curitiba, na época chamada a Cidade Universitária do Brasil, era a Meca que atraía não só os estudantes do interior do estado, bem como paulistas, mato-grossenses e sobretudo catarinenses, entre os quais eu me incluía. Na verdade, a Curitiba daqueles anos, pela sua densidade estudantil, era uma festa, com fins de semana dançantes em vários diretórios estudantis. O centro da cidade era rodeado de pensões, repúblicas, entre elas a Casa do Estudante Universitário (CEU). Havia muitos restaurantes universitários, entre eles o da UPE, dos vários diretórios e do nosso famoso Centro Acadêmico Hugo Simas (CAHS), onde eu almoçava todo dia e lá tantas vezes encontrei o Vitório.

Cinco anos mais moço que eu, Vitório chegou à faculdade e foi conquistando seu espaço. Jovem, alto, magro e muito seguro de si, sua voz sempre era ouvida nos frequentes questionamentos políticos da classe e na vanguarda das decisões estudantis, representando os colegas de direito da Federal. Onde houvesse faixas, cartazes de protesto e bandeiras hasteadas, em manifestações contra o poder opressor dos militares, ele estava na dianteira e onde muitos se preservavam diante da eminência da repressão, Vitório estava lá, na linha de frente, dando a cara para bater. Essa sua determinação e coragem o levaram à presidência do CAHS em outubro de 1967, e ao importante cargo de presidente do Diretório Central dos Estudantes (DCE), um ano depois.

Lembro-me de uma grande passeata organizada em 1966, em favor da União Nacional dos Estudantes (UNE). Como se sabe, no dia seguinte ao Golpe Militar de 1964, a sede da UNE, na praia do Flamengo, foi tomada e incendiada pela ditadura, sendo colocada na ilegalidade pela Lei Suplicy (e posteriormente decretada extinta, assim como todas as entidades estaduais de estudantes, pelo Ato Institucional nº 4, de 1º de abril de 1968). Sem representação estudantil, os estudantes passaram a mobilizar-se em todo o país, e em 1965, uma greve de mais de sete mil estudantes paralisou a Universidade de São Paulo (USP). Esse perfil de luta – que hoje nos deixa saudades – marcou toda a classe estudantil brasileira naquele período da ditadura, até a promulgação do AI-5, em dezembro de 1968, a partir de quando a violência da repressão, a prisão, a tortura e o desaparecimento dos detidos inibiu qualquer protesto público. E foi nesse contexto de relativa tolerância que, em 1966, todos os diretórios acadêmicos de Curitiba organizaram uma memorável passeata para protestar contra o governo de Castelo Branco e reivindicar a legalidade da UNE. Vitório comandou a passeata, como se vê nesta histórica foto – que Teresa Urban reproduziu em seu livro *1968 Ditadura abaixo* – onde entre tantos estudantes que avançam na primeira fila, ele caminha destacado, na frente, olhando para trás com um papel na mão, e onde à esquerda da foto, em frente ao cartaz + *Casa – Castelo* (numa alusão ao presidente Castelo Branco), se vê, de braço com Rubem Corrêa, meu colega de turma Roberto Requião, que quase sempre ao final das passeatas procurava um lugar mais alto e fazia da sua eloquência o porta-voz das nossas demandas. Eu apareço no lado oposto, junto ao cartaz A UNE É UMA REALIDADE, com um colete branco e olhando para a direita.

Não contarei aqui as tantas manifestações de protesto de que participei, naquela gloriosa década de 60, onde em muitas delas também declamava meus versos contra o regime militar. Mas lembro-me de um belíssimo acontecimento cultural, organizado pelos estudantes de jornalismo da PUC do Paraná, realizado em 1965, no Pequeno Auditório do Teatro Guaíra. Foi a inesquecível "Noite da Poesia Paranaense"[454] onde 14 poetas declamaram seus versos. Entre eles, estavam Helena Kolody, João Manuel Simões, Helio de Freitas Puglieli, Leopoldo Scherner, Paulo Leminski, Maria Inês Hamann, Sônia Regis Barreto e outros. Eu também estava entre os convidados e fui o único poeta a apresentar no poema *A náusea*, versos politicamente explícitos contra a ditadura, como os deste fragmento:

(...) E tu, entre tantos,
saberás conter essa indignação
somente no lirismo dos teus versos,
ou irás colar teu escarro no pátio sangrento dos quartéis?(...)

454 Disponível em: <http://palavrastodaspalavras.wordpress.com/2008/09/18/a-noite-da-poesia-no-teatro-guaira-por-manoel-deandrade/>. (Acesso em: 31 jan. 2013).

Uma das mais importantes passeatas realizadas naquele período aconteceu no dia 20 de outubro de 1968, um sábado. O protesto foi contra a prisão dos 920 estudantes, no 30º Congresso da UNE, no dia 12 de outubro, na localidade paulista de Ibiúna. Com a chegada dos estudantes paranaenses presos, – entre eles o Vitório – que depois de fichados no Dops foram liberados, decidiu-se por uma segunda grande manifestação contra a repressão, em Ibiúna, já que a primeira, quatro dias antes, tinha sido apenas um "aperitivo", realizada sem incidentes, no curto percurso entre a Universidade Federal e a praça Tiradentes. Mas a segunda foi organizada por todos os diretórios de estudantes e contou com a adesão de sindicatos, professores e trabalhadores do comércio. Com grandes faixas, panfletos e cartazes, pedindo a liberação dos dirigentes da UNE, a enorme passeata saiu pela manhã da praça Santos Andrade com destino à praça Osório. A massa com cerca de 1.500 estudantes caminhava pela rua XV de Novembro quando, na esquina com a dr. Muricy, a polícia barra a marcha e começa o espancamento. O local foi tomado pelo gás lacrimogênio e começou o quebra pau e a correria para todos os lados, já que havia dezenas de viaturas militares cercando o centro de Curitiba, e caminhões do exército parindo soldados a tal quantidade que praticamente via-se um policial militar para cada estudante. Eu e alguns colegas do curso de história conseguimos escapar a tempo, pela praça Tiradentes. Diante da perseguição aos fugitivos, o mais dramático aconteceu com Vitório, que correu em direção à praça Zacarias, alcançou a rua José Loureiro e entrou no jornal *Diário do Paraná*, refugiando-se na redação e dali foi guiado por alguém, que o acompanhou na sua fuga pelo telhado. Naquele mesmo dia, 20 de outubro de 1968, o jornal publicou o fato com uma foto de Vitório escapando pelo telhado. Mas essa cena de cinema não parou por aí. A imagem quase legendária que tinha Vitório naquele ano, foi confirmada, alguns dias depois, por outro lance, literalmente teatral, descrito por Teresa Urban:

Para quem está atento ao que acontece em Brasília, há muitos sinais de que a ditadura está fechando o cerco. Suspensão de eleições em dezenas de municípios considerados de interesse da segurança nacional; proibição de qualquer tipo de manifestação pública no país; proposta de Estado de Sítio caso os protestos estudantis continuem; CCC espalhando terror; bomba na livraria Civilização Brasileira; general Médici, chefe do Serviço Nacional de Informações, exige medidas mais rigorosas de controle político; discurso antimilitarista do deputado Márcio Moreira Alves no Congresso provoca reação exagerada dos ministros militares. Sinais claros de tempestade próxima.

No movimento estudantil, a situação também é tensa. O governo quebrou a promessa de não punir os estudantes que participaram do congresso da UNE, decretou a prisão preventiva dos líderes e está caçando um a um, em todo o país. Por aqui procuram Vitório Sorotiuk, presidente eleito do Diretório Central dos Estudantes e Elói Pietá, presidente do Diretório Acadêmico Rocha Pombo.

A luta mudou o nível, mas é preciso continuar. O novo presidente do DCE deve tomar posse publicamente e, para isso, o jeito é driblar a polícia política. Durante a apresentação da peça "O Santo Inquérito", de Dias Gomes, com o teatro da Reitoria lotado, Vitório Sorotiuk surge repentinamente no palco, assina o termo de posse, faz um rápido discurso e desaparece em seguida, sem deixar vestígios. A notícia corre por todas as salas de aula: o DCE tem novo presidente, legalmente empossado, numa cerimônia inesquecível.[455]

No dia 17 de dezembro, daquele heroico 1968, quatro dias depois de ser promulgado o fatídico Ato Institucional nº 5, as lideranças estudantis de Curitiba resolvem fazer na Chácara do Alemão, no bairro Boqueirão, o Congresso Regional da UNE. O evento foi mascarado como uma churrascada, mas a carne nem chegou a ser assada. Apesar do sigilo, elementos infiltrados no movimento informaram a natureza do encontro e por volta de meio-dia toda a área estava cercada e 42 estudantes foram presos. Vitório era um deles e, reincidente pela participação em Ibiúna, foi indiciado no Inquérito Policial Militar, por suas participações em congressos clandestinos da UNE, e como organizador da manifestação de protesto pela morte do estudante Edson Luís de Lima Souto. Cumpriu dois anos e dez meses de prisão, entre o presídio do Ahú, em Curitiba, e o presídio Tiradentes, em São Paulo.

---

455 Urban, T. Op cit., p. 209.

Ao ser posto em "liberdade", viu-se sem céu e sem chão. Não podia voltar à universidade para terminar o curso e não lhe era concedido o atestado de boa conduta, requisito indispensável na ditadura para se conseguir um emprego. Sua opção foi seguir para o Chile, onde chegou em janeiro de 1972. Depois daquele primeiro encontro, nos vimos outras vezes no centro de Santiago. Num desses encontros, ele comentou com interesse a leitura do meu artigo sobre os chicanos. Soube, posteriormente, que estava participando do Comitê de Denúncia à Repressão no Brasil (CDR). Naquele período, algumas outras associações foram criadas pelos nossos exilados, como: a Associação Chileno-Brasileira de Solidariedade (ACBS), a Frente Brasileira de Informações (FBI) e a Unidade de Trabalhos Voluntários. Apoiadas pelo governo da Unidade Popular, suas ações estavam sintonizadas com a luta das organizações de esquerda que atuavam dentro do Brasil, alimentando as esperanças de mudança, assim como engajadas no apoio ao governo socialista da Unidade Popular e voltadas para o mundo, a fim de denunciar a repressão, a tortura e os crimes da ditadura brasileira.

Anos depois, já em Curitiba, ele me contou do drama que passou no dia em que Pinochet tomou o poder. Ele namorava uma jovem estudante de Belas-Artes, chamada Eliana Del Carmen Herreros Meza e no dia do golpe, 11 de setembro, os dois estavam juntos pela manhã, mas se separaram para que cada um cumprisse suas funções como militantes de suas organizações. Os carros de combate e os soldados tomavam as ruas centrais e os fatos estavam se precipitando rapidamente. Vitório foi até sua casa buscar pertences e documentos, e avisar a Nancy Mangabeira Unge[456] do golpe, já que ela poderia estar dormindo, pelo fato de estudar noite adentro, até a madrugada. Não a encontrando, pega as suas coisas, mas já não pôde sair do centro de Santiago. Tudo está cercado. Está a uns 500 metros do Palácio Presidencial de La Moneda,

456 Nancy Mangabeira Unger era uma militante do PCBR, que chegou ao Chile no dia 13 de janeiro de 1971, juntamente com outros 69 presos, entre eles frei Tito, trocados pelo embaixador suíço Giovanni Enrico Bucher, sequestrado no Rio de Janeiro pela Vanguarda Popular Revolucionária (VPR), no dia 07 de dezembro de 1970, numa ação comandada por Carlos Lamarca e Gerson Theodoro de Oliveira. Nancy, ao ser presa, em 16 de julho de 1970, em Recife, foi ferida com três tiros. Um deles decepou seu polegar da mão direita. Essa intelectual admirável, expulsa da Universidade Federal do Rio de Janeiro em 1969, acusada de subversão, é irmã do conhecido filósofo Roberto Mangabeira Unger, o menino prodígio, que se tornaria professor de Harvard, aos 22 anos.

quando encontra um companheiro de pseudônimo João, que o leva para um lugar seguro junto de amigos bolivianos, no terceiro andar de um edifício, onde se abrigaram por dois dias, até que o toque de recolher foi suspenso. No entanto, antes de sair, o local é descoberto pela polícia. Vitório é preso no dia 13 de setembro e levado com os demais companheiros para o Estádio Nacional. Foi lá que encontrou seu irmão, Nelson Sorotiuk, cuja primeira fase da prisão fora no Estádio Nacional de Chile, usado como campo de concentração pela ditadura de Pinochet, e onde Nelson assistiu à morte do cantor Víctor Jara. No dia 20 de outubro, Vitório é transferido para um refúgio do Alto Comissariado das Nações Unidas. Até então, sua namorada Eliana, que o procurava por toda parte com o nome de Marcelo, não o localizava por nenhuma lista de brasileiros aprisionados. Foi reencontrá-lo no refúgio, e apesar do namoro já durar cinco meses, somente naquele dia ela ficou sabendo que seu verdadeiro nome era Vitório Sorotiuk. Este fato mostra que, apesar da liberdade que os nossos exilados tinham no Chile, muitos deles usavam ainda codinomes, para desorientar os serviços de espionagem do CIEX, que desde 1970 enviava regularmente informações ao Ministério de Relações Exteriores, sobre as atividades dos brasileiros exilados ou refugiados no Chile.

Amparados pelo Comissariado da ONU e com a partida para a Europa prevista para dentro de alguns dias, Vitório e Eliana estavam diante da maior decisão de suas vidas: seguir juntos ou, talvez, separar-se para sempre. Optaram por casar-se, por ser a única condição para que saíssem juntos. Mas como, se ele não podia deixar o refúgio? A situação dos estrangeiros no Chile era cada vez mais tensa. Desde meados daquele ano, as organizações de direita começaram uma campanha de hostilidade contra os latino-americanos exilados ou refugiados no país, acusando-os de formarem "um exército invisível". Na verdade, se esse recrutamento estava acontecendo, tudo se passava à revelia do consentimento de Allende, que insistia em seguir pelas vias democráticas, mesmo com a implícita conspiração da direita para derrubá-lo. Eleito pelo poder das massas populares, seu erro por certo foi não mobilizar estrategicamente o povo chileno para defender o sonho socialista, como realmente propuseram as forças da extrema esquerda. Agora, com o golpe militar, todas as resistências foram esmagadas e os anúncios de rádios e jornais ofereciam recompensa pela delação indiscriminada de estrangeiros, que passaram a ser denunciados e a correr risco de perder a vida. Ser um estrangeiro era um estigma, uma imagem maldita diante do novo paradigma político. Sem mais abrigo, vítimas do medo, do terror e do arbítrio, os estrangeiros já não tinham mais onde esconder-se, a não ser em seu próprio abismo emocional. Chegar com vida a um local seguro era uma ventura. Os que não conseguiram ser resgatados por comitês de solidariedade ou entrar a tempo pelo portão de alguma embaixada foram presos e recolhidos aos campos de concentração, onde muitos seriam assassinados e outros desapareceriam para sempre. A situação vivida por Vitório retrata o quadro desesperante pelo qual passavam centenas de outros estrangeiros, separados de esposa e filhos, diante da incerteza do reencontro e do consentimento para voar em busca de liberdade. Por sua vez, Eliana não podia se expor publicamente, já que seu pai fora amigo de Allende, participavam da mesma loja maçônica e do Partido Socialista, e seu tio, Sergio Meza, casou-se com a filha de Allende, Isabel. (Não a Isabel escritora, sua sobrinha). Diante do impasse e da urgência do tempo, Vitório passou uma procuração para o padrasto de Eliana se casar com ela em seu lugar, mas o cartório negou-se a celebrar o casamento. A angústia e o desespero já haviam tomado o coração de ambos, quando a Cruz Vermelha resolveu intervir, conseguindo a autorização para que ela o acompanhasse.

Eliana, Vitório e seu irmão Nelson partiram num grupo que somava 200 pessoas, entre brasileiros, bolivianos, chilenos, argentinos e uruguaios, que chegaram no dia 4 de novembro de 1973 a Genebra, sede do Alto Comissariado das Nações Unidas para os Refugiados (ACNUR), portando o confortável *status* de refugiados, cuja regulamentação garantia proteção social e integração profissional. Apesar dos benefícios, para muitos deles foi uma mudança traumática. O Chile havia representado para os exilados latino-americanos um refúgio e, para muitos, um paraíso político, de onde os ideais socialistas deveriam emigrar para povoar todo o continente. Mas essa utopia fora desterrada e o novo refúgio europeu não permitia que a bravura de tantos militantes fosse novamente recrutada. A distância da pátria, as diferenças de cultura e a indispensável revisão crítica do ideário revolucionário acabaram isolando, na distância, os novos exilados.

Diferente do irmão Nelson, que permanece na Suíça até hoje, Vitório, dois meses depois, segue com Eliana para a França, atraídos pelos diversos comitês transnacionais de solidariedade, que facilitaram a sobrevivência de muitos brasileiros, até o retorno à pátria. Em Paris, o casal contou com o apoio de Apolônio de Carvalho, figura das mais emblemáticas, não só na história política do Brasil, cuja militância socialista levou-o a participar da Guerra Civil Espanhola, e a engajar-se na Resistência Francesa, na França ocupada pelos alemães. Seu prestígio como herói nacional francês abriu a primeira porta para Vitório e Eliana, que começam a trabalhar na sede parisiense do Partido Socialista da França. Posteriormente, Vitório passa a repartir seu trabalho, dedicando meio expediente na Gráfica do Partido, onde comanda o maquinário que imprime todos os manifestos e panfletos da organização na capital. Mas não se ateve somente ao trabalho interno. Seu instinto de ativista o levou às ruas e às entradas do metrô de Paris para partilhar a panfletagem com companheiros franceses, alguns dos quais, anos mais tarde, seriam ministros de François Mitterrand.

Quando em março de 1974 foi lançada a candidatura de Mitterrand à presidência da França, o Partido Socialista convida Eliana Del Carmen – que na época dividia o trabalho com o curso de Belas-Artes – para pintar, numa grande tela *O punho e a rosa*, o símbolo do Partido Socialista. Foi essa tela que ornamentou o fundo do palco do Teatro Mutualité, em Paris, onde foi oficialmente lançada a candidatura de Mitterrand, que afinal não venceu naquele pleito, mas que, em dois mandatos, governaria a França de 1981 a 1995. Ainda em 1974, Vitório participa da criação do Comitê Brasil Anistia de Paris, fruto de um longo trabalho de unificação entre as diferentes correntes políticas de esquerda, que formavam a grande diáspora brasileira na França, com exilados de 64 e 68, e a grande leva de aproximadamente 800 refugiados, que chegou do Chile em 1973, fazendo de Paris a grande aldeia brasileira no exterior.

No ano seguinte, o casal volta para a Suíça e passa a residir em Lausanne. De 1977 a 1979, Vitório diploma-se em estudos de desenvolvimento, pelo Instituto de Desenvolvimento da Universidade de Genebra. Casam-se finalmente em julho de 1979 e no dia 31 de agosto daquele ano integram o primeiro grupo de exilados que chega ao Brasil, beneficiados pela Lei da Anistia.

Muitos e muitos anos se passaram desde que me despedi de Vitório em meados de 1972, em Santiago, nas vésperas de minha viagem à Argentina, a caminho do Brasil. Já não lembro em que dia ou ano reencontrei-o em Curitiba, mas no início de 2002 ele me convenceu a entrar com um processo de anistia no Ministério da Justiça. Vitório já defendia vários casos semelhantes e tornou-se também o meu advogado. Instruído por ele, saí em busca da papelada, e em 23 de janeiro de 2004 foi protocolado o pedido em cujos documentos se incluíam meu dossiê no Dops do Paraná, uma declaração da Agência Brasileira de Inteligência (ABIN), expedida em 23 de agosto de 2002 pelo Gabinete de Segurança Institucional da Presidência da República, onde consta que eu (...) *vinha percorrendo diversos países da América Latina "intitulando-se Intelectual", proferindo conferência difamatória à realidade brasileira,* além de quatro cartas, fornecidas pelo escritor Walmor Marcelino, pelo livreiro José Ghignone, pelo então senador Roberto Requião e pelo escritor e publicitário Jamil Snege, das quais reproduzo aqui apenas o texto escrito por Jamil, amigo imperecível na memória e na saudade:

Carta a uma Comissão

Manoel de Andrade não pegou em armas. Nem respirou o ar clandestino das reuniões secretas. Manoel de Andrade fez algo muito mais perigoso: empunhou a palavra e com ela subiu aos palcos, elevando a sua indignação de poeta contra a espessa noite que desabava sobre nós.

Toda a matéria que constitui o seu livro "Poemas para a liberdade", posteriormente editado em vários países da América Latina, nasceu assim. Do confronto direto com uma realidade que procurava sequestrar nossa voz e nosso protesto, tornando-nos vítimas passivas do autoritarismo e do arbítrio. Lembro-me ainda de uma vaga "Noite da poesia", no Teatro Guaíra", em 1965. Foi ali que ouvi, pela primeira vez, o verbo incandescente de Manoel de Andrade. E a partir de então passei a acompanhar seus recitais improvisados e a verificar o impacto que causavam naquelas jovens plateias de estudantes. A poesia de Manoel tinha o dom – perigoso, para os ditadores de plantão – de arrancar o grito sufocado na garganta dos que o ouviam, de transformar em sintaxe e discurso articulado o que era apenas raiva e revolta.

A ação repressora contra a "rebeldia" de Manoel de Andrade foi a mesma que se abateu contra todos os artistas que ousavam desrespeitar a cartilha da ditadura, cujo método, por demais conhecido, consistia em fazer circular ameaças, geralmente veladas, que atingiam não apenas o artista faltoso, mas inclusive as pessoas de sua família. Procuravam com isso solapar o ânimo, intimidar, amedrontar, semear o pânico. O mesmo tipo de pressão que levou Gilberto Gil e Caetano Veloso ao autoexílio. Eu próprio, que em dezembro de 1967 publicava minha novela "Tempo Sujo", senti de perto os efeitos dissuasivos dessa prática.

O clima de desconfiança era tal que jamais conseguíamos perceber se os portadores das advertências, normalmente pessoas conhecidas, agiam em nosso favor ou contra nós. Lembro uma vez que encontrei Manoel, às vésperas de sua partida, no início de 1969. "Eu tenho medo pela Dani", ele me disse, visivelmente perturbado.

Compreendi imediatamente o que se passava com ele. Dani era sua filha Daniela, na época com quatro ou cinco anos. Manoel achava que, saindo do Brasil, pondo-se em fuga, retirava de certa forma a ameaça que supunha pairar sobre sua família.

O autoexílio de Manoel atestava o tamanho de sua renúncia. Deixava um emprego estável na Secretaria da Fazenda, a família que amava, incluindo uma irmã menor que vivia sob sua guarda. Tinha tudo para se perder pelos descaminhos da América conflagrada. Seu talento e sua fé salvaram-no.

Encontrei-o anos depois, de volta, tentando recuperar o tempo que lhe usurparam. De festejado autor de livros, pelo continente, resignava-se *então a ser um modesto vendedor de enciclopédias. Os anos de chumbo ainda lhe pesavam sobre os ombros.*

Curitiba, 10 de abril de 2002
Jamil Snege

Meu processo se arrastou anos inteiros, foi deferido parcialmente em outubro de 2007, Vitório entrou com recurso pela sua integralidade, mas seu andamento parou em julho de 2009. Perdi as esperanças até que, em 24 de maio de 2012, tive uma conversa em Curitiba com Paulo Abrão, Secretário Nacional de Justiça e presidente da Comissão de Anistia. Paulo Abrão foi impecável, não só pela competência intelectual como conduziu, naquela manhã, na Unibrasil, a palestra sobre o *Direito à verdade ante os tribunais,* mas também pela atenção e elegância com que ouviu o Vitório e a mim, levando em sua pasta nossas anotações. Em apenas uma semana, meu processo já estava no gabinete da vice-presidência e alguns dias depois entrou na pauta de julgamento, para o dia 22 de junho.

Ainda estava escuro quando Vitório passou por minha casa e rumamos para Florianópolis, onde a 59ª Caravana da Anistia julgaria os vários requerimentos programados. O auditório da Faculdade Cesusc estava lotado naquela manhã. Paulo Abrão abriu a seção e passou a palavra aos conselheiros. Fui o segundo a ser chamado e meu relator, Prudente José Silveira Mello, ao terminar a análise do processo, leu o meu poema *Véspera*, onde transformei em versos toda a angústia pela iminência de ser preso, na noite que antecedeu minha saída do Brasil, em março de 1969. Depois do meu pronunciamento e do Vitório, o requerimento foi aprovado por unanimidade. A cerimônia segue, com todos em pé, quando Paulo Abrão pede desculpa pública em nome do Estado. É com orgulho, mas também com humildade que digo: este pedido de desculpas é o momento em que todos os perseguidos políticos e, mormente, aqueles que sofreram humilhações, torturas e prisões, têm a alma lavada e o seu processo de redenção política reconhecido e documentado, ante a Comissão de Anistia e seus companheiros de luta presentes no auditório. Somente aqueles que hipotecaram a vida por um sonho, – sejam eles revolucionários, intelectuais ou poetas – e que tiveram seus passos marcados pelo medo, pelo arbítrio ou pela crueldade, podem compreender a dimensão dessa tardia reparação. Finalmente, neste janeiro de 2013 – quando vou chegando ao final dessas memórias – posso partilhar com minha esposa e meus filhos essa alegria de saber que a bandeira de luta desfraldada com meus versos, há quatro décadas, cumpriu o seu dever na história, e seguirá tremulando nos anais da memória política da pátria, ainda que em nossos dias a poesia signifique tão pouco no coração dos homens. Faz apenas alguns dias que a tão esperada "notícia" foi publicada no *Diário Oficial da União*:

Portaria nº 23, de 4 de janeiro de 2013

O Ministro de Estado da Justiça, no uso de suas atribuições legais, com fulcro no artigo 10 da Lei nº 10.559, de 13 de novembro de 2002, publicada no Diário Oficial da União, de 14 de novembro de 2002, e considerando o resultado do julgamento proferido pela Comissão de Anistia, na 4ª Sessão Plenária da Caravana da Anistia, realizada na cidade de Florianópolis/SC, no dia 22 de junho de 2012, no Requerimento de Anistia nº 2003.01.33111, resolve: Declarar anistiado político Manoel de Andrade, portador do CPF nº 171.778.719-34, conceder reparação econômica, de caráter indenizatório, em prestação mensal, permanente e continuada, no valor de R$ 2.323,68 (dois mil, trezentos e vinte e três reais e sessenta e oito centavos), com efeitos financeiros retroativos da data do julgamento em 22.06.2012 a 22.10.1998, perfazendo um total retroativo de R$ 412.840,48 (quatrocentos e doze mil, oitocentos e quarenta reais e quarenta e oito centavos), e contagem de tempo, para todos os efeitos, do período compreendido de 15.07.1970 a 28.08.1979, nos termos do artigo 1º, incisos I, II e III da Lei n.º 10.559, de 13 de novembro de 2002.

José Eduardo Cardozo

XXXVII
JORGE SUÁREZ: O AMIGO

Já referi que o exilado boliviano Edgar Prieto foi quem me deu a grata notícia de que o jornalista Jorge Suárez estava vivendo em Santiago e trabalhando no *Puro Chile*, o jornal oficial do Partido Comunista Chileno. Não poderia ter recebido melhor presente, naquela semana que antecedia o Natal de 1972. Eu não sabia que destino havia tomado Jorge e sua família, depois que deixou o cargo de embaixador, em vista do golpe militar de Hugo Banzer, na Bolívia, em agosto do ano anterior. Eu o abraçara no México, quatro meses atrás, na véspera de minha partida para o Equador. Prieto me deu seu endereço e no dia seguinte, um domingo, fui visitá-lo. Nosso encontro foi uma festa, junto com Martha e Mirella. Jorge, apesar do seu invejável humor e do otimismo em relação aos destinos do Chile, mostrou-se muito amargurado com o que se passava na Bolívia e preocupado com o amigo, o ex-presidente Juan José Torres, com quem estivera um tempo, na Argentina. Nosso primeiro encontro terminou com um convite para a ceia de Natal, nos próximos dias.

Estar com eles naquela data festiva fizera-me abrandar as saudades dos meus familiares no Brasil. Jorge era o amigo incondicional e incomparável, Martha queria-me como a um irmão e, naquela noite, ela nos tocou com sua sensibilidade e sua brandura. Suas palavras fizeram-nos sentir o significado cristão do Natal e o simbolismo da manjedoura de Belém. Diante de um mundo marcado por tanto desamor, pelas feridas milenares do orgulho e do egoísmo, ainda abertas na alma humana; diante da opressão e das injustiças, todos nos perguntamos o que, na verdade, estávamos comemorando naquela noite e se Jesus realmente já nascera para cada um de nós. Se já aprendêramos a amar aos inimigos, a perdoar incondicionalmente e a dar a outra face. A comemoração do Natal deveria ser isso: a esperança de que Jesus finalmente nascesse, ou renascesse, no coração dos homens e o entendimento de que sua missão, como mestre, como educador, era despertar o senso da justiça, da fraternidade e da beleza moral que, potencialmente, existe no âmago de cada ser humano.

Aquela foi também a noite das nossas saudades. Mirella fazia-me tão feliz, recordando os seus momentos com minha filha Daniela, no México. Jorge e eu comentamos nossa convivência em La Paz e a sua decisão de publicar meu primeiro livro na Bolívia. Relembramos, com fartas gargalhadas, dos belos momentos em que estivéramos juntos em distantes fronteiras. Instantes marcados por renovadas alegrias e pelo melancólico encanto da saudade, porque ali todos estávamos distantes da pátria e de tantos amores. Era o meu terceiro dezembro longe da família. São nesses momentos que o significado do Natal aperta o coração e a nostalgia nos invade a alma. Naquela noite, lembramo-nos de nossas nações irmãs, Bolívia e Brasil, ambas usurpadas pelo arbítrio.

1. A reportagem sobre os chicanos

Foi em fins de março que fiz uma visita a Jorge Suárez nas dependências do *Puro Chile* que junto com *El Siglo,* também do Partido Comunista, formavam os grandes jornais de apoio ao governo de Salvador Allende. Foram momentos divertidos. Ele me apresentou para o pessoal da redação e para o diretor, contando, com seu humor e sua afinada ironia, minhas andanças e peripécias pela América Latina, do bate-boca que tive com o reacionário embaixador uruguaio, no México, bem como da minha rica experiência entre os chicanos, na Califórnia. Foi nessa conversa entre Jorge, o diretor do jornal e eu, que surgiu a ideia de escrever uma reportagem sobre os chicanos. Felizmente, eu carregava uma mala cheia de documentos, livros, revistas e, entre tantas publicações, contava-se algum material sobre os chicanos. A matéria foi publicada no *Puro Chile* algumas semanas depois, em duas partes, nas edições dominicais de 09 e 16 de abril de 1972. Como o leitor deve estar lembrado, o seu texto integral, traduzido para o português, foi apresentado em páginas anteriores, na sequência de minha viagem pela Califórnia. A sugestão para escrever o artigo partiu de Jorge e, mais uma vez, – como quando propôs a primeira edição de meu livro em La Paz – ele me cutucava com o seu aguilhão visionário, sugerindo então um tema praticamente desconhecido em todo o continente ao sul do México: a história de um povo abandonado à própria sorte, que perdera a sua nacionalidade, suas terras e todos os seus direitos dentro do país que já fora sua pátria. Um povo vitimado pela mais cruel segregação e preconceito, proibido de entrar em igrejas, restaurantes e cinemas. Quando voltei para a América do Sul, perguntei para amigos do Equador, do Peru, e em Santiago, para chilenos e brasileiros, se eles sabiam quem eram os chicanos. Ninguém conhecia a sua história. As poucas agências de notícias que distribuíam as informações pelo mundo, foram silenciadas por ordem do "Império". Apenas a luta dos negros norte-americanos, por ser tão dramática e pelo assassinato de Martin Luther King, conseguiu furar esse bloqueio. Mas a dos chicanos – e dos porto-riquenhos – não. Uma história de verdugos e vítimas, de poderosos e humildes, habilmente escondida, silenciada e segredada pela nação mais poderosa da Terra, e que agora era finalmente revelada no extremo sul da América, num país onde as portas se abriam para recepcionar a igualdade e a justiça, para acolher os ideais e a esperança dos milhares de perseguidos que ali chegavam, fugindo de ditaduras sangrentas, as quais seguiam a mesma cartilha do "Império". Pela primeira vez, na América do Sul, informava-se publicamente quem eram os chicanos, trazendo-se a notícia de suas lutas, de seus sonhos, de seus escritores e poetas, de suas manifestações, protestos, dos mártires que caíram em suas trincheiras e das difíceis condições em que vivia uma minoria de oito milhões de descendentes de mexicanos, no sudoeste dos Estados Unidos. A matéria teve grande repercussão em Santiago e muitos brasileiros comentaram comigo a importância e a novidade das informações. O sucesso da reportagem me ensejou convites para escrever artigos em outros jornais e revistas, e foi nesse período, entre março e maio, que publiquei alguns textos sobre a guerra da independência das colônias portuguesas na África. É verdade que muitas portas se abriram, mas devo reconhecer que tudo isso eu devia à providencial sugestão de Jorge.

2. A despedida, o "reencontro", o "e-mail" de Mirella

O poeta boliviano Jorge Suárez, o arquiteto equatoriano Rodrigo Samaniego e o então estudante de arquitetura chileno Bernardo Tapia foram os três maiores amigos que tive na América Latina. Jorge, porém, ocupou um lugar especial em meu coração. Primeiro, por palmilharmos os mesmos rastros da beleza a que nos conduzia a sensibilidade de poetas, segundo, porque foi Jorge quem enviou meus versos para o mundo, abrindo a primeira porta editorial para minha poesia e ainda porque, diferente de Rodrigo e Bernardo, que eram apolíticos, partilhávamos a mesma ideologia e sonhávamos os mesmos sonhos, na busca revolucionária de um mundo regenerado pela igualdade, a fraternidade, o amor e a justiça.

Quando me despedi de Jorge, Martha e Mirella, em inícios de julho de 1972, às vésperas de minha volta ao Brasil, ele mantinha um alto prestígio como redator do jornal *Puro Chile*, era muito bem relacionado com a cúpula da esquerda chilena, notadamente por ter sido um dos homens de confiança do ex-presidente Torres, que vivia exilado na Argentina. Depois que parti, nunca mais soube deles. Alguns dias depois do golpe de Pinochet, preocupado com sua condição de estrangeiro e por trabalhar num jornal do Partido Comunista, enviei-lhe uma carta e não houve resposta. Cheguei a pensar o pior, imaginando que destino tivera ele, a mulher e a filha, naquele inferno que se tornara Santiago. O que teria acontecido? Teriam conseguido asilar-se em alguma embaixada? Havia cerca de 10.000 estrangeiros no Chile e cada um certamente teve a sua tragédia pessoal para viver, e muitos o seu caminho para o Gólgota e o seu calvário. Eu sabia que ele não podia voltar para Bolívia, enquanto Hugo Banzer estivesse no poder. Passaram-se alguns anos e voltei a pensar no destino de Jorge, quando seu amigo, o ex-presidente Torres foi sequestrado e assassinado em 2 de junho de 1976, em Buenos Aires, no rastro do acordo sinistro entre Banzer e Rafael Videla. Eram anos sombrios, quando então sobrevoava a América do Sul a famigerada Operação Condor.

A primeira notícia que tive de Jorge foi triste. Em meados de 2007, fiz um contato por *e-mail* com o jornalista Paulo Cannabrava Filho, que me apresentara Jorge, em La Paz, em 1970. Ele me informou que Jorge havia falecido em 1998. Foi melancólico saber de sua morte, pois eu pensava fazer uma viagem à Bolívia para rever Jorge, Martha e Mirella, assim como o escritor Oscar Soria Gamarra e o pintor Atílio Carrasco. Meu "reencontro" com Jorge começou quando sua filha Mirella me "achou", trinta e seis anos depois, num artigo sobre minha poesia, publicado no blog *Palavras Todas Palavras,* pelo uruguaio Garcia de Garcia. No dia 6 de março de 2008, ela postou o seguinte comentário:

> *Yo conocí a Manoel de Andrade cuando recorría Latinoamérica en su juventud y estoy muy feliz de saber que el está bien, soy hija del poeta Jorge Suárez y quisiera comunicarme con el. Por favor mándenme un* e-mail *o teléfono al que pueda llamarle. Me pueden mandar cualquier información a mi* e-mail:
>
> *mirella.suarez@hotmail.com*
>
> *Gracias* [457]

Naquele mesmo dia, enviando alguns *links* de notas, artigos e entrevistas, abordando fatos recentes de minha vida e comentando meu livro *Cantares*, recém-publicado pela Escrituras Editora, de São Paulo, postei minha resposta, aqui vertida ao português [458]:

457 Disponível em: <http://palavrastodaspalavras.wordpress.com/2008/02/24/manoel-de-andrade-lanca--seu-livro-cantares-emcamboriu- por-garcia-de-garcia/>. (Acesso em: 20 out.2012 às 00h04). *Eu conheci Manoel de Andrade quando percorria a América Latina em sua juventude e estou muito feliz por saber que ele está bem, sou filha do poeta Jorge Suárez e quisera comunicar-me com ele. Por favor, mandem-me um* e-mail *ou telefone para que possa chamá-lo. Podem mandar qualquer informação ao meu* e-mail: *(...) Obrigada.*

458 Toda a minha correspondência com amigos hispano-americanos é sempre escrita em castelhano, mas nas páginas deste livro somente aparecem em português.

Mirella, querida, esta é a melhor notícia que tive nos últimos tempos de minha vida: alguém que recorde meu querido e inesquecível amigo Jorge Suárez e é maravilhoso que seja por sua própria filha.

Busquei notícias de Jorge, fiquei sabendo de sua morte pelo jornalista e escritor Paulo Cannabrava Filho, que é membro da Comissão dos Anistiados Políticos, aqui no Brasil.

Como está Martha, tua mãe? Não me esqueço jamais de nosso convívio no México e em Santiago.

Mirella, moro na cidade de Curitiba, estado do Paraná (...)

3. Martha e Mirella: nossa correspondência fraterna

No dia 10 de março de 2008 chegaram, pelo *e-mail* de Mirella, a sua resposta e a de Martha. Foi comovente sentir que nem as décadas, nem a distância apagaram os traços da grande amizade que inundara nossos corações no convívio que tivemos no México e no Chile.

Quando me despedi de Mirella em Santiago, ela era uma adolescente de dezesseis anos e agora recebia uma mensagem de uma mulher de cinquenta e dois anos, com dois filhos e dois netos, reconstruindo uma imagem de caminhante, que eu nunca poderia imaginar que houvesse deixado em seu espírito.

Querido Manoel,

Ni te imaginas cuanto me emocioné al recibir tu respuesta y más aun al leérsela a mi madre. Siempre fuiste para mí un personaje inolvidable que conocí gracias a mis padres que vivían en un mundo diferente. Te vi entrando y saliendo de nuestras vidas en varias ocasiones y desde mis ojos jóvenes veía a un hombre valiente y dispuesto a dejarlo todo por un ideal y, escuchando de refilón las largas conversaciones con mis padres, te convertiste en parte de mis memorias queridas.

Mi realidad fue muy dura luego de la muerte de mi padre y tuve que emigrar a Estados Unidos para criar a mis hijos ya que me divorcie de un hombre totalmente distinto a mí. Felizmente los hijos y los nietos me devolvieron la esperanza y aquí ando planeando la forma de volver a vivir en Bolivia junto a mi madre y sonando que algún día todos volveremos al Sur.

Mi padre fue mi gran compañero y protector hasta que murió en el 1998, hace exactamente diez anos. Aun no me recupero de esa perdida y encontrarte es como encontrar un pedacito de la vida de mi papa. Es un milagro, en realidad no te encontré yo, sino mi padre, porque hace unos días me entró el tema de buscarte en el Google *y ahí estaba ese artículo que hablaba de ti y ni te imaginas que ya el saber que estás con vida me llenó de alegría, mas aun tu respuesta, el mismo de siempre, con gran ternura y amistad incondicional.*

Pronto te escribiré más con más detalles ahora tengo que ir a trabajar.

Un gran abrazo, Mirella [459]

Foi também com uma grande emoção que, depois de tantos e tantos anos, senti chegar, em cada frase, aquela mesma alma, querida e fraterna, de Martha:

---

459 *Querido Manoel*

Não imaginas o quanto me emocionei ao receber tua resposta e mais ainda quando a li para minha mãe. Sempre foste para mim um personagem inesquecível que conheci graças aos meus pais que viveram em um mundo diferente. Te vi entrando e saindo de nossas vidas em várias ocasiões e pelos meus olhos jovens eu via um homem valente e disposto a largar tudo por um ideal e, escutando de passagem as longas conversas com meus pais, te tornaste uma parte das minhas memórias queridas.

Minha realidade tornou-se muito difícil após a morte de meu pai e tive que emigrar para os Estados Unidos para criar meus filhos já que me divorciei de um homem totalmente diferente de mim. Felizmente, os filhos e netos me devolveram a esperança e aqui ando planejando voltar a viver na Bolívia com minha mãe e sonhando que um dia nós todos voltaremos para o sul.

Meu pai foi meu grande companheiro e protetor, até que morreu em 1998, há exatamente 10 anos. Ainda não me recuperei dessa perda e encontrar-te é como encontrar um pedacinho da vida de meu pai. É um milagre, na verdade não fui eu que te encontrei, mas o meu pai, porque alguns dias atrás me veio a ideia de buscar-te no Google *e ali estava esse artigo que falava de ti e não imaginas que só o saber que estás com vida me encheu de alegria, mais ainda com tua resposta, o mesmo de sempre, com grande ternura e amizade incondicional.*

Logo te escreverei mais e com mais detalhes, agora tenho que ir trabalhar.

Um grande abraço, Mirella.

Manoel,

Que gran alegría encontrarte nuevamente. Y aquí estamos, como tú dices, entre los que pudieron preservar su sueno y sobrevivir a todas las dictaduras que asolaron nuestra América y viviendo ahora en un tiempo sembrado de esperanzas democráticas. Como olvidar tu poesía vehemente y revolucionaria, de inmenso significado, denunciando los atropellos a los pueblos de nuestro continente. Como olvidar tu heroico peregrinaje, en medio de toda clase de dificultades por América, llamando a la lucha, sembrando ideales, defendiendo la libertad.

Esta dimensión continental como poeta revolucionario es única. Siempre tuvimos en la mente tus Poemas para la Libertad. *Y aun conservamos un ejemplar en español con nosotros, entre los libros más apreciados. Todo el material que has tenido la gentileza de enviarnos es precioso y nos sirve para ponernos al día con tu vida y con tu obra y todo lo que ocurrió con tu persona lo últimos 36 anos, transcurridos desde la ultima vez que te vimos. El tiempo ha pasado lenta e intensamente pero nuestra amistad y aprecio por ti están intactos.*

Literariamente callaste mucho tiempo como poeta, después de tu primera gran obra, pero que bien que no lo hayas hecho definitivamente como lo hizo Rimbaud después de su Barco Ebrio y que más de tres décadas después reaparezcas con tu obra en idioma portugués en tu propia patria y con nuevos Cantares que no hacen sino confirmar tus altos valores poéticos e ideológicos. En un lenguaje sencillo, pero vital, dices cosas muy profundas y reales. No se equivocó Jorge Suárez al proclamarte el gran juglar del siglo XX y que ahora sigue proyectándose en el siglo XXI que empieza.

Y ahora algunas noticias acerca de nosotros. Yo, durante los últimos veinte anos, he estado realizando periodismo cultural sobre temas de arte, literatura e historia en los diarios de Bolivia.

Estoy radicando, en forma permanente, en mi casa en Cochabamba, que es la tuya también cuando quieras. Esperando no perder nunca más el contacto, solo te aviso que Mirella radica en Estados Unidos educando a sus hijos y es ya a su vez abuela. Yo tuve dos nietos, un varón llamado Ricardo y una mujer llamada Alexa. Ricardo, el mayor ya nos convirtió a Jorge Suárez y a mí en bisabuelos de dos hermosos mellizos, Alejandro y Natalia. Alejandro idéntico a Jorge. Alexa, mi nieta menor, tiene 21 anos y esta en la Universidad donde esta dando muestras de gran talento literario. Resultó especialmente dotada para idiomas y ahora se encuentra perfeccionando el chino en Hong Kong.

Con un inmenso y cariñoso abrazo me despido de ti. Mirella se encargara de mantenernos comunicados ya que le mandaste todos tus datos.

Martha[460]

Foi a partir desse contato com Mirella que passamos a nos inteirar de nossas vidas. Martha vivia então em Cochabamba, onde nascera. Era historiadora, ensaísta e crítica de arte, presidia a Sociedade de Geografia

460 *Manoel,*
Que grande alegria encontrar-te novamente. E aqui estamos, como tu dizes, entre os que puderam preservar seu sonho e sobreviver a todas as ditaduras que assolaram nossa América e vivendo agora em um tempo semeado de esperanças democráticas. Como esquecer tua poesia veemente e revolucionária, de imenso significado, denunciando os abusos aos povos do nosso continente. Como esquecer tua heroica peregrinação, em meio a todo tipo de dificuldades pela América, chamando à luta, semeando ideais, defendendo a liberdade.
Esta dimensão continental como poeta revolucionário é única. Sempre tivemos em mente teus "Poemas para a liberdade". E ainda conservamos um exemplar em espanhol, entre os livros mais apreciados por nós. Todo o material que tiveste a gentileza de nos enviar é precioso e serve para nos pôr em dia com tua vida, tua obra e com tudo o que aconteceu contigo nos últimos 36 anos, transcorridos desde a última vez que te vimos. O tempo passou lenta e intensamente, mas a nossa amizade e o apreço por ti estão intactos.
Literariamente calaste muito tempo como poeta, depois de tua primeira obra, mas que bom que não o fizeste definitivamente como fez Rimbaud depois do seu Barco Ébrio, e que mais de três décadas depois reapareças com tua obra em idioma português em tua própria pátria e com novos "Cantares" que não fazem senão confirmar teus altos valores poéticos e ideológicos. Em uma linguagem simples, porém vital, dizes coisas profundas e reais. Não se equivocou Jorge Suárez ao te proclamar o grande jogral do século XX e que segue projetando-se no século XXI que começa.
E agora algumas notícias sobre nós. Eu, durante os últimos vinte anos, tenho feito jornalismo cultural em temas sobre arte, literatura e história nos jornais da Bolívia. Estou vivendo, de forma permanente, em minha casa, em Cochabamba, que também é tua quando queiras. Esperando não perder nunca mais o contato, te digo que Mirella está radicada nos Estados Unidos, educando seus filhos e, por sua vez, já é avó. Eu tive dois netos, um varão chamado Ricardo e uma mulher chamada Alexa. Ricardo, o mais velho, já fez de Jorge Súarez e a mim bisavós de dois lindos gêmeos, Alejandro e Natalia. Alejandro é idêntico a Jorge. Alexa, minha neta mais nova, tem 21 anos e está na universidade, onde tem dado mostras de grande talento literário. É especialmente dotada para idiomas e agora está aperfeiçoando o chinês em Hong Kong.
Com um imenso e carinhoso abraço me despeço de ti. Mirella se encarregará de manter nossa comunicação já que lhe enviaste todos os teus dados.

Martha

e História e dirigia a revista *Análisis Cultural*. Nosso contato por *e-mail* era feito através de Mirella, que morava – e ainda mora e trabalha – no estado de Virgínia, nos Estados Unidos.

No dia 7 de março de 2008, eu fizera o relançamento do meu livro *Cantares* na Livraria Catarinense, em Camboriú, e na minha volta a Curitiba, respondi às duas mensagens e lhes enviei algumas fotos do evento com minha família. No dia 24 de março, Mirella me escreveu respondendo:

> *(...) Sí, querido Manoel, y también recibí los anexos que ya mandé a mi mama. Estamos encantadas con tus noticias, todas las fotos y tu entrevista. Tus hijas y tu esposa, hermosas y tu hijo muy guapo. Nos tienes que contar más detalles sobre todos ellos. Nos alegra tanto saber que eres feliz y rodeado de tanto cariño. Mi mama tendrá muchos comentarios sobre tu obra y ya me está pidiendo que le mande tu libro* Cantares. *Yo trabajando como loca en este país, porque así es la vida en EE.UU. y a veces no tengo tiempo ni de dormir pero dichosa de haberte encontrado. El teléfono de casa de mi mama (...)*
>
> *Puedes llamarle cualquier día, no muy tarde en la noche porque se acuesta temprano, eso le hará muy feliz. A mi es más difícil encontrar. Como tú, ando de un lado para otro y me es más fácil ver el* e-mail.
>
> *Un gran abrazo para ti y Neiva a quien espero conocer algún día y sigamos en contacto.*
>
> *Mirella* [461]

---

461 *Sim, querido Manoel, e também recebi os anexos que já enviei à minha mãe. Estamos encantados com tuas notícias, todas as fotos e tua entrevista. Tuas filhas e tua esposa, lindas e seu filho muito bonito. Tens que nos contar mais detalhes sobre todos eles. Alegra-nos tanto o saber que és feliz e rodeado de tanto carinho. Minha mãe fará muitos comentários sobre tua obra e está me pedindo que lhe envies teu livro "Cantares". Eu estou trabalhando como louca neste país, porque assim é a vida nos EE.UU. e às vezes não tenho tempo nem para dormir, mas feliz por ter te encontrado. O telefone na casa da minha mãe é (...)*
Pode chamá-la a qualquer dia, não muito tarde da noite, porque ela vai para a cama cedo, e isso a fará muito feliz. A mim, é mais difícil encontrar. Como tu, ando de um lado para outro e me é mais fácil ver o "e-mail".
Um grande abraço para ti e Neiva a quem espero conhecer algum dia e que sigamos em contato.
Mirella

4. O artigo e a tradução de Martha

Logo depois de nossos primeiros contatos enviei, em início de abril, dois exemplares de meu livro *Cantares* para Martha. Um deles para Mirella, quando a visitasse. No dia 19 de maio, ela me escreveu, enviando um artigo assinado pela mãe, Martha Urquidi Anaya, publicado em 12 de maio de 2008, no jornal *Opinión*, de Cochabamba. O texto de Martha – que constou da Fortuna Crítica de meu livro *Poemas para a liberdade*, publicado no Brasil em sua edição bilíngue, em 2009 – comenta minha passagem pela Bolívia em 1969 e traz uma visão crítica do meu livro *Cantares*:

> *Em 1969, chegou à Bolívia, fugindo da ditadura que imperava em seu país, um jovem poeta e trovador brasileiro chamado Manoel de Andrade, que se deu a conhecer com seus versos em foros universitários, culturais e sindicais bolivianos, mediante recitais e conferências. Participou, então, do Festival de Poesia Internacional que se realizava em Cochabamba. Chamou a atenção pela força de sua poesia lutadora e apaixonada; eram seus* Poemas para la Libertad, *o primeiro testemunho de sua criação literária, como reação ao abuso dos poderosos contra os oprimidos. Moderno jogral, tinha somente como instrumento de luta revolucionária suas palavras ardentes, sua voz contestadora.*
>
> *Aqui foi muito bem acolhido entre a juventude estudantil e as classes trabalhadoras, as que haviam alcançado um nível de consciência política e social. O poeta nacional Jorge Suárez, reconhecido já como um alto expoente da literatura do país, teve oportunidade de conhecer sua principal obra poética e considerou valiosa sua publicação em um livro, que enriqueceu com um elogioso prólogo, no qual diz textualmente, de maneira profética: "Andrade será uma ponte espiritual desta América das neves e das rochas e o imenso Brasil que percebemos através das neblinas dos Andes, para um tempo novo em que a revolução latino-americana apague suas fronteiras", anunciando a futura importância de sua poesia. A obra de Manoel de Andrade foi editada em 1970, pela Universidad Mayor de San Andrés de La Paz.*

> *(...) Queremos recordar a singular aventura literária que realizou Manoel de Andrade, há trinta anos, quando o continente estava coberto por regimes ditatoriais, munido somente de seus versos revolucionários e sua paixão literária, percorrendo quinze países latino-americanos, em meio das maiores ameaças e perigos, (vindos de uma inteligência política que atuava, em nível internacional, a favor das ditaduras) promovendo debates, clamando por justiça social, chamando à resistência e à luta, sempre perseguido e até encarcerado, finalmente subiu, exilado no México, onde tive novamente oportunidade de encontrá-lo. (...).*[462]

Logo depois da publicação deste artigo, Martha traduziu meu poema *Porque cantamos* para o castelhano, publicando dia 15 de maio também no jornal *Opinión*, de Cochabamba. O poema, escrito em 2003, foi dedicado a Mario Benedetti.

5. Um telefonema e novas correspondências

Depois que lhe agradeci pelo artigo, a tradução e por outros "mimos" ao comentar minha poesia, passaram-se muitas semanas sem nenhuma comunicação. Preocupado com ambas, escrevi a Mirella que, em 6 de julho de 2008, respondeu:

> *Queridísimo Manoel, no sabes como me conmueve el saber que te preocupas por nosotras. Mi papa murió hace diez años, en este nefasto mes de julio, y nunca nadie nos hablo con palabras tan hermosas y llenas de ternura como las tuyas.*
>
> *Estamos bien y tendré que contarte mucho más sobre los comentarios de mi mama, pero no puedo ahora porque no tengo Internet, pero estoy en camino de solucionar eso y ya te escribiré con detalles.*

462 O texto bilíngue completo deste artigo encontra-se em *Poemas para a liberdade* (2009), p. 195 a 199.

Solo te mando este e-mail *para que no te preocupes y, por favor, nunca vuelvas a desaparecer de nuestras vidas tampoco.*

Mil cariños para ti y toda tu hermosa familia.

Mirella [463]

Nossa correpondência continuou, ora breve, ora espaçada, mas sempre marcada por esse especial carinho de Mirella e de Martha e ainda que sejam sentimentos tão pessoais, não resisto ao desejo de partilhá-los com os que vierem a ler estas páginas, porque essas mensagens são o testemunho do mais belo tesouro que pode se aninhar no coração humano: uma amizade desinteressada, incondicional e sincera, e eis porque sobreviveu ao tempo e a distância.

Liguei para Martha na tarde de 10 de maio de 2009, um domingo. Conversamos por mais de uma hora. Quantas recordações reunidas nas nossas recíprocas saudades do Jorge! Momentos de alegria por tantos acontecimentos relembrados! O coração transborda no encanto e na magia dos fatos que a memória guardou nos misteriosos registros da alma. Havia, entretanto, um pouco de tristeza ao contar que há duas semanas os restos mortais de Jorge foram trazidos de Sucre, onde morreu em 27 de julho de 1998, para serem depositados no Mausoléu da família Urquidi-Anaya, em Cochabamba. Mirella não pôde estar presente e me escreveu uma melancólica mensagem dizendo entre outras queixas que *Es tan triste enterrar a un padre y yo tengo que enterrar a mi papa dos veces*.

Eu enviara a Martha dois exemplares da edição brasileira de meu livro *Poemas para a liberdade*, lançado no dia 15 de abril de 2009, em Curitiba. Nessa primeira edição brasileira, além da inclusão do seu artigo, na dedicatória eu expressei minha especial gratidão ao Jorge, bem como a Francisco Julião e a tantos que não pude nominar:

---

463 *Queridíssimo Manoel, não sabes como me comove o saber que te preocupas conosco. Meu pai morreu há dez anos, neste nefasto mês de julho, e nunca ninguém nos falou com palavras tão belas e cheias de ternura como as tuas.*
Estamos bem e terei que te contar muito mais sobre os comentários de minha mãe, mas não posso agora porque não tenho Internet, mas estou a caminho de solucionar isso e já te escreverei com detalhes. Apenas te envio este "e-mail" para que não te preocupes e, por favor, nunca voltes, tampouco, a desaparecer de nossas vidas.
Mil carinhos para ti e toda tua linda família.

Mirella

Devo a publicação deste livro, há trinta e oito anos, exclusivamente a uma pessoa. A um amigo de muitas fronteiras. Ao boliviano Jorge Suárez, poeta, contista, jornalista e embaixador da Bolívia no México, no Governo progressista de Juan José Torres.

A ti, companheiro, que hoje habitas num Mundo Maior, a minha longínqua e imperecível gratidão pela primeira edição dos meus Poemas para la libertad *e pelo calor do nosso convívio, com Martha e Mirella, em La Paz, na Cidade do México e na bela Santiago – florida de revolucionários, – no governo socialista de Salvador Allende.*

A Francisco Julião – na memória de nossas lutas –, minha gratidão pela sua imensa solidariedade, pelos diálogos luminosos que tivemos em Cuernavaca e pela porta que abriu para a minha poesia na Cidade do México,

e a dezenas, centenas de Companheiros, homens e mulheres, latino-americanos e chicanos, imagens queridas que guardo na saudade, e que durante quatro anos, ao longo do continente, eu estreitei em meus braços e cujos punhos e corações partilharam do sonho e da luta dos meus versos.

Em julho, recebi um pacote de Martha. Era uma carta e dois livros. Uma biografia da heroína da independência da Bolívia, *Juana Azurduy de Padilla,* escrita pelo historiador José Macedônio Urquidi, pai de Martha, coautora da obra, e um livro de poemas de Jorge Suárez, chamado *Sonetos con infinito*. Eis a carta de Martha:

Cochabamba, 10 de julio del 2009

Manoel:

Gracias por el envío de tus dos hermosos libros de poesía para mi hija Mirella y para mí. No respondí oportunamente por razones de salud.

El recibirlos y leerlos reconfortó mi espíritu; transmiten tanta belleza y verdad que ni la barrera del idioma me impidió comprenderlos.

Es que entiendo tu pensamiento y tu corazón, así como participo de tus ideales.

(...) Te envío dos libritos preciosos para mí. Una primer edición de Sonetos con Infinito, *de Jorge Suárez, que se realizó en Cochabamba y una biografía de la gran guerrillera de ese tiempo heroico,* Juana Azurduy de Padilla, *nacida en Chuquisaca, escrita por mi padre, el historiador José Macedonio Urquidi y que fue reeditada por la Vicepresidencia de la República, al conmemorarse el Bicentenario del primer grito libertario en este año de 2009. Sé que te interesará como buen revolucionario de estos tiempos. Fue una mujer increíble. Mi padre decía que era más grande que Juana de Arco. Luchó 16 años por la independencia de Bolivia y América.*

Um gran abrazo. Recibe todo mi afecto así como el de Mirella.

Martha Urquidi

P.S. En este libro incluyen también una pequeña semblanza de esta heroína que salió antes en la revista Archipiélago, de México.

Gracias también por incluir mi nota sobre ti en tu libro y por tantos recuerdos inolvidables.[464]

---

464 *Cochabamba, 10 julho de 2009*
Manoel:
Obrigada por enviar teus dois belos livros de poesia para minha filha Mirella e para mim. Não respondi oportunamente por razões de saúde.
Recebê-los e lê-los reconfortou meu espírito; transmitem tanta beleza e verdade que nem a barreira da língua me impediu de compreendê-los. É que entendo teu pensamento e teu coração, assim como participo dos teus ideais.
(...) Estou enviando dois livretos preciosos para mim. Uma primeira edição do "Sonetos com infinito", de Jorge Suárez, que se publicou em Cochabamba e uma biografia da grande guerrilheira desse tempo heroico, "Juana Azurduy de Padilla", nascida em Chuquisaca, escrita por meu pai, o historiador José Macedonio Urquidi e que foi reeditada pela Vice-Presidência da República, ao se comemorar o bicentenário do primeiro grito libertário, neste ano de 2009. Sei que te interessará como bom revolucionário desses tempos. Foi uma mulher incrível. Meu pai dizia que era maior do que a Joana d'Arc. Lutou 16 anos pela Independência da Bolívia e da América.
Um grande abraço. Recebe todo meu carinho assim como o de Mirella.
Martha Urquidi
P.S. Neste livro também está incluído um pequeno esboço dessa heroina que saiu antes na revista "Arquipélago", do México. Obrigada também por incluir minha nota sobre ti em teu livro, e por tantas lembranças inesquecíveis

6. A morte de Martha

E assim seguiu nossa correspondência sempre marcada pelos sentimentos da mais pura afeição. Mas no dia 29 de fevereiro de 2012, recebi de Mirella esta triste notícia:

Manoel querido,

Mi mama, tuya amiga del alma, falleció Febrero 21. Por favor llámame a casa 591-X-XXX-XXXX, Cochabamba, mejor temprano en la mañana o tarde en la noche. O bien celular a cualquier hora 591-XXXXXXXX

Besos, Mirella [465]

Nos dias seguintes, uma imensa tristeza inundou meu espírito. Parece que tudo se torna irremediável diante da morte. Fora-se o Jorge e agora partia Martha, os dois mais belos recantos humanos onde meu coração colheu tantos tesouros. *A morte é o momento em que o ser se completa*, diz-nos Heidegger. Quem sabe seja a própria vida que se completa numa nova realidade. Alguns anos depois de minha volta, ao estudar a história das grandes religiões, eu lera toda a obra de Allan Kardec e foi o espiritismo que me propiciou a consoladora compreensão do fenômeno da morte como tão somente *uma ilusão entre duas realidades de uma mesma vida.* E assim, não foi mais com as ideias do jovem ateu e o descrente da imortalidade como Mirella me conhecera no passado, que no dia 1° de março respondi à sua triste notícia, mas agora como um homem renovado pela cultura espiritual.

Mirella, querida!

Nestes dias estava pensando muito em Martha e havia relido uma carta que me escreveu em 2009. Creio que foi premonição. Martha, como

---

465 *Manoel, querido,*
Minha mãe, tua amiga de alma, faleceu em 21 de fevereiro. Por favor, chama-me em casa, 591-XXXX--XXXX, Cochabamba, melhor cedo pela manhã ou tarde da noite. Ou no celular a qualquer hora 591-XXXXXXXX. Beijos, Mirella.

Jorge, são a mais bela recordação do meu passado latino-americano e uma esperança de encontro na imortalidade. Creio que, em alguma dimensão da vida, além dessa transitória romagem, os que realmente se amam, de alguma forma se reunirão. Rogo a Deus que algum dia volte a encontrá-los. Faço minhas intercessões por Martha e pressinto suas boas vibrações. Aceite meus sentimentos e também a vontade de Deus.

Eles são mais felizes, não com nossas lágrimas, mas com nossas formosas lembranças, com nossas preces e nossos desejos de que sigam seu caminho na imortalidade da vida. Afinal, como escreveu Victor Hugo, nós não morremos, apenas trocamos de residência.

Você agora mora em Cochabamba ou voltará para os EE.UU.? Vamos manter nosso contato. Você é o que ficou dos amigos mais queridos que tive, há 42 anos, na América Latina. Minha amizade com Jorge e Martha é um sentimento que não morrerá jamais. Ao Jorge, devo as páginas do livro com que minha poesia estreou impressa para o mundo. Martha, Jorge e você estão no livro de memórias que estou escrevendo. Diga-me em que ano nasceste, para que eu saiba que idade tinhas quando convivemos no México, em 1971.

Um abraço grande e fraterno..., Manoel

No dia seguinte, Mirella, ainda muito abalada com a morte da mãe, respondeu-me com este *e-mail*:

Querido Manoel,

Tú, sí, que eres el gran amigo de mis padres y tus palabras son un gran consuelo para mí. Estoy tratando de mantener mi fuerza y ser la persona que continuará preservando y publicando el extraordinario legado de mis padres y abuelos.

Creo, como tú, que no morimos y sé que mi mama seguirá comunicándose con nosotros.

Aquí en la casa paterna, ahora sola, me encuentro revisando y rememorando los tiempos vividos con mis padres. Aunque era una niña, todo es muy vivido y claro para mí ahora, parece que el tiempo no hubiese pasado. Los periodistas me entrevistan y trato, precariamente, de poner toda una extraordinaria vida en pocas palabras.

Tú compartiste momentos únicos con mis padres y me alegro que estés escribiendo tus memorias. Tengo muchas fotos y recuerdos de México que algún día, cuando esté más organizada compartiré contigo. Yo nací el 16 de julio de 1956.

Volveré brevemente a cerrar mi vida en Estados Unidos, para trasladarme permanentemente a Cochabamba. Esta es una casa vieja y hermosa por estar llena del espíritu de mis antepasados. Espero que me visites algún día.

Mi teléfono es el de mi mama: 591-XXXX-XXXX

Un abrazo, Mirella[466]

7. Martha compra-me novas roupas

Eu teria muito que escrever sobre Martha e, no entanto, estas páginas são dedicadas ao Jorge, o homem de sua vida e o melhor amigo que fiz no meu longo caminhar pela América. Quero, ainda assim, contar um

466 *Querido Manoel,*
Tu, sim, és o grande amigo dos meus pais e tuas palavras são um grande conforto para mim. Estou tentando manter a minha força e ser a pessoa que continuará preservando e publicando o extraordinário legado de meus pais e avós.
Creio, como tu, que não morremos e sei que minha mãe seguirá comunicando-se conosco.
Aqui na casa da família, agora sozinha, estou revisando e rememorando os tempos vividos com meus pais. Ainda era uma menina, tudo é muito vívido e claro para mim agora, parece que o tempo parou. Os jornalistas me entrevistam e eu trato, precariamente, de colocar toda uma extraordinária vida em poucas palavras.
Tu compartilhaste momentos únicos com os meus pais e me alegro que estejas escrevendo tuas memórias. Tenho muitas fotos e lembranças do México, que algum dia, quando esteja mais organizada, compartilharei contigo. Eu nasci em 16 de julho de 1956.
Voltarei brevemente para encerrar a minha vida nos Estados Unidos, e mudar-me definitivamente para Cochabamba.
Esta é uma casa antiga e bela por estar cheia do espírito de meus antepassados. Espero que me visites algum dia.
Meu telefone é o de minha mãe: 591-XXXX-XXXX
Um abraço, Mirella

fato, entre tantos casos que, por ser autobiográfico, não deveria constar dos propósitos desses relatos, mas que agora serão aqui relembrados para honrar a memória e a imagem fraterna de Martha: Quando cheguei à Cidade do México, em fins de janeiro de 1971, minhas roupas estavam velhas, deformadas e desbotadas. Não que me faltasse dinheiro para renová-las, mas, por ser despreocupado com minha aparência pessoal, eu as usava até o limite da sua utilidade – como ainda faço até hoje provocando a zanga de minha esposa e de meus filhos. Procurava mantê-las sempre limpas, mas trazia ainda a resistente calça *jeans* com a qual saíra do Brasil há quase dois anos, o mesmo paletó de veludo preto que ganhara, já usado, no Chile há mais de um ano e meio, assim como algumas camisas, puídas na gola e totalmente descoloridas. Foi com essa "elegância" que fiz a primeira visita a Jorge no escritório da embaixada da Bolívia, no centro da cidade e também no dia seguinte, quando cheguei à sua residência oficial de embaixador, convidado para o almoço, e quando conheci Martha e Mirella, já que em La Paz meus contatos com Jorge quase sempre foram na redação do seu jornal. Que momento inesquecível aquele almoço em que contei fatos de minha vida no Brasil e, depois, nossas histórias pessoais compartilhadas se estenderam até o fim da tarde. Na despedida, a um sinal de Martha, Jorge me disse, mais ou menos, com estas palavras:

> *–Manoel, amanhã às 10 horas te esperamos no escritório da embaixada. Espero que possas acompanhar Martha a um grande magazine do centro e que aceites como presente novas roupas a fim de que participes de algumas recepções que ofereceremos aqui.*

Só então me dei conta de quanto estava mal vestido e, comovido, agradeci a ambos o carinho daquele gesto. Eu já fora um *dândi* na minha primeira juventude, preocupado com a superficialidade alienante da elegância, mas depois que me politizei, na Faculdade de Direito, desterrei para sempre essas veleidades. Quando peregrinava pela América Latina, nunca me preocupei com a aparência exterior e, ao chegar ao México, vergava ainda aquela surrada "fatiota" de todos os dias e todos os caminhos. No dia seguinte, Martha me deu um "banho de loja". Paletó, calças, camisas, gravata e até cuecas. Uma semana depois, eu chegava engravatado à bela mansão da calle Monte Cáucaso, como convidado para uma recepção aos embaixadores latino-americanos no México, à qual já me referi ao comentar o caso do embaixador uruguaio.

Assim começou minha grande amizade com Martha e se seguiu em muitos encontros entre ela, Jorge e eu, quando sua cultura histórica e artística lançava ideias luminosas em nossas conversas. No México, ela e Mirella envolveram carinhosamente minha esposa e minha filha, quando lá estiveram. E assim foi também em Santiago, onde sua casa era minha casa e, quando Marilena chegou ao Chile, novamente Martha foi incansável com seu carinho e atenção.

8. Quem foi Martha Beatriz Urquidi Anaya?

Como adiantei, depois que deixei o Chile, nada mais soube de Martha e de Jorge, e foi através do *e-mail* de Mirella que voltamos a nos "encontrar", trinta e seis anos depois. Até então eu nada sabia sobre as intensas atividades dela no cenário cultural. Somente depois de sua morte é que pude avaliar, na Internet, a exata dimensão do prestígio intelectual que desfrutava em Cochabamba e na Bolívia. Entre as dezenas de artigos, crônicas e homenagens publicadas em memória desta extraordinária mulher – amiga querida que não pude rever, como pretendia, numa cogitada viagem à Bolívia – reproduzo aqui, como um preito de reconhecimento e gratidão, alguns parágrafos do texto publicado *on-line*, no dia 23 de fevereiro de 2012, no jornal *Opinión*, de Cochabamba, em cujas páginas, por duas vezes, ela me honrou com seu talento literário:

> *El mundo cultural cochabambino, de luto por la partida de una de sus más notables gestoras y difusoras, Martha Beatriz Urquidi Anaya, dará hoy el último adiós a la escritora y periodista, fallecida el lunes a la edad de 79 años.*
>
> *Más de una veintena de organizaciones culturales, entidades públicas y cívicas lograron que los restos de Urquidi descansen en un*

sitio de honor del Cementerio General, al lado de la tumba del escritor Jesús Lara, informó el médico y literato Gastón Cornejo Bascopé.

(...)"(Urquidi fue un) Ejemplo de dedicación al resguardo de la memoria histórica y a la prolífica crítica del arte, siendo una de las mujeres más sobresalientes del campo cultural cochabambino, dedicada con pasión al cultivo de las artes y su despliegue germinal. La nobleza de su espíritu y entereza de su vida, nos dejan el legado trascendental de perseguir y afianzar en su memoria", señaló ayer un comunicado de condolencia emitido por el alcalde de Cercado, Edwin Castellanos, y su oficial Superior de Cultura, Max Munckel.

Graduada en Filosofía en la Universidad de Buenos Aires, la periodista, hija del historiador José Macedonio Urquidi y de la escritora Mercedes Anaya, fue autora de miles de reseñas críticas de arte, publicadas en medios nacionales y extranjeros.

Viuda del destacado poeta Jorge Suárez, Urquidi dejó una única hija, Mirella Suárez, que ayer llegó desde el país donde reside, Estados Unidos, para dar el último adiós a su progenitora. "Esto ha sido realmente súbito. Nuestro plan era otro, yo estaba a punto de volver al país para vivir con ella y disfrutar sus últimos años. Ya había acabado la crianza de mis hijos y mis nietos, nuestro plan era envejecer juntas", señaló su hija. Indicó que su madre, además de su amplia cultura en artes, hablaba latín, griego e inglés, y convirtió su casa – con una biblioteca de millares de títulos –, en un "templo para el arte y los artistas", a quienes siempre apoyaba con sus consejos. Sostuvo que, si bien su madre trabajaba para la cultura, jamás percibió remuneración de las autoridades, sino únicamente el reconocimiento de los artistas, que le regalaban sus obras, entre cuadros, música y libros. "Nunca dejó de creer en los artistas. Ésa fue la razón por la que mi madre siguió viviendo en Cochabamba".

(...) La hija de Martha Urquidi señaló que analizará la posibilidad de compartir con la ciudadanía la amplia biblioteca familiar y colección pictórica que deja su madre.

Por otro lado, el escritor Celso Montaño Balderrama indicó que Urquidi deja un libro prácticamente acabado con una selección de su trabajo de crítica de arte, obra que podría publicarse próximamente, como el primero de cuatro tomos.

El literato Gastón Cornejo destacó que la escritora fue la presidenta del primer Consejo Departamental de Cultura, así como directiva de la Sociedad de Geografía e Historia de Cochabamba.

Asimismo, señaló que en los últimos años Urquidi, una "intelectual de izquierda" publicaba sus trabajos en la revista histórica Fuentes *de la Vicepresidencia del Estado.*

"Urquidi prestó especial atención a la historia. Conocía todo lo que pasó en la fundación de Cochabamba, en las Heroinas de la Coronilla y en las revoluciones", acotó.[467, 468]

---

467 O conteúdo completo está neste *link* acessado em 16 fev.13 às 16h40: <http://www.opinion.com.bo/opinion/articulos/2012/0223/noticias.php?id=45012>.

468 *O mundo cultural cochabambino, de luto pela partida de uma de suas mais notáveis gestoras e difusoras Martha Beatriz Urquidi Anaya, dará hoje o último adeus à escritora e jornalista, falecida na segunda-feira, com a idade de 79 anos.*
Mais de vinte organizações culturais, entidades públicas e cívicas decidiram que os restos de Urquidi descansem em um lugar de honra no Cemitério Geral, ao lado da tumba do escritor Jesús Lara, informou o médico e literato Gastón Cornejo Bascopé.
(...) "(Urquidi foi um) Exemplo de dedicação em defesa da memória histórica e, pela sua fecundidade como crítica da arte, foi uma das mulheres mais notáveis do campo cultural cochabambino, dedicada com paixão ao cultivo das artes e seu desdobramento germinal. A nobreza de seu espírito e a inteireza de sua vida deixam-nos um legado transcendental para prosseguir e se afiançar em sua memória", disse ontem um comunicado de condolência emitido pelo prefeito de Cercado, Edwin Castellanos e seu oficial Superior de Cultura, Max Munckel.
Graduada em Filosofia na Universidade de Buenos Aires, a jornalista, filha do historiador José Macedonio Urquidi e da escritora Mercedes Anaya, foi autora de milhares de resenhas sobre crítica de arte, publicadas na mídia nacional e internacional.
Viúva do destacado poeta Jorge Suárez, Urquidi deixou uma única filha, Mirella Suárez, que chegou ontem do país onde reside, Estados Unidos, para dar um último adeus à sua mãe. "Isto foi realmente súbito. Nosso plano era outro, eu estava prestes a voltar ao país para viver com ela e desfrutar de seus últimos anos. Já havia terminado de criar meus filhos e meus netos e nosso plano era envelhecer juntas", disse a filha. Informou que sua mãe, além de sua ampla cultura artística, falava latim, grego e inglês, e transformou sua casa – com uma biblioteca de milhares de títulos – em um "templo para a arte e para os artistas", aos quais sempre apoiava com seus conselhos. Salientou que, embora sua mãe trabalhasse para a cultura, nunca recebeu remuneração por parte das autoridades, mas apenas o reconhecimento dos artistas que lhe presenteavam suas obras, entre quadros, música e livros. "Nunca deixou de acreditar nos artistas. Essa foi a razão pela qual minha mãe continuou vivendo em Cochabamba".
(...) A filha de Martha Urquidi disse que vai analisar a possibilidade de compartilhar com a cidadania a grande biblioteca familiar e coleção de pinturas que deixa sua mãe.
Por outro lado, o escritor Celso Montaño Balderrama informou que Urquidi deixa um livro praticamente acabado com uma seleção de seus trabalhos como crítica de arte, obra que poderia ser publicada em breve, como o primeiro de quatro volumes.

9. Quem foi e por onde andou Jorge Suárez?

Os livros que Martha me enviou, pelo seu significado sentimental, estão entre minhas obras mais preciosas. A biografia de Juana Azurduy de Padilla, escrita por seu pai e com um capítulo de sua autoria, traz revelações inacreditáveis sobre a bravura dessa guerrilheira da Independência, como o fato, já referido, segundo o qual deu a luz em pleno combate contra os espanhóis e, em seguida, ter voltado a lutar até o final da batalha.

O livro de Jorge, *Sonetos con infinito*, permanece sempre na gaveta da minha mesa de cabeceira. Em cada verso, sinto palpitar o coração do amigo e seu refinado lirismo tem alimentado minha exigente alma de poeta.

O poeta, jornalista e contista Jorge Suárez nasceu em 26 de março de 1931, em La Paz, e não em Yungas como afirmam muitos dados biográficos publicados na Bolívia. Na verdade, sua família, como me informou Mirella, tinha uma chácara em Yungas, região tropical do departamento de La Paz, onde ele passou longas temporadas e onde surgiu seu amor pela região e sua famosa *Oda al padre Yungas*. Já me referi a ele em várias passagens dessas memórias. Primeiro, quando o conheci em La Paz, em junho de 1970, época em que era diretor do vespertino *Jornada*; depois, quando do nosso reencontro no México onde estava como embaixador da Bolívia, e, finalmente, no Chile, onde se exilara e voltara a exercer o jornalismo. Somente agora, quarenta anos depois, é que sua filha Mirella me contou que nos primeiros dias de setembro de 1973, Jorge, com a família, viajou para Buenos Aires, para um encontro com Juan José Torres. Enquanto estava na capital da Argentina, aconteceu o golpe de Pinochet e eles não mais puderam voltar a Santiago. Foi diante desse impasse, impedido também de voltar para a Bolívia, que

---

O escritor Gastón Cornejo disse que a escritora foi a presidenta do primeiro Conselho Departamental da Cultura, assim como diretora da Sociedade de Geografia e História de Cochabamba.
Também observou que nos últimos anos Urquidi, uma "intelectual de esquerda" publicava seus trabalhos na revista histórica "Fuentes", da vice-presidência do Estado.
"Urquidi prestou uma especial atenção para a história. Conhecia tudo o que passou na fundação de Cochabamba, nas Heroínas da Coronilha e nas revoluções", assinalou.

Jorge, depois de alguns meses, iniciou uma longa viagem pela Europa, passando pela Ucrânia e chegando a Moscou, de onde seguiu posteriormente para a Suécia, com destino a Cuba. Somente regressou à América Latina em 1975, chegando ao Peru como convidado, para participar do Projeto SINAMOS, passando a dar aulas de jornalismo e comunicação social aos camponeses, que estavam ocupando as grandes fazendas na área de Cusco. Esta rica experiência resultou no livro *Periodismo – Participación popular*, que escreveu em coautoria com o antropólogo peruano Salvador Palomino, publicado em 1975, pela Edições SINAMOS. Diante do sucesso desse trabalho, foi convidado para desenvolver uma atividade semelhante em Chimbote, onde fundou um jornal, o primeiro depois do grande terremoto que destruiu a cidade em 1970.

Depois de dois anos no Peru, retorna à Bolívia em 1977, chegando a Cochabamba e transferindo-se posteriormente para Santa Cruz, para dirigir o jornal *El País*. Entre 1985 e 1986, criou o Estúdio do Conto Novo, ministrando curso de literatura a mais de vinte aspirantes a escritores, altamente motivados pela visão apaixonante com que Jorge incutia a magia e a beleza na arte de escrever. Desse grupo, saíram importantes narradores, cujos contos integraram uma seleção de 14 autores da região, num livro realizado e prefaciado por Jorge. Dizem seus admiradores bolivianos que as sementes do seu trabalho floriram e frutificaram num vigoroso movimento literário que chegou a comover a cidade de Santa Cruz. Foi nesse período que escreveu *El otro gallo,* considerado pela crítica como um dos contos mais bem escritos na Bolívia e citado pelo Ministério da Cultura, como uma das *Dez novelas fundamentais da literatura boliviana*. As razões desse estilo tão depurado é que Jorge não era apenas um mestre rigoroso com a linguagem literária dos seus discípulos, mas, acima de tudo, com sua própria obra, que passava por incansáveis revisões. Alguns escritores bolivianos, amigos de Jorge, recordam-no, pela imagem de sua firmeza extremamente crítica, quando ensinava ao seu grupo o ofício literário, ressaltando a sabedoria, a sinceridade e a palavra fraterna com que corrigia seus alunos. Num *e-mail* que enviou recentemente, Mirella, ao comentar minha amizade com seu pai, afirmou: *Si el elogio te dio aliento para seguir con tu poesía, eso significa mucho, porque mi papa era un crítico implacable.* (O destaque é dela).

Depois de um ano e meio em Santa Cruz, Jorge voltou para La Paz, onde criou e dirigiu um programa de televisão, denunciando a rede e a tragédia do narcotráfico na Bolívia e mostrando o poder das máfias da droga em todo o continente. Como resultado desse trabalho, posteriomente escreveu a novela *Las realidades y los símbolos*, onde discorre sobre os golpes militares dos anos 80, focando a figura do "narcoditador" Luis García Meza, seu sinistro ministro do interior Luis Arce Gomes e as relações criminosas de ambos com o tráfico da cocaína. Esta obra é também um resgate da imagem do jornalista, profissão que Jorge dividiu com sua alma de poeta e seu ofício de narrador. É, implicitamente, a sua própria história como homem de imprensa e dos jornalistas honrados, que nunca negociaram suas convicções. Esta novela – entre tantos gestos de gratidão pelo incomparável trabalho feito em prol da cultura regional – foi publicada, postumamente, em 2001, pelo Fundo Editorial da Prefeitura de Santa Cruz de la Sierra.

Quanto ao seu itinerário, como escritor, Jorge dá seus primeiros passos na literatura ainda muito jovem, publicando em 1953, aos 21 anos, seu primeiro livro: *Hoy fricasé*. Um poemário cujos versos foram compartilhados com Félix Rospingliossi. *Los melodramas auténticos de políticos idénticos* (epigramas e poesia humorística) é publicado em 1960, e em 1964 lança *Elegia a un recién nacido*. O livro que recebi de Martha, *Sonetos con infinito*, foi publicado em Cochabamba, em 1976, ano em que publica também sua conhecida *Oda al padre Yunga*. O livro de contos *Rapsódia del cuarto mundo* foi lançado em 1985. No ano seguinte, publica *Sinfonía del tiempo inmóvil* e a antologia *Taller del cuento nuevo*. Em 1991, publica *Serenata* e *El otro gallo*, época em que escreve a balada *Sonata aymara*, um conto que se reparte entre a prosa e a poesia, mostrando o drama do indígena violentado pelos constrastes da cultura, e que, segundo ele, *el personaje llenó mi texto de dolor, ese inexpresable dolor del campesino que emigra a la ciudad.*

Jorge tinha uma cultura literária invejável, embora não fizesse alarde de suas leituras. Lembro-me de uma longa conversa que tivemos no México em que ele me falou da importância do lirismo na poesia e do seu amor pelo soneto. Disse-me que na raiz de sua formação literária estava a leitura que fizera dos grandes poetas do Século de Ouro na Espanha. Para quem conhece a poesia clássica espanhola, onde, entre tantos poetas, Lope de Vega destacou-se como um mestre incontestável do soneto, é fácil compreender o poder dessa influência sobre a magia e o lírico encanto que tecem os versos de Jorge. Tenho aberto em minhas mãos o seu livro *Sonetos con infinito*, e não sei qual ou quais poemas escolher para transcrever nestas páginas. Escolho dois poemas e encaminho a ti, leitor, e, para que tu mesmo possas "julgar" sua poesia, não cometerei o sacrilégio de traduzir o intraduzível.

Elegía

Yo creo en Dios. La luz de tu mirada
me habla en el corazón, secretamente,
de la existencia de una ignota fuente
de la que fluye toda madrugada.

Antes que tú llegaras, no hubo nada
sino el vacío. Dios, el Gran Ausente,
entró en mi soledad impenitente
sólo porque tú entraste en mi morada.

Y no saber ahora si el contraste
de tener esta fe que tú me diste
resolverá la duda en que me hallaste.

Si Dios existe es porque tú llegaste...
Y si te vas de mi existencia triste,
ni Dios hubo jamás ni tú exististe.[469]

Eres lo que yo creo

Eres lo que yo creo, eres aroma
y plena rosa cuando así lo quiero;
tu pelo es brisa de un corcel ligero,
tu piel es pétalo, tu carne poma.

469 Suárez, J. *Sonetos con infinito*. Cochabamba, Rocabado, 1976, p. 46.

En mi secreta oscuridad, paloma,
pozo de agua interior en mi sendero,
tu voz tiene la altura del jilguero,
tu arquitectura suavidad de loma.

Y es tanta luz dormida tu regazo,
tanto el fulgor que en tu mirar regalas,
que ciego, ante la estrella de tu frente,

diérale al sol de pronto un aletazo,
un golpe recio de mis negras alas,
y lo apagara, rencorosamente.[470]

Ainda que a obra literária de Jorge Suárez não seja grande, sua importância, na Bolívia, começa a crescer em consideração, pelo número de matérias que, sobre sua vida e seus livros têm sido publicadas em jornais e na Internet. Sobre ele, disse o conhecido e premiado historiador boliviano Mariano Baptista Gumucio: *Tenemos tantas biografías imprescindibles aún pendientes por hacer en Bolivia; la de Jorge es una de ellas; es necesario, además, reunir toda su obra y reeditarla en una edición completa y crítica.*Aqui no Brasil já se começa a conhecer seu nome e o *site* o *Jornal de Poesia* do *site Projeto Editorial Banda Hispânica*, editado em Fortaleza, traz um excelente artigo do poeta e jornalista boliviano Gabriel Chávez Casazola, abordando aspectos da vida e da obra de Jorge, assim como alguns de seus sonetos.[471]

Jorge dividiu seu espírito entre a literatura e o jornalismo e essa paixão eu pude testemunhar quando o conheci em La Paz, dirigindo seu diário *Jornada* e me convencendo a publicar na Bolívia o primeiro livro. É dele este pensamento: *No hago periodismo para ganarme la vida. Es para mí una vocación tan viva como la literatura. No podría saber si empecé haciendo periodismo o empecé haciendo literatura, pero no alcanzo a concebir mi propia obra al margen de una u otra actividad.*

470 Suárez, J. Op. cit., p. 32.
471 O leitor encontrará o texto no *link*: <http://www.jornaldepoesia.jor.br/BHBHjorgesuarez.htm>. (Acesso em: 06 mar. 2012 às 16h21).

Nos últimos anos de sua vida, Jorge foi viver em Sucre, onde passou a dirigir o jornal *Correo del Sur*. Também lá dá continuidade ao seu trabalho iniciado em Santa Cruz, como divulgador da cultura. Instituiu o Prêmio Nacional de Conto Óscar Díaz Arnau e, com apoio da Universidade Andina Simón Bolívar promoveu, com autores locais, a publicação de um novo livro de contos chamado *Al borde de la razón,* com amplas repercussões culturais. Assim era Jorge, uma alma despojada e sempre pronta a servir aos que sonhavam com a beleza literária. Seu coração era uma fonte de solidariedade. Ele era, mais que tudo, um mecenas intelectual. Não foi só a mim, em La Paz, e aos seus discípulos de Santa Cruz e de Sucre que abriu as portas editoriais para que entrássemos no mundo da literatura. O caso mais comovente deu-se com o poeta boliviano Edmundo Camargo, que morreu muito jovem, depois de uma vida intensa dedicada à leitura e à poesia. Comprometido com as causas sociais, escreveu o poema *Atahuallpa naciendo de los surcos*, um canto à Reforma Agrária de 1953, exemplo e realidade incontestável de justiça social na Bolívia. Em Paris, aproxima-se dos escritores surrealistas e conhece Françoise Vaervele, com quem teve dois filhos. Em 27 de março de 1964, aos 28 anos, morre em Cochabamba, deixando um vazio insubstituível na história da poesia de vanguarda boliviana. Logo depois de sua morte, Jorge Suárez, seu amigo fraterno, sai em busca de seus versos e edita o livro *Del tiempo de la muerte*, constando de 53 poemas e seguindo o ordenamento recomendado pelo próprio Edmundo, antes de morrer. Jorge escreve o prólogo da obra e a publica naquele mesmo ano em que se despediu do amigo. Esse gesto enriquece ainda mais a imagem que guardo de Jorge. Um ser totalmente despojado, porque seu coração era uma fonte de solidariedade.

JORGE SUÁREZ: 1931 - 1998

Quando em julho de 1997 se descobriu num aeródromo de Vallegrande os restos mortais de Che Guevara, Jorge já estava em Sucre, há 130 quilômetros, como diretor do jornal *Correo Del Sur.* Os despojos do Che foram levados para Cuba e depositados no mausoléu construído em sua memória, na cidade de Santa Clara. Os fatos agitaram a imprensa do mundo inteiro e foi nessa época que Jorge, com sua sensibilidade crítica, também publicou, no *Correo Del Sur*, a sua reflexão sobre a imagem do grande guerrilheiro:

> *La figura del Che a nivel popular ha sufrido una curiosa transformación. El pueblo boliviano lo ha incorporado a su panteón político más como un santo que como un revolucionario, pues se lo ve como parte de la mística popular. Creo que el Che trasciende a través de su propia muerte, de su enorme sacrificio y heroísmo, y eso es ya patrimonio del pueblo latinoamericano y en particular del boliviano. La figura del Che emerge porque en el mundo en que vivimos hay una crisis de ideales, de valores y es como si asistiéramos a la muerte de la utopía.*[472]

A gente não morre. Fica encantado, disse um dia o escritor Guimarães Rosa. Foi isso que aconteceu com Jorge no dia 27 de julho de 1998. Partiu para um Mundo Maior quando tinha apenas 66 anos, deixando Martha, Mirella e tantos amigos e admiradores. Entre nós dois, ficou uma sintonia indelével, uma misteriosa certeza de que, em alguma dimensão da vida, juntaremos ainda nossos passos, imantados pelo poder da amizade e pelo encanto da poesia. *A gratidão* – diz o espírito Joanna de Ângelis – *é a assinatura de Deus no coração do homem.* Esta é a história de alguém a quem mais deve minha condição de poeta e estas páginas finais são o preito à memória de um excepcional ser humano chamado Jorge Suárez. Sem esse gesto de gratidão, meu livro não estaria completo.

10. Últimas palavras

No fim de junho de 1972, Marilena chegou ao Chile para conversarmos sobre nosso futuro e a respeito dos efeitos da minha longa ausência na infância de nossa filha, Daniela. Minha ex-sogra, Helena Wolf de

---

472 *A figura do Che em nível popular tem passado por uma curiosa transformação. O povo boliviano o incorporou ao seu panteão político mais como um santo que como um revolucionário, pois o vê como parte da mística popular. Creio que o Che transcende através de sua própria morte, de seu enorme sacrifício e heroísmo, e isso já é patrimônio do povo latinoamericano e em particular do boliviano. A figura do Che emerge porque no mundo em que vivemos há uma crise de ideais, valores e é como se assistíssemos à morte da utopia.*

Mello Braga, – a quem eu agradeço, postumamente, pelas tantas preces que me iluminaram os passos naquele longo caminhar – ligou-me para Santiago e tocado pelo seu carinhoso apelo, o pedido de Marilena e a saudade de minha filha, decidi voltar para o Brasil.

Começaram então as despedidas. Foram momentos que aceleraram as batidas do meu coração. O último abraço a Bernardo Tapia, a José de Arimateia, a Simón Pachano e tantos outros amigos. Preocupado com minha entrada no Brasil, ao me despedir de Manuel Perez, deixei com ele a beretta que o Roberto Requião me deu quando parti para o exterior. Finalmente, o derradeiro gesto de despedida, com o lenço do adeus enxugando as lágrimas da alma, como a prever que talvez nunca mais meus olhos encontrariam, nesta vida, o olhar de Jorge, de Marta e de Mirella.

No dia 7 de julho, nosso avião subiu pelo céu socialista do Chile, cruzou a grande cordilheira e pousou em Mendoza, de onde seguimos por terra para a capital da Argentina. Sara Dunayevich voltara do México sozinha para um período em Buenos Aires e nos esperava, abrigando-nos com sua hospitalidade. Poetas, escritores e artistas encheram seu apartamento na calle Charcas 3.260, na festa que ofereceu pelo nosso reencontro.

Nos dias seguintes, novas emoções invadiram-me a alma ao abraçar, depois de quase quatro anos, Enrique Castelli e Ana Maria Âmbar, aqueles amigos queridos que acolheram Bernardo Tapia e a mim quando chegamos a Buenos Aires. Foram muitas visitas e jantares no apartamento de Enrique e na casa de sua mãe, dona Julia de Castelli. Enrique e Ana Maria transformaram aquela nossa semana em Buenos Aires numa agenda cultural. Ana Maria era atriz e nos levou para vê-la e a conhecer os melhores recantos da cultura.

No dia 18 de julho, embarcamos num aliscafo que, cruzando o rio da Prata, deixou-nos na cidade de Colônia de Sacramento, no Uruguai. De lá tomamos um ônibus para Porto Alegre. Na madrugada de 19 de julho, ao cruzarmos a fronteira com o Brasil, houve um pequeno incidente comigo, que jogou minhas emoções para o abismo. Ao chegarmos ao posto do Chuí, os passaportes de todos os passageiros foram levados ao Departamento da Polícia Federal. Alguns minutos depois, uma senhora assomou à porta do ônibus e chamou por um nome: Manoel de Andrade. Eu já havia alertado a Marilena que, se me detivessem, ela não deveria dizer que era minha esposa e seguir para Porto Alegre, onde seu pai, o ex-senador Rubens de Mello Braga, por precaução nos esperava e poderia tomar as providências sobre o meu destino. Eu desci, seguindo aquela senhora que se mostrava muito apressada e foi me perguntando onde estava o visto de minha saída do Brasil. Cheguei ao balcão e, aparentando calma e naturalidade, abri a página 11 do meu passaporte e lá estava o visto de *saída*, por Foz de Iguaçu em 15 de março de 1969. Ela pegou o passaporte repleto de carimbos, folheou, folheou e, na página 30, a penúltima, achou um espaço e lá foi colocado o visto de *entrada* com a data de 19 de julho de 1972. Disse-me que estava tudo bem e em seguida, sempre apressada, pegou uma maleta de mão, despediu-se com um aceno aos demais funcionários e seguiu depois de mim para o ônibus. Ela estava viajando para Porto Alegre e, certamente, não verificou os arquivos da Polícia Federal sobre minha pessoa. Mas, naquele tempo não havia Internet, e não sei se as informações sobre minhas atividades no Paraná e na América Latina já tinham chegado ao Rio Grande do Sul. Suponho que sua pressa em tomar o nosso ônibus fizeram-na descartar alguma possível verificação no fichário político da fronteira. Levei apenas um grande susto. Era um dos períodos mais cruéis da ditadura, com a repressão agravada pela Guerrilha do Araguaia. As pessoas detidas estavam, simplesmente, desaparecendo. Eu não poderia imaginar o que me aconteceria, se saísse preso dali. Felizmente, foi apenas um susto. Esses fatos se desdobrariam, cerca de um ano e meio depois, em Curitiba, quando o Setor de Segurança da RFFSA, no dia 05 de novembro de 1973, fez constar no meu dossiê que (...) *O epigrafado está de volta a Curitiba e estaria gerenciando uma granja de propriedade de seu sogro, pretende até o final deste ano, montar um escritório de advogacia em Itajaí/SC. (...)*

Bem, meus caros leitores, essa é uma outra história e não contarei aqui todos estes 40 anos que passaram, dos quais os 30 primeiros eu vivi no anonimato social e profissional, totalmente afastado da minha condição de poeta e cujos fatos, por seu caráter pessoal e biográfico, não se enquadram nos propósitos destas memórias de caminhante.

Esta longa crônica de viagem termina aqui. Ao cruzar as fronteiras do Chuí, dei meus últimos passos como um bardo errante pela América. Agradeço a ti, leitor amigo, que me acompanhaste por tantos caminhos. Nestas páginas, abri meu coração de viandante para te oferecer um punhado de aventuras e pronunciar minhas saudades. Se te deslumbraste com a beleza das paisagens que retratei, se sofreste, como eu, diante do relato de tantas injustiças, se pude entrar em tua alma com o lirismo dos meus versos e se te contagiei com meus sonhos e a esperança de um mundo melhor para nós todos, reparto contigo essa vocação solidária, esse quinhão da utopia que me resta, por acreditar que certamente foi para ti que escrevi estc livro.

Impresso em março de 2014, nas oficinas da Graphium,
com miolo em papel pamo classic 70g/m^2
Composto em Times New Roman, corpo 12

Escrituras Editora e Distribuidora de Livros Ltda.
Rua Maestro Callia, 123
Vila Mariana – São Paulo, SP – 04012-100
Tel.: (11) 5904-4499 – Fax: (11) 5904-4495
escrituras@escrituras.com.br
vendas@escrituras.com.br
imprensa@escrituras.com.br
www.escrituras.com.br